W0031523

Machtwechsel

Arnulf Baring
in Zusammenarbeit mit Manfred Görtemaker

Machtwechsel

Die Ära Brandt-Scheel

Deutsche Verlags-Anstalt

CIP-Kurztitelaufnahme der Deutschen Bibliothek

Baring, Arnulf:
Machtwechsel : d. Ära Brandt-Scheel /
Arnulf Baring.
In Zusammenarbeit mit Manfred Görtemaker. –
3. Aufl. –
Stuttgart : Deutsche Verlags-Anstalt, 1982.
ISBN 3-421-06095-9

1. Auflage März 1982
2. Auflage April 1982
3. Auflage Mai 1982

Lektorat: Ulrich Volz
Satz: Bauer & Bökeler Filmsatz GmbH, Denkendorf
Druck und Bindearbeit: May & Co, Darmstadt
Printed in Germany

Den Freunden

Inhalt

III. Die innenpolitische Selbstbehauptung der Koalition

IV. Erschöpfung nach dem Sieg

Anhang

Vorbemerkungen

Am 13. Januar 1976 rief mich das Bundespräsidialamt an. Ich wurde mit Michael Engelhard verbunden. Zunächst dachte ich, es gehe um die Rede des Bundespräsidenten zum 100. Geburtstag Konrad Adenauers kurz zuvor, in der mich Walter Scheel zu meiner Überraschung erwähnt, nämlich in einem bestimmten Punkte kritisiert hatte. Ich erfuhr jetzt, daß die Rede von Engelhard stammte. Ich hatte ihn und seine Frau 1972 auf einer Vortragsreise durch Asien in Seoul kennengelernt, wo er damals Kulturreferent an unserer Botschaft war; wir hatten uns angefreundet. In der Zwischenzeit war er im Büro des Bundeskanzlers Willy Brandt tätig gewesen, dann Persönlicher Referent beim Staatssekretär des Auswärtigen Amtes, Paul Frank, geworden; durch ihn war er mittlerweile als Redenschreiber ins Bundespräsidialamt gekommen. Vermutlich ist nicht allgemein bekannt (die Redenschreiber pflegen bei uns im verborgenen zu wirken), wie sehr Engelhard durch seine große Bildung, seinen Einfallsreichtum und seine rasche Formulierungsgabe in der zweiten Hälfte der Amtszeit zum Erfolg Scheels beigetragen hat.

Engelhard fragte mich, ob ich unter Umständen bereit sei, ein Buch zu schreiben. Etwas Biographisches; natürlich sollte es mit Walter Scheel zu tun haben. Nachdem Brandt nun schon seinen zweiten Memoirenband herausbrachte, schien es Scheel offenbar an der Zeit, seinerseits etwas in dieser Richtung zu unternehmen. Ich versprach, mir die Sache zu überlegen. Wenige Tage später wurde ich nach Bonn eingeladen. Am 4. Februar suchte ich den Bundespräsidenten in der Villa Hammerschmidt zu einem mehrstündigen Gespräch auf. Unmittelbar danach machte ich mir Tagebuchnotizen, in denen es heißt:

> Dies der erste Eindruck: überhaupt keine Befangenheit. Man ist sofort im Gespräch, schon bei der Begrüßung; schnellen Fußes kam er, gefolgt von Frank, aus einem Salon herausgeschritten: »Herr Professor Baring, wie geht es Ihnen?« Rheinische Munterkeit. Das Gesicht gröber als auf Abbildungen oder im Fernsehen, die Augen sehr klein, die Nase groß . . .
>
> Er redet gern. Zunächst setzte er mir auseinander, daß Zeitgeschichte Unsinn, nämlich unmöglich sei. Er denke daran, eines Tages »Erdachte

Gespräche mit Konrad Adenauer« zu schreiben, bot eine Kostprobe, gut erzählt. Ich sagte ihm, daß ich seinen Gedanken vorzüglich fände, aber zugleich die Gesprächseinleitung etwas seltsam: Er hätte mich doch gerade zu einem Buch der Zeitgeschichte ermuntern wollen, oder? Lachend gab er zu, daß man anders beginnen müsse. Also er sei für Memoiren ganz ungeeignet, behalte Episoden, aber keinerlei Chronologie; ob etwas 1951 oder 1969 stattgefunden habe (na, an 1969 werde er sich wohl erinnern können, es sei schwer, dies Jahr mit 1951 zu verwechseln, warf ich ein), sei ihm unmöglich zu sagen. Außerdem fehle dem Betroffenen die nötige Distanz, die Unbefangenheit.

Volle Akteneinsicht? Aber selbstverständlich! Volle Beurlaubung auf drei Jahre? Das habe er sich auch schon gedacht. Natürlich werde er an den Senator und den Universitätspräsidenten schreiben.

Klipp und klar auf meine entsprechende Frage: Ich sollte mich völlig unabhängig fühlen, keinerlei Rücksicht auf seine Zukunft nehmen in dem, was ich schriebe. Er wolle mir helfen, etwas zu schreiben, »das bleibt«.

Das Thema der damit vereinbarten Studie ist auch später von keiner Seite mündlich oder gar schriftlich präzisiert worden. Das war mir natürlich lieb, gab es mir doch die Möglichkeit, die Gewichte so zu verteilen, wie es mir richtig schien. In den folgenden Jahren habe ich Scheel wiederholt gesagt, daß eine Biographie ausscheide, er überhaupt vielleicht schlechter wegkommen werde, als er verdiene (was er gelassen, ja ausgemacht nobel hinnahm: Er sei auf alles gefaßt). Niemand werde von mir ein allzu positives – oder auch nur: ein auf ihn konzentriertes – Bild glaubhaft finden, wenn ich jahrelang als sein Gast in Bonn gelebt hätte.

Denn seit dem Spätherbst 1976 wohnte ich, während ich gleichzeitig ein Arbeitszimmer in einem der Verwaltungsgebäude des Amtes an der Kaiser-Friedrich-Straße bezogen hatte, im sogenannten *Palmenhause*, einem südlichen Anbau der Villa Hammerschmidt, der vor dem Zweiten Weltkrieg ein glasüberdachter Aufbewahrungsort exotischer Pflanzen und Vögel gewesen war, nach dem Wiederaufbau zunächst als Dienstwohnung des Präsidial-Staatssekretärs genutzt werden sollte und zu meiner Zeit im Parterre die persönlichen Büros des Bundespräsidenten beherbergte (Scheel hatte, anders als die Vorgänger, seinen Arbeitsraum nicht mehr im Bürotrakt, sondern in der Villa), während im ersten Stock zwei kleine Gästewohnungen existierten: Die linke nutzte Mildred Scheel für Zwecke der *Deutschen Krebshilfe*, die rechte war mir überlassen worden.

Wenn ich mich auch in meiner Arbeit dort völlig frei fühlte, so war doch immer klar, daß wesentlich die Zeit zwischen 1969 und 1974 zu behandeln und, da die Anregung und Unterstützung des Projekts von einem prominenten Liberalen ausging, die Rolle der FDP zu berücksichtigen sei. Das verstand sich von der Sache her eigentlich von selbst. Aber ich muß zugeben, die Bedeutung der

Liberalen vor meiner Beschäftigung mit der SPD/FDP-Koalition nicht richtig erkannt zu haben. Als langjähriger Sozialdemokrat, der sich wissenschaftlich vornehmlich mit der CDU/CSU beschäftigt hatte, sah ich – wie wohl die meisten meiner Landsleute – die westdeutsche Politik von den beiden großen Parteiformationen her und damit wesentlich von ihnen bestimmt – zu Unrecht. Denn eine solche Sicht verkennt, welch ausschlaggebende, mehrheitsbildende Rolle von der FDP in der Geschichte der Bundesrepublik immer wieder gespielt worden ist. Keine andere unserer Parteien hat seit 1949 auch nur annähernd so lange Regierungsverantwortung mitgetragen wie die liberale; keine ist andererseits dazwischen derart tief in Existenzkrisen geraten wie die FDP. Beide Erfahrungen haben die Liberalen geprägt. Sie lassen sich an ihrer Kompetenz, ihrem Selbstvertrauen, ihrem Wagemut in Bonn ablesen. Vielleicht hatte Scheel, den ich vor 1976 nie gesehen hatte, in der Erwartung solcher Einsichten nach jemandem Ausschau gehalten, »der betont nicht der eigenen Partei angehören solle, um ganz unabhängig zu sein«, wie er am 19. Mai 1976 zu Hans-Dietrich Genscher sagte, dessen Unterstützung des Projektes unerläßlich war. Nach der gemeinsamen Unterredung schrieb ich mir auf: »Es zeichnet sich eine Lösung ab, die für die Parteiunterlagen freien Zugang und für die Amtsakten einen mittelbaren Zugang über Ministerialdirektor Blech vorsieht – man wird sehen müssen, ob das reicht.«

Monatelang feilschte ich mit dem Auswärtigen Amt um Möglichkeiten und Bedingungen eigener, umfassender Akteneinsicht. Hartnäckig blieb das Amt dabei, daß ihm dann auf jeden Fall vor einer Publikation das *Gesamt*manuskript (also nicht nur, wie ich dachte, der mit Hilfe seiner Bestände geschriebene Teil) zur Prüfung vorgelegt werden müsse. Allerdings sollte in meinem Falle der Minister persönlich die Freigabe-Entscheidung treffen. Aber was hieß das? War dieser Vorschlag praktikabel? Wer würde dem vielbeschäftigten Parteivorsitzenden und Bundesminister des Auswärtigen die Lektüre abnehmen, wer nach Jahr und Tag über die Veröffentlichung meines Textes faktisch zu befinden haben? In solchen Dingen erfahrene Freunde rieten ab, das Risiko einzugehen. Die amtliche Durchsicht könne erhebliche Zeit kosten – und großen Verdruß bereiten. Es sei vorstellbar, daß nicht nur persönliche Wertungen, sondern beispielsweise auch die Zeichensetzung beanstandet oder abgeändert würden.

Schweren Herzens habe ich deshalb, um frei zu bleiben, von vornherein auf viele Unterlagen verzichtet.

Einiges besaß Walter Scheel persönlich: vor allem Korrespondenz aus den voraufgegangenen Jahren, auch Unterlagen über die Koalitionsverhandlungen 1969 und 1972. Insgesamt war es überraschend wenig, da er kein Mann des Schriftlichen ist. Anderes ließ sich durch das Bundespräsidialamt herbeischaffen. Meine dortigen Arbeitsbedingungen waren überhaupt ideal. Allgemein kam man mir aufgeschlossen und hilfsbereit entgegen; ich halte dieses ganze Amt – was seine Sekretärinnen, Hausdamen, Telefonistinnen, Fahrer, Pförtner und Gärtner einschließt – für die liebenswürdigste Behörde der Bundesrepublik. Aber was ich an Papieren gesehen habe, war weit weniger ergiebig, als ich gehofft hatte. Das gilt zum Beispiel für die Kabinettsprotokolle der Jahre 1969 bis 1974, die fast durchweg nur die dürren Tagesordnungspunkte, die Themenkataloge, nicht dagegen den Gang der Beratungen wiedergeben. Ohne die persönlichen Aufzeichnungen, Stichworte, die sich Dietrich Spangenberg während der Kabinettsitzungen für seine anschließende Unterrichtung Gustav Heinemanns angefertigt hat, wäre ich außerstande gewesen, mir einen Eindruck von den Diskussionen innerhalb der Bundesregierung zu verschaffen.

Aufschlußreicher waren die Unterlagen der beiden Regierungsparteien: die Vorstands- und besonders die Präsidiumsprotokolle der FDP, Sitzungsniederschriften der SPD- und (teilweise) der FDP-Bundestagsfraktion. Aber auch hier gab es viele Lücken – und keine sensationellen Überraschungen! Bald wurde mir klar, was ich mir von Anfang an hätte denken können: Die meisten der Fragen, die ein solches Buch zu beantworten sucht, werden in Gremien kaum erörtert, sondern meist dort erst nach der eigentlichen Entscheidung zur Sprache gebracht; auch dann hält man in aller Regel kontroverse Positionen nicht schriftlich detailliert fest. Wie kam man auf Gustav Heinemann als Bundespräsidenten 1969? Wann fiel die Entscheidung für die sozialliberale Koalition? Welche Motive lagen der Neuen Ostpolitik zugrunde? Warum trat Willy Brandt 1974 zurück, und in welchem Moment faßte er seinen Entschluß? Über solche Themen soll man nichts aus Akten zu erfahren suchen, weil sie nur die Verwaltung, den Vollzug bereits beschlossener Politik widerspiegeln. Auch Sitzungsprotokolle werden hier die Neugier unbefriedigt lassen; Politiker gehen diskreter miteinander um, als mancher vermutet.

Nur persönliche Notizen, Briefe oder Tagebücher können weiterhelfen, Aufschlüsse bringen. Erstaunlich viel steht übrigens auch in Zeitungen und Zeitschriften. Immer wieder ist man verblüfft, was alles in die Öffentlichkeit dringt und irgendwo publiziert wird. Wenn man Zeitungen nicht nur, wie das gewohnte Morgenblatt, noch halb verschlafen beim Kaffeetrinken überfliegt und dann wegwirft, sondern systematisch und vergleichend auswertet, dann liefert eine solche Analyse das Rückgrat jeder zeitgeschichtlichen Darstellung.

Fleisch und Geist, Atmosphäre und Farbe, das Anekdotische, biographisch Aufschlußreiche stammt hingegen ganz überwiegend aus Gesprächen. Die Auskünfte derer, die als politisch Handelnde – oder besser noch: als deren gut plazierte Beobachter – an den Ereignissen beteiligt waren, sind ganz unentbehrlich, durch nichts zu ersetzen. Ohne die Bereitwilligkeit, Einfühlungsgabe und Geduld, mit der sie – oft über mehrere Stunden hinweg – meine vielen Fragen beantwortet haben, wäre ein Buch wie dieses niemals möglich. Ich danke für solche Unterredungen Rudolf Augstein, Sven Backlund, Egon Bahr, Wolf Barchewitz, Rainer Barzel, Ernst Benda, Peter Bender, Hans Berger, Kurt Birrenbach, Matthias von Bismarck-Osten, Herbert Blankenhorn, Klaus Bölling, Eberhard

Böning, William Borm, Karl Dietrich Bracher, Willy Brandt, Wibke Bruhns, Johann Sebastian Buhrow, Karl Carstens, Horst Dahlmeyer, Ralf Dahrendorf, Günter Diehl, Paul Döring, Joachim Dorenburg, Martin Drewes, Horst Ehmke, Ekkehard Eickhoff, Tono Eitel, Michael Engelhard, Erhard Eppler, Valentin Michailowitsch Falin, Renate Finke-Osiander, Johannes Flügge, Paul Frank, Peter Franzke, Walter Freund, Claus Fricke, Jochen Abraham Frowein, Günter Gaus, Walter Geffken, Werner Gessler, Helmut und Brigitte Gollwitzer, Günter Grass, Jurij Alexandrowitsch Gremitskich, Wilhelm G. Grewe, William E. Griffith, Arnim Grünewald, Wolfgang Haussmann, Bruno Heck, Gustav und Hilda Heinemann, Hans Joachim Heinz, Friedrich Henning, Joerg Henschel, Ludolf Herrmann, Dieter Hiss, Harald Hofmann, Hans-Günter Hoppe, Eberhard Jäkkel, Hans Dieter Jaene, Gerhard Jahn, Marlies Jansen, Thomas Jansen, Carl-Christian Kaiser, Kurt Georg Kiesinger, Kurt A. Körber, Heinrich Krone, Heinz Kühn, Hermann Kunst, Knut Freiherr von Kühlmann-Stumm, Richard Löwenthal, Francis Robert Mac Ginnis, Werner Maihofer, Karl-Ulrich Majer, Ernst Majonica, Golo Mann, Horst Maurer, Erich Mende, Lutz Meunier, Andreas Meyer-Landrut, Susanne Miller, Wolfgang Mischnick, Karl Moersch, Hans Mombauer, Claus Müller, Friedrich Ludwig Müller, Geert Müller-Gerbes, Alfred Nau, Günther Neuhaus, Günther Nollau, Hermann Oetting, Heinz-Dietrich Ortlieb, Rudolf Peltzer, Annemarie Renger, Manfred Rexin, Gisela Rheker, Horst-Ludwig Riemer, Lars Roehl, Detlev Karsten Rohwedder, Klaus Henning Rosen, Hans-Wolfgang Rubin, Hermann Rudolph, Jürgen Ruhfus, Jürgen-Bernd Runge, Ulrich Sahm, Hans-Dieter Scheel, Walter und Mildred Scheel, Karl Schiller, Liselotte Schlinkmeier, Helmut Schmidt, Reinhard Schmoeckel, Wolfgang Schollwer, Rolf Schroers, Klaus Schütz, Max Schulze-Vorberg, Sabine Seggelke, Gustav A. Sonnenhol, Dietrich Spangenberg, Franz Spath, Immo Stabreit, Gustav Stein, Carola Stern, Ernst Günter Stern, Jürg Ter-Nedden, Karin Vogel, Otto Voos, Rüdiger Freiherr von Wechmar, Herbert Wehner, Jürgen Weichert, Richard Freiherr von Weizsäcker, Wilhelm Wemmer, Thea Wernicke, Gerhard Wettig, Willi Weyer, Hermann Weyersberg, Sir Duncan Wilson, Horst Winkelmann, Rolf Zundel.

Man kann nicht einmal andeuten, welche Fülle von Einsichten diese Interviews zutage förderten. Ich habe später nichts anderes aufzuschreiben versucht als eine redliche Summe dessen, was mir meine Diskussionspartner anvertraut hatten. Schon insofern kann man sagen, daß dieser Band eine wirkliche Gemeinschaftsarbeit ist, das Ergebnis vielfältiger, einander ergänzender Auskünfte, oft ganz kleiner, zunächst unscheinbarer Informationssplitter, die nur zusammengenommen einen Sinn ergaben, eine Deutung der Abläufe ermöglichten – vielleicht (hoffentlich!) darin einer der im Meer versunkenen, in unseren Tagen gehobenen, sorgfältig rekonstruierten antiken Vasen Sir William Hamiltons vergleichbar, des englischen Gesandten in Neapel gegen Ende des 18. Jahrhunderts.

Drei Förderer meiner Arbeit muß ich besonders erwähnen. Einmal Sven Backlund, den schwedischen Botschafter in Bonn. Er hat besonders viele und intensive Gespräche mit mir geführt, von sich aus recherchiert, mich weiterempfohlen, wiederholt in seine malerische Residenz, den alten Fronhof in Wesseling, direkt am Rhein (der dort verblüffenderweise fast so menschenleer wie Lappland wirkt!), mit interessanten, interessierten anderen Gästen eingeladen. Backlund war es, der mich zwei so unterschiedliche, gegensätzliche Naturen wie Brandt und Wehner gleichermaßen verstehen und hochschätzen lehrte.

Dann natürlich Willy Brandt selbst, der von Anfang an das Projekt unterstützte, mehrfach ausführlich Zeit zu Unterredungen fand und mir am Ende sein Tagebuch der Rücktrittswochen vorlas.

Und drittens Walter Scheel. Mehr als jeder andere hier Genannte hat er diese Studie gefördert, die ohne ihn, ich sagte es eingangs schon, nie in Angriff genommen worden wäre.

Unser Verhältnis war und blieb anders, als man sich das vielleicht von ferne vorstellt. Es wäre falsch, anzunehmen (obwohl das dieser oder jener treuherzig vermutete), wir beide seien im Laufe der Jahre persönliche Freunde geworden. Dazu ist Scheel nicht der Mann. Seine Sache ist die liebenswürdige Distanz – nicht nur mir, allen Menschen gegenüber. Erst allmählich wurde mir bewußt, daß der natürliche Abstand, den er immer wahrte, keineswegs meine Arbeit behinderte, wie man vielleicht im ersten Augenblick annehmen möchte. Ganz im Gegenteil! Ich wurde für Scheels Reserve immer dankbarer. Denn sie hat meine eigene Unbefangenheit gesichert. Man braucht sich nur vorzustellen, wir wären uns menschlich nahegekommen, hätten viele Abende und Nächte beim Wein – oder eher: bei Bier und Korn – zusammengesessen, wie das in anderen Parteien, in der Umgebung anders geprägter Politikerpersönlichkeiten, denkbar wäre. Dann hätte ich zwar unter Umständen weit mehr von ihm erfahren als so. Aber gleichzeitig hätte ich, scheint mir, die Möglichkeit verloren, das Gehörte niederzuschreiben und zu veröffentlichen, ohne mich dem berechtigten Vorwurf der Illoyalität auszusetzen. Journalisten sind oft in diesem Dilemma. Denn von einem bestimmten Punkte persönlicher Dichte und Vertrautheit an, der es erlaubt, von Freundschaft zu sprechen, wird dem Betrachter die um Objektivität bemühte Distanz unmöglich, fällt ihm zumindest jener »kalte Blick« sehr schwer, den der Beruf des Geschichtsschreibers, aller persönlichen Sympathien ungeachtet, nun einmal voraussetzt. Ob Scheel das klar war, weiß ich nicht. Jedenfalls hat er sich so verhalten, daß ich mich zu keiner Zeit in meiner inneren Bewegungsfreiheit eingeschränkt fühlte.

Obwohl wir zwischen 1976 und 1979 nur zwanzig, dreißig Meter in der Luftlinie voneinander entfernt wohnten, haben wir uns privat selten gesehen. Oft lagen Wochen zwischen den Terminen. In den drei Jahren meines Aufenthaltes in der Villa Hammerschmidt habe ich nur ein einziges Mal im Kreise der Familie, mit Scheel und den Kindern, zu Abend gegessen.

Selbstverständlich hatte ich beim Bundespräsidenten regelmäßige, feste Termine: normalerweise einmal im Monat, jeweils am Spätnachmittag, runde zwei Stunden unter vier Augen. Das war am Anfang so vereinbart worden. An diesen Tagen holte ich ihn nach »Dienstschluß« im Arbeitszimmer ab, und wir gingen hinauf in seine Wohnung, saßen am Eichentisch in der Bibliothek beim Elbling bis zum Abendbrot zusammen. Ich stellte ihm dann Fragen zu verschiedenen Bereichen meiner Studie, schön der Reihe nach. Manchmal, wenn Scheel nicht »historisch« aufgelegt war, horchte er umgekehrt mich über Themen aus, die ihn interessierten.

Das waren natürlich nicht unsere einzigen Treffen. Ich sah und sprach ihn häufig bei öffentlichen Anlässen (in der Regel brauchte ich nur mitzuteilen, woran ich teilzunehmen wünschte): auf Empfängen und Konferenzen, bei Hintergrundgesprächen und feierlichen Abendessen, in seiner Begleitung, als inoffizielles Delegationsmitglied, auf Reisen im Ausland wie im Inland. Vor allem die beobachtende Teilnahme an Unterredungen mit prominenten auswärtigen Gästen, die dem westdeutschen Staatsoberhaupt Besuche machten – an der Spitze der amerikanische und der französische Präsident sowie der sowjetische Generalsekretär –, habe ich sehr lehrreich gefunden.

Wen und was habe ich nicht alles durch Walter Scheel gesehen, gehört, miterlebt! Nur kurz nach den Ereignissen, um die es mir ging, fand ich mich in Bonn mitten unter den Menschen, über die ich schreiben wollte; sie gingen beim Bundespräsidenten aus und ein, was die Anknüpfung von Kontakten erleichterte. Die Ära Brandt-Scheel war erst reichlich zwei Jahre vorüber, sie lag gewissermaßen hinter der letzten Wegbiegung, als ich meine Eindrücke zu sammeln begann. Zwar hatte der Wechsel von Willy Brandt zu Helmut Schmidt eine politische Richtungsänderung bedeutet. Das Vokabular amtlicher Verlautbarungen war wortkarg geworden; politische Ankündigungen klangen viel verhaltener als unter dem Vorgänger. Seit der Regierungserklärung des neuen Bundeskanzlers vom 17. Mai 1974, deren »Leitworte« nicht nur »Kontinuität«, sondern auch »Konzentration« (also Beschränkung aufs Wesentliche, unter den neuen Verhältnissen finanziell Machbare) hießen, hatte die sorgenvolle Ernüchterung, die 1973 aufkam, Bonner Arbeitsperspektiven allgemein zu prägen begonnen. Jedoch lag die ganz andere, heiter-entspannte, hoffnungsvolle Stimmung, die zu den Zeiten Brandts und Scheels vorgeherrscht hatte, noch überall in der weichen rheinischen Luft. Die Szenerie verdüsterte sich von den Rändern her; Gewitter drohten am Horizont. Aber Mentalität und Verhaltensweise der Menschen waren weit weniger verändert, als der zunehmend melancholische Umkreis öffentlichen Handelns hätte vermuten lassen. Jeder Bewußtseinswandel braucht eben seine Zeit.

Ich konnte mir während meines Bonner Aufenthalts auch insofern die voraufgegangene Ära gut ausmalen, als der personelle Austausch 1974 sehr begrenzt geblieben war. Schließlich hatte man nach wie vor die gleiche Koalition, an vielen Posten dieselben Gesichter. Fast alle, die in den fünf Jahren nach 1969 mit von der Partie gewesen waren, ja diese Zeitspanne geprägt hatten, befanden sich noch am Ort, die meisten noch im Amt – für die Zwecke meiner Nachforschungen viel zu viele. Denn aktive Parteiführer, wichtige Parlamentarier, Minister, Staatssekretäre, hohe Ministerialbeamte haben nicht nur wenig Zeit. Sie haben, solange sie im Geschäft sind, vor allem keinen Abstand zu sich selbst, zu den eigenen Leuten, ihren Leistungen und Fehlschlägen. Falls sie überhaupt zu sprechen bereit sind, neigen sie verständlicherweise dazu, die Vergangenheit ganz im Lichte aktueller Erfordernisse zu sehen und ausschließlich von gegenwärtigen Interessen her zu interpretieren, um eine möglichst vorteilhafte Figur zu machen. Das bleibt natürlich auch später ihr Bestreben. Aber einige Zeit nach dem Abschied aus dem aktiven Leben mildert sich der Rechtfertigungszwang. Auf dem Altenteil, im Ruhestand, jenseits aller Profilierungsbedürfnisse und Zumutungen politischer Selbstbehauptung, sieht man die Dinge allmählich gelassener. Nach einer Phase der Abschiedsschmerzen, der Depressionen, werden die meisten aufgeschlossen, redefreudig, abgeklärt.

Persönlich konnte ich mich allerdings auch über diejenigen, die den eben skizzierten Zustand auskunftsbereiter Sanftmut noch nicht erreicht hatten, wirklich nicht beklagen. Das Bundespräsidialamt war eine gute Adresse – es half sehr, in allen Lagern. Gesprächswünsche, die das Persönliche Büro des Landesvaters übermittelte (hier habe ich Ellionore Gollub, Liselotte Schlinkmeier, Karin Vogel und vor allem Renate Klingebeil sehr zu danken), wurden immer berücksichtigt, wenn sich auch manchmal Scheel selber einschalten mußte.

Einblicke, wie sie mir eröffnet wurden, mögen meinen Berufskollegen in angelsächsischen Ländern häufig möglich sein. Bei uns gibt es sie für Historiker viel zu selten; ich könnte kein vergleichbares Beispiel nennen. Das ist nicht nur für die Zunft eine hohe Barriere zur wirklichen Welt, ein großer, spürbarer Erfahrungsmangel. Politikern wie Historikern wird allgemein viel zu selten bewußt, daß diese Bundesrepublik, wenn sie Bestand haben soll, rechtzeitig ihr Bild so anschaulich, so wahrheitsgetreu wie möglich für die Nachwelt festhalten muß. Dazu gehört auch eine lebendige Vorstellung der Menschen, die unsere Gesellschaft in den verschiedenen Phasen seit 1945 geprägt, unser Volk geführt haben. Nur ganz wenige Politiker denken in solchen historischen Perspektiven; zu ihnen gehört beispielsweise Willy Brandt. Die meisten, auch die einflußreichen unter ihnen, haben lediglich die laufende Legislaturperiode im Auge. Sie denken nur bis zur nächsten Wahl – also in viel zu engen Zeiträumen. Bis zum Hals, ja über den Kopf, versinken sie in den tausend Wichtigkeiten des Tages. Politiker sind deshalb ganz erstaunt und schütteln ungläubig, ja ärgerlich, die Köpfe, wenn man ihnen sagt: Was von ihnen allen übrigbleibe, bestimmten letzten Endes die Geschichtsschreiber. Das sei von jeher so gewesen.

Im täglichen Leben der Villa Hammerschmidt wurde Peter Franzke für mich rasch zum unentbehrlichen Ratgeber und vertrauten Helfer – ja zu einem verläßlichen Freund. Obwohl er an sich nur Ministerialrat (später Ministerialdirigent) und Leiter des Persönlichen Büros war, habe ich ihn ganz allgemein in jenen Jahren als eine treibende Kraft im Bundespräsidialamt empfunden.

Der eigentliche Chef des Hauses, Staatssekretär Paul Frank, hatte ein rundes Vierteljahrhundert dem Auswärtigen Dienst angehört, wo er sich schon als junger Mann, nämlich an unserer Pariser Vertretung in den frühen fünfziger Jahren, einen guten Namen gemacht hatte. 1968 unter Außenminister Willy Brandt Leiter der maßgeblichen Abteilung I des AA geworden, 1970 unter Walter Scheel Staatssekretär, galt er allgemein, wie man immer wieder hörte, als vorzüglich. Aber der Wechsel in das kleine Bundespräsidialamt, wohin er seinem Minister 1974 gefolgt war, machte ihm spürbar zu schaffen. Es war ihm offensichtlich schwergefallen, die Leitung des großen, mächtigen Außenamtes mit seinen Tausenden von Mitarbeitern und politischen Gestaltungsmöglichkeiten in aller Welt abzugeben und statt dessen nunmehr einer winzigen, bescheiden ausgestatteten Behörde vorzustehen mit ganz geringen Kompetenzen, wesentlich nur atmosphärischen, innenpolitischen Aufgaben, lediglich indirekten Wirkungsmöglichkeiten, vorwiegend repräsentativen Pflichten; hier hatte Frank nur zwei Handvoll Beamte unter sich. Hinzu kamen bei ihm zumindest in den späten siebziger Jahren Anwandlungen der Niedergeschlagenheit, der Resignation. Aber vielleicht war Frank, aus der Nähe betrachtet, schon immer ein skeptischer, sorgenvoller Beobachter seiner Landsleute gewesen. Jedenfalls zögerte er bei allen Initiativen.

Umgekehrt war zumindest in dem Bereich, den Scheel die *Gruppe Geist und Wort* nannte (im Unterschied zur *Gruppe Öl und Dampf*, die ebenfalls Franzke anführte, und zur *Gruppe Sand und Säure*, einer unter Bonner Beamten nicht seltenen Ansammlung grundsätzlicher Bedenkenträger), Franzke die animierende, disziplinierende, dominierende Figur. Ich verdanke ihm und seinem Kreise, der überwiegend aus den Redenschreibern des Bundespräsidenten bestand – außer Engelhard also Wolf Barchewitz und Ekkehard Eickhoff –, dem aber auch der Adjutant des Staatsoberhaupts, Kapitän zur See Horst Maurer, und Pressesprecher Jürg Ter-Nedden angehörten, sehr viel. Der kollegiale, unbefangene, heitere Umgang dieser Menschen miteinander wird mir immer vorbildlich bleiben; ich glaube, daß nichts mein Buch so inspiriert hat wie ihre verbindliche, anregende Atmosphäre. Bestimmt ist die rasche, geistreich-ironische Redeweise dieser Gruppe in den Stil dieser Studie eingegangen, natürlich auch die Sicht, die das Präsidialamt ganz von selbst allen nahelegt, die dort arbeiten. Niemand muß sie einem Neuen erklären. Es gibt keine Anweisungen, die zu beachten wären. Man merkt es von allein. Wenn man aus der Villa Hammerschmidt die Deutschen, in erster Linie die der Bundesrepublik, ins Auge faßt, ihre Landschaften, Gruppen und Repräsentanten, dann bemüht man sich selbstverständlich um Gerechtigkeit nach allen Seiten, um abgewogenes Wohlwollen. Von den eigenen politischen Freunden rückt man ein wenig ab, steht ihnen fortan eher kritisch gegenüber – eben unparteiisch. (Das hat mich beispielsweise gezwungen, Helmut Schmidt, den ich nach 1974, als Bundeskanzler, bewundern gelernt habe, angesichts seines drängenden Ehrgeizes während der voraufgegangenen Ära Brandt, meiner Berichtszeit, mit sicherlich spürbarer Reserve zu schildern.) Umgekehrt wird die andere Seite, der politische Gegner von gestern, betont fair, also vornehm behandelt. Man möchte gern Gemeinsamkeiten sichtbar machen, fühlt sich daher allen Mitbürgern, allen Bemühungen verbunden, die das Gemeinwohl durch originelle Beiträge fördern, unseren Staat vorwärtsbringen. Auch in einer republikanischen Residenz wird jeder ein wenig die Gesinnung guter Könige der alten Zeit zu verinnerlichen suchen. Nur das Staatsoberhaupt selbst? Nein. Schon früher, in der Umgebung der Monarchen, gab es bekanntlich den Kreis der Höflinge, die das Wirken des jeweiligen Herrschers nach ihren Überzeugungen und Wünschen zu beeinflussen versuchten, sein Bild auszuschmücken, zumindest auszumalen vermochten. Das ist in den Demokratien nicht anders. In dem engen Rahmen, den die spärliche Macht des Amtes zog, gab es auch in der Villa Hammerschmidt Anzeichen eines gemeinsamen, übrigens selbstlosen, öffentlich unsichtbaren Ehrgeizes, der beim inneren Zusammenhalt von »Geist und Wort« seine Rolle spielte, obwohl darüber untereinander nie gesprochen wurde.

Man tat das Seine – ohne viel Aufhebens. Aufschneiderei war hier ebenso verpönt wie Rechthaberei. Niemand prunkte mit Kenntnissen. Die anderen hätten es peinlich gefunden; ebenso übrigens, Belege zur Begründung eigener Behauptungen anzuschleppen. Selbstverständlich wußte man, wovon man sprach, und hatte seine Quellen geprüft, ehe man anderen einen Schluck anbot. Von meinem jahrelangen Randdasein bei *Geist und Wort* rührt es sicherlich her, wenn dieses Buch bei allem Bemühen um Genauigkeit, um Wissenschaft, keine der sonst üblichen Anmerkungen enthält. Sie widersprächen dem, was an diesem Hofe üblich, ja zulässig war. Akademische Beflissenheit und gelehrte Pedanterie waren ebenso wie bildungsbürgerliches Gehabe und eitle Selbstdarstellung allen verpönt, waren gerade auch dem Landesvater ein Greuel – dies ein Grund, weshalb intern, anders als in der Öffentlichkeit, Theodor Heuss und Carlo Schmid niedrig im Kurse standen, unter Wert gehandelt wurden. Langatmig durfte man sein (aber eben nicht pompös); richtige Geschichten, meint ja Günter Grass, müssen wie große Flüsse ihren Schutt mit sich führen. Unterhaltsam, gesprächig mußte man sogar sein, um in der Runde aufzufallen, zu gefallen, sich durchzusetzen. Verständnisvoll *und* distanziert. Lächelnd – und doch ernsthaft. Offen, aber diskret. Mit alledem hätten sich gewichtige, schwerfällige Fußapparate, wie sie unsere professoralen Bücher (auch meine eigenen, früheren!) ächzend hinter sich herschleppen, statt sie, wie wir hilflos hoffen, zu zieren, wirklich nicht vertragen.

Die *Gruppe Geist und Wort* – und daneben vor allem die ältesten, engsten Bonner und Kölner Freunde: Carola Stern und Heinz Zöger, Ille und Jürgen

Weichert, Christiane Ebermaier, Peter Coulmas, Claus Fricke und Hermann Rudolph – habe ich mir, als ich 1978 zu schreiben begann, immer am liebsten als Leser gedacht. Wieder in Berlin, nach 1979 , kamen die neuen Freunde, Kollegen, Studenten am Fachbereich Geschichtswissenschaften der Freien Universität hinzu, vor allem die engere FU-milie mit Gunda Ernst als herzlichem, gastfreiem Mittelpunkt, dann die Mitglieder der *Werkstatt*, zeitweilige Hausgenossen wie Dirk Kroegel oder Wolfram Ritschl und, natürlich ganz besonders, meine beiden Töchter Susanne und Juliane. Wer beim Schreiben so viele freundliche, geduldige, fragende Gesprächspartner hat, ist glücklich dran! Obendrein haben Martin Höllen und Manfred Lippik, später Ulrike Nolte und Wolfram Junken als studentische Mitarbeiter bei der Auswertung öffentlich zugänglicher Materialien findige Selbständigkeit bewiesen. Von Ulrike Nolte stammen einige Passagen über die Studentenbewegung am Anfang des III. Kapitels, vom umsichtigen Wolfram Junken Zeittafel und Register. Werner Gründler vom Wissenschaftlichen Dienst des Deutschen Bundestages hat die Schätze des dortigen Pressearchivs erschlossen und uns damit beträchtlich geholfen.

Ganz besonders muß ich den großen Anteil Manfred Görtemakers, meines Mitautors, hervorheben. Während Werner Gründler die Protokolle der SPD-Bundestagsfraktion sichtete, die uns Gerhard Jahn zugänglich gemacht hatte, wurden die Protokolle und Unterlagen von Vorstand und Präsidium der FDP sowie die persönliche Korrespondenz Walter Scheels, soweit sie schon im Politischen Archiv der Friedrich-Naumann-Stiftung lagerte, dort von Manfred Görtemaker in Augenschein genommen; ganz allgemein bin ich dieser Stiftung für ihre unbürokratische, großzügige Hilfsbereitschaft dankbar verbunden. Vor allem koordinierte Görtemaker zur Zeit meines Bonner Aufenthaltes die Tätigkeit der studentischen Projektmitarbeiter in Berlin. Von 1979 bis 1980, bis zu seinem zeitweiligen Weggang an die Harvard University in Cambridge, Mass., hat er auf der Grundlage meiner Bonner Materialien, gerade auch meiner Interview-Auswertungen, die Kapitel III und IV sowie den ersten Teil des V. Kapitels vorformuliert. Ich habe diese seine Teile, um ein Manuskript aus einem Guß zu gewährleisten, anschließend redaktionell überarbeitet, auch ergänzt. Im Frühjahr und Spätsommer 1981 hat Görtemaker gemeinsam mit Wolfram Junken, Daniel Koerfer und Ulrike Nolte das Ganze noch einmal kritisch durchgesehen, Zwischenüberschriften eingefügt, die Annexe besprochen und mit alledem unserem Manuskript den letzten Schliff gegeben.

Aber diese Angaben lassen seinen Beitrag zu diesem Buch nur ahnen. In seiner sachlichen Zuverlässigkeit wie menschlichen Wärme, derer man hinter seiner friesischen Verhaltenheit allerdings erst langsam gewahr wird, ist er mir in diesen Jahren unentbehrlich geworden. Ich bin nicht sicher, ob ohne ihn in Momenten, in denen mir die Studie über den Kopf zu wachsen drohte, nicht das ganze Projekt abgebrochen worden wäre. Auf jeden Fall hätte sich die Fertigstellung noch weitere Jahre hinausgezogen.

Als wir beide schrieben, haben wir dauernd miteinander diskutiert, am Ende mehrfach am Tage. Dabei wuchs eine Übereinstimmung heran, die das Buch in seiner heutigen Gestalt erst denkbar werden ließ. Während dieser Arbeitsgespräche wurden zwischen uns nicht nur zahllose Einzelheiten geklärt, sondern auch Konzeption und Aufbau des Bandes mehrfach geändert. Die ursprüngliche Absicht, ein Kapitel über die Regierungsbildung 1966 und die Große Koalition zu verfassen, insbesondere die Koalitionsabsprachen 1966 und 1969 miteinander zu vergleichen (warum lief es, bei fast identischem Führungspersonal der Parteien, drei Jahre später völlig anders – und dies, obwohl die Regierung Kiesinger, aufs Ganze gesehen, harmonisch und erfolgreich zusammengearbeitet hatte?), ließen wir nach einigem Zögern fallen; ohnehin wurde alles viel zu lang. Ebenso verzichteten wir nach verschiedenen mißlungenen Anläufen auf eine detaillierte Darstellung der Zusammenhänge von wirtschaftlicher Entwicklung und Reformpolitik. Wir kapitulierten vor der Schwierigkeit, diese komplexen Probleme in einer wesentlich biographisch orientierten Studie lesbar, also anschaulich zu schildern. Umgekehrt war das Kapitel über die innenpolitische Selbstbehauptung der Koalition ursprünglich nicht vorgesehen, erwies sich aber beim Schreiben als unentbehrlich. Ganz am Schluß erst kam uns der Gedanke, den Rücktritt Willy Brandts vom Amt des Bundeskanzlers, der zunächst das Ende des Kapitels über das Krisenjahr 1973/74 bilden sollte, zum Gegenstand eines eigenen Kapitels zu machen, in dem wir dann auch die beiden Rücktritte Alex Möllers und Karl Schillers unterbrachten.

Alle diese weitreichenden Veränderungen am ursprünglichen Konzept, die unsere persönliche Arbeitsplanung mehrfach umwarfen, wurden immer ganz offen besprochen und harmonisch geregelt. Die sachlich intensive und persönlich enge, zeitweilig geradezu euphorische Zusammenarbeit zwischen uns, aber auch mit allen anderen an diesem Buch Beteiligten, war eine Erfahrung, von der wir beide glauben, daß sie uns auf diese Weise im Leben kaum noch einmal zuteil werden wird.

Arnulf Baring

I.
Der lange Weg zur Heinemann-Wahl und zur Regierungsbildung von 1969

Der seismographische Charakter von Bundespräsidentenwahlen

Alle bisherigen Präsidentenwahlen in den dreißig ersten Jahren dieser Bundesrepublik, von 1949 bis 1979, waren von großer atmosphärischer Bedeutung. Nicht, daß das Ergebnis dieser Wahl als solches wichtig wäre. Denn mit der Entscheidung für diesen oder jenen Mann wird nichts bewegt, wird keine Machtposition besetzt. Allenfalls wird hier der Anspruch, die Bundesrepublik insgesamt zu repräsentieren, symbolisch begründet. Nein, diese sieben Wahlen waren sämtlich bedeutungsvoll, weil sie wie Lackmuspapier wirkten. Zu keinem anderen Zeitpunkt konnte man so klar wie im Moment dieser Wahlen die jeweilige Machtverteilung zwischen den Parteien erkennen. Ja mehr als das: Sie waren, jede für sich, ein unvergleichliches Barometer. Bei dieser Gelegenheit zeichneten sich jedesmal neue politische Konstellationen ab.

Das versteht sich nicht von selbst. Denn an seinen präzisen Zuständigkeiten gemessen ist dieses Amt ohnmächtig. Sein Inhaber soll wesentlich, mit stiller Würde, das Ganze verkörpern. Wer nur verfassungsrechtliche Kompetenzen sieht, kann daher den Bundespräsidenten vergessen – zumindest bisher, in normalen Zeiten. Alle Macht liegt beim Kanzler und der Mehrheit, die ihn trägt.

Woran liegt es dann, daß man gerade bei der Wahl des Staatsoberhaupts Verschiebungen in den Tiefenschichten unseres politischen Gefüges spüren kann? Wie erklärt sich, um mit Eberhard Pikart zu sprechen, der »seismographische Charakter der Bundespräsidentenwahlen«?

Zum einen sicherlich aus der Zusammensetzung der Bundesversammlung. Sie ist eine Momentaufnahme der politischen Kräfteverteilung im Gesamtstaat, also in Bund und Ländern zusammen, weil ihr ja neben allen Mitgliedern des Bundestages in gleicher Zahl Abgeordnete der Länder angehören.

Ein zweiter Grund dafür, daß die Wahl eines neuen Bundespräsidenten so aufschlußreich ist, liegt darin, daß bei der Kandidatensuche bewußt und unbewußt Grundströmungen in der Bevölkerung eine große Rolle spielen. Eine solche Strömung muß nicht präziser sein als der vage Wunsch nach Veränderung.

Sie muß nicht mehr sein als die verbreitete Hoffnung auf eine umfassende Erneuerung, auf grundlegende Reformen – wie am Ende der sechziger Jahre. Zu anderen Zeiten wird die Neigung zu vorsichtigem Beharren, zu einer bedachtsamen Bewahrung des gegenwärtig Bestehenden überwiegen.

Dieser Gezeitenwechsel ist ausschlaggebend für den Handlungsspielraum der Politiker. Die jeweiligen Stimmungswellen graben das Flußbett, zeigen Richtung und Geschwindigkeit der Entwicklung an. Wer sie rechtzeitig erkennt und zu nutzen weiß, kann auch einer schwachen Mehrheit (wie der von 1969) mächtige Durchsetzungskraft verleihen. Wem hingegen die größeren oder kleineren Tendenzwenden, die häufigen Richtungsänderungen der Meinungswasserläufe, fremd und unverständlich bleiben, dem werden auch große parlamentarische Mehrheiten, die er früher einmal gewann, nach einem solchen Stimmungsumschwung praktisch nicht mehr viel nützen.

Obwohl der Bundespräsident kein Politiker im üblichen Sinne ist, keiner Partei mehr aktiv angehören, keinem Sonderinteresse verpflichtet bleiben darf und Gerechtigkeit gegen jedermann üben muß, sind die wechselnden öffentlichen Meinungen, die immer neuen Erwartungshorizonte, auch für sein Amt fundamental bedeutsam. Der Präsident ist, wie schon gesagt, in ruhigen Zeiten ohne wesentliche Kompetenzen. Diese seine Machtlosigkeit ist indessen die Voraussetzung seiner eigentlichen Wirkungschance: nämlich der *opinion leader*, der wichtigste Meinungsbilder des Landes zu sein. Gerade wegen seiner Schwäche kann der Bundespräsident nicht nur in der Breite der Bevölkerung, sondern auch in den Spitzen des Staates Gehör finden: bei allen an der Macht – dem Kanzler, der Bundesregierung, der parlamentarischen Mehrheit, den Kabinetten der Länder. Sie alle würden nämlich, wenn er wichtige Befugnisse besäße, einen Großteil ihrer Energie daran wenden, ihn vom Spiel auszuschalten, ihn so weit wie möglich lahmzulegen. Da er aber nichts zu sagen hat, hören sie ihm unbefangen zu, können unvoreingenommen seine Worte erwägen.

Gerade weil das Amt des Bundespräsidenten fast ausschließlich auf die Person eines einzelnen gestellt ist, so weitgehend von der Substanz eines Menschen gespeist wird, kann dieser Aufgabe nur jemand gewachsen sein, der im Gleichklang mit seiner Zeit lebt und ihren Aufgaben und Problemen Ausdruck zu geben vermag. Das ist bei allen fünf Bundespräsidenten der Fall gewesen, die die Bundesrepublik bisher gehabt hat. Alle fünf haben den Konsens des Landes zu formulieren und fortzuentwickeln versucht – selbst der Unscheinbarste unter ihnen, Heinrich Lübke, der uns die damals neue Dritte Welt nahebrachte, entdecken lehrte.

Alle fünf waren in wesentlichen Zügen typisch für das Denken ihrer Zeitgenossen: der biedermeierlich-betuliche Theodor Heuss ebenso wie Gustav Heinemann, der die Aufbruchsstimmung zwischen den sechziger und den siebziger Jahren verkörperte. Zehn Jahre später, an der Schwelle der achtziger, sprach Karl Carstens die verständliche, aber ratlose Nostalgie seiner Landsleute an, die

Sehnsucht der Älteren nach den Selbstverständlichkeiten und Ordnungen der Ära Adenauer, ihr Heimweh nach jenen fünfziger Jahren, die viele im Rückblick als die besten ihres Lebens empfanden.

Und noch aus einem weiteren, verwandten Grunde ist die Wahl eines Bundespräsidenten von Anfang an atmosphärisch-politisch bedeutsam gewesen. In aller Offenheit oder heimlich im Hintergrund hat jedesmal der wichtigste, der mächtigste Mann der herrschenden oder einer sich möglicherweise anbahnenden Majorität den neuen Präsidenten ausgewählt und dadurch die weitere politische Entwicklung mitzubestimmen verstanden. 1949, 1954 und auch noch 1959 war die dominierende Figur Konrad Adenauer, 1964 war es Herbert Wehner, 1969 und erst recht 1974 Walter Scheel, 1979 Franz Josef Strauß – der sich zu einer Zeit für Carstens entschied, als man in der CDU um Helmut Kohl noch mit hoffnungsvoller Zähigkeit eine Wiederwahl Scheels erwog und heimlich betrieb, um die Freien Demokraten für eine andere Koalition als die sozialliberale zu erwärmen. Bei allen Präsidentenwahlen ging es um bestehende oder künftige Bundesregierungen: um ihre Begründung, Bestätigung oder Ersetzung durch die Kräftekonstellation, die das Staatsoberhaupt gekürt hatte.

Der Entschluß Adenauers, den FDP-Vorsitzenden Heuss am 12. September 1949 zum ersten Bundespräsidenten wählen zu lassen und dadurch seiner eigenen Wahl zum Kanzler drei Tage später die freidemokratischen Stimmen zu sichern, legte das Fundament für jene solide bürgerliche Mehrheit, die dann in den folgenden siebzehn Jahren, bis 1966, die Bonner Republik prägen sollte.

1954 war dieser Bürgerblock verbreitert, überhaupt fest etabliert. Das sah man am Verhalten der Sozialdemokraten in der Präsidentenfrage. Fünf Jahre vorher hatten sie ihren Vorsitzenden, Kurt Schumacher, aufgestellt – mochte er auch keinerlei Aussichten haben, gewählt zu werden. Immerhin wollten sie damals ihren Führungsanspruch sichtbar anmelden. Diesmal, 1954, verzichteten sie von vornherein auf einen eigenen Kandidaten und stimmten statt dessen in ihrer Mehrheit der Wiederwahl von Heuss zu. Das bewies ihre Entmutigung. Von vornherein hatte die SPD den Gedanken, eine alternative Mehrheit zusammenzubringen, als hoffnungslos aufgegeben. Das Debakel der Opposition bei den Bundestagswahlen von 1957, in denen die CDU/CSU die absolute Parlamentsmehrheit erobern konnte, lag also bereits drei Jahre früher in der Luft.

Die Präsidentschaft Heinrich Lübkes und die Krise der Union

Auch 1959 war Adenauer noch immer die bestimmende Kraft im bürgerlichen, zunehmend konservativ gestimmten Lager – jedenfalls zu Beginn des Jahres, als man ernsthaft zu erörtern begann, wer denn nun Heuss im Amte ersetzen solle.

Adenauer entwickelte ein besonderes Interesse an dieser Frage, weil sich nämlich bald herausstellte, daß es hier auch um die Regelung seiner eigenen Nachfolge ging. Weite Unionskreise sahen in Ludwig Erhard, dem Wirtschaftsminister, der Wahllokomotive, den geeigneten Nachfolger; Adenauer hingegen hielt Erhard politisch für völlig unfähig und war entschlossen, seine Kanzlerschaft zu verhindern. Gern griff er daher den Gedanken des Innenministers Gerhard Schröder auf, Erhard in die Villa Hammerschmidt abzuschieben.

Bei dieser Anregung rechnete sich Schröder eigene Chancen aus. Er arbeitete darauf hin, in nicht allzu ferner Zukunft selbst Regierungschef zu werden. Dieses Vorhaben lag nicht allein im beiderseitigen Interesse. Im Rückblick muß man einräumen, daß die Kombination eines Bundespräsidenten Erhard mit einem Bundeskanzler Schröder wahrscheinlich die damals bestmögliche Lösung gewesen wäre. Sie hätte vermutlich der CDU/CSU viele der Schwierigkeiten erspart, die Erhards Kanzlerschaft ab 1963 für sie heraufbeschwor und die 1966, nach seinem Sturz, zur teilweisen, 1969 dann zur völligen Vertreibung von den Hebeln und Pfründen der Macht führen sollten.

Bekanntlich kam es anders. Weil er einen historischen Anspruch auf die Nachfolge Adenauers erworben zu haben meinte, lehnte es Erhard strikt ab, die Nachfolge von Heuss anzutreten. In der irrigen Auffassung, als Bundespräsident einen Bundeskanzler Erhard verhindern zu können, ließ sich daraufhin Adenauer nominieren. Als er allmählich seine zeitweilige Überschätzung der Einflußmöglichkeiten des Staatsoberhaupts erkannte, zog Adenauer seine Kandidatur wieder zurück. Niemand konnte ihn daran hindern. Er war also immer noch derjenige, welcher das Heft in der Hand hatte. Noch. Denn sein Hin und Her in dieser Sache bedeutete den Abschluß einer Phase, in der seine bislang unvergleichliche, erfolgreiche Führung völlig unangefochten akzeptiert worden war.

Die Präsidentschaftskrise von 1959 markierte den Anfang vom Ende der Ära Adenauer. Die Macht des ersten Bundeskanzlers verfiel, Erhards Position hingegen hatte sich stabilisiert; sein Aufstieg zum Regierungschef war von nun an nicht mehr aufzuhalten. Adenauer hatte das Gegenteil von dem erreicht, was er mit seinen wiederholten Wendungen und Winkelzügen erreichen wollte.

Überhaupt war, genaugenommen, seine Ära ja viel kürzer, als man oft meint. Erst nach der Bundestagswahl von 1953 saß er wirklich sicher im Sattel. Und jetzt, knappe zwei Jahre nach dem Zenit des Jahres 1957, dem Aufstieg zur absoluten Mehrheit, zur Alleinregierung der CDU/CSU, war er nicht nur außenpolitisch, sondern gerade auch innenpolitisch mit seinem Latein schon wieder am Ende.

Auf dem internationalen Felde machte das sich wandelnde, aufregende, zwischen Kriegsgefahr und ersten Entspannungsbemühungen schwankende Verhältnis der beiden Großmächte Bonn sehr zu schaffen. Kaum ein Monat verging damals ohne Hiobsbotschaften. Man denke nur an die Berlin-Krise, an den Tod von John Foster Dulles, an die quälende Vorbereitung und den riskanten Verlauf der Genfer Außenministerkonferenz, auch an die überraschende Einladung Chruschtschows durch Eisenhower in die Vereinigten Staaten.

Im Innern der Bundesrepublik kam hingegen die Krise eher zufällig. Man nahm den beiläufigen Anlaß der Wahl eines neuen Bundespräsidenten, um unversehens hineinzustolpern, tat dann freilich alles, was die schlechte Verfassung der Union augenfällig machen konnte. Schon lange fragten sich in jenen Jahren viele, ob es die CDU/CSU als Partei überhaupt gebe, ob sie wirklich mehr sei als ein loser Wahlverein, eine bloße Kommandozentrale an der Spitze eines wurzelschwachen Machterhaltungskartells. Nur ein Mann wie Adenauer, so hatte es geheißen, sei imstande, eine derart lockere, von Rivalitäten und Richtungskämpfen zerrissene Gruppierung zusammenzuhalten. Aber diese Kunst verließ ihn jetzt sichtlich. Sein öffentliches Ansehen wurde schwer beschädigt – am meisten von seiner eigenen unsicher gewordenen oder wirkenden Hand. Offenbar hatte sich Adenauer die Frage, wie es nach ihm weitergehen könne, ernstlich nie gestellt. Es scheint, als habe er die vielbeschworene Kontinuität seiner Politik im tiefsten Innern nur dann gesichert gesehen, wenn er selbst für immer am Ruder bleibe.

Und mit ihm sein Weltverständnis, seine Selbstverständlichkeiten: die in ihm lebendigen rheinisch-katholischen Grundsätze und Erfahrungen eines knappen Jahrhunderts deutscher Geschichte. Insofern zeigte sich in diesem Augenblick seiner offenbaren Führungsschwäche mit aller Deutlichkeit, daß es nicht nur um ihn als die Person dieses ersten Kanzlers der Bundesrepublik Deutschland ging. Die Union insgesamt stand mit dem nahenden Ende der Ära Adenauer, dem Zerfall seiner Kanzlerdemokratie, am Beginn einer langen, langen Phase fundamentaler Orientierungsprobleme. Sichtlich fehlte es ihr an neuen Männern mit zeitgerechten Maßstäben, die herangewachsenen, jungen Generationen Wege in die Zukunft hätten zeigen können.

Der Beweis dieses Mangels war, daß man 1959 im letzten Moment und eher kopflos als Präsidentschaftskandidaten der Union auf den 64 Jahre alten, seit seiner Haft 1933 schneeweißen, also würdig aussehenden und respektablen Landwirtschaftsminister Heinrich Lübke verfiel. Theodor Heuss nannte ihn in Briefen an Toni Stolper, seine Vertraute jener späten Tage, einen sehr ehrenwerten, sachlich gescheiten, menschlich redlichen Mann. Dieses freundliche Charakterbild umschrieb vornehm das begrenzte geistige Format seines Nachfolgers. Lübkes Wahl war sichtlich eine Verlegenheitslösung, wenn nicht sogar, wie Bruno Heck meint, eine böse Fehlentscheidung, in der sich die Ratlosigkeit der CDU/CSU manifestierte.

Dies sah man ganz anders bei den Sozialdemokraten. Sie hatten 1959 Professor Carlo Schmid, ihren populärsten Politiker, aufgestellt – erfolglos, wie sie von vornherein wußten, was sie sehr erleichterte. Sie wären nämlich, falls er wider alles Erwarten doch gewählt worden wäre, wegen seiner komplizierten Familienverhältnisse mit ihm als Präsidenten in des Teufels Küche gekommen. Um so leichter gewöhnten sie sich an Heinrich Lübke, ja lernten ihn bald ausgemacht schätzen. Er lag ihnen mehr, war für sie auch tatsächlich ungleich besser als ihr eigener Paradiesvogel, dieser bildungsprunkende, anspruchsvolle Individualist und Genußbürger. Lübke war einfacher zu handhaben, weil viel schlichter im Umgang. Er hätte, von seiner ganzen Art her, leicht einer der Ihren sein können, war er doch, vor Jahrzehnten, der »rote Lübke« genannt worden. Er kam vom linken Flügel der Zentrumspartei her und hatte als Direktor der *Deutschen Bauernschaft*, eines Zusammenschlusses von Klein- und Mittelbauernverbänden, und gleichzeitig der *Siedlungsgesellschaft Bauernland* vor 1933 Agrarpolitik, die sein Beruf war, nie zugunsten des großagrarischen, zumal ostelbischen Landadels betrieben, sondern immer wesentlich eben als bäuerliche Siedlungspolitik verstanden.

Lübke war ernster und mutiger als Schmid, war eindeutiger, berechenbarer in seinen menschlichen Neigungen und Abneigungen. Die Sozialdemokraten bemerkten durchaus, daß »Lübke und Adenauer« – wie Heuss in seinem Tagebuch notierte – »sich gegenseitig menschlich nicht leiden« konnten. Es entging ihnen nicht, daß es auch zwischen Lübke und Erhard ziemliche Gegensätze gab. Ausschlaggebend für ihre freundlichen Gefühle war indessen die frühzeitige Entdeckung, daß Lübke energisch auf ihre Regierungsbeteiligung in Bonn hinarbeitete. Mit der Beharrlichkeit seiner sauerländischen Heimat strebte dieser Sohn eines Schuhmachermeisters seinem, ihrem – also dem gemeinsamen – Ziele zu, die beiden großen Parteien zur Zusammenarbeit, ja in eine Koalition zu bringen. Warum?

Aus seiner Zeit als Mitglied des Preußischen Landtags vor 1933 hatte Lübke die lange, gute Zusammenarbeit zwischen SPD und Zentrum in diesem großen Lande in bester Erinnerung. Er war überzeugt, daß die Weimarer Republik nicht zugrunde gegangen wäre, wenn die gleiche stabile Parteienkonstellation, die Preußen regierte, auch im Reich geherrscht hätte. An seine damaligen Erfahrungen suchte Lübke als Bundespräsident anzuknüpfen.

Bereits während der langwierigen Regierungsbildung 1961 (Ludwig Erhard, Erich Mende und Franz Josef Strauß hatten sich untereinander auf eine Kanzlerschaft Erhards verständigt, und es kostete Konrad Adenauer beträchtliche Mühe, sich als Regierungschef noch für eine Übergangszeit zu behaupten) legte er den Partei- bzw. Fraktionsvorsitzenden Heinrich Krone, Erich Mende und Erich Ollenhauer in getrennten Besprechungen eindringlich eine Allparteienregierung nahe. In den Jahren darauf wollte er (im Blick auf die geplante Notstandsverfassung und eine Finanzreform, vor allem aber wegen eines mehrheitsbildenden Wahlrechts, denn die FDP enttäuschte ihn zunehmend) immer offener auf eine Große Koalition hinaus. Seine engsten Vertrauten in der Union – Eugen Gerstenmaier, Karl Theodor Freiherr zu Guttenberg, Heinrich Krone und vor allem Paul Lücke – waren sämtlich wichtige Vorkämpfer eines Bündnisses mit den Sozialdemokraten und eines mit ihnen zu vereinbarenden Mehrheitswahlrechts, das künftig klare politische Verhältnisse und Verantwortungen ermöglichen sollte.

In der CDU/CSU herrschte schon seit langem Unmut über die FDP – was übrigens auf Gegenseitigkeit beruhte. Man hielt in der Union die Liberalen für unzuverlässige Wirrköpfe, wenn nicht gar für kapriziöse Querulanten. Ihre unentbehrliche Rolle bei Regierungsbildungen weckte um so mehr Ressentiments, als man die Liberalen nicht als gleichberechtigte, mitsprachefähige Partner betrachtete, sondern allenfalls als folgsame Trabanten zu tolerieren bereit war. Ein Mitgestaltungsanspruch dieser wankelmütigen Zwerge war so lächerlich, daß man kein Wort darüber zu verlieren brauchte.

Frühzeitig (1957) hatte Adenauer einmal gesagt, er wisse nicht, was die FDP wolle, und er werde es nie wissen – obwohl dies zu erraten eigentlich nicht schwer war. Aber sein Wort wurde seither in der CDU/CSU oft beifällig zitiert, weil viele wie er dachten. Man fand die Liberalen einfach unseriös. Übrigens auch bei den Bonner Sozialdemokraten.

Es entsprach einem verbreiteten Eindruck unter ihnen, wenn Herbert Wehner berichtete, Wolfgang Döring, einer der stellvertretenden Parteivorsitzenden der Liberalen und sein Kontaktmann der FDP, habe ihm 1962 eine ganze Liste mit Adressen und Telefonnummern gegeben, wo man ihn erreichen könne. In einem dramatischen Augenblick der *Spiegel*-Krise habe er, Wehner, persönlich überall angerufen. Aber vergeblich. Daraufhin habe er an alle Adressen Telegramme geschickt – ohne Echo. Er habe daher Döring nicht über seine Verhandlungen mit Lücke (CDU) und Guttenberg (CSU) unterrichten können, was er gern wollte. Schließlich schien plötzlich, für einen kurzen Augenblick, alles offen.

Bei Wehners Sondierungen ging es um nichts Geringeres als die Frage, welche Parteienkombination künftig die Bundesrepublik regieren werde: Wie bisher die CDU/CSU unter Beteiligung der FDP? Oder eine Große Koalition aus Union und SPD? Oder vielleicht sogar ein Bündnis der Sozialdemokraten mit den Liberalen?

Als er Tage später Döring traf, habe dieser gefragt, ob denn etwas gewesen sei; er habe sich nicht gemeldet, weil er geglaubt habe, es handle sich wohl um nichts Wichtiges. Er, Wehner, sei zuerst sprachlos gewesen. Dann habe er Döring angefahren: Ob er wirklich annehme, daß er zu seinem Vergnügen Telegramme in alle Welt schicke? Ob man denn bei ihm, Wehner, je schon so etwas, nämlich leeren Wind, erlebt habe?

Sicher, dieser Döring hatte 1956 beim »Jungtürkenaufstand« in Nordrhein-Westfalen, bei der Ersetzung der dortigen CDU-FDP-Zentrums-Koalition durch ein sozialliberales Bündnis, eine wichtige, wenn nicht sogar die ausschlaggebende Rolle gespielt und seither immer Verbindung zu Wehner gehalten. Aber was sollte man eigentlich mit einem solchen Landsknechtstyp anfangen, dessen schönste Erinnerung war, als Besatzungsoffizier im griechischen Saloniki sämtliche Flaschen einer Bar vom Regal geschossen zu haben? Solche Leute waren nicht vertrauenswürdig genug für solide, handfeste Absprachen und ein gemeinsames politisches Handeln.

Da dachten die Bonner Sozialdemokraten genauso wie die Führung der CDU/CSU. In der Union hatte sich das Verhältnis zur FDP in gleichem Maße abgekühlt, wie sich das zur SPD zu erwärmen begann. In einem Brief vom 25. Juni 1964, knapp eine Woche vor der Wahl des Bundespräsidenten, sprach Rainer Barzel, der amtierende Fraktionsvorsitzende, einerseits von »einem nervenzerfetzenden, aber Gott sei Dank bis zur Stunde internen, ständigen Kleinkrieg mit dem Koalitionspartner«, also der FDP, andererseits von den »intern guten Beziehungen zur Opposition«, also zur SPD. Das gab den Stand der Beziehungen zwischen den drei Parteien des Bundestages exakt wieder.

Einen Monat früher, am 21. Mai 1964, hatte Konrad Adenauer bei Heinrich von Brentano schriftlich angefragt, wie man sich beim Problem einer Wiederwahl Lübkes verhalten solle: »Wie stehen Sie zu der Frage der Wahl des Bundespräsidenten? Die FDP scheint geschlossen gegen die Wiederwahl Lübkes zu sein, weil sie der Auffassung ist, daß Herr Lübke im Falle seiner Wahl zum Bundespräsidenten nach der Bundestagswahl 1965 auf eine große Koalition hinarbeiten werde. Die Sozialdemokraten sind geteilter Ansicht. Die CDU/CSU würde unter starkem Druck wohl in der großen Mehrzahl für die Wiederwahl Lübkes sein, aber nur, wenn sie stark unter Druck gesetzt ist. Was sollen wir nach Ihrer Meinung tun?«

Die Vorahnungen der FDP trogen nicht. Ein Jahr später, schon vor der Bundestagswahl 1965, schickte Lübke persönliche Schreiben an die drei Parteivorsitzenden in der Absicht, eine Verlängerung der Regierung Erhard zu unterbinden und einem breiteren Bündnis den Weg zu bahnen.

1964 bedurfte es starken, internen Drucks auf die Union, um sie zur Wiederwahl ihres eigenen Bundespräsidenten zu bewegen, weil man weithin mit eher lauen Gefühlen an Lübke dachte, ihn vielfach rundheraus für unfähig hielt (wofür manches sprach). Selbstbewußt, wie die CDU/CSU damals noch war, lag ihr auch der Gedanke fern, der bei der SPD eine Rolle spielte: Das Vertrauen und vielleicht auch die Hilfe des Bundespräsidenten könnten sich bei der Anbahnung eines Regierungsbündnisses zwischen Union und Sozialdemokraten als nützlich, ja vielleicht als unerläßlich erweisen. Lässig meinte man, falls eine solche Koalition erforderlich werden sollte, sei man Manns genug, um sie mit diesen Sozis alleine auszuhandeln.

Viele in der CDU/CSU wären daher Heinrich Lübke an sich 1964 gerne losgeworden. Das erwies sich jedoch deshalb als schwierig, weil die Bonner SPD-Führung, allen voran und seit Monaten schon Herbert Wehner, öffentliche starke Sympathien für ihn erkennen ließ – also die Neigung, seiner Wiederwahl zuzustimmen.

Anders die Berliner um Willy Brandt. Der Regierende Bürgermeister sondierte über Senator Hans-Günter Hoppe in der FDP-Führung, ob man nicht zusammen Thomas Dehler wählen könne. Er war als Justizminister im ersten Kabinett (1949–53) ein kritikloser Bewunderer und blinder Parteigänger des Bundeskanzlers gewesen, betrachtete aber seit seiner Entfernung aus der Regierung (die er übrigens nicht Adenauer zu verdanken hatte, sondern seinen eigenen Parteifreunden Hermann Höpker-Aschoff und Theodor Heuss) den früher verehrten Adenauer immer mehr mit der Erbitterung eines menschlich tief Enttäuschten. Er löste sich nicht von ihm, blieb festgekrallt; nie gewann er die gelassene Distanz, die jener besaß.

Adenauer tat harmlos: Herr Dehler sei ihm ein Rätsel. Erst habe er ihn in alle Himmel gelobt, dann in die tiefste Hölle zu stampfen versucht. Gerade mit seinem freundlichen Gleichmut reizte er den empfindsamen, gefühlvollen Dehler bis aufs Blut. Immer wieder brachen Gift und Galle eines Getroffenen aus diesem vaterländischen, antiklerikalen Franken hervor. Mit patriotischer Verachtung konnte er über Konrad Adenauer und seine elende, katholisch-kleineuropäische CDU sprechen, die es an nationalen Leitbildern fehlen lasse.

Es war demnach absolut sicher, daß Dehler keine Stimme aus der Union bekommen würde. Das war auch die Absicht Brandts, der ja einem sozialliberalen Bündnis vorarbeiten wollte. Da Wehner hingegen die Große Koalition anstrebte, ist es alles andere als ausgemacht, ob Dehler die Mehrheit der SPD-Stimmen erhalten hätte. Indessen ist seine Kandidatur nicht erst an den Bonner Sozialdemokraten, sondern schon vorher in der FDP-Führung gescheitert. Die Liberalen konnten sich von einer solchen Präsidentschaft nur eine Katastrophe versprechen. Dieser explosive Hitzkopf Dehler, der unaufhörlich zwischen zerknirschtem Selbsthader und wütendem Angriffsgeist hin und her schwankte, sollte ein würdevoll-ausgleichendes, zurückhaltendes Staatsoberhaupt werden? Wo ihn doch sein leidenschaftliches Temperament immer wieder derart fortriß, daß er selbst, nach übrigens oft eindrucksvollen Reden, häufig erschrocken war, was er, wie im Rausch, alles gesagt hatte. Nein, der Plan, gerade ihn zum Bundespräsidenten zu machen, war absurd.

Also Lübke. Unter dem 23. Mai 1964 hatte Heinrich von Brentano dem CDU-Vorsitzenden geantwortet: »Sie fragen nach meiner Meinung über die Präsidentenwahl. Ich persönlich bin der Auffassung, daß wir unter allen Umständen Herrn Lübke wieder vorschlagen sollten; ich fürchte, daß wir mit jedem anderen die Wahl verlieren und obendrein eine harte Spannung in die eigene Partei tragen. Es ist richtig, daß die FDP ihn nicht wählen wird; ich bin ehrlich genug, um Ihnen zu sagen, daß ich das für ein Kompliment halte, das mich erst recht veranlaßt, Herrn Lübke zu benennen. Aber wir dürfen auch nicht den Eindruck erwecken, als würde der Kandidat für diesen Posten von der CDU unter den Drohungen der FDP gestellt. Diese Leute sind ohnehin nachgerade unerträglich in ihrer Arroganz. Was nach der Bundestagswahl 1965 geschieht, weiß niemand von uns. Es kommt nur darauf an, daß die CDU/CSU geschlossen und kräftig ist, um so stark zu sein, daß sie selbst die Regierung bildet. Und ich habe den Eindruck, daß uns das gelingen kann, d. h. daß wir wirklich die absolute Mehrheit erreichen können . . .«

Gegenüber Rainer Barzel wurde Brentano am 5. Juni 1964 noch deutlicher. Mit einer Mischung aus Hohn und Empörung schrieb der CDU/CSU-Fraktionsvorsitzende, der die FDP übrigens noch nie hatte leiden können: »Die CDU/CSU hat in allen ihren zuständigen Gremien nahezu einmütig unseren Freund Lübke wieder als Kandidaten aufgestellt. Die Entscheidung der SPD, die wohl heute fallen soll, ist noch unbekannt. Aber die Tatsache, daß unser Koalitionspartner mit einer eigentlich unglaublich dreisten Begründung Herrn Lübke abgelehnt und dafür den Pg. und Träger des Goldenen HJ-Abzeichens Bucher präsentiert hat, erschwert die Situation; denn nach diesem Ablauf wird die SPD schwerlich auf die Benennung eines eigenen Kandidaten verzichten können. Mein Freund erzählte mir, daß maßgebliche Kreise innerhalb der CDU sich ernstlich mit dem Gedanken tragen, Herrn Lübke fallen zu lassen und einen anderen, vielleicht unseren Freund Krone, zu präsentieren . . . Hier geht es ja um die Frage, ob wir uns von dem notorisch unzuverlässigen Koalitionspartner mit seinen seltsamen Gestalten tatsächlich zwingen lassen sollen, die getroffene Entscheidung rückgängig zu machen. Ich meine, wir sollten das ›Umfallen‹ der FDP überlassen, die darin ja eine beachtliche Kenntnis und Erfahrung entwickelt hat . . .«

Die FDP fiel nicht um, sondern blieb trotzig bei ihrem Ewald Bucher. Obwohl er der SPD aufgeschlossen gegenüberstand und mit führenden Sozialdemokraten, besonders mit Fritz Erler, befreundet war, bekam er nicht die Stimmen der SPD. Die FDP war auf dem Wege ins Abseits, in jene Wüste, in die sie von 1966 bis 1969 dann tatsächlich geraten sollte.

Die Sozialdemokraten ihrerseits stellten keinen eigenen Kandidaten auf. Denn sie wußten genau, daß damit »die CDU gezwungen worden wäre, Lübke fallenzulassen und sich mit der FDP über einen anderen CDU-Politiker zu einigen. Daran war« – wie Hartmut Soell treffend feststellt – »weder Wehner noch Erler gelegen.« Die Bonner SPD-Führung suchte sich der CDU/CSU als besserer, als verläßlicher Koalitionspartner zu empfehlen. Denn das Zerwürfnis zwischen der Union und den Liberalen war unübersehbar. So war es nur vorausschauend klug, wenn die Sozialdemokraten, die eine Große Koalition wollten, den CDU-Kandidaten mitwählten.

Herbert Wehner hatte seit langem zielbewußt auf diesen Tag hingearbeitet und dem Bundespräsidenten immer wieder seine ehrerbietige Aufwartung gemacht, Lübke gehegt und gepflegt, ihn liebenswürdig umgarnt, ja eingewikkelt, ihm nämlich mündlich und schriftlich dick geschmeichelt. Die Wiederwahl 1964 war, wie Friedrich Karl Fromme im Rückblick gesagt hat, »ein von Wehner klug eingefädeltes Fädchen für das Netzwerk der Großen Koalition«.

Lübkes beschwerliches Ende

Im Dezember 1966 kam es bekanntlich zu diesem Bündnis von CDU/CSU und SPD. Lübke vereinsamte daraufhin rasch. Wenn bereits ein halbes Jahr später, im Sommer 1967, öffentlich erörtert wurde, wer denn den nächsten Bundespräsidenten stelle, dann war diese Diskussion im wesentlichen nicht auf die Ungeduld der Sozialdemokraten zurückzuführen, endlich die Spitzenstellungen dieses Staates selbst zu besetzen, obwohl auch dies sicher eine Rolle spielte. Wichtiger waren zwei andere Entwicklungen.

Einmal sprach man unter der Hand von einem vorzeitigen Rücktritt des Bundespräsidenten, und zwar, jetzt verstärkt, aus den gleichen Gründen, die schon 1964 die Union vor seiner Wiederwahl so sichtlich hatten zögern lassen. Lübke zeigte altersbedingte Ausfallerscheinungen, beispielsweise eine zunehmende rhetorische Unbeholfenheit. Immer wieder wurde in der Presse, übrigens schon seit 1963, über Entgleisungen oder Pannen dieser Art mit peinlicher Ausführlichkeit berichtet. Der Bundespräsident, der bis dahin noch an allem lebhaft Anteil genommen hatte, ist nach der Auskunft enger Mitarbeiter um die Mitte des Jahres 1967 infolge seiner Zerebralsklerose geistig erlahmt. Allerdings hätten er und vor allem seine trotz ihres hohen Alters sehr vitale, energische Frau Wilhelmine, die neuneinhalb Jahre älter war als er, dies nicht wahrhaben wollen und daher jeden Gedanken an ein vorzeitiges Ausscheiden aus dem Amt weit von sich gewiesen.

Ein Rücktritt – und damit sind wir beim zweiten Punkt – kam auch schon deshalb für den stolzen, eigensinnigen Lübke lange überhaupt nicht in Frage, weil er bereits seit 1966 aus der DDR, inzwischen aber zunehmend auch in der westdeutschen Öffentlichkeit Verdächtigungen als »KZ-Baumeister« ausgesetzt war. Lübke fürchtete, vermutlich zu Recht, daß ein freiwilliger Verzicht auf das Amt unter diesen Umständen als Eingeständnis seiner Schuld gewertet werden würde. Da er sich vollkommen unschuldig fühlte, wurde dieser dramatische Schritt von ihm nicht in Betracht gezogen.

Worum ging es bei den gegen ihn erhobenen Vorwürfen? Lübke war Mitte der dreißiger Jahre in das Architektur- und Ingenieurbüro von Walter Schlempp eingetreten, das bei Kriegsbeginn in die *Organisation Todt* (OT) überführt wurde. Als Mitarbeiter dieser »Baugruppe Schlempp« hatte er in den frühen vierziger Jahren im Raketenversuchsgelände Peenemünde (auf Usedom) und in Neu-Staßfurt/Leau (bei Magdeburg) an der Planung und Errichtung von Arbeiterunterkünften für Rüstungsproduktionsstätten mitgewirkt, die auch für KZ-Häftlinge benutzt worden oder doch vorgesehen gewesen waren. Lübke habe daher – so hieß es in der DDR, aus der die entsprechenden Unterlagen stammten – eine Mitverantwortung für den Tod solcher Häftlinge. Skeptische Veröffentlichungen über Lübke, die in der westdeutschen Presse erschienen, stützten sich auf diese Materialien.

Bereits am 30. August 1966 hatten der stellvertretende bayerische Ministerpräsident Alois Hundhammer und Staatssekretär Josef Hartinger vom bayerischen Justizministerium den Bundespräsidenten in seinem Urlaubsort in Bad Kissingen aufgesucht und (wie es in einer internen Aufzeichnung des Bundespräsidialamtes vom 1. September 1966 heißt) im Hinblick auf »sowjetzonale Dokumente«, die in einem Schaukasten des Rationaltheaters in München-Schwabing ausgestellt waren, eine kurze, prägnante Presseverlautbarung gefordert, »daß es sich bei dem in der Ausstellung gezeigten Lageplan mit der angeblichen Unterschrift des Herrn Bundespräsidenten um eine Fälschung handele und daß der Herr Bundespräsident mit der Planung und dem Bau von Konzentrationslagern zu keiner Zeit etwas zu tun gehabt habe«.

Obwohl am 31. August 1966 eine entsprechende Erklärung des Bundespräsidialamtes hinausging (»Der Bundespräsident hat zu keiner Zeit an der Planung und am Bau von Konzentrationslagern mitgewirkt«), muß man sagen, daß die Dinge ganz so einfach und klar nicht lagen. Der damalige Arbeitgeber Lübkes, der Architekt Walter Schlempp, der an der Unterredung in Bad Kissingen teilnahm, schilderte dort, dem Vermerk vom 1. September zufolge, den beschränkten Aufgaben- und Verantwortungsbereich seines Konstruktionsbüros während des Krieges:

> Ingenieur Schlempp gab eine eingehende Darstellung der Vorgänge aus seiner Sicht. Er legte dar, daß es sich bei der sog. Baugruppe Schlempp um sein privates Architekturbüro gehandelt habe, das von der OT dienstverpflichtet worden sei. Die Baugruppe habe sich lediglich mit der Planung von wehrwirtschaftlichen Anlagen in Peenemünde und an anderen Orten befaßt und die Abrechnung vorgenommen. Die zur Durchführung dieser Bauvorhaben erforderlichen Arbeitskräfte seien nicht von seiner Baugruppe, sondern von den eingesetzten privaten Firmen eingestellt und beschäftigt worden. Seine Baugruppe habe den Firmen lediglich bestätigen müssen, daß Handwerker der von den Firmen bezeichneten Art und der beantragten Zahl erforderlich seien. Für die Beschaffung der Arbeitskräfte seien die Arbeitsämter zuständig gewesen. Damit habe die Baugruppe nichts zu tun gehabt.
>
> In Peenemünde seien KZ-Häftlinge bis zur Bombardierung durch die Briten im Jahre 1944 mit Sicherheit nicht eingesetzt gewesen. Über die Zeit nach der Bombardierung könne er insoweit aus eigener Anschauung keine Angaben machen. Falls Häftlinge dort eingesetzt worden seien, hätten jedoch seine Baugruppe und der Herr Bundespräsident nichts damit zu tun gehabt. Für die Lager im Raum Magdeburg gelte das gleiche.

Nachdem zwei Staatsanwälte aus Ost-Berlin angebliches Belastungsmaterial gegen Schlempp nach Frankfurt am Main gebracht hatten, wo er wohnte, lehnte der dortige Generalstaatsanwalt (damals Fritz Bauer) am 19. Januar 1967 die Einleitung eines Ermittlungsverfahrens »mangels jeglichen Tatverdachts« ab. Aus den übermittelten Unterlagen ergebe sich »keinerlei konkreter Hinweis auf eine persönliche Verantwortlichkeit des Architekten Schlempp für die Planung und Errichtung von Konzentrationslagern, geschweige denn, daß derartige Lager dem Architekten Schlempp und seiner Baugruppe unterstanden«.

Vermutlich wußte man das in der DDR genausogut. Dennoch hatte die Auseinandersetzung um Lübke ihren Sinn. Auch in der Bundesrepublik konnte es politisch sensiblen Menschen nicht gleichgültig sein, ob sich der Name des Bundespräsidenten in einen – wie auch immer gearteten – Zusammenhang mit KZ-Unterkünften bringen ließ, mochte diese Verbindung nun strafrechtlich irrelevant sein oder nicht. Es war ja nicht der einzige Fall, der die Bundesrepublik in jenen Jahren an die jüngste deutsche Vergangenheit erinnerte.

Immer wieder traf man, noch die siebziger Jahre hindurch, auf Spuren des großdeutschen Spuks in unserem öffentlichen Leben, selbst in den höchsten Positionen. Meist ging es dabei, das ist wahr, um eine ganz minimale, moralische Mitschuld, kaum sichtbar, noch weniger faßbar – außer, natürlich, für die hart anklagende Selbstgerechtigkeit der später Geborenen, die es einfacher gehabt hatten und es sich daher oft sehr leicht machten.

Mit dem Bundeskanzler war man zwischen 1966 und 1969 nicht besser dran als mit dem Bundespräsidenten. Die Tatsache, daß Kurt Georg Kiesinger seit 1933 der NSDAP angehört hatte, belastete das ganze Bündnis, das er anführte, in einem wichtigen, rasch wachsenden Teil der öffentlichen Meinung von Anfang an schwer. Noch ehe die Zusammenarbeit begann, war hier, aus diesem Grunde, für ganze Generationen das Urteil schon gesprochen. So hatte Günter Grass, der damals auch politisch von sich reden zu machen begann (er war 1965 als parteiloser Wahlkämpfer über Land gezogen und hatte, allein, auf eigene Faust und Rechnung, über fünfzig Versammlungen zugunsten der ES-PE-DE abgehalten), in einem offenen Brief an Kiesinger am Tage vor seiner Wahl zum Regierungschef »noch einmal, in letzter Minute, empörten Einspruch« erhoben. Das Amt des Bundeskanzlers dürfe »niemals von einem Mann wahrgenommen werden . . ., der schon einmal wider alle Vernunft handelte und dem Verbrechen diente«. Im Text dieses polemischen Schreibens, das die *Frankfurter Allgemeine Zeitung* am 1. Dezember 1966 abdruckte, stand weiter zu lesen:

> Wie sollen wir der gefolterten, ermordeten Widerstandskämpfer, wie sollen wir der Toten von Auschwitz und Treblinka gedenken, wenn Sie, der Mitläufer von damals, es wagen, heute hier die Richtlinien der Politik zu bestimmen?
> Wie soll fortan der Geschichtsunterricht in unseren Schulen aussehen?
> Hat ein Herr Globke nicht schon genug Schaden anrichten dürfen?
> Soll es dem Altstalinisten Ulbricht aus Gründen möglich sein, auf uns mit Fingern zu deuten?

Gibt es in der SPD/CSU/CDU keinen Mann, der unbelastet genug wäre, das Amt des Bundeskanzlers zu verwalten?

Es blieb nicht bei Schmähreden. Man wurde handgreiflich gegen Kiesinger. Am 2. April 1968 verwies man die 29jährige Beate Klarsfeld von der Zuschauertribüne des Deutschen Bundestages, als sie von dort aus beleidigende Zwischenrufe gegen den Bundeskanzler gemacht hatte. Ein halbes Jahr später, am 7. November 1968, auf dem CDU-Parteitag, drängte sie in der Berliner Kongreßhalle mit einem französischen Presseausweis in seine Nähe, um ihn mit dem Ruf »Nazi, Nazi« von hinten zu ohrfeigen. Und warum? Weil sie auf diese Weise »der öffentlichen Meinung in der ganzen Welt beweisen wollte, daß ein Teil des deutschen Volkes, ganz besonders aber seine Jugend, sich dagegen auflehnt, daß ein Nazi an der Spitze der Bundesregierung steht«. Diese temperamentvoll engagierte Frau stand tatsächlich nicht allein. Auch in der reiferen Jugend fand sie Sympathien und Unterstützung. So steuerte Heinrich Böll zu ihrer (ziemlich dürftigen) Dokumentation »Die Geschichte des PG 2633930 Kiesinger« ein Vorwort bei, in dem es, die magere Ausbeute dieser Schrift entschuldigend, geheimnisvoll heißt: »Natürlich war Herr Kiesinger nie ›ordinär‹, er war ein feiner Mann, er faßte alles mit Glacéhandschuhen an – und so hinterließ er sehr wenig Fingerabdrücke.« Einen solchen Satz empfand nicht nur Kiesinger als infam. Mit diesem Gedankengang läßt sich von jedem Menschen alles behaupten.

In solchen Zusammenhängen des Klimas und der Zeit gesehen, konnte Ost-Berlin, gerade wenn es nicht zu Gerichtsverfahren und Verurteilungen Schlempps oder Lübkes kam, mit einem gewissen internationalen Propaganda-Erfolg, mit einem zusätzlichen Punkt im Prestigekrieg zwischen der DDR und einer als neonazistisch gebrandmarkten Bundesrepublik rechnen. Lübke, der sich den Attacken hilflos ausgeliefert fühlte, hatte dieses Motiv Ost-Berlins bereits am 30. August 1966 den beiden bayerischen Emissären erläutert:

> Der Herr Bundespräsident erklärte, daß die sowjetzonale Seite nur beabsichtige, ihn zu einer Ermächtigung zur Strafverfolgung zu veranlassen. In dem dann folgenden Strafverfahren und der Hauptverhandlung vor einem Strafgericht solle die Verleumdungskampagne zur Kenntnis der Weltöffentlichkeit gebracht werden. Deshalb habe er bisher davon Abstand genommen, Strafantrag wegen Beleidigung zu stellen oder die Ermächtigung zur Strafverfolgung zu erteilen. Das habe er mit den Vorsitzenden der im Deutschen Bundestag vertretenen vier Parteien besprochen. Bundesminister Lücke habe ihm von strafrechtlichen Maßnahmen abgeraten.

Daran hielt man fest. Seitens des Bundespräsidialamtes legte man unter dem 26. September 1966 Lübke nahe, »weiterhin von gerichtlichen Maßnahmen jeder Art Abstand zu nehmen«.

Da Lübke also weder prozessierte noch zurücktrat, blieb die leidige Angelegenheit in gewisser Weise offen. Es gab kein Schlußwort, das sie ein für allemal aus der Welt geschafft hätte. Etwas blieb daher an ihm hängen – auch wenn er strafrechtlich sicher unschuldig war. Ungeschicklichkeiten, törichte Vertuschungen, die man dem Bundespräsidenten und vor allem seinen Verteidigern in dieser Sache nachsagen konnte, trugen sehr zur allgemeinen Verlegenheit bei.

Zugleich argwöhnte man immer wieder, weiteres, wirklich belastendes Material, das bislang vom Osten boshaft noch zurückgehalten werde, um den späteren Skandal zu vergrößern, könne eines Tages ans Licht kommen und ein weiteres Ausharren Lübkes im Amt doch noch ausschließen. Man mußte auf diese Möglichkeit jedenfalls immer vorbereitet sein. Denn ab und an sah es tatsächlich so aus, als ob noch etwas käme. Zum Beispiel als sich der DDR-Innenminister, Generaloberst Friedrich Dickel, mit zwei Schreiben vom 24. April und 4. Mai 1968 an den neuen Bundesminister des Innern, Ernst Benda, wandte. Jedoch enthielten seine Briefe lediglich das Angebot, die Lübke (nach DDR-Auffassung strafrechtlich) belastenden Unterlagen durch einen Sachverständigen in der Bundesrepublik überprüfen zu lassen. Zu einer solchen Untersuchung bestehe kein Anlaß, ließ daraufhin das Landgericht Bonn durch seine Pressestelle am 30. Juli 1968 erklären, weil der Inhalt der bereits vorher in Fotokopie übersandten Unterlagen, deren Echtheit einmal unterstellt, keine Anhaltspunkte für strafbare Handlungen biete.

Während diese quälende Dauerkrise weiterschwelte, machte Lübkes Gesundheitszustand seine Ablösung immer dringlicher. Die Bundesrepublik war mit der Großen Koalition in eine Periode heftiger innenpolitischer Erschütterungen geraten. Den ungleichen, in vielem uneinigen beiden Partnern der Regierung standen, etwa beim Kampf um die Notstandsgesetze im Mai 1968, Massen rebellierender, wortmächtiger Studenten gegenüber, ja in Gestalt der linken APO gab es damals, erstmals seit Jahrzehnten, bei uns eine richtige, kräftige außerparlamentarische Opposition. Auf der Rechten war gleichzeitig die NPD, in der manche eine erzkonservative, die meisten aber eine rundheraus neonazistische Partei erkennen wollten, immerhin so angewachsen, daß sie in der Bundesversammlung vom Frühjahr 1969 22 Mitglieder stellen konnte.

Nichts fehlte dem Lande in dieser Lage so sehr wie eine gelassene, kluge, distanziert-souveräne Stimme, die, nach den Grundgedanken der Verfassung, in erster Linie die des Staatsoberhaupts hätte sein müssen. Ein Bundespräsident auf der Höhe der Zeit hätte in dieser Situation vielleicht Maßstäbe setzen, manches zurechtrücken, den Generationen-Konflikt entschärfen können. Lübke hingegen schwieg. Es wäre, für alle Seiten, nicht besser gewesen, wenn er geredet hätte – so wie er dachte, so wie er war.

Mittlerweile hatte sich die Stille der Vergessenheit um ihn ausgebreitet. Man konnte meinen, er sei bereits ausgeschieden, er habe sich längst zur Ruhe gesetzt. Da, plötzlich, nach einigem Zureden, bequemte sich der starrköpfige alte Mann am 14. Oktober 1968 bei einem Empfang für das Bundeskabinett in der Villa Hammerschmidt aus Anlaß seines 74. Geburtstages endlich zu der Erklärung, er sei zum vorzeitigen Rücktritt bereit. Nicht sofort, Gott bewahre.

Lübke machte in einer kleinen Ansprache aus diesem Anlaß zwar einige allgemeine Bemerkungen über das Alter. Aber er ließ die Gelegenheit vorübergehen, seinen Entschluß aus diesen melancholischen Einsichten herzuleiten. Vielmehr nannte er als Begründung seines Schrittes lediglich, die Wahl seines Nachfolgers solle nicht zu dicht an die des neuen Bundestages (28. September 1969) heranrücken, da beide Wahlen verschieden verstanden werden müßten. Das Staatsoberhaupt trage Verantwortung für das ganze Volk und stehe jenseits des Kampfes der Interessen und Parteimeinungen; seiner Wahl gehe daher kein Wahlkampf voraus, und sie gehöre auch nicht in einen solchen hinein. Er werde daher einige Wochen vor dem regulären Ablauf seiner Amtszeit (12. September 1969) zurücktreten, und zwar am Vorabend des 1. Juli 1969, des zehnten Jahrestages seiner ersten Wahl zum Bundespräsidenten. Nach Lübkes Vorstellungen konnte damit die Bundesversammlung vom Parlamentspräsidenten Eugen Gerstenmaier diesmal schon auf Mitte April einberufen werden – und natürlich, wie immer seit 1954, nach Berlin.

Der Anspruch der SPD auf das Präsidentenamt

Das sich über Jahre hinziehende Verlöschen der Präsidentschaft Lübkes macht erklärlich, weshalb die Diskussion darüber, wer an seiner Stelle Staatsoberhaupt werden solle, einerseits so früh in Gang kam und andererseits dann doch so lange offenblieb. Von Taktfragen, auch vom Respekt vor dem höchsten Amt einmal ganz abgesehen: Kein Politiker wird sich bei Fragen festlegen wollen, die noch nicht wirklich spruchreif sind. Freilich besteht dabei ein Unterschied zwischen denen, die einen Status quo der Machtverhältnisse erhalten wollen, und denen, die statt dessen eine neue Konstellation anstreben. Wer eine Initiative zur Veränderung ergreifen will, muß sich rechtzeitig bemerkbar machen, denn er braucht ja Bundesgenossen.

Kaum kamen die ersten Meldungen über den besorgniserregenden Gesundheitszustand Lübkes, da war die SPD schon auf dem Plan. In einem *Spiegel*-Gespräch meldete ihr Vorsitzender, Willy Brandt, am 19. Juni 1967 den Anspruch seiner Partei öffentlich an. Zwar ließ er erkennen, daß es keine derartige Absprache zwischen den jetzigen Koalitionspartnern gebe. »Aber ich hielte es für staatspolitisch richtig, wenn nach einem Freidemokraten und einem Christdemokraten ein Sozialdemokrat der nächste Bundespräsident würde.« Dementsprechend faßte das vollzählig versammelte Parteipräsidium auf einer

Klausurtagung in der Abgeschiedenheit und Ruhe der Heimvolkshochschule Bergneustadt am 1./2. August 1967 nach ausgedehnten Beratungen den Beschluß, bei der nächsten Präsidentenwahl einen eigenen Kandidaten aufzustellen. Diese Entscheidung wurde den Koalitionspartnern CDU und CSU in Briefen vom 7. August in aller Form bekanntgegeben.

Das Schreiben an Kurt Georg Kiesinger lautete:

Sehr geehrter Herr Bundeskanzler!

In Ihrer Eigenschaft als Vorsitzender der CDU möchte ich Sie davon unterrichten, daß das Präsidium meiner Partei meine Ankündigung bestätigt hat, daß die SPD in der nächsten Bundesversammlung die Wahl eines aus ihren Reihen kommenden Bundespräsidenten anstreben werde.

Ich bin gern bereit, die Haltung des SPD-Präsidiums zu einem Ihnen geeigneten Zeitpunkt mündlich zu erläutern.

Gleichlautend habe ich an den Vorsitzenden der CSU, Herrn Kollegen Franz Josef Strauß, geschrieben.

Mit freundlichen Grüßen
Ihr
(gez.) Brandt

Die SPD erhob, wie man sieht, keine Forderung gegenüber der CDU/CSU. Sie hatte für sich allein die Sache entschieden. Mit schöner Selbstverständlichkeit gab sie einfach bekannt, daß jetzt ihr dieses Amt zustehe (denn darauf lief ihre Mitteilung hinaus); nach dem liberalen Heuss und dem christdemokratischen Lübke sei nunmehr ein Sozialdemokrat an der Reihe.

Die SPD glaubte sich um so mehr mit ihrem Anspruch im Recht, als der Union, die nach wie vor stärkste Partei war, auch in der Großen Koalition das Kanzleramt zufiel. An und für sich ließ sich dieses Argument natürlich auch anders sehen: Gerade wenn die CDU/CSU die größte Partei in der Bundesrepublik war, durfte sie, so ließ sich denken, auch den Posten des Bundespräsidenten erneut beanspruchen. Mit Bestimmtheit war zu erwarten, daß ihr Fußvolk und die Funktionäre so argumentieren würden. Aber dann wären eben sowohl der Regierungschef wie das Staatsoberhaupt und übrigens auch der Bundestagspräsident von der Union gestellt worden, obwohl die beiden Koalitionsparteien, bundesweit gesehen, annähernd gleich stark waren. Nach dem Stande vom Juni 1967 verfügte die CDU/CSU in der Bundesversammlung über 479, die SPD über 453 Stimmen; hinzu kamen 87 der FDP und 17 der NPD. Unter diesen Umständen hielt es nicht nur die SPD-Führung für unangebracht und ungerecht, wenn die Union alle drei Spitzenstellungen des Staates allein besetze.

Bemerkenswert war demnach nicht so sehr, daß die Sozialdemokraten das Präsidentenamt diesmal für sich beanspruchten, sondern daß sie es auf diese Art taten, sich so früh formell festlegten und ihren Koalitionspartner vor vollendete

Tatsachen stellten. Dies freilich nur, falls ihre Entschiedenheit wirklich ernst zu nehmen war, also als unumstößlich betrachtet werden mußte – aber das schien von Anfang an der Fall zu sein. Mit ihrem Vorsatz, einen eigenen Kandidaten durchzubringen, schlossen sie von vornherein die Möglichkeit aus, auch diesmal einen Kandidaten der Union zu unterstützen, wie sie das doch 1964 getan hatten, obwohl damals die CDU/CSU, anders als jetzt, nicht ihr Koalitionspartner gewesen war. Die SPD präsentierte der Union also nunmehr die Rechnung für ihre Hilfe bei der Wiederwahl Lübkes drei Jahre vorher.

Aber war sie der Wirt, der eine solche Rechnung überhaupt aufmachen konnte? Die SPD blieb, wenn ihr Kandidat siegreich sein sollte, auf Unterstützung unbedingt angewiesen. Mit ihren 453 von insgesamt 1036 Stimmen mußte sie, um eine Mehrheit zu bekommen, noch mindestens 66 Abgeordnete hinzugewinnen.

Damit stand man in der Koalition vor einer klaren Alternative. Entweder rafften sich CDU/CSU und SPD zu einem gemeinsamen Kandidaten auf, dann mußte er nach Lage der Dinge ein Sozialdemokrat sein. Allerdings durfte die Union damit rechnen, bei der Person nach ihrer Meinung gefragt zu werden; diese Mitbestimmung ließ sich, bei gutem Willen, aus dem zweiten Absatz des Brandtschen Briefes herauslesen. Oder aber jede der beiden Parteien benannte einen eigenen Bewerber. Dann würden die beiden Kandidaten gegeneinander antreten müssen. Dies bedeutete vermutlich den Anfang vom Ende der Großen Koalition.

Bei genauerer Betrachtung dieser Alternative entdeckte man hinter dem Entschluß der Sozialdemokraten, unbedingt mit einem eigenen Bewerber aufzuwarten, zwei verschiedene Gruppierungen mit ganz unterschiedlichen, ja entgegengesetzten Motiven.

Die Rolle Herbert Wehners

Eine Richtung in der SPD wollte die Große Koalition über 1969 hinaus fortsetzen. Nicht unbedingt aus Begeisterung für die Union und ebensowenig, weil man das Bündnis mit ihr für besonders leistungsfähig gehalten hätte. Aber man brauchte sich ja nur einen Augenblick lang vorzustellen, daß im nächsten Herbst die NPD vielleicht die Fünf-Prozent-Hürde nähme, während die FDP unter dieser Marge bliebe (keine abwegige Vorstellung, wenn man bedenkt, daß die FDP am 28. September 1969 nur 5,8 Prozent und die NPD immerhin 4,3 Prozent der Stimmen erreichte), um einzusehen, daß man dann gar keine andere Möglichkeit der Regierungsbildung besitzen werde als eine Fortsetzung dieser Großen Koalition.

Von dieser vorsichtigen Beurteilung der Chancen ging vor allem Herbert

Wehner aus. Er stand in jenen Jahren, zwischen 1966 und 1969, im Zenit seines politischen Einflusses. Da Brandt und Kiesinger nicht miteinander auskamen, war er der eigentliche Partner des Regierungschefs, eine Art Nebenkanzler. Ja mehr als das. Kiesinger war zwar belesen, intelligent und wortgewandt. Er besaß durchaus ein sensibles Gespür für neue Strömungen, auch für das politisch Erforderliche. Aber vor den gewaltigen Schwierigkeiten, der Union eine neue Richtung zu geben, resignierte er. Daher neigte er zunehmend dazu, was ihm als einem Manne höfisch-harmloser Repräsentanz ohnehin mehr lag: den Dingen ihren Lauf zu lassen.

Man muß sich das Kabinett ausmalen: Während der Kanzler Girlanden redete, wie Helmut Schmidt das nennt, und sich mit Carlo Schmid, dem an sich durchaus entbehrlichen Bundesratsminister, geistreich und folgenlos die Bildungsbälle zuwarf, besann sich Willy Brandt auf seine große Fähigkeit, mürrisch zu schweigen, wenn es ihm nicht paßte – und es paßte ihm nicht –, und schaltete ab. Auch Wehner schwieg, an seiner Pfeife saugend. Aber wer annahm, ihm entgehe ein Wort, täuschte sich sehr. Im Unterschied zu Kiesinger wußte er genau, was er wollte, auch was jetzt ging, und war für seine Person entschlossen, diesen (sowenig wie spätere!) Kanzler aus seiner Zucht zu entlassen. Das machte ihn damals zum entscheidenden Mann schlechthin in der Regierung. Heinrich Krone notierte am 13. Januar 1967 in seinem Tagebuch: »Der stärkste Mann im Kabinett ist Wehner. Zu Conrad Ahlers, der in diesen Tagen den Alten Herrn aufsuchte (gemeint ist Konrad Adenauer, Anm. d. Verf.), meinte dieser: Hoffentlich wird uns der Wehner nicht krank. Der Alte wußte, warum er einst Wehner bekämpfte, und weiß, was er heute für Deutschland wert ist, dieser härteste Kämpfer gegen den Adenauer-Kurs.« Am 12. April 1967 lesen wir an der gleichen Stelle: »Ich habe Ahlers, als er vorige Woche wieder bei mir war, gesagt, Wehner müsse alle wichtigen Schritte mit einigen wenigen aus der CDU abstimmen. Kein Alleingang. Mir war klar, daß die Union Schwierigkeiten machen würde; aber auch Brandt und sein Anhang, der im Grunde lieber mit der FDP die Koalition eingeht.«

Da war es schon: das (berechtigte) Mißtrauen gegen Brandts Absichten bei gleichzeitigem, geradezu kindlichem Vertrauen in Wehners Fairneß und seine Fähigkeit, alle Fäden in der Hand zu halten. Diese Zuversicht Wehner gegenüber war in der Union, zumal am Beginn der Zusammenarbeit mit den Sozialdemokraten, übertrieben groß. Natürlich mußte ein solch freudiger Überschwang später in ebenso heftige Enttäuschung, ja in die Verdächtigung umschlagen, Wehner habe die CDU/CSU bewußt irregeführt. Aber anfangs war das anders, und auch zwischendurch brach sich der Glaube der Union an seinen überwältigenden Einfluß bei den eigenen Leuten immer wieder Bahn.

Aufs Ganze gesehen, ist Wehner dem Zentrum der Macht nie wieder so nahe gewesen wie in diesen drei Jahren der Großen Koalition – nachher nicht und vorher, in der Opposition, natürlich ohnehin nicht. Man schätzte ihn in der

Union sehr. Man überschätzte ihn, hielt ihn gar für den Schöpfer des Godesberger Programms (der er bestimmt nicht gewesen ist) und den Urheber alles weiteren, was in der SPD auf dem Weg zur politischen Mitte geschehen war. Dabei übersah man völlig die Bedeutung anderer führender Sozialdemokraten, etwa Willy Brandts, den man bei der CDU/CSU im Grunde nur für eine zeitweilige Laune Wehners hielt, nicht mehr.

Wehner trug zu dieser Verzeichnung das Seine bei. Er hatte die Neigung, sich abfällig über seine Mitstreiter in der eigenen Partei zu äußern, besonders geringschätzig über Brandt (»unflätigst«, wie Kiesinger sagt), was seine Gesprächspartner in der Union mit Zutrauen in sein Urteilsvermögen und seine Verläßlichkeit erfüllte. Brandt kannte diese Schwäche Onkel Herberts und tolerierte sie gutmütig. Wenn Wehner mit CDU-Politikern verhandelte – stand, aus dem Munde Brandts, am 18. März 1968 im *Spiegel* –, dann erkläre er »erst einmal alle anderen Sozialdemokraten zu Arschlöchern«. So war es.

Leute, die man so bezeichnen mußte, gab es für Wehner freilich in noch weitaus höherem Maße anderswo: bei den Liberalen – Menschen, die man nicht einmal mit der Feuerzange anfassen mochte. Dehlers Temperament schätzte er; dieser Mann war eine Erholung für ihn. Aber viele andere sogenannte Liberale ärgerten ihn durch ihr bloßes Dasein. Schon ihr Anblick brachte ihn in Wut: Männer wie Heinrich Schneider von der Saar, Heinz Starke aus Bayreuth oder August Martin Euler und die ganze konservative Mafia im nördlichen Hessen, wo er allein Max Becker genießbar fand. Für Wehner stand ein Großteil der FDP rechts von den Deutschnationalen.

Das hatte er nicht immer so gesehen – und sein Urteil blieb in späteren Jahren bekanntlich nicht gleichermaßen negativ. Natürlich mißtraute er der FDP wie allen Menschen und Gruppen, das war klar. Aber er hatte doch in den späten fünfziger Jahren einige Hoffnungen auf sie gesetzt, hatte sich damals bis zu der Wunschvorstellung einer FDP/SPD-Koalition unter Reinhold Maier nach Stuttgarter Vorbild verstiegen. Doch dann war der soldatische, innerlich unsichere Erich Mende 1960 Nachfolger Maiers im FDP-Vorsitz geworden und hatte sich als bedingungsloser Unionsanhänger, ja als CDU-Trabant entpuppt.

Enttäuscht, verbittert hatte Wehner daraufhin den Gedanken fahrenlassen, mit den Liberalen könne die SPD etwas Gescheites anfangen. Solange dort der schwache, schöne Mende mit dem Ritterkreuz die Reihen anführte, ein »wasserpolackscher Apoll« (wie Theodor Heuss gesagt hatte), konnte man als Sozialdemokrat diese Partei vergessen. Es war bemerkenswert genug, fand Wehner, daß ein Mann wie Mende sich acht Jahre lang an ihrer Spitze hielt, »der längstdienende (!) Vorsitzende der Liberalen seit hundert Jahren« werden konnte, wie Mende, noch immer auf sich selber stolz, heute im Rückblick feststellt.

Im Herbst 1966 gewann Wehner vollends die Überzeugung, diese FDP habe keine Zukunft, sondern zerfalle. Hatten denn die Liberalen in ihrer langen Geschichte je eine richtige Organisation zustande gebracht, mit der sich rechnen ließ? Nein, sie waren bisher noch nie etwas anderes gewesen als ein lockerer Bund aus vielen Clübchen und Grüppchen rivalisierender Einzelkämpfer. Nach dem Sturz der Regierung Erhard, den sie ja schließlich wesentlich mit betrieben und bewerkstelligt hatten, boten sie ihm ein lamentables Bild: Wie aufgeregte Hühner liefen sie am Rande des Abgrunds ziellos hin und her. Wenn sie so weitermachten, bestand die Gefahr, daß sie alle gemeinsam hineinstürzen und damit von der politischen Bildfläche dieser Bundesrepublik verschwinden würden.

Wehner ließ gegenüber prominenten Christdemokraten nach 1966 erkennen, daß für ihn eine Koalition zwischen SPD und FDP keine echte Alternative zur Großen Koalition sei. Als sie dann 1969 dennoch kam, war ihm bei diesem Bündnis mit den Liberalen unwohl zumute, um das mindeste zu sagen. Diese wacklige Koalition mit nur wenigen Stimmen Mehrheit und einem innerlich zerrissenen Partner war in seinen Augen ein unverantwortliches Abenteuer, das tagtäglich vom Mißlingen bedroht sein würde – eine Einschätzung, die Helmut Schmidt teilte. So hatten das 1966 übrigens alle Sozialdemokraten an der Spitze einmütig gesehen. Da sich inzwischen nicht allzuviel verändert hatte bei den Liberalen, wie sie fanden, sahen diese beiden es 1969 genauso wie damals. Wenn Brandt, der dritte in ihrem zähen Mit- und Gegeneinander, die FDP anders einschätzte, positiver beurteilte, mußte er den Beweis der Richtigkeit seiner freundlichen Einschätzung erst noch beibringen.

Für Herbert Wehner hatte die FDP nach wie vor keine überzeugenden Konturen gewonnen. In seinen Augen wurde sie erst in den siebziger Jahren zu einer Partei, die diesen Namen verdiente. Zu seinem späteren Meinungsumschwung trug nicht unwesentlich bei, daß sich sein Dresdner Landsmann Wolfgang Mischnick, Fraktionsvorsitzender wie er, als ein verläßlicher Partner erwies; sie beide dienten als die entscheidende, tragende Achse, auf der die Koalition unter Brandt, dann Schmidt stetig und störungsfrei rollte. Das war eine ganz andere Lage als früher. Solange sie nicht gegeben war, gedachte Herbert Wehner die »alte Pendlerpartei«, wie er 1969 noch nach der Wahl verächtlich sagte, zu tyrannisieren – in einem Augenblick, als Brandt bereits auf Scheel und damit auf die SPD/FDP-Koalition zuging.

Düstere Zukunftsdeutungen und demonstrative Schmähungen entsprachen immer Wehners extrem spannungsreichem Innenleben. Zugleich benutzte er den angstvoll-aggressiven Pessimismus seines unausgeglichenen Naturells zielbewußt als Druckmittel gegen andere. Auch bei den Liberalen versprach er sich von Höllenfahrtsvisionen und Untergangsprophezeiungen heilsame Effekte. Das hörte sich am Wahlabend des 28. September 1969 aus seinem Munde so an: »Die FDP wird ja wissen, in welcher Situation sie ist und ob sie sich verschlingen läßt von denen, die Teile von ihr schon verschlungen haben.«

Die Freien Demokraten sollten in die Defensive gedrückt werden, sollten sich verteidigen, rechtfertigen, Konzessionen machen müssen – als könnten sie ihre

Eigenständigkeit nur dadurch beweisen, daß sie sich den Sozialdemokraten anheimgäben. Denn vor allem wollte Wehner mit brutaler Wehleidigkeit den Meinungsbildungs- und Polarisierungsprozeß innerhalb der FDP vorantreiben, damit die Liberalen entweder rabiate Anhänger der Union würden oder zur SPD hin umkippten. Je nachdem. Wobei er letzteres denn doch für wahrscheinlicher hielt: »Ich glaube nicht, daß in der FDP die Zahl derer über die Maßen groß sein wird, die sich jetzt von der CDU als Stipendiaten aufnehmen lassen wollen.«

Wie ein Specht – schien er zu denken – müsse man diese Partei geduldig so lange abklopfen, bis man nicht nur wisse, was an Würmern in ihr sei, sondern diese Schadensstifter auch dazu gebracht habe, das gesunde liberale Holz zu verlassen. Solange mit der FDP (noch) nichts zu machen war, mußte man sich an die Union halten, mußte durch die gemeinsame Wahl eines Bundespräsidenten dieses nüchterne Zweckbündnis zu befestigen suchen. Nur eine langjährige, erfolgreiche Zusammenarbeit zwischen SPD und CDU/CSU konnte die Öffentlichkeit dahin bringen, die Sozialdemokraten für wirklich regierungsfähig zu halten.

Georg Leber: ein Kandidat der Großen Koalition?

Georg Leber war der erste sozialdemokratische Name in der Diskussion über den Nachfolger Lübkes, um den sich im Sommer 1967 seriöse Spekulationen rankten. Er sei, hörte man, ein aussichtsreicher Präsidentschaftskandidat der Großen Koalition – wenn Brandt auch Berichte, daß die SPD Leber nominieren wolle, sofort dementierte und erklärte, über diese Kandidatur sei auf der entscheidenden Präsidiumssitzung vom 1./2. August 1967 nicht gesprochen worden. Leber selbst fand den Gedanken verlockend, aber er stammte nicht von ihm. Herbert Wehner steckte hinter dieser Initiative.

Sie schien durchaus nicht aussichtslos. Leber war in den Reihen der CDU/CSU sehr geachtet. Man hat ihm hier auch nach dem Ende der Großen Koalition Respekt bewahrt, ja weiterhin Vertrauen entgegengebracht. Das konnten nicht viele Minister der sozialliberalen Regierung von sich behaupten. Dabei zählte die Anerkennung, die Leber bei der Opposition fand, doppelt angesichts des besonders schwierigen Verteidigungsressorts, das er nach 1972 zu verwalten hatte.

Bei der Wertschätzung der Union für Leber spielte gewiß eine Rolle, daß er katholisch war, »ein treuer Sohn seiner Kirche«, wie Walter Henkels schreibt, und seit 1967 ad personam dem wichtigen *Zentralkomitee der deutschen Katholiken* angehörte, dieser repräsentierenden, informierenden, inspirierenden und koordinierenden Dachorganisation des deutschen Vereinskatholizismus. Verschiedentlich wurde Leber später nach Rom entsandt, um Kontakte im Vatikan zu pflegen.

Wichtiger, ja von zentraler Bedeutung war etwas anderes. In der SPD wie in der Union, vor allem auf deren linkem Flügel, bei den Sozialausschüssen, fanden viele den Gedanken verlockend, erstmals in der Bundesrepublik einen Arbeiter zum Bundespräsidenten zu machen. Im Aufstieg dieses Maurers zum Ersten Vorsitzenden der *IG Bau, Steine, Erden,* der er zehn Jahre lang gewesen war, dann zum Bundesminister und endlich zum Staatsoberhaupt wäre die Integration der Arbeitnehmerschaft in diesen Staat symbolisiert gewesen. Große Teile der Erwerbstätigen dieser westdeutschen Wettbewerbsgesellschaft hätten sich in Leber wiedererkennen, mit seinem Erfolg identifizieren können. Seine Wahl wäre zugleich ein progressives Denkmal der Großen Koalition gewesen. Es hätte dem Bilde entsprochen, das sie von sich selbst hatte, das ihrer Selbsteinschätzung entsprach: dem Porträt eines kraftvollen, selbstbewußten Mannes in den besten Jahren (wie man, leicht beschönigend, so sagt).

Leber, 1920 geboren, war 1967 47 Jahre alt. Er war undoktrinär-dynamisch wie die Zeit, die ihn nach oben gebracht hatte. Sein Vermögensbildungsplan aus den frühen sechziger Jahren galt als praktikables Konzept effizienter Interessenvertretung der Arbeitnehmer und daher in beiden Parteien als ein vorbildliches Stück moderner Sozialpolitik. Es gelang Leber, dieses Projekt, was eine wichtige Neuerung war, 1963 in Tarifverträgen seines Industriezweigs zu verankern, seinen Gedanken also in die Tat umzusetzen. Damit hatte er bei Arbeitnehmern wie Arbeitgebern unter Beweis gestellt, daß er Phantasie, Energie und Augenmaß besaß. Unter seiner Führung wurde die IG Bau nicht nur zu einer der modernsten, sondern auch zu einer der reichsten Gewerkschaften Europas.

Lebers Ruf als vernünftiger, verantwortungsbewußter Praktiker festigte sich, als Ende September 1967 sein *Leber-Plan,* das »Verkehrspolitische Programm für die Jahre 1968 bis 1972« herauskam. In ihm sah man (und sieht man erst recht im Rückblick) eine zukunftweisende, im öffentlichen Interesse erforderliche Entscheidung zugunsten der Schiene, zu Lasten der Straße, nämlich ein Bündel weit vorausschauender, realistischer Sanierungsmaßnahmen für die Bundesbahn.

Außerdem lernte man in jener Zeit die tatkräftige Unerschrockenheit bewundern, mit der dieser handfeste Gewerkschaftler als neuer Verkehrsminister für seine Initiative focht und sich beherzt mit einer mächtigen Lobby anlegte. In ihr hatten sich die Kraftfahrzeugindustrie, die Speditionsunternehmer und deren wichtigste Kunden zusammengefunden. Das Ganze wurde organisiert und koordiniert vom CDU-Verkehrsfachmann und Konkurrenten Lebers um dieses Ministeramt, dem gelernten Speditionskaufmann und rührigen Bremer Bundestagsabgeordneten Ernst Müller-Hermann, dem späteren Präsidenten des Zentralverbandes des Kraftfahrzeughandels und Sprecher des Kraftfahrzeughandwerks. An einer solchen Kräftekonstellation der Gegenseite, die eine außerordentlich wirkungsvolle Kampagne gegen ihn startete, ist Leber mit seinem Plan im Ergebnis gescheitert. Der Koalitionspartner CDU/CSU machte sich die Interessen dieser Wirtschaftszweige kurzsichtig zu eigen. Ende

Juni 1968 wurde Leber daher gezwungen, auf das Kernstück seines Plans zu verzichten: auf das Verbot des Massengütertransports im Überland-Straßenverkehr. Dieser *Leber-Plan* war ein frühes Reformwerk – und eines, das von rechts ruiniert wurde.

Gleichzeitig war offenbar geworden, daß Lebers Position als Exponent dieser Koalition wackliger war, als für seine Wahlchancen gut sein konnte. Dennoch hing der Bundeskanzler und CDU-Vorsitzende an dem Gedanken, Leber durchzubringen. Verständlicherweise wollte er die Koalition, deren Regierungschef er war, gerne fortsetzen. Er hielt für wahrscheinlich, daß diese Verlängerung leichter zu bewerkstelligen sei, wenn man der SPD stillschweigend den Posten des Bundespräsidenten überlasse – eine Auffassung, in der ihn Wehner nach Kräften bestärkte. Allerdings sah Kiesinger Ärger mit den eigenen Leuten voraus, wenn er für einen Präsidenten aus den Reihen des Koalitionspartners plädierte, zumal er selbst vermutete, die Besetzung dieses Spitzenamtes werde den Sozialdemokraten einen Prestigegewinn bescheren, der sich in höheren Wahlprozenten im Herbst 1969 niederschlage. Das fürchteten in der CDU/CSU viele, und sie sahen nicht ein, weshalb sie dem Konkurrenten auf die Sprünge helfen sollten; schließlich zeigte sich bei Landtags- und Kommunalwahlen, daß sich die Union erholt und gekräftigt hatte.

Gleichzeitig schritt die Erosion der Großen Koalition fort. In weiten Teilen der Union war man mißtrauisch geworden. Man nahm Brandt und vor allem Bahr die heimlichen Kontakte und Sondierungen übel, die hinter dem Rücken des Kanzlers aus dem Auswärtigen Amt geknüpft und betrieben wurden, um ostpolitische Möglichkeiten auszukundschaften. Da Kiesinger, den man nicht umsonst »König Silberzunge« nannte, ohnehin eher ein Mann wohlgesetzter Worte als energischer Taten war, schob er die Entscheidung über den Präsidentschaftskandidaten ebensolange vor sich her wie den überfälligen Besuch bei Lübke, dem endlich jemand energisch ins Gewissen reden mußte.

Jedenfalls blieb das Schreiben Brandts vom 7. August 1967 ohne Antwort. Indessen hätte Kiesinger vermutlich seine Trägheit überwunden und sich in beiden Richtungen früher und beherzter zu Vorstößen aufgerafft (notfalls konnte er ja immer, was seine Partei in arge Verlegenheit gesetzt hätte, mit dem Rücktritt drohen), wenn die volle Bedeutung dieser Frage von ihm wirklich erkannt worden wäre. Das war indessen nicht der Fall. So wie er das Ausmaß des Jugendprotests und die Entwicklungschancen der FDP falsch beurteilte, nämlich unterschätzte, übersah er anscheinend bis zum Schluß die entscheidende Rolle, die der Wahl des Lübke-Nachfolgers beim späteren Machtwechsel zukommen sollte. Durch sein vage hoffnungsvolles, zauderndes Abwarten verlor Kiesinger (zusammen mit seinem Weggefährten Wehner, der um der Großen Koalition willen Leber so lange wie möglich als Option im Spiel zu halten versuchte) in dieser Sache, wie auch sonst, allen Einfluß auf den Gang der Dinge. Als er, viel zu spät, auf den Außenseiter Richard von Weizsäcker umzusteigen versuchte, war das Rennen in den eigenen Reihen längst gelaufen. Die Union hatte sich mittlerweile mit großer Mehrheit für Kiesingers Hauptkonkurrenten beim Kampf um das Kanzleramt 1966, Verteidigungsminister Gerhard Schröder, entschieden.

Die Präsidentschaftsfrage als Test eines alternativen Bündnisses

Die Sozialdemokraten waren von allem Anfang an nicht einhellig für Leber gewesen. Man muß nicht lange forschen und begründen, weshalb wohl diejenigen unter ihnen, die von der Großen Koalition loskommen wollten, anders votierten. Wer auf ein alternatives Bündnis hinauswollte, also auf die Zusammenarbeit mit der FDP, mußte einen Kandidaten vorweisen können, der den Liberalen paßte oder zumindest schmackhaft zu machen war. Dabei lag der Gedanke nahe, den Regierungschef oder prominenten Minister eines derjenigen Bundesländer zu benennen, in denen SPD und FDP in einer Koalition vertrauensvoll und erfolgreich zusammenarbeiteten.

Zwar wurden im Sommer 1967, als diese Diskussion einsetzte, neben Carlo Schmid (dessen Name über ein Jahrzehnt lang unvermeidlich immer auftauchte, wenn man einen neuen Bundespräsidenten suchte) auch Georg-August Zinn und Herbert Weichmann genannt. Zinn war seit Beginn der fünfziger Jahre der angesehene Ministerpräsident des Landes Hessen. Aber Liberale waren in Wiesbaden seit 1946 nie an der Regierung beteiligt gewesen; in jenen Zeiten wurde dort rein sozialdemokratisch regiert. Ein solcher Mann, so respektabel er auch sein mochte, konnte für die FDP keinen besonderen Reiz haben. Erst recht hielten sich die Sympathien der Freien Demokraten für Herbert Weichmann in engen Grenzen. Zwar hatte Hamburg, anders als Hessen, seit 1957 unter einem SPD/FDP-Senat gelebt. Aber dieses Bündnis war nach den Wahlen vom 27. März 1966 gelöst worden. Seither regierten in Hamburg die Sozialdemokraten, unter eben jenem Herbert Weichmann als Erstem Bürgermeister, alleine.

Anders lag es in Berlin. Hier hatte Willy Brandt – was nicht ohne aktuelle Pointe war, nämlich eine bundespolitische Parallele nahelegte – wegen grundsätzlicher ostpolitischer Differenzen im Frühjahr 1963 die bis dahin das Rathaus Schöneberg beherrschende SPD/CDU-Koalition durch ein SPD/FDP-Bündnis abgelöst. Nachdem er im Dezember 1966 nach Bonn übergesiedelt war, hatten die Berliner Sozialdemokraten auch nach den Wahlen zum Abgeordnetenhaus vom 12. März 1967 die sozialliberale Koalition fortgesetzt und unter Heinrich Albertz einen Senat gebildet, in dem Hans-Günter Hoppe von der FDP das Justizressort übernahm.

Aber wenn man nach einem Beispiel besonders gelungener sozialliberaler Zusammenarbeit suchte, dann stach Nordrhein-Westfalen sofort ins Auge. Das größte Bundesland hat in der Bundesrepublik besonderes Gewicht. Machtverschiebungen in Düsseldorf wirkten von jeher auf Bonn zurück. Schon 1956. Nach dem innerparteilichen Putsch der freidemokratischen *Jungtürken* aus Nordrhein-Westfalen und dem anschließenden Sturz des Kabinetts Karl Arnold, das aus CDU, FDP und Zentrum bestanden hatte, war es an der Düssel zu einer gemeinsamen, allerdings ziemlich kurzlebigen Regierung unter Fritz Steinhoff (SPD) und Willi Weyer (FDP) gekommen.

Die Aktion war improvisiert, obwohl sie als großangelegte strategische Operation gedacht war: Sie zielte auf Bonn. Vergeblich. Denn aus der Bundestagswahl von 1957 ging die CDU/CSU mit einer absoluten Mehrheit hervor und konnte fortan ohne alle Partner auskommen. Nicht von ungefähr hatte man die FDP-Rebellen um Wolfgang Döring und Willi Weyer, Siegfried Zoglmann und Walter Scheel mit jener geheimen *jungtürkischen Bewegung* verglichen, die sich 1908 erfolgreich, aber ohne politische Erfahrung, ohne Ideologie und ohne klares Programm gegen das Regime des Sultans erhoben hatte. Daher blieb es in Bonn bei einer anderen, minderen Form der Gemeinsamkeit zwischen SPD und FDP, als man geträumt hatte.

Schon 1956, nach dem Düsseldorfer Paukenschlag, waren die Liberalen aus der Bundesregierung ausgeschieden und in die Opposition gegangen. Dort saßen sie, fünfeinhalb Jahre lang, neben den Sozialdemokraten. Man agierte, man agitierte oft zusammen, stellte, etwa ostpolitisch, gemeinsame Anträge. Auch dies kann Gefühle der Verbundenheit entstehen lassen: die gemeinsame Erfahrung der Ohnmacht.

Zehn Jahre nach der Rebellion war die Landtagswahl vom 10. Juli 1966, bei der die SPD mit 49,5 Prozent der Stimmen erstmals in diesem wichtigsten Bundesland die CDU überflügelte, ein Signal allgemeinen Aufbruchs. In der Union wurde der relative Rückschlag (von 46,4 auf 42,8 Prozent) als gewaltiges Desaster empfunden – als eine sozialdemokratische Sintflut, in der die CDU zu versinken drohe – und gleichzeitig als persönliche Niederlage des eigenen Bundeskanzlers und Parteivorsitzenden verstanden. Man beschloß daher in den eigenen Reihen, ihn aus dem Wege zu räumen. Wenige Monate später war dieser politische Mord bewerkstelligt; ein vereinsamter Ludwig Erhard war am Ende. Statt dessen kam es in Bonn zur Großen Koalition.

Um ein Haar hätte sie auch in Düsseldorf Einzug gehalten. Diese Gleichschaltung lag sachlich nahe. Wegen der vielfältigen, auch praktischen Zwänge zur Zusammenarbeit mit der Bundesregierung wird vieles einfacher, wenn in Nordrhein-Westfalen eine Koalition gleicher Einfärbung wie in Bonn amtiert. Auf diese große Lösung deutete alles hin, seit die Düsseldorfer CDU unter Führung ihres Landtags-Fraktionsvorsitzenden Wilhelm Lenz ihr offen den Weg bereitete. Zweifellos strebten ebenso führende Sozialdemokraten in der Bonner

Baracke wie in der Düsseldorfer Fraktionsführung dieses Bündnis an. Die FDP sei eine opportunistische Partei und »das Grundübel der politischen Struktur der Bundesrepublik«, ließ sich Helmut Schmidt, der stellvertretende Fraktionsvorsitzende der SPD im Bundestag, am 12. Juli 1966 vernehmen. Wer die FDP wähle, gebe seine Stimme in die Hände von Taktikern, »die um fast jeden Preis mit dabeisein wollen«.

Am Ende waren die Liberalen in Düsseldorf wieder dabei, zusammen mit den Sozialdemokraten. Nachdem sie lange völlig ruhig, also strikt koalitionstreu gegenüber der CDU geblieben waren, wurden sie am 21. November plötzlich aktiv und bandelten heimlich mit der SPD an; gleichzeitig rebellierte die sozialdemokratische Basis, dann die Landtagsfraktion gegen die Große Koalition. So kam es nicht, wie allgemein erwartet, zum Zusammengehen von SPD und CDU. Vielmehr wurde die vormalige CDU/FDP-Koalition unter Franz Meyers und Willi Weyer durch ein SPD/FDP-Bündnis unter Heinz Kühn und Willi Weyer abgelöst.

Am Anfang standen sich diese beiden kühl gegenüber. Kühn *und* Weyer hatten eine andere Partnerschaft gewollt. Weyer hielt bis zuletzt an der bisherigen Zusammenarbeit mit der CDU fest. In den Plänen Kühns wiederum war bisher nur für die beiden großen Parteien Platz gewesen, während er die Liberalen an die Union gekettet sah und für ein politisch ausgezehrtes, rasch dahinschwindendes Grüppchen lebender Leichname hielt. Aber die wechselseitige Fremdheit am Beginn dieses überraschenden, spontanen Bundes war rasch geschwunden. Die Partner kamen, wie bei Vernunftehen oft nach einiger Zeit, zu einer verläßlichen, ja harmonischen Verbindung. Ohne detaillierte Besprechungspapiere und schriftlich protokollierte Festlegungen bildete sich im täglichen Miteinander der gemeinsamen Arbeit bald eine feste, gemeinsame Grundlage, auf der beiderseits menschliches Vertrauen wuchs.

Kühn und Weyer waren loyale Männer, deren Fähigkeiten sich ergänzten. Der eine erwies sich als fairer Regierungschef, dem Finassieren fremd war; er behandelte alle Kabinettsmitglieder – egal, welcher Partei – gleich. Der andere war ein mittlerweile erfahrener, beharrlicher Mann der Verwaltung (was Kühn nicht war, auch nicht werden wollte), so daß Weyer (dieser umgängliche »Minister Immergrün«) die Rolle übernahm, die er ohnehin liebte: der eigentliche Macher zu sein.

In den ersten Jahren dieser langlebigen Düsseldorfer Koalition wäre ein Personalwechsel an der Spitze vermutlich riskant gewesen. Heinz Kühn, der nach 1966 zu einer überregionalen sozialliberalen Symbolfigur wurde, den man daher immer wieder als denkbaren Bundespräsidenten nannte, der für dieses Amt auch getaugt hätte und sich selbst für sehr geeignet hielt (er wollte eigentlich immer in Bonn etwas werden und war 1962 nur sehr widerstrebend nach Düsseldorf gegangen), winkte deswegen aus landespolitischen Gründen nach einigem Zögern Ende Oktober 1968 energisch ab: Er sei jetzt in Düsseldorf unentbehrlich; Gustav Heinemann sei der geeignete Kandidat. Willi Weyer erklärte zur gleichen Zeit rundheraus, daß die FDP Kühn nicht unterstützen werde, wobei er gleichzeitig seine Sympathie für die moralische und geistige Kraft Heinemanns bekundete. Also über Weyer zu Heinemann. Wieso über Weyer? Wieso zu Heinemann?

Bei der Bedeutung Nordrhein-Westfalens und der Signalwirkung der dortigen soziallliberalen Koalition ist es nicht weiter überraschend, daß sich Weyer früh zur Frage des nächsten Staatsoberhaupts zu Worte meldete, war er doch als stellvertretender Ministerpräsident dieses Landes während langer Jahre in der Lage, in Koalitionen wechselnder Färbung (1956 bis 1958 mit der SPD, 1962 bis 1966 mit der CDU, ab 1966 wieder mit der SPD) weithin leuchtende Zeichen zu setzen. Dabei war allerdings wichtiger als sein Staatsamt, daß in ihm der Vorsitzende des mächtigsten Landesverbandes der FDP sprach und, noch wichtiger damals, gleichzeitig ein stellvertretender Bundesvorsitzender seiner Partei, *der* maßgebliche Stellvertreter Erich Mendes. Mehr als jeder andere zu jener Zeit, im Sommer 1967, konnte Weyer unbefangen im Namen der Liberalen sprechen – von denen in der Bundesversammlung angesichts der voraussehbaren Mehrheitsverhältnisse alles abhängen würde.

Zwar hatte es der frühere Bundespressechef Felix von Eckardt ironisch-kritisch gemeint, als er vom Verhältnis der FDP zu ihren Koalitionspartnern sagte: Hier wedle nicht der Hund mit dem Schwanz, sondern der Schwanz mit dem Hund. Aber für Weyer sah es tatsächlich so aus, ob das nun den beiden großen Parteien gefiel oder nicht. Für ihn war das keine Selbstüberschätzung der FDP, keine vermessene Forderung, keine fade Theorie. Für alles Visionäre hatte er ohnehin nichts übrig. Für Weyer war die Unentbehrlichkeit der Liberalen eine schlichte Realität, die er seit zehn Jahren in Nordrhein-Westfalen konstatieren konnte. Ohne die FDP lief hier nichts – bei einigem Glück und Geschick, das ist wahr. Und in der FDP lief nichts ohne ihn, den taktisch erfahrenen, organisatorisch begabten Westfalen. Auf seinen politischen Instinkt (fand er, fanden auch viele andere) konnte man sich verlassen.

Weyer war seit langem der starke Mann seiner Partei, obwohl – oder vielmehr: weil – er seinen politischen Ehrgeiz bewußt auf Nordrhein-Westfalen beschränkte. Gerade als Sportler hatte er etwas gegen Streß; er besaß eine sympathische Neigung zur Bequemlichkeit. Neben der Politik waren dem lauten, hemdsärmeligen Mann auch Freizeit, Urlaub, ausgelassene Fröhlichkeit wichtig. Gelegentlich sah man in diesem Freund barocker Lebensart und temperamentvollen Daseinsgenusses einen »westfälischen Strauß«. Wie dieser war er über viele Jahre hinweg eine Reservekraft, eine *Fleet in Being* seiner Partei. Allerdings besaß Weyer mehr Mut und mehr politische Selbstkontrolle, war also weniger vulkanisch-eruptiv, außerdem weit weniger ehrgeizig als der Bayer und daher in der Wirkung konstruktiver als dieser.

Weyer wollte außerhalb seines Landes nichts werden, obwohl ihm während der sechziger Jahre mehrfach die Parteiführung angetragen wurde, später auch Ministerposten in Bonn – so zuletzt noch die Nachfolge Genschers im Amte des Innenministers 1974. Sich seiner Grenzen bewußt (Weyer verstand von Außenpolitik nichts), lässig im Auftreten, aber mit unwidersprochener Autorität, beschränkte sich Weyer darauf, bei regelmäßigen Pressekonferenzen der Allgemeinheit mitzuteilen, wie seiner Ansicht nach die Dinge geregelt werden sollten. Jedenfalls bis zum Jahre 1968. Denn nach der Wahl Scheels zum Nachfolger Mendes gab Weyer den stellvertretenden Parteivorsitz ab, und in der Folgezeit räumte er rasch auch seine bisherige Position als selbsternannter Vormund der FDP.

Im Sommer 1967, wie gesagt, war das noch anders. Es verdiente – und fand – daher höchste Aufmerksamkeit, als er am 6. Juli 1967 in einem Interview mit der *Neuen Ruhr-Zeitung* unter der Überschrift: »Weyer: SPD soll 1969 den Bundespräsidenten stellen« ausführte: Wenn Herr Brandt es für staatspolitisch richtig erkläre, nach einem FDP-Politiker und einem CDU-Mann nunmehr einen Sozialdemokraten zum Staatsoberhaupt zu berufen, dann habe er »zweifelsohne gute Gründe dafür«. Im übrigen werde es darauf ankommen, wen die SPD vorzuschlagen habe. Der FDP gehe es allein um die Person. Sie werde nicht noch einmal, wie 1964, einen eigenen Kandidaten aufstellen, was sie trotz ihrer damaligen Koalition mit der CDU ausschließlich deshalb getan habe, weil sie Lübke in seinem Amt für überfordert hielt. Diesmal habe die FDP zwar noch keine Wahl getroffen, dränge aber jetzt auf eine baldige Klärung.

Rundheraus gesagt, hieß das: Die FDP erwarte so rasch wie möglich einen Präsidentenvorschlag seitens der Sozialdemokraten, den sie akzeptieren könne. Dann sei das Rennen gelaufen, ohne daß damit eine künftige Koalition in Aussicht genommen oder gar festgeschrieben werden solle. Denn hier handle es sich um nicht mehr, nicht weniger als die Wahl des bestmöglichen Mannes für das höchste Amt.

Bei der FDP stand also von Anfang an fest, daß man nicht das trotzig-hoffnungslose Unterfangen von 1964 wiederholen wollte, einen eigenen Kandidaten ins Feuer zu schicken. Denn wozu sollte das gut sein? Jetzt, wo die Partei um ihr Überleben kämpfte, konnte man sich solche Kapriolen nicht mehr leisten. Daraus folgte aber etwas sehr Wichtiges, das am Ende die Wahl entschied: Es hing, falls sich CDU/CSU und SPD nicht verständigten, ausschließlich von den Freien Demokraten ab, wer Bundespräsident wurde. Die beiden anderen Parteien, so groß sie auch sein mochten, konnten mit allen Namen, die sie nannten, lediglich Angebote an die Adresse der FDP machen.

Es war frühzeitig abzusehen, daß 1969 keine Partei für sich allein eine Mehrheit unter den Mitgliedern der Bundesversammlung erwarten konnte. Ebenso war schon lange vor dem Wahltag erkennbar, daß die Union 1969 beträchtlich stärker sein würde als die SPD (482 zu 449 Stimmen). Das galt erst recht, wenn man berücksichtigte, daß die 22 NPD-Stimmen höchstwahrscheinlich dem

CDU/CSU-Kandidaten zufallen würden, nicht dem Sozialdemokraten – ganz davon abgesehen, daß die SPD diese Hilfsstimmen, deren Existenz sie als nationale Schande betrachtete, auch gar nicht haben wollte.

Unter diesen Umständen war der Ausgangspunkt für die beiden großen Parteien sehr unterschiedlich. Die Union mit (482 + 22 =) 504 absehbar sicheren Stimmen brauchte für die absolute Mehrheit nur noch 15 zusätzliche Voten. Die Sozialdemokraten hingegen mit ihren 449 Stimmen mußten 70 der insgesamt 83 liberalen Wahlmänner, die in der Bundesversammlung sitzen würden, zu sich herüberziehen, also eine fast geschlossene Stimmabgabe der FDP für ihren Kandidaten zuwege bringen.

Die Kandidatur Gustav Heinemanns

Nachdem schon eine Zeitlang neben anderen Namen auch der des Bundesjustizministers in Presse-Spekulationen als der eines denkbaren Bewerbers genannt worden war, kam am 1. September 1967 die erste etwas deutlichere Antwort auf Weyers Frage aus dem sozialdemokratischen Lager. Am Tage darauf las man in der *Welt* unter der Überschrift »Spitzenkandidat der SPD: Heinemann«:

> Die Sozialdemokraten beabsichtigen, Bundesjustizminister Gustav Heinemann als ihren Kandidaten für die Wahl des Bundespräsidenten im Jahre 1969 zu präsentieren. Dieser Plan, der am Freitag in Bonn bekannt wurde, ist im inneren Führungszirkel der SPD entstanden. Einen offiziellen Beschluß haben Gremien der Partei allerdings noch nicht gefaßt.
>
> Wie in Bonn verlautet, sollen von sozialdemokratischer Seite schon erste sondierende Gespräche mit Vertretern der CDU/CSU über dieses Vorhaben geführt worden sein. Über die Reaktion der Unionsparteien liegen zuverlässige Informationen bisher nicht vor. In unterrichteten Kreisen besteht der sichere Eindruck, daß die Resonanz zurückhaltend sein dürfte ...

Das war wohl das mindeste, was man sagen mußte – in einer sehr vornehmen, weltfremden Ausdrucksweise. Den zweiten Absatz dieser Notiz konnte nur ein Ahnungsloser verfaßt haben – oder ein Schalk.

Etwa nicht? Sehr von ferne und oberflächlich betrachtet, stand die Union, aller späteren Polarisierung der beiden Parteien zum Trotz, der SPD *objektiv* tatsächlich nie näher als in der Person dieses Gustav Heinemann – das ist wahr. Er kam aus ihren Reihen, konnte von sich sogar sagen, er habe die Union mitbegründet. Heinemann verkörperte die Soziologie und die Ideologie der Union in ihren Anfängen. Er war in wesentlichen Punkten das, was sie in den ersten

Nachkriegsjahren hatte sein wollen, vielleicht auch hatte sein müssen. Zumindest auf ihrem rechten Flügel.

Ein Bürger, durch und durch. Ein Hausvater: fleißig, sehr sparsam, streng, auch ehrgeizig. Bis ins hohe Alter beherzigte er den Wahlspruch seines Vaters Otto Heinemann, des Prokuristen bei Krupp: »Nütze Zeit und Stunde. Niemals müßig sein!« Vier Kinder. Aber nur verhalten gefühlvoll zu den Seinen: gehemmt, bei sanftem Gemüt, nach außen oft ruppig und jähzornig. Sehr allein. Nichts war irreführender als das mit Recht berühmt gewordene Aperçu vom November 1969 (das als spontaner Einfall gleich hätte mißtrauisch machen sollen): Er liebe nicht den Staat, er liebe seine Frau. Ungesellig; ein Langweiler. Auch amusisch: ein trockener Jurist.

Mehr als zwanzig Jahre lang wirkte er in einer kapitalistischen Schaltstelle, nämlich bei den Rheinischen Stahlwerken in Essen, wo er vom Justitiar zum Leiter der Hauptverwaltung und Vorstandsmitglied aufsteigen konnte. In gewisser Hinsicht blieb er der Wirtschaft (von der er wenig verstand, aber immerhin genug, um tiefe moralische Vorbehalte gegenüber Unternehmern zu haben) stets verbunden. So hatte er einst von den Rheinischen Stahlwerken eine großbürgerliche Villa in der Essener Schinkelstraße 34 zu sehr ansprechenden Bedingungen gemietet. Er blieb in ihr sein Leben lang, Hilda Heinemann darüber hinaus bis zu ihrem Tode 1979. Man könnte daher sagen, Heinemann habe gemeint, daß er hier unauflösliche Anrechte erworben habe. Gewissermaßen stehe ihm über alle Wechselfälle und Wandlungen seines Daseins hinweg die Gunst der Ruhr-Industrie zu.

Überhaupt verkennt man diesen nüchternen Mann, wenn man nicht weiß oder vergißt, wie sehr er immer im Auge behielt, daß die Kasse stimmte. Warum sollte man das verlegen leugnen? Vielleicht war es eine wichtige Grundlage seiner inneren Unabhängigkeit, einer vorbildlichen Zivilcourage. *Die protestantische Ethik und der Geist des Kapitalismus:* Man weiß seit Max Weber einiges von den Wurzeln und Wirkungen eines Zusammenhangs, aus dem die moderne Welt wuchs. An Heinemann ließ sich diese ursprüngliche, asketische Religiosität gut beobachten. Er war ja nicht von der Tradition her fromm, sondern erst im Mannesalter bekehrt worden. Das gab seinem Glauben Unmittelbarkeit und Frische, freilich auch manchmal die sauertöpfische Ernsthaftigkeit und Enge, wie man sie in Sekten findet.

Heinemann war auf eine ganz unmittelbare, fast naive Weise Christ. Da er während des Dritten Reiches im Bruderrat der Bekennenden Kirche aktiv gewesen war, wurde er nach 1945 Präses der Synode, sozusagen Parlamentspräsident der Evangelischen Kirche in Deutschland (EKD). Damit saß er auch im Rat der EKD, gehörte also dem Leitungsgremium dieses Bundes der deutschen evangelischen Landeskirchen an. Wer in der CDU konnte so selbstverständlich wie Gustav Heinemann das hohe C im Namen dieser Partei auf sich beziehen, für sich in Anspruch nehmen? Die Kraft des Bekenntnisses und Engagements brachte in der Situation von 1945 zwangsläufig auch politische Aufgaben, hohe Ämter mit sich. Heinemann war Oberbürgermeister von Essen, Mitglied des Landtags von Nordrhein-Westfalen, Justizminister in Düsseldorf. Am Beginn der Ära Adenauer wurde er im Herbst 1949 erster Bundesinnenminister.

Wäre er auf dieser Bahn geblieben, könnte man sich vorstellen, daß ihn die CDU/CSU zwanzig Jahre später vielleicht sogar mit Vergnügen zum Bundespräsidenten gemacht hätte; für dieses Amt wirklich Geeignete waren immer äußerst rar. Aber in der Zwischenzeit hatte man Dinge mit ihm erlebt, die seine Wahl durch die Union undenkbar machten. *Subjektiv* gab es wahrscheinlich in der westdeutschen Politik kaum eine Distanz von vergleichbarer Breite und Tiefe wie den Abgrund, der sich zunehmend zwischen diesem Manne und seiner alten Partei aufgetan hatte.

Die Entfremdung hatte damit begonnen, daß Heinemann aus Protest gegen die eigenmächtige Bewaffnungsinitiative Konrad Adenauers vom August 1950 (also gegen den einsamen Entschluß des Bundeskanzlers, auf eigene Kappe dem Westen deutsche Truppen anzubieten) im Herbst desselben Jahres zornig das Kabinett verlassen, sein Ministeramt hingeworfen hatte. Immerhin hatte ihm danach noch ein Landesparteitag der CDU sein Verständnis (wenn auch nicht sein Einverständnis!) ausgesprochen; man begegnete Heinemann zu jener Zeit in der Union mit viel Achtung, wenn er auch nur wenige Anhänger besaß.

Als Stadtverordneter in Essen blieb er bis 1952 Mitglied der CDU-Fraktion und natürlich der Partei, obgleich er seit 1951 eine *Notgemeinschaft für den Frieden Europas* betrieb, die sich polemisch-pazifistisch mit Adenauers Bemühungen um eine Wiederaufrüstung und die Eingliederung in den westlichen Verteidigungspakt anlegte. Im November 1952 war er aus der CDU ausgetreten und hatte eine *Gesamtdeutsche Volkspartei* (GVP) begründet, die gedacht war als eine protestantisch-patriotische Sammlungsbewegung gegen Adenauers einseitige Westorientierung. Auf diese Schritte hin hatte die Union, immer noch nicht ohne Respekt, erklären lassen, daß sie die Entscheidung Heinemanns als einen Akt der Gewissensfreiheit achte, wenn sie auch den von ihm beschrittenen Weg für falsch und gefährlich halte.

Zum eigentlichen, unheilbaren Bruch kam es gute fünf Jahre später. Heinemann war mittlerweile bei der SPD gelandet und 1957 als Bundestagsabgeordneter ins Parlament eingezogen. Im Rahmen einer außenpolitischen Debatte nahm er am Abend des 23. Januar 1958 die Gelegenheit wahr, auf eine so scharfe, kühle, überlegen-wirkungsvolle Weise mit Adenauer und seiner »verfehlten Deutschlandpolitik«, mit der »Irreführung und Selbsttäuschung« dieses Kanzlers abzurechnen (so lauten Buchtitel Heinemanns aus den sechziger Jahren), daß es der Union die Sprache verschlug. Stumm und reglos, wie vom Blitz getroffen, saßen alle auf ihren Plätzen, als Heinemann geendet hatte. Seit jener düsteren Mitternachtsstunde war die letzte Gemeinsamkeit aus alten Tagen zerstört. Spätestens seit jenem Januar war zwischen der CDU/CSU und ihm alles aus.

Jedenfalls von ihrer Seite. Denn Heinemann blieb, bei aller Kritik und Distanz, der Union in mancher Hinsicht auch später verbunden. Er schätzte nach wie vor viele ihrer Mitglieder, Männer und Frauen aus allen Lebensbereichen, die er persönlich kannte. Er respektierte die bedeutende Rolle, die die CDU/CSU in der Bundesrepublik spielte, und trug ihr Rechnung. Das zeigte sich, als er nach seiner Wahl zum Staatsoberhaupt einen Mann der CDU zum Staatssekretär und Chef des Bundespräsidialamtes machen wollte; erst nach dem Scheitern dieses Versuchs sah er sich unter Sozialdemokraten um und suchte Dietrich Spangenberg aus.

Zunächst hatte er Paul Mikat angesprochen, den Bochumer Juraprofessor, Präsidenten der Görres-Gesellschaft und vormaligen nordrhein-westfälischen Kultusminister; schon von seinem Vater Leo her, der ebenso wie Otto Heinemann bei Krupp gewesen war, kannte er Mikat aus einer Essener Skatrunde. Er war auch um Heinrich Köppler bemüht gewesen, der damals Bundestagsabgeordneter, parlamentarischer Staatssekretär im Bonner Innenministerium unter Ernst Benda und Vizepräsident des Zentralkomitees der Deutschen Katholiken war. Mikat und Köppler befürchteten Loyalitätskonflikte: entweder mit dem Präsidenten oder mit ihrer Partei. Sie lehnten daher das Angebot ab, mußten es vielleicht sogar ablehnen.

Denn spätestens seit Januar 1958, wie gesagt, war das Verhältnis der Union zu Gustav Heinemann eisig. Kein Mitglied dieser Partei, das war monatelang vor der Präsidentenwahl völlig klar, würde ihm in der Bundesversammlung eine Stimme geben.

Doch, einer: Ernst Lemmer. Beide waren fast gleichaltrig (Lemmer war 1898, Heinemann 1899 geboren), waren befreundet aus Marburger Jugendtagen, wo man sich in der dortigen Studentengruppe der Deutschen Demokratischen Partei (DDP) kennengelernt hatte, also bei den Weimarer Linksliberalen, für die Lemmer später, von 1924 bis 1933, als jüngster Abgeordneter im Reichstag saß. Mit Lemmer war er über die Hitlerzeit hinweg in vertrauensvoll-engem Kontakt geblieben, auch später gern zusammengetroffen, hatte oft mit ihm Skat gespielt. Lemmer war ein Mann der Ost-CDU, des Flügels um Jakob Kaiser – kein Anhänger Adenauers, ein Gesamtdeutscher wie Heinemann auch.

Von Lemmer hieß es 1970, nach seinem Tode, er habe im dritten Wahlgang am 5. März 1969 heimlich für Gustav Heinemann statt für den Unionskandidaten Gerhard Schröder votiert. Der Journalist Walter Henkels, dem er dies anvertraut hatte, behauptete, von Lemmer ermächtigt worden zu sein, es posthum öffentlich bekanntzugeben. Henkels erklärte sich bereit, seine Mitteilung zu beeiden. Aber solch ein verborgenes Zeichen der Verbundenheit zwischen Lemmer und Heinemann, eine menschliche Regung zwischen alten Freunden, war die berühmte Ausnahme, die die Regel bestätigte. Für die meisten Christdemokraten mußte ein Mensch wie Heinemann der Inbegriff der Treulosigkeit, ja des Verrats sein. Er war zum Gegner übergelaufen, war zum Feind geworden. In der

Breite der Union konnte die Kandidatur Heinemanns zum Bundespräsidenten nur als bewußte Herausforderung verstanden werden.

So war sie auch gemeint. Sie besaß genau den gleichen Vorteil der Abgrenzung zur CDU/CSU hin, der für Willy Brandt schon 1964 den Gedanken an einen Bundespräsidenten Dehler so verlockend gemacht hatte. Auch Dehler war ein Abtrünniger gewesen. Wie Heinemann hatte er in jener berühmten Nacht des 23. Januar 1958 mit dem alten Adenauer abgerechnet – Dehler freilich auf seine ganz andere, nämlich feurig-temperamentvolle Weise. Wie Dehler damals, 1964, war Heinemann jetzt ein Kandidat, dessen Name der CDU/CSU mißtönend-schrill in den Ohren klingen mußte. Gleichzeitig konnte man hoffen, daß Liberale und Sozialdemokraten gemeinsam ihn gerne hörten, geradezu flötenhaft verheißungsvoll fanden. »Die Konstellation sprach für Heinemann.« Mit diesem einen lakonischen Satz, zu dem man sich alles Weitere hinzudenken muß, begründet Willy Brandt in seinem Erinnerungsbuch »Begegnungen und Einsichten«, weshalb Heinemann nominiert wurde.

Die Freien Demokraten waren derart angetan von Gustav Heinemann (weniger von der Person, die man im Umgang ausgemacht schwierig, nämlich spröde und störrisch fand, als von all dem, wofür sein Name stand), daß sie später behaupteten, nicht die Sozialdemokraten, nein sie, die Liberalen, seien es gewesen, die ihn durch mannigfache Hinweise und Anspielungen überhaupt erst ernsthaft ins Gespräch gebracht hätten. Das war wohl übertrieben. Immerhin ist sicher, daß Willy Brandt, der am energischsten diese Kandidatur betrieb, den Namen Heinemanns mehrfach mit führenden Freidemokraten erörterte. Sicher ist auch, daß die Liberalen bei Heinemann positiv reagierten, während sie, wenn man Leber erwähnte, deutlich abwinkten.

Eines der Signale, für wen man in liberalen Kreisen sei, war die Verleihung des Theodor-Heuss-Preises (der nach dem Stiftungsvertrag »vorbildlich demokratisches Verhalten, bemerkenswerte Zivilcourage und beispielhaften Einsatz für das Allgemeinwohl« fördern und anregen soll) an Gustav Heinemann Ende Januar 1968. Dabei wurde in der Verleihungsurkunde besonders sein Eintreten für ein modernes Strafrecht lobend hervorgehoben.

Ganz allgemein ließen es die Liberalen nicht an lobenden Bemerkungen über die rechtspolitischen Bestrebungen dieses Justizministers fehlen. Ihnen gefalle seine Reformpolitik, vor allem, wie schon eben erwähnt, seine Bemühungen um die Fortführung der Strafrechtsreform. Sie begrüßten besonders die Abänderung, ja Beseitigung jenes politischen Strafrechts in Staatsschutzsachen, das eine ängstliche Überreaktion auf den Kalten Krieg gewesen sei. Sie billigten auch die zeitgemäße Milderung dessen, was damals noch Sittlichkeits-, später Sexualstrafrecht hieß: eine angemessene Antwort auf den Umbruch des Zeitbewußtseins, auf freiere, menschenfreundlichere Moralvorstellungen. Sie stünden hinter seiner Strafvollzugsreform, hinter der Reform des Eherechts, hinter der überfälligen Reform des Rechts der unehelichen Kinder.

Man war in der FDP angenehm davon berührt, mit welcher Eindeutigkeit dieser christliche Justizminister der Versuchung widerstand, in seinen ausgeprägten Überzeugungen etwas anderes zu sehen als persönliche Wertentscheidungen. Er versagte es sich, sie einer säkularisierten, pluralistischen Gesellschaft aufzudrängen, also zum allgemein verbindlichen Maßstab zu erheben. Die Liberalen fanden und betonten, daß auch einer der ihren hier nichts anders, nichts besser machen könne als Gustav Heinemann.

War er nicht im Grunde einer der ihren? Wenn es nach ihm gegangen wäre, hätte er sich ein Jahrzehnt früher der FDP angeschlossen. 1956, als man das Scheitern seiner gesamtdeutschen Sammlungsbewegung schon deutlich absehen konnte (sie war nicht mehr geworden als eine Splitterpartei, die bei den Bundestagswahlen 1953 1,2 Prozent der Stimmen auf sich vereinte), hatte er Weyer während der Sommerferien auf Juist besucht und über ihn bei Dehler, dem damaligen Parteivorsitzenden, vorfühlen lassen. Aber Dehler lehnte ab; er wollte Heinemann nicht in der FDP haben.

Mit den Liberalen wurde es also nichts. Das war nicht weiter schlimm; er beurteilte sie insgeheim durchaus skeptisch (was man weithin merkte, als *Christ und Welt* im Spätherbst 1970 berichtete, er habe einigen Bundestagsabgeordneten gegenüber vom »Leichengift der FDP« gesprochen, worauf die Öffentlichkeit aufgeregt reagierte: Der Bundespräsident verleumde die Partei, die ihn gewählt habe). Statt zur FDP ging er daher zu den Sozialdemokraten – er paßte so gut zu den einen wie zu den anderen, war in diesem Sinne ein früher Sozialliberaler. Oder paßte nirgendwohin. Denn auch gegenüber der SPD hatte er seine Vorbehalte (»Diese Partei hat uns genug Dolche in den Rücken gestoßen«), was auf Gegenseitigkeit beruhte, auch immer so blieb.

Heinemann war, das sah man auf den ersten Blick, kein in der Wolle gefärbter Sozialdemokrat, war nie der Mann irgendeines Apparats. Sein Leben lang war er unverwechselbar vor allem er selber. Immer behielt er ein bürgerliches Gehabe, was ihm jetzt, als es um den Bundespräsidenten ging, bei der FDP zugute kam. Auch als Sozialdemokrat trat er, kerzengrade, korrekt, meist im dunklen Anzug auf. Er war niemandes Genosse.

Auf dem Nürnberger Parteitag vom März 1968 blieb Gustav Heinemann einer der ganz wenigen, die nicht die altehrwürdig-sentimentale, plötzlich wieder modisch gewordene Anrede »Genossinnen und Genossen« gebrauchten. Er sagte statt dessen »liebe Freunde«, auch »werte Freunde«. Man bemerkte es, beifällig, bei den Liberalen. Andererseits fand man dort nicht unangenehm, daß er so schlicht war, auch klug genug, um mit den *Kanalarbeitern*, dieser personalpolitisch wichtigen Riege der SPD-Fraktion, in der Bonner *Rheinlust*, ihrem langjährigen Stammlokal, Bier zu trinken und Skat zu spielen, was er überhaupt und jederzeit für sein Leben gern tat (»Freunde der Volksmusik, zur Sache!«, pflegte er zu sagen, wenn es, endlich, wieder losgehen sollte).

Für Heinemann galt auf seine Weise, was man oft – und eher zu Unrecht –

von Carlo Schmid behauptete: Er sei eigentlich gar kein richtiger Sozialdemokrat, sondern wirke wie einer, den nur die unergründlichen Wechselfälle des Lebens in den Hafen dieser Partei verschlagen hätten. Wahrscheinlich wäre er in jeder Partei ein Fremdling gewesen. Er war ein Widerspruchsgeist, weil er ein Mann innerer Widersprüche war: in sich Establishment *und* Außenseiter. Der Individualist als Bürger *und* Rebell. Ein Eigenbrötler, der wirken wollte. Das Naturell eines Aufrührers, bei aller äußeren Gelassenheit und Ruhe. Zu seinem 65. Geburtstag am 23. Juli 1964 hatte *Die Welt*, die ihn und seinesgleichen zu jener Zeit verständnisvoller beurteilte als später, über Heinemann geschrieben: »Rein äußerlich ist er das Gegenteil eines Rebellen: gelassen, unauffällig, nüchtern – der Typ des gediegenen Bürgers. Aber der Eindruck täuscht. Denn in Gustav Heinemann lebt der Geist des Widerspruchs. Für ihn gibt es keine Tabus. Was er sagt, ist zwar manchmal umstritten oder sogar gefährlich, aber es trägt immer den unverkennbaren Stempel seiner eigenwilligen Persönlichkeit . . .«

Wer so charakterisiert wurde, war in der zweiten Hälfte der sechziger Jahre, wenn er zugleich respektabel war, der Mann der Stunde. Denn Gegensätzliches war es ja, was man (vor allem unter jüngeren Menschen) weithin wollte: etwas von Grund auf Neues, jedoch risikolos, demnach auf den bisherigen, bewährten Grundlagen, Bewegung und Beharrung zugleich. Solide, aber rebellische Bürger waren als Repräsentanten plötzlich sehr gefragt: eine Mischung, die sehr selten war (und ist) in unserem öffentlichen Leben.

Wen gab es da überhaupt? Als Regierenden Bürgermeister von Berlin schlug Golo Mann 1968 allen Ernstes Günter Grass vor. Und wer kam, außer Heinemann, unter diesen Gesichtspunkten als Bundespräsident in Frage? Richard von Weizsäcker, der zu jener Zeit noch nicht Parlamentarier, sondern Bankier und Präsident des Deutschen Evangelischen Kirchentages war? Weil ihn wichtige Leute in der CDU heimlich gegenüber Gerhard Schröder favorisierten, kursierte sein Name in der Union lange unter der Hand.

Weizsäcker zeigte sich indessen nicht überzeugt, daß er der richtige Mann sei. Ohnehin war er voller Skrupel, voller Zweifel, intellektuell distanziert auch der eigenen Person gegenüber; kein Machtmensch, keine Kämpfernatur. Er fand bemerkenswerterweise Heinemann viel besser, viel naheliegender als sich selber. Weizsäcker hielt in der gegebenen Situation die Wahl dieses Konkurrenten für so gut wie zwingend. Er regte daher an, man solle sich zwischen CDU/CSU, SPD und FDP auf Gustav Heinemann verständigen.

Heinemann sei von Karl Barth geprägt, erläuterte er intern, sei ein Freund von Helmut Gollwitzer und Kurt Scharf, diesen väterlich-freundschaftlichen Mentoren der Neuen Linken. Der calvinistisch getönte Protestant Gustav Heinemann könne daher von vornherein als progressiv gelten, trotz seiner sozialpolitisch konservativen Grundstimmung. Das mache ihn angesichts der jugendlichen Protestwelle und in einem Augenblick verbreiteter Aufbruchstimmung für alle drei Parteien gemeinsam zum idealen Kandidaten.

Das war harmonisch und weltfern gedacht, daraus konnte nichts werden. Aber als diese Anregung Richard von Weizsäckers im Mai 1968 öffentlich bekannt wurde, schien die Aussicht, zumindest CDU/CSU und SPD könnten sich vielleicht doch auf einen gemeinsamen Kandidaten verständigen, einen Augenblick lang von ferne noch einmal in den Bereich des Möglichen zu rükken. Es mußte ja, in einem solchen Falle, nicht Heinemann sein, der für die Union inakzeptabel war. In der Presse wurden wiederum alle möglichen und unmöglichen Namen genannt, und Willy Brandt trat in der letzten Maiwoche an Rainer Barzel, den CDU/CSU-Fraktionsvorsitzenden, mit der Frage heran, wie es denn nun mit dem Bundespräsidenten werde.

Ein Mann der kritischen Jugend

Die Wochen zuvor hatten im Kampf um die Notstandsgesetze, wie schon vorher bei den Osterunruhen, einen erstaunlichen Zusammenhalt dieser Koalition bewiesen. Zwar leisteten linke Teile der Öffentlichkeit heftigen Widerstand, der beim Sternmarsch der Notstandsgegner auf Bonn am 11. Mai 1968 mit 60 000 bis 80 000 Teilnehmern, darunter 15 000 Studenten, einen Höhepunkt erreichte. (Dies waren freilich die Zahlen der Veranstalter. Innenminister Weyer, der die Einsatzleitung der Polizei vor Ort übernommen hatte, schätzte die Beteiligung nur auf 25 000 Personen. Andere sprachen von 35 000. Immerhin.) Trotz verbreiteter Irritation, auch Agitation in der Bevölkerung gelang es am 30. Mai 1968 der Regierung Kiesinger-Brandt, die umstrittene Gesetzgebung mit breiter Mehrheit, nämlich mit 384 gegen 100 Stimmen, in dritter Lesung heil durch den Bundestag und damit endgültig über die Runden zu bringen.

Zwei Monate vorher, auf dem Nürnberger Parteitag, hatte Brandt am 21. März 1968 erneut den Anspruch der Sozialdemokraten auf das höchste Staatsamt herausgestellt. Als er dabei betonte, niemand zweifle wohl »im Ernst daran, daß wir glücklicherweise über ganz hervorragende Männer verfügen, die für diesen Posten in Betracht kommen«, hatten sich alle Augen in der Meistersingerhalle auf Georg Leber gerichtet, den sozialdemokratischen Kandidaten der Großen Koalition.

Innerhalb wie außerhalb der SPD, unter Mitgliedern wie Anhängern, gab es freilich viele, die ein Festhalten an dieser Kandidatur – und damit an der Großen Koalition über 1969 hinaus – als fatale Fehlentwicklung betrachteten. Die »Elefantenhochzeit« war in der Breite der SPD (an ihrer Basis, wie man damals zu sagen begann) von Anfang an nicht populär gewesen. Einige Landesverbände hatten das Zusammengehen mit der CDU/CSU strikt abgelehnt. Es hatte nach der Bildung der Regierung Kiesinger nur an einem einzigen weiteren SPD-Bezirk gefehlt, um die Parteiführung satzungsgemäß zur Einberufung eines

Sonderparteitages zu zwingen, auf dem die Koalitionsentscheidung nachträglich zur Diskussion gestellt werden sollte; es läßt sich leicht ausmalen, wie es dort zugegangen wäre.

Nach wie vor war man vielerorts in der SPD kleinmütig überzeugt, dieses Bündnis komme der CDU/CSU mehr als der SPD zugute – eine Befürchtung, die vom Ergebnis der baden-württembergischen Landtagswahl am 28. April 1968 bestätigt zu werden schien. Während CDU (1968: 44,2 Prozent, 1964: 46,2 Prozent der Stimmen) und FDP/DVP (1968: 14,4 Prozent, 1964: 13,1 Prozent) ihre bisherigen Positionen einigermaßen halten oder sogar verbessern konnten, war die SPD von 37,3 Prozent im Jahre 1964 auf 29 Prozent 1968 gefallen; gleichzeitig hatte die NPD 9,8 Prozent errungen.

Eine Woche nach dieser Wahl, »in der sich abzeichnenden Entwicklung unseres Landes zu einem rechtskonservativen Regime«, schickte ein sozialdemokratisch orientierter Arbeitskreis, der seinerzeit in der Presse auch als *Berliner Bürgerkomitee* oder sogar als *Innerparlamentarische Opposition* bezeichnet wurde, an Willy Brandt einige »Allgemeine Überlegungen zur Lage der SPD nach den Stuttgarter Landtagswahlen«.

Auf Initiative von Günter Grass war man bereits Monate vorher in seinem Hause in Berlin-Friedenau, Niedstraße 13, zusammengekommen: als erste der später zahllosen Bürgerinitiativen. Unter dem Namen »Gruppe Grass« (Günter Grass, Arnulf Baring, Günter Gaus, Eberhard Jäckel, Siegfried Lenz, Kurt Sontheimer, Heinz-Josef Varain) hatte man gutgelaunt beim Treffen vom 17./18. Februar dem SPD-Vorsitzenden literarische Formulierungsvorschläge für seine Parteitagsrede zum Thema Jugend geschickt.

> Jugend ist kein Verdienst. Alter ist kein Verdienst. Nach meinen Erfahrungen ist Jugend ein Kredit, der jeden Tag kleiner wird . . . Die Selbstherrlichkeit der jungen Leute ist ebenso töricht wie die Besserwisserei der Alten. Das sage ich mir täglich als Vater. Hoffentlich sagen sich das manchmal auch meine Söhne . . .
>
> Die Kritik der Jugend ist . . . das Salz. Wir wollen keine salzlose Suppe löffeln . . . Wir sollten den Studenten dankbar sein dafür, daß sie durch ihre Aktivität den Weg für eine bessere Hochschul-, Wissenschafts- und Bildungspolitik freigemacht haben.
>
> Wir wollen zwar keine salzlose Suppe löffeln, aber wir lassen uns die Suppe auch nicht versalzen. Wir werden gegen den Einbruch des Irrationalen in die Politik kämpfen . . . Ein blinder Veränderungswille auf der Linken wird rechts zu Buche schlagen. Auch dies müssen die jungen Leute auf ihrem Wege zu unserer Demokratie erkennen.

Tatsächlich fand sich die Mehrzahl dieser Sätze nahezu wörtlich in Brandts Nürnberger Rechenschaftsbericht vom 18. März wieder. Dadurch ermutigt, äußerte man sich am 4./5. Mai 1968 umfassender. In den »Allgemeinen Überlegungen« der »Gruppe Grass« hieß es: Um die SPD, die »der einzige verläßliche demokratische Faktor mit Massenbasis geblieben« sei, in Deutschland zu stärken, müsse man neben einer Offensive »gegen die NPD und die Ideologie des CDU-Staates, die eine der Voraussetzungen ihres Erfolges ist«, den »Brückenschlag zu den fortschrittlichen demokratischen Kräften des Landes« anstreben, »die nicht noch tiefer in die außerparlamentarische Opposition hineingetrieben« werden dürften: »Trotz der Großen Koalition muß die SPD – anders als heute – bis zum Herbst 1969 eine *wählbare Alternative* sein. Sie darf den linken Flügel, der in der außerparlamentarischen Opposition aufgegangen ist oder zu ihr hin abbröckelt, nicht noch weiter abfallen lassen.«

Um dies zu erreichen, seien »eine selbstbewußtere sozialdemokratische Politik im Sinne der Verwirklichung der Godesberger Grundsätze und in sichtbarer Übereinstimmung mit den konkreten Interessen der Masse der Arbeitnehmer« auch personalpolitische Konsequenzen erforderlich. Man müsse jene Politiker der SPD stärker herausstellen, »die moralische Überzeugungskraft und Grundsätze besitzen und darum mit den an der SPD irre gewordenen Gruppen sprechen können«: »Nach unserer Auffassung ist der Politiker, der heute – zumindest bei der Jugend – gefragt ist, nicht mehr der reine Taktiker mit tönender Zunge, nicht der Mann der staatsmännischen Pose, sondern der redliche, prinzipienfeste selbstkritische Kopf.«

Diese Gruppe von Schriftstellern, Publizisten und Professoren war eine der Ecken, aus denen Heinemann der Ruf zuwuchs, ein Kandidat der kritischen Jugend zu sein. Das war auf den ersten Blick verblüffend, war er doch 1968 ein Mann von 69 Jahren, 21 Jahre älter als Georg Leber, auch im Wesen ganz unjugendlich, vielmehr steif, nüchtern, knochentrocken. Bemerkenswerterweise wandten Grass und seine Gäste kein Wort, keinen Gedanken an die FDP; die Bündnisfrage, die Bedeutung der Liberalen erschienen nicht auf ihrer Rechnung. Alle Aufmerksamkeit richtete sich auf die rebellische Jugend, die außerparlamentarische Opposition und den benachbarten linken Rand der SPD.

Das lag in Berlin nahe, wo man seit drei Jahren im Zeichen ständig zunehmender, studentisch bestimmter Unruhe lebte. Mit Beklommenheit hatte man die eindrucksvoll-makabre Vietnam-Demonstration vom 18. Februar 1968 mit ihrem wandelnden Wald roter Fahnen an sich vorüberziehen sehen, inmitten der Teilnehmer auch die SPD-Landesvorstandsmitglieder und Bezirksstadträte Harry Ristock aus Charlottenburg und Erwin Beck aus Kreuzberg bemerkt, gegen die wegen ihrer Beteiligung anschließend, zunächst erfolgreich, ein Parteiausschlußverfahren in Gang gesetzt wurde. Am Tage danach hatte Günter Grass an Willy Brandt geschrieben:

Lieber Willy Brandt,

bei meinem letzten Besuch in Bonn erzählte ich Dir von der geplanten zweitägigen Arbeitssitzung in Berlin. Der in dieser Stadt seit Monaten regierende Zufall wollte es, daß, parallel zu unserer Arbeitssitzung, die starrsinnig untersagte Demonstration dann doch zugelassen werden mußte. Im Gegensatz zu allen hemdsärmlig vertretenen Prognosen, es werde zu Gegendemonstrationen und Straßenschlachten kommen, verlief sie relativ ruhig; und auch wir tagten trotzdem und nicht ohne Ergebnis . . . Ein Fehler, wie Schütz ihn mit dem Verbot der Demonstration bei ungeklärter Rechtslage gemacht hat – sei es aus Kurzsichtigkeit, sei es aus Kraftmeierei, sei es aus einer falsch verstandenen Solidarität mit der Mehrheitsmeinung der Berliner – ein solcher Fehler darf sich unter keinen Umständen wiederholen. Klaus Schütz, der als Regierender derzeit nicht ersetzt werden kann, sollte daher von Dir veranlaßt werden, vor einem unabhängigen Kreis (zu dem Du Dich wegen der Bedeutung dieser Sache gesellen solltest), zwar nicht Rechenschaft abzulegen, wohl aber in einer freimütigen Diskussion seine Position gegenüber Mehrheit und Minderheit zu klären.

Noch wichtiger aber ist es, Klaus Schütz so schnell wie möglich klarzumachen, daß die von ihm beabsichtigte Quasi-Gegendemonstration der Berliner Bevölkerung gegen die Studenten zu unterbleiben hat; jedenfalls darf sie nicht in der von Schütz beabsichtigten Form stattfinden. Schütz darf nicht die Straße gegen die Straße mobilisieren. Er darf nicht länger durch die Warnung vor Selbstjustiz sein Verständnis für die Lust auf Selbstjustiz zu erkennen geben. Allenfalls kann man – wieder so schnell wie möglich – erwägen, unter dem Vorsitz des Regierenden eine Kundgebung der Berliner Bevölkerung zu veranstalten, auf der Sprecher Berlins (beispielsweise Bischof Scharf; dann wäre auch ich dazu bereit) für die Bevölkerung die Grenze zwischen dem notwendigen Verständnis für die Vietnam-Demonstranten und der daraus folgerichtigen Distanzierung ziehen könnten. Also: statt einer Gegendemonstration eine – auch für den Regierenden gedachte – Aufklärungsstunde in Demokratie. (Auch wäre für Dich, als immer noch Berliner, die Basis für eine Mitsprache gegeben). Der Eindruck, den die Demonstration am Sonntagnachmittag auf meine Freunde und mich gemacht hat, läßt sich dahin zusammenfassen: Unverbindliche (wenn auch noch so gut und ehrlich gemeinte) Verniedlichungen des Drucks, der diese Demonstration bewegt hat, sind nicht länger zulässig. Solche Verniedlichungen sind heute parteischädigend. Die SPD muß die Unruhe der Jugend über die Vorgänge in Vietnam von Stund an ganz ernst nehmen . . .

Günter Grass mußte erleben, daß sein Rat folgenlos blieb, wie so oft – er war es gewohnt. Eine Großkundgebung *Berlin steht für Freiheit und Frieden* auf dem Kennedy-Platz vor dem Schöneberger Rathaus am 21. Februar 1968 fand nicht als »Aufklärungsstunde in Demokratie« statt, sondern genau so, wie Grass es befürchtet hatte: als teilweise handgreifliche, gewalttätige Gegendemonstration.

Für unseren Zusammenhang ist bei alledem wichtig, daß die Ereignisse jener Wochen und Monate Brandts Sozialdemokraten den Schluß geradezu aufdrängten, mit der Person des eigenen Präsidentschaftskandidaten müsse nicht nur gegenüber der FDP, sondern gleichzeitig und besonders dringlich auch gegenüber den aufgebrachten jungen Leuten ein deutliches Signal gesetzt werden. Nichts dürfe unversucht bleiben, um möglichst viele von ihnen für sich und diesen Staat zurückzugewinnen.

Dem SPD-Vorsitzenden war die kritische Situation im eigenen Lager völlig bewußt. Als er sich am 17. Mai 1968 für die Aufzeichnungen der Gruppe Grass vom 4./5. d.M. bei Kurt Sontheimer bedankte, dem Berliner Politikwissenschaftler und damaligen Sekretär des Kreises, fügte er hinzu: » . . . Ich hoffe sehr, daß wir die Kraft haben werden, die Krise unserer Partei ins Positive zu wenden und dadurch auch wieder das Ohr vieler zu finden, die sich uns heute verschließen.«

Das Ohr vieler. Die lautstarke APO war, aufs Ganze gesehen, sicher nicht mehr als eine »kleine, radikale Minderheit«. Aber eine Blitzumfrage der Emnid-Ifak-Institute, über die *Der Spiegel* am 12. Februar 1968 berichtete, ließ erkennen, in welchem Grade diese Minderheit die Sympathien der Mehrheit ihrer Altersgenossen besaß: Zwei von drei befragten Jugendlichen und sogar drei von vier befragten Studenten fanden es gut, daß demonstriert wurde. Sie wollten Reformen, umfassende Reformen – im Grunde einen ganz neuen, besseren Anfang, nach all den Kiesingers und Lübkes. Enttäuscht von der Großen Koalition, einem erstarrten System, einem engen, festgefügten Establishment, dabei anspruchsvoll, verwöhnt und wehleidig, suchten diese heranwachsenden Nachkriegsgenerationen junger Deutscher ihre eigene, die ihnen zeitgemäße Sicht der Welt: lebendige Ideale, leuchtende Visionen, vertrauenswürdige Autoritäten. Mit Postern von Marx und Mao, Che und Ho war es allein nicht getan. Man brauchte auch greifbare, deutsche Vorbilder.

In Gustav Heinemann fand man noch am ehesten so etwas wie eine Integrationsfigur. Nachdenklich, nicht ohne verschämte Bewunderung, schrieb über ihn in den späten sechziger Jahren der sonst sehr skeptische, kritische Horst Krüger: »Soll ich nun sagen: Redlichkeit? Soll ich sagen: Glaubwürdigkeit? Er wirkt unter den vielen Darstellern der Bonner Szene einfach unglaublich redlich und hat es belegt durch sein Leben.« Wer konnte schon wie Heinemann von sich sagen (der es damals persönlich so formulierte), er sei schließlich selbst eine Weile lang außerparlamentarische Opposition gewesen! Das lag anderthalb Jahrzehnte zurück, und er war damit kläglich gescheitert. Aber das sollte der neuen APO ja nicht besser gehen, mochte sie anfangs auch weitaus größeren Zulauf erzielen als er zu seiner Zeit.

Man erwartete bei Heinemann Verständnis auch für sehr ungewöhnliche Protestaktionen, für riskante, bedrohliche Widerstandshandlungen (wenn man sie zurückhaltend für den Augenblick einmal so nennen darf). Der Stuttgarter Pfarrer Helmut Ensslin, der ihn aus der *Gesamtdeutschen Volkspartei* kannte, schrieb Heinemann Mitte 1969:

> Als ich Sie das letzte Mal sah . . ., antworteten Sie mir auf meine Frage mit W. Busch: »Ist mein Ruf erst ruiniert, leb ich völlig ungeniert«. Das war im Kurhaus in Freudenstadt, wo ich Ihnen den Tuttlinger Oberbürgermeister Balz für eine GVP-Kandidatur zur damaligen Landtagswahl in Württemberg zuführte.
>
> Seitdem sind viele Wasser die Tuttlinger Donau, den Stuttgarter Neckar (wo ich seit elf Jahren Pfarrer bin) und den Bonner Rhein hinuntergeflossen . . . In der Zwischenzeit ist u. a. auch eines meiner Kinder durch den Kaufhausbrand in Frankfurt in der Leute Mund und vor Gericht gekommen. Meiner Tochter Gudrun wurden auf Grund geschriebenen Rechtes wegen menschengefährdender Brandstiftung drei Jahre Zuchthaus zudiktiert, obwohl sie weder strukturell noch der Intention nach eine kriminelle Person ist.
>
> Die Frage nach ihrer Zukunft, die sie gewiß noch haben wird, und nach ihrer Wirkung auf viele junge Leute der Bundesrepublik hängt nicht unwesentlich davon ab, ob und wie und wie nicht die Rechtsprechung selbst zu einer berechtigten Radikalisierung beiträgt . . .

Anschließend ging Ensslin auf die richterliche Ungleichbehandlung politischer Täter der Rechten und der Linken in der Vergangenheit ein (»Soweit ich die deutsche Geschichte kenne, hat von links her noch nie ernstliche Gefahr für Ruhe, Sicherheit und Ordnung, die ihrer revolutionären Infragestellung oft wert waren, bestanden. Ihre Vertreter wurden immer rechtzeitig kriminalisiert und abgeknallt, die Ordnungsattentäter dafür dekoriert«) und schloß seinen Brief mit einer Behauptung – und einer Frage: »Die Radikalisierung hat Ursachen, die nicht zuletzt in der Rechtsprechung selbst liegen, die die jungen Leute zwingt, nicht nur einzelne Richter zu attackieren, sondern radikal die Rechtslage umzuwerfen. Wenn Entsprechendes für die Wirtschaft, die Pädagogik, die Wehrmacht usw. zutrifft – was soll den jungen Leuten geantwortet werden?«

Heinemann hat Ensslin ohne Antwort gelassen. Er blieb überhaupt, damals wie später, immer zurückhaltend, maßvoll und verantwortungsbewußt, wenn er sich zum Radikalismus *äußerte* – was man nicht von allen seinen Freunden sagen kann. Hinzu kam, daß er als peinlich korrekter Jurist nie die Vorsicht, die Umsicht vergaß, die das Staatsoberhaupt walten lassen muß. So hat er sich erst lange nach dem Ende seiner Amtszeit, im letzten Lebensjahr, über einige Aspekte des Extremistenbeschlusses kritisch geäußert, die inzwischen zutage getreten waren. Als Bundespräsident ist er, wie ehedem als Bundesinnenminister, immer wieder »vorbehaltlos« dafür eingetreten, »daß nur verfassungstreue Beamte in den Staatsdienst übernommen werden« sollten. Verfassungsfeinden, welcher Farbe immer, wollte er den Zugang zur Beamtenlaufbahn verwehrt sehen.

Denn Heinemann *dachte* in vielem auch anders als manche Freunde. Er war kein Träumer, kein Phantast, war beispielsweise weit davon entfernt, sich Helmut Gollwitzers christlichen Sozialismus, diese Verbindung von Glauben und Marxismus, zu eigen zu machen. Noch weniger war er geneigt, die politischen Meinungen seines schwärmerischen, jugendbewegten Anhängers gutzuheißen. Diese Männerfreundschaft war keine Überzeugungsgemeinschaft. Ihre Gemeinsamkeit lag anderswo. Da Heinemann antriebsarm war, schätzte er den aufgeräumten, sprudelnden Gollwitzer als immer anregenden Gesprächspartner, der rastlos Menschen und Bücher anschleppte, ihm bei schlechtem Wetter vorlas. Heinemann stritt sich gern und heftig mit ihm, zumal über theologisch-philosophische Fragen. Denn er verstand die Antriebe Gollwitzers, fühlte sich ihnen auch nahe, teilte aber seine Schlußfolgerungen in der Regel nicht.

Heinemann war Gollwitzer doppelt dankbar, daß er, anders als andere, ihm immer ganz offen sagte, was er dachte, ihn dabei aber nie bedrängte, nichts bei ihm durchdrücken wollte. Stillschweigend trug Gollwitzer ihren unterschiedlichen Temperamenten, Auffassungen und jeweiligen öffentlichen Rollen Rechnung. Über mehr als ein Vierteljahrhundert hinweg haben die beiden immer wieder verschiedene, ja gegensätzliche Positionen bezogen. So versuchte Heinemann als Justizminister in den Jahren der Großen Koalition an praktischen Beispielen den Beweis für die Reformierbarkeit dieses Staates zu führen, während Gollwitzer zur gleichen Zeit, wie Carola Stern berichtet, die Hoffnung auf eine wesentliche Veränderung des Kapitalismus durch Reformen fahrenließ.

Noch wichtiger als Helmut war für Heinemann die ausgleichende, unbeschwerte Art Brigitte Gollwitzers; überhaupt hatte er ja, bei seiner Neigung zur Grämlichkeit, gern muntere Menschen um sich. Beide Gollwitzers zusammen vermittelten ihm ein Gefühl von Heimat, Wärme und Geborgenheit. Sie wurden ihm (und seiner Frau) immer mehr zu unentbehrlichen Begleitern und Helfern, die Ferienquartiere besorgten und Koffer packten, Kinobesuche vorschlugen und Kneipen auswählten, ja sogar Skat spielen lernten, was seine Frau Hilda ihr Leben lang nicht über sich gebracht hatte.

Nein, sein Mentor war Gollwitzer nie. Er wußte allein, was er zu sagen und zu tun hatte. Bei allem Verständnis für die rebellische Jugend war Heinemann niemals auch nur in Gedanken zur Systemüberwindung bereit – sehr zum Leidwesen Gollwitzers. Es war Mitleid, christliches Verantwortungsgefühl für den leidenden Mitmenschen, wenn Heinemann später Ulrike Meinhof schrieb, um ihr ins Gewissen zu reden. Er hat auch auf Leute wie Jürgen Treulieb und Rudi Dutschke einzuwirken versucht, hat aus eigener Tasche beim Umzug Dutschkes von England nach Dänemark geholfen, weil er überzeugt war, daß man diesen intelligenten, aufbrausenden jungen Menschen, deren guten Kern er zu erkennen meinte, die freiheitliche Demokratie der Bundesrepublik, den Rechtsstaat, geduldig nahebringen müsse, unser Grundgesetz – Heinemanns ein und alles.

Ruhig und beharrlich zur Vernunft zu raten, für den sozialen Ausgleich zu wirken, den friedlichen Fortschritt, dabei vor allem den Rechtsstaat, unsere Verfassung, als Gehäuse der gemeinsamen Freiheit auszubauen und im allgemeinen Bewußtsein bewohnbar zu halten: So könnte man zusammenfassen, worauf es Heinemann vor allem ankam. Nicht zufällig wuchs daher gerade ihm bei den Osterunruhen 1968 (die alles in den Schatten stellten, was die Bundesrepublik bisher an Auseinandersetzungen zwischen Studenten und Polizei erlebt hatte) die Aufgabe zu, Älteren *und* Jüngeren ins Gewissen zu reden. Die kurze Ansprache, die er als Bundesjustizminister am 14. April 1968 über alle Rundfunk- und Fernsehanstalten gehalten hat und die ihn in einer kritischen Situation zum selbsternannten Sprecher der kompromißgeneigten linken Mitte machte, erschien Heinemann später, wie er im Rückblick sagte, eigentlich als eine »Kandidatur-Rede«:

Verehrte Mitbürger!

Diese Tage erschütternder Vorgänge und gesteigerter Unruhe rufen uns alle zu einer Besinnung. Wer mit dem Zeigefinger allgemeiner Vorwürfe auf den oder die vermeintlichen Anstifter oder Drahtzieher zeigt, sollte daran denken, daß in der Hand mit dem ausgestreckten Zeigefinger zugleich drei andere Finger auf ihn selbst zurückweisen. Damit will ich sagen, daß wir alle uns zu fragen haben, was wir selber in der Vergangenheit dazu beigetragen haben könnten, daß Antikommunismus sich bis zum Mordanschlag steigerte und daß Demonstranten sich in Gewalttaten der Verwüstung bis zur Brandstiftung verloren haben.

Sowohl der Attentäter, der Rudi Dutschke nach dem Leben trachtete, als auch die elftausend Studenten, die sich an den Demonstrationen vor Zeitungshäusern beteiligten, sind junge Menschen. Heißt das nicht, daß wir Älteren den Kontakt mit Teilen der Jugend verloren haben oder ihnen unglaubwürdig wurden? Heißt das nicht, daß wir Kritik ernst nehmen müssen, auch wenn sie aus der jungen Generation laut wird?

Besserungen hier und an anderen Stellen können nur dann gelingen, wenn jetzt von keiner Seite neue Erregung hinzugetragen wird. Gefühlsaufwallungen sind billig, aber nicht hilfreich – ja sie vermehren die Verwirrung – auch an den Stammtischen oder wo immer sonst das Geschehen dieser Tage diskutiert wird.

Das Kleid unserer Freiheit sind die Gesetze, die wir uns selber gegeben haben. Diesen Gesetzen die Achtung und Geltung zu verschaffen, ist Sache von Polizei und Justiz. Es besteht kein Anlaß zu zweifeln, daß Polizei und Justiz tun, was ihre Aufgabe ist. Wichtiger aber ist es, uns gegenseitig zu dem demokratischen Verhalten zu verhelfen, das den Einsatz von Justiz und Polizei erübrigt.

Zu den Grundrechten gehört auch das Recht zu demonstrieren, um öffentliche Meinung zu mobilisieren. Auch die junge Generation hat einen Anspruch darauf, mit ihren Wünschen und Vorschlägen gehört und ernst genommen zu werden. Gewalttat aber ist gemeines Unrecht und eine Dummheit obendrein. Es ist eine alte Erfahrung, daß Ausschreitungen und Gewalttaten genau die gegenteilige öffentliche Meinung schaffen, als ihre Urheber wünschen. Das sollten – meine ich – gerade auch politisch bewegte Studenten begreifen und darum zur Selbstbeherrschung zurückfinden.

Unser Grundgesetz ist ein großes Angebot. Zum erstenmal in unserer Geschichte will es in einem freiheitlich-demokratischen und sozialen Rechtsstaat der Würde des Menschen volle Geltung verschaffen. In ihm ist Platz für eine Vielfalt der Meinungen, die es in offener Diskussion zu klären gilt.

Uns in diesem Grundgesetz zusammenzufinden und seine Aussagen als Lebensform zu verwirklichen, ist die gemeinsame Aufgabe. Die Bewegtheit dieser Tage darf nicht ohne guten Gewinn bleiben.

Die Osterunruhen 1968

Was war vorgegangen? Am Gründonnerstag, dem 11. April 1968, war in Berlin auf den damals 28 Jahre alten Studenten und SDS-Theoretiker Rudi Dutschke ein Attentat verübt worden. Mehrere Schüsse aus nächster Nähe hatten ihn lebensgefährlich verletzt. Der Täter, Josef Bachmann, war ein fünf Jahre jüngerer, einzelgängerischer Hilfsarbeiter. Unter dem Eindruck dieses Mordanschlags kam es in den Nachtstunden des gleichen Tages und dann nochmals am Karfreitag zu schweren Ausschreitungen vor dem Springer-Hochhaus in Berlin-Kreuzberg. Ihnen schlossen sich an vielen Orten der Bundesrepublik sogenannte »Springer-Blockaden« an, mit denen vor allem die Auslieferung der *Bild-Zeitung* verhindert werden sollte. Höhepunkt und vorläufiger Abschluß dieser Unruhen war der Ostermontag. Bilanzen dieses Tages sprachen von Hunderttausenden von Teilnehmern, von Demonstrationen in 27, von Verkehrsbehinderungen in 50 Städten, von 21000 Polizisten im Einsatz, von 400 Verletzten und zwei Toten.

Warum richtete sich die Stimmung dumpfer, gewalttätiger Wut gerade gegen Springer? Das Thema Springer wurde damals unter linken Studenten und Assistenten seit Monaten heftig diskutiert. Tatsächlich sind ja Machtkonzentrationen im Medienbereich als privilegierte Chancen der Massenmeinungsbeeinflussung höchst problematisch. Daher hatte schon der 2. Juni 1967, der Tod Benno Ohnesorgs beim Schah-Besuch in Berlin, eine wesentlich vom SDS gesteuerte, aber auch in der linksliberalen Öffentlichkeit mit Sympathie betrachtete Kampagne gegen dieses Verlagshaus ausgelöst (»Enteignet Springer!«), das wegen seines faktischen Zeitungsmonopols in dieser Stadt und zugleich wegen seiner nationalkonservativen Ausrichtung angegriffen wurde. Die Außerparlamentarier entwickelten dabei vergleichbare Feindbilder, Verdächtigungen und Unterstellungen, wie man sie Springer und seinen Leuten nachsagte. Solchen Vorwürfen lag eine verbreitete Einschätzung der Ereignisse zugrunde, wie man sie in vielen Verlautbarungen und Veröffentlichungen der damaligen Zeit nachlesen kann. So schrieb Heinz Grossmann 1968 in dem von ihm und Oskar Negt herausgegebenen Sammelband über »Die Auferstehung der Gewalt« (womit man freilich nur die der Gegenseite meinte) unter der Überschrift »Der Pogrom und der Einzelne« über die Hintergründe des Anschlags auf Dutschke:

> Die Tat des faschistischen Kleinbürgers Josef Bachmann läßt sich nicht als politisches Attentat im traditionellen Sinne des Begriffs analysieren ... Die Untaten solcher faschisierten Kleinbürger richten sich eigentlich gar nicht gegen Individuen, gegen Träger bestimmter sozialer Rollen, wie es die Attentate seit den Tyrannenmorden taten, sondern gegen ideologische Zerrbilder. Es handelt sich um individuellen Vollzug eines gesellschaftlichen Pogroms. Den Zusammenhang des Mordanschlags auf Dutschke mit der materiell begründeten sozialen Entwicklung haben die Demonstrationen der Ostertage – vor allem ihre spontanen Anfänge am Gründonnerstag und Karfreitag – ins Bewußtsein heben wollen.
>
> Hier wäre der Ort, den Stellenwert Dutschkes in den Manipulationszusammenhängen nach dem 2. Juni 1967 zu untersuchen. Der Mordanschlag des BILD-Lesers Bachmann auf Dutschke hat das, was in der oppositionellen Kritik theoretisch zuvor schon formuliert war, erschreckend deutlich gemacht. Alles, was Bachmann überhaupt zu artikulieren vermag, bestätigt die Lückenlosigkeit der herrschenden Manipulationszusammenhänge. Für Bachmann ist Dutschke einfach ein Kommunist, den man hassen muß. Bachmann, seiner objektiven sozialen Situation nach dem jungen Adolf Hitler nicht unähnlich, handelt in gutem Glauben für eine Gesellschaft, die seit Stoeckers hoffähigem Antisemitismus ununterbrochen vernichtenswerte »Volksfeinde« benötigt und produziert.
>
> Bachmann konnte mit Recht hoffen, daß ihn die Ermordung des verhaßten Kommunisten Dutschke beliebt und hoffähig machen würde ...
>
> Eine anhaltende personalisierende Kampagne der Massenmedien, die selbst in der Geschichte des Antisemitismus ohne Beispiel ist, hatte Rudi Dutschke nach dem 2. Juni 1967 zum »Volksfeind Nr. 1« gestempelt. Es

bedurfte nur geringer Anstöße durch die staatlichen Autoritäten, die produzierte Volkswut gegen einzelne sich entladen zu lassen ...

Das hatte nicht irgendwer verfaßt. Heinz Grossmann war zu Anfang der sechziger Jahre Pressereferent des SDS gewesen; er galt als einer seiner führenden Geister. In ihrem historischen Abriß des SDS, dieses »wohl wichtigsten Studentenverbandes der deutschen Geschichte«, nennen ihn Tilman Fichter und Siegward Lönnendonker einen jener »hochgeachteten Genossinnen und Genossen wie Monika Mitscherlich, Jürgen Seifert, Klaus Meschkat, Oskar Negt und Günter Kallauch, die heute Bundesminister sein könnten«. Wem der Gedankengang Grossmanns dennoch grotesk vorkommt, sollte sich erinnern, daß in jenen aufgeregten Zeiten auch manche angesehenen und besonnenen Köpfe zu grundsätzlich ähnlichen Urteilen kamen.

Auch schon zur Zeit der Ereignisse (oder doch kurz danach) ließen sich freilich abgewogenere Deutungen denken, wenn man *beide* Seiten des Konflikts genauer betrachtete, also »die demokratisch engagierten Studenten und Intellektuellen« differenzierter sah und damit besser begriff.

Ein Jahr nach den Osterunruhen, im Frühjahr 1969, also noch während der Großen Koalition, wurde in der Bundesregierung das Verbot des SDS nach Art. 9 Abs. 2 des Grundgesetzes erwogen: Er sei eine verfassungsfeindliche Organisation. (Man ahnte ja nicht, daß sich der SDS fast auf den Tag genau ein weiteres Jahr später, ein halbes Jahr nach Bildung der sozialliberalen Koalition, still selbst auflösen würde, weil er am Ende war und uneins auseinanderlief.) Unter dem 18. März 1969 schickte der Bundesminister des Innern, Ernst Benda (CDU), der energisch das gleichzeitige Verbot der NPD einerseits, der DKP und des SDS andererseits betrieb, dem Chef des Bundeskanzleramtes und seinen Ministerkollegen eine ausführliche Analyse dieses Verbandes. Ungeachtet aller internen politischen Differenzen, hieß es da, bilde der SDS »zur Zeit eine Gemeinschaft«, die »einmütig« die bestehende demokratische Ordnung ablehne und von dem gemeinsamen Willen beseelt sei, unsere Gesellschaft revolutionär umzugestalten. Die terroristischen Aktionen des SDS und die politische »Tiefenwirkung« seiner Agitation hätten »in letzter Zeit ein solches Ausmaß erreicht, daß ein Verbot mehr denn je in Betracht gezogen werden« müsse.

Das fand auch die SPD. Sie war sich mit der Union völlig einig, daß der SDS wie die NPD verboten werden müßten. Sie weigerte sich – wie man in der Kabinettssitzung vom 23. April 1969 sehen konnte – lediglich, gleichzeitig auch die DKP zu verbieten, die im Jahre zuvor als Nachfolge-Organisation der zwölf Jahre früher verbotenen KPD neu begründet worden war. Und weshalb zögerte die SPD hier? Weil der künftigen Ostpolitik, die ihr vorschwebte, kein unzeitgemäßes Verbot der westdeutschen Kommunisten in die Quere kommen sollte.

Bei diesen Verboten war alles eine Frage des rechten Augenmaßes, des richtigen Augenblicks. Interessanterweise kam auch Benda bei seinem Plädoyer gegen den SDS zu einem Schluß, der sozialdemokratischen Ansichten entsprach: »Ein Verbot sollte jedoch erst dann ausgesprochen werden, wenn auch die politischen Gegenmaßnahmen (Hochschulreform, Ordnungsrecht) ernsthaft eingeleitet sind. Diese zeitliche Abstimmung der rechtlichen und politischen Maßnahmen erscheint unerläßlich.«

In der ausführlichen Begründung seiner Auffassung, daß der SDS verfassungsfeindlich sei, würdigte Benda die verschiedenen Kampagnen dieses Verbandes (Bundeswehr, Justiz, Hochschulen, Vietnam, Springer) und seine maßgebliche Beteiligung »an zahlreichen Ausschreitungen und gewalttätigen Aktionen . . ., zu denen es in jüngster Zeit fast täglich hier und da gekommen ist«. In diesem Zusammenhang wurden beispielhaft auch die Anfänge der Osterunruhen beschrieben: »Die Osterunruhen nach dem Attentat auf den SDS-Funktionär Dutschke am 11. April 1968 wurden vom SDS angezettelt. SDS-Funktionäre setzten auf einer Versammlung in der Technischen Universität Berlin einen Marsch zum Springer-Hochhaus durch; dort wurde gewaltsam die Auslieferung von Zeitungen und Zeitschriften verhindert. Dabei wurden Auslieferungsfahrzeuge des Springer-Verlages in Brand gesetzt, Arbeiter des Springer-Verlages und Polizeibeamte verletzt und erheblicher Sachschaden angerichtet. Die Demonstranten benutzten als Wurfgeschosse Steine, Knallkörper, brennende Fackeln und Petroleumlampen. Am folgenden Tag kam es erneut zu Ausschreitungen gegen Polizeibeamte, die mit Farbbeuteln, Steinen und Knallkörpern beworfen wurden. Der SDS hat die gewalttätigen Aktionen während der Osterunruhen durch wiederholte Versammlungen gesteuert und insbesondere zur Gewaltanwendung aufgefordert.«

Das war keine nachträgliche, feindselige Konstruktion, kein Produkt schwarzer Phantasie. Im Gegenteil: Es war eher eine Verharmlosung der Geschehensabläufe. Die Wirklichkeit war viel härter gewesen. Das kann man in einem vertrauenswürdigen Augenzeugenbericht vom 12. April 1968 nachlesen. In der ersten Betroffenheit, unter dem unmittelbaren Eindruck der Ereignisse, hatte an jenem Karfreitag der Berliner Journalist Manfred Rexin, ein besonnener, unabhängiger Linker, seinem alten Freunde Ansgar Skriver, der als Redaktionsmitglied des Westdeutschen Rundfunks in Köln lebte, einen langen, persönlichen Brief geschrieben:

> Ich war, als ich die Versammlung kurz nach 21 Uhr verließ, ziemlich entsetzt – einmal über die Kaltherzigkeit, mit der Dutschke zum reinen Objekt gemacht wurde. Das fernere Überleben des Mannes schien die Führung des SDS nicht weiter zu bewegen, ja ich hatte sogar den fatalen Eindruck, als wenn dem einen oder anderen die Nachricht vom Ableben Dutschkes als politisches Instrument willkommen gewesen wäre. In solchen Situationen zeigt sich, wie stark der Haß gegen die Herrschenden geworden ist – er überspielt zeitweilig Empfindungen des Mitgefühls für einen Freund. Nicht min-

der bestürzend war für mich der vorbehaltlose Aufruf zur Gewalt – ohne irgendeinen präzisen Hinweis, was denn nun am Springer-Hochhaus zu geschehen habe.

Es war demnach nicht abwegig, wenn der Bundeskanzler am Ostersamstag, dem 13. April 1968, über Rundfunk und Fernsehen sagte:

Meine sehr verehrten Zuhörer!

Im Zusammenhang mit dem verbrecherischen Anschlag auf Rudolf Dutschke haben in den letzten beiden Tagen radikale studentische Gruppen in einigen deutschen Städten eine Reihe von gewalttätigen Aktionen unternommen. Diese Studentengruppen werden angeführt von kleinen, aber militanten linksextremistischen Kräften, die sich die Zerstörung unserer parlamentarischen Ordnung offen zum Ziel gesetzt haben. Sie haben seit langem derartige Gewalttätigkeiten propagiert und durchgeführt.

In unserer Demokratie haben die Vertreter jeder politischen Meinung das unbestreitbare Recht, diese zum Ausdruck zu bringen und für sie zu werben. Keiner Gruppe kann aber das Recht zugestanden werden, ihre politischen Auffassungen und Ziele mit Gewalt durchsetzen zu wollen. Die staatlichen Reaktionen waren bisher bewußt zurückhaltend, um unnötige Opfer zu vermeiden. Seit Wochen wurden jedoch diese Gruppen davor gewarnt, ihre ungesetzlichen Aktionen fortzusetzen, weil sonst zwangsläufig die Mittel der staatlichen Abwehr verschärft werden müßten. Darüber hinaus ist zu befürchten, daß sich Gegenaktionen aus der Bevölkerung entwickeln könnten, die zu gefährlichen Zusammenstößen und Unruhen führen müßten . . .

Das Attentat eines keiner politischen Gruppe angehörenden abseitigen Verbrechers sollte für uns ein Alarmsignal sein. Gewalt produziert Gegengewalt, die sich zwangsläufig ständig ausbreiten und steigern muß. Um eine solche unheilvolle Entwicklung zu vermeiden, muß sich der weit überwiegende Teil der Studentenschaft, der für die Aufrechterhaltung unserer demokratisch-parlamentarischen Ordnung eintritt, den radikalen Rädelsführern verweigern.

Unsere Bevölkerung erwartet, daß der Staat die öffentliche Ordnung sichert. Dies aber ist ohne Verschärfung der staatlichen Abwehrmittel nur möglich, wenn die radikale studentische Minderheit sich auf den Boden des Rechts zurückbegibt. Ich weiß, daß manche von ihnen härtere Zusammenstöße bewußt provozieren wollen.

Ich warne sie vor den dann unvermeidlichen Folgen, für die sie die Verantwortung tragen müßten. Ich weiß mich in der Entschlossenheit, keine gewaltsame Störung der rechtsstaatlichen Ordnung, komme sie von wem sie wolle, zu dulden, mit unserem Volke einig.

Wie gesagt: Das alles war nicht abwegig. Es war sogar fast durchweg richtig, traf ein zentrales Problem der damals gegebenen Lage. Was Kiesinger hier gesagt hatte, war überdies auf weite Strecken mit dem vereinbar, was Heinemann am folgenden Tage erklären würde. Beide Männer waren, vergleicht man ihre Texte, in vielem gar nicht so weit voneinander entfernt. Auch die Ausdrucksweise war partienweise ähnlich, schon in den Anreden. Etwas altväterlich Gravitätisches war bei Heinemann sogar auffälliger als bei Kiesinger. Selbst die Betroffenheit, die Heinemann so sichtlich zeigte, fehlte bei Kiesinger nicht, wenn sie auch in seiner Rede weniger spürbar war als in der des Justizministers.

Der Regierungschef hatte auf die Nachricht vom Mordanschlag hin sofort seinen Osterurlaub in Bebenhausen abgebrochen und war nach Bonn geeilt. Noch am Gründonnerstag hatte er an Gretchen Klotz, die amerikanische Ehefrau Dutschkes, die zu jener Zeit gemeinsam mit ihrem Mann und dem Säugling Hosea Che im Hause Gollwitzers in Berlin-Dahlem lebte, weil Dutschke in seiner Wohnung als gefährdet galt (seit Wochen fürchteten Freunde einen nächtlichen Überfall auf ihn), ein mitfühlendes Telegramm schicken lassen. Den Text hatte der Kanzler spontan formuliert und sofort über sein Autotelefon durchgegeben, als ihm beim Spaziergang im Walde von einem aufgeregten Begleiter die Nachricht überbracht worden war, daß Dutschke auf dem Kurfürstendamm angeschossen worden sei: »Ich bin über das Attentat auf Ihren Mann auf das tiefste empört. Was immer uns Deutsche an Verschiedenheit der politischen Meinung trennen mag, es darf in unserem Lande nicht dazu kommen, daß Meinungsverschiedenheiten durch brutale Gewalt ausgetragen werden. Ich hoffe von Herzen, daß Ihr Mann von seinen Verletzungen völlig genesen wird.«

Heinemann hatte dergleichen nicht getan. Er war und blieb in Essen, hatte solche dramatischen Gesten wohl auch nicht nötig. Wie kam es dann aber, daß er der Mann der Stunde war (oder wurde), Kiesinger hingegen ganz abfiel?

Das lag nicht nur an der unterschiedlichen Vergangenheit dieser beiden Politiker. Nein, Kiesinger ließ *jetzt* etwas entscheidend Wichtiges vermissen: die Selbstkritik der Älteren, die Bereitschaft zum ernsthaften Gespräch mit der jungen Generation über ihre Vorschläge und Wünsche. Eine derartige Aufgeschlossenheit der Politiker erwarteten aber damals auch Menschen, die den studentischen Forderungen gar nicht zustimmten, sie für illusionär, vielleicht sogar für Unsinn hielten. Aber man wollte, daß sich die Parteien den neuen Fragen stellten, die ungewohnte Herausforderung sachlich annähmen.

Der CDU/CSU-Fraktionsvorsitzende, der dies verstanden hatte, versuchte vergeblich, es seinem Bundeskanzler nahezubringen. Rainer Barzel war von einer Ostasien-Reise umgehend in die Bundesrepublik zurückgekehrt, als er in Hongkong hörte, Dutschke sei angeschossen worden. Bei der Ankunft auf dem Frankfurter Flughafen erfuhr er von Äußerungen seines Kollegen Richard Stücklen, des Vorsitzenden der CSU-Landesgruppe im Bundestag: Die gegenwärtigen Unruhen seien keine Angelegenheit der Politik, sondern der Polizei.

Barzel hielt diese Auffassung in ihrer Einseitigkeit für falsch. Aber Stücklen stand mit ihr nicht allein. Franz Josef Strauß vertrat eine noch härtere Linie: Er machte Kiesinger schon wegen seines Telegramms an Gretchen Dutschke eine empörte Szene. Fast allgemein dachte man in der Union wie Stücklen, wenn nicht wie Strauß: Mit diesen Kerlen habe man nichts zu schaffen, nichts zu bereden; bei solchen Leuten sei jedes Wort zuviel. Auch der Kanzler wollte ja in seiner Ansprache vom Ostersonnabend im Kern das gleiche sagen.

Und sagte es, wenn auch verbrämt. Zwar ließ sich Kiesinger, sensibel, wie er war, durchaus zu einer nuancierten Sicht der Dinge bringen. Aber es mißlang, den Regierungschef zu einer differenzierteren Reaktion, einer konstruktiveren öffentlichen Argumentation zu bewegen: daß man nämlich hier neben Stärke auch Gelassenheit, neben robuster Entschiedenheit auch Entgegenkommen zeigen solle. Barzel war dafür, unbefangen und selbstsicher den Dialog anzubieten, das Gespräch mit den Studenten zu suchen.

Daß Kiesinger diese Anregung in den Wind schlug, war kein Zufall, kein momentanes Versagen. Hinter seiner Meinungsverschiedenheit mit Barzel verbarg sich ein tiefer Konflikt, der in der Union fast schon seit einem Jahrzehnt schwelte. Rundum weigerte man sich, übrigens auch außenpolitisch, neue Realitäten zur Kenntnis zu nehmen, was doch die Voraussetzung dafür gewesen wäre, gestaltend auf sie einzuwirken. Die ganze Partei war zunehmend vom Impuls des bloßen Bewahrens erfüllt. Sie wurde konservativ, was sie vorher, in den fünfziger Jahren, nicht gewesen war, nicht hatte sein können. Inzwischen aber hatte sie den Kontakt zu neuen Strömungen des Denkens, Fühlens, Wünschens und damit auch zu weiten Teilen der Jugend verloren. Man verkannte völlig die Stimmung in meinungsbildenden, vielleicht wahlentscheidenden Bereichen der Bevölkerung: nicht an den Rändern, in der Mitte.

Nur verschwindend wenige in der CDU/CSU suchten zu beantworten, wie es denn wohl komme (um es mit einer Denkschrift Alfred Müller-Armacks aus dem Jahre 1960 zu formulieren), daß »die Sicherung der Arbeitsplätze durch die Vollbeschäftigung und der Zuwachs der Produktion in einer kontinuierlich ansteigenden Konjunktur . . . nicht die erwartete soziale Befriedigung gezeitigt, sondern geradezu neue Unruhe und Unzufriedenheit wachgerufen« hätten. Niemand in der Union schien von diesem überraschenden Befund beunruhigt. Kaum jemand beschäftigte sich mit der aufregenden Frage, die Müller-Armack in diesem Zusammenhang schon 1960 aufgeworfen hatte: »ob nicht diese Unruhe und Erregbarkeit der öffentlichen Meinung in tieferen Schichten des Bewußtseins« wurzele und einen Hinweis gebe »auf jene Fragen einer freien Gesellschaft, die eben noch ungelöst sind«.

Müller-Armack, Kölner Ordinarius für Wirtschaftspolitik und zu jener Zeit Staatssekretär im Bundeswirtschaftsministerium unter Ludwig Erhard, hatte aufgrund dieser Vermutung bereits an der Schwelle der sechziger Jahre eine neuartige, umfassende Gesellschaftspolitik als »zweite Phase« der Sozialen

Marktwirtschaft gefordert. Vorstellungen, wie sie später, in der Ära Schiller, bei den Sozialdemokraten Wurzeln schlugen, kam Müller-Armack nahe, wenn er 1960 sagte: Es gelte, die »Gesamtheit der Umwelt« neu zu sehen und zu gestalten. Ausbildung, Aufstiegschancen, Wertstabilität und Konjunktur, die Beteiligung des einzelnen an der betrieblichen Verantwortung, die Prägung seiner räumlichen und sozialen Umwelt, öffentliche Leistungen in den verschiedenen Erscheinungsformen – all dies gehöre zusammen.

Rainer Barzel, auch der alte Konrad Adenauer, gehörten zu den ganz, ganz wenigen in der Union, die frühzeitig spürten, daß Neues in der Luft lag. Am 14. November 1961 ließ Adenauer Barzel zu sich rufen. Am selben Tag war, mit Ach und Krach, sein viertes Kabinett vereidigt worden, dem nach vier Jahren reiner Unionsherrschaft nun erneut die widerspenstigen Freidemokraten angehörten. An Schwierigkeiten der Zusammenarbeit würde es nicht fehlen, das ahnte man schon. Ohnehin hatte sich der alte Herr in diesem Herbst des Mauerbaus nur mit größter Müh' und Not noch einmal zum Kanzler machen können. Ludwig Erhard (CDU), Erich Mende (FDP) und Franz Josef Strauß (CSU) waren miteinander verschworen gewesen, ihn gemeinsam aus dem Wege zu räumen. Neuorientierungen lagen nahe. Aber welche?

In einer für alle Politiker, aber für ihn ganz besonders charakteristischen Mischung der Motive war Adenauer bei seinem Gespräch mit Barzel einerseits von einer feinen Witterung für den Wetterumschlag und daher von einem neuerwachten programmatischen Interesse angetrieben, andererseits aber auch von der rachsüchtigen Absicht, sich mit den Enkeln gegen die treulosen und obendrein kurzsichtigen, politisch unfähigen Väter zu verbünden: eine Zangenkoalition zweier Generationen gegen das Zwischenalter, die man am Ende des Jahrzehnts noch mehrfach antreffen sollte. Gleichviel: Adenauer sah – und sagte – ganz richtig, man müsse rechtzeitig ins Auge fassen, was da kommen könne; der Pragmatismus der bisherigen Politik reiche künftig nicht mehr aus.

Daher hatte er als Parteivorsitzender bald darauf, im Dezember 1961, seinen CDU-Bundesvorstand veranlaßt, Barzel, diese chancenreiche Nachwuchsbegabung von 37 Jahren, mit »Untersuchungen über das geistige und gesellschaftliche Bild der Gegenwart und die künftigen Aufgaben der CDU« zu beauftragen. Einige Monate später, zu Ostern 1962, lagen die Ergebnisse vor. In Barzels nie vollständig veröffentlichter Studie fand sich beispielsweise folgende bemerkenswerte Passage:

> Wir können die Augen vor der Wirklichkeit nicht verschließen, zu der auch die Tatsachen gehören, daß man uns fragt, ob wir verbraucht seien; daß ein Kreuz auf einem Plakat oder in einem Versammlungslokal ebenso wie das ›C‹ in unserem Namen immer weniger ausreichen, uns allein Profil und Führung zu geben; daß die Spontaneität der Gründungsjahre abklingt; daß eine neue Generation herangewachsen ist, die Weimar, Hitler, Krieg und Not nicht

mehr elementar erlebt hat; daß die Not vergessen und die Wohlfahrt selbstverständlich geworden ist; daß unser Volk soziologisch ein anderes Bild bietet; daß neue Themen und Aspekte Zeitgeist und Weltpolitik beeinflussen; daß der Kommunismus anders auftritt; daß mehr nach Staat und Rente als nach Selbstvorsorge und Eigentum gerufen wird; daß Autorität wenig geliebt und die Gesellschaft dem Staat vorgezogen wird.

Wir müssen auch dieses sehen: Pastoral-soziologische Untersuchungen beider Kirchen verzeichnen ein rückläufiges religiöses Interesse; Atomzeitalter und Automation schaffen neue Bedingungen; die Arbeitslust wird träger, die Freizeit größer wie auch die Ansprüche; die Standkraft der menschlichen Person und eigenständige Originalität werden schwächer . . .

Das Erreichte wird als Selbstverständlichkeit konsumiert, und man fragt uns zunehmend: Kennt ihr überhaupt die Fragen von morgen, und, wenn ja, wie sind eure Antworten?

Man könnte Barzels frühe Frage als Motto über das ganze folgende Jahrzehnt schreiben. Sein Satz beruhte sichtlich auf der Vermutung, ja auf der Gewißheit, die sich im Laufe der Neuzeit – und zumal der Nachkriegszeit – zunehmend ausgebreitet hatte: daß die Zukunft prinzipiell voraussehbar, planbar, beherrschbar sei, also gesichert und gut. Diese zuversichtliche Annahme erreichte in den sechziger Jahren ihren Glaubenshöhepunkt; kurze Zeit später erlebte sie ihre dramatische Widerlegung, aus vielen Gründen. Aber 1968 galt sie noch, ganz allgemein. Vom *Club of Rome* beispielsweise, der im gleichen Jahr gegründet wurde, wußten weder das westdeutsche Establishment noch seine außerparlamentarische Opposition, weder Väter noch Söhne. »Die Grenzen des Wachstums«, der erste Bericht des Clubs, erschien erst vier Jahre später, und er fand weiten Widerhall, weil sich die Welt inzwischen fundamental verändert hatte, zum Schlechten, jedenfalls für den Westen.

Unser Bewußtsein globaler Zusammenhänge wuchs in den siebziger Jahren und schärfte sich. Die meisten sahen jetzt erstmals die wirklichen Probleme dieser Erde und der Mehrheit ihrer Bewohner. Nichts von alledem war 1968 bekannt; ein Großteil wohl auch nicht voraussehbar. Establishment und APO verband die gemeinsame, optimistische Überzeugung, daß grundsätzlich alles machbar sei, falls man nur wolle – mochten die beiden verfeindeten Lager diesen Satz auch denkbar verschieden ausdeuten.

Zugleich herrschte damals auf beiden Seiten der Barrikade zunächst große Ratlosigkeit, wenn man auch, im Rückblick gesehen, aus den falschen Gründen pessimistisch war. In den sechs Jahren seit Barzels Papier waren die Fragen – und die Fragenden – immer zahlreicher und lauter geworden. Angemessene Antworten (also umfassende, gründliche Analysen der inneren und äußeren Situation Westdeutschlands sowie praktische, richtungweisende Programme) waren jedoch ausgeblieben, mehr oder weniger von allen Parteien. Ganz besonders fiel die Sprachlosigkeit der größten unter ihnen auf, die so lange den Ton angegeben und das Land in seiner Aufbauphase, der Ära Adenauer, geprägt hatte. Von einer lebhaften, neuen Generation aus gesehen, schienen jetzt nicht nur die Politiker, nein, »alle über dreißig« seltsam erschöpft und ausgelaugt. Den Jüngeren, die überall nur unzulängliche, gereizte Routine festzustellen meinten, kamen die Älteren hohl und nichtssagend vor. Ja, schlimmer als das: gekauft, korrumpiert, fett. Banal und bedrohlich. Ganz und gar vertrauensunwürdig.

Ursachen und Ziele der Studentenbewegung

Die neue, romantische Jugendbewegung begann verängstigt, ganz kleinlaut. Sie sah zunächst keinerlei eigene Gestaltungsmöglichkeiten. Zu Beginn hielt man in ihren Reihen überhaupt nichts Neues für möglich, nichts Besseres für machbar, hielt die Verhältnisse für unveränderbar starr. Im Gegenteil: Repression drohte, Ludwig Erhards (von Rüdiger Altmann so genannte) *Formierte Gesellschaft*, eine neue Version des Faschismus. Da blieb nur Widerstand, falls er blieb. Wenn man sich in den eigenen Reihen fest zusammenschloß und bis zum Äußersten anstrengte, konnte man vielleicht das Schlimmste abwenden. Vielleicht. Denn groß war diese Hoffnung nicht. Es gab damals in neulinken Kreisen viele nächtliche Gespräche, daß man bestimmt demnächst auswandern, aus diesem CDU-Staat emigrieren müsse. Dergleichen konnte natürlich nur sagen, wer nicht mehr unter Hitler oder Stalin hatte leben müssen, wem die Erfahrung der Realitäten ihrer Herrschaft erspart geblieben war. Nur wenige Wochen später schlug ihre Stimmung völlig um. Über Nacht verwandelte sich die Resignation in Rebellion. Eben noch von tiefen Ohnmachtsgefühlen überwältigt, wurden die führenden Köpfe der APO unmittelbar danach von Allmachtsphantasien weggerissen. »Es schien so, als würden die Verhältnisse, einmal angeschlagen, schon zusammenbrechen«, schrieb, noch im Rückblick erstaunt, Johann August Schülein 1977 im *Kursbuch.* Ein gewaltiger Machtrausch erfaßte, einen Moment lang, die Bewegung.

Wenige in ihr erkannten, daß die frühere Verzagtheit ebenso maßlos und damit realitätsblind gewesen war wie jetzt die Selbstüberschätzung. Beide Male, ursprünglich bei der ängstlichen wie jetzt bei der auftrumpfenden Pauschalverurteilung der westdeutschen Wirklichkeit, nahm man es mit den Tatsachen nicht genau, wog nicht genug ab: autoritär, totalitär – so etwas ging vielen zu leicht von der Zunge. Ungeduldig warf die neue Jugendbewegung alles und alle unterschiedslos in einen Topf. Sie maß das Bestehende an ihren weitgesteckten, abstrakt-utopischen Zielen, vor denen jede bestehende Gesellschaft versagen mußte.

In ihrer fundamentalen Kritik fühlten sich die Studenten durch berühmte Gelehrte angeregt und bestätigt, die ihren Gefühlen der Enttäuschung und des Grolls zeitgerechten, zumindest rechtzeitigen Ausdruck gaben. So war im Vorjahr, 1967, gerade am Beginn der Studentenbewegung, Herbert Marcuses Theorie der spätkapitalistischen Gesellschaft »Der eindimensionale Mensch« auf deutsch erschienen. Folgte man diesen »Studien zur Ideologie der fortgeschrittenen Industriegesellschaft«, dann ließen sich die Menschen in diesen Gesellschaften widerstandslos, weil der eigenen Unfreiheit unbewußt, in eine riesige Maschinerie von Politik, Ökonomie, Verwaltung und Kulturindustrie integrieren, die in einem neuen Sinne totalitär genannt werden mußte: »Denn ›totalitär‹ ist nicht nur eine terroristische politische Gleichschaltung der Gesellschaft, sondern auch eine nicht-terroristische ökonomisch-technische Gleichschaltung, die sich in der Manipulation von Bedürfnissen durch althergebrachte Interessen geltend macht. Sie beugt so dem Aufkommen einer wirksamen Opposition gegen das Ganze vor. Nicht nur eine besondere Regierungsform oder Parteiherrschaft bewirkt Totalitarismus, sondern auch ein besonderes Produktions- und Verteilungssystem, das sich mit einem ›Pluralismus‹ von Parteien, Zeitungen, ›ausgleichenden Mächten‹ usw. durchaus verträgt.«

Weil die moderne industrielle Gesellschaft aber gleichzeitig sehr leistungsfähig sei, meinte Marcuse, bestehe in der Bevölkerung ein allgemeines Interesse an der Erhaltung des Status quo, obwohl er voller Irrationalitäten stecke. Auf diese Weise blieben wesentliche Bedürfnisse des Menschen unbefriedigt; es komme nicht zu einem entspannten, erfüllten, entfalteten Leben, das an sich möglich geworden sei. Der bloße Konsum korrumpiere die Menschen, während die heutige Entwicklung der Produktivkräfte, Automation, Überfluß und zunehmend verkürzte Arbeitszeit, eine ganz neue Versöhnung von Vernunft und Sinnlichkeit, eine ästhetisch-spielerische, von Not und Mangel entlastete Kultur jetzt denkbar erscheinen lasse.

Hier war vorgezeichnet, was sich die Studenten zu eigen machten, ohnehin dachten. Aber was folgte aus solchen Visionen für die Praxis? Ein tiefes Mißtrauen gegen alles rechnende Denken, gegen die Rationalität der Dingwelt überhaupt mit ihren anonymen Mechanismen von Wirtschaft, Wissenschaft und Technologie, dieser funktionell verbundenen Superstruktur von Industrie, Technik und Naturwissenschaften (Arnold Gehlen), die erklärte Abscheu vor einer »total verwalteten, einer technokratisch verkommenen Welt« (Knut Nevermann) gab, für sich genommen, ebensowenig ein realisierbares politisches Programm ab wie die Hoffnung auf eine freie, menschliche, vom einzelnen mitgestaltete Gesellschaft.

Diese verständlichen, sympathischen Formeln konnten nur Motive, nur Antriebe jugendlichen (und nicht allein jugendlichen) Veränderungswillens sein. Um etwas praktisch vom Fleck zu bringen, um Probleme zu lösen, mußte man sich detailliert und präzise äußern. Dazu mußte man Mehrheiten gewinnen, Bundesgenossen finden. Bei der Radikalität jedoch, mit der sich die APO in einer umständlichen, bedrohlich klingenden Sprache äußerte, und angesichts der Kompromißunfähigkeit, auch Kompromißunwilligkeit, die sie an den Tag legte (alles Eigenschaften, die aus ihrer Weltsicht folgten), konnte die Bewegung in unserer Gesellschaft keinen Erfolg haben.

Diese Bundesrepublik ist auf friedliche, geduldige Überzeugungsarbeit angelegt, auf sachte Veränderung, auf schrittweise Reform – die Chancen dafür standen ja nicht schlecht. Die Mehrheit bei uns ist auch bereit, ab und an mäßigen Druck, etwa neuartige Demonstrationstechniken, hinzunehmen, zumal dann, wenn ihr die erhobenen Forderungen einleuchten. Diese immer aufgeregte, atemlose Bewegung jedoch sah sich als »Fundamentalopposition«, und dementsprechend wollte sie alles, ultimativ, sofort. Daraus konnte nichts werden. Ihr lautes Geschrei, ihr sonderbares Gehabe, erst recht dann die Gewalt, zu der sie sich bekannte und mit der sie ihre bizarren Ansichten durchzusetzen versuchte: all das mußte sie isolieren.

Diese Kontaktschwäche beruhte nicht auf spontanen Ungeschicklichkeiten. Sie lag nicht an vermeidbaren Fehlern. Sie war im Grunde gewollt. Vor dem Hintergrund vorgestellten, eingebildeten Massenbeifalls suchte die neue Jugendbewegung die Vereinzelung, wie ihre Vorgängerin auch. Ohnehin in der Aktion eher verspielt, genoß sie ihre Außenseiterrolle, wollte in ihrer absonderlichen Sprache von normalen Mitbürgern gar nicht wirklich verstanden werden, kapselte sich wohlig im eigenen Kontrastmilieu ein. Vielen reichte dies völlig aus.

Andere waren ehrgeiziger, auch härter. Sie wollten die Isolierung als Voraussetzung einer alternativen Führungsrolle, der eigenen Elitenbildung und Machtgewinnung – so rätselhaft sich das im Rückblick anhört. Ihre Beschreibung der Bundesrepublik als angeblich elitäres, streng autoritäres, nur noch schmückend, nämlich zur Täuschung Ahnungsloser, mit parlamentarisch-demokratischen Einrichtungen und Gepflogenheiten ausgestattetes System, war daher ein Spiegelbild eigener Ambitionen. Sie wußten frühzeitig, was sie wollten, und wie. Ihre Entlarvungspraktiken und begrenzten Regelverletzungen, ihre Neigung zu Risiken (die Opfer bewußt einkalkulierte), zu direkten Aktionen, zur gezielten Gewaltanwendung waren verschiedene Erscheinungsformen oder Teilstücke einer Strategie. Mit ihrer Hilfe wollte man das Regime der Bundesrepublik unterminieren, seine Verkrustungen aufsprengen. Allen Ernstes.

Worin sich die Revolutionäre der außerparlamentarischen Opposition von Anhängern einer Reformpolitik unterschieden, das war schon am 9. Juni 1967, eine Woche nach dem Tod Benno Ohnesorgs, auf dem Kongreß von Hannover *Hochschule in der Demokratie* beim Wortwechsel zwischen Jürgen Runge vom RCDS und Rudi Dutschke vom SDS deutlich geworden. Als einer der ganz, ganz wenigen im Saale hatte sich Runge dort zu einer Politik der Reformen bekannt und gesagt: »Man sollte davon ausgehen, daß unser demokratisches System in der Bundesrepublik zwar außerordentlich viele Mängel aufweist, daß diese Mängel erkannt sind, ... daß gerade aber diese pluralistische, demokratische Gesellschaft ... uns hier zum Beispiel die Möglichkeit eröffnet, Probleme zu diskutieren und zur Lösung von Problemen beizutragen ... Diese Gesellschaft kann nur mit der Gesellschaft und nicht gegen die Gesellschaft verändert werden, und ich glaube, das ist ein wesentlicher Punkt, der berücksichtigt werden muß.« Man ließ ihn nicht ausreden. Dutschke deutete unter starkem Beifall der Versammelten die ganz andersartige Konzeption des SDS an: »Wir hatten in monatelanger Diskussion theoretisch herausgearbeitet, daß die bürgerliche Demokratie, in der wir leben, sich gerade dadurch auszeichnet, daß sie es dem Lord gestattet, mit seinem Hund spazieren zu gehen, und so auch den Vietnam-Protesten ... den Weg zur Verfügung stellt und die Kanalisierung des Protestes durchführt. Aus dieser theoretischen Einschätzung der Integrationsmechanismen der bestehenden Gesellschaft ist es für uns klar geworden, daß die etablierten Spielregeln dieser unvernünftigen Demokratie nicht unsere Spielregeln sind, daß Ausgangspunkt der Politisierung der Studentenschaft die bewußte Durchbrechung dieser etablierten Spielregeln durch uns sein mußte ...«

Ob man diese Aufkündigung der ›etablierten Spielregeln‹ ernst nehmen solle, wie energisch man, falls ja, zu reagieren habe, blieb im Mehrheitslager, beim Establishment, lange unklar und umstritten. Denn Art und Umfang der Herausforderung waren schwer auszumachen. Was hieß das eigentlich: bewußte Durchbrechung der Spielregeln? Welche Konsequenzen konnte es, wenn es schlimm kam, praktisch haben? In welchen Größenordnungen mußte man diese ganze Bewegung sehen?

Mit dem 2. Juni 1967 hatte eine Phase der Radikalisierung und gleichzeitig der räumlichen Expansion der studentischen Sammlungsbewegung begonnen. Die Berliner Inkubationszeit war zu Ende. Von jetzt ab breiteten sich die bisher auf die frühere Reichshauptstadt beschränkten und allgemein als lokales Sonderphänomen mißverstandenen Studentenunruhen spontan und überraschend schnell auf die gesamte Bundesrepublik aus. Der improvisierte Kongreß in Hannover, dem Begräbnisort Ohnesorgs, war in Zusammensetzung und Verlauf bereits symptomatisch für die größeren geographischen Zusammenhänge und thematischen Dimensionen der Bewegung.

Sie wurde jetzt außer-, wenn nicht antiparlamentarisch. So sagte Wolfgang Lefèvre, Führungsmitglied des SDS und Vorsitzender des Konvents (also der verfaßten Studentenvertretung) an der Freien Universität Berlin, einige Zeit danach, in einem Interview mit dem *Tagesspiegel* vom 1. Oktober 1967: »Vor dem 2. Juni hat es in der Studentenschaft keine Spur von Antiparlamentarismus gegeben. Nach dem 2. Juni hat die Studentenschaft begriffen, daß die Legislative unter einer Decke mit der Exekutive steckt.«

Bereits unter dem unmittelbaren Eindruck der Ereignisse des 2. Juni hatte

Dutschke auf studentischen Massenversammlungen unter lebhafter, lauter Zustimmung der Anwesenden erklärt: »Wir sind in diesem System von Institutionen nicht mehr vertreten. Darum sind diese Institutionen nicht Ausdruck unseres Interesses. Darum müssen wir gegen diese Institutionen Stellung nehmen . . . Unsere einzige Chance für eine wirkliche Demokratisierung von unten geht nicht über die etablierten Organisationen, geht allein über die von uns zu schaffenden Aktionszentren, die tatsächlich Aktionen tragen, und Aktionen sind die einzige Voraussetzung der Demokratisierung von unten . . .«

Aktionen, um eine alternative, wahre Demokratie, eine Räteherrschaft herbeizuzwingen – das hört sich heute sehr gewalttätig an. Tatsächlich bedeuteten in jenen Zeiten ›Aktionen‹ nur verschiedene Arten gestufter Demonstrationen und Provokationen, gelegentlich garniert mit Eiern und Tomaten. Das änderte sich im Frühjahr 1968, übrigens schon vor dem Dutschke-Attentat.

Jugendprotest und Gewalt

Eine neue, kaltblütige Rücksichtslosigkeit, die auch die Gefährdung von Menschenleben einkalkulierte, zeigte sich erstmals beim Frankfurter Kaufhausbrand vom 2. April 1968, den Andreas Baader, Gudrun Ensslin und andere gelegt hatten, um gegen den »Konsumterror« zu protestieren. Ihr Vorbild war dabei der Brüsseler Kaufhausbrand, bei dem am 22. Mai 1967 immerhin 253 Menschen ums Leben gekommen waren.

Solche extremen Mittel antikapitalistischer Propaganda oder Massenaufklärung konnten immer nur für wenige akzeptabel sein. Da kam, neun Tage später, der Mordanschlag auf Dutschke. Die breite Betroffenheit, die er auslöste, leitete zehn Monate nach der ersten eine zweite, viel radikalere, nämlich kurzfristig gewalttätige Phase der Bewegung ein: den Anfang von ihrem Ende.

Daß den Schüssen auf Ohnesorg und Dutschke unterschiedliche Reaktionen folgten, war an sich schon wegen des Zwanges, unter dem jede radikale Organisation steht, nicht überraschend: nämlich immer energischer vorgehen zu müssen, um die eigenen Leute beisammenzuhalten. Hinzu kam die Verschiedenheit der beiden Opfer. Ohnesorg war zu Lebzeiten ein unbekannter Student gewesen. Man konnte ihn durchaus Kaufhausbesuchern vergleichen, falls sie beim Brand den Tod gefunden hätten. Ohnesorg war als namenloser Demonstrant gestorben, war zufällig zu Tode gekommen.

Dutschke dagegen war im ganzen Lande bekannt; seit Monaten sprach man allenthalben über ihn, seine Ansichten, Auftritte, über Aussehen und Sprechweise. Er war sehr umstritten, auch unter Studenten. Obwohl sie nach der bereits erwähnten Blitzumfrage des *Spiegel* vom Februar 1968 zu drei Vierteln Demonstrationen bejahten, hatten auf die Frage, was sie von Rudi Dutschke hielten, nur 27 Prozent ihre Übereinstimmung mit ihm erklärt. 26 Prozent war er gleichgültig, 44 Prozent lehnten ihn ab. Der Anschlag auf einen Menschen, der in so hohem Maße die Meinungen polarisierte, mußte eine ganz andere Wirkung haben als der Tod Ohnesorgs im Jahr zuvor. Dutschke war kein Zufallsopfer. Er hatte seiner Überzeugungen wegen ermordet werden sollen. Daher wurde er zwangsläufig zum Blutzeugen der Bewegung, wurde ein Märtyrer, und dies obendrein in den Ostertagen, in einer weithin protestantisch geprägten Bewegung und Umgebung.

Oberflächlich betrachtet, hatte die Studentenbewegung der späten sechziger Jahre natürlich nichts Religiöses an sich. Allerdings fiel sie, wie wohl jede Gemeinschaftsbildung in diesen Altersgruppen, von Anfang an dadurch auf, daß sie extrem gefühlsintensiv war. Das deutete auf das Gegenteil dessen hin, was man zu sein beanspruchte: ganz nüchtern theoretisch, wissenschaftlich, kritisch. Die krasse Emotionalität der Masse ihrer Mitglieder ging so weit, daß man sich fragen mußte, ob die Bewegung wegen dieser Einseitigkeit nicht eigentlich unpolitisch, vorpolitisch sei. Wirkten ihre Versammlungen nicht wie Missionskundgebungen auf Erweckungsfeldzügen? Suchten die Teilnehmer nicht vor allem neue Lebensformen, ließen sich leicht zu ihnen bekehren?

Man wollte, einerseits, den Ausbruch aus dem Alltag öder Apparaturen, den persönlichen Ausdruck, die Spontaneität, das freie Gefühl, das Leben als Fest. Andererseits und zugleich sehnte man sich nach neuer Geborgenheit, nach Schutz und Gemeinschaft, nach der gleichgesinnten Gruppe, wollte in neuen Urgemeinden aufgehoben sein. Man denke nur an das allgemeine Duzen, das über Nacht üblich wurde, denke vor allem an die Wohngemeinschaften und Kommunen, die damals aufkamen, rasch um sich griffen. Auch der Haß auf die Ungläubigen, erst recht die Abtrünnigen, eine haarsträubende Rechthaberei, all die sektenhaften Rivalitäten untereinander, gehören hierher.

Hinter den Rätseln einer esoterischen Sprache, hinter eiferndem Protest und verzweifelter Auflehnung, hinter vielen zeitgenössischen Verkleidungen der Revolte spürte man immer wieder den Hunger nach Gewißheit, nach einem verläßlichen Halt, das Verlangen nach einer bejahenswerten Sicht des Weltganzen, also nach Theorie im ursprünglichen Sinne. Man ahnte eine Sehnsucht nach dem Ursprung, nach Ganzheit und Freiheit, nach Erlösung – keineswegs nur vom Kapitalismus; er mußte lediglich als Chiffre aller Unzulänglichkeiten modernen Erdendaseins herhalten.

Man sollte Marx in jener Zeit wesentlich als Moses, als Religionsstifter sehen, wenn man seine Bedeutung (oder die Maos und anderer, vergleichbarer Gestalten) verstehen will. Nicht den Geschichtsphilosophen und Wirtschaftswissenschaftler mit seinen riesigen, ungeheuer komplizierten, schwer verständlichen Gedankengebäuden, mit wahren Gebirgen möglicher Ausdeutungen, Fortentwicklungen, Folgerungen. Nein, den charismatischen Führer der Landnahmezeit, den jüdischen Befreier und Gesetzgeber, mit seinen verwitterten, kaum noch verständlichen Gesetzestafeln, die jetzt auf einige knappe, handliche Beschwörungsformeln verkürzt wurden, die man beständig wiederholte, hinnahm und glaubte, die man suchte und brauchte, in denen man Weg, Wahrheit, Leben verheißungsvoll enthalten sah. Einen Beleg für diese Deutung? Etwa die Hoffnung, die Gewißheit, eine Aufhebung der Entfremdung sei möglich – eine Vorstellung (wie wir von Leszek Kolakowski wissen), die aus der christlichen Theologie neuplatonischer Herkunft zu stammen scheint.

Marx also als Offenbarung, als eine Droge, neben anderen. Beispielsweise der Sexualität. Von ihr sagt Mircea Eliade, sie sei heute die letzte Quelle des Numinosen, die letzte Möglichkeit des Menschen, an sich das Heilige zu erfahren. Natürlich ging (und geht) es nicht nur bei uns um solche Urfragen. Die gegenwärtige Suche nach Erfahrungen der Transzendenz ist nicht auf Deutschland beschränkt, wenn auch hier besonders dringend und verständlich. Alle hochindustrialisierten Gesellschaften der Gegenwart sind durch und durch rationale Gebilde – und daher ratlos, sobald es um Fragen des richtigen, des sinnerfüllten Lebens geht. In unseren Tagen wird sichtbar, daß in allen diesen Gesellschaften viele Dämme des kollektiven Unbewußten geborsten sind.

Vor diesem Hintergrund muß man wohl den Mordanschlag von Ostern 1968 sehen – auch wenn man Ralf Dahrendorfs Mahnung im Ohr behält, der neulinken Bewegung würden »mittlerweile fast so viele Ursachen nachgesagt wie dem Krebs«; »nahezu alles« scheine sie bewirkt zu haben.

Nicht nur Christen, auch längst der Kirche Entfremdete zeigten sich unter dem Eindruck der Ereignisse aufgewühlt, erschüttert, betroffen. Bedeutet nicht Ostern die Rechtfertigung und Erhöhung im Scheitern? Die Auferstehung nach Leiden, Tod und Grab? Den triumphalen, strahlenden Sieg eines Schwachen, Verfolgten und Ermordeten über seine Widersacher und Peiniger, ja über alle Welt? Am dritten Tage nach dem Mordanschlag, beim Ostermarsch auf dem Berliner Kurfürstendamm, hielten durchnäßte junge Leute mitten im Strahl den Wasserwerfern der Polizei hocherhoben ein Kreuz entgegen: Nicht nur zum Zeichen gewaltlosen Protests, wie sie sagten und wie viele dachten. Schon gar nicht, wie *Bild* gehässig schrieb, zum Mißbrauch des Kruzifixes als Schlagwaffe. Die eindrucksvolle, tief symbolische Geste bewies einen hohen moralischen Anspruch, ein Bewußtsein der eigenen Überlegenheit – auch ein Vorgefühl des kommenden Sieges.

Nicht allein im SDS, nicht allein unter Studenten hatte man jetzt die Überzeugung, daß die eigenen Behauptungen und Forderungen durch die Blutopfer der Bewegung unwiderlegbar geworden seien. Alle Ablehnung beweise, spätestens von jetzt ab, die charakterliche Minderwertigkeit der Widersprechenden und richte sie daher von selbst. Die Forderungen der Studenten brauchten von nun an nicht mehr bescheiden angemeldet und vorgetragen zu werden. Schon seit einiger Zeit hatte man ja, von der Vorstellung alternativer, rätedemokratischer Regierungsformen beflügelt und im Zeichen gewisser »Ansätze zu einer revolutionären Doppelherrschaft«, mit der anderen Seite, also den Politikern, von gleich zu gleich verhandelt. Jetzt sei nicht länger zu diskutieren, sondern zu handeln; die Forderungen der Bewegung seien hinzunehmen, ohne Abstrich zu erfüllen, rasch in die Tat umzusetzen. Im übrigen werde dieser Staat ohnehin, ob er nun nachgebe oder nicht, binnen kurzer Zeit in die Knie gehen, ja zusammenbrechen müssen.

Die Sprecher der Bewegung mit ihren Megaphonen fühlten sich einen kurzen, köstlichen Augenblick lang wie Josuas Priester, Posaunen in den Händen, vor den Mauern von Jericho – bekanntlich waren sie am siebten Tage des Blasens ohne weiteres Zutun eingefallen. Einen Moment lang breitete sich in der neuen Jugendbewegung die euphorische Überzeugung aus, die einen Monat später, im noch weitaus aufregenderen französischen Mai 68, Daniel Cohn-Bendit in die knappen, kraftprotzenden Worte fassen sollte: Jetzt heiße »unser Ziel: Umsturz des Regimes«.

Der junge Mann, der das da so selbstbewußt und siegessicher formulierte, war ein Feuerkopf und Clown und zugleich die Symbolfigur der Pariser Mai-Unruhen. Er proklamierte sein verwegenes, vages Ziel in einem sehr merkwürdigen Interview, das *er*, übrigens unter dem programmatischen Titel »Die Phantasie an die Macht!«, dem Markenzeichen dieses Mai, Jean-Paul Sartre, dem weltberühmten Schriftsteller und Philosophen gewährte, der, ebenso erstaunlich, bei dieser Gelegenheit dem jungen Mann unverhohlen seine Sympathie, ja eine stille Bewunderung und moralische Ermunterung bekundete.

Sartres Enthusiasmus war vielleicht besonders extrem und daher auffällig, aber er war kein Einzelfall. Viele Ältere, besonders häufig Schriftsteller und Professoren, hatten in diesem dramatischen Augenblick aktivistischer Ungeduld und radikaler Aufbruchsbereitschaft, der sie nostalgisch an ihre Jugend (oder doch zumindest an deren Träume) denken ließ, die verständliche und zugleich absonderliche Sehnsucht nach engem, vertrauensvollem Kontakt mit diesen hoffnungsvollen Generationen, nach der Brüderlichkeit ihres Umgangstons, nach Jugendlichkeit überhaupt.

Das ist alles andere als selbstverständlich, war nicht immer, nicht überall so. Es liegt am Verhältnis der Generationen zueinander, dem Ausmaß von Kooperation und Konflikt zwischen ihnen, der Mischung von Zu- und Abneigung auf beiden Seiten.

In seiner historischen Studie über »Die deutsche Jugendbewegung« sagt Walter Laqueur: »Wann immer sich in der Geschichte der Jugendbewegung hoffnungsvolle Ansätze zeigten – wie in den Anfangstagen der Freideutschen Jugend –, gab es auch Persönlichkeiten der älteren Generation, Professoren der Universitäten zumeist, die bereit waren, diesen jungen Männern und Frauen auf der Suche nach ihrem Weg in der Welt eine helfende Hand zu reichen. Die einen taten es, weil man sie darum bat, die anderen aber handelten freiwillig in der Überzeugung, daß sie eine Mission zu erfüllen hätten.«

Die letzten Worte lassen aufhorchen, vor allem eins: *die Mission.* Es klingt tief und feierlich, spricht Gefühle an, ja rührt an Religiöses. Man denkt an Sendung, Berufung und Auftrag, an eine Glaubensbotschaft. Aber für wen und von wem? Und was könnte der Inhalt, die Kunde sein?

Seit Beginn dieses Jahrhunderts hat sich, so scheint es, der Generationskonflikt zu einer spezifisch deutschen Form des Klassenkampfes entwickelt, zeitweilig zu *der* fundamentalen innergesellschaftlichen Auseinandersetzung. Rebellierten anfänglich nur Teile der bürgerlichen Jugend gegen ihre Eltern, so erhoben sich im Zuge der allgemeinen Verbürgerlichung des Landes mit jeder neuen Welle immer mehr jüngere Menschen gegen die Älteren. Inzwischen steht, wenn es wieder einmal losgeht, mehr oder minder die ganze aktive Jugend der jeweils fälligen Jahrgänge gegen die restliche Bevölkerung, gegen die von Gestern – vorausgesetzt, daß es (wie bis in die späten sechziger Jahre hinein) nach Zahl und damit Kraft überhaupt nennenswerten Nachwuchs gibt, er also nicht seinerseits nur ein eingeschüchterter Restposten ist.

Bei diesem Generationskonflikt geht es wesentlich nicht um materielle Interessen, nicht primär um Geld, Posten oder Berufschancen, überhaupt eigentlich um nichts Greifbares, nichts Konkretes, sondern um etwas so Abstraktes und gleichzeitig Totales wie *Weltanschauung* oder noch besser *Weltschmerz*, um es mit diesen schwer übersetzbaren Ausdrücken zu sagen. Es geht um einen ganz neuen Anfang, einen anderen Stil, in allem, um weitgespanntes Streben, hochherzigste Erwartungen.

Angesichts einer verfetteten, verkrusteten, verfestigten, ja versteinerten und vereisten Gesellschaft, einer als starr, muffig, leblos empfundenen Umgebung entdecken die Jungen in sich Gefühle der Leere, des Unbehagens, der Protestneigung, einer hektischen Unrast, für die sie die Älteren verantwortlich machen, deren Zwängen sie zu entrinnen trachten – durch Elan, Engagement, Einsatzbereitschaft, durch Offenheit, Dynamik, Mobilisierung, Mut zum Experiment, zum Elementaren: leidenschaftliche Maßlosigkeit. Expressionistischer Aufbruch, Bewegung an und für sich. Kult der Praxis, der befreienden Tat.

Die Jungen, an sich noch unsicher und auf der Suche nach dem eigenen Leben, überspielen ihre Gefühle der Unzulänglichkeit und treten mit dem Anspruch moralischer Überlegenheit auf: Sie seien (was ja nicht ohne ein Korn der Wahrheit ist) die einzig unverbrauchte, einzig schuldlose Generation. Jugend, biologische Frische wird als moralische Reinheit ausgegeben, auch empfunden, und dient zur Rechtfertigung eines eigenen Gestaltungsanspruchs, als Grundlage einer alternativen Führungsqualität. Die Dynamik der Jugendbewegung, auch ihre anfänglichen Erfolge, wären unmöglich, auch unerklärlich, wenn es nicht angesichts dieser Herausforderung und Selbstgewißheit der Jungen das schlechte Gewissen der Alten gäbe. Sie bekennen gefühlvoll, zu einer Generation zu gehören, die versagt habe, gescheitert sei – ein Bekenntnis, das inzwischen ein Gemeinplatz, aber Teil des Rituals solcher Bewegungen ist und die verschämte Hoffnung auf Verständnis, auf Vergebung und Versöhnung einschließt: die Heimkehr des verlorenen Vaters.

Denn Jungsein, noch irgendwie zur Jugend gehören, bedeutet viel. Man bewundert die Jugend, sieht in ihr einen hohen, vielleicht den höchsten persönlichen Wert, ist einem Kult der Jugend verfallen, sieht sie als Inspiration, als Muse und Orakel, als Quelle neuer, zukunftsgewisser Einsichten. Zum Teil sogar zu Recht. Denn in einer Welt, in der sich überall alles rapide wandelt und daher überkommene Erfahrungen ebenso rasch an Wert verlieren, müssen aufnahmebereite, lernfähige Junge die unbekannte Zukunft in die Hand nehmen und vorausahnend gestalten. In der präfigurativen Kultur, der wir, wie jedenfalls Margaret Mead 1969 in ihrer Studie über den »Konflikt der Generationen, Jugend ohne Vorbild« meinte, weltweit entgegengehen, wächst der Jugend eine neue Autorität zu, müssen Eltern immer neu von ihren Kindern lernen. Der Göttinger Pädagoge Hartmut von Hentig ließ sich im Juni 1967 gar zu dem unvorsichtigen Versprechen hinreißen: die Öffentlichkeit solle wissen, daß »wir« diese studentischen Minderheiten »nicht im Stich lassen werden – ganz gleich, wie radikal sie sind«. Natürlich dachte er damals nicht im Traume daran, welche Kühnheiten ein solcher Blankoscheck wecken könnte.

Scheitern und Ende der APO

Wohl niemand hielt anfangs für möglich, daß ein kleiner Teil der Bewegung den Radikalismus nicht nur rhetorisch-theoretisch anrufen, nicht bloß als zähneknirschende Vokabel nutzen werde, sondern die Übel dieser Bundesrepublik tatsächlich haßerfüllt mit allen Wurzeln aus dem Boden reißen wolle. Es war ein sehr kleiner Teil, der terroristisch wurde. Aber er hatte große Wirkungen, da er die ganze Richtung in der Öffentlichkeit diskreditierte und ruinierte.

Denn die überwiegende Mehrheit war nicht wirklich, nicht konsequent und auf Dauer für Gewalt zu gewinnen. »Betroffen vom Mitschnitt der Katastrophen . . ., ansässig unterwegs in Mitleidenschaft«, wie Gabriele Wohmann schrieb, begnügten sich die meisten mit scheinradikalem Gerede, mit den großen Worten frustrierter Machtwünsche, mit energischen Gesten, auffälligen Kostümen. Nach dem Dutschke-Attentat begann die optische Absonderung. Zunehmend entwickelte man die Neigung zu verfremdender Tracht und Tarnung, zur malerischen Vermummung, zu Bärten und langen Haaren, überhaupt zu Symbolen urwüchsiger Kraft, zu allen Zeichen archaischer Freiheit edler Räuber in alter Zeit. Guerilla-Romantik, aber auch Chinas Kulturrevolution, Maos Mobilisierung der Enkel gegen die Väter, begeisterten aus der Ferne, folgenlos. Nur selten war die neue, lässige Kleidung des *Popel Look* mehr als Mode, mehr als Proletarier-Sehnsucht. Dann war sie teils Symbol des Abstiegs in den Untergrund, teils aber auch Vorbote paramilitärischer Uniformierung und Selbstdisziplinierung in den kommenden kommunistischen Aufbau-Organisationen, die bald aus dem Boden schossen und auf sämtliche Variationen von Kaderparteien des bekannten Spektrums hinausliefen.

Diesen K-Parteien oder Aufbau-Organisationen schloß sich eine zweite, größere, allerdings arg zerstrittene Gruppe der Bewegung an. Zumal nach der blutigen »Schlacht vom Tegeler Weg« am 4. November 1968, bei der 130 Polizisten und 21 Studenten verletzt wurden, klang die kämpferische Entschlossenheit rasch ab. Interne Einschätzungen des SDS besagten damals, daß die Bereitschaft zur »Konfrontation . . . in letzter Konsequenz Bürgerkrieg bedeute«. Daher »könne die Studentenschaft nur im Bündnis mit der Arbeiterklasse ihre jetzige offensive Politik fortsetzen«. Allein war die harte Linie nämlich nicht durchzuhalten. Da das ersehnte Bündnis jedoch ausblieb, verlor man den Glauben an eine rasche Veränderbarkeit der Verhältnisse.

Schon im Februar 1968, auf einer Tagung der Evangelischen Akademie in Bad Boll zum Thema »Revolution in Deutschland«(!) hatte Rudi Dutschke in einer Diskussion auf die ihm eigene, umständlich-eindringliche Weise erklärt: Wenn er vom »langen Marsch durch die Institutionen«, durch Parteien, Parlamente usw. spreche, dann heiße das, »daß der radikale, außerparlamentarische Kern als Moment von Gegengesellschaft, als Moment von neuer Gesellschaft, erhalten bleibt und eine subversive Verwertung der Widersprüche in den bestehenden Institutionen durchführt mit dem Ziel und dem Zwecke der Zerstörung und der Aufweichung der etablierten Apparate«.

Diese berühmte Parole vom langen Marsch, mit der Dutschke an die windungsreichen Umwege bei der geduldigen Machtergreifung Maos erinnerte, entsprach je nach der Deutung, die man ihr gab, den wechselnden Stimmungen des Jahres 1968. Hatte Dutschkes Vision im Frühjahr noch so geklungen, als stecke ein langfristiger, listiger Plan dahinter, so erschien sie im Spätherbst als verschlüsselte Vorwegnahme resignierter Anpassung auf unabsehbar lange Zeit, als Beschreibung einer mühsamen Wanderung durch die Einöde. Niemand nimmt solche Strecken gern allein unter die Füße. Je nach Temperament traten daher Trupps entmutigter Anhänger der außerparlamentarischen Opposition entweder zu DKP, SEW und anderen Gruppierungen über – oder aber, dies vor allem, zu den Sozialdemokraten.

Der weitaus größte Teil der Jugendbewegung ging zur SPD. Zehntausende, Hunderttausende. Die Partei Willy Brandts wurde die Partei der kritischen Jugend, was ihre politischen Chancen *und* ihre Schwierigkeiten sehr vergrößern mußte. Lange nach dem großen Zulauf stellte Brandt auf dem Hamburger SPD-Parteitag 1977 rückblickend die rhetorische Frage, wo »unsere Gesellschaft, unser Staat« inzwischen wohl stünden, wenn die SPD seinerzeit »nicht mutig genug gewesen wäre, die *Generation der Unrast* von 1968 in ihre Reihen, in ihre Debatte aufzunehmen«. Viele der Besten unter den jungen Menschen wären in eine geistige Wüste geraten, hätte die Sozialdemokratie sie nicht als kritische, unbequeme Mahner und Anreger willkommen geheißen. Dies sei ein wichtiger Beitrag zur Stabilisierung der deutschen Demokratie und zur Sicherung des inneren Friedens in der Bundesrepublik gewesen, auch wenn »das große Experiment nicht völlig geglückt« sei.

Wie konnte es. Das hätte geheißen, viel zu viel zu erwarten. Denn der Zustrom aus der *Generation der Unrast* war, möglicherweise entscheidend, demographisch bedingt. Vergleichbare Veränderungen im Generationengefüge werden wir – jedenfalls nach der Überzeugung des Bevölkerungswissenschaftlers Rainer Mackensen – in diesem Ausmaß während der nächsten fünfzig Jahre nicht noch einmal erleben. Mackensen wies beim Berliner Soziologentag 1979 die dramatische Verjüngung der westdeutschen Erwerbstätigen im Verlauf der sechziger Jahre nach. Damals lösten die in der Nachkriegszeit materiell gesichert aufgewachsenen, an Zahl starken und von daher selbstbewußten, innovationsfreudigen Geburtsjahrgänge die der Vorkriegs- und Kriegszeit in breiter Front wesentlich älteren, starr auf den Wirtschaftsaufbau, auf die Beseitigung der Kriegsfolgen fixierten, also ganz anders geprägten, von einer Aufsteiger-Mentalität gezeichneten Generationen ab.

Dementsprechend war auch in der SPD die Altersumschichtung zwischen den frühen sechziger und den frühen siebziger Jahren gewaltig – und dramatisch. Gleichzeitig vollzogen sich erhebliche soziale Veränderungen in der Zusammensetzung der Mitgliedschaft. Zugespitzt gesagt, wurde aus der Partei älterer, ruhiger Facharbeiter über Nacht eine Partei ungeduldiger, kühler Jungakademiker, die die SPD nüchtern nur noch als Potential und Instrument, nicht mehr als politische Heimat und Familie betrachteten. Angehörige des öffentlichen Dienstes und »diejenigen, die sich selbst für Aufsteiger halten«, wie Egon Bahr in Hamburg 1977 sagte, waren fortan überrepräsentiert.

Alle diese plötzlichen und großflächigen Verschiebungen zwischen den Altersgruppen, den generationsspezifischen Mentalitäten und den Berufsfeldern der Parteiangehörigen mußten zur Quelle schwerer interner Konflikte werden. Denn das, was man Wirklichkeit nennt, stellte sich den lebensgeschichtlich und sozial verschieden strukturierten Gruppierungen jeweils unterschiedlich dar – von der rabiaten Verdrängungskonkurrenz der Jüngeren gegen die Älteren ganz zu schweigen.

Das Ausmaß der innerparteilichen Probleme läßt sich ahnen, wenn man liest, was der SPD-Vorsitzende auf dem Parteitag von Hannover, wenige Monate nach dem triumphalen Wahlsieg der Sozialdemokraten vom November 1972, der ihnen mit 45,8 Prozent der Stimmen das beste Ergebnis ihrer Geschichte brachte, am 11. April 1973 in diesem Zusammenhang sagte:

> Die Partei wächst; sie verändert sich; sie hat Wachstumsprobleme.
>
> Hierzu ein paar Hinweise: Von den knapp 650000 Mitgliedern, die wir

zählten, als ich vor gut neun Jahren (1964) Parteivorsitzender wurde, sind mehr als 350000 nicht mehr unter uns. Der Tod hat also kaum vorstellbare Lücken gerissen. Heute zählt die Partei fast eine Million Mitglieder. Das bedeutet: 300000 Mitglieder gehörten der SPD schon vor zehn Jahren an; rund 670000 der heutigen Mitglieder sind seit damals beigetreten. Allein im letzten Jahr (1972) traten der Partei 160000 Mitglieder bei. Die meisten, nämlich fast zwei Drittel, waren – wie es im Grunde natürlich ist – Jüngere, nämlich unter 35 Jahre alt.

Auch die soziale Schichtung unserer Partei hat sich verändert. 1962 wurden noch fast 55 Prozent aller neuen Mitglieder als Arbeiter registriert. Im Jahre 1972 waren es knapp 28 Prozent. Die Zusammensetzung unserer Partei hat sich also in einer knappen Zeit stark gewandelt. Von einer »Klassenpartei« im strengen Sinne – die SPD war es übrigens nie – kann schon auf Grund der Statistik nicht die Rede sein. Mancher freilich ist immer noch Arbeiter, auch wenn er nicht mehr so genannt wird oder werden will. Die Mitgliedschaft von Studenten und Schülern hat sprunghaft zugenommen. Aber darin drückt sich eben auch aus – und dies sollten wir ja nicht beklagen –, daß unsere Kinder in größerer Zahl auf höhere Schulen gehen.

Glaubt man nicht, eine gewisse Beklommenheit Brandts zu spüren angesichts dieser Wellen von jungen Leuten, von Schülern und Studenten, die da in die SPD einströmen? Verständlicherweise. Denn die Bereitschaft der Sozialdemokraten, die eigene Partei dieser aufgewühlten Flut zu öffnen, war riskant – auch wenn man fragen muß, ob es eigentlich eine Alternative zu dieser Entscheidung gab. Es war wohl das größte innenpolitische Wagnis jener Jahre, diesen Menschenstrom einlassen und eindämmen, andererseits nutzen zu wollen. Als die Stromregulierung dann weitgehend gelang, übrigens aus ganz unterschiedlichen Gründen, wurde sie zu einem der wichtigsten Erfolge der sozialliberalen Frühzeit insgesamt.

Die aufrührerische Neue Linke ließ sich am Ausgang der sechziger Jahre in diese Partei (und damit, längerfristig, auch in unseren Staat) deshalb integrieren, weil sie nach dem Scheitern der außerparlamentarischen Opposition hier neue, bessere Wirkungsmöglichkeiten sah. Sie mochte die SPD zwar nicht, fand sie kleinbürgerlich-ängstlich, von der Union, vom Kapitalismus zunehmend korrumpiert – mit einem Wort: gräßlich. Keinesfalls könne sie so bleiben, wie sie sei. Aber wenn überhaupt irgendwo – dachte man sich mit naiver Raffinesse –, dann lasse sich noch am ehesten von hier aus, mit einer transformierten, sozialistisch theoriebewußt gemachten SPD, der Gang der Dinge in dieser ungeliebten Gesellschaft gestaltend verändern.

Gerade diese Erwartung und das massive, energische Auftreten der neuen Mitglieder mußte in der SPD, so wie sie war, eine geradezu explosive Konstellation herbeiführen. Nur mühsam ließen sich die internen Gegensätze und

Widersprüche ausgleichen. Alle Sozialdemokraten betonten damals gemeinsam die Notwendigkeit einer umfassenden Reformpolitik. Alle führten dauernd diesen zeitweise sehr populären Schlüsselbegriff im Munde, der eine glänzende Zukunft zu eröffnen versprach. Aber in den beiden Lagern der SPD verstand man etwas völlig Verschiedenes unter inneren Reformen.

Die neue Gruppierung, vorwiegend von Studenten angeführte Jungwähler, verlangte nach einer von Grund auf anderen, einer erstmals durchgängig demokratisierten, gemeinwirtschaftlich-sozialistischen Gesellschaft; sie sprach von der Notwendigkeit einer Systemüberwindung. Die andere, ältere Richtung, liberal orientierte Mittelgruppen einschließlich großer Teile der Arbeiterschaft, wollte auf eine freiere und sozialere Variante dieser bestehenden Bundesrepublik hinaus. Sie erstrebte eine behutsam reformerische, konkrete und systemkonforme, eine der Marktwirtschaft gemäße Korrektur der als konservativ-unmodern empfundenen Ergebnisse der Ära Konrad Adenauers und Ludwig Erhards. Die erste Gruppe wollte gewissermaßen eine ganz neue Republik errichten. Die zweite hingegen begnügte sich damit, das Begonnene fortzusetzen, auf den soliden Fundamenten weiterzubauen, eine neue Phase der Bundesrepublik Deutschland zu beginnen. *Beide* Lager konnten sich auf die Schlußsätze der Regierungserklärung Willy Brandts vom 28. Oktober 1969 berufen, beide sich in ihren einprägsamen Formeln wiedererkennen: »Wir stehen nicht am Ende unserer Demokratie, wir fangen erst richtig an. Wir wollen ein Volk der guten Nachbarn werden im Inneren und nach außen.«

Wie diese verheißungsvollen Fanfarenstöße zu interpretieren seien, war einem Interview des neuen Bundeskanzlers mit Klaus Harpprecht zu entnehmen. In ihm meinte Brandt ätherisch, er sehe jetzt eine Chance, die es leider in der Weimarer Republik nicht gegeben habe, nämlich »den großen Ausgleich zu schaffen«, von dem schon August Bebel sprach, als er sagte: »Es gelte, das Vaterland der Liebe und Gerechtigkeit zu gestalten – soweit man dies auf Erden zustande bringen kann.« Das klang, als ob man es könne. Wenn sie so etwas hörten, fühlten sich, zumal in der distanzierteren CDU/CSU, doch viele an ihren Ludwig Erhard erinnert. Sie entdeckten bei beiden Männern den gleichen, naiven Glauben an das Gute im Menschen, fanden Brandt und Erhard im Grunde sehr ähnlich, beide auf eine altertümlich anrührende Weise sehr deutsch in ihrem sympathischen Vertrauen darauf, daß eine heile Welt möglich sei, wenn man sie nur wirklich wolle und den Landsleuten geduldig genug nahebringe.

Dergleichen dachte man bloß in den oberen Rängen, nur unter älteren Spöttern, erfahrenen Skeptikern. Auf junge Menschen wirkten die Worte Willy Brandts ganz anders. Hier wurde ausgesprochen, ja als Programm verkündet, was sie dachten, was sie vor allem erhofften. Hier faßte einer, an der Spitze des Staates, ihre Träume von einer besseren Welt in Worte. Brandt selbst fand später, er halte es aus, wenn man ihm »etwas oder etwas zuviel Blauäugigkeit« unterstelle.

Heinemann: Symbol eines neuen Konsenses

In diesen Zusammenhängen muß man auch schon die Ansprache Gustav Heinemanns vom Ostersonntag 1968 sehen, auf deren Hintergrund, Bedeutung und Wirkung deshalb ausführlich eingegangen worden ist. So wie Heinemanns langer Marsch von der CDU über die GVP zur SPD den Jungen als Beweis individueller Wandlungs- und Lernfähigkeit galt, sahen sie in seiner progressiven Tätigkeit als Justizminister der Großen Koalition ein Anzeichen der Reformfähigkeit unseres politischen Systems. Und war seine Rede vom 14. April 1968 nicht tatsächlich die öffentliche Ankündigung der sozialdemokratischen Bereitschaft, sich mit der rebellischen Jugend zu verständigen? War sie nicht ein Zeugnis sozialdemokratischer Fähigkeit zur Selbstkritik der Älteren?

Noch heute fällt vielen aus den damals jungen Jahrgängen, wenn man sie auf Heinemann anspricht, spontan die berühmtgewordene Wendung jenes Appells ein (die übrigens aus der demokratisch-christlichen Erweckungsbewegung der *Moralischen Aufrüstung* stammt): Wer mit dem Finger anklagend auf andere zeige, solle bedenken, daß in der Hand mit dem vorwurfsvoll ausgestreckten Zeigefinger zugleich drei andere Finger auf den Vorwurfsvollen zurückweisen. Zwar maulten ältere Jahrgänge, Heinemann gehe zu weit, er gebe den jungen Leuten zu sehr nach, komme ihnen unverantwortlich konzessionsbereit entgegen. Man muß nicht mürrisch und verstockt sein, um zuzugeben, daß etwas Richtiges an diesen Bedenken war. Aber sie gingen an der gegebenen psychologischen Situation völlig vorbei.

Bereits am Abend des Attentats wurde in linken Kreisen deutlich vorausgesehen und einkalkuliert, daß »man die Emotionalisierung des Bürgertums nutzen könne«. Tatsächlich war man in möglicherweise wahlentscheidenden, protestantisch-liberalen Mittelgruppen betroffen, als Heinemann die Verantwortungsgemeinschaft der Generationen beschwor und die Älteren nach ihrer Mitschuld am Mordanschlag des jungen Bachmann und an den Gewalttaten der Studenten fragte. Ergriffen, erschüttert durch die Schüsse auf Dutschke, war man mit dem Bundesjustizminister bereit, nach den Ursachen des verlorenen Kontakts zur Jugend, zu Teilen der Jugend zu forschen. Willy Brandt konnte demnach, im eigenen Umfeld werbend, glaubhaft als entscheidenden Vorteil seines Kandidaten ins Feld führen, daß er ein ausgezeichnetes Verhältnis zur Jugend habe.

Die Union mißbilligte von Grund auf Stimmungen und Verhältnisse, die einen Menschen wie Heinemann für andere zum Mann der Stunde machten. Die CDU/CSU wollte sowieso keinen sozialdemokratischen Bundespräsidenten mehr – wen auch immer. Sie hatte als erste der beiden Partner der Großen Koalition den Gedanken an einen gemeinsamen Kandidaten endgültig aufgegeben. Barzel teilte dies Brandt in der letzten Maiwoche 1968 auf Anfrage mit. Brandt nahm Barzels abschlägigen Bescheid ohne Überraschung (oder gar Bestürzung) hin: Dann werde man eben andere Wege beschreiten. Brandt wußte, worauf er hinauswollte. Die Absage der Union erleichterte es ihm, seine eigenen Pläne zu verfolgen. Gemeinsam mit den Freien Demokraten, zusammen mit der Jugend.

Der Überlebenskampf der FDP

Das war auch für die Freien Demokraten ein wichtiger Gesichtspunkt. War doch die FDP von Anfang an, nämlich seit Beginn der Großen Koalition, jene Partei der jungen Leute, zu der sich die SPD erst im Laufe der Zeit, während der Jahre 1968/69, entwickelte.

Nicht, daß die FDP nach 1966 plötzlich eine Linkspartei war oder geworden wäre. Sie blieb bürgerlich, blieb (jedenfalls in Bonn) im Zentrum des westdeutschen politischen Spektrums, auch wenn sie diese Position nunmehr etwas anders nuancierte als früher. Sie gab sich zeitgemäßer, fortschrittlicher, freier. Sie wollte als neue, wahre, unabhängige Mitte erscheinen. Sie mußte es. Denn es war nicht ihrem Belieben anheimgegeben, war nicht ihr eigener, werbewirksamer Einfall, wenn sie die Unabhängigkeit und Freiheit der Liberalen so herausstrich. »Selbständigkeit« hieß hier die freundliche Umkleidung der nackten Tatsache, daß die Freien Demokraten allein auf sich gestellt waren und um ihr Überleben kämpften.

Sie waren Ende 1966 in eine außerordentlich gefährliche Lage geraten: in die politische Isolation. Ohne Übertreibung läßt sich sagen, daß sie damals den sicheren Tod vor Augen hatten. Zu Beginn ihrer Zusammenarbeit in der Großen Koalition waren CDU/CSU und SPD gegenseitig die schriftliche Verpflichtung eingegangen, die FDP zu erledigen. Spätestens für die übernächste Bundestagswahl sollte ein neues Wahlrecht beschlossen, ja sogar feierlich in der Verfassung verankert (also praktisch unabänderlich gemacht) werden, das in Zukunft die eindeutige Mehrheit einer Partei im Bundestag garantierte und damit *alle* Koalitionen erübrigte.

In dieser Lage konnten die Liberalen gar nicht umhin, ihr Selbstverständnis zu überprüfen. Seit die CDU/CSU die Taue zur FDP schroff gekappt und sich der SPD verbunden hatte, waren alle Kontakte zwischen den Freien Demokraten und den Christdemokraten abgebrochen.

Viele in der Union hatten die FDP schon jahrelang nur zähneknirschend, nur als notwendiges Übel ertragen, viele Liberale umgekehrt die Union als unerträglich arrogant und partnerschaftsunfähig empfunden. Nach dem Knall, dem dann doch überraschend plötzlichen Auseinanderbrechen der Regierung Erhard Ende Oktober 1966, war man in der CDU/CSU ungeheuer erleichtert, endlich die lausigen liberalen Partner los zu sein. Gleichzeitig war die Freude in der Union über die zunächst reibungslose Zusammenarbeit mit den neuen sozialdemokratischen Verbündeten, ja Freunden anfänglich ungetrübt. Alles lief so glatt in der frischgeknüpften Verbindung, daß man die Freien Demokraten völlig aus den Augen verlor, vergaß, links liegen ließ.

Die CSU war ohnehin schon seit vier Jahren mit den Liberalen zerstritten, seit diese in der *Spiegel*-Krise durch den gemeinsamen Rücktritt ihrer Kabinettsmitglieder vom 19. November 1962 die Entfernung des Verteidigungsministers Franz Josef Strauß aus der Bundesregierung durchgesetzt hatten. Uneinsichtig, rechthaberisch, wie er war, vergaß Strauß der FDP diese Demütigung nie. Jetzt wurde auch die CDU zu einem Lager von Feinden der FDP.

Da die Liberalen auch in der SPD nicht viele Freunde hatten, mußte die FDP in der seit 1966 gegebenen Situation zwangsläufig ein Gefühl der Eigenständigkeit rundum neu entwickeln. Zum ersten Male war sie ganz aus dem Spiel – vielleicht auf lange Zeit, wenn nicht für immer. Die beiden Großen hielten sich gleich weit entfernt von ihr, so schien es, waren gleichermaßen unerreichbar. Überhaupt konnte ja der Sinn dessen, was die FDP mit der CDU/CSU erlebt hatte, kaum darin bestehen, die einseitige Abhängigkeit von der Union nun gegen eine entsprechende Hörigkeit gegenüber der SPD einzutauschen, sich also jetzt ebenso blindlings den Sozialdemokraten auszuliefern wie vorher der Union. Niemand in der FDP wußte, ob mit der SPD jemals etwas Gescheites anzufangen sein würde. Niemand konnte voraussehen, ob die Sozialdemokraten nicht lange bei der CDU/CSU ausharren wollten, um sich durch andauernde Machtteilhabe öffentlich respektabel zu machen. Die innerparteiliche Lage der SPD war offenbar ungeklärt und schwer abzuschätzen. Während Willy Brandt einigen Liberalen verstohlen zuwinkte, zeigten Herbert Wehner und Helmut Schmidt der FDP ihre kalten Schultern.

Es half alles nichts: Die Freien Demokraten mußten sich auf sich selbst besinnen, auf ihre eigene Geschichte, auf gedankliche Traditionen, an die sich anknüpfen ließ, etwa Friedrich Naumann, der jetzt eine Renaissance erlebte. Jeder konnte ja sehen, wohin die geistige und politische Unselbständigkeit die Liberalen geführt hatte: ins Abseits. Unfreiwillig. Denn die FDP hatte 1966 von sich aus nicht in die Opposition gewollt, war aus Uneinigkeit, Kopflosigkeit, strategisch-taktischer Unfähigkeit in sie stolpernd hineingeraten. So ging es nicht weiter.

Durch die sichere Mitfahrgelegenheit im Geleitzug der Union war die FDP immer mehr zu einer bloßen *Wirtschaftspartei* geworden, von der man aus den Tagen der Weimarer Republik wußte, daß sie überflüssig war oder doch bald werden würde. Mit Unbehagen registrierte man seit langem in der liberalen Mitgliedschaft, daß sich die Union rechts wie links von der FDP ausbreitete, den Lebensraum der FDP zunehmend einengte. Zwar hätte man immer schon in der Rechts- und Verfassungspolitik, vor allem in der Kulturpolitik (wofür besonders Thomas Dehler eintrat) gegen die CDU Front machen sollen. Aber das war schwierig, wenn man andererseits wirtschaftlich und außenpolitisch weitgehend übereinstimmte. Das änderte sich erst im Laufe der sechziger Jahre. Mehr und mehr Liberale wurden unzufrieden, besonders mit der Außenpolitik der Union. Sie wollten – wie andere aufstrebende Gruppen der westdeutschen Gesellschaft auch – in wachsendem Maße auf eine Normalisierung mit dem Osten hinaus.

Als mit der Großen Koalition die Studentenbewegung in Gang kam, legte diese wachsende Woge unzufriedener Jungakademiker den Gedanken nahe, ob sich die FDP nicht von ihr mittragen lassen solle, nicht auf ihr reiten könne. Ohne diese Bewegung, das scheint sicher, wäre die FDP nicht so leicht wieder flott geworden, nicht in Fahrt gekommen. Es war plötzlich viel frischer, stürmischer Wind in der Luft, der in erster Linie den Liberalen zugute kam, ihre Segel blähte.

Warum? Zwischen FDP und APO gab es eine offensichtliche, eine beiden Seiten bewußte Gemeinsamkeit. Genauso wie die Neue Linke hatten die Freien Demokraten parlamentarisch nichts zu melden. Man konnte sich gemeinsam heimatlos fühlen, unbehaust, gemeinsam draußen vor der Tür. Das verband. Die APO war empört über die Behandlung, die Union und SPD der FDP angedeihen ließen. Sie hielt die Wahlrechtsmanipulation, die drohende Verdrängung der Liberalen aus der Politik, für ein frühes Musterbeispiel dessen, was im Zeichen der Notstandsgesetze, die man die NS-Gesetze nannte, all denen drohe, die sich nicht fügen, nicht von der CDU/CSU/SPD-Koalition disziplinieren lassen wollten.

Dennoch betrachtete man in der FDP mit einigem Kopfschütteln die seltsam ruhelosen und lauten Alliierten, die einem da zuliefen. So nützlich sie waren: Hier war bestimmt Vorsicht am Platze. Die FDP hütete sich, eng mit der APO zusammenzuarbeiten. Sie blieb eher sparsam in ihren Sympathiekundgebungen, hielt sich rundum hübsch im Rahmen einer seriösen, parlamentarisch respektablen Opposition. Ihre Personalpolitik an der Spitze gab allenfalls schwache Signale. Sie betonte mehr die Kontinuität als den Wandel.

Ende Januar 1968, auf einem ihrer Freiburger Parteitage, war Walter Scheel an die Stelle Erich Mendes getreten. Bei dieser Gelegenheit war es auch im neugeschaffenen Parteipräsidium, das den früheren Geschäftsführenden Bundesvorstand ersetzte, zu personellen Veränderungen gekommen. So traten Hans-Dietrich Genscher und Hermann Müller als stellvertretende Parteivorsitzende (neben Wolfgang Mischnick, der blieb) an die Stelle von Willi Weyer und Ewald Bucher. Niemand sah in diesem Wechsel einen Ruck nach links. Es war auch keiner. Sicher: »In Stichwahlen schlug der schwäbische Radikaldemokrat Karl Moersch den niedersächsischen Konservativen Carlo Graaff, und der linksliberale Berliner Justizsenator Hans-Günter Hoppe obsiegte über den bayerischen Nationalisten Dietrich Bahner«, wie *Der Spiegel* feststellte. Insgesamt aber blieb alles beim alten, war und blieb das FDP-Präsidium in seiner Zusammensetzung eines der Mitte. 1968 saß in ihm kein einziger, den man wirklich hätte links nennen können, und in späteren Jahren muß man sich unter diesem Etikett so moderate, umgängliche Leute wie Werner Maihofer oder Hildegard Hamm-Brücher vorstellen, die 1970 und 1972 ins Präsidium einrückten.

Der neue Parteivorsitzende war persönlich früh überzeugt, daß ein Frontwechsel der FDP unerläßlich sei. Dabei würden, dachte er, Einbußen an Mitgliedern und Wählern nicht ausbleiben, aber auch zu verschmerzen sein, wie er optimistisch fand – vorausgesetzt, daß man genug neue Anhänger gewinnen konnte. In der FDP rechnete man sich damals Chancen aus, als neue, fortschrittliche Bürgerpartei die altgewordene Union zu beerben, sprach von einem Wählerreservoir von zwanzig, dreißig Prozent, ja mehr, das von den Liberalen erschlossen werden könne. Am 20. Januar 1969 sagte Scheel im Bundesvorstand seiner Partei, daß die FDP keineswegs in einem »Zahlenghetto eingekerkert« bleiben müsse. Es gebe »eine ganze Anzahl vergleichbarer Länder, in denen die liberalen Parteien gewaltige Fortschritte gemacht, . . . nahezu erdrutschartige Bewegungen« ausgelöst hätten.

Als der Bundeskanzler einige Monate vorher, am 23. Oktober 1968, Scheel im Gespräch triumphierend vorgehalten hatte, er habe verläßliche Informationen, daß 65 Prozent der FDP-Anhänger seiner, Kiesingers, Politik zustimmten, gab ihm das Scheel gleichmütig zu. Aber diese Leute schwämmen jetzt sowieso ab. Er wolle daher neue Schichten der FDP erschließen, wolle anstelle der aussterbenden oder abwandernden Selbständigen die Jugend und den neuen Mittelstand in die FDP ziehen, wolle in der Schicht der Aufsteiger, bei den gehobenen Angestellten, Fuß fassen. »Na dann Gott befohlen!«, rief nach diesen offenherzigen, zuversichtlichen Eröffnungen seines Kleinkonkurrenten Kiesinger erstaunt und ungläubig aus.

Tatsächlich flogen Scheels Hoffnungen viel zu hoch hinauf, gar nicht zu reden von denen Ralf Dahrendorfs, der am 30. Januar 1968, auf dem Freiburger Parteitag, den Anspruch der FDP – und damit den seinen – angemeldet hatte, »dieses Land zu regieren«. Doch solche Märchenprinzenträume beiseite gelassen – bewies nicht die Lage, die sich in extrem unterschiedlichen, fallenden, vielleicht steigenden Anhängerzahlen spiegelte, daß führende FDP-Politiker notgedrungen Hasardeure, Abenteurer, Spielernaturen sein müssen?

Anders als in den großen, langweiligen, aufstiegsverstopften Laufbahnparteien, in denen auch sehr eifrigen Mitgliedern, nach geduldig absolvierten Wartezeiten, immer nur ganz wenige Hauptgewinne winken, sind in der FDP Chancen *und* Risiken ungleich größer. Wenn hier einer begabt und energisch ist, kann er rasch hochkommen, in die Spitzengruppe gelangen, eher als beispielsweise in der SPD Parteiführer werden. Wenn alles gut geht, gewinnt er bei den Liberalen leichter als anderswo ein Ministeramt, ja die Vizekanzlerschaft, sogar die Villa Hammerschmidt. Aber ebensogut kann er im Abseits landen, im Ruin der Partei ruhmlos enden, wenn die FDP, unter fünf Prozent geraten, längere Zeit dort unten bleiben sollte.

Entscheidend für das Überleben der Liberalen während der Großen Koalition war der Mut, die Selbstsicherheit, mit der man sich in der Runde umsah, war der Wille, zur Macht, an die Regierung, zu kommen, mit dem man zu neuen Ufern aufbrach. Denn man (und das hieß, in wachsendem Maße, wesentlich Walter Scheel) suchte ja nicht nur in der CDU/CSU auszuspähen, wo man ihr Wähler abspenstig machen könne. Man hatte auch die SPD im Blick, behielt die Sozialdemokraten oben wie unten im Auge, wollte in ihrer Führung wie an ihrer Basis Vertrauen gewinnen, sich von Willy Brandt wie den Jusos umarmen lassen, rechnete sich dabei Vorteile aus.

Insgesamt war es zwar nichts Abwegiges, aber doch verzweifelt Kühnes, was man sich da zutraute. Die FDP über die Jahre 1966–1969 zu bringen, war keine kleine Aufgabe. Wenn sich Gewinne und Verluste am Ende die Waage hielten, verriet das eine enorme Leistung, zu der viel Glück kommen mußte – wie stets in der Politik und im Leben. Zwar gibt es keine genauen Zahlen über die interne Umschichtung der FDP. Aber in der Bonner Zentrale der Partei schätzt man den Wechsel bei Mitgliedern und Wählern während der Kurve auf 60 bis 70 Prozent. Die Wende von Erhard zu Brandt war eine Roßkur, die leicht das Leben hätte kosten können. Oft darf die FDP dergleichen nicht riskieren.

Walter Scheels Beginn als FDP-Bundesvorsitzender

Aber was auch immer die kühnen, langfristigen Absichten des neuen FDP-Vorsitzenden sein mochten: Der Übergang von Mende zu Scheel hatte sich auch deshalb lautlos vollzogen, weil der neue Mann zunächst ganz unscheinbar auftrat. Auf dem Freiburger Parteitag 1968 war es Ralf Dahrendorf, der für seine brillant, freilich auch etwas dunstig formulierte Rede vom 30. Januar stürmischen Beifall erhielt, während Walter Scheel am Tage darauf seinen Text nur zögernd, nur stockend verlas, ihn offenbar vorher nicht durchgesehen, zumindest nicht voll assimiliert hatte. Erst am Schluß rafften sich die Delegierten zu deutlichem Applaus für ihren neuen Vorsitzenden auf.

Der Unterschied zwischen beiden Männern war offensichtlich – und nicht zu Scheels Vorteil. Der 38jährige selbstsichere Soziologie-Professor Dahrendorf vermittelte den Liberalen formvollendet die Vision einer großen Zukunft, was sie verständlicherweise jubeln ließ. Der zehn Jahre ältere politische Profi Scheel, eher glanzlos, garantierte ihnen lediglich, wie man im *Spiegel* vom 5. Februar 1968 lesen konnte, »die Kontinuität des freidemokratischen Establishments«. Das riß niemanden vom Stuhl. Augsteins Wochenblatt hielt mit seiner ziemlich abschätzigen Beurteilung des neuen Vorsitzenden nicht hinter dem Berge, wenn es dort weiter hieß: Scheel, der sich selbst einen »Mann der Mitte« nenne, sei »nicht viel mehr als die Fortsetzung Mendes mit anderen Mitteln«.

Seine Starts waren jedesmal langsam. So auch hier. Weder 1961 bei der Ernennung zum Entwicklungshilfeminister noch bei der Wahl zum Parteivorsitzenden sieben Jahre später, weder beim neugebackenen Vizekanzler und Außenminister 1969 noch beim Einzug als Bundespräsident in die Villa Hammerschmidt 1974 ist man versucht gewesen, Scheel mit Vorschußlorbeeren zu verwöhnen. Er selbst sah sich nicht anders, nicht vorteilhafter. Im Rückblick sagte er von sich, er sei anfangs der schwächste Parteivorsitzende gewesen, den es je gegeben habe; nur mit Mühe habe er die Partei zusammen und sich über Wasser gehalten. Andere sahen ihn ähnlich. Nachdem Scheel seinen Antrittsbesuch in Stuttgart gemacht hatte, stellte Hermann Müller, ein Mann nüchternen Urteils, im baden-württembergischen Landesvorstand erleichtert fest: Er sei ja doch besser gewesen, als man befürchtet habe.

Wenn Scheel und seine Partei bei den Jungen von Anfang an dennoch populär waren, dann lag das weder an den Persönlichkeiten noch an den Programmen der Liberalen, die den kritischen, theorieversessenen Studenten banal vorkamen, wie fast alles und alle. Es lag – wie schon gesagt – wesentlich an der Außenseiterposition der FDP nach 1966. Es war kein Einzelfall, wenn Horst Mahler den Berliner Landesvorsitzenden William Borm aufsuchte, weil er der FDP beitreten wollte. Scheel war damals der einzige unter den Parteivorsitzenden der Bundesrepublik, der in Universitäten ungestört zu Worte kommen konnte.

Ihm waren an sich diese Leute fremd, die da über Stunden und Stunden hinweg endlos mit ihm diskutieren wollten. Ihre Anliegen, ja schon ihre Sprache verstand er nicht. Aber das machte ihm überhaupt nichts aus. Denn wenn man nach den Versammlungen, sozusagen privat, in einer Runde entspannt beisammensaß, entdeckte er immer wieder freundliche, gutwillige Menschen. Da Scheel von Natur aus optimistisch war, hatte er auch hier die Hoffnung, daß sie alle wieder zu maßvollen, vernünftigen Mitbürgern würden, wenn der Druck der Großen Koalition erst einmal verschwunden, von ihnen genommen sei.

Er fand, daß sich *beide* großen Parteien lange erstaunlich schwertaten mit diesen studentischen Protestanten. Als man im Kabinett der Großen Koalition den aufkommenden Radikalismus der Jugend im Frühjahr 1968 diskutierte und bekümmert die neue Neigung zur Gewaltanwendung erörterte, hatte Kiesinger dunkel und ratlos von dämonischen Kräften gesprochen, die immer wieder in der Geschichte unversehens aufgebrochen seien; es gebe für sie keine schlüssigen Erklärungen. Scheel deutete die Ursache der Unruhen einfacher, vielleicht auch oberflächlicher. Er sah es simpel so, daß eine zunehmend erstarrte Unionsherrschaft, die nun auch noch von der SPD zusätzlich verlängert werde, die Jungen in diesem Lande der Politik entfremdet habe. Er fand, es bestehe die Gefahr, daß sich die neuen Generationen ganz aus dieser Demokratie entfernten, in eine verbitterte Feindschaft zum freiheitlichen Staat des Grundgesetzes gerieten.

Erstaunt beobachtete man in der FDP, daß beide großen Parteien arrogant die

Diskussion mit den verqueren Rebellen beharrlich verweigerten, ihnen alle Kompetenz zur Erörterung öffentlicher Angelegenheiten absprachen. Damit hatten sie, gaben die Liberalen insgeheim zu, vermutlich sogar sachlich recht. Dennoch machten sich die Großen eines Versäumnisses schuldig. Man müsse, dachte Scheel, immer die Zusammenarbeit mit den Generationen von morgen suchen, dürfe nicht in der Konfrontation mit jungen Menschen verharren, die in einigen Jahren das Schicksal unseres Landes politisch in die Hand nähmen. Wenn diese Jugend jetzt die Funktionstüchtigkeit der Demokratie in Deutschland bezweifle, stelle sie sämtliche Politiker und Parteien auf die Probe; diesem Test könne niemand ausweichen. Man müsse die Hoffnung nähren, daß ein Durchbrechen der verkrusteten Strukturen möglich sei. Scheel traf sich daher mit Rudi Dutschke, lehnte es in jenen Jahren nie ab, mit den Rebellen über ihre Perspektiven zu sprechen, redete damals so gut wie ununterbrochen unter jungen Leuten.

Er war sehr beeindruckt vom Verlauf des Sternmarsches der Notstandsgegner auf Bonn am 11. Mai 1968. Da hatte es die unübersehbaren Massen der Demonstranten, aber auch den freidemokratischen Innenminister Willi Weyer aus Nordrhein-Westfalen gegeben, der nicht nur optisch im Gewoge unübersehbar präsent war, sondern auch sichtlich den Ablauf des Ganzen unter seiner Kontrolle hielt. Diese Erfahrung flößte Scheel die Zuversicht ein, daß man den Jugendprotest auffangen und kanalisieren könne. Als ihm kurze Zeit später der CDU-Bundestagsabgeordnete Ernst Majonica auf einem Empfang des belgischen Botschafters heftige Vorwürfe machte, daß FDP-Politiker wie der stellvertretende Fraktionsvorsitzende Wolfram Dorn an einer Veranstaltung wie der Bonner Abschlußkundgebung der Notstandsopposition mitgewirkt hätten, wunderte sich Scheel über eine solche Fehleinschätzung der Lage, über Majonicas Weltfremdheit, die ihm ein bedenkliches Zeichen für den Bewußtseinszustand der Union zu sein schien. Wer nicht bereit sei, vor solchen Leuten zu sprechen, sagte er selbstsicher dem verblüfften CDU-Parlamentarier, werde in einigen Jahren nicht mehr in Deutschland regieren.

An dieser Prognose war nur eines falsch: die geschätzte Entfernung bis zum Ziel. Es dauerte nicht Jahre, sondern nur ein einziges, reichliches Jahr, bis die Parteien der Jugend gemeinsam an die Macht kamen. Sie waren sich dabei durchaus im klaren, welche Kräfte und Stimmungen ihren pathetischen Neubeginn mit ermöglicht hatten. Sie wußten, wem sie verpflichtet waren, ahnten auch, was von ihnen erwartet wurde.

In seiner Regierungserklärung vom 28. Oktober 1969 hatte Willy Brandt gleich im I. Abschnitt, also betont an herausragender Stelle, drei vielleicht halbdurchdachte, aber bestimmt hochherzige Gedanken nacheinander erwähnt und dadurch miteinander verknüpft: »Wir wollen mehr Demokratie wagen. Wir werden unsere Arbeitsweise öffnen und dem kritischen Bedürfnis nach Information Genüge tun. Wir werden darauf hinwirken, daß durch Anhörungen im

Bundestag, durch ständige Fühlungnahme mit den repräsentativen Gruppen unseres Volkes und durch eine umfassende Unterrichtung über die Regierungspolitik jeder Bürger die Möglichkeit erhält, an der Reform von Staat und Gesellschaft mitzuwirken. Wir wenden uns an die im Frieden nachgewachsenen Generationen, die nicht mit den Hypotheken der Älteren belastet sind und belastet werden dürfen; jene jungen Menschen, die uns beim Wort nehmen wollen – und sollen. Diese jungen Menschen müssen aber verstehen, daß auch sie gegenüber Staat und Gesellschaft Verpflichtungen haben. Wir werden dem Hohen Hause ein Gesetz unterbreiten, wodurch das aktive Wahlalter von 21 auf 18, das passive von 25 auf 21 Jahre herabgesetzt wird. Wir werden auch die Volljährigkeitsgrenze überprüfen. Mitbestimmung, Mitverantwortung in den verschiedenen Bereichen unserer Gesellschaft wird eine bewegende Kraft der kommenden Jahre sein . . .«

Welche Bewegung hatte die beiden Parteien, die auf die Jugend setzten und deren Vorsitzenden viele Jugendliche vertrauten, eigentlich so rasch an die Macht gebracht? Anders als im Jahre zuvor hielten sich 1969 die Jungen ja still im Hintergrund. 1969 bewegte sich etwas vorn auf der Bühne: Bei der Bundespräsidentenwahl zeichnete sich eine neue Parteienkonstellation ab, und zwar wesentlich durch die Willensstärke Walter Scheels.

Die Entscheidung der FDP für Heinemann

Wenn es wegen ihres Debakels von 1966 für die FDP in der Folgezeit vorrangig war, ihre Eigenständigkeit – und damit ihre Handlungsfähigkeit als Partei – unter Beweis zu stellen, dann mußte sie sich bei der Präsidentenwahl zu einem eindeutigen Votum aufraffen. Wenn man es genau bedachte, dann konnte die FDP nämlich nicht den scheinbar klugen Ausweg wählen, mit einigen ihrer Stimmen Gerhard Schröder zu unterstützen und mit den übrigen, vermutlich der Mehrheit der liberalen Stimmen in der Bundesversammlung, Gustav Heinemann ihr Wohlwollen zu beweisen. Denn was hätte man von einer Partei halten sollen, die bei der ersten großen Entscheidung, die auf sie nach ihrer Vertreibung aus der Regierung zukam, in zwei entgegengesetzte Lager auseinandergefallen wäre? Und was von einem Vorsitzenden, der dies nicht zu verhindern vermochte?

Bei der langen, dramatischen Sitzung, zu der die FDP-Mitglieder der Bundesversammlung am Vorabend der Wahl, also am 4. März 1969, im Dachrestaurant des *Europäischen Hofes* in Berlin-Charlottenburg zusammenkamen – dem Wahlort, den Messehallen, direkt gegenüber –, äußerte sich Scheel mit großem Nachdruck zu diesem Punkt: Man höre jetzt so viel von wahrhaft liberalem Verhalten, das sich angeblich darin zeige, daß man überhaupt keine Meinung in der

Fraktion bilde, sondern jeden FDP-Abgeordneten in der Bundesversammlung so abstimmen lasse, wie er das für richtig halte. »Natürlich« habe man bei den Freien Demokraten »unterschiedliche Meinungen« in dieser Frage. Gebe man dem nach, dann werde man sich »in zwei Gruppen aufteilen«. Durch ein solches Abstimmungsverhalten, bei dem man den anderen das Feld überlasse und »jeder der beiden Kräfte in dieser Frage unsere arithmetische Unterstützung« leihe, beweise die FDP aber »so wirkungsvoll wie nie . . . ihre Überflüssigkeit«.

Zumal ja die Unentschlossenheit der Liberalen – wie Scheel bei dieser Gelegenheit voraussagte – mit hoher Wahrscheinlichkeit ein durchaus eindeutiges Ergebnis zur Folge hätte: die Wahl Schröders zum Bundespräsidenten. Denn da dieser nur noch wenig Zuzug von außerhalb brauchte, um die absolute Mehrheit zu erreichen, würde ihm die Uneinigkeit der FDP so gut wie sicher zum Siege verhelfen. Gleichzeitig müsse durch diese Uneinigkeit die wahlentscheidende Schlüsselrolle, die jetzt der FDP zufalle, zumindest symbolisch auf die NPD übergehen.

Jedermann könne dann sehen, daß die Liberalen dazu beitrügen, der Union neben dem Kanzleramt erneut auch das Amt des Bundespräsidenten zuzuschanzen, die CDU/CSU also weiterhin mit den beiden wichtigsten Positionen im Staate auszustatten, damit ihren Führungsanspruch in der Bundespolitik zu untermauern, der Union also (wirkungsvoll, wenn auch ungewollt) zu helfen, bei der Bundestagswahl 1969 die absolute Parlamentsmehrheit zurückzuerobern. Die wahlentscheidende Unterstützung des Präsidentschaftskandidaten der CDU/CSU würde daher in der breiten Öffentlichkeit zwangsläufig als tendenzielle Rückkehr der Freien Demokraten zum alten Kurs verstanden. Sie erwiesen sich so abermals als Anhängsel der Union, sei doch die CDU/CSU in Bonn bis 1966 für die Liberalen der einzige wirklich in Frage kommende, ja allein denkbare Koalitionspartner gewesen.

Wenn die Freien Demokraten ihre neue Unabhängigkeit ernst nähmen, müßten sie grundsätzlich nach beiden, »nach allen Seiten offen« (Walter Scheel) und koalitionsbereit sein. Diese Balance, diese Mittelposition zwischen beiden Lagern, werde aber erst in dem Augenblick glaubhaft, in dem die Liberalen mindestens einmal, demonstrativ, bei einer wichtigen Frage, gemeinsam mit denen politisch handelten, also abstimmten, die vorher lange Zeit von ihnen als Partner ausgeschlagen worden seien: den Sozialdemokraten.

Sobald sich hingegen Freie Demokraten in der Bundesversammlung zusammen mit der CDU/CSU und sogar der NPD an einem deutschnationalen Bürgerblock beteiligten und den konservativen Schröder zum Staatsoberhaupt wählten, sei überhaupt nicht mehr daran zu denken, verbitterten jungen Leuten die FDP als neue, fortschrittliche, linksliberale Kraft plausibel vorzustellen und glaubwürdig anzupreisen. Dann könne man einpacken, die famose Kurskorrektur am besten gleich wieder vergessen.

Gerhard Schröder war geradezu der Typ eines Konservativen (was er selbst nie bestritt), war ein Spitzenrepräsentant des *Ancien régime.* Schließlich hatte er als Innen- (1953–61) und dann als Außenminister (1961–63) zehn Jahre lang das Regiment Konrad Adenauers maßgeblich mitgeprägt, war auch unter – oder genauer: neben – Ludwig Erhard und Kurt Georg Kiesinger, den Erben und Nachfolgern Adenauers im Palais Schaumburg, als Außenminister (1963–66) und Verteidigungsminister (1966–69) ein führender Kopf der Bundesregierung geblieben.

Liberale Eigenständigkeit hieß demnach, von allen anderen Erwägungen und Erwartungen ganz abgesehen, daß man 1969 Heinemann wählen mußte. Es gab für die FDP in der gegebenen Situation zu ihm keine Alternative. Erst wenn diese Wahl vorüber war, also die neue Zentralposition der FDP nicht bloß behauptet, sondern praktisch getestet und unter Beweis gestellt war, konnte man bei der nachfolgenden Bundestagswahl ein halbes Jahr später nach beiden Seiten frei Koalitionen prüfen und erwägen.

Jedenfalls argumentierte man so gegenüber den vielen Widerstrebenden in der eigenen Partei, denen der Entschluß, für Heinemann zu stimmen, schwerfiel. Sie wollten keine Linkskurve, keinen Kandidaten der aufsässigen Jugend, schon gar nicht diesen. Seine politische Position war ihnen fremd, der Mann unheimlich – schien er nicht grüblerisch, dann wieder exaltiert, immer aber unkalkulierbar? Der bayerische Katholik, FDP-Bundestagsabgeordnete und stellvertretende Fraktionsvorsitzende Josef Ertl stand durchaus nicht allein, als er am Nachmittag des 4. März 1969 im *Europäischen Hof* sagte: »Ich möchte hier nur die Frage des westlichen Bündnisses nennen. In dieser Frage war der Kandidat der SPD grundlegend anderer Meinung als die Freien Demokraten. Ich meine, auch in der Frage der Schaffung der Bundeswehr war der Kandidat der SPD grundsätzlich anderer Meinung. Das ist er auch heute noch . . . In ihm ist etwas Suchendes, etwas Eiferndes, und diese Leute neigen in der Position, in der sie sich befinden, immer dazu, das Eifernde zu überziehen . . . Ich kann heute nur betonen: die Wahl von Herrn Heinemann wird für die Partei und für die deutsche Öffentlichkeit, für unseren Standort im westlichen und östlichen Ausland, große Probleme aufwerfen.«

Zum Zeitpunkt, als Ertl sprach, hatte Scheel längst und mit beträchtlicher Beredsamkeit begründet, warum er für Heinemann eintrete und ein geschlossenes Votum der Liberalen für unerläßlich halte. Hans-Dietrich Genscher, Wolfgang Mischnick und Willi Weyer hatten sich Scheel in langen Ausführungen angeschlossen. Aber der Widerstand blieb spürbar, das Unbehagen gegenüber Heinemann gefährlich groß. Eine unübersehbare Minderheit mochte ihn offensichtlich nicht. Und es kam ja auf jede Stimme an.

Die CDU/CSU hatte monatelang die FDP mit freundlich lockenden Angeboten umworben, hatte mit Namen, die den Liberalen sympathisch in den Ohren klingen sollten, öffentlich gute Stimmung zu machen versucht. Sie war damit nicht ohne Resonanz beim rechten, der Union ohnehin zuneigenden Flügel der

FDP geblieben, hatte gelegentlich aber auch die eher Linken in dieser Partei beeindruckt und einen Moment schwankend werden lassen.

So war von der CSU Ludwig Erhard favorisiert worden. War er nicht ein Erzliberaler von Anbeginn, der nur zufällig in die Union geraten war? Jedenfalls hatte er sehr, sehr spät, nämlich erst kurz vor seiner Kanzlerschaft, die CDU-Mitgliedschaft erworben. Erhard war immer der Schwarm der Freien Demokraten gewesen, war in Wahrheit einer der Ihren, wie sie fanden, war mehr ihr Kanzlerkandidat gewesen als der der Union. Schon 1961 hatte ihn die FDP an Adenauer vorbei auf den Sessel des Regierungschefs schieben wollen. Das ließ sich nicht bewerkstelligen. Strauß, der helfen sollte und es auch hoch und heilig versprochen hatte, sprang heimlich ab: Es war zu früh.

Fünf Jahre später, 1966, hatte die FDP mit ähnlicher Hartnäckigkeit an ihrem Erhard noch festgehalten, als seine eigene Partei ihn längst fallenlassen wollte. Jetzt, 1968, winkte Erhard selbst ab, ehe man herausfinden konnte, welche Chancen seine Kandidatur bei der FDP hatte. Er wollte nicht Bundespräsident werden, hatte genug von der Politik, besonders von seiner eigenen Partei, war tief enttäuscht von den Machenschaften all der Freunde, die ihm Fallen gestellt, ihn in Hinterhalte gelockt und am Ende schnöde um Amt und Würden gebracht hatten.

Einflußreiche Männer in der CDU spielten ernsthaft eine Weile mit dem Namen Richard von Weizsäckers. Einige seiner Anhänger mochten Schröder nicht; andere, den neuen Zeitströmungen gegenüber aufgeschlossen, empfanden ihn als zu altmodisch und daher als Bundespräsident ungeeignet. Weizsäcker werde, hieß es, seine beträchtliche Bildung in das Amt einbringen, sei auch, was heute wichtig sei, des Wortes mächtig. Hinzu komme, daß die FDP ihn akzeptieren könne.

Das stimmte. So zeigte damals der FDP-Fraktionsvorsitzende im Bundestag, Wolfgang Mischnick, eine ausgeprägte Vorliebe für ihn, hatte er doch 1945 (als Leutnant und I b) Weizsäcker, der zu jener Zeit Hauptmann und I a in derselben Einheit war, beim Endkampf um Ostpreußen kennen und menschlich schätzen gelernt. Mischnick stand nicht allein mit seiner Meinung, Weizsäcker sei gerade deshalb geeignet zum Bundespräsidenten, weil er nicht zum Bonner Establishment gehöre, sondern ein jugendlicher, unbefangener Außenseiter sei, ein kinderreicher Familienvater, Mann der Kriegsgeneration, der evangelischen Kirche, Bruder eines international angesehenen Physikers, Philosophen und Friedensforschers.

Knut von Kühlmann-Stumm, Mischnicks Vorgänger im Fraktionsvorsitz, schickte Weizsäcker einen langen handgeschriebenen Brief, um ihn zur Kandidatur zu ermuntern; Josef Ertl tat mündlich ein Gleiches. Selbst Scheel, an sich doch Heinemanns hartnäckiger Prophet, mochte Weizsäcker und vermutete, daß auch andere Liberale ihn sympathisch fanden. Kiesinger gegenüber machte er am 23. Oktober 1968 deutlich, daß es für ihn schwierig werde, falls die Union

Weizsäcker als Unionskandidaten aufstelle. Möglicherweise werde es dann zu einer (von Scheel ja befürchteten) gespaltenen Stimmabgabe der FDP kommen, während er sich zutraue, das eigene Lager gegen Schröder zusammenzuhalten. So freimütig wie hier hat sich Scheel übrigens immer wieder in seinem politischen Leben über eigene Absichten und Schwierigkeiten geäußert, gerade auch seinen Gegnern gegenüber. Es hat sich für ihn ausgezahlt, hat ihm Vertrauen erworben.

Als Scheel mit Kiesinger zusammentraf, standen die Nominierungen des Unions- und des SPD-Kandidaten kurz bevor. Interne Gedankenspiele der Liberalen in den voraufgegangenen Wochen hatten ein ähnlich positives, für Weizsäcker schmeichelhaftes Bild ergeben, wie es Kiesinger von Scheel vermittelt wurde. Besonders deutlich war man auf der Präsidiumssitzung vom 13./14. September 1968 in München zu einer einhellig günstigen Beurteilung Weizsäckers gekommen.

Bei dieser Münchner Sitzung hatte Scheel unvermittelt die Frage angeschnitten, was von den verschiedenen Namen zu halten sei, die auf beiden Seiten öffentlich debattiert würden: einerseits Gerhard Schröder und Richard von Weizsäcker, andererseits Georg Leber und Gustav Heinemann. Die anschließende, lange Diskussion führte zu dem Ergebnis, daß Georg Leber unter allen denkbaren Gesichtspunkten ausscheide.

Er sei ein von Wehner protegierter Mann der Großen Koalition, werde deshalb, um seine Wahl zu sichern, eine Förderung dieses Bündnisses über 1969 hinaus zusagen, und könne demnach mit zahlreichen Stimmen aus der Union rechnen. Außerdem sei er für junge Leute weder attraktiv noch attraktiv zu machen. Für ihn spreche infolgedessen aus der Sicht der FDP überhaupt nichts. Anders stehe es bei Heinemann. Als CDU-Abtrünniger konnte er, wie man wußte, mit keiner Stimme seitens der Union rechnen. Umgekehrt fanden ihn die meisten wegen seiner liberalen Gesinnung durchaus für die FDP tragbar.

Ob man ihn unterstütze, hieß es im FDP-Präsidium, hänge jedoch letzten Endes davon ab, wen die CDU/CSU vorzuweisen habe. Schröder sei wegen seiner konservativen Gesinnung nicht zeitgemäß, ziehe zudem sicherlich sämtliche Stimmen der NPD auf sich. Im bereits erwähnten Brief an Weizsäcker hatte Kühlmann-Stumm aus seiner Sicht der Situation betont: Schröder werde nicht so sehr deshalb abgelehnt, weil seine Wahl die FDP in einer politisch bedenklichen Weise binde, sondern wesentlich wegen der Jugendrevolte, der man sich gegenübersähe. Schröder gelte nun einmal als stockkonservativ. Mit der kritischen Jugend könne er so wenig anfangen wie diese mit ihm. Unter solchen Umständen mußte sich das FDP-Präsidium außerstande sehen, seine Wahl für wünschenswert zu halten.

Kein Wunder, daß man im Vergleich zu Schröder unter den obwaltenden Zeitumständen Weizsäcker durchweg positiv sah. »Alle kannten ihn, alle mochten ihn«, berichtete später Hans-Roderich Schneider, der damals das Bonner

Büro des *Spiegel* leitete, ehe er 1969 Pressesprecher der FDP wurde. Da man gemeinsam Weizsäcker als Person bevorzugte, und da man immer wieder erklärt hatte, bei der Wahl des neuen Bundespräsidenten wolle man den für dieses Amt bestgeeigneten Mann unterstützen, unabhängig von seiner Parteizugehörigkeit, hätte den Liberalen eine schwierige Entscheidung ins Haus gestanden, falls er von der Union präsentiert worden wäre. Falls.

Denn natürlich ließ sich die FDP nicht im vorhinein festlegen. Übrigens hätte in dieser locker gewebten Partei auch keiner wagen können, monatelang vor dem Wahltag verläßliche Voraussagen zu machen, geschweige denn bindende Zusagen zu geben. Als die Union leise anfragte, ob man denn mit einer Stimmabgabe der Freien Demokraten für Weizsäcker rechnen dürfe, wenn er nominiert werde, hatte die FDP daher am 14. November 1968 mitgeteilt, »sie sei auf keinen Kandidaten der Union festgelegt«, wie in der *Süddeutschen Zeitung* vom 16./17. November zu lesen stand, »so daß dieses Argument, das manche vorher zugunsten Weizsäckers gebraucht hatten, wegfiel«. Hier ging es um eine Frage, in der zunächst die Union Farbe bekennen mußte.

Die CDU/CSU enthob die FDP, was Weizsäcker anging, ihrer inneren Qualen und internen Entscheidungsschwierigkeiten. Kiesinger nahm es sich noch zehn Jahre später übel, daß er damals nicht so weit gegangen sei, in den eigenen Reihen mit seinem Rücktritt zu drohen, um Weizsäcker durchzubringen. »Da es anders kam, kam womöglich auch alles andere anders«, meint Hans-Roderich Schneider nachdenklich im Rückblick.

Helmut Kohl, besonders Bruno Heck, am Ende auch Kiesinger waren eifrig bemüht gewesen, ihren Einfall in die Tat umzusetzen. Umsonst. Das Wahlmännergremium der CDU/CSU votierte am 15. November 1968 gegen Weizsäcker – wesentlich mit dem mißtrauischen Argument, man habe nichts gegen ihn, weil man ihn ja gar nicht kenne. Während für Weizsäcker nur zwanzig Stimmen abgegeben wurden (aus Rheinland-Pfalz, Hessen, dem Saarland, Teilen Baden-Württembergs), gingen 65 an Schröder, den daraufhin das Auswahlgremium einstimmig der Unionsfraktion in der Bundesversammlung vorzuschlagen beschloß. Die Etablierten in der Union hatten unter Führung von Hans Filbinger und vor allem Franz Josef Strauß auf der »Südschiene« ihren Widerstand gegen das »Nordlicht« Weizsäcker organisiert. Die Entscheidung war in erster Linie von der rührigen CSU herbeigeführt worden, gemeinsam mit den nordrheinwestfälischen Wahlmännern, die geschlossen ihren Parteifreund unterstützten. Auch der mächtige Barzel, der Weizsäcker persönlich versichert hatte, ganz für ihn zu sein, war im entscheidenden Augenblick zu Schröder übergegangen, um diesen gefährlichen Konkurrenten rechtzeitig vor künftigen Kanzlerkandidaturen ins Abseits des Bundespräsidialamtes abzuschieben.

Schon zwei Wochen vor der Union, am 1. November 1968, hatten die Spitzengremien der Sozialdemokraten auf einer gemeinsamen Sitzung in Berlin offiziell ihren Kandidaten nominiert. Ab Mitte November stand also fest, daß Heinemann und Schröder gegeneinander antreten würden. Leber, der seine eigene Kandidatur noch in letzter Minute durch ein linkisches Fernsehinterview zu fördern versucht hatte, war ebenso wie Weizsäcker von nun an endgültig aus dem Spiel.

Ein Motiv der FDP: die Wahlrechtsfrage

War in diesem Augenblick nicht überhaupt schon alles entschieden, Heinemann so gut wie gewählt? Bundestagspräsident Gerstenmaier hatte das bereits vor Wochen behauptet. Am 21. Oktober war im *Spiegel* seine zornige Äußerung zu lesen gewesen: Die Quittung für das Verhalten der Union in der Wahlrechtsfrage sei jetzt, daß die FDP Heinemann zum Bundespräsidenten wähle.

Daran war etwas Richtiges – auch wenn man sehen muß, daß die von der CDU/CSU seit langem betriebene Wahlrechtsreform für die Liberalen nur *ein* Motiv unter mehreren war, gegen die Union Front zu machen. Allerdings ein besonders wichtiges, hatte doch die entsprechende Passage der gemeinsam mit den Sozialdemokraten formulierten Regierungserklärung Kiesingers vom 13. Dezember 1966 gelautet: »Die stärkste Absicherung gegen einen möglichen Mißbrauch der Macht ist der feste Wille der Großen Koalition, diese nur auf Zeit, also bis zum Ende dieser Legislaturperiode fortzuführen. Während dieser Zusammenarbeit soll nach Auffassung der Bundesregierung ein neues Wahlrecht grundgesetzlich verankert werden, das für künftige Wahlen zum Deutschen Bundestag nach 1969 klare Mehrheiten ermöglicht. Dadurch wird ein institutioneller Zwang zur Beendigung der Großen Koalition und eine institutionelle Abwehr der Notwendigkeit zur Bildung von Koalitionen überhaupt geschaffen. Die Möglichkeit für ein Übergangswahlrecht für die Bundestagswahl 1969 wird von der Regierung geprüft . . .«

Was in diesen etwas verlegen und hölzern formulierten, harmlos vorgetragenen Wendungen stand, war in seiner absehbaren politischen Wirkung völlig eindeutig: Nach menschlicher Voraussicht würde es spätestens 1973 keine FDP im Bundestag mehr geben. Denn die vom federführenden Bundesinnenminister Paul Lücke (CDU) geradezu »fanatisch« (Kiesinger) angestrebte Ersetzung des geltenden *Verhältniswahlrechts* (bei dem sich die Parteien nach dem Verhältnis ihrer Zweitstimmen die Abgeordnetensitze teilen) durch ein *Mehrheitswahlrecht* (bei dem immer nur derjenige gewählt wird, der im Wahlkreis die meisten Stimmen gewinnt, während alle anderen Stimmen, alle übrigen Bewerber, unberücksichtigt bleiben) bedeutete schlichtweg das Ende der FDP. Sie hätte in keinem einzigen Wahlkreis der Bundesrepublik Aussichten gehabt, eigene Kandidaten durchzubringen, wäre also überall leer ausgegangen und damit aus dem Bundestag verschwunden.

Nicht nur die Union, auch die SPD – das ist wahr – hatte eine Weile mit diesem Wahlrecht geliebäugelt. Vielen Sozialdemokraten leuchtete die Behauptung Heinrich Krones (CDU) ein, der Sinn der Demokratie werde ins Gegenteil verkehrt, wenn sich die (liberale) Minderheit die Kompetenzen der Mehrheit aneigne, also in jedem Regierungsbündnis den Ausschlag gebe. Sozialdemokraten begannen, die mehrheits*bildende* und damit mehrheits*gefährdende* Rolle der Freien Demokraten scharf zu mißbilligen, seit sie sich als künftige Mehrheitspartei fühlten, bereits als lachende Erben der Union empfanden.

Von befreundeten sozialwissenschaftlichen Instituten darin bestärkt, sahen sie gute Chancen, die CDU/CSU längerfristig bei den Wählern auszustechen. War nicht die junge, moderne SPD immer mehr die Partei der Städte geworden, während die Union die Repräsentantin des platten Landes blieb, das inzwischen immer rascher seine, oft noch religiös gebundenen, Bewohner verlor? Wenn dem so war, dann mußte die SPD im Zuge der rapiden Verstädterung und gleichzeitigen Säkularisierung Westdeutschlands unaufhaltsam wachsen, ebenso wie umgekehrt die altmodische CDU, die christliche Sammlungsbewegung aus den Tagen der Ratlosigkeit und Reue, binnen kurzem auseinanderlaufen und durch neue, unschuldige, unduldsame Generationen von der Macht verdrängt werden.

Der treue *Genosse Trend* schien die Richtigkeit dieser Beobachtung augenfällig zu beweisen. Fast überall stellte die SPD bereits die großstädtischen Bürgermeister. Besonders der strahlende Sieg des 34jährigen Hans-Jochen Vogel im März 1960 in München war unter Sozialdemokraten allgemein als verheißungsvolles Signal für die beginnenden sechziger Jahre empfunden worden. Wenn es einem der Ihren gelingen konnte, bei einer Direktwahl mit 64 Prozent der Stimmen Münchens Oberbürgermeister zu werden, also die Hauptstadt, das Herz dieses besonders selbstbewußten, katholisch-konservativen Freistaates derart spektakulär zu erobern, dann brauchte sich die SPD keine Sorgen um ihre Zukunft mehr zu machen.

Vogels Erfolg bewies die Lebenskraft einer von Grund auf erneuerten, gesellschaftlich und geographisch expansiven Partei. Er verkörperte in seiner dynamischen Jugendlichkeit und Brillanz den heraufkommenden, zeitgemäßen, in Politik, Wirtschaft und Kultur gleichermaßen gefragten Typ des modernen Managers, des überlegenen Machers. Kein Wunder, daß Vogel rasch zum Idol wurde.

Drei Jahre später war es dem 49 Jahre alten Willy Brandt, dem Regierenden Bürgermeister von Berlin, in vergleichbarer, ja geradezu triumphaler Weise bei der Abgeordnetenhaus-Wahl gelungen, ein Traumergebnis von fast 62 Prozent für die SPD zu erzielen. Noch wunderbarer: Die SPD errang in dieser Wahl vom Februar 1963 *sämtliche* Direktmandate! Hätte man damals in Berlin das Mehrheitswahlrecht gehabt, wäre es im Rathaus Schöneberg zu einem Einparteienparlament gekommen. Damit bewies Brandts neue Sozialdemokratie eine

Attraktivität, die weit über ihre traditionellen Einzugsgebiete hinaus große Wählergruppen aus bisher bürgerlichen Lagern anzusprechen und zu sich herüberzuziehen vermochte.

Hinzu kam etwas ganz anderes. Wehner hatte 1962 erkannt, welch entscheidende Bedeutung wichtige Befürworter einer Großen Koalition auf seiten der CDU/CSU dem Mehrheitswahlrecht beimaßen. Wehner war immer geneigt, umworbenen politischen Gesprächspartnern und potentiellen Bundesgenossen all das zu versprechen (wenn auch möglichst vage), was sie hören, was sie haben wollten. Er hatte daher schon im November 1962, während der *Spiegel*-Krise, bei den ersten Sondierungen der Union über eine gemeinsame Koalition, nicht nur Guttenberg gegenüber die »Übereinstimmung in ihrer negativen Bewertung der FDP« herausgestrichen und Lückes Ausführungen über die »Fragwürdigkeit einer Koalition mit der FDP« beigestimmt, sondern sich bei dieser Gelegenheit auch zur Tolerierung einer zeitlich nicht terminierten (!) Kanzlerschaft Konrad Adenauers und – was uns hier besonders interessiert – zur gemeinsamen Einführung des Mehrheitswahlrechts verpflichtet. Denn dies waren nun einmal die zwei »Grundbedingungen« der Union für weitere Verhandlungen. Wehner erklärte, für beide Voraussetzungen kämpfen zu wollen, und überzeugte Lücke durch Vertrauenswürdigkeit und menschliche Aufrichtigkeit, wie Klaus Gotto, auf die Unterlagen Lückes gestützt, berichtete.

Beide Punkte entsprachen nicht seinen Wünschen. Sie waren schon gar nicht eigene Bedingungen. Wehner sah sich nicht in der Lage, eine Koalition nach persönlichen Neigungen zurechtzuzimmern. Noch viele Jahre später betonte er entschuldigend: Die Frage des Mehrheitswahlrechts sei von Lücke, nicht von ihm aufgebracht worden; sie sei der Union zentral wichtig gewesen, nicht den Sozialdemokraten. Wenn aber die Gegenseite bestimmte, für sie unverzichtbare Voraussetzungen eines Regierungsbündnisses von CDU/CSU und SPD nannte und er dieses Bündnis als Durchgangsstadium zu einer sozialdemokratisch geprägten Staatsmacht für unentbehrlich hielt – nun, dann mußte man die Vorbedingungen der Union eben akzeptieren und ihnen gerecht zu werden versuchen.

Es wurde dennoch damals nichts daraus. 1962 ließ sich diese Koalition nicht zusammenbringen. Jedoch blieb in den Jahren danach die Bonner SPD-Führung immer überzeugt, daß ihre Zustimmung zur Mehrheitswahl der unerläßliche Preis sei, der an die CDU/CSU für eine sozialdemokratische Regierungsbeteiligung entrichtet werden müsse. Es sei auf jeden Fall besser, ihn zu zahlen, als weiter in der Opposition zu bleiben. Ohnehin seien alle Wahlrechts-Änderungspläne ja vorläufig nur Spielmaterial.

Als es vier Jahre später dann tatsächlich zur Großen Koalition kam, standen hinter der Ankündigung der Regierungserklärung, die Mehrheitswahl einführen zu wollen, demnach durchaus unterschiedliche Motive der beiden Parteien. Für die Union, zumindest für einen maßgeblichen Teil in ihr, war dieser Programmpunkt wirklich dringlich – anders als für die Sozialdemokraten. In der Zeit seither hatte sich auch bei den Befürwortern der Wahlrechtsreform in der SPD die Neigung, eine solche Änderung ernsthaft in Erwägung zu ziehen, zunehmend abgekühlt. Denn einerseits legte das Statistische Bundesamt in sachlicher Nüchternheit seine Berechnungen vor. Andererseits redete ihnen der sozialdemokratisch engagierte Klaus Liepelt vom *Institut für angewandte Sozialwissenschaft* (infas) heftig ins Gewissen. Beide Analysen führten zum selben Befund: Die Sozialdemokraten hätten bei dem geplanten neuen Wahlmodus auch längerfristig keine Chancen. Aller Voraussicht nach werde die CDU/CSU leicht ihre absolute Mehrheit zurückgewinnen. Die SPD hingegen müsse befürchten, auf weniger als ein Drittel der Bundestagssitze zurückzufallen; sie werde also künftig nicht einmal mehr unliebsame Verfassungsänderungen abwehren können.

Bereits im November 1967 hatte Wehner, im Januar 1968 dann die SPD offiziell, ein Übergangswahlrecht für 1969 strikt abgelehnt: Die Reform komme frühestens für 1973 in Frage. Die SPD hatte damals andere, drängendere Sorgen und interne Streitpunkte: von der Notstandsverfassung bis zur Oder-Neiße-Linie, beides Punkte, die auf ihrem Nürnberger Parteitag vom März 1968 die Luft mit Geräusch erfüllten. Nachdem die Sozialdemokraten bei diesem Treffen beschlossen hatten, die Wahlrechtsänderung erst auf dem nächsten ordentlichen Parteitag zu behandeln, also erst 1970, nach der nächsten Bundestagswahl, anzupacken, versuchte Wehner in einem Brief an seinen Partner Lücke zielstrebig, vom Kern des Problems abzulenken: den Schwierigkeiten in der eigenen Partei. Statt zuzugeben, was der Lage entsprach und schließlich keine Schande war, daß es für ein Mehrheitswahlrecht in der SPD keine hinreichende Unterstützung gebe, war er bestrebt, die Schuld am Fehlschlag auf andere abzuschieben. Mit der nur vermeintlichen Demut, die ihm immer eigen war, warf er in sanften Worten dem Innenminister vor, die Sache verschleppt zu haben.

Jeder in der SPD-Führung wich von nun an dem Thema auf seine Weise aus, so gut er konnte. Beispielsweise erklärte Brandt, bald darauf über die Wahlrechtsreform befragt: Im Laufe der Jahre habe er die Lust an ihr verloren. Tatsache war, wie Kurt Becker am 12. April 1968 in der *Zeit* schrieb, daß sich nach der *infas*-Untersuchung über die Auswirkungen der Wahlrechtsänderung die Stimmung bei den Sozialdemokraten »entscheidend« verändert hatte: »Daran ist die Wahlrechtsreform gescheitert.«

So sah es auch Paul Lücke. Der Nürnberger Parteitagsbeschluß der SPD war für ihn, wie er in der Sitzung der CDU/CSU-Bundestagsfraktion vom 25. März 1968 ausführte, »praktisch ein Begräbnis erster Klasse« dieser Frage. Lücke konstatierte den kompletten Fehlschlag seines politischen Hauptanliegens und Herzenswunsches, bei dem es nach seiner Überzeugung geradezu um »die Schicksalsfrage unserer parlamentarischen Demokratie«, um die entscheidende Vorbedingung ihrer dauerhaften Stabilisierung gegangen war. Mit seinem persönlichen Mißerfolg entfiel in Lückes Augen zugleich »eine der wichtigsten Voraussetzungen« der ganzen Großen Koalition. Für ihn war das Bündnis mit der SPD innerlich am Ende. Nach einigen Tagen des Schwankens (weil Wehner nämlich neue Hoffnungen nährte, es lasse sich vielleicht doch noch alles irgendwie machen) hatte der Innenminister daher am 26. März resigniert das Handtuch geworfen und war zurückgetreten.

War von da ab das Thema endgültig vom Tisch? Ja und nein. Es hörte auf, brandaktuell zu sein, verlor seine unmittelbare Gefährlichkeit für die FDP. Und doch benutzten auch künftig SPD und CDU/CSU noch lange gern passende Gelegenheiten, um die Liberalen entweder mit der Absicht zu erschrecken, nun doch das Wahlrecht ändern zu wollen, oder um sie mit dem Verzicht auf solche Pläne zu beruhigen und zu locken. So oder so wollte man sich die Freien Demokraten gern gefügig machen.

Im harten Kern des FDP-Präsidiums hatte man frühzeitig, wie wir gesehen haben, die Unterstützung des SPD-Kandidaten in Aussicht genommen. Umgekehrt bedeutete die Nominierung Heinemanns, »ob zugegeben oder nicht«, wie der *Kölner Stadt-Anzeiger* am 4. November 1968 schrieb, »einen Schritt der Sozialdemokraten auf die FDP hin«. Das sei »noch offenkundiger« geworden, fuhr das Blatt fort, seit sich die SPD nach der Aufstellung Heinemanns beeilt habe, Vorschläge der FDP zum künftigen Wahlrecht aufzugreifen und zu übernehmen: die Herabsetzung des aktiven Wahlalters von 21 auf 18 Jahre, des passiven von 25 auf 21 Jahre (die Parteien der Jugend glaubten, besonders klug zu sein mit dem, was sie da forderten und später, im Juli 1970, auch gemeinsam verwirklichten). Hinzu kam, dem *Stadt-Anzeiger* zufolge, die »lapidare Feststellung« der SPD, daß eine Änderung des Wahlrechts für die Bundestagswahl 1969 ausscheide – weil es dafür zu spät sei. Sie konnte der FDP ja schaden.

Noch immer galt der Verzicht also ernsthaft nur für 1969. Was sollte 1973 sein? Erst nach der Wahl Heinemanns zum Bundespräsidenten am 5. März 1969 hörte auch diese Frage auf, bei den Sozialdemokraten herumzugeistern. Erst in diesem Augenblick ist die Mehrheitswahl für Willy Brandt wirklich »gestorben«, für Helmut Schmidt und Herbert Wehner noch etwas später. Erst nach der liberalen Stimmabgabe für den sozialdemokratischen Kandidaten wurde der Verzicht der SPD festgeschrieben, während verständlicherweise im gleichen Augenblick die Mehrheitswahl umgekehrt bei der Union, wie Helmut Kohl sagte, »wieder ausgegraben« wurde.

Ringen um Geschlossenheit im »Europäischen Hof«

Die wütende Enttäuschung der einen wie die schäumende Freude der anderen Seite sind leicht erklärlich. War doch bis zuletzt alles offen geblieben. Nur im Rückblick sieht es so aus, als habe es einen Sog auf Heinemann zu, nämlich eine unwiderstehliche Tendenz zum sozialliberalen Bündnis gegeben. Davon konnte jedoch keine Rede sein. Der Sozialdemokrat machte das Rennen knapp genug: erst im dritten Durchgang, mit wenigen Stimmen. Am Ende waren es nicht mehr als sechs von den insgesamt 1036 Mitgliedern der Bundesversammlung, die für ihn den Ausschlag gaben.

Scheel mußte in den eigenen Reihen alle Register ziehen, mit allen möglichen Mitteln um Heinemanns Sieg kämpfen. Wochenlang hatte man jeden unsicheren Kantonisten wiederholt ins Gebet genommen. Auch Sozialdemokraten halfen dabei; sie redeten wackligen FDP-Wahlmännern kräftig ins Gewissen, lockten auch. Scheel, wie das ganze FDP-Präsidium, reiste in allen Windrichtungen über Land, besuchte Stadt um Stadt, führte zahllose Einzelgespräche, um zögernde, widerstrebende Parteifreunde »wie Teig zu kneten« (Hans Friderichs). Man versprach den Schwankenden, sich für ihre persönlichen, oft kuriosen Anliegen einzusetzen, sagte ihnen zu, um ihre politische Zukunftssicherung nach Kräften besorgt sein zu wollen. Möglicherweise zeigte man Verstockten auch die Peitsche.

Herbert Stender, Landtagsabgeordneter und neun Jahre lang Hauptgeschäftsführer der FDP in Niedersachsen, hat seinen Übertritt zur CDU im April 1969 wesentlich mit persönlicher Empörung über den starken psychischen Druck begründet, dem er als einer der fünf liberalen Wahlmänner, die sich bis zuletzt weigerten, für Heinemann zu stimmen, ausgesetzt worden sei. Konkret und handfest behauptete Rolf Zundel, der angesehene Bonner Korrespondent der *Zeit* und besondere Kenner der FDP, in der Ausgabe vom 7. März 1969, sichere Plätze auf den Landeslisten seien vom Votum für den ›richtigen‹ Bundespräsidenten abhängig gemacht, ihr Entzug als Drohung, als Druckmittel verwandt worden.

Scheel wie bemerkenswerterweise auch Mende taten mir gegenüber solche Vermutungen oder Unterstellungen als Märchen ab. Der Einfluß der FDP-Bundesorgane auf die Landeslisten sei äußerst begrenzt. »Das hätte«, meinte Scheel, »ein rechter Tor sein müssen, der auf solche Zusagen von uns baute«, die es im übrigen nicht gegeben habe. Davon einmal abgesehen, war ja durchaus einleuchtend, wenn es Anfang 1969 in der FDP hieß: Wer in Berlin mit der Parteiführung stimme, hinter dem stehe auch künftig fest seine Partei. Denn wenn Heinemann nicht durchkomme, dann breche die FDP auseinander und gehe ein.

Bei allen diesen Reisen und Unterredungen ließ Scheel keinen Zweifel daran, daß er die Sache Heinemanns zu seiner eigenen gemacht habe. Unzweideutig machte er seinen Gesprächspartnern klar, was er im Freundeskreis schon seit Monaten gesagt hatte: Er werde den Parteivorsitz niederlegen, falls Heinemanns Wahl an fehlenden FDP-Stimmen scheitere.

Bedrängten das FDP-Präsidium und die Sozialdemokraten die Liberalen von links, so setzten ihnen die CDU/CSU und wichtige Wirtschaftskreise von rechts aus zu. Ein Vierteljahr später sagte Scheel auf dem Wahlparteitag der FDP am 23. Juni 1969: »Bis an die Grenze der Erpressung« seien die Versuche »so mancher Geldgeber, so mancher Politiker der Union« gegangen, die Freien Demokraten »umzustimmen«. So hatte ihm beispielsweise der BDI im Januar 1969 bedeutet, daß die Wahlkampfkasse der FDP das Nachsehen haben werde, wenn die Liberalen Heinemann zum Siege verhülfen.

Schon im Oktober 1968 hatte Scheel angekündigt, er werde in der FDP-Fraktion der Bundesversammlung einen Mehrheitsbeschluß über die Stimmabgabe herbeiführen, an den dann alle Wahlmänner gebunden seien. Das war bei den Liberalen leichter gesagt als durchgesetzt. Ursprünglich hatte man die Delegierten drei Tage vor der Wahl zu diesem Zweck zusammenrufen wollen. Aber der FDP-Ehrenvorsitzende Reinhold Maier hatte, als man diesen Punkt am Rande des Stuttgarter Dreikönigstreffens im Januar 1969 besprach, Bedenken geäußert: In den Tagen bis zur Wahl könnten dann unliebsame Presseveröffentlichungen und gezielte Unions-Aktionen bei allzu vielen Parteifreunden noch einen Sinneswandel bewirken; schon eine schlaflose Nacht sei zuviel. Daraufhin beschloß das FDP-Präsidium, erst zum Vorabend der Wahl einzuberufen, und zwar an einen Ort, der die eigenen Leute gegen Einflüsse von außen abschirme.

Man tagte daher nicht, wie sonst bei Berlin-Aufenthalten, im *Sylter Hof* unweit von der Gedächtniskirche, sondern mietete sich in den obersten Etagen des Hotels *Europäischer Hof* am Funkturm ein, dessen Dachgarten-Restaurant nur einen einzigen, leicht kontrollierbaren Zugang besaß. Dort also kam am 4. März 1969 um drei Uhr nachmittags die FDP-Fraktion der Bundesversammlung zusammen. Von vorneherein war ein gemeinsames Abendessen eingeplant. Die Delegierten sollten so lange ausharren müssen, bis auch die letzte deutsche Zeitung Redaktionsschluß gehabt hatte und die Spätnachrichten des Fernsehens gesendet waren.

Die Sozialdemokraten tagten zur selben Zeit im Reichstag. Alle anwesenden Mitglieder ihrer Wahlmännerfraktion votierten ohne Enthaltung und Gegenstimme für Heinemann. Sicher: Er war ihr Kandidat. Außerdem war die SPD eine alte, disziplinierte Partei, die nach Jahrzehnten in der Opposition seit einiger Zeit zielbewußt zur Macht strebte. Nicht frei von Sorgen dachte man bei den Sozialdemokraten an die FDP in ihrem europäischen Dachgarten. Es gab begründete Zweifel, ob die Liberalen zu geschlossenem Handeln fähig seien.

Tatsächlich stellte sich am 4. März im *Europäischen Hof* rasch heraus, daß etwa ein Drittel des FDP-Bundesvorstands und der Bundestagsfraktion entschlossen war, Schröder zu wählen. An der Spitze dieser Formation fand man das frühere Establishment der Partei, viele ehemalige Vorsitzende und Minister: Männer wie Erich Mende, Rolf Dahlgrün, Heinz Starke, Knut von Kühlmann-Stumm, wichtige Abgeordnete wie den Industriellen und langjährigen BDI-Vizepräsidenten Alexander Menne aus Hessen, den vormaligen niedersächsischen Landesverbandsvorsitzenden Carlo Graaff, den umtriebigen Siegfried Zoglmann aus Nordrhein-Westfalen neben dem bedächtigen, extrem nationalen und extrem bayerischen Josef Ertl – überhaupt eine Reihe von Delegierten aus Nordrhein-Westfalen, Niedersachsen und Bayern.

Diese verbreitete Neigung zu Schröder hatte nichts Überraschendes. Er war ein Mann der alten FDP. Als Kiesinger (den er – und der ihn – nicht leiden konnte) im November 1966 mit Wehner über die Große Koalition verhandelte, hatte sich Schröder für den Fall des Scheiterns seines Konkurrenten als Alternative, nämlich als Kanzler einer von ihm bevorzugten, neu auflebenden CDU/FDP-Koalition in Reserve gehalten. Auch jetzt, zwei Jahre später, brachte man ihm bei den Liberalen, zumal denen der älteren, rechteren Richtung, viel Sympathie entgegen. Schröder seinerseits fühlte sich in den Reihen der Union noch immer als der Anwalt und Rückhalt der FDP. So war er beispielsweise in der Frage des Mehrheitswahlrechts immer ein energischer Fürsprecher der Liberalen, also ein Gegner dieser Reform gewesen. Er hielt, aus seiner Einschätzung der Situation und der FDP heraus, dieses ganze Projekt für kurzsichtig, für halbdurchdacht und töricht. »Wir können doch nicht«, sagte er damals seinen Leuten, »die Teller aus dem Fenster werfen, von denen wir demnächst essen wollen!« Dieses von ihm gewählte Bild war vielleicht nicht gerade überwältigend glücklich; wer will schon gern ein bloßes Werkzeug sein. Aber was Schröder sagen wollte, fanden viele Freie Demokraten natürlich richtig.

Auch dem neuen FDP-Vorsitzenden lag Schröder sehr. Er kannte ihn seit zwanzig Jahren, mochte ihn seit langem, sah in ihm einen menschlich angenehmen, lauteren, persönlich unbedingt loyalen Mann, einen fähigen, vertrauenswürdigen politischen Partner. Das waren keine vagen Gefühle aus der Ferne. Scheel wußte, warum er so dachte: war er doch fünf Jahre lang (1961–66) als Entwicklungshilfeminister Stellvertreter des Außenministers gewesen, hatte also häufig mit ihm zusammengearbeitet. Er hatte Schröder in dieser Zeit achten, seine Kompetenz schätzen gelernt – trotz ihrer unterschiedlichen Anschauungen. Das blieb auch in den folgenden Jahren so.

Ein Gefühl wechselseitiger Wertschätzung und Verbundenheit erhielt sich zwischen ihnen über 1969 hinaus. Der Industrielle und Mäzen Kurt A. Körber war am 25. Februar 1972 im Bundestag höchst erstaunt, nach der scharfen Attacke Schröders auf die Neue Ostpolitik (der Unionspolitiker hatte sich mehr und mehr zu ihrem Gegner entwickelt, weil er auf ein Scheitern der Koalition, ein Auseinanderbrechen der FDP und dann ein Bündnis der CDU/CSU mit konservativen Liberalen spekulierte und für diesen Fall seine eigene Position innerhalb der Union auszubauen versuchte) ihn und den heftig von ihm angegriffenen Scheel entspannt und heiter im vertraulichen Gespräch beim gemeinsamen Mittagessen am Nebentisch im Parlaments-Restaurant zu entdecken. In einem Augenblick, in dem die politische Polarisierung das Land in zwei verfeindete Lager auseinanderzureißen drohte, gingen die beiden Außenminister, der frühere und der amtierende, jener aus der Führungsgruppe der jetzt oppositionellen CDU, dieser der Vorsitzende der mitregierenden FDP, weiterhin wie zwei alte Freunde miteinander um.

Schon drei Jahre vorher, im Frühjahr 1969, bedauerte Scheel insgeheim eine Situation, die ihn zwang, gegen Schröder Front zu machen. Noch dazu für diesen Heinemann. Wie er Schröder offen sagte, kannte er Heinemann gar nicht, hatte ihn nie aus der Nähe gesehen; Scheel traf ihn mit vollem Bewußtsein zum ersten Male am Tage der Wahl in Berlin. Nach allem, was er von ihm gehört hatte, schätzte er Heinemann nur sehr bedingt; er war vom ganzen Gehabe her nicht sein Mann. Dennoch mußte man ihn wählen, weil er die Veränderungsfähigkeit unseres Regierungssystems symbolisieren konnte. Schröders Bild in der Öffentlichkeit war hingegen nicht mehr veränderbar; seine Wahl hätte die Jugend auf die Barrikaden getrieben.

Mit diesen Worten erklärte Scheel jedenfalls Schröder seine Zwangslage. Er suchte ihn mehrfach auf, zuletzt noch am Morgen vor der Wahl (das Zusammentreffen war leicht zu bewerkstelligen, denn beide wohnten im Hotel *Kempinski* auf dem Kurfürstendamm), um ihm bei einem ausgedehnten, gemeinsamen Frühstück sein Dilemma auseinanderzusetzen. Schröder nahm die Ankündigung, wie Augenzeugen berichten, in großartiger Haltung auf. Dieser Edelmann wußte Offenheit zu schätzen. Schröder respektierte Scheels Erwägungen. Keinen Augenblick trübte sich ihr persönliches Verhältnis angesichts der Konfrontation, zu der die Konstellation sie zwang. Ja, der Verteidigungsminister gab offenbar zu erkennen, daß spätere Koalitionsmöglichkeiten auch zwischen der Union und den Freien Demokraten nicht dadurch verbaut würden, daß man ihn jetzt nicht wähle.

Am Nachmittag dieses 4. März 1969 berichtete Scheel der FDP-Fraktion der Bundesversammlung: »Ich habe heute vormittag – ich möchte Ihnen das mitteilen – Herrn Dr. Schröder aufgesucht, und zwar mit meinen beiden Kollegen Wolfgang Mischnick und Hans-Dietrich Genscher, und habe ihm in einer sehr freundschaftlichen, mehrere Stunden dauernden Unterredung gesagt, was ich Ihnen heute persönlich als meine eigene Entscheidung vortragen würde. Es war verständlich, daß das, heute vormittag Herrn Schröder mitgeteilt, ihn berührte. Aber – meine beiden Kollegen haben das erlebt – er hat das in der besten Form, in der allerbesten Form verstanden, und er hatte sich wohl vorher für diesen Fall schon vorgenommen, die politischen Brücken zwischen den Parteien durch das Ereignis von morgen nicht etwa zerstören zu lassen, sondern im Gegenteil durch sein eigenes Verhalten die politischen Brücken zwischen allen drei im Bundestag vertretenen Parteien vollkommen intakt zu halten.«

Freilich war sich Schröder in diesem Augenblick selbst noch nicht sicher, ob nicht doch er, statt Heinemann, am nächsten Tag das Rennen machen werde. Er ließ deutlich durchblicken, daß er die Richtigkeit der Voraussage des FDP-Vorsitzenden bezweifle. Scheel werde sich wundern, meinte er. Es gebe genug Leute aus dem liberalen Lager, die ihn wählen würden. Es war nahe daran. Trotz aller Anstrengungen Scheels, der sein Votum für Heinemann in der Fraktion ausführlich begründete und den sozialdemokratischen Kandidaten in leuchtenden Farben malte. Die deutsche Innenpolitik erfordere, »daß der Repräsentant unseres Staates vor allem die Fähigkeit hat, die verschiedenen Gruppierungen in unserem Volke zusammenzubringen«. Außenpolitisch gehe es um die »Bereinigung der inner-europäischen Fragen . . ., und zwar nicht etwa im Blick auf Westeuropa allein, sondern gerade nach der Richtung der Politik, die der neu gewählte Präsident der Vereinigten Staaten zu treiben gedenkt«. Mit diesem dunklen Hinweis sollte offenbar auf die Entspannungspolitik, die Neue Ostpolitik, angespielt werden.

Für beide Aufgaben – im Klartext hätte man gesagt: nach West wie Ost – sei der Sozialdemokrat »der bessere Mann«. Es sei auch ganz falsch, wenn manchmal behauptet werde, »daß er zum Staat und zur Bundeswehr nicht das Verhältnis hat, das man wünschen kann. Ich glaube, es ist möglicherweise eine etwas verschobene Optik, davon zu sprechen, daß Heinemann zur Bundeswehr nicht das enge Verhältnis hat, das ein Staatsoberhaupt haben muß. Auch für die Bundeswehr selbst ist es weniger wichtig, ein Staatsoberhaupt zu haben, das – was weiß ich – Reserveoffizier irgendwo bei der Artillerie gewesen ist und täglich davon spricht, welch enges Verhältnis er gerade zu den Soldaten hat, als einen Mann zu haben, der für diese Demokratie allüberall in der Welt, nach innen und außen, Respekt zu schaffen vermag – der dieser Demokratie Geltung verschafft.«

Es komme bei dieser Wahl »wirklich darauf an« – was der Hauptausschuß der Partei »Gottseidank in geradezu beeindruckender Einmütigkeit auch so gesehen« habe –, daß die FDP eine gemeinsame Entscheidung treffe, sich also über ihre einheitliche Haltung klar werde und sie dann auch vor aller Öffentlichkeit geschlossen zeige.

Als es nach stundenlangen internen Diskussionen um 19 Uhr zu einer ersten Abstimmung kam, votierten von den insgesamt 82 anwesenden FDP-Mitgliedern der Bundesversammlung (der Gärtnermeister Adolf Mauk aus Lauffen am Neckar war bettlägerig und noch nicht eingetroffen) 57 für Heinemann und 23 für Schröder; zwei enthielten sich der Stimme. Das war, wenn es dabei blieb, schlimm für den Scheel-Kurs, für die Heinemann-Anhänger. Denn Schröder brauchte ja nur noch die Unterstützung durch 15 Liberale, um Bundespräsident zu werden. Folgerichtig plädierte Mende, ein Parteigänger Schröders, angesichts dieser Situation für eine Freigabe der Wahl des nächsten Tages. Gerade Liberale sollten bei einer so wichtigen Entscheidung keine Fraktionsempfehlung geben, sondern es jedem einzelnen FDP-Abgeordneten überlassen, wen er wähle.

In einer sofort anschließend, ab 19.37 Uhr veranstalteten zweiten Abstimmung über die Frage, ob die Schröder zuneigenden Kollegen bereit seien, sich der Mehrheitsmeinung anzuschließen, stimmten (bei einer Enthaltung) 71 mit Ja, 10 mit Nein. Das mochte auf den ersten Blick beruhigend aussehen, war aber in Wahrheit eine Katastrophe. Denn inzwischen war bekannt geworden, daß die SPD-Fraktion in der Bundesversammlung nicht 449, sondern nur 443 Mitglieder zählen werde, da sechs Delegierte transportunfähig erkrankt seien. Demnach mußten mindestens 76 Liberale für Heinemann eintreten, wenn er schon in den ersten Wahlgängen durchkommen sollte.

Es war ein schwacher Trost, daß auch bei den Unionsparteien Stimmen ausfielen – sieben an der Zahl. Nur 475 Wahlmänner der CDU/CSU waren in Berlin anwesend. Das bedeutete: Sie brauchten neben den 22 Nationaldemokraten den Zulauf von 22 (statt bisher 15) Freien Demokraten, um Schröder zur absoluten Mehrheit zu verhelfen. Wenn man die beiden FDP-Probeabstimmungen zusammen analysierte, dann schien Heinemann die für ihn erforderlichen 76 linksliberalen Bundesgenossen ebensowenig zu besitzen wie Schröder 22 rechtsliberale Wahlhelfer. Beide Männer hatten in der Bundesversammlung keine zuverlässige Mehrheit. Wenn daraufhin in einer dritten Runde die einfache Mehrheit genügte, war völlig offen, wie das ausgehen würde.

Schuld an all dem, würde man sagen, seien natürlich die Freien Demokraten. Es werde heißen: Da könne man doch wieder einmal sehen, wie wenig von ihnen als Partei zu halten sei. Vor allem die Enttäuschung und Wut der SPD waren voraussehbar. Dieser Partei gegenüber mußte aber die FDP den Beweis ihrer Handlungsfähigkeit, Aufgeschlossenheit und Partnerschaftsreife erbringen. Vor zweieinhalb Jahren war es ähnlich gelaufen, daran würden sich jetzt alle erinnern, besonders bei den Sozialdemokraten. War doch eine sozialliberale Koalition, die nach dem Sturz Erhards in Teilen der SPD wie der FDP ernsthaft angestrebt wurde, wesentlich daran gescheitert, daß sich einige wenige FDP-Bundestagsabgeordnete – vor allem Josef Ertl, aber auch Alexander Menne – bis zuletzt gegen die Wahl Willy Brandts zum Bundeskanzler sträubten. Wenn es überhaupt ein Sozi sein mußte, wovon sie noch nicht ganz überzeugt waren, dann schon eher ein Mann wie Georg-August Zinn, der hessische Ministerpräsident. So hatte sich in letzter Minute die Sache zerschlagen.

Wolfgang Mischnick spielte auf diese Zusammenhänge an, seit denen die FDP im ganzen Lande als koalitionsunfähig gegolten hatte, als er am Abend des 4. März 1969 im *Europäischen Hof* sagte: »Wer jetzt hier glaubt, nicht der Mehrheit folgen zu können, gibt nachträglich denjenigen recht . . ., die sagen, daß wir im Dezember 1966 nicht fähig waren, mit der SPD eine Koalition abzuschließen, weil kein Verlaß auf die Abstimmung gewesen wäre.«

Scheel kommentierte den Befund der Probe-Abstimmung dahin: »Das Ergebnis ist natürlich eine Handlungsunfähigkeit nach jeder Seite, und zwar in einer Weise, die in ihrer ganzen Dramatik noch gar nicht klar ist.« Noch nicht jeder habe wohl die Situation völlig durchdacht. Die Existenz der Partei stehe auf dem Spiel.

Im weiteren Verlauf dessen, was manche später ein langes liberales *Teach-in* oder auch ein Musterbeispiel *autogenen Trainings* nannten, Scheel selber im nachhinein als gemeinsame *Psychotherapie* der Partei bezeichnete, breitete sich an jenem Abend in der FDP immer mehr die fatalistische Stimmung, die düstere Überzeugung aus: Wenn es beim gegenwärtigen Stand der Meinungen bleibe, dann sei es besser für die Freien Demokraten, aus den Fenstern des Dachgartens in die Tiefe zu springen, als an der Wahl des Bundespräsidenten am nächsten Tage überhaupt teilzunehmen.

Man unterbrach die Sitzung. Die einzelnen Landesverbände setzten sich zu getrennten Besprechungen zusammen. Man aß und trank unter Freunden, redete auf die hartnäckigen Anhänger Schröders ein, erinnerte sie an die Verdienste der SPD in der existenzbedrohenden Wahlrechtsfrage, raunte ihnen sozialdemokratische Verheißungen ins Ohr.

Um 21.32 Uhr begann eine dritte interne Abstimmung. Kurz vor 22 Uhr stand ihr Ergebnis fest: Inzwischen waren von den 82 Anwesenden 77 bereit, Heinemann zu unterstützen – sechs mehr als noch zwei Stunden früher. Nur fünf Widerspenstige, deren Zähmung offensichtlich nicht gelungen war, blieben verstockt bei ihrem Nein. Immerhin war die erreichte Geschlossenheit für liberale Verhältnisse beachtlich. Zufrieden und selbstbewußt eilte Scheel zu den dichtgedrängt wartenden Journalisten in die Hotelhalle hinunter. 443 plus 77 mußte 520 geben – eine runde absolute Mehrheit.

Wenn die SPD ihrerseits wirklich gemeinsam für Heinemann stimme, sagte Scheel, dann sei er bereits im ersten Wahlgang morgen gewählt. Damit schob er pfiffig (man weiß ja nie) im vorhinein dem Partner den Schwarzen Peter zu – aus überflüssiger Vorsicht, wie es schien. Denn an sich mußte es dicke reichen. Hatten doch inzwischen, noch nach der dritten FDP-Abstimmung, zwei seiner fünf letzten Widersacher Scheel verstohlen zu verstehen gegeben, daß auch sie sich nunmehr zur Mehrheit schlügen, nachträglich der Entscheidung für Heinemann beugten. Damit gab es sogar 522 Stimmen für Heinemann: drei Stimmen über die absolute Mehrheit hinaus.

Die Wahl Heinemanns: ein »Stück Machtwechsel«?

Bei Versprechungen und Prophezeiungen vor geheimen Abstimmungen weiß man jedoch nie, wer dort lügt, hier prahlt. Als Heinemann am 5. März 1969 im ersten Wahlgang nur 514 Stimmen bekam (bei 501 für Schröder, drei ungültigen und fünf Enthaltungen), wurden sofort sozialdemokratische Zweifel an der laut verkündeten neuen Einmütigkeit der FDP wach: So weit her könne es ja mit ihr wohl nicht sein. Doch die Freien Demokraten wehrten sich gegen solche Vorwürfe. Ihre Stimmen seien, wie versprochen, gemeinsam eingebracht worden. Das Fehlende habe die SPD selbst zu verantworten. Walter Scheel, »die einzige Frohnatur« in der Versammlung, fragte heiter Alex Möller (wie dieser berichtet hat), »wo denn nun eigentlich die Geschlossenheit der SPD wäre«, von der man so viel Rühmendes höre.

Scheel vermutete, daß nur sechs FDP-Stimmen, vornehmlich aus Niedersachsen, an Schröder gegangen seien. Für seine Annahme führte er später den schon erwähnten Fall Stender ins Feld: Stender wurde nicht nur parlamentarischer Geschäftsführer der CDU-Landtagsfraktion in Hannover, die Union akzeptierte zusätzlich seine Bedingung, vier enge Parteifreunde, nämlich vier von ihm eingesetzte FDP-Bezirksgeschäftsführer, gleichfalls zu übernehmen, und erfüllte diese Zusage »äußerst korrekt«, wie Stender in der *Welt* vom 7. Juni 1969 berichtete: Die vier erhielten von der CDU »die gleichen Bruttobezüge wie vorher«. Diese Großzügigkeit der Union, »eine Investition auf lange Sicht«, wie Stender damals sagte, bedurfte keines nachträglichen Kommentars, meinte Scheel zu mir. Jeder konnte hier, auch kurzfristig, seine eigenen Schlüsse ziehen.

Im zweiten Wahlgang fiel Heinemann um drei Stimmen auf 511, während Schröder (bei fünf Enthaltungen, nach wie vor) um sechs Stimmen auf 507 stieg. Man konnte davon ausgehen, daß keiner der 443 Sozialdemokraten für Schröder gestimmt, sondern allenfalls Stimmenthaltung geübt hatte. Man durfte weiterhin nicht ausschließen, daß vielleicht sogar der eine oder andere aus der Union seine Stimme Heinemann gegeben hatte. Beide Annahmen mit aller Vorsicht in Rechnung gestellt, mußten mindestens zehn, wenn nicht 15 Liberale den Unionskandidaten unterstützt haben.

Jedenfalls glaubte niemand in der SPD jetzt noch den Beteuerungen der FDP. Offensichtlich bröckelte sie ab; anders ließ sich der Schwund der Heinemann-Stimmen gar nicht erklären. In der CDU/CSU deutete man die Entwicklung frohlockend genauso. Hier begann man, nach dem zweiten Wahlgang Hoffnung zu schöpfen: Wenn der Aufwärtstrend Schröders im bisherigen Rhythmus anhalte, dann komme er Heinemann erfolgreich in die Quere und könne ihn kurz vor dem Ziel noch abfangen.

Angsterfüllt hielten auch die Scheel-Liberalen genau dies für denkbar. Sie teilten insgeheim die Sorgen der Sozialdemokraten, gaben deren Befürchtungen innerlich recht. Da sie Verrat in den eigenen Reihen witterten, wurden nach dem zweiten Wahlgang einzelne FDP-Wahlmänner förmlich bedrängt: Sie stünden in dem üblen Ruf, nicht für Heinemann gestimmt zu haben. Solche Verdächtigungen hatten zur Folge, daß einige der Angeschuldigten, beispielsweise Staatsminister a. D. Wolfgang Haußmann aus Stuttgart, beim dritten Wahlgang beschämt den Gegenbeweis führten, indem sie Scheel oder anderen Spitzenvertretern des neuen Linkskurses im Vorübergehen ihre Stimmzettel zeigten.

Es machte keinen Unterschied, änderte nichts. Das Ergebnis blieb, wie es war. Nur eine einzige Stimme, die Schröder gleichzeitig verloren ging, wurde von Heinemann beim dritten Wahlgang hinzugewonnen. Vermutlich stammte sie gar nicht aus der FDP, sondern aus der CDU, eben von Heinemanns Jugendfreund Ernst Lemmer. Es stand demnach in der dritten Runde 512 : 506. Da nunmehr die relative Mehrheit genügte, war Gustav Heinemann nach neunstündiger Bundesversammlung am Abend des 5. März 1969 zum dritten Präsidenten der zweiten Republik in Deutschland gewählt worden.

Kaum hatte der geschlagene Gerhard Schröder die Ostpreußenhalle verlassen, allein, von keinem seiner Leute begleitet, als die politische Tragweite jenes Märztages sichtbar zu werden begann – mochte Kurt Georg Kiesinger auch noch lange in der Heinemann-Wahl nur einen Unfall, eine Panne ohne tiefere Bedeutung für seine künftige Weiterreise als Kanzler zu erblicken meinen. Auf Anregung von Bundesgeschäftsführer Hans-Jürgen Wischnewski wurden die Freien Demokraten noch nachträglich zur SPD-Siegesfeier in den *Philips-Pavillon* am Funkturm geladen. Als sie unter Führung Scheels strahlend den Festsaal betraten, applaudierten die Sozialdemokraten lebhaft ihren neuen liberalen Freunden. Brandt umarmte Scheel. Zusammen mit Genscher und Mischnick war der FDP-Vorsitzende in dieser Runde ohne Zweifel der Held der Stunde. Viele nickten, als Brandt die Gäste freudig willkommen hieß: Diese Wahl sei ein großer Augenblick für die SPD. Sie sei zugleich eine große Leistung der FDP gewesen. Das sozialdemokratische Mißtrauen gegen sie sei jetzt vom Tisch.

Ein vorfrühlingshafter Hauch von gemeinsamem Aufbruch lag in der Luft: Fröhlichkeit, Zuversicht – eben Sektlaune. Selbst Herbert Wehner (der sich ebenso wie Helmut Schmidt den sozialliberalen Verbrüderungsszenen fernhielt, weil er durchaus noch kein Freund eines Bündnisses war, dessen Realisierungschancen und Erfolgsaussichten er mit großer Skepsis beurteilte) war voller persönlicher Hochachtung für Walter Scheel. Von nun an stand er ihm fast ohne Reserve gegenüber. Ja, er sprach von ihm seither mit Wärme. Der 5. März 1969 sei »eine große Tat« Scheels gewesen: »etwas, das ich nie vergessen werde«.

Und worin sah damals der Gewählte selbst die Bedeutung seiner Wahl? Sie schien Heinemann nicht nur (wie etwa der *Neuen Zürcher Zeitung* vom 7. März 1969) ein »Symptom« des politischen Klimawandels in der Bundesrepublik zu sein. Denn er sprach von einem »Stück Machtwechsel«, was beträchtliche Aufregung auslöste, die noch zehn Jahre später spürbar blieb. Als nämlich in einer vergleichbaren Situation denkbaren politischen Tendenzumschwungs der Kandidat der CDU/CSU für das Amt des Bundespräsidenten, Professor Karl Carstens, im Hamburger Wochenblatt *Die Zeit* am 9. März 1979 zu Worte kam, versicherte er abwehrend: »Mir liegt nichts ferner, als meine Wahl mit der Vorstellung eines Machtwechsels in unserem Lande in Verbindung zu bringen.«

Heinemanns Äußerung fiel in einem Interview mit Reinhard Appel, das am 8. März 1969 in der *Stuttgarter Zeitung* veröffentlicht wurde. Einleitend hieß es dort wörtlich:

> *Frage:* Herr Minister, Ihre Wahl zum dritten Bundespräsidenten wird von Ihren Freunden, aber auch von Ihren bisherigen innenpolitischen Gegnern als eine Zäsur, wenn nicht gar als eine Wende in der Nachkriegsgeschichte der Bundesrepublik bewertet. Wie beurteilen Sie diese Betrachtung selbst?
> *Heinemann:* Ich würde dieser Bewertung zustimmen. Es hat sich jetzt ein Stück Machtwechsel vollzogen, und zwar nach den Regeln einer parlamentarischen Demokratie. Man hat oft, und ich glaube mehr aus gutem Grund, gesagt, daß eine solche Demokratie ihre Bewährungsprobe erst dann bestanden habe, wenn eben nach ihren Regeln auch einmal ein Machtwechsel zustande gekommen ist. Das ist hier nicht in breiter Front der Fall, das wird sich erst bei den Bundestagswahlen ergeben, aber immerhin doch in einem beachtlichen Stück.
> *Einwurf:* Manche Leute werden von dieser Antwort vielleicht irritiert sein, wenn Sie im Zusammenhang mit der Wahl des Bundespräsidenten von Machtwechsel sprechen, also die Vokabel Macht miteinbeziehen.
> *Heinemann:* Ja, ich weiß, daß die Vokabel in bezug auf die Position des Bundespräsidenten nicht präzise ist. Unsere Verfassung ist aus gutem Grunde so konstruiert, daß der Schwerpunkt politischer Macht beim Bundeskanzler, bei der Bundesregierung liegt, die auch allein dem Parlament gegenüber verantwortlich sind. Der Bundespräsident hat diese Verantwortung gegenüber dem Parlament nicht, und er muß sich dementsprechend zurückhaltend im politischen Bereich bewegen. Aber immerhin: Es ist doch eine wesentliche Position unter all unseren staatlichen Organen erstmalig auf die bisherige Opposition übergegangen.

Wie man sieht, hatte Heinemann den Begriff des Machtwechsels durchaus im Geiste des Grundgesetzes, im Sinne unserer demokratischen Grundsätze interpretiert. Es lag ihm ganz fern, von eigener Macht zu sprechen; er wußte als Jurist und Justizminister nur zu gut, wie wenig Befugnisse der Bundespräsident besitzt. Bei der umstrittenen Bemerkung hatte er nicht sich und sein neues Amt, sondern den Umschwung zur sozialliberalen Koalition gemeint, deren Sieg er im Herbst erwartete. Warum also der Ärger? Gerade deshalb. Heinemann sprach aus, was die einen fürchteten, die anderen erhofften; *beiden* Lagern war sein Wort vom Machtwechsel unangenehm.

In Unionskreisen ließ es nicht nur den aufgestauten Verdruß über die Berufung gerade dieses Mannes ins höchste Staatsamt offen ausbrechen; in der lauten Empörung machte sich außerdem natürlich die Besorgnis Luft, es könne wirklich demnächst zum Ende der CDU/CSU-Vorherrschaft in der Bundesrepublik kommen, zu jenem »Untergang Deutschlands«, den Konrad Adenauer schon 1957 für den Fall eines SPD-Wahlsieges befürchtet, zumindest an die Wand gemalt hatte. Wenn Franz Josef Strauß jetzt geradewegs so tat, als habe Heinemann von einer »Machtergreifung« gesprochen, dann versuchte der CSU-Vorsitzende damit vermutlich, verbreitete Ängste vieler Deutscher vor einem neuen Weg in den Abgrund für die Unionsparteien zu mobilisieren und nutzbar zu machen.

Aus eben diesem Grunde wurde Heinemanns fanfarenhafte Äußerung auch von Sozialdemokraten und Liberalen als verfrüht empfunden, ja als unzeitgemäß mißbilligt. Am Tage nach der Veröffentlichung des Interviews entdeckte der Nachfolger Heinemanns als Justizminister, sein bisheriger Staatssekretär Horst Ehmke, bei der feierlichen Verabschiedung des Vorgängers auf der Bonner Rosenburg Reinhard Appel unter den Anwesenden. Sofort verfinsterten sich seine Gesichtszüge. Ehmke schüttelte heftig den Kopf und drohte Appel mit erhobenem Zeigefinger, um ihm unzweideutig seine Mißbilligung zu signalisieren. Sah der Mann denn nicht, was er und Heinemann mit ihren losen Reden anrichten konnten? Man mußte jetzt sehr vorsichtig, sehr diskret sein.

Auf leisen Sohlen zur Macht

Weder in der SPD noch in der FDP fand das sozialliberale Bündnis einhelligen Beifall. Seine prominenten Förderer und Befürworter durften Anhängern gegenüber die angebahnte Verbindung zwar unter der Hand heimlich zugeben. Aber vor Skeptikern, Kritikern, Gegnern in den eigenen Reihen mußte man sie glatt ableugnen können. Denn die einen wie die anderen, Freunde wie Feinde einer künftigen SPD/FDP-Koalition in beiden Parteien, mußten unbedingt SPD oder FDP wählen, wenn es im Herbst hinkommen sollte. Man war, wie Hans Ulrich Kempski am 19./20. April 1969 in der *Süddeutschen Zeitung* schrieb, »auf leisen Sohlen unterwegs zur Macht«. Wenn überhaupt. Wie leicht konnte sich bei der Bundestagswahl die Situation der Präsidentenwahl wiederholen: daß es nur mit Hängen und Würgen zum Bündnis reichte. Bestenfalls.

Es wollte nicht viel besagen, daß auf dem SPD-Parteitag vom 16./18. April ein »*Regierungs*programm« verabschiedet wurde. Kempski gewann unter den Delegierten den Eindruck, daß den meisten »eine erneuerte Große Koalition fast unausweichlich« schien; sie kalkulierten ein, »daß die SPD dann abermals die zweite Geige spielen müsse«. Nur bei größeren, für *beide* Parteien günstigen

Wählerverschiebungen rücke ein SPD/FDP-Bündnis in den Bereich des Möglichen.

Wie aber, wenn die Liberalen auf dem rechten Flügel stark verloren und ihren linken Flügel auf Kosten der Sozialdemokraten wachsen ließen? Für Alfred Rapp, den Bonner Korrespondenten der *Frankfurter Allgemeinen Zeitung*, einen der führenden Journalisten in der Bundeshauptstadt zu jener Zeit, war »der FDP-Freund von morgen« zunächst, im Wahlkampf, »für die SPD der Feind«, wie er am 21. April 1969 (unter der Überschrift »Kehrt die Große Koalition wieder?«) in seiner Bewertung des SPD-Wahlparteitages schrieb. Beim Auftakt dieser sozialdemokratischen Heerschau, die nicht von ungefähr wieder einmal in Bad Godesberg stattfand, hatte fünf Tage zuvor der Vorsitzende der SPD-Bundestagsfraktion, Helmut Schmidt, am 16. April herausgestrichen, daß die Liberalen ebenso wie die CDU/CSU Gegner der SPD seien. Die FDP werde versuchen, aus dem Wählerreservoir der Sozialdemokraten Stimmen abzuwerben. Dieses Bemühen werde einhergehen mit Verlusten der FDP im national-liberalen Wählerbereich, aus dem es Abwanderungen zur Union hin gebe.

Zu viel sozialliberales Profil, zu früh gezeigt, drohte vor allem die konservativen Wähler der FDP zu verprellen. Bereits die Wahl des umstrittenen Sozialdemokraten Heinemann hatte unter ihnen genug Verwirrung und Unruhe gestiftet. Nach dem 5. März kam es in der FDP zu einer Austrittswelle. Rechte Stammwähler sprangen ab, ehe neue, linke Stimmen in hinreichender Zahl sicher waren. Rückblickend meinte später Herbert Wehner, die Unterstützung Heinemanns durch die Mehrheit der Liberalen sei eine um so größere Leistung Scheels gewesen, als sie die Freien Demokraten im Herbst 1969 neunzehn Mandate gekostet habe (was Scheel übrigens bestritt: Der Stimmenrückgang der FDP sei auf andere Ursachen zurückzuführen gewesen). Infolge der Heinemann-Wahl habe die neue FDP-Führung weitgehend ihren Manövrierspielraum in der eigenen Partei verloren und es daher hinnehmen müssen, daß ihre Einflußmöglichkeiten bei der Kandidatenaufstellung erheblich reduziert gewesen seien. Erstens wanderten (in der Sicht Wehners) also nach dem 5. März 1969 bürgerliche Wähler zur Union ab, und zweitens kamen Anhänger des neuen FDP-Kurses als Bewerber bei den Bundestagswahlen nicht hinreichend zum Zuge.

Daran ist viel Richtiges. Um den Abmarsch verschreckter, empörter Rechtsliberaler zu bremsen, betonte Scheel unermüdlich den ganzen Sommer 1969 über, die Entscheidung vom 5. März sei für eine bestimmte, bestgeeignete Persönlichkeit gefallen; sie bedeute noch keine Vorentscheidung für diese oder jene zukünftige Politik und Koalition. Ähnlich vorsichtig war die – vom Parteipräsidium zurechtgestutzte – Wahlkampf-Plattform der FDP. Nach ihrer Veröffentlichung nannte sie *Der Spiegel* vom 28. April, der mit dieser Meinung nicht allein stand, »ein Programm voller Unverbindlichkeiten«; es vergraule niemanden, verspreche der Partei aber auch keinerlei Zulauf.

Das war kein Zufall, war keine Panne, sondern die Folge gewollter Rücksichtnahme auf traditionell gesonnene Teile der Mitgliedschaft. Nur im Eintreten für eine neue Außenpolitik, deren Popularität demoskopische Umfragen erwiesen hatten, zeigten die Liberalen Profil. Im übrigen blieben sie eher allgemein, waren modern weniger in der Substanz als bei der Verwendung modischer Formeln, Slogans und Gags – etwa wenn auf Anraten der Düsseldorfer Werbe-Agentur *Team*, die das FDP-Präsidium mit der Erarbeitung des Wahlkampfkonzepts beauftragt hatte, im Frühjahr 1969 dem eigenen Firmennamen »die drei infantilen Punkte« (wie Ewald Bucher, früherer Bundesminister der FDP und ihr Präsidentschaftskandidat 1964, erbost seinem Parteivorstand schrieb) als Blickfang und neues Markenzeichen der »Pünktchenpartei« F. D. P. hinzugefügt wurden.

Vergleichbar behutsam gingen Brandt und seine Umgebung mit der Frage der künftigen Koalition um. Auch wenn es atmosphärisch anders aussehe, äußerte man hier, sei in Wahrheit doch noch alles offen. Was nicht stimmte. Solche Parolen waren für die breite Bevölkerung gedacht. In der Spitze äußerte man sich intern ganz anders – nicht nur untereinander, sondern auch gegenüber den christlich-demokratischen Konkurrenten.

Schon am 12. Februar 1969, also drei Wochen vor der Heinemann-Wahl, hatte Walter Scheel bei einem gemeinsamen Mittagessen im Godesberger *Adler* dem Fraktionsvorsitzenden der Unionsparteien im Bundestag, Rainer Barzel, reinen Wein eingeschenkt: Die FDP werde am 5. März für den sozialdemokratischen Kandidaten stimmen. Im Herbst werde es dann zur SPD/FDP-Koalition kommen. Auch die Konturen der gemeinsamen, Neuen Ostpolitik dieser beiden Parteien zeichneten sich (nach Barzels Erinnerung) im Gespräch vom 12. Februar schon ziemlich deutlich ab – bis hin zur Ankündigung Scheels, die außenpolitische Orientierungsänderung der Bundesrepublik werde seines Erachtens eines Tages auf den gleichzeitigen UN-Beitritt der beiden deutschen Staaten hinauslaufen.

Nach der Bundespräsidentenwahl war sich Scheel seiner Sache, seiner künftigen Position als Vizekanzler und Außenminister, so sicher, daß er bereits Posten für den Herbst zu verteilen begann. Beispielsweise fragte er noch im März Professor Ralf Dahrendorf bei einem Besuch in Konstanz, ob er im Oktober zusammen mit ihm ins Auswärtige Amt kommen, dort Parlamentarischer Staatssekretär werden wolle. Diese Aussicht lockte Dahrendorf sehr. Daher sagte er sofort zu.

Die Grundlage solcher verheißungsvollen Aussichten waren natürlich Vorabsprachen mit der SPD. Besonders wichtig waren dabei die Kontakte über Alex Möller. Nicht von ungefähr sollte er im Herbst 1969, in der anfangs unübersichtlichen Landschaft des 28. September, eine bemerkenswerte Rolle spielen; nicht ohne Grund suchten maßgebliche Männer der FDP gerade ihn am Abend der Bundestagswahl auf. Die Wirtschaft, zu der er von seiner Tätigkeit als Generaldirektor der Karlsruher Lebensversicherungs-AG her gute Beziehungen besaß, hatte Möller den Liberalen als seriösen Gesprächspartner empfohlen; er wurde ihr Vertrauensmann in der SPD-Führung. Umgekehrt bemühte sich Möller nicht aus freien Stücken, sondern im Auftrag des sozialdemokratischen Parteivorstands und vor allem des Präsidiums dieser Partei, dem er angehörte, um die Freien Demokraten. Wiederholt traf er demgemäß im Vorfeld der beiden Wahlen 1969 mit liberalen Spitzenpolitikern zusammen.

So hatte er im August 1968 mit Hans-Dietrich Genscher besprochen, wer denn der nächste Bundespräsident sein solle. Am 11. April 1969 gab Möller in seiner Wohnung auf dem »Märchenring 50« in Karlsruhe-Rüppur ein opulentes Essen für Walter Scheel. Dritter im Bunde war Günter Gaus, der scheidende Programmdirektor des Baden-Badener *Südwestfunks* und neue Chefredakteur des Hamburger *Spiegel;* seine Anwesenheit erklärte sich wohl daraus, daß Möller einen sozialdemokratisch gesonnenen Zeugen dabeihaben wollte.

Das Arrangement des Abends war aufwendig – aus gutem Grunde. Ein livrierter Diener als Mixer hinter der Bar. Tischkarten in Form einer Litfaßsäule. Kaviar als Auftakt. Man aß und trank hervorragend, was Scheel bei einem Manne dieser Partei überraschte und entzückte. Kaum saß man, hatte Möller mit feierlicher Stimme den Wunsch der Sozialdemokraten betont, im Herbst mit den Liberalen zusammenzugehen. Wenn das Wahlergebnis ausreiche, solle man nach dem 28. September gemeinsame Sache machen.

Scheel zierte sich nicht. Er griff sofort das Thema auf. Beide Männer waren sich spontan einig: Man müsse zusammenkommen. Falls die künftige parlamentarische Sitzverteilung dies irgend erlaube, sollten SPD und FDP die nächste Regierung bilden. Daraufhin proklamierte Möller den Abend zum Auftakt der sozialliberalen Koalition, während Gaus gleichzeitig die bemerkenswerte Whiskysammlung des sozialdemokratischen Politikers inspizierte und sich kenntnisreich die seltensten Sorten heraussuchte (»Kein Glaubensartikel«, schrieb Günter Grass, der es wissen muß, später im »Tagebuch einer Schnecke« von seinem Mitstreiter aus der Sozialdemokratischen Wählerinitiative, »den Gaus nicht in Whisky ersaufen ließe«). Es wurde überhaupt viel getrunken in dieser Nacht. Am Ende erreichte man nur mit Mühe seine Wagen; vorausschauend hatte Scheel, damals einer der Vizepräsidenten des Bundestages, seinen Chauffeur für die Rückfahrt aus Bonn anreisen lassen.

Drei Wochen später, am 3. Mai, einem Sonnabend, kam er in seinem Club (dem Düsseldorfer *Industrie-Club* auf der Elberfelder Straße) mit dem SPD-Vorsitzenden zu einem vertraulichen Mittagessen zusammen. Beide handelten auf eigene Kappe. Es gab keine ermächtigenden Beschlüsse ihrer Gremien, kein festumrissenes Meinungsbild, sondern nur hier wie dort Tendenzen, spürbare Neigungen – unartikuliert, nicht zu beweisen. Noch kurz vorher, in seiner Abschlußrede auf dem Außerordentlichen Parteitag der Sozialdemokraten, hatte Brandt vor aller Welt am 18. April 1969 wörtlich erklärt: » . . . In der Zeit bis zum 28. September haben wir nicht über Koalitionen zu palavern, sondern wir haben die Wahlen zu gewinnen. Ich bin ja eigentlich weder zu Hause noch in der Partei dafür bekannt, übertrieben autoritär zu sein. Trotzdem muß ich hier sagen: Jeder Sozialdemokrat hat Redefreiheit; aber wer über die künftige Koalition mit anderen redet, der tut es ohne Legitimation . . . Mit wem wir die nächste Bundesregierung bilden, wird vom Wahlergebnis abhängen, natürlich auch von der Verständigung über die Inhalte der Politik für die kommenden vier Jahre . . .«

Auf das Wahlergebnis kam es an. Alles andere würde sich finden. Man wußte beiderseits, was man voneinander hielt: Das war das Entscheidende. Und überdies war sachlich, zumal in der Ostpolitik, eine Gemeinsamkeit zwischen SPD und FDP herangewachsen, der nichts Vergleichbares in ihren Beziehungen zur Union entsprach. Dies war wichtig; hatte doch Brandt am 18. April offen herausgestellt, daß »das, was wir die Deutschlandpolitik nennen«, bei der »Entscheidung, die im Herbst zu fällen sein wird«, eine Rolle spielen werde. Genügte das nicht als Handlungsgrundlage? Brauchte man mehr für eine Koalition?

Die Unterredung der beiden Männer beim Mittagessen vom 3. Mai blieb jedenfalls im allgemeinen. Weder Programmfragen noch Personalprobleme wurden erörtert. Die Situation war noch nicht danach; man soll nicht vor der Jagd Felle verteilen. Die verfrühte Betonung sozialliberaler Übereinstimmungen oder gemeinsame Auftritte von SPD- und FDP-Politikern in der Öffentlichkeit konnten Schaden stiften. Dementsprechend sagte Brandt zu Scheel: Sie seien sich ja einig, im Herbst gemeinsame Sache zu machen, wenn es dann reiche. Aber es sei sicher nicht gut, wenn man sie beide jetzt oft zusammen sähe.

Tatsächlich war dieses Mittagessen vom 3. Mai 1969 ihr letztes privates Zusammentreffen vor der Bundestagswahl. In den verbleibenden Monaten verkehrte man nur über Mittelsmänner miteinander, vor allem über den Mannesmann-Direktor und Rechtsanwalt Reinhard von Eichborn (FDP), einen gastfreien Kontaktmenschen, der in den späten sechziger Jahren in seinem großen Burscheider Haus am Rande des Bergischen Landes, eine knappe Autostunde von Bonn entfernt, mehrfach Sozialdemokraten wie Egon Bahr, Willy Brandt, Alfred Nau oder auch Herbert Wehner mit Freien Demokraten wie Walter Scheel, Hans Wolfgang Rubin und Willi Weyer zu Anbahnungsgesprächen oder Vorsondierungen zusammenbrachte und damit dem Bündnis den Weg hatte bereiten helfen; die SPD-Verbindung zur FDP kam ja wesentlich über Nordrhein-Westfalen, den größten und wichtigsten Landesverband der Liberalen, zustande.

Man brauchte sich auch jenen Sommer 1969 über nicht zu sehen, war man sich doch im wesentlichen einig: es im Herbst zusammen zu riskieren – falls die Mehrheit halbwegs reiche. Das genau aber blieb bis zuletzt die ganz große Frage. Es war kein Geheimnis, daß an der Basis beider Parteien weithin der Wunsch bestand, eine solche Koalition zu bilden; er war bei der FDP offenbar sogar ausgeprägter als in der SPD. So ermittelte eine Bonner Arbeitsgruppe *Politische*

Analyse und Prognose, die den Freien Demokraten nahestand, im April 1969, daß 43,8 Prozent der FDP-Mitglieder eine Koalition mit der SPD wollten und nur 20,5 Prozent eine mit der Union. Noch im Februar, zwei Monate früher, waren 43,3 Prozent für ein Zusammengehen mit der CDU/CSU gewesen und lediglich 37,8 Prozent für ein Bündnis mit der SPD; offenbar hatte die Heinemann-Wahl den Umschwung, den Durchbruch bedeutet.

Bei den Sozialdemokraten lagen die Zahlen für die FDP weitaus niedriger. Hier war man hin- und hergerissen zwischen der illusionären Hoffnung auf eine SPD-Alleinregierung, einer gequälten Unterstützung der Großen Koalition und der zaghaften Bejahung eines sozialliberalen Zusammengehens. Sicher ist, daß man in der Breite der SPD die bestehende Große Koalition von Anfang an nicht gemocht hatte. Dabei war es geblieben.

Die Beteiligung an diesem imposanten Bündnis, in dem die Sozialdemokraten zur Zeit von Nürnberg seit mehr als fünfzehn Monaten erfolgreich mitarbeiteten und das sie doch immerhin aus anderthalb Jahrzehnten bitterer, enttäuschender Opposition befreit hatte, war nach wie vor in den Rängen der Partei äußerst unpopulär. Nur mit Ach und Krach wurde in Nürnberg auf Antrag des Parteivorstandes die Regierungsteilhabe mit 173 gegen 129 Stimmen mürrisch gebilligt.

Nein, auch in der SPD war man für eine sozialliberale Alternative – soweit es sie gab. Das wußten alle Eingeweihten. Schon im Januar 1969 hatte der Bundespressechef, Staatssekretär Günter Diehl (CDU), jedem erklärt, der es hören wollte: Wenn es numerisch lange, schlössen sich SPD und FDP im Herbst zusammen. Das sei so sicher wie das Amen in der Kirche.

Aber welche Mehrheit war die Voraussetzung einer Verwirklichung dieses Entschlusses? Wie sahen die Sozialdemokraten insgesamt die Sachlage seit dem Frühjahr? Wie schätzten sie unter sich die Liberalen inzwischen ein? In einer großen Analyse der FDP nach den Bundespräsidentenwahlen hatte *Der Spiegel* am 10. März 1969, insgesamt gut informiert, dazu geschrieben: »Den Sozialdemokraten imponierte zwar die Überzeugungskraft der FDP-Spitze und das Durchhaltevermögen der Heinemann-Mehrheit in der liberalen Fraktion, aber sie sind noch nicht überzeugt, daß sie künftig auf die Liberalen als zuverlässige Partner etwa in einer Koalition mit schwacher Mehrheit rechnen dürfen. Dann nämlich ginge es nicht, wie bei der Wahl Heinemanns, um eine mehr symbolische Entscheidung über eine Person, sondern um harte politische Sachentscheidungen . . . Zwar halten SPD-Chef Willy Brandt, Wirtschaftsminister Karl Schiller, viele jüngere Sozialdemokraten und selbst Fraktionschef Helmut Schmidt, der 1966 neben Herbert Wehner schärfster Gegner einer SPD/FDP-Koalition war, für die Zukunft ein Bündnis mit den Freien Demokraten nicht mehr für ausgeschlossen. Aber die Sozialdemokraten sind sich auch darüber klar: Wegen ihrer Beteiligung an der Bonner Großen Koalition werden sie keinen so eindrucksvollen Wahlerfolg erzielen, daß eine Links-Koalition zahlenmäßig möglich erscheint oder sich gar zwingend anbietet. SPD-Professor Horst Ehmke zu einem FDP-Gesprächspartner: ›Ihr müßt die Stimmen gewinnen, die wir verlieren.‹ Wie groß eine regierungsfähige SPD/FDP-Mehrheit sein müßte, hat Helmut Schmidt bereits durchgerechnet: ›Wir brauchen 25 Mann übern Durst.‹«

Was sollte das heißen? Welche Mehrheit genau hielt demnach Helmut Schmidt im Herbst für erforderlich? Zwei Deutungen waren möglich. Entweder meinte er, daß man 25 Abgeordnete mehr als die CDU/CSU haben müsse, was bei insgesamt 496 Sitzen im Bundestag 261 oder 260 Sozialliberale bei 235 oder 236 Christlichen Demokraten hieß. Oder aber er hatte 25 Sitze über der absoluten Mehrheit im Auge, nämlich (248 + 25 =) 273 Sitze für die SPD/FDP-Koalition bei dann 223 Sitzen für die Union, also eine Mehrheit von 50 Abgeordneten, doppelt so viel wie bei der ersten Variante. Für diese zweite Lesart spräche, daß die Wendung »einen über den Durst trinken« nach Lutz Röhrichs »Lexikon der sprichwörtlichen Redensarten« gleichbedeutend ist mit »einen zu viel trinken«, also mehr als nötig oder angebracht, mehr als man brauchen kann. Bei der Kanzlerwahl braucht man mindestens (248 + 1 =) 249 Stimmen, so daß »25 Mann über den Durst« eben 273 Sozialliberale wären.

Das war 1969 ganz utopisch, war völlig unerreichbar – hatte doch 1965 das rechnerische Übergewicht aus SPD (202 Mandate) und FDP (49 Mandate) gegenüber den 245 Mandaten der Union nur sechs Sitze, also eine absolute Mehrheit von knappen drei Stimmen betragen. Selbst die erste Variante ließ demnach auf unerfüllbare Hoffnungen schließen; um so mehr die zweite. Erst 1972, nach dem dramatisch gescheiterten Mißtrauensvotum Barzels, beim gefühlsbeladenen Kampf um die Ostpolitik, wurde die Koalition triumphal in die Höhe getragen; 1972 konnte sie tatsächlich stolze 271 Sitze (die CDU/CSU hingegen nur 225) ergattern und sich damit erstmals eine stabile Mehrheit sichern.

1969 lag dergleichen außerhalb des Denkbaren – selbst für den hoffnungsvollsten, phantasiereichsten Kenner der Szenerie. 1969 mußten sich Brandt und Scheel am Ende mit einem Vorsprung von 12 Sitzen, einer absoluten Mehrheit von sechs Mandaten begnügen – der glatten Hälfte, wenn nicht einem bloßen Viertel dessen, was Schmidt als notwendige, unerläßliche Majorität einer sozialliberalen Regierung zunächst ausgegeben hatte. Denn später im Jahr, näher zur Wahl hin, ermäßigte er seine unabdingbare Mehrheit auf zwanzig Mandate.

Helmut Schmidt machte also – nicht heimlich für sich und intern, sondern öffentlich wahrnehmbar – dieses Bündnis von einer Voraussetzung abhängig, deren Erfüllung von vorneherein höchst unwahrscheinlich, ja bei Lichte besehen ausgeschlossen war. Warum tat er das? Weshalb spannte er das Seil, das SPD und FDP gemeinsam überspringen wollten, so unerreichbar hoch? Ganz einfach: Weil er *diese* Koalition eigentlich nicht wollte.

Schmidt stand dabei nicht allein. Manch einer in der SPD-Führung war nach wie vor gegen sie, allen voran der vorsichtige Wehner. Wiederholt signalisierte er im Sommer und Herbst 1969, bis hin zum Wahltag, der Union: Er wünsche unter allen Umständen eine Fortsetzung der Großen Koalition. So bedrängte er beispielsweise in einer Unterredung am 30. Juni 1969 den scheidenden Chef des Bundespräsidialamtes unter Lübke, Staatssekretär Hans Berger (am nächsten Tage traten Heinemann und mit ihm Spangenberg als neuer Chef ihre Ämter an): Johannes Schauff müsse sich, wie schon 1966, in der kommenden Zeit als Mittelsmann bereithalten. Schauff, dieser unbedingte Anhänger einer Großen Koalition, Zentrumsabgeordneter des Reichstages vor 1933, bekennender Katholik wie Berger, solle seine Reise nach Brasilien (die Abfahrt stand unmittelbar bevor) eine Weile zurückstellen. Denn es gäbe jetzt Wichtigeres zu bewerkstelligen als einen Familienbesuch auf seiner Urwaldfarm aus der Emigrationszeit, die inzwischen Schauffs Kinder bewirtschafteten.

Im November 1966 hatte Schauff die ersten Gespräche zwischen der Union und der SPD vermittelt. Über Schauffs Schwager, den Freiburger Rechtsanwalt und Bundestagsabgeordneten Hermann Kopf (CDU), war Kiesinger damals in diskreten, indirekten Kontakt mit Wehner gekommen. In einem abgelegenen Hause in der Argelanderstraße, das dem Land Nordrhein-Westfalen als festes Bonner Gästequartier diente, hatte sich Wehner (formell nur stellvertretender Partei- und Fraktionsvorsitzender, tatsächlich aber seit Mai/Juni 1966 anstelle des todkranken Fritz Erler Fraktionsführer), begleitet vom getreuen Jürgen Weichert (SPD), mit Johannes Schauff und Bruno Heck, dem Generalsekretär der CDU und ortskundigen Berater Kiesingers (der sich in der Bundeshauptstadt einstweilen unsicher fühlte, weil er seit acht Jahren, weit vom Schuß, als Ministerpräsident in Stuttgart saß), heimlich zu koalitionsentscheidenden Vorsondierungen, auch wichtigen personellen Absprachen (»Was wird mit Brandt? Was aus Strauß?«) in den kritischen Wochen mehrfach getroffen.

Wehner traute auch 1969 der FDP noch nicht über den Weg. Er argwöhnte nach wie vor, daß ihr der Abschied vom Bürgerblock-Denken schwerfalle, vielleicht mißlinge. Umgekehrt sah er in der Union mehr Unterstützung für seine gesellschaftspolitischen Reformvorstellungen, die man verwirklichen mußte – davon war er überzeugt –, um die Fundamente der parlamentarischen Demokratie in Deutschland dauerhaft zu befestigen.

Schmidts Motive waren etwas anders – persönlicher, ehrgeiziger. Er arbeitete seit drei Jahren ausgesprochen gern, vertrauensvoll und erfolgreich mit Barzel, seinem Widerpart in der CDU/CSU-Fraktion, zusammen. Die beiden Männer waren, besonders in den letzten achtzehn Monaten vor der Wahl, die tragenden Säulen der Kiesinger/Brandt-Koalition. Oder mit einem anderen Bilde gesagt: Barzel und Schmidt waren die lautlose, verläßliche Achse der Großen Koalition – ähnlich wie später in der sozialliberalen Mischnick und Wehner.

Schmidt zog das Zusammenwirken mit der Union aber auch deshalb einem SPD/FDP-Bündnis vor, weil er sich wegen seiner Schlüsselposition in der Großen Koalition bessere Chancen für sich selbst ausrechnen konnte. Wehner war bei der Regierungsbildung vom Dezember 1966 als Minister und Zuchtmeister mit ins Kabinett gegangen. Für Schmidt als neuen, energischen Fraktionsführer der Sozialdemokraten *und* verläßlichen Partner Barzels, als dessen respektabler Kontrahent *und* Konkurrent, waren in einer verlängerten CDU/CSU-SPD- (oder besser: SPD-CDU/CSU-) Koalition die Aussichten nicht schlecht, eines Tages bis ganz zur Spitze, ins Bundeskanzleramt, vorzustoßen. Jedenfalls waren sie weitaus günstiger als in der von Brandt angestrebten SPD/FDP-Kombination.

Diese war vor allem für Brandt vorteilhaft. Sie versprach, ihn, nicht Schmidt, zum Regierungschef zu machen. Und da die beiden nur fünf Jahre trennen (Brandt ist im Dezember 1913, Schmidt im Dezember 1918 geboren), hieß eine Kanzlerschaft des Älteren nach menschlichem Ermessen, daß er dem Jüngeren für immer den Weg ins Palais Schaumburg verlegen werde. Denn wenn Brandt erfolgreich war, würde er lange an der Macht bleiben. Nach seinem Rücktritt war vermutlich auch Schmidt, wie er fürchtete, für dieses aufreibende Amt schon zu alt. Oder aber Brandt scheiterte. Dann waren voraussichtlich auch die Chancen jedes anderen in Betracht kommenden Sozialdemokraten ruiniert.

Natürlich konnte Schmidt nicht offen sagen, was ihm persönlich am Bündnis mit den Liberalen besonders mißfiel. Er taktierte vorsichtig, ließ erkennen, daß seine Skepsis gegenüber der FDP vermindert, aber nicht ausgeräumt sei. Andererseits war er sogar der erste unter den wichtigen Sozialdemokraten, der schon am 7. März 1969, also zwei Tage nach der Heinemann-Wahl, und zwar bei der Eröffnung eines außerordentlichen Landesparteitages in Hamburg, die Möglichkeit einer SPD/FDP-Koalition im Herbst öffentlich andeutete. Zwar habe die FDP in Berlin, sagte er, nicht jene Geschlossenheit bewiesen, die ihre Vorsitzenden Scheel und Genscher vorher angekündigt hätten. Es habe sich aber auch gezeigt, daß ein sehr großer Teil dieser Partei in allen drei Wahlgängen am vorher gefaßten Beschluß festgehalten habe, den sozialdemokratischen Kandidaten zu unterstützen. Es werde daher nach der Bundestagswahl »keine Begrenzungen der Koalitionsmöglichkeiten unter den drei demokratischen Fraktionen« mehr geben.

Das war sehr verhalten formuliert, und so sollte es auch klingen. Hier gab sich einer den Anschein, als warte er mit größter Ruhe alles Weitere gelassen ab. In der Folgezeit lobte Schmidt ab und an gemessen die Arbeit der Großen Koalition, zumal die des Parlaments, also die eigene, und dies mit wohlwollenden Wendungen, die ein autobiographisches Kurzporträt, eine knappe Selbstempfehlung enthielten: Der Bundestag sei wachsam, fleißig und krisenfest gewesen. Das Regierungsbündnis sei stabil; nur zweimal, bei der DDR-Anerkennung durch Kambodscha und beim Streit um die DM-Aufwertung, sei es zu kritischen Entwicklungen gekommen.

Es gab Mißhelligkeiten, gewiß. Aber dabei ging es eigentlich durchweg um persönliche Querelen; das Verhältnis zwischen den Parteien, zwischen SPD und CDU/CSU, war im allgemeinen gut. Die Sozialdemokraten hatten neue Ideen, die der Union einleuchteten. Aufs Ganze gesehen, sagte Schmidt zu jener Zeit, habe man bei wichtigen Vorhaben eine sozialdemokratisch geführte Koalition unter der Präsidentschaft des Kanzlers. Das eigentliche Entscheidungszentrum lag also, wenn man Schmidts dezente Einschätzung der Situation zu Ende dachte, schon damals dort, wo er selbst saß. Er fühlte sich dann auch in der Fraktionsführung wohl. Er empfand sie als ein »Spitzenamt«, das den meisten, wenn nicht allen Ministerposten weit überlegen war. Was wollte er mehr – wenn er, solange er nicht Kanzler sein konnte!

Ganz anders stellte sich natürlich die Situation für Brandt und erst recht für Scheel dar. Die FDP-Führung mußte beinahe um jeden Preis aus dem mörderischen Oppositions-Abseits herauszukommen versuchen; alles, was sie seit 1966 unternommen hatte, bekam – oder behielt – nur seinen Sinn, wenn dies an der Seite der SPD geschah. Deshalb las man am Schluß des *Spiegel*-Gesprächs mit dem FDP-Vorsitzenden, das unter der verkürzenden Überschrift »Mit einer Stimme Mehrheit in die Regierung« in der Ausgabe vom 28. Juli 1969 veröffentlicht wurde, auf die letzte Frage: »Wieviel Stimmenmehrheit müßte eine SPD/FDP-Koalition haben, damit Sie sie machen?« die kaum verklausulierte, kühne Antwort Scheels: »Das bessere Sachprogramm, mit welchem Partner es auch erreichbar ist, würde ich persönlich bereit sein, mit der geringsten Mehrheit zu vertreten, die nötig ist: nämlich mit einer Stimme.«

Bei der SPD war man weniger unter Druck als bei der FDP, weniger waghalsig. Schmidt entmutigte nach Kräften Scheels halsbrecherische Absichten. Eine Regierung mit der außerordentlich knappen Mehrheit einer einzigen Stimme, sagte er, sei für ihn nur dann akzeptabel, wenn es sich um die absolute Mehrheit der eigenen Partei handle. Eine Koalition müsse jedoch, um tragfähig zu sein, eine Mehrheit von zwanzig Mandaten haben.

Brandt mochte sich nicht auf eine Mehrheit festlegen, die vielleicht unerreichbar blieb, und war daher geneigt, sich mit einem geringeren Vorsprung zufriedenzugeben. Kurze Zeit später nannte er die symbolisch bedeutsame, in der Bibel beispielsweise ja geradezu leitmotivische Zahl *Zwölf:* Zwölf Stimmen mehr als die anderen wären genug. Das war prophetisch. Denn auf 254 : 242 sollte das Endergebnis des 28. September hinauslaufen.

Schon ab Anfang August 1969 sprach man in der Presse offen von der entfernten Möglichkeit einer ganz geringen Mehrheit von SPD und FDP. Aufgeschreckt durch die Ergebnisse jüngster Wählerbefragungen machten sich seither bei der CDU/CSU Sorgen breit. Alfred Rapp berichtete in der *Frankfurter Allgemeinen Zeitung* vom 6. August 1969: »Die Union hatte die Möglichkeit einer SPD/FDP-Koalition ausgeschlossen, als alle Umfragen ergaben, die FDP werde nicht stärker, eher schwächer als bisher werden. Jetzt jedoch zeigt sich, daß entgegen den Erwartungen der Union die SPD zunehmen kann, während die Unionsparteien dann schwächer würden. Nach wie vor ist man bei der Union allerdings skeptisch gegenüber einer Vorausberechnung, daß die SPD stärker als die Unionsparteien werde und dann sogar mit einer etwas geschwächten FDP noch eine klare Mehrheit im neuen Bundestag bilden könnte. Aber es wird nicht mehr für ausgeschlossen gehalten, daß SPD und FDP zusammen eine ganz knappe Mehrheit gewinnen können, auch wenn die Unionsparteien zusammen immer noch die stärkste Fraktion stellen sollten ... Allem Anschein nach nimmt man bei der Union die Befürchtung sehr ernst, daß der Bundeskanzler Brandt, der Vizekanzler, vielleicht auch Außenminister, Scheel heißen werden, wenn beide Parteien zusammen auch nur mit wenigen Abgeordneten die Mehrheit im nächsten Bundestag haben«.

Spannungen in der Großen Koalition

Brandt wurde immer beherzter. Ende August war er bereits so weit, intern anzukündigen, er werde die Koalition mit der FDP selbst dann eingehen, wenn man zusammen nur zwei Stimmen Mehrheit habe und somit auf die Gefahr hin, daß das Ganze nur ein Jahr lang halte. Wenn nämlich inzwischen der finanzkräftige BDI die Freien Demokraten zugunsten der CDU/CSU so dezimiere, daß er seine dünne Mehrheit verliere, werde das ehrenhafte Ende seiner Regierung der Sozialdemokratie bei der dann fälligen Neuwahl eine hervorragende Ausgangsposition verschaffen.

Auch dies war, wie wir heute wissen, prophetisch gesehen. Allerdings täuschte sich Brandt in den Zeiträumen der von ihm vorausgesehenen Entwicklung: Erst 1972 kam es zu der Situation, die er schon für 1970 prognostiziert hatte. Aber war sein Räsonnement 1969 seriös? Waren die Risiken wirklich verantwortungsbewußt kalkuliert? Das bezweifelten selbst enge politische Freunde. Sogar Wischnewski, ein überzeugter Vorkämpfer des sozialliberalen Bundes und Vertrauter Brandts (auf dessen Wunsch er 1966 Entwicklungsminister und zwei Jahre später kurzfristig SPD-Bundesgeschäftsführer geworden war, um den Wahlkampf seiner Partei zu koordinieren), fand das denn doch »sehr, sehr knapp«. Schmidt und Wehner waren rundheraus entgeistert über ihren Vorsitzenden. Solche »Quackeleien« (wie Klaus Schütz sie nennt) zeigten ihnen, daß Brandt eben kein Profi, kein Parlamentarier sei und nach ihrem Urteil zu illusionärem Denken neige.

Aber Brandt war in voller Fahrt, war nicht mehr zu bremsen, nicht zu beirren. Mitte September erklärte er öffentlich, er könne sich beim gegenwärtigen Stand der Dinge *keine* Koalition nach der Wahl denken, in der er noch Außenminister sei. Das ließ sich nur als Absage an die Große Koalition verstehen und wurde daher von Wehner, der sich gerade diese Möglichkeit offenhalten wollte, Brandt natürlich übelgenommen. Im *Spiegel*-Gespräch mit dem Vizekanzler vom 15. September 1969 (»Die SPD wird sich nicht billig machen«) hieß es auf der letzten Seite, gegen Ende – die Passage war wichtig und muß daher ausführlich wiedergegeben werden –:

Brandt: . . . Jeder außenpolitisch interessierte Kanzler gerät in die Versuchung, dem Außenminister ins Handwerk zu pfuschen. Ganz gut geht es wohl nur, wenn der Regierungschef sich ganz auf die Innenpolitik konzentriert . . .
Spiegel: Kiesingers Hobby ist aber leider gerade die Außenpolitik.
Brandt: Als Kiesinger Kanzler geworden war, hat er mal gesagt, er wäre eigentlich lieber Außenminister geworden. Das ist auch eine schöne Aufgabe, und ich hätte es gern weitergemacht. Aber das ist so nicht mehr drin, meine Herren. Denn ich kann mir nach dem heutigen Stand der Dinge keine Koalition denken . . ., bei der für einen Außenminister Brandt Platz ist.
Spiegel: In einer Großen Koalition, wenn sie fortgesetzt würde, wäre für einen Außenminister Brandt kein Platz?
Brandt: Auch eine Große Koalition macht es unwahrscheinlich, daß es einen Außenminister Brandt gibt. Es sei denn, er bekommt eine ganz klare Bestätigung, daß er nach dem Grundgesetz für sein Ressort so verantwortlich ist wie andere Minister für das ihre und daß nicht aus der Richtlinienkompetenz eine Bürokraten-Zuständigkeit des Bundeskanzleramts für den Außenminister wird.
Spiegel: Herr Minister, heißt das, daß Sie bei Koalitionsverhandlungen mit der CDU/CSU eine größere Ressort-Souveränität des Außenministers Brandt gegenüber dem Kanzler zur Bedingung machen werden?
Brandt: Ich hatte Ihnen schon gesagt, daß ich keine etwaigen Koalitionsgespräche vorwegnehme. Im übrigen: Ja.
Spiegel: Und wenn Sie diesen Punkt in den Koalitionsverhandlungen nicht durchsetzen, dann ist es zwar möglich, daß die Große Koalition fortgesetzt wird, aber nicht mit einem Außenminister Brandt?
Brandt: So ist es.
Spiegel: Sie nehmen aber auch kein anderes Ressort an?
Brandt: Das kann ich mir schwer vorstellen. Aber ich kann nicht sagen, ich ginge überhaupt nicht ins Kabinett.
Spiegel: Als was sonst, wenn nicht als Außenminister?
Brandt: Es ist immerhin möglich, daß jemand ganz bewußt ohne Ressort in die Regierung geht, nur als Stellvertreter des Bundeskanzlers, und nur die Aufgabe hat . . .
Spiegel: . . . Schwierigkeiten zu machen . . .
Brandt: . . . seine Seite am Kabinettstisch zusammenzuhalten.

Kiesinger hielt Brandt für eine *Quantité négligeable*, für politisch unerheblich. Er überging ihn daher nach Möglichkeit und konzentrierte sich statt dessen auf

Wehner – den er schätzte, überschätzte. Umgekehrt sah Brandt als Emigrant in Kiesinger wesentlich den alten Nazi und als verhaltener Norddeutscher in dem redseligen Schwaben einen eitlen Schwätzer. Er hatte daher wenig Neigung, mit diesem Manne zusammenzuarbeiten. Brandt verstummte im Kabinett. Es paßte ihm alles nicht. Mehr als einmal erwog er seinen Rücktritt, um dann doch, wie er in den »Begegnungen und Einsichten« später schrieb, weiter »auszuharren«: »Ich blieb, denn nicht ich durfte es sein, der die Große Koalition scheitern ließ.«

Die persönliche Abneigung zwischen den beiden vertiefte die ohnehin immer vorhandene Rivalität zwischen Regierungschef und Außenminister. Brandt fand, daß sich das Bundeskanzleramt völlig zu Unrecht als vorgesetzte Behörde des AA aufspiele. Er sah sich, wie er meinte, fortlaufend von subalternen Beamten kujoniert. Und warum? Weil Ministerialdirektor Horst Osterheld, der seit 1960 (also unter Adenauer, Erhard und Kiesinger) Leiter der außenpolitischen Abteilung des Kanzleramtes war, von dort aus das Erbe des ersten, großen Nachkriegskanzlers, den er bewundert hatte, nach Kräften zu bewahren versuchte. Darin wurde er, nach Brandts Überzeugung, bestärkt und unterstützt von Karl Carstens und dem Freiherrn Karl Theodor von und zu Guttenberg, also vom Staatssekretär und vom parlamentarischen Staatssekretär des Kanzleramtes unter Kiesinger, aber auch vom Regierungschef persönlich, dem Strauß im Nacken saß.

Dieser Argwohn hätte sich vielleicht ausräumen, zumindest mindern lassen, ja man hätte wohl, über alle Meinungsunterschiede hinweg, einen erträglichen Arbeitskontakt finden, eine leidliche Zusammenarbeit, sogar ostpolitisch, sichern können, wenn Kanzler und Vizekanzler sich miteinander arrangiert hätten. Das aber erwies sich als unmöglich. Da die beiden zugleich Vorsitzende der Koalitionsparteien CDU und SPD waren, also nicht übergangen, nicht beiseite geschoben werden konnten, war das völlige Mißverhältnis, die heftige Antipathie zwischen ihnen vom ersten Tage an eine schwere Belastung ihrer Koalition.

Dennoch hat die Regierung Kiesinger–Brandt viel erreicht – sehr viel, was man nach 1969 in beiden Lagern verdrängte oder vergaß. »Die Große Koalition hat unter den verschiedenen Regierungsbündnissen der Bundesrepublik«, wie Hermann Rudolph schrieb, »wohl das merkwürdigste Schicksal gehabt. Zu ihren Lebzeiten weitgehend, ja in nachgerade spektakulärer Weise verkannt, weil von den an das englische Modell – auch da mehr an dessen papiernen Lehrbuch-Abriß als seine Wirklichkeit – geklammerten Kritikern als Sündenfall gegeißelt, ist sie mit ihrem Ende fast vollständig in Vergessenheit geraten.« Dabei hat sie, was keineswegs die Regel ist, ihr gemeinsames Programm auf weite Strecken in die Tat umgesetzt; Helmut Schmidt meinte sogar in der *Frankfurter Allgemeinen Zeitung* vom 8. Juli 1969: »Bis auf die Wahlrechtsreform, die jedoch von vorneherein nicht verbindlich für die SPD gewesen« sei, habe man »alle Punkte der Regierungserklärung erledigt«.

Nicht nur die leidige Notstandsverfassung kam vom Tisch. Eine umfassende

Finanzreform wurde bewerkstelligt. Neuartige Kooperationsmöglichkeiten zwischen Bund und Ländern bei sogenannten Gemeinschaftsaufgaben wurden gefunden. Ja, man verschaffte der Bundesrepublik ein umfassendes wirtschaftspolitisches Instrumentarium nach modernsten Gesichtspunkten; Wehner nannte im Juni 1969 das »Gesetz zur Förderung der Stabilität und des Wachstums der Wirtschaft« vom 8. Juni 1967 das wichtigste Gesetz der laufenden Legislaturperiode.

Man lebte damals in Bonn in dem stolzen Bewußtsein, im weltweiten Vergleich an der Spitze zu liegen – nämlich unter der sachverständigen Führung des brillanten Karl Schiller, der John Maynard Keynes aktualisiert hatte –, im Maße des überhaupt Menschenmöglichen, des ökonomisch Machbaren, auf der Höhe der Zeit zu leben. Zwischen 1966 und 1969 brach sich bei uns die Einsicht in die neuen, schwierigen Probleme der gegenwärtigen Zivilisation Bahn – die Einsicht in das, was Kiesinger den »Zwang der Modernität« nannte und mit der vorhergehenden Erhardschen Periode »windstiller Entwicklung« vorwurfsvoll verglich. Denn die selbstzufriedene Ruhe, von der die frühen sechziger Jahre gekennzeichnet gewesen waren, erschien ihm als Hauptursache der mannigfachen Labilitäten, mit denen nun am Ende des Jahrzehnts seine Regierung fertig zu werden hatte.

Jedenfalls kam während dieser Großen Koalition das technokratische Denken in Deutschland zum Durchbruch. Allein schon unter diesem Gesichtspunkt war sie die wichtigste, folgenreichste Phase seit 1949. Das gilt erst recht, wenn man auch die Bildungspolitik, die Rechtspolitik, die Ostpolitik jener Jahre (ja, selbst sie!) hinzunimmt. Die Grundlagen der späteren Neuerungen sind in jenen knapp drei Jahren geschaffen worden.

Die Große Koalition war nicht nur ein gewissermaßen von Unkraut überwuchertes Rangierbahnhofsgelände, auf dem sich die Züge der Zeitentwicklung von den christdemokratisch bestimmten Zusammenhängen der beiden ersten Jahrzehnte zur sozialliberalen Koalition hin umzukoppeln begannen. Vielmehr wurde in der Großen Koalition das ganze Terrain des Öffentlichen aufgeschüttet, erweitert und großzügig ausgebaut. Ein riesiges Areal, ein Arsenal umfassend gestaltender Interventionstätigkeit des Staates bildete sich heraus. Seither ist Politik in der Bundesrepublik wesentlich nur noch Wirtschaftspolitik – aber ganz großen Stils. Das Kabinett verhandelt und beschließt, wie die Protokolle seiner Beratungen zeigen, über andere Themenbereiche nur noch am Rande. Alle anderen, früher blühenden Felder traditioneller Politik sind verdorrt. Viel untergründige, schwer faßbare, dumpfe Wut von daher; in dieser Bundesrepublik, einer Insel der Seligen, deren Bewohner von ihrem großen, immer bedrohten Glück wenig zu wissen scheinen, mault man gerne.

Wenn es am Ende der CDU/CSU-SPD-Koalition irgendwo haperte, dann bei der Entspannungspolitik. Das hatte viel mit Moskaus Maximalismus zu tun; auf deutscher Seite lag es nicht zuletzt am Konflikt zwischen Kiesinger und Brandt.

Hätte er überbrückt werden können, wäre vielleicht auch anderes anders gekommen. Differenzen zwischen Personen waren in diesem Bündnis wichtiger, waren folgenreicher als Differenzen in der Sache. Die gegenseitige, anhaltende Verbiesterung zweier Hauptbeteiligter wurde zu einer wesentlichen Ursache des Scheiterns der Großen Koalition.

Besondere Komplikationen verursachte, daß beide Kontrahenten nicht als starke Figuren galten. Kiesinger zog zwar nach wie vor viele Sympathien auf sich. Noch im September 1969 wünschten ihn 52 Prozent der Bevölkerung als Bundeskanzler; zwei Jahre zuvor waren es sogar 70 Prozent gewesen. Aber er wurde für entschlußlos gehalten, womit man ihm übrigens zum Teil unrecht tat. Denn wie schon sein Vorgänger Erhard und dann seine Nachfolger, die CDU-Vorsitzenden und Kanzlerkandidaten Barzel und Kohl, war er in erheblichem Maße abhängig von Strauß. Er wußte, daß er seine Wahl der bayerischen Schwesterpartei verdankte. Ohne die CSU wäre 1966 wahrscheinlich Schröder, nicht Kiesinger Kanzler geworden.

Ähnlich unselbständig sah man Brandt. Hier war Wehner der maßgebliche Hintermann – zumindest im Urteil der Union. Aber auch von den eigenen Leuten wurde Brandt 1969 keineswegs enthusiastisch wieder als ihr Spitzenkandidat herausgestellt. Da er schon 1961 und 1965 im Rennen gewesen war, ging es um seinen dritten Anlauf. Sein Image 1969 war schlecht, seine Popularität sogar gesunken. Im September sprachen sich lediglich 28 Prozent der Wähler für ihn als Regierungschef aus. Den ganzen Sommer 1969 über waren es sogar nur 19 Prozent gewesen. Zwar erkannte man allgemein an, daß er ein ruhiger, geduldiger Mensch guten Willens sei. Aber man hielt ihn weithin für hölzern und schwerfällig, fand ihn phlegmatisch unentschlossen und leicht zu entmutigen, sah ihn als miserablen Redner, ja als Mann ohne Charisma. Außerdem bewiesen Meinungsumfragen immer noch verbreitete Vorurteile und persönliche Ressentiments gegen ihn. Er sei unehelich geboren. Er habe im Zweiten Weltkrieg zeitweilig eine norwegische Uniform getragen. Sein Lebenswandel sei unsolide.

Nein – nicht Willy Brandt, sondern Karl Schiller war in der Öffentlichkeit 1969 derjenige, der die moderne Sozialdemokratie und ihre zeitgemäße, tatkräftige Politik verkörperte. Mit ihm konnte die SPD überzeugend unter Beweis stellen, daß sie keine Sozialisierung, kein Staatseigentum wolle, nichts von alledem, sondern die bisherige Marktwirtschaft fortzusetzen finster entschlossen sei – nur besser als bisher, wesentlich effizienter, unter Benutzung wissenschaftlich fortgeschrittenster Möglichkeiten.

Befragungen zeigten, daß die Bevölkerung in der Behebung der wirtschaftlichen Krise, der Rezession von 1966/67, die bedeutsamste Leistung der Regierung Kiesinger sah. Dieses Lob wurde in erster Linie der SPD gutgeschrieben, ihrem glänzenden, stilprägenden, auch wortschöpferischen Wirtschaftsminister. Seine bilderreichen Konzepte beschäftigten und beruhigten die Phantasie der Menschen in allen Lagern. Sie wirkten wie zeitgemäße Zaubersprüche, wie heilende Magie. Jeder sprach damals, sich still bekreuzigend, von der »Talsohle«, aus der man herauskam. Jeder redete, sozusagen sachkundig, von der »Globalsteuerung«, der »Konzertierten Aktion«, einer »Sozialen Symmetrie« – also in Beschwörungsformeln, die Schiller geprägt hatte.

Während die Sympathien der Wähler für Erhard von 56 Prozent im Jahre 1965 auf 29 Prozent 1967 gefallen waren, hatte sich Karl Schiller von 40 Prozent im Jahre 1967 auf 65 Prozent 1969 heraufgearbeitet. Die für überragend gehaltenen Fähigkeiten dieses wissenschaftlichen und politischen Wunderkindes machten die Bundestagswahl 1969, was die SPD anging, eindeutig zur Schiller-Wahl.

Es hatte daher besonderes Gewicht, wenn gerade der Wirtschaftsminister als erster Sozialdemokrat der Spitzengruppe, und zwar in einem Interview mit dem Berliner *Telegraf* vom 4. September, offen für ein sozialliberales Bündnis nach den Wahlen votierte. Auf die Frage des *Telegraf*-Korrespondenten, ob er, falls eine SPD/F. D. P.-Koalition nach den Bundestagswahlen zahlenmäßig möglich würde, einer solchen Koalition den Vorzug vor einer Fortsetzung der Großen Koalition geben würde, erklärte Schiller: »Ja, das ist ganz klar. Das ist eindeutig meine Präferenz, wenn es zahlenmäßig möglich ist. Nach dem jetzigen Stand der Dinge – und nach der Entwicklung der Politik in beiden Parteien – würde ich sagen: Wenn irgend möglich, dann sollte man es machen. Ich kann nur hinzufügen, was, ich glaube, Willy Brandt vor einiger Zeit gesagt hat: Die Fortsetzung dieser Koalition wäre erst die drittbeste Lösung.«

Noch am selben Tage distanzierte sich das SPD-Präsidium von Schiller. Vor der Wahl, hieß es nach der Sitzung, lege man sich weder nach der einen noch nach der anderen Seite fest. Das Präsidium sehe keinen Anlaß, seine Auffassung zu ändern, daß erst nach der Wahl »und nicht eine Stunde vorher« (wie Wischnewski vor der Presse sagte) über alle dann möglichen Koalitionen zu sprechen sein werde. Solche Nebelwürfe beeindruckten unter Eingeweihten wenig. Auf einer Wochenend-Wahlveranstaltung in Gießen, über die in der *Frankfurter Rundschau* am Montag, dem 8. September, berichtet wurde, äußerte Barzel trocken seine »persönliche Vermutung«, daß in der nächsten Legislaturperiode die CDU/CSU entweder allein oder gar nicht regieren werde; eine Koalition komme nach seiner Ansicht nur zwischen SPD und FDP in Frage.

Aber gerade der außerordentliche Erfolg Schillers in der Wählerschaft gefährdete die Erreichung seines Koalitionszieles. Denn die SPD/FDP-Verbindung, für die er intern schon lange Sympathien hatte erkennen lassen, setzte ein leidlich gutes Wahlergebnis der Liberalen voraus. Schillers strahlende Erscheinung als undoktrinärer, moderner Macher verdunkelte jedoch das Ansehen der kleinen FDP. Die eindrucksvolle Profilierung des Wirtschaftsministers als eines zeitgemäßen Interpreten liberaler Marktökonomie ließ die Freien Demokraten in Vergessenheit geraten, die früher durchaus als Experten auf wirtschaftlichem Gebiet gegolten hatten. Statt die begehrte FDP zu fördern, verkleinerte Schiller ungewollt, aber drastisch ihre Wahlchancen. Die Prozentzahlen, die man für sie erwartete, fielen in den Keller, weit unter die kritische Grenze – also ins Parteiengrab. Hatte die FDP im April 1969 noch bei einem geschätzten Stimmenanteil von 9 Prozent gelegen, so war man im September auf reichliche 3 Prozent heruntergekommen.

»In der letzten Phase des Wahlkampfes wirkt die FDP merkwürdig an den Rand gedrängt«, begann ein wohlwollender Beitrag Rolf Zundels über die Liberalen in der *Zeit* vom 5. September 1969. Zundel wußte keinen wirklich einleuchtenden Grund für das Verblassen der FDP zu nennen. Da war deren Parteiführung besser im Bilde. Sie erklärte sich den Niedergang ihrer Aussichten wesentlich mit dem monatelangen Duell zwischen Finanzminister Strauß und Wirtschaftsminister Schiller um die DM-Aufwertung, die zum zentralen Streitpunkt im Wahlkampf wurde. Scheel gewann später die Überzeugung, daß der Wähler das vieldeutige Schweigen der FDP in dieser Kontroverse als Inkompetenz der Liberalen auf den lebenswichtigen, wahlentscheidenden Gebieten der Finanz- und Wirtschaftspolitik begriffen habe. Genauso war es.

Die Diskussion über die Aufwertung der Deutschen Mark

Grundlage und Ausgangspunkt der Meinungsverschiedenheit, die das Regierungslager der Großen Koalition spaltete, war das »System von Bretton Woods«: das internationale Währungssystem auf der Basis fester Wechselkurse, die an den Goldstandard und an die gleichzeitige Garantie seitens des amerikanischen Dollars gebunden waren.

Bereits im Jahre 1960 hatte der amerikanische Wirtschaftswissenschaftler Robert Triffin sein Buch »Gold and the Dollar-Crisis« veröffentlicht, in dem er auf die Gefahr hinwies, daß die USA ihr Zahlungsbilanzdefizit beseitigen und damit die Weltkonjunktur durch die dann entstehende »Dollar-Lücke« beeinträchtigen könnten. Dieses Problem war schon Ende der vierziger und Anfang der fünfziger Jahre aufgetaucht, damals aber im »Korea-Boom«, also durch die Auswirkungen einer Kriegskonjunktur, überwunden worden. In den sechziger Jahren ließen die wachsende Neigung amerikanischer Unternehmen, im Ausland zu investieren und erzielte Gewinne dort auch zu reinvestieren, sowie die allmähliche Ausdehnung des Vietnam-Krieges keinen Mangel an weltweiter Liquidität entstehen, wie Triffin befürchtet hatte, sondern führten im Gegenteil zu einem weltweiten Liquiditätsüberschuß und damit zu weltweiter Inflation.

Die westlichen Industrieländer reagierten auf diese unerwartete Inflationswelle unterschiedlich. Die USA, Frankreich und Japan nahmen sie als Preis wirtschaftlichen Wachstums mehr oder weniger gleichmütig hin, ohne nennenswerte Abwehrmaßnahmen zu ergreifen. Großbritannien leitete im Gefolge seiner Pfund-Abwertung im November 1967 zwar ein binnenwirtschaftliches Stabilisierungsprogramm ein, mußte dieses Vorhaben aber angesichts wachsender Arbeitslosenzahlen bald entscheidend reduzieren.

Die Bundesrepublik zeigte sich bei der Bekämpfung der Inflation am energischsten. Unter den Deutschen war die Erinnerung an die Inflationen nach dem Ersten und nach dem Zweiten Weltkrieg (und die sich anschließende, harmlos »Währungsreform« genannte Vernichtung aller Sparguthaben der kleinen Leute) noch frisch. Ludwig Erhard ging es daher bei seinem Stabilisierungsprogramm 1965 wesentlich um eine Bekämpfung der deutschen Inflationsneurose durch Konjunkturdämpfung. Das Ergebnis der Erhardschen Dämpfungspolitik und ihrer Folge, der Rezession von 1966/67, war eine Preisentwicklung, die nur sehr geringe Zuwachsraten der Teuerung aufwies und sich dadurch sehr positiv von der Entwicklung in anderen Ländern unterschied. Die Bundesrepublik wurde in der zweiten Hälfte der sechziger Jahre zum Industrieland mit der niedrigsten Inflationsrate. 1968 stiegen beispielsweise die Konsumentenpreise in den USA um 4,1 Prozent, in Großbritannien um 4,9 Prozent, in Frankreich um 4,6 Prozent und in Japan sogar um 5,5 Prozent – in der Bundesrepublik hingegen nur um 1,5 Prozent!

Damit wurde es vergleichsweise billig, bei den Deutschen einzukaufen; das Preisgefälle zwischen der Bundesrepublik und dem Ausland vergrößerte sich. Zwangsläufig kam es gleichzeitig zu einem wachsenden außenwirtschaftlichen Ungleichgewicht. 1967 hatte die Handelsbilanz Bonns mit einem Aktivsaldo von 16,9 Milliarden DM abgeschlossen; 1968 betrug der Überschuß sogar 18,4 Milliarden DM. Die Gold- und Devisenreserven der Deutschen Bundesbank erhöhten sich vom Jahresbeginn 1968 bis zum 7. November 1968 (dem Stichtag des Gutachtens 1968/69 des *Sachverständigenrats der Bundesregierung zur Begutachtung der gesamtwirtschaftlichen Entwicklung* – der »fünf Weisen«, wie man sie durchaus respektvoll und zugleich leicht ironisch nannte, denn man würdigte den versammelten Sachverstand und das gemeinsame Bemühen um ein unabhängiges Urteil) um 4,7 Milliarden DM auf über 33,3 Milliarden DM. Sie waren damit höher als jemals zuvor in der Geschichte der Bundesrepublik.

Experten und Politiker aller Lager waren sich einig, daß dieses wirtschaftliche Ungleichgewicht abgebaut werden müsse. Uneinig war man sich, wie dies zu geschehen habe. In seinem Gutachten 1968/69 plädierte der Sachverständigenrat, wenn auch nur verklausuliert, bereits für eine Aufwertung der Deutschen Mark, um das außenwirtschaftliche Mißverhältnis zu beseitigen. Auch die meisten Wirtschaftswissenschaftler der Forschungsinstitute und Universitäten waren schon Ende 1968 für eine Aufwertung. Diese Neigung griff bis zum Frühjahr 1969 weiter um sich.

Die Bundesregierung sah sich zu diesem Schritt jedoch außerstande. Zwar waren Wirtschaftsminister Schiller und die SPD, zusammen mit dem größten Teil der westdeutschen Ökonomen, für eine Aufwertung. Aber sie konnten sich gegen die breite und feste Front der Aufwertungsgegner, die von Finanzminister Strauß, Bundeskanzler Kiesinger und der CDU/CSU angeführt und vom überwiegenden Teil der westdeutschen Industrie (vor allem natürlich der Exportindustrie) unterstützt wurde, nicht durchsetzen.

Die Bedenken gegen eine Aufwertung waren sowohl grundsätzlicher als auch taktischer Natur. Das System fester Wechselkurse, das 1944 im Abkommen von Bretton Woods vereinbart worden war, hatte nach dem Zweiten Weltkrieg das Vertrauen in die Stabilität des Weltwährungssystems wiederhergestellt, das in den zwanziger und dreißiger Jahren tief erschüttert worden war. Das neue System schien eine verläßliche Grundlage für die weltweite ökonomische Zusammenarbeit darzustellen, zumal sich die USA als stärkste Wirtschaftsmacht der Erde verpflichtet hatten, angebotene Dollarbeträge jederzeit zu einem Festpreis in Gold umzutauschen. Die festen Wechselkurse boten den Unternehmen darüber hinaus eine sichere Basis für mittel- und langfristige betriebswirtschaftliche Kalkulationen bei internationalen Geschäften. Ein Währungsdumping, wie es in den dreißiger Jahren von den Regierungen vieler Länder betrieben worden war, um Exporte zu fördern und damit die Zahl der Arbeitslosen im eigenen Lande auf Kosten anderer zu senken, war ausgeschlossen, wenn man sich nur an die in Bretton Woods vereinbarten Prinzipien hielt.

Es sprach also viel für die Beibehaltung fester Wechselkurse, vor allem freilich die Furcht vor den Folgen von Paritätsänderungen in den Köpfen der Politiker und Notenbankpräsidenten, die sich alle an die Zwischenkriegszeit erinnerten. Eine »Manipulation« an den Wechselkursen wurde weithin abgelehnt. Wenn man sich 1949, also fünf Jahre nach Bretton Woods, dennoch zu einer Abwertungsrunde gegenüber dem US-Dollar entschlossen hatte, dann nur deshalb, weil man meinte, daß die Paritätsfestsetzungen 1944 willkürlich erfolgt seien und daher einer einmaligen Korrektur bedürften. Aber Änderungen der Paritäten zum Ausgleich wirtschaftlicher Ungleichgewichte oder gar als Mittel nationaler Konjunktursteuerung kamen nicht in Betracht.

Die Bundesrepublik erwies sich als ein besonders strikter Verfechter einer starren Wechselkurspolitik. Trotz hoher Leistungsbilanzüberschüsse in der zweiten Hälfte der fünfziger Jahre (von 4 bis 6 Milliarden DM jährlich) und einer Vergrößerung der Währungsbestände der Deutschen Bundesbank um fast 20 Milliarden DM in den Jahren zwischen 1956 und 1959 entschloß sich die Bonner Regierung nicht vor 1961 zu einer ersten Aufwertung der Deutschen Mark um fünf Prozent. Ein Grund für diese verzögerte Kurskorrektur war dabei die Tatsache, daß die Unterbewertung unserer Währung der westdeutschen Exportwirtschaft – und damit unserer Wirtschaft insgesamt – auf dem Weltmarkt einen wichtigen Konkurrenzvorteil verschaffte.

Unterbewertet gegenüber dem US-Dollar waren zu dieser Zeit nicht nur die Deutsche Mark, sondern auch andere westeuropäische Währungen sowie der japanische Yen. Die Vereinigten Staaten nahmen diese Überbewertung ihres

Dollar in Kauf, ja billigten sie sogar – aus zwei Gründen: Einmal glaubten sie, daß nur ein wirtschaftlich erholtes Westeuropa und ein wirtschaftlich gesundes Japan politisch stabile Faktoren im westlichen Bündnis würden; zum anderen begünstigte dieses Zugeständnis gegenüber den Partnern amerikanische Auslandsinvestitionen. Tatsächlich bedeutete die langjährige Unterbewertung der westlichen Währungen gegenüber dem US-Dollar ein Währungsdumping und damit praktisch eine Exportsubvention.

Von daher ist auch zu erklären, weshalb die westdeutsche Exportindustrie und ihre politischen Vertreter in der CDU/CSU eine DM-Aufwertung, als sie am Ende der sechziger Jahre erneut ins Gespräch kam, abzuwenden versuchten. Während aber in den fünfziger Jahren die starre Bonner Ablehnung einer Aufwertung von den USA aus politischen Gründen gedeckt worden war, sah sich die Bundesregierung nunmehr vom Ausland unter Druck gesetzt.

Großbritannien war nach dem Zerfall des Empire wirtschaftlich in Not geraten und hatte im November 1967 das Pfund abwerten müssen, ohne indessen damit eine nachhaltige Erholung der britischen Wirtschaft zu erreichen. Frankreich suchte den starken Preisauftrieb 1968 zunächst durch Preiskontrollen zu dämpfen und seine Zahlungsbilanz durch Devisenbeschränkungen, zeitlich befristete Einfuhrkontingente und Exportsubventionen zu schützen, ohne damit die Abwertung des Franc verhindern zu können, die am 11. August 1969 mit 11,1 Prozent sogar überraschend hoch ausfiel. In den USA wurde das Zahlungsbilanzdefizit in den sechziger Jahren allmählich chronisch (es betrug insgesamt damals knapp 30 Milliarden US-Dollar) und erschütterte als Ausdruck des Verfalls der amerikanischen Weltmarktstellung das internationale Vertrauen in die westliche Leitwährung. In dieser Lage erschien die Bundesrepublik mit ihrer unterbewerteten Deutschen Mark nicht länger als das Sorgenkind der fünfziger Jahre, sondern als ein herangewachsener, wirtschaftlich stark, ja übermächtig gewordener Störenfried, dem man ruhig wirtschafts- und währungspolitische Verantwortungen aufbürden konnte.

Vor diesem Hintergrund also stritten sich 1968/69 in der Bundesrepublik Befürworter und Gegner einer Aufwertung. Im November 1968 gelang es der Regierung, den schwelenden Streit intern beizulegen. Jedenfalls vorübergehend.

Das internationale Währungssystem war bereits von Unruhe ergriffen und durch Spekulationen erschüttert, weil sich die umlaufenden Gerüchte, eine Aufwertung der Deutschen Mark stehe bevor, nicht mehr durch Worte aus der Welt schaffen ließen, als der *Zehnerclub*, dem die wichtigsten westlichen Industrieländer angehören, für den 20. November 1968 eine internationale Konferenz der zuständigen Minister und Notenbankpräsidenten nach Bonn einberief – ausgerechnet nach Bonn! Jeder in der Bundeshauptstadt wußte natürlich, was der Zehnerclub von der Bundesrepublik verlangen würde. Daher beschloß das Kabinett am Vorabend dieser Konferenz eine »Ersatz-Aufwertung«, um den Forderungen des Auslands ausweichen zu können. Die Importe wurden um 4 Prozent steuerlich entlastet und die Exporte um denselben Prozentsatz belastet (in beiden Fällen mit Ausnahme landwirtschaftlicher Erzeugnisse, die ja der Agrarmarktordnung der EWG unterlagen). Das entsprechende »Gesetz über Maßnahmen zur außenwirtschaftlichen Absicherung gemäß § 4 des Gesetzes zur Förderung der Stabilität und des Wachstums der Wirtschaft« (wie es umständlich hieß), das diese Maßnahmen enthielt, trat nach seiner Veröffentlichung im Bundesgesetzblatt am 29. November 1968 in Kraft. Es war nicht mehr als eine Notlösung.

Die Deutsche Bundesbank, die zur Beratung des Vorhabens zugezogen worden war, hatte denn auch sogleich Bedenken gegen das neue Gesetz geäußert. Ihr Präsident Karl Blessing hatte dreieinhalb Stunden lang in der entscheidenden Kabinettssitzung vom 19. November 1968 im Palais Schaumburg auf Bundeskanzler Kiesinger, Vizekanzler Brandt sowie die Minister Schiller und Strauß eingeredet, um sie zur Aufwertung zu bewegen.

Kiesinger neigte an sich zur Aufwertung. Denn er hatte zuvor den Rat seines alten Freundes Otmar Emminger eingeholt, der damals Direktoriumsmitglied der Bundesbank war (und später, 1977, als Nachfolger von Karl Klasen, der dieses Amt seit 1970 versah, ihr Präsident wurde). Strauß hingegen, mit den Export-Interessen der westdeutschen Industrie gut vertraut, focht vehement gegen die Aufwertung. Kategorisch lehnte er jede »Manipulation am Wechselkurs« ab: Nur über seine Leiche könne die DM-Aufwertung durchgesetzt werden. Schiller schwankte diesmal, und Kiesinger, wirtschaftspolitisch ein Dilettant, entschied sich somit falsch gegen die Aufwertung, die infolgedessen bis zum nächsten Frühjahr von der Tagesordnung verschwand.

Die Finanzminister und Notenbankpräsidenten des Zehnerclubs, die am 20. November 1968 in Bonn zu ihrer Konferenz zusammenkamen und von Schiller über die Bonner Maßnahmen vom Vorabend unterrichtet wurden, waren über diese Entscheidung der Deutschen bestürzt, ja verärgert. Blessing verließ das Treffen vorzeitig, nämlich noch in der Nacht des ersten Sitzungstages, weil er sich, wie er sagte, das Geschimpfe seiner ausländischen Kollegen nicht länger anhören wollte.

Blessing und die Bundesbank behielten mit ihrer Skepsis recht. Vier Monate später wußte auch der Wirtschaftsminister, daß der Aufwertungsersatz ein Muster ohne Wert gewesen war und die Maßnahmen des Gesetzes zur außenwirtschaftlichen Absicherung bei weitem nicht ausreichten, um die Konjunktur zu dämpfen und den Preisauftrieb zu bremsen. Spätestens Anfang März 1969 war Schiller zu der Einsicht gekommen, daß eine Aufwertung nicht mehr zu vermeiden sei.

Strauß blieb jedoch bei seiner gegenteiligen Meinung. Der Finanzminister legte ein neues Stabilitätsprogramm vor, mit dem er, ohne eine Aufwertung in Kauf nehmen zu müssen, die Situation zu retten hoffte. Dieses Programm sah lediglich Etatkürzungen und vorzeitige Schuldentilgungen vor und erntete den Spott des Wirtschaftsministers, der seinerseits ein Bündel restriktiver Vorschläge unterbreitete, die ausschließlich zu Lasten der Industrie gegangen wären.

Kein Zweifel: Die Zeit der Gemeinsamkeit zwischen Strauß und Schiller war abgelaufen. Plisch und Plum gingen auf Gegenkurs. Vor allem Strauß suchte sich jetzt zu profilieren. Allzu lange hatte er im Schatten von Schiller gestanden, hatte notgedrungen die wirtschafts- und finanzpolitische Überlegenheit dieses partiell genialen Mannes anerkannt. Zugleich hatte Strauß natürlich unter der geradezu zwanghaften Eigenheit Schillers gelitten, immer im Zentrum, immer im Scheinwerferlicht stehen zu müssen – er, der diesen Platz in der Mitte für sich selbst beanspruchte, sich auch im Grunde für den einzigen hielt, der wirklich allgemeine Aufmerksamkeit verdiene.

Anfangs hatte Strauß die Position eines Zweitbesten noch leidlich ertragen; denn er mußte einiges wiedergutmachen. Er hatte, genauso wie die Sozialdemokraten, den Beweis anzutreten, eines Regierungsamts würdig zu sein. Die Jahre 1966 bis 1968 waren daher für ihn eine Zeit aktiver Bewährung, die noch dazu rasch verflog, da fast jeden Tag neue Probleme auf den Tisch kamen. Ab Mitte 1968, als das Gröbste erledigt war, wurde Strauß jedoch zunehmend unzufriedener mit sich und den anderen. Die Aufwertungsfrage war daher für ihn endlich eine Gelegenheit, sich von seinem übermächtigen Kabinettsgefährten Schiller, der ihm kaum Luft zum Atmen ließ, zu emanzipieren.

Erstmals seit 1966 bezog Strauß hier, in einer zweifellos wichtigen Frage, wieder eine eigene Position, die um so markanter war, als er sich in einer Welt von Feinden, die allesamt für die Aufwertung waren, behaupten mußte. Was ihm sehr lag. Ohne dieses persönlichkeitsbedingte, irrationale Element, das Strauß einbrachte, ist der Verlauf der Aufwertungsdiskussion 1969 schwer zu verstehen: Auf der einen Seite Schiller, die volkswirtschaftlichen Daten und Experten hinter sich, kühl kalkulierend und nüchtern argumentierend. Auf der anderen Seite Strauß, emotional, die Interessen der deutschen Wirtschaft verteidigend – doch in Wirklichkeit wesentlich sich selbst.

In der zweiten Märzhälfte 1969 nahm Schiller die Gelegenheit wahr, in aller Vorsicht und an eher versteckter Stelle, nämlich während der Haushaltsdebatte, seine Position öffentlich erkennen zu lassen. Er wollte seinen wachsenden Gegensatz zu Strauß nicht demonstrativ herauskehren; schließlich saß man zusammen in einer Regierung. Am 20. März meinte Schiller geheimnisvoll, mit den finanz- und wirtschaftspolitischen Maßnahmen des Kabinetts und mit den monetären der Bundesbank halte man sich »beweglich gegenüber möglichen neuen Entwicklungen«. »Niemand von uns« habe hinsichtlich der zukünftigen Entwicklung der Weltwirtschaft im laufenden Jahr »prognostische Kraft«. Er betonte aber, von den eigenen Maßnahmen wenigstens könne gesagt werden, man habe sich »auf jeden Fall . . . für die weiteren Wege und auch für mögliche weitere Schritte alles offengehalten, vor allen Dingen im Hinblick auf den Welthandel«. Das blieb sehr sibyllinisch. Es mußte nicht, aber es konnte eine DM-Aufwertung bedeuten. Sogleich breitete sich eine neue Welle der Devisenspekulation aus.

Doch die Aufwertung ließ weiter auf sich warten. Das Kabinett – Strauß hier, Schiller dort – war in sich uneins; daher geschah nichts. In Sorge um die Stabilität der Währung, die den Regierenden ganz aus dem Blick zu geraten schien, unternahm die Bundesbank am 16. April noch einmal einen Vorstoß: Sie beschloß eine Erhöhung des Diskontsatzes um 1 Prozent auf 4 Prozent, um damit die Bundesregierung zur Aufwertung zu zwingen. Durch die Dämpfung von Binnenkonjunktur und Preisentwicklung infolge dieser Entscheidung der Bundesbank wurde indirekt die Auslandsnachfrage weiter begünstigt, die ohnehin bereits explodierte. Wann, wenn nicht jetzt, war der Zeitpunkt für eine außenwirtschaftliche Absicherung gekommen, also für die Aufwertung?

Welche Bedeutung auch die Bundesregierung damals dem Beschluß der Bank beimaß, läßt sich daran ablesen, daß Strauß selbst zu der Zentralbankratssitzung nach Frankfurt fuhr, in der die Diskonterhöhung beschlossen wurde. Die erwartete Konfrontation blieb jedoch aus; das Thema der Aufwertung wurde beiderseits gemieden. Nach der Ankündigung der Bundesbank, den Diskontsatz erhöhen zu wollen, hatte die Regierung sofort erklärt, eine Aufwertung komme nicht in Betracht. Damit war das Ziel, das die Bundesbank hatte erreichen wollen, von vorneherein verfehlt. Die Maßnahme wurde zwar dennoch beschlossen, aber weithin machte sich Resignation breit. Man hielt die Regierung – wie auch bei anderen Problemen, zumindest aber in der Frage der Aufwertung – fortan für entscheidungsunfähig und suchte nur noch bis zur bevorstehenden Bundestagswahl über den Sommer zu kommen.

Die Kabinettssitzung vom 9. Mai 1969 bestätigte diesen öffentlichen Eindruck. Schiller hatte Anfang Mai einen letzten Versuch unternommen, Kiesinger und Strauß umzustimmen. Der Bundeskanzler war verwirrt und schwankte. Jeder sagte ihm etwas anderes, und er konnte weder das eine noch das andere beurteilen. Natürlich wollte er der deutschen Wirtschaft draußen nicht schaden. Aber er wollte auch keine Inflation, keine Preiserhöhungen – schon gar nicht so kurz vor den Wahlen. Als nun die Regierung erneut die Frage erörterte, wie die anstehende Inflationsflut einzudämmen sei, standen sich die bisherigen Standpunkte unverändert starr gegenüber. Schiller und Blessing hielten an ihrer Forderung fest, die Deutsche Mark aufzuwerten. Strauß und auch Kiesinger blieben bei der Gegenposition. Nach viereinhalbstündiger Debatte beschloß man ohne formelle Abstimmung, die Deutsche Mark »endgültig, eindeutig und ewig«, wie Regierungssprecher Conrad Ahlers (SPD) erklärte, nicht aufzuwerten.

Im Wahlkampf versuchte der Bundeskanzler, die Bedeutung dieser Frage vorsichtig herunterzuspielen. Strauß hingegen (wie Kiesinger bekümmert anmerkte) spielte sie energisch hinauf. Wie so oft. Er liebte und suchte den Streit, blies gern aus vollen Backen ins Feuer. Damit tat er Schiller und den Sozialdemokraten einen großen Gefallen. Für die SPD erwies sich die unerledigte Aufwertung als ein überraschendes Gnadengeschenk des Himmels. Denn durch sein energisches Auftreten gegen Strauß in dieser Frage rückte Schiller seine Partei in eine deutliche Gegnerschaft zur Union, was ihr innerhalb der Großen Koalition eigenes Profil verlieh. Das erlaubte vielen Mißvergnügten, die sonst womöglich den Weg zur oppositionellen FDP gefunden hätten, nunmehr in den Sozialdemokraten eine reale Alternative zur CDU/CSU zu entdecken und deshalb zur SPD zurückzufinden. Nicht wenige, die der Sozialdemokratie ihren Eintritt in die Große Koalition verübelt hatten, wurden jetzt durch Schiller wieder versöhnt und zurückgewonnen. Selbst Wehner, ihr Schöpfer und Garant, schloß bei einem Pressegespräch Mitte Juli 1969 nicht länger aus, daß es infolge der währungspolitischen Auseinandersetzungen zwischen SPD und CDU/CSU zum Abbruch der Koalition noch vor der Bundestagswahl kommen könne.

Je weiter der Wahlkampf fortschritt, desto günstiger wurde das öffentliche Bild Schillers. Meinungsumfragen bewiesen seine wachsende Popularität, die an die des Kanzlers heranreichte und das Ansehen von Strauß, erst recht das von Brandt, weit übertraf. Dies war an sich überraschend, weil das Gebiet der Wirtschaftspolitik als spröde und wenig publikumswirksam galt, zumal dann, wenn sich Wissenschaftler in einem abstrakt-vertrackten Vokabular darüber ausließen. Aber Schiller war anders. Seine plastische Ausdrucksweise ging rasch in den allgemeinen Sprachschatz der Zeit ein. Und vor allem: Er hatte seine großen Fähigkeiten nicht nur mit originellen Wortprägungen unter Beweis gestellt, sondern eine Rezession gemeistert, an der sogar der Vater des deutschen Wirtschaftswunders, Ludwig Erhard, gescheitert war. Das wurde in der Bevölkerung gesehen und anerkannt.

Schiller galt zwar als eigenwillig und egozentrisch, aber seine wirtschafts- und finanzwissenschaftliche Brillanz wurde selbst von der Fachwelt nicht bestritten; im In- und Ausland war er auf seinem Gebiet eine anerkannte Autorität. Auch für linke Sozialdemokraten wurde Schiller erträglich, als er den offenen Konflikt mit dem konservativen Exponenten der Großen Koalition, Finanzminister Strauß, riskierte und damit die SPD von der Union wegrückte. Schiller befreite die SPD in den eigenen Reihen von dem üblen Verdacht, sie passe sich feige der CDU/CSU an, um mitregieren zu dürfen. Sie hatte es vor allem ihrem damaligen Wirtschaftsminister zu verdanken, wenn sie allmählich ihr Selbstgefühl zurückgewann, stolz ihr eigenes politisches Gewicht zu spüren begann. Die Wähler merkten diesen Wandel – und honorierten ihn.

Eigentümlich farblos zeigte sich demgegenüber die FDP in der ganzen Aufwertungsfrage. Sie beklagte die Orientierungslosigkeit der Regierung und war selbst desorientiert. Sie empörte sich über die Handlungsschwäche der Koalition und verlautbarte selbst nichts, woran sich klar eine gut begründete Position hätte ablesen lassen.

Anstatt sich mit einer klaren Aussage gegen die Regierung festzulegen, also frühzeitig mit guten Sachargumenten, die es in großer Zahl gab, für die Aufwertung zu streiten, wich die FDP aus und bekam daher von Kurt Georg Kiesinger zu Recht eine Abfuhr. Ohnehin versprach sich der CDU-Vorsitzende für den Moment am meisten davon, durchaus auch im Blick auf Koalitionsmöglichkeiten nach der Wahl, die Freien Demokraten demonstrativ links liegen zu lassen. Auch sie, fand er (wiederum irrtümlich), dürfe man nicht vor der Zeit aufwerten.

Die FDP also druckste herum mit der Deutschen Mark, duckte sich zwischen den beiden Großen: Sie war zwar frühzeitig prinzipiell für eine Aufwertung. Aber sie nutzte dieses zentrale innenpolitische Thema des Wahljahrs nicht zur eigenen Profilierung, hatte auch keinen Schiller, der sie energisch auf seinem Weg mitgezogen hätte. Erst nach der Wahl erkannten die Liberalen ihr Versäumnis und gestanden sich ein, daß hier eine große Chance, die eigenen Stimmen zu mehren, ungenutzt geblieben war.

Tatsächlich hat es auch die FDP am 28. September überrascht, daß die breite Kritik an der Großen Koalition nicht ihr, der Opposition, zugute gekommen war, was doch in einem parlamentarischen System an sich nahegelegen hätte. Trotz scharfer Ablehnung des Bündnisses von CDU/CSU und SPD, besonders unter jungen Leuten, hatten viele Protestwähler im entscheidenden Augenblick einer der beiden Regierungsparteien, nämlich der Sozialdemokratie, ihre Stimme gegeben. Und warum? Wegen des Wirtschaftsministers. Ohne Schiller und sein Abgrenzungsverhalten gegenüber der CDU/CSU, so lautete das Ergebnis einer FDP-Wahlanalyse, wäre die SPD für die Wähler keine Alternative zur Großen Koalition gewesen. Ohne Schiller hätten sich daher die Kritiker der Mammutkoalition des konservativen Kanzlers Kiesinger 1969 vermutlich in großer Zahl zur FDP geschlagen.

Und ohne Scheel wäre es für die Liberalen am 28. September wahrscheinlich noch schlimmer gekommen, als es kam; ohne Scheel wäre es wohl schlechthin verheerend ausgegangen. Als die letzte Meinungsumfrage vor der Wahl ergab, daß die Freien Demokraten ins Bodenlose abgerutscht waren und unter 4 Prozent lagen, war das für die Liberalen eine ganz unerwartete, böse Überraschung. Denn noch in der Münchner Bundesvorstandssitzung vom 1. September hatte Scheel mit einem ordentlichen, möglicherweise sogar glänzenden Abschneiden der FDP gerechnet. Bei hypothetischen Koalitions-Erwägungen war er von einem Stimmenanteil zwischen 10 und 18 Prozent ausgegangen. Nunmehr mußte man rasch umdenken. Wesentlich auf sein Betreiben gelangte das FDP-Präsidium am 22. September zu der Auffassung, die Partei könne sich aus diesem Tal des Todes nur retten, wenn sie eine klare Wahlaussage mache und dadurch neue Wählergruppen gewinne.

Scheels öffentliche Festlegung auf ein Bündnis mit der SPD

An sich war der Bundesvorstand am 1. September übereingekommen, vor dem 28. September keinerlei Koalitionsneigung nach irgendeiner Seite erkennen zu lassen. Zwei Tage nach der Wahl, hatte Scheel ausgeführt, tagten ja Parteivorstand und Fraktion, die allein legitimiert seien, politische Entscheidungen zu treffen. Rötger Gross, der niedersächsische FDP-Vorsitzende, hatte zwar darüber hinaus die Einberufung des Bundeshauptausschusses oder sogar eines außerordentlichen Parteitages zum Zwecke der innerparteilichen Beantwortung der Koalitionsfrage ins Gespräch gebracht, war damit aber nicht durchgedrungen. Scheel und Genscher hatten ihm bedeutet, dergleichen brauche viel zu viel Zeit, man werde sich rasch entscheiden müssen.

Am Schluß der Sitzung hatte Scheel daher unwidersprochen zusammenfassen können, daß

a) jedermann vor den Zusammenkünften der Führungsgremien vom 30. September Äußerungen über koalitionspolitische Folgerungen aus dem Wahlergebnis unterlassen werde. (» . . . Ich sage Ihnen zu, daß ich das tue . . . Bis zu diesem Tage kann nicht ein einzelner aus dem Führungsgremium, das hier zusammentritt, eine eigene Meinung, auch nicht als private Meinung deklariert, der Öffentlichkeit bekanntgeben. So solidarisch müssen wir sein.«) und

b) bis auf weiteres der Bundesvorstand befugt sei, der Fraktion Empfehlungen zur Koalitionsfrage zu geben.

Davon ging das Präsidium auch jetzt formell nicht ab. Man beschloß nicht etwa klipp und klar, künftig mit den Sozialdemokraten zusammenzugehen. Man kam lediglich überein, eine »gewisse Richtungsanzeige« zur SPD hin zu geben (wie das Scheel am 30. September vor dem Bundesvorstand nannte). Es blieb alles, selbst intern, ziemlich vage. Immerhin konnte der Parteivorsitzende aufgrund des Meinungsbildes, das sich bei den Beratungen des Präsidiums ergeben hatte, die öffentliche Festlegung der FDP wagen, ohne eine Palastrevolte im Führungskern der Freien Demokraten zu riskieren.

Als am 25. September, drei Tage vor der Wahl, die vier Parteivorsitzenden Brandt, Kiesinger, Scheel und Strauß im Zweiten Deutschen Fernsehen zu einer von Reinhard Appel moderierten Debattenrunde zusammenkamen, gab der FDP-Vorsitzende schon vor der Sendung dem Gesprächsleiter verschmitzt zu verstehen, daß er sich gleich wundern werde. Was dann kam – die Ankündigung der FDP-Bereitschaft zur sozialliberalen Koalition –, sahen (nach der Schätzung Barzels) annähernd dreißig Millionen Menschen.

In Appels Bericht über diesen folgenreichen Donnerstagabend, den er für »die spannendste und die politisch wichtigste« von den 120 Fernsehsendungen hielt, die er während eines Jahrzehnts unter dem Titel »Journalisten fragen – Politiker antworten« veranstaltete, hieß es dazu:

Ich fragte Scheel:

»Wenn es das Zahlenergebnis möglich macht, daß die bei der Wahl errungenen Mandate der FDP und der SPD für eine Regierungsbildung ausreichen und Sie beide ein Programm vereinbaren können: Werden Sie zuvorderst diese Regierung bilden?«

Scheel antwortete klar:

»Dies ist meine Meinung.«

Er könne darüber nicht allein entscheiden, aber er glaube, man müsse offen sagen, wohin die Stoßrichtung gehe. Die CDU zeige nach zwanzigjähriger Herrschaft in der Bundesrepublik Verschleißerscheinungen, und deshalb sei es auch die Aufgabe der Opposition, so argumentierte Scheel im Verlauf der Sendung, die »CDU in die Opposition zu bringen«. Erich Mende hat später, als er von der FDP in die CDU übergewechselt war, erklärt, daß Scheel für seine Festlegung in der Fernsehsendung vom 25. September kein Mandat der Partei besessen habe. Scheel wiederum berief sich bei der Bildung der sozialliberalen Koalition mit Brandt darauf, den Wählern pflichtgemäß noch vor dem Wahltag über seine Absichten reinen Wein eingeschenkt zu haben.

Von Brandt und Kiesinger ließ sich diese Klarheit drei Tage vor der Wahl noch nicht gewinnen. Zwar waren die Intentionen dem Kundigen deutlich, und auch in der fraglichen Sendung prallten die Meinungen von Kiesinger und Strauß auf der einen und Brandt und Scheel auf der anderen Seite insbesondere in der Ost- und Deutschlandpolitik, die Regierungsbündnisse ignorierend, hart aufeinander, aber in der Frage der künftigen Koalition hielten sich die Kanzlerkandidaten Kiesinger und Brandt mit endgültigen Festlegungen zurück.

Nur Walter Scheel ging aufs Ganze.

Warum aber erst jetzt, fast zu spät? Das hatte innerparteiliche Gründe.

Das schlechte Abschneiden der FDP am 28. September, darin stimmten alle Untersuchungen später überein, beruhte wesentlich auf ihrem unklaren Auftreten im Wahlkampf. Die Liberalen hatten monatelang vom fälligen Abschaffen (nicht: Abschneiden!) alter Zöpfe, vom notwendigen Wandel und möglichen Fortschritt (»Sie können Deutschland verändern«) gesprochen, ohne klar zu sagen, daß dergleichen nur zusammen mit der SPD möglich sein werde. Die Mehrheit der FDP-Wähler wollte aber 1969 eine sozialliberale Koalition; diejenigen, die sie nicht wollten, waren ganz überwiegend längst zur Union abgewandert.

Der traditionelle Mittelstand, kleine und mittlere Selbständige, der bisher ein Drittel der FDP-Anhänger ausgemacht hatte, war im Herbst 1969 – wie FDP-Wahlanalysen zeigen – nur noch mit 12 Prozent unter ihren Wählern vertreten. Ähnlich war der Anteil der Vertriebenen und Flüchtlinge von 19 auf 6 Prozent zurückgegangen. Im Wahlkampf selbst wanderte eine dritte Gruppe, Teile des neuen Mittelstands, also Akademiker, leitende Angestellte u. ä., ab. Hier hatte die FDP während der Großen Koalition besondere Gewinne erzielt. Der Anteil dieser wichtigen, wachsenden Bevölkerungsgruppe an der liberalen Wählerschaft war zeitweilig von 17 Prozent 1965 auf 27 Prozent gestiegen. Am 28. September 1969 betrug er indessen nur noch 9 Prozent. Die meisten derer, die fanden, daß die FDP zu spät und zu lau für den Machtwechsel plädiert habe, waren zur SPD gegangen.

Rüdiger Zülch hat die Wahlkampfstrategie der Freien Demokraten, »in der Wählerschaft entgegengesetzte Erwartungen zu wecken und in der Schwebe zu halten«, vom Ansatz her als verfehlt bezeichnet. Damit habe die Partei schon 1957 (wie sie sich hätte erinnern sollen) schlechte Erfahrungen gemacht. Uwe Kitzinger habe seinerzeit festgestellt: Ihr wendiges Taktieren habe der FDP kein Vertrauen erworben; vielen sei die Partei 1957 »übertrieben geschickt« vorgekommen. Das habe sich nicht ausgezahlt; der »Erfolg« dieser Strategie habe in einem Rückgang des Stimmanteils der FDP von 9,5 Prozent 1953 auf 7,7 Prozent 1957 bestanden. Das alles galt angesichts der veränderten Struktur des Parteiensystems, wegen der verschärften Wettbewerbsbedingungen für die kleine liberale Partei, die (bisher) das Wachstum, die Verwandlung in eine moderne Massenpartei nicht zustande gebracht hat, zwölf Jahre später erst recht.

Warum verhielt sich dann aber die FDP-Führung 1969 derart parteischädigend, ja selbstmörderisch? Um es in einem Satz zu sagen: weil sie neben den Wählern die Mitglieder im Auge behalten mußte.

Selbst wenn Walter Scheel und das übrige Präsidium genau gewußt haben sollten (was zweifelhaft ist), in welche politische Richtung die FDP-Wähler tendierten, durften sie diesem Trend, so sympathisch, ja erwünscht er ihnen auch war, nicht vorbehaltlos-unvorsichtig nachgeben. Man mußte immer auch die Parteimitglieder des rechten Flügels beachten, mußte auf sie Rücksicht nehmen. Scheel konnte sich nicht erlauben, wichtige konservative Parteifreunde schon vor der Wahl zu verprellen. Der Austritt auch nur einiger weniger Prominenter – etwa Erich Mendes oder Josef Ertls – vor dem 28. September konnte großen Schaden stiften. Er konnte schwankende Funktionäre und Wähler mitreißen, konnte die mühsam bewahrte (oder wiederhergestellte) Einheit und Handlungsfähigkeit der Partei erneut gefährden, die FDP also kurz vor dem Ziel, vor dem rettenden Zug ins Rote Meer, doch noch auseinanderbrechen lassen.

Auch nach der Wahl war noch lange nicht alles ausgestanden. Die Lage in der FDP blieb kritisch. Knapp, wie die Marge des neuen Bündnisses war, mußte Scheel in seinen Gremien ganz, ganz vorsichtig taktieren. Beispielsweise am 30. September, vor dem Bundesvorstand seiner Partei. Die Koalitionsabsprachen mit den Sozialdemokraten waren in Umrissen bereits so gut wie perfekt, die ausgehandelten Bedingungen für die FDP königlich. Auf dem Hintergrund der schweren Niederlage zwei Tage früher mochte mancher Freidemokrat glauben, er träume nur. Dabei ging alles, so verblüffend es vielleicht war, mit rechten

Dingen zu, ganz geräuschlos und rasch. Selten hat man Niederlage und Sieg so dicht nebeneinander gesehen. In besagter Sitzung war jedoch von Euphorie nichts zu spüren. Statt dessen sah man einer kuriosen, eher qualvollen Springprozession des Parteivorsitzenden zu, der Unabhängigkeit und Unvoreingenommenheit nach allen Seiten betonen mußte. Klaus Bohnsack hat 1976 in der *Zeitschrift für Parlamentsfragen* einiges darüber berichtet.

Diese Dienstagssitzung war nicht die letzte Zusammenkunft führender Freidemokraten, auf der Scheel mit einem kunstreichen Eiertanz entlang teils verschlungener, teils unsichtbarer Beweisketten seine vielfältigen rhetorischen Fertigkeiten zu beweisen hatte. Angesichts der immer weiter schwindenden Mehrheit bestand der Zwang zu solchen Darbietungen drei Jahre lang weiter, bis 1972.

Sicherlich hat Scheel im Vorfeld der Wahl 1969 mit seinem monatelangen Ausweichen, Ableugnen und Hinhalten einen Teil der liberalen Anhängerschaft verstimmt, wahrscheinlich sogar viele Wähler den beiden anderen Parteien zugetrieben. Andererseits hat er aber zugleich alle internen Auseinandersetzungen über die künftige Richtung der FDP auf die Zeit nach dem 28. September verschoben und damit entschärft. Das war wichtig.

Wenn es nämlich bei der Wahl einigermaßen gut ging und damit eine sozialliberale Regierung realisierbar wurde, dann konnte Scheel in Kürze seinen Kurs mit dem Hinweis auf blendende Erfolge jedermann in der Partei plausibel machen. Eine ausgeprägte Fairneß bei Sachfragen, eine herzliche Kameraderie im Umgang, wie sie die Sozialdemokraten, besonders Brandt, an den Tag legten, mußten die Liberalen beeindrucken. Sie hatten dergleichen beim früheren Partner, der CDU/CSU, nie erlebt. In den ersten Jahren nach 1969 freundeten sich zahlreiche Politiker aus SPD und FDP miteinander an; viele fühlten sich wie Mitglieder ein und derselben Partei. Ausgerechnet Ertl war es, der später offen einräumte: Er habe ja vorher keine Ahnung gehabt, wie nett und kollegial die Zusammenarbeit mit Sozis sei.

Dabei war dieser Ertl ein besonders hartnäckiger Gegner des FDP/SPD-Bündnisses und vor allem des SPD-Vorsitzenden gewesen. »Ein Lump müßt ich sein, wenn ich Brandt wählen tät«, hörte man aus seinem Munde noch im Herbst 1969, am Tage nach der Wahl. Sofort darauf war ihm allerdings das Bundesministerium für Ernährung, Landwirtschaft und Forsten angetragen worden, was seine Umorientierung sicherlich erleichtert hatte. Vermutlich wußte er dabei aber gar nicht, daß er seine Aufnahme ins Kabinett nicht in erster Linie Scheel, sondern dem ihm bisher unleidlichen Brandt verdankte; er hatte Scheel die Berufung Ertls vorgeschlagen. Auch Brandt war nicht von selbst auf diesen Gedanken gekommen. Karl-Hermann Flach, der stellvertretende Chefredakteur der *Frankfurter Rundschau* und spätere FDP-Generalsekretär, hatte die gute Idee Brandt während des Wahlkampfes nahegebracht, als sie gemeinsam im Wagen durch Hessen fuhren: Das werde helfen, die Rechten zu halten.

Falls alles so kam, wie Scheel sich das dachte, dann konnte er seinen eigenen Leuten wie ein unverhoffter Nikolaus – schließlich schrieb man September – über Nacht das blankpolierte Prestigeschild einer respektablen Regierungspartei präsentieren und viele schöne Posten anbieten.

Wie hatte doch ein ursprünglich geplanter Wahlslogan der FDP gelautet? »Sie können Deutschland *über Nacht* verändern«. Er war dann aber, wie Mischnick berichtete, als womöglich mißverständlich verworfen worden. Über Nacht: das klang teils bedrohlich (Nacht der langen Messer), teils anzüglich (durch die Betten), fand man, woraufhin der Spruch gekürzt wurde. Aber als akkurate Beschreibung des eigenen Schicksals der lange gedemütigten kleinen FDP, die da nach dem schlechtesten Wahlergebnis ihrer Nachkriegsgeschichte dennoch plötzlich aus dem politischen Abseits und Dunkel wieder ans Licht tauchte und strahlend in die Höhe fuhr, traf der ursprüngliche Werbesatz am 28. September 1969 in aller Unschuld voll zu.

Der Irrtum Kurt Georg Kiesingers

Zunächst sah es an jenem Abend indessen ganz anders aus. Die Partie schien verloren, Scheel schachmatt. Was ihn und seine Partei seit zwei Jahren kennzeichnete – der neue Kurs, die Öffnung nach links –, hatte für die FDP offenbar in einem Debakel geendet. Alles war anscheinend zu Ende, das sozialliberale Zusammengehen unmöglich geworden, ausgeträumt. Scheel räumte es um 19.35 Uhr vor den Fernsehkameras des *ZDF* unumwunden ein: »Ich bin der Verlierer dieser Wahl.«

Genauso sah es sein wichtigster Gegner, der stundenlang rundum als Sieger betrachtet wurde. Parteifunktionäre und Mitglieder der Jungen Union feierten Kiesinger mit einem Fackelzug. Der amerikanische Präsident meldete sich, von Henry Kissinger mobilgemacht, telefonisch aus Washington, um persönlich zu gratulieren (»Irren ist menschlich«, meinte Brandt später nachsichtig, »erst recht auf solche Entfernung«).

Der Kanzler und seine engste Umgebung im Palais Schaumburg – unter anderen gehörten zu ihr der rheinland-pfälzische Ministerpräsident Helmut Kohl sowie Kiesingers Staatssekretäre Karl Carstens, Günter Diehl und Karl Theodor Freiherr zu Guttenberg – waren sich ihrer Sache zunächst sehr sicher.

Nicht nur sie. Rainer Barzel jubilierte offen in die Kameras der Fernsehanstalten hinein und ließ dabei seinen bisherigen Kampfgefährten und täglichen Koalitionspartner, Helmut Schmidt, ganz kalt abfahren: Diesmal sei es die Union, die das Rennen mache; der Herr Kollege werde sich daran gewöhnen müssen, wer jetzt den Ton angebe.

Genauso dachte die Runde um den Regierungschef, die euphorisch mit ihm im Bungalow beim Weine beisammensaß. Unter dem erfreulichen Eindruck, den das Fernsehen vermittelte, und bestärkt von telefonischen Erfolgsnachrichten, die aus den Wahlkreisen eintrafen (»Die Zuversicht unter uns wächst von Meldung zu Meldung«, notierte Guttenberg für seine »Fußnoten«), kam man mehr und mehr zu der Überzeugung, es sei an der Zeit, das gemeinsame Bündnis von CDU/CSU und SPD aufzukündigen; für eine Große Koalition in den kommenden Jahren sei wenig Stoff übriggeblieben. Statt dessen solle man mit einem kleineren, handlichen Partner regieren: mit der jetzt wohl bescheiden gewordenen FDP.

Guttenberg berichtete: »Im Vorzimmer werden laufend Telefongespräche mit FDP-Männern geführt. Aus einem dieser Telefonate wird dem Kanzler die Versicherung übermittelt, ›mit der Niederlage der FDP sei auch Scheels Linkskurs am Ende‹ . . . Der ›Trend‹ im Fernsehen hält an. Dem Kanzler werden bereits Vorschläge für ein Kabinett der Kleinen Koalition gemacht. Er stimmt zu, daß man Scheel in diesem Fall trotz seiner Niederlage großzügig behandeln müsse . . .«

Kiesinger konnte sich nur schwer, nur ganz allmählich an den Gedanken gewöhnen, daß ihm in jener Nacht, die anders endete, als sie begann, tatsächlich die Macht entglitten war. Am Sonntagabend selbst war er von dieser Einsicht noch weit entfernt. Auch als sich der für ihn widrige Trend längst abzeichnete, wollte er ihn nicht wahrhaben. In majestätischer Gelassenheit teilte er seiner Umgebung mit, wie die Lage wirklich einzuschätzen sei. Hans Ulrich Kempskis »Tagebuchnotizen über die Woche nach der Wahl« (aus der *Süddeutschen Zeitung* vom 4./5. Oktober 1969) enthalten eine Passage über jene späten Abendstunden eines begriffsstutzigen Bundeskanzlers, der nicht bemerkte, daß er nur noch auf Abruf amtierte: »Noch ist Kiesinger von Liebedienern und Nutzgängern umschwärmt, die gleich ihm an die Unanfechtbarkeit seiner Überlegenheit glauben, als er prophezeit, was demnächst passieren werde. Er verrät dies, während er die Salons des Palais Schaumburg durchschlendert, wo er sich zwischen Gemälden, Gobelins und Kristallgeglitzer wie ein Souverän benimmt, der sein angestammtes Besitztum mustert, das man ihm streitig machen will. Mit der Bestimmtheit des Wissenden, der den köstlichen Geschmack des Erfolges genießt, tut er kund: ›Der Scheel, der wird stürzen, das kann ich Ihnen sagen.‹ Ich schaue unwillkürlich auf die Uhr: Es ist 23.25 Uhr . . .«

Wie erklärte sich die Langlebigkeit der Hoffnungen Kiesingers? Handelte es sich wesentlich um die psychologisch begreiflichen Umstellungsschwierigkeiten eines Mannes, der zunächst einen großen Sieg errungen zu haben glaubte und dann einsehen mußte, daß es eine gewaltige, folgenschwere Niederlage war? Schließlich hatte es nur zweimal in der Geschichte der Union bessere Bundestagswahlergebnisse gegeben als die 46,1 Prozent, die er jetzt zusammengebracht hatte: die traumhaften 50,2 Prozent von 1957 und die 47,6 Prozent der Wahllokomotive Erhard 1965.

Kiesinger sah sich 1969 nur um ein Haar vom Ziel seiner Hoffnungen entfernt, um ganz wenige, zusätzliche Sitze geprellt, die er für seine Kanzlerwahl brauchte. Er besaß bereits 242, benötigte also nur sieben Mandate mehr. Daß sie fehlten, glaubte Kiesinger wesentlich der ärgerlichen, kleinen NPD zu verdanken, die, 1964 gegründet, seit 1966 in einigen Landtagen vertreten war und jetzt, am 28. September, im Bund immerhin 4,3 Prozent auf sich gezogen hatte, die ihr zwar nicht ins Parlament geholfen hatten, aber überwiegend der CDU/CSU verlorengegangen waren.

Das war das schlechteste aller denkbaren Ergebnisse für die Union. Wenn sie sich hier etwas hätte wünschen dürfen, dann wären es entweder wesentlich weniger NPD-Prozente gewesen (eben weil die Differenz 1969 größtenteils der CDU/CSU zugute gekommen wäre) oder notfalls einige mehr (denn dann hätten die Sitze von SPD und FDP zusammen vermutlich für eine sozialliberale Koalition nicht mehr ausgereicht). Beide Ergebnisse wären also für die Union günstiger gewesen, weshalb Kissinger später zu Kiesinger sagte: »Du hättest mehr – oder weniger NPD gebraucht.«

Man stelle sich einen Moment lang vor, die NPD (statt der FDP) hätte bei dieser Wahl 5,8 Prozent der Stimmen erhalten und die FDP (statt der NPD) wäre mit 4,3 Prozent aus dem Rennen geschieden. Die Geschichte der Bundesrepublik hätte, zumindest zunächst, einen völlig anderen, vielleicht entgegengesetzten Verlauf genommen. Von der SPD her gesehen war, wenn tatsächlich die FDP von der Bildfläche verschwand und die NPD in den Bundestag kam, eine Fortsetzung der Großen Koalition bei weitem das kleinere Übel. Denn worin bestand ihre Alternative? In einer Rückkehr in die Opposition.

Der stets vorsichtige, panisch furchtsame Wehner hatte alle Möglichkeiten in seine Kalkulation einbezogen. Als ihn sein Freund Sven Backlund, damals schwedischer Botschafter in Brüssel, am Sonntag der Wahl in Bonn besuchte und die beiden Männer gemeinsam zu Mittag aßen, zeigte ihm Wehner ein Papier, auf dem er die sechs vorstellbaren Wahlergebnisse und entsprechenden Koalitions-Kombinationen notiert hatte. Wehners Horrortrip, sein Alptraum war natürlich das Bündnis der CDU/CSU mit der NPD bei gleichzeitiger Verbannung der Sozialdemokraten auf die Oppositionsbänke und der Liberalen sogar ins außerparlamentarische Abseits. Dies war ein 1969 keineswegs unvorstellbares Wahlergebnis. Wehner war nicht der einzige, dem diese Aussicht die Haare zu Berge stehen ließ.

Aber was immer die Union in einem solchen Fall tat, ob sie nach einem NPD-Erfolg nun weiter mit der SPD gemeinsame Sache machte oder statt dessen lieber, wie bei der Kandidatur Schröders im Frühjahr, mit den Nationaldemokraten zusammenging: In beiden Koalitionen hätte der Kanzler vermutlich Kiesinger geheißen. Ohne weiteres läßt sich ausmalen, daß er dann noch lange, lange Jahre Regierungschef in Bonn geblieben wäre . . .

Doch nun galt er – sozusagen durch Zufall, infolge eines Randphänomens, wie er wohl gesagt hätte – plötzlich als Versager. »Sicher in die siebziger Jahre. Auf den Kanzler kommt es an«, hatten die Wahlparolen der Union gelautet. Sie galten einem populären Regierungschef, kehrten sich aber jetzt gegen ihn. Mit einem Male war er der Hauptverantwortliche dafür, daß in seiner Amtszeit alles verlorengegangen war, der Mann, dem der Machtverlust der CDU/CSU in die Schuhe geschoben werden konnte. Ungeliebt, wie die Große Koalition in den Unionsparteien immer geblieben war, fiel es seinen Parteifreunden jetzt nicht schwer, ihn zu jenem Opfertier, dem Sündenbock, zu machen, auf dessen Kopf man bei den alten Juden alle Missetat lud, um ihn dann (wie man im 3. Buch Mose, Kapitel 16, lesen kann) weit weg in die Wüste dem Asasel zu schicken.

Kiesinger war nicht ohne Geschick gewesen, nicht ohne Erfolg, nicht ohne Verdienste. Aber das übersah man nunmehr gern, was wesentlich am Zwielicht der Übergangszeit lag, in der er regiert hatte. War er zu Anfang, nach 1966, für viele Freunde in der CDU/CSU die Symbolfigur eines widernatürlichen Bündnisses zwischen Schwarzen und Roten gewesen, so personifizierte er für sie von nun an den Sturz von den Höhen zweier Jahrzehnte der Herrschaft in die tiefe Ohnmacht jeder Opposition.

Solche Dimensionen der Ereignisse des 28. September würden für sich allein schon überaus verständlich machen, weshalb Kiesinger das Eingeständnis seines Scheiterns so weit wie möglich hinauszuschieben versuchte. Aber diese triste Perspektive erklärt nicht allein, ja nicht einmal in erster Linie, warum er tagelang Optimismus zur Schau trug.

Es gibt eine viel naheliegendere Erklärung seiner demonstrativen Zuversicht: Sie beruhte, wie häufig bei ihm, auf verzögerten Reaktionen, lag an einer verminderten Fähigkeit, neue Wirklichkeiten wahrzunehmen. Rundheraus gesagt: Kiesinger hatte mitunter eine lange Leitung – so erstaunlich das angesichts der hohen Sensibilität klingt, die ihm nachgerühmt wurde. Jedenfalls schätzte er unmittelbar nach der Wahl das Ergebnis in seiner Tragweite falsch, nämlich zu günstig ein. Das war ihm schon beim Jugendprotest so gegangen. Dann war es ihm bei den Präsidentenwahlen widerfahren. Auch damals machte er sich Illusionen über die entstandene Lage. Kiesinger hatte den knappen Sieg Heinemanns im März für einen bloßen Unfall gehalten, für ein Tagesereignis ohne tiefere Bedeutung, ohne weiterreichende Folgen. So jetzt wieder: Er rechnete sich sehr gute Chancen aus, sein Schicksal zu wenden.

Man muß immerhin zugeben: Absurd waren seine Erwägungen und Absichten nicht. Natürlich waren ihm die Hochrechnungen nicht verborgen geblieben, die ab 20.30 Uhr in beiden Programmen zunehmend deutlich machten, daß die Union keine absolute Mehrheit gewonnen hatte, auf die zunächst einiges hinzudeuten schien. Während das *ZDF* bereits gegen 19.30 Uhr, bei der ersten Mandatshochrechnung, einen Vorsprung der SPD/FDP-Kombination von zusammen sechs Sitzen behauptete, sagte die *ARD* bis nach 20 Uhr eine geringe absolute Mehrheit der CDU/CSU in Stimmprozenten voraus, bei der Mandatsverteilung allerdings frühzeitig nur eine Patt-Situation gegenüber SPD und FDP: Beide Lager würden voraussichtlich die gleiche Zahl von Bundestagsabgeordneten besitzen.

Um weiter regieren zu können – das stand also schon ziemlich rasch fest –, würde die Union auf Verstärkung, auf Unterstützung aus den anderen beiden Parteien angewiesen sein. Aber aus welcher sollte man sich Zuzug erhoffen? Wohin ließ man die suchenden Augen schweifen? Mehr zur SPD, mit der man bis gestern noch zusammengearbeitet hatte? Oder lieber zu den Liberalen hinüber, die früher viele Jahre lang Koalitionspartner der CDU/CSU gewesen waren?

Als zuverlässiger »Ko-Pilot einer von der CDU geführten Bundesregierung« hatte nach den Worten des früheren FDP-Vorsitzenden Mende seine Partei seit 1960 »Höhe und Richtung der Regierungsmaschine mitzubestimmen« versucht. Das ließ sich hören; es klang der Union angenehm in den Ohren. Denn das Profilierungsbedürfnis der FDP gegenüber der CDU/CSU war nach dieser Konzeption begrenzt; das zeigte ja schon das Bild, das Mende gewählt hatte. Jedes Selbständigkeitsstreben der Liberalen hatte dort seine Grenze zu finden, wo es die Grundvorstellung eines gemeinsamen Bürgerblocks gefährdete. Mit einem dergestalt gebremsten Ehrgeiz der Liberalen, einer Selbstbeschränkung, die nach der verlorenen Wahl jetzt vielleicht neuen Anklang fand, konnte man bestimmt leichter zurechtkommen als mit den Sozialdemokraten, deren Spitzenpolitiker alle von irgendwelchen weitschweifenden, nebulösen Visionen geprägt, ja getrieben waren, die sie so heimlich wie verbissen innen- und außenpolitisch in die Tat umzusetzen trachteten.

Zwar hatte Kiesinger für alle Eventualitäten Vorsorge getroffen und daher mit maßgeblichen Sozialdemokraten Gespräche geführt, die eine Fortsetzung der Großen Koalition ziemlich sicher erwarten ließen. Aber eigentlich, wie gesagt, war er auf anderes aus: Seine Hoffnungen richteten sich in erster Linie auf die Freien Demokraten. Er gedachte ihnen auf zwei sehr verschiedenen Wegen beizukommen.

Auch bei Kiesinger gab es einen *Camino Real*, einen Königsweg reeller, ja großzügiger Partnerschaft. Denn da er diesmal, anders als 1966 (damals gab er das nur vor), wirklich gern mit der FDP handelseinig werden wollte, lag ihm daran, sich nobel zu zeigen. Das mußte er auch. Denn er hatte vergessen zu machen, wie schnöde von ihm, ja von der Union insgesamt, in den vergangenen drei Jahren die Liberalen traktiert worden waren. »Das Verhältnis der FDP zur CDU war vergiftet durch die Behandlung, die uns die Union zwischen 1966 und 1969 hatte angedeihen lassen«, meinte 1977 Mende, der in diesem Punkte ein gewiß besonders glaubwürdiger Zeuge war, hatte er doch inzwischen (1970) die FDP verlassen und sich eben jener CDU angeschlossen.

Bei einem Informationsgespräch Kiesingers mit Scheel in Anwesenheit der beiderseitigen Verhandlungsdelegationen am frühen Abend des 30. September

1969, kurz nach 18 Uhr (man hatte nicht viel Zeit; der FDP-Vorsitzende kam, etwas verspätet, vom Bundespräsidenten, um 20 Uhr begannen aber schon offizielle Koalitionsverhandlungen mit den Sozialdemokraten), bot der CDU-Vorsitzende den Freien Demokraten in aller Kürze »eine umfassende und langfristige politische Zusammenarbeit auf allen Ebenen« an, also Dauerbündnisse, unabhängig vom Wahlergebnis, im Bund ebenso wie in den Ländern und Gemeinden.

Wolfgang Mischnick, der am Gespräch mit Kiesinger teilgenommen hatte, sagte dazu in der gemeinsamen Sitzung des Bundesvorstands und der Bundestagsfraktion der FDP vom 3. Oktober 1969: »Es war deutlich zu spüren, daß dieses Angebot Bund, Länder und Gemeinden umfassen sollte und daß es bis Ende der siebziger Jahre gelten sollte. (Zuruf: Ein Fusionsangebot!) Weil Sie das sagen: so eine Art wie damals die Bürgerblock-Geschichte in Hamburg, also praktisch eine Absicherung der F. D. P. bis Ende der siebziger Jahre. So war der Grundgedanke.«

Dieser Vorschlag beinhaltete, wie man aus der Presse ergänzend erfahren konnte, eine definitive Absage der Union an die Große Koalition und ebenso ihren endgültigen Verzicht auf das Mehrheitswahlrecht, mit dem sie eben noch drohend herumgefuchtelt hatte. Die Zusammenarbeit sollte tatsächlich auf zehn Jahre garantiert sein – und nicht nur in Bonn. Bei der Neubildung von Landesregierungen wollte man künftig stets der FDP den Vorrang einräumen. Sogar eine Wahlabsprache sollte der FDP angeboten werden: Man war seitens der Union bereit, der FDP mindestens drei Wahlkreise abzutreten, damit sie über Landeslisten – gemäß § 6 Abs. IV des Bundeswahlgesetzes – auch dann ins Parlament komme, wenn sie einmal weniger als fünf Prozent der Stimmen erhalte.

Nun, das war erst die übernächste Sorge. Unmittelbar aktuell war, daß man in der Bundeshauptstadt gerüchtweise von sechs (!) Ministerposten sprach, die den Liberalen von der CDU/CSU bei der jetzt fälligen Regierungsbildung zugedacht seien. Sicher ist, daß Kiesinger beim Gespräch vom 30. September Scheel den kombinierten Posten eines Vizekanzlers und Außenministers offerierte – zum Ärger von Strauß, der bereits vor der Wahl öffentlich erklärt hatte, der FDP-Vorsitzende komme für die Union »als Außenminister nicht in Frage«. Mit dieser deutlichen Meinung stand er in der CDU/CSU keineswegs allein; viele schüttelten vernehmbar die Köpfe. So meinte Josef-Hermann Dufhues, der Vorsitzende des mitgliederstarken, einflußreichen CDU-Landesverbandes Westfalen – er war von 1962 bis 1966 geschäftsführender Vorsitzender der Gesamtpartei gewesen und galt immer noch als einer ihrer mächtigen Männer –, Scheel sei als Außenminister sogar »völlig undenkbar«.

Scheel kam, fand man in der Union, allenfalls für etwas wie das Entwicklungshilfeministerium in Betracht, das er ja schon zwischen 1961 und 1966 mit Eifer und nicht ohne Geschick verwaltet hatte. Oder für ein Ressort vergleichbarer Größenordnung. Das galt übrigens für die allermeisten Leute der FDP. Auch personell lagen eben ihre großen Tage längst hinter ihr; in der CDU/CSU erinnerte man sich mit Wehmut an Männer wie Heuss, wie Höpker-Aschoff, wie Wildermuth, selbst an den streitbaren, unbequemen Dehler.

Und jetzt sollte man die Gestaltung der gesamten deutschen Außenbeziehungen gerade Scheel überlassen, den sein ehrwürdiger Parteifreund Reinhold Maier (der sicher gute Gründe dafür hatte) immer nur den »Herrn Leichtfuß« nannte? Einem politischen Abenteurer, der nicht einmal seinen kleinen liberalen Laden ordentlich führen konnte und daher kürzlich um ein Haar Pleite gemacht hätte, wollte man die wichtigste internationale Schaltstelle der Bundesrepublik, das Auswärtige Amt, anvertrauen? Demselben Scheel, den sogar Marion Gräfin Dönhoff, selber linksliberal und deshalb an sich der ganzen Richtung gegenüber wohlwollend, damals für einen umtriebigen rheinischen »Windhund« hielt und an dem die meisten lange Zeit wenig mehr zu rühmen wußten als seine unerschütterliche gute Laune? Ihn mußte die CDU/CSU, weil die Liberalen plötzlich unentbehrlich waren, zum mächtigsten Mann neben dem Kanzler machen? Dergleichen hatte man bisher auch in den schlimmsten Situationen noch nie erwogen, auch 1961 nicht. Die Idee war doch absurd.

In der schriftlichen Version des Bündnispaktes, dieses saisonbedingten Sonderangebots, das Kiesinger drei Tage nach dem Gespräch Scheel übermittelte, war infolgedessen vom Angebot des AA, von personalpolitischen Erwägungen überhaupt, nicht mehr die Rede. Mit Rücksicht auf interne Widersacher fiel das Schreiben des Regierungschefs vom 3. Oktober 1969 sachlich ziemlich vage aus. Es lautete:

Sehr geehrter Herr Scheel,

ich gehe davon aus, daß Sie gemäß unserer Absprache heute die Bundestagsfraktion und den Bundesvorstand der F.D.P. über den Inhalt unseres Gesprächs vom Dienstag, dem 30. September, unterrichten werden. Da mein Koalitionsangebot von gewisser Seite als unseriös bezeichnet worden ist, nehme ich an, daß es Ihnen nützlich ist, wenn ich es schriftlich bestätige.

In dem Gespräch zwischen den Delegationen der F. D. P. und der CDU/CSU am 30. September habe ich vorgeschlagen, eine Koalition zwischen Ihrer Partei und der CDU/CSU zu bilden. Der Vorschlag enthielt das Angebot einer umfassenden und langfristigen politischen Zusammenarbeit auf allen Ebenen. Er ging davon aus, daß die F. D. P. und die CDU/CSU nach ihrer Programmatik in der Lage sind, in weiten Bereichen der Politik in Bund, Ländern und Gemeinden erfolgreich zusammenzuarbeiten. Dies gilt insbesondere für die Wirtschaftspolitik, die Gesellschaftspolitik und die Bildungspolitik. Auf dem Gebiet der Außenpolitik und der Deutschlandpolitik wird es notwendig sein, durch eine gründliche Beratung die beiderseitigen Standpunkte zu klären und zu prüfen, ob eine gemeinsame Politik möglich ist.

Ich habe Ihnen erklärt, daß – falls auf der Basis eines umfassenden Programms eine Koalition zwischen den Unionsparteien und der F. D. P. zustande kommt – die damit verbundenen personellen Fragen im Sinne loyaler Partnerschaft geregelt werden würden.

Mein Angebot erfolgt mit der Vollmacht des Präsidiums und des Bundesvorstandes der CDU und im Einvernehmen mit der CSU. Inzwischen ist dieses Angebot auch durch die Bundestagsfraktion der CDU/CSU gebilligt worden.

Mit freundlichen Grüßen . . .

Natürlich blieb in der FDP nicht unbemerkt, daß Kiesinger seine mündliche Offerte an Scheel nicht schriftlich wiederholt hatte. Diese Unterlassung mußte um so mehr auffallen, als sein Brief Zweifel hinsichtlich der Möglichkeit einer gemeinsamen Ost- und Deutschlandpolitik von CDU/CSU und FDP anklingen ließ, die mündlich mit keinem Wort erwähnt worden waren. Im Gegenteil: Schon mit seinem Anerbieten, Scheel das Auswärtige Amt zu übertragen, hatte Kiesinger im Prinzip jenes außenpolitische Mitspracherecht anerkannt, um das die Liberalen spätestens seit 1961, also mindestens seit acht Jahren kämpften. Und Kiesinger war ja noch weiter gegangen. Ganz ausdrücklich hatte man offenbar am 30. September 1969 seitens der Union auch von einer außenpolitischen Zusammenarbeit gesprochen.

Mischnick erklärte als Augen- und Ohrenzeuge hierzu gegenüber Bundesvorstand und Fraktion der FDP am 3. Oktober 1969: »Über Sachfragen ist nichts gesagt worden; es ist im Gegenteil gesagt worden, man glaube, daß man auch in der Deutschland- und Außenpolitik übereinkomme. Insofern ist die schriftliche Darstellung, im Widerspruch zu der mündlichen Darstellung, eine Einschränkung gegenüber der mündlichen Darstellung. So verstehe ich jedenfalls jetzt die schriftliche Darstellung.«

Dieser neuerliche Wankelmut und Sinneswandel der Union war alarmierend. Schließlich lag auf dem Felde der Ostpolitik, wo sich die FDP während der Großen Koalition besonders profiliert hatte, mitten im Weg der gewaltige Stein der Stagnation, der den ganzen Staat in seinem Fortkommen, seiner Bewegungsfähigkeit lähmte und an dem sich inzwischen alle politischen Geister des Landes stießen. Die einen wollten unbedingt über den kritischen Punkt hinausgelangen, die anderen auf jeden Fall hinter ihm zurückbleiben. Dabei war man inzwischen in eine Lage geraten, die eine neue Marschroute und eine entsprechende Kräftekonstellation erzwang. Wer sich hier ausschwieg, machte alles andere zunichte, was an Gemeinsamkeiten vorhanden sein mochte. Kiesingers schriftlicher Rückzug ließ daher auf nichts Gutes schließen. Er mußte bei den Freien Demokraten alle Warnlampen aufleuchten lassen.

Dies ohnehin. Denn konnte man, von der Ostpolitik einmal ganz abgesehen, den Vorschlag eines »umfassenden politischen Bündnisses für die siebziger Jahre« wirklich ein »seriöses Angebot« an die FDP nennen, wie das CDU-Generalsekretär Heck im Pressedienst seiner Partei am 2. Oktober 1969 tat? Daran ließ sich zweifeln, aus mehreren Gründen.

Erstens drohte die beabsichtigte Langzeitbindung tatsächlich auf die Fusion, auf eine Verschmelzung der FDP mit der Union hinauszulaufen, was man bei den Liberalen durchaus erkannte. Die fünfziger Jahre boten ja genug Beispiele solcher Zugewinngemeinschaften, die ausschließlich der CDU/CSU zugute gekommen waren.

Zweifel an der Seriosität des Unionsvorschlages waren zweitens auch deshalb angebracht, weil man dieses Riesenpaket offenkundig ohne lange Überlegung hastig allein zu dem Zweck zusammengeschnürt hatte, die SPD zu übertrumpfen und auszustechen. Das war zwar verständlich, aber nicht besonders vertrauenerweckend; in der CDU/CSU selbst hielten es viele für würdelos und peinlich. Man fragte unmutig, vor allem unter jüngeren Bundestagsabgeordneten, woher die Union ihre moralische Legitimation als Opposition wohl nehmen wolle, wenn sie der FDP jetzt derart beflissen, von Machtgier besessen, hinterherrenne.

Damit wird der dritte, tiefste Zweifel an der Seriosität Kiesingers berührt. Bereits in der Wahlnacht hatte man aufgehorcht, als er »eine Koalition von SPD und FDP zwar rechnerisch, aber nicht politisch möglich« nannte. Was Kiesinger damit meinte, war am 1. Oktober etwas deutlicher geworden, als er vor der Bundespressekonferenz zwischen der FDP als Partei und ihrer gegenwärtigen Führungsspitze einen Unterschied machte. Diese Formulierung war verräterisch. Sie enthielt einen dunklen Hinweis auf das, was Kiesinger als *zweiten* Zugang zur Macht mit Hilfe der Freien Demokraten betrachtete. Dieser Hintereingang war aussichtsreicher als der erste, ließ sich möglicherweise sogar mit ihm kombinieren.

Kiesingers Kalkül war leicht zu erraten. Ihm lag der einfache Gedanke zugrunde, daß sich bei einigen Leuten des rechten Flügels der Freien Demokraten heftiger Widerstand regen mußte, wenn die Vorsitzenden von SPD und FDP wirklich eine Koalition eingingen, wie das seit der Wahlnacht in der Luft lag. Diese SPD/FDP-Kombination besaß aber mit 254 Sitzen (gegenüber 242 der CDU/CSU) nur 12 Mandate mehr als ihre Gegner, demnach sechs über der Mitte, fünf über der absoluten Mehrheit – jene fünf, die für die Kanzlerkür in den ersten Wahlgängen erforderlich waren. Angesichts dieser Zahlen war die Hoffnung Kiesingers, einige wenige der verdrossenen Rechtsliberalen ihrer Partei abspenstig zu machen und zu sich herüberzuziehen, nicht abwegig, die Verwirklichung seines Vorhabens nicht aussichtslos.

Man dachte sich das in zwei Stufen. Wenn es gelänge, Willy Brandt bei der Kanzlerwahl im ersten Durchgang scheitern zu lassen, habe die Union die Chance, in den vierzehn Tagen bis zum zweiten und dritten Wahlgang auch den

Rest der dann sicher verstörten, demoralisierten FDP dem eigenen Lager einzuverleiben.

Zunächst meinte man, die Sache entwickle sich gewissermaßen von selbst. Ganz von alleine laufe sie, durch die ihr innewohnende Schwerkraft, in einer der CDU/CSU günstigen Richtung. Daher die anhaltende Zuversicht des CDU-Vorsitzenden, die Außenstehende schwer verständlich fanden – übrigens auch enge politische Mitstreiter aus dem Führungskern der Union. Als Kiesinger am Montag, dem 29. September, seinem Fraktionsvorsitzenden sagte, er solle das Auswärtige Amt übernehmen, war Barzel so überrascht, daß er entgeistert nur sagen konnte: »Aber wir werden die Regierung verlieren, Herr Bundeskanzler!«

Kiesinger sah das anders. Bereits am Vortage, am frühen Abend des 28. September, hatte er sich ans Werk gemacht. Er hatte Helmut Kohl gedrängt, umgehend mit den Freien Demokraten Verbindung aufzunehmen. Denn anders als Kohl hatte Kiesinger in den voraufgegangenen Jahren keine Kontakte zu FDP-Abgeordneten gepflegt, auf die er jetzt hätte zurückgreifen können. Unabhängig davon, ob nun die CDU/CSU die absolute Mehrheit erringe oder nicht, sagte Kiesinger zu Kohl, müsse man sofort mit den Liberalen Koalitionsverhandlungen einleiten. Um ganz sicherzugehen, hatte Kiesinger außerdem (man soll sich ja nie nur auf einen Weg, nur einen einzigen Menschen verlassen) über Klaus Scheufelen, den Vorsitzenden der nordwürttembergischen CDU, dem FDP (DVP)-Vorsitzenden in Baden-Württemberg und stellvertretenden Bundesvorsitzenden, Hermann Müller, »großzügige Angebote« angekündigt, »unter anderem langfristige, über die Legislaturperiode hinausgehende Koalitionsabmachungen für Bund und Länder«.

Der kürzeste, rascheste Pfad ins Zentrum der FDP führte jedoch über Kohl. Kiesinger fühlte sich durch ein besonderes Vertrauensverhältnis mit ihm verbunden. Er war ihm dankbar, weil Kohl frühzeitig auf seine Kanzlerschaft gedrängt hatte, auch bei den Kabalen um ihre Entstehung 1966 behilflich gewesen war; Landesvorsitzende der Union haben ja in der partei-internen Bundespolitik immer wieder eine wichtige Rolle gespielt. Kohl war zwar mehr als ein Vierteljahrhundert jünger als Kiesinger. Aber dieser Nachwuchspolitiker aus Ludwigshafen war in seinem Lande Rheinland-Pfalz rasch prominent und einflußreich geworden. Schon 1963, mit 33 Jahren, war er Fraktionsvorsitzender im Landtag. Zwei Jahre später bekam er den CDU-Landesvorsitz. Kohl regierte schon jahrelang de facto in Mainz, ehe er 1969 auch formell Peter Altmaier ablöste und an dessen Stelle selbst Ministerpräsident wurde.

Kiesinger konnte nach wie vor Kohl ohne weiteres um politische Gefälligkeiten bitten, ihn bei Sondierungen als persönlichen Abgesandten betrachten. Denn Kohl suchte von sich aus in jenen Jahren systematisch und intensiv Kontakt zu hochgestellten Bonner Politikern der CDU/CSU, zumindest wenn sie beträchtlich älter waren als er, also keine Konkurrenten mehr für ihn werden konnten, sobald eines Tages seine eigene Chance kam.

Kohl war außerdem (und das machte ihn erst recht in der Wahlnacht für Kiesinger zum Mann der Stunde) immer für ein festes Verhältnis zwischen der Union und der FDP. Freunde gewannen früh den Eindruck, Kohl werde nie im Leben eine Koalition mit der SPD abschließen. Er wollte stets nur das christliberale Bündnis, und er blieb dabei, ohne Bruch, ohne Schwanken – trotz seiner Enttäuschung 1969. Kohl empfand, wie er in einer außerordentlich harten Unterredung Ralf Dahrendorf am 30. September 1969 sagte, die sozialliberale Koalition als ein »Verbrechen« an der Bundesrepublik und, schlimmer noch, als eine Torheit: Nur die CDU sei reformfähig, wie seine Ablösung Altmaiers beweise. Unbeirrbar behielt Kohl die ganzen siebziger Jahre hindurch seine Überzeugung bei, das Ziel der Union müsse sein und bleiben, mit den Freien Demokraten ins reine zu kommen. Infolgedessen glaubte er – oder hoffte doch – lange Zeit, er könne zumindest auf weite Sicht eine entsprechende Vereinbarung mit ihnen treffen. Beispielsweise wollte er die Zusage der Union, eine zweite Amtszeit Walter Scheels 1979 zu unterstützen, gegen das FDP-Versprechen eines späteren Frontenwechsels eintauschen. Ab 1980, dachte er sich, könnten die beiden Parteien doch erneut zusammengehen. Sein Eintreten für den populären Bundespräsidenten der Liberalen werde der beiderseitigen Wiederannäherung den Weg bahnen, den Pakt besiegeln.

Kohl stand daher immer in enger, persönlicher Verbindung mit Genscher, dessen freundliche Aufgeschlossenheit ihm gegenüber er allerdings möglicherweise mißverstand – nämlich voreilig als stillschweigende Billigung seines Vorhabens, als Anzeichen einer bevorstehenden politischen Kursänderung der Freien Demokraten deutete.

Am Abend des 28. September 1969 trafen also Kohl und Genscher zusammen (übrigens mit Kenntnis, ja Zustimmung anderer Präsidiumsmitglieder der FDP und vor allem ihres Parteivorsitzenden). Zwei Tage später berichtete Genscher seinem Bundesvorstand: »Die CDU war bereit, in dieser Nacht eine Art Koalitionsabkommen mit uns abzuschließen . . . (Vors. Scheel: Hat Herr Kohl in dieser ersten Unterhaltung irgendwelche Sachaussagen gemacht?) Er hat mir gesagt, daß bei ihnen die Bereitschaft, eine Koalition mit der Freien Demokratischen Partei zu bilden, sehr stark sei, mit sehr weitreichenden Konsequenzen auch auf die Landespolitik, mit einer großzügigen, die Wunden heilenden Behandlung hinsichtlich der Vergabe von Kabinettspositionen.«

Bei Kohl hinterließ das Gespräch den Eindruck, ja die Gewißheit, auch Genscher strebe die CDU/CSU-FDP-Koalition an, ja sie sei schon eine abgemachte Sache. Daher fühlte er sich später, als es anders gekommen war, »hintergangen«. Vermutlich hatte er einfach das herausgehört, was er sich wünschte – ein Irrtum, dem er noch mehrfach anheimfallen sollte. Denn in Wahrheit war Genscher seit langem auf das sozialliberale Bündnis aus, hatte sich schon Monate vorher Vertrauten gegenüber unzweideutig in diesem Sinne geäußert. Aber vorsichtig, wie er immer war, man in der Politik (und im Leben allgemein) auch sein muß, blieb Genscher während ihrer ganzen Unterredung bemüht, seiner Partei den Ausweg zur Union hin offenzuhalten, falls die Verhandlungen mit den Sozialdemokraten scheitern sollten. Er schlug daher Kohl nicht die Türe vor der Nase zu, sondern lehnte sie sachte an. Wer konnte wissen, ob man sie nicht bald werde benutzen müssen.

Kohls anschließender Erfolgsbericht vor der im Bungalow des Palais Schaumburg versammelten Kanzlerrunde über die Ergebnisse seines Erkundungsgesprächs muß, wenn man Teilnehmern im nachhinein glauben will, eine gespenstische Szene gewesen sein. Auch diejenigen, die nach wie vor nicht an die Möglichkeit einer kleinen Koalition mit der FDP glauben mochten, ließen sich dabei von der Überzeugung Kohls anstecken, der da sagte, »er sei sicher, daß mindestens zehn Abgeordnete der FDP nicht für Brandt stimmen werden«.

Daran ließ sich anknüpfen, dem konnte man vielleicht etwas nachhelfen. Und wie? Eigentlich wiederum ganz einfach. Durch individuelle, argumentative Überzeugungsarbeit unter ständigem Hinweis auf eine bessere Geschäftsgrundlage, nämlich auf das verführerische, alternative Koalitionsangebot der Union, mit dem die CDU/CSU die innerparteiliche Auseinandersetzung bei den Freien Demokraten kräftig zu beleben versuchte. Außerdem und gleichzeitig durch diskrete ›Handsalben‹ und ›Beschleunigungsgelder‹ (um es in der poetischen Sprache anderer Zeiten und Länder dieser Welt zu sagen). Schon am 30. September hieß es in der *Süddeutschen Zeitung*, man habe in der rheinischen CDU »bereits die möglichen Abtrünnigen durchgezählt: Mende, Ertl aus Bayern, Zoglmann aus Düsseldorf, der Bundestagsneuling Kienbaum vielleicht, der Außenpolitiker Achenbach aus Essen. Es wird regelrecht von ›kaufen‹ gesprochen, das heißt von Versorgungsangeboten an Überläufer . . .«

Der Spiegel vom 6. Oktober 1969 sprach detailliert von Abwerbungskontakten über persönliche Bekanntschaften und Geschäftsbeziehungen, von Beraterverträgen und Parteispenden des BDI, von Botschafter- und Staatssekretärspositionen für diejenigen Freidemokraten, die zur Union überliefen. War das ernst zu nehmen? Ja.

Schon am Montag, dem Tage nach der Wahl, also am 29. September, hatte Erich Mende am Abend in seiner Godesberger Villa mutmaßliche Befürworter einer Bürgerblock-Koalition um sich versammelt. In seinem autobiographischen Abriß drei Jahre später (»Die FDP. Daten, Fakten, Hintergründe«) konnte man einiges über dieses Treffen nachlesen: »Unter den zehn anwesenden Bundestagsabgeordneten der neuen Fraktion herrschte Übereinstimmung, daß eine Koalition aus SPD und FDP noch keineswegs beschlossene Sache sei. Insbesondere Josef Ertl, Dr. Heinz Starke, der die Landesliste der FDP in Bayern angeführt hatte, (sowie) die niedersächsischen Abgeordneten Fritz Logemann und Carlo Graaff setzten sich gegen eine Festlegung, wie sie noch in der Wahlnacht durch Walter Scheel erfolgt war, entschieden zur Wehr.«

Zehn Ausreißer – das war weit mehr, als Kiesinger brauchte. Denn wenn es stimmte, dann gab es bei den Liberalen doppelt so viele Deserteure, als die entstehende SPD/FDP-Koalition notfalls verkraften konnte. Neben den bisher Genannten rechnete man in der Presse damals auch Christian Albrecht Haas, Knut von Kühlmann-Stumm und Hansheinrich Schmidt sowie Alexander Menne (der jedoch zwischen 1969 und 1972 dem Bundestag nicht angehörte) zu jenem Kreis der Liberalen, der große Distanz zu den Sozialdemokraten empfand, sich hingegen der Union nahefühlte.

Dieser öffentliche Eindruck war nicht durchweg falsch. Einige der erwähnten Politiker machten später mehr oder weniger in diesem Sinne von sich reden. So verließen Mende, Starke und Zoglmann Fraktion und Partei im Oktober 1970, um sich der CDU/CSU anzuschließen. Ende April 1972 schied der niedersächsische Landwirt Wilhelm Helms aus der FDP-Fraktion aus, von dem 1969 niemand gesprochen hatte. Aber Anfang Mai folgte ihm wieder einer der bekannten Namen: Gerhard Kienbaum. Allerdings legte er sein Bundestagsmandat nieder, das daraufhin an den Fotografenmeister Rudolf Opitz ging. Im Juni 1972 trat Kühlmann-Stumm sein Bundestagsmandat an Menne ab. In diesen beiden Fällen blieb also der FDP trotz des Ausscheidens zweier ihrer Abgeordneten jedesmal der Parlamentssitz erhalten.

Diese wenigen Hinweise zeigen schon, daß der Entschluß, sich von der eigenen Partei zu trennen, verschiedene Konsequenzen haben konnte. Die Daten beweisen auch, daß der Abschied von der FDP erst heranreifen mußte; niemand verläßt leichten Herzens seine angestammte politische Heimat. Einige derer, die innerhalb der FDP dem sozialliberalen Kurs und besonders Brandt gegenüber skeptisch waren, wurden durch die hemdsärmeligen Abwerbemethoden der Union umgekehrt in ihrer Loyalität zur eigenen Partei bestärkt. So beklagte sich Hansheinrich Schmidt am 2. Oktober 1969: »Es gibt keine unseriösen Angebote der SPD, aber es gibt finanzielle Angebote der CDU/CSU an einzelne Abgeordnete der FDP. Wenn ich vorgestern noch für eine Koalition mit der CDU gewesen wäre, wäre ich jetzt dagegen – nach diesen Angeboten, die da gekommen sind.«

Als drei Wochen später die Kanzlerwahl anstand, ermahnte der Vorsitzende der FDP-Fraktion unmittelbar vor der Abstimmung die eigenen Leute, wie man dem Protokoll ihrer Sitzung vom Vormittag des 21. Oktober (»Beginn 9 Uhr, Ende 9.55 Uhr«) entnehmen kann, unbedingt den sozialdemokratischen Kandidaten gemeinsam zu unterstützen: »Mischnick weist nochmals darauf hin, daß die Geschlossenheit und Zuverlässigkeit der Fraktion bei der Kanzlerwahl für die FDP eine Existenzfrage ist. Mischnick betont, daß er nach den Gesprächen mit den einzelnen Fraktionsmitgliedern in dieser Hinsicht keine Bedenken habe.«

Dennoch erhielt Brandt anschließend nur 251 Stimmen – bei 235 Nein-Stimmen, fünf Enthaltungen und vier ungültigen. Das war ein mageres Ergebnis. Denn damit hatte der neue Regierungschef lediglich zwei Stimmen mehr als unbedingt nötig erhalten und drei weniger, als an sich möglich gewesen wären – wenn nämlich beide Koalitionspartner strikte Fraktionsdisziplin gewahrt hätten. Immerhin übertraf Brandt mit dieser Mehrheit noch Konrad Adenauer, der am 15. September 1949 überhaupt nur mit Hilfe seiner eigenen Stimme (»selbstverständlich«, sagte er später, »etwas anderes wäre mir doch als Heuchelei vorgekommen«) sich das absolute Minimum von 249 Stimmen gesichert hatte. Freilich hatte Adenauer in der damaligen Parteienkonstellation hoffen können, bald weiteren Zulauf aus kleinen bürgerlichen Parteien zu verbuchen. Eine ähnliche Aussicht bestand angesichts der heraufziehenden, strikten Polarisierung für Brandt nicht.

Nach der Vereidigung des neuen Bundeskanzlers gab der Bundespräsident einen erstaunlich stilvollen Sektempfang, über den Hans Ulrich Kempski in der *Süddeutschen Zeitung* vom 25./26. Oktober berichtete: » . . . eine Fête, die ohne Beispiel in Deutschland ist: Die Machtablösung wird interfraktionell gefeiert. Wenngleich es den meisten CDU-Abgeordneten noch schwerfällt, Erfahrung und Begreifen in Einklang zu bringen, zögern sie nicht, Brandt zu gratulieren. Auf dem Rasen vor dem Bundeshaus geht es in der Dämmerung des warmen Abends bei lockerem Palaver zwischen Siegern und Besiegten so entspannt zu, als hätten sie ihr Metier in England gelernt. Als sei es für alle ein seit langem geübtes Geschäft, mal zu gewinnen und mal zu verlieren.«

Anschließend kamen die Liberalen am 21. Oktober 1969 um 17.30 Uhr ein zweites Mal zusammen. Im Protokoll dieser Fraktionssitzung heißt es: »Mischnick berichtet über erste Reaktionen zur Kanzlerwahl. Die Fraktion billigt die Stellungnahme Mischnicks hierzu, daß die Stimmenthaltungen keinesfalls alle zu Lasten der FDP gingen.« Der FDP-Fraktionsvorsitzende und seine Leute versuchten demnach, die Brandt am Vormittag entgangenen Stimmen, zumindest teilweise, anderswo als in der FDP zu orten. Das tat man damals einhellig auch in der Presse. Beispielsweise schrieb die *Frankfurter Rundschau* vom 22. Oktober 1969: »Die CDU/CSU, die ihr Nein zur Regierung Brandt/Scheel durch eine geschlossene Stimmabgabe gegen Brandt demonstrieren wollte, hätte dazu 241 Nein-Stimmen abgeben müssen (ohne den entschuldigten Lücke und ohne die Berliner). Tatsächlich wurden nur 235 Nein-Stimmen gezählt, also sechs weniger. Allerdings sind die vier ungültigen Stimmzettel den Gegnern Brandts zuzurechnen, weil sie nur wegen unzulässiger Zusätze nicht als klare Nein-Stimmen zugelassen werden konnten . . . Rechnet man die ungültigen Stimmen der CDU/CSU zu in der Annahme, daß drei FDP-Abgeordnete sich der Stimme enthalten haben, dann müßten rechnerisch zwei weitere Abgeordnete der Unionsparteien statt mit Nein mit Enthaltung votiert haben.«

Erich Mende hat später behauptet, bei dieser Wahl hätten aus den Reihen der FDP vier Abgeordnete nicht für Brandt votiert – jene vier, die auch in der Schlußabstimmung von Bundesvorstand und Fraktion der Freien Demokraten am 3. Oktober 1969 bei ihrem Nein zur Koalition mit den Sozialdemokraten geblieben seien: er selbst, Kühlmann-Stumm, Starke (der die Sitzung vom 3. Oktober vor der Abstimmung gereizt verlassen hatte) und Zoglmann.

Jedenfalls zählte Brandt am 21. Oktober nur ganze zwei Anhänger mehr, als er unerläßlich brauchte. Das bewies, wie halsbrecherisch kühn der gemeinsame Entschluß von ihm und Scheel in der Wahlnacht gewesen war, es trotz ihrer schwachen Mehrheit miteinander zu versuchen. Angesichts der beabsichtigten Ostpolitik einerseits, der bekannt problematischen Zusammensetzung der FDP-Fraktion andererseits war diese Koalitionsabsprache eine »Wahnsinnstat«, wie Horst Ehmke 1976 sagte. Aber vermutlich mobilisierte sie gerade deswegen Sympathien und Anhänger.

Das außerordentlich hohe Risiko raschen Scheiterns, das die beiden Vorsitzenden mit diesem gemeinsamen Neuanfang eingegangen waren, und die dann folgende, unvermeidliche Dramatik ihres jahrelangen Kampfes ums Überleben verhalfen den Sozialliberalen zu einer breiten emotionalen Verankerung in wichtigen, meinungsbildenden Teilen der Bevölkerung. Besorgte Zuneigung schuf und erhielt dem Bündnis eine erwartungsvolle, ungeduldige Massenbasis, die es zu seiner Konsolidierung brauchte. Freilich wurde es gleichzeitig durch solche überspannten Wünsche auch gefährdet. In seinen »Begegnungen und Einsichten« deutete Brandt beides an: »Gewiß ließ mich die Freude und Genugtuung meiner Freunde und Anhänger, die auf mich einstürmten, nicht gleichgültig. Die guten Wünsche brauchte ich – manche übertriebenen Erwartungen gaben mir eher zu denken.«

Die Wahlnacht

Wenn die Geschichte eine Reise auf Schiffen ist, manchmal freilich nur auf Booten oder gar Flößen, dann konnten 1969 ohne Zweifel die hochgehenden Wasser am Ende alles verschlingen. Aber zunächst einmal trugen sie, trieben an. Rasch ergriff die öffentliche Strömung das sozialliberale Floß und führte es sicher über weite Strecken hinweg. Und die Hoffnungen junger Generationen auf eine freiere Zukunft, eine menschlichere, vom einzelnen Bürger mitgestaltete Gesellschaft – Hoffnungen, die Willy Brandt wie kein anderer formulierte und verkörperte – füllten jahrelang die Segel mit den Winden heftiger Zuversicht.

Der Wetterumschlag, die plötzlich aufschäumenden Wogen jugendlicher Begeisterung zeigten sich schon am späten Abend des Wahltages, eine Viertelstunde vor zwölf Uhr nachts. Den entscheidenden Augenblick hat Klaus Dreher in der *Süddeutschen Zeitung* vom 30. September festgehalten: nämlich das öffentliche Zusammentreffen der unbedingten Entschlossenheit Brandts, die neue Regierung zu bilden, mit dem freudetrunkenen Enthusiasmus einer zahlreichen, bewegten Anhängerschaft: »Kurz vor Mitternacht entschließt sich der

SPD-Vorsitzende Brandt endgültig, den Kampf um den Führungsanspruch aufzunehmen. Im Erich-Ollenhauer-Haus, dem Sitz der Parteizentrale der SPD, verläßt er den von Ordnern abgesperrten Trakt, in dem das SPD-Präsidium vor zwei Fernsehapparaten in Klausur die Auszählung der Stimmen verfolgt. Er geht in den Sitzungssaal, den eine erwartungsvolle Menge zwischen leeren Bierflaschen und überquellenden Aschenbechern bis zum letzten Winkel füllt. Beifall und Jubelrufe branden auf, als Brandt erklärt, er habe die FDP wissen lassen, daß er zu Koalitionsgesprächen bereit sei. Mit einer einfachen Formel liefert er die Begründung: ›SPD und FDP haben mehr als CDU und CSU.‹

Für die Angestellten der ›Baracke‹ und viel junges Volk, das plötzlich, wie von Ahnungen erfüllt, durch die offenen Türen strömt, ist das der Augenblick, in dem Niedergeschlagenheit oder noch zögernde Hoffnung in Siegesstimmung umschlägt . . . Außer sich vor Freude, wie von der Last langer, vergeblicher Mühen befreit, wollen ihn die Zuhörer kaum zu Wort kommen lassen. Eine Stimmung kommt auf, die einer Siegesfeier im Sportpalast vergleichbar ist: Die Leute grölen und pfeifen, rufen . . ., auch als sich Brandt schon wieder zurückgezogen hat. Viele haben Mühe zu begreifen, was sich hier anbahnt, und was ein junger Mann, der vor Begeisterung auf einen Tisch gesprungen ist, ausruft: ›Hier ist der nächste Bundeskanzler.‹«

In der entsprechenden, ergänzenden Passage des *Spiegel* vom 29. September 1969 ließ sich ausführlicher nachlesen, mit welchen Formulierungen Brandt sein Koalitionsangebot an die geschlagene FDP um 23.45 Uhr im Fernsehen öffentlich begründet hatte: »Brandt, unterbrochen von anfeuernden Zurufen seiner zum Äußersten entschlossenen Genossen – ›Willy, Willy, Willy‹ –, klammerte die CSU aus und verkündete mit rauher Stimme: ›Die SPD ist die größte Partei, die SPD ist die stärkste Partei, die CDU hat nicht gewonnen, sondern sie hat verloren, der Abstand zwischen CDU und SPD ist gut halbiert worden. Das ist das Ergebnis . . .

Die FDP hat stark verloren, die CDU hat schwach verloren. Einer, der stark verliert, und einer, der schwach verliert, sind zusammen immer noch Verlierer . . .

Diejenigen früheren FDP-Wähler, die eine Koalition mit der CDU wollen, haben CDU gewählt. Diejenigen FDP-Anhänger, die mit Scheel anders wollten, die haben Scheel gewählt. Man hat doch vorher gesagt: Wer FDP wählt, wählt FDP und SPD. SPD und FDP haben mehr als CDU und CSU. Das ist das Ergebnis.‹ So hatte es nach den ersten Hochrechnungen niemand gesehen.«

Denn soviel Conrad Ahlers am frühen Abend auch hin- und herrechnete: Das Ergebnis blieb sich immer gleich. Wenn man schwache Namen, unsichere Kantonisten bei den Liberalen wegließ, reichte es nicht für die kleine Koalition. Ahlers hatte daher, mit Bedauern, Brandt von seinem Vorhaben abgeraten.

Anders der zur Kühnheit aufgelegte Karl Schiller. Als um 21.12 Uhr von Rainer Barzel im Fernsehen der Führungsanspruch der Union erhoben worden war, gleichzeitig aber die Computer einen leichten Vorsprung der Sozialliberalen errechnet hatten (drei Mandate!), begann Schiller, auf seinen Parteivorsitzenden einzureden. Man müsse jetzt mehr sagen als nur: daß man nach allen Seiten offen sei. Schiller betonte, was er dann auch öffentlich wiederholte: Er persönlich neige zu einer Koalition mit der FDP; es sei seine ehrliche Meinung, daß SPD und FDP zusammengehen sollten.

Alex Möller entging sowenig wie den anderen, daß die Hochrechnungen ab Viertel nach neun freundlicher für die Sozialdemokraten zu werden begannen. Gleichzeitig wurde ihm mitgeteilt – was ihn sehr in seiner positiven Einschätzung des neuen Trends bestärkte –, daß er in seinem Heidelberger Wahlkreis (erstmals!) das Direktmandat für die SPD errungen habe. Möller stimmte daher Schiller bei. Ja, er beschloß, einer plötzlichen Eingebung folgend, die Dinge seinerseits voranzutreiben.

Er hatte sich bereits in den letzten Tagen vor dem 28. September diskret mit Genscher, auch mit Mischnick getroffen. Jetzt regte er (in den frühen Abendstunden saß das SPD-Präsidium ebenso geschlossen im Erich-Ollenhauer-Haus, der berühmten *Baracke*, beisammen wie das FDP-Präsidium in seiner Parteizentrale am Bonner Talweg) eine vertrauliche Zusammenkunft mit einigen führenden Freidemokraten in seiner nahegelegenen Bonner Wohnung an. Unbemerkt ging er zusammen mit Heinz Kühn dorthin voraus. Gleichzeitig machte sich SPD-Bundesgeschäftsführer Hans-Jürgen Wischnewski zu Wolfgang Mischnick auf den Weg, der inzwischen im Bundeshaus eingetroffen war. Schweißnaß vor Aufregung, aber strahlend, stürmte er vor 22 Uhr zu ihm ins Zimmer (»Herr Mischnick, es reicht, es reicht!«).

Die Liberalen hatten lange mit hängenden Köpfen in ihrem Talweg gesessen – vernichtet von diesem Wahlergebnis. Sie ahnten, was in vollem Umfange erst die spätere, genaue Auswertung der Ergebnisse beweisen sollte: Bezogen auf die vorhergehende Bundestagswahl 1965 hatte die FDP weniger als ein Viertel ihrer Anhänger behalten. Fast zwei Drittel ihrer damaligen Wähler hatten 1969 eine andere Partei vorgezogen.

Die Stimmung im Talweg wurde immer finsterer. Dieses dürftige Wahlergebnis ließ die Verwirklichung der in Aussicht genommenen Koalition mit den Sozialdemokraten überaus fraglich werden, ja schloß sie wohl aus. Scheel ging früh nach Hause, allein, fürchterlich deprimiert. Selbst wenn der Eindruck, den Genscher offenbar Kohl vermittelte, aufgrund der Genugtuung, die dieser empfand, von ihm möglicherweise übertrieben und ausgeschmückt wurde: Im Kern war die Beschreibung richtig. Scheel habe sich verkrochen (berichtete Kohl der Kanzlerrunde um Kiesinger), er sei am Boden zerstört und halte seine politische Laufbahn für beendet. Noch Stunden später, als Brandt mit ihm telefonierte, war Scheel sehr trübsinnig, war erschöpft und entmutigt – »zu down« (wie Brandt sich ausdrückt), um viel sagen zu können. Es war dem SPD-Vorsitzenden unmöglich, seinen künftigen Kompagnon aufzuheitern.

Auch andere Freie Demokraten hatten nach Scheel die Parteizentrale verlassen. Unter den Zurückbleibenden waren Hans-Günter Hoppe, Wolfgang Mischnick und Hans Wolfgang Rubin. Gemeinsam stellten sie fest, daß die Dinge vielleicht doch nicht so hoffnungslos seien, wie man zunächst gemeint habe. Man müsse sehen, was sich machen lasse. Sie telefonierten herum (es wurde überhaupt sehr viel telefoniert in dieser Nacht) und fanden heraus, daß »man« von beiden Seiten her bei Alex Möller zusammenkam.

Schon vor dem Wahltag hatte die FDP mit der SPD abgesprochen, daß man sich in der Nacht mit Willy Brandt treffen wolle. Nun saß man statt dessen in Möllers »Bonner Wohnung, die sich durch Gemütlichkeit auszeichnet« (wie es in den Memoiren des »Genossen Generaldirektors« heißt), in etwas anderer Besetzung, nämlich ohne die Parteivorsitzenden, beieinander. Es lief auch so gut, kam aufs gleiche hinaus. Die Runde war übereinstimmend der Auffassung, daß man es mit den acht oder zehn Mandaten mehr, die für SPD und FDP gemeinsam mit Sicherheit herauskämen, riskieren könne. Die hier Versammelten müßten gemeinsam die Initiative ergreifen.

Heinz Kühn telefonierte mit dem nordrhein-westfälischen FDP-Vorsitzenden und Innenminister Willi Weyer, der sofort mit von der Partie war und sich mit seinem Ministerpräsidenten für die frühen Morgenstunden des Montags verabredete. Andere riefen von Möller aus Brandt und Scheel an: Sie sollten es ruhig wagen. Zumal bei Scheel war die Ermutigung nicht unnütz. Die drei FDP-Männer bei Möller hatten Einfluß auf ihren Vorsitzenden, weil sie prominente Parteimitglieder, ein wesentlicher Teil seines Präsidiums waren.

Praktisch wurde die Koalition zwischen Sozial- und Freien Demokraten in dieser Nacht, in diesem Kreise, und nahezu gleichzeitig in einer kurzen telefonischen Unterredung zwischen den Parteivorsitzenden beschlossen – auch wenn verschiedene Gremien auf beiden Seiten in den folgenden Tagen die bereits getroffene Grundentscheidung nachträglich noch sanktionieren und natürlich konkretisieren mußten.

Schon gegen 22.30 Uhr hatte Willy Brandt von der Baracke aus Walter Scheel zu Hause angerufen (seine Privatnummer übrigens erst kurz vorher durch einen Anruf beim Chefredakteur des *Spiegel* in Hamburg, dem befreundeten Günter Gaus, in Erfahrung bringen lassen). Er müsse bald, sagte Brandt, vor die Kameras und habe die Absicht, öffentlich zu erklären, daß er gemeinsam mit den Freien Demokraten die nächste Bundesregierung bilden wolle. Ob er das könne, es also mit Scheels Rückendeckung sagen dürfe?

Brandt behauptet, er habe auf den bedrückten, schweigenden FDP-Vorsitzenden einreden müssen: Es reiche doch; SPD und FDP hätten mehr Stimmen und Mandate als CDU und CSU. Scheel habe sich »abwartend«, »rezeptiv« verhalten, ihm »keine Zusagen gemacht«, ihn allerdings auch nicht entmutigt.

Scheel selbst schildert sich im Rückblick gelassener, souveräner, als er an jenem Abend vielleicht sein konnte. Zwar behauptet auch er heute nicht gerade, damals besonders beredt gewesen zu sein. Aber bei ihm erscheint seine Verhaltenheit in einem anderen Lichte: Es gab einfach nicht viel zu sagen. Denn alles war klar. Als Brandt ihm das geplante, waghalsige Unterfangen vorschlug und wissen wollte, was Scheel über seine Beteiligung, also die der FDP, denke, antwortete er ihm mit dem knappen Satz: »Ja, tun Sie das!« Kein Wort mehr.

Aber dieser eine Satz hatte es in sich. Ob Scheel damals gebeutelt und kleinmütig war oder schon seiner Schlüsselrolle bewußt und deshalb maulfaul, ist gleichgültig. Denn da er den SPD-Vorsitzenden nicht entmutigte, ihn nicht von der Verkündung seiner Wunschkoalition abschreckte, hat er ihn ermutigt und bestärkt. Damit war er es, der schon zu diesem Zeitpunkt zwischen Kiesinger und Brandt den Ausschlag gab. Barzel hat das (»Auf dem Drahtseil«) ganz richtig gesehen; Scheel und seine neue F. D. P. machten Brandt zum Kanzler. Wie schon bei der Wahl des Bundespräsidenten hatten es erneut allein die Freien Demokraten in der Hand, wer das Rennen machte, wer diesmal Regierungschef wurde – niemand sonst. Die beiden Großen waren nur Bittsteller. Sie konnten lediglich Vorschläge unterbreiten, zwischen denen die Liberalen dann auswählten.

Das erkannte natürlich keiner besser als Kurt Georg Kiesinger, mußte er doch als Führer der CDU erleben, daß er trotz des Erfolgs der Unionsparteien, die nahe an die absolute Mehrheit herangekommen waren, auf die Rolle eines bloßen Betrachters reduziert wurde. Diese Erfahrung völliger Ohnmacht macht die Heftigkeit seiner Wut auf die unbotmäßigen Liberalen erklärlich. Seine eben erst plötzlich aufgeflammten, heftigen Gefühle der Freundschaft zur FDP sanken sofort wieder in sich zusammen, ja verkehrten sich ins Gegenteil, als die Freien Demokraten seine hochherzigen Avancen unbesehen zu den Akten legten. War er vorher, zwischen 1966 und 1969, ihnen gegenüber eher von gedankenloser Gleichgültigkeit, so überkam ihn jetzt brennende Rachsucht.

Nach seinem Auftritt vor der Bundespressekonferenz am 1. Oktober 1969 meinte Hans Ulrich Kempski, Kiesingers ganzes Trachten scheine auf das Ziel gerichtet, den Freien Demokraten heimzuzahlen, was sie ihm angetan hätten; in heißer Wut beabsichtige er, sie in den kommenden zwölf Monaten »kurz und klein zu machen«, falls sie nicht doch noch gefügig würden. In ähnlicher Tonlage sagte Kiesinger vier Tage später in der Sendung »Bonner Perspektiven«(!) des *ZDF* im Blick auf die 1970 anstehenden fünf Landtags-Wahlkämpfe: Denkbarerweise könne es der Union bei ihnen gelingen, aus vier Regionalparlamenten die FDP »herauszukatapultieren, die sich jetzt als Schlüsselfigur der Bundesrepublik betätigt«. Womit er für die CDU/CSU alles nur verschlimmerte, ihre Sache erst recht verdarb; das kräftige Wort hängt Kiesinger und der Union bis heute an. Mit dieser einen Äußerung hatte er auch alte Freunde der Union in der FDP schwer verletzt. Der Stachel saß tief. Hatte die von der Union betriebene Wahlrechtsreform während der sechziger Jahre ihr Verhältnis zu den Freien Demokraten belastet, so ruinierte Kiesingers politische Mordlust die Beziehungen für die siebziger – zum Vorteil der Sozialdemokraten.

Wehner und Schmidt: Gegner des sozialliberalen Bündnisses

In der Führungsspitze der SPD waren noch am frühen Abend des 28. September 1969 durchaus nicht alle geneigt, mit der FDP gemeinsame Sache zu machen. Wehner vor allem wurde es immer ganz mulmig, wenn er davon hörte. Er faßte sich heimlich an den Kopf, wenn da einer wie Brandt von den Liberalen schwärmte und übertrieben hoffnungsvoll die Zusammenarbeit mit ihnen anstrebte, weil er sich auf die FDP verlassen zu können glaubte.

Wehners Hauptziel war und blieb, die SPD entscheidend an der Verantwortung für die Bundesrepublik zu beteiligen, sie zum verläßlichen, bestimmenden Machtfaktor der (west)deutschen Politik zu machen. Ohne sie – dachte er, sagte er – gebe es keine gesicherte, keine lebenskräftige Demokratie in Deutschland; ohne einen angemessenen, also einen maßgeblichen Einfluß der Sozialdemokraten könnten in der jungen, ungefestigten Bonner Republik leicht Weimarer Verhältnisse entstehen. Wehner sorgte sich immer sehr um die Stabilität der deutschen Demokratie. Seine Lebenserfahrung, die er oft anführte (»Glaubt einem Gebrannten!«), hatte ihn gelehrt, daß es nur die parlamentarische oder überhaupt keine Demokratie gab. Alle anderen Formen, die sich des verheißungsvollen Namens einer Demokratie bedienten, fand er, seien die Beweise ihrer Wirksamkeit schuldig geblieben.

Seine Sorge um die deutsche Demokratie und ihr Kernstück, die Sozial-Demokratie, ließ ihn noch am Wahltag 1969 lieber an eine Fortsetzung der Großen Koalition als an Abmachungen mit den Freien Demokraten denken. Seit einem Jahrzehnt, mindestens, mühte er sich um ein faires, partnerschaftliches Verhältnis zur Union, weil »das geteilte Deutschland«, wie er am Schluß seiner berühmten Rede vom 30. Juni 1960 gesagt hatte, »nicht unheilbar miteinander verfeindete christliche Demokraten und Sozialdemokraten ertragen« könne. Außerdem brauchte die parlamentarische Demokratie, um lebenskräftig zu sein, unbedingt eine kraftvolle Führung, eine wirklich handlungsfähige Regierung.

Mit der Großen Koalition seit 1966 sah Wehner einige seiner Hoffnungen verwirklicht. Seither hatte man im gemeinsamen Zusammenwirken der beiden Parteien und mit der Unterstützung aller wichtigen Gruppen und Kräfte des Landes die Grundlagen dieser zweiten Republik gesellschaftspolitisch verbreitert und befestigt. Und jetzt sollte er sich statt dessen mit diesem kleinen Häufchen seltsamer Liberaler einlassen? Das war doch sehr gewagt. Die FDP war in seinen Augen ein Risikofaktor unserer Demokratie – kein Machtfaktor, keine kalkulierbare politische Kraft.

Hinzu kam bei Wehner wohl ein Motiv, dessen Hintergrund nicht ganz und gar erhellt, von der Vernunft allein her nicht völlig erklärt werden kann. Dieser spannungsreiche, auch religiös selbstquälerische Mensch (der gleichzeitig sein

Leiden an der Welt auch genießt, ohne das natürlich je zuzugeben, ja vielleicht, ohne es selbst zu wissen) hielt im Grunde 1969 noch immer für richtig, was er der SPD schon 1966 zugedacht hatte: Er fand, daß seine Partei eines gleichwertigen, eines gleichgewichtigen Partners bedürfe, um an ihm zu wachsen, sich an ihm zu bewähren. In diesem Sinne hatte er damals, als sich nach dem Sturz Erhards die Frage stellte, ob die Sozialdemokraten eine Koalition mit der FDP oder lieber mit der CDU/CSU anstreben sollten, im vertraulichen Gespräch betont: Die SPD brauche nicht einen Tropfen liberalen Öls; sie brauche das Kreuz.

Aus allen diesen Gründen hatte Wehner vor der Wahl 1969 seinen Leuten hinhaltend gesagt, er schließe die sozialliberale Möglichkeit selbstverständlich nicht aus, aber er wolle abwarten, ob es denn zu ihr überhaupt reiche. Er mochte sich nicht festlegen, solange das irgend angängig war, zögerte bis weit in den Wahlabend hinein. Kontakte wegen der Bildung einer sozialliberalen Koalition waren zwischen FDP und SPD längst aufgenommen. Brandt feilte bereits an seiner Fernseherklärung, es jetzt mit den Liberalen versuchen zu wollen. Da verhöhnte und provozierte Wehner, buchstäblich in letzter Minute, diese »alte Pendlerpartei« – nicht in spontaner Erregung, sondern sorgfältig überlegt, in der ihm eigenen Art geplant: um nämlich die Freien Demokraten gerade noch rechtzeitig auf seine Liebesprobe zu stellen.

Nachdem Brandt sich erklärt hatte, konnte Wehner freilich bei seiner Taktik nicht bleiben, ohne Brandt offen – und wahrscheinlich erfolglos – in den Rükken zu fallen. So weit wollte er sich nicht exponieren. Denn das SPD-Präsidium hatte am frühen Abend Brandts Vorhaben angehört und gemeinsam gebilligt: Diesmal mache man die Sache mit der FDP. Wehner hatte, wie oft, vieldeutig schweigend an seiner Pfeife gesogen und nichts eingewandt. Ja, als ihn lange nach Mitternacht der aufgeregte Pressesprecher der FDP, Hans-Roderich Schneider, sowie der freidemokratisch gesonnene Journalist Hans Ulrich Kempski (von der *Süddeutschen Zeitung*) zu Hause auf dem Heiderhof besucht und eine Stunde auf ihn eingeredet hatten, fand er sich sogar bereit, Brandt, der im Kreise seiner Getreuen feierte (wie Wehner grimmig anmerkte), anzurufen, um ihm ausdrücklich eine vorsichtige Rückenstützung zuteil werden zu lassen. Seither hielt sich Kempski für den eigentlichen Schöpfer dieser Koalition. Denn er hatte Brandt ermuntert, indem er ihm einen Zettel zusteckte, auf den die drei anfeuernden Worte »Jetzt oder nie!« geschrieben waren.

Wehner blieb skeptisch, war im Grunde seines Herzens auch nach 1969 für die Große Koalition. Niemand konnte ihm seine Sorgen und Zweifel ausreden. Er scheute nun einmal Überraschungsaktionen mit Hilfe versprengter Freischärler auf unübersichtlichem, gefährlichem Gelände. Er hielt den Husarenritt des parlamentarisch unerfahrenen Brandt für ein politisches Abenteuer, das er – ebenso wie Helmut Schmidt – gern vermieden hätte. Statt dessen galoppierte Brandt fröhlich querfeldein und stieg, schlimmer noch, auf eigene Faust steinschlaggefährdete Felswände hoch. Wehner, der erfahrene Bergführer der Sozialdemokraten, hatte Angst, daß die zappeligen, unentschlossenen, verstrittenen Liberalen die ganze Seilschaft in Sichtweite des Gipfels ins Tal reißen könnten.

Anders gesagt: Würden die Freien Demokraten im Parlament mit berechenbarer Sicherheit Brandt auch zu ihrem Kanzler wählen? Wehner wurde von Zwangsvorstellungen gepeinigt. Es kam auf eine fast geschlossene Abstimmung an, wenn Brandt es schaffen sollte. Man brauchte keine überspannte Einbildungskraft, um sich das Schreckbild auszumalen, daß der Kandidat der SPD blamabel durchfiel, weil einige wenige dieser eigensinnig in die eigene Individualität verliebten liberalen Herren es sich am Ende anders überlegt hatten. Wenn das passierte, war nicht nur Brandt erledigt – das hätte Wehner leicht verschmerzt. Nein, die ganze SPD war im gleichen Augenblick auf Jahre hinaus diskreditiert. Alle Erschöpfungen des langen Marsches zur Macht wären dann umsonst gewesen, alles schon Erreichte in einer einzigen Abstimmung zunichte gemacht.

Es war Wehner unheimlich, daß Brandt und Scheel gleichermaßen zu Risiken bereit, ja beide ausgemacht risikofreudig schienen.

Brandt war für Wehner – so wie später Kohl für viele in der CDU/CSU – eigentlich nur ein Kanzler*kandidat*, nur ein zeitweilig nützlicher, jugendlicher, allmählich abgenutzter Bewerber. Erstaunlicherweise überlebte er es, mehrfach erfolglos anzutreten. Trotzdem war er für Wehner nicht als Regierungschef vorstellbar. Nicht fleißig genug, viel zu leichtlebig, nie rechtzeitig im Bett. In seinen Augen war Brandt überhaupt kein Chef, von was auch immer, wurde es nie, Gott bewahre.

Ähnlich dachte Helmut Schmidt, der aber durchaus Brandts Leistungen sah. Er hatte Berlin während des Chruschtschow-Ultimatums gehalten, hatte, was ohne ihn vielleicht nicht gelungen wäre, die SPD im allgemeinen Bewußtsein regierungsfähig gemacht. Erler war ein Mensch ohne Massenwirksamkeit gewesen, während Brandt, darin John F. Kennedy ähnlich und auch Papst Johannes XXIII., die große, seltene Begabung besaß, anderen das erhebende Gefühl zu vermitteln, indem sie ihm hülfen, dienten sie einem großen Ideal. Brandts hartnäckiges Beharren auf der Notwendigkeit einer neuen Ostpolitik im Jahre 1969 leuchtete Schmidt ein. Allerdings fand er Brandts außenpolitische Perspektive damals etwas beschränkt. Aber diese Blickverengung beobachtete er bei allen Berlinern. Es war lokal begreiflich. Wer dort lebte, war eben auf Ostpolitik fixiert, wurde von der DDR und der Sowjetunion so oder so offenbar behext. Nur örtlich war man in Berlin nicht betäubt.

Allgemein fand Schmidt an Brandt und den Berliner Genossen einiges auszusetzen, was sich aus der dortigen Sondersituation erklären ließ; es machte die Sache nicht besser. Keiner dieser Berliner Sozialdemokraten – ob das nun Brandt war oder Bahr, Spangenberg oder Schütz – hatte je gelernt, was zu einer ordentlichen Administration gehörte: ein disziplinierter Umgang mit Beamten. Das eigene Aktenstudium. Die Fähigkeit zu energischer und präziser Koordinierung. Dann die detaillierte Direktive. Als Verwaltungschefs verdienten sie alle, nach Schmidts Meinung, die Noten mangelhaft bis ungenügend. Wie sollte das gutgehen, wenn Brandt Kanzler würde?

Mindestens ebenso schlimm war, wenn man an die Realisierungschancen einer Reformpolitik dachte, daß keiner der Berliner mit Geld umgehen konnte. Dies war eine beklagenswerte Folge der immerwährenden, wenn auch zähneknirschenden Bereitschaft des Bundes, jedes Loch im Etat der Stadt durch Subventionen zu stopfen, im weiteren Sinne also eine Folge der Existenz Berlins im luftleeren Raum. Wer hatte dort schon eine Ahnung von wirtschaftlichen, von finanziellen Zusammenhängen und Zwängen? Kaum jemand.

Andererseits hatte Schmidt schon zweimal in der Vergangenheit daran mitgewirkt, daß Brandt sein Ziel nicht erreichte. Einmal 1965. Als der SPD-Vorsitzende nach der damaligen Bundestagswahl versucht hatte, in Bonn die Fraktion zu übernehmen, war er mit Erler tagelang aneinandergeraten. Denn Erler hatte sich dieses Amt erarbeitet und hielt es eisern fest; seine Krankheit (Leukämie), die ihn im darauffolgenden Sommer zwang, den Fraktionsvorsitz abzugeben und ins Krankenhaus zu gehen, wo er im Februar 1967 starb, wurde in ihrer tödlichen Gefährlichkeit von allen, ihn eingeschlossen, lange nicht erkannt. Erler, der sich selbst Hoffnungen auf die Kanzlerschaft machte, wollte Brandt am liebsten nach Berlin zurückgehen sehen – was dieser, entmutigt, am Ende dann auch tat.

Zum zweiten Male hatte Schmidt ein Jahr später, 1966, als es um die Große Koalition ging, Brandt entgegengewirkt. Dieser favorisierte von Berlin aus das Bündnis mit der FDP. Schmidt wie Wehner hielten das für Unsinn, lehnten es als nicht machbar ab.

Ein drittes Mal mochte Schmidt sich Brandt nicht in den Weg stellen. Außerdem konnte man ihn sowieso nicht mehr aufhalten. Mürrisch und nur gespielt gleichgültig warf Schmidt ihm daher, nach seinen eigenen Worten, am Wahlabend den Satz: »Wenn du's willst, mach's doch!« hin. Wenn Brandt wirklich so hartnäckig auf diese SPD/FDP-Koalition hinauswollte, dann sollte er es mit ihr in Gottes Namen jetzt versuchen. Es kam ohnehin nicht mehr darauf an, was man ihm riet. Brandt war fest entschlossen, wie Schmidt merkte.

Willy Brandt: »Wir machen es.«

Brandt brauchte an diesem Tage tatsächlich weder Belehrungen noch Ermunterungen, nirgendwoher. »Ich war meines Weges sicher«, stellte er 1974 im Rückblick »Über den Tag hinaus« fest. »Ich ließ niemanden darüber im Zweifel, daß ich Bundeskanzler werden wollte«, gab er 1976 in »Begegnungen und Einsichten« offen zu. Niemanden: Das schloß am 28. September 1969 Schmidt und Wehner ein.

Am Sonnabend, dem 27. September, hatten einige persönliche Ratgeber Brandts, darunter der gescheite Günter Gaus und der unentbehrliche Leo Bauer (»unentwegt sächsisch-geschäftig«, wie Günter Grass über ihn im »Tagebuch einer Schnecke« schrieb, »immer auf der Suche«, mit einem »Kompaß für das Beachtliche« und »hilfsbereit bis weit über die Grenzen der eigenen Leistungsfähigkeit hinaus«, wie Leos anderer politischer Freund und Gönner, Herbert Wehner, in seinem Nachruf 1972 sagte), in der Residenz des Außenministers auf dem Venusberg zusammengesessen. Im Laufe des Vormittags war auch der Hausherr dazugestoßen, seine letzte Wahlveranstaltung hinter sich.

Die Runde bereitete Rohentwürfe für die Erklärung vor – und zwar deren drei –, die der Parteivorsitzende nach dem, wie jeder annahm, so oder so knappen Wahlergebnis im Fernsehen abzugeben hatte: Erstens bei einem eventuellen CDU/CSU-Sieg. Zweitens für eine kleine SPD-Mehrheit, mit der allerdings niemand rechnete. Und drittens, falls die zahlenmäßigen Mindestvoraussetzungen einer sozialliberalen Koalition gegeben sein sollten.

Seine Vertrauten und Helfer wollten mit solchen Vorarbeiten verhindern, daß Brandt am nächsten Tage zu lange im Hinterzimmer sitzen blieb und dort der übertriebenen Ängstlichkeit Wehners oder den egoistischen Bedenken seines Konkurrenten Schmidt ausgesetzt war, wenn es darum ging, das Wahlergebnis gemeinsam zu würdigen und praktische Konsequenzen aus ihm zu ziehen. Denn dieser Runde war klar: Wer als erster vor die Kameras ging und seinen Führungsanspruch anmeldete, gewann einen – vielleicht entscheidenden – politisch-psychologischen Vorsprung. Denn dieser Erste beschäftigte die öffentliche Phantasie, nahm sie in Besitz. Ihm fiel die Initiative des Handelns zu. Deshalb war man in der SPD überrascht und entzückt, als Kiesinger am Wahlabend im Fernsehen erklärte, daß die Regierungsbildung Zeit habe.

Brandt war ganz anders – anders auch, als er selbst sonst war. Kein Mensch hat ihn vorher oder nachher so aktiv gesehen wie an diesem Abend, in dieser Nacht des 28. September, nie sonst so zielstrebig und energisch. Kein Hamlet mehr, kein Parzifal. Ein Mann beherzter, jugendlich beschwingter Tat. Es war, als habe Brandt, »dieser große Junge« (wie Herbert Blankenhorn, der ihn eigentlich gern mochte, immer von ihm sagte), lange auf diesen Augenblick gewartet, als seien plötzlich alle Schleusen seiner Kraft geöffnet, Brandt ganz erwachsen und frei.

Dies war der Tag, an dem er seinem Ziehvater, seinem Zuchtmeister entlief. Sein eigener, einsamer, ganz persönlicher Entschluß, mit Hilfe der FDP Kanzler zu werden, war ein Akt des Widerstandes, gewissermaßen ein innerparteilicher Staatsstreich gegen Wehner, den er genauso loswerden wollte wie Wehner ihn. Wenn Brandt in der Wahlnacht bei allgemeinen Wendungen geblieben wäre –

Seine Partei werde den ihr gebührenden Platz beanspruchen, die zuständigen Gremien würden in den nächsten Tagen beraten und entscheiden –, dann wäre Wehner sofort aktiv geworden, und zwar in anderer Richtung. So aber zog Brandt auch ihn wie alle Zögernden einfach mit. Was man so oft von Brandt gesagt hatte, stimmte nicht, zumindest nicht mehr: Weder er noch irgendwer sonst in seiner Kernmannschaft war illusionär. Keiner träumte. Realistisch handfest redete man während der ganzen Wahlnacht in Brandts Umgebung (also nicht nur in Kreisen der Union!) über den Kauf, sozusagen den Rückkauf unzuverlässiger Liberaler. Im übrigen ging man sofort flink, fleißig und fair mit den Freien Demokraten ans Werk.

In den schon erwähnten, von der *Süddeutschen Zeitung* veröffentlichten »Tagebuchnotizen« schilderte Hans Ulrich Kempski, wie er im ersten Morgengrauen des Montags nach der Wahl einen verwandelten Willy Brandt erlebte: »Als Brandt sich anschließend auf den Heimweg macht, wirkt er so entspannt, als sei er bereits gewählter Kanzler. Alles Sinnende und Zweifelnde hat sich bei ihm verloren. In zwei Jahrzehnten habe ich ihn nie zuvor in einer vergleichbaren Stimmung suggestiver Zuversicht gesehen. Dies drängt mich, ihn zu fragen, ob ihm denn nicht bange sei vor Selbstbetrug. Er aber läßt mit jener Bestimmtheit, die seinem Führungswillen in den vorangegangenen Stunden im Kreis des Parteipräsidiums so viel Autorität verlieh, daß niemand Einwände gegen seine Analysen und Folgerungen vorzubringen wagte, jede Skepsis als nichtig erscheinen. Er sagt: ›Wir machen es.‹«

Abschluß der Regierungsbildung

Der Rest der Regierungsbildung ist rasch erzählt. Am Montag früh um 9.20 Uhr rief Brandt den Bundespräsidenten an (der übrigens seinerseits am Vorabend, sobald sich die sozialliberale Möglichkeit abzeichnete, den entsprechenden Willensbildungsprozeß telefonisch ermuntert hatte), um ihm seinen Koalitionsentschluß bekanntzugeben. Da Heinemann, wie gewohnt, rechtzeitig ins Bett gegangen war (»Wir lesen es ja morgen in der Zeitung«), saß er gut ausgeschlafen in der »Morgenandacht«, wie man seine täglich um neun Uhr beginnende Routinebesprechung mit dem Kreis der engsten Mitarbeiter im Präsidialamt ironisch nannte, als der Apparat klingelte. Staatssekretär Spangenberg nahm den Hörer ab, gab ihn Heinemann: Es sei Brandt. Heinemann hörte zu, sagte mehrmals »ja«, »ja«, »ja« – und dann plötzlich, laut und mit Nachdruck: »Willy, ran, mach's!« Die Anwesenden trauten kaum ihren Ohren. Denn so innerlich beteiligt und deutlich erregt drängend zeigte sich der verhaltene, gehemmte Heinemann sonst nie.

Dabei war alles Wesentliche schon getan, oder geschah gleichzeitig. Knappe vier Stunden später, um 13.10 Uhr, interviewte der Bonner Journalist Ernst Dieter Lueg (dessen Name der bissige Herbert Wehner gern »Lüg« aussprach) den nordrhein-westfälischen Ministerpräsidenten. Auf seine Eingangsfrage: »Es ist schon eine Information, wenn Sie uns sagen, wo Sie jetzt herkommen«, sagte Kühn um diese Uhrzeit: »Ich komme jetzt unmittelbar aus dem Bett . . .« Die Nacht war eben für alle Hauptbeteiligten sehr kurz gewesen, und Heinz Kühn hatte daher gerade »eine Stunde geschlafen«: »Aber ich war vorher mit Willi Weyer, dem Landesvorsitzenden der nordrhein-westfälischen FDP zusammen, und wir haben in einem zweieinhalbstündigen Gespräch den ganzen Horizont der bestehenden Möglichkeiten abgeschritten. Es tagt zur Stunde jetzt die Vorstandssitzung der FDP . . . Ich bin sehr zuversichtlich, daß wir sehr bald eine Regierung aus SPD und FDP haben können . . .« Am Ende des Gesprächs wollte Lueg wissen: »Herr Ministerpräsident, wenn ich Sie richtig verstanden habe, gibt es die Alternative: kleine oder Große Koalition – überhaupt nicht mehr, und Sie gehen auch sicher davon aus, daß heute bei der Tagung Ihrer Gremien . . . am Nachmittag und am Abend die Entscheidung eindeutig in Richtung FDP fallen wird?« Kühn antwortete knapp: »So ist es.«

In der Öffentlichkeit hatte man bis dahin selbst unter engagierten Freunden der neuen Koalition noch nicht diesen Eindruck. Die Morgenpresse des 29. September war, nur zum Teil wegen ihrer vergleichsweise frühen Redaktionsschlußzeiten, durchgängig abwartend oder skeptisch gewesen. Die publizistischen Verbündeten des Linksbündnisses waren entmutigt und wollten das Unverhoffte nicht sofort glauben. So hatte die linksliberale *Frankfurter Rundschau* am Montag mit der Hauptüberschrift aufgemacht: »Die SPD schaffte den Durchbruch nicht. CDU/CSU weit in Front, Brandt-Scheel-Koalition unwahrscheinlich«. In einem Kommentar dieses Blattes hatte es dazu geheißen: Die Zeit sei eben »noch nicht reif für einen Machtwechsel«. Das meinte ebenso auch die nationalkonservative *Welt* (»Ein Machtwechsel ist unwahrscheinlich«), die sich im Kommentar für eine Erneuerung der Großen Koalition aussprach.

Am Montagnachmittag kamen Brandt und Hoppe zusammen, die sich von Berlin her gut kannten. Hoppe hatte im Frühjahr 1963 die Berliner SPD/FDP-Koalition angebahnt, mit Brandt und Albertz vorgeklärt, war dann unter Brandt Finanzsenator geworden und amtierte seit 1967 als Justizsenator in Berlin. Kurz darauf traf man sich, diesmal zu dritt, gemeinsam mit Scheel in der Bonner Berlin-Vertretung. Die Sozialdemokraten boten den Liberalen, die von ihrem früheren Koalitionspartner regelmäßig mit Randposten abgespeist worden waren, drei Ministerien in zentralen Regierungsbereichen. Die Freien Demokraten, die sich ohnehin wie Kinder am strahlenden Weihnachtsabend nach dunklen Dezembertagen fühlten, waren damit zufrieden. Sie verlangten nicht mehr.

Das Auswärtige Amt ging an Scheel. Das stand von vorneherein fest, war ihm schon viel früher von Brandt zugesagt worden. Zum größten Bedauern von Schmidt. Denn er wäre gern selbst Außenminister geworden, wenn er schon nicht Regierungschef werden konnte, was er natürlich am liebsten wollte. Schütz gegenüber sprach er von Willy Brandt ab 1969 immer nur als »*deinem* Kanzler«. Ärgerlich erwog Schmidt, dann lieber die Fraktionsführung zu behalten, die ihm lag und bei der er das Gefühl hatte, das Heft in der Hand zu haben. Aber das ging nicht. Denn Wehner wollte auf keinen Fall unter Brandt weiter Minister bleiben und strebte daher seinerseits energisch die Fraktionsführung an. Überdies konnte Schmidt, der anerkannt wichtigste SPD-Experte für Wehrfragen (anders als 1966, wo man ihn mit dem Verkehrsministerium hatte abspeisen wollen), unmöglich den Eintritt in eine Bundesregierung ablehnen, in der man ihm die Hardthöhe anbot. Am Ende ließ er sich daher von Brandt und Wehner breitschlagen, das Verteidigungsministerium zu übernehmen. Sehr ungern. Als ihn Richard von Weizsäcker (CDU) im Oktober 1969 fragte, warum die SPD um alles in der Welt das wichtige Außenministerium der FDP anbiete (»Die *müssen* doch mit euch koalieren!«), fragte Schmidt bezeichnenderweise zurück, womit er sein Bedauern über den Verlust des AA ebenso verriet wie seine Geringschätzung Scheels: Ob Weizsäcker im Ernst wolle, daß Herr Scheel das Verteidigungsministerium übernähme? Schmidt war und blieb ein Gegner des Zusammengehens mit der FDP. Seine Einstellung änderte sich erst, als er sich als Kronprinzen entdeckte.

Sodann bekam die FDP das Bundesministerium des Innern. Was konnte man mehr wollen! Sichtlich zufrieden, sagte Hans-Dietrich Genscher nach 1969 oft: Bekanntlich zerfalle die Politik in zwei Bereiche, nämlich in die Innen- und die Außenpolitik. Und beide seien von der FDP besetzt.

Gern hätte man außerdem, als drittes Ressort, das Wirtschafts- oder das Finanzministerium eingeheimst. Denn den Freien Demokraten war durch den Aufwertungsstreit schmerzlich bewußt geworden, wie nachteilig sich eine fehlende Präsenz in diesen Gebieten für sie bei Wahlen auswirkte. Aber das eine ließ sich so wenig erreichen wie das andere, auch wenn der Ehrenvorsitzende der Partei, Reinhold Maier, besorgt an Walter Scheel schrieb: Ohne einen FDP-Wirtschaftsminister oder einen FDP-Finanzminister stünden alle noch so weitgehenden sachlichen Zusagen der Sozialdemokraten auf keinem realen Boden. Doch die Wirtschaftsverwaltung war wegen, also gegen Karl Schiller, den eigentlichen Sieger der Wahl, einfach nicht durchzusetzen.

Ebensowenig konnte man Alex Möller der sozialliberalen Regierungsmannschaft fernhalten. Er mußte, gewissermaßen als Pate des neuen Bundes, unbedingt ins Kabinett Brandt/Scheel aufgenommen werden, obwohl er selbst, zusammen mit Schmidt, viel lieber in der Fraktionsführung geblieben wäre. »Wenig glücklich« beugte er sich, wie er in seinen Memoiren »Genosse Generaldirektor« berichtet, gemeinsam mit Schmidt, erst am 4. Oktober, nachdem »in der Wohnung von Willy Brandt und in Anwesenheit von Herbert Wehner ein sehr ernstes Gespräch«, »auch ein langes Gespräch« mit beiden Männern stattgefunden hatte. Wehner bestätigte und ergänzte mündlich diese Darstellung:

Die Absprache zwischen Möller und Schmidt sei nur durch »mühsame Verhandlungen«, die er mit ihnen geführt habe, zu überwinden gewesen.

Möller hatte bei seinem Zögern andere Motive als Helmut Schmidt. Es fiel ihm schwer, seine Spitzenposition bei der Karlsruher Lebensversicherungs-AG aufzugeben. Außerdem mag eine Rolle gespielt haben, daß er die gesundheitlichen Belastungen des ausgemacht strapaziösen Finanzminister-Postens fürchtete. Denn da er 1897 geboren war (und nicht erst 1903, wie man allenthalben lesen, auch öffentlichen Feiern entnehmen konnte, etwa dem sogenannten 75. Geburtstag am 26. April 1978), stand er 1969 bereits im 73. Lebensjahr. Ihn trennten daher nur reichliche vier Monate von dem etwas älteren, nämlich im Dezember 1896 zur Welt gekommenen Carlo Schmid, der 1969 von sich aus, noch ehe die neue Ministerliste feststand (wie er in seinen »Erinnerungen« erwähnt), Brandt gegenüber auf eine weitere Zugehörigkeit zur Bundesregierung verzichtet hatte.

Wenn also beim Wirtschafts- wie beim Finanzressort für die Freien Demokraten nichts zu machen war, bekamen sie doch wenigstens das Land*wirtschafts*ministerium für Josef Ertl. An sich war Wolfgang Mischnick als dritter FDP-Minister im Gespräch gewesen. Aber dem Parteivorsitzenden hatte Brandts Anregung, mit Hilfe des robusten, wortreichen Oberlandwirtschaftsrats aus Bayern wenigstens einen guten Teil der rechten Liberalen mit dem neuen Kurs zu versöhnen, spontan eingeleuchtet. Scheel entschloß sich daher, diese Idee mit »Brachialgewalt« (wie er selbst sagt) in den eigenen Reihen durchzusetzen.

Ertl, der bei der unverhofften Aussicht auf ein Bonner Ministeramt sofort Feuer gefangen hatte, konnte an sein Glück zunächst gar nicht glauben. Er argwöhnte, Scheel werde in der FDP mit diesem Gedanken keinen Erfolg haben, ja er werde gar nicht ernsthaft für ihn streiten. Ertl fürchtete nämlich (grundlos, wie sich erwies), sein Parteivorsitzender verüble ihm sein empörtes Telegramm – wegen Scheels eigenmächtiger Koalitionsfestlegungen – und ebenso seine öffentliche Forderung noch während der Wahlnacht, daß »aus der schweren Niederlage der FDP . . . Konsequenzen politischer und personeller Art gezogen werden« müßten.

Aber der Vorsitzende war gar nicht Ertls Problem; ihn hatte er unerschütterlich auf seiner Seite. Bei den internen Beratungen der Freien Demokraten sah sich Ertl einer breiten Allianz Mißgünstiger gegenüber, die ihm seinen eben erst verheißenen Anteil an der Koalitionsbeute sofort wieder abjagen wollten. Statt der Landwirtschaft verlangten sie das Wissenschaftsressort für die FDP. In der Überzeugung, daß den Liberalen das Bildungsministerium zufallen müsse, waren sich so unterschiedliche Richtungen und Persönlichkeiten wie Erich Mende und Willi Weyer einerseits, Hildegard Hamm-Brücher, Ralf Dahrendorf und Rötger Gross andererseits völlig einig. Besonders Frau Hamm-Brücher, Staatssekretärin im hessischen Kultusministerium, brachte durch ihre Penetranz (wie er fand) Ertl bereits am 30. September so sehr auf die Palme, daß er sich lautstark weigerte, weiter mit ihr an einem Tisch zu sitzen. Ertl geriet derart in Erregung, daß er einen Schwächeanfall, offenbar einen leichten Herzinfarkt, erlitt und hinausgetragen werden mußte. Es schadete ihm nichts: Als er aus seinem Genesungsaufenthalt nach Bonn zurückkehrte, war er Minister.

Dabei waren die Argumente seiner Gegner gar nicht leicht zu entkräften gewesen. Die Rechten sahen natürlich, worauf Mende in der gemeinsamen Bundesvorstands- und Fraktionssitzung vom 3. Oktober 1969 anspielte, daß das Landwirtschaftsministerium auf Ertl »zugeschnitten« worden war. Ausgerechnet die Agrarpolitik hatte man plötzlich als angebliche FDP-Domäne entdeckt. Das konnte nur den Sinn haben, den energischen Ertl seinen bisherigen konservativen Alliierten abspenstig zu machen und für den Scheel-Kurs zu erwärmen, den er eben noch heftig bekämpft hatte.

Die Linken, überwiegend Bonner Neulinge und ahnungslose Außenseiter, versuchten tatkräftige Schlußfolgerungen aus dem besonderen Anspruch zu ziehen, den die FDP als Partei kühnen Wandels, als Vorkämpferin einer beherzten Modernisierung der Gesellschaft in den letzten Jahren erhoben hatte. Wenn man in der Wahlplattform »Praktische Politik für Deutschland – das Konzept der F. D. P.« vom 25. Juni 1969 geschrieben habe, daß das »Angebot der F. D. P. an ihre Wähler . . . eine Innenpolitik vernünftiger Reformen« und »eine Wirtschaftspolitik des Fortschritts« sei, dann müsse man jetzt unbedingt Reformministerien wie Justiz, Raumordnung und besonders Bildung beanspruchen, um glaubwürdig zu bleiben.

Hatte die FDP nicht seit Jahren in ihren Programmen ein »Bürgerrecht auf Bildung« behauptet? War nicht bereits im Aktionsprogramm der Freien Demokraten »Ziele des Fortschritts« vom 5. April 1967 »aus dem Recht auf freie Entfaltung der Persönlichkeit und dem Gebot der Menschenwürde« gefolgert worden, »daß jedem Menschen die seiner Eignung, Neigung und Leistung entsprechende Ausbildung ermöglicht werden« müsse? Hatte nicht die FDP eben erst, in der Wahlplattform, besonders herausgestrichen, daß »die Bildungspolitik Kernstück ihrer Gesellschaftspolitik« sei? Und jetzt, kurz nach den Wahlen, sollte das alles nicht mehr wahr sein, keinerlei Bedeutung für die politische Praxis besitzen? Nunmehr wollte man alle diese zukunftsträchtigen Fragen und Gebiete einfach den neuen sozialdemokratischen Partnern überlassen, die sich hier, wie man meinte, weit weniger ausgewiesen hatten als die Freien Demokraten? War das nicht kurzsichtig und töricht? Lag nicht beispielsweise in der Bildungspolitik eine ganz große Chance, wichtige, besonders lebendige Teile der Jugend für die FDP zu gewinnen und ihr damit endlich jene Massenbasis zu verschaffen, die der Partei nach wie vor fehlte, was ihre künftige Existenz immer wieder gefährdete?

Die Parteiführung widersprach alledem. Scheel überzeugte die Mehrheit seiner Leute mit beharrlicher Beredsamkeit, daß die FDP sich vor allem als grundsolide, personell vertrauenerweckende, sachlich kompetente, aktionsfähige und verläßliche Regierungspartei beweisen müsse. Gelinge das, erscheine sie vernünftig und maßvoll, wirklichkeitsnah und tatkräftig, dann werde sie sich ganz von selbst der deutschen Öffentlichkeit einprägen. Denn dann bleibe sie stets im Fernsehen präsent, was für die Breitenwirkung einer so kleinen Partei unerläßlich sei. Infolgedessen brauche man Ressorts in zentralen politischen Bereichen, die für die Masse der einzelnen Bürger unmittelbar wichtig seien – nicht nur interessant für aktive, oft aufgeregte Randgruppen. Bloß keine halbdurchdachten Experimente! Keinerlei unüberlegte Risiken! Die Liberalen hätten am 28. September verloren, weil im Mittelpunkt des Wahlkampfes die von der Bevölkerung als essentiell empfundene Frage der Aufwertung gestanden habe. Bei ihr sei die FDP aber unsichtbar und stumm geblieben.

Scheel war durchaus nicht gegen Reformen, gegen schrittweise, wohlerwogene Verbesserungen – zu ihrer Zeit. Im Gegenteil: Ohne geordneten Wandel, fand er, erstarre jede Gesellschaft. Aber er war völlig undoktrinär. Wenn auch er in jener Aufbruchszeit hochgemut von allen möglichen Reformprojekten redete, ließ er sich von den euphorischen Anwandlungen anderer im Augenblick mitziehen. Von sich aus dachte er nicht so. Programmatisch lief bei ihm von allein nichts. Ihm fehlte sachlicher Ehrgeiz, ihm ging völlig ab, was Sozialisten meist im Übermaß besitzen: eine Vision, eine Utopie – ein zielgerichteter, umfassender Umgestaltungswille. Sehr intelligent, aber ganz unintellektuell, hatte Scheel stets ein sicheres Gespür dafür, was der öffentlichen Stimmungslage entsprechen könne. Das ließ ihm 1969 Vorsicht geraten erscheinen. Keine Sekunde erwog er damals oder später, die FDP auf einen sogenannten Reformkurs, auf einen Zwang zu permanenten Veränderungen festzulegen. Denn er sah nüchtern: Sobald die Kerninteressen der Bürger bedroht seien, wenn es also um das gehe, was ihnen vorrangig sei, dann vergäßen sie ihre edlen Neigungen, alle altruistischen Absichten und gelegentlich großmütigen Anwandlungen. Dann wolle kein Mensch mehr von Reformen hören. Die FDP müsse daher immer Ministerien für Existenzfragen haben: Äußeres, Inneres, Wirtschaft.

Solche großen Ressorts waren früher den Liberalen verschlossen gewesen. Weil die SPD ein fairer, großzügiger Partner war, der eine langfristige, die FDP zufriedenstellende Bindung anstrebte, gab es für sie jetzt erstmals die Chance, klassische, große Häuser in Besitz zu nehmen. Diese Gelegenheit mußte man, sagte Scheel, unbedingt beim Schopfe greifen, um in den Genuß des Bonus, des politischen Sondergewinns für erfolgreiche, sichtbare Regierungsteilhabe zu kommen. Wohin, dachte er später oft, wäre man wohl geraten, wenn man sich 1969 windige, ruhmlose Ressorts wie Bildung oder Raumordnung hätte anhängen lassen! Selbst das Justizministerium machte ja in Zukunft viel Verdruß, wenig Vergnügen; man brauchte nur an den Paragraphen 218 oder die fällige Scheidungsreform zu erinnern.

Hinzu kam, daß Scheel eine geringe Meinung von den politischen Fähigkeiten seiner Widersacher hatte. Er traute ihnen einfach nicht zu, Ministerämter zum eigenen Vorteil und dem der FDP zu nutzen, sosehr sich auch Hildegard Hamm-Brücher und Ralf Dahrendorf, vermutlich aufgrund einer Absprache, gegenseitig als hervorragend geeignet empfehlen mochten. Man durfte sich gar nicht ausmalen, was aus der FDP geworden wäre, wenn man auf diese beiden gehört hätte. Das mindeste an Schaden war, daß sie die ganze Fraktion verrückt machten. Aber wegen ihrer vorlauten Aufmüpfigkeit wurden die beiden ja sofort vorsichtig aus dem eigentlichen politischen Geschäft entfernt, anderweitig mit Arbeit eingedeckt, an die disziplinierende Kette einer festen Bürotätigkeit gelegt. Frau Hamm-Brücher, die 1969 kein Bundestagsmandat erhalten hatte, kam als beamteter Staatssekretär zu Hans Leussink, dem parteilosen Minister für Bildung und Wissenschaft. Dahrendorf war schon im Frühjahr, ohne es zu merken, mit dem Angebot, parlamentarischer Staatssekretär im AA zu werden (das seiner Eitelkeit schmeichelte), vorausschauend neutralisiert worden.

Und das gemeinsame Programm der Sozialliberalen? Ach ja, das Programm. Kein Problem. Es war nicht schwierig, sich beim Koalitionspapier, dann für die Regierungserklärung über wünschenswerte Vorhaben, ansprechende Formulierungen zu verständigen, war man doch unter lauter gutwilligen, umgänglichen Menschen. Als die Delegationen der FDP und der SPD (Helmut Schmidt ließ sich entschuldigen, Herbert Wehner kam später) am Abend des 30. September zum ersten Male zusammenkamen, und zwar in der Dienstvilla des bisherigen Außenministers, spielten alle diese großen Jungen »etwas ausgelassen«, wie Willy Brandt, der neue Chef des Ganzen, später norddeutsch-verhalten schrieb, zunächst einmal Fußball miteinander.

Als aktiver Sportsmann seit Jugendtagen (und späterer Präsident des Deutschen Sportbundes) beherrschte dabei Willi Weyer das Feld. Ohnehin hatte er in jener Phase eine Schlüsselrolle, war er doch ein führender Repräsentant des rechten Flügels der Liberalen, zugleich aber ein Befürworter des Bündnisses mit den Sozialdemokraten. Zusammen mit Heinz Kühn, dem anderen »Königsmacher von der Düsseldorfer Königsallee« (wie man damals, etwas übertreibend, sagte), gab er den Ton an. Als die Koalitionsverhandlungen während der folgenden Tage in der Bonner Vertretung des Landes Nordrhein-Westfalen fortgesetzt wurden – unten am Rhein, direkt neben dem Kanzleramt, nämlich unmittelbar an den Park des Palais Schaumburg grenzend –, sorgten diese beiden für gute Stimmung, duzten sich, zogen als erste die Jacken aus. Die herrlich warmen Herbsttage halfen dem gelockerten Gespräch. Man wurde allgemein heiter. So begann diese Koalition herzlich und hoffnungsvoll.

Die neue Bremserrolle der FDP und die Regierungserklärung

Inzwischen hatten sich die Liberalen über ihr Wahlergebnis getröstet. Sie fanden es gar nicht mehr so schlecht. Schließlich war ihr scharfer Richtungswechsel weg von Mendes FDP-Konzeption eines *liberalen Korrektivs zur Union*, hin zu Scheels F. D. P.-Auffassung einer *Partei der dritten Kraft*, eine Umgründung, ja eigentlich eine Neugründung gewesen. Ein solcher Wandel hätte beim ersten Anlauf im Grunde gar nicht besser gelingen können. Lächelnd fragte Wolfgang Lüder, der Bundesvorsitzende der Jungdemokraten, damals einen Journalisten (wie man in der *Süddeutschen Zeitung* vom 2. Oktober 1969 las): Wo es denn je in der Bundesrepublik »eine neue Partei« gegeben habe, der »auf Anhieb gelungen (sei), die Fünf-Prozent-Hürde zu überspringen«.

In seinem Zorn hielt Reinhold Maier, der vormalige Stuttgarter Ministerpräsident (1945–53) und frühere FDP-Vorsitzende (1957–60), diese beiläufige, scherzhafte Bemerkung eines gerade noch Davongekommenen für eine gezielte Diffamierung der alten, von ihm mitgeprägten FDP. Maier verwechselte Galgenhumor mit Grundsatzkritik. Doch ein Jahr weiter war er selbst zu der Meinung gelangt, daß die F. D. P. der Jungen etwas ganz anderes sei als die FDP seiner Zeit, seines Zuschnitts. Einige Monate nach dem Parteiaustritt Mendes, seines Nachfolgers im Parteivorsitz, teilte ihm Maier Weihnachten 1970 vom Krankenbett aus sein »volles Verständnis« für diesen Schritt mit. Wenn er so alt wäre wie Mende, würde er genauso handeln wie dieser. Aber mit über Achtzig sei es zu spät zum Kämpfen. Wörtlich meinte der FDP-Ehrenvorsitzende Maier: »Diese FDP ist nicht mehr unsere Partei! Was haben die anderen daraus gemacht!«

Da übertrieb er nun aber seinerseits sehr. Man darf eben Worte bei Politikern aller Richtungen nicht so wichtig nehmen; auch die großen, schönen Ankündigungen und leuchtenden Verheißungen nicht, die in jenen Oktobertagen in Umlauf gesetzt wurden, nicht die feierlichen Formeln, die seither die Runde machten.

Am 3. Oktober kündigte Brandt vor der SPD-Fraktion an, er wolle »ein Kanzler der inneren Reformen« sein. In »Notizen zur Regierungserklärung« schrieb Dahrendorf daraufhin Scheel: »Eine gewisse, vornehmlich publizistische, vielleicht aber auch sachliche Schwierigkeit für uns liegt in der Tatsache, daß der Bundeskanzler mit dem Wort von der ›Regierung der inneren Reformen‹ ein weites Echo gefunden hat. Es wäre sicher gut, wenn es irgendwo in der Regierungserklärung gelänge, den Gedanken der inneren Reformen mit den Notwendigkeiten der äußeren Politik zu verbinden . . .« Dahrendorf fürchtete damals also allen Ernstes, die Außenpolitik – und damit Scheel und er selbst – könnte in dieser Koalition in den Windschatten geraten, hinter den strahlenden Reformen verblassen.

Im übrigen war Brandts Ankündigung nur Rechtsliberalen ärgerlich. Auf dem linken Flügel der Freien Demokraten war man völlig mit ihm einig. So meinte Karl-Hermann Flach am 6. Oktober 1969 in der *Frankfurter Rundschau*, dem Pathos des Brandtschen Signalsatzes nahe, den übertriebenen Hoffnungen eines politischen Neubeginns vielfältig verbunden: Die »Schlafmützendemokratie«, die »Ära der satten Selbstzufriedenheit« seien zu Ende. Die Politik werde jetzt »sportlicher«, das Land sei »im Aufbruch zu seinen neuen Grenzen«. Das Niveau Karl Schillers werde von nun an zum Maßstab der Politik in allen Bereichen; die neue Regierung werde »trotz schmaler Basis die stärkste sein, welche die Bundesrepublik bisher hatte«.

Flachs Erwartungen galten einem neuen, jugendlichen Stil und gleichzeitig einer höheren Qualität der künftigen Politik – deren Inhalte bei ihm allerdings dunkel blieben. Aus gutem Grunde. Denn es hätte nicht in den Höhenflug seines Gedankengangs gepaßt, zum Beispiel die sozialpolitische Bremserrolle zu erwähnen, mit der sich die FDP von Anfang an zu profilieren gedachte. Schon in der Sitzung des FDP-Bundesvorstands vom Vormittag des 30. September 1969 hatte Weyer seine Parteifreunde gemahnt, die klaren, klassischen Konturen der Liberalen jetzt keinesfalls aus den Augen zu verlieren: »Wir müssen gerade in einer Koalition mit der SPD deutlich machen, daß wir nicht bereit sind, bestimmte Vorstellungen der SPD zu übernehmen. (Ertl: Noch sind wir nicht in der Koalition!) Das habe ich Kühn mit aller Deutlichkeit gesagt: das sei eine conditio für uns. Ich glaube auch, daß die SPD bereit ist, auf diese Dinge einzugehen.«

Einige Tage später konstatierte die FDP-Sonderkommission der Bundestagsfraktion, die sich unter dem Vorsitz von Liselotte Funcke mit den Koalitionsabmachungen zu beschäftigen hatte, mit sichtlicher Zufriedenheit den Verzicht auf die paritätische Mitbestimmung, der den Sozialdemokraten inzwischen abgenötigt worden war. In ihrem Beschlußprotokoll vom 8. Oktober 1969 las man dazu: »Es wird mit Befriedigung zur Kenntnis genommen, daß eine Absprache mit der SPD erfolgte, wonach die Mitbestimmung nur im Zusammenhang mit dem Ausbau des Betriebsverfassungsgesetzes erwähnt wird und daß nicht über die paritätische Mitbestimmung gesprochen wird . . . Die SPD-Fraktion behält sich vor, ein Mitbestimmungssicherungsgesetz dann vorzulegen, wenn ein neuer Fall Rheinstahl eintritt. Ansonsten wird sie jedoch in dieser Frage Ruhe halten und keinen Entwurf vorlegen.«

Im Protokoll der FDP-Fraktionssitzung vom gleichen Tage wurde man noch etwas deutlicher: »Zur Frage der Mitbestimmung erklären die Mitglieder der Verhandlungskommission ausdrücklich, daß die SPD darauf hingewiesen wurde, daß jede Mitbestimmungsinitiative der SPD – mit Ausnahme des Entwurfs eines Mitbestimmungssicherungsgesetzes, den die FDP ablehnen würde – für die FDP ein ›Koalitionsfall‹ wäre.«

Als dem FDP-Vorsitzenden zehn Tage später, unter dem 18. Oktober 1969, von Conrad Ahlers »im Auftrag von Herrn Minister Brandt« der erste Vorentwurf der Regierungserklärung übermittelt wurde, stieß sich Scheel, der auf weite Strecken völlig einverstanden war und viele Passagen zustimmend unterstrich, bei der Mitbestimmung selbst noch an der harmlos-unverbindlichen Formulierung, die da vorgesehen war: »Auf der Grundlage der von der SPD-Fraktion in der 5. Legislaturperiode eingebrachten Gesetzentwürfe wird eine Reform des Betriebsverfassungsgesetzes und des Personalvertretungsgesetzes durchgeführt werden. Der in der vergangenen Legislaturperiode angeforderte Bericht der Mitbestimmungs-Kommission wird geprüft und erörtert werden.« Ein dikker grüner Balken am Rande und ein großes Fragezeichen signalisierten: Moment mal. Hierüber wird noch zu sprechen sein! Das wollte Scheel lieber vage formuliert haben.

Auch der Passus »Der Ausbau der Hochschulen muß verstärkt vorangetrieben werden. Ein Hochschulrahmengesetz sollte noch vor der Sommerpause des kommenden Jahres vom Bundestag verabschiedet werden . . .« schien ihm fragwürdig. Mußte, konnte man hier wirklich »verstärkt vorantreiben«? Und war das Gesetz im Ernst so eilig, war es so rasch zu machen?

Ebensowenig gefielen Scheel die Sätze: »Da Vermögen nur aus Einkommen gebildet werden kann, müssen die Tarifvertragsparteien auch die Vermögenspolitik zum Bestandteil ihrer Tarifpolitik machen können. Die Erweiterung des tarifpolitischen Handlungsspielraums ist daher bevorzugt zu fördern.«

Der Vorsitzende der Liberalen hielt das nicht für vordringlich. War das Thema denn wirklich schon durchdacht? War es zwischen den Koalitionspartnern ausdiskutiert? Nein. Also weg damit! Man hatte doch vorerst ganz andere Sorgen. Konzentrierte Anstrengungen der neuen Regierung waren überhaupt nicht in der Innenpolitik vordringlich, sondern auf dem viel schwierigeren Felde der westdeutschen Außenbeziehungen.

Der Entwurf des skandinavisch geprägten Brandt stellte im Abschnitt über die westdeutsche Europa-Politik heraus, daß die Gemeinschaft »Großbritannien und unsere Nachbarn im Norden« brauche. Der diplomatische Scheel brachte Irland ins Spiel und schlug vor, lieber allgemein von den »beitrittswilligen Staaten« zu sprechen. Vor allem versuchte er, Brandts Formulierung zu verstärken. In einer seiner ganz wenigen handschriftlichen Ergänzungen zum Entwurf der Regierungserklärung schrieb er: Die Bundesregierung sei überzeugt, daß Fortschritte in Europa »ohne den baldigen Beitritt Großbritanniens kaum noch möglich« seien.

Scheel war sich seit langem über die Notwendigkeit eines Vereinten Europa im klaren. Seiner bemerkenswert guten Nase für das, was in der Luft lag, verdankte er schon 1957 die Gewißheit, daß die Europäische Wirtschaftsgemeinschaft keine Episode bleiben würde, wie Dehler meinte. Mit seiner Auffassung, man müsse sich in und mit Europa auf Dauer einrichten, gehörte Scheel damals zur Minderheit in der FDP-Fraktion. Unter dem Einfluß der Industrielobby, die der Mannheimer Getreidehändler und spätere Brüsseler EG-Kommissar (!) Robert Margulies anführte, befürchtete die Mehrheit als Haupteffekt der EWG eine Verstärkung bürokratischer Bevormundung der freien Wirtschaft in einem möglicherweise dann sogar halbsozialistischen Europa und lehnte daher den Beitritt der Bundesrepublik ab, stimmte im Bonner Parlament gegen ihn.

Nunmehr, zwölf Jahre später, war eine Belebung der inzwischen stagnierenden Gemeinschaft besonders dringlich. Brandt und Scheel setzten daher aktive Hoffnungen auf eine Gipfelkonferenz der Sechs, die für die zweite Novemberhälfte geplant war und dann am 1. und 2. Dezember im Haag stattfand. Scheel hielt es unter diesen Zeitumständen für unangebracht, gerade jetzt, im Entwurf der Regierungserklärung, zu sagen, wir würden entsprechend dem Grundsatz der europäischen Solidarität auch in Zukunft Opfer bringen, »soweit eine sachlich gerechtfertigte Weiterentwicklung der Gemeinschaft das erfordert und die Leistungskraft der Bundesrepublik nicht überfordert«.

Die Frage der Gemeinschaftskosten mußte man ein andermal aufwerfen! Die Sparsamkeitsformel wurde daher wieder gestrichen. Denn die Bundesrepublik war im Herbst 1969 und danach noch mehr als früher auf den vertrauensvollen Rückhalt ihrer europäischen Partner angewiesen. Die neue Koalition hatte sich eine Hauptaufgabe gestellt, die die demonstrative Betonung ihrer Westbindung voraussetzte: endlich mit dem leidigen Thema einer westdeutschen Ostpolitik zu Rande zu kommen.

Bei diesem Unterfangen zeigte sich sofort, daß »der national-konservative Flügelmann« unter den Liberalen, Josef Ertl, mit dem Eintritt in die Bundesregierung seine bisherigen Überzeugungen nicht abgelegt hatte. Ehe er als neuer Landwirtschaftsminister am Beginn der letzten Oktoberwoche zur EWG nach Brüssel eilte (der Beschluß des Kabinetts vom 24. Oktober, die Deutsche Mark aufzuwerten, und damit zwangsläufig einhergehende Einkommensverluste der deutschen Bauern komplizierten das ohnehin schwierige Thema der europäischen Agrarfinanzierung, die – zusammen mit der angestrebten, allgemeinen Reform der EWG-Agrarpolitik und mit der geplanten Erweiterung der Gemeinschaft um neue Mitglieder – die Vorbereitung des Haager Gipfels belastete, weil deutsche Konzessionen erforderlich waren, um den französischen Widerstand gegen den britischen Beitritt zu überwinden), schrieb Ertl, entgeistert über den Entwurf der Regierungserklärung, seinen Kollegen Scheel und Genscher:

Bonn, den 25. Oktober 1969

Liebe Kollegen!

Ich habe bezüglich des außen- und deutschlandpolitischen Teils große Bedenken. Möchte auch an die Fraktionsdiskussion und an den Vortrag von Kollege Achenbach erinnern. Kann wegen Brüsseler Sitzungen an den Beratungen am Montag leider nicht teilnehmen, bitte aber doch, mit Achenbach und Kühn Rücksprache zu halten.

Folgende Punkte müßten unbedingt berücksichtigt werden:

1. Das Postulat der Wiedervereinigung fehlt. Ein Appell an die Deutschen selbst müßte herein.
2. An keiner Stelle sind die Vertriebenen unmittelbar angesprochen, immerhin eine Bevölkerungsgruppe von über 10 Millionen.
3. Das Wort von der Bestätigung der territorialen Integrität könnte als Blancounterschrift ausgelegt werden. Sollte man nicht statt der jetzigen eine andere Formulierung finden?
4. Es wird davon gesprochen: keine Festlegung, keine Formeln. Hier wird sofort danach gefragt werden: Warum dies, spricht das für eine Standpunktlosigkeit, sollte sich nicht gerade die Bundesregierung auf bestimmte Formulierungen festlegen?
5. Wenn davon die Rede ist, daß das Selbstbestimmungsrecht kein Verhandlungsgegenstand ist, dann sollte es unerwähnt bleiben, daß dies zur Zeit so ist und daß es sehr bedauert wird.
6. Ein Bezug auf die Präambel des Grundgesetzes mit seinem Deutschlandauftrag wäre eine Bereicherung der Regierungserklärung.

Mit freundlichen Grüßen . . .

Bei seinen Punkten 3 und 4 hatte der Landwirtschaftsminister einen Abschnitt des Vorentwurfs im Auge, wo es im Anschluß an die Erklärung der Bundesregierung, mit allen osteuropäischen Staaten einschließlich der DDR Gewaltverzichtsabkommen schließen zu wollen, im Wortlaut hieß: »Diese Politik des Gewaltverzichts entspricht der Überzeugung der Bundesregierung, daß Vereinbarungen dieser Art nicht nur die territoriale Integrität der jeweiligen Partner bestätigen, sondern auch einen bedeutenden Beitrag zu einer Entspannung in Europa bilden würden, die weitere Schritte möglich macht. Die Bundesregierung verzichtet heute bewußt darauf, über den in dieser Erklärung gesetzten Rahmen hinaus Festlegungen vorzunehmen oder Formeln vorzutragen, welche die von ihr erstrebten Verhandlungen erschweren könnten . . .«

Scheel fand seinerseits, wie eine Schlangenlinie am Rande zeigt, diese Sätze nicht überwältigend glücklich. Vergeblich versuchte er, sie abändern zu lassen. Noch zum Text der Regierungserklärung, wie er am 27. Oktober vorlag (am Tage darauf wurde sie abgegeben), legte er dem Bundeskanzler eine handschriftlich formulierte, kürzere Fassung vor, die folgendermaßen lautete: »Die Politik des Gewaltverzichts ist nach der festen Überzeugung der Bundesregierung ein entscheidender Beitrag zu einer Entspannung in Europa. Der allseitige Verzicht auf Gewalt schafft die Atmosphäre, in der die Lösung auch der schwierigen Fragen, die uns der unselige Krieg hinterlassen hat, möglich ist.«

Ebenso gab Scheel beim Punkte 6 Ertl recht: Auch er hielt einen Hinweis auf die Präambel des Grundgesetzes nicht für unangebracht. Daneben hatte Scheel eigene, allerdings eher sanfte Einwände gegen Brandts Text. So paßte es ihm nicht, wenn dort stand, die Bundesregierung werde nicht nur der Sowjetunion, sondern auch Polen demnächst einen »Vorschlag zur Aufnahme von Verhandlungen zugehen lassen«. Weil man erst mit Moskau ins reine kommen mußte, kam Scheel Warschau etwas zu schnell. Deshalb ersetzte er hier das Wort »Verhandlungen« vorsichtig durch »Gespräche«.

Außerdem stutzte er über den Wunsch Brandts, diplomatische Beziehungen zur Volksrepublik China aufzunehmen. Ein Fragezeichen an dieser Stelle und die drei Buchstaben »USA« deuteten seine Abneigung an, den amerikanischen Bündnispartner, der sich gerade aus dem Vietnam-Krieg zu lösen begann und erste, vorsichtige Signale mit China tauschte, durch eine vorzeitige deutsche Annäherung an die Volksrepublik zu verprellen. Der neue Außenminister ließ, wenn es konkret wurde, lieber Vorsicht als Kühnheit walten.

Das wird verständlicher, wenn man weiß, daß kaum jemand damals glaubte, Bonns internationale Beziehungen, in welcher Richtung auch immer, würden in absehbarer Frist ein ertragreiches, erfolgversprechendes Feld politischer Aktivität werden. Die allgemein gehaltenen Koalitionsvereinbarungen zur Außenpolitik wurden in den zuständigen Gremien der FDP kaum diskutiert. Mende und Weyer, zwei der wenigen Redner, die dem Thema einige Worte widmeten, meinten übereinstimmend, keine wie auch immer zusammengesetzte Bundesregierung werde in den nächsten Jahren hier viel bewegen können.

Mit großer Skepsis las man, was Wolfgang Schollwer, ein Mitarbeiter der FDP-Bundesgeschäftsstelle, unter dem 21. Oktober 1969 intern als »kurz-, mittel- und langfristige Aufgaben für die deutsche Außenpolitik« zu fixieren versuchte. Man hielt ihn für viel zu optimistisch. Niemand hätte im Oktober 1969 vorauszusagen gewagt, das, was Schollwer hier skizzierte, werde bis 1972 von der Regierung Brandt/Scheel fast vollständig in die Tat umgesetzt, ja zum Teil noch übertroffen worden sein:

I. Kurzfristige Aufgaben

1. Vorbereitung der Unterzeichnung des Atomwaffensperrvertrags durch weitere Sondierungsgespräche (z. B. in Moskau, Washington oder Brüssel);
2. Vorbereitung von Maßnahmen bzw. Stellungnahmen für den Fall weiterer Erfolge der DDR bei der Aufnahme diplomatischer Beziehungen mit Staaten der Dritten Welt bzw. bei einer Ausweitung politischer und wirtschaftlicher Kontakte der DDR zu Staaten des Westens, vor allem des NATO-Bereichs;
3. Vorbereitung einer Entscheidung über die künftige Position der Berlin-Abgeordneten durch Sondierungsgespräche mit den drei Westmächten sowie mit der Sowjetunion und der DDR. Gegebenenfalls Rückstellung einer solchen Entscheidung für den Fall baldiger Berlin-Gespräche der Vier Mächte;

4. Vorbereitung von Verhandlungen zwischen der Bundesregierung und der Regierung der DDR
   a) über einen Staatsvertrag zwischen beiden deutschen Staaten, einschl. einer Berlin-Klausel
   b) über eine verstärkte wirtschaftliche Kooperation (entsprechend den gegenwärtigen Verhandlungen zwischen Warschau und Bonn)
   c) über technische Fragen wie Verkehr, Post- und Fernmeldewesen, etc.

   Bei a) wäre eine Ergänzung des bisherigen Vorschlages der FDP durch einen Artikel über die politischen Beziehungen zwischen BRD und DDR zu erwägen;
5. Vorbereitung von Verhandlungen mit der Volksrepublik Polen über die Vorschläge Gomulkas vom 7. Mai und 1. Juli 1969, den Abschluß eines Grenzabkommens zwischen der BRD und Polen betreffend;
6. Vorbereitung auf mögliche Aktionen der DDR zur Verhinderung weiterer Flugzeugentführungen nach West-Berlin (Fragen des Asylrechts von Flugzeugentführern bzw. deren strafrechtliche Verfolgung);
7. Vorbereitung der EWG-Gipfelkonferenz am 17. und 18. November 1969 in Den Haag und weiterer Verhandlungen über den Ausbau, die Vollendung und die Erweiterung der Gemeinschaft; Formulierung bzw. Neuformulierung des deutschen Standpunktes zu der Frage der Gleichzeitigkeit von Stärkung und Erweiterung der Gemeinschaft bzw. der Vorrangigkeit einer dieser Aufgaben. Vorbereitung auf die Endphase der EWG, die am 1. Januar 1970 beginnen soll.

II. Mittelfristige Aufgaben

1. Vorbereitung und Aufnahme bilateraler bzw. multilateraler Kontakte zur Erörterung von Zeitpunkt, Inhalt und Zielsetzung einer europäischen Sicherheitskonferenz;
2. Verhandlungen über die Herstellung normaler Beziehungen zwischen der BRD und der DDR;
3. Herstellung normaler politischer Beziehungen zu Polen und den anderen sozialistischen europäischen Staaten;
4. Ratifizierung des Atomwaffensperrvertrages;
5. Aufnahme von Beitrittsverhandlungen mit Großbritannien und anderen durch die EWG;
6. Verhandlungen über den Ausbau der EWG zu einer Wirtschafts- und Währungs-Union bzw. Revision der Römischen Verträge mit dem Ziel der Schaffung einer westeuropäischen Freihandelszone.

III. Langfristige Aufgaben

1. Einberufung einer europäischen Sicherheitskonferenz, Festlegung der Verhandlungsposition bzw., wenn zu diesem Zeitpunkt schon möglich,

beider deutscher Staaten;

2. Herstellung einer politischen, wirtschaftlichen und technischen Kooperation zwischen Bonn und Ost-Berlin, Wiederherstellung der Freizügigkeit zwischen den beiden Teilen Deutschlands;
3. Regelung der Berlin-Frage zwischen der BRD und der DDR im Einverständnis mit den Vier Mächten.

Die Wahl des Bundeskanzlers

Am gleichen 21. Oktober, an dem Schollwer zuversichtlich diese außenpolitischen Programmpunkte für die nähere und fernere Zukunft zusammenstellte, stand im Bundestag die Wahl des neuen Regierungschefs an. Schon eine Woche vorher, am 14. Oktober, hatte der Fraktionsvorsitzende und angehende Verteidigungsminister die Sozialdemokraten zu »eiserner Disziplin« aufgerufen. Am Tage vor der Kanzlerwahl dürfe keiner ihrer Abgeordneten »schnell mal nach Hause fliegen«. Denn Frühnebel könne in dieser Jahreszeit die pünktliche Rückkehr verhindern. Jeder einzelne müsse sich darüber im klaren sein, daß er seine politische Karriere aufs Spiel setze, wenn er durch eigenes Verschulden die Abstimmung versäume, beispielsweise nicht rechtzeitig aufwache.

Auch der Zufall konnte Brandt einen Streich spielen: ein Autounfall, eine plötzliche, schwere Erkrankung. Oder Verärgerung bei einzelnen Fraktionsmitgliedern. Brandt, ruhiger, auch zurückhaltender geworden, mehr und mehr in einen Mantel schweigender Distanz gehüllt, lehnte es strikt ab, die Kabinettsliste vor der Kanzlerwahl bekanntzugeben. Niemand sollte in die Versuchung geraten, ihm auf dem Stimmzettel Verdrossenheit über die Postenverteilung heimzuzahlen.

Um zu verhindern, daß jemand (wie bei der Heinemann-Wahl in Berlin) den entscheidenden Moment verpaßte, hatte Helmut Schmidt für den frühen Morgen des 21. Oktober eine Zählsitzung anberaumt. Fehlende Mitglieder der Fraktion sollten durch Kuriere herbeigeholt werden. Alle sozialdemokratischen Abgeordneten mußten daher vorsorglich hinterlassen, wo sie wohnten und – so wörtlich Schmidt – »in welchem Bett sie schliefen«.

Auch die beiden anderen Fraktionen hielten solche Zusammenkünfte ab, um sicherzugehen. Anschließend versammelten sich bis auf den schwer erkrankten Paul Lücke (CDU) sämtliche Mitglieder des Bundestages, also 495 Abgeordnete. Die hohe Präsenz der Parlamentarier bewies die gespannte Situation. Noch bei keiner Kanzlerwahl waren so viele Abgeordnete zugegen gewesen wie diesmal. In früheren Fällen hatten bis zu 23 von ihnen gefehlt.

Einer der ersten im Hause an diesem Morgen war Rudolf Augstein, der Herausgeber des *Spiegel*, der miterleben wollte, wofür sich sein Blatt seit langem eingesetzt hatte. Er nahm auf der Diplomatentribüne neben den bereits anwesenden Damen Rut Brandt und Margot Mende Platz.

Der Saal füllte sich nur langsam. Der bisherige Verteidigungsminister Gerhard Schröder erschien bei bester Stimmung, jedenfalls in guter Haltung. Ein Bündel Akten unter dem Arm, machte er ausgiebig Station beim zusammengeschmolzenen Häuflein der Freien Demokraten (ihre Zahl war gegenüber 1965 von 49 auf 30 zurückgegangen), ehe er seinen vom Alphabet bestimmten Platz in der Mitte des Hauses, aber im Hintergrund, ansteuerte.

Leicht hinkend und sehr weiß geworden kam Ludwig Erhard, um sich für den Rest der Sitzung auf seiner Bank in der ersten Reihe – für die ganz Prominenten gibt es Ausnahmen von der alphabetischen Sitzregel – einsamer Lektüre zu widmen. Sein Nachfolger Kurt Georg Kiesinger saß in unmittelbarer Nähe, ohne daß sich die beiden viel zu sagen gehabt hätten. Erich Mende, der schon vor Wochen erklärt hatte, daß er dem Kanzlerkandidaten der SPD seine Stimme verweigern werde, sah man in intensivem Gespräch mit Genscher, Dorn und Mischnick, drei führenden Vertretern des neuen Kurses. Mende schüttelte mehrfach den Kopf, um dann zu nicken. Worum mochte es gehen? Vermutlich um Beiläufiges, allseits Verbindendes – wie das erstaunliche Herbstwetter.

Erst ganz spät, kurz bevor Bundestagspräsident Kai-Uwe von Hassel um 10 Uhr die Sitzung eröffnete, kam der Mann der Stunde – Willy Brandt. Noch nach ihm huschte Walter Scheel in den Saal und verbarg eilig sein braunes Aktenköfferchen unter dem Sitz. Hassel gab bekannt, Bundespräsident Heinemann habe ihm geschrieben, gemäß Art. 63 Abs. 1 des Grundgesetzes schlage er »dem Deutschen Bundestag vor, Herrn Willy Brandt zum Bundeskanzler zu wählen«. Ergänzend teilte er mit, es sei wieder mit verdeckten Stimmkarten und in Wahlkabinen zu wählen. Nur der vom Bundespräsidenten benannte Kandidat stehe zur Wahl.

Während der Wahl selbst, die sich hinzog, entstand im Saal Unruhe. Überall Grüppchen, die diskutierten. Die Aufgerufenen mußten sich durch ein Knäuel von Wartenden drängen, ehe sie zunächst die Wahlzelle aufsuchten und von dort aus zur Stimmabgabe gingen.

Brandt und Kiesinger wirkten, von ferne betrachtet, ähnlich starr. Kiesingers Stimmzettel blieb, nachdem er ihn in die durchsichtige Plexiglasurne geworfen hatte, eine oder auch zwei Sekunden aufrecht stehen – hoffärtig, widerspenstig, getreu seinem Herrn. Dann erst fiel er um.

Brandt saß die meiste Zeit auf seinem Platz, in gewollter Ruhe, mit gefalteten Händen. Wahrscheinlich war er der einzige im Hause, der immer noch an seinem bevorstehenden Sieg zweifelte; jedenfalls glaubten manche ihm das anzusehen. Vor der Wahlzelle mußte er sich in eine Schlange Wartender einreihen. Dann trat er erhobenen Hauptes nach vorn, warf sein *Ja* ein und verließ schnell den Saal. Etwas Bewegung, eine Zigarette.

Auf dem penetrant roten Linoleum der Lobby dichtes Gedränge. Während man drinnen die Stimmen zählte, waren hier draußen alle scheinbar sehr beschäftigt, gequält munter. Dann die erlösende Klingel. Als Präsident von Hassel, das Ergebnis schon in den Händen, ohne sich anmerken zu lassen, wie es sei, die Zahlen noch einmal durch seine Mitarbeiter kontrollieren ließ, füllte sich der Saal neu in murmelnder Erwartung des ungewissen Ergebnisses. Um 11.22 Uhr verlas es Hassel mit der pflichtgemäß nüchternen Stimme eines unbewegten Protokollanten: »Stimmberechtigte Abgeordnete: Gesamtzahl der abgegebenen Stimmkarten 495, Zahl der auf ›ja‹ lautenden Stimmkarten 251, Zahl der auf ›nein‹ lautenden Stimmkarten 235, Zahl der ungültigen Stimmkarten vier, Zahl der Stimmenthaltungen fünf.«

Man erfuhr später die Texte dieser vier. »Armes Deutschland«; »Danke, nein«; »Frahm nein«. Letzteres war perfide, wobei die Verachtung wohl weniger der Herkunft Brandts als der Tatsache galt, daß er ins Exil gegangen war und dort seinen Namen gewechselt hatte. Ein grimmiger, bibelkundiger Schwarzseher hatte die Gelegenheit wahrgenommen, eine fast schon vergessene Tradition der Verteufelung fortzusetzen (die darin besteht, Gegner, Feinde, in die Nähe des Antichristen zu rücken, des verführerischen, machtvoll Bösen in der Welt), indem er »Amos 5,20« auf die Stimmkarte schrieb. Dieser Vers, der da lautet: »Ja, des HERRN Tag wird finster und nicht licht sein, dunkel und nicht hell«, war eine selbstgerechte Erinnerung an das Wirken jenes politisch wachsamen, situationsbewußten Hirten-Propheten des 8. Jahrhunderts v. Chr. aus Thekoa in Juda, zwei Wegstunden südlich von Bethlehem, am Rande der Wüste, der sein Volk vor der Verderbnis gewarnt und den Beginn einer Zeit des Schreckens verkündet hatte, den Anfang vom Ende, das Nahen des Gerichts.

Sofort nach der Bekanntgabe des Wahlausgangs und der anschließenden Feststellung, daß damit »der vom Herrn Bundespräsidenten vorgeschlagene Abgeordnete Brandt die Stimmen der Mehrheit der Mitglieder des Bundestages auf sich vereinigt« habe, sagte Hassel zum SPD-Vorsitzenden: »Ich frage den Abgeordneten Brandt: Nehmen Sie die Wahl an?« Willy Brandt hatte sich seinen Antwortsatz offensichtlich zurechtgelegt. Es ist ja nicht so, daß man plötzlich zum Bundeskanzler gewählt wird und dann jemand kommt, um unversehens zu fragen, ob man denn überhaupt wolle. Er stand auf, und seine Antwort war die längste, die in diesem Hause auf eine solche Frage bisher gegeben worden war. Mit ruhigem Nachdruck sagte er: »Ja, Herr Präsident, ich nehme die Wahl an.« Das hieß nicht einfach: »Ja«. Es hieß: »Ja, ja, ja. Daß ihr's nur alle hört . . .« Jedenfalls deutete Martin Bernstorf in *Christ und Welt* drei Tage später Brandts Antwort auf diese Weise.

Zweifellos wuchs Brandt mit einem Male ein ganz neues Selbstbewußtsein zu. Er spürte einen Glauben, eine Kraft in sich, in anderen, der die Berge der Wirklichkeit versetzen sollte. In den nächsten Minuten schüttelte er den ihn Umdrängenden so heftig die Hände, als wolle er ihnen den Arm ausreißen . . .

Einige Tage später berichtet er Hermann Schreiber vom *Spiegel*, was er in dem Augenblick, der ihn zum Regierungschef machte, gedacht hat. Noch in der Erinnerung muß er an sich halten. So unpersönlich und distanziert wie nur möglich beschreibt er die Schwierigkeit, seine Emotionen zu kontrollieren, damit auch sein Amtsverständnis und eine aus persönlicher Unsicherheit wie historischem Stilgefühl gleichermaßen stammende Bescheidenheit: »Er hat daran gedacht, daß man jetzt nicht rührselig werden darf. Daß die Stimme halten muß. Daß dies alles auf keinen Fall rührselig werden darf.«

Daher sagt er mit einer seiner hanseatischen Untertreibungen beim Verlassen des Plenarsaales am 21. Oktober 1969 nur: Er sei »zufrieden, dankbar für das Vertrauen und ein bißchen stolz«, dieses hohe Amt nun ausüben zu dürfen. Er ist glücklich, alle diejenigen nicht enttäuscht zu haben, die unbeirrbar mithalfen, diesen Tag möglich zu machen. Man denke: Seit 1930, also nach fast vierzig Jahren – und welchen Jahren, für seine Partei wie für ihn selbst –, der erste sozialdemokratische Kanzler in Deutschland zu sein!

Anfangs ist der Beifall für Brandt aus den neuen Regierungsparteien überraschend schwach. Man kann bei Sozialdemokraten und Liberalen nicht sofort glauben, daß es wirklich soweit ist. Alle sind unvorbereitet auf die neue Rolle, noch weniger in ihr sicher, nicht auf der Höhe der Situation. Denn sonst hätten sie sich doch noch sofort wie ein Mann erhoben und dem neuen Kanzler mit minutenlangen Ovationen gehuldigt. Nichts davon.

Zunächst erheben sich nur die gewandteren Spitzenrepräsentanten der CDU/CSU. Der Fraktionsvorsitzende hat als erster die Fassung wiedergefunden, zupft Kurt Georg Kiesinger am Ärmel, muß den Widerstrebenden mit sich ziehen. Rainer Barzel wie auch Richard Stücklen, der Vorsitzende der CSU-Landesgruppe, wollen nicht das Bild Kurt Schumachers bieten, der 1949, nach der Wahl Konrad Adenauers zum Kanzler, wie versteinert auf seinem Platz sitzen geblieben war. Diesmal rührt sich Franz Josef Strauß nicht vom Stuhl. Aber ist er nicht ohnehin ein Gescheiterter, mit seiner Kunst am Ende? In der *Süddeutschen Zeitung* vom 25./26. Oktober 1969 konnte man über ihn lesen: »Ganz wenige nur noch, die meinen, er halte sich bereit, um demnächst, wenn Kiesinger ganz verschlissen ist, mit neuer Kraft nach vorn zu preschen und die Führung zu übernehmen. Für die allermeisten ist Strauß jedoch kein Mann mit Zukunft mehr. Er mag, so heißt es, noch eine Weile imstande sein, in Bayern Geschäfte auf eigene Faust zu betreiben. Aber in Bonn wird ihm das Schicksal eines Glücklosen prophezeit, über den die Zeit bald hinweggeht.«

Die Unionsspitze, Barzel voran, war schon herangerückt, um die Gratulationscour zu eröffnen. Da erst dreht sich Helmut Schmidt, der seinen Sitzplatz neben Willy Brandt hat, plötzlich zum Nachbarn um und gibt ihm strahlend, wenn auch etwas flüchtig, die Hand. Scheel, Genscher, Mischnick und Mertes von der FDP kommen quer durch den Saal herüber, um ihre Glückwünsche anzubringen.

Danach erst Herbert Wehner, der sich nicht früher herandrängen mochte.

Dieser schroff abweisende und gleichzeitig zartbesaitete, gefühlsstarke Mann, überhaupt eine konfliktreiche, rätselhafte Mischung aus Brutalität und Sentimentalität (wie Susanne Miller sagt), bleibt natürlich nicht unberührt in dieser Stunde des Triumphes seiner Sozialdemokratie. Er gibt Brandt die Hand, macht sogar die schüchterne, ungeschickte Andeutung einer Umarmung, wobei er seinen Kopf an Brandts Schulter legt, während der neue Bundeskanzler, sichtlich bewegt, ihm auf den Rücken klopft. Brandts Augen sind feucht. Auch Wehner kommen Tränen, so daß er sich brüsk abwendet.

II.
Ein Bündnis für die Neue Ostpolitik

Notwendigkeit einer ostpolitischen Neuorientierung

Grundlage und Hauptzweck des sozialliberalen Bündnisses von 1969 war nicht, obwohl man überall das Gegenteil hören kann, eine Politik innerer Reformen. Gewiß, man sprach damals viel von solchen Reformen, faßte unter diesem modischen, pompös-verheißungsvollen Begriff alles Mögliche und Unmögliche, auch viele Routine-Abänderungen zusammen. Natürlich war die verbreitete Euphorie nicht ohne alle Anhaltspunkte. Das Lebensgefühl der Menschen wandelte sich: Wir erlebten eine Bewußtseinsrevolution. Auch auf vielen Gebieten staatlicher Tätigkeit spielten sich neue Entwicklungen ab. Übrigens schon lange vor 1969.

Denn der eigentliche Einschnitt lag drei Jahre zurück. Das sahen viele Zeitgenossen so. Im Rückblick räumen es wichtige Politiker aller drei Parteien ein. Bis 1966 habe die Union gegen den Teufel regiert, sagt Rainer Barzel heute lächelnd, sie habe den Untergang, das Verhängnis schlechthin von Deutschland abzuwehren versucht: die Machtergreifung der Sozialdemokraten. 1966 bedeutete das Ende dieses CDU-Staates. Von nun an, nicht erst seit 1969, gestaltete die SPD unseren Staat wesentlich mit.

Die Reformbilanz der CDU/CSU-SPD-Koalition kann sich sehen lassen. Das damals geschaffene Instrumentarium eines wirtschafts- und gesellschaftspolitisch modernen, aktiven Interventionsstaates bleibt auch von heute aus betrachtet eine große Leistung. Die sozialpolitischen Veränderungen waren gleichfalls von beträchtlichem Umfange und Gewicht. Finanzminister Strauß wußte gut, weshalb er gegen Ende der Großen Koalition im Kabinett stöhnte: »Ich kann das Wort ›Reform‹ schon nicht mehr hören!«

Demgegenüber nehmen sich die Reformbemühungen der Sozialliberalen nach 1969 vergleichsweise bescheiden aus. Sie lagen auch eher auf marginalen Gebieten, vom Gewicht des rechtlich Möglichen oder auch von den Zuständigkeiten des Bundes her betrachtet: in der Rechtspolitik oder bei der Bildungspolitik.

Nicht nur die Sozialdemokraten, auch die Liberalen waren für jene neue

Rechtspolitik, mit der sich Gustav Heinemann als Justizminister nach 1966 einen Namen machte, der ihn dann zum sozialliberalen Bundespräsidenten prädestinierte.

Ähnlich lag es in der Bildungspolitik. Gerade die Freien Demokraten, zumal ihr linker Flügel, an der Spitze Arm in Arm – obwohl einander sonst spinnefeind – Ralf Dahrendorf und Hildegard Hamm-Brücher, waren für umfassende Veränderungen im Erziehungswesen. Freilich konnte man von Bonn aus wenig tun, weil die Kompetenzen des Bundes hier schmal sind und waren – trotz jener Erweiterungen, die Bundesforschungsminister Gerhard Stoltenberg im Sommer 1969 durchgebracht hatte. Die Rauchsäulen über einigen Universitäten im Lande waren in der Bundeshauptstadt nicht zu sehen, weil man solche Begleiterscheinungen der »Generation, auf die wir gewartet haben« (Horst Ehmke) natürlich lästig fand, außerdem nur am Rande für Abhilfen rechtlich zuständig war. Die einzelnen Bundesländer mußten die aufmüpfigen Studenten eben ohne die Hilfe Bonns zu befrieden suchen. Die Landespolitiker spielten ihrerseits den Schwarzen Peter den Universitäten zu.

In zentralen Bereichen gab es nach 1969 keine Reformen. Die Koalition war improvisiert. In den Verhandlungen nach dem 28. September hatte man keine Zeit gehabt, über die Kernsubstanzen einer gemeinsamen Innenpolitik zusammenhängend zu sprechen. Eine sozialliberale Gesellschaftspolitik konnte schon deshalb kein gemeinsames Anliegen der neuen Partner sein, weil die Reformvorstellungen der FDP auf diesem Gebiet, milde formuliert, unausgegoren waren und das auch noch Jahre danach, auf dem berühmten FDP-Parteitag der Freiburger Thesen von 1971, blieben. Und später war es ohnehin mit dem Reformgerede bald zu Ende.

Aber am Anfang der Koalition hatte sich das anders angehört. Und da man sich damals, in den Zeiten dieser neuen Jugendbewegung, bis hinauf in die Parteispitzen gern zeitgemäß, also veränderungsgeneigt gab, vermittelt die Lektüre öffentlicher Verlautbarungen jener Jahre leicht ein falsches Bild beider Parteien, besonders der Freidemokraten. Trotz allen modisch-progressiven Vokabulars gerade auch ihrer führenden Männer war die FDP entschlossen, wirtschaftliche Mißgriffe des großen Partners zu verhindern. Daher kam beispielsweise eine Mitbestimmungsregelung nach den Vorstellungen der SPD 1969 nicht in Betracht.

Zudem konnte Wirtschaftsminister Schiller glatt als FDP-Mann passieren. Und Finanzminister Möller war, wie Reinhold Maier erleichtert feststellte, der »Vertrauensmann aller anständigen Leute in dieser Regierung«, wobei Maier wohl Leute wie sich selbst im Auge hatte, Anhänger und Verfechter der freien Wirtschaft, die schon deshalb als seriös galten, weil sie etwas besaßen.

Die Führung der Liberalen hatte nichts gegen Reformen. Aber alles in Maßen. Scheel hatte schon im Herbst 1969 den Eindruck, die eigentliche Arbeit in den Reformbereichen sei bereits getan, und was nun noch käme »in einem so aufgewühlten Grund«, werde »mehr Ärger als Freude« machen. Die FDP wollte weit stärker die Partei der Wirtschaft bleiben, als ihre konservativen Stammwähler damals wahrnehmen konnten, die ihre Partei in hellen Scharen verließen und zur Union überwechselten. Welcher Irrtum! Hätten doch gerade zu jener Zeit alle energischen Verfechter einer reinen Marktwirtschaft umgekehrt aus einer machtlos gewordenen CDU/CSU in Massen zur FDP überwechseln müssen. Denn sie beerbte die Union, setzte deren Politik in dem Maße fort, das für die SPD akzeptabel, weil zeitgemäß war. Wie hatte doch Willi Weyer am 30. September 1969 im FDP-Bundesvorstand gesagt? Die Liberalen müßten gerade in einer Koalition mit den Sozialdemokraten deutlich machen, daß sie nicht bereit seien, »bestimmte Vorstellungen der SPD zu übernehmen«.

Wie konnten Parteiführung und Anhängerschaft der FDP derart aneinander vorbeidenken und -handeln? Wie soll man sich ein Mißverständnis erklären, das für diese kleine Partei existenzbedrohend wurde, weil es ihren Wählerstamm auf weit unter fünf Prozent schrumpfen ließ? In den siebziger Jahren drohte die FDP immer mehr zu einer Partei der Modeströmungen, der Stimmungsanwandlungen, des politischen Flugsands zu werden. Zu einer Wanderdüne.

Weil sie entschieden für die Neue Ostpolitik focht, ja deren Vater zu sein behauptete, schien die FDP seit 1967, vollends nach 1969 eine Linkspartei zu sein. Roch nicht nach Sozialismus, wer sich mit den Kommunisten zu arrangieren versuchte? Die Neue Ostpolitik galt jedenfalls seltsamerweise als links. Sie wurde im öffentlichen Bewußtsein als Teil der Reformpolitik empfunden. Dieser Zusammenhang klang schon im Vorentwurf der Regierungserklärung vom 28. Oktober 1969 an, wenn es dort hieß: »Reformfreudig sein, heißt entscheidungsfreudig sein, in der inneren wie auch in der auswärtigen Politik.« Nicht um die Innenpolitik, sondern um ein außenpolitisches Thema ging in den nächsten Jahren der eigentliche Streit zwischen den beiden großen Lagern. Hier lag die Bruchlinie zwischen der CDU/CSU und den Sozialliberalen.

Die Regelung unseres Verhältnisses zur Sowjetunion und zu den osteuropäischen Staaten einschließlich der DDR, war die eigentliche, wenn nicht sogar die einzige wirkliche Basis des sozialliberalen Bündnisses an seinem Beginn. Hier war man sich von Anfang an, ohne lange Diskussionen, wirklich einig. Manche meinen, Willy Brandt sei nie so sehr er selbst gewesen wie in Erfurt. David Binder hat geschrieben, im Rückblick erscheine das deutsch-deutsche Treffen vom März 1970 als der Augenblick, in dem alles zusammenkam, wofür Brandt eintrat und arbeitete. Mag man auch die Akzente bei Scheel etwas anders setzen müssen: Ostpolitik war ganz seine Sache.

Brandt wußte, daß er in Scheel einen eher lauen Reformer neben sich hatte. Der FDP-Vorsitzende war zwar von der breiten Welle der Erneuerungssehnsucht mit an die Macht getragen worden. Aber er würde sofort wieder beharrlich auf dem Boden der Realitäten stehen, sobald sich das Sprudelwasser verlaufen hatte. Doch weil er einen Blick für die Realitäten hatte, sah er auch die außenpolitischen: die in Osteuropa seit einem Vierteljahrhundert »bestehende wirkliche Lage«, wie es später im *Bahr-Papier*, dann im Moskauer Vertrag heißen sollte. Den Wandel in der Ostpolitik, meint Brandt, den wollte auch Scheel wirklich, aus eigenem Antrieb. Von der Notwendigkeit, hier etwas zu ändern, war er von sich aus seit langem überzeugt.

Die Erwartungen, die man mit diesem Positionswechsel verband, konnten verschieden hoch gesteckt werden und wurden das wohl auch. Man mochte über konkrete Schritte, über einzelne Formeln unterschiedlicher Auffassung sein – und war es. Peter Bender hat zu Recht von einer »*Kunst* des Selbstverständlichen« gesprochen. Selbstverständlich, unerläßlich (das sah man damals, sieht man um so mehr heute, auch in weiten Teilen der Union) war die ostpolitische Wende als solche, eine Bereinigung des Verhältnisses im Rahmen des Möglichen, um dadurch Bewegungsfähigkeit für die deutsche Politik zurückzugewinnen. Nicht nur nach Osten, auch im Westen. Längst war eine Bundesrepublik, die sich halbherzig der Entspannung verweigerte, auch im westlichen Lager lästig geworden. Bonn war zu Ende der sechziger Jahre ernsthaft von Isolierung bedroht.

Die Große Koalition erwies sich als unfähig, die Lähmung, die Stagnation unserer Ostpolitik zu überwinden. Das lag auch am Starrsinn Moskaus, nicht nur an dem der CDU/CSU – aber eben auch an diesem. Das war von Barzel schon 1966 vorausgesehen worden. Am Beginn der Kanzlerschaft Kiesingers hatte der Fraktionsvorsitzende dem Regierungschef geweissagt, daß er ost- und deutschlandpolitisch große Schwierigkeiten mit den eigenen Leuten bekommen werde. Was sich bald bewahrheitete. Das Bleigewicht der Hinterbänkler, denen auch der CSU-Vorsitzende nahestand, wurde immer stärker spürbar. Dieser ostpolitische Fehlschlag der Großen Koalition, der längerfristig die äußere Stabilität der Bundesrepublik gefährdete, legte 1969, zumal Moskau jetzt Signale gab, das Bündnis von SPD und FDP dringend nahe. Hingegen sprach bei der innenpolitischen Gesetzgebung, auch von seiten der SPD, eigentlich nichts für einen Koalitionswechsel.

Im Gegenteil. Ihrem wirtschafts- und sozialpolitischen Reformpotential nach war die Große Koalition deutlich linker als die ihr folgende sozialliberale. Natürlich wollte das, aus entgegengesetzten Gründen, keiner der Beteiligten 1969 mehr wahrhaben.

Die Partner der Großen Koalition haben sich später gegenseitig sehr negativ beurteilt, verständlicherweise. Gerade deshalb muß man aber hervorheben, wie harmonisch ihre Regierung gewesen war. Sicherlich hatte es zwischen Kiesinger und Schiller, vor allem Kiesinger und Brandt Ärger gegeben. Kiesinger und Strauß, Kiesinger und Schröder waren sich in die Haare geraten. Leber eckte rundum an mit seinem Leber-Plan. Es gab also Auseinandersetzungen zwischen Personen, oft desselben Lagers, nicht zwischen den beiden Parteien.

Allerdings hatte eine Grundschwierigkeit dieser Koalition darin bestanden, daß beide Seiten von Anfang an wußten, sie würden 1969 einen Wahlkampf gegeneinander führen müssen, weil ihre Anhänger draußen im Lande, die im Lager der Union ebenso wie in dem der Sozialdemokraten von diesem Bündnis enttäuscht waren, das entrüstet verlangten. Lästigerweise, wie Kurt Georg Kiesinger und Herbert Wehner fanden.

Denn beide konnten gut miteinander, auch wenn sich in Kiesingers Wertschätzung für Wehner, ähnlich wie bei Willy Brandt, Angst mischte. Und andererseits Dankbarkeit. Kiesinger vergaß über ein Jahrzehnt hinweg nicht, daß ihm Wehner bei seinem Weggang nach Stuttgart 1958 ein Telegramm hinterhergeschickt hatte: Bonn sei ohne ihn ärmer geworden. Vor allem hatte ein Mann wie Wehner ihn 1966 als Bundeskanzler akzeptiert, was angesichts der politischen Vergangenheit beider Männer für Kiesinger »die Erlösung« (Bruno Heck) bedeutete. In der gemeinsamen Regierungsarbeit der Großen Koalition hatten beide – der eine weniger, der andere mehr – ihren Teil des Ladens die ganze Zeit hindurch zusammengehalten, hatten manche Nacht hindurch beieinandergesessen und viele Flaschen gemeinsam geleert (zu Gretas, der Stieftochter Wehners, Ärger!), trotz der Unbequemlichkeiten und Beschwerden, die das für den geregelten, abstinenten Tageslauf des seit 1966 zuckerkranken Wehner mit sich brachte. Aber der »alte Fuhrmann« (Wehner über Wehner) fand, daß er auf sich und seine Gesundheit keine Rücksicht nehmen durfte. Wenn Brandt nun einmal Kiesinger nicht leiden mochte, das auch offen zeigte, was ihm Wehner übelnahm, weil Brandt damit alles aufs Spiel setzte, dann mußte eben er, Wehner, die Koalition zusammenhalten, und das hieß, in den Worten von Klaus Schütz: »die Nächte hindurch sitzen, viel schweren Rotwein trinken, lange Reden Kiesingers anhören müssen«.

Nur zweimal während ihrer Zusammenarbeit hatte es im Kabinett handfesten Krach gegeben. Einmal wegen Wehners Forderung, in letzter Minute die Wahl des Bundespräsidenten Anfang März 1969 in Berlin abzusagen. Das andere Mal zwei Monate später, als es um die Reaktion Bonns auf die DDR-Anerkennung durch das kleine, ferne Kambodscha ging: Gegen Brandts »Rat« war der Abbruch der Beziehungen beschlossen worden. Beide Kräche fielen schon in die Frühphase des Bundestagswahlkampfes. Beide Male handelte es sich nicht zufällig um ostpolitische Kontroversen.

Vorläufer einer Neuen Ostpolitik

Für Brandt hatte es keine große Überraschung bedeutet, daß sich zusammen mit der CDU/CSU keine wirkliche Ostpolitik zuwege bringen ließ. Nicht, weil er von Anfang an mit Kiesinger schwer auskam, und man sich gegenseitig nur mit

Mühe ertrug. Nein, die persönliche Animosität bestärkte nur die Erfahrungen, die Brandt seit seiner Zeit als Regierender Bürgermeister in Berlin gemacht hatte. Schon im Januar 1963 war ihm klar geworden, daß man in der Ostpolitik mit der Union einfach nichts Vernünftiges anstellen konnte. Damals hatte ihm doch tatsächlich die Berliner CDU unter Franz Amrehn im Vorfeld der Abgeordnetenhauswahl den Bruch der Großen Koalition, in der man seit acht Jahren verträglich zusammenarbeitete, für den Fall angedroht, daß er die Einladung Nikita Chruschtschows zu einem Treffen in Ost-Berlin annähme.

Allerdings dachte man damals in dieser Frage auch in der SPD weithin wie bei den Christlichen Demokraten. In Brandts eigener Partei war die Stimmung angesichts dieser Einladung bestenfalls lau. Wehner riet eindeutig ab – und teilte das Brandt überdies nicht direkt, sondern über Barzel mit, dem damals gerade neuernannten gesamtdeutschen Minister. Selbst die Mehrheit der Berliner SPD verhielt sich abwartend bis abweisend. Nicht einmal unter seinen sozialdemokratischen Senatskollegen fand Brandt verläßlichen Rückhalt. Nur etwa die Hälfte von ihnen stimmte seinem Vorhaben zu, trotz des Unions-Widerspruchs gegen das Treffen mit dem sowjetischen Partei- und Regierungschef zusammenzukommen. Es unterblieb daher – zu Chruschtschows größter Überraschung. Er zog sich gerade um, als ihm Botschafter Abrassimow den Absagebescheid Brandts überbrachte; erstaunt ließ er fast seine Hosen fallen.

Für Brandt stand von nun an fest – wie er damals sagte –, daß es einen Senat, zu dessen Politik es gehöre, eine solche Einladung Chruschtschows abzulehnen, nicht mehr geben werde. Erwies doch die Wahl vom 17. Februar 1963, daß sich eine ostpolitisch aufgeschlossene Politik in großen Wahlerfolgen innenpolitisch auszahlen konnte. Brandts SPD stieg von 52,6 Prozent der Stimmen auf erstaunliche 61,9 Prozent – das beste Ergebnis dieser Partei in Berlin nach dem Kriege. Umgekehrt fiel die CDU, vermutlicherweise eben wegen ihres Starrsinns, von 37,7 auf 28,8 Prozent. Die aufgeschlossene FDP, die zwischen 1958 und 1963 dem Abgeordnetenhaus nicht angehört hatte, zog mit 7,9 Prozent (statt ihrer vorherigen 3,8 Prozent) neu ins West-Berliner Parlament ein.

Zwischen SPD und FDP kam es nunmehr zu einer Koalition. Wesentlich deshalb, weil es zwischen Willy Brandt und William Borm, den beiden Landesvorsitzenden, ostpolitisch »eine nahtlose Übereinstimmung« gab, wie Borm im Rückblick feststellt. Beiderseits zielte man mit dem Bündnis weit über den lokalen Rahmen hinaus. Man solle ja nicht glauben, sagte Borm schon im März 1963, daß man sich nur wegen Berlin solche Mühe gegeben habe, dieses Regierungsbündnis zu arrangieren. Es gehe »vor allem darum, wieder Bewegung in die Deutschlandpolitik zu bringen«. Diese Absicht hatte, wie schon gesagt, nur ein Teil der Berliner SPD, nämlich die Gruppe um Brandt mit Albertz, Bahr und Schütz. Das Bündnis mit den Liberalen sollte daher nach den Vorstellungen Brandts wesentlich dem Zweck dienen, auf die eigene Partei von außen ostpolitisch beflügelnd einzuwirken.

Im Dezember 1963 gelang ein großer, freilich bald von Westen her wieder abgeriegelter Durchbruch der kleinen Berliner Ostpolitik der SPD/FDP-Koalition: das erste Passierschein-Abkommen. Natürlich konnten die Berliner nicht auf eigene Faust vorgehen. In Bonn leistete ihnen der neue, deutschlandpolitisch ambitionierte gesamtdeutsche Minister, Vizekanzler und FDP-Bundesvorsitzende Mende zunächst tatkräftige Hilfe.

Schon 1956, beim Oktobertreffen von FDP und LDP in Weimar, hatte er zusammen mit Döring und Scheel nach neuen Wegen der Annäherung gesucht. Dabei war Mende, um voranzukommen, außerordentlich weit gegangen – was freilich am ergebnislosen Ausgang des Treffens nichts änderte. Immerhin war seit dem Spähtrupp nach Weimar infolge der parteiinternen Auseinandersetzungen, zu denen die Reise führte, bei den Liberalen grundsätzlich geklärt, daß man mit der anderen Seite reden müsse. So konnte der LDP-Politiker und Volkskammerpräsident Johannes Dieckmann am 13. Januar 1961 in Marburg auf Einladung von Klaus Horn, dem Vorsitzenden der dortigen *Liberalen Hochschulgruppe*, einem deutschlandpolitisch aktiven Jungdemokraten (die im Frühstadium der ostpolitischen Wende der FDP eine herausragende Rolle spielten), einen Vortrag über »Die realen Möglichkeiten zur Wiedervereinigung« halten.

Fünf Jahre später, im Frühjahr 1966, brachte die FDP zustande, was der SPD im gleichen Jahr mißlang: einen Redneraustausch mit der anderen Seite, jedenfalls dessen ersten Teil. Am 31. März 1966 kamen unter der Leitung des Frankfurter Journalisten und späteren Generalsekretärs der Partei, Karl-Hermann Flach, Politiker der FDP und der LDP bei einer öffentlichen Podiumsdiskussion in Bad Homburg zusammen.

Schon zur Zeit des ehemaligen Diplomaten und späteren Bundestagsabgeordneten Karl Georg Pfleiderer gab es ja in der FDP immer wieder eine gewisse Geneigtheit, ost- und deutschlandpolitisch das Undenkbare zu denken, es auch auszusprechen, anzupacken. Der CDU/CSU schien dergleichen stets sofort höchst bedenklich. So sah Außenminister von Brentano, wie er am 8. Oktober 1956 seinem Kanzler schrieb, im weimarischen Gedankenaustausch der Liberalen »die geradezu grotesken Eskapaden der FDP, die im Begriffe ist, das ›gesamtdeutsche Gespräch‹ zu beginnen. Nach alter Erfahrung verderben böse Beispiele gute Sitten, und ich sehe es schon kommen, daß andere Dummköpfe an diesem Wettlauf teilnehmen wollen.«

Man muß sich erinnern, was damals bereits als Fehltritt galt. Die Bundesrepublik mache im Zeichen der Entstalinisierung »einen bedenklichen Aufweichungsprozeß« durch, schrieb Brentano am 12. Oktober 1956 dem Präsidenten des BDI, Fritz Berg. Er habe ernste Bedenken dagegen, daß »bei der augenblicklichen Entwicklung« maßgebliche Vertreter der deutschen Wirtschaft nach Peking führen. Auch die vom FDP-Bundestagsabgeordneten Willy Rademacher gerade geplante Reise in die Tschechoslowakei und in die Balkanstaaten fand Brentano bedenklich – und erst recht den Beschluß des Bundestages, eine Einladung des Obersten Sowjet nach Moskau anzunehmen: »Ich verschweige Ihnen nicht, daß ich mir eine andere Entscheidung gewünscht hätte.«

Den Bundestagspräsidenten hatte Brentano schon am 28. September wissen lassen, daß er schwere Bedenken gegen die Annahme dieser Einladung habe. Als ihm Gerstenmaier am 9. Oktober mit »Bedauern, aber auch mit einer gewissen Verwunderung« geantwortet hatte, rügte Brentano am 22. Oktober nochmals die fehlende gegenseitige Information und Abstimmung – womit er andeuten wollte, daß die Zusage, eine Parlamentsdelegation in die Sowjetunion reisen zu lassen, bestimmt unterblieben wäre, wenn man sich vorher in der Union miteinander besprochen hätte. Denn dabei setzten sich am Ende noch jahrzehntelang immer die Orthodoxen durch. Man müsse, schrieb Brentano an Gerstenmaier, »der unleugbaren Vertrauenskrise begegnen, in der sich leider im Augenblick unsere Politik befindet«.

Dieser krisenhafte Augenblick dehnte sich zähe ins Unabsehbare. Die Lage war und blieb derart ernst, daß man sich lange keine Geste des guten Willens erlauben wollte. Tatsächlich ist der Bundestag erst 17 Jahre später, im September 1973, mit der Entsendung einiger seiner prominenten Mitglieder (von denen bei dieser Gelegenheit besonders Wehner von sich reden machte) der Einladung nach Moskau nachgekommen.

Obwohl Mende den Berlinern beim Passierschein-Abkommen 1963 eine helfende Hand geliehen hatte, war seine Befürwortung dieser ersten Abmachung mit der DDR angesichts seines doktrinär verfestigten Koalitionspartners in Bonn, der CDU/CSU, halbherzig. Sein ganzes ostpolitisches Engagement damals war zögernd und widerspruchsvoll. Kein Wunder. Mende wollte früh etwas Neues, spürte es vage kommen. Aber er wußte natürlich – wie andere, aufgeschlossene Politiker auch – nicht genau, was überhaupt möglich sein würde, und wagte nicht, offen über das zu sprechen, was sich abzeichnete. Er machte einige für seine Zeit bemerkenswerte Ansätze. Neben seiner Mitwirkung am Passierschein-Abkommen muß man erwähnen, daß er sich, wie vor ihm schon Barzel, für die Familienzusammenführung und den Häftlingsfreikauf einsetzte. Er brachte eine Vereinbarung über den Wiederaufbau der Autobahnbrücke bei Hof zustande und bemühte sich, allerdings vergeblich, um eine allgemeine gesamtdeutsche Kontaktstelle.

Insgesamt blieb er – hin- und hergerissen zwischen dem Wunsch, ein Neuerer zu sein, und der Furcht, es mit der Union zu verderben – immer zwiespältig. So spielte er die Bedeutung des »Protokolls« vom 17. Dezember 1963, jenes seltsamen Dokuments, in dem beide Seiten ausdrücklich ihre »unterschiedlichen politischen und rechtlichen Standpunkte« betonten und feststellten, »daß eine Einigung über gemeinsame Orts-, Behörden- und Amtsbezeichnungen nicht erzielt werden konnte«, sofort herunter. Diese Abmachung könne, sagte Mende, kein Modell weiterer Abmachungen mit der anderen Seite sein. Da war er zu kleinmütig. Denn es kam, wenn auch immer nur mit Hängen und Würgen, in den kommenden Jahren wenigstens zu Folgevereinbarungen, auch zu Verbesserungen aus westlicher Sicht, bis sich Ende 1966, im Zeichen der Großen Koalition, die SED ihrerseits verschreckt in die alte Isolierung zurückzog.

Die Anfänge deutsch-deutscher Kontakte waren mühsam, noch weitaus mühsamer als das schwierige Geschäft, mit der Sowjetunion und Osteuropa ins Gespräch zu kommen. Um die Schwierigkeiten zu verstehen, muß man sich die außen- und innenpolitische Konstellation vor Augen führen, die das Bonner Handeln im Jahre 1963 bestimmte – jenem Jahr, in dem es zum ostpolitischen Neubeginn in Deutschland kam.

Die innenpolitische Konstellation der sechziger Jahre

Es gab damals drei Gruppierungen in der westdeutschen Politik. Eine breite Mittelgruppe im Bonner Parlament wie in der westdeutschen Öffentlichkeit reagierte auf den Zerfall des westlichen Bündnisses mit einer besonderen Betonung der westdeutschen Bindung an die Vereinigten Staaten. Zwar hieß es immer noch, eine starke Bundesrepublik müsse sich in ein geschlossenes Westeuropa integrieren, das seinerseits mit den Vereinigten Staaten in der atlantischen Gemeinschaft verbunden sei. Aber was wollte eine westeuropäische Geschlossenheit, was eine atlantische Gemeinschaft heißen, seitdem sich Frankreich gegenüber seinen Partnern in Europa wie Amerika zur Selbständigkeit entschlossen zeigte und Großbritannien auf eine Sonderrolle fixiert blieb? Es war daher ganz folgerichtig, wenn diese Mittelgruppe Kennedys Plan einer atlantischen Partnerschaft warm begrüßt hatte, als deren Hauptpfeiler, wie man erwarten durfte, die USA und die Bundesrepublik zu betrachten sein würden. Von dieser Partnerschaft versprach man sich vor allem die Gewährung der Sicherheit, eines Tages auch die Lösung der Deutschlandfrage – über die man sich im übrigen keine scharfsinnigen Gedanken machte.

Zu dieser Mittelgruppe gehörten beträchtliche Teile aller drei Parteien ebenso wie etwa der Bundesverband der Deutschen Industrie, der Deutsche Gewerkschaftsbund und *Die Welt*. Ihren Kern bildete die CDU. Ein gutes Verhältnis zu den Vereinigten Staaten galt hier als Eckpfeiler der westdeutschen Außenpolitik, wobei man dazu neigte, die Gleichgerichtetheit der beiderseitigen Interessen ebenso zu überschätzen wie die Bedeutung der Bundesrepublik als eines Partners der USA. Denn man war nicht mehr in den fünfziger Jahren; John Foster Dulles, der Adenauer seinen Freund genannt hatte, war lange tot. Der Beginn einer Phase der Entspannung, der Versuch der Vereinigten Staaten, den Kalten Krieg auf der Grundlage des *Status quo* zu beenden, wurde – wahrscheinlich bewußt – nicht wahrgenommen. Diese mächtige Gruppierung der westdeutschen Politik hielt an dem Wunsche fest, das Machtgleichgewicht in

Europa und der Welt zugunsten des Westens (und damit der Bundesrepublik) zu verschieben, um eines Tages die Teilung des Landes beenden zu können.

Hauptrepräsentant war der damalige Bundesaußenminister. Nicht nur in seiner eigenen Partei und beim Koalitionspartner FDP, sondern bis weit in die SPD hinein fand Gerhard Schröder eine, wenn auch nuancierte Unterstützung. Unter den maßgebenden Männern der deutschen Sozialdemokratie war insbesondere der Militärpolitiker Fritz Erler (der sich damals auch als außenpolitischer Sprecher seiner Partei profilierte, obwohl er in ihrer Hierarchie erst an vierter Stelle rangierte) wohl am stärksten auf die USA, deren Projekt einer *Multilateralen Atomstreitmacht* (MLF), ja eine regelrechte »atlantische Partnerschaft« festgelegt, mochte er auch den amerikanisch-sowjetischen Dialog eher für nötig und nützlich halten als die Führung der CDU. Aber für Erler ebenso wie für die CDU war Ost-Berlin immer noch ein Befehlsempfänger Moskaus, nichts weiter. Darin unterschied er sich nicht wesentlich vom sozialdemokratischen Exponenten gesamtdeutschen Wollens, Herbert Wehner. Auch für ihn führte 1963 der Weg zur Wiedervereinigung über einen westeuropäischen Zusammenschluß und die Partnerschaft mit Amerika. Jedenfalls sagte er das – was mit seinem Kurs der Annäherung an die Union zusammenhängen mochte, der ihn im übrigen veranlaßte, sich nur selten und dann sehr vorsichtig zu weltpolitischen Fragen und Veränderungen zu äußern.

Während also Erler und Wehner die Große Koalition schon drei, vier Jahre vor ihrem Zustandekommen gedanklich vorwegnahmen und konzeptionell praktizierten, stand Brandt im Gegensatz zum damaligen Bonner Kurs seiner Partei. Natürlich war er als Regierender Bürgermeister einer Stadt, deren Überleben schließlich von den USA abhing, für enge Verbindungen zu den Vereinigten Staaten. Aber gerade aufgrund seiner vielfältigen Beziehungen in die USA war ihm frühzeitig bewußt geworden, daß sich dort unter John F. Kennedy ein Entspannungskurs anbahnte. Anders als die Bonner Mittelgruppe war er bereit, nicht nur die Gefahren, sondern auch die Chancen einer solchen Entwicklung zu sehen.

Spätestens seit dem 13. August 1961 hatte man in Berlin die Unzulänglichkeit einer rein rhetorischen Deutschlandpolitik besonders deutlich empfunden. Darüber hinaus sah Brandt die Bundesrepublik durch die Verweigerung eines eigenen Entspannungsbeitrages gefährdet. Er hatte bereits während der amerikanisch-sowjetischen Verhandlungen in der Berlin-Krise die Gefahr erkannt, daß die Entspannungspolitik über die Köpfe der Deutschen hinweggehen und Westdeutschland in die Isolierung geraten lassen könnte. Endlich hat für ihn auch die Hoffnung eine Rolle gespielt, die amerikanische Sympathie für eine neue deutsche Politik, die mit den eigenen Interessen harmonierte, werde ihm die Unterstützung Washingtons eintragen, an der seit Adenauer deutschen Politikern so sehr gelegen war.

Man kannte ihn drüben seit langem. Schon 1957 will Eleanor Dulles

»gewußt« haben, daß Brandt eines Tages Bundeskanzler werden würde. Jedenfalls hatte ihm die Berlin-Krise seit 1958 viele Möglichkeiten eröffnet, sich im Ausland zu profilieren. Die dramatischen Begleitumstände des Mauerbaus, übrigens auch einige amerikanische Aktionen in den Tagen nach dem 13. August 1961 (wie die Entsendung amerikanischer Kampftruppen auf seine Veranlassung sowie die Besuche des amerikanischen Vizepräsidenten Lyndon B. Johnson und des ehemaligen Militärgouverneurs Lucius D. Clay) hatten ihn wochenlang ins internationale Rampenlicht gerückt und seine Persönlichkeit – die des sozialdemokratischen Kanzlerkandidaten – der ganzen Welt eingeprägt. Am 9. September 1961, wenige Tage vor der Bundestagswahl jenes Jahres, hatte Heinrich Krone, der Fraktionsvorsitzende der CDU/CSU-Bundestagsfraktion, in seinem Tagebuch notiert: »In Washington gibt es Kräfte, die Brandt als Kanzler wollen. Diese wollen den Alten nicht, der ihnen zu hart ist. Man sucht nach einer Verständigung mit Moskau; da steht Deutschland im Wege . . .«

Kurz darauf war durchgesickert, was Washington genau von den Westdeutschen erwartete. John McCloy, der einflußreiche Bankier und ehemalige Hochkommissar, gewiß ein Freund und Förderer der Bundesrepublik, hatte Fritz Berg und Hans-Günther Sohl, dem Präsidenten des BDI und dessen späterem Nachfolger, mit denen er sich in San Franzisko getroffen hatte, klipp und klar gesagt: Es sei an der Zeit, daß sich die Deutschen mit den Realitäten dieser Welt abfänden. Dabei gehe es um die Oder-Neiße-Linie, um die DDR und um Berlin als eine Freie Stadt. Ergänzend hieß es in vertraulichen Journalistenberichten damals, was die DDR angehe, werde anscheinend von Bonn keine De-jure-Anerkennung erwartet, wohl aber die Herstellung eines »erträglichen Verhältnisses«. Kein Wunder, daß damals in Bonn der Boden wankte und sich das Gefühl verbreitete, man stehe »geradezu an einem Abgrund«.

Inzwischen, seit dem Berliner Frühjahr 1963, wußte Brandt, daß die Bevölkerung die Situation möglicherweise ruhiger betrachtete, als man in Bonn meinte. Sein unbefangeneres Verhältnis zum Osten, seine Bereitschaft zur Entspannung, hatte sich bei den Wahlen für ihn und die SPD ausgezahlt. Jedenfalls war er 1963 der einzige führende westdeutsche Politiker – und damit der Mittelpunkt einer wachsenden zweiten Gruppierung der westdeutschen Politik –, der eine Politik der Entspannung entschieden bejahte. Er empfand die »Koexistenz« als »Zwang zum Wagnis« (so der Titel seines 1963 erschienenen Buches), sprach von einer Strategie des Friedens, einem Wettkampf der Systeme. Schon 1963 faßte er diplomatische Beziehungen der Bundesrepublik zu den Ostblockstaaten ins Auge und verlangte ein gemeinsames westliches Hilfsprogramm – ähnlich dem Marshall-Plan – für Osteuropa.

An seiner ostpolitischen Konzeption war bemerkenswert (und darin lag ein entscheidender Unterschied zu den eher beiläufigen ostpolitischen Vorstößen Schröders), daß Brandt auch damals schon die DDR nicht ausklammerte. Zwar empfahl er keine Anerkennung oder zwischenstaatliche Beziehungen, womit er innenpolitisch sicheren Selbstmord begangen hätte. Aber er gab zu, mit der Existenz eines zweiten deutschen Staates auf lange Sicht zu rechnen, und strebte daher eine Milderung der nicht aufhebbaren Teilung an: kleine, praktische Schritte zum Zweck einer allmählichen Veränderung, einer Vermenschlichung der kommunistischen Herrschaft in Ostdeutschland. Im Sommer 1963 ließ er seinen Freund, den Berliner Senatspressechef Egon Bahr, in einer berühmt gewordenen Rede vor der Evangelischen Akademie Tutzing von einer Politik des »Wandels durch Annäherung« sprechen.

Das, was sich hier als neue Deutschlandpolitik der Berliner SPD in Umrissen abzeichnete, hatte – wie wir schon sahen – gewisse Parallelen in Äußerungen und Aktionen des freidemokratischen Parteivorsitzenden Erich Mende. Die neue Deutschlandpolitik fand zunehmend in Teilen der SPD wie der FDP des Bundesgebiets Unterstützung und konnte sich in der Presse auf eine wohlwollende Aufnahme, etwa in der *Süddeutschen Zeitung*, im *Spiegel*, nach Kennedys Deutschlandbesuch auch in der *Zeit*, verlassen. Kurz nach Beginn der Kanzlerschaft Erhards (er trat im Oktober 1963 sein Amt an) fand diese Politik ihren ersten praktischen Niederschlag im Berliner Passierschein-Abkommen vom Dezember 1963, von dem bereits die Rede war.

In scharfem Gegensatz zur atlantischen Gruppierung um Schröder und erst recht natürlich zum gesamtdeutsch-pragmatischen Flügel um Brandt stand die durch Teile der CDU und eine weite Resonanz unter den Vertriebenen verstärkte CSU. Adenauer hatte sich nach dem Ende der Ära Dulles und vollends seit dem Amtsantritt Kennedys immer mehr in ein Mißtrauen gegen die Vereinigten Staaten hineingesteigert, das ihn an die Seite de Gaulles drängte, den er als überragende Figur ohnehin bewunderte und dessen Frankreich schon immer im Mittelpunkt seines außenpolitischen Denkens und Handelns gestanden hatte. Mit seinem Elysée-Vertrag vom Januar 1963 wollte Adenauer nicht nur seine unberechenbaren Nachfolger binden, die Freundschaft mit Frankreich bekräftigen und eine mögliche französisch-russische Annäherung auf deutsche Kosten verhindern, sondern auch den Amerikanern die Grenzen seiner Bündnistreue demonstrieren. Er stand damit in betontem Gegensatz zu Schröder und der von diesem betriebenen pro-amerikanischen Außenpolitik der CDU-Mehrheit, befand sich dagegen in voller Übereinstimmung mit der außenpolitisch geschlossenen CSU, deren Konzeption vornehmlich von Strauß und Guttenberg formuliert wurde.

Diese dritte Gruppe der westdeutschen Politik wurde charakterisiert durch die Hoffnungen, die sie auf de Gaulle setzte, und die Lehren, die sie von ihm empfangen zu haben behauptete (was auf Mißverständnissen beruhte). Hier wurde eine westeuropäische Führungsrolle des gaullistischen Frankreich anerkannt und ein deutsch-französischer Bilateralismus als vermeintlicher Magnet einer westeuropäischen Blockbildung begrüßt, wobei in den Erwägungen der CSU eine europäische Atommacht eine zentrale Bedeutung besaß. Das amerikanische MLF-Projekt wurde dagegen verworfen. Endziel sollte eine Doppelpoligkeit des westlichen Lagers, ein europäisch-amerikanischer Duozentrismus als Ausgangspunkt einer zeitgemäßen, dynamischen, ja offensiven Politik westlicher Stärke sein. »Wenn der Westen will. Plädoyer für eine mutige Politik«: Dieser Titel des 1964 erschienenen Buches Guttenbergs war nicht weniger charakteristisch gewählt, nicht weniger programmatisch gemeint als das ein Jahr vorher veröffentlichte Buch Brandts; es war wohl nicht zufällig, wenn in ihm 142mal von der Freiheit, aber nur 36mal vom Frieden die Rede war.

War das Verhältnis zu de Gaulle von verehrungsvoller Erwartung bestimmt (die seine ostpolitischen Intentionen vollkommen verkannte), so wurde die Bindung an die Vereinigten Staaten eher kühl und selbstbewußt betrachtet: Waren nicht auch die USA auf die Bundesrepublik angewiesen? Ihrem neuen Entspannungskonzept, das ausschließlich in sowjetischem Interesse lag, wie angeblich das Teststopp-Abkommen vom August 1963 zeigte, mußte jedenfalls scharf widersprochen werden. Ganz verfehlt erschien ein westdeutscher Beitrag zur Entspannung mit Osteuropa. Schon Handelsmissionen, wie sie Schröder seit 1962 anstrebte, waren nicht unbedenklich, das polnisch-westdeutsche Handelsabkommen vom März 1963 politisch nutzlos, ja schädlich, und diplomatische Beziehungen mit kommunistisch beherrschten Staaten Osteuropas wären, so hieß es, vollends fehl am Platze.

Es lag wesentlich an der Selbstsicherheit und Lautstärke dieser dritten Gruppe – die eigene Zugeständnisse Bonns als überflüssig und töricht bezeichnete, aber gleichzeitig vorgab, eine Wiedervereinigung unter westlichen Vorzeichen für durchaus denkbar zu halten –, daß sich die zweite Gruppe, das Brandt-Lager, zunächst schwertat, überhaupt zu entstehen. Wie konnte man Konzessionen an Kommunisten anpreisen, noch dazu ohne die Aussicht auf spektakuläre Gegenleistungen, wenn die innenpolitischen Kontrahenten kühne, kostenlose Versprechungen machten!

Schon das Umdenken bereitete große Mühe. Keineswegs führte der Mauerbau, der das Scheitern der vorherigen Ostpolitik sichtbar gemacht hatte, sofort zu konzeptionellen Neuansätzen. Auch nicht bei Liberalen und Sozialdemokraten. Die Umrisse einer neuen Politik, die eine aussichtslos gewordene strikte Konfrontation ablösen sollte und konnte, entstanden nach und nach in den frühen sechziger Jahren in den Köpfen grüblerischer Einzelgänger.

Da gab es in der FDP Wolfgang Schollwer, einen nachdenklichen Mitarbeiter der Parteizentrale. Eine vergleichbare Rolle spielten für einen Teil der SPD, besonders ihres Sympathie-Umfelds, Peter Bender vom *Westdeutschen Rundfunk*, auch er ein Tüftler und Außenseiter, ein Schulfreund des temperamentsverwandten Egon Bahr, und im weiteren Sinne der engste Kreis um Brandt (der sich selbst völlig zurückhielt) – neben Bahr und Schütz vor allem der couragierte, emotionale, offenherzige Heinrich Albertz.

Bei Bender wie Bahr fällt übrigens auf, daß sie den immer noch illusionären

Zeitströmungen Rechnung trugen. Wenn auch mit indirekteren Mitteln als die Christlichen Demokraten, versprachen sie in ihren Programmen, die DDR umzugestalten, priesen mithin das an, was Walter Ulbricht später spöttisch »eine Aggression in Filzlatschen« nannte. Die in der Tutzinger Rede vom Juli 1963 von Bahr geprägte Formel verhieß ausdrücklich drüben einen »*Wandel* durch Annäherung«. Bender schien schon in seinem Buchtitel vom Jahre 1964 die Intentionen der gleichzeitig veröffentlichten Studie Guttenbergs aufzunehmen, ihnen freilich mit praktikableren Methoden nachzustreben. »*Offensive* Entspannung«, das verhieß: in die DDR hineinzuwirken, dort Wandlungen in unserem Sinne zu bewerkstelligen, eine Erleichterung der Lebensverhältnisse, eine fortschreitende Humanisierung und Liberalisierung. Da Bonns Politik nicht mehr darauf gerichtet sein könne, schrieb Bender, den Kommunismus im anderen Deutschland zu beseitigen, müsse sie »dazu beitragen, ihn zu ändern«.

Das war offensiv gesagt und gemeint. Dennoch schien es Wehner gegenüber der bisherigen Linie derart defaitistisch, daß er seine vieljährige Verbindung zu Bender sofort einschlafen ließ. Es war ihm zu riskant, seinen Namen mit solchen Leuten in Verbindung gebracht zu sehen. Man konnte ja noch nicht sicher wissen, daß im Laufe der sechziger Jahre immer mehr Westdeutsche solchen Gedankengängen zustimmen würden – nicht, weil sie in die DDR gestaltend hineinwirken, sondern umgekehrt, weil sie, resignierend, endlich in Frieden gelassen werden wollten, was sie sich von der neuen Politik versprachen. Das war freilich eine Illusion. Die Zustimmung vieler Wähler zu den Ostverträgen – sagte Bahr ein Jahrzehnt später, Anfang Juli 1974 – spiegelte ihren tiefen Wunsch nach Ruhe gegenüber dem Osten. Aber diese Ruhe, das müsse er ganz klar sagen, sei unerreichbar.

Was die westdeutschen Wähler wirklich dachten und anstrebten, war allerdings lange nicht genau auszumachen. Es konnte alles ganz anders kommen, etwa bei einem Anwachsen der NPD. Daher blieb viele Jahre unter führenden Sozialdemokraten die Sorge groß, mit voreiliger Offenheit, erst recht mit spektakulären Aktionen, ins politische Abseits zu geraten. Genauer: dort zu bleiben. Die sozialdemokratische Opposition war taktisch auf Umarmung der Union aus, nicht auf ein konfliktreiches Gegeneinander. Fritz Erler, seit März 1964 Vorsitzender der SPD-Bundestagsfraktion, pflegte schon seit Ende der fünfziger Jahre einen möglichst geräuschlosen Oppositionsstil – Filzlatschen auch hier.

Als Albrecht von Kessel in einer Kolumne der *Welt* am 17. Februar 1965 die Verwischung der Grenzen zwischen Regierung und Opposition in der Außenpolitik beklagt hatte, schrieb ihm Erler am 23. Februar, er halte außenpolitische Schlachten in Wahlkämpfen unter anderem deshalb für unergiebig, weil sie »im allgemeinen in einem autoritätsgläubigen Volk wie dem unseren zugunsten der Regierung« endeten. In einem Brief Erlers vom 17. Dezember des gleichen Jahres, kurz nach der Bundestagswahl, bei denen der Genosse Trend nur lahme Fortschritte gemacht hatte, liest man die lapidare Behauptung: »Eine sozialdemokratische Aufforderung zur Anerkennung der Oder-Neiße-Linie hätte der CDU/CSU zur absoluten Mehrheit verholfen.«

Die Chancen, die umgekehrt ihr Annäherungskurs der SPD bot, hatte der intelligente, doch kleinmütige Franz Josef Strauß früher und richtiger diagnostiziert als viele Anhänger der Sozialdemokratie. »Wenn wir jetzt eine schwarzrote Koalition machen«, weissagte er der CDU/CSU-Bundestagsfraktion am 27. September 1961 beinahe hellseherisch zu einem Thema, das die Union das ganze Jahrzehnt über in Atem halten sollte, »haben wir 1965 eine rot-schwarze und 1969 eine rot-gelbe« – womit er eine SPD/FDP-Koalition meinte.

Im Februar 1966 stellte Fritz René Allemann im *Monat* die Frage, ob das westdeutsche Parteiensystem nicht anachronistisch geworden sei. Es schien ihm wirklichkeitsgerechter, wenn sich um den Kern einer selbständig operierenden CSU eine gaullistische Partei bilden würde, die dann gegen die atlantisch orientierte CDU oder gar gegen eine hypothetische Koalition aus CDU, SPD und FDP zu opponieren hätte. Am Ende des Jahres 1966 wurde eine ähnlich breite Koalition geschlossen – aber mit dem grundlegenden Unterschied, daß die FDP und nicht die CSU die Oppositionsrolle hatte übernehmen müssen. Das hieß aber, daß diese Große Koalition, in deren Reihen die Motoren und die Bremsen ostpolitisch annähernd gleich stark waren, aus der außenpolitischen Stagnation gar nicht herausfinden konnte.

Zwar bereiteten Sozialdemokraten die Zukunft vor, besonders in Bahrs AA-Planungsstab; zwar gab es diskrete Sondierungen der SPD, beispielsweise über die Kommunistische Partei Italiens. (Sie waren übrigens so diskret, daß der Bundeskanzler durch den Bundesnachrichtendienst von ihnen erfuhr, was Kiesinger den Sozialdemokraten und diese dem BND übelnahmen. Ein Riesenkrach Kiesingers mit Brandt und eine anhaltende, rachsüchtige BND-Verdrossenheit der SPD waren die Folgen.) Aber öffentlich sah sich die SPD mit Rücksicht auf den nun einmal gewählten Bündnispartner zur Zurückhaltung veranlaßt. Daher fiel es ab 1966 der kleinen FDP zu, den ostpolitischen Meinungsbildungsprozeß weiter voranzutreiben.

Das erste Schollwer-Papier

Die wichtigsten Anregungen zur ostpolitischen Neuorientierung der FDP kamen in den frühen sechziger Jahren im wesentlichen von Wolfgang Schollwer. Er stammte aus Potsdam, kam aus der liberaldemokratischen Partei der DDR, der ostdeutschen Schwester der FDP, war nach seiner Flucht zwei Jahrzehnte, bis 1970, in der Bundesgeschäftsstelle der FDP tätig. Zunächst im Ostbüro. Dann, ab 1957, in der Pressestelle, später auch als Referent für Ost- und Deutschlandpolitik. Als Mitarbeiter Josef Ungeheuers – von 1952 bis zu seinem

Tode 1959 Pressechef der Partei – geriet Schollwer zeitweilig unter den Einfluß dieses dogmatischen deutschlandpolitischen Mentors der FDP.

Ungeheuer, dieser »ehemalige katholische Theologe mit dem unseligen Namen«, wie Theodor Heuss an Toni Stolper schrieb, war auf einem Seitenweg aus seiner priesterlichen Lebensbahn geraten und daraufhin zu einem engagierten Antiklerikalen, zu einem Unionsfeind und Adenauer-Gegner geworden. Anders als Ungeheuer, der immer schon ein Mann Dehlers gewesen war, hatte sich Schollwer – wie die meisten der Liberalen, die aus der DDR gekommen waren – zunächst sehr für Adenauer und seine Politik westlicher Stärke erwärmt.

Schollwer erlebte mit, wie Ungeheuer, zusammen mit Karl-Hermann Flach (der damals gleichfalls in der FDP-Pressestelle arbeitete, ehe er am 1. April 1959 die Bundesgeschäftsführung der Partei übernahm) und politisch gestützt von Ernst Achenbach und Thomas Dehler, die hoffnungsvolle Antwort der FDP auf den sowjetischen Friedensvertragsentwurf vom 10. Januar 1959 formulierte: den »Deutschlandplan der FDP«, der mit seinem korrekten Titel »Grundrisse eines Friedensvertrages, Leitvorstellungen der Freien Demokraten für die Lösung der Deutschen Frage im Rahmen einer dauerhaften Sicherheitsordnung in Europa« hieß. Dergleichen entsprach längst nicht mehr den Erfordernissen der Lage und schon gar nicht der zeitweiligen Selbstüberschätzung der Sowjetunion in jenen Jahren.

Vom enttäuschenden Ausgang der Genfer Außenministerkonferenz 1959 hart getroffen, war Ungeheuer bald darauf einem Gehirnschlag erlegen. Schollwer wurde sein Nachfolger als Chefredakteur der *freien demokratischen korrespondenz (fdk)*. Als Moskau mit dem Mauerbau 1961 die Teilung Deutschlands besiegelt hatte, wurde ihm voll bewußt, daß die Viermächtekonferenz, nach der Achenbach immer noch jammerte, daß auch ein Friedensvertrag, für den Achenbach und Dehler bis weit in die sechziger Jahre wie die Löwen kämpften, künftig ohne jede Chance waren. Achenbach – Dehler war inzwischen (1967) gestorben – wollte das allerdings auch danach partout nicht einsehen. Noch im Sommer 1970, als Mitglied der Moskauer Delegation des FDP-Außenministers, versuchte er temperamentvoll und hartnäckig seine Bonner Mitreisenden für den abwegigen Gedanken zu gewinnen, am toten Punkt der Verhandlungen der Sowjetunion einen solchen Friedensvertrag anzubieten, in dem er die Krönung seines Lebenswerks zu erblicken meinte. Nicht nur Walter Scheel war ungläubig erstaunt über soviel Weltfremdheit in den eigenen Reihen. Offensichtlich hatte das Gespür für die Veränderung der internationalen Konstellation Ernst Achenbach seit langem verlassen. Seine außenpolitische Gezeitenuhr war über ein Jahrzehnt lang stehen geblieben.

Am 22. März 1962 brachte Schollwer in der FDP-Geschäftsstelle seine »Gedanken zur Deutschlandpolitik der Freien Demokraten« in Umlauf, das erste von mehreren Schollwer-Papieren, die in den nächsten Jahren seine Partei und die Öffentlichkeit erregen sollten. Der Parteivorsitzende Mende war von Schollwers Gedanken über neue Wege zur Wiedervereinigung sehr angetan und lud daher den Autor zu einem Vortrag in die Klausurtagung des Fraktionsvorstands vom 8./9. April 1962 ein. Während Flach bei dieser Gelegenheit Schollwer vorsichtig assistierte und Mende eine behutsame Verteidigung wagte, hielt sich Hans-Dietrich Genscher, der Fraktionsgeschäftsführer, ebenso stille wie der opportunistische Siegfried Zoglmann; der temperamentvolle Thomas Dehler riß das Papier in kleinste Fetzen. Bei der Bedeutung, die dieser leidenschaftliche Nationalist alten Schlages (auch Bahr, Bender, Schollwer sind Nationalisten, nur eben nachdenklicher, wirklichkeitsnäher als Dehler es war) in seiner Partei besaß, war damit die Sache fürs erste erledigt.

Die Wiedervereinigung – hieß es in Schollwers »Gedanken« – sei ein Fernziel, das nur über zahlreiche Zwischenstationen erreichbar sei. Das Nahziel könne daher nur eine Wiederannäherung der beiden Teile Deutschlands sein. Dieser langwierige und sicherlich auch mühsame Prozeß setzte einerseits westliche Zugeständnisse, andererseits eine Normalisierung der politischen Verhältnisse in der DDR voraus. Der in anderen Ostblockstaaten mehr oder minder weit fortgeschrittene Entstalinisierungsprozeß müsse nunmehr auch auf die Zone übergreifen und dort zu einer Liberalisierung führen.

Heimliche DDR-Kontakte über Mittelsmänner

Über Illusionen, die Anfang der sechziger Jahre auch Realisten wie Schollwer noch hatten, kann man heute leicht spotten. Das deutschlandpolitische Umdenken brauchte seine Zeit, mußte manche Umwege machen, ehe es die Realität einholen konnte. Erst recht war der Versuch hindernisreich, das Gedachte in Politik umzusetzen. Es gab ja keine offiziellen Kanäle, über die man Ansichten hätte austauschen können. Es gab nur heimliche Kontakte, über Mittelsmänner; nur unter der Hand gab man sich Signale – und durch die Presse. So schrieb am 13. Januar 1964 Hans Dieter Jaene, damals Leiter des Berliner *Spiegel*-Büros, an Rudolf Augstein im Rückblick auf das im Monat davor abgeschlossene Passierschein-Abkommen, nun sei »ja wohl endlich etwas in Gang gekommen . . ., was wir jahrelang gewollt haben«. Offenbar hielt er ähnliche, formlos-praktische Abmachungen auch zwischen Ost-Berlin und Bonn für möglich, denn er fuhr fort:

> Ich bin übrigens ziemlich sicher, daß die DDR in Formfragen bis an die Grenze des eben noch Zumutbaren zurückgehen wird, wie sie es ja schon beim Berliner Passierschein-Abkommen gemacht hat . . .
>
> Leute in Ostberlin, die es wissen müssen, sagen einem unter vier Augen,

daß sie auch bei gesamtdeutschen Kontakten mit Bonn in der Formfrage ähnlich bis ins letzte Loch zurückstecken würden, wenn nur ihre eigentliche Absicht garantiert würde: Ihre eigenen Liberalisierungsbestrebungen innerhalb der DDR, die ja identisch mit der Regelung des innerdeutschen Reiseverkehrs sind, dürften von Bonn nicht für propagandistische Zwecke benutzt werden. Ich glaube, die östliche Seite weist nicht zu Unrecht darauf hin, daß es die von Bonn jetzt vielbeschworene »Anerkennung durch die Hintertür« nach völkerrechtlichen Begriffen gar nicht gibt. Ein Staat kann einen anderen nur ausdrücklich anerkennen und nicht etwa durch irgendwelche Maßnahmen, zu denen er ausdrücklich erklärt, sie sollten nicht der Anerkennung dienen. Umgekehrt ist nach der Völkerrechtslehre natürlich die Existenz eines Staates nicht abhängig von seiner Anerkennung durch einen anderen . . .

Drei Tage nach seinem Brief an Augstein traf Jaene in Ost-Berlin Hermann von Berg, einen Abteilungsleiter im DDR-Presseamt und Vertrauensmann von Willi Stoph, dem er erzählte, der Fraktions- und Bundesgeschäftsführer der FDP, Hans-Dietrich Genscher, besuche ihn bald in Berlin und sei nicht abgeneigt, mit einem kompetenten Beauftragten der DDR ein Sondierungsgespräch zu führen. Am 20. Januar 1964 bekam Jaene von Kurt Blecha, dem langjähren Leiter des Presseamtes, die Antwort Ost-Berlins, über die er am gleichen Tage Genscher vertraulich unterrichtete. Jaene sandte Genscher, den er aus seinen Bonner Tagen gut kannte (sie duzten sich damals), in drei verschiedenen Briefumschlägen einen verschlüsselten Vermerk; nur wer alle drei Texte kannte, konnte den Sinn verstehen. Diese konspirative Vorsicht sollte verhindern, daß die Initiative Ost-Berlins öffentlich bekannt würde, falls ein Brief Unbefugten in die Hände fiele.

Die drei Mitteilungen lauteten:

Aktennotiz

Am 16. Januar erwähnte ich gesprächsweise zu A in dessen Büro, daß demnächst B bei mir zu Gast sei und ganz interessiert wäre, mit C einmal dies und jenes zu besprechen, wobei C allerdings voll mit der Materie vertraut sein müßte. Am 20. Januar bat mich D zu sich und verlas mir mit der Anheimgabe, Notizen zu machen, folgendes:

Man sei grundsätzlich bereit, den Wunsch von E zu erfüllen, um bestimmte sachliche Fragen zu erörtern, die F gern geklärt haben möchte. Man setze voraus, daß dieses Gespräch nicht persönlicher Initiative von G entspringe, sondern mit H, I und K abgesprochen sei. Auch L werde nicht persönlich sprechen, sondern in Vollmacht von M. Man habe vor, sich bei N oder O zu treffen, und zwar bereits nächste oder übernächste Woche. Man möchte gern, daß die entstehenden Fragen vorher schriftlich übermittelt würden. Da

P den Wunsch geäußert habe, nicht mit irgend jemandem zu sprechen, benenne man Q mit einem Begleiter, falls andererseits R und S kämen. T könne sich auch durch U oder V vertreten lassen. Sollte jedoch zum gegenwärtigen Zeitpunkt das nicht opportun erscheinen, sei man auch mit W einverstanden. Für diesen Fall käme X. Solches Gespräch könne möglicherweise ein weiteres zwischen Y und Z vorbereiten. Man sei sich darin einig, daß es wünschenswert sei, absolute und strikte Verschwiegenheit zu wahren, und man übernehme diesbezüglich alle Garantien.

Ich habe geantwortet, daß mir die Offerte hinsichtlich der Punkte 1, 2, 3 und 4 kaum akzeptabel erscheine und ich an etwas sehr viel weniger Aufwendiges gedacht hätte. Ich wolle es aber so weitergeben.

Meine Empfehlung: Alles, wozu man bereit sei, sei ein gelegentliches zwangloses Zusammentreffen zwischen 7 und 5 bei 6.

Bilderzettel

A. von Berg, Abteilungsleiter im DDR-Presseamt
B. Genscher
C. ein DDR-Funktionär, verhandelnd
D. Blecha, Leiter des DDR-Presseamtes
E. Gruppenbild vom FDP-Bundesvorstand
F. dasselbe im Freien
G. Genscher, sitzend
H. Mende
I. Kühlmann-Stumm
K. Erhard
L. ein DDR-Funktionär, kontrollierend
M. Stoph
N. Straßenszene in Ost-Berlin
O. Stadtansicht von Bonn
P. Genscher mit Familie
Q. Abusch
R. Mende mit Frack
S. FDP-Bundesgeschäftsführer
T. Mende mit Schäferhund
U. FDP-Fraktionsvorsitzender
V. Dehler
W. Genscher mit Bierglas
X. nicht identifizierter DDR-Funktionär
Y. Abusch bei Pressekonferenz
Z. Vizekanzler bei Kabinettssitzung

Noch zu klärende Punkte:

1. Die Frage der Initiative ist falsch dargestellt;
2. die Ortsangaben sind nicht akzeptabel;
3. die Ebene ist falsch gewählt;
4. schriftliche Erklärungen sind unmöglich;
5. ein DDR-Mann;
6. Jaene;
7. Genscher.

Aus der Sache wurde nichts. Die DDR-Initiative scheiterte an Bedenken der FDP. Lakonisch und geheimnisvoll teilte Jaene am 27. Januar 1964 seinen verblüfften Gesprächspartnern mit: »Die Ausführungen vom 20. 1. 1964 sind von mir übermittelt worden. Eine Antwort darauf habe ich nicht bekommen. Es ist auch nicht damit zu rechnen, daß noch eine Antwort eintrifft. Herr Genscher hat mir nunmehr mitgeteilt, daß er meiner Einladung zu einem privaten Informationsgespräch nicht folgen kann.«

Über die Reaktion aus Ost-Berlin berichtete Jaene – diesmal mit der Tarnung eines vermeintlichen Maklergesprächs über einen Grundstücksverkauf – an Genscher:

Berlin, am 27. 1. 1964

Lieber Herr Genscher,

in der Grundstückssache habe ich dem Makler heute beiliegenden Text langsam zum Mitschreiben vorgelesen. Er war völlig konsterniert und verwies immer wieder auf die letzte Variante seiner Offerte, die doch meinen Vorstellungen weitestgehend entgegengekommen sei. Ich habe ihm erläutert, daß ich dazu nur meine private Meinung sagen könne, und die sei so: Niemand sollte die ganze Hand packen wollen, wenn ihm vorsichtig ein kleiner Finger gereicht wird. Der Mann sagte mir, wegen einer Antwort müsse er sich nun erst mit seinen Kompagnons beraten, und er wollte von mir wissen, wie er es wohl am besten anstellen könnte, um doch noch ins Geschäft zu kommen. Ich habe ihm gesagt, daß ich einstweilen keinerlei Chance sehe. Er hat mir geantwortet, falls seine Kompagnons meinten, daß man die Sache weiterspinnen solle, wollte er mich das wissen lassen.

Man blieb mit den Kompagnons in Kontakt, wenn auch mit langen Pausen. Telegramme, etwa von »Herbert« (nämlich Herbert Bertsch, einem Vertrauensmann Stophs, wohl auch des Staatssicherheitsdienstes der DDR), gingen an Ingeborg Jaene, die Ehefrau – und umgekehrt. Man tarnte sich in den Texten. So hätte ein Unbefangener am 17. Februar 1967 meinen können, es gehe diesmal um Geschäftsabschlüsse im Ost-West-Handel: »Nach Rücksprache Geschäftsgrundlage für unsere Forderungen allein früherer Vorschlag. Erbitten dringend

Besuch zwecks Erläuterung der Seriosität unseres Vorschlags auch durch maßgebenden Vertreter unserer größeren Berliner Schwesterfirma. Erbitte Terminvorschlag. Jaene«

Tatsächlich ging es im Januar/Februar 1967 um die *Verlängerung der Passierscheinstelle für dringende Familienangelegenheiten*, die sogenannte Härtestelle. Finanzsenator Hans-Günter Hoppe und Hermann Oxfort, der FDP-Fraktionsvorsitzende im Abgeordnetenhaus, führten in Jaenes Wohnung Vorverhandlungen mit Herbert Bertsch. Die Vorschläge Hoppes, die mit Heinrich Albertz, dem neuen Regierenden Bürgermeister, abgestimmt worden waren (Brandt saß als Außenminister seit einigen Wochen in Bonn), schrieb sich Bertsch in sein Notizbuch ab, um ja nichts Schriftliches entgegennehmen zu müssen. Es führte auch so zu nichts. Eine neue Vereinbarung kam nicht zustande.

Nach einer zweieinhalbjährigen Periode einer gewissen Erwärmung stand man seit 1966 am Beginn einer neuen Phase der Kälte. Spätestens seit dem Regierungsantritt der Großen Koalition im Dezember 1966 hatte sich die DDR entschlossen, ihre vorherige Berlin-Politik kleiner entgegenkommender Schritte auf Eis zu legen. Die kleine Öffnung in der Mauer schloß sich wieder; sechs Jahre lang sollte es keine Passierscheine für West-Berliner mehr geben. Lediglich die Härtestelle arbeitete ab April 1967 stillschweigend in der bisherigen Weise weiter; eine humanitäre Geste, immerhin, besser als nichts.

Schon im Spätsommer 1966, also noch zu Zeiten der Kanzlerschaft Erhards, war man im Kreise um Brandt zu der Auffassung gelangt, daß im Augenblick mit der DDR wenig anzufangen sei. Es kam seit Jahren viel Papier aus Ost-Berlin, gewiß. Es gab Signale in den Zeitungen drüben. Aber wenn die SED in der Deutschlandpolitik etwas vorschlug, dann war es ihr entweder nur um Propaganda zu tun, oder sie stellte als Vorbedingung indiskutable Forderungen; falls der Vorschlag aber einmal ernst gemeint und praktisch schien, bekam sie rasch kalte Füße – wie bei dem zwischen SED und SPD verabredeten Redneraustausch, den sie unter Vorwänden am 29. Juni 1966 wieder abgesagt hatte.

Manches hörte sich von ferne ganz vernünftig an. Seit 1956, also seit zehn Jahren, erklärte die DDR immer wieder – letztmals sollte es Walter Ulbricht in seiner Ansprache zum Jahreswechsel am 31. Dezember 1966 tun –, eine aus beiden deutschen Staaten gebildete Konföderation sei die beste (mittlerweile hieß es: die einzige) Form einer Wiedervereinigung, die sich denken lasse. Aber solche Vorschläge enthielten nicht einmal diskutable Ansatzpunkte. Stets ging es der SED um einseitige Positionsgewinne, um massive Einwirkungsmöglichkeiten, nämlich innenpolitische Mitgestaltungsrechte in der Bundesrepublik.

Wie eine angemessene Lösung in Deutschland vielleicht aussehen könnte, hatte der SPD-Vorsitzende und Berliner Regierende Bürgermeister in seiner Dortmunder Parteitagsrede vom 1. Juni 1966 (damals noch übertrieben hoffnungsvoll) angedeutet: »Man darf immerhin davon ausgehen, daß das Selbstbestimmungsrecht nicht in einem Akt, sondern nur im Verlauf eines Prozesses verwirklicht werden kann. Mit den kommunistischen Konföderationsplänen ist niemandem gedient, der die deutsche Einheit in Freiheit will. Etwas ganz anderes ist es, daß ein qualifiziertes, geregeltes und zeitlich begrenztes Nebeneinander der beiden Gebiete ins Auge gefaßt werden könnte, wenn durch internationale Entscheidungen die Weichen gestellt sind und im anderen Teil Deutschlands die freie Meinung sich entfalten kann. Es würde sich um einen Modus vivendi handeln mit der beharrlichen Absicht zu weiteren positiven Lösungen ...«

Als Brandt ein Vierteljahr später in einer Fernsehsendung des Senders Freies Berlin, für die der Titel »Konföderation – Schlüssel zur Wiedervereinigung?« vorgesehen war, gefragt werden sollte (die Frage wurde ihm vorher schriftlich mitgeteilt), »wie man sich ein qualifiziertes, geregeltes und zeitlich begrenztes Nebeneinander der deutschen Teile im einzelnen vorstellen könnte«, schrieb Egon Bahr am 23. August 1966 dem zuständigen Redakteur des SFB: »Sie haben sich eine interessante oder besser gesagt *die* interessante Frage für Ihre Sendung ausgedacht. Aber ich glaube, daß sie zeitlich nicht in die Landschaft paßt ...« Ähnlich – und etwas präziser – antwortete Willy Brandt: »Sie stellen eine interessante Frage. Ich möchte sie nicht öffentlich beantworten, denn die Haltung, die das Regime in Ost-Berlin zur Zeit einnimmt, läßt es nicht als aussichtsreich erscheinen, mit einer solchen Diskussion praktische Fortschritte zu erzielen. Auf die kommt es mir an. Ich hoffe, daß die Zeiten sich auch wieder ändern werden.«

Jetzt, zu Beginn der neuen Bonner Koalition, war man auf seiten der SPD erst recht vorsichtig, mußte es sein wegen des neuen Regierungspartners. Dietrich Spangenberg, der sozialdemokratische Chef der Senatskanzlei in Berlin, war denn auch lieber gar nicht erst zu Jaene gekommen, obwohl er gemeint war mit dem »maßgebenden Vertreter der großen Berliner Schwesterfirma«, des Berliner Koalitionspartners der FDP, den man Ost-Berlin telegraphisch in Aussicht gestellt hatte.

Das zweite Schollwer-Papier

Da waren die Freien Demokraten anders und mußten es sein, denn nach Bildung der Großen Koalition drohte die FDP ohne neue, populäre Programme in Vergessenheit zu geraten. Diese Gefahr vor Augen, hatten sich am 1. Dezember 1966 die Mitarbeiter der Parteizentrale im Beisein Erich Mendes und unter dem Vorsitz des jungen und ehrgeizigen Hans Friderichs (der seit dem 1. Juli 1964 als Nachfolger Genschers Bundesgeschäftsführer der FDP war) zu dem versammelt, was man in jenen Jahren im Deutschen »brainstorming« zu nennen begann. Man sprach über Wirtschafts-, Finanz- und Sozialpolitik, über Reformen im Rechtswesen, über Bildung als »Bürgerrecht und Bürgerpflicht« und beschloß, entsprechende Arbeitspapiere anfertigen zu lassen.

Besonders aber schälte sich die Ostpolitik, zumal der DDR gegenüber, als ein Gebiet heraus, auf dem die FDP seit langem ein Eigenprofil besaß, das sich weiter verdeutlichen und entwickeln ließ. Hier ließen sich möglicherweise für die liberale Opposition beträchtliche Stimmengewinne erzielen, wenn sie mit zeitgemäßen Vorschlägen aufwartete. Andererseits war die Gefahr, ins Hintertreffen zu geraten, wenn man nichts dergleichen tat, gerade auf diesem Terrain besonders groß. Denn von der deutschlandpolitischen Konkurrenz, der SPD, waren eigene Initiativen auf dem Felde der Ostpolitik zu erwarten, seit sie mit dem Außenminister Brandt und dem gesamtdeutschen Minister Wehner ihre beiden wichtigsten Leute in die neue Bundesregierung entsandt hatte.

Es wurde daher von der FDP-Bundesgeschäftsstelle beschlossen, drei Papiere zur Deutschlandpolitik anzufertigen, um die künftige Position der Partei zu skizzieren und damit die interne Diskussion der Führungsgremien vorzubereiten. Wolfgang Schollwer sollte sich grundsätzlich zur Notwendigkeit einer solchen neuen Politik äußern, Hermann Marx (damals Leiter der Personalabteilung in der Bundesgeschäftsstelle) völkerrechtliche Gesichtspunkte klären und Rolf Schroers, der (damals noch parteilose) Chefredakteur der Monatsschrift *liberal*, längerfristige Perspektiven einer verwandelten Ostpolitik erörtern.

Am 21./22. Januar 1967 lagen die Papiere vor. Der Bundesvorstand der FDP tagte an diesem Wochenende im linksrheinischen Niederbreisig, fünfzig Kilometer von Bonn entfernt, stromaufwärts. Dies auch im übertragenen Sinn: Es war mühsam, man tat sich schwer. Mende, der die deutschlandprogrammatische Erneuerung doch selbst mit angeregt hatte, schwieg. Andere, wie Starke und Zoglmann (er war entschieden gegen die neue Linie), beschränkten sich darauf, die Schollwer-Studie, um die es hauptsächlich ging, als unsinnig abzutun. Nach der »politisch völlig ergebnislosen Sitzung«, wie Schollwer seinem Tagebuch anvertraute, fragten sich die Verfechter des neuen Kurses niedergeschlagen, wie es nun weitergehen könne.

In der Folgezeit besprach sich Hans Friderichs, der wütend den Fehlschlag seiner Erneuerungsbemühungen miterlebt hatte, vor allem mit dem gelassen engagierten, souveränen Hans Wolfgang Rubin, dem Schatzmeister der Partei, der an der Sitzung von Niederbreisig nicht teilgenommen hatte. Man beschloß, an die Öffentlichkeit zu gehen; man habe keine andere Wahl.

Am 28. Februar 1967 fand sich Henri Nannen, der Chefredakteur des *stern*, ein egozentrischer Machtmensch, zugleich aber ein Mann feinen, sensiblen Gespürs für neue, nutzbringende, auflagensteigernde Zeitströmungen, im Hause des FDP-Vorsitzenden in Bad Godesberg ein (Nannen hatte in der ersten Nachkriegszeit selbst dieser Partei angehört) und plädierte Mende gegenüber energisch für eine deutliche ostpolitische Wendung der Partei, für eine Anerkennung der DDR, der Oder-Neiße-Linie, für eine deutsch-deutsche Konföderation. Nur wenn sich die FDP über Tabus hinwegsetze, werde sie neue Ufer gewinnen. Bei einem solchen Kurswechsel finde sie in der Öffentlichkeit viel

Unterstützung. Dabei nannte Nannen außer seinem *stern* den *Spiegel*, *Die Zeit*, die *Frankfurter Rundschau*, die *Süddeutsche Zeitung* sowie zahlreiche Fernsehjournalisten der ARD; sie alle würden helfen. Aber Mende lehnte ab, worauf ihm Nannen erklärte, daß er dann seinen Platz als Vorsitzender räumen müsse.

Etwa gleichzeitig suchte Manfred Bissinger, auch er vom *stern*, Schollwer auf, dem er berichtete, er besitze sein Papier (was stimmte) und werde es veröffentlichen (was übertrieben war); führende Leute der FDP hätten es ihm zugespielt. Man tippte damals sofort auf Friderichs – der nämlich keineswegs überrascht war, als man ihm die Absichten des *stern* mitteilte. Tatsächlich enthielt die Ausgabe vom 3. März 1967 einen offenen Brief Nannens an den »lieben Sternleser«, in dem es hieß: »In diesem Augenblick bricht bei einigen Politikern der FDP der Mut der Verzweiflung aus. Sie haben nicht mehr viel zu verlieren, also lassen sie die Rücksicht auf vermeintliche Wählerressentiments fallen und legen einen neuen Deutschlandplan vor . . . Einen Plan ohne Anführungszeichen, ohne falsche Illusionen, ohne ›als ob‹ . . .«

Gleichzeitig las man auf besagter Seite, eingebettet in einen Bericht Bissingers (»Ein radikaler Plan macht in der FDP Furore: Keine Angst vor Ulbricht!«) eine thesenförmige Zusammenfassung der praktisch-politischen Schlußfolgerungen Schollwers durch den *stern*:

1. Eine Beseitigung der DDR ist weder mit Gewalt noch auf dem Verhandlungswege möglich. Die DDR ist längst zum Bestandteil einer ausbalancierten europäischen Nachkriegsordnung geworden, deren Bestand nicht nur im Interesse des Ostens liegt.
2. Der Bonner Anspruch, Deutschland in der Welt allein zu vertreten, ist aufzugeben.
3. Die DDR muß von Bonn als zweiter deutscher Staat anerkannt werden.
4. Bonn soll auf allen Ebenen mit der DDR verhandeln.
5. Die Bundesregierung soll auf die deutschen Ostgebiete verzichten und die gegenwärtigen Ostgrenzen anerkennen.
6. Zu allen ost- und südosteuropäischen Staaten sind volle diplomatische Beziehungen mit dem Ziel aufzunehmen, eines dieser Länder als Vermittler bei Verhandlungen mit der DDR einzuschalten.
7. Beide deutsche Staaten sollen sich gegenseitig bei der Aufnahme in die Vereinten Nationen unterstützen.
8. Bonn und Ostberlin sollen die Interessen des jeweils anderen deutschen Staates in denjenigen Ländern vertreten, in denen dieser noch keinen Botschafter hat.

Diese Veröffentlichung löste einen wochenlangen Pressewirbel aus. Alle Liberalen, oder doch fast alle, schworen dem Papier ab, selbst Berliner wie Hermann Oxfort oder William Borm, der seit Jahren mit seinen jungdemokratischen

Freunden in solchen Bahnen dachte und dies auch schon früher Schollwer zu erkennen gegeben hatte. Aber jetzt zog man allgemein den Kopf ein. Schollwer als kleiner Angestellter der Parteizentrale drohte daher als publizitätssüchtiger Sonderling beiseite geschoben und samt seinen Papieren begraben zu werden, weil er nicht nur abwegige Gedanken aufgeschrieben, sondern sie obendrein auch noch unautorisiert an die Öffentlichkeit gebracht hatte.

Rubin fand die allgemeine Verlogenheit, auch eben die seiner eigenen Partei, unerträglich. Seit Jahren reiste er geschäftlich (als Vorstandsmitglied der Gelsenkirchner Eisen und Metall AG) in den Osten, vor allem nach Moskau, Ost-Berlin und Leipzig. Rubin war dort als seriös und diskret bekannt, und da er zugleich FDP-Schatzmeister war, hatte man mit ihm an allen drei Orten immer wieder vertrauliche politische Gespräche geführt. Mehr als einmal hatte er dabei Irrtümer ausräumen, Praktikables anregen, sogar Krisen vermeiden helfen können. In der DDR sahen Volkskammerpräsident Johannes Dieckmann, Ministerpräsident Otto Grotewohl und sein Nachfolger Willi Stoph (um nur sie zu nennen) in ihm einen politisch hochrangigen, vertrauenswürdigen Gesprächspartner. Rubin wußte also, was beiderseits für möglich gehalten wurde und was nicht. Er hielt seit langem die deutsche Wiedervereinigung für eine Illusion *und* ein Risiko. Ihm war auch geläufig, daß man nicht hoffen durfte, andere – etwa die Alliierten – würden die deutschen Angelegenheiten voranbringen.

Seine heftige Reaktion im März 1967 erklärte sich zudem aus einer Situation inneren Drucks. Seine Frau war schwer erkrankt; persönlich wie politisch gärte es in ihm. Diese doppelte Gespanntheit brach sich in einem spontanen, leidenschaftlichen Text freie Bahn. Rubin, der gerade im oberbayerischen *Schloß-Hotel Elmau* allein Urlaub machte, schrieb dort erregt einen tiefernsten, ehrlich pathetischen Artikel. Auf der Rückreise zeigte er ihn in Bonn Friderichs. Anschließend diktierte er in der Bundesgeschäftsstelle den endgültigen Wortlaut. Ein Exemplar wurde an Mende geschickt, war es doch ein wesentlicher Zweck des Papiers, den Parteivorsitzenden zum Schwur zu bringen.

Zunächst im März-Heft von *liberal* veröffentlicht und dort eher unbemerkt geblieben, erschien Rubins Bekenntnistext am 17. März 1967 in großer Aufmachung im *stern*: »Die Stunde der Wahrheit«. Dort hieß es:

> Die Stunde der Wahrheit – wenn die Zeichen nicht täuschen – sie steht kurz bevor. Wen sie unvorbereitet trifft, wer glaubt, ihr immer noch ausweichen zu können, wer es alsdann noch wagt, sich und andere zu täuschen, der wird in ihr umkommen . . .
>
> Noch ist es Zeit, noch sind Einsicht und Umkehr für das deutsche Volk und seine Führung möglich. Die Wahrheit – sie mag so bitter sein wie sie will – sie muß nicht von einigen wenigen, sondern von den Verantwortlichen ausgesprochen und von der Mehrheit des Volkes verstanden und akzeptiert werden:

Wahr ist, daß Deutschland den Zweiten Weltkrieg verschuldet, ihn total verloren und bedingungslos kapituliert hat.

Wahr ist, daß sich Freund und Feind einig sind, daß die Wiederherstellung des deutschen Reiches in den Grenzen von 1937 weder möglich noch wünschenswert ist. Das Recht auf Heimat gilt – wenn überhaupt – nicht nur für Deutsche ...

Wahr ist, daß es keine Wiedervereinigung ohne Anerkennung der seit 1945 geschaffenen Fakten geben wird. Wer die Wiedervereinigung will, muß die Oder-Neiße-Linie anerkennen und die Existenz des anderen kommunistischen Staates auf deutschem Boden mit allen unvermeidlichen Konsequenzen zur Kenntnis nehmen.

Wahr ist, daß die Wiedervereinigung nie ein ›Anschluß‹ der DDR an die Bundesrepublik sein wird. Sie stellt für beide Seiten ein nicht unbeträchtliches Risiko dar. Man vergesse nicht: Die Aufnahme von Kommunisten in eine gemeinsame deutsche Regierung ist unter den obwaltenden Verhältnissen mehr als ein kalkulierbares Risiko. Eine Konföderation bedürfte ungewöhnlicher internationaler Garantien und Sicherungen, soll das Experiment für den Westen nicht tödlich enden ...

Selbst unter Rubins Anhängern sah man nicht überall die Situation so tragisch-finster wie dieser tiefbesorgte Einzelgänger. Man lebte – unter jungen Leuten, die von sich reden machten – im Zeitalter vergnügter Mini-Rebellionen. Die Antiautoritären hatten (auch unter den Jungdemokraten) großen Zulauf und waren dabei, zur Sammlungsbewegung engagierter Mißvergnügter, zur außerparlamentarischen Opposition zu werden, für eine Weile. Das modische Lebensgefühl bestand aus einer Sehnsucht nach politischen Spontan-Aktionen, bitter-brutalem Witz und freier Lust. Diese Kombination kann man an einem zeitweilig stimmungsbildenden, atmosphärisch damals charakteristischen Blatt wie *konkret* ablesen. Hier wurde, nicht zufällig, in der April-Nummer 1967, unmittelbar vor dem Hannoverschen Parteitag der Liberalen, der volle Text des Schollwer-Papiers veröffentlicht.

Man muß das Titelblatt betrachten. Es war ein frühes, fast noch unschuldiges Beispiel der neuen Mischung aus aufreizendem Sex-Appeal und aufregender Politik – eine deutsche Version dessen, was etwas später Tom Wolfe in den USA als *radical chic* entdeckte und beschrieb. Links neben einem langbeinigen Mädchen im Mini-Kleidchen las man: »Die Pille unter der Schulbank. Sex und Liebe an deutschen Oberschulen.« Rechts vom Schulmädchen wurde »Exklusiv: Das FDP-Papier« angepriesen.

Schlug man die Zeitschrift auf, fand man einen Leitartikel von Ulrike Marie Meinhof, die sich höhnisch-resigniert gegen den neuen Entwurf der Notstandsgesetze wandte und beklagte, noch sei »es den Studenten in Berlin, Hamburg, Frankfurt, München und anderswo nicht gelungen, die Prügelaktionen der

Polizei als Notstandsterror zu entlarven«. Dies »gelang« bekanntlich erst zwei Monate später, bei den Berliner Demonstrationen gegen das iranische Kaiserpaar, nach dem Tode Benno Ohnesorgs am 2. Juni 1967. Dann allerdings, für eine ganze, politisch erwachende Generation, mit voller Wucht, auf breiter Front. Zur Zeit des Hannoverschen Parteitages, zwischen dem 3. und dem 5. April 1967, war die spätere Entwicklung allenfalls knospenhaft zu erahnen. Nur Keime des Kommenden konnte man entdecken, etwa in der April-Nummer von *konkret*. Die weniger beängstigende als hoffnungsvolle Ambivalenz einer Aufbruchsstimmung kennzeichnete das April-Treffen der Liberalen.

Der FDP-Parteitag in Hannover 1967

Dieser FDP-Parteitag war der erste in der westdeutschen politischen Landschaft, der von einer neu herangewachsenen Generation mitgeprägt wurde. Ungezwungenere Verhaltensweisen waren sichtbar und hörbar. Noch brav – verglichen mit den folgenden Jahren. Auch die jungen Delegierten, noch immer im weißen Oberhemd, mit Schlips und geschnittenen, gescheitelten Haaren. Noch keine Bärte, keine Mähnen. Aber schon Pfui-Rufe und Zischen, auch aus der Sauerstoff-Flasche (immerhin wurde der protestierende Jungakademiker noch »des Saals verwiesen«). Schon Tumulte. Man geriet sich laut in die Haare. Erstaunt registrierten es die Zeitungen. Immer wieder entglitt der Parteitag der Regie des Vorsitzenden – was bei den bis dahin in allen Parteien üblichen, eher schläfrigen Großkundgebungen und Routine-Akklamationen, bloßen Heerschauen des Fußvolks, ganz undenkbar gewesen wäre.

Freilich war man sich diesmal am Vorstandstisch nicht einig, sowenig wie im Saal. Der Streit personifizierte sich in zwei Männern: dem gereizten Mende auf der einen Seite – dieser Parteitag markierte den Anfang seines Endes –, auf der anderen Seite dem ruhigen Rubin. Manche Beobachter wollten ihm in jenem Augenblick sogar etwas wie Charisma bescheinigen, glaubten in ihm einen denkbaren Nachfolger für Mende zu erkennen. Damit überschätzten sie bei weitem den sehr begrenzten Ehrgeiz dieses spröden, melancholischen Menschen. Rubin genügte es, honorig im Hintergrund zu wirken, graue Eminenz zu sein. Nur in Notlagen der Partei, wie jetzt, konnte er sich entschließen, am öffentlichen Kampf teilzunehmen, für einige Tage.

»So bleibt neben Rubin als im Augenblick einzig vorstellbarer Erbe Mendes nur noch Walter Scheel.« Das las man in der *Süddeutschen Zeitung* am 6. April 1967 im Stimmungsbericht Hans Ulrich Kempskis vom FDP-Parteitag, der die Situation in der Überschrift zusammenfaßte: »Am Rande des Abgrunds im Kampf mit sich selbst. Führungskrise und Gesinnungsstreit lähmen die Freien Demokraten bei ihrer Suche nach neuem Profil«. Die »Nationalen«, wie sie

Kempski nannte, meist die Etablierten, also die Rechten, reagierten empört, emotional, auf die neue Herausforderung. Die Sprecher der anderen Seite, die »Liberalen«, befleißigten sich (anders als ihr jugendlicher, akademisch-arroganter Anhang) makelloser Manieren. Sie argumentierten nüchtern, rational, pragmatisch – was den freundlichen Widerhall erklärt, den diese frühen, neuen Linksliberalen in einer aufgeschlossenen öffentlichen Meinung fanden.

Auf diesem FDP-Parteitag ging es erstmals in der Bundesrepublik wesentlich um die Neue Ostpolitik. Man stritt sich weitaus am heftigsten über die neuen Positionen Schollwers und Rubins; *außen*politische Stellungnahmen markierten den *inner*parteilichen Riß zwischen Rechten und Linken. Die Stellung, die man in diesem Streit bezog, entschied über die Zuordnung zu den beiden sich befehdenden, verfeindeten, fast gleichstarken Lagern. Die Stärkeverhältnisse innerhalb der FDP konnte man bei einer scheinbar nebensächlichen Abstimmung erkennen, die einer an sich marginalen Verfahrensfrage gegolten hatte. In der *Süddeutschen Zeitung* vom 5. April 1967 hieß es im Bericht über die Beratungen des Vortages: »Eine Zeitlang drohte sich der Parteitag in ein politisches Happening zu verwandeln, als die Jungdemokraten den Antrag stellten, *Spiegel*-Herausgeber Rudolf Augstein, der als Gastdelegierter nur in den Arbeitskreisen sprechen durfte, auch im Plenum zu Wort kommen zu lassen. Eine turbulente erste Abstimmung, bei der es fast zu Handgreiflichkeiten kam, führte zu keinem Ergebnis, so daß sie schriftlich wiederholt werden mußte. Dabei wurde der Antrag mit 128 zu 118 Stimmen ganz knapp abgelehnt. Augstein hatte geplant, sich am Rednerpult auf einen Band des Brockhaus zu stellen, nachdem er sich vor einiger Zeit von Mende den Vorwurf hatte anhören müssen, er solle erst einmal im Lexikon nachschlagen, was politischer Liberalismus bedeute.«

In der Sache selbst endete der ostpolitische Streit mit Kompromißformeln, deren abgewogenen Wortlaut man wesentlich dem forensischen Formulierungsgeschick des behutsamen Fraktionsgeschäftsführers Genscher verdankte. Hans-Dietrich Genscher, der Mann im Hintergrund, lag krank bei sich zu Hause in Bad Godesberg. Man darf darüber rätseln, ob es wirklich nur angegriffene Gesundheit und nicht auch Vorsicht war, die ihn und Walter Scheel, die beiden FDP-Vorsitzenden nach Mende, dem unübersichtlichen und daher riskanten Terrain des Hannoverschen Treffens fernbleiben ließ. Mitten in den Parteitagsberatungen wurde Genscher zweimal vom hilfesuchenden Friderichs angerufen. Genschers Vorschlag, sein Formelkompromiß, bestand, typisch für ihn, im Einerseits – Andererseits.

Seltsamerweise hatte man sich ja auf diesem Parteitag nicht so sehr um das Verhältnis zu Ost-Berlin, über eine Anerkennung der DDR gestritten als um die Oder-Neiße-Grenze (die dem Oberschlesier Mende schwer zu schaffen machte). Die FDP blieb in diesem Punkte ihres Aktionsprogramms zwar zunächst bei der traditionellen Version, daß über die deutschen Grenzen im Osten endgültig erst ein Friedensvertrag entscheiden könne. Aber bei Aufrechterhaltung dieses Rechtsstandpunktes fügten die Freien Demokraten dann jetzt doch hinzu (was Rubin immerhin einen Fortschritt nannte), »daß eine mögliche Zusammenführung der getrennten Teile Deutschlands nicht an territorialen Fragen scheitern« dürfe.

So vorsichtig und vielsagend das auch war: Einige Sozialdemokraten merkten auf. Sie verstanden das Gewoge auf diesem Parteitag als ein Signal – als ein Zeichen, daß sich etwas in der FDP auf sie zubewege. Als Jahre später Walter Scheel am 12. Dezember 1972 Hans Wolfgang Rubin schriftlich zum 60. Geburtstag gratulierte, erwähnte er rückblickend seinen Artikel »Die Stunde der Wahrheit«, »der in unserer Partei und für die Politik der Bundesrepublik richtungsweisend gewirkt hat. Er bildete eine der Grundlagen für die Deutschland- und Ostpolitik der sozial-liberalen Koalition, und dafür danke ich Ihnen.«

Schon im Schollwer-Papier hatte man im Frühjahr 1967 schwarz auf weiß lesen können, die hier vorgeschlagene Deutschlandpolitik führe »naturgemäß« zu einer »Zusammenarbeit von Parteien . . ., die an einem Brückenschlag zwischen Ost und West unter Einschluß der DDR interessiert und zur Aufgabe überholter deutschlandpolitischer Vorstellungen . . . bereit sind. Das bedeutet auch entsprechende Koalitionsbildungen.«

In ihrem neuen Aktionsprogramm machten sich die Freien Demokraten viele Gedanken Bahrs und Brandts wörtlich zu eigen. Sie plädierten für ein »zeitlich begrenztes geregeltes Nebeneinander beider deutscher Teilgebiete« und verbanden damit die Hoffnung auf eine Liberalisierung in der DDR. Zusammen mit einer Angleichung des Lebensstandards zwischen Ost und West sollte sie dazu führen, daß »ein Wandel durch Annäherung praktiziert werden kann«.

Nach dem Parteitag trafen sich Bahr und Rubin zu einem langen Gespräch. Man war sich in der Beurteilung der Situation völlig einig. Bahr ermutigte Rubin, gegen den Mende ein Ausschlußverfahren wegen parteischädigenden Verhaltens in Gang gebracht hatte: Trotz dieser innerparteilichen Querelen, denen er jetzt ausgesetzt sei, müsse er durchhalten.

Anders als bei der SPD, die in der Großen Koalition derart kontroverse Themen sehr diskret behandelte, kam die Ostpolitik in der FDP seit Hannover nicht mehr zur Ruhe. Man sah sie hier auch anders als bei der SPD. Nicht nur, weil eine Opposition freier reden kann als eine Regierungspartei. Es gab einen wichtigen Akzentunterschied in der Sache. Bei den Sozialdemokraten hatte man, jedenfalls in der Berliner Gruppe, mit der DDR nicht viel im Sinn. Man konzentrierte sich, völlig in Übereinstimmung mit der Union, ganz auf die Sowjetunion, mit der man über einen gegenseitigen Gewaltverzicht zähe Noten tauschte und auf diesem Wege geduldig ins Geschäft zu kommen suchte.

Seit Jahren. Nämlich seit Karl Carstens, damals Staatssekretär des Auswärtigen Amtes und als solcher der erste hochrangige Bonner Besucher der Sowjetunion seit Adenauer zehn Jahre zuvor, am Rande der Internationalen Chemie-

Ausstellung Ende September 1965 in Moskau bei ausführlichen, offenen Gesprächen mit den stellvertretenden Außenministern Kusnezow und Semjonow in Erfahrung gebracht hatte, daß die Sowjetunion an beiderseitigen Nichtangriffserklärungen (wie man damals noch sagte) sehr interessiert sei; diese frohe, hoffnungsvolle Mitteilung hatte Schröders Friedensnote vom 25. März 1966 ausgelöst. Seither bohrte man bei den Russen nach, ohne recht voranzukommen.

In der FDP hingegen hatte man, wohl wesentlich wegen der ausgeprägten nationalen Traditionen, die noch nach dem Zweiten Weltkrieg, die ganzen fünfziger Jahre hindurch, das außenpolitische Denken der Liberalen bestimmt hatten, bei der Neuen Ostpolitik auch die DDR kooperativ im Auge. Gerade mit Ost-Berlin müsse man sprechen und sich zu arrangieren suchen, hieß es hier. Von dort kommende Vorschläge seien unvoreingenommen zu erwägen, Anregungen der DDR-Führung konstruktiv zu beantworten.

Was das praktisch hieß, zeigte sich, als der Ministerratsvorsitzende Stoph am 18. September 1967 Bundeskanzler Kiesinger einen Brief geschrieben hatte, dem der »Entwurf eines Vertrages über die Herstellung und Pflege normaler Beziehungen zwischen der Deutschen Demokratischen Republik und der Bundesrepublik Deutschland« beigefügt war. Bonn ignorierte seit einiger Zeit Ost-Berlin nicht mehr. Mittlerweile korrespondierte man sogar miteinander, auf oberster Ebene – wenn auch mühsam, weil öffentlich und daher polemisch. Immerhin hatten die Bonner Schreiben inzwischen diplomatisch korrekte Briefköpfe (die der DDR hatten sie seit eh und je gehabt), und Kiesinger ließ jetzt sogar seine Bereitschaft erkennen, eines Tages mit Stoph zusammenzutreffen, falls das nützlich und daher nötig sein sollte. Aber solchen Redensarten lag kein klares Konzept zugrunde, wie sich angesichts des Stoph-Entwurfs zeigte. Die Regierung der Großen Koalition sah sich außerstande, ihre eigenen Vorstellungen ebenso exakt wie die DDR zu formulieren und zur Diskussion zu stellen. Man setzte lediglich die alte, vage Formel in Umlauf, allein »menschliche Erleichterungen« stünden zur Diskussion – ohne daß irgendwo zu erfahren gewesen wäre, was man eigentlich genau darunter zu verstehen habe.

Der Generalvertrags-Entwurf der FDP

Wieder war es zunächst ein einzelner, der sich der Aufgabe annahm, mit dem Entwurf eines Generalvertrages zwischen den beiden deutschen Staaten eine westdeutsche Gegenposition zu formulieren. In einem späteren Zeitungsbericht von Hans Dieter Jaene über die Entstehung des Vertragsprojekts der FDP vom Januar 1969 hieß es: »Ganz am Anfang steht ein Westberliner Bürger, der von Berufs wegen häufig in den kommunistisch regierten Teil Europas reist und dort im Herbst 1967 ... Gelegenheit hatte, nicht nur mit dem vielzitierten Mann auf der Straße zu sprechen, sondern auch mit Funktionären hinter Schreibtischen.«

Dieser Bürger war Jaene selber. Seinem Text lag eine viel bescheidenere Absicht zugrunde als allen früheren Deutschlandplänen, die immer eine Veränderung des Status quo in Mitteleuropa zugunsten des Westens hatten bewirken, sogar herbeizwingen wollen. In seinem Privatentwurf, der zwischen Weihnachten und Silvester 1967 zu Papier gebracht wurde, versuchte Jaene zu skizzieren, wie das von Brandt und auch im FDP-Aktionsprogramm geforderte »geregelte Nebeneinander« der beiden deutschen Staaten aussehen könnte, und ging dabei von den dringendsten Forderungen beider Seiten aus. Er verglich, was die Verbündeten der DDR aus Solidarität zu Ost-Berlin an Regelungen des deutschdeutschen Verhältnisses für unerläßlich hielten, um ihre eigenen Beziehungen zu Bonn normalisieren zu können, mit dem, was die DDR in ihrem Vertragsentwurf vom September 1967 als für sie notwendig bezeichnet hatte; soweit wie möglich übernahm Jaene für seinen Text Formulierungen des Stoph-Vorschlags. Diesen östlichen Zielen stellte er die humanitären Anliegen Bonns, eben das Bemühen um menschliche Erleichterungen, gegenüber. Im Kern bestand sein Projekt aus einer Verknüpfung der Bestrebungen beider Seiten, weil sie in einem inneren Zusammenhang standen – eine Vorstellung, an der die spätere sozialliberale Koalition gegenüber der DDR eisern festhielt.

Diesen Grundgedanken seines Vorschlags betonte Jaene in einer Vorbemerkung zu seinem Vertragsentwurf: »Da die Forderungen Ost-Berlins nach völkerrechtlicher Anerkennung und die Forderungen Bonns nach menschlichen Erleichterungen bisher dazu führten, aneinander vorbeizureden, soll jetzt ein Kompromiß versucht werden. Ost-Berlin bekommt einen Gewaltverzicht und eine Anerkennung – freilich immer nur für die Übergangszeit bis zur Wiedervereinigung und ohne daß dadurch in der deutschen Frage irgend etwas präjudiziert würde. Bonn bekommt freien – oder doch halbwegs freien – Reiseverkehr und die Befreiung der politischen Gefangenen. Beides ist ein Paket.«

Beim freien oder halbwegs freien Reiseverkehr dieses Pakets hatte Jaene – und später die FDP – keineswegs nur DDR-Bewohner und Westdeutsche, sondern auch die West-Berliner, ja das ganze Problem des freien Zugangs nach Berlin im Auge.

Jaene war es über seine Beziehungen zum Berliner Fraktionsgeschäftsführer Gerhard Emig und zum Fraktionsvorsitzenden Hermann Oxfort gelungen, seine Ausarbeitung in eine Berliner FDP-Initiative zu verwandeln: Nach trickreichen Mühen hatte sein Papier ganz am Schluß, als alle endlich nach Hause wollten, den Berliner Landesparteitag vom 10./11. Mai 1968 passiert, bei nur vier Gegenstimmen und zwei Enthaltungen. Im Sommer 1968 nahm sich die Bundespartei der Sache an. Schon am 2. April hatte Genscher im Bundestag die Frage aufgeworfen: »Wenn die andere Seite uns einen Vertragsentwurf über die Gestaltung unseres Verhältnisses zueinander vorlegt, warum machen wir denn nicht auch einen solchen Vorschlag, mit dem die andere Seite sich auseinandersetzen muß?«

In der gleichen Debatte hatte Walter Scheel zu bedenken gegeben, ob das Fehlen einer demokratischen Legitimation der DDR-Regierung eigentlich ein Grund sein könne, keine diplomatischen Beziehungen zu ihr zu unterhalten. Auch sonst bestünden ja solche Beziehungen zu zahlreichen Staaten, die ebenfalls über eine derartige Legitimation nicht verfügten. Ob man denn etwa schlechte Beziehungen zur Ost-Berliner Regierung haben wolle – hatte er spitz gefragt – nur weil es eine deutsche Regierung sei?

Der gesamtdeutsche Minister Wehner war solchen Erwägungen nicht schlechthin unzugänglich. Er nannte Genschers Anregung »immerhin interessant«. Indessen bezweifelte er, daß der gegenwärtige Zeitpunkt für solche Vorhaben günstig sei. Die DDR beharre doch bisher ganz hart auf einer Teilungsurkunde; sie verlange die Anerkennung von allem, »was sie anerkannt haben will, ehe überhaupt über etwas verhandelt werden kann«. Dieser Ausgangspunkt sei nicht diskutabel.

Auch noch ein Jahr später sah Wehner keine Realisierungschance des FDP-Projekts. Inzwischen hatten die Freien Demokraten am 24. Januar 1969 – nach monatelangen Verzögerungen, die sich aus der Besetzung der Tschechoslowakei am 21. August 1968 erklärten – ihren »Entwurf für einen Vertrag zur vorläufigen Ordnung der Beziehungen zwischen der Bundesrepublik Deutschland und der DDR« veröffentlicht.

Ein Vierteljahr später, am Tage vor einer Deutschland-Debatte des Bundestages, die sich mit diesem Projekt beschäftigen sollte, empfing Wehner am 24. April Scheel, Genscher und Mischnick in seinem holzverkleideten Flachbau-Reihenhäuschen auf dem Godesberger Heiderhof, um ihnen liebenswürdig bei einem gutbürgerlichen Frühstück mitzuteilen (noch zehn Jahre später pries Scheel die delikat gewürzte Thüringer Leberwurst, die es damals bei Wehners gegeben habe), was er tags darauf »leider« im Bundestag zu ihrem Vertragsentwurf werde sagen müssen: »So nicht und jetzt nicht.«

Die Freien Demokraten wußten die freundliche Geste dieses vertraulichen Morgengesprächs zu schätzen. Ließ es doch erkennen, daß Wehner, der sich seit vielen Jahren nicht mit ihnen ausgesprochen hatte, seit der Wahl Gustav Heinemanns am 5. März 1969 die Liberalen positiver einzuschätzen begann als vorher, wenn er auch immer noch nicht so recht an eine mögliche Zusammenarbeit glaubte.

Aber seine Bedenken gegen den FDP-Text leuchteten ihnen nicht ein. Schließlich hatten sie vor der Veröffentlichung ihres Entwurfs bei der DDR-Regierung sondiert. Mehrfach waren hochrangige Gesprächspartner in Ost-Berlin gewesen, um mehrere Aspekte des FDP-Generalvertrages dort abzuklären.

Einmal ging es dabei um den in Artikel 1 vorgesehenen Austausch ständiger gegenseitiger Beauftragter – also um einen Kompromiß, mit dem der sonst fällige Austausch regulärer Botschafter vermieden werden sollte und konnte. Zum anderen wurde über die in Artikel 5 vorgesehenen Besuchsreisen verhandelt. Die FDP-Emissäre erhielten die Zusage, solche Reisen in die DDR würden, wenn auch nur in begrenztem Umfange, durch einen derartigen Vertrag möglich werden.

Wenn also jetzt Wehner diesem Projekt keine Chance einräumte, dann liege das, vermuteten die Liberalen, weniger an der DDR als an der inneren Lähmung der Koalition, an ihrem außenpolitischen Immobilismus. Nicht, daß man bei SPD und CDU das Erforderliche verkannte. Hatte doch Wehner selber »so eine Art von Generalvertrag« im Dezember 1968 öffentlich »für nicht nur denkbar, sondern für etwas, zu dem es einmal kommen« werde, erklärt. Er hatte hinzugefügt, auch die Union werde »zu einem großen Teil heute von ganz entsprechenden Überlegungen, wenn auch nicht in derselben Deutlichkeit, bewegt, aber doch auch bewegt«. Das traf an der Spitze sicher zu. Beispielsweise waren Kiesinger und seine beiden Staatssekretäre Carstens und Guttenberg in jener Zeit insgeheim von der Notwendigkeit eines neuen deutschlandpolitischen Anlaufs ähnlich überzeugt wie Wehner – von Brandt ganz zu schweigen. Aber bei den Hintersassen haperte es. Zumal die Vertriebenen, genauer deren Vertreter in der Bundestagsfraktion der Union, blockierten jeden realistischen Kurs.

Die Veränderung der weltpolitischen Lage

Tatsächlich war die Zeit für einen Vertrag mit der DDR noch nicht reif. Erst in jenen Monaten des Frühjahrs 1969 änderte sich die internationale Großwetterlage. Moskau ging auf neuen Kurs – aus mehreren Gründen.

Seit Jahren hatte sich das sachte angebahnt. Man muß dabei nicht bis zur Genfer Gipfelkonferenz des Lächelns vom Juli 1955 zurückgehen, auch nicht zu Chruschtschows Besuch in Camp David vom September 1959 oder zum Atomteststopp-Abkommen vom August 1963. Aber spätestens muß die Schilderung dieser Wandlung im Juli 1966 einsetzen, mit der Tagung des Politischen Beratenden Ausschusses des Warschauer Paktes in Bukarest. Auf diesem Treffen der Partei- und Regierungschefs des Ostblocks hatte die Sowjetunion dem Westen signalisiert, daß sie an einer Verbesserung der Beziehungen interessiert sei, und die Einberufung einer europäischen Sicherheitskonferenz vorgeschlagen.

Dieses aufwendige Großvorhaben sollte fast ein Jahrzehnt auf seine Verwirklichung warten und noch weit darüber hinaus, bis zu den blamablen Belgrader und Madrider Folgekonferenzen 1977/78 und 1980/81, die Geister und Außenämter beschäftigen. Als die eigentliche, höchstrangige *Konferenz über Sicherheit und Zusammenarbeit in Europa (KSZE)* mit dem Treffen von 35 Regierungschefs im Juli/August 1975 endlich zum Abschluß kam, wurde diese glanzvolle

Zusammenkunft nach Walter Laqueurs Worten zu einem noch unwichtigeren Ereignis, als viele schon von vorneherein angenommen hatten. Helsinki wurde zum Höhepunkt internationaler Entspannungsrhetorik. Aber neben dieser Rhetorik gab es auch wirkliche Entspannungsschritte. Sie waren der Sowjetunion auf dem Wege zu ihrer Sicherheitskonferenz abgelistet worden, waren russische Gegenleistungen für die westliche Bereitschaft, an diesem Moskauer Projekt mitzuwirken. Es gab Anfang der siebziger Jahre tatsächliche, sichtbare Verbesserungen in den Ost-West-Beziehungen. Etwa in Deutschland. Besonders in Berlin.

Schon im Rahmen des Bukarester Vorschlags vom Juli 1966 war seitens des Ostblocks die Möglichkeit einer »deutschen Friedensregelung«, allerdings auf der Grundlage einer »Anerkennung der real bestehenden Grenzen«, angedeutet worden. Im Westen hatte man sich jedoch nicht darüber klar werden können, was von diesem ganzen Gesprächsangebot aus Bukarest zu halten sei, zumal der Osten es mit beleidigenden, propagandistischen Angriffen und Ausfällen besonders gegen die USA und die Bundesrepublik begleitet hatte – also gegen die Politik genau der beiden Länder, die ihrer Bedeutung nach die wichtigsten Adressaten jeder Entspannungsinitiative sein mußten.

Auch als die östliche Seite ihren Vorschlag der Einberufung einer europäischen Sicherheitskonferenz und ihre Bereitschaft zur Regelung der Deutschlandfrage auf einer Tagung der kommunistischen und Arbeiter-Parteien Europas Ende April 1967 in Karlsbad noch einmal wiederholt hatte, war ihr Vokabular nicht entspannungsdienlicher gewesen als im Sommer 1966; überdies hatte eine genaue Lektüre der »Karlsbader Erklärung« ergeben, daß der Osten die westliche Anerkennung der in Europa bestehenden Grenzen, den Verzicht der Bundesrepublik auf den Alleinvertretungsanspruch, die Anerkennung der Existenz zweier deutscher Staaten und die Unwirksamkeit des Münchner Abkommens *ex tunc*, von Anfang an, als Voraussetzung – und nicht als mögliches Ergebnis – aller Verhandlungen betrachtete. Dennoch war man im Westen zu der Auffassung gelangt, daß man die östlichen Vorstellungen nicht einfach als Propaganda abtun dürfe, sondern durch eigene Gegenvorschläge ihren möglicherweise konstruktiven Kern herauszulocken versuchen müsse.

Im (nach dem belgischen Außenminister benannten) Harmel-Bericht vom Dezember 1967 hatte daraufhin die NATO festgestellt, Abschreckung und Zusammenarbeit im Bündnis, also die militärische Sicherung des Westens, und eine gleichzeitige Politik der Entspannung seien kein Widerspruch, sondern ergänzten sich gegenseitig. Die Bündnispartner seien zu realistischen Maßnahmen entschlossen, um die Entspannung zu fördern. Zu Deutschland hatte man erklärt, das Problem der Wiedervereinigung und der Zusammenhang dieser Frage mit einer europäischen Friedensordnung seien »in der Regel in Kontakten zwischen der Sowjetunion und den drei Westmächten behandelt worden, die auf diesem Gebiet besondere Verantwortung« trügen. Die Bündnispartner würden künftig »laufend politische Maßnahmen prüfen, die darauf gerichtet« seien, »eine gerechte und dauerhafte Ordnung in Europa zu erreichen, die Teilung Deutschlands zu überwinden und die europäische Sicherheit zu fördern«.

Dies war aus Bonner Sicht einerseits blaß und mager – allzu mager. Andererseits klang es geradezu bedrohlich. Plötzlich wurde die Gefahr wieder aktuell, die schon Adenauer angesichts der Politik Kennedys mit Sorge erfüllt hatte: daß die westlichen Verbündeten an einer sich verweigernden Bundesrepublik vorbei die Entspannung mit der Sowjetunion vorantreiben und dabei nebenher auch deutschlandpolitische Fragen unter sich regeln könnten, obwohl doch Bonn hier seit Adenauers Zeiten ein Mitspracherecht beanspruchte, ja es der Natur der Sache nach an sich für selbstverständlich hielt.

Um seinerseits mit der Sowjetunion im Gespräch zu bleiben, lag Bonn deshalb viel daran, den mit Moskau 1965/66 begonnenen Dialog über einen Gewaltverzicht fortzusetzen. Daran änderte auch der Einmarsch sowjetischer, polnischer, ungarischer, bulgarischer und ostdeutscher Truppen in die Tschechoslowakei am 21. August 1968, also die militärische Zerschlagung des Prager Frühlings, trotz einigen Rumorens in der Großen Koalition nichts. Brandt wich – nach seinen Worten –, wenn auch »mit zusammengebissenen Zähnen, nicht von der Einsicht ab, daß wir an unserem Kurs . . . auch jetzt festhalten müßten«.

Das war offenbar auch die Auffassung des amerikanischen Außenministers Dean Rusk, der Anfang September 1968 dem CDU-Bundestagsabgeordneten Kurt Birrenbach gegenüber »die Neue deutsche Ostpolitik . . . einen sinnvollen Versuch« nannte, »aus der zwanzig Jahre dauernden politischen Erstarrung herauszukommen«. Die Sowjetunion, die diese neue Bonner Politik als gefährlich empfunden und daher als aggressiv bezeichnet habe, sei »für den derzeitigen Rückschlag . . . allein verantwortlich zu machen«. Diesen Punkt sah der französische Staatspräsident, Charles de Gaulle, deutlich anders. Er, der doch seinerseits mehrfach die Osteuropäer offen zur Unabhängigkeit aufgerufen hatte, vor allem bei seiner Polen-Reise vom September 1967, machte Kiesinger im Herbst 1968 heftige Vorwürfe: Die Bundesregierung habe die Reformer in der CSSR ermuntert und damit die Tragödie mitverschuldet.

Schon am 21. August hatte Bahr spontan seiner Umgebung gesagt, daß sich durch das abrupte Ende der Dubček-Ära die internationale Großwetterlage für Bonn nicht verändert habe. Bei Bekanntwerden der Ereignisse dieses Tages hatte Bahr die Mitarbeiter des AA-Planungsstabes angewiesen, innerhalb einer Stunde den Text einer Fernsehansprache zu entwerfen, die der Außenminister halten wollte oder sollte. Ausnahmslos alle hatten daraufhin geschrieben: Man müsse die bisher entworfene, Neue Ostpolitik fortsetzen. Denn deren Rahmenbedingung war sich gleich geblieben: das Verhältnis zwischen den USA und der Sowjetunion. Die Truppen des Warschauer Paktes waren erst marschiert, als Johnson auf Breschnews formelle Anfrage, ob sich die Vereinigten Staaten noch an die Vereinbarungen von Jalta und Potsdam gebunden fühlten, Moskau versichert hatte, Washington werde nichts unternehmen, um die Invasion zu stoppen.

Für die Sowjetunion war der Einmarsch demnach nur die Regelung einer internen, sozusagen privaten Affäre, einer reinen Familienstreitigkeit. Als der SPD-Fraktionsvorsitzende Helmut Schmidt genau ein Jahr später bei einem Abendessen während seines Moskau-Besuchs den sowjetischen Gästen erklärte, ihm sei die Annahme dieser Einladung überaus schwergefallen; den Menschen in der Bundesrepublik, die an einem guten Verhältnis beider Länder interessiert seien, mache es große Mühe, an einen Ausgleich, an ein friedliches Nebeneinander zu glauben, wenn die sowjetische Regierung ihren Willen mit Methoden durchsetze, wie sie in der CSSR praktiziert worden seien, wies ihn Semjonow kurz angebunden zurecht: »Ich verstehe nicht, Herr Schmidt, wie Sie so viele Worte über eine Angelegenheit verlieren können, die Sie absolut nichts angeht. Die Bundesrepublik sollte endlich begreifen, daß es sich hier um eine interne Angelegenheit handelt!«

Noch deutlicher reagierte der aufbrausende Andrej Gromyko, als ihm Schmidt in ihrer Unterredung vom 21. August 1969 (!) hartnäckig und couragiert das große Entsetzen verständlich zu machen suchte, das die Prager Ereignisse vor genau einem Jahr im Westen hervorgerufen hätten. Der sowjetische Außenminister gab sich gar keine Mühe, seine zornige Erregung zu verbergen, ganz im Gegenteil: Hier wurde, fand er, am Besitzstand einer Großmacht gerüttelt, am territorialen Status quo von Jalta, dieser wesentlichen sowjetischen Errungenschaft von 1945!

Solchen Wortwechseln zum Trotz war man, wie gesagt, in Bonn entschlossen, über Prag zur Tagesordnung überzugehen, sich also durch den Hagel, der diesen Frühlingshoffnungen ein Ende gemacht hatte, nicht von der Entspannung, von der Zusammenarbeit abhalten zu lassen. Schon Monate vorher, im März 1969, ganze zwei Wochen nach den ersten bewaffneten Zusammenstößen zwischen China und der Sowjetunion am Grenzfluß Ussuri im Osten der Mandschurei, bei denen es Tote und Verwundete gegeben hatte, war im »Budapester Appell« der Staats- und Parteichefs des Warschauer Paktes erneut die Gesprächsneigung des Kreml signalisiert worden. Diesmal gab man sich im Ton konzilianter, war im Inhalt aufgeschlossener, schien bereit zu wirklichen Verhandlungen.

Es war kaum noch daran zu zweifeln, daß es die Sowjetunion diesmal ernst meinte. Diesen Schluß ließ auch ihre Interessenlage zu.

Mit dem Einmarsch in der Tschechoslowakei war allen reformkommunistischen, polyzentrischen Bestrebungen im russischen Machtbereich vorläufig ein Ende gesetzt worden. Nach der Statuierung des Prager Exempels war die Sowjetunion blockpolitisch so weit abgesichert, daß für das Wagnis einer Ost-West-Entspannung optiert werden konnte, ohne unkontrollierbare Rückwirkungen auf das eigene Lager befürchten zu müssen.

Auch militärisch gab es keine Bedenken mehr gegen eine solche neue Westpolitik. Im Bereich der Kernwaffen hatte die Sowjetunion nach mehrjähriger, intensiver Aufrüstung 1969 eine ungefähre Parität mit den USA errungen. Sie konnte somit, anders als noch im Oktober 1962, während der Kuba-Krise, aus einer Position militärischer Ebenbürtigkeit mit dem Westen verhandeln. Eine amerikanische Drohung, Kernwaffen einzusetzen, war nicht mehr zu erwarten und wäre angesichts des sowjetischen Potentials für einen nuklearen Gegenschlag auch unglaubwürdig gewesen. Im regionalen europäischen Kräfteverhältnis, im Bereich der konventionellen Streitkräfte, war die Sowjetunion dem Westen ebenfalls mindestens ebenbürtig, wenn nicht überlegen. Und zur See besaß man mittlerweile eine moderne Flotte, die seit der Kuba-Krise kräftig ausgebaut worden war und weiter ausgebaut wurde – mit Stützpunkten im Mittelmeer, an den Küsten Afrikas und im Indischen Ozean. Moskau verfügte also über eine eindrucksvolle maritime Präsenz und begann, den (infolge des Vietnam-Krieges ohnehin schrumpfenden) amerikanischen Einfluß in der Welt weiter zurückzudrängen, mancherorts bereits zu ersetzen.

Dies alles schuf eine psychologische Ausgangslage, von der aus den Russen Verhandlungen mit dem Westen erfolgversprechend schienen. Einmal um das Erreichte zu sichern, vor allem die strategische Parität mit den USA und den Status quo in Europa, den sie auch schwarz auf weiß anerkannt sehen, juristisch verfestigen wollten (sie glauben nun einmal an Dokumente). Zum anderen schien Moskau der Zeitpunkt für den Versuch günstig, sich in Verhandlungen mit dem Westen politische und vor allem wirtschaftliche Vorteile zu sichern.

Besonders diese Verhandlungen waren aus sowjetischer Sicht auch dringlich. Schon 1956, auf dem berühmten Zwanzigsten Parteitag der KPdSU, hatte Nikita Chruschtschow bei der Verkündung der Doktrin friedlicher Koexistenz darauf hingewiesen, daß die These einer Unvermeidbarkeit von Kriegen zwischen kapitalistischen und sozialistischen Ländern im Atomzeitalter nicht länger aufrechterhalten werden könne. Die Entwicklung der Waffentechnologie mache im Interesse des Überlebens der Menschheit – und damit des Sozialismus – ein Umdenken erforderlich. Der militärische Wettkampf bliebe natürlich bestehen. Aber in einer Phase der Koexistenz müsse er, so hieß es von nun ab, durch wirtschaftlichen Wettbewerb ersetzt werden. Die ökonomische Entwicklung sei es, die die Überlegenheit eines gesellschaftlichen Systems beweise; selbstverständlich werde der Sozialismus siegen.

Chruschtschows Erwartungen – oder besser: Hoffnungen – beruhten jedoch, wie sich bald zeigte, auf einer falschen Einschätzung der wirtschaftlichen Möglichkeiten seines Landes. Der Entwicklungsrückstand der sowjetischen Volkswirtschaft gegenüber kapitalistischen Ländern war schon zu Chruschtschows Zeiten beträchtlich, und dieser Abstand vergrößerte sich von Jahr zu Jahr weiter, obwohl die Zuwachsraten der sowjetischen Wirtschaft meist über denen westlicher Länder lagen. Aber bedingt durch das unterschiedliche Ausgangsniveau bedeutete ein Zuwachs von vier Prozent in der amerikanischen Volkswirtschaft absolut gesehen eben etwas ganz anderes als ein Zuwachs von sechs oder acht Prozent in der sowjetischen Wirtschaft. Und da überdies die sowjetischen Wachstumsraten seit 1952 ständig abnahmen und auch der jährliche Produktivitätszuwachs zurückging, zumindest bis 1965, bestand – milde formuliert – wenig Aussicht, daß sich Chruschtschows Prophezeiung in einem überschaubaren Zeitraum erfüllen könnte. Diese skeptische Einschätzung war um so mehr angebracht, als die Sowjetunion ihre relativ hohen Zuwachsraten im Stadium einer extensiven Industrialisierung erzielt hatte, während sich der Westen bereits in der Phase einer intensiven Industrialisierung befand, in der es ungleich schwieriger ist, auch viele technologische Fähigkeiten erfordert, Wachstum zu erzielen.

Dieser Sprung stand den sowjetischen Wirtschaftsplanern am Ende der sechziger Jahre noch bevor. Ihre Schwierigkeiten waren nahezu unüberwindlich, als es nicht gelang, der sowjetischen Wirtschaft durch Impulse von außen, durch die Nutzung fortgeschrittener westlicher Technologien, einen Innovationsschub zu verschaffen. Technologietransfer zwischen kapitalistischen Ländern war und ist ja etwas völlig Selbstverständliches. Nicht so im Verhältnis zur Sowjetunion. Sie war vom Weltmarkt ausgeschlossen – teils selbstverschuldet, aufgrund ihrer eigenen Autarkiebestrebungen, teils gezwungenermaßen, wegen westlicher Embargos. Damit war ihr der innerhalb des Westens natürliche Zugang zur jeweils modernsten Technologie versperrt geblieben. Hier mußte Moskau einen Ausweg finden.

Seit einigen Jahren war im Ostblock, natürlich ausgehend von der Sowjetunion, eine Einfügung marktwirtschaftlicher Elemente in die sozialistische Planwirtschaft erwogen worden. Man versprach sich davon eine entscheidende Beschleunigung der ökonomischen Entwicklung. Was die Erprobung solcher Hoffnungen anging, so hielt sie sich in der Sowjetunion, wo man teils vorsichtiger, teils unfähiger war, in eher engen Grenzen. Anders im Satellitenbereich, wo man zum Teil recht erfolgreich experimentierte. Aber das Prager Zwischenspiel zeigte den Preis, das politische Risiko solcher marktähnlichen Mobilisierungsvorstellungen.

Statt dessen beschloß man jetzt, die Sowjetunion straff zentralistisch und unter Heranziehung neuesten westlichen Know-hows zu modernisieren. Eine enge wirtschaftliche Zusammenarbeit mit dem Westen, die weit mehr sein mußte als ein bloßer Ost-West-Handel, bei dem die Russen nicht konkurrieren und von dem sie auch nicht innovativ profitieren konnten, war aber nur in einem Klima der Entspannung, also größeren gegenseitigen Vertrauens, möglich.

Das war einem so erfahrenen Fachmann wie dem Vorsitzenden des Ministerrates der UdSSR, Alexej Kossygin, natürlich vollkommen klar. Und er sprach das offen aus, auch gerade gegenüber Westdeutschen, schon zu Zeiten der Großen Koalition. Ehe die Liberalen Walter Scheel, Hans-Dietrich Genscher und Wolfgang Mischnick vom 24. bis 25. Juli 1969 Moskau besuchten, hatten sie (anders als die Sozialdemokraten Helmut Schmidt, Egon Franke und Alex Möller, die Ende August anreisten und weder Breschnew noch Kossygin zu Gesicht bekamen) zur Bedingung ihrer Annahme der russischen Einladung gemacht, mit einem dieser beiden Männer zusammenzutreffen. Am Ende akzeptierten das die Russen, da sie inzwischen die kleine FDP als eine interessante Partei entdeckt hatten.

Bei seiner Unterredung mit den westdeutschen Oppositionspolitikern vom 23. Juli schilderte Kossygin freimütig die ökonomischen Schwierigkeiten seines Landes, benannte präzise Bereiche möglicher Wirtschaftskooperation und plädierte ebenso nachdrücklich wie werbend für eine Zusammenarbeit der Bundesrepublik mit der Sowjetunion. Das war zwei Monate vor jener Parlamentswahl, die in Bonn eine sozialliberale Mehrheit an die Macht brachte. Ein Jahr später, im August 1970, holte er Brandt, der zur Unterzeichnung des deutsch-sowjetischen Vertrages nach Moskau kam, am Flugplatz ab. Man saß kaum im Auto, das Gäste und Gastgeber in die Stadt bringen sollte, als der skeptische, sorgenvolle Kossygin, Brandts erster Gesprächspartner, bereits über ökonomische Probleme zu sprechen begann.

Verhandlungen mit dem Westen, die Beilegung lange verschleppter Konflikte, vor allem in Europa, waren aus sowjetischer Sicht schließlich auch deshalb dringlich, weil die – bereits erwähnten – Auseinandersetzungen mit China Moskau in eine gefährliche Lage zu bringen drohten. Dabei ging es nicht darum, wie manche allzu einfach annahmen, in Europa den Rücken freizubekommen, also die Westgrenze des Imperiums zu sichern und zu befrieden, um gegen einen möglichen Überfall Chinas an der Ostfront gewappnet zu sein. Die Gefahr eines chinesischen Angriffs bestand zu keinem Zeitpunkt. Weder in waffentechnischer noch in logistischer Hinsicht war China für einen Krieg gegen die Sowjetunion gerüstet, von der traditionellen Binnenorientierung der chinesischen Politik, ihrer territorialen Selbstgenügsamkeit, gar nicht zu reden. Aber die Rückkehr Chinas auf die Weltbühne nach Beendigung der kulturrevolutionären Selbstisolierung ließ eine neue internationale Konstellation vorausahnen, die für die Sowjetunion unbequem, ja gefährlich werden konnte. Wenn nämlich der sowjetische Konflikt mit den USA und deren europäischem Vorfeld anhielt, eine sich verschärfende, seit den Zwischenfällen am Ussuri auch militärisch geführte Auseinandersetzung mit China hinzukam, während sich gleichzeitig Peking, nach dem Abzug der Amerikaner aus Vietnam, in gewissem Maße dem Westen annäherte, dann drohte der Sowjetunion eine politische Isolierung, wie man sie seit Stalins Zeiten nicht mehr erlebt hatte. Dem wollte Moskau vorbeugen. China spielte daher in der Entwicklung der amerikanisch-sowjetischen Beziehungen wie auch im Verhältnis der Sowjetunion zu Westeuropa die Rolle eines Katalysators, eines Beschleunigers, der die ohnehin gewachsene Gesprächsbereitschaft noch verstärkte und im März 1969, wie schon angedeutet, entscheidend zur Formulierung des maßvollen Budapester Appells beigetragen haben dürfte.

Moskau wollte zeitweilig Ruhe haben und war deshalb bereit, auch ohne vorherige volle Zementierung des Status quo, auf der man zuvor eisern beharrt hatte, einen Ausgleich mit dem Westen anzustreben, in Europa also vor allem mit der Bundesrepublik ein Arrangement zu versuchen. Diese Wende in der sowjetischen Westpolitik war eine wichtige Voraussetzung für die neue westdeutsche Ostpolitik. Die Moskauer Schwenkung schuf überhaupt erst die Grundlage, auf der die Anstrengungen Bonns im Herbst 1969 sinnvoll und aussichtsreich wurden. Nehmen wir an, Brandt und Scheel hätten ihre Koalition schon 1966 gebildet oder Kiesinger wäre in der Regierungserklärung der Großen Koalition genausoweit gegangen wie sein Nachfolger 1969 (einmal vorausgesetzt, daß ihm die Union einigermaßen geschlossen dies gestattet hätte, was sehr zweifelhaft ist): In beiden Fällen wäre es höchstwahrscheinlich nicht zur Neuen Ostpolitik gekommen, wie wir sie drei Jahre später erlebt haben, weil die Sowjetunion damals noch nicht soweit war.

Signale aus Moskau im Sommer 1969

Die Chancen für erfolgversprechende Gespräche mit den Westdeutschen sahen von Moskau aus schon im Sommer 1969 nicht schlecht aus – also unabhängig davon, wer im Herbst bei der Bundestagswahl das Rennen machen würde. Zu jener Zeit gewann Valentin Falin, der damals im Moskauer Außenministerium die Zweite und die Dritte Europäische Abteilung leitete (zu der die deutschsprachigen Staaten – außer der Schweiz – gehören), den sicheren Eindruck, es gebe in beiden Lagern der westdeutschen Politik die Neigung, einen ernsthaften, also realitätsbezogenen, Dialog zu beginnen.

Tatsächlich war es allgemeine Überzeugung in Bonn, also auch in der Union, daß ostpolitisch etwas Entscheidendes getan werden müsse. Schließlich könne die Große Koalition schlecht hinter dem zurückbleiben, was die vorhergehende kleine CDU/CSU-FDP-Koalition unter Ludwig Erhard mit Gerhard Schröder probiert habe. Bekanntlich hatte Schröder 1963 mit der Errichtung von Handelsmissionen in der osteuropäischen Mittelzone zwischen DDR und Sowjetunion begonnen. Langsam waren die Dinge dann dahin gediehen, daß man im Jahre 1967 zu Rumänien als dem ersten Land dieser Region volle diplomatische Beziehungen aufnehmen konnte. Zu dieser Zeit war man bereits in der Großen Koalition, handelte aber noch ganz in Schröders Sinne, während Brandt am Tage, an dem er Außenminister wurde, einem guten Freund gesagt hatte, er werde versuchen, zu verhindern, daß Bonn Beziehungen zu Bukarest aufnehme. Das war ihm also mißlungen. Daraufhin war Bonn – was Brandt vorausgesehen hatte –

ostpolitisch steckengeblieben. Rundheraus gesagt: Schröders Außenpolitik war gescheitert.

Als nächstes Land sollte damals Ungarn an die Reihe kommen; Bahr war hingereist. Aber Budapest durfte keine Beziehungen mit Bonn eingehen; Moskau stoppte inzwischen energisch. Also mußte, was an sich seit 1955 fällig gewesen wäre, jetzt mit den Russen geredet werden, wobei sich an Schröders Friedensnote vom Frühjahr 1966 immerhin anknüpfen ließ. Aber statt das dort vorsichtig Angedeutete nunmehr kräftiger auszumalen, es energisch auf die bestehenden Demarkationslinien anzuwenden, war die Große Koalition nur allgemein und abstrakt vom Gewaltverzicht zu sprechen bereit gewesen.

Dabei war schon lange klar, daß ein solcher *Gewaltverzicht netto* für die Sowjetunion uninteressant war. Für Moskau hatte dieser ganze deutsche Verzichtsgedanke doch nur Sinn, wenn man die bestehenden Grenzen nannte und einbezog; die Russen wollten nun einmal das faktisch längst Erlangte sich auch noch in aller Form rechtlich zuschreiben lassen.

Das schien inzwischen, im Sommer 1969, nicht mehr unmöglich. Zwar hatte es anläßlich der Wahl Heinemanns zum Bundespräsidenten (die obendrein ausgerechnet in der *Ostpreußen*halle am Funkturm stattfand, wie die Russen erbost feststellten) erneut eine erhebliche Verschärfung der Situation um Berlin gegeben. Aber andererseits hatte gerade dieser Zwischenfall der Sowjetunion gezeigt, daß nicht nur unter Sozialdemokraten die Neigung bestand, die Konfrontation abzubauen – Wehner war so weit gegangen, wegen einer einzigen, von der anderen Seite in Aussicht gestellten Passierscheinregelung im letzten Augenblick diese Wahl doch noch in die Bundesrepublik verlegen zu wollen-, sondern auch in der Spitze der Union. Dem, was beispielsweise vom Vizekanzler und Außenminister am Nachmittag des 11. Februar 1969 vor der SPD-Bundestagsfraktion intern erklärt worden war, hätte Kiesinger wortwörtlich beipflichten können. Im Sitzungsprotokoll hieß es an dieser Stelle:

> Willy Brandt berichtet . . ., daß der sowjetische Botschafter ihn in den letzten Wochen dreimal aufgesucht hatte: am 10. Januar, in der vorigen Woche auf der Bühler Höhe und am heutigen Tage in Bonn . . .
>
> Der Meinungsaustausch mit der SU – schwierig, wie er ist – . . . bezieht sich auf eine Mehrzahl von Fragen von prinzipieller und praktischer Bedeutung. Es hat in Bonn und in Moskau kein Gespräch mit sowjetischen Vertretern gegeben, ohne daß nicht auch die Abhaltung der Bundesversammlung in Berlin ins Gespräch gekommen wäre. Es war immer die Auffassung der sozialdemokratischen Partei und Fraktion, daß wir auch im Zusammenhang mit dem Abhalten der Bundesversammlung keine Verschärfung im Verhältnis zwischen der BRD und der UdSSR wollen. Wir haben uns auch nie zu Fürsprechern von Prestigepolitik gemacht. Das ändert aber nichts daran, daß die Ostberliner Maßnahmen dieser Tage als rechtswidrig, anmaßend und ent-

> spannungsfeindlich gekennzeichnet werden müßten ... Die Ereignisse der letzten Tage haben es auch als hoffnungslos erscheinen lassen, durch eine Politik, wie sie von einigen vorgeschlagen wurde – durch Geben und Nehmen über einen Abschnitt des Stillhaltens hinweg –, die Lage entspannen zu helfen. Das ist so gut wie hoffnungslos geworden. Es kommt für uns darauf an, aus unserer Sicht klarzumachen, daß mit diesem Vorgang nichts verbunden ist, was zu neuen Spannungen führen soll.

In diesem Punkte gab es zwischen der Union und der SPD keine Meinungsverschiedenheiten, wie man in Moskau wußte. Es war dort sehr wohl bemerkt worden, daß der CDU-Kanzler in der Berlin-Krise nicht ohne Flexibilität reagiert und sich bemüht hatte, den Konflikt zu entschärfen. Überhaupt war dieser Kiesinger keineswegs so übel, wie Propagandatiraden gegen ihn vermuten ließen. Hatte er nicht gleich zu Beginn seiner Regierungszeit nüchterne, gemäßigte Vorsätze erkennen lassen und zum Beispiel beachtlicherweise am 17. Juni 1967 eine friedfertig-vernünftige, am politisch Möglichen orientierte Rede gehalten, die ihm Wehner immer wieder nahegelegt und Ahlers aufgeschrieben hatte? Kiesinger schien den Russen im Grunde gutwillig, während sie seiner Umgebung mißtrauten: Guttenberg und Carstens und erst recht deren ängstliche Hintermänner im Auswärtigen Amt, die immer neue völkerrechtliche Bedenken fänden und vortrügen, seien hinderlicher als die CDU/CSU-Fraktion. Sie heizten ihm dauernd ein, verzögerten alle Initiativen. Nicht nur der Außenminister und Vizekanzler sei darüber verärgert. Mit Kiesinger als solchem werde sich reden lassen – wie mit Brandt, mit Wehner, mit Schmidt.

Als der sozialdemokratische Fraktionsvorsitzende nach seinen Moskauer Gesprächen am 25. August 1969 auf einer Pressekonferenz die Auffassung äußerte, zwar blieben die deutsch-sowjetischen Beziehungen »ein überaus schwieriges Feld«, aber offenbar wünsche die Sowjetregierung jetzt das politische Gespräch mit der Bundesrepublik, und es wäre daher ein großer Fehler, wenn man diese Bereitschaft nicht erwidere, sprach Schmidt aus, was man damals intern an den Spitzen aller drei Parteien des Bundestages einmütig dachte. Zumal Kiesinger war Feuer und Flamme. Er fühlte sich bestätigt durch Schmidts Äußerungen nach der Rückkehr, er habe ein sowjetisches Interesse an kleinen Schritten entdeckt. Vielleicht, meinte Kiesinger, solle man gegenüber Moskau erst einmal klein anfangen und sich nur allmählich den großen Problemen nähern; ihm scheine denkbar, daß die Sowjetunion einige strittige Fragen jetzt auf Eis legen, ihre Maximalforderungen ausklammern wolle; vor allem im wirtschaftlichen Bereich sei sie wohl zu konkreten Abmachungen aufgelegt, mache also nicht länger die sofortige, große Lösung aller Knoten, mache nicht eine Generalbereinigung des Verhältnisses zur Voraussetzung einer Zusammenarbeit mit uns. Genau dies sei es, sagte Kiesinger, was er Botschafter Zarapkin immer wieder vergeblich vorgeschlagen habe.

Ob nun an Schmidts Moskauer Eindrücken etwas Richtiges war oder nicht (lange ließ sich die Stunde der Wahrheit ja sicherlich nicht mehr hinausschieben), tatsächlich schienen sich solche Teillösungen, wenn schon nicht mit der Sowjetunion, so jedenfalls im deutsch-deutschen Verhältnis anzubahnen, und das bereits vor der Bonner Wahl.

Zwar gingen vorbereitende Überlegungen in der Bundeshauptstadt aufgrund der Erfahrungen, die man 1966 beim gescheiterten Redneraustausch von SPD und SED gemacht hatte, davon aus, daß die DDR bei weiteren Annäherungsversuchen von unserer Seite die Frage ihrer vollen Anerkennung sofort hochspielen werde. Im allgemeinen Verhältnis der beiden Deutschland zueinander sei also vorerst nichts zu machen. Diese pessimistische Einschätzung lag um so näher, als Ulbricht am 12. November 1968 vorwurfsvoll ausgeplaudert hatte, die Sozialdemokraten hätten der SED vor Jahr und Tag zugesagt, »auf dem Wege der Verständigung über Teilfragen die Anerkennung der Deutschen Demokratischen Republik durch die westdeutsche Bundesrepublik herbeizuführen. Das hätte in der Tat die Einleitung einer Entspannung bedeutet.«

Die sozialdemokratischen Führer hätten jedoch ihr Wort gebrochen. Obwohl man ihnen beispielsweise mit Passierscheinen entgegengekommen sei, hätten sie »den großen Verrat« begangen und wären ins Unionslager übergelaufen.

Nach diesen Erfahrungen war zu erwarten, daß die DDR-Führung hart auf einer völkerrechtlichen Anerkennung als Vorbedingung jeder Regelung einzelner Sachfragen bestehen werde. Trotz aller Skepsis glaubte man jedoch in Bonn, daß es vielleicht möglich sein werde, einen Verkehrsvertrag mit der DDR abzuschließen, weil es hier nämlich gerade in jenen Tagen einen (kleinen) Präzedenzfall gab: die erfolgreichen Verhandlungen über eine westdeutsche Nutzung ostdeutscher Gleisanlagen im hessischen Kalibergbaugebiet bei Gerstungen, die zwischen Juli und September 1969 unter Beteiligung west- und ostdeutscher Ministerialbeamter in Ost-Berlin und Frankfurt a. M. stattgefunden hatten und mit einem Briefwechsel zwischen der Bundesbahn und dem DDR-Verkehrsministerium am 11. und 12. September 1969 abgeschlossen werden konnten. Allgemeine Verhandlungen über Fragen des Eisenbahn- und Binnenschiffsverkehrs sowie der Straßenbauplanung wurden am 16. September in Ost-Berlin zwischen den Verkehrsministerien beider Seiten aufgenommen. Drei Tage später, also neun Tage vor der Wahl, begann man, gleichfalls in Ost-Berlin, zwischen beiden Postministerien über Ausgleichszahlungen im Post- und Fernmeldewesen zu sprechen.

Man fing also am Ende der Großen Koalition an, miteinander zu reden. CDU/CSU und SPD hatten sich sogar gemeinsam dazu durchgerungen, wenn auch erst nach monatelangen Übungen der Selbstüberwindung, den Anblick der DDR-Symbole auf dem Gebiet der Bundesrepublik künftig zu ertragen und westdeutsche Ohren der ostdeutschen Staatshymne auszusetzen – allerdings nur notgedrungen und vorerst lediglich bei Sportveranstaltungen. Zwar hatte die Bundesregierung »bereits durch ihren Beschluß vom 18. Dezember 1968 sichergestellt, daß die Olympischen Spiele 1972 in München nicht durch protokollarische Schwierigkeiten behindert werden« dürften. Aber bei anderen, kleineren internationalen Sportveranstaltungen auf westdeutschem Boden tat sich die Große Koalition monatelang schwer. Es bedurfte vorsichtig ausgefeilter Kompromißformulierungen aus den Federn verschiedener Kabinettsmitglieder, vor allem des Innenministers Ernst Benda und des gesamtdeutschen Ministers Herbert Wehner, bis sich diese Bundesregierung am 22. Juli 1969 endlich auf eine verklausulierte Freigabe-Entscheidung verständigen konnte.

Nach diesen internen Kämpfen aus nichtigem Anlaß kann man sich kaum denken, daß die Verhandlungen zwischen der Bundesrepublik und der DDR vom September 1969 weit gediehen wären, ohne sich an den Grenzfragen, an der DDR-Anerkennung, zu stoßen und festzufahren. Schließlich waren die Signale aus Moskau, die Helmut Schmidt optimistisch-eigenwillig gedeutet hatte, zwar im Ton freundlich, aber in der Sache ziemlich deutlich. Nachdem nämlich am 3. Juli 1969 der Staatssekretär des Auswärtigen Amtes, Georg Ferdinand Duckwitz, Semjon Zarapkin ein Schreiben überreicht hatte, mit dem die Bundesregierung den vor Jahr und Tag steckengebliebenen Gewaltverzichtsdialog wieder in Gang zu bringen versuchte, folgte am 10. Juli ein öffentliches Antwortsignal der Russen. Es galt nicht nur Bonn, sondern auch Washington. Moskau strebte jetzt eine Begrenzung der sowjetischen und amerikanischen Arsenale strategischer Waffen an; die ersten *Strategic Arms Limitation Talks (SALT)* zeichneten sich ab.

Zur Bundesrepublik gewandt, hatte Außenminister Andrej Gromyko (der Willy Brandt schon neun Monate vorher, als sie sich während der UN-Vollversammlung in New York erstmals persönlich getroffen hatten, »eine drastische Änderung« der sowjetischen Außenpolitik versprochen hatte, falls Bonn künftig einer Politik der Entspannung folge) in einem Lagebericht vor dem Obersten Sowjet verheißungsvoll betont: »Eine Wende in unseren Beziehungen ist möglich, und wir möchten das auch, wenn die BRD den Weg des Friedens beschreiten wird.«

Was das für ein Friedensweg sein würde, hatte er nicht im unklaren gelassen: Er führte unter die kaudinischen Joche. »Die Unantastbarkeit der jetzigen Grenzen ist für Europa die Kernfrage. Davon, wie die Staaten, vor allem die großen Staaten, sie beantworten, hängt es ab, ob es Frieden oder Krieg gibt.«

Auf dieser Grundlage der seit langem bekannten Moskauer Positionen, die er wiederholte, hatte Gromyko am 10. Juli 1969 die sowjetische Bereitschaft erklärt, »den Meinungsaustausch mit der BRD über den Verzicht auf die Gewaltanwendung bis zum Abschluß eines entsprechenden Abkommens fortzusetzen . . .«

Auch West-Berlin war zur Sprache gekommen. Wenn die Westmächte an diese Frage unter Berücksichtigung der europäischen – gemeint war: der russischen – Sicherheitsinteressen herangingen, würden »sie sowjetischerseits die Bereitschaft finden, Meinungen darüber auszutauschen, wie jetzt und auf die Dauer die Komplikationen rund um West-Berlin auszuschalten sind«.

Daraufhin hatte man sich westlicherseits, zum ersten Male seit mehr als fünf Jahren, zu einer Berlin- und Deutschland-Initiative aufgerafft. In der Bonner Vierergruppe kam man am 5. August 1969 überein, die drei Westmächte in Moskau sondieren zu lassen. Seit langem wurden sie von der Bundesregierung in diese Richtung gedrängt. Schon Ende Juni 1968, in einer Phase erheblicher Verbiesterung der Sowjetunion, hatte Willy Brandt seinen drei Kollegen die Bonner Gewaltverzichtsbereitschaft auch im deutsch-deutschen Verhältnis ausgemalt, seine Zwischenlösung eines friedlichen Nebeneinander von Bundesrepublik und DDR nahegelegt und dadurch das *Signal von Reykjavik* ausgelöst, das dann – unter ähnlich widrigen Umständen, nämlich während der Auseinandersetzung um die Wahl des Bundespräsidenten in Berlin – von Richard Nixon bei seiner Rede in den Berliner Siemens-Werken am 27. Februar 1969 als ein »Appell zum Handeln . . ., als eine Aufforderung zur Beendigung der Spannungen eines vergangenen Zeitalters« noch einmal wiederholt worden war.

Die Sondierungsaktion habe das Ziel, hieß es in vertraulichen Aufzeichnungen des AA aus jenen Augusttagen 1969, zum einen »die sowjetische Regierung zu veranlassen, in Ost-Berlin auf die Aufnahme innerdeutscher Gespräche über die Verkehrs- und Nachrichtenverbindungen hinzuwirken«, und zum anderen im Meinungsaustausch der Drei Mächte mit der Sowjetunion »Möglichkeiten für die Verbesserung der Situation in Berlin und auf den Zugangswegen auszuloten.«

»Als Gegenleistung« werde im westlichen Aide-mémoire, das der amerikanische, der britische und der französische Botschafter am 7. August 1969 in Moskau überreichten, »auf die Kompromißbereitschaft der Bundesregierung in der Frage der Bundesaktivität in Berlin hingewiesen«, die sie übrigens schon mehrfach öffentlich hatte erkennen lassen – wohlgemerkt die Kompromißbereitschaft der Großen Koalition, der Regierung eines christlich-demokratischen Bundeskanzlers.

Über die Aussichten des westlichen Berlin-Vorstoßes hieß es in einem Geheimpapier, mit dem das AA die wichtigsten westdeutschen Auslandsposten am 5. August 1969 unterrichtete:

> 1. Die gegenwärtige Situation erscheint uns für die beabsichtigte Initiative, die auf einen Beschluß der vier Außenminister vom 9. 4. 1969 anläßlich der NATO-Ministertagung in Washington zurückgeht, günstig. Die Rede Gromykos vom 10. 7. 1969 hat das Interesse der Sowjetunion deutlich gemacht, mit den drei Mächten einen Meinungsaustausch über die Vermeidung von Komplikationen um Berlin zu führen. Wir sind uns mit den Schutzmächten darin einig, daß man versuchen sollte, das sowjetische Interesse für die von

uns gewünschte Verbesserung der Berlin-Situation zu nutzen. Dagegen hat die »DDR« auf den Wunsch der Bundesregierung, innerdeutsche Gespräche aufzunehmen, bisher negativ reagiert. Wir schließen nicht aus, daß Moskau jetzt einen Vorteil sehen könnte, Ost-Berlin zu solchen Gesprächen zu veranlassen. Vielleicht können wir ein mögliches Interesse Moskaus an einer Stabilisierung der Lage in Berlin für die Anbahnung innerdeutscher Gespräche nutzbar machen.

2. Wir legen entscheidenden Wert darauf, daß die Berlin-Gespräche der vier Mächte unter keinen Umständen zu einer Veränderung des Status von Groß-Berlin führen. Vielmehr soll in den bevorstehenden Gesprächen eine Lösung der praktischen Probleme angestrebt werden, insbesondere eine bessere Sicherung der Zugangswege. Die politischen Grundsatzfragen, über die sich eine Einigung gegenwärtig nicht erzielen läßt, sollten dabei ausgeklammert werden. Ob sich solche Verbesserungen ohne Konzessionen in der Status-Frage heute tatsächlich erreichen lassen, erscheint uns keineswegs sicher. Wir meinen aber, daß wir das Berlin-Problem bei den westlichen Bemühungen um eine Verbesserung des Ost-West-Verhältnisses nicht ausklammern dürfen.

3. Wir sind der Auffassung, daß die Berlin-Frage nicht isoliert von den innerdeutschen Problemen angegangen werden sollte. Wir legen Wert darauf, daß die Berlin-Frage in diesen Gesamtzusammenhang der ungelösten Deutschlandfrage eingebettet bleibt, um damit auch der östlichen These von der »selbständigen politischen Einheit West-Berlin« entgegenzuwirken. Im übrigen wird die Lage in Berlin und auf den Verbindungswegen immer eng mit dem Verhältnis der beiden Teile Deutschlands verbunden bleiben. Wirkliche Fortschritte auf dem Wege zu einer besseren Sicherung der Zugangswege dürften letztlich nur dann zu erreichen sein, wenn gleichzeitig das innerdeutsche Verhältnis geklärt und verbessert werden kann.

Denkbarerweise waren also die deutsch-deutschen Verkehrs- und Postverhandlungen Mitte September 1969 schon ein erstes Ergebnis der westlichen Initiative. Sichtlich war der Sowjetunion daran gelegen, ihr Interesse an einer Intensivierung der Kontakte zur Bundesregierung vor den Wahlen in aller Form deutlich zu dokumentieren.

Am 12. September teilte sie den drei Westmächten auf deren Noten vom 7. August mit, daß sie bereit sei, einen Meinungsaustausch mit ihnen über Berlin zu eröffnen. Allerdings dämpften die Russen – harte Verhandler, die sie sind – sofort voreilige Hoffnungen auf rasche Ergebnisse; sie hängten den Korb eigener Konzessionen enttäuschend hoch. Nach sowjetischer Auffassung sollten sich die Gespräche auf eine Beschränkung der Aktivitäten Bonns in West-Berlin konzentrieren. Über eine Verbesserung des Zugangs nach Berlin, hieß es weiter, gebe es hingegen nichts zu verhandeln.

Mit einem Aide-mémoire gleichen Datums, das am 13. September in Bonn überreicht wurde, beantwortete man die westdeutschen Vorschläge vom 4. Juli. Sie trete – ließ die Sowjetunion verlauten – für umfassende mündliche Erörterungen über alle mit dem Gewaltverzicht zusammenhängenden Probleme ein, die nach ihren Vorstellungen in Moskau stattfinden sollten, »wenn dies für die Regierung der Bundesrepublik Deutschland annehmbar sei«. Sie halte eine politische Regelung der bestehenden Meinungsverschiedenheiten im Interesse des europäischen Friedens jetzt für notwendig.

Schon am 11. Dezember 1968 hatte Bonns Moskauer Botschafter Helmut Allardt im Auftrage Brandts Außenminister Gromyko Gespräche anstelle des bisherigen, zänkischen Notenwechsels vorgeschlagen. Dieser nehme zuviel Zeit in Anspruch; ein mündlicher Austausch sei aussichtsreicher. Moskau war sofort einverstanden gewesen. Aber Allardt hatte danach keine weiteren Instruktionen mehr bekommen. Die beiden Koalitionspartner in Bonn, Kiesinger und Brandt, waren sich, wieder einmal, in die Haare geraten.

Wenn jetzt die Sowjetregierung vierzehn Tage vor der Bundestagswahl Bonn ihre Gesprächsneigung und Verhandlungsbereitschaft schriftlich übermittelte, dann war das kein Versuch, die Wählerentscheidung zu beeinflussen. Ganz im Gegenteil. Die Note vom 13. September konnte nur heißen: Man werde mit jeder denkbaren Regierung verhandeln, sei sie nun von der CDU oder der SPD angeführt. Wer immer die Wahl gewinnen werde, sei als Partner willkommen. Am 22. September 1969 versicherte Gromyko am Rande der UN-Vollversammlung seinem deutschen Kollegen Brandt, seine Zusage, sich für eine praktische Verbesserung des deutsch-deutschen Verhältnisses einzusetzen, habe nichts mit dem Wahlkampf zu tun, sie gelte über den Wahltermin hinaus.

Sosehr man sich aber russischerseits zurückhielt und den Eindruck zu vermeiden suchte, als ergreife man in der westdeutschen Innenpolitik Partei, sowenig ließ sich übersehen, daß es aus internen sowjetischen Gründen seit Jahren Kräfte in Moskau gab, die auf eine neue Regierung in Bonn hofften, also den Wandel der Beziehungen lieber mit SPD und FDP bewerkstelligen wollten als mit der CDU/CSU. Es fiel der Sowjetunion schwer, ihre Westpolitik gegenüber der Bundesrepublik zu ändern, also bisherige Maximalforderungen zu modifizieren, solange in Bonn die Partei am Ruder war, die seit zwanzig Jahren die Bundesrepublik in einen antikommunistischen Vorposten Amerikas hatte verwandeln helfen.

Als sich Sven Backlund, der schwedische Generalkonsul in Berlin (der seit vielen Jahren das Kunststück fertiggebracht hat, gleichzeitig mit Willy Brandt und Herbert Wehner eng befreundet zu sein), im Dezember 1967 vor seinem Weggang als Botschafter nach Brüssel von Pjotr Abrassimow in Ost-Berlin verabschiedete, bedrängte ihn der sowjetische Botschafter in der DDR, mit dem sich Brandt durch Vermittlung Backlunds seit Mai 1966 mehrfach getroffen hatte: Er müsse Brandt dazu veranlassen, so rasch wie möglich eine SPD/FDP-Koalition in

Bonn zustande zu bringen (»Sagen Sie Willy: Er soll so rasch wie möglich eine kleine Koalition machen!«). Backlund wandte ein, das sei im Moment mit Bestimmtheit nicht realisierbar, auch wenn Brandt es wolle. Aber Abrassimow insistierte: Moskau brauche bei einer künftigen Wendung seiner Deutschlandpolitik auch Argumente für die eigenen Leute. Brandt mache durch seine Person einen Kurswechsel plausibel. Er sei ein neuer, unbelasteter Mann, sei kein Revanchist, komme als Partner in Betracht.

Ostpolitische Zeichen in der Regierungserklärung Brandts

Knapp zwei Jahre später war es soweit. Ein ostpolitischer Kurswechsel Bonns war möglich geworden. Aber worin sollte er eigentlich bestehen? Das war den beiden Parteien dieses Bündnisses keineswegs klar, als sie begannen. Ihre Koalition war nicht nur innenpolitisch improvisiert und daher in ihren Reformvorstellungen vage. Auch außenpolitisch fehlte es ihr an einem gemeinsamen, detaillierten Regierungsprogramm.

Sicherlich, es gab interne Vorarbeiten im Planungsstab des Auswärtigen Amtes. Aber dort war man von der Hypothese ausgegangen, daß es beim Bündnis von CDU und SPD auch nach den Wahlen bleibe. Bahr hatte sich auf eine Fortsetzung der Großen Koalition eingerichtet: auf eine große Mehrheit, auf andere interne Schwierigkeiten. Für ihn war die FDP kein Partner. Er hatte zwar den DDR-Vertragsentwurf der FDP vom Januar 1969 ermutigt und einige Formulierungen darin beeinflußt. Aber dabei hatte er sich lediglich gedacht, daß ein gewisser öffentlicher Druck auf die harten Teile der CDU/CSU nicht schaden könne. Nun saß man plötzlich in einem Boot (genauer: auf einem rasch zusammengebundenen Floß) mit den Liberalen, mußte mit ihnen Politik machen, insofern umdenken – wie viele Sozialdemokraten, Helmut Schmidt und Herbert Wehner an der Spitze. Nur die allgemeine Richtung der Neuen Ostpolitik von SPD und FDP lag fest: vorwärts!

In der »Aufzeichnung der Koalitionsverhandlungen zwischen SPD und FDP« vom 2. Oktober 1969 hieß es in diesem Zusammenhang: »Zur Außen- und Deutschlandpolitik gab Willy Brandt einen umfassenden Bericht. Die Außenpolitik wird aufgrund der Friedensnote der Bundesregierung vom Frühjahr 1966 und des außenpolitischen Teils der Regierungserklärung vom 13. Dezember 1966 kontinuierlich weiterentwickelt. Scheel stellte in der Debatte fest, daß die außenpolitischen Vorstellungen der Verhandlungspartner sich weitgehend dekken. Die FDP legt Wert darauf, daß das Thema Friedensforschung deutlich herausgestellt wird. SPD und FDP setzen sich dafür ein, daß durch verbindliche Abkommen über Gewaltverzicht und Verzicht auf Gewaltandrohung bis zu den endgültigen friedensvertraglichen Regelungen die territoriale Integrität aller

Nachbarn und die Unverletzlichkeit der Demarkationslinien, der Grenzlinie und Grenzen im Osten gewährleistet wird.

Die eigentlichen *Koalitionsvereinbarungen* wiederholten unter einem Punkt 3 zum Thema »Außenpolitik« lediglich den Inhalt des zweiten der eben zitierten Sätze. Hinzu kam ein kurioser, charakteristischer Punkt 1, der gleich am Anfang die programmatischen Grundtendenzen *und* die internen Machtverhältnisse der Koalition knapp und präzise kennzeichnete. Das gemeinsame Bündnisprogramm der Koalition begann mit einem Trompetenstoß der FDP. Mit ihm trieb sie ostpolitisch zum Durchbruch an. Gleichzeitig blies sie sozialpolitisch aus vollem Halse »Halt«. Mit beidem demonstrierte sie ihre Fähigkeit, eigene Forderungen gegenüber der SPD als unverzichtbar zu deklarieren und damit ihre Macht, sie (und sich!) durchzusetzen. Die selbstbewußte Ouvertüre der Liberalen lautete:

> 1. *Hallstein-Doktrin und Mitbestimmung*
> Diese beiden unverzichtbaren Forderungen der F. D. P. werden zugestanden. Die Hallstein-Doktrin wird fallen gelassen, SPD und Koalitionsregierung werden keine Initiative zur Ausweitung der paritätischen Mitbestimmung ergreifen.

Was waren denn nun »die außenpolitischen Vorstellungen der Verhandlungspartner«, von denen Scheel gemeint hatte, daß sie sich »weitgehend« deckten? Was konnte man sich aus den dürren Andeutungen im Text der Verhandlungen und Vereinbarungen über die ostpolitischen Ansatzpunkte der Sozialliberalen zusammenreimen?

Das meiste von dem, was sie miteinander vereinbart hatten, war durchaus nicht neu. Es blieb im Rahmen dessen, was 1966 erst die Friedensnote, dann die Regierungserklärung Kiesingers postuliert hatten, und dem, was seither, in den zweidreiviertel Jahren der Großen Koalition, verdeutlichend, auch erweiternd, hinzugekommen war.

Man wollte auf regelrechte Gewaltverzichtsabkommen hinaus, die alle östlichen Grenzen einschließlich der »Demarkationslinien« in Deutschland gewährleisten sollten. Das hieß, klipp und klar, den lange Zeit nackten Gewaltverzicht nunmehr hinlänglich zu bekleiden, hieß, endlich mit Moskau richtig zu verhandeln. Man war ja, wie die Sowjetnote vom September zeigte, schon drauf und dran, stand kurz davor. Mit Warschau ließ sich vermutlich, die (halbwegs unpolemische) Rede Wladyslaw Gomulkas vom 17. Mai 1969 in der Hand, gleichfalls ins Gespräch kommen. Das Vertriebenenministerium wurde jedenfalls aufgelöst. Anders als bei Kiesinger, der in seiner Regierungserklärung noch »unsere Obhutspflicht« gegenüber allen Vertriebenen und Flüchtlingen bekräftigt hatte, kamen diese beiden langjährigen Vetogruppen unserer Ostpolitik in der Brandtschen Erklärung nicht mehr vor. Die meisten dieser Menschen hatten sich inzwischen in Westdeutschland eingelebt und fühlten sich hier nicht mehr als Fremde. Sie waren daher keine bedeutende politische Zielgruppe mehr.

Das, was sich die Sozialliberalen gemeinsam vorgenommen hatten, hieß weiterhin, neben der Sowjetunion und Polen auch die DDR anzureden, auch mit Ost-Berlin einen Dialog zu eröffnen – wenn auch vielleicht nicht sofort. Das bisherige Bundesministerium *für gesamtdeutsche Fragen* wurde in eines *für innerdeutsche Beziehungen* umbenannt. Dazu fand sich in einem ersten Vorentwurf zur Regierungserklärung Brandts ein Satz, den Scheel mit einem dicken Fragezeichen versah, so daß er später wieder gestrichen wurde (was allerdings an Brandts Absichten nichts änderte). Zur Umbenennung hieß es da: »Der neue Name deutet schon die Richtung an, in der sich unsere Politik gegenüber der DDR bewegen wird.«

Redete Bonn von nun an mit denen drüben, suchte es Beziehungen, wenn auch nur innerdeutsche, dann konnte es auf die Dauer nicht anderen den Mund verbieten, konnte andere Hauptstädte nicht länger hindern, ein Gleiches zu tun. Aufgabe der Hallstein-Doktrin hieß, nicht länger jede Aufnahme diplomatischer Beziehungen anderer Staaten zu Ost-Berlin als unfreundlich gegenüber Bonn zu betrachten und gegebenenfalls mit Sanktionen zu ahnden. Es hieß also darüber hinaus, der DDR den Zugang zur Arena der internationalen Politik freizugeben. Die Sozialliberalen waren bereit, die Existenz der DDR hinzunehmen. Ihre Existenz als Staat. Als Staat in Deutschland.

Vielleicht nicht gleich, vielleicht überhaupt nur stillschweigend, nicht ausdrücklich und mit Aplomb. Wann, unter welchen Umständen – das blieb in den Verhandlungen zwischen den Koalitionspartnern offen. Darüber wurde zwischen den Verhandlungsdelegationen nichts vereinbart. FDP-Fraktionsgeschäftsführer Detlef Kühn hatte unter dem 20. Oktober 1969 im Namen des thematisch zuständigen Arbeitskreises I in einem deutschlandpolitischen Formulierungsversuch für die Regierungserklärung noch vorgeschlagen: »Die neue Bundesregierung sollte eindeutig erklären, daß sie vertragliche Abmachungen mit der DDR anstrebt, die das Ziel haben, die Lage der Menschen im geteilten Deutschland zu erleichtern. Die Vertragsverhandlungen zwischen Bonn und Ost-Berlin sollten auf der Grundlage der Gleichberechtigung und ohne Diskriminierung, jedoch ohne weitere Vorbedingungen geführt werden.«

»Ohne Vorbedingungen« hieß damals: ohne Vorbedingungen der anderen Seite, also ohne Vorleistungen der Bundesrepublik, ohne eine Aufwertung der DDR, ohne Schritte auf ihre Anerkennung hin.

Trotz einer öffentlichen Andeutung von Conrad Ahlers am Vorabend der Regierungserklärung, über die in den Morgenzeitungen des 28. Oktober 1969 berichtet wurde (»Daß wir von der Existenz zweier deutscher Staaten ausgehen, ist wohl klar«), war man daher allgemein sehr überrascht, als Willy Brandt an jenem Tage tatsächlich vor dem Parlament von »zwei Staaten in Deutschland« sprach.

Die entsprechende Passage begann ganz harmlos: »Die Bundesregierung setzt die im Dezember 1966 durch Bundeskanzler Kiesinger und seine Regierung eingeleitete Politik fort und bietet dem Ministerrat der DDR erneut Verhandlungen beiderseits ohne Diskriminierung auf der Ebene der Regierungen an, die zu vertraglich vereinbarter Zusammenarbeit führen sollen. Eine völkerrechtliche Anerkennung der DDR durch die Bundesregierung kann nicht in Betracht kommen . . .«

Bis hierher blieb der neue Kanzler im Rahmen der bisherigen Bonner Außenpolitik. Doch dann kam die entscheidende Richtungsänderung – übrigens die einzige in dieser Regierungserklärung und in der mit ihr eingeleiteten Neuen Ostpolitik. Hier – und nicht erst in den Verträgen mit Moskau und Warschau! – wurde die Kontinuität unserer früheren Regierungspolitik verlassen. Brandt fuhr nämlich an dieser Stelle fort: »Auch wenn zwei Staaten in Deutschland existieren, sind sie doch füreinander nicht Ausland; ihre Beziehungen zueinander können nur von besonderer Art sein.«

Diese Anerkennung der DDR als Staat sprach ihr alle Eigenschaften eines Völkerrechtssubjekts zu, wenn man dies auch durch die literarische Formulierung, es handle sich hier lediglich um einen Staat *in Deutschland*, abzuschwächen versuchte. Dieser beherzte Schritt ist, wie Barzel – natürlich vorwurfsvoll – hervorhebt, weder im Kabinett noch mit den Westmächten besprochen worden, geschweige denn im Bundestag. Er war auch nicht im Entwurf des AA vorgesehen.

Andererseits entsprach er keiner Eingebung des Augenblicks. Zwar wurde der entscheidende Satz endgültig offenbar erst im letzten Augenblick vor Abgabe der Regierungserklärung formuliert. Aber in ihrem wesentlichen Gehalt gab es diese Passage schon zehn Tage vorher. Sie war im Kern bereits im »ersten Vorentwurf für eine Regierungserklärung« enthalten, den Ahlers »im Auftrag von Herrn Minister Brandt« unter dem 18. Oktober 1969 vertraulich an einige Personen, unter anderem an Scheel, schickte. Dort hieß es: »Zwei Staaten in Deutschland können füreinander nicht Ausland sein.«

Der Entschluß, dergleichen schon in der Regierungserklärung öffentlich zu verkünden, ist im kleinsten Kreise entstanden. Zentral waren nur Bahr, Brandt und Scheel an ihm beteiligt; der eigentliche Anstoß kam von Brandt. (Kein Wunder, daß Hans Apel, zu jener Zeit immerhin stellvertretender Vorsitzender der SPD-Bundestagsfraktion, in jenen Monaten mehrfach in sein Tagebuch schrieb: Er frage sich, wo denn politische Entscheidungen in Bonn eigentlich fielen. Nicht im Kabinett. Nicht in der Fraktion. Nicht in der Parteizentrale. Sondern Willy Brandt persönlich spiele, weil er Bundeskanzler und zugleich Parteivorsitzender sei, bei der Willensbildung die entscheidende Rolle.)

Bahr, dem man manchmal die Autorenschaft an den »zwei Staaten in Deutschland« nachgesagt hat, war in Wahrheit damals gegen diesen Satz. Zwar ist richtig, daß er nicht nur die ostpolitischen Passagen, sondern den ganzen außenpolitischen Teil der Regierungserklärung mitformuliert hatte. Besonders deutlich trug der Abschnitt zur DDR seine Handschrift. Aber in Bahrs Vorstellung fehlte eine Aussage über die DDR als Staat. Er hielt dergleichen zu jenem Zeitpunkt zunächst auch nicht für richtig. Obwohl ihm klar war, daß die Anerkennung der Staatsqualität des zweiten deutschen Staates am Ende unvermeidlich sein würde, fragte er sich (und seine beiden Gesprächspartner), ob dieses Bonner Zugeständnis nicht das Ergebnis von Verhandlungen sein müsse, statt an deren Anfang, ja sogar lange vor ihrem Beginn zu stehen. Wenn man so verfahre, sagte er, sei fraglich, ob man etwas dafür bekomme.

Brandt widersprach ihm. Er schätzte die Reaktion der anderen Seite instinktiv richtig ein, indem er einwandte (und Scheel stimmte ihm dabei nachdrücklich zu): Die Glaubwürdigkeit der neuen Politik erfordere, diesen Schritt vorab zu tun; sonst komme das Ganze gar nicht in Gang. Tatsächlich stellte sich später heraus, daß genau dieser Satz, diese Vorleistung, drüben als Signal wirkte, das die osteuropäischen Hauptstädte aufhorchen ließ und die dortigen Gesprächspartner der neuen Bundesregierung von der Ernsthaftigkeit ihrer Absichten überzeugte.

Selbst die SED, die diese neue westdeutsche Dynamik keineswegs erleichtert und freudig, sondern höchst mißtrauisch betrachtete, weil sie bei einer Entspannung zwischen Bonn und Moskau Nachteile für die DDR befürchtete, mußte sich – nach fast zweiwöchigem Zögern! – im *Neuen Deutschland* vom 9. November 1969 zu dem öffentlichen Eingeständnis aufraffen, Brandts Regierungserklärung enthalte immerhin »einige neue Akzente, die überall und natürlich auch in der DDR mit Aufmerksamkeit registriert« worden seien. Allerdings habe man in Bonn noch nicht die »ganze Wahrheit« erkannt, daß nämlich die Beziehungen zwischen beiden deutschen Staaten »umfassend und uneingeschränkt auf der Basis des Völkerrechts« geregelt werden müßten. Genau dies suchte Bonn aber eben nach wie vor zu vermeiden.

Immerhin: Es gab zwei Feststellungen in der Regierungserklärung vom 28. Oktober 1969, die die Dinge in Fluß brachten. Neben der Ankündigung des neuen Kanzlers, bald den Vertrag über die Nichtverbreitung von Kernwaffen unterzeichnen zu wollen (womit er einen jahrelangen, fruchtlosen Stellungskrieg zwischen SPD, CDU und CSU beendete, der zugleich die außenpolitische Rundum-Stagnation der Bundesrepublik, nämlich die Gefahr ihrer Isolierung in Ost *und* West symbolisiert hatte), war es die Hinnahme der DDR, ihre nunmehr ausdrücklich auch formelle, allerdings immer noch nur partielle Anerkennung durch Bonn. Dieser zweite war der wichtigere der beiden Eröffnungszüge, mit denen die sozialliberale Koalition ihre Partie mit der Sowjetunion begann.

Das war – oder wurde doch – auch die Auffassung führender Experten der Union: Diese beiden Schritte seien einfach unerläßlich. Sie seien das mindeste (hieß es dort, wenn auch nur unter der Hand), was Bonn tun müsse, wenn es ostpolitisch ernsthaft aktiv werden wolle.

Aber das war natürlich nicht die einhellige Meinung in der Union, und selbst Politiker und Diplomaten, die an sich der neuen Regierung aufgeschlossen gegenüberstanden, ja den Koalitionsparteien sogar angehörten, blieben skeptisch. Viele fanden, es sei eben doch etwas an dem Einwand in Helmut Allardts »Moskauer Tagebuch«, das neue Kabinett habe die Anerkennung der DDR als Staat, die bedeutendste Konzession, die es überhaupt anzubieten hatte, dem Kreml ohne jede Gegenleistung als übereiltes Geschenk präsentiert. Was hier zu sagen war, erklärte Josef Ertl mit der ihm eigenen, bayrisch-drastischen Unverblümtheit am 21. Juni 1970 in einer Sitzung des FDP-Bundesvorstands im Bonner *Hotel Steigenberger*: »Es gibt Leute, die meinen, in der Ostpolitik ließen sich große Erfolge erzielen. Da gibt es gar keine großen Erfolge, da gibt es höchstens bittere Erkenntnisse zu sammeln. Deshalb müssen wir einmal von der ostpolitischen Euphorie herunter.«

Von Euphorie konnte innerhalb der Regierung keine Rede sein – von Anfang an nicht. So heiter und hoffnungsfroh der Außenminister in der Öffentlichkeit oft erscheinen mochte: Intern machte er keinen Hehl daraus, daß hier wenig zu holen sei. So stellte er am 2. Juli 1970 lapidar fest: Wenn man jetzt immer höre, bei Verträgen, wie man sie mit Moskau und Warschau anstrebe, dürfe man den Zusammenhang von Leistung und Gegenleistung nicht vergessen, man müsse also für das, was man gebe, auch etwas bekommen, dann könne das »nur ein völlig geschichtsloser Mensch sagen«, jemand, der die Ereignisse des letzten Vierteljahrhunderts nicht begriffen habe. »Was dafür zu kriegen ist, ist weg; dafür ist nichts zu kriegen. Ich habe nicht etwa Forderungen an irgend jemanden zu stellen. Das ist hinüber. Das hat der letzte Krieg aufgebraucht . . .« Es geht in der Tat nur noch darum, die Ergebnisse des Zweiten Weltkrieges »in einer für uns günstigen Form . . . als Modus vivendi um der Sicherheit willen zu stabilisieren«.

Dazu gehörte von allem Anfang an wesentlich die rechtliche Sicherung und tatsächliche Stabilisierung in Berlin, zumindest seiner Westsektoren. Wenn die Bonner Unterschrift unter den Atomsperrvertrag sowie Gewaltverzichtsabkommen der Bundesrepublik mit der Sowjetunion, Polen, der Tschechoslowakei und eben auch der DDR für Moskau vordringlich waren, so war die Verbesserung der Berliner Verhältnisse ein zentrales Ziel der Bonner Politik. Das ließ sich beispielsweise an einem vertraulichen Gespräch ablesen, das der sowjetische Botschafter in Ost-Berlin, Pjotr Abrassimow, schon am 16. Oktober 1969, also fünf Tage vor der Wahl Willy Brandts zum Bundeskanzler und zwölf Tage vor seiner Regierungserklärung, mit dessen langjährigem Vertrauten und engem Mitarbeiter Klaus Schütz führte.

Brandt hatte Schütz Ende 1966 als Staatssekretär des Auswärtigen Amtes mit nach Bonn genommen. Aber bereits ein knappes Jahr später war Schütz, wenn auch höchst widerwillig, als Regierender Bürgermeister nach Berlin zurückgekehrt, um den dort (nach der Erschießung Benno Ohnesorgs bei der Demonstration gegen den Schah am 2. Juni 1967 vor der Deutschen Oper) rasch gescheiterten Heinrich Albertz zu ersetzen. Auch danach, auch in Berlin, blieb die Bonner Außenpolitik die Passion von Schütz. Dies und seine besondere Nähe zu Brandt machten ihn, über sein Amt im Schöneberger Rathaus hinaus, für Abrassimow interessant. Nach der beiderseits, besonders aber von Schütz aus deutlich geführten Unterredung am Nachmittag des 16. Oktober schickte die Senatskanzlei folgenden fernschriftlichen Bericht verschlüsselt nach Bonn:

Der Botschafter war im wesentlichen interessiert daran, die Haltung der neuen Bundesregierung zu drei Fragen kennenzulernen:
1. Atomsperrvertrag
2. Gewaltverzicht
3. DDR.

Er wies darauf hin, daß diese drei Punkte für die Glaubwürdigkeit der Politik von großem Wert seien.

Der Regierende Bürgermeister erläuterte die Haltung der SPD und FDP zum Atomsperrvertrag und einem Gewaltverzichtsabkommen und stellte die Besonderheiten heraus, die es in den Beziehungen zwischen der Bundesrepublik Deutschland und der DDR auch in Zukunft geben wird. Er betonte, daß die DDR nicht Ausland sei und werden könne. Der Botschafter nahm die Stellungnahme zum Atomsperrvertrag und zum Gewaltverzichtsabkommen zur Kenntnis und äußerte sich skeptisch über das, was zum Thema DDR und Berlin vom Regierenden Bürgermeister gesagt wurde.

Auf das Thema ›Stimmrecht für Berliner Abgeordnete‹ ist der Botschafter nicht eingegangen. Es hat in diesem Gespräch nur indirekt eine Rolle gespielt. Ausführlich wurde erörtert das Thema ›Realität West-Berlin‹. Der Regierende Bürgermeister erläuterte seine Haltung, daß auch Berlin, seine Existenz, seine Bindungen an die Bundesrepublik Deutschland und seine territoriale Integrität und die Verantwortung der Drei Mächte zu den Realitäten in Europa gehöre und von der Sowjetunion und ihren Verbündeten zur Kenntnis genommen werden müsse.

Der Botschafter äußerte Verständnis für die wirtschaftlichen Beziehungen zum Bund, wurde aber vom Regierenden Bürgermeister darauf hingewiesen, daß diese halbherzige Form nicht ausreichen könne. Er, der Regierende Bürgermeister, würde entschlossen gegen Worte wie »selbständige politische Einheit« und ähnliches vorgehen.

Der Botschafter sicherte völlige Ruhe um Berlin und einen gesicherten Verkehr von und nach Berlin zu, der nicht nur von den drei Westmächten garantiert wird – wenn die Bundesrepublik auf Provokationen und politische Demonstrationen in Berlin verzichte. Der Regierende Bürgermeister entgegnete, nicht nur eine Seite könne entscheiden, was eine Provokation und was unannehmbar sei. Von West-Berlin gingen keine Provokationen aus, und die politische Führung dieser Stadt würde an der Anwesenheit der Drei Schutzmächte, den Bindungen und an der inneren Ordnung festhalten, die heute zwischen der Bundesrepublik Deutschland und Berlin bestehen.

Für West-Berlin konnte man natürlich nur etwas erreichen, wenn man den Russen in ihren Anliegen entgegenkam. Um ins Gespräch zu kommen, war es mit dem, was Brandt in seiner Regierungserklärung gesagt hatte, selbstverständlich nicht getan. Man mußte weitere Zeichen setzen.

Abkehr von der Hallstein-Doktrin

In der Umgebung Brandts war man über die Sowjetnote vom 12. September 1969 etwas konsterniert gewesen. Da man sich selbst für deren vernünftigerweise einzig denkbaren Adressaten hielt, wunderte man sich, daß Moskau in einem Augenblick von sich hören ließ, da die Sozialdemokraten wegen des westdeutschen Wahlkampfes nicht handlungsfähig waren. Zugleich argwöhnten Brandt und seine Leute, daß die Russen vielleicht bewußt für die Erklärung ihrer Gesprächsbereitschaft die letzte, heiße Phase des Wahlkampfes gewählt hätten, um plump in der innenpolitischen Konfrontation Partei zu ergreifen, sich kräftig einzumischen. Man schwieg sich auf deutscher Seite also zunächst aus.

Aber sofort nach der Wahl entschieden Brandt und Scheel, die neue Regierung müsse ihre ostpolitische Ernsthaftigkeit durch rasche, konkrete Gesprächsangebote unter Beweis stellen. Dabei ging es wesentlich um Moskau, Warschau und Ost-Berlin; Prag eilte weniger. Seit Jahr und Tag war klar, daß alle ostpolitischen Schlüssel in Moskau lägen. Gleichzeitig war der neuen Regierung bewußt, daß diese Bevorzugung Moskaus Schwierigkeiten mit Polen und erst recht mit der DDR mit sich brachte. Es mußte dort den Verdacht erwecken, Westdeutsche und Russen kollaborierten hinter ihrem Rücken und verständigten sich über Angelegenheiten der einzelnen osteuropäischen Staaten über deren Köpfe hinweg. Daher beschloß man in Bonn, diesem Eindruck wenigstens gegenüber den Polen dadurch entgegenzuwirken, daß man fast gleichzeitig mit Moskau auch Verhandlungen mit Warschau aufnahm. Der DDR hingegen hoffte man plausibel zu machen, daß die Bundesrepublik erst das Verhältnis zur Sowjetunion als vierter Siegermacht in Deutschland klären müsse, ehe man mit Ost-Berlin verhandeln könne.

Diese Begründung enthielt natürlich nicht die ganze Wahrheit. Man kannte die DDR-Führung gut genug, um zu wissen, daß man nur über Moskau etwas bei ihr werde ausrichten können. Die DDR bemühte sich seit langem, ihre internationale Anerkennung unter Umgehung der Bundesrepublik und frei von irgendwelchen innerdeutschen Beschränkungen durchzusetzen. Für ein deutsch-deutsches Sonderverhältnis, für eine Anerkennung durch die Hintertür, über Teilabkommen, also mit kleinen, unsicheren Schritten (wie es ihr schien), war sie lange nicht zu haben. Erst beim allgemeinen Verkehrsvertrag vom 26. Mai 1972, also Jahre später, ließen sich die ostdeutschen Verhandlungsführer überzeugen, daß man auch ohne eine formelle, vorherige Anerkennung durch Bonn zu geregelten zwischenstaatlichen Beziehungen mit der Bundesrepublik kommen könne.

Von dieser Überzeugung, diesem Vertrauen, war man im Herbst 1969 Meilen entfernt. Als die Regierungserklärung Brandts vom 28. Oktober 1969 die Bereitschaft der Bundesrepublik erkennen ließ, das Verhältnis zur DDR unter bestimmten Voraussetzungen ins reine zu bringen, mußte Bonn sofort mit dem rabiaten Versuch der DDR rechnen, die neue, offene Situation für sich auszunutzen und möglichst mit allen Staaten der Erde rasch volle diplomatische Beziehungen zu knüpfen – außer mit Bonn, das sich in diesem Punkte ja weigerte und daher bei einer solchen Entwicklung in die Isolierung geraten wäre, zur freudigen Genugtuung der DDR.

Diesem Versuch mußte die neue Bundesregierung daher vorbeugen. Denn ein vorzeitiger, internationaler Durchbruch der DDR mußte die geplante Ostpolitik schädigen, ja konnte sie möglicherweise sogar verhindern.

Als die DDR-Passage, die der Kanzler dem Bundestag vorzutragen gedachte, im AA bekannt wurde, war man dort sofort emsig tätig geworden. Denn man befürchtete, sie werde eine Welle von DDR-Anerkennungen auslösen; tatsächlich gab es entsprechende Alarmmeldungen. Wie groß diese Gefahr wirklich war, ist offen; im State Department beispielsweise hielt man sie für klein. Sie war auch nicht das Hauptargument gegen ein weiteres Beharren auf der Hallstein-Doktrin, gegen den Gebrauch eines Mittels, das nichts Sinnvolles mehr bewirken konnte. Das hätte anders ausgesehen, wenn eine Friedenskonferenz über Deutschland absehbar gewesen wäre, bei der man die DDR, wie noch 1959 in Genf, vielleicht draußen halten, vielleicht am Katzentisch hätte plazieren können. Aber eine Politik der DDR-Nichtanerkennung an und für sich, um ihrer selbst willen, aus Verdruß und Rechthaberei betreiben zu wollen: das war töricht, war absurd.

Daher hatte man ja auf Betreiben der FDP bereits in den Koalitionsabsprachen eine umsichtige Frontbegradigung, ein Abrücken von der Hallstein-Doktrin beschlossen. Noch am Tag der Regierungserklärung übermittelte das Auswärtige Amt den diplomatischen Vertretungen der Bundesrepublik in aller Welt vertraulich das, was Walther Leisler Kiep später die *Scheel-Doktrin* genannt hat: eine erste Skizze der Konsequenzen des neuen ostpolitischen Kurses für die bisherige Nichtanerkennungspolitik gegenüber Ost-Berlin.

Unsere Botschafter wurden aufgefordert, »einseitigen Anerkennungsbestrebungen der DDR weiterhin entgegenzuwirken«. Bonn ließ alle Staaten bitten, in denen bisher allein die Bundesrepublik diplomatisch vertreten war, den Austausch von Botschaftern mit Ost-Berlin so lange aufzuschieben, bis beide deutsche Staaten besondere Beziehungen, ein »innerdeutsches Sonderverhältnis« eingegangen seien oder einen »geregelten Modus vivendi« miteinander gefunden hätten, so daß sie daraufhin gemeinsam – dies sollte der Schlußpunkt des geplanten Annäherungsprozesses sein – in die UNO eintreten könnten.

Man äußerte sich eher verbrämt, polsterte die Kurve so weit wie möglich konservativ, kleidete den Wandel partienweise ins traditionelle deutschlandpolitische Vokabular. Nachdem auf diese Weise einem vorzeitigen Ausbruch der DDR aus der Quarantäne vorgebeugt worden war (was in Ost-Berlin natürlich nicht unbemerkt blieb; am 12. November verlangte Ministerpräsident Stoph, die Bundesrepublik müsse ihre Versuche der »völkerrechtswidrigen Einmischung« in die Beziehungen der DDR zu anderen Staaten aufgeben), konnte sich Bonn nunmehr Moskau und Warschau mit ungeteilter Aufmerksamkeit zuwenden.

Aufnahme der Gespräche mit dem Osten

Schon zwei Tage nach der Regierungserklärung, am 30. Oktober, führte der neue Außenminister ein mehrstündiges Gespräch mit dem sowjetischen Botschafter Semjon Zarapkin, bei dem es zentral um die Punkte ging, die Bonn zwei Wochen später der Sowjetregierung schriftlich mitteilen wollte. Mit Moskau war man gewissermaßen bereits im Geschäft; hier konnte man sich kurz fassen. Am 14. November wurde Botschafter Allardt von seinem Außenminister telegraphisch angewiesen, »unverzüglich der höchsten Ihnen zugänglichen Stelle im sowjetischen Außenministerium« – das war am 15. November der stellvertretende Außenminister Nikolai Pawlowitsch Firjubin – einen in der Anlage beigefügten Text »als Verbalnote zu überreichen«.

In dieser Verbalnote wurde auf das sowjetische Aide-mémoire vom 12. September Bezug genommen: Die Bundesregierung teile die Auffassung der Sowjetregierung, schrieb Scheel, daß im Interesse des europäischen Friedens eine politische Regelung der bestehenden Meinungsverschiedenheiten im Zuge des Meinungsaustauschs notwendig sei. »Der Bundesminister des Auswärtigen hat daher dem sowjetischen Botschafter in Bonn bereits am 30. Oktober erklärt, die Bundesregierung sei mit der Weiterführung des deutsch-sowjetischen Dialogs in Moskau einverstanden und werde in Kürze konkrete Vorschläge machen; er hat hinzugefügt, der Botschafter der Bundesrepublik Deutschland in Moskau werde beauftragt, den Meinungsaustausch fortzusetzen. Die Botschaft der Bundesrepublik Deutschland beehrt sich, dem sowjetischen Außenministerium Montag, den 8. Dezember 1969, für den Beginn der Verhandlungen vorzuschlagen.«

Mit Polen hatte man bisher überhaupt noch nicht Kontakt aufgenommen.

Man hatte keine diplomatischen Beziehungen miteinander, wie sie zwischen Bonn und Moskau seit 1955 bestanden. Es gab also in Polen keinen westdeutschen Botschafter, sondern lediglich, seit 1963, eine kleine Handelsvertretung mit sehr beschränktem Wirkungskreis. In Warschau mußte man daher feierlicher, auch förmlicher, zu Werke gehen.

Am 25. November übermittelte die Bundesregierung dorthin eine Note, in der sie die Aufnahme politischer Gespräche zur vollständigen Normalisierung der beiderseitigen Beziehungen anregte:

Die Regierung der Bundesrepublik Deutschland beehrt sich,
der Regierung der Volksrepublik Polen folgendes mitzuteilen:

Mehr als zwanzig Jahre nach Beendigung des Zweiten Weltkrieges sind die Beziehungen zwischen dem deutschen Volk und dem polnischen Volk noch immer ungeregelt. Im Interesse beider Völker, zur Festigung der Sicherheit in Europa und der Schaffung einer gerechten und dauerhaften europäischen Friedensordnung erscheint es jedoch dringend geboten, endlich die Vergangenheit zu überwinden und für eine sichere Zukunft zu sorgen.

Die Regierung der Bundesrepublik Deutschland erstrebt eine Normalisierung der Beziehungen zu dem polnischen Volk und der Regierung der Volksrepublik Polen. Die Bundesregierung hat die verschiedenen Äußerungen verantwortlicher polnischer Staatsmänner über die Beziehungen zur Bundesrepublik Deutschland, die in den letzten Monaten getan wurden, mit großer Aufmerksamkeit verfolgt und ihnen mit Befriedigung entnommen, daß auch auf polnischer Seite die Bereitschaft vorhanden ist, über alle Fragen zu sprechen, die zwischen beiden Ländern einer Regelung bedürfen. Sie hat ihrerseits in ihrer Regierungserklärung vom 28. Oktober 1969 die Bereitschaft bekräftigt, einen ehrlichen Versuch der Verständigung zu unternehmen, damit die Folgen des Unheils überwunden werden können, das eine verbrecherische Clique über Europa gebracht hat.

In der erwähnten Regierungserklärung wurde angekündigt, daß die Regierung der Bundesrepublik Deutschland der Regierung der Volksrepublik Polen einen Vorschlag zur Aufnahme von Gesprächen zugehen lassen werde, mit dem sie die Ausführungen des Generalsekretärs der PVAP, Herrn Vladislav Gomulka, vom 17. Mai 1969 beantwortet. Die Regierung der Bundesrepublik Deutschland möchte dies hiermit tun. Sie schlägt vor, alsbald Gespräche zwischen beiden Regierungen aufzunehmen und gemeinsam die Möglichkeiten für eine Verbesserung der deutsch-polnischen Beziehungen zu prüfen.

Wie die Regierung der Volksrepublik Polen ist die Regierung der Bundesrepublik Deutschland der Ansicht, daß eine vollständige Normalisierung der Beziehungen zwischen beiden Ländern nur im Verlauf eines längeren Prozesses zu erreichen sein wird. Wesentlich ist nach Ansicht der Bundesregierung, daß dieser Prozeß bald in Gang gesetzt wird, und daß zu diesem Zweck alle möglichen und erforderlichen Schritte geprüft und eingeleitet werden.

Die Regierung der Bundesrepublik Deutschland regt an, falls die Regierung der Volksrepublik Polen grundsätzlich einer Aufnahme entsprechender Gespräche zustimmt, die technischen Einzelheiten über die beiderseitigen Handelsvertretungen zu vereinbaren.

Die Regierung der Bundesrepublik Deutschland benutzt auch diesen Anlaß, der Regierung der Volksrepublik Polen den Ausdruck ihrer ausgezeichneten Hochachtung zu übermitteln.

Wenn man den Wortlaut dieser würdevoll-feierlichen Anfrage mit der trockenen Nüchternheit der Verbalnote vergleicht, die Bonn zehn Tage früher nach Moskau geschickt hatte, dann könnte man sich leicht täuschen über die Reihenfolge der Hauptstädte, in denen die neue Regierung zu sondieren, zu verhandeln gedachte. Warschau hatte nicht Vorrang, konnte ihn nicht haben – schon im Interesse der Polen selbst. Man wußte in Bonn, daß es von den Russen mißbilligt und daher verhindert würde, wenn man zuerst mit den Polen spräche.

Es gehört zu den Voraussetzungen kluger Politik, vernünftigen Lebens überhaupt, »von dem auszugehen, was ist«. Aber Willy Brandt mußte diesen Grundsatz wirklichkeitsbezogenen Regierens in seinem »Bericht zur Lage der Nation« vom 14. Januar 1970 deshalb besonders betonen, weil man eine solche Selbstverständlichkeit nach Osten hin bei uns zwanzig Jahre lang außer acht gelassen hatte. Wesentliches kann in Osteuropa seit 1945 nicht ohne, schon gar nicht gegen die Sowjetunion bewerkstelligt werden. Weil man dieser simplen, aber kardinalen Einsicht nicht genug Rechnung getragen hatte, waren zuerst Schröders zaghafte Anläufe, dann auch die beherzteren der Großen Koalition rasch festgefahren.

War man hingegen mit Moskau einig, konnte der Kreml natürlich ohne weiteres in seinem Machtbereich das Erforderliche durchsetzen. Die Vertreter der Bundesregierung, beruhigte der sowjetische Außenminister zynisch die insofern von Skrupeln geplagten deutschen Unterhändler am 10. März 1970, brauchten sich »keine besondere Sorge über die Haltung dritter Staaten« – nämlich Polens und der DDR – zu machen, da die Sowjetunion mit ihnen »reden« werde. Was dieser Satz aus den Bahr-Protokollen politisch bedeutete, ließ sich leicht ausmalen.

Ohne starken Druck Moskaus auf Ost-Berlin konnte man den Verzicht der DDR auf eine völkerrechtliche Anerkennung nicht durchsetzen. Aber ebenso hartnäckig wie die DDR auf ihrer umfassenden, uneingeschränkten völkerrechtlichen Anerkennung bestand, war die Bundesrepublik entschlossen, eben diese von sich abzuwenden. Zwischen Bahr und Gromyko, dann zwischen Breschnew und Ulbricht, Kossygin und Stoph, Gromyko und Winzer blieb dieser Zentralpunkt der deutsch-sowjetischen Verhandlungsschwierigkeiten im

Frühjahr 1970 tagelang, wochenlang umkämpft. Bahr war entschlossen, hieran notfalls alles scheitern zu lassen. Zwei Jahre später, Anfang Juni 1972, sagte er dazu Günter Gaus: »Wenn dieser Kern der Sache nicht durchsetzbar gewesen wäre oder akzeptabel geworden wäre für die Sowjetunion, hätte ich ohne Erfolg abreisen müssen – und wäre auch abgereist.«

Aber lohnte sich im Grunde das ganze Gerangel? Im Rückblick mag man heute zweifeln, worin das der DDR damals aufgenötigte deutsch-deutsche Sonderverhältnis eigentlich besteht, welche völkerrechtliche Einbuße es also für die internationale Position der DDR real bedeutete. Doch das war in jener Vorzeit des neuen deutsch-deutschen Verhältnisses von Ost-Berlin aus vielleicht noch nicht richtig abzuschätzen.

Deutlich war hingegen, daß wegen der ausschlaggebenden Bedeutung des Kreml bei der Regelung der künftigen Beziehungen zwischen Bundesrepublik und DDR beide deutsche Regierungen bestrebt waren, sich im Vorfeld der Moskauer Entscheidungen der Sowjetregierung in günstigem Licht zu präsentieren. Ost-Berlin und Bonn machten einander freundlich klingende Vorschläge – um sich gegenseitig auszumanövrieren und ins Unrecht zu setzen.

Die DDR begann damit, kurz nachdem Allardt am 8. und 11. Dezember 1969 seine Sondierungen mit Gromyko aufgenommen hatte; denn nun wurde es ja möglicherweise ernst. An sich brauchte man sich in Ost-Berlin keine Sorgen zu machen. Der gesamte Warschauer Pakt hatte am 4. Dezember 1969 in Moskau die Überzeugung seiner Partei- und Regierungschefs bekräftigt (die neun Monate vorher, im Budapester Appell, wo lediglich eine »Anerkennung der Existenz der DDR« verlangt worden war, noch gefehlt hatte), daß im Interesse des Friedens und der Sicherheit nunmehr »alle Staaten gleichberechtigte Beziehungen zur Deutschen Demokratischen Republik auf der Grundlage des Völkerrechts« aufnähmen.

Aber wer konnte wissen – mochte sich der vorsichtige, mißtrauische Ulbricht denken –, ob bei den bilateralen Kontakten zwischen Bonn und Moskau, die man gern verhindert hätte, nicht doch ein Arrangement über die Ost-Berliner Köpfe hinweg und auf Kosten der DDR herauskommen werde. Die DDR hatte auf eine rasche, automatische Anerkennung durch die gemeinsam vom Ostblock angestrebte, multilaterale Sicherheitskonferenz gehofft, möglichst bei gleichzeitiger Isolierung und Demütigung der Bundesrepublik im Augenblick internationaler Verklärung der DDR. Angesichts der neuen Entwicklungen mußte sie diese Hoffnung begraben.

Der DDR-Staatsratsvorsitzende Ulbricht schrieb daher am 17. Dezember 1969 Bundespräsident Heinemann einen Brief, den er ihm nicht mit der Post zuschickte, sondern durch hochrangige Boten nach Voranmeldung feierlich ins Haus tragen ließ. Staatssekretär Michael Kohl (der spätere Partner Bahrs, der schon bei den Passierscheingesprächen mit dem West-Berliner Senat Mitte der sechziger Jahre als Verhandlungsführer der DDR aufgetreten war) und Hans

Voss (der Leiter der Sechsten Europäischen, mit der Bundesrepublik befaßten Abteilung im Ost-Berliner Außenministerium) brachten das Schreiben am Vormittag des 18. Dezember nach Bonn, wurden aber von Dietrich Spangenberg, dem Chef des Bundespräsidialamtes, an das sachlich zuständige Bundeskanzleramt verwiesen, wo sie ihren Text bei Kanzleramtsminister Horst Ehmke im Beisein des Ministerialdirigenten Jürgen Weichert, des Leiters der Abteilung Politik im Bundesministerium für innerdeutsche Beziehungen, ablieferten.

In seinem höflich-korrekten Schreiben, dem der Entwurf eines Vertrages über die Aufnahme gleichberechtigter, völkerrechtlicher Beziehungen beigefügt war, schien Ulbricht die Westdeutschen besorgt zur Eile zu drängen: Angesichts der Bedeutung, schrieb er, die ein friedliches Nebeneinander der beiden deutschen Staaten habe, schlage er vor, »daß die Verhandlungen möglichst im Januar 1970 aufgenommen werden«. Dabei bot er nicht das mindeste, was Bonn hätte locken können, offerierte (auch vertraulich) nichts an menschlichen Erleichterungen, Bonns Hauptanliegen, nichts an freierem Reiseverkehr in Deutschland, besonders in Berlin.

Dennoch schien der impulsive Ehmke geneigt, an diesen Brief anzuknüpfen. Aber Staatssekretär Egon Bahr und Ministerialdirektor Paul Frank, der Leiter der politischen Abteilung des AA, kamen bei einer eingehenden Prüfung des Vertragsentwurfs zu dem Ergebnis, daß er zwar auf den ersten Blick mehr Substanz enthalte als frühere derartige Texte. Indessen werde bei näherer Betrachtung an der bisherigen harten Linie Ost-Berlins unbeirrt festgehalten. Der Vertragsvorschlag wende sich mit seinem Wortlaut wie als Beweis angeblicher Kooperationsbereitschaft mehr an die Russen als an die Westdeutschen. Ost-Berlin versuche, Moskau auf die eigene Linie festzulegen.

Aber auch für Bonn war Moskau absolut vorrangig. Nur um der Sowjetunion willen wurde in jenem Stadium der direkte Kontakt zur DDR gesucht. Nachdem das Bundeskanzleramt am 19. Dezember Heinemann hatte hinhaltend antworten lassen, die Bundesregierung werde die übermittelten Vorstellungen prüfen und zu ihnen »mit der für die Sache erforderlichen Beschleunigung« Stellung nehmen, schlug Brandt am 22. Januar 1970 Stoph Verhandlungen beider Regierungen über den Austausch von Gewaltverzichtserklärungen vor.

»Diese nach dem Grundsatz der Nichtdiskriminierung zu führenden Verhandlungen« – hieß es in seinem Schreiben – sollten »Gelegenheit zu einem breit angelegten Meinungsaustausch« über alle »zwischen unseren beiden Staaten anstehenden Fragen . . . geben«, zu denen auch das Problem »gleichberechtigter Beziehungen« gehöre. Jede Seite müsse frei sein, »alle ihr richtig erscheinenden Erwägungen, Vorschläge, Grundsätze und Entwürfe vorzubringen. Erörterungen und Verhandlungen darüber sollten ohne jeden Zeitdruck möglich sein.« Dabei sei es der Wunsch seiner Regierung, praktische Vereinbarungen zu treffen, »die das Leben der Menschen im gespaltenen Deutschland erleichtern können«.

Dieses konziliant formulierte Schreiben war nur scheinbar an die DDR adressiert. Und das spektakuläre Ergebnis der sich anschließenden deutsch-deutschen Kontakte, die Treffen der beiden deutschen Regierungschefs in Erfurt (19. März 1970) und Kassel (21. Mai 1970), war für das Verhältnis der Bundesrepublik zur DDR nicht unmittelbar von irgendwelchem Nutzen. Die DDR hatte sich anfangs heftig gegen diese Veranstaltungen gewehrt, sie wiederholt zu torpedieren versucht; Gromyko mußte den ostdeutschen Genossen tagelang ins Gewissen reden. Selbst dann gingen sie nur mit knirschenden Zähnen an die Sache heran. Beide Zusammenkünfte blieben denn auch folgenlos.

Immerhin, all das waren Bonner Signale für Moskau. Ihre Bedeutung lag darin, den Russen in Wort und Tat zu beweisen, daß die Bundesrepublik es mit der Entspannung und Normalisierung wirklich ernst meine und daher die DDR nunmehr voll einzubeziehen bereit sei.

Das waren keine isolierten, waren auch keinesfalls hilf- oder nutzlose Gesten. Nicht nur die russischen Anstöße klangen zu jener Zeit vielversprechend, wenn sie die Bundesrepublik ermunterten, zum Zwecke einer Zusammenarbeit endlich auf eigenen Füßen zu stehen und eine beherzte, für beide Seiten vorteilhafte Politik zu treiben. Auch die Westdeutschen machten kühne Avancen. Um überhaupt ins Gespräch zu kommen, bemühte man sich damals, Moskau weite Erwartungshorizonte vorzuzaubern. Man malte den Russen beispielsweise diskret ein Europa ohne Blöcke, ein Deutschland ohne Wiedervereinigungswünsche an die Wand.

In diese Richtung deutend, stimmte man der Einberufung einer europäischen Sicherheitskonferenz zu, an der Bonn selbst nichts lag, dafür aber um so mehr der Sowjetunion. (Dabei waren die Deutschen umsichtig genug, die eigene Zustimmung von vorausgehenden, befriedigenden Regelungen in Deutschland und Berlin abhängen zu lassen, also das sichtlich leidenschaftliche Interesse der Russen an ihrem Konferenzprojekt den eigenen Bonner Absichten dienstbar zu machen.) Vor allem hob sich die Vision einer engen deutsch-sowjetischen Wirtschaftskooperation verheißungsvoll, ja als technologisch-finanzielles Schlaraffenland geradezu die Augen blendend, von der dürren, tristen Armseligkeit ab, die bisher, seit 1955, die gegenseitigen Beziehungen gekennzeichnet hatte.

Bonn unterstrich solche sanft lockenden Reden mit handfesten Gesten. Der Großkredit im Erdgas-Röhren-Geschäft vom 1. Februar 1970 in Höhe von 1,2 Milliarden DM war zwar an sich rein privatwirtschaftlich. Aber wer möchte ihn angesichts seiner günstigen Konditionen für die sowjetische Seite als zeitlich zufällig bezeichnen? In diesen größeren Zusammenhängen muß man demnach auch politische Markierungszeichen wie die deutsch-deutschen Gipfelkontakte des Frühjahrs 1970 sehen. Sie sollten in erster Linie dazu dienen, Egon Bahr seine Moskauer Anbahnungsversuche zu erleichtern.

Das war dringend nötig. Denn es hatte in Moskau zunächst unerhört schlecht begonnen. Nach den ersten drei Unterredungen mit dem sowjetischen Außenminister fuhr unser Moskauer Botschafter zur Berichterstattung nach Bonn. Dort suchte er am 9. Januar 1970 den Bundespräsidenten auf, um ihn über die Lage ins Bild zu setzen. In einer Aufzeichnung über diesen Besuch Allardts bei Heinemann heißt es: » . . . Botschafter Allardt schilderte die Gespräche als in der Form verbindlich, in der Sache aber sehr hart. Die vor kurzem in der deutschen Presse erschienenen Indiskretionen über Forderungen des sowjetischen Außenministers Gromyko hinsichtlich eines Verzichts auf Wiedervereinigung seien richtig . . . Der Herr Bundespräsident folgerte aus dem Bericht Botschafter Allardts, daß sehr schwere Probleme auf uns zukämen, die sicher eine enge Zusammenarbeit von Regierung und Opposition erfordern würden.«

Das war eine Hoffnung des besorgten Bundespräsidenten, die sich wenige Tage später zerschlug. Bei der Vorbereitung des »Berichts zur Lage der Nation« vom 14. Januar 1970 (der beträchtlichen Ärger auslöste, zumal weil Ministerialdirektor Ulrich Sahm vom Kanzleramt an versteckter Stelle, nämlich in der Einführung zu sogenannten *Materialien*, die diesem Bericht beigegeben waren, den – heute harmlos klingenden, damals aber hochbrisanten – Satz formuliert hatte, die deutsche Nation sei in den »tatsächlichen Grenzen von 1970 in zwei Staaten gegliedert«) waren auch führende Parlamentarier von Koalition und Opposition am 13. Januar zum Regierungschef gebeten worden. Bei dieser Zusammenkunft im Bundeskanzleramt legte es der sozialdemokratische Fraktionsvorsitzende darauf an, den Versuch Barzels zu vereiteln, eine gemeinsame Entschließung beider Lager über ostpolitische Grundsätze und Leitlinien zustande zu bringen. Man dürfe, wandte Wehner ein, den politischen Handlungsspielraum der Bundesregierung jetzt nicht durch Resolutionen einengen.

Dies war in jenem Augenblick sicher richtig. Aber es verbarg doch Wehners eigentliches Motiv, das er, wenn auch wiederum nur indirekt, erst in einem *Spiegel*-Interview am 26. Januar 1970 klar erkennen ließ, als er sagte: er »brauche die Opposition nicht«. Wehner sah die Koalitionsparteien tatsächlich so, wie der Unionsabgeordnete Franz-Josef Bach es ihm ironisch unterstellte: als einen »Kampfverband zur Freikämpfung der Regierungsstraße«. Was Wehner daher wirklich brauchte, war ein tiefer Graben zwischen Koalition und Opposition, um das eigene Lager beisammenzuhalten und Mißvergnügten den Abmarsch nach Möglichkeit zu erschweren. Genau aus demselben Grunde, aber in umgekehrter Absicht suchte Barzel den Graben einzuebnen. Der Oppositionsführer strebte eine ostpolitische Kooperation mit der Regierung an, die er auch sachlich für geboten hielt. Er wußte (genausogut wie Kiesinger oder Schröder), daß es zu dem, was die gegenwärtige Bundesregierung da versuchte, gar keine Alternative gab.

Der CDU/CSU-Fraktionsvorsitzende hatte in jenen Jahren keinen leichten Stand. Auf der einen Seite mußte er die Union nach ihrer Vertreibung aus den Paradiesen zwanzigjährigen Machtgenusses vor dem Auseinanderbrechen bewahren. Es war wahrscheinlich die größte Leistung im politischen Leben Barzels (auch nach seiner eigenen Meinung), daß er das verhindern konnte. Um die eigenen Reihen zusammenzuhalten, bedurfte es jedoch einer kämpferischen Konfrontation mit der Koalition.

Andererseits wollte Barzel der Bundesregierung seine grundsätzliche Zustimmung zu ihrer Ostpolitik signalisieren. Konstruktiv und loyal, wie er war, mußte er diese Billigung daher so vorsichtig verpacken, daß sie den Sozialliberalen hinreichend deutlich, seinen eigenen Leuten aber gar nicht bewußt wurde.

Warum hielt Heinemann eine enge Kooperation von Regierung und Opposition für erforderlich? Die vertrauliche Aufzeichnung des Bundespräsidialamtes deutete es an: Gromyko war noch härter gewesen, als man ohnehin befürchtet hatte. Die deutschen Vorschläge vom Juli 1969 waren von ihm als ganz unzulänglich beiseite geschoben worden. Es sei keineswegs ausreichend, daß die Bundesrepublik (die das ja gar nicht wollte!) die DDR völkerrechtlich anerkenne. Bonn müsse überdies in aller Form auf die Wiedervereinigung verzichten, müsse wie Wien 1955 ein Anschlußverbot akzeptieren. Im übrigen sei eine völkerrechtliche Anerkennung der DDR, dozierte er, die Voraussetzung und nicht etwa Bestandteil eines Gewaltverzichtsvertrages, da solche Verträge natürlich nur möglich seien zwischen Staaten, die sich gegenseitig völkerrechtlich voll anerkennten. Falls es eine neue Grundorientierung der Bonner Politik gebe, sei er interessiert, sie in Erfahrung zu bringen. Er habe nicht die Absicht, ließ Gromyko durchblicken, seine Zeit lange mit Redensarten zu vergeuden.

Tatsächlich war es ungewöhnlich, daß der sowjetische Außenminister sich mit einem ausländischen Botschafter, und dann gleich dreimal innerhalb eines Monats, stundenlang zusammensetzte. Andere in Moskau akkreditierte Botschafter fanden das »sensationell«, allerdings auch nicht unproblematisch. Allardt meinte Heinemann gegenüber: »Die Tatsache, daß Außenminister Gromyko selbst die Gespräche führe . . . zeige einerseits, welche Bedeutung die Sowjetregierung diesen Gesprächen beimesse, andererseits aber versuche die Sowjetregierung wohl, hierdurch auch Mißtrauen bei den westlichen Alliierten zu säen.« Dieses Mißtrauen gab es ohnehin. Es war aus der Situation heraus auch verständlich. Und zugleich paradox.

Mißtrauen bei den Verbündeten

Nachdem die Westalliierten jahrelang mit starkem Druck die Bundesregierung dahin zu bringen versucht hatten, endlich ihre Ostpolitik zu ändern, wurde es ihnen sofort unheimlich, als Bonn tatsächlich auf diesem Gebiet plötzlich großen Eifer an den Tag legte. Das hatte Brandt von Anfang an vorausgesehen. Schon am Tage seiner Regierungserklärung, am 28. Oktober 1969, hatte der Bundeskanzler in der 3. Kabinettssitzung seine Kollegen gefragt, wer von ihnen eine Einladung zum sowjetischen Nationalfeiertag am 7. November bekommen habe und wer sie anzunehmen gedächte. Er halte es für richtig, daß nicht zu viele Bundesminister gleichzeitig an dem Empfang teilnähmen. Man müsse darauf achten, daß die sowjetische Einladung nicht größeren Zulauf habe als die Einladungen unserer Hauptverbündeten.

Solche Vorsichtsmaßregeln konnten westlichem Mißtrauen nicht vorbeugen. Besonders die Amerikaner fühlten sich übergangen. Sie klagten, man frage sie nicht mehr, ziehe sie nicht genug ins Vertrauen. Sie beschwerten sich nicht nur hinter vorgehaltener Hand: Am 1. Dezember 1969 überreichte der amerikanische Gesandte in Bonn, Russell Fessenden, dem AA eine Demarche, in der die USA in aller Form über mangelnde Unterrichtung klagten. Es ging um mehr.

Noch vor der Regierungserklärung war Bahr eigens nach Washington gereist, um Kissinger ihren Inhalt ausführlich vorzutragen. Bereits am 13. Oktober, also acht Tage vor der Kanzlerwahl, hatte Brandt »Dear Henry«, den Sicherheitsberater und wichtigsten außenpolitischen Ratgeber von Präsident Nixon, darum gebeten, Bahr zu empfangen. Was Bahr Kissinger detailliert auseinandersetzte, überraschte in Washington nicht. Seit Monaten wußte man, was sich in Bonn anbahnte. Schon am 13. Juni 1969, also lange vor der Wahl, hatte Scheel, der als Vorsitzender der Freien Demokraten die amerikanische Hauptstadt besuchte, dem Präsidenten die Grundzüge des bevorstehenden Richtungswechsels erläutert.

Verblüffend, weil neu, war etwas anderes. Wie Henry Kissinger in seinen »Memoiren 1968–1973« mitteilte, setzte Bonn die USA diesmal lediglich ins Bild und bat sie nicht mehr um Rat: »Bahr unterrichtete uns über den von Brandt beabsichtigten Kurs. Er betonte, diese Politik solle in Zusammenarbeit und Freundschaft mit den Vereinigten Staaten verfolgt werden, ließ aber kaum einen Zweifel daran, daß die Politik selbst kein Gegenstand von Diskussionen mehr sein könne.«

Wer Kissinger in den folgenden Wochen und Monaten sah und sprach, bekam beim Thema der neuen Bonner Ostpolitik immer wieder die gleichen Einwände zu hören: Ob man sich dort am Rhein nicht zuviel zutraue, die eigene Kraft überschätze? Ob man dort wirklich alle denkbaren Verflechtungen und Rückwirkungen dieser neuen Politik bedacht habe? Jedenfalls gingen die Westdeutschen zu schnell vor, seien zu ungeduldig. Bonn werde zu selbständig, schädige die amerikanischen Interessen.

Washington, zumindest Kissinger, wollte die Entspannungspolitik fest in der Hand behalten. Es sei schädlich, wenn mehrere Projekte gleichzeitig von verschiedenen Partnern der Allianz nebeneinander verfolgt würden. Man fürchtete damals, 1969/70, nicht nur, die Deutschen könnten den Amerikanern in die Quere kommen, sondern sich vielleicht sogar von den Russen gegen sie ausspielen lassen. Am 17. November 1969 begannen in Helsinki die amerikanisch-sowjetischen Vorgespräche über eine Begrenzung strategischer Rüstungen. Diese Initiative, fand man in Washington, müsse wegen der schlechthin alles überragenden Bedeutung der Friedensstabilisierung unbedingt vorrangig sein. Außerdem könnten die USA als westliche Großmacht Vorrang beanspruchen. Schließlich liege die Führung des Bündnisses bei ihnen, und sie trügen damit für die Allianz besondere Verantwortung.

Waren die Deutschen drauf und dran, sich selbständig zu machen? »Begeistert und zielstrebig«, wie Brandt seine Ostpolitik verfolgte, schwächte er nicht nur die eigene Verhandlungsposition, sondern, fand Kissinger, auch die des ganzen Westens. Ja mehr als das. Was würde werden, wenn der Schwung dieser neuen Politik die Westdeutschen aus dem inneren Gleichgewicht brachte, ihren Verbündeten entfremdete, dann die Bundesrepublik aus ihren westlichen Verankerungen riß und den Russen in die Arme trieb? Nicht heute und morgen – aber vielleicht übermorgen. Historische Erinnerungen und Ängste, Kissingers mitteleuropäisches Erbe, waren in ihm wieder lebendig geworden, als er am 16. Februar 1970 seinem Präsidenten schrieb:

> Am meisten muß man sich jedoch um die langfristigen Folgen der Ostpolitik sorgen. Solange er mit den östlichen Ländern über die gegenwärtig auf dem Tisch liegenden Probleme verhandelt – die Anerkennung der DDR, der Oder-Neiße-Linie und verschiedene Lösungsmöglichkeiten des Berlin-Problems –, dürfte Brandt keine ernsten Schwierigkeiten haben, seine grundsätzlich prowestliche Politik beizubehalten ...
>
> Nimmt man aber an, daß Brandt ein gewisses Ausmaß an Normalisierung erreicht, könnten er oder seine Nachfolger bald feststellen, daß sich die erhofften günstigen Auswirkungen nicht einstellen ... Nachdem sie schon so viel in ihre Ostpolitik investiert haben, könnten die Deutschen vor sehr peinliche Alternativen gestellt werden. Man sollte daran denken, daß in den fünfziger Jahren viele Deutsche, nicht nur Mitglieder der SPD unter Schumacher, sondern auch konservative Kreise, traditionell vom Osten fasziniert oder von der Vorstellung Deutschlands als einer »Brücke« zwischen Ost und West begeistert waren und sich mit der Begründung gegen die Einbeziehung Bonns in westliche Einrichtungen stellten, daß das die Teilung Deutschlands verewigen und eine aktive deutsche Ostpolitik ausschließen würde. Solch eine Debatte über die Grundhaltung Deutschlands könnte die Tendenz der Abspaltung vom Westen begünstigen und nicht nur der deutschen Innenpolitik neuen Zündstoff liefern, sondern auch das Mißtrauen unter den Verbündeten Deutschlands im Hinblick auf seine Zuverlässigkeit wecken.

In immer neuen Wendungen äußerte Kissinger seine Befürchtungen. An anderer Stelle ließ er Richard Nixon wissen: »Man darf nicht vergessen, daß Männer wie Brandt, Wehner und Verteidigungsminister Helmut Schmidt zweifellos davon überzeugt sind, eine verantwortungsbewußte Politik der Versöhnung und Normalisierung mit dem Osten zu führen, und daß sie nicht beabsichtigen, durch diese Politik in einen Konflikt mit den westlichen Bindungen Deutschlands zu geraten. An ihrer grundsätzlichen Westorientierung kann es keinen Zweifel geben. Aber ihr Problem liegt darin, daß sie einen Prozeß unter Kontrolle halten müssen, der im Falle eines Fehlschlags ihr politisches Überleben gefährden und bei einem Erfolg eine Dynamik annehmen könnte, die unter Umständen die innenpolitische Stabilität Deutschlands aus den Angeln heben könnte.«

Teils war es also der drohende Mißerfolg, teils ein spektakulärer Erfolg der Neuen Ostpolitik, der dem amerikanischen Sicherheitsberater Sorgen bereitete. Bonn sah sich deutlichem Argwohn seines Hauptverbündeten ausgesetzt, ehe das sachliche Gespräch mit dem Hauptkontrahenten, der ohnehin immer mißtrauischen Sowjetunion, überhaupt nur begonnen hatte. Keiner wußte ja in den ersten Wochen, ob es je richtig in Gang kommen würde.

Von Allardt zu Bahr

In dieser heiklen, nicht ungefährlichen Lage mußte man sich an der Spitze der Bundesregierung fragen, ob man mit Allardt eigentlich in Moskau ideal oder doch angemessen vertreten sei: einem so harten, schlauen Manne wie Gromyko mit seinen jahrzehntelangen Verhandlungserfahrungen gegenüber. Gromyko war obendrein Außenminister, und zwar einer Großmacht, wie er im Gespräch mit den Deutschen gern herausstrich. Wenn der gerade geknüpfte Kontaktfaden nicht gleich wieder abreißen sollte, setzten die deutsch-sowjetischen Unterredungen auf unserer Seite einen ähnlich souveränen Partner voraus, der in der deutschen politischen Hierarchie vergleichbar hoch plaziert sein mußte wie Gromyko in der russischen. Konnte das ein Botschafter, konnte es zumal Allardt sein?

Allardt war im Mai 1968 »ohne viel Enthusiasmus und ohne rechte Überzeugung« als Botschafter der Bundesrepublik in die Sowjetunion gegangen. Wohl jeder hätte an seiner Stelle daran gezweifelt, ob er eigentlich der rechte Mann für diesen Posten sei. Rätselhaft, warum man dennoch gerade auf ihn verfiel. Angesichts der überragenden Bedeutung, die Brandt schon damals der Ostpolitik einräumte, ist wirklich erstaunlich, daß der damalige Außenminister einen Mann nach Moskau entsandte, dessen ostpolitische Auffassung er gar nicht kannte. Erst unmittelbar vor seiner Ausreise kam Allardt zu einem ersten Gespräch mit Brandt zusammen: »Leider war die Zeit zu kurz, um das Thema der deutsch-sowjetischen Beziehungen eingehender zu erörtern«, schrieb der Botschafter selbst in seinem »Moskauer Tagebuch«.

Allardt war als Botschafter in Moskau eine der im AA häufigen Verlegenheitslösungen. Er stand in dem Rufe, linksliberal zu sein, seit seine Zeit als Generaldirektor bei der EWG in Brüssel 1960 wegen eines großen Krachs mit de Gaulle geendet hatte; er war von Adenauer sofort abberufen worden. Obwohl gefühlvoll und empfindlich, zuweilen auch poltrig, galt er als erfahrener, handwerklich bedächtiger Botschafter. Außerdem schien ihn seltsamerweise zu empfehlen, daß seine etwas exzentrische (was ihm später schadete), in Tunesien aufgewachsene Frau aus Weißrußland stammte.

Als am 8. Dezember 1969 zwischen Gromyko und Allardt anhob, was die Bonner Verbalnote vom 15. November – vielleicht etwas vorschnell – den »Beginn der Verhandlungen« genannt hatte, wurde Bundeskanzler und Außenminister rasch klar, daß mit diesem Botschafter tatsächlich nicht weit zu kommen war. Allardt beschränkte sich darauf, seine heimischen Instruktionen vorzulesen, sich anzuhören, was Gromyko zu sagen hatte – und wieder nach Hause zu gehen. Ein wirklicher, detaillierter Meinungsaustausch kam bei den drei Dezember-Treffen Allardts mit Gromyko nicht in Gang. Der eine tat ebenso taub wie der andere.

Das lag auf deutscher Seite daran, daß Allardts Konzept mit dem des Bundeskanzleramtes nicht übereinstimmte. Angesichts der winterlich rauhen Eröffnungen, mit denen Gromyko begonnen hatte, plädierte der Botschafter, als er Anfang Januar 1970 in Bonn Bericht erstattete, für eine gleichartige Reaktion von deutscher Seite. Die Bundesrepublik solle jetzt aus ihrer »höflichen Reserve heraustreten« und ihre Maximalforderungen auf den Tisch legen: keine Anerkennung der DDR, keine Anerkennung der osteuropäischen Grenzen, allgemeine Weigerung Bonns, mit der Sowjetunion bilateral Abmachungen über die Angelegenheiten Osteuropas zu treffen. Besorgt gab Brandt zu bedenken, ob man mit der Äußerung solcher Ansichten nicht die gerade geöffnete Tür gleich wieder zuschlage.

Es war Allardt offenbar selber klar, was sein Vorschlag für den jungen deutsch-sowjetischen Dialog bedeuten mußte: den jähen Tod. Folgerichtig votierte er intern gegen eine Fortsetzung der Gespräche mit Gromyko: Sie seien im Augenblick aussichtslos. Der Botschafter war – wie viele seiner Landsleute – sichtlich hin- und hergerissen zwischen dem lebhaften Wunsch, den Ausgleich mit der Sowjetunion bewerkstelligt zu sehen, ihn vielleicht sogar selbst zustande zu bringen, und einer schroffen Ablehnung der Einsicht, bei diesem Versuch die sowjetischen Interessen berücksichtigen zu müssen.

Allardts Vorschlag entsprach sicherlich nicht gerade dem, was man in der Koalition hören wollte. Schließlich beruhte das sozialliberale Bündnis vorwiegend auf der gemeinsamen Grundannahme, man könne mit der Sowjetunion, wenn man nur eine entsprechende Anstrengung unternehme, entspannter leben als bisher, könne mit ihr kooperieren.

Allardt einerseits, Brandt und Scheel andererseits müssen sich in jenen Januartagen 1970 gegenseitig mit bekümmerter Ratlosigkeit betrachtet haben. Der Botschafter sah sich aus den maßgeblichen Überlegungen der Zentrale ausgeschaltet. Seine Gespräche mit Gromyko – schrieb später, im Rückblick, Brandt – »ließen nicht erkennen, wie man vorankommen könnte«. Mit Allardts Verhandlungsführung, ergänzte ihn Scheel, war wenig anzufangen; er und Brandt hätten daher Unbehagen über Allardt empfunden.

Auch gelassenere, politisch weniger unmittelbar engagierte Gesprächspartner Allardts fragten sich damals, ob er wohl die Absichten Gromykos richtig interpretiere. Das war zweifelhaft. Man mußte sich sagen, daß der sowjetische Außenminister kaum dreimal hintereinander mit dem Bonner Botschafter zusammengetroffen wäre, wenn er den neuen Anlauf gleich wieder versanden lassen wollte. Man konnte sich fragen, inwieweit das sichtliche Interesse der Sowjetunion an einer Zusammenarbeit die Modifikation der gegenwärtigen Moskauer Positionen erwarten ließ. Es stimmte zwar, daß der sowjetische Außenminister sie bisher unbeirrbar immer wieder vorgetragen hatte. Aber das mußte ja nicht immer so bleiben. So waren nun einmal die Russen bei Verhandlungen: unmäßig in ihren Forderungen, stur bei deren Durchsetzung. Sie nahmen sich Zeit. Man mußte ihnen klarmachen, daß es so eben nicht gehen würde.

Wenn man sich in Bonn umsah, wurde bald deutlich, daß für diese Mission eigentlich nur ein einziger Mann in Betracht kam: Egon Bahr. Scheel konnte man nicht schicken. Das wäre zu hoch gegriffen gewesen. Und damit zu riskant. Denn die Bundesrepublik wäre damit unter einen unnötig starken Erfolgszwang geraten. Das Ganze konnte ja sehr wohl noch scheitern. Und wenn es schiefging, würde der Eklat um so größer sein, je höher Position und Prestige des deutschen Unterhändlers gewesen waren. Außerdem konnte der Außenminister und FDP-Vorsitzende nicht längere Zeit in Moskau bleiben. Obendrein war Scheel, ohnehin kein Mann des Details, mit den vielen Verästelungen der Problematik, die zur Verhandlung stand, nicht annähernd so gut vertraut wie Bahr.

Seit einem knappen Vierteljahrhundert hatte sich Bahr vorrangig mit Deutschlands Verhältnis zum Osten beschäftigt. Zunächst in verschiedenen journalistischen Positionen. Dann, ab 1960, als Leiter des Senatspresse- und Informationsamtes in West-Berlin, in enger, persönlicher Nähe zu Willy Brandt. Zwischen 1967 und 1969 (weiter in Brandts Nähe, der jetzt Außenminister war) als Ministerialdirektor im AA und Chef des dortigen Planungsstabes während der Großen Koalition. Seither als Staatssekretär im Bundeskanzleramt.

Aber für Bahr war die Ost- und Deutschlandpolitik nicht nur seit langem das Feld unaufhörlichen beruflichen Nachdenkens. Sie war seine Lebensaufgabe, sein Hobby, eine Leidenschaft. Dieser Wahlberliner aus Thüringen, vielleicht gerade wegen einer jüdischen Großmutter ein altmodischer, unerschütterlicher Patriot, hielt es immer für ganz selbstverständlich, daß es eines Tages wieder zu einem einigen, kraftvollen Deutschland komme. Er sei »eigentlich ein Nationalist«, sagte er, untertreibend, im Herbst 1967 zu Guttenberg. Ganz zu Unrecht halte man ihn in der Union für unzuverlässig in Fragen der Wiedervereinigung: »Sie und Ihre Parteifreunde schätzen mich falsch ein.« Wie Bahr sich selbst, sah ihn auch Henry Kissinger in seinen »Memoiren«: »Bahr gehörte zwar zur Linken, aber ich hielt ihn jedoch vor allem für einen deutschen Nationalisten, der Deutschlands zentrale Lage ausnutzen wollte, um mit beiden Seiten zu feilschen. Er gehörte zu den Leuten, die immer geglaubt hatten, Deutschland könne seiner nationalen Bestimmung nur gerecht werden, wenn es freundschaftliche Beziehungen zum Osten unterhielt oder wenigstens keine Feindschaft aufkommen ließ.«

Für Bahr wiesen Verstand und Gefühl in die gleiche Richtung; man fand bei ihm einen emotionalen neben einem rationalen Nationalismus. Beide verstärkten sich gegenseitig. Präzise und zugleich tagträumerisch analysierte er Sachzwänge, die eine Ost-West-Annäherung in Europa und damit in Deutschland, beispielsweise wirtschaftliche Verbundsysteme, angeblich unvermeidbar machten. Man kann fragen, ob sich Bahr beim Spielmaterial seines Planungsstabes mehr von nüchternen Befunden bewegen oder von beschwingten Hoffnungen beflügeln ließ. Immer wieder hat Bahr beschrieben, wie er sich den Prozeß einer europäischen Entspannung, Normalisierung, Zusammenarbeit dachte.

Er sah die Annäherung in drei oder vier Phasen. Beginnen sollte es mit Gewaltverzichtsvereinbarungen und vollen diplomatischen Beziehungen zu den osteuropäischen Staaten sowie einem geregelten Verhältnis zur DDR. Die gedanklichen Vorarbeiten für diese erste Stufe – das Programm dessen, was die Koalition seit Oktober 1969 versuchte – aus den Jahren 1967/68 lagen im Planungsstab des AA im Herbst 1968 fertig vor.

Auf einer zweiten Stufe sollte die logische Konsequenz der ersten kommen: mitteleuropäische Truppenverminderungen auf beiden Seiten. Hier wurden die entsprechenden Konzepte im Planungsstab 1968/69 entwickelt, allerdings bis heute nicht in die Tat umgesetzt.

Auf einer dritten Stufe sah Bahr eine europäische Friedensordnung wachsen, die eine deutsche Wiedervereinigung mit sich brachte. Teils eingebettet, teils eingebunden in einen gesamteuropäischen Ausgleich war ein einiges Deutschland vorstellbar.

In seiner Phantasie zugleich diszipliniert und ausschweifend, war Bahr seit Jahr und Tag der visionäre Vorausdenker und listenreiche Planer einer weiträumigen, facettenreichen Ostpolitik. Von ihr versprach er sich brauchbare Instrumente, dem Ziel nationaler Einheit im Laufe der Zeit näherzukommen. War er doch seit den fünfziger Jahren überzeugt, es sei ein geschichtlicher Fehler Adenauers, Chancen einer Einigung Deutschlands, die es nach Bahrs Auffassung mehrfach gab, versäumt zu haben. Ohnehin mißtrauisch, argwöhnte Bahr, Adenauers in sich stimmiges Westeuropa-Konzept habe die Einheit unseres Landes nicht vorgesehen. Mit solchen Gedanken und Gefühlen erwies sich Bahr als Kopf *und* Herz der neuen, sozialliberalen Ostpolitik.

Man darf sich durch seine Verhaltenheit und Selbstkontrolle nicht täuschen lassen. Er dachte viel ungestümer, auch risikofreudiger als der norddeutsch bedächtige, distanziertere Brandt, vom kühl rechnenden Scheel ganz zu schweigen. Die Vorstellung und der Wille, die historische Chance einer Wiedervereinigung unbedingt offenzuhalten, verließen Bahr nie. Insofern war er wirklich der Mann der Stunde. Wenn es damals in Bonn jemanden gab, der mit den Russen unbedingt zu Rande kommen wollte und in einer für sie plausiblen Mischung von Intelligenz und Engagement, von rationalem Kalkül und emotionalem Motiv mit ihnen auch zu Rande kommen konnte, dann er. Nein, es gab in jenem Augenblick keinen anderen, keinen Besseren als Egon Bahr.

Schon während der Koalitionsverhandlungen im Herbst war man übereingekommen, überall im Osten hochrangige Gesprächspartner anzubieten, um das große Gewicht zu betonen, das Bonn nunmehr dem Versuch eines Ausgleichs beimesse. Schon damals hatte man die Entsendung Bahrs nach Moskau besprochen, dann aber doch lieber auf einen späteren Zeitpunkt verschoben, statt dessen erst einmal Allardt vorgeschickt. Als weitere personelle Möglichkeiten kamen natürlich vor allem die Staatssekretäre des Auswärtigen Amtes in Betracht.

In erster Linie Georg Ferdinand Duckwitz, der seit seiner Tätigkeit als Konsul in Helsinki (1953–55) als Ostexperte galt und der später, von 1958 bis 1961, die Ostabteilung des AA geleitet hatte, ehe er, enttäuscht über die Vergeblichkeit seines Tuns, als Botschafter nach Neu-Delhi gegangen war. Duckwitz hatte schon Ende der fünfziger Jahre für eine neue Osteuropa-Politik Bonns plädiert, hatte zumindest Polen gegenüber schon damals von der Hallstein-Doktrin absehen wollen: Da dieses Land in so unvergleichbarem, so unglaublichem Ausmaß Objekt nationalsozialistischer Ausrottungspolitik gewesen sei, müsse man hier – wie im Falle Israels – moralischen Kategorien den Vorrang einräumen.

Während der Genfer Außenministerkonferenz waren daher am 20. Mai 1959 Überlegungen des Auswärtigen Amtes an die Öffentlichkeit gelangt, mit fünf osteuropäischen Staaten diplomatische Beziehungen aufzunehmen – in erster Linie mit Polen. Einige Wochen später war intern von Gewaltverzichtsverträgen mit Polen und der Tschechoslowakei die Rede gewesen, das Projekt eines solchen Nichtangriffspaktes aber bereits in der Vorbereitungsphase, nämlich am 22. Juli im Bundeskabinett, am Widerstand der Vertriebenen gescheitert, also »schon im embryonalen Stadium gestorben«, wie der polnische Ministerpräsident Józef Cyrankiewicz am 4. August 1959 gegenüber Hansjakob Stehle, dem Korrespondenten der *F.A.Z.*, sarkastisch bemerkte.

Jetzt, mehr als ein Jahrzehnt später, sollten Anfang Februar 1970 in Warschau Sondierungsgespräche über ein Gewaltverzichtsabkommen beginnen. Duckwitz, dem die Polen nach wie vor besonders am Herzen lagen, wollte diese Vorverhandlungen auf deutscher Seite führen. Er stand also schon von daher für Moskau nicht zur Verfügung.

Der zweite Staatssekretär im AA, Günther Harkort, kam als Wirtschaftsfachmann, besonders als EWG-Experte, von vorneherein nicht in Frage. Noch weniger konnte man den neuen Parlamentarischen Staatssekretär, den außenpolitisch verhandlungsunerfahrenen Professor Ralf Dahrendorf, in Betracht ziehen, obwohl dieser politische Senkrechtstarter, ein intellektuell hochbegabtes Wunderkind, sich selbst bestimmt für eine ausgezeichnete Wahl gehalten hätte.

Andere Staatssekretäre, Diplomaten oder Bundestagsabgeordnete, die man hätte bitten, den Russen hätte anbieten können, gab es nicht. Oder sollte man etwa an Ernst Achenbach denken, den außenpolitischen Experten der FDP-Fraktion? Das erwog niemand ernsthaft. Es wäre auch abwegig gewesen. Man denke nur: ein Angehöriger der alten Wilhelmstraße als Vertrauensmann dieses Bundeskanzlers in Moskau, Gromyko gegenübersitzend! Es gab eben zu Egon Bahr keine Alternative.

Und doch ließ eine Schwierigkeit den loyalen Brandt einen Augenblick schwanken, ob man mit diesem Gedanken überhaupt an Scheel herantreten dürfe. Durfte man angesichts der Notwendigkeit Scheels, sich gegenüber ihm, Brandt, zu profilieren, die im Moment weitaus wichtigste auswärtige Angelegenheit demonstrativ dem AA entziehen und dem Staatssekretär des Bundeskanzleramtes übertragen? Brandt erinnerte sich nicht nur an eigene Erfahrungen als Außenminister unter Kiesinger, bei dem er sich zunehmend auf die Rolle eines Vortragenden Legationsrates, ja weniger als diese, reduziert gefühlt hatte.

Aber nicht nur Takt – auch einfache Klugheit ließ Brandt jetzt zögern. Da man nun einmal keine parlamentarische Mehrheit ohne die FDP hatte, mußte man den kleinen Koalitionspartner schonen, ja fördern, ihn notfalls sogar mit sozialdemokratischen Hilfestellungen, nämlich mit Leihstimmen, über die Runden bringen. Im Laufe des Jahres standen sechs Landtagswahlen an: im April in Hamburg, am 14. Juni gleich in drei Bundesländern (in Niedersachsen, Nordrhein-Westfalen und im Saarland), dann noch im November in Hessen und Bayern. Mit einer Mischung aus verhohlener Besorgnis und leiser Zuversicht hatte Brandt am 1. Januar 1970 aus der Ferne, aus seinem Feriendomizil auf der tunesischen Insel Djerba, handschriftlich seinem Außenminister geschrieben: »Lieber Herr Scheel, ich freue mich zu hören, daß es Ihnen gesundheitlich besser geht. Sie müssen bitte wie wir anderen bedenken, daß es nicht zur Regel werden darf, die eigenen Reserven zu überfordern . . .«

Nachdem der eine Parteivorsitzende dem anderen Parteivorsitzenden »viel Kraft und Erfolg« für das bevorstehende Dreikönigstreffen der Freien Demokraten gewünscht hatte, war er fortgefahren: »Meiner Überzeugung nach wird Ihre Partei nicht zu bereuen brauchen, was wir uns miteinander vorgenommen haben. Die konsolidierenden Wirkungen werden nicht ausbleiben, wenn Ihr Anteil an der Bundesregierung noch deutlicher geworden sein wird und Sie die bevorstehenden Landtagswahlen, besonders die wichtigste davon, bestanden haben werden. Die Durststrecke, die Sie auf sich genommen haben, hat eine Perspektive und wird gewiß ihre Rechtfertigung finden. Jedenfalls brauchen Ihre Freunde nicht daran zu zweifeln, daß sie es mit einem Partner zu tun haben, der um Fairneß und Loyalität bemüht ist. Unser Bündnis erfordert, daß jede der beiden Parteien ihre eigenen Überzeugungen verficht und beide dabei doch aufeinander Rücksicht nehmen. Es gibt eine ausreichende Bandbreite gemeinsamer Überzeugungen und Interessen, um eine erfolgreiche Regierungspolitik entwikkeln zu können . . .«

Im Augenblick war es zweifellos Walter Scheel, der die Fairneß und Loyalität Brandts, den Rückhalt des Kanzlers brauchte, um eigenes Profil zeigen, einen eigenen Anteil an der Regierungspolitik vorweisen zu können.

Scheels schwacher Start als Außenminister

Scheels Anfang als Außenminister war schwierig. Sein eigenes Auswärtiges Amt wie die Öffentlichkeit glaubten und zeigten, daß der neue Minister nichts zu sagen habe. Brandt hatte – was man bezeichnend fand – beim Umzug seine ganze außenpolitische Umgebung aus dem AA ins Bundeskanzleramt mitgenommen. Allgemein hieß es, die Außenpolitik werde weiter vom bisherigen Außenminister gemacht, der wie alle bisherigen Bundeskanzler (mit der einzigen Ausnahme Erhards) dieses Gebiet als eigene Domäne betrachte und betreibe.

Nicht nur Brandt, alle vier Vorgänger Scheels im Amte des Außenministers, also auch Adenauer, Brentano und Schröder, forderten – bei aller Unterschiedlichkeit ihres Ranges im einzelnen – gemeinsam zu Vergleichen heraus, die für den neuen Mann ungünstig ausfielen. Allen vieren (dem einen natürlich mehr, dem anderen weniger) war öffentlich attestiert worden, daß sie das Etikett eines Staatsmanns verdienten. Alle vier waren mit Stresemann, wenn nicht sogar mit Bismarck verglichen worden.

Und nun kam da einer, der immer lächelte und seine Arme ausbreitete – der einfach genau so wirkte, wie man sich einen munteren, leichtfüßigen Rheinländer vorstellte. Man fand allgemein, daß der nette FDP-Vorsitzende einen fröhlichen Handlungsreisenden abgeben könne, vielleicht sogar einen Generalbevollmächtigten, aber niemals einen Chef der westdeutschen Außenpolitik. Niemand sah, daß dies möglicherweise ein gehemmter Mensch war, der sich Mut machen mußte durch vorwärtsstürzende Gesten. Aber wenn man *diese* Deutung für richtig gehalten hätte, wäre der öffentliche Eindruck bestimmt nicht günstiger gewesen. Scheel schien unzulänglich. Ein Leichtgewicht.

Im Außenamt selbst hatte er einen langsamen Start. Ihm waren zunächst die administrativen Probleme eines solchen Riesenapparates nicht deutlich. Hier ging es um andere Größenordnungen und Schwierigkeiten als im kleinen Bundesministerium für wirtschaftliche Zusammenarbeit, dem Entwicklungshilfeministerium, wo er als Minister von 1961 bis 1966 fünf Jahre lang hatte frei schalten und walten können. Das AA hatte er monatelang nicht im Griff. Sachlich schwamm er. Selbst von dem außenpolitischen Zentralbereich damals, den ostpolitischen Verhandlungsmaterien, die in den angestrebten Gewaltverzichtsverträgen ihren Niederschlag finden sollten, hatte er anfangs nur vage Vorstellungen. Ebensowenig wußte er beispielsweise vom Atomsperrvertrag, den die Bundesregierung am 28. November 1969 unterschrieb.

Um die Voraussetzungen des Bonner Beitritts zum Nichtverbreitungsvertrag ging es in den Tagen vorher in mehreren Sitzungen des Bundestages. Noch heute stehen Teilnehmern der beiden Fragestunden vom 26. und 27. November die Haare zu Berge, wenn sie an die Auftritte des neuen Außenministers denken. Scheel war vorzeitig vom Staatsbesuch des Bundespräsidenten in den Niederlanden zurückgekommen und gänzlich unvorbereitet ins Parlament gegangen. Mit diesem komplizierten, riskanten Vorhaben war er nicht vertraut – konnte es auch, so kurz nach seinem Amtsantritt, kaum sein. Überdies nahm er es mit seinen Äußerungen nicht so genau. Kein Wunder, daß er beim Disput mit höchst sachverständigen Unionsabgeordneten wie Kiesinger, Stoltenberg und Barzel in große Bedrängnis geriet. Scheel kam derart ins Rutschen, daß der Bundeskanzler, der die Probleme von seiner eigenen Außenministerzeit her kannte, seinem Nachfolger und Juniorpartner zu Hilfe eilen und ihn heraushauen mußte.

Ein großer Brandt, der einen kleinen Scheel rettete: Das war die Vorstellung, die sich in der Öffentlichkeit damals festsetzte. Ganz anders als in späteren Jahren, in denen das Ansehen Scheels wuchs und wuchs, während das von Brandt eher schrumpfte, sah man den Außenminister in seiner Anfangsphase nach 1969 überall wie auf den Karikaturen jener Zeit: Scheel bei Brandt als Zwerg zwischen den Beinen, als Zwerg auf seinem Schoß, auf Brandts Schulter oder ihm aus der Jackentasche lugend, auch als kleines Wurzelmännchen oder Mäuschen. Man lächelte über ihn. Einige höhnten auch. Zumal unter rechten Parteifreunden – in der FDP. Seine eigenen Leute fielen teils über ihn her, teils stoben sie angsterfüllt, irgendwoanders Unterschlupf suchend, auseinander.

Scheel blieb bei alledem vollkommen ruhig. Er gab sich entspannt und gelassen. Er tat so, als fechte ihn nichts an, ja als bemerke er es kaum. Dauernd drohte alles zusammenzubrechen. Scheel blieb steinhart. Nach außen war er, wie immer, höflich, aufmerksam, umgänglich, heiter. Ganz unbefangen. Von weiten Bereichen der Außenpolitik wußte er kaum etwas. Was er wußte, verstand er jedoch brillant anzubringen. Schon damals sagten einige von ihm, was sich dann allmählich herumsprechen sollte: Scheel gehöre zu den Menschen, denen man nur einen faulen Apfel zuzuwerfen brauche und schon eröffneten sie erfolgreich einen Obsthandel. Auch sein Start als Parteivorsitzender war langsam gewesen. Der als Bundespräsident würde es ebenso sein. Das war nicht wichtig. Man mußte nur durchhalten. Je enttäuschender der Anfang, desto überraschender und strahlender der Durchbruch, die Anerkennung und Bewunderung.

Was Brandt befürchtet hatte, blieb aus: Scheel hatte an der Entsendung Bahrs überhaupt nichts auszusetzen. Im Gegenteil. Er fand diesen Personalvorschlag so naheliegend und einleuchtend, daß er sich sofort bereiterklärte, ihn öffentlich als eigenen auszugeben und zu rechtfertigen. Bei diesem Entschluß spielte natürlich eine Rolle, daß Scheel seinen Einfluß, einen eigenen materiellen und personellen Anteil am außenpolitischen Entscheidungsprozeß, unter Beweis stellen mußte. Scheel sei es (hieß es von nun an), der angeregt habe, Herrn Bahr nach Moskau reisen zu lassen.

Schließlich war er kein Unbekannter für ihn. Scheel kannte Bahr gut aus den fünfziger Jahren, als beide Männer wochenlang gemeinsam durch Afrika gereist waren. Seither schätzte er diesen komplizierten Menschen als einen klugen, zurückhaltenden Gesprächspartner, hatte diesen damaligen Eindruck immer wieder bestätigt gefunden.

Am 27. Januar gab die Bundesregierung bekannt, Bahr solle nunmehr in Moskau festzustellen versuchen, ob in den deutsch-sowjetischen Gesprächen ein Übergang von der bisherigen exploratorischen Phase zu konkreten Verhandlungen möglich sei. Bereits am folgenden Tage traf er mit einer kleinen Delegation in der sowjetischen Hauptstadt ein. Zwei Tage später saß er zum ersten Male Gromyko gegenüber.

Die Nachricht von Bahrs Kommen hatte in der Deutschen Botschaft in Moskau wie eine Granate eingeschlagen. Allardt war verbittert darüber, daß ihm die Verhandlungsführung abgenommen wurde. Es fehlte ihm an Selbstkritik, an Einsicht in die eigene Begrenztheit, und er lebte ganz in der Mentalität der alten Wilhelmstraße: nur den Botschafter als wirklichen Vertreter seiner Regierung, als ersten Mann am Platze zu betrachten, nicht irgendwelche Emissäre. Beleidigt ließ er Bahr daher im Hotel wohnen, statt ihn einzuladen, bei ihm in der Residenz Quartier zu beziehen. Dieses unterlassene Anerbieten schädigte Allardt selbst: Damit verstärkte er seine Ausschaltung aus Bahrs Meinungsbildungsprozeß. Immer wieder mied der Gekränkte auch Besprechungen, zu denen er eingeladen worden war. Er erfuhr daher nichts, wußte weniger, als er hätte wissen können.

Allardt blieb zwar ein Anhänger des Ausgleichs mit der Sowjetunion und damit grundsätzlich auf der Linie der sozialliberalen Koalition. Aber er äußerte intern große Bedenken gegen das eingeschlagene Verfahren. Scharf kritisierte er in den Kulissen Bahrs Verhandlungsführung – ohne angeben zu können, was man konkret hätte anders machen sollen.

Der Beginn der Bahr-Sondierungen in Moskau

Um den Auftakt der Moskauer Gespräche war Bahr nicht zu beneiden. Wie er berichtet, gab sich Gromyko »am Anfang sehr kühl und sehr förmlich«. Mit undurchdringlicher Miene trug er Bahr einen harten Forderungskatalog vor, wie ihn sich Allardt in ähnlichen Wendungen schon mehrfach hatte anhören müssen. Die Ausgangsposition des sowjetischen Außenministers bei diesem ersten, langen Gespräch vom 30. Januar 1970 bestand aus 18 Punkten, in denen Gromyko seine sehr weitgehenden, scharf formulierten Bedingungen zusammenfaßte.

Er machte (wie Günther Schmid treffend berichtet) unmißverständlich klar, daß der Sowjetunion ein reines Gewaltverzichtsabkommen, wie es die Bundesrepublik wünsche, nicht ausreiche. Da Bonn mit einem derartigen Abkommen nur auf eine gewaltsame Veränderung von Grenzen verzichten wolle, wäre die Bundesrepublik weiterhin in der Lage, die bestehenden europäischen Grenzen in Frage zu stellen und die revanchistische Politik der Grenzrevision mit anderen Mitteln fortzusetzen. Genau dies aber sei eine Quelle permanenter, gefährlicher Spannungen. Um sie zu verstopfen, habe eine Gewaltverzichtsübereinkunft nur dann einen Sinn, wenn gleichzeitig eine Beilegung jener Konflikte vereinbart werde, die Gewaltanwendung erst ermöglichten. Zum Verzicht auf Gewalt gehöre daher unabdingbar auch die Anerkennung des europäischen Status quo. Aus diesen Überlegungen heraus müsse die Sowjetunion darauf bestehen, daß die Bundesrepublik die Staatsgebiete und Staatsgrenzen Nachkriegseuropas völkerrechtlich anerkenne und garantiere. Hierzu gehöre die völkerrechtliche Anerkennung der DDR und ihrer Grenzen, der Oder-Neiße-Grenze, der Westgrenze der Tschechoslowakei, sowie eine Erklärung über die Ungültigkeit des Münchener Abkommens von Anfang an. Die Nachkriegsordnung in Europa müsse eindeutig und vollständig anerkannt werden. Bonn habe jede Politik der Stärke an den Nagel zu hängen; auf den Besitz und Gebrauch von Kernwaffen, in welcher Form auch immer, sei zu verzichten.

Der sowjetische Außenminister gab seinem westdeutschen Gesprächspartner deutlich zu verstehen, daß die Sowjetunion nur dann einen Vertrag mit der Bundesrepublik abschließen werde, wenn Bonn *vorher* den Alleinvertretungsanspruch aufgegeben und die DDR völkerrechtlich anerkannt habe. Berlin sei eine selbständige politische Einheit und müsse unbedingt als solche behandelt werden; »rechtswidrige Anschläge« auf West-Berlin – womit er zum Beispiel Bundestagssitzungen meinte – seien künftig zu unterlassen. Nirgendwo dürfe man den territorialen Status quo in Frage stellen. Dementsprechend könne Moskau den Bonner Anspruch auf eine deutsche Wiedervereinigung weder im Innern der Bundesrepublik dulden noch ihr zugestehen, daß sie ihn nach außen aufrechterhalte. Militarismus und Nazismus müßten von der Bundesregierung mit allen Mitteln bekämpft und kontrolliert werden. Die Interventionsvorbehalte, die der Sowjetunion aus den Feindstaaten-Artikeln 53 und 107 der UN-Charta zuständen, blieben im übrigen weiter voll in Kraft.

Diese Feststellungen, meinte Gromyko, seien nicht etwa als Konzessionen zu betrachten, die er von der deutschen Seite erwarte. *Ausgangspunkt* der Verhandlungen sei »die wirkliche Lage in Europa«. »Wer Realitäten anerkennt, macht keine Zugeständnisse!«

Solche entmutigenden Eröffnungen waren kein rasch vorübergehender Theaterdonner, mit dem Gromyko nur eingangs, gewissermaßen zur Begrüßung und als Einführung in die Landessitten, den deutschen Gast einzuschüchtern gedachte, um ihn konzessionsgeneigter zu machen. Beharrlich hielt die russische Seite lange an Positionen fest, die abwegig waren. Sie mußten den Dialog mit Moskau in der Bundesrepublik total diskreditieren, wenn etwas davon an die Öffentlichkeit gelangte.

Genau dies aber lag in Bonn durchaus nahe. Schon am 9. Januar 1970 hatte Allardt dem Bundespräsidenten geklagt, ein Artikel wie der von Georg Schröder in der *Welt* vom gleichen Tage sei »außerordentlich zu bedauern«, da eine solche Presse-Indiskretion Moskau in dem Verdacht bestärke, »die Bundesregierung könne nichts geheim halten«, ja sie »streue möglicherweise absichtlich Indiskretionen aus«.

Davon konnte keine Rede sein. Von allem Anfang an mußte die sozialliberale Koalition mit einer Flut von Veröffentlichungen aus ihren vertraulichen Unterlagen rechnen, ohne daß sich je eine undichte Stelle entdecken ließ. Schon Anfang November 1969 hatte dergleichen begonnen. Eine der ersten Indiskretionen galt jener internen Weisung des neuen Außenministers vom 28. Oktober 1969, mit der die Teilaufgabe der *Hallstein-Doktrin* eingeleitet wurde. Zehn Tage später stand ihr Inhalt, die sogenannte *Scheel-Doktrin*, in der *Welt* vom 7. November 1969 zu lesen.

Gewiß: So etwas hatte es auch vor 1969 gegeben, hatte schon damals die Regierungen verdrossen. Aber erst jetzt wurde der Umfang der Enthüllungen besorgniserregend. Paul Frank, der am 1. Juni 1970 Staatssekretär des Auswärtigen Amtes wurde, glaubte nicht an Einzelaktionen. Er vermutete ein systematisches, organisiertes Ausspionieren des Regierungsapparates, zumal des Auswärtigen Amtes. Als er sich aus gegebenem Anlaß Anfang August 1971 öffentlich zu Wort meldete und in der *F.A.Z.* sowie im Fernsehen scharf diejenigen verurteilte, die aus Haß, Habgier, Opportunismus oder extremistischer politischer Gesinnung mit der Weitergabe und Veröffentlichung von Geheimpapieren Waffen gegen die eigene Regierung lieferten, bewertete er ein solches Verhalten ebenso wie das Werfen von Molotow-Cocktails oder das Inbrandsetzen eines Warenhauses: als Angriffe, die darauf abzielten, diese Gesellschaft zu beseitigen. Kurz darauf wurde Frank vor den Außenpolitischen Ausschuß des Bundestages geladen, wo er eine Liste veröffentlichter Verschlußsachen vorlegen konnte: Innerhalb von 18 Monaten war es zu 54 derartigen Fällen gekommen!

Ein russisches Ansinnen aus jener Anfangszeit der Moskauer Bahr-Sondierungen, das mit Sicherheit in der Bundesrepublik heftiges Kopfschütteln verursachen mußte, war die Zumutung an die Westdeutschen, Wiedervereinigungspropaganda als Verstoß gegen den angestrebten Gewaltverzichtsvertrag zu betrachten und daher amtlicherseits zu verhindern. Ende Februar, also einen Monat nach Bahrs Ankunft – er hatte bereits viele Stunden mit Gromyko verhandelt und hielt die schwierigste Phase für abgeschlossen –, ließ die Sowjetunion der Bundesregierung diesen weitreichenden Wunsch übermitteln und zwar über Botschafter Allardt, außerhalb der laufenden Verhandlungen! Allardt berichtete daraufhin dem AA: »Nicht jedes Treffen irgendeiner Vertriebenenorganisation werde in Moskau wichtig genommen. Wenn es aber etwa der Springer-Konzern auch noch nach Abschluß eines solchen Vertrages als seine Aufgabe ansähe, die Deutschen für eine völlig illusionäre Wiedervereinigung zu begeistern und damit gegen die Sowjets aufzuhetzen, ohne dann durch die Bundesregierung daran gehindert zu werden, ließe sich dies natürlich nicht als vertragskonformes Verhalten bezeichnen . . .«

So stellten sich also die Russen anfänglich eine Regelung der deutschen Verhältnisse vor. Wie war ihnen beizukommen? Was konnte Bahr auf die kalte Eröffnungsrede Gromykos vom 30. Januar 1970 entgegnen?

Zunächst etwas Zustimmendes – als Ausgangspunkt. Bonn erklärte durch Bahr nunmehr seine Bereitschaft, vom abstrakten zum konkreten Gewaltverzicht überzugehen, also grundsätzlich das sowjetische Junktim von Gewaltverzicht und Grenzregelung zu akzeptieren. (Prinzipiell hatte das die Große Koalition schon im Juli 1968 zugestanden.) »Ich glaube«, sagte Bahr hoffnungsvoll zu Gromyko am 30. Januar 1970, »daß wir nicht weit auseinander sind« – womit er die enorme Distanz der beiderseitigen Standpunkte zu jener Zeit mit demonstrativer Zuversicht überbrückte. Ein Gewaltverzichtsvertrag sei nur »ein anderes Wort« für einen Grenzvertrag. Das, worauf die Sowjetunion aus sei, nenne die Bundesregierung »nicht Grenzanerkennung, sondern Gewaltverzicht und territoriale Integrität«. Bei dieser Unterscheidung folgte Bahr natürlich nicht einem spontanen Einfall, er hatte sich lange überlegt, was er hier vorbrachte. So hatte er mehr als zwei Jahre früher, am 4. September 1967, in einer Fernsehdiskussion auf die Frage nach dem Status quo ganz unbefangen ausgerufen: »Wir haben ihn doch akzeptiert! Wenn die Bundesregierung sagt: Gewaltverzicht – na, was ist denn das anderes?«

Die verschiedene Wortwahl war freilich nicht ohne Hintersinn. Dazu brauchte man nur die Aufzeichnung jener Diskussionssendung weiterzulesen. Denn wenn dort stand: Die Bundesregierung sei »heute bereit, einen völkerrechtlich verbindlichen Gewaltverzicht zu machen«, dann fuhr doch dieser Satz, für russische Ohren außerordentlich beunruhigend, fort: »das heißt – und man macht ihr das ja zum Teil im Osten zum Vorwurf –: sie will vom Status quo ausgehen, um ihn zu überwinden.«

Mit absoluter Sicherheit war dies genau das Gegenteil von dem, was Gromyko von seinem neuen deutschen Gesprächspartner hören wollte. Aber selbst gesetzt den Fall, daß Egon Bahr jenen Überwindungsgedanken inzwischen in seinem Hinterkopf vergraben hatte, weil er seine Realisierungschance in weite Ferne, in eine unabsehbare Zukunft verschoben sah: Etwas anderes als ein zeitweiliges Arrangement war im Augenblick ausgeschlossen. Mehr als ein Modus vivendi war jetzt nicht zu erreichen. Wenn man die Sache nämlich unter rechtlichen Gesichtspunkten prüfte, dann gab es unübersteigbare Hindernisse, die einer vollen Realisierung der Wünsche, die Gromyko eingangs geäußert hatte, im Wege standen. Diese Hindernisse konnten, wie ihm Bahr geduldig nahebrachte, weder von der Bundesrepublik noch von der Sowjetunion aus dem Wege geräumt werden. In drei Punkten ließ sich zusammenfassen, was vorgegeben, unverrückbar, nicht verhandlungsfähig war.

1. Einmal gab es völkerrechtliche Grenzen der beiderseitigen Bewegungsfreiheit: die nach wie vor bestehenden Rechte der vier Siegermächte in Deutschland. Diese Restbefugnisse der früheren Besatzungsmächte waren selbstverständlich der deutsch-sowjetischen Disposition entzogen. Bundesrepublik und Sowjetunion – oder Sowjetunion und DDR – konnten in zweiseitigen Verträgen nicht über die Rechte anderer Staaten verfügen. Beide deutschen Staaten mußten bei ihrem Verhalten immer berücksichtigen, daß sie nach wie vor unter einem Viermächtedach lebten – und sei es noch so löchrig.

2. Das hatte beispielsweise für das Verhältnis zwischen Bonn und Ost-Berlin wichtige Folgen. Bahr machte Gromyko klar, daß eine völkerrechtliche Anerkennung, wie die Sowjetunion sie sich für ihre DDR wünsche, demnach ganz ausgeschlossen sei, von einer Anerkennung *vor* dem deutsch-sowjetischen Vertrag überhaupt nicht zu reden. Eine solche Anerkennung würde übrigens zwangsläufig, wie Bahr seinen Gesprächspartner listig belehrte, auch sowjetische Rechte in Deutschland aufheben. Gromyko staunte. So hatte er die Sache bisher nicht gesehen! Aber aus dem, was er da von diesem scharfsinnigen westdeutschen Staatssekretär lernte, zog er sofort seine Konsequenzen: Seit Februar 1970 ließ die Sowjetunion deutlich ein geschärftes Bewußtsein ihrer besatzungsrechtlichen Restbefugnisse in Deutschland erkennen. So wurde die bisherige Ausdrucksweise, von »zeitweilig in der DDR stationierten« sowjetischen Streitkräften zu reden, was (zumindest theoretisch) den Gedanken an eine rücknehmbare ostdeutsche Genehmigung der Stationierung nahelegte, durch eine neue Sprachregelung ersetzt, nach der es nunmehr »sowjetische Truppen in Deutschland« gab, um die Vorstellung eines originären sowjetischen Anwesenheitsrechts zu vermitteln.

Neben den völkerrechtlichen Grenzen einer Vereinbarung zwischen Bonn und Moskau gab es verfassungsrechtliche Schranken, die ein deutsch-sowjetisches Abkommen, Bahr zufolge, in Rechnung zu stellen hatte.

An sich war Gromyko mit verfassungsrechtlichen Argumenten nicht unmittelbar beizukommen. Denn das Grundgesetz, eine rein westdeutsche Angelegenheit, konnte man abändern, wenn es sein mußte. Bonner Bestimmungen, die einer Anerkennung der DDR und der existierenden Grenzen im Wege standen, ließen sich beseitigen: etwa das Wiedervereinigungsgebot des Grundgesetz-Artikels 146, auch die Präambel der Verfassung. Theoretisch. Aber praktisch? Für eine Verfassungsänderung war eine Zweidrittelmehrheit im Bundestag und im Bundesrat erforderlich. Nicht einmal im Traum konnte die sozialliberale Koalition auf eine solche Konstellation hoffen.

Wenn also die Sowjetunion auf einer wirklich definitiven Grenzregelung hinsichtlich früherer Gebiete des Deutschen Reiches bestand und auf einer völkerrechtlichen Anerkennung der DDR, dann lief das materiell auf Elemente eines Friedensvertrages hinaus, der weder gegen die Westmächte noch ohne die CDU/CSU durchzusetzen war – sagte Bahr ganz trocken.

Aber man wollte ja sowieso keinen Friedensvertrag abschließen, sondern beiderseits auf einen Modus vivendi, auf ein Stillhalteabkommen, einen zeitweiligen Burgfrieden hinaus. Was Deutschlands Grenzen mit seinem östlichen Nachbarn Polen anging, war daher jetzt nicht mehr drin als eine Regelung *bis* zur Wiedervereinigung der beiden deutschen Staaten – eine Regelung, die dann, am Tage X der wiedergefundenen deutschen Einheit, formell bekräftigt werden konnte und sollte. Jetzt hingegen gab es noch keine Möglichkeit einer endgültigen Grenzanerkennung.

Schon gar nicht innerhalb Deutschlands, der DDR gegenüber. Bahr tat so, als ob er überhaupt nicht gehört habe, was Gromyko über die Notwendigkeit eines ausdrücklichen, unumstößlichen Verzichts auf alle westdeutschen Vereinigungsbestrebungen gesagt hatte. Ganz selbstverständlich sprach Bahr bereits beim ersten Treffen, am 30. Januar 1970, von der Wiedervereinigung, die mit Sicherheit irgendwann kommen werde – und sei es auch erst nach Jahrzehnten: »Nehmen Sie an, die Wiedervereinigung dauert noch zwanzig bis dreißig Jahre. Ist es nicht gut, eine Regelung zu treffen, die a) zwanzig bis dreißig Jahre Ordnung gibt und b) später bestätigt wird?«

3. Beim letzten Punkt ging es um Berlin, das von allem Anfang an in den Unterredungen Bahrs mit Gromyko eine zentrale Rolle spielte. Ein Modus vivendi war nur möglich, wenn tatsächlich *nirgendwo*, wie Gromyko gesagt hatte, der Status quo in Frage gestellt wurde. Das gelte auch da, sagte Bahr gleich im ersten Gespräch, wo es den Russen unangenehm sei: in Berlin. Zwar gehöre Berlin nach übergeordnetem Recht nicht zur Bundesrepublik. Formell könne daher die Bundesregierung nicht über Berlin verhandeln. Aber wer immer diese Verhandlungen zu führen habe: Materiell, in der Sache, könne überhaupt kein Zweifel daran bestehen, daß eine Wende in den deutsch-sowjetischen Beziehungen ohne eine qualitative Verbesserung der Lage in und um Berlin nicht denkbar sei. Da der beabsichtigte Vertrag zwischen der Bundesrepublik und der

Sowjetunion der europäischen Entspannung dienen solle, müsse es vor allem in und um Berlin, dem wichtigsten Konfliktherd und größten Gefahrenpunkt, zu einer Sicherung und Verbesserung des derzeitigen Zustandes kommen. Von einer selbständigen politischen Einheit könne demnach keine Rede sein, da eine solche Betrachtung eine drastische Verschlechterung der heutigen Lage in Berlin zu Lasten des Westens bedeute. Hier müsse man westlicherseits auf Realitäten hinweisen, von denen Gromyko in anderem Zusammenhang gern sage, daß sie unbedingt zu beachten seien.

Gromyko wollte daraufhin den Punkt Berlin in das geplante Positionspapier aufnehmen. Aber Bahr wehrte sich. Er wollte über Berlin zwar reden, weil niemand das sachliche Interesse Bonns trotz fehlender formeller Zuständigkeit leugnen könne. Aber er wollte nichts über Berlin aufschreiben, weil er Ärger mit den argwöhnischen drei Westmächten befürchtete. Auch hatte er die Sorge, die Westdeutschen könnten mit eigener Hand, wenn auch ungewollt, dazu beitragen, die Vereinigten Staaten, Frankreich und Großbritannien in ihrer Berlin-Verantwortung zu schwächen, ja aus dieser Verantwortung langfristig sogar zu entlassen.

Da täuschte er sich. Einen Monat später hatte sich die Situation in diesem Punkte völlig geändert: Gromyko wollte von Berlin nichts mehr wissen. Als Bahr nämlich nach der sogenannten Denkpause Anfang März aus Bonn nach Moskau zurückkehrte, hatte er die Weisung, er dürfe Berlin im *Gromyko-Bahr-Papier* erwähnen, wenn dies in einer für die Rechtslage der Stadt ungefährlichen Weise geschehe. Doch zu seinem Erstaunen stellte er fest, daß Gromyko inzwischen alles Interesse an dieser Frage verloren hatte: Bonn wisse doch, daß es in Berlin nichts zu suchen habe. Wie erklärte sich der Sinneswandel des Außenministers? Er hatte sich mittlerweile mit den drei Westmächten, die ja bereits seit August 1969 in dieser Angelegenheit mit ihm Kontakt hielten, auf Berlin-Gespräche verständigt, die am 26. März 1970 im früheren Kontrollratsgebäude in Berlin-Schöneberg aufgenommen wurden.

Wie magnetisiert, sagt Bahr, hätten die Westmächte reagiert, als Bonn ihnen sein Osteuropa-Verhandlungskonzept zeigte und zusätzlich die Berichte ihrer Botschafter aus Moskau und Bonn über Bahrs Gespräche mit Gromyko einliefen. Alle waren sofort hellwach. Alle vier Mächte, in Ost und West, waren gewillt, jeden Versuch, auch nur ein Jota ihrer Rechte in Deutschland zu schmälern, gemeinsam zu vereiteln. Sie zeigten sich fest entschlossen, sich unter keinen Umständen die Kontrolle über Deutschland, die durch ihre gemeinsame Präsenz in Berlin symbolisiert wird, entwinden zu lassen.

Die Verknüpfung aller beteiligten Probleme und Interessen – und damit den Kern seines Konzepts – skizzierte Egon Bahr zwei Jahre später, im Rückblick, als er am 22. Februar 1972 bei einer vertraulichen Unterrichtung der SPD-Bundestagsfraktion sagte: »Es war einer der schwierigsten Komplexe der Verhandlungen in Moskau, der sowjetischen Seite klarzumachen, daß es Rechte der Vier

Mächte für Deutschland als Ganzes gibt und daß diese Rechte erst abgelöst werden können durch einen Friedensvertrag. Und wir müssen uns hier wohl darüber im klaren sein: Keine der Vier Mächte möchte diese Rechte ablösen durch einen Friedensvertrag. Und wir müssen uns wohl auch darüber im klaren sein, daß die Sicherung Berlins durch das Vier-Mächte-Abkommen nicht durch eine andere Konstruktion zu ersetzen ist. Und diese Situation verbietet, daß die Bundesrepublik die DDR völkerrechtlich anerkennt. Es ist hier zuweilen schwer, dies klarzumachen. Es war in Moskau nicht einfacher.«

Es dauerte Monate, bis diese drei Punkte von den Russen endgültig als Grundlage der Vereinbarung akzeptiert wurden. So hoffte Bahr schon im Februar, er habe Gromyko überzeugt, daß eine völkerrechtliche Anerkennung der DDR ausgeschlossen sei. Diese Erwartung schien der Besuch des sowjetischen Außenministers in Ost-Berlin vom 24. bis 27. Februar zu rechtfertigen. Hatte er doch offenkundig den Zweck, die SED-Führung von der neuen Situation, der sowjetischen Wendung in der Anerkennungsfrage, in Kenntnis zu setzen. Gromyko sprach denn auch nur von einem Meinungsaustausch. Die Ostdeutschen aber beanspruchten ein Mitspracherecht. Sie führten eine scharfe Sprache, äußerten tagelang schwere Bedenken. Ohnehin hatten sie kein Interesse am Zustandekommen dieser Vereinbarung zwischen Bonn und Moskau, hätten sie am liebsten immer noch ganz und gar verhindert.

Doch angesichts der russischen Vormachtsposition konnte man annehmen, am Ende, als Gromyko abreiste, sei der Widerstand der DDR gebrochen gewesen. Aber weit gefehlt. Ein Vierteljahr lang blieb die DDR-Führung hartnäckig und verstockt. Sie erreichte damit tatsächlich am 15. Mai 1970, auf dem ostdeutsch-sowjetischen Gipfeltreffen in Moskau, daß Gromyko anschließend allen Ernstes den Versuch machte, die Vereinbarung mit Bonn, das *Bahr-Papier*, wieder umzustoßen. »Sie müssen«, sagte er mit sanfter Unschuldsmiene dem verblüfften Bahr, »mit noch größerem Realismus an die Dinge herantreten. Wir unsererseits haben sehr viel Geduld.« Daraufhin drohte Bahr in einem Schreiben an Gromyko damit, alles abzubrechen, woraufhin sein Partner zu den alten Abmachungen zurückkehrte.

Die Verhandlungsführung Egon Bahrs

Dramatisch ging es zwischen Bahr und Gromyko mehr als einmal zu. Beide wußten sich wirkungsvoll in Szene zu setzen: Wo Gromyko dauernd von Krieg und Frieden sprach, rief Bahr mehr als einmal aus, dieses oder jenes sei für uns die Existenzfrage. Man redete sich in Feuer, wärmte sich an, kam sich näher – bei aller Härte des Ringens miteinander. Der zierliche Bahr mag auf den ersten Blick schüchtern, unsicher, vielleicht auch linkisch wirken. Aber das täuscht sehr. Dieser charmante, liebenswürdige Einzelgänger mit sanfter Stimme, gewinnenden Umgangsformen und in sich gekehrtem, mönchischem Wesen ist in Wirklichkeit hinter einer Fassade der Bescheidenheit unerhört selbstsicher, sehr von sich überzeugt. Von den meisten anderen Menschen hält er wenig, läßt sich ungern helfen, macht lieber alles alleine, setzt auf eine, auf seine Karte. Dabei kommen ihm seine beträchtliche Intelligenz ebenso zugute wie seine glänzenden taktischen Gaben. Von brillantem Gedächtnis, spricht er fast immer frei.

In Moskau zog er alle Register. Er parlierte ganz unbefangen. Er charmierte und lockte. Geradeheraus, risikofreudig, großzügig – wo er es für vertretbar hielt. Dann wieder gab er sich zugeknöpft und abweisend. Überhaupt kann Bahr sehr scharf, sogar beleidigend werden. Souverän im Auftreten, nie umständlich, war er ohne Zweifel Gromyko ebenbürtig, ein großartiger Verhandler. Selbst sein Rivale Ralf Dahrendorf, der ja den Verlauf der Moskauer Unterredungen kannte, mußte das zugeben. In der Hamburger FDP-Bundesvorstandssitzung vom 21. Februar 1970 verteidigte er mit Verve, was er später Bahrs »Einhandsegglerei« nannte: Bahr habe bei den Gesprächen mit Gromyko »unsere Verhandlungsposition in einer vorzüglichen – und ich würde sogar sagen: bewundernswerten – Weise vertreten«.

Auf beiden Seiten verhandelte man unkonventionell miteinander. Zügig, direkt, auf hohem Niveau. Keine langen Erörterungen der Präliminarien und Modalitäten. Keine endlosen Runden, wie später bei SALT oder der Konferenz über *Mutual Balanced Force Reductions (MBFR)*. Bahr und Gromyko gingen beide geradewegs auf die zentralen Punkte zu, auf die Substanz der angestrebten Beziehungen, auf Möglichkeiten, die beiderseitigen Interessen miteinander zu vereinbaren, auf das Gerüst der beabsichtigten Zusammenarbeit.

Bahr konnte sich bei seiner Gesprächsführung völlig frei fühlen. Denn er besaß das uneingeschränkte Vertrauen des Bundeskanzlers. Das genügte. Sicher: Man hatte ihm eine Grundsatzweisung aus dem Auswärtigen Amt mitgegeben. Aber hatte er sie nicht im wesentlichen selbst geschrieben und durchgängig persönlich inspiriert? Enthielt sie doch die Quintessenz aller Überlegungen, die der AA-Planungsstab unter seiner Leitung in den voraufgegangenen Jahren angestellt hatte.

Auf der Gegenseite war die Verhandlungsmarge selbst eines Außenministers klein. Bei jedem Detail waren Rückfragen erforderlich. Ganz wenige Personen in Moskau waren auf dem laufenden. Positionsverschiebungen, Nuancierungen, interessante Nebenbemerkungen der Russen durften auf unserer Seite nicht der Gefahr der Indiskretion ausgesetzt werden, wenn man Moskau nicht verprellen wollte. Nur einige Eingeweihte in Bonn wußten daher, was Bahr eigentlich wollte und tat. Nur im engsten Koalitionskreis berichtete er bei seinen Bonn-Aufenthalten. Die Arbeitsebene des Auswärtigen Amtes, erst recht die anderer Ministerien, blieb ausgeschaltet. Natürlich verdroß das, wobei das

AA, aus begreiflichen Gründen, an der Spitze der Mißvergnügten marschierte. Die Angehörigen des Amtes hatten zwar immer Bahrs Intelligenz respektiert, aber diesen Außenseiter nie als einen der Ihren akzeptiert. Jetzt fühlte man sich aus dem Kern des eigenen Tätigkeitsfeldes, aus der hohen Diplomatie verdrängt und obendrein durch diesen selbstbewußten Geheimniskrämer nicht einmal richtig informiert.

Und doch war Bahrs Verhalten richtig. Wegen seiner starken Stellung beim Kanzler konnte er härter, verschwiegener, brüsker sein als jeder andere Unterhändler gegenüber den Bonner Apparaten. Wochenlang ließ er alle Welt, vom innersten Kreis abgesehen, im dunkeln tappen. Kaum jemand kannte wirklich den Stand der Dinge. Aber das war in einer Atmosphäre überall lauernder Indiskretionsgefahren nur gut so. Bei der allgemeinen Geschwätzigkeit Bonns, wo alle Wände Ohren hatten und überall Unbefugte mitlesen konnten, war das wirklich im Interesse der Sache.

Allerdings muß man einräumen, daß Bahrs Verhalten leicht Mißdeutungen ausgesetzt werden konnte, weil er nun einmal die Hintergrundrolle einer Grauen Eminenz liebt, eine Neigung zum Konspirativen hat (wie Willy Brandt lächelnd berichtet), öffentliche Spekulationen über seine Ziele und Motive genießt. Diese persönliche Eigenheit oder Schwäche leistete einem Mißtrauen Vorschub, das von seinem Verhalten her keine Grundlage hatte. Oder doch? Es gibt *eine* Ursache vielen Mißtrauens gegen Bahr, die genauerer Betrachtung wert ist. Man muß sich mit dem häufigen Vorwurf auseinandersetzen, er habe es bei der komplexen Problemlage einfach zu eilig gehabt, habe unklug auf rasche Regelungen mit den Russen gedrängt. Das sei falsch gewesen bei diesen Rechthabern und Wortklaubern mit ihrer asiatischen Gelassenheit und stoischen Geduld. Solche Einwände stützten sich in erster Linie auf völkerrechtliche Argumente. Von ihnen, vom Juristischen überhaupt, hielt Egon Bahr – ähnlich wie Willy Brandt und vor allem Herbert Wehner – nicht gerade viel. (Brandt sprach beispielsweise gern geringschätzig vom »Formelkram«; der Kreml sei schließlich »kein Amtsgericht«. Man täusche sich selbst, heißt es in seiner Nobelpreisrede, wenn man »Politik mit Juristerei verwechselt«.) Nach ihrer Meinung mußte man vor allem eine politische Dynamik zu entfesseln versuchen. Kam sie in Gang, mußte man bemüht bleiben, sie im eigenen Interesse zu beeinflussen, zu lenken. Das konnte nur gelingen, wenn man Verläßlichkeit bewies, geduldig um das Vertrauen der anderen Seite warb. Am Anfang mußten wir Meter um Meter voranzukommen suchen – wir: das Land, das einen Hitler gehabt hatte. Wollte man Entspannung, Verständigung, Zusammenarbeit, dann mußte man zunächst einmal selbst deutliches Interesse an einer Zusammenarbeit zeigen und dadurch die Russen überzeugen. Man mußte sich in sie hineinversetzen, mußte sich vorstellen, wie die Welt aus ihrer Perspektive aussah. Im Grunde ging es beim Umgang mit der Sowjetunion vorläufig gar nicht um Diplomatie, nicht um normale Außenpolitik, nicht um reguläre zwischenstaatliche Transaktionen. So weit war man noch längst nicht. Brandt, Bahr und Wehner fanden, daß man im Osten zunächst einmal die Grundlagen schaffen müsse, die man im Westen längst habe. Auch die Liberalen waren dieser Auffassung. Der Außenminister wußte zwar den Wert völkerrechtlicher Expertise immer mehr zu schätzen, je länger er im Auswärtigen Amt saß. Aber er war weit davon entfernt, die Bedeutung des Völkerrechts zu übertreiben. Die neue Bewegung im Verhältnis zum Osten, die man wollte, kam nicht dadurch in Gang, daß sich Deutsche und Russen wechselseitig juristisch belehrten. Die Sozialliberalen fürchteten, wie Klaus Dieter Arndt damals anschaulich formulierte, die Gespräche mit dem Osten könnten »unser Panmunjon« werden – wobei er auf jenen kleinen Konferenzort zwischen Nord- und Südkorea anspielte, wo sich seit Jahrzehnten Kommunisten und Nichtkommunisten zu fruchtlosen Palavern zusammenfanden, die größtenteils aus gegenseitigen Beschuldigungen und Beschimpfungen bestehen.

Die SPD/FDP-Koalition war entschlossen, ihren Anfangsschwung zu nutzen. Glücklicherweise fiel er mit einer Phase neuer Aufgeschlossenheit der Sowjets zusammen. Keiner wußte, wie lange dieser hoffnungsvolle Abschnitt dauern würde. Wo die Vorgänger frühere Gelegenheiten aus kleineuropäischer Voreingenommenheit bewußt verpatzt oder durch Dösen und Trödeln ungewollt verpaßt hatten, wollten die Sozialliberalen ihre Chance rasch nutzen.

Tatsächlich rechnete Bahr zunächst mit kurzen Fristen. Bei Besprechungen der Anfangszeit im Bundeskanzleramt meinte er, es dauere nur einige Wochen, bis die Verträge unter Dach und Fach seien. Als er Ende Januar 1970 in Moskau ankam, ging er davon aus, nach zwei, drei Sitzungen werde man sehen, was sich machen lasse; in einer Woche sehe er klar. Das war ein großer Irrtum.

Bahr hatte die Verständigungsschwierigkeiten unterschätzt, die schon beim Vokabular begannen. Man buchstabierte sich gegenseitig die Worte, mußte beträchtliche Zeit und Mühe darauf verwenden, einander die Bedeutung von Begriffen zu erläutern. Nur allmählich fand man sich in der Denkweise des anderen zurecht. Hinzu kam die epische Neigung der Russen, die Umständlichkeit ihrer Entscheidungsprozesse, die alles in die Länge zogen.

Bahr drängte, weil er sich unter Zeitdruck fühlte. Wenn man in den Wandelhallen des Bundestages raunen hörte, die Union werde, wenn sie an die Macht käme, die gleiche Außenpolitik betreiben, sich allerdings mehr Zeit nehmen, die Verhandlungen also einige Jahre (statt einiger Monate) dauern lassen, dann konnte man im Kanzleramt und im AA nur die Köpfe schütteln. Was man jetzt nicht bekomme – schärfte Bahr seiner Umgebung ein –, werde man nie mehr bekommen. Bahr war ungeduldig, fürchtete mehrfach, die Russen könnten es sich vielleicht wieder anders überlegen, könnten vielleicht der DDR, die hysterisch reagierte, doch noch nachgeben. Insofern wundert es nicht, daß Bahr heute meint, alles habe sich unendlich lange hingezogen.

Genau dies, die auffallende Dauer der Gespräche Gromykos mit Bahr, wurde damals von ausländischen Beobachtern ganz anders gedeutet als von vielen Deutschen. Gromyko habe noch nie mit einem ausländischen Botschafter (hieß es im März/April 1970 in Moskau) derart lange wie jetzt mit Bahr gesprochen. Der französische Botschafter in der sowjetischen Hauptstadt, Roger Seydoux de Clausonne, sagte damals zu Bahr: »Es ist völlig gleichgültig, ob Sie hier zu einem positiven Ergebnis kommen oder nicht. Die Tatsache allein, daß die Bundesrepublik Deutschland zum ersten Male nach dem Kriege, zum ersten Male seit ihrem Bestehen, bewiesen hat, daß sie selbständig mit der Sowjetunion zu reden imstande ist, hat die politische Landschaft in Europa verändert.«

Selbst wenn es so war, wie Seydoux sagte, wollte Bahr doch lieber seine Ernte rasch in die Scheuer fahren. Schließlich brauchte die Regierung dringend Erfolge, positive Ergebnisse ihrer Politik, um sie stolz öffentlich vorzuweisen. Ihr stand 1970 ein halbes Dutzend Landtagswahlen bevor, die die Mehrheitsverhältnisse im Bundesrat folgenschwer verändern konnten. Im Bundestag sah es nicht rosiger aus. Hier hatte man an sich vier Jahre Zeit; bis spätestens 1973 mußte die Neue Ostpolitik also parlamentarisch abgewickelt sein, das neue Ostwerk stehen. An sich. Denn angesichts ihrer schwachen Mehrheit im Bundestag mußte die Koalition immer mit einem vorzeitigen Ende der Legislaturperiode rechnen. Es brauchten nur einige Abgeordnete der FDP, die (wie man wußte) die neue Außenpolitik ablehnten, ins Lager der Union überzuwechseln – und alles war aus. Es gab also auch aus innenpolitischen Gründen erheblichen, zusätzlichen Zeitdruck, der den außenpolitischen ergänzte.

Anders sah das Helmut Schmidt, auch Georg Leber, die sich beide ostpolitisch sehr viel Zeit lassen wollten. Noch im Rückblick sagt Schmidt nicht ohne skeptischen Unterton, ein geradezu »atemberaubender Drive« habe Bahrs Moskauer Verhandlungsführung gekennzeichnet. Die Grundlinie sei richtig gewesen. Im Detail aber habe Bahr eilig gepfuscht.

Wie ernst muß man dieses Urteil nehmen? Schmidt fand damals vieles unzulänglich. Bei allem, bei jedem hatte er etwas auszusetzen. Er gefiel sich in jenen Jahren in der Rolle eines verkannten Genies, das eigentlich jeden Posten besser ausfüllen könne als der gegenwärtige Amtsinhaber. Widrige Umstände, ein später, hindernisreicher Start hatten es ihm verwehrt, zur Spitze vorzustoßen, wo jetzt ein anderer saß, der kaum älter war als er. Nach menschlichem Ermessen war seine Laufbahn am Ende. Das schmerzte. Denn im Grunde fand er für sich nur das Kanzleramt wirklich angemessen. Gern und ungefragt ließ er bei vielen Gesprächspartnern durchblicken, daß seine ungewöhnlichen Fähigkeiten (die er tatsächlich besitzt) ihn mehr als jeden anderen für die Aufgaben und Verantwortungen dieses zentralen, allein wirklich wichtigen Amtes qualifizierten. Womit er langfristig sogar recht hatte. Nur nahm man ihm im Kreis der Kabinettskollegen, nicht nur der loyalen Sozialdemokraten, damals allgemein übel, daß hier ein Meister sich selbst im Mantel des Propheten vorauseilte.

Es scheint kein vernünftiger Zweifel daran möglich, daß Bahrs Grundlinie richtig war. Daß man manche Details sicher anders, vielleicht besser hätte machen können, wird immer zu behaupten sein. Insofern ist dieser Vorwurf billig. Konrad Adenauer hat ihn sich in vergleichbarer Lage, beim Aushandeln der Westverträge im Frühjahr 1952, ebenso anhören müssen. Um die Verhandlungen in der Endrunde abzukürzen, um sie unter dem Druck der sowjetischen März-Note zum raschen, guten Ende zu bringen, habe er in vielen Einzelpunkten zu schnell nachgegeben, hieß es damals intern. Das ärgert Spezialisten und Referenten. Man muß es in Kauf nehmen. In der großen Bilanz zählen solche Details wenig. Wenn man heute wissen will, was Bahr denn hätte fundamental anders machen sollen oder können, bekommt man von seinen Kritikern nichts besonders Eindrucksvolles zu hören.

Brandt und Scheel sahen die Situation ähnlich wie Bahr. Die Konstellation, unter der man im deutschen Interesse etwas bewerkstelligen könne, werde nicht auf die Dauer anhalten. Die Zeit sei daher knapp. Die wachsende, wesentlich atomar bedingte Solidarität der beiden Supermächte, ihre Verständigung über Interessensphären und Konfliktkontrollen, lasse eine Lage voraussehen, in der Sowjetunion und USA zusammen über unsere Interessen hinweggehen würden. Ebensowenig sei etwas für Deutschland zu erhoffen, wenn die Entspannung zwischen ihnen stagniere oder sogar zusammenbräche, ehe die Bundesrepublik eigene gute Kontakte mit Moskau besäße.

Berlin-Gespräche der Vier Mächte

Am Anfang des Jahrzehnts gab es die Aussicht, beide Weltmächte zu verbesserter Kooperation in Deutschland zu bewegen, woran sie in späteren Jahren nicht im Traum gedacht hätten. Beide waren 1970 – nach einigem Zögern und unter einigem Druck – bereit, Berlin zum Testfall der Entspannung zu machen.

Zunächst hatten die USA das keineswegs beabsichtigt. Noch weniger waren die Russen darauf aus, diesen westdeutschen Pfahl im Fleisch ihrer DDR zu befestigen und zu sichern. Die Vereinigten Staaten und die Sowjetunion hielten ihre Rüstungskontrollgespräche für absolut vorrangig. Mit ihnen, mit SALT I, sollte die von Richard Nixon und Henry Kissinger verkündete *Ära der Verhandlungen* großartig einsetzen. Seit dem 16. April 1970 saßen in Wien, nach Abschluß der Vorgespräche von Helsinki, Delegationen beider Seiten beisammen, um den Text eines entsprechenden Abkommens zu erarbeiten. Die amerikanisch-sowjetische Entspannung zeichnete sich also als reale Möglichkeit ab, ohne schon erreicht zu sein; Washingtons Beziehungen zu Moskau waren noch wackelig. Es ärgerte die Vereinigten Staaten, daß die Westdeutschen in diesem kritischen Augenblick ihrerseits und unabhängig mit der Sowjetunion verhandelten. Denn diese selbständige, eilige Ost-Initiative Bonns komplizierte natürlich die amerikanische Verhandlungsstrategie. Und obendrein: Aufgrund ihrer traumatischen Lebenserfahrungen mißtrauten Männer wie Henry Kissinger oder Helmut Sonnenfeldt dem Augenmaß, dem politischen Urteilsvermögen der Deutschen. Sie fürchteten daher, daß diese – in ihren Augen – unbedachte, vorschnelle Ostpolitik, zusammen mit dem dubiosen Projekt einer europäischen Sicherheitskonferenz, die DDR dramatisch aufwerten, überhaupt die Position der UdSSR in Osteuropa spektakulär stärken und gleichzeitig den Einfluß Moskaus in Westeuropa vergrößern, besonders die Bundesrepublik tief verunsichern und damit insgesamt den Westen schwer schädigen werde. Es war ein großer Erfolg Bonns, Amerikaner *und* Russen dazu zu bringen, ihren jeweiligen Part im sozialliberalen Konzept der neuen Außenpolitik zu übernehmen. Als im Februar/März 1970 Verhandlungen der vier Botschafter in Deutschland begannen, gab es zunächst nicht mehr als eine vage Hoffnung der Deutschen, man werde dort im Berliner Kontrollratsgebäude ein Abkommen zustande bringen. Die Botschaftergespräche begannen auf beiden Seiten langsam und lustlos; SALT besaß absoluten Vorrang im außenpolitischen Denken Moskaus und Washingtons. Die Sitzungen schleppten sich mit prozeduralen Erwägungen und allgemeinen, unverbindlichen Erörterungen monatelang dahin. Mehrfach schien die ganze Sache zu versacken. Bis ins Frühjahr 1971 blieben die Aussichten, zu einer Viermächte-Vereinbarung zu gelangen, minimal. Erst dann merkten die Russen, daß sie ohne ein solches Abkommen weder die Ratifizierung des deutsch-sowjetischen Vertrages noch ihre europäische Sicherheitskonferenz würden erreichen können; erst dann waren die Amerikaner wirklich entschlossen, den Entspannungswillen der Sowjetunion in Berlin auf die Probe zu stellen.

Kein Wunder, daß man in der deutschen Öffentlichkeit im Frühsommer 1970 die Zukunft der früheren Reichshauptstadt wenig optimistisch einschätzte. Rudolf Augstein schrieb am 29. Juni 1970 im *Spiegel:* »Das amerikanische Engagement für West-Berlin muß unvermindert erhalten bleiben, da man West-Berlin ja weder aufgeben will noch kann. Bislang, und gewiß für die Lebzeiten dieser Bundesregierung, gibt es keine Formel, die das amerikanische Engagement fixieren und gleichzeitig die Zustimmung der Sowjets finden könnte; jede andere Meinung ist Selbstbetrug . . .«

Dem widersprach intern Hans Dieter Jaene. Am 9. Juli 1970 schrieb er: »Lieber Herr Augstein, Sie sind, glaube ich, wegen Berlins zu pessimistisch. Wenn ich nicht gänzlich falsch unterrichtet bin, ist ein Arrangement auf längere Sicht eben doch nicht unwahrscheinlich. Das scheint mir kein Selbstbetrug zu sein . . .«

In der Berliner *Liberalen Zeitung* vom 10. Juli, die Jaene beifügte, las man aus seiner Feder, es gebe durchaus eine Berlin-Formel, die das amerikanische Engagement fixiere und der gleichzeitig die Sowjets zustimmen könnten. Sie beruhe auf einer Vorstellung von West-Berlin als dem »Ort, an dem die vier Alliierten gemeinsam ihren Fuß in der Tür der Deutschen« hätten. Die Sowjetunion lege großen Wert darauf, daß an ihren originären Rechten in ganz Deutschland nicht gerüttelt werde. In Pariser Amtsstuben sei ähnliches zu beobachten. Auch Amerikaner und Engländer dächten nicht daran, Positionen aufzugeben, die ihnen durch die Kapitulation 1945 zugefallen seien. »Als Vier-Mächte-Kontrollpunkt in Deutschland« habe Berlin zwischen beiden deutschen Staaten eine gesicherte Perspektive.

Das war eine realistische Lagebeurteilung, die Augstein allerdings nicht überzeugte, wie seine Antwort an Jaene vom 10. Juli 1970 zeigt: »Lieber Herr Jaene! Vielen Dank für das Lebenszeichen und den Artikel. Ja, vielleicht bin ich ein wenig zu apodiktisch (gewesen). Allerdings sehe ich nicht die geringsten Anzeichen dafür, daß die Sowjets von ihrer bisherigen Haltung in absehbarer Zeit abweichen werden. Vielleicht tun sie das doch, sie haben sich ja auch schon früher gelegentlich schnell umentschieden. Aber, wie gesagt, Anzeichen gibt es dafür keine . . .«

Dieser Pessimismus war nicht auf die Person Augsteins beschränkt. Der *Spiegel*-Herausgeber war kein Einzelfall. Schon gar nicht unter Liberalen. In der FDP sahen viele schwarz, sahen alles scheitern, mit Ausnahme Walter Scheels, der Willy Brandt am 29. März 1970 aus dem Osterurlaub in Zell am See beflügelt vom vergleichsweise günstigen Abschneiden seiner Partei bei den Hamburger Bürgerschaftswahlen vom 22. März, mit gewohnter Munterkeit geschrieben und seine Zuversicht geäußert hatte, »unser Regierungsprogramm in dieser Legislaturperiode verwirklichen« zu können, wozu ja auch die Regelung des Berlin-Problems maßgeblich gehörte.

Kritik an der Amtsführung Walter Scheels

Zwei Tage später, am 31. März 1970, wurde der Botschafter der Bundesrepublik in Guatemala, Karl Graf von Spreti, von Angehörigen einer Untergrundorganisation entführt. Am 5. April fand man ihn in der Nähe der Hauptstadt dieses kleinen mittelamerikanischen Landes erschossen auf. Scheel erfuhr es auf dem Flugplatz in Köln-Wahn bei der Rückkehr aus seinem Ferienhaus im österreichischen Hinterthal. Auf Anraten des Staatssekretärs Duckwitz hatte er seinen Urlaub nicht unterbrochen, weil man auch von Bonn aus nichts machen könne. Das war zwar richtig, berücksichtigte aber die gereizte öffentliche Meinung nicht: Man verübelte es Scheel, daß er sich müßiggängerisch in Schnee und Sonne erholte, während sein Botschafter vom Tode bedroht war. Hatte der Außenminister bis zu diesem Augenblick nach Auffassung vieler Journalisten zu wenig getan, unternahm er nunmehr nach Meinung der gleichen Leute des Guten zuviel: Scheel entschloß sich spontan, persönlich nach Guatemala zu fliegen, um den toten Grafen Spreti und seine Familie nach Hause zu holen. Wie er seinen Kollegen in der Kabinettssitzung vom 9. April mitteilte, diente seine Reise dem doppelten Zweck, durch seine Teilnahme an der Totenmesse dem ermordeten Botschafter die letzte Ehre zu erweisen und dem Präsidenten Julio Mendez Montenegro eine scharf formulierte Protesterklärung zu überbringen. Denn die Bemühungen, Spreti freizubekommen, waren an der Weigerung der guatemaltekischen Regierung gescheitert, einer Forderung der Entführer entsprechend 25 Häftlinge freizulassen. Erst die Inaktivität, dann diese Überreaktion – man fand den Stil des Außenministers bemerkenswert unsicher.

Aber es war nicht nur das. Man bemängelte auch, daß Scheel über Vorgänge in seinem Bereich schlecht informiert sei. Ein Beispiel dafür war der sogenannte »Duckwitz-Brief«, ein Empfehlungsschreiben, das Willy Brandt in seiner Eigenschaft als Parteivorsitzender Duckwitz nach Warschau zur Einführung beim dortigen Parteichef mitgegeben hatte. Am 24. April war der Brief, von dessen Existenz Scheel nicht wußte, Wladyslaw Gomulka übermittelt worden, wie man in den Zeitungen lesen konnte. Bereits am 20. April hatte der Oppositionsführer, Rainer Barzel, an Scheel geschrieben, er gehe »davon aus, daß vieles an Ihnen vorbeigeht«. Das vermuteten manche, weniger geringschätzig als mitleidig. Scheels persönliche Umgebung im Auswärtigen Amt bangte in jener Zeit oft, wie der Minister wohl die laufende Woche überstehen werde. Unter der Überschrift »Right or wrong, my Scheel«, mit der er auf einen Kalauer des Kanzlers anspielte, schrieb Rolf Zundel am 8. Mai 1970 in der *Zeit:* »Walter Scheel marschiert gegenwärtig auf der Talsohle der Popularität, aber er bewegt sich dabei mit so heiterer Gelassenheit, als ob er sich auf einem Nachmittagsspaziergang in seinem salzburgischen Urlaubsort Hinterthal befände. Von Panik keine Spur. Er wirkt nüchtern, ausgeglichen . . . Daß er zunächst wegen wirklicher und vermeintlicher Schwächen hart attackiert und dann mit mitleidiger Geringschätzung behandelt wurde, scheint ihn in seiner Selbstsicherheit kaum beeinträchtigt zu haben. Er analysiert seine Lage interessiert, aber leidenschaftslos – so als ob der Außenminister ein guter Bekannter von Walter Scheel wäre . . .«

Diese Seelenstärke ihres Vorsitzenden beunruhigte die nervöse, hektisch um Profilierung bemühte FDP. In der Presse las man von heftigen Angriffen seiner Parteifreunde auf Scheel, die sich an seinem fehlenden oder falschen Profil entzündeten. Allen war er nicht präsent genug, war »Scheel – draußen vor der Tür«, wie Günter Gaus höhnisch am 4. Mai 1970 im *Spiegel* schrieb. Alle hatten auch etwas an der Ostpolitik auszusetzen. Den Linken in der FDP war sie nicht kühn genug (sie wollten die völkerrechtliche Anerkennung der DDR), den Rechten war sie umgekehrt viel zu waghalsig. Beide Lager fragten sich bekümmert, welchen Einfluß der Außenminister wohl auf diese neue Politik habe. Und ob sie nicht total zu mißlingen drohe.

So etwas dachten nicht irgendwelche Leute, die keine Ahnung hatten oder übellaunig waren, etwa am äußersten rechten Flügel saßen, dem ohnehin die ganze Richtung nicht paßte. Nein, an den völligen Fehlschlag der Ostpolitik dachte zu jener Zeit der vielleicht intelligenteste Kopf der FDP, ihr Star-Professor, der glänzend informierte, analytisch brillante Parlamentarische Staatssekretär im Auswärtigen Amt, Ralf Dahrendorf. Am Anfang jenes Monats Mai, an dessen Ende er plötzlich aus dem AA ausscheiden und die überstürzte Flucht ins politische Abseits, nämlich in die EG-Kommission in Brüssel, antreten sollte, schickte er seinem Minister eine ratlose, langatmige Ausarbeitung:

Überlegungen zur Möglichkeit des Scheiterns der deutschen Ostpolitik

I.

In unseren ostpolitischen Bemühungen muß die Möglichkeit einkalkuliert werden, daß sie nicht zum erhofften Erfolg, d. h. zur Aussöhnung und Begründung einer europäischen Friedensordnung führen. Für den Mißerfolg der Bemühungen könnten eine Reihe von Gründen konstitutiv sein:

a) Wir selber haben die Politik nicht hinlänglich durchdacht und nicht ständig fortgedacht.
b) Wir sind selbst im Hinblick auf Positionen, von denen wir oder unsere Unterhändler überzeugt sind, halbherzig gewesen.
c) Die Mehrheit der Koalitionsparteien im Bundestag ist schwach und zudem im Hinblick auf die ostpolitischen Bemühungen ungewiß; wesentliche Entscheidungen sind nicht getroffen worden.
d) Die führenden Männer der deutschen Politik scheuen – möglicherweise mit Recht – die große Konfrontation.
e) Unsere Verbündeten sind von unserer Politik nicht überzeugt und unterstützen sie daher nur in dem Maße, in dem wir gefahrlos als Vorreiter agieren können, die sie am liebsten scheitern sehen.
f) Unsere Verbündeten befinden sich an entscheidenden Punkten in einem Interessengegensatz zu uns und haben daher keine Neigung zu einer Synchronisation, sondern eher eine zur Erneuerung ihres Status als Besatzungsmächte.
g) Die Sowjetunion kann sich im Hinblick auf die Staaten des Warschauer Paktes die lange Leine noch nicht leisten und will dies vielleicht auch nicht.
h) Die Sowjetunion selbst hat keine ernsthafte Bereitschaft zu Verhandlungen, sondern sieht in unserem Entspannungsangebot nur eine Möglichkeit zur Verbesserung des Status quo im eigenen Sinne.
i) Es ist grundsätzlich schwer, eine so große Hürde, wie wir sie vor uns hatten, im ersten Anlauf zu nehmen . . .

Und so weiter, sechseinhalb Seiten lang.

Was sollte man nun davon halten? Was wollte Dahrendorf eigentlich? An sich lief es ostpolitisch doch inzwischen nicht schlecht. Schließlich hatte Bahr, wie Dahrendorf wußte, sein passables Verhandlungsergebnis, das berühmte Bahr-Gromyko-Papier, so gut wie unter Dach und Fach. Nach erheblichem Hin und Her allerdings, das ist wahr. Bis in die letzten Tage hinein sollten die Gespräche dramatisch bleiben.

Dann kamen, am 22. Mai 1970, die beiden Unterhändler zum letzten Mal zusammen, um den Inhalt des Vereinbarten gemeinsam abzusegnen. Selbst der skeptische Allardt war vom Ergebnis sehr angetan. Er telegraphierte nach Bonn, der Minister solle rasch kommen und das Eisen schmieden, solange es heiß sei. Scheel war ohnehin der Auffassung, daß man schnell handeln müsse, wenn man sich einmal entschlossen habe, mit den Russen wirklich einen neuen Anfang zu machen. Wenn es nach ihm gegangen wäre, hätte er schon am 12. Juni, gezielt rechtzeitig vor drei für die FDP bedrohlichen, also wichtigen Landtagswahlen am 14. Juni (statt erst Ende Juli, wie es dann kam) seine Verhandlungen mit Gromyko aufgenommen. Viele in Bonn, keineswegs nur in der Koalition, waren von dem beeindruckt, was Bahr erreicht hatte. So erklärte Gerhard Schröder (CDU), der frühere Außenminister, der jetzt Vorsitzender des Auswärtigen Ausschusses des Bundestages war, soweit er sehe, sei von Bahr »in Moskau bisher nichts verschenkt worden«; es sei »erstaunlich, wie er das in Moskau gemacht« habe.

Am momentanen Stand der deutsch-sowjetischen Beziehungen konnte also Dahrendorfs Defaitismus nicht liegen. Aber auch im schwierigen deutsch-deutschen Verhältnis sahen die Dinge im Mai nicht mehr ganz so übel aus. Zwar war beim Kasseler Treffen der beiden Regierungschefs vom 21. Mai 1970, dem Gegenbesuch des DDR-Ministerpräsidenten auf die Erfurt-Reise des Bundeskanzlers, nichts herausgekommen. Aber damit hatte auch niemand gerechnet. Willi Stoph wußte so gut wie Willy Brandt, daß zunächst einmal der Moskauer Vertrag fix und fertig sein mußte. Dann erst konnte man an das innerdeutsche Verhältnis herangehen. Man hatte daher in Kassel eine »Denkpause« vereinbart, die bis in den Herbst hinein andauern sollte. Aber damit Ost-Berlin etwas zum wirklichen Nachdenken habe, hatte Brandt Stoph eine Liste von 20 Punkten mitgegeben, über die man sich miteinander verständigen müsse: das Bonner Programm für die späteren Verhandlungen über den Grundvertrag.

Das Treffen von Kassel

Das Treffen selbst verlief zeitweilig so turbulent, wie man das angesichts des deutsch-deutschen Verhältnisses erwarten durfte. Bereits auf dem Bahnhof war die DDR-Delegation von rechtsextremen Demonstranten mit Pfui- und Buh-Rufen empfangen worden. Als man sich im Sitzungssaal des Hotels *Wilhelms-*

höhe einfand, um mit den Besprechungen zu beginnen, zerrten draußen vor den Fenstern drei junge Männer, die sich mit gefälschten Presseplaketten Zutritt zur abgeriegelten Sicherheitszone des Hotels verschafft hatten, die DDR-Fahne – diese »Spalter-Flagge«, wie sie sagten – vom Mast und zerrissen sie, ehe die Polizei einschreiten konnte. Dies nahm Stoph zum Anlaß, die Eröffnungserklärung Brandts brüsk zu unterbrechen und der Bundesregierung vorzuwerfen, sie habe weder polizeilich noch, vor allem, politisch-juristisch genug für den Schutz der DDR-Repräsentanten getan. Stoph bezog sich dabei nicht nur auf den Flaggenzwischenfall, sondern auch auf Angriffe der *Deutschen National-Zeitung*. Dort war er als Schreibtischtäter bezeichnet worden, der des vielfachen Mordes an deutschen Landsleuten schuldig sei, die er durch Angehörige der Volkspolizei habe erschießen lassen. In den Wochen vor dem Treffen hatte diese *National-Zeitung* »über die Straftaten des Mauermörders Stoph, . . . auf dessen Besuch in Kassel sich unser Kanzler Brandt schon besonders freut«, immer wieder in großer Aufmachung berichtet.

Es war nicht bei Verbalinjurien geblieben. Am 8. Mai hatte die gleiche Zeitung die bundesdeutsche Justiz aufgefordert, »sie möge ihre Pflicht nach Recht und Gesetz tun und den Schreibtischtäter nach den in NS-Verfahren entwickelten Grundsätzen der gerechten Strafe zuführen. Es darf nicht sein, daß politische Erwägungen 25 Jahre nach Hitler schon wieder dem Recht vorgehen. Verhaftet Stoph in Kassel!«

Schon im April hatte der Herausgeber dieses Blattes, Dr. Gerhard Frey, bei den Staatsanwaltschaften in Bonn und Kassel persönlich Anzeige erstattet. Die dortigen Oberstaatsanwälte hatten, wie die *National-Zeitung* am 17. April berichtete, »Ermittlungsverfahren gegen Stoph und andere wegen Mordes und weiterer Kapitalverbrechen« eingeleitet. Obwohl dieser Sachverhalt von der Bundesregierung bestritten worden war und ein Regierungssprecher am 10. April erklärt hatte, daß die Strafanzeigen lediglich registriert und keine Ermittlungsverfahren eingeleitet worden seien, hatte Otto Winzer, der DDR-Außenminister, noch Ende April auf einer Pressekonferenz in Belgrad nachdenklich gemutmaßt: Falls er in die Bundesrepublik fahre, gehe er das Risiko ein, daß man einen Steckbrief gegen den Antifaschisten Winzer ausfertige; er laufe Gefahr, in Kassel verhaftet zu werden.

Die durch den Flaggenzwischenfall aufgefrischte Erinnerung an solche von der Bundesregierung offenbar nicht völlig ausgeräumten Befürchtungen bewogen nun Stoph, Brandt ins Wort zu fallen und unter Anspielung auf die Attacken der *National-Zeitung* zu behaupten, Bonn dulde »faschistische Umtriebe«, ja »direkte Mordhetze« gegen führende Repräsentanten der DDR. Brandt entschuldigte sich daraufhin für die Störungen und erklärte, die DDR-Delegation sei während ihres Besuchs in der Bundesrepublik selbstverständlich sicher.

Aber das reichte nicht aus, um die Atmosphäre zu reinigen. Die Angelegenheit war ja auch peinlich genug: Immerhin mußte der Ministerpräsident eines

Nachbarstaates damit rechnen (er konnte die Möglichkeit zumindest nicht für ausgeschlossen halten), im Gastgeberland verhaftet zu werden. Der Kanzler nahm deshalb Kontakt mit Bonn auf und bat den Justizminister um rasche Aufklärung und rechtliche Schützenhilfe. Gerhard Jahn unterstützte daraufhin in einem Fernschreiben an Brandt dessen Position, daß die DDR-Delegation in der Bundesrepublik natürlich keine Strafverfolgung zu fürchten habe. Diese Auffassung werde von allen Länderjustizministern voll geteilt. Daher gebe es nirgendwo in der Bundesrepublik Ermittlungsverfahren gegen DDR-Repräsentanten. Ergänzend erwähnte er, gegen Gerhard Frey, den Haupturheber der Anzeigen gegen Stoph, dieser juristischen Störaktionen, sei ein Verfahren auf Aberkennung des Grundrechts der freien Meinungsäußerung (gemäß Art. 18 des Grundgesetzes) eingeleitet worden. Nach seiner Auffassung, hieß es zusammenfassend bei Jahn, werde durch alle diese Bemühungen dem DDR-Vorwurf die Grundlage entzogen, Bundeskanzler oder Bundesregierung seien in dieser Sache untätig geblieben.

Anhand dieses Fernschreibens konnte Brandt seinen Gast in einer Unterredung unter vier Augen beruhigen, Stophs Verärgerung ausräumen, zumal der Bundesjustizminister öffentlich feststellte, die Übergriffe am Rande des Kasseler Treffens, die Beschädigung der DDR-Flagge, würden selbstverständlich strafrechtlich untersucht und gerichtlich geahndet werden. Tatsächlich beschloß das Kabinett am 11. Juni, den Justizminister einen entsprechenden Strafantrag stellen zu lassen.

Zu Gesprächen wie dem eben erwähnten, bei denen die beiden deutschen Regierungschefs eine Zeitlang ohne ihre Begleiter vertraulich miteinander reden konnten, kam es mehrfach im Laufe des Kasseler Tages. Angesichts der störenden Vorfälle, ja des überhaupt verkrampften deutsch-deutschen Verhältnisses war man beiderseits nicht gerade heiter und entspannt. Aber ebensowenig ging man frostig miteinander um, sondern sachlich, detailliert, konstruktiv. Immerhin betonte Stoph offen, daß die Regelung praktischer Fragen zwischen der DDR und der Bundesrepublik künftig keinen Schaden nehmen dürfe. Er ließ deutlich erkennen, daß man die Bemühungen, zu regelrechten Beziehungen zwischen Bonn und Ost-Berlin zu kommen, nach der Denkpause fortsetzen müsse; Kassel dürfe kein Scheitern bedeuten.

Hinterher schrieb sich Brandt die Punkte auf, über die sie zu zweit gesprochen hatten. Diese vertrauliche Aufzeichnung lautete:

1. St. wies mit Nachdruck darauf hin, daß Verhandlungen über einen Vertrag erst möglich seien, wenn wir uns bereit erklärten, einen solchen Vertrag auf »völkerrechtliche Grundlage« zu stellen.
2. St. warf die Frage auf, ob wir uns darauf verständigen könnten, daß beide Staaten den Vereinten Nationen beitreten. Ich wies darauf hin, daß eine solche Verständigung jedenfalls jetzt nicht möglich sei. Erstens gelte

hierfür unser allgemeiner Hinweis, daß Fortschritte in den Beziehungen zwischen den beiden Staaten erzielt sein müßten, bevor wir auf der internationalen Ebene weiterkämen. Zweitens seien an der UN-Frage auch andere Staaten interessiert, nicht zuletzt die Vier Mächte, die zu gleicher Zeit über Rechte für Deutschland als Ganzes verfügten und eine besondere Position im Sicherheitsrat der UN einnehmen.

3. St. legte dar, daß die Regelung praktischer Fragen zwischen der DDR und uns keinen Schaden erleiden dürfe. Dies gelte insbesondere für den Handel. Er könne nicht zugeben, daß wir der DDR dabei besonderes Entgegenkommen zeigten. In früheren Jahren sei dies, wie er aus eigener Erfahrung nachweisen könne, jedenfalls nicht der Fall gewesen. Ich erklärte, daß unsere Haltung im vergangenen Winter, beim Saldenausgleich und auch in Bezug auf die EWG-Regelungen jedenfalls alles andere als diskriminierend gewesen sei, wobei ich nicht bestreiten wolle, daß wir auch an unsere eigenen Interessen dächten.
   St. betonte eindringlich, daß propagandistische Hinweise in unserer Presse auf der DDR gewährte Vorteile der Sache auf jeden Fall abträglich seien. Er wolle ein Beispiel nennen: Im Zusammenhang mit der Hannover-Messe sei – wie er vermute von böswilligen Kreisen – ein Geschäftsabschluß heraufgespielt worden, der sich auf einen Elektrostahlofen (?) im Wert von etwa 70 Mio DM bezogen habe. Diese Propaganda habe zur Folge gehabt, daß die DDR die zweite Bestellung dieser Art zurückgezogen und nach anderer Seite verlegt habe.
4. Die Verkehrsfragen wurden nur andeutungsweise erwähnt. St. gab, wie in Erfurt, noch einmal zu bedenken, ob wir uns die Regelungen nach CIM und CIV zu eigen machen könnten.*
5. Meine Frage, ob wir nicht auch Beauftragungen auf dem Gebiet der wissenschaftlichen und kulturellen Zusammenarbeit ins Auge fassen könnten, beantwortete St. negativ. Hierzu sei die Zeit noch nicht gekommen.
6. St. machte deutlich, daß nicht der Eindruck aufkommen dürfe, Kassel bedeute einen Abbruch unserer Beziehungen bzw. Bemühungen. Vielleicht sei eine Denkpause gut.

---

* Internationales Übereinkommen über den Eisenbahn-Frachtverkehr (CIM = Convention *I*nternationale concernant le transport des *M*archandises par chemins de fer) und über den Eisenbahn-Personen- und Gepäckverkehr (CIV = Convention *I*nternationale concernant le transport des *V*oyageurs et des bagages par chemins de fer) vom 1. Oktober 1938, Neufassung vom 25. Februar 1961.
Die Bundesrepublik Deutschland und die Deutsche Demokratische Republik blieben den Abkommen zunächst fern, um die deutsche Frage völkerrechtlich nicht zu präjudizieren, setzten die Bestimmungen aber mit dem 1. Januar 1965 in ihren jeweiligen Staatsgebieten in Kraft. Nach Unterzeichnung des Verkehrsvertrages zwischen der BRD und der DDR traten beide Staaten den Übereinkommen zum 1. April 1973 bei.

7. St. kam auf meine Rede vor dem SPD-Parteitag in Saarbrücken zu sprechen. Ob er es richtig verstanden habe, daß ich mich dort gegen die Konvergenztheorie und für einen verschärften ideologischen Kampf ausgesprochen hätte. Letzteres sei nicht nur in der DDR-Führung, sondern auch bei anderen »sozialistischen Staaten« schlecht angekommen. Ich erwiderte, daß es ihm ja nur recht sein könne, wenn ich mich nicht auf die Konvergenztheorie bezogen hätte. Im übrigen treffe es zu, daß wir uns der ideologischen Auseinandersetzung stellten. Ich würde ihm empfehlen, sich ein Urteil erst dann zu bilden, wenn er meine Ausführungen vollinhaltlich zur Kenntnis genommen hätte (ich habe ihm dann am Nachmittag die Ablichtung meines Parteitags-Referats übergeben). Hinzugefügt habe ich noch, daß meinen Berichten zufolge die Reaktion z. B. in Moskau recht positiv gewesen sei.
8. Ich unterrichtete Stoph zum Thema »Mordhetze« anhand des Fernschreibens von BM Jahn. St. bedankte sich sehr und bedauerte nur, daß er eine solche Unterrichtung nicht schon vorher erhalten habe.
9. Ich erwähnte, daß mich eine Nachricht erreicht habe, die sich auf fällige Verhandlungen über den Verrechnungsverkehr zwischen den beiden Staaten beziehe. Ich hätte sie so verstanden, daß die andere Seite diese Verhandlungen nicht im Zusammenhang mit dem Handel geführt wissen wolle. Außerdem sei von ziffernmäßigen Erwartungen die Rede, die ich ohne Rücksprache mit meinen zuständigen Kabinettskollegen nicht beurteilen könne. St. sagte, ihm sei dieser Gegenstand nicht geläufig. Er habe aber nichts dagegen, daß die beiden Zentralbanken miteinander den Versuch einer Regelung unternehmen würden. Wir sollten uns beide in den nächsten Tagen um die Sache kümmern.
10. Von sich aus betonte St. bei späterer Gelegenheit noch einmal, ihm liege daran, daß die Zusammenarbeit auf den Gebieten von Handel sowie Verkehr und Post keinen Schaden erlitte.
11. Im Gespräch während der Fahrt äußerte sich St. über die Auseinanderentwicklung der deutschen Sprache während der letzten 20 Jahre. Hieran anknüpfend ergab sich die Möglichkeit, auf das Thema des Reiseverkehrs zu sprechen zu kommen. Ich bat St. prüfen zu lassen, ob es richtig sei, daß westdeutsche Besucher in der DDR eine Aufenthaltserlaubnis für den jeweiligen Bezirk erhalten, während sich Besucher aus der DDR bei uns in der ganzen Bundesrepublik bewegen dürften. Er wies darauf hin, daß westdeutsche Besucher in dem jeweiligen Besuchsbezirk Genehmigung für weitere Besuche einholen könnten. Ich hatte aber den Eindruck, daß er das weiterreichende Thema zu überlegen bereit war.

Auch hier entwickelte es sich also langsam zum Besseren.

Die Rolle Ralf Dahrendorfs im Auswärtigen Amt

Dahrendorfs Resignation, seine Befürchtung, die Ostpolitik werde scheitern, hatte ganz andere Gründe. Von Anfang an fand er wenig Gefallen an der Tätigkeit, die er seit dem vergangenen Herbst wahrzunehmen hatte. Zu spät war ihm aufgegangen, daß Scheel mit seinem Angebot vom März 1969, nach den Bundestagswahlen mit ihm ins Auswärtige Amt zu kommen, seinem Ehrgeiz und seiner Eitelkeit geschmeichelt, ihn aber gleichzeitig an die Leine genommen hatte. Natürlich wollte Scheel diesen brillanten, ambitiösen, reformorientierten, unruhestiftenden Geist nicht in der Fraktion frei schweifen lassen. Denn das konnte gefährlich werden. Als Staatssekretär hielt er ihn nahe bei sich, fest unter Kontrolle. Politik machte allein der Minister; er hatte es schwer genug damit, wie wir gesehen haben. Wenn sich Dahrendorf große Wirkung auf Scheel ausgerechnet hatte, mußte das eine arge Enttäuschung werden. Scheel wußte ganz allein, was er wollte. Kein Mensch hat ihn je, im strengen Sinne, beeinflussen können. Dahrendorf bekam zwar seinen Minister häufiger zu sehen als andere Leute. Aber zu sagen hatte er nicht viel. Statt dessen durfte er Redetexte schreiben – die freilich Scheel (den Dahrendorf intellektuell nicht ernst nahm) nur partienweise verwandte, was Dahrendorf kränkte. Verletzt und eifersüchtig, entwickelte er rasch Distanz zu ihm. Er nahm Scheels Oberflächlichkeit übel. Ihn störte zunehmend seine Neigung, zu lavieren, zu taktieren. Wenn Scheel in irgendwelchen Gremien sprach, zeigte Dahrendorfs Gesicht unübersehbar leisen Spott, ja Verdruß und Ärger.

Denn was hatte er im AA zu tun? Im wesentlichen sah sich Dahrendorf auf kulturpolitische Aufgaben beschränkt. Wohlmeinende hatten ihm geraten, sich auf diesem Gebiet zu betätigen, weil hier der Minister nicht hinkomme. Aber nicht nur er, das ganze Auswärtige Amt hat seine Kulturabteilung nie recht ernst genommen. Dahrendorf fühlte sich daher rasch gelangweilt. Ein ehrgeiziger, erfolgsorientierter Mann seiner Qualitäten konnte auf einem Felde, das – wie alle Arbeit in Ministerien – viel Kleinkram, viel Kärrnerarbeit verlangte, natürlich nicht heimisch werden.

Noch weniger lag diesem ungewöhnlichen Parlamentarischen Staatssekretär die Aufgabe, die Verbindung zwischen dem Außenminister (der ja gleichzeitig Parteiführer war) und der FDP-Bundestagsfraktion zu pflegen, obwohl man das von jemandem in dieser Position allgemein erwartete. Beiderseits war man rasch voneinander enttäuscht. Die Fraktion atmete erleichtert auf, als er nach Brüssel ging und vom schwäbisch umtriebigen, aber umgänglichen und zuverlässigen Karl Moersch abgelöst wurde, mit dem alles leichter lief. Dahrendorf war imponierend, aber irgendwie unberechenbar gewesen. Anders als bei Moersch, über den man lachte, als er Ministerpräsident in Baden-Württemberg werden wollte, war man bei Dahrendorf lange Zeit betroffen, wenn er immer wieder allen Ernstes und öffentlich erklärte, er fühle sich zu hohen, ja höchsten

Ämtern berufen. Bis hinauf zu den Spitzenpolitikern seiner Partei hörte man solche Äußerungen des »ehrgeizigen Parsifal« (Rudolf Augstein) lange ohne jedes Vergnügen. Man hielt durchaus für möglich, es bei Dahrendorf mit einem chancenreichen Konkurrenten zu tun zu haben, nicht mit einem von unverhohlener Eitelkeit und großem Erfolg geblendeten Mann.

Auf dem Freiburger Parteitag vom Januar 1968, wo Walter Scheel als Nachfolger Erich Mendes zum FDP-Vorsitzenden gewählt worden war, hatte man Dahrendorf in den Bundesvorstand aufgenommen – mit Ach und Krach, nämlich erst im zweiten Wahlgang; offenbar hatte der Glanz seines raschen Aufstiegs bei schlichteren Gemütern Ressentiments geweckt. Was sollte man davon halten, wenn er unmittelbar nach diesem eher flügellahmen Start in der Spitzengruppe seiner Partei in einem *Spiegel*-Interview vom 5. Februar 1968, sein eigenes lebhaftes Interesse an der Position des Parteiführers deutlich machte? Wenn er drei weitere Wochen später »lächelnd, aber ohne Ironie« verkündete, Bundeskanzler werden zu wollen? Alle schüttelten die Köpfe. Aber Dahrendorf blieb dabei. Zwei Jahre später notierte Hermann Schreiber am 8. Juni 1970: »Was in der deutschen Politik der Auftrag zur Wiedervereinigung ist, das ist in Dahrendorfs Karriere der Vorsatz, Bundeskanzler zu werden. Realisierbar ist er nicht, aber aufgegeben auch nicht.«

Noch im Juli 1978, als Dahrendorf längst wieder, wenn auch als Direktor der renommierten *London School of Economics* höchst ehrenvoll, auf jenes akademische Gelände zurückgekehrt war, von dem aus er ein Jahrzehnt vorher seinen spektakulären Ausflug in die hohe Politik begonnen hatte, gestand er dem *Guardian*, an sich sei er der geeignete Bundeskanzler, dafür aber in der falschen Partei. Außenminister könne er längst sein, wenn er nur gewollt hätte.

Das waren krasse Fehleinschätzungen, die einen erstaunlichen Mangel an Selbstkenntnis, an politisch-psychologischem Augenmaß verrieten. Niemals, in welcher Situation und Formation auch immer, hätte dieser unstete, hochfliegende Zugvogel eine Zentralfigur der Parteiführung abgeben können, die für beide Positionen die unerläßliche Voraussetzung gewesen wäre. Die exzellenten Eigenschaften, die Dahrendorf besaß, waren nicht unbedingt förderlich für parteipolitische Führungsrollen. »Sein größter Fehler ist wohl, daß er so brillant ist – und es weiß«, schrieb zu seinem Weggang von Bonn die *Frankfurter Rundschau* vom 30. Mai 1970. Auf der anderen Seite fehlten ihm Eigenschaften, die für Inhaber von Spitzenämtern entscheidend wichtig sind. Schon während der glänzenden Auftritte Dahrendorfs auf dem Freiburger Parteitag Ende Januar 1968 war in den Kulissen zu hören gewesen: Dies sei kein Stern, sondern ein Komet, der bald verglühen werde. Ihm fehlten Ausdauer, Stehvermögen, Geduld und Bescheidenheit im Umgang, vor allem Beliebtheit in der Partei, fehlten loyale Mitarbeiter, verläßliche Anhänger, eine feste Hausmacht. Dahrendorf stand allein. Wie viele Intellektuelle war er leicht verletzbar, rasch zu entmutigen. »Wenn Sie wollen, nennen Sie es Resignation«, sagte Dahrendorf einem Reporter, als er »völlig überraschend« von der FDP für den Posten eines EWG-Kommissars nominiert wurde. Außen- wie innenpolitisch fühlte der deprimierte Dahrendorf den Boden unter den Koalitionsfundamenten schwanken. Vor allem innenpolitisch, in nächster Nähe. Er sah seine Partei am Rande eines Abgrunds stehen, den die neue Außenpolitik in der FDP aufgerissen hatte. Hier lag das entscheidende, alle anderen Gründe überragende Motiv seines Wechsels: Dahrendorf wollte rechtzeitig vor dem Debakel der FDP, vor dem Absturz, aus diesem gewagt konstruierten, riskant gesteuerten Flugkörper aussteigen und sich in Sicherheit bringen. Die Meinungsumfragen für die Liberalen standen schlecht – und sie stimmten.

Mit seiner Mutlosigkeit war dieser Staatssekretär natürlich schon lange eine Belastung für Scheel, eine Gefährdung seiner Position im Auswärtigen Amt, wo ohnehin nicht reine Zuversicht herrschte. Dahrendorf verdarb die Stimmung mit seinen Launen, durchkreuzte die Bemühungen seines Chefs, das Betriebsklima zu verbessern. Außerdem war er auch insofern für Scheel eine »Schwachstelle«, wie man in jenen Jahren sagte, als er im Parlament immer wieder Auffassungen vertreten mußte, an denen er innerlich zweifelte. Was man ihm ansah. Das ging nicht, denn man darf in der Politik die Skrupel, die natürlich jeder hat, nicht öffentlich erkennen lassen, wenn man weder die eigenen Leute entmutigen noch die Gegner zum Großangriff ermuntern will. Scheel war deshalb erleichtert und froh, als Dahrendorf von sich aus nach Brüssel wollte. Am 29. Mai 1970 beschloß die Bundesregierung auf Vorschlag des Außenministers, ihn von heute auf morgen dorthin zu entsenden. Dahrendorf und Scheel schieden in beiderseitigem Einverständnis. Er ging in Frieden – »mit meiner Hilfe«, wie Scheel später lächelnd berichtete, »und in einer die Freundschaft erhaltenden Weise«.

Wahlniederlagen der FDP 1970

Dahrendorf hatte gewußt, weshalb er so rasch Reißaus nahm. Schon zwei Wochen später wähnten auch viele andere, die Liberalen seien mit ihrem Latein am Ende. Vor dem Wahltag im Saarland, in Niedersachsen und Nordrhein-Westfalen hatte es in der befreundeten Presse eher bänglich als hoffnungsvoll geheißen, es handle sich diesmal um mehr als gewöhnliche Landtagswahlen, nämlich um einen Test auf die erste sozialdemokratisch geführte Bundesregierung. Diese Wahl sei für die Koalition »lebenswichtig«; für die FDP gehe es »um Kopf und Kragen«. Wäre das wörtlich zu nehmen gewesen, dann hätte den Liberalen am Abend des 14. Juni tatsächlich das Wasser am Halse gestanden: In zweien der drei Bundesländer fiel die FDP unter die obligaten fünf Prozent.

Im Saarland verlor sie fast die Hälfte ihres Stimmenanteils. Sie sank von 8,3

Prozent im Jahr 1965 auf 4,4 Prozent. Ebenfalls 4,4 Prozent erhielt sie in Niedersachsen (gegenüber 6,9 Prozent im Jahr 1967). Von nun an war sie also einige Jahre lang in den beiden Länderparlamenten an Leine und Saar nicht mehr vertreten. Lediglich in Nordrhein-Westfalen konnte sie sich gerade noch über Wasser halten, allerdings mit 5,5 Prozent der Stimmen (gegenüber 7,4 Prozent 1966) nur ganz knapp.

Entsprechend fielen die Kommentare nach der Wahl aus. Für den *Spiegel*, dessen Herausgeber Rudolf Augstein als FDP-Mitglied nicht gerade ein geschworener Feind der Liberalen war, sprach vieles dafür, daß dieser Partei »nur noch die Wahl . . . zwischen zwei Todesarten« bleibe: Entweder – so las man in der Ausgabe vom 22. Juni 1970 – folgten die Liberalen rückhaltlos dem großen Koalitionspartner auf seinem progressiven Kurs in der Innen- und Außenpolitik und gäben damit der Bonner Koalition eine Erfolgschance, riskierten dafür aber die Abspaltung ihres nationalliberalen Flügels und, spätestens am Wahltag 1973, die Aufzehrung durch die SPD. Oder aber die FDP versuche, sich innerhalb der Koalition nach rechts zu profilieren und den Reformkurs zu blokkieren; damit werde sie zwar ihren rechten Flügel behalten, jedoch das Kabinett Brandt/Scheel paralysieren und ihre Schwindsucht auch auf die Sozialdemokraten übertragen.

Praktisch-politisch bestand für die Freien Demokraten diese Alternative freilich nicht. Es gab überhaupt keine Alternative – schon gar nicht die dramatische, heroische von willenloser Selbstaufgabe hier, harter Auflehnung dort. Da die FDP neun Monate vorher die sozialliberale Koalition eingegangen war, blieb ihr gar nichts anderes übrig, als den bisherigen Kurs (vorerst) fortzusetzen. Ein nochmaliger Schwenk, diesmal zurück zur Union, mußte unter den gegebenen Umständen völlig außer Betracht bleiben: Er hätte den Untergang beschleunigt, nicht aufgehalten. Aber das Festhalten am Bündnis mit der SPD hieß natürlich nicht, daß man ihr »rückhaltlos« hätte »folgen« können. Eine vorbehaltsfreie Unterstützung der großen, führenden Regierungspartei bedeutet für deren kleine Partner die Selbstaufgabe. Das hatten mehrere kleinere Parteien in den fünfziger Jahren erfahren müssen, als sie sich von Adenauers CDU erst disziplinieren, dann aufsaugen ließen. Um ein Haar wäre das 1956 auch der FDP zugestoßen. Dann spaltete sich der Adenauer zuneigende Teil der Liberalen, ihr Ministerflügel, ab und gründete eine eigene Partei – die rasch zugrunde ging.

Diese Erfahrung galt auch jetzt wieder: Gerade als kleiner Partner mußte sich die FDP profilieren, als eigenständige Kraft in der Koalition beweisen, sich durch spezifische, unverwechselbare Aktionen öffentlich bemerkbar machen. Da links von der SPD keine nennenswerten Wählerreservoire übriggeblieben waren, die man hätte erschließen können, kamen für die FDP-Werbung nur bürgerliche Randgebiete rechts von der SPD in Betracht, in der allerseits begehrten, umworbenen neuen Mitte des politischen Feldes. Hielt man diese Mitte im

Blick und wirkte vernünftig und mäßigend auf die Sozialdemokraten ein, dann versprach das auch am ehesten, möglichst viele Abgeordnete des rechten FDP-Flügels bei der Stange zu halten. Diese Nationalliberalen mußte man trotz allen beiderseitigen Mißmuts am Absprung, am Übergang zur Union zu hindern versuchen. Es ging von nun an um jeden Mann.

An sich waren diese drei Landtagswahlen ohne unmittelbare Bedeutung für die Bonner Mehrheitsverhältnisse. Sogar im Bundesrat, der Ländervertretung, blieb alles beim alten. In Nordrhein-Westfalen wurde das bisherige SPD/FDP-Bündnis fortgesetzt, in Hannover trat eine ausschließlich sozialdemokratische Regierung an die Stelle der vormaligen SPD/CDU-Koalition, und in Saarbrükken wurde die CDU/FDP-Regierung durch ein reines CDU-Kabinett abgelöst. Wie bisher besaß die Opposition im Bundesrat eine Mehrheit von 21 Stimmen gegenüber 20 Stimmen der Koalition. In jenen frühen Jahren der Sozialliberalen hatte die Opposition aber vor allem den Bundestag, nicht den Bundesrat im Auge. Da sie ihre eigene Vertreibung aus dem Bundeskanzleramt für einen im Grunde unbegreiflichen Zufall oder Unfall der Geschichte hielt, der sich bald werde reparieren lassen, weil die SPD/FDP-Koalition, dieses schwache, widernatürliche Gebilde, einen raschen, sicheren Tod finden müsse, setzte sie auf Überläufer aus dem Koalitionslager. Mit Hilfe derjenigen Abgeordneten aus der SPD und vor allem der FDP, denen die neue (außen-)politische Orientierung ihrer Parteien seit dem Herbst 1969 nicht paßte und die sich daher zunehmend zur Union hingezogen fühlten, gedachte die CDU/CSU, die Regierung Brandt kurzerhand aus dem Amt zu kippen. Ohne Wahlen, durch ein konstruktives Mißtrauensvotum, wollte die Union an die Macht zurückkehren.

Erst als im April 1972 diese Hoffnung enttäuscht worden war, begann die Opposition, ihre Bundesratsmehrheit systematisch als Gegenmacht zu verstehen und einzusetzen, also den Bundesrat zur Nebenregierung auszubauen.

Erste Überläufer-Krise der Koalition

Vom Juni 1970 an wurden SPD- und vor allem FDP-Abgeordnete, die zur Unionsfraktion überwechselten, zum Alptraum des sozialliberalen Bündnisses. Auch nach den Landtagswahlen vom 14. Juni standen den 224 Abgeordneten der SPD und 30 Abgeordneten der FDP 242 Abgeordnete der Unionsparteien gegenüber. Faßte man allerdings nicht diesen Vorsprung, sondern die Mehrheit der Mitglieder des Bundestages ins Auge, die man für eine Kanzlerwahl brauchte, dann besaß die Koalition mit ihren 254 von 496 Abgeordneten nur eine Mehrheit von fünf Mandaten. Gingen also sieben Bundestagsabgeordnete zur Opposition über, besaß diese die für ein konstruktives Mißtrauensvotum erforderliche Mehrheit.

Das lag ohne weiteres im Bereich des Denkbaren. Drei Tage nach den für die FDP mißglückten Wahlen konnte man in einem der zahlreichen bundesdeutschen Pressedienste lesen, die oft nur Gerüchte, manchmal aber auch Zustände und Stimmungen richtig einfangen: Die FDP befinde sich in einem desolaten Zustand. In Bund und Ländern schreite ihr Zerfallsprozeß fort. Erich Mende habe bereits mit dem CDU-Generalsekretär Bruno Heck wegen seines Übertritts zur Union gesprochen. Siegfried Zoglmann scheine noch nicht ganz so weit zu sein. Heinz Starke gelte als unberechenbar und könne jeden Tag abspringen. Drei weitere Abgeordnete des rechten FDP-Flügels – nämlich Ernst Achenbach, Gerhard Kienbaum und Knut von Kühlmann-Stumm – hätten Vorbehalte gegen Scheels Ostpolitik; in der Fraktion betrachte man sie als starkes Sicherheitsrisiko. Spätestens im Falle vorzeitiger Neuwahlen beabsichtigten diese sechs den Sprung zur CDU.

Diese Neuwahlen waren allerseits eine unsichere Sache. Die Opposition stand der Forderung, einem veränderten Volkswillen durch eine vorgezogene Neuwahl des Bundestages Rechnung zu tragen, auffällig zurückhaltend gegenüber. In der CDU/CSU hielt man einen – möglicherweise stark emotionalisierten – Wahlkampf für ein Risiko, vor dem man um so mehr zurückschreckte, als man keinen zugkräftigen Kanzlerkandidaten aufzuweisen hatte. Niemand konnte wissen, wie die Geschichte ausgehen würde. Daher setzte man seine Hoffnung lieber auf Überläufer. Umgekehrt spielten Sozialdemokraten mit dem Gedanken einer Neuwahl. Willy Brandt wurde die Äußerung nachgesagt, wenn er britischer Premierminister wäre, würde er jetzt den Bundestag auflösen, weil er glaube, daß der neue Kurs der Regierung, vor allem in der Ostpolitik, die Anerkennung der Wähler finden müsse. Aber wenn nicht? Erschienen Neuwahlen (von denen sich übrigens rasch erwies, daß sie aus verfassungsrechtlichen Gründen gar nicht leicht zu bewerkstelligen waren) nicht höchst riskant, wie der 14. Juni gezeigt hatte? In der Öffentlichkeit äußerte sich der Kanzler denn auch viel vorsichtiger. Eher trotzig als mutig sagte er, daß er keine Angst vor Neuwahlen habe. Tatsächlich mußte die Angst der Liberalen vor dem Abenteuer vorzeitig herbeigeführter Bundestagswahlen weit größer sein. Darauf spekulierte Herbert Wehner, der genauer als andere beobachtete, hintersinniger als andere rechnete. Beherzt schwang er die Peitsche einer Auflösung des Bundestages, um die Freien Demokraten zu disziplinieren. Er ging davon aus, daß sie sich nach einem Blick in die Tiefe erleichtert zurück in die Arme der Sozialdemokraten flüchten würden. Auch ihre Abweichler. Wehner versprach sich von seinem Manöver einen pädagogischen Effekt auf die potentiellen FDP-Abwanderer. Sie waren mißvergnügt über diese Koalition, mit Brandt unzufrieden. Nun ja, das ließ sich verstehen. Aber sollte man deshalb annehmen, daß sie Rainer Barzel an die Macht verhelfen wollten? Oder gar Kurt Georg Kiesinger, jenem Mann, der sie doch eben noch, zur Strafe für ihre Verbrüderung mit den Sozialdemokraten, wutentbrannt und rachedurstig aus allen Landtagen hatte »hinauskatapultieren« wollen? Das bezweifelte Wehner stark, und deshalb erschreckten ihn diese Abweichler nur in Maßen. Die meisten von ihnen hatten sich noch nicht so weit von ihrer Partei entfernt, mutmaßte er, daß sie Kiesingers böses Wort vergessen oder gar verziehen hätten. Auch diese Herren der FDP-Fraktion würden einsehen müssen, daß es für sie nichts Besseres gab, als im sozialliberalen Bündnis auszuhalten.

Die Koalition ermannte sich und mimte gemeinsamen Optimismus. Als man sich am 11. Juni 1970, also noch vor dem fehlgeschlagenen Test, mit der Frage von Bundestagsneuwahlen beschäftigt hatte, kamen die Bundesminister der SPD und der FDP vereint (auf Antrag des umsichtigen Hans-Dietrich Genscher!) zu dem furchtlosen Schluß, daß es dieser Regierung eigentlich in jedem Falle prächtig gehe: »Sie stützt sich im Parlament, wie bei allen Abstimmungen festgestellt worden ist, auf eine regierungsfähige Mehrheit . . . Hinweise, daß die Regierung Neuwahlen nicht scheuen würde, sollen die Opposition daran erinnern, daß die Zustimmung zur Politik der Bundesregierung, insbesondere zu aktuellen Fragen der Außenpolitik, im Volk weitaus größer ist als die derzeitige Koalitionsmehrheit im Bundestag.«

Das stimmte zwar, wie sich 1972 zeigen sollte. Aber man konnte es kaum darauf anlegen, den Beweis für die Richtigkeit dieser Behauptung schon 1970 zu führen – zu einem Zeitpunkt, in dem man noch gar keine ostpolitischen Ergebnisse vorweisen konnte. Und bei allen Neuwahlerwägungen mußte man immer an die Schonung der Liberalen denken. Denn sie konnten sich in einem Moment der Schwäche nichts Gutes von einem solchen Vorhaben versprechen. Mußte man nicht angesichts der Gefahr, bundesweit unter die fünf Mindestprozente und damit ins eigene Grab zu rutschen, in der FDP-Führung fürchten, es werde in den eigenen Reihen aus panischer Todesangst zu kopflosen, kurzschlüssigen Reaktionen kommen? In Wehners kontrolliertem Kalkül hatten solche Ausfallserscheinungen keinen Platz. Aber war seine Annahme richtig? War nicht einem Teil dieser FDP-Bundestagsfraktion durchaus zuzutrauen, gegebenenfalls eben doch rasch für einen Kanzlerkandidaten der Union zu stimmen, um Neuwahlen abzuwenden? Einem größeren oder kleineren Teil. Es mußten ja nicht viele sein. Wie immer man die Sache wendete und betrachtete, was immer man erwog oder tat: Das Schicksal dieser Koalitionsregierung hing an den guten oder schlechten Lagebeurteilungen, Nerven und Launen einiger ihrer Abgeordneten. Besorgt lasen die Treuen in jeder Miene.

Sie hatten auch allen Grund zur Sorge. Am selben 17. Juni 1970, an dem öffentlich von Übertritten prominenter FDP-Politiker zur Union die Rede war, wurde in Wuppertal auf Betreiben Erich Mendes und Siegfried Zoglmanns eine *National-Liberale Aktion* gegründet, gedacht als Signal und Sammelbecken der Anti-Scheel-Fronde vom rechten Rand der FDP. Diese beiden Männer waren von Anfang an innerparteiliche Gegner dieser Koalition gewesen. Zusammen mit Knut von Kühlmann-Stumm und Heinz Starke hatten sie sich im Oktober

1969 bei der Schlußabstimmung von Bundesvorstand und Fraktion der FDP über das Regierungsbündnis der Stimme enthalten. Zu viert hatten sie auch, wie Erich Mende berichtete, bei der Wahl des Bundeskanzlers am 21. Oktober 1969 ihre Stimme Willy Brandt verweigert. Alle vier waren führende Vertreter des Partei-Establishments – aus der Zeit *vor* Scheel. Galten sie in den eigenen Reihen schon deshalb als gestrig, abgemeldet und unglaubwürdig, weil vermutlich ressentimentgeladen bei ihrer Kritik an den Nachfolgern?

Das war nicht genau auszumachen. Man wußte schon nicht mit Bestimmtheit, inwieweit die zwei nationalliberalen Aktionsgründer auf die beiden anderen Dissidenten zählen konnten. Noch weniger konnte man sicher sein, ob es dem geltungsbedürftigen Mende oder dem umtriebigen Zoglmann nicht doch gelingen werde, weitere Abgeordnete, etwa Ernst Achenbach, der auf dem Bonner Parteitag Ende Juni auf eigenen Wunsch zusammen mit Mende und Zoglmann aus dem FDP-Vorstand ausschied, ins Abseits mitzuziehen. Zoglmann brüstete sich öffentlich, bis zu zwei Drittel der Fraktion lehnten Scheels linksliberalen Kurs aus innen- wie außenpolitischen Gründen ab. Wenn es dem Außenminister nicht glücke, das bisherige Bahr-Papier entscheidend zu verändern, dann würden diese beiden Drittel der FDP-Fraktion den Ostverträgen die Zustimmung verweigern. Das konnte, wenn es stimmte, im Ernstfall heißen: 20 der insgesamt 30 liberalen Bundestagsabgeordneten – weit, weit mehr, als die Abweichler brauchten. Doch selbst wenn der lärmende Zoglmann kräftig aufgeschnitten hatte: Auch der eine oder andere Sozialdemokrat spielte mit dem Gedanken, nicht länger mitzumachen. Es genügten ja einige wenige zusätzliche Putschisten, um einen durchschlagenden Erfolg zu erzielen: den Sturz der sozialliberalen Regierung.

Diese bemühte sich natürlich, dem vorzubeugen. So hatte sie kurz vorher versucht, den intelligenten, verbitterten Starke mit einer einträglichen Pfründe wieder an sich zu binden – und gleichzeitig ins Ausland abzuschieben. Vom FDP-Präsidium war am 27. Mai 1970 beschlossen worden, Starke den schönen Brüsseler Posten anzubieten, den dann Dahrendorf übernahm, als Starke – immer schon entschlußschwach, was ihn auch 1962 sein Ministerium gekostet hatte – ablehnend reagierte.

Bei Kühlmann-Stumm brauchte die Koalition nichts auszugeben. Hier hoffte man, zu Recht, auf ritterliche Anwandlungen. Bei diesem sportlichen, allerdings auch depressiven Aristokraten setzte man ein Gefühl für Fairneß und Loyalität jenseits aller Meinungsverschiedenheiten voraus. Das war richtig beobachtet. Zwar war er zunächst, wie seine Mitfrondeure, für die Ersetzung des linken Walter Scheel durch den rechten Hans-Dietrich Genscher an der Spitze der Partei (nicht im AA!) eingetreten, und er bedauerte, auch öffentlich, daß Genscher das Amt des Parteivorsitzenden damals nicht anstreben wollte. Aber nachdem Kühlmann noch in der Sitzung des Bundesvorstands vom 21. Juni 1970, am Vorabend des Bonner FDP-Parteitags (22. bis 24. Juni), erfolglos Genscher als Nachfolger Scheels empfohlen hatte, raffte er sich in den folgenden Tagen dazu auf, für Scheel einzutreten, wobei er, was im Sinne der gesamten FDP war, den Außenminister gegenüber dem Bundeskanzler herausstrich. Anders als Mende, der sich verbiestert exponierte, dabei unmöglich machte und isolierte, trug Kühlmann durch einen vorsichtigen Umgang mit heißen Eisen wesentlich dazu bei, die anfangs explosiv aufgeladene Zusammenkunft einer zerrissenen, übereinander erbitterten und entmutigten FDP zu entschärfen. Als wichtigster Sprecher der gemäßigten Mehrheit des rechten Flügels half Kühlmann grundanständig und nach Kräften der Parteiführung, auf die innere Geschlossenheit der Partei hinzuwirken und neue Zuversicht in ihr zu verbreiten. Rechts wie links ging man behutsam miteinander um; vorsichtige Zurückhaltung kennzeichnete den Verlauf dieses Parteitags. Kühlmann fand freundliche Worte für die Ostpolitik des Bahr-Papiers, das allerdings noch wesentlich verändert werden müsse. Er plädierte für rasche Verhandlungen Scheels in Moskau, weil dort zur Zeit noch ein günstiges Klima herrsche. Die Jungdemokraten ihrerseits zogen auf einen Wink des Außenministers ihren Antrag zurück, DDR und Oder-Neiße-Grenze völkerrechtlich, also endgültig anzuerkennen. Scheel – der sich innerparteilich, aber eben nicht außenpolitisch an die jungen Linken anlehnte – hatte derartige Debatten und Beschlüsse kurzerhand als schädlich für die laufenden Verhandlungen mit Moskau und Warschau bezeichnet.

Am Anfang des Parteitages waren von Karl-Hermann Flach (damals stellvertretender Chefredakteur der *Frankfurter Rundschau*) noch etwa 60 bis 70 der rund 400 Delegierten zum harten rechten Flügel der FDP gerechnet worden. Am Ende hatten sich die Nationalliberalen völlig ausmanövriert. Sie waren zusammengeschmolzen, wirkten entmutigt. Nach dem Abtritt Erich Mendes fehlte ihnen auch eine Führungsfigur. Zu Beginn war der Vorgänger Walter Scheels noch so großspurig aufgetreten, als traue er sich ein Comeback zu. Am Schluß bot er das Bild eines Mannes, der seine letzte Patrone verschossen hat. Künftig stellten die rechten Rebellen als Gruppierung keine Gefahr für den Bestand der FDP mehr dar. Gewiß könne es – schrieb Hans Ulrich Kempski am 25. Juni 1970 in der *Süddeutschen Zeitung* – »in den kommenden Monaten vereinzelt zu Parteiaustritten und -übertritten kommen«. Eine abermalige, formelle Spaltung wie 1956/57 scheine jedoch ausgeschlossen.

Bei diesem Befund konnte es kaum überraschen, daß am 9. Oktober 1970 zwar Mende, Starke und Zoglmann gemeinsam zur CDU/CSU überwechselten, nicht aber der zögernde, gemäßigtere Kühlmann-Stumm und auch keine weiteren Abgeordneten der FDP-Fraktion. Damit war die Regierung bis ins Frühjahr 1972 hinein gerettet, wenn auch nunmehr nur noch mit 251 zu 245 Stimmen.

Willy Brandt und Walter Scheel

Trotz einer nach außen hin eindrucksvollen Wiederwahl als Parteivorsitzender – 298 Delegierte stimmten für, 64 gegen ihn, bei 14 Enthaltungen – waren die Schwierigkeiten Walter Scheels nach dem Bonner Parteitag noch keineswegs behoben. Denn selbst persönliche Gegner hatten sich gegen seine Abwahl ausgesprochen, da sie der FDP nicht nützen werde. Aber weithin hieß es, Scheel sei durch seine Doppelaufgabe überlastet. Als Außenminister könne er nicht genug für die Partei tun; unter dem Parteiamt wiederum leide die Außenpolitik. Man müsse bedauern, daß er nicht selbst aus dem beklagenswert schlechten Bild, das er in der Öffentlichkeit biete, die naheliegende Konsequenz ziehe und sich künftig mit einem Teil seines enormen Tätigkeitsbereichs begnüge, also auf die Außenpolitik konzentriere und den Parteivorsitz räume. Er könne ja selbst einen Nachfolger vorschlagen, wobei am häufigsten der Name des rührigen, vorsichtig balancierenden Bundesinnenministers, Hans-Dietrich Genscher, genannt wurde.

Beispielsweise hatte Erich Mende, der dabei auch für andere sprechen konnte, etwa für Dietrich Bahner und Rötger Gross (den bayrischen bzw. niedersächsischen Landesverbandsvorsitzenden), in der FDP-Bundesvorstandssitzung vom 21. Juni 1970 laut stenographischem Protokoll gesagt: »Ich persönlich mache keinen Hehl daraus, daß ich Hans-Dietrich Genscher für einen Nachfolger halten würde. Aber, wie gesagt, wenn Walter Scheel diese Entscheidung nicht trifft, dann ist die Frage klar. Eine Abwahl würde in der Tat ihm und uns nichts nützen. Nur seine eigene Entscheidung wäre hier möglich. Wenn er sie nicht trifft, werden wir uns spätestens . . . im November bei Philippi wiedersehen.«

Mit diesem Schlußsatz spielte Mende hintersinnig oder unbewußt auf jene Stelle bei William Shakespeare an, wo der Geist des toten Julius Caesar (dem sich Erich Mende offenbar gleichsetzte) seinem Mörder Brutus (also Walter Scheel) ein ähnliches Schicksal, nämlich Untergang und Tod in der Schlacht bei Philippi prophezeite – was hier hieß, in Mendes Worten: nach den hessischen und bayerischen Wahlen vom November 1970.

Nicht nur Mende fürchtete für den Herbst eine Fortsetzung des FDP-Fiaskos. Zu diesem Thema konnte man in der gleichen Zusammenkunft vom 21. Juni eine deutliche Meinung von Kühlmann-Stumm hören, als er sich, Mende ergänzend, an den schweigend dabeisitzenden Scheel wandte: »Es besteht auch gar kein Zweifel –«, begann Kühlmann den entscheidenden Satz, unterbrach sich aber sofort und murmelte, halb entschuldigend: »das sage ich hier ganz offen, wir sind befreundet – ich brauche es Ihnen nicht zu sagen –, und ich stehe Ihnen nach wie vor menschlich nahe«, um dann im begonnenen Satz fortzufahren: »daß Sie zur Zeit ein miserables Image haben und daß dieses negative Image so stark ist, daß es das positive Image der beiden anderen Regierungsmitglieder bei weitem überschattet und sogar eliminiert.«

Das war nun schon seit neun Monaten so. Ein zarter besaitetes Gemüt als das Scheelsche hätte bei diesem tristen Dauerbefund längst alle Heiterkeit verloren. Nach wie vor war es ihm nicht gelungen, einen eigenen FDP-Anteil an der neuen Außenpolitik vorzuzeigen.

Dies lag keineswegs am bösen Willen des Kanzlers und seiner Sozialdemokraten. Im Gegenteil: Das menschliche Verhältnis zwischen Brandt und Scheel war ausgezeichnet. Man mochte sich, verstand sich wirklich ungewöhnlich gut, war beiderseits loyal, im Umgang ganz ungezwungen. Beide wohnten auf dem Venusberg am Rande Bonns, nur wenige Fußminuten voneinander entfernt (Brandt im Kiefernweg 12, Scheel in der Schleichstraße 6). Man besuchte sich, formlos; bekanntlich empfing Brandt Vertraute besonders gern sonntagvormittags bei sich zu Hause, zu einem Glase. Aber man sah sich auch während der Woche häufig unter vier Augen. Zahllose Themen wurden auf diese Weise zwischen Kanzler und Vizekanzler mündlich vorbesprochen, die Positionen aufeinander abgestimmt, alle Probleme unkompliziert ausgeräumt. Auch wenn sie telefonierten, waren sie sich immer in wenigen Minuten einig. Falls es je zu Spannungen zwischen ihnen kam, rührten sie nie aus ihrem persönlichen Verhältnis, sondern aus dem ihrer Parteien zueinander. Doch solche Meinungsunterschiede zwischen SPD und FDP gab es in jener Anfangszeit fast nie. Zwischen den beiden Regierungsparteien lief es hervorragend. Viele Sozialdemokraten und Liberale schlossen damals Freundschaften miteinander.

Im Kern beruhte die Harmonie dieser Koalition indessen immer auf dem engen, vertrauensvollen Einvernehmen von Willy Brandt und Walter Scheel. Brandt schätzte Scheel, diesen schicken zweiten Mann, und seine kleine Partei nicht nur aus Pflicht (weil es eben ohne die FDP keine Mehrheit gab), sondern auch aus Neigung. Wie zwei Schulfreunde schoben sich die beiden in Sitzungen manchmal heimlich Zettel zu. Als eines Tages ein sozialdemokratisches Regierungsmitglied im Kabinett die FDP kritisierte, signalisierte der Kanzler dem Vizekanzler seine Mißbilligung solcher Ausführungen, indem er ihm auf einem Blatt Papier schrieb: »Long live Liberalism!« Brandt hoffte aufrichtig auf die Langlebigkeit eines Liberalismus Scheelscher Art.

Um das Überleben der Liberalen schien es im Sommer 1970 schlecht bestellt. Nach den verheerenden Ergebnissen des 14. Juni war Scheel tief deprimiert zu Brandt gekommen und hatte den Regierungschef »fast bettelnd« gefragt, ob Brandt nicht auch der Meinung sei, daß es der FDP in diesem Lande politisch noch bedürfe. Das schien selbst ihm, betroffen und ratlos, wie er war, damals keineswegs sicher. Bei den Sozialdemokraten machte man insgeheim Rechnungen auf, wer von den Liberalen im Falle eines Auseinanderbrechens der FDP wohl zur Union gehen und wer zur SPD kommen werde. Bei Scheel vermutete Brandt, er werde nach einem Scheitern der FDP, das ja zwangsläufig auch sein eigenes Scheitern bedeutet hätte, aus der Politik ganz ausscheiden und sich ins Privatleben zurückziehen. Scheel dachte damals tatsächlich so.

Natürlich wollte der Regierungschef dieses Ende seines Partners und der Koalition abwenden. Man mußte auch von seiten der SPD darauf sehen, »daß die unseren Walter nicht zusammenhauen«. Um ihm in einer schwierigen Stunde den Rücken zu stärken, schrieb ihm Willy Brandt am 21. Juni 1970, also einen Tag vor Beginn des Bonner FDP-Parteitags, mit der Hand einige Zeilen.

Verehrter Herr Kollege, lieber Herr Scheel,

ich will nicht aufdringlich sein, sondern möchte Ihnen nur die Kraft wünschen, die Sie in diesen Tagen brauchen.

Wir haben nicht so viel Fehler gemacht, wie manche meinen. Es tut mir leid, daß ich einige Schwächen der Zusammenarbeit in Regierung und Koalition nicht frühzeitig genug erkannt habe. Sie kennen mich mittlerweile gut genug, um zu wissen, daß ich zu jeder Überprüfung und möglichen Verbesserung bereit bin.

Trotz der momentanen Schwierigkeiten bleibt doch richtig, wozu wir uns im vorigen Herbst entschlossen haben. Dieses Land braucht eine Regierungsalternative zur CDU/CSU. Es brauchte eine unbefangenere Außenpolitik. Und es brauchte auch eine Konzentration auf innere Reformen.

Wenn Sie Ihren Parteitag hinter sich haben, müssen wir uns ganz zielbewußt auf die Landtagswahlen in Hessen und Bayern einstellen. Auf dem Wege dorthin wird das Arbeitsprogramm von großer Bedeutung sein, das wir auf der Klausurtagung Anfang Juli festlegen wollen. Vordringlich sind die Klärung der konjunkturpolitischen Fragen und der Zeitplan für unsere ostpolitischen Vorhaben.

Ich bin gern bereit, auch über die weiteren Perspektiven – 1973 und danach – zu sprechen. Aber zunächst haben wir ja noch näherliegende Sorgen.

Mit herzlichen Grüßen und guten Wünschen
Ihr
Willy Brandt

Wenn Willy Brandt beschämt »einige Schwächen der Zusammenarbeit« andeutete, dann bezog sich das wesentlich auf die Arbeitsteilung zwischen Bundeskanzleramt und Auswärtigem Amt. Hier lagen nach wie vor Scheels eigentliche Schwierigkeiten. Gerade weil Brandt und Scheel im Umgang – so schien es beiden zumindest im Rückblick – freimütiger, souveräner waren als ihre Nachfolger, hatte der Außenminister Mühe, sein spezifisches Gewicht der Öffentlichkeit vor Augen zu führen. Ganz anders Hans-Dietrich Genscher: Er war als Innenminister wie später als Außenminister ständig präsent. Immer äußerte er Bedenken gegen die Projekte seiner sozialdemokratischen Partner, und zwar auch dann, wenn er, wie diese argwöhnten, sachlich gar nichts einzuwenden hatte. Er meinte wohl, man müsse einerseits immer das Eigengewicht der FDP betonen und andererseits weithin sichtbar auf konservative Gruppierungen in den eigenen Reihen Rücksicht nehmen. Das störte natürlich die SPD, die schon genug eigene Probleme mit ihren Linken hatte, von denen die FDP ja auch nichts wissen wollte. Scheel war großzügiger, gelassener als Genscher. Er nahm in Kauf, seinen Leuten, die hektisch und nervös auf seine Flaute reagierten, sogar leichtsinnig vorzukommen. Denn er zweifelte keinen Augenblick daran, daß er die Proportionen besser einschätze als sie. Am 20. April 1970 konnte man im *Spiegel* von ihm lesen: »Ich habe mehr als einmal vor der Frage gestanden, ob es nicht besser ist, in der Außenpolitik zwischen dem Bundeskanzler und mir Unterschiede sichtbar zu machen. Das müßte ich gegen mein Gewissen tun. Ich werde doch keine Unterschiede zwischen Brandt und mir konstruieren, nur um schneller Profil zu erzeugen. Ich bin sicher, daß ich das auch so erreiche.«

Aber Selbstsicherheit und Augenmaß, so wichtig diese Eigenschaften sind, nützen einem Politiker in der Demokratie für sich allein noch nichts. Wenn intern alles reibungslos lief, war damit noch kein liberaler Eigenanteil an der Regierungspolitik nach außen dokumentiert. Und gab es ihn denn überhaupt? Über die Schwierigkeiten der FDP, einen eigenen ostpolitischen Beitrag zu erarbeiten und öffentlich sichtbar durchzusetzen, sagte Scheel in der Saarbrücker Vorstandssitzung vom 25. April 1970:

> Das Bundeskanzleramt besteht von A bis Z, den Kanzler eingeschlossen, aus Leuten des Auswärtigen Amts: Kanzler, Staatssekretär, alle Mitarbeiter, persönliche Referenten – rasserein Auswärtiges Amt. Er hat alle ohne Ausnahme mitgenommen. Diese Leute haben genau das, was sie immer hatten: Sie haben ihren vollkommenen Kontakt zum Auswärtigen Amt und reden immer noch mit ihren alten Freunden . . .
>
> Diese total offene Flanke muß geschlossen werden. Sie ist vor allen Dingen dadurch nach außen offen, daß der Staatssekretär im Auswärtigen Amt täglich an den Beratungen zur Entwicklung der Politik des Bundeskanzleramts teilnimmt. Das hat einen Vorteil, aber es hat natürlich auch einen Nachteil.
>
> Wir werden das nicht mehr machen. Ich will die Person, die das jetzt macht, nicht kränken; sie soll das auch noch weiter machen. Aber mit dem Ausscheiden von Herrn Duckwitz aus dem Amt in vier Wochen ist damit Schluß. Dann werden zwischen Auswärtigem Amt und Kanzleramt die Grenzen wieder geschlossen werden, und die Koordination der Politik wird auf dem üblichen Wege über die politisch Verantwortlichen erfolgen.

Dies hieß, das Auswärtige Amt sei teils direkt, teils indirekt dem Bundeskanzler zu Diensten, wobei eine wesentliche Rolle die besondere Vertrauensposition spielte, die Georg Ferdinand Duckwitz bei Willy Brandt besaß. Von Brandt, der damals Außenminister war, aus dem Ruhestand zurückgeholt, war Duckwitz schon Staatssekretär des AA während der Großen Koalition gewesen. Brandt achtete ihn hoch als einen Mann untadeliger Vergangenheit, der sich während des Krieges an der Deutschen Botschaft in Dänemark als unerschrockener Gegner des Regimes erwiesen hatte. Außerdem lag ihm Duckwitz menschlich. Er war gern mit ihm zusammen, zumal der Staatssekretär (wie er selbst) einen trinkbaren Tropfen und lebensfrohen Umgang zu schätzen wußte. Der enge persönliche Kontakt zwischen beiden Männern war bestehen geblieben, als Brandt den Posten des Außenministers mit dem des Bundeskanzlers vertauscht hatte, was dadurch erleichtert wurde, daß auch Duckwitz auf dem Venusberg direkt neben Brandt wohnte, man also nachbarlich, durch die Gartenpforte miteinander umgehen konnte. Hinzu kamen die täglichen Sitzungen im Bundeskanzleramt, bei denen Duckwitz den gebündelten Sachverstand des Auswärtigen Amtes einbrachte. Diese Direktschaltung beider Ämter trug dazu bei – und das war der Vorteil, von dem Scheel gesprochen hatte –, den seit der Amtszeit Gerhard Schröders traditionellen, manchmal lähmenden und immer lästigen Gegensatz zwischen Bundeskanzleramt und AA verschwinden zu lassen. Sie hatte den Nachteil, daß dem Außenminister seine Hausmacht entzogen wurde. Scheel schwammen seine Felle weg, die statt dessen den Kanzler hübsch kleideten.

Damit hörte es nun also auf. Der entspannte, alterssanfte, optimistische Duckwitz wurde am 1. Juni 1970, nunmehr endgültig, aufs Altenteil geschickt und durch den scharfsinnigen, mißtrauisch-pessimistischen Paul Frank ersetzt; unter ihm würde kein Komma unkontrolliert das AA verlassen. Die offene Grenze zum Bundeskanzleramt wurde geschlossen. Das Auswärtige Amt etablierte sich als exklusive Domäne Scheels.

Willy Brandt akzeptierte das. Er respektierte Scheels Abgrenzungsbemühungen. Im besten Einvernehmen hatten beide beschlossen, künftig mehr Abstand voneinander zu halten. Brandt leuchtete ein, daß Scheel mit Hilfe des AA seine eigene Bedeutung herausstreichen mußte – wenn es für ihn auch die unangenehme Rückwirkung hatte (wie er später im Kabinett sagte), daß er seither mit *zwei* Koalitionspartnern rechnen müsse: mit der FDP *und* dem AA. Dieser Seufzer des Regierungschefs freute wiederum Frank, weil er in ihm eine Bestätigung der eigenen Bemühungen sah, dem Auswärtigen Amt Respekt und Gewicht zu verschaffen. In den Augen der Amtsangehörigen wurde es überhaupt das wichtigste Verdienst Walter Scheels als Außenminister, daß er ein unproblematisches Verhältnis zum AA fand, es in größerem Maße als vorher Willy Brandt gewähren ließ und sich mit rascher Auffassungsgabe die diplomatischen und völkerrechtlichen Gesichtspunkte, die es vorzubringen hatte, zu eigen machte.

Denn mit neuen Männern und einer formalen Abriegelung war es allein natürlich nicht getan. Zunächst mußte ein neues, besseres Image her. Scheel mußte loskommen von den irreführenden, belastenden Vorbildern seiner vier Vorgänger, die für ihn nun einmal nicht passen konnten, ihm damals unerreichbar bleiben mußten.

Allmählich aber änderte sich das. Es war seine besondere Chance, daß man ihn anfangs unterschätzte. Zunächst spöttelten viele. Dann fing man an, ihn zu mögen. Als man seiner sehr persönlichen Verbindung von Heiterkeit und Härte gewahr wurde und hinter seiner liebenswürdigen Lässigkeit eine zielstrebige Energie, ein beharrliches Durchhaltevermögen spürte, begannen immer mehr Menschen, ihn zu respektieren, und im Laufe der Zeit erreichte Scheel eine allgemeine Popularität, die schon 1973/74 die Brandts überflügelte. Als Bundespräsident gewann er eine Statur hinzu, die ihm am Ausgang der sechziger, ja noch zu Beginn der siebziger Jahre kaum jemand zugetraut hätte; Popularität verwandelte sich in Autorität. Am Ende seiner Amtszeit in der Villa Hammerschmidt war er einer der ganz wenigen Politiker dieses Landes, die in allen politischen Lagern einen guten Namen hatten, in der Breite der Bevölkerung anerkannt wurden.

Ein neues Image für den Außenminister

Ein Jahrzehnt vorher hatte alles ganz anders ausgesehen. Damals besaß Karl Schiller das höchste Renommee, weit über die Grenzen seiner Partei hinaus. Als Nachfolger und Erbe Ludwig Erhards war er die Wahllokomotive, dann der Sieger von 1969. Infolge vielfältiger Schwierigkeiten der Konjunktursteuerung fiel er indessen 1970/71 allmählich in der öffentlichen Gunst zurück, während sich das Bild Willy Brandts nach 1969 rasch dem Lande aufgeprägt hatte – man denke nur an den Haager Gipfel, an Erfurt und Kassel. Bald beherrschte seine imposante Figur die Szene, freilich nur die sozialliberale, die sich allerdings ausweitete: Willy Brandt wuchs in die Rolle des Wahlsiegers von 1972 hinein. Direkt hinter ihn, in die zweite Reihe der sozialliberalen Gruppierung, gehörten so kantige und schwierige, aber geschichtsmächtige Persönlichkeiten wie Gustav Heinemann und Herbert Wehner.

Walter Scheel war zu jener Zeit ein Mann im dritten Gliede, wie es schien. Nur schwer konnten sich die Deutschen an den Anblick ihres frischgebackenen, freidemokratischen Außenministers gewöhnen. Entsprach er doch in seiner unbekümmerten Behendigkeit keineswegs dem, was sich seine Landsleute unter einem Staatsmann vorzustellen pflegen. Daher brachte ihm sein Public-Relations-Berater, der pfiffige Friedrich Ludwig Müller, einen anderen, neuen Typ des Außenministers nahe. Müller schwebte das Bild eines modernen Außenministers vor, wie es später Henry Kissinger auf seine Weise vollendet entwickelte und verkörperte. Dabei knüpfte Müller bewußt an negative Urteile über Scheel an. Er solle weniger lächeln; denn sonst nähmen ihn die Leute nicht ernst. Im übrigen aber solle er bleiben, wie er sei. Nicht Scheel, sondern die Ansichten in der Öffentlichkeit über das, was einen Außenminister ausmache, müsse man heutigen Erfordernissen anpassen. Im Zeichen weltweiter, wirtschaftlicher Interdependenz brauche die Bundesrepublik als ein Land extrem hoher Abhängigkeit von internationalen Beziehungen an der Spitze ihrer Außenpolitik einen international erfahrenen, gewandten und gewinnenden Vertreter ihrer politischen und ökonomischen Interessen. Der Außenminister müsse sich gewissermaßen als permanenter Sonderbotschafter, als Anwalt und Interpret der Wirtschafts- und Sozialordnung dieses vorbildlichen, freiheitlichen Verfassungsstaates gegenüber dem Ausland verstehen. Ein Bonner Außenminister müsse gewissermaßen als Generalbevollmächtigter dieses modernen, in Westeuropa führenden Industrielandes Bundesrepublik Deutschland bei allen Staaten der Erde auftreten.

Dieses Konzept entsprach weitgehend den Vorstellungen, die Scheel nicht nur von sich selbst und seinem Amt, sondern auch von den Aufgaben und Möglichkeiten der Bundesrepublik hatte. Diese deutsche Bundesrepublik als den vorgegebenen Rahmen und Raum freien politischen Handelns in Deutschland hatte er im Auge – nicht weniger, aber eben auch nicht mehr. Bei vielen Sozialdemokraten, besonders den Berlinern, dachte man anders. Egon Bahr zum Beispiel zielte unbeirrbar auf ein vereinigtes Deutschland ab, das er eben nur auf neuen, intelligenteren, aussichtsreicheren Wegen als denen des alten Konrad Adenauer zu erreichen suchte. Eine solche Sicht der Dinge war nicht die Scheels. Er wollte allen deutschlandpolitischen Ballast abwerfen, der niemandem nützte, aber Bonn einengte und außenpolitisch behinderte, ja lähmte. Die Selbstfesselung der Bundesrepublik durch eine unlösbare *Deutsche Frage* mußte aufhören. Scheel ging es primär um Handlungsfreiheit, um mehr internationalen Manövrierraum für die Bundesrepublik; er wollte der normale Außenminister eines normalen Landes sein. Hier lag für ihn der Hauptantrieb zur Neuen Ostpolitik. Hier fühlte er sich auch von einer mächtigen, allerdings untergründigen Strömung der öffentlichen Meinung getragen. Wenn seine Popularität wuchs, führte er es wesentlich auf die Übereinstimmung des Möglichen mit dem Gewollten und dann Erreichten zurück, auf das Gleichgestimmtsein von politischem Denken und Verhalten. Guido Brunner, der behende und beredte Pressesprecher des Außenministers, brachte diese Gedanken geschickt unter die Leute. Auch Rüdiger Freiherr von Wechmar, der 1969 auf Betreiben der FDP als Stellvertreter von Conrad Ahlers in die Leitung des Bundespresse- und Informationsamtes berufen worden war, half von dort aus nach besten Kräften. Mit Intelligenz und Verve entwarf er wichtige Texte für den Außenminister. Er bemühte sich diskret um einflußreiche journalistische Kontakte; so schrieb er dem Außenminister am 22. April 1970, also mitten in der Flaute, Peter Boenisch, der Chefredakteur der *Bild-Zeitung*, habe seinen telefonisch geäußerten Gedanken eines Mittag- oder Abendessens mit Scheel »sofort – und sehr nett – aufgegriffen«. Obwohl von Wechmar damals noch nicht Mitglied der FDP war, fühlte er sich für das öffentliche Konterfei des Außenministers mitverantwortlich.

Seine Nichtmitgliedschaft und die Tatsache, daß in der Presse berichtet worden war, er habe sich sogar gerühmt, die FDP bei der Bundestagswahl 1969 nicht gewählt zu haben, hatte in der Bundesvorstandssitzung vom 22. November 1969 kritische Rückfragen ausgelöst. So war von Rötger Gross gegen seine Berufung eingewandt worden, die Freien Demokraten hätten doch »in der Vergangenheit so manche Erfahrung mit den sogenannten ›Naheständlern‹ gehabt«, worauf Walter Scheel ihm erwiderte, man habe »ja viel schlechtere Erfahrungen mit den sogenannten Mitgliedern gemacht«. Der Vorteil der Nahestehenden sei, daß sie niemals austreten könnten. »Der honorige Mann mit den guten Qualitäten«, auch wenn er nicht der FDP angehöre, sei die richtige Wahl.

Damit bewahrheitete sich an Rüdiger von Wechmar überraschend der Titel eines Musicals, das er, damals Presse-Attaché am New Yorker Generalkonsulat, zu Anfang der sechziger Jahre gemeinsam mit dem neuen Entwicklungshilfeminister besucht hatte. Als er Scheel am 29. September 1969 zum Wahlausgang gratulierte, war er – ahnungslos! – darauf zurückgekommen. Von New York aus, wo er jetzt das *German Information Center* leitete, hatte er dem FDP-Vorsitzenden seine »aufrichtigsten Wünsche für einen erfolgreichen Abschluß« der sozialliberalen Koalitionsverhandlungen übermittelt und war fortgefahren: »Ich bin gewiß, daß die Losung dabei keine Rolle spielen wird, die wir vor Jahren einmal in New York gemeinsam, und vergnügt, angeschaut haben: ›How to win in business without really trying‹.«

Diese heitere Mann bemühte sich also aus Pflicht wie aus Neigung, das öffentliche Ansehen Scheels zu heben. Das zeigen Ausschnitte aus einem Vermerk für Scheel:

Rüdiger Frhr. von Wechmar Bonn, den 2. Mai 1970

Dem Herrn Außenminister

Im Anschluß an eine Reihe von eher stückweisen Gesprächen möchte ich auf diesem Wege noch einmal zusammenfassen, was mir für die kommenden Wochen von Bedeutung erscheint:

. . .

2. Im Anschluß an Ihre beiden Frühschoppen für prominente Bonner Korrespondenten wäre es zweckmäßig, in der ersten Juni-Woche Chefredakteure der Regionalpresse (mit einer Auflage unter 50 000) aus den drei Ländern zu empfangen und ihnen zu einem Informationsgespräch zur Verfügung zu stehen, in denen am 14. Juni gewählt wird. Es sind in Niedersachsen 9, in Nordrhein-Westfalen 7 und im Saarland eine noch geringere Zahl von Blättern.
   Bei diesen Zeitungen handelt es sich um publizistisch selbständige Organe, die nicht irgendeiner größeren Redaktions-Gemeinschaft mehrerer Blätter angehören . . .

3. Wie schon besprochen, würde ich dringend empfehlen, diejenigen mit Sicherheit zu erwartenden Teile der Beschlüsse des NATO-Ministerrats und ggf. des EWG-Ministerrats in Rom schon jetzt als Teil einer deutschen Initiative (»Scheels Vorschläge«) durch Sie in die Diskussion zu bringen. Wenn die beiden Minister-Komitees in Rom dann die angestrebten Beschlüsse fassen, wäre die Möglichkeit gegeben, dies dann als einen Erfolg des deutschen Außenministers darzustellen. Das entspricht ja auch durchaus dem tatsächlichen Sachverhalt . . .
4. Die vorläufig vertagte politische Konsultation mit Jugoslawien sollte m. E. auf eine höhere, nämlich die Minister-Ebene angehoben werden. Es wäre sicherlich wirksam, wenn Sie noch vor den Landtagswahlen zu einem kurzen Besuch nach Belgrad reisen und dort u. U. auch von Präsident Tito empfangen werden könnten.
5. Im übrigen würde ich für die Römische Konferenz-Serie – der ja Ihr Besuch bei Schumann vorgeschaltet ist – eine Sonderbegegnung mit Außenminister Rogers für zweckmäßig und publizistisch wirksam halten. Diese müßte über den NATO-Rat bzw. die Botschaft Washington entsprechend vorbereitet werden. Das für den Vorabend des NATO-Ministerrats übliche Vierer-Essen ist dafür kein Ersatz.
6. Ich wäre Ihnen ferner dankbar, wenn Sie mich, wie bisher, auf dem laufenden halten könnten, wenn sich Vorgänge ereignen, die in eine Personal-Story umgewandelt werden können. So hätte es sicherlich eine gute Wirkung gehabt, wenn wir rechtzeitig bei geeigneten Organen die unlängst gesprächsweise erwähnte Geschichte über Ihre Auskünfte im Zusammenhang mit der Auffindung einer in den letzten Kriegstagen abgestürzten Maschine verbreitet hätten.

. . .

8. Ich glaube, daß sowohl die Asien-Reise wie Ihr Besuch in Paris und die Konferenz in Rom ausreichend Gelegenheit geben, Sie publizistisch vorteilhaft zu »verkaufen«. Im Zusammenwirken mit Ihrem Pressereferat werde ich (da ich Sie ja bei allen diesen Reisen begleite) meinen Beitrag dazu zu leisten versuchen.

Aus diesem Vermerk lassen sich die Notwendigkeiten heutiger Öffentlichkeitsarbeit ebenso ablesen wie die besonderen Möglichkeiten, die einem Außenminister auf diesem Gebiet zu Gebote stehen. Freilich sieht man auch, welche Anstrengungen ein Spitzenpolitiker unternehmen muß, um sich ins Bewußtsein der Öffentlichkeit zu bringen und dort zu halten. Wenn man nur die hier erwähnten Reisetermine dieses einen Monats Mai zusammenstellt (7. bis 16. Mai: Indonesien, Malaysia, Japan, Korea; 25. Mai: Paris; 26./27. Mai: Rom – NATO-Ministerrat –; 29. Mai: Viterbo – EG-Außenminister), dann ahnt man, wie mühevoll das Leben eines Außenministers heute ist – unabhängig von allen Propaganda-Erfordernissen, denen natürlich gerade auch diese Reisen dienen. Man muß eine robuste Gesundheit besitzen, um dergleichen über Jahre durchzuhalten.

Die Wende in der öffentlichen Beurteilung des Außenministers, die dem optimistischen Wechmar schon Anfang Mai bevorzustehen schien, ließ allerdings auf sich warten. Mit kosmetischen Korrekturen am Scheelschen Erscheinungsbild konnte man kurzfristig eben nicht viel erreichen. Der Außenminister mußte politisches Profil durch eigene Positionen entwickeln, die sich von den sozialdemokratischen hinreichend unterschieden. Dabei durfte er indessen nicht so weit gehen, einen Gegensatz zum Koalitionspartner zu behaupten, der den beiderseitigen Interessen geschadet hätte. *Ein* Ansatzpunkt für die FDP lag in der verfassungsrechtlichen Prüfung des Bahr-Papiers. Ein *anderer* in der Berlin-Frage.

Das Bahr-Papier und die Indiskretionen

Als Egon Bahr mit seinem Papier vom 22. Mai 1970 aus Moskau zurückgekehrt war, ließ sich auf den ersten Blick erkennen, daß er das Gerüst eines fertigen Vertrages mitgebracht hatte. Mehr, meinten Willy Brandt und Walter Scheel nach der Lektüre, sei ohnehin bei der Sowjetunion nicht drin; Bahr habe herausgeholt, was maximal möglich war. Was lag daher näher als der rasche Entschluß Scheels, kurz vor den drei Landtagswahlen nach Moskau zu reisen, um seinen Landsleuten gerade rechtzeitig zu demonstrieren, daß man, dank der sozialliberalen Bemühungen der letzten Monate, jetzt mit den Russen an einem Tisch sitzen, Verträge schließen, eine böse Vergangenheit annehmbar begraben könne! So wie der sozialdemokratische Willy Brandt eben mit Willi Stoph in Kassel geredet hatte, würde nun der freidemokratische Walter Scheel in Moskau mit Andrej Gromyko sprechen, ja richtig verhandeln. Eilig hatte Scheel schon das Datum seiner Ankunft dort mitteilen lassen.

Hans-Dietrich Genscher, vom Temperament her skeptischer als Scheel, hielt das Vorhaben seines Parteivorsitzenden für sehr riskant. Neben Helmut Schmidt und Georg Leber war wesentlich er es, der im Kabinett den eifrigen Außenminister bremste. Genschers behutsames politisches Urteil sagte ihm, daß es besser gewesen wäre, wenn das Treffen von Kassel erst nach den drei Wahlen stattgefunden und Scheel seine Moskau-Reise zunächst verschoben hätte, um sie sehr sorgfältig vorzubereiten. Auch das AA machte sich Sorgen um seinen Chef. Der neue, energische und ehrgeizige Staatssekretär Paul Frank erklärte sofort nach seinem Dienstantritt vom 1. Juni 1970, das Papier bedürfe eingehender Prüfung, der schnelle Reisetermin Scheels müsse abgeblasen werden.

Man durfte nichts überstürzen. Vorerst kannte ja kaum die Bundesregierung den Wortlaut der deutsch-sowjetischen Vereinbarungen. Einige Kabinettsmitglieder hatten den »Wunsch vorgetragen . . ., zur Vorbereitung der Beratung der nächsten Kabinettsitzung die vereinbarten Formulierungen unter Berücksichtigung des Geheimnisschutzes zur Kenntnisnahme zu erhalten«. Bereits am 4. Juni sollte nämlich ein Grundsatzbeschluß der Bundesregierung ergehen; drei Tage später erließ sie ihre – allerdings ziemlich vagen – Richtlinien für die späteren Verhandlungen Scheels in Moskau. Was wir hier machen, hätte man zu diesem Verfahren sagen können, ist so geheim, daß wir selbst noch nicht wissen, was wir tun.

Es gab übrigens keinen Grund, über diese Geheimniskrämerei zu höhnen. Denn sie war nicht übertrieben, wie sich bald herausstellen sollte. Am 12. Juni veröffentlichte die *Bild-Zeitung* Teile des Bahr-Papiers, nämlich seine ersten vier Punkte, die auch in der Bonner Spitzengruppe vorab verteilt worden waren. Am 1. Juli folgte, diesmal gleichzeitig in *Bild* und *Quick*, der vollständige Text. Helmut Allardt, der damals gelegentlich an Kabinettsitzungen teilnahm, hat geschildert, wie die Bundesregierung »durch die überraschende Publikation des Vertragsentwurfes und der sogenannten Absichtserklärungen . . . etwas außer Tritt geraten war und viel Zeit mit der völlig fruchtlosen Debatte verlor, wer wann, wo und weshalb die Dokumente ›verraten‹ hatte«.

Als das gleiche noch einmal beim Wortlaut des Moskauer Vertrages passierte, äußerte der Bundeskanzler am 11. August 1970, kurz vor seinem Abflug nach Moskau im Kabinett mit Nachdruck sein Bedauern darüber, »daß der Text des Vertrages schon vor der mit der Sowjetunion vereinbarten Offenlegung dem Inlandsdienst des Springer-Verlages bekannt geworden und von seinen Blättern abgedruckt worden ist. Dies schwäche nicht nur seine Position in Moskau, sondern auch allgemein das Gewicht der Bundesrepublik als Verhandlungspartner in internationalen Fragen. Er halte es für richtig, den Fall dem Deutschen Presserat zu unterbreiten. Außerdem müßten die Sicherheitsorgane eingeschaltet werden . . .«

Diese Pannen waren peinlich – und folgenreich. Allardt erwähnte selbst, daß nur die Sowjetunion von den Veröffentlichungen profitiert habe, woraus er freilich den gewagten Schluß zog, sie – oder die DDR – müsse auch den Wortlaut verraten haben. Kreml-Kenner hielten das für zweifelhaft. Eingeweihte tippten eher auf das, was wiederum Allardt für »höchst unwahrscheinlich« hielt: daß nämlich »ein mit den Papieren befaßter deutscher Beamter oder Angestellter« der Öffentlichkeit die Dokumente zugespielt habe. Aber warum eigentlich nicht? Bei der leidenschaftlichen Auseinandersetzung zwischen Befürwortern und Gegnern der Neuen Ostpolitik, die vor allem das Auswärtige Amt auseinanderriß (und zwar auf viele Jahre hinaus), war doch die Annahme nicht abwegig, daß die Indiskretionen von dorther kamen. Man wird es wohl nie wissen. Die Täter wurden jedesmal fieberhaft gesucht, aber nicht gefunden. Man hatte daher keine Anhaltspunkte, ob es sich eigentlich um Verrat gegen Geld oder um sogenannte Überzeugungstäter handelte. Der einzig greifbare Effekt war der, die immer wieder verhörten Beamten der beteiligten Behörden, vorab die des AA, anhaltend zu demoralisieren.

Auch in der FDP hatte man Anlaß, demoralisiert zu sein, und zwar unmittelbar durch die Veröffentlichungen. Offenkundig wurde es durch sie sehr schwer, wenn nicht unmöglich, Änderungen am Bahr-Gromyko-Papier bei den Russen durchzusetzen. Solche Verbesserungen brauchte Scheel aber dringend, da er den Beweis führen mußte, Gromyko besser gewachsen zu sein als Bahr. Er stand dabei unter größerem Zeitdruck und Erfolgszwang als sein Vorgänger im Frühjahr. Je mehr Zeit verstrich, desto erwartungsvoller wurde die Öffentlichkeit, allerdings auch unsicherer, was sie von alledem halten solle. Daher reagierten viele gereizt und enttäuscht, als die bisherigen Ergebnisse infolge der Indiskretionen bekannt wurden.

Nachbesserungen an seinem eigenen Verhandlungsresultat hielt auch Bahr damals durchaus für wünschenswert. Er glaubte zwar, im Laufe der mehr als fünfzig Stunden, die er mit Gromyko zusammengesessen hatte, das Maximum des ihm Möglichen erreicht zu haben – aber nicht des Möglichen schlechthin. Er war überzeugt, daß man in einer Reihe von Punkten bessere Lösungen hätte durchsetzen können, wenn es nicht zu den Presseveröffentlichungen gekommen wäre. Denn alle Veränderungen wurden ungeheuer schwer, wenn jedermann anhand des Bahr-Gromyko-Papiers Konzessionen von seiten Moskaus ablesen konnte. Hier spielte das Prestige der Sowjetunion eine Rolle. Es dauerte denn auch nur zwei Tage, bis das sowjetische Außenministerium auf die Publikation des Papiers reagierte. Die Russen wurden in unserer Moskauer Botschaft vorstellig, um den Deutschen die Konsequenzen dieser abredewidrigen Indiskretionen deutlich klarzumachen. Mit gespielter oder echter Empörung äußerten sie, es sei unerhört, daß die Bundesregierung offenbar nichts bei sich behalten könne. Natürlich könne Bonn unter diesen Umständen keinerlei Änderungen mehr erwarten.

Scheels eigene Leute vom rechten Flügel hatten ihrem Parteivorsitzenden ohnehin nicht zugetraut, irgendwelche nennenswerten Abänderungen am Bahr-Papier zu bewerkstelligen. Gegner wie Siegfried Zoglmann sagten ihm in Fraktionssitzungen wie in öffentlichen Erklärungen: Er könne, wenn er wolle, ja ruhig nach Moskau reisen. Herauskommen werde dabei nichts. Wenn er zurückkomme, werde jeder die von Bahr ausgehandelten Texte nachlesen und feststellen können, daß nichts Wesentliches an ihnen verändert worden sei.

Interne Bewertungen des Bahr-Papiers und die Bonner Vorbereitung der Moskau-Reise Scheels

Die Notwendigkeit, in Moskau mehr als bisher zu erreichen, schien zunächst insofern zu bestehen, als eine vorläufige Prüfung des Bahr-Textes durch Rechtsexperten zu dem Ergebnis gekommen war, daß ein Vertrag in der vorliegenden Fassung vor dem Bundesverfassungsgericht gefährdet sei, also wegen Unvereinbarkeit mit dem Grundgesetz möglicherweise dort scheitern werde.

In den folgenden Wochen kam es zu detaillierten interministeriellen Beratungen, an denen insbesondere das AA sowie die Bundesministerien des Innern und der Justiz beteiligt waren. Besonders wichtig für die Bonner Meinungsbildung war eine interne, präzise vorbereitete und konzentrierte Klausurtagung des Auswärtigen Amtes in Anwesenheit Scheels (und Abwesenheit Bahrs), die am Sonntag, dem 5. Juli, ganztägig im – damals als Gästehaus genutzten – Kanzlerbungalow veranstaltet wurde. Diese Zusammenkunft bereitete die Kabinettsondersitzung vom 7. Juli 1970 vor, auf der sich die Bundesregierung über ihre Moskauer Verhandlungsziele klarwerden mußte. Alle diese Beratungen führten am Ende zu dem Schluß, daß das Papier entgegen der usprünglichen Vermutung verfassungsmäßig sei, aber Verdeutlichungen wünschenswert und einige Klarstellungen sogar erforderlich mache.

Gerade noch rechtzeitig vor der Abreise der Delegation nach Moskau am 26. Juli kam eine Bonner Arbeitsgruppe, die aus den vier Staatssekretären Egon Bahr (Bundeskanzleramt), Paul Frank (Auswärtiges Amt), Hans Schäfer (Bundesministerium des Innern) und Hermann Maaßen (Bundesministerium der Justiz) bestand, zu dem Ergebnis, daß der Aufnahme von Verhandlungen mit der Sowjetunion (und das hieß doch wohl auch: einem deutsch-sowjetischen Vertrag) auf der Grundlage der Bahrschen Leitsätze keine verfassungsrechtlichen Bedenken entgegenstünden – unter zwei Bedingungen.

Zum einen sei die deutsche Option schriftlich zu fixieren. Man müsse in einem Brief an die Adresse Moskaus ausdrücklich betonen, daß Bonn weiterhin dem Ziel der Wiedervereinigung verpflichtet bleibe. Zum anderen werde bei Unterzeichnung des Vertrages zu erklären sein, daß die Bundesregierung ihn erst dann ratifiziere, wenn die Berlin-Verhandlungen zu einem befriedigenden Ergebnis geführt hätten.

Der Ausarbeitung der Staatssekretäre lag der Inhalt des vorbereiteten Vertrages zugrunde, nämlich die ersten vier Punkte – oder Leitsätze – des Bahr-Papiers vom 22. Mai 1970, die bekanntlich lauteten:

1. Die Bundesrepublik Deutschland und die Union der Sozialistischen Sowjetrepubliken betrachten es als wichtiges Ziel ihrer Politik, den internationalen Frieden aufrechtzuerhalten und die Entspannung zu erreichen. Sie bekunden ihr Bestreben, die Normalisierung der Lage in Europa zu

fördern, und gehen hierbei von der in diesem Raum bestehenden wirklichen Lage und der Entwicklung friedlicher Beziehungen auf dieser Grundlage zwischen allen europäischen Staaten aus.

2. Die Bundesrepublik Deutschland und die Union der Sozialistischen Sowjetrepubliken werden sich in ihren gegenseitigen Beziehungen sowie in Fragen der Gewährleistung der europäischen und internationalen Sicherheit von den Zielen und Prinzipien, die in der Satzung der Vereinten Nationen niedergelegt sind, leiten lassen.
   Demgemäß werden sie ihre Streitfragen ausschließlich mit friedlichen Mitteln lösen und übernehmen die Verpflichtung, sich in Fragen, die die europäische Sicherheit berühren, sowie in ihren bilateralen Beziehungen gemäß Artikel 2 der Satzung der Vereinten Nationen der Drohung mit Gewalt oder der Anwendung von Gewalt zu enthalten.
3. Die BRD und die SU stimmen in der Erkenntnis überein, daß der Friede in Europa nur erhalten werden kann, wenn niemand die gegenwärtigen Grenzen antastet.
   Sie verpflichten sich, die territoriale Integrität aller Staaten in Europa in ihren heutigen Grenzen uneingeschränkt zu achten.
   Sie erklären, daß sie keine Gebietsansprüche gegen irgend jemand haben und solche in Zukunft auch nicht erheben werden. Sie betrachten heute und künftig die Grenzen aller Staaten in Europa als unverletzlich, wie sie am Tage der Unterzeichnung dieses Abkommens verlaufen, einschließlich der Oder-Neiße-Linie, die die Westgrenze der Volksrepublik Polen bildet, und der Grenze zwischen der BRD und der DDR.
4. Das Abkommen zwischen der Bundesrepublik Deutschland und der Union der Sozialistischen Sowjetrepubliken berührt nicht die früher geschlossenen zweiseitigen und mehrseitigen Verträge und Abkommen beider Seiten.

Zu diesen vier Artikeln nahmen die vier Staatssekretäre ausführlich Stellung, wobei sie zu der Schlußfolgerung kamen: »Die Beratungen der Arbeitsgruppe haben zu dem Ergebnis geführt, daß der Aufnahme von Verhandlungen mit der Sowjetunion auf der Grundlage der vorstehend bewerteten Leitsätze einschließlich eines Briefes über die deutsche Option und der beabsichtigten Berlin-Erklärung keine verfassungsrechtlichen Bedenken entgegenstehen.«

Auch wenn Paul Frank in seinen Erinnerungen »Entschlüsselte Botschaft. Ein Diplomat macht Inventur« später behauptete, das Auswärtige Amt dürfe es sich »als bleibendes Verdienst zurechnen, die Elemente des ›Bahr-Papiers‹ in einen verfassungsmäßigen Entwurf eingebracht und ergänzt zu haben«; erst diese »geringen, aber in ihrer juristischen Bedeutung entscheidenden Veränderungen und Zusätze« hätten »einen möglichen Gang der Opposition zum Bundesverfassungsgericht nach menschlichem Ermessen aussichtslos erscheinen« lassen, hatten die vier Staatssekretäre tatsächlich nur marginale Beanstandungen, gaben sich mit einem Minimum an Verbesserungen zufrieden und ließen dabei den Text des Vertrages ganz so, wie er war. Das war durchaus realistisch. Am 7. Juli hatte der Außenminister im Kabinett betont, es werde schwerfallen, den Bahr-Gromyko-Entwurf noch abzuändern. Leichter werde man wohl Zusätze bewerkstelligen können, beispielsweise eine (jetzt erstmals zu formulierende) Präambel des Vertrages. Ähnlich hatte sich der Regierungssprecher schon einen Monat früher in der Öffentlichkeit geäußert, allerdings mit gewohntem Optimismus die Dinge ins Harmlose, Positive gewandt. Bahr habe einen »Vorentwurf« ausgehandelt – sagte Conrad Ahlers am 8. Juni –, der substantiell nicht mehr geändert zu werden brauche, aber durchaus noch Ergänzungen erfahren könne.

Diese Bewertung stützte sich auf Beratungen des Kabinetts. In den Tagen zuvor waren die Minister mehrere Male zusammengetroffen, um die »Ergebnisse der exploratorischen Gespräche (!) der Bundesregierung« (sprich: Bahrs) gemeinsam zu erörtern. Dabei waren jene behutsamen Richtlinien vom 7. Juni für die Scheelschen Gewaltverzichtsverhandlungen in Moskau herausgekommen, aus denen sich entnehmen ließ, was nach Auffassung der Bonner Ministerrunde zwischen der Bundesrepublik und den Russen noch vorsichtig zu regeln versucht werden sollte.

Dazu gehörten die beiden Ergänzungswünsche zur deutschen Option und zu Berlin, die später im Papier der Staatssekretäre auftauchten. Außerdem mußte man noch andere dringende Fragen im Auge behalten. In vier Punkten kann man zusammenfassen, was die Kabinettskollegen dem Außenminister mit auf die Reise gaben:

a) Das Problem des Friedensvertrages

Man durfte nicht den Eindruck dulden, als werde hier eben doch ein Friedensvertrag mit definitiver westdeutscher Anerkennung der Nachkriegsgrenzen abgeschlossen. Daher mußte die Hinnahme der bestehenden Grenzen, die in Punkt 1 des Bahr-Papiers enthalten war, dem Grundgedanken des Vertrages, dem Gewaltverzicht, deutlich sichtbar untergeordnet werden. Die Grenzanerkennung durfte also keine Vorwegnahme eines Friedensvertrages sein, sondern kam nur als Folge des Gewaltverzichts in Betracht: Wir verzichteten auf Gewalt und insoweit eben auch auf Veränderungen der Grenzen. Insoweit. Es ging der Bundesregierung wirklich immer noch um den zeitweiligen Burgfrieden, um jenen Modus vivendi, über den man seit Adenauers Zeiten mit den Russen redete. Die in Europa bestehende »wirkliche Lage«, von der Punkt 1 sagte, daß beide Seiten von ihr ausgingen, sollte tatsächlich nicht mehr sein als eben dies: ein *Ausgangspunkt künftiger Entwicklungen.*

Mit Sicherheit – das ließ sich unschwer vorausahnen – würden die Sowjets das anders sehen. Das war Kennern der Materie, wie Professor Jochen Frowein von der Universität Bielefeld, schon im voraus klar. Auf Vorschlag des Völkerrechtsreferates des Auswärtigen Amtes war er als unabhängiger Wissenschaftler im Juni 1970 von Paul Frank zu Rate gezogen und später sogar in die Delegation für Moskau aufgenommen worden, weil man sich seines unbefangenen Urteils versichern wollte. Frowein hatte sich 1967 über Probleme habilitiert, die aus der Nichtanerkennung von Staaten folgen. Außerdem war er 1968 zusammen mit Wolfgang Wagner, Peter Bender, Dieter Haack, Wilhelm Kewenig und Eberhard Schulz in einer Arbeitsgruppe der Deutschen Gesellschaft für Auswärtige Politik tätig gewesen. Die Genannten hatten gemeinsam eine Studie über die politische und rechtliche Problematik einer Anerkennung der DDR vorgelegt, deren Ergebnisse in Anwesenheit von Egon Bahr diskutiert worden waren. Frowein war also mit einer Grundthematik des deutsch-sowjetischen Vertrages bestens vertraut, als er zur Bewertung des Bahr-Papiers aufgefordert wurde. In unserem Zusammenhang schrieb er am 18./19. Juli 1970 über die Ambivalenz des Punktes 1 an das Auswärtige Amt: Es sei »nicht ganz deutlich, was hier bedeutet«, daß beide Seiten »von der bestehenden wirklichen Lage ausgehen. Soll diese verändert werden? Oder ist das die Lage, die normalisiert werden soll? Die UdSSR dürfte mit Sicherheit von der Stabilisierung der bestehenden Lage ausgehen.« Die Bundesrepublik nicht. Wenn die Russen das nicht hinnehmen wollten, mußte Scheel ihnen klarmachen, daß es deutscherseits leider deutlicher nicht ging.

b) Die Frage der innerdeutschen Grenze

Besonders brenzlig war natürlich die Frage der Grenze innerhalb Deutschlands, zwischen Bundesrepublik und DDR. Es mußte sichergestellt werden, daß nach dem Vertragsabschluß eine gütliche Aufhebung der Grenze an Elbe und Werra, eine friedliche Wiedervereinigung der beiden deutschen Staaten, zulässig blieb. Zwar war Frowein bei seiner genauen Analyse der Ziffer 3 des Bahr-Papiers zu der Überzeugung gelangt, daß »eine einvernehmliche Grenzänderung« hier mit Sicherheit nicht ausgeschlossen worden sei. Aber war wirklich davon auszugehen, daß Moskau das genauso sah? Die Westdeutschen konnten nur dann ein solches Abkommen schließen, wenn es das Grundgesetz – auch seine Präambel – respektierte. Der deutsch-sowjetische Vertrag durfte das Recht der Deutschen auf Selbstbestimmung, auf ihre Wiedervereinigung, nicht beschneiden oder gar beseitigen. Bereits Bahr hatte das Gromyko klargemacht. Als Anlage zum Bahr-Papier vom 22. Mai hatten sich die beiden Verhandlungspartner über einen Brief der Bundesregierung verständigt, in dem es unter anderem heißen sollte: »Das GV-Abkommen beeinträchtigt nicht das politische Ziel der BRD, unter

Wahrung der legitimen Interessen aller Beteiligten an der Schaffung einer europäischen Friedensordnung mitzuwirken, die dem deutschen Volk seine Einheit wiedergibt, wenn es sich dafür in freier Selbstbestimmung entscheidet.«

In internen Aufzeichnungen hieß es erläuternd dazu: »Während des Meinungsaustausches hat die sowjetische Delegation erklärt, daß sie unter gegebenen Umständen einen solchen Brief unwidersprochen entgegennehmen werde.«

So weit war also bereits Egon Bahr gekommen. Dem Außenminister blieb nur, dies zu unterstreichen. In der Kabinettssitzung vom 7. Juli führte Scheel aus, er werde Gromyko in einem Brief, den die Gegenseite ohne Widerspruch in Empfang zu nehmen habe, die Mitteilung zukommen lassen, daß der Entspannungswille der Bundesrepublik Deutschland nicht im Widerspruch stehe zum politischen Ziel der deutschen Wiedervereinigung, an dem sie festhalte. Beim Wortlaut dieses Briefes, den er Gromyko in Moskau überreichen wolle, werde man sich soweit wie möglich an den mit Bahr verabredeten Text anlehnen.

c) Die Rechte der Siegermächte

Man mußte den Russen gegenüber klarstellen, daß die Rechte der drei westlichen Siegermächte in Deutschland, vor allem in Berlin, durch diesen Bonner Vertrag mit Moskau in keiner Weise beeinträchtigt wurden. Das war an sich selbstverständlich. Denn es gibt im Völkerrecht keine Verträge zu Lasten Dritter. Außerdem hatten Bahr und Gromyko in Punkt 4 des Papiers festgehalten, daß diese deutsch-sowjetische Vereinbarung früher geschlossene zwei- und mehrseitige Verträge und Abkommen beider Seiten nicht berühre. Damit waren das Vertragswerk von 1954, mit dem die Bundesrepublik weitgehende Souveränität erlangt hatte, ebenso gemeint wie ihre Zugehörigkeit zur EG und zur NATO.

Aber wegen der komplizierten Rechtslage Deutschlands war nicht sicher, ob sich die Westalliierten mit dieser allgemein gehaltenen Formel zufriedengeben würden. Wenn jedoch bei ihnen auch nur der Rest eines Zweifels blieb, würde er sie ohne jede Frage dazu veranlassen, in aller Form gegen das deutsch-sowjetische Abkommen vorzugehen, also gegen den Moskauer Vertrag Einspruch zu erheben. Dies wäre für Bonn ein Debakel sondergleichen gewesen. Eine schwere Vertrauenskrise zwischen der Bundesrepublik und den drei Westmächten hätte nach Osten wie nach Westen eine Katastrophe bedeutet.

Weniger im Lande selbst. Zwar wäre die sozialliberale Bundesregierung bei einem Scheitern ihres ostpolitischen Anlaufs mit Sicherheit auseinandergebrochen. Doch das müßte nicht unbedingt ein Anlaß zur Panik sein: In parlamentarischen Demokratien purzeln eben die Kabinette, wenn ihre Vorhaben fehlschlagen.

Allerdings war fraglich, ob sich eine Regierungskrise in einem solchen Fall nicht zu etwas viel Bedrohlicherem auswachsen würde. Denn die heftige Erschütterung der internationalen Position der Bundesrepublik, die die SPD/FDP-Koalition zu Fall gebracht hätte, mußte ja auch jede neue Regierung – dann wahrscheinlich von der CDU/CSU gebildet – sofort in Mitleidenschaft ziehen.

Diese Gefahr war nicht von der Hand zu weisen. Gerade nach dem verheißungsvollen Auftakt der Bahr-Gromyko-Gespräche und angesichts der – besonders seit der spektakulären März-Reise des Kanzlers nach Thüringen – hochgespannten Erwartungen der deutschen Bevölkerung war eine plötzliche Wetterverschlechterung im westdeutsch-sowjetischen Verhältnis innen- wie außenpolitisch eine ernste Sache. Die bei einer solchen Entwicklung erneut möglichen dramatischen Zuspitzungen in und um Berlin konnte man schließlich nicht auf die leichte Schulter nehmen. Wenn obendrein der Sturm eines allgemeinen Klimasturzes sogar an den westdeutschen Verankerungen im Westen rüttelte, dann mußte das bei allen Nachbarn Deutschlands tiefe Befürchtungen auslösen. In allen westlichen Kabinetten, welcher politischen Färbung auch immer. Aber wohl nirgendwo mußte es so heftig wie in unserem (ohnehin leicht verstörbaren) Volk alte Ängste aufsteigen lassen. Eine unsicher gewordene Zwischenlage, unsere Isolierung nach Osten wie im Westen, konnte unabsehbare Konsequenzen haben.

Nur den Russen, das ist klar, wäre eine solche Entfremdung zwischen Bonn auf der einen Seite und Washington, Paris und London auf der anderen rundum willkommen gewesen. Selbstverständlich arbeiteten sie zielstrebig darauf hin, uns vom Westen abzuspalten. Aber sie waren realistisch genug, sich einzugestehen, daß dies in absehbarer Zukunft wohl nicht zu erreichen sei. Man habe 1970 nicht die Absicht verfolgt, die westeuropäisch-atlantischen Bindungen der Bundesrepublik zu lockern, erklärte Falin später offen, weil man genau gewußt habe, daß das damals nicht möglich gewesen sei.

Im Laufe der sechziger Jahre hatte die Sowjetunion mehrfach versucht, die Bundesrepublik, die man als Vorposten der USA auf dem Kontinent betrachtete, in Westeuropa zu isolieren und allmählich in die Knie zu zwingen. Man hatte nach dem Sturz Chruschtschows die Verbindung zu Großbritannien gesucht, hatte mit dem Frankreich de Gaulles die Zusammenarbeit aufgenommen. Mit beiden Anläufen war man nicht weit gediehen; die Beziehungen waren unergiebig geblieben. Die Bundesrepublik war eben politisch doch zu stark und vor allem wirtschaftlich zu mächtig, als daß man sie hätte umgehen oder beiseite schieben können. Welch ein Glücksfall, wenn man sie jetzt plötzlich durch eine stürmische Umarmung ihren Alliierten abspenstig machen konnte! Zweifellos hätte Moskau von einem deutsch-alliierten Zerwürfnis ganz unverhofft profitieren können.

Natürlich sah man diese Gefahr in Bonn ganz genau. So behutsam wie nachdrücklich suchte man ihr entgegenzuwirken. Es war kein Zufall, wenn der

Außenminister am gleichen 7. Juli, als er unter »*Punkt 4 der Tagesordnung:* Verhandlungen über einen deutsch-sowjetischen Gewaltverzichtsvertrag« dem Kabinett die geplante Marschroute für Moskau erläuterte und dabei den Beifall seiner Kollegen fand, beim sofort anschließenden »*Punkt 5 der Tagesordnung:* Deutsche Europa-Politik« von seiner Absicht berichtete, »im Auswärtigen Amt bis September eine Darstellung der dynamischen Rolle der Bundesrepublik in der Europäischen Gemeinschaft vorzubereiten«; man nahm es im Kreise der Minister zustimmend zur Kenntnis.

Daß solche Aktivitäten nicht zufällig zeitlich zusammenfielen, sondern in einem unmittelbaren Zusammenhang mit dem Moskauer Vertrag standen, ließ sich am Entschluß des Außenministers ablesen, Gromyko (neben seinem Brief in Sachen der deutschen Wiedervereinigung) einen zweiten Brief zuzusenden. In ihm sollte deutlich gemacht werden, die Bundesregierung lege Wert auf die Feststellung, daß der Abschluß des Moskauer Vertrages ihrer Politik einer europäischen Integration nicht im Wege stehe. Und noch von einem dritten Brief war am 7. Juli die Rede, dessen Text mit den Russen ausgehandelt werden sollte: Man wollte den drei Westalliierten gegenüber in aller Form unterstreichen, daß durch den Inhalt wie die Ziele des deutsch-sowjetischen Vertrages die Abmachungen, die man mit ihnen früher getroffen habe, natürlich unberührt blieben. Diese Absicht betonte in der gleichen Kabinettsitzung auch der Bundeskanzler: Man müsse die bisherigen Beziehungen zu unseren Verbündeten im Lichte der jetzt abzuschließenden Ostverträge ausdrücklich bekräftigen. Man halte übrigens in dieser Sache engen Kontakt mit den Vereinigten Staaten. Auch der Präsident der V. Republik, Georges Pompidou (der sich erst am 3./4. Juli beim regelmäßigen deutsch-französischen Konsultationstreffen sehr optimistisch über die außenpolitische Entwicklung geäußert hatte), stütze voll die Bundesregierung.

Im Zusammenhang dieser Erörterungen stellte Scheel die skeptische Frage, ob man sich eigentlich, falls die Russen drängten, auf eine Übernahme des Punktes 9 des Bahr-Papiers in den Moskauer Vertrag einlassen dürfe: »Die Regierung der Bundesrepublik Deutschland und die Regierung der Union der Sozialistischen Sowjetrepubliken werden die wirtschaftlichen, wissenschaftlich-technischen, kulturellen und sonstigen Beziehungen zwischen der Bundesrepublik Deutschland und der Union der Sozialistischen Sowjetrepubliken im Interesse beider Seiten und der Festigung des Friedens in Europa fortentwickeln.« Er, Scheel, sei dagegen. Bei mißtrauischer Auslegung könne diese Formulierung nämlich westliche Befürchtungen wecken. Man habe Sorge, daß eine derartige Vertragsbestimmung den Rapallo-Komplex, also die Furcht vor einem deutsch-russischen Zusammenspiel, zum Schaden des Westens erneut belebe.

Bonn hielt es für richtig, in dieser Situation seine Verbündeten nicht nur auf den üblichen diplomatischen Kanälen über die ostpolitischen Absichten zu unterrichten, sondern den Außenminister vor seiner Abreise in die Sowjetunion nach London und Washington reisen zu lassen, um dort mündlich seine Verhandlungsziele mit Gromyko zu erläutern. Am 23. Juli, drei Tage vor dem Abflug nach Moskau, berichtete Scheel im Kabinett über seine Konsultationsgespräche mit der britischen und der amerikanischen Regierung: »Bei seinem Besuch in London habe er festgestellt, daß die neue britische Regierung die deutsche Ostpolitik ebenso unterstütze wie ihre Vorgängerin. Auch die amerikanische Haltung gegenüber unseren Absichten sei eindeutig positiv. In beiden Hauptstädten hätten – ebenso wie schon vorher bei den deutsch-französischen Konsultationen – die Sicherheit Berlins und die Wahrung der alliierten Rechte im Vordergrund gestanden. Die drei Alliierten beständen, wie wir, darauf, daß ein Gewaltverzichtsvertrag mit der Sowjetunion erst in Kraft treten könne, wenn das Berlin-Problem befriedigend geregelt sei. Außenminister Scheel habe sich auf eine bestimmte technische Verbindung zwischen den beiden Komplexen nicht festgelegt.«

Scheel hatte hier in wesentlichen Nuancen positiver und damit optimistischer berichtet, als es, beispielsweise, dem etwa zweistündigen Gespräch vom 17. Juli 1970 mit seinem amerikanischen Kollegen William Rogers entsprach. Dieser hatte durchaus Zweifel hinsichtlich einiger Aspekte der neuen Bonner Ostpolitik erkennen lassen. Er befürchtete unbedachte Festlegungen der Deutschen in den Absichtserklärungen der Punkte 5 bis 10 des Bahr-Papiers. Ihn erstaunte die übertrieben diskrete, nämlich nur versteckt-indirekte Behandlung des Berlin-Problems. Ganz allgemein äußerte er Bedenken gegen die vielleicht schädliche Eile, mit der Bonn seine Neue Ostpolitik vorantreibe.

In einem anschließenden Gespräch wurde die deutsch-amerikanische Diskussion über die Bonner Ostpolitik im Hause des Bonner Botschafters, Rolf Pauls, fortgesetzt, wobei zwei leitende Beamte des State Department, Martin Hillenbrand (der spätere US-Botschafter in der Bundesrepublik) und James Sutterlin (damals Direktor des Deutschen Büros, in dem alle mitteleuropäischen Fragen behandelt wurden), die Gesichtspunkte Washingtons vertraten. »Es war dabei erkennbar, daß man unsere Bemühungen um eine Bestätigung der Vier-Mächte-Rechte zwar skeptisch beurteilt, aber doch für wesentlich hält.« Zu diesem Punkte hatte Scheel bereits im Gespräch mit Rogers ausgeführt, »daß es für uns problematisch und außerdem schwierig, wenn nicht gar unmöglich sein dürfte, diese Rechte im Vertragstext selber anzusprechen. Ihm scheine eine Erwähnung in dem Interpretationsbrief der aussichtsreichste Weg zu sein. Rogers erwiderte, daß es seiner Regierung wichtig erscheine, daß die Sowjetunion möglichst zu einer Bestätigung der Fortgeltung dieser Rechte bewogen werde, ganz gleich in welcher Form und an welcher Stelle.«

d) Das Berlin-Problem

In dieser Unterredung mit Rogers – wie in vielen deutsch-alliierten Gesprächen jener Zeit – tauchte nicht zufällig mehrfach Berlin auf: immer als Quelle internationaler Schwierigkeiten, Mißverständnisse und Meinungsunterschiede. Berlin war ein Konfliktpunkt nicht nur zwischen der Bundesrepublik und dem Osten, sondern auch in ihrem Verhältnis zum Westen.

Leitsatz 5 des Bahr-Papiers, den sich der amerikanische vom deutschen Außenminister erläutern ließ, hatte auch von unserer Seite aus gesehen einen Sinn. Wenn es dort hieß, daß die Ostverträge »ein einheitliches Ganzes bilden«, dann sollten die Russen darauf festgelegt werden, an *allen* zum Zweck einer umfassenden Entspannung des beiderseitigen Verhältnisses erforderlichen Abkommen aktiv mitzuwirken, also es nicht etwa mit den für sie günstigen Absprachen bewenden zu lassen. So sollte die DDR durch sowjetischen Druck zu einer für uns akzeptablen Einbeziehung in die Vertragswerke veranlaßt werden. Das war gemeint, wenn Bahr am 15. Mai 1970 zu Gromyko gesagt hatte: »Gebe es nur ein Abkommen zwischen BRD und UdSSR, nicht aber zwischen BRD und DDR, dann werde es keine Entspannung geben. Eins gehöre zum anderen. Außenminister Gromyko entgegnete, daß auch die sowjetische Seite dies so verstehe.«

Berlin konnte wegen der *ausschließlichen* Zuständigkeit der Vier Mächte für den Status der Stadt weder im Leitsatz 5 noch im deutsch-sowjetischen Vertrag aufgeführt werden, obwohl es von unseren Interessen her natürlich an vorderster Stelle hätte genannt werden müssen. Bahr hatte gegenüber Gromyko von ihrer ersten Unterredung am 30. Januar an immer wieder betont, es könne keine Basis für ein positives Verhältnis der Bundesrepublik zur Sowjetunion geben, wenn Berlin nicht aufhöre, ein Störfaktor der Beziehungen zu sein. Solange die Situation in Berlin schlecht bleibe, seien gute Beziehungen undenkbar. Bonn habe in Berlin zwar nur begrenzte Kompetenzen, aber ein zentrales politisches Interesse.

Beim Auftakt seiner teilweise dramatischen Abschlußgespräche mit Gromyko trug Bahr am 12. Mai 1970 dem sowjetischen Außenminister vor, was ihm Willy Brandt in diesem Zusammenhang mit auf den Weg gegeben hatte: »Der Bundeskanzler halte es . . . für eine Sache der Aufrichtigkeit, die sowjetische Regierung wissen zu lassen, daß die Bundesregierung die Gewaltverzichtsabkommen, die vertragliche Regelung der Beziehungen zwischen der DDR und der Bundesrepublik und eine befriedigende Regelung der Situation in und um Berlin als eine Einheit betrachte. Dies würde er der sowjetischen Seite auch in geeigneter Weise mitteilen. Auf diese Weise könnte eine Erwähnung Berlins im Abkommen selbst vermieden werden.«

Im übrigen glaubte Bahr, die unerläßliche Einbeziehung Berlins in das Ostvertragswerk an anderer Stelle seines Papiers doch noch bewerkstelligt zu haben

– allerdings leider nur indirekt. Wenn im Leitsatz 1 von der in Europa »bestehenden wirklichen Lage« die Rede sei, von der man gemeinsam mit den Russen ausgehe, dann sei Berlin hier automatisch mit gemeint, sei unweigerlich eingeschlossen. Diese Erwähnung war freilich so versteckt, daß man sie mit ungeübtem Auge gar nicht entdecken konnte. Deshalb benutzte Willy Brandt seine erste Reise in die USA als Bundeskanzler dazu, um vor dem *National Press Club* in Washington am 10. April 1970 der Weltöffentlichkeit anzudeuten, daß Berlin selbstverständlich ein Teil jenes Ganzen sei, von dem die Sowjetunion bei der Neuen Ostpolitik auszugehen habe: »Auf der Grundlage einer Konzeption umfassender Gewaltverzichtsabkommen haben wir die Gespräche mit Moskau, Warschau und Ost-Berlin begonnen. Sie stehen in einem engen sachlichen und zeitlichen Zusammenhang miteinander – auch mit dem wichtigen Gespräch über Berlin, das die drei Westmächte mit der Sowjetunion aufgenommen haben.«

Neun Tage später wurde der Außenminister in einem Interview mit dem *Südwestfunk* in der Beschreibung des Sachzusammenhangs deutlicher. Scheel wies darauf hin, daß die Gespräche in Moskau, Warschau und Ost-Berlin und die Verhandlungen über Berlin »alle miteinander zusammenhängen. Nicht in einem festen zeitlichen Zusammenhang. Aber es ist ganz unmöglich, daß wir Gewaltverzichtsabkommen mit der Sowjetunion abschließen über die Achtung der Integrität des Territoriums und der Grenzen in Europa, ohne daß die Frage der Bindung West-Berlins an die Bundesrepublik ausreichend geklärt ist. Insoweit gibt es also einen sehr großen Zusammenhang, den es zu beachten gilt.«

Kurz nachdem Egon Bahr am 10. Mai zu seiner schwierigen Schlußrunde mit Andrej Gromyko erneut in die Sowjetunion geflogen war, betonte der Bundeskanzler am 13. Mai auf dem SPD-Parteitag in Saarbrücken die Bedeutung einer befriedigenden Berlin-Regelung, wobei er gleichzeitig auf die Wichtigkeit einer vertrauensvollen Zusammenarbeit zwischen der Bundesrepublik und den Westmächten anspielte: »Erstens ist nochmals zu betonen, wie wirklichkeitsfremd eine deutsche Politik in dieser Zeit ohne Verankerung im Atlantischen Bündnis wäre . . . Zweitens soll bitte jeder zur Kenntnis nehmen: Zu den Realitäten, über die wir nicht mit uns handeln lassen, gehören die gewachsenen Bindungen zwischen der Bundesrepublik und West-Berlin.«

Am Tage darauf meldete sich der Außenminister in der gleichen Sache zu Wort. Anläßlich einer Japan-Reise erklärte er am 14. Mai in Tokio: »Es kann mit niemandem ein Vertrag über Grenzen oder Integrität beschlossen werden, solange die Berlin-Frage nicht gesichert ist und die Verbindung zwischen West-Berlin und der BRD nicht durch Verträge geregelt sind.«

Diese Äußerungen des SPD- und des FDP-Vorsitzenden waren erste öffentliche Verlautbarungen zu einem Thema, das jahrelang Politiker und Öffentlichkeit bei uns in Atem gehalten hat: zum Sachzusammenhang, zum sogenannten *Junktim* zwischen dem Moskauer Vertrag und einem Berlin-Abkommen. Was es damit auf sich hatte, faßte eine Aufzeichnung des Auswärtigen Amtes vom Februar 1971 knapp und treffend zusammen:

> Ein rechtliches Junktim zwischen irgendeinem der abzuschließenden Verträge und einer Berlin-Regelung gibt es nicht und kann es nicht geben, weil die BRD für Berlin völkerrechtlich keine Kompetenz hat.
>
> Nach deutschem Recht ist Berlin zwar Land der BRD, aber dieses deutsche Recht ist von den Alliierten suspendiert worden.
>
> Aber die Bundesregierung hat immer klargemacht, daß es neben dem Moskauer Vertrag eine Berlin-Regelung geben muß. In den Gesprächen zwischen Staatssekretär Bahr, Außenminister Gromyko und den Moskauer Gesprächen von Außenminister Scheel und des Bundeskanzlers sind unsere Wünsche in Bezug auf Berlin immer wieder und unzweideutig zum Ausdruck gebracht worden.
>
> Ferner besteht zwischen den Verträgen und einer Berlin-Regelung ein Sachzusammenhang. Er ergibt sich unlösbar daraus, daß man Entspannung in Mitteleuropa nicht herstellen kann, wenn der Punkt, der sich bisher am anfälligsten erwiesen hat, jederzeit zur Auslösung neuer Spannungen benutzt werden kann . . .

Es traf zu, wenn diese Notiz davon ausging, daß die Unerläßlichkeit einer Berlin-Regelung von der Bundesregierung insgesamt, also von beiden Koalitionsparteien gleichermaßen, erkannt und betont wurde. Schließlich brauchte man Politikern wie Willy Brandt und Egon Bahr, die vor Ort mehrere schwere Berlin-Krisen durchzustehen gehabt hatten, die Dringlichkeit einer Regelung bisher offener Punkte und einer Verbesserung unbefriedigender Verhältnisse nicht erst mühsam nahezubringen.

Richtig war allerdings auch, daß beide Parteien den gemeinsamen Standpunkt unterschiedlich akzentuierten. Scheel betonte den Zusammenhang strikter, nachdrücklicher als Brandt. Die FDP nutzte die Gelegenheit, sich der deutschen Öffentlichkeit als Vertreterin eines umsichtigen, hartnäckig realitätsbewußten Kurses in der Ostpolitik anzuempfehlen. Das gab ihr innenpolitisch Profil. Ihre Position wurde populär. Denn unter jenen Wechselwählern im Mittelfeld, um die sich alle drei Parteien stritten, waren nicht wenige, die eine neue, realistische – aber risikolose – Ostpolitik wünschten. Solche Leute fühlten sich von Scheel verstanden, während ihnen Brandt nicht deutlich genug war – manchmal geradezu ärgerlich vage.

Als der Bundeskanzler auf einer Belegschaftsversammlung der AEG in Berlin-Gesundbrunnen am 8. Juli 1970 warnend erwähnt hatte, wir Deutschen neigten »immer wieder dazu, formalistische Fragen in den Vordergrund zu rükken« – worauf es ankomme, sei vielmehr »der tatsächliche Zusammenhang zwischen dem Gewaltverzichtsvertrag und der Sicherung Berlins«, den er »nicht in eine Zwangsjacke stecken« wolle – reagierten viele, besonders die Berliner FDP, mit Empörung. Nach Absprache mit dem Berliner FDP-Vorsitzenden, Hermann Oxfort, veröffentlichte sein Stellvertreter, Justizsenator Hans-Günter Hoppe, sofort eine Verlautbarung, die sich energisch von den Ausführungen Brandts distanzierte. Er bekam daraufhin seinerseits Krach mit William Borm (der zu jener Zeit die Berliner Liberalen im Bundestag vertrat, nachdem er bis 1969 auch den Landesvorsitz innegehabt hatte), weil Borm das Junktim ablehnte und es daher höchst überflüssig fand, daß Hoppe in dieser dramatischen Weise die Öffentlichkeit mobilisierte. Umgekehrt billigte der Berliner Landesvorstand in seiner Mehrheit Hoppes Verhalten. Hoppes Erklärung lautete:

> Die Äußerung des Bundeskanzlers, den Zusammenhang zwischen den Gesprächen der vier Mächte in Berlin und den Gesprächen der Bundesregierung und der Sowjet-Union nicht in eine Zwangsjacke stecken zu wollen, ist fatal und gießt geradezu Wasser auf die Mühlen der ewigen Bremser der Ostpolitik.
>
> Sie läßt die Deutung zu, daß die Bundesregierung bereit sei, ein Gewaltverzichtsabkommen in Moskau zu unterzeichnen, ohne daß eine befriedigende Lösung bei den Viermächte-Gesprächen in Berlin erreicht wurde. Isolierte Verhandlungen über Berlin werden diese Stadt aber mit einer gefährlichen politischen Eigengesetzlichkeit den Pressionen des Ostens ausliefern. In eine solche Zwangslage darf die Bundesregierung ihre Berlin-Politik nicht geraten lassen.
>
> Ein Gewaltverzichtsabkommen kann deshalb erst abgeschlossen werden, wenn die Sowjet-Union in den Viermächte-Gesprächen die Zuordnung Westberlins zum wirtschaftlichen, finanziellen, rechtlichen und kulturellen Bereich des Bundes anerkannt hat, die außenpolitische Vertretung Westberlins durch die Bundesregierung zugestanden ist und der Personen- und Güterverkehr von und nach Berlin gesichert und damit endlich von schikanösen Eingriffen der DDR befreit ist.
>
> Nur wenn die Berlin-Verhandlungen in diesen Zusammenhang gestellt werden, kann über den Abbau von Bundespräsenzen gesprochen werden.

Gleichzeitig rief Hoppe Scheel an und machte ihn mobil – soweit es dessen noch bedurfte. Daraufhin verkündete der Außenminister noch am Abend des 8. Juli in einem Fernsehinterview als Antwort auf Willy Brandt klipp und klar das politische Junktim, wobei er allerdings gleichzeitig Hoppe berichtigte, der ja schon die *Unterzeichnung* des deutsch-sowjetischen Vertrages von einer Berlin-Lösung hatte abhängig machen wollen. Ein Gewaltverzichtsabkommen, sagte Scheel, könne erst *in Kraft treten*, wenn das Berlin-Problem befriedigend geregelt sei – was er in den darauffolgenden Tagen in ähnlichen Wendungen dann noch mehrfach öffentlich wiederholte.

In Moskau hörte man es mit Verdruß. Seit jener Zeit setzte sich in der Sowjetführung die Meinung fest, alle negativen Aspekte der Beziehungen zu Bonn müsse man dem FDP-Vorsitzenden anlasten. Als Brandt und Breschnew am Nachmittag des 12. August 1970, dem Tage der Vertragsunterzeichnung, zu ihrer ersten, ausführlichen Unterredung unter vier Augen zusammenkamen, konnte der Generalsekretär der KPdSU nur mühsam seinen Mißmut über den Außenminister verbergen. Drei Jahre später, bei seinem Besuch in der Bundesrepublik vom Mai 1973, hatte sich seine Meinung nicht geändert. Als er bei der Ankunft des Außenministers ansichtig wurde, rief er plötzlich so erstaunt wie entrüstet aus: »Ach, da ist ja auch der Herr Scheel, der die Ostpolitik bremst und hindert!«

War dieser Eindruck bei den Russen für unsere Interessen hilfreich oder hinderlich? Sprach nicht vielleicht doch einiges für die behutsamere Art Willy Brandts, war sie möglicherweise effektiver? Wenn man nicht (wie in der Zeit des Kalten Krieges) automatisch alles für richtig hält, was die Russen ärgert, und umgekehrt unbesehen alles für falsch, was sie freut, dann wird man die Frage stellen müssen, ob die Haltung der FDP-Führung in dieser Sache nicht mehr ihren innenpolitischen Bedürfnissen als unserem außenpolitischen Interesse entsprach. War die Verkündung eines harten »Junktims«, wie Günter Gaus später meinte, nicht dem Verhalten eines Mannes zu vergleichen, der sich freischwimmen will, sich aber dabei ängstlich am Ufer festhält? Natürlich war die Furcht besonders der Berliner, sich ins offene Wasser zu wagen, verständlich – nach den Erfahrungen, die man zwanzig Jahre lang mit den Untiefen der Umgebung gemacht hatte. Aber zu den Realitäten, die man doch anerkennen wollte, gehörte nun einmal auch, daß man riskieren mußte, auf russische Worte zu bauen. Das war ja nichts Neues. Man hätte sich an das Vorbild Konrad Adenauers erinnern sollen, der 1955 auf das bloße Ehrenwort Nikolai Bulganins und Nikita Chruschtschows hin, die immer noch in Rußland gefangengehaltenen Deutschen herauszugeben, diplomatische Beziehungen mit der Sowjetunion aufgenommen hatte.

Andererseits ging es viel zu weit, wenn Günter Gaus und Rudolf Augstein nicht nur das FDP-Junktim als Lähmung der Neuen Ostpolitik ablehnten, sondern rundheraus bereits die bloße Verknüpfung zwischen dem Moskauer Vertrag und einem künftigen Berlin-Abkommen für verhängnisvoll hielten. So schrieb der *Spiegel*-Herausgeber am 15. Juni 1970: »Aus dem unglücklichen Finassieren in Sachen des deutsch-französischen Freundschaftsvertrages und aus der deutschen Sperrvertrags-Kalamität will man nichts gelernt haben. Immer noch sollen Verträge mit stärkeren Partnern an Vorgänge außerhalb der Vertragsverhandlungen bedungen werden, hier an eine ›Sicherung der engen Verbindung zwischen Bundesrepublik und West-Berlin und des ungehinderten Zugangs nach West-Berlin‹, so das Kabinett; Walter Scheel will sogar ›die gewachsenen Verbindungen zwischen West-Berlin und der Bundesrepublik durch Vertrag geregelt‹ wissen, vor Abschluß mit Moskau . . . Wie die Bundesregierung von dem Junktim vornehmlich ihres Außenministers wieder herunterkommen soll, wissen Götter und Genscher.«

Gegen eine solche Kritik mußte man die Koalition und besonders den Außenminister in Schutz nehmen. Augsteins Vergleiche hinkten. Hier ließ einer aus der verdrängten Angst, wir könnten als zu zaghaft erscheinen, im Umgang mit der Sowjetunion waghalsig alle vernünftige Vorsicht außer acht. Der Zusammenhang zwischen dem Versuch einer zeitweiligen Stabilisierung des Status quo in Europa durch den Moskauer Vertrag und einer besseren Absicherung West-Berlins durch ein neues Vier-Mächte-Abkommen war weder eingebildet noch weit hergeholt. Da es eine direkte Verbindung beider Fragen gab, war der Kern des »Junktims« einleuchtend; er entsprach einer nüchternen Einschätzung der Russen. So sahen das ja auch unsere Verbündeten, wie Scheel am 23. Juli 1970 im Kreise seiner Ministerkollegen berichtete: »Die drei Alliierten beständen, wie wir, darauf, daß ein Gewaltverzichtsvertrag mit der Sowjetunion erst in Kraft treten könne, wenn das Berlin-Problem befriedigend geregelt sei.«

Diesen *inneren* Zusammenhang mußte man Moskau intern klarmachen. Ihn pointiert als Junktim auszugeben und obendrein öffentlich laut herauszustellen, war hingegen falsch. Denn damit setzte man die Sowjetunion unter *äußeren* Zwang, verletzte unnötig ihr empfindliches Prestigebedürfnis und strapazierte frühzeitig ihren guten Willen, den man doch auf weite Sicht dringend brauchte. Denn das spätere Berlin-Abkommen würde ja mit Sicherheit nur eine Rahmenregelung sein, also immer wieder der wohlwollenden Interpretation und Ergänzung bedürfen, von beiden Seiten kooperativ ausgefüllt werden müssen. Statt dessen nötigte man die Russen gleich zu Anfang und vor aller Welt unter das Joch dieses Junktims – was auch dann ein psychologischer und politischer Fehler war, wenn sie es diesmal zähneknirschend hinnahmen.

Das merkte übrigens Scheel bald selbst. Am 11. August, unmittelbar vor der gemeinsamen Abreise mit dem Bundeskanzler zur Vertragsunterzeichnung, erhob er im Kabinett warnend seine Stimme und riet davon ab, »anläßlich des Moskau-Besuchs allzusehr das mit der Berlin-Regelung hergestellte Junktim hervorzuheben; dies könne von der Sowjetunion als unangemessenes Druckmittel empfunden werden«.

Wie man die Sache vielleicht hätte formulieren sollen, zeigte ein Gespräch, das Gustav Heinemann fast ein Jahr später mit Valentin Falin bei dessen Antrittsbesuch als neuem sowjetischen Botschafter in Bonn führte. In einer internen Aufzeichnung über die Unterredung vom 12. Mai 1971, die sich auf weite Strecken mit Berlin beschäftigte, heißt es an einer Stelle: »Der Herr Bundespräsident wies . . . auf den entscheidenden politischen Zusammenhang zwischen der Ratifizierung des Moskauer Vertrages und einer befriedigenden Berlin-Regelung hin. Botschafter Falin bezeichnete es als den besten Weg, verschiedene Fragen parallel zu lösen und nicht miteinander zu verknüpfen. Er betonte, daß die Sowjetunion unabhängig von der Ratifizierung versuche, eine Regelung der Berlin-Frage zu erreichen.«

Der Meinungsunterschied blieb auch hier deutlich – was beweist, wie wenig sich das Thema für vergröbernde öffentliche Erörterungen oder gar Auseinandersetzungen eignete. Als Falin nämlich der Bundesregierung empfahl, »durch das Schaffen positiver Tatsachen wie der Ratifizierung des Vertrags und anderer Schritte« die Erreichung einer Berlin-Regelung positiv zu beeinflussen, räumte Heinemann zwar höflich ein, daß dieser Standpunkt »theoretisch möglich« sei. »Aus der Sicht der politischen Situation in der Bundesrepublik« müsse er »jedoch als unrealistisch und undurchführbar« bezeichnet werden.

Als man in der Sondersitzung des Kabinetts vom 7. Juli 1970 Scheels Schlachtplan für Moskau beriet, wurde im Kreise der Bundesregierung auch erörtert, was eigentlich zu einer »zufriedenstellenden Regelung« der Berlin-Frage gehöre und in welcher Form man dies gegenüber den Russen geltend machen könne. Der Außenminister hielt einerseits einen Briefwechsel Bonns mit der Sowjetunion in dieser Frage für erwägenswert – einen vierten Brief also in diesem Vertragswerk neben dem Brief zur deutschen Option, dem geplanten Brief zur europäischen Integration der Bundesrepublik und dem Brief über die Fortdauer der alliierten Rechte in Deutschland. Andererseits sah er aber auch die Möglichkeit einer »Erklärung der Alliierten im gegenwärtigen Zeitpunkt«, die Aussagen über den innerstädtischen Verkehr in Berlin, über die Zufahrtswege, die Verbindungen zur Bundesrepublik und eine Bestätigung der gegenwärtigen Regelung der internationalen Stellung Berlins enthalten müsse.

Nach dem Außenminister ergriff der Bundeskanzler das Wort. Er beklagte sich über den schleppenden Verlauf der Berlin-Gespräche. Einstweilen »stecke Abrassimow unsere Alliierten in die Tasche«. Die drei Westmächte wüßten offenbar bisher gar nicht genau, worüber sie eigentlich verhandeln sollten. Bei der letzten Sitzung der Vier am 30. Juni 1970 habe der sowjetische Botschafter die Eliminierung von »Demonstrationen der politischen Bundespräsenz« und der »Ansprüche der Bundesrepublik Deutschland auf West-Berlin« verlangt. Die Vertreter der Westmächte hätten daraufhin lediglich erwähnt, daß sie nach wie vor zu ihrem Sondierungspapier vom 6./7. August 1969 stünden. Darüber hinaus hätten sie ihre Bereitschaft erklärt, gewisse Modifikationen der Bundesaktivitäten in Berlin zu erwägen, falls die Sowjetunion die westlichen Vorschläge für eine Verbesserung der Situation in Berlin und beim Zugang nach Berlin positiv beantworte. Sie hätten hinzugefügt, sie träten an die Bonner Regierung wegen einer Verminderung der Bundespräsenz erst dann heran, wenn Abrassimow bereit sei, über die Konzessionen seiner Seite zu sprechen. Dies sei also der Stand der Dinge. Die Bundesregierung müsse daher ihre Verbündeten »auf Trab bringen«.

Im Interesse Berlins, zur Erleichterung der Lage der Stadt dürfe man »kein buchhalterisches Junktim« hinnehmen. Wir könnten »West-Berlin nicht zugrunde gehen lassen«. Zwar sei nicht zu befürchten, daß die drei Westmächte Berlin verließen, weil sie damit in der Welt ihr Gesicht verlören. Aber ihre originären Rechte in der Stadt seien »steril im Blick auf die Menschen, die dort leben«. »Sorgenvoll« sehe er die Entwicklung des Status Berlins. Im Ostteil der Stadt habe die Sowjetunion trotz früherer gegenteiliger Absprachen der Siegermächte untereinander einseitig gehandelt – und die Vereinigten Staaten hätten es hingenommen. West-Berlin gehöre zwar zum Gebiet der D-Mark-West, aber das »reiche nicht ganz aus«. Die Russen seien jetzt offenbar bereit, eine gespaltene außenpolitische Vertretung Berlins hinzunehmen, also einer Vertretung teils durch die Alliierten, teils durch die Bundesrepublik zuzustimmen. Allgemein lasse sich sagen, daß man, sobald die Russen Zugeständnisse in diesen und anderen Fragen gemacht hätten, eine Verminderung der Bundespräsenz in Berlin ins Auge fassen könne. Hier habe sich übrigens sein Amtsvorgänger, Bundeskanzler Kiesinger, kompromißbereiter gezeigt, als er, Brandt, es sei.

Mit ihren Äußerungen in der Kabinettssitzung vom 7. Juli 1970 deuteten Willy Brandt und Walter Scheel an, warum Berlin *auch mit den Westmächten* zu Meinungsverschiedenheiten führen konnte und daher beim Junktim gewisse Gefahrenmomente erkennbar waren.

Die Interessen – und damit die Verhandlungsziele – der Westdeutschen und ihrer Verbündeten waren nicht identisch. Teils wollte Bonn, teils wollten Washington, Paris und London mehr herausholen. Den westlichen Alliierten ging es vor allem um zweierlei: Erstens lag ihnen daran, sich die Fortgeltung ihrer originären Siegerrechte von Moskau bestätigen zu lassen – was allenfalls indirekt, und zwar wesentlich wegen West-Berlin, auch im Bonner Interesse lag. Sie wollten die Sowjetunion und ihre DDR »ganz gleich in welcher Form und an welcher Stelle« zur Sicherung und Befestigung des Vier-Mächte-Status veranlassen.

Zweitens waren die Drei – hier deckungsgleich mit der Bundesregierung – zentral an praktischen Verbesserungen interessiert. Dabei lag ihnen vorrangig an einer sowjetischen Zusage des freien Zugangs nach Berlin. Sie sollte allen Störungen auf den Zufahrtswegen künftig vorbeugen. Hatten sich solche Behinderungen des Personen- und Güterverkehrs in der Vergangenheit doch wiederholt als Auslöser ernster Krisen zwischen ihnen und den Russen erwiesen. Gelegentlich hatten sich die Konflikte bis an den Rand einer realen Kriegsgefahr gesteigert. Hier mußte unbedingt etwas geschehen.

Demgegenüber war eine innerstädtische Öffnung, also eine Besuchsermöglichung für West-Berliner im Ostteil ihrer Stadt, für die Alliierten von geringerer Bedeutung. Sie war vorwiegend ein deutsches humanitäres Anliegen. Auch die Festschreibung der existierenden, engen Bindungen zwischen West-Berlin und dem Bund war wesentlich ein Interesse der deutschen Seite. Bekanntlich hatte die frühere Reichshauptstadt aufgrund alliierter Einsprüche 1949 entgegen dem ursprünglichen Wortlaut des Grundgesetzes kein Bestandteil der Bundesrepublik Deutschland werden können. Aber in den Jahrzehnten seither war Berlin rechtlich, wirtschaftlich und finanziell eben doch zunehmend zu einem faktischen Teil der Bundesrepublik geworden. Für die psychologische Stabilität der Bevölkerung war diese Einbeziehung in die Bundesrepublik sicherlich bedeutungsvoller als die Anwesenheit der drei Westmächte. Diese effektiv bestehende Zugehörigkeit zum Bund, die gewachsenen Bindungen zwischen der Bundesrepublik und West-Berlin sollte nach Bonner Auffassung von den Vier Mächten bestätigt werden. Sobald die Russen dem zugestimmt, also zu einer rechtlichen Stabilisierung »der bestehenden Lage in dem betreffenden Gebiet« beigetragen hätten, hielt Bonn einen Verzicht auf gewisse demonstrative Formen der Bundespräsenz in West-Berlin für denkbar.

Insgesamt gesehen, wollten die Deutschen also beträchtlich mehr erreichen als ihre Alliierten. Und sie wollten vor allem schneller zum Ziele kommen. Während die sozialliberale Regierung darauf angewiesen war, das Momentum ihres Anfangs auszunutzen, weil sie innenpolitisch dringend vorzeigbare Erfolge brauchte, um das sozialliberale Lager beisammenzuhalten, waren die Alliierten unschlüssig. Bonn drängte, sie zögerten, hatten keine Eile. Sie waren lange im Zweifel, was sie über das Ganze denken sollten. Ihr Engagement für den neuen außenpolitischen Anlauf der Bundesrepublik hielt sich in Grenzen. Schließlich würde, wenn diese Neue Ostpolitik gelang, Bonns Bewegungsspielraum wachsen, was für unsere Partner nicht unbedingt ein Vorteil war. Wo Bahr in wenigen Wochen das Gerüst eines Abkommens zurechtgezimmert hatte, ließen die Drei, gerade auch die ausschlaggebenden USA, die Berlin-Gespräche ohne jede Begeisterung dahinplätschern.

Henry Kissinger war sich vollkommen bewußt, daß der Zeitablauf die Position Washingtons stärkte. Mit nüchterner Kühle kommentierte er später, in seinen »Memoiren 1968 – 1973« die Zusammenhänge: »Die Sowjets hatten die Berlin-Gespräche bis zum Abschluß ihres Vertrags mit der Bundesrepublik hinausgezögert. Zweifellos rechneten sie damit, daß die Bundesrepublik Deutschland uns dann drängen würde, die Berlin-Verhandlungen zum Abschluß zu bringen – wie sie es auch wirklich halbherzig tat. Doch damit hatten sich die Sowjets schwer verrechnet. Bonns Verhandlungsspielraum war nur begrenzt. Es hatte seinen Vorrat an Zugeständnissen erschöpft und war nicht mehr in der Lage, von uns noch mehr zu verlangen . . .«

Kissinger wollte also nicht nur Moskau, sondern auch Bonn in die Schranken weisen, wollte die Westdeutschen an ihre Abhängigkeit von den USA erinnern. Die erwartungsvolle Eile der deutsch-russischen Verhandlungen hatte den amerikanischen »Hebel« verlängert, wie er in seinen Memoiren anmerkt. Kissinger hielt, »um es diplomatisch auszudrücken, . . . das langsame Fortschreiten der Berlin-Gespräche nicht für einen taktischen Nachteil«.

Was aber, wenn das so blieb? Hier zeigte sich, daß ein striktes Junktim unsere Ostpolitik den Westmächten überantwortete. Mit ihm hatten sie diese Bundesregierung in der Hand; sie konnten darüber entscheiden, ob Brandts Aufbruch fehlschlug oder erfolgreich war. Denn in der geringen Intensität der westlichen Mitwirkung lag ein Problem, weil Bonn ja über Berlin nicht mitverhandelte, also nur begrenzt Einfluß nehmen konnte. Was sollte man machen, wenn die drei Westalliierten die Verhandlungen einfach derart in die Länge zogen, daß der neue Elan bei Russen wie Westdeutschen erlahmte und diese ganze Ostpolitik knirschend im Sande verlief?

Wenn es anders kam, umgekehrt – dann war das gleichfalls gefährlich. Bonn, in Berlin wesentlich nur ein ohnmächtiger Beobachter, konnte wenig mehr tun, als hilflos die Hände zu ringen, wenn die Drei, die da allein den Russen gegenübersaßen, ihre Verhandlungsziele eifrig so hoch setzten, daß sie sich als unerreichbar erwiesen und damit ein Übereinkommen verhinderten.

Diese Gefahr drohte. Ebenso wie sie später gern ihre Auffassung der Vier-Mächte-Rechtsposition in Deutschland von der DDR bestätigt gesehen hätten, war ihnen viel daran gelegen, ihre Überzeugung, daß Berlin eine Stadt der Vier Mächte sei, also *ganz* Berlin den gleichen Status besitze, in der Präambel des Abkommens wiederzufinden. Diese Rechtsauffassung war aber von den Russen nie anerkannt worden. Die Sowjetunion hatte im Ostteil der Stadt immer nur begrenzte westalliierte Präsenzen – etwa Militärpatrouillen – hingenommen. Sie widersetzte sich hartnäckig dem Verlangen der Westmächte. Am Ende war daher statt von *Groß-Berlin* ausweichend nur von *dem betreffenden Gebiet* die Rede. Zwischendurch hatte Moskau wiederholt die günstige Gelegenheit benutzt, die drei Alliierten bei der Bundesregierung anzuschwärzen. Beispielsweise liest man in einer Gesprächsaufzeichnung über Mitteilungen des sowjetischen Botschafters vom 12. Mai 1971: »Der Botschafter bezeichnete nicht die Substanz der Berlin-Frage, sondern die Nebeninteressen der Westmächte als Hauptschwierigkeit bei den Verhandlungen. Die Westmächte versuchten, Einfluß auf die DDR zu nehmen und Rechte zu erhalten, die sie nie besessen hätten.«

Später meinte Valentin Falin, den Russen sei von Anfang an klar gewesen, den Westdeutschen aber erst allmählich deutlich geworden, daß es immer schädlich für Beziehungen sei, wenn die Partner von Dritten abhingen – wie wahr. Als er bei der Abreise der Bonner Delegation nach der Moskauer Vertragsunterzeichnung am 12. August 1970 Egon Bahr zum Flugplatz hinausbegleitete – Brandt und Kossygin fuhren im Wagen vor ihnen, Scheel und Gromyko kamen hinterher –, sagte Falin zu Bahr: Man habe ja nun mehrfach miteinander über Berlin gesprochen. Bahr behaupte, Bonn werde ohne eine Berlin-Regelung den Vertrag nicht ratifizieren können. Er, Falin, frage sich dabei, ob die Bundesregierung eigentlich überlegt habe, daß damit die Drei Mächte zu Schiedsrichtern über diesen Vertrag würden. Washington, Paris und London brauchten doch nur das Berlin-Abkommen scheitern zu lassen, dann scheitere gleichzeitig auch dieser deutsch-sowjetische Vertrag! Deshalb rate er Bonn dringend, seine Linie zu ändern. Denn es gebe viele Leute, denen dieser Vertrag nicht passe.

Bahr entgegnete Falin: Er sehe Falins Gesichtspunkt, der Gewicht habe. Aber aus zwei Gründen schlage das, was er sage, nicht durch. »Wir *können* nicht anders. Und wir *wollen* auch nicht anders!« Einmal werde die Durchsetzung des Vertrages mühsam sein. Denn die Opposition werde gegen ihn Sturm laufen. Ohne eine Berlin-Regelung sei die Ratifizierung einfach nicht hinzukriegen. Zum anderen wolle er, Bahr, aber diesen Vertrag auch gar nicht ohne eine Berlin-Lösung ins Werk setzen. »Denn ich sehe, jenseits aller Taktik: Wenn es mit Berlin nichts wird, dann ist der Versuch der Zusammenarbeit zwischen uns gescheitert. Berlin ist die innerste Substanz unserer Beziehungen.« Wenn er sich nun Falins eigentliches Argument vor Augen führe, dann sehe auch er die Gefahr, daß tatsächlich gewisse Leute im Westen geneigt seien, dieses neue, ostpolitische Unternehmen Bonns platzen zu lassen. Aber er traue sich zu, das zu verhindern. Die Bundesrepublik sei ein so wichtiger Verbündeter der drei Westmächte, daß man über einen zentralen, für die Bundesregierung bedeutsamen Wunsch wie den nach verbesserten Berlin-Regelungen nicht hinweggehen könne.

Falin blieb skeptisch, ob Bonn das, was Bahr als durchaus erreichbar bezeichnete, tatsächlich schaffen könne. Er befürchtete, die Bundesrepublik werde statt dessen die Sowjetunion, ja alle Vier Mächte, in eine Abhängigkeit vom Deutschen Bundestag bringen – wobei er übersah, daß es Bahr auf diese wechselseitige, erfolgversprechende Verbindung verschiedener Vorhaben ja gerade ankam. Von Anbeginn hatte Bahr immer wieder im engsten Kreis gesagt: Die sozialliberale Regierung werde das ganze Gewicht der Bundesrepublik Deutschland in die Waagschale werfen müssen, um eine angemessene, neue Abmachung über Berlin durchzusetzen.

Wie recht Bahr hatte, zeigte sich gleich bei Verhandlungsbeginn in Moskau. Bereits in der ersten Sitzung der beiden Delegationen kamen die alliierten Rechtspositionen in Deutschland und das Berlin-Problem als zwei zentrale Punkte zur Sprache. Und rasch geriet man wegen des Themas Berlin aneinander.

Die Moskauer Verhandlungen Scheels

Am 26. Juli 1970 war die Bonner Delegation, deren Umfang im umgekehrten Verhältnis zu ihren Erfolgschancen stand, in der sowjetischen Hauptstadt eingetroffen. Am Tage darauf, einem Montag, begannen die Gespräche, beiderseits mit beträchtlichem Gefolge.

Man hatte große Schwierigkeiten miteinander und begegnete sich mißtrauisch. Die Deutschen, unter Zeitdruck und Erfolgszwang, waren beklommen um Kontakt bemüht. Die russische Seite schien distanziert. Abweisend reagierte sie auf jede Anspielung, hier gebe es noch Entscheidendes zu regeln, man müsse nämlich Wesentliches am *Bahr-Gromyko-Papier* verändern. Um gleich gar keine Unklarheiten darüber aufkommen zu lassen, daß alles so zu bleiben habe, wie es sei, protestierte Gromyko am 27. Juli in einer Vorbesprechung mit Scheel sofort und in aller Form gegen die Veröffentlichung der mit Bahr ausgehandelten Punkte in der westdeutschen Presse. Diese Publikationen berührten das Prestige der Sowjetunion, sagte er, und engten damit den Verhandlungsspielraum ganz erheblich ein.

Allgemein läßt sich das Klima internationaler Beziehungen ja eher an gesellschaftlichen Veranstaltungen ablesen als an den eigentlichen Verhandlungen, die immer und überall förmlich sind. So auch hier. Als Gromyko am zweiten Tage, also am 28. Juli, dem deutschen Kollegen und seiner Delegation im sowjetischen Außenministerium ein Mittagessen gab, war selbst dabei die Stimmung gedrückt, die Atmosphäre fast gespannt. Unmöglich konnten die Deutschen Gromykos kalkulierte Kühle bei seiner Tischrede überhören. Anders als Scheel in seiner Replik, die wortreich und betont liebenswürdig um Verständnis, ja um Sympathien für die Bundesrepublik warb, gab sich der sowjetische Außenminister zugeknöpft knapp. Er sagte nicht mehr als fünf, sechs Sätze.

Ähnlich unterschiedlich in Ausgangspunkt und Ton waren die Akzente am Vortage, bei der Eröffnungssitzung am Montagnachmittag, von beiden Seiten gesetzt worden. Während Gromyko mit verhaltener Zufriedenheit das Erreichte betrachtete und von vornherein alle Änderungen abwehrte, stellte Scheel drängend diejenigen Punkte heraus, die nach deutscher Auffassung unbedingt noch regelungsbedürftig waren.

Die Verhandlungen eröffnete Gromyko mit einer gelassenen, trockenen Darlegung der sowjetischen Sicht.

Es handle sich hier um ein ernstes Vorhaben. Moskau wolle Zusammenarbeit, besser noch Freundschaft; schließlich seien die Sowjetunion und die Bundesrepublik Deutschland europäische Länder. Man suche nach Wegen, den Frieden zu sichern. Eine Bereinigung der Probleme werde positive Auswirkungen haben. Dabei sei »die Frage der Grenzen die Frage aller Fragen«. Sie habe grundsätzliche Bedeutung. Das zusammen mit Bahr formulierte Papier, das *beide* Seiten zufriedenzustellen habe, solle man so lassen, wie es sei. Denn eine Störung der bereits erreichten »Balance« müsse negative Folgen »für die ganze Angelegenheit« haben. Dabei beziehe sich übrigens sein Eindruck einer erreichten Balance nicht nur auf die Grenzen, sondern auch auf andere bereits miteinander geregelte Fragen.

Gromyko sprach von sich aus Berlin an. Auch hier bestehe die Notwendigkeit einer Beachtung der realen Lage. Aber Berlin sei ein Fragenkomplex, der den deutsch-sowjetischen Meinungsaustausch sprenge. Berlin könne daher nicht Gegenstand dieser Verhandlungen sein. Auch bestehe kein Grund, die West-Berlin-Frage »direkt oder indirekt« mit dem Vertrag zu verbinden, über den man jetzt rede. Eine solche »Verbindung« schaffe »Veto-Möglichkeiten« für die

Westmächte, die man sowjetischerseits nicht hinnehmen könne. Auch die Sowjetunion mache sich Sorgen um die Bevölkerung West-Berlins. Aber dieses Thema könne nur zwischen ihr und den Drei Mächten besprochen und geregelt werden.

Im übrigen – da brauchten die Deutschen keine Befürchtungen zu hegen – würden die Rechte der Vier Mächte durch den bilateralen Vertrag zwischen Bonn und Moskau natürlich nicht berührt.

Der bisherige Meinungsaustausch zwischen ihm und Bahr habe eine annehmbare Grundlage der Beziehungen erarbeitet. Über die Interpretation dieser bereits erzielten Vereinbarung könne man miteinander reden. Denn es gebe schon jetzt absurde Auslegungen – wie etwa die, daß die Sowjetunion sich neue Druckmittel gegenüber den Westdeutschen verschaffen wolle –, denen man gemeinsam entgegentreten solle.

Bei seiner anschließenden Erwiderung aus deutscher Sicht betonte Scheel, etwas gewagt, zunächst einmal die Kontinuität der Bonner Politik gegenüber Moskau seit fünfzehn Jahren, seit dem Besuch des Bundeskanzlers Konrad Adenauer vom September 1955, und hob die Notwendigkeit beiderseitigen Vertrauens und einer Verbesserung des Klimas der Beziehungen hervor. Beherzt fügte er hinzu: »Niemand darf sich vor dieser Zusammenarbeit fürchten!«

Im weiteren Verlauf seiner Ausführungen konzentrierte sich Scheel auf zwei Punkte: auf die Rechte der Alliierten in Deutschland und auf die Regelungsbedürftigkeit der Berlin-Frage.

Bonn hätte seine Verbündeten unterrichtet und handelte hier mit ihrer Zustimmung. Ohnehin könnten, wie Gromyko ja selbst bereits betont habe, die Rechte der Alliierten durch deutsch-sowjetische Abmachungen nicht eingeschränkt werden. Aber man solle das ausdrücklich sagen, solle in den Vertrag hineinschreiben, daß diese Rechte gewahrt würden, wobei nach der Vorstellung des AA die Erwähnung der Vier-Mächte-Rechte und ein ausdrücklicher Friedensvertragsvorbehalt zusammengehörten. Alles Vereinbarte sollte also nur bis zum Abschluß eines Friedensvertrages mit Deutschland gelten. Diese zwei von den Deutschen gewünschten Vertragspassagen haben sich, aller Mühe zum Trotz, in Moskau nicht durchsetzen, nicht im Text des Abkommens verankern lassen. Der Friedensvertragsvorbehalt war überhaupt nicht durchzusetzen. Die Bestätigung der alliierten Rechte war nur in anderer Form erreichbar.

Außerdem – fuhr Scheel fort – gebe es auf unserer Seite »ein nationales, vitales Interesse an der Situation in Berlin«. Da es sich bei der Zukunft dieser Stadt demnach nicht nur um eine Vier-Mächte-Angelegenheit handle, sei das Schicksal des Moskauer Vertrages an ein positives Ergebnis der Berlin-Verhandlungen »gebunden«. Außerdem bestehe auch »die Notwendigkeit eines Gleichgewichtes« in den beiderseitigen Positionen und Konzessionen.

Mit diesen Bemerkungen hatte Scheel – wie übrigens schon am Vormittag unter vier Augen – erstmals im Plenum der beiden Delegationen gegenüber dem sowjetischen Außenminister direkt ausgesprochen, daß eine Berlin-Regelung unerläßlich sei – und zwar, wie Teilnehmer berichten, in einer sehr würdigen und eindrucksvollen Weise. Natürlich hörte Gromyko es ganz ungerührt. Kurz und grantig warf er ein: Berlin gehe die Westdeutschen gar nichts an. Berlin solle und könne in diesen Verhandlungen ebensowenig berührt werden wie auch die übrigen Rechte der Alliierten. Listig – oder nur ironisch? – ließ er durchblicken, daß er nicht so recht den Eifer verstehe, den Bonn in dieser Sache an den Tag lege; schließlich seien die Rechte der drei Westmächte doch eine Beeinträchtigung der Position der Bundesregierung.

So begann es, so blieb es tagelang: wie die große Katze mit der kleinen Maus. Jedesmal, wenn Scheel Berlin erwähnte, brauste Gromyko auf. Oder er demonstrierte den Deutschen, wie er auch sein könne, wenn man ihn ärgere: Er biß sich auf die schmalen Lippen und preßte seine riesigen Hände so fest ineinander, daß sie weiß wurden. In solchen Augenblicken hätte er den Deutschen – dachte Scheel – wie ein verärgerter Lehrer am liebsten eine gelangt. Aber Gromyko war nicht jähzornig, fuhr nie wirklich aus der Haut. Er *spielte* den russischen Bären. Gutmütig, entspannt, geistreich – wenn er es für richtig hielt, wenn die Situation sich dazu eignete. Im Zorn, beim Konflikt, in der Konfrontation: bösartig. Beides von diesem geduldigen, zähen Bauern besonnen kalkuliert: je nachdem.

In den ersten Tagen stellten sich die Russen völlig taub. Sie rührten sich kein Haarbreit von der Stelle, ließen an keinem Komma rütteln. Statt dessen rief Gromyko den Deutschen am dritten Verhandlungstag mit leichtem Vorwurf in Erinnerung, wo überall die sowjetische Seite schon großzügige Konzessionen gemacht habe:

> Wir sind Ihnen entgegengekommen in der Grenzfrage, als wir den Begriff *Anerkennung* fallengelassen haben. Das war für uns ein sehr komplizierter und politisch schmerzhafter Prozeß. Auch bei uns stellen die Leute viele ernsthafte Fragen: zum Beispiel wie ernst die Bundesrepublik diesen Vertrag meint. Bei Ihnen gibt es verschiedene Leute, die auch nicht den Gedankenumschwung verstanden haben. Wir nehmen an, daß die Bundesregierung sich nicht nach solchen Leuten richten will. Warum aber sind wir Ihnen entgegengekommen? Um zu einem Vertrag zu kommen, der alles in allem eine neue Etappe einleiten würde . . .
>
> Die zweite prinzipielle Frage, in der wir Ihnen entgegengekommen sind, ist der Gewaltverzicht unter Berücksichtigung der UNO-Satzung. Wir verstehen Ihr Interesse an dieser Frage. Die Geschichte kann man nicht widerrufen; aus ihr folgt eine Bestimmung der UNO-Satzung (nämlich die Feindstaatenklausel des Artikels 107 in Verbindung mit Art. 53 dieser Satzung).
>
> Wir haben uns trotzdem entschlossen, mit Ihnen einen Gewaltverzicht abzuschließen, das heißt die Verpflichtung (zur Gewaltlosigkeit) zu übernehmen und sie zu ratifizieren. In dem von uns angenommenen Text steht das

Wort »ausschließlich« mit friedlichen Mitteln. Das ist unsere Antwort auf Ihre innenpolitische Diskussion. Ich betone das Wort »ausschließlich«. Glauben Sie, daß das für uns ein Fetzen Papier ist? Das ist es nicht! . . .

Die dritte Frage, in der wir Ihnen entgegengekommen sind, ist die Wiedervereinigung Deutschlands als zukünftige Perspektive. Ihre Position ist klar, die unsere auch. Auch wir haben unsere Vorstellung, wie die künftige deutsche Einheit beschaffen sein soll.

Wir könnten einen Vertrag machen, der das Kreuz über alle Pläne zur Wiedervereinigung Deutschlands setzen würde. Dann stünde jede Äußerung über die Wiedervereinigung im Gegensatz zum Vertrag . . . Jetzt etwas, um Ihre Bedenken zu zerstreuen. Wenn zwei Staaten freiwillig ihre Vereinigung beschließen oder Grenzen korrigieren, wie wir das selbst mit Norwegen, Afghanistan und Polen, dort sogar mehrmals, gemacht haben, oder wenn die Staaten zum Beispiel ihre gemeinsamen Grenzen aufgeben und sich vereinigen wollen – wie Syrien und Ägypten –, so wäre uns nicht eingefallen, hier zu kritisieren. Denn dies ist Ausdruck der Souveränität und gehört zu den unveräußerlichen Rechten der Staaten und Völker. Wer hier Fragen stellt, sieht Probleme, wo keine sind.

Wenn das alles nicht ausreiche, dann sei eben jetzt noch kein Vertragsabschluß möglich. »Schließlich haben wir dabei Ihre Schwierigkeiten berücksichtigt. Sonst hätten wir Ihnen etwas ganz anderes gesagt . . .«

Nein, bisher lange es noch nicht hin, hatte Paul Frank am Vortage, am 28. Juli, zu Valentin Falin in einer Sitzung der Arbeitsgruppen gesagt, die von diesen beiden Diplomaten geleitet wurden. Die bisherigen sowjetischen Konzessionen reichten nicht aus, meinte Frank, um den Vertrag heil durch den Bundestag und durch das Bundesverfassungsgericht zu bringen: »Die Ergänzungen, die ich Ihnen vortragen werde, sind von der Bundesregierung nach eingehenden Beratungen gebilligt worden. Diese Ergänzungen sind ein notwendiges Minimum dafür, daß der Vertrag im Bundestag und vor dem Bundesverfassungsgericht bestehen kann. Jede Eliminierung von Teilen der Vorschläge würde, das wünsche ich für meine Person klarzustellen, das Risiko der Ablehnung stark erhöhen . . .«

Dieses Argument sollte der deutsche Außenminister in den folgenden Tagen auf seiner Verhandlungsetage noch mehrfach unterstreichen. Teils lockte er, teils malte er dramatische Folgen an die Wand, falls man nicht auf ihn höre. Einerseits seien die von ihm vorgeschlagenen Änderungen oder Ergänzungen – nämlich für die Russen – ganz harmlos, weil sie den Sinn der bisherigen Abreden nicht änderten. Andererseits – nämlich für die Deutschen – seien sie von schlechthin entscheidender Bedeutung. Das Schicksal der Verträge in der Bundesrepublik hänge davon ab, ob man ihm an einigen Stellen mit geeigneten Formulierungen zu Hilfe komme.

So sagte Scheel am 29. Juli zu Gromyko: »Wir haben zu Hause unsere Verfassungsrechtler gebeten, die Verfassungskonformität des Vertrages zu prüfen ... Es gibt Juristen, die der Ansicht sind, daß der jetzige Vertrag nach den Leitsätzen eine Zweidrittelmehrheit brauche. Diese bekommen wir nicht. Unsere nicht sinnverändernden Vorschläge umgehen diese Komplikationen ... Ich muß einen Vertrag schließen für die Mehrheit, die ich habe. Anders kann ich nicht. Auch kann ich keine Normenkontrolle riskieren ...«

Am nächsten Tage, am 30. Juli, hörte sich das so an: »Wir schlagen Veränderungen nur aus dem Grund vor, weil die juristische Prüfung der Texte bei uns zu dem Ergebnis geführt hat, daß in den Texten gerade das gesehen werden könnte, was wir durch Vermeidung des Wortes ›Anerkennung‹ ausschließen wollten, nämlich die Vorwegnahme eines Friedensvertrages. Wenn hier nicht Klarheit geschaffen wird, stehen wir bei der parlamentarischen Prozedur vor einer ausweglosen Situation.«

Der Hinweis auf die parlamentarischen Hindernisse ihrer Ostpolitik und auf die verfassungsrechtlichen Schranken, die aus dem Grundgesetz herrührten, schien den Deutschen selbst offenbar besonders überzeugend. Immer wieder brachten sie ihn an, auch wenn von drohenden Verfassungsverstößen nicht wirklich die Rede sein konnte, wie das ja die vier Staatssekretäre vor Scheels Abreise aus Bonn gemeinsam festgestellt hatten. Das wiederum konnten die Russen eigentlich nicht wissen. Aber ob sie nun ahnten oder nicht, daß die Bonner hier aufbauschten: Die deutsche Begründung angeblicher Abänderungszwänge hörten sie völlig ungerührt. Dieser Wortschwall ließ sie kalt.

Am 28. Juli hatte Frank Ergänzungsvorschläge zu überreichen versucht. Genauer gesagt, handelte es sich um einen ganz neuen, eigenen, im AA abgefaßten Vertragswortlaut. Doch Falin nahm nichts entgegen. Er könne diese neuen Texte nicht akzeptieren (wenn auch seine Mitarbeiter, als Frank vortrug, eifrig mitschrieben, so daß ihnen aufgrund umfassender Notizen der Entwurf im vollen Wortlaut geläufig wurde). Und wenn der ganze Vertrag deshalb scheitere – nun, dann müsse er eben scheitern.

Falin sagte wörtlich: »Man kann nie ausschließen, daß ein Vertrag von der gesetzgebenden Körperschaft nicht ratifiziert wird ... Wenn ein Vertrag mit solchen hohen Zielen nicht die Billigung des Bundestages findet, kann das nur bedeuten, daß die Zeit noch nicht gekommen ist, wo man eine Wende in unseren politischen Beziehungen durchführen kann. Dann bedeutet dies, daß wir es zu eilig gehabt haben. Ich sage das für den Fall, daß der Vertrag ... nicht die Mehrheit bekommen sollte.«

Die Russen dachten nicht entfernt daran, der bedrängten Bundesregierung Sonderkonditionen einzuräumen, um ihren Erfolg zu sichern und zu ihrem Überleben beizutragen. Dabei rechneten sie durchaus mit der Möglichkeit, daß die sozialliberale Regierung stürze. Falin berichtete später, bei internen Moskauer Diskussionen im Sommer 1970 seien die Erfolgschancen der SPD/FDP-

Koalition – und damit die des deutsch-sowjetischen Vertrages – sehr unterschiedlich beurteilt worden, wobei er selbst zu den Pessimisten gezählt habe. Russen wie Deutschen sei klar gewesen , *daß* die Ratifizierung schwierig werden würde. *Wie* schwierig, habe damals die Bundesregierung selbst nicht gewußt.

Aber die Russen zeigten sich unbeeindruckt: Sie helfen keinem Sterbenden. Wenn ihr stürzt (schienen sie zu denken), dann werden euere Nachfolger an der gleichen Stelle einsteigen müssen, und zu den gleichen Bedingungen. Man wird dann entweder, wie bei euch, dieses Bahr-Papier, vielleicht mit einigen redaktionellen Korrekturen, zum Vertragstext erheben. Oder man wird eben noch einmal ganz von vorne, mit neuen Verhandlungen, beginnen, wobei wir uns für diesen Fall vorbehalten, auch unsererseits neue Forderungen anzumelden. Und falls die Nachfolger überhaupt jetzt nicht zum Schwur kommen wollten, lieber alles in die Länge zögen, würden sie schon ganz von alleine sehen, wohin sie mit ihrer Dickköpfigkeit kämen. Ins internationale Abseits. Durch den Ablauf weiterer Zeit würden die Bedingungen einer Regelung nicht besser für die Westdeutschen, soviel war sicher. Moskau konnte warten. Moskau mauerte.

Die Russen waren derart hart, daß man deutscherseits eine Denkpause bis zum Herbst, sogar eine demonstrative Abreise erwog; vorsorglich gab Walter Scheel Order, die Maschine für den Rückflug nach Moskau zu holen. Schon Konrad Adenauer hatte ja 1955 in einer schwierigen Situation Nikolai Bulganin und Nikita Chruschtschow dieses Signal des Mißvergnügens gegeben: mit Erfolg. Auch Willy Brandt sollte sich dieses Mittels wenige Tage später, am 12. August 1970, noch einmal bedienen, als nämlich die Übertragung der Ansprache, die er dem Deutschen Fernsehen aus Anlaß der Vertragsunterzeichnung zugesagt hatte, »einige Schwierigkeiten« machte, wie er in seinen »Begegnungen und Einsichten« berichtet. Als man in Moskau »wohl an der Passage über den 13. August und die Mauer Anstoß genommen« hatte, ließ Brandt unter der Hand wissen, daß er »für Flugtransport sorgen würde, wenn die Überspielung nicht zustande komme«. Das half.

Bei Scheel nicht. Nichts wirkte. Niemand rührte sich. Er war in einer bemitleidenswerten Situation. Wenn Thomas Dehler von ihm gesagt hat, er renne nicht mit dem Kopf gegen Wände, sondern suche lieber nach einer Tapetentür: Hier konnte er lange suchen. Am 30. Juli erklärte Rüdiger von Wechmar vor der Presse, die Verhandlungen seien »schwierig, in einigen Punkten sehr schwierig«. Scheel hätte Grund gehabt, verzweifelt zu sein – wenn das in seinem Naturell läge. Statt dessen nahm er Abstand, spannte aus – wie oft in kritischen Augenblicken seiner Karriere. Sollten seine Leute sehen, was man vielleicht noch versuchen könne. Er selbst nahm eine Einladung in den *Slawjanski Basar* an, tanzte, tatsächlich, dort heftig auf russischen Hochzeiten, und spielte anschließend Billard, wie mehrfach an jenen Moskauer Abenden, in seinem Gästehaus, bis lange nach Mitternacht. Heitere Ruhe bewahren! Die eigene

Energie so sparsam wie möglich einsetzen! Das ist stets seine Devise geblieben. Ungeniert das Image genießerischer Lebensfreude pflegen, das unseren Landsleuten (Sauertöpfe ausgenommen, denen Gustav Heinemann lieber war) gerade deshalb imponiert, weil ihnen der spontane Spaß am Schönen schwerfällt! An diese Neigung, diese Einsicht hat sich Walter Scheel ein Leben lang gehalten.

Durchbruch in Gromykos Datscha

Es ist umsonst – heißt es bekanntlich im 127. Psalm, Vers 2 –, daß ihr früh aufsteht, lange sitzt und euer Brot mit Sorgen eßt: Denn den Seinen gibt's der Herr im Schlafe. So auch hier. Plötzlich erwies sich, ohne Zutun von deutscher Seite, daß das Politbüro den Gästen ein Geringes am Preis nachzulassen gewillt war und sich etwas konzilianter zeigte, als Gromykos Barschheit hatte ahnen lassen. Gromyko fragte seinen Widerpart am Freitag, dem 31. Juli, ob er wohl Zeit und Lust habe, ihn am Sonntagnachmittag auf seiner Datscha zu besuchen. Scheel nahm an – unter der Voraussetzung, daß er dann überhaupt noch da sei. Denn die Deutschen versuchten bekanntlich in jenen Tagen, etwas Druck auszuüben, zumindest Dampf zu machen. Andererseits gab es heimliche Hoffnungsschimmer. Bahr, der vom Frühjahr her einige interessante Kontakte hatte und hielt, wußte diskret zu berichten, es habe Diskussionen im Politbüro gegeben, wo man dauernd tage. Man denke dort nicht so hart, wie Gromyko vorgebe.

Die Datscha in der Nähe Moskaus, zu der Scheel am Nachmittag des 2. August 1970 hinausfuhr, war die feudale Ausgabe eines solchen Landhauses. Sie war früher der Wohnsitz eines zaristischen Großgrundbesitzers gewesen, jetzt nutzte man sie für Tagesaufenthalte mit prominenten Gästen. Im Innern sah sie, mit ihrer Ausstattung schöner Stilmöbel, wie eine Theaterdekoration für Tschechow-Aufführungen aus. Aber da es Sommer war, sonnig und warm, saß man nicht hier, sondern ging zunächst im Garten spazieren. Später fand man sich in einer altmodischen Gartenlaube ein, einem hölzernen Gartenpavillon aus dem 19. Jahrhundert, nahm dort auf Korbsesseln Platz, trank Tee oder Kwaß (dieses populäre russische Erfrischungsgetränk aus gegorenem Brot), aß etwas Gebäck. Eine ländliche Idylle, zu zweit. Denn man redete englisch miteinander, also ohne Dolmetscher. Erst ganz am Ende verstärkte sich die Runde, mit Paul Frank und Anatolij Kowaljow, auf vier Personen.

Gromyko und Scheel sprachen insgesamt vier Stunden miteinander. Aber keineswegs über die ins Stocken geratenen Verhandlungen, wie man denken sollte. So wie man zunächst nebeneinander durch den Sommergarten geschlendert war, unternahm man zusammen eine allgemeine Tour d'horizon aktueller Probleme dieser Erde. Man trug sich wechselseitig Gemeinplätze vor, erörterte auch einzelne beiderseits interessierende Themen, wie etwa die Begrenzung von

Truppen und Rüstungen in Mitteleuropa (MBFR) oder die Entwicklung der EWG. Spätere Kontakte zwischen dem Rat für gegenseitige Wirtschaftshilfe (RGW) und der Brüsseler EG sollen von diesem hellen Augusttag ihren Ausgang genommen haben.

Aber so aufschlußreich und vielleicht sogar nützlich die Gartengespräche der beiden Außenminister auch sein mochten: Während ihrer ausgedehnten Unterredung sagte sich Scheel dauernd selber, daß sie doch unmöglich der Grund gewesen sein könnten, weshalb ihn Gromyko hierher eingeladen habe. Und tatsächlich redete ihn Gromyko nach Stunden unvermittelt auf ihre aktuellen Verhandlungsschwierigkeiten an. Er habe die letzte Nacht lange nachgedacht über das Problem, das Scheel ihm vor Augen geführt habe: nämlich eine beiderseits akzeptable Fassung des Briefes der Bundesregierung zur deutschen Frage. Er habe sich den Kopf zerbrochen, ob es irgendeine Möglichkeit gebe, hierbei den Westdeutschen entgegenzukommen. Was ihm dazu eingefallen sei, habe er sich auf englisch aufgeschrieben. Als er dies sagte, zog Gromyko einen Zettel aus der Jackentasche, auf dem wortwörtlich das stand, was ihm Scheel in den Tagen vorher selber vorgeschlagen hatte.

Scheel nahm den Ball ohne Ironie auf, spielte mit. Er tat überrascht und antwortete ausweichend: Er müsse natürlich erst seine Experten befragen. Zwei Tage später, am 4. August, antwortete er Gromyko: Trotz beträchtlicher Bedenken auf deutscher Seite sei man bereit, den Textvorschlag des sowjetischen Außenministers aufzugreifen.

In der gleichen Vormittagssitzung einigten sich die beiden Außenminister am 4. August über den Aufbau des Vertrages: Er solle aus einer Präambel und vier Artikeln bestehen. Sie verständigten sich auch über den Inhalt der einzelnen Artikel und vor allem über den Wortlaut der Präambel, die im wesentlichen auf einen deutschen Entwurf zurückging. In ihr würde, mit russischem Einverständnis, auf die Vereinbarung vom 13. September 1955 Bezug genommen. Damals waren Bundeskanzler Adenauer und Ministerpräsident Bulganin in gleichlautenden Briefen davon ausgegangen, daß die Herstellung normaler diplomatischer Beziehungen zwischen der Bundesrepublik und der Sowjetunion »auch zur Lösung des gesamten nationalen Hauptproblems des deutschen Volkes – der Wiederherstellung der Einheit eines deutschen demokratischen Staates – verhelfen« werde. Weiterhin fand sich in der Präambel abgeschwächt auch jener Leitsatz 9 des Bahr-Papiers über eine Verbesserung und Erweiterung der deutsch-sowjetischen Kooperation wieder, der vier Wochen vorher im Kabinett noch Scheels Bedenken wegen möglicher Rapallo-Ängste des Westens ausgelöst hatte.

Am Mittag des 4. August gab der Bonner Außenminister im riesigen Hotel *Rossija*, das unweit vom Kreml an der Moskwa liegt, das Gegenessen der Deutschen für ihre russischen Gastgeber. Anders als vor einer Woche war jetzt die Spannung verschwunden. An jenem Tag herrschte beste Stimmung. Beide Seiten waren entspannt und gelöst – wie nach jeder echten Krise. Man konnte fast von einer Atmosphäre des Vertrauens sprechen. Alle spürten: Diese neue, erwartungsvolle Intimität bewies und beglaubigte den Durchbruch, die Wende.

Bilanz der Scheel-Verhandlungen

Aber wieso eigentlich »Wende«? Was war denn seit jenem tristen Eröffnungsessen eine Woche zuvor geschehen? Für Botschafter Helmut Allardt war die Sache einfach: gar nichts. »Tatsache bleibt«, schrieb er in seinem »Moskauer Tagebuch«, daß es offizielle Verhandlungen über den Gewaltverzichtsvertrag »nie gegeben« habe. »Es gab den Versuch, mit Hilfe des Bundesaußenministers und einer viel zu spät aufgebotenen Schar von Experten wenigstens die stärksten Mängel des Abkommens zu korrigieren«. Als sich dieser Versuch an den nunmehr eingefrorenen Verhandlungsdirektiven der sowjetischen Delegation festgelaufen habe, sei er »nach wenigen Tagen aufgegeben« worden.

Also war gar nichts passiert? Dieser Befund wäre unrichtig, wäre eine kleinmütige Untertreibung. Nehmen wir die vier Punkte, in denen sich die wesentlichen deutschen Forderungen für die Moskauer Verhandlungen hatten zusammenfassen lassen.

a) Die »Brücke« zwischen Grenzanerkennung und Gewaltverzicht

Es war den Deutschen gelungen, die Grenzanerkennung dem Gewaltverzicht unterzuordnen, also zwischen diesen beiden Vereinbarungen die sogenannte »Brücke« zu errichten. Im Mittelpunkt des Vertrages stand damit der Gedanke des Gewaltverzichts – eines grenzbezogenen Gewaltverzichts. Zwar hieß es im Moskauer Vertrag von der Oder-Neiße-Linie ausdrücklich, daß sie »die Westgrenze der Volksrepublik Polen bildet«. Aber von dieser Aussage abgesehen, wurde im Vertrag eine definitive Anerkennung der euorpäischen Nachkriegsgrenzen, insbesondere der deutsch-deutschen Grenze, bis zu einem Friedensvertrag vermieden. In diesem Zusammenhang sollte man freilich immer an Gromykos Bemerkung zu Scheel vom 1. August 1970 erinnern: »Es ist doch klar, daß es keinen Friedensvertrag geben wird . . . In aller Aufrichtigkeit und Entschlossenheit möchte ich Ihnen sagen, daß für uns jede Erwähnung des Friedensvertrages ausgeschlossen ist . . .«

Um so mehr mußte den Russen daran liegen, die Oder-Neiße-Linie definitiv im Vertrage festzuschreiben. Dem deutschen Außenminister, der umgekehrt bis zuletzt den zitierten Halbsatz über die polnische Westgrenze aus dem Bahr-Papier zu streichen versuchte, erklärte er fest und feierlich am 4. August: »Das ist absolut ausgeschlossen . . . Wir sind als die europäische Supermacht – Signatar des Potsdamer Abkommens, das die Grenzen festgelegt hat – an der Grenzziehung in Europa interessiert. Ich habe dem nichts hinzuzufügen . . . Wir ändern kein Wort, kein Komma.«

Schon gegen die »Brücke« hatten sich die Russen mit Händen und Füßen gewehrt. Anfangs hatten sie sogar behauptet, eine solche Umformulierung des Textes mache das ganze Vertragswerk für sie uninteressant. Allein wegen dieser einen Abänderung des Wortlauts mußte das ganze Politbüro der KPdSU zweimal zusammentreten, um die gefundene Brücken-Konstruktion abzusegnen.

b) Der Brief zur deutschen Einheit

Man hatte sich – auf der Datscha – über den Text eines *Briefes* des Bundesaußenministers *zur deutschen Einheit* verständigen können: Der abzuschließende Vertrag werde »nicht im Widerspruch zu dem politischen Ziel der Bundesrepublik Deutschland« stehen, »auf einen Zustand des Friedens in Europa hinzuwirken, in dem das deutsche Volk in freier Selbstbestimmung seine Einheit wiedererlangt«. In diesem Schreiben konnte man einen gewissen Ersatz für den Friedensvertragsvorbehalt sehen, der sich deutscherseits nicht hatte durchsetzen lassen. Die völkerrechtliche Bedeutung des Briefes war damals eher bescheiden. Andrej Gromyko lehnte es beharrlich ab, diesen Brief entgegenzunehmen. Er wolle sich da, sagte er in aller Heiterkeit, lieber wie jene berühmten drei Affen Augen, Ohren und Mund zuhalten: »Man solle nichts Böses sehen, nichts Böses hören, nichts Böses sagen.«

Daraufhin entschlossen sich die Deutschen, den Brief am 12. August 1970, kurz vor der Vertragsunterzeichnung, von Legationsrat Immo Stabreit mit einem Wagen der Botschaft ins sowjetische Außenministerium fahren und dort bei einem Sekretär (Spötter sagten: beim Pförtner) gegen Quittung abgeben zu lassen. So geschah es dann auch tatsächlich; der Brief wurde widerspruchslos angenommen. Wie verabredet, bestätigte das Ministerium den Empfang – nicht hingegen den Inhalt. Insgesamt war damit ein zentraler Punkt völkerrechtlich nur unbefriedigend behandelt.

Indessen hat sich diese anfängliche Unzulänglichkeit später beheben lassen, und zwar am 12. April 1972 während des sowjetischen Ratifizierungsverfahrens. In der *TASS*-Meldung hieß es dazu: » . . .Sodann unterrichtete der Außenminister die Mitglieder der Ausschüsse für Auswärtige Angelegenheiten beider Häuser des Obersten Sowjets der UdSSR über den Brief des Außenministers der Bundesrepublik, den die sowjetische Seite am 12. August 1970, am Tage der Vertragsunterzeichnung, erhalten hat, und in dem die Ansichten der westdeutschen Seite in Fragen der Selbstbestimmung dargelegt wurden. Die Deputierten machten sich mit dem Wortlaut des Briefes vertraut.«

Seither hat sich die Auffassung allgemein durchgesetzt, daß dieser Brief zum Vertragswerk gehöre, Vertragsbestandteil geworden sei – was heute niemand mehr bestreitet.

Aber auch solange das nicht der Fall oder zumindest zweifelhaft war, der Brief also lediglich eine einseitige westdeutsche Interpretation des Moskauer Vertrages darstellte, war er politisch bedeutsam und damit sinnvoll. Die Westdeutschen hatten das Erfordernis dieses Briefes – wie die meisten ihrer Abänderungsverlangen – mit der (angeblich) unabweisbaren Notwendigkeit gerechtfertigt, zwingenden Verfassungsvorschriften Rechnung zu tragen. Aber ihr eigentliches, politisches Motiv lag hinter dieser Begründung verborgen. Denn was besagte der Brief politisch? Daß ein Bonner Wiedervereinigungsstreben nicht als Vertragsverletzung betrachtet werden könne. *Vor* dem Vertragsschluß erklärte die Bundesrepublik Deutschland ihrem neuen, großen Partner in voller Offenheit, daß sie dieses Abkommen mit ihrem Streben nach Wiedervereinigung für vereinbar halte. Diesen Zweck des Briefes haben die Russen, mit denen sein Inhalt ja Wort für Wort abgesprochen worden war, natürlich sofort richtig erkannt. Zugleich war beiden Parteien des Vertrages durchaus bewußt, daß alle völkerrechtlichen und politischen Erwägungen zum Scheelschen Schreiben ohne eigentliche Bedeutung seien, solange die Sowjetunion unangefochten eine Großmacht, eine Weltmacht bleibe.

c) Die Bestätigung der Vier-Mächte-Verantwortung

Die Bonner Delegation hatte die Russen überzeugen können, man müsse den Westalliierten unbedingt auf diplomatischem Wege in aller Form versichern, daß *die Rechte und Verantwortlichkeiten der Vier Mächte in Deutschland und Berlin* durch den deutsch-sowjetischen Vertrag in keiner Weise beeinträchtigt würden.

Wegen ihrer selbständigen Rechtspositionen in Deutschland aufgrund der interalliierten Kriegs- und Nachkriegsübereinkünfte legten die drei Westmächte Wert darauf, diese Erklärung nicht erst nach Abschluß des Vertrages zu erhalten, sondern unabhängig von ihm, also *vorher*. Eine Woche lang hatten in Moskau Deutsche und Russen über Art und Wortlaut der beabsichtigten Mitteilungen an die westlichen Alliierten beratschlagen müssen, ehe sich die Bundesregierung mit einer Note – und vor allem mit der in ihr enthaltenen, einseitigen Erklärung Scheels (sowie der sie bestätigenden Gromykos) vom 6. August – gegenüber den Verbündeten salvieren und ihre Bündnistreue beweisen konnte.

Am Tage der Vertragsparaphierung, dem 7. August 1970, eine knappe Woche vor der feierlichen Unterzeichnung vom 12. August, sandte Bonn an London, Paris und Washington demnach folgenden Text:

Die Regierung der Bundesrepublik Deutschland beehrt sich, im Zusammenhang mit der bevorstehenden Unterzeichnung eines Vertrags zwischen der Bundesrepublik Deutschland und der Union der Sozialistischen Sowjetrepubliken folgendes mitzuteilen:

Der Bundesminister des Auswärtigen hat im Zusammenhang mit den Verhandlungen den Standpunkt der Bundesregierung hinsichtlich der Rechte und Verantwortlichkeiten der Vier Mächte in bezug auf Deutschland als Ganzes und Berlin dargelegt.

Da eine friedensvertragliche Regelung noch aussteht, sind beide Seiten davon ausgegangen, daß der beabsichtigte Vertrag die Rechte und Verantwortlichkeiten der Französischen Republik, des Vereinigten Königreichs von Großbritannien und Nordirland, der Union der Sozialistischen Sowjetrepubliken und der Vereinigten Staaten von Amerika nicht berührt.

Der Bundesminister des Auswärtigen hat in diesem Zusammenhang dem sowjetischen Außenminister am 6. August 1970 erklärt: »Die Frage der Rechte der Vier Mächte steht in keinem Zusammenhang mit dem Vertrag, den die Bundesrepublik Deutschland und die Union der Sozialistischen Sowjetrepubliken abzuschließen beabsichtigen, und wird von diesem auch nicht berührt.«

Der Außenminister der Union der Sozialistischen Sowjetrepubliken hat darauf die folgende Erklärung abgegeben: »Die Frage der Rechte der Vier Mächte war nicht Gegenstand der Verhandlungen mit der Bundesrepublik Deutschland. Die Sowjetregierung ging davon aus, daß die Frage nicht erörtert werden sollte. Die Frage der Rechte der Vier Mächte wird auch von dem Vertrag, den die UdSSR und die Bundesrepublik Deutschland abzuschließen beabsichtigen, nicht berührt. Dies ist die Stellungnahme der Sowjetregierung zu dieser Frage.«

Das las sich eigentlich doch zufriedenstellend, sollte man meinen, und am Ende fanden dies auch unsere drei Hauptverbündeten. Am Tag vor der Übersendung dieser Note – und besonders in der vorhergehenden Nacht – hatte es indessen plötzlich so ausgesehen, als komme es zu einer dramatischen Krise im deutsch-alliierten Verhältnis.

Zunächst hatten die Alliierten nämlich auf einer ausdrücklichen Erwähnung ihrer Rechte im deutsch-russischen Abkommen selbst, mindestens in seiner Präambel, also auf einer *vertraglichen Bestätigung* durch die *Russen* bestanden. Am 4. August wurden sie in Moskau jedoch unterrichtet, daß dies undurchsetzbar sei. Die Deutschen strebten aber weiterhin, hieß es, einen Austausch förmlicher Protokolle an, also von Texten, die auch von den Russen unterzeichnet würden. Bis zum letzten Tag – genau: bis 11.15 Uhr am 6. August 1970 – waren die drei Westmächte überzeugt, daß so verfahren werde, Bonn also Moskau für diese Form der Bestätigung gewinnen könne.

In diesem Augenblick wurden sie eines Schlechteren belehrt. Zu diesem Zeitpunkt unterrichtete nämlich der Bundesaußenminister im Beisein Egon Bahrs und Helmut Allardts den amerikanischen Botschafter, Jacob Beam, sowie den britischen und den französischen Geschäftsträger, Robert Edmonds und Yves Delahaye, über die in den voraufgegangenen Tagen erreichten (oder eben nicht erreichbaren) deutsch-sowjetischen Vereinbarungen.

Dies war natürlich nicht die erste Zusammenkunft solcher Art. Während der Verhandlungen Bahrs wie später Scheels in der Sowjetunion hatten sich Westdeutsche und Westmächte über ihre Botschafter in Bonn und Moskau ständig konsultiert. Man ging dabei offen und vertrauensvoll miteinander um, gab und hörte Ratschläge – zumal man ja auch in umgekehrter Richtung, hinsichtlich der angestrebten Berlin-Regelung, zusammenarbeiten mußte und wollte.

Im gemeinsamen Gespräch vom Vormittag des 6. August teilte nun Scheel, der sichtlich in der Klemme saß, seinen drei Gästen mit, die Sowjetregierung finde sich nicht zu einer schriftlichen Zusicherung der gewünschten Art bereit. Gromyko habe ihm scherzhaft gesagt, sei aber hartnäckig dabei geblieben, er werde die erbetene Bestätigung *mündlich* geben, was doch wohl reiche; schließlich spreche er ja »nicht für irgendeinen Klub«. Die diplomatische Note der Bundesregierung an die Verbündeten, sagte Scheel, werde also lediglich ähnlich lautende, mündliche Erklärungen der beiden Außenminister enthalten, um deren Formulierung ja Deutsche und Russen seit Tagen miteinander feilschten. Was Scheel dabei zu sagen gedachte, war den Alliierten schon am Vormittag, am späten 5. August, übermittelt worden. Was hingegen Gromyko erklären würde, konnten die drei Diplomaten auch an diesem Morgen noch nicht in Erfahrung bringen. Das fanden sie merkwürdig. Es beunruhigte sie auch. Anders als später hatten sich die Westmächte bis zu diesem Zeitpunkt noch keineswegs von der Furcht befreit, die außenpolitisch unerfahrene Regierung des neuen Bundeskanzlers Brandt, den sie für einen gefühlvollen Idealisten hielten, könne in der Eile, mit der sie ostpolitische Ergebnisse vorzuweisen suche, wichtige westliche Positionen verschenken oder doch gefährden. Die Drei teilten daher Scheel mit, daß sie auf weiteren Konsultationen in dieser Frage bestünden.

Die Deutschen gerieten damit in eine heikle Lage. Scheel sollte zwar Gromyko noch einmal am gleichen Nachmittag sehen, aber nur zu einem mehr oder weniger formellen Schlußgespräch. Während er mit den westlichen Diplomaten beisammensaß, fand bereits die Endredaktion der Texte durch Experten beider Seiten statt, weitere deutsch-sowjetische Verhandlungen waren nicht vorgesehen und nach Lage der Dinge auch nicht mehr möglich. Denn am nächsten Tage, am Morgen des 7. August, sollte die Paraphierung stattfinden. Was für einen Sinn konnten in einem solch späten Stadium weitere Rücksprachen der Bonner Delegation mit den Westmächten haben? Was konnten sie überhaupt bringen? Nichts – außer Ärger übereinander. Man mußte, fanden daher die Deutschen, die Sache jetzt durchbringen, so wie sie eben war.

Doch am späteren Abend des 6. August ließ sich der britische Geschäftsträger bei Außenminister Scheel anmelden: Er müsse ihn dringend und äußerst vertraulich sogleich sprechen. Edmonds hatte Schwierigkeiten gehabt, mit seinem Bericht über das Gespräch am Vormittag rasch nach London durchzukommen. Danach war es dem Foreign Office nicht sofort möglich gewesen, den Außenminister ausfindig zu machen. Lord Alec Douglas-Home hielt sich in Schottland auf. Normalerweise hätte Edmonds um 15 Uhr die Antwort haben müssen. So aber traf sie erst abends in Moskau ein. Dann wiederum war Scheel nicht auf der Stelle zu erreichen, denn er saß draußen auf den Lenin-Hügeln, mit Gromyko zusammen auf der Terrasse der Gästevilla, nachdem beide gerade den Vertrag endgültig gebilligt hatten. Schließlich doch alarmiert, traf er sich unmittelbar anschließend, kurz vor Mitternacht, im abhörsicheren Bunker der westdeutschen Botschaft mit dem britischen Diplomaten.

Angesichts der ungewöhnlichen Uhrzeit vermuteten Scheel, Frank und der als Dolmetscher hinzugebetene Guido Brunner, daß der Gesandte Edmonds eine gemeinsame Demarche der Westmächte überbringen wolle. Der Engländer sei also von seinen beiden Kollegen ermächtigt und vorgeschickt, um ihre Drei-Mächte-Position gegenüber der Bundesrepublik zu demonstrieren. Trotz dieser Vorahnungen kann man sich ihr Erstaunen, ja ihre Betroffenheit vorstellen, als der Geschäftsträger tatsächlich nichts Geringeres verlangte als einen Aufschub der Vertragsparaphierung. Sie dürfe, sagte er, nicht am nächsten Tage stattfinden, da man erst prüfen müsse, ob die originären Siegerrechte denn nun tatsächlich ausreichend gesichert seien. Die britische Regierung ließ den gemeinsamen westalliierten Wunsch vom Vormittag wiederholen, von den Deutschen über die Art und Weise konsultiert zu werden, in der die Sowjetregierung die alliierten Rechte in Deutschland bestätigen würde. Nach wie vor hielt London eine diese Rechte *ausdrücklich* anerkennende russische Erklärung *in schriftlicher Form* für erforderlich.

Bis zu diesem Moment waren Scheel und seine Begleiter davon ausgegangen, daß selbstverständlich am nächsten Vormittag um 10.30 Uhr Moskauer Zeit im Spiridonow-Palais die Paraphierung stattfinden werde. Unmittelbar anschließend wollten sie nach Deutschland zurückkehren. Aber jetzt? Was tun?

Scheel befand sich in dem Moment, wie er später im Rückblick meinte, in der dramatischsten politischen Situation seiner Außenministerzeit. Er habe etwas Ähnliches nur noch einmal erlebt: nämlich als Breschnew im Frühjahr 1973 mit allen Mitteln versucht habe, ihn von seiner Reise nach Ägypten abzuhalten, weil der Kremlherrscher gegenüber Kairo demonstrieren wollte, wer in Westeuropa das Sagen habe.

Aufgrund seiner Kenntnisse des Russischen begründete Edmonds seine ultimative Forderung übrigens mit einer persönlichen Textanalyse der geplanten Bonner Note an die Regierungen der drei Westmächte, die am nächsten Morgen abgehen sollte.

Dabei nahm er in den Erklärungen Scheels und Gromykos vom 6. August besonders an der Passage Anstoß, wo es hieß, daß *»die Frage* der Rechte der Vier Mächte« in keinem Zusammenhang mit dem abzuschließenden Vertrag stehe und von diesem auch nicht berührt werde. Wenn in dieser Formulierung nur von der Frage der Vier-Mächte-Rechte die Rede sei, dann stehe damit doch offenbar dahin, ob es nach deutsch-russischer Auffassung solche Rechte der Alliierten überhaupt gebe. Damit könnten sich die drei Westmächte nicht einverstanden erklären. Mit einer solchen »Versicherung« könnten sie sich unmöglich zufriedengeben.

Die Deutschen waren von diesem Gedankengang als solchem keineswegs überrascht; denn er lag an sich nahe. Sie zeigten sich indessen überzeugt, daß die Sowjetunion die Existenz bestimmter alliierter Positionen nicht bestreite – eine Auffassung, die sich im übrigen auch auf den vereinbarten Mitteilungstext stützen ließ. Nach Bonner Meinung hatten die Russen die umstrittene Wortwahl nur deshalb getroffen, weil sie sagen wollten: Es gebe zwar Vier-Mächte-Rechte, aber sie würden eben in Ost und West verschieden interpretiert! Und so war es ja tatsächlich.

Die kleine Spitzengruppe der Deutschen war sich in der Beurteilung der Situation sofort einig: Die drei Westmächte versuchten hier, mit westdeutscher Hilfe bei den Russen mehr durchzusetzen, als sie selbst bisher hinsichtlich der alliierten Positionen in Deutschland gegenüber Moskau je erreicht hatten. Auf ein solches Ansinnen aber *brauchte* Bonn nicht einzugehen. Ja man *durfte* sich darauf gar nicht einlassen, wenn nicht die gemeinsamen Belange des Westens großen Schaden erleiden sollten. Man stelle sich vor: eine Absage der Paraphierung unter westlichem Druck! Man brauchte sich nur einen Augenblick lang die Reaktion der Russen am nächsten Tage – und vor allem das öffentliche Echo in der Bundesrepublik, ja in der ganzen Welt auszumalen, um rasch zu dem Schluß zu kommen: Das ging einfach nicht. Es war etwas völlig Unmögliches, was der britische Verbündete da verlangte.

Scheel mußte daher das Ansinnen seines nächtlichen Besuchers klipp und klar zurückweisen. Er äußerte sich dabei so drastisch, daß Guido Brunner einige sehr harte, schwer übersetzbare Bemerkungen Scheels in der englischen Version abmilderte. Unverrichteterdinge ließ man den Gesandten Edmonds am Ende abziehen. Erstaunlicherweise fand dieser offenbar gleichmütige, freundliche Mann die Unterredung übrigens nicht unbehaglich; in seinem Bericht nach Hause nannte er sie durchaus harmonisch.

Dem entsprach es, wenn der britische Außenminister schon am nächsten Tage dem deutschen Kollegen telegraphisch zum bemerkenswerten Ergebnis der Moskauer Verhandlungen gratulierte. Scheel seinerseits schrieb im Dank für diesen Glückwunsch, er hoffe, daß Douglas-Home verstehe, warum er in besagter Sache so habe handeln müssen, wie er es getan habe. Staatssekretär Paul Frank berichtete parallel dem britischen Botschafter in Bonn ausführlich vom

Hergang der Dinge. Daraufhin erhielt das AA gleich mehrere höfliche Entschuldigungsbriefe aus London. Der Zwischenfall, wenn es einer gewesen war, konnte zu den Akten gelegt werden – als eine Episode. Es hatte sich in den späten Stunden zwischen dem 6. und 7. August 1970 keineswegs um eine konzertierte Aktion der drei Westmächte gehandelt, sondern – wie nun, zumindest in Bonn, die beruhigende Lesart lautete – um den einsamen Husarenritt eines besorgten Übereifrigen, um einen typischen Zweiten, der sich an der Abwesenheit seines Botschafters »dicke tat«, ohne daß dies die Deutschen in Moskau sofort hätten erkennen können. »Das also war das Recht der letzten Nacht«, soll Bundeskanzler Willy Brandt gesagt haben, als er den Bericht von diesem Moskauer Abenteuer seines Außenministers hörte.

d) Sowjetische Zugeständnisse in der Berlin-Frage

Während der Dauer der Moskauer Verhandlungen hatte Scheel immer wieder auf den Zusammenhang zwischen einer *Berlin-Regelung* und der Bonner Vertragsratifizierung angespielt; Gromyko hörte schon gar nicht mehr hin. Erst am Vorabend der Paraphierung, also in letzter Minute, kam es im Gästehaus auf den Lenin-Hügeln wenn schon nicht zu Verhandlungen über diesen Punkt, so doch immerhin zu wechselseitigen, aufgeschlossenen Erörterungen der beiderseitigen Positionen.

Scheel betonte bei dieser Gelegenheit gegenüber Gromyko mit großer Deutlichkeit, daß es ohne eine Berlin-Lösung kein Inkraftsetzen des Vertrages auf deutscher Seite geben werde. Er las dem sowjetischen Außenminister mehrfach einen von der Bundesregierung in dieser Sache gefaßten Beschluß vor. Sein Text lautete: »Die Bundesregierung hofft, daß die Gespräche der Vier Mächte über Berlin dazu führen, die engen Bindungen zwischen Berlin-West und dem Bund sowie den Zugang von der Bundesrepublik nach Berlin-West zu sichern. Sie ist der Auffassung, daß Fortschritte bei der Entspannung in Europa untrennbar mit einer befriedigenden Regelung in und um Berlin verbunden sind. Ein Gewaltverzichtsvertrag wird daher erst in Kraft gesetzt werden können, wenn dies vorliegt.«

Scheel versuchte, Gromyko ein Papier mit diesen Sätzen zu überreichen. Zunächst mißlang das. Der Russe wollte es nicht annehmen. Er ließ daher die Aufzeichnung durch Falin – verstohlen, zentimeterweise – über die glatte Tischplatte Scheel zurückschieben. Als man sich erhob, lag das Blatt wieder vor dem Bundesaußenminister. Der tat erstaunt, faßte seinen sowjetischen Kollegen beim Hinausgehen am Ärmel und steckte ihm den Zettel zu: »Er habe ja das Papier liegen gelassen, vergessen . . .«

Wichtiger als diese diplomatischen Scherzspiele war, was die beiden in der Zwischenzeit besprochen hatten. Gromyko sagte nämlich Scheel bei diesem

Anlaß: Berlin gehöre bekanntermaßen zu jenen Fragen, die man nicht mit den Deutschen erörtern wolle, obwohl Bonn sie aufgeworfen habe. Allerdings sei er bereit zu erklären, daß eine Normalisierung der Lage um Berlin-West im Interesse seines Landes liege. Von dieser Feststellung dürfe die deutsche Seite, wenn sie wolle, öffentlich Gebrauch machen. Sie werde dabei also kein sowjetisches Dementi befürchten müssen.

Dieses Zugeständnis war, wie die Russen sehr wohl wußten, bedeutsam für Scheel. Dabei hatte Gromyko zunächst ja nicht mehr getan, als seinerseits Interesse an einer Berlin-Vereinbarung zu bekunden, womit deren Zusammenhang mit der westdeutschen Ratifizierung noch keineswegs von ihm akzeptiert war. Dazu kam es erst ein Vierteljahr später, am 30. Oktober 1970, auf dem Golfplatz des *Schloß-Hotels Kronberg* im Taunus, am deshalb berühmt gewordenen 14. Loch, wo Gromyko die Verbindung beider Fragenkomplexe, das politische Junktim, Scheel gegenüber akzeptierte.

Gromyko war auf dem Rückflug aus New York, wo er an der Jubiläumssitzung der UN-Vollversammlung teilgenommen hatte, einem Vorschlag – oder einer Bitte? – von Scheel folgend bereit gewesen, im Anschluß an Besprechungen in Ost-Berlin einen Abstecher nach Frankfurt am Main zu machen. Dies war nicht nur sein erster Besuch in der Bundesrepublik, sondern überhaupt der erste eines sowjetischen Politikers seit zwölfeinhalb Jahren, nämlich seit Anastas Mikoyan im April 1958 nach Bonn gekommen war, um den westdeutsch-sowjetischen Handelsvertrag zu unterzeichnen. Bewußt hatte Scheel für das Treffen mit Gromyko einen Ort in Hessen gewählt. Denn er konnte sich davon einen günstigen Einfluß auf die dortigen Landtagswahlen am übernächsten Sonntag, dem 8. November 1970, versprechen. Eine zeitgenössische Karikatur, die Gromyko als hessischen Wahlhelfer zeigte, bekam einen Ehrenplatz in Scheels Sammlung. Den Russen ihrerseits war klar gewesen, daß es der sozialliberalen Bundesregierung nur schade, wenn die Sowjetunion, etwa durch ein öffentliches Eintreten für die Koalition, Einfluß auf westdeutsche Wahlen zu nehmen versuche. Aber Gromykos Geste zeigte, daß man in Moskau Bonner Wünschen aufgeschlossen gegenüberstand.

Der Moskauer Vertrag und der Aufschwung der Koalition

Noch immer war die Position Scheels in seiner Partei nicht wirklich gefestigt. Das Juni-Debakel hing ihm noch an; der Test einer erfolgreichen Wahl stand noch aus. Als der FDP-Vorsitzende, der sich als Außenminister seit dem 2. November wegen der Endrunde der deutsch-polnischen Vertragsverhandlungen in Warschau aufhielt, am 8. November abends, nach einem Besuch im ehemaligen Konzentrationslager Auschwitz und einer anschließenden Stadtbesichtigung Krakaus, in die polnische Hauptstadt zurückreiste, wurden ihm während der Fahrt die hessischen Wahlergebnisse ins Abteil hineingereicht. Genauer gesagt: zunächst nur erste Hochrechnungen. Der Bahnhofsvorsteher von Radom kam mit einem Zettel spontan an den Zug gelaufen, auf dem er die vorläufigen Ergebnisse notiert hatte. Sie gaben der FDP einen Stimmenanteil von mehr als zehn Prozent. Später am Abend, im weiteren Verlauf der Reise nach Warschau, konnte der polnische Dolmetscher, der über ein Kofferradio gebeugt diese sichtlich wichtigen Zahlen aus Hessen zu erfassen, die guten Nachrichten zu bestätigen versuchte, dem freudestrahlenden westdeutschen Außenminister versichern, daß seine Partei tatsächlich 10,1 Prozent bekommen habe.

In diesem Augenblick hatte Scheel es geschafft; nicht umsonst nennt er das hessische Wahlergebnis 1970 das glücklichste Ereignis seines politischen Lebens. Zwar war der FDP an sich nicht mehr gelungen, als ihre bisherige Position im ganzen zu behaupten; vier Jahre vorher, 1966, hatte sie in Hessen 10,4 Prozent der Stimmen erhalten. Aber 10,1 Prozent jetzt waren ein Sieg im Vergleich mit dem vergangenen Sommer. Und sie waren auch ein Sieg im Blick auf die verbündeten Sozialdemokraten, deren linker Flügel zu radikal gewesen war, wie man sagte. Jedenfalls hatte die SPD in Hessen nicht unerheblich verloren: Sie war von 51 auf 45,9 Prozent der Stimmen gefallen, so daß es von nun an auch in Wiesbaden zu einem sozialliberalen Bündnis kam. Die FDP etablierte sich im allgemeinen Bewußtsein als Partei eines vernünftigen Fortschritts, als aufgeschlossene, gemäßigt moderne Bürgerpartei, damit als *die* Partei der politischen Mitte.

Daß es sich beim hessischen FDP-Ergebnis um keinen Zufallstreffer gehandelt hatte, zeigten zwei Wochen später die bayerischen Wahlen. Auch hier hielten die Liberalen am 22. November ihre Stellung, konnten sie sogar geringfügig – von 5,1 auf 5,5 Prozent – ausbauen.

Wie soll man deuten, was damals als »das Wunder von Hessen« galt? Wie konnte man die Konsolidierung der FDP erklären, wie das mit einem Male überraschend große Ansehen des Außenministers?

Der Wind hatte sich gedreht. Die Stimmung in der Öffentlichkeit, immer unbeständig und launenhaft, war einfach zu seinen Gunsten umgeschlagen; von nun an blieb das Glück ihm gewogen. An die Stelle verbreiteter Mißachtung trat Wertschätzung. Nichts weiter.

Diese Wende in der Beurteilung, die Rüdiger von Wechmar schon im Mai erwartet hatte, war bei der Rückkehr des Außenministers aus der Sowjetunion sichtbar geworden. Scheel stand ganz groß da. Der Empfang für ihn war geradezu triumphal. Obwohl doch bei dieser Reise in die Sowjetunion, alles in allem genommen, nicht so sehr viel herausgekommen war, hatte man sich in der Koalition allgemein, unter Politikern wie Publizisten, offenbar plötzlich entschlossen, Scheels Verhandlungsergebnis großartig zu finden. Während man die Leistungen Bahrs nach wie vor unterschätzte, wobei vielleicht das verbreitete Mißtrauen, ja die Abneigung gegen ihn eine Rolle spielten, überschätzte man Scheel.

Denn wenn auch manche meinten, die deutsche Delegation habe essentielle Verbesserungen erreicht: Tatsächlich war es doch in Moskau nur zu marginalen Zugeständnissen der Sowjetunion gekommen. Staatssekretär Paul Frank sagte nach der Rückkehr dem CDU-Bundestagsabgeordneten Ernst Majonica (der übrigens der Neuen Ostpolitik aufgeschlossen gegenüberstand): Als die Delegation nach Moskau gekommen sei, habe man rasch herausgefunden, daß nur noch kosmetische Korrekturen möglich waren. Solche kosmetischen Nachbesserungen sind freilich nicht gering zu achten. Sie können oft mit geringem Aufwand erstaunliche Verschönerungen bewirken.

Essentiell, marginal oder kosmetisch verbessert, wie der Vertrag nun war, flößte er sogar dem immer vorsichtigen Innenminister Genscher Zuversicht ein, obwohl er doch sonst keine Gelegenheit vorübergehen ließ, Bedenken zu äußern und aktenkundig zu machen – und zwar wesentlich aus innenpolitischen Gründen, weil er wegen des in Betracht gezogenen Koalitionswechsels seine Reserve gegenüber der SPD-Politik im Protokoll festhalten und damit der CDU signalisieren wollte. Anders jetzt. In der amtlichen Niederschrift über die Kabinettssondersitzung vom 8. August 1970, die sich ausschließlich mit der bevorstehenden Vertragsunterzeichnung beschäftigte, konnte man in diesem Zusammenhang lesen: »Bundesminister Genscher weist darauf hin, daß ein in seinem Hause erarbeitetes Rechtsgutachten das mit dem deutsch-sowjetischen Vertrag verbundene verfassungsrechtliche Prozeßrisiko als nicht so groß darstelle, daß daran der Abschluß des Vertrages scheitern solle. Er persönlich halte das Risiko für gering; Bundesminister Jahn pflichtet ihm bei.«

Ergänzend hörten die Minister aus dem Munde des Justizministers Gerhard Jahn, falls es zu einem Rechtsstreit um den Vertrag vor dem Bundesverfassungsgericht komme, gebe er der Regierung eine Chance von 60 bis 70 Prozent, daß die Klage abgewiesen werde.

Wenn sich sogar die von Beruf und Neigung her behutsamen Juristen so optimistisch äußerten, sahen die anderen Mitglieder der Bundesregierung erst recht keinen Grund, mit ihrer Erleichterung und Freude über den Moskauer Abschluß hinter dem Berge zu halten. »Den wertvollen Herrn Scheel«, schrieb der *stern*, »feiern Willy Brandt und seine Minister jetzt als Glücksbringer. Er hat die sozialliberale Koalition aus der Talsohle der Erfolglosigkeit herausgeführt . . . Als Scheel ins Kabinett kam, klopften die Minister ihren Beifall auf den Tisch – eine Ehrung, die bisher noch keinem in dieser Runde zuteil geworden ist.«

Hatte die Koalition kürzlich noch geglaubt, sie stehe am Abgrund völligen Scheiterns, so schien es ihr jetzt manchmal, als gehe sie raschen Triumphen entgegen. Wie Willy Brandt am 8. August im Kabinett sagte, rechnete er bereits für Mitte September mit einem zufriedenstellenden deutsch-polnischen Abkommen, bald darauf mit erfolgversprechenden Initiativen Prags und Ost-Berlins. Danach werde die Bundesregierung endlich »die Hände frei haben für die Innenpolitik«.

Solch schöne Aussichten waren nicht nur auf sozialliberale Autosuggestion zurückzuführen. Auch erfahrene Ausländer gaben sich optimistisch. Bereits während des deutsch-französischen Konsultationstreffens vom 3./4. Juli 1970 in Bonn hatte der Bundeskanzler seinem Außenminister, der für kurze Zeit aus dem Sitzungssaal gegangen war, bei der Rückkehr folgende handschriftliche Notiz auf den Platz gelegt, in dem er die Ausführungen des französischen Staatspräsidenten resümierte:

> Pompidou sagte vorhin, 1971 *könne* werden das Jahr:
> des Inkrafttretens unserer Ostverträge
> einer Berlin-Regelung
> der grundsätzlichen Entscheidung über England/EWG
> des Einstiegs in die Wirtschafts- und Währungs-Union
> vielleicht sogar
> einer Lösung der Nahostkrise
> Das wäre in der Tat eine Menge!

Jetzt, einen Monat später, sah die Koalition auch die Chance ihrer innenpolitischen Stabilisierung. Es beruhigte den Bundeskanzler und seine Leute ungemein, daß Walter Scheel mit einem Male als Außenminister wie als Parteiführer die Gewitterzone hinter sich gelassen hatte. Denn damit kam nicht nur die FDP, sondern das ganze sozialliberale Bündnis unters trockene Dach. In der fast vierstündigen Sondersitzung des Kabinetts am Abend des 8. August 1970 dankte der Regierungschef befreit und froh seinem Vizekanzler für die geleistete Arbeit, »die sich sehen lassen« könne, und nannte das Moskauer Ergebnis einen »sachlichen und persönlichen Erfolg des Außenministers«.

Anschließend ließen die Kollegen von links bis rechts den Heimkehrer ihre Hochschätzung und Zustimmung wissen. Der sonst so schroffe, menschlich abweisende Entwicklungsminister Erhard Eppler äußerte pathetisch, er sei nach langer Zeit zum ersten Male wieder stolz darauf, diesem Kabinett anzugehören, und selbst der grantige Verteidigungsminister Helmut Schmidt, sonst stets allem und allen gegenüber kritisch, äußerte freundliche Zustimmung und nannte den Vertrag »politisch ausgewogen und einen Kompromiß beider Seiten«.

Und was fand Scheel selbst? Über seine Würdigung des Vertrages vor dem Bundeskabinett heißt es im Protokoll: »Das Ergebnis der Moskauer Verhandlungen sei in sich ausgewogen und bei allen Zugeständnissen doch zufriedenstellend. Der deutschen Bereitschaft, den territorialen Status quo zu respektieren, stehe der Verzicht der Sowjetunion gegenüber, Deutschland weiterhin als Gegner zu betrachten, sowie ihre Bereitschaft zu künftiger umfassender Zusammenarbeit. Die Bundesregierung werde hierdurch ein bedeutendes Stück außenpolitischer Handlungsfreiheit und auch größeres Gewicht in allgemeinen weltpolitischen Fragen gewinnen.

In den wichtigsten Punkten sei der deutsche Standpunkt gewahrt. Allerdings müsse die Ratifizierung des Vertrages von positiven Ergebnissen bei der Regelung des Berlin-Problems abhängig gemacht werden . . . Er glaube, daß die Unterzeichnung des Vertrages die Aussichten für einen erfolgreichen Abschluß der Berlin-Verhandlungen erhöhen werde . . .«

Diese Überzeugung erwies sich als richtig – was nicht besonders überraschen kann, wenn man bedenkt, daß die UdSSR trotz aller öffentlichen Proteste gegen ein »sachfremdes« und »erpresserisches« Junktim es insgeheim bereits akzeptierte und ihr Verhalten, zumindest nach einiger Zeit, an ihm zu orientieren bereit war. Auch der Bundeskanzler unterstrich übrigens diesen Punkt am 8. August, wobei ihm bei aller hoffnungsvollen ostpolitischen Aufbruchsstimmung, die durch seine Teilnahme an der Moskauer Unterzeichnungszeremonie noch gesteigert werden mußte, das jedem Berliner geläufige, unerläßliche Erfordernis eines vertrauensvollen, kooperativen Rückhalts bei unseren Verbündeten stets gegenwärtig blieb.

In der trockenen, kühlen Sprache des Kabinettsprotokolls zeigt sich dieser Zusammenhang in den Äußerungen des Kanzlers an folgender Stelle: » . . . Er räume dem zu Gunsten Berlins geltend gemachten Ratifizierungsvorbehalt große Bedeutung bei. Die Einladung nach Moskau wolle er annehmen. Er halte es für notwendig, noch heute die Regierungschefs der drei westlichen Großmächte zu unterrichten und dabei ein gemeinsames Gespräch in naher Zukunft anzuregen.«

Ein halbes Jahr später, im Februar 1971, kam eine Aufzeichnung des Auswärtigen Amtes zu der Feststellung, die Unterzeichnung des Moskauer Vertrages habe die bisherigen Berlin-Verhandlungen gefördert. Durch diese Unterzeichnung sei »zwischen der Sowjetunion und der Bundesrepublik ein Verhältnis erreicht worden . . ., das es uns gestattet, auch über Fragen, für die wir formal keine Kompetenz haben, mit der Sowjetunion zu reden«.

Eben über Berlin. Es gelang Bonn, Moskau wie den drei Westmächten in den folgenden Monaten überzeugend klarzumachen, daß dieses Berlin-Abkommen möglich und nötig, ja einfach unerläßlich sei. Ohne zusätzliche Sicherungen für die Stadt war hier eine heikle Situation im Entstehen, wenn im Zuge der Stabilisierung des mitteleuropäischen Status quo die DDR gefestigt und aufgewertet wurde. Wenn man nichts tat, diesem Trend nicht entgegenwirkte, drohte Berlin abzurutschen. Längerfristig konnte es leicht zur Beute der DDR werden.

Davon gingen die Russen sowieso aus – freilich nicht sofort, sondern erst auf weite Sicht. Für sie war dieser Vertrag mit den Deutschen, war der ganze Modus vivendi nur eine Etappe auf dem langen Marsch nach Westen, der über Berlin führte. Über ganz Berlin – das neue Abkommen hin oder her. Dazu äußerte sich ganz unverblümt Valentin Falin Ende Januar 1971, am Vorabend der entscheidenden westlichen Initiative bei den Berliner Verhandlungen, also in einem durchaus kritischen Moment.

Denn der spätere vergleichsweise rasche und jedenfalls erfolgreiche Gang der Berliner Dinge war zu diesem Zeitpunkt keineswegs sicher abzuschätzen. Am 5. Februar legten die Westmächte ihren detaillierten Entwurf einer Berlin-Regelung vor. Ihn beantwortete am 26. März 1971 ein sowjetischer Gegenentwurf, so daß Ende Mai, nach dem Sturz Walter Ulbrichts, die praktische Arbeit an einem gemeinsamen Text aller Vier Mächte beginnen konnte, der dann als Abkommen am 3. September 1971 unterschrieben wurde. In jenem Stadium – Ende Januar – konnte ja noch alles schiefgehen. Um so überraschender war es, wie Falin gerade zu jener Zeit die Berliner Perspektive sah und beschrieb. Er selbst war damals noch Leiter der Dritten Europäischen, für Deutschland zuständigen Abteilung im Moskauer Außenministerium, aber fast schon auf dem Weg an den Rhein, wo er vom Mai ab sieben Jahre lang als neuer sowjetischer Botschafter den Kurs der Entspannung und Kooperation vertreten und fördern sollte. Die Situation war also auch für ihn in mehrfacher Hinsicht heikel, was seine Offenheit um so bemerkenswerter macht. Am 29. Januar 1971 sagte er nämlich auf einem diplomatischen Empfang, im Kreise vieler Augen- und Ohrenzeugen, zum Leiter der damaligen Handelsvertretung in Helsinki, zum Generalkonsul und späteren Botschafter Detlev Scheel: Er wisse gar nicht, was die Deutschen wollten. Aufgrund der geographischen Lage sei doch die politische Situation West-Berlins offensichtlich unnatürlich. Deshalb werde die Stadt ganz von selbst, früher oder später, »der natürlichen Schwerkraft der Dinge folgend«, an die DDR fallen.

Mit diesem Vertrag, hatte Willy Brandt in seiner Fernsehansprache an die deutsche Bevölkerung nach der Unterzeichnung vom 12. August 1970 von Moskau aus gesagt, gehe nichts verloren, was nicht längst verspielt worden sei – Jahrzehnte vorher, durch Adolf Hitler und das Großdeutsche Reich. Aber kehrte denn nunmehr, mit der Hinnahme der Resultate des Zweiten Weltkrieges, des alliierten Sieges von 1945, in Europa Ruhe ein? Ja – und nein.

Die Russen wollten, in fernerer Zukunft, Berlin schlucken und ihren Einflußbereich nach Westen ausdehnen. Die Bundesrepublik strebte in aller Offenheit, wenn auch mit langem Atem, weiter die Wiedervereinigung an. Gerade Willy Brandt hat dieses Zentralthema unserer Politik (was nicht alle von vornherein bei ihm annehmen würden), ein Jahr später, im September 1971, mit großem Mut und in beträchtlicher Ausführlichkeit hervorgehoben, und zwar gerade beim geheimnisvoll-unheimlichen, gerüchteträchtigen Zusammentreffen mit Leonid Breschnew in Oreanda am Schwarzen Meer. Lange sprach er mit Breschnew über das deutsche Problem und die Wiedervereinigung unseres Landes – wobei übrigens Breschnew, auch dies sicher für viele überraschend, sehr aufgeschlossen und verständnisvoll reagierte. Wie immer man es betrachte, sagte der

Bundeskanzler, was immer man tue, auch wenn wir die Lösung jetzt nur langfristig sähen: Deutschland werde als Problem bestehen bleiben. Er erwähne dies übrigens nicht wegen aktueller Schwierigkeiten mit der Opposition, also wegen der prekären Mehrheitsverhältnisse im Deutschen Bundestag. Es gehe ihm um das Wesen der Sache, und er meine es ganz ernst, wenn er sage: »Wir Deutschen werden uns für ein einiges Deutschland einsetzen – auf lange Sicht!«

Nur für einen Augenblick, nur für eine gewisse Weile sollte jetzt Ruhe herrschen, ein politischer Waffenstillstand, der beiderseits die Fernziele an sich unberührt ließ. An sich. Denn mit dem Entschluß zum zeitweiligen Burgfrieden hörten sie auf, Leitlinien des aktuellen außenpolitischen Verhaltens zu sein. Das deutsche Problem war und blieb, wie seit einem Vierteljahrhundert, eine offene, unbeantwortbare Frage. Aber dieses Gespenst der Vergangenheit, das vor allem dem Ausland rundum Furcht einflößte und keinerlei Hoffnung der Wiederherstellung des Vergangenen in sich trug, hörte von nun an auf, das im Moment Mögliche, das hier und heute praktisch Erreichbare zu verhindern.

Der Abgrenzungsbeschluß der SPD gegenüber Kommunisten

Vielleicht darf man die Entspannungspolitik zwischen der Bundesrepublik und der Sowjetunion, die seit jenen Augusttagen 1970 versucht wird, mit den nachreformatorischen Bemühungen des 16. Jahrhunderts vergleichen, den Graben der Glaubensspaltung allmählich zu überbrücken, dann zuzuschütten. Auch damals mußte man erst lernen, auf letzte, voll befriedigende Lösungen zu verzichten. Man versuchte nicht länger, das Erreichbare an eschatologischen Maßstäben zu messen. Man begnügte sich mit Arrangements, konzentrierte sich auf das Machbare und ließ den Grundkonflikt, der natürlich weiter bestand, dabei möglichst auf sich beruhen.

Auf jeden Fall sollte ab 1970 im deutsch-sowjetischen Verhältnis für einen gewissen Zeitraum Frieden herrschen: Entspannung, Verständigung, Kooperation da, wo es möglich war. In einem großräumigen, großzügigen ökonomischen Verbundsystem beider Seiten sah der Außenminister in der Kabinettssitzung vom 8. August 1970 den Kern dessen, worum es Moskau bei diesem Vertrag mit uns ging: »Das wesentlichste Motiv der Sowjetunion zum baldigen Abschluß des Vertrages sei in dem Streben Moskaus nach einem Partner zu finden, mit dem in politisch gesicherten Verhältnissen eine langfristige wirtschaftliche Zusammenarbeit möglich sei.«

Und worum ging es auf westdeutscher Seite? Welchen Vorteil brachte die Neue Ostpolitik der Bundesrepublik? Wie Scheel gesagt hatte: einen Zuwachs an Handlungsfreiheit, ein größeres internationales Gewicht, mehr äußere und innere Souveränität. Erst jetzt bekam die Bundesrepublik die Chance, wirklich weltläufig zu werden und eine Außenpolitik zu konzipieren, die ihren Möglichkeiten gemäß ist.

Zwar hatte schon die Hallstein-Doktrin vom Dezember 1955 (also zu einem Zeitpunkt, da wir dieser Aufgabe noch gar nicht gewachsen sein konnten) eine Globalisierung der Außenpolitik nach sich gezogen. Die weltweite Abwehr von DDR-Anerkennungen setzte einen globalen Rahmen des Denkens und Handelns voraus. Aber dieser Aufbruch in weite Perspektiven konnte nicht weit führen – wegen des provinziellen Gesichtspunkts, der ihn ausgelöst hatte. Gemessen an dem,was sich in jenen Jahren und seither rund um die Erde tat, war es doch ein sehr begrenztes und, für die überwältigende Mehrheit der Staaten, keineswegs besonders drängendes Problem, dessentwegen die Bundesrepublik allen Ländern, zumal den neu entstehenden, hartnäckig in den Ohren lag.

Es ging bei der Neuen Ostpolitik weder ausschließlich um die DDR – schon gar nicht nur um die früheren deutschen Ostgebiete – noch um die Sowjetunion, um unser Verhältnis zu ihr und Osteuropa. Diese neue Politik beinhaltete im wesentlichen eine Selbstbefreiung aus den Erwartungsschlingen, die nicht andere, sondern die Westdeutschen ein Vierteljahrhundert früher für sich selber eigenhändig ausgelegt hatten. Man suchte jetzt von dem loszukommen, was man zwei, drei Jahrzehnte lang gemeinsam gedacht hatte, woran aber immer mehr Menschen, zumal in der Jugend, in neuen Generationen, inzwischen zweifelten. Ob man einen Brief der anderen Seite annehmen, wer wen, und auf welcher Ebene, sehen und sprechen dürfe, ob und wie lange man »kambodschieren« müsse – all diese Tabus, diese Selbstverbote wurden nunmehr als überholt und lächerlich empfunden. Die Parole der FDP zur Bundestagswahl 1969, man schaffe die alten Zöpfe ab, war ein frühes Zeichen dieser verbreiteten neuen Haltung. Die Selbstbefreiung der Westdeutschen und das neue Selbstwertgefühl, das sie nach sich zog, machten zwei Jahre später, im Spätherbst 1972, den großen Wahlsieg der Sozialliberalen möglich. Indem die Bundesbürger durch diese Neue Ostpolitik einsehen lernten, wie die wahren Verhältnisse nun einmal sind, wo die Grenzen der Handlungsmöglichkeiten liegen, fanden sie vor allem zu sich selbst. Von dieser fundamentalen Aufgabe jedes Volkes sprach Willy Brandt in der Bundestagsdebatte über den ersten *Bericht zur Lage der Nation* seiner Regierung am 14. Januar 1970, als er forderte, daß die Bundesrepublik vor allem sich selbst anerkennen müsse.

Es ging also bei dieser Ostpolitik um einen neuen Konsens in diesem Land, ging innen- wie außenpolitisch noch immer um die Überwindung des toten Punktes, um die Behebung jener schweren Lähmung, die mit dem Ende der Ära Adenauer die Bundesrepublik befallen hatte. Entgegen vielen anfänglichen Hoffnungen waren diese Versäumnisse und Schäden in der Großen Koalition nicht behoben worden. Aber dieser Zustand durfte nicht andauern; mehr als alles andere setzte die künftige Grundorientierung dieses Landes eine ostpolitische Flurbereinigung voraus. Darüber war man sich seit langem in allen drei Parteien im klaren, wenn man auch in der vergrämten Union nach 1969 der (verständlichen, aber dennoch bedauerlichen) Neigung erlag, alles von den Nachfolgern hier Begonnene leidenschaftlich abzulehnen.

Nicht unter weitblickenden, verantwortungsbewußten Männern in der Unionsführung. So wandte sich Rainer Barzel, der besonnene Oppositionsführer, am 10. August 1970 wegen des deutsch-sowjetischen Vertrages in ruhigem, sachlichem, kooperationsbereitem Tone an Willy Brandt; er wußte genau, daß es grundsätzlich keine Alternative zu dem gab, was die Regierung da tat. In der Kabinettsitzung vom Tage darauf würdigte der Bundeskanzler mit verhaltener Genugtuung diese Stellungnahme des Vorsitzenden der CDU/CSU-Fraktion, »die gewisse Gemeinsamkeiten in der Ostpolitik nicht ausschließe«.

Das galt auch für innenpolitische Gemeinsamkeiten im Grundsätzlichen. Brandt und die SPD-Führung teilten, ohne das offen sagen zu können, die Besorgnis der Union, ein besseres Verhältnis zwischen Bonn und Moskau könne sich negativ auf die innenpolitische Stabilität der Bundesrepublik auswirken. Jungen Menschen werde vielleicht zunächst unverständlich sein, daß die Zusammenarbeit mit Kommunisten außenpolitisch notwendig sei, innenpolitisch aber verhängnisvoll. Man müsse also Fehldeutungen der Ostpolitik abwehren, müsse möglicherweise jetzt neu auflebenden Volksfrontplänen energisch entgegentreten. Die Sozialdemokratie sei hier besonders gefährdet. Sie müsse daher frühzeitig Zeichen setzen und verdeutlichen, daß die unüberbrückbaren Gegensätze zwischen Kommunisten und Nichtkommunisten auch künftig natürlich bestehen blieben. Der Abschluß völkerrechtlicher Verträge mit Staaten des Warschauer Paktes ändere nicht das geringste an der ideologischen Grundeinstellung der Sozialdemokraten gegenüber den Kommunisten.

Noch vor der Abreise des Bundeskanzlers nach Moskau zur Unterzeichnung des deutsch-sowjetischen Vertrages beschloß daher das Präsidium der Sozialdemokratischen Partei, ihren führenden theoretischen Kopf, den Berliner Politikwissenschaftler und Publizisten Professor Richard Löwenthal, um die Vorformulierung eines Abgrenzungsbeschlusses zu bitten. Man hatte es damit derart eilig, daß rastlos hinter ihm hertelefoniert wurde, bis man ihn endlich an seinem Urlaubsort im italienischen Graubünden aufspüren konnte. Zwei Tage später sandte er seinen Entwurf an Brandts Feriendomizil in Norwegen, wohin der Bundeskanzler, der seinen Aufenthalt dort wegen der Vertragsunterzeichnung in Moskau kurz unterbrochen hatte, inzwischen wieder zurückgekehrt war. Anschließend beriet – und billigte – eine Kommission des Parteivorstandes, der Herbert Wehner, Helmut Schmidt, Jochen Steffen und Hans-Jürgen Wischnewski angehörten, dieses sogenannte *Löwenthal-Papier*. Nach wochenlangen weiteren Erörterungen in verschiedenen Gremien, aber im Wortlaut fast unverändert, wurde es am 14. November 1970 vom Parteivorstand, dem Parteirat und der Kontrollkommission der Sozialdemokratischen Partei verabschiedet. Damit waren Aktionsgemeinschaften jedweder Art zwischen Sozialdemokraten und Kommunisten als parteischädigend ausdrücklich verboten.

Wörtlich hieß es im Beschluß vom 14. November 1970:

> Freiheitliche Demokratie auf der einen, kommunistische Parteidiktatur auf der anderen Seite: Keine Friedenspolitik, keine außenpolitische Annäherung kann diesen Gegensatz der Systeme beseitigen, keine darf ihn übersehen. Der Friede, den wir erstreben, soll nicht nur allein das Leben schützen. Er muß unserem Volk das Recht sichern, die Formen seines politischen und gesellschaftlichen Lebens auch weiterhin in Freiheit selbst zu bestimmen . . .
>
> Sozialdemokratische Politik kann sich nicht das Ziel setzen, die kommunistisch regierten Länder zu »befreien« – auch nicht die DDR. Das wäre mit einer konsequenten Friedenspolitik unvereinbar. Ein Abbau der Konflikte zwischen Staaten setzt voraus, daß jeder Staat die innere Ordnung des anderen respektiert. Es wäre auch nicht realistisch: Ein Wandel der kommunistischen Ordnung kann nur von innen kommen.
>
> Sozialdemokratische Politik muß die demokratischen Grundlagen unserer eigenen politischen Ordnung ebenso entschlossen gegen alle kommunistischen Angriffe verteidigen, wie sie sich bemüht, ihren sozialen Inhalt stetig zu verbessern.
>
> Die Kommunisten erklären immer wieder, die von ihnen propagierte »friedliche Koexistenz« zwischen Staaten mit verschiedenen politisch-gesellschaftlichen Systemen bedeute für sie keine »ideologische Koexistenz«, also keinen Verzicht auf schärfste Kritik aller nichtkommunistischen Ideen und Institutionen.
>
> Die deutsche Sozialdemokratie nimmt diese Herausforderung an. Sie hat sich seit ihrer Entstehung immer wieder an den Kreuzwegen der deutschen Geschichte für die Demokratie entschieden. Aus dieser grundsätzlichen Überzeugung hat sie auch in den Jahren nach 1945 für den Teil Deutschlands, in dem sie frei arbeiten konnte, den Weg der Demokratie gewählt und die Zusammenarbeit mit den Anhängern der kommunistischen Diktatur verworfen. Sie hat damit entscheidend dazu beigetragen, die Bundesrepublik zu schaffen und die Freiheit in West-Berlin zu sichern. Die Ergebnisse in beiden Teilen Deutschlands haben uns recht gegeben: Das kommunistische System der DDR ist auch heute keine annehmbare Alternative zu unserer freiheitlichen Ordnung. Die Sozialdemokratie bekennt sich erneut zu der Aufgabe, diese Ordnung kompromißlos gegen alle kommunistischen Irrlehren zu verteidigen.

III.
Die innenpolitische Selbstbehauptung der Koalition

Eine Tendenzwende

Mit dem Abgrenzungsbeschluß der SPD vom 14. November 1970 (der damals übrigens lange Zeit öffentlich gar nicht wahrgenommen wurde) war natürlich die neue, außenpolitische Tatsache, daß man mit Kommunisten nunmehr gelassen umging und sachlich verhandelte, ebensowenig aufgehoben wie das innenpolitische Problem beseitigt, daß die westdeutschen Kommunisten, deren Zahl sich seit der Studentenrebellion vor allem in der akademischen Jugend kräftig vermehrt hatte, den ihnen in der Bundesrepublik gebotenen Freiraum für ihre Zwecke nutzten.

Das um Liberalität bemühte Selbstverständnis der Koalition Brandt-Scheel trug in den Augen ihrer Gegner nicht eben dazu bei, das Zutrauen in die Standfestigkeit der Freien Demokraten und Sozialdemokraten im Umgang, in der Auseinandersetzung mit dem Kommunismus zu stärken. Man hielt diese Koalition auf seiten der Opposition eher für schwach, für allzu nachgiebig, für schlapp im Innern und nach außen. Zumal der interne Zustand der SPD schien wenig geeignet, diesen Eindruck zu widerlegen. In dem Maße, in dem die sozialdemokratische Mitgliedschaft in Bewegung geriet, sah sich ihre Führungsgruppe erneut alten Verdächtigungen und Anfeindungen ausgesetzt. Hatte Willy Brandt nicht schon einmal Deutschland den Rücken gekehrt und sogar eine fremde Staatsangehörigkeit angenommen? Hatte Herbert Wehner, dieser Alt-Kommunist, wie jeder wußte, nicht während der dreißiger Jahre in Moskau für die Komintern gearbeitet? Das klang geheimnisvoll, ja hörte sich bedrohlich an, weil sich kaum jemand noch präzise vorstellen konnte, was für eine Bewandtnis es in Wirklichkeit mit dieser Tätigkeit gehabt haben mochte. Und jetzt hatte Egon Bahr, wiederum in Moskau, monatelang hinter verschlossenen Türen mit dem sowjetischen Außenminister konferiert, wobei nicht einmal das Auswärtige Amt in Bonn, wie man hörte, genau erfahren hatte, was zwischen den beiden besprochen worden war.

Dieser hintergründige, mit allen Wassern gewaschene Bahr zog damals noch stärker als die beiden anderen Argwohn auf sich. In der Union hielt man ihn durchweg für einen roten Fuchs, der so geschickt war, daß man ihm nicht auf die Schliche kommen, ihn nicht stellen konnte. Das Mißtrauen gegen seine Motive war geradezu phantastisch. Kaum einer unter seinen Gegnern wollte die Parallelen zum vergleichbar brillanten Kissinger gelten lassen, der im Umgang mit Kommunisten, ja allgemein in seiner Politik eine ähnliche Neigung zu diskreten Missionen, geheimen Kontakten, persönlichen Kanälen und taktischen Tricks besaß wie Bahr, ohne daß man ihn je als verkappten Parteigänger der anderen Seite verdächtigt hätte. In der mitteleuropäischen »Landschaft des Verrats« (Margret Boveri) nahm sich für Deutsche der thüringische Berliner Egon Bahr, dieser leidenschaftliche Patriot, eben ganz anders aus als Henry Kissinger, der exotische Einwanderer aus dem fränkischen Fürth, in den Vereinigten Staaten, wo ihn seine neuen Landsleute mit distanziertem Respekt bestaunten, ja bewunderten.

Es paßte in das Bild, das sich mißtrauische Deutsche von der SPD machten, daß an der Basis dieser Partei, bei ihren Jungsozialisten, immer lautere Stimmen vernehmbar wurden, die offen eine Rückbesinnung der Sozialdemokratie auf ihre Tradition als klassenbewußte Arbeiterpartei und demzufolge eine sozialistische Umgestaltung der Bundesrepublik forderten. Es schien nur eine Frage der Zeit, allenfalls der Generationenfolge zu sein, wann diese Kräfte in der SPD und im Staat Schlüsselstellungen erobern würden. Denn wie rasch konnte sich eine Situation von Grund auf wandeln: Bis 1966 hatten die Jungsozialisten in der Öffentlichkeit kaum von sich reden gemacht – dann aber waren sie binnen dreier Jahre zur lautstarken innerparteilichen Opposition mit eigenständigem, gesellschaftskritisch-programmatischem Anspruch herangewachsen.

Auf ihrer ersten Bundeskonferenz nach der Verabschiedung des Godesberger Programms hatten die Jungsozialisten 1961 noch brav die Richtungsänderung der SPD hingenommen, ja sie sogar geschlossen unterstützt. Nicht ohne Verwunderung schrieb damals, am 21. November 1961, die *Frankfurter Allgemeine:* »Als Wehner die Tagung verließ, stand fest: Von den Jungsozialisten ist kein Störfeuer gegen den neuen Kurs zu befürchten. Eher sieht es so aus, als marschierten sie – anders als die jüngeren, ungleich rebellischeren ›Falken‹ – an der Spitze jener, die aus der SPD eine Volkspartei nach dem Muster nicht der britischen Labour-Party, sondern der amerikanischen Demokraten machen wollen.«

Auch als zwei Jahre später auf der Bundeskonferenz der Jungsozialisten in Berlin Delegierte aus Hessen-Süd über die Ostermarsch-Bewegung und die Hallstein-Doktrin diskutieren wollten, stand die große Mehrheit der Jungsozialisten noch immer fest hinter der Mutterpartei. »Die junge Garde ist folgsam«, resümierte daher *Christ und Welt* am 22. November 1963: »Die sozialistischen Jungmannen aus Offenbach und Frankfurt blieben allein auf weiter Flur. Niemand packte die heißen Eisen an, die sie auftischten. Herbert Wehner kann sich auf seine junge Garde verlassen. In Berlin präsentierte sie sich als Musterknabe der Parteidisziplin.«

Das änderte sich 1966. Radikaldemokratische Geister, Sozialismus-Schwärmer, die bis dahin isoliert und schwach gewesen waren, bekamen plötzlich großen Zulauf und damit politisch Boden unter die Füße. Ihre Bewegung wuchs in einer Weise an, die vorher niemand für möglich gehalten hätte.

Diese Entwicklung hatte verschiedene Ursachen. Die wirtschaftliche Rezession in der Bundesrepublik 1966/67 und der Vietnam-Krieg der Vereinigten Staaten stürzten unser Gesellschaftssystem – den Kapitalismus und das Modell der liberalen Demokratie – in seine erste, umfassende Legitimationskrise seit dem Zweiten Weltkrieg. Der Eintritt der SPD in eine Große Koalition mit der CDU/CSU, die Bildung dieses Bonner Machtkartells, beseitigte weitgehend die parlamentarische Opposition und führte zur Entstehung einer aktionistischen, protestierenden und demonstrierenden *Außerparlamentarischen Opposition*, deren rapides Umsichgreifen selbst ihre führenden Köpfe überraschte. Schon vorher waren auf der Rechten extreme Kräfte aufgelebt, deren Partei, die NPD, sprunghaft Anhänger und Mitglieder gewann – was in der breiten Öffentlichkeit, vor allem auch im Ausland, beträchtliches Aufsehen erregte und auf der Linken Abwehrbewegungen gegen diesen vermeintlichen Neonazismus auslöste. An den Universitäten entwickelte sich aus der Kritik am bestehenden Hochschulwesen, am »tausendjährigen Muff unter den Talaren«, allmählich eine neue, umfassend kritische Sicht der Gesamtgesellschaft: die Theorie der *Neuen Linken*. Sie zielte auf eine erste *Tendenzwende* ab: Nach zwanzig Jahren der Restauration, eines miesen Provinzialismus und verabscheuenswerten, rein materialistischen Wohlstandsstrebens, so meinten plötzlich viele, sei es nun an der Zeit, das Leben in unserer Gesellschaft von Grund auf neu zu ordnen. Chancen eines wirklichen, umfassenden Neuanfangs hätten sich plötzlich aufgetan und müßten genutzt werden. Erst jetzt stehe man vor einer echten *Stunde Null*.

Die Veränderung des Lebensgefühls

Zahlreiche Jugendliche im Umkreis der Sozialdemokratie, gerade auch unter den Jungsozialisten der SPD, fühlten sich spontan betroffen. Die Große Koalition war für sie ein Schock, der weitere Erschütterungen auslöste. Sie konnten nicht verstehen, wie sich Herbert Wehner und Willy Brandt auf dieses Regierungsbündnis einlassen, mit Franz Josef Strauß an einen Tisch setzen konnten. Sie gingen daher auf Distanz zu ihrer Partei und, allgemeiner, zu dem, was sie so pauschal wie verächtlich das *Establishment* nannten. Da viele wichtige Jungsozialisten aus den Universitäten kamen, dort studierten oder lehrten, war es nur natürlich, daß die Jungmitgliedschaft der SPD ein Teil der Neuen Linken wurde, was ein radikales Infragestellen der bestehenden Gesellschaftsordnung in der Form grundsätzlicher Kritik am Kapitalismus bedeutete, gleichzeitig die Entwicklung verschiedener Strategien zu seiner Überwindung, zur Errichtung einer sozialistischen Gesellschaft.

Aber das klingt rationaler, klingt politischer, als es tatsächlich war. Dem Jugendprotest lag ein Umbruch in privaten Lebensbereichen zugrunde, eine atemberaubend rasche, tiefgreifende Veränderung der Mentalitäten und Maßstäbe, die Elisabeth Noelle-Neumann wiederholt, zuletzt 1978 (»Werden wir alle Proletarier? Wertewandel in unserer Gesellschaft«) beschrieben hat. Der Studentenbewegung ging »Unsere stille Kulturrevolution« voraus – und mit ihr einher. Mit diesem Begriff suchte Hermann Lübbe 1976 Vorgänge zu erfassen, die keineswegs auf Deutschland beschränkt waren, sondern in einer Reihe westlicher Länder konstatiert werden konnten, wie Ronald Inglehart 1977 in einer voluminösen Studie (»The Silent Revolution. Changing Values and Political Styles Among Western Publics«) zu zeigen versuchte. Viele junge Leute erwarteten und erhofften damals eine Welt im Aufbruch. Sie erlebten ganz persönlich einen neuen Anfang, eine Wiedergeburt in Geist und Fleisch; die Bewegung wurde für sie eine romantische, fast religiöse Erfahrung.

Sehen wir uns einige charakteristische Erlebnisberichte, Selbstzeugnisse von Zeitgenossen an, die am Ausgang der sechziger Jahre jung waren, autobiographische Aufzeichnungen aus einer Generation, die sich dann früh als gealtert, als verloren, als gescheitert empfand, was nicht verwundern kann angesichts der hohen Ansprüche, mit denen sie einst aufgebrochen war.

Als Gabriel und Daniel Cohn-Bendit 1968 den *Linksradikalismus* als *Gewaltkur gegen die Alterskrankheit des Kommunismus* priesen, erklärten sie das Phänomen der studentischen Opposition als eine Revolte der modernen Jugend, die über frühere Generationskonflikte weit hinausgehe:

> Der »Generationskonflikt«, so wie er sich in früheren Phasen der bürgerlichen Gesellschaft oder in einigen anderen Gesellschaften abgespielt hat, stellte im allgemeinen nur die Ungeduld der Jugendlichen dar, den Platz der älteren Generation einzunehmen und die Hindernisse zu beseitigen, die ihrem Vorwärtskommen im Rahmen der von ihnen keineswegs in Frage gestellten bestehenden Gesellschaft im Wege standen. Vor allem unter den Bürgersöhnen nahm diese Opposition die Form eines Kampfes gegen die Routine und die Verkalkung der älteren Generation an und ging manchmal so weit, daß sie politische Positionen liberaler, radikaler oder sozialreformerischer Prägung einnahmen.
>
> Bei der heutigen Revolte der Jugendlichen geht es um viel mehr. Eine immer größere Zahl von ihnen revoltiert nicht dagegen, daß die »Alten« nicht von ihrem Platz im System weichen wollen, sondern gegen das ganze System selbst. Sie sind nicht auf die Existenz ihrer Eltern neidisch, sie kritisieren sie; und manchmal kritisieren sie sie nicht einmal mehr, so fremd, leer und sinnlos erscheint sie ihnen.

Daher begannen sie diese Welt zu hassen. Bernward Vesper wollte ursprünglich seiner Autobiographie den Titel »Haß« geben. Einem amerikanischen Altersgenossen sagte er: »›The title of the book will be hate.‹ Ich hasse Dubrovnik. Ich hasse Deutschland. Ich hasse dies herumtollende Gemüse. Ich hasse Autos. Ich hasse Straßen. Ich hasse Berlin. Ich hasse Kinder. Ich hasse meinen Vater. Ich hasse alle, die mich zur Sau gemacht haben. Ich hasse meine Lehrer undsoweiter. 150–200 Seiten.«

Vesper hielt sich in der bestehenden Welt nicht nur für fehl am Platze, er glaubte auch, gar nicht gelebt zu haben: Die gelebte Zeit sei eine verlorene Zeit gewesen. Verächtlich nannte Vesper Menschen, die sich in der von ihm gehaßten Welt wohlfühlten, »Vegetables« (ein Ausdruck, den er der amerikanischen Umgangssprache entnahm und der sinnlos dahinvegetierende Menschen meint) und schrieb, wiederum in seinem Buch »Die Reise«: »Man muß sich vermutlich damit abfinden, daß es ganz unmöglich ist, diese ganze Kloake von 31 Jahren zu Papier zu bringen . . . Daß wir einfach viel zu viel bereits vergessen haben, besser: daß wir mindestens zwanzig Jahre lang völlig falsche und belanglose Sachen gesehen haben. Das heißt, diese Zeit ist sowieso verloren, aber die Vegetables leben stets so, sterben so, ohne auch nur einmal den Kopf aus dem Sumpf gesteckt zu haben! Was für eine vorzügliche Lebensart!«

Auch Inga Buhmann, Mitglied des Berliner SDS, die im Rahmen der Basisgruppe Berlin-Spandau aktiv an der antiautoritären Bewegung teilgenommen hatte, schrieb, sie wolle lieber verrückt sein, als sich anzupassen. In ihren Erinnerungen »Ich habe mir eine Geschichte geschrieben« sagte sie: »Immerhin war es ja möglich, daß ich wirklich ›verrückt‹ war. Aber anpassen konnte und wollte ich mich auf keinen Fall an diese Kreise, selbst wenn ich sonst niemanden kannte und kennenlernen sollte; dann lieber ›verrückt‹ sein.«

Man lehnte die bestehende Gesellschaft ab, wollte sich befreien von den »Freiheiten der ausbeuterischen Ordnung«, wollte den »historischen Bruch mit der Vergangenheit und der Gegenwart«, wie Herbert Marcuse vorschlug. Man glaubte sich in einer verwalteten Massenwelt, fühlte sich eingebunden in einen riesigen Apparat, eingepfercht in ein soziales Gefängnis inmitten der vom Kapitalismus fabrizierten Einöde, wehrlos und willenlos, wie Bernward Vesper es sah:

> Zigaretten: der anonyme Automat, der unsre Erniedrigung am deutlichsten macht. Aufgestellt wie eine Falle, wie jenes Fleisch auf dem hohlen Rasen über der Fallgrube, dem sich der Hungernde in letzter Not nähert, nachdem er sein Mißtrauen, das ihn vor dem kommenden Unheil warnte, niedergekämpft hat. Das Markstück, das ich einwerfe, der Zug am Schub schließt mich an, an den Kreislauf: Ein unbekannter Konzern erhöht seinen Profit, der riesige Apparat des Staates ernährt sich von dem Handgriff, den ich am frühen Morgen . . . mache; ich, vor dem Automaten, selbst ein Automat, der auf die

Reize und Befehle der Reklame an den Zäunen der Baustelle reagiert, in dessen Gehirnzellen tief und unerreichbar die Spur eingefressen ist, das Motiv, das mich, einen aus Millionen, dazu treibt, das ganze System, gegen meinen Willen, in Betrieb zu setzen.

Mit dieser Welt gab es keine Verständigung mehr. Man gehörte ihr nur noch in dem Maße an, in dem man sich gegen sie auflehnte. Es schien, als müsse man zunächst einmal »das Ganze« verwerfen, um danach eine andere, bessere Welt aufzubauen, neue Menschen nach dem eigenen Bilde formen zu können. Gleichzeitig wußte man , daß es die bestehenden Verhältnisse nicht erlaubten, etwas völlig Neues zu schaffen. Deshalb mußte man, um sich »überhaupt zu retten«, wie es Bernward Vesper formulierte, die »große Weigerung« antreten, zur »totalen Verantwortungslosigkeit zurückfinden«.

Auch Daniel Cohn-Bendit war überzeugt, in der existierenden Gesellschaft keine Möglichkeit individueller Entfaltung gehabt zu haben. In seiner Autobiographie »Der große Basar« umriß er seine Situation: »Die kapitalistischen Gesellschaften haben mir die Möglichkeit verbaut, eine Identität zu finden, die meinen Lebensbedürfnissen entsprochen hätte. Meine Biographie ist die Geschichte der Zerstörung meiner ursprünglichen Identität und des Versuchs, im Verlaufe meines Handelns und Denkens eine neue zu finden, wobei die zweite selber noch abhängig von der ersten ist.«

Von Kindheit auf betäubt, fühlte man sich betrogen, um seine Jugend gebracht. Daher meinte Bernward Vesper: »Jeder Mensch sollte gleich bei der Geburt eine Rente bekommen, denn er ist ein Opfer.«

Die Überzeugung, seine Persönlichkeit, sich selbst bisher noch gar nicht entdeckt zu haben, statt dessen um seine Träume betrogen worden zu sein, setzte bei vielen große Energien frei, um Versäumtes nachzuholen. Zuerst war gegen das alte System zu rebellieren. Danach wollte man mit dem Aufbau der schönen, neuen Welt beginnen. Alles mußte möglichst schnell gehen; denn die Angst, alt zu werden, ehe das Ziel in erreichbare Nähe gerückt sei, war groß.

Bernward Vesper faßte die große Frustration dahin zusammen:

Der Aufstand geschieht gegen diejenigen, die mich zur Sau gemacht haben, es ist kein blinder Haß, kein Drang zurück ins Nirwana, vor die Geburt. Aber die Rebellion gegen die zwanzig Jahre im Elternhaus, gegen den Vater, die Manipulation, die Verführung, die Vergeudung der Jugend, der Begeisterung, des Elans, der Hoffnung – da ich begriffen habe, daß es einmalig, nicht wiederholbar ist. Ich weiß nicht, wann es dämmerte, aber ich weiß, daß es jetzt Tag ist und die Zeit der Klarstellung. Denn wie ich sind wir alle betrogen worden, um unsere Träume, um Liebe, Geist, Heiterkeit, ums Ficken, um Hasch und Trip werden weiter alle betrogen.

Aber nicht nur die Angst, alt zu werden, ohne daß sich etwas ändere, sondern auch die Hoffnung, durch Engagement und Aktion die Verhältnisse ändern zu können, war groß. Man wollte es auf keinen Fall den »kleinbürgerlichen Intellektuellen« gleichtun, die – wie Inga Buhmann schrieb – »immer alles verstehen, aber nie eine Konsequenz daraus ziehen«. Man war sicher, auf dem richtigen Wege zu sein, wobei viele mehr das Empfinden, das Gefühl, als analytische Einsicht zu ihren Taten trieb. So sagte Jean-Paul Sartre in einem Interview richtig, die Studenten hätten »unmittelbar *gespürt*, worum es eigentlich geht«, und Herbert Marcuse schrieb in seinem »Versuch über die Befreiung«: »Die jungen Rebellen wissen oder *fühlen*, daß es dabei um ihr Leben geht, um das von Menschen, das zum Spielball in den Händen von Politikern, Managern und Generälen wurde.«

Getrieben durch die eigenen Sehnsüchte machte man sich auf, eine neue Welt zu errichten, das Reich der Freiheit. Wie sollte es aussehen?

Alle waren überzeugt, daß die Revolution vor der Tür stehe – oder, wie Inga Buhmann schrieb, »zumindest in Berlin nicht mehr weit entfernt« sei. Daniel Cohn-Bendit brachte im französischen Mai '68 den Gedanken auf, die Zeit sei gekommen, »den Rücktritt der Regierung zu fordern«.

Nach der Revolution wollte man etwas noch nie Dagewesenes schaffen: eine repressionsfreie Gesellschaft, in der jeder nach seinen Bedürfnissen leben und seine Individualität zu voller Entfaltung bringen sollte. Für eine Übergangsphase strebte man eine sozialistische Gesellschaft an. Nicht sozialistisch freilich im herkömmlichen Wortverstand. Zumal mit dem realen Sozialismus Osteuropas sollte der eigene, neue nichts zu tun haben. Denn hier und jetzt war direkte Demokratie wichtig. Da die Computerindustrie, wie die Brüder Cohn-Bendit meinten, es heute möglich mache, »daß sich jeder in jedem Augenblick über den Stand der Dinge informieren« könne, sehe es nicht so aus, als ob diese neue Demokratie auf grundsätzliche Schwierigkeiten stoßen werde, obgleich sie natürlich weitreichende Veränderungen in der Mentalität der Massen voraussetze. Dank der Technik gelte jedenfalls nicht mehr, was Plato noch geglaubt habe: daß direkte Demokratie nur innerhalb eines Kreises von Menschen praktiziert werden könne, den ein Redner mit seiner Stimme erreichen könne.

Schon während der Aufbauzeit sollte jedem ermöglicht werden, bisher unterdrückten Neigungen seines bürgerlichen Vorlebens nachzugehen, wie Daniel Cohn-Bendit versicherte: »In der Übergangsphase, d. h. im Sozialismus, wird es jedem möglich sein, seine Träume aus der bürgerlichen Gesellschaft zu erfüllen, selbst wenn der Kommunismus auf der Tagesordnung steht . . . Mein größter Wunsch ist es, der ›Tour de France‹ mit dem Motorrad hinterherzufahren. Mein zweitgrößter Wunsch ist es, nach der Revolution Sportreporter zu werden.«

Die Befriedigung individueller Bedürfnisse gehörte zu den wichtigsten Zielen der Bewegung. Von überlieferten Tugenden wie Pünktlichkeit und Arbeitseifer wollte man nichts mehr wissen; dergleichen gehöre der Vergangenheit an.

Das amerikanische Bonmot, die nachindustrielle Gesellschaft, die »post-industrial era«, sei eine »post-industrious era«, traf zu: Tatsächlich ist spätestens mit den sechziger Jahren das Zeitalter traditionell selbstverständlichen Fleißes zu Ende gegangen. Von nun an, dachte man sich in der Bewegung, sollte jeder nach eigenen, selbstgesetzten Normen leben dürfen, ohne feste Regeln im täglichen Ablauf und Umgang. Bernward Vesper war ganz stolz, als er von seinem Sohn berichten konnte: »Also, Felix hat's auch schon raus, legt sich nach dem Frühstück wieder ins Bett und döst bis zum Mittagessen. Pennen. Onanieren.«

Vesper rief dazu auf, nicht länger zu warten, sondern »jetzt« und »hier« mit der »Freiheit zu beginnen, das heißt das Ich zu entwickeln. Das ist alles.«

Sich selbst entdecken, einen »gesunden Narzißmus« entwickeln, »das Spiel«, »die Lust in das Alltagsleben integrieren«, offen sein, unbefangen, ja ungeniert »in einer beliebigen Situation genau das sagen, was man denkt« – so stellten sich auch Michael (»Bommi«) Baumann und Daniel Cohn-Bendit das antiautoritäre, alle Normierungen abweisende Individuum vor. Der neue Mensch sollte mit sich und der Gesellschaft versöhnt sein. Denn der alte Mensch war, so wie er war, nicht gut, nein sogar allzuoft, wie Bernward Vesper von sich selbst sagte: »ein mittelmäßiger, ausgeflippter, unpolitischer, kleinbürgerlicher, sentimentaler Schieber, ein weinerlicher Leutebescheißer, Gammler, Angeber, ein autoritätsfixierter, religiöser, leichtgläubiger Faulpelz«. Auf keinen Fall wollte man, konnte man weiterleben wie bisher. Das Spiel, die Lust, die Kunst und die Politik – alles das sollte nicht vom Alltagsleben getrennt bleiben, auch die Droge nicht, die dazugehörte. Zumindest in dem Kreis, in dem Bommi Baumann sich bewegte: »Wir haben gesagt, auch noch das Dope mit in die Praxis integrieren, keine separaten Geschichten mehr, sondern eine totale Zusammenfassung, also über diese Sache, daß der neue Mensch im Kampf entsteht. Daß es kein Spezialistentum mehr gibt, sondern die Arbeitsteilung in allen Teilen aufheben. Shit rauchen alleine bringt's nicht.«

Erst »die Droge«, meinte auch Vesper, »reißt den Schleier von der Wirklichkeit, weckt uns auf, macht uns lebendig und macht uns zum ersten Mal unsere Lage bewußt«.

Das wichtigste Rauschmittel blieb freilich immer die Politik. Inga Buhmann berichtet:

> Politik hatte für mich einen völlig neuen Charakter erhalten. Ich entdeckte meine Abenteuerlust wieder, meine Hoffnung auf ein freieres und weniger verlogenes Leben, und genoß es, geliebt zu werden . . . Ich verlor meine mir sonst bei politischer Arbeit auferlegte Reserve, lachte oft, freute mich selbst auf unscheinbarste gemeinsame Tätigkeiten, lernte es sogar, die Internationale mit Inbrunst zu singen . . . Fast bei jedem Zusammentreffen im Schuppen brüllten wir die Internationale und ballten oft dabei unsere Fäuste, wobei ich einige Schwierigkeiten zu überwinden hatte. Auch meine Abneigung

gegen das Tragen von roten Fahnen ließ nach, obwohl es mir dabei nie besonders behaglich zumute war. Ich entdeckte zum ersten Mal in meinem Leben die eigentliche Bedeutung dieser Symbole und die damit verbundenen Hoffnungen.

Kommunen-Bewegung und Entwicklung alternativer Lebensformen

Am 1. Januar 1967 wurde in Berlin-Charlottenburg am Stuttgarter Platz 13, Ecke Kaiser-Friedrich-Straße, die erste Kommune gegründet. Der Gedanke lag offenbar in der Luft; die K I war keineswegs nur für den Arbeiter Bommi Baumann »die richtige Verbindung von Politik und Subkultur«: »Auf der einen Seite war es politisch, die Leute hatten 'ne politische Utopie oder Idee oder Wissen. Auf der anderen Seite hatten sie eine Lebensform, eine konkrete Alternative, eben dieses Zusammenleben.«

Was kennzeichnete eine solche Kommune oder Wohngemeinschaft? Von Anfang an gab es Unterschiede. Bei den anspruchsvollen Modellen der Frühzeit zogen jeweils mehrere junge Männer, ganz überwiegend Studenten, aber auch einige Frauen und Kinder, miteinander in eine große Berliner Altbauwohnung der Innenstadt, führten zusammen den Haushalt, teilten vieles, tauschten Erfahrungen und Hilfen aus, diskutierten – dies vor allem –, machten Pläne, betrieben Kollektivprojekte, etwa Raubdrucke, um zu Geld zu kommen, versuchten sich in antiautoritären Umgangsformen bis hin zu freier Sexualität. In verschiedenen Mischungsverhältnissen dieser Elemente wurden neue Möglichkeiten politischer Aktivität und gemeinsamen Lebens ausprobiert. War und blieb die Kommune I betont politisch aktiv, so ließen in der Kommune II, die sich im Februar 1967 im Berliner SDS-Zentrum Kurfürstendamm/Ecke Johann-Georg-Straße gebildet hatte, Experimente einer repressionsfreien Kindererziehung und Anläufe zu gemeinsamer Gruppentherapie öffentliche Aktivitäten zwangsläufig zurücktreten. Im *Kursbuch* 17 berichteten 1969 Christel Bookhagen, Eike Hemmer, Jan Raspe und Eberhard Schultz aus Kommune II:

> Hatten wir zunächst geglaubt, daß im Verlauf einer politischen Zusammenarbeit auch die individuellen Schwierigkeiten sich der kollektiven Bearbeitung erschließen würden, so merkten wir schnell: Wir mußten uns erst einmal mit jahrelang abgewehrten individuellen Problemen (Unfähigkeit zu einer Liebesbindung, unerträglich gewordenen Ehen) befassen, ehe wir produktiv würden arbeiten können. Bei der Konzentration auf uns selbst störte uns der politische Anspruch, den die SDS-Genossen an uns richteten. Im August 1967 zogen wir aus dem SDS-Zentrum aus.

Die Verschiebung des Interesses von politischen auf familiäre Fragen, die hier sichtbar wurde, zeigte sich bei späteren Gründungen immer häufiger. Vielfach betrachteten die neuen Kommunarden freiere Äußerungsmöglichkeiten sexueller Gemeinschaft und erleichterte Abänderungen bisheriger Beziehungen schon in sich als politische Praxis. Das hing mit der gewaltigen Ausweitung, Freisetzung und auch Überschätzung der Subjektivität zusammen, die sich im Laufe der sechziger Jahre vollzogen hatte. Nicht zufällig hielt Hans Magnus Enzensberger unter 72 Einsendungen zu seinem Preisausschreiben »Konkrete Utopie« vom Januar 1968 eine Skizze von Géza Kirchknopf über den »elastischen Familienverband« als Vorform einer späteren, vollständigen Lebenskommune für den besten Vorschlag und prämierte ihn daher mit dem ausgelobten Preis von 1000 DM.

Hat sich diese Hoffnung in den neuen Wohngemeinschaften erfüllt? In ihrer nüchtern abwägenden Bilanz kam Inga Buhmann zu einem insgesamt positiven Ergebnis:

> Eine der tiefgreifendsten Veränderungen bisheriger Lebenspraxis waren die Kommunen. Dort wurde der Versuch gemacht, individuelles Besitzdenken und Leistungsstreben abzubauen. Auch die Kinder wurden gemeinsam erzogen. Für die Öffentlichkeit wirkte dieser Versuch so schockierend, daß die Kommunarden kaum einen Schritt machen konnten, ohne daß ein Artikel darüber verzapft wurde. Allerdings legten sie auf diese Öffentlichkeit auch erheblichen Wert. So kam es, daß der Kommunegedanke sich sehr schnell über alle Medien verbreitete und sich immer mehr Leute entschlossen, in Wohngemeinschaften zusammenzuziehen, um neue Lebensformen auszuprobieren. Das reichte von ähnlich radikalen Ansprüchen, wie sie in der K I vertreten wurden, bis zum einfachen Zusammenwohnen aus finanziellen Gründen. Oft war der Bruch mit der Vergangenheit so radikal, daß die einzelnen durch die neuen Ansprüche einfach überfordert waren und zusammenbrachen oder in rigiden Organisationen Halt suchten. Trotz aller Anfangsschwierigkeiten setzte sich die Form, in Wohngemeinschaften und Kommunen zu leben, auf breiter Front durch.

Das ist auf jeden Fall richtig, wenn man das Erreichte quantitativ sieht. Während sich 1967/68 Kommunen oder Wohngemeinschaften in Deutschland noch an einer Hand abzählen ließen, rechnete man zehn Jahre später mit inzwischen 600000 Menschen, die alternativ zur bürgerlichen Kleinfamilie in solchen Gemeinschaftswohnungen lebten. Hat sich dort eine höhere Qualität des Zusammenlebens eingestellt, ein unbefangen freundliches, freieres Miteinander? Wenn man überzogene Erwartungen an jeden zwischenmenschlichen Umgang beiseite läßt: wohl doch.

Wer hier zu einer eigenen Meinung kommen will, muß die Lebensreformbewegung insgesamt betrachten, von der die neuen Wohngewohnheiten nur ein Teil, ein – wenn auch charakteristischer – Ausschnitt sind. 1979 erinnerte sich Jörg Bopp im *Kursbuch* 58:

> Daß es vor 1968 in der Bundesrepublik kaum möglich war, als unverheiratetes Paar zusammenzuwohnen, daß wir uns einer strengen Kleiderordnung unterwarfen, daß wir uns Lehrern und Professoren gegenüber oft recht unterwürfig verhielten, daß kritisches Denken von den Universitäten fast völlig verbannt war, daß wir steife Feste feierten, daß wir als Männer keine langen Haare trugen, weil wir das als pervers ablehnten, daß wir uns zum Teil noch Gedanken machten über die Rechtmäßigkeit des vorehelichen Geschlechtsverkehrs – ein Begriff, den man heute fast nicht mehr kennt –, daß wir unsere Mitstudenten an der Universität mit »Sie« und die Lehrkräfte je nach Rang mit »Herr Doktor, Herr Professor, Spektabilität, Magnifizenz« anredeten, daß wir uns streng an die Maßstäbe des Elternhauses hielten, daß wir nicht in Wohngemeinschaften lebten, daß wir wie die Idioten schufteten, daß es eine Schande war, wenn man sich in Psychotherapie begab – die Jugendlichen können sich das heute nicht mehr vorstellen.

Denn ihnen erscheinen die damals aufgekommenen Verhaltensweisen inzwischen als ganz natürlich: die selbstbewußte Lässigkeit der Lebensgestaltung, eine neue Sensibilität, eine größere Nachsicht mit sich und mit anderen. Dabei muß freilich offenbleiben, ob den heute Jungen die veränderten Zumutungen der neuen Moral wirklich leichterfallen als der Generation vor ihr, die in den sechziger Jahren plötzlich und übergangslos mit neuen moralischen Maßstäben konfrontiert wurde und mit ihnen im eigenen Leben, am eigenen Leibe fertig werden mußte. Sehr frühzeitig, schon im Januar 1966, hat Alexander Mitscherlich im *Merkur* die neuen Leiden, die mit den jungen Freiheiten einhergingen (oder ihnen zugrunde lagen), hellsichtig beschrieben:

> Unverkennbar steht man vor neuen Problemen, zum Beispiel dem Austausch von autoerotischer Sexualbetätigung, zu der die bürgerlichen Tabus den Jugendlichen zwangen, gegen früh beginnenden Geschlechtsverkehr heutigentags. Diese Entwicklung findet sich jenem ziellosen Tätigkeits- und Zerstörungsdrang benachbart und ist ein Beleg für eine andere Not, in die unsere Jugendlichen geraten sind. Nicht mehr Über-Tabuisierung hält gefangen und verhindert auch im sexuell-erotischen Bereich ein tieferes Verständnis der Partner, sondern eine Abwendung vom Objekt, eine Rückwendung der Liebesfähigkeit auf die eigene Person hat stattgefunden. Narzißmus und die korrespondierende Blässe und Armut der Gefühle in den Liebesbindungen wie in den pfleglichen Beziehungen zur Welt überhaupt haben sich als Leiden, nicht als Freiheiten verbreitet. Zu dieser Selbstverliebtheit gehört,

> daß viele Jugendliche keinerlei Befriedigungsaufschub ihrer Triebbedürfnisse ertragen können. Sie stammen von Eltern, deren Realverhalten übrigens genauso bestimmt ist; die Jugendlichen haben es nie anders erlebt ...
>
> Von »angeblicher« Freiheit zu sprechen, ist durchaus berechtigt, denn ... es handelt sich nur sehr bedingt um einen größeren Spielraum, den man gewonnen hat. Vielmehr wird in frühen Sexualbeziehungen zwanghaft ein prägenitales Bedürfnis befriedigt: im Gewand sexueller Äußerungen findet ein kindlicher Befriedigungsversuch statt, der eigentlich Sicherheit – im Sinne körpernaher Geborgenheit – und Sattheit meint. Ganz offenbar werden heute Erfahrungen der Kindheit nicht mehr bis zu jener Absättigung erlebt, die der Reifungsschritt zum Erlebnis der Geschlechtlichkeit voraussetzt ... Diese Fixierung an Positionen der Kindheit wird natürlich im Bewußtsein heftig abgewehrt und durch besonders rüdes Verhalten verleugnet.

Vor dem Hintergrund eines immer ausgedehnteren, oft über Jahrzehnte gestreckten Reifungsprozesses wachsender Bevölkerungsgruppen erörterte Mitscherlich 1966 mögliche Auswirkungen der damals neuen »Ovulationshemmer, die eine unerwünschte Schwangerschaft mit Sicherheit und ohne biologischen Schaden verhindern«. Er fragte, wie unser moralisches Bewußtsein wohl diese Chance risikoloser sexueller Beziehungen verarbeiten werde, und malte zwei unterschiedliche, ja entgegengesetzte Entwicklungen aus. Persönlich schien er negative Folgen der neuen zwischenmenschlichen Freizügigkeit für wahrscheinlicher zu halten als positive Auswirkungen. Seine Sorgen überwogen seine Hoffnungen:

> Unsere erotische Kultur ist ärmlich. Das beginnt nun ins Gewicht zu fallen in einem Augenblick, in dem wesentliche äußere Angstmotive für eine Unterdrückung der erotischen Befriedigung weggefallen sind. Es war im Durchschnitt unserer Gesellschaft relativ wenig an Zärtlichkeit, an erotischer Einfühlung auf dem Identifikationsweg zu lernen. Dieser Mangel an Achtung des Partners bewirkte wohl, daß Lüge und Betrug gerade in den Beziehungen zwischen den Geschlechtern weit verbreitet sind. Es wäre durchaus denkbar, daß weniger Angst vor unerwünschten Folgen die Moral verfeinern, die Kultur differenzieren könnte. Denn Angst, die immer ein verschärft egoistisches Verhalten provoziert, ist die schlechteste Voraussetzung einer Kultur der Liebesbeziehungen.
>
> Andererseits mußten wir feststellen, daß die gesamtgesellschaftlichen Bedingungen in einer höchst komplexen Motivation zur Entfremdung des Menschen von seiner Umwelt geführt und einen narzißtischen Rückzug bewirkt haben. Könnte diese Tendenz durch eine angstfreiere Möglichkeit zur körperlichen Liebe aufgefangen und das isolierte, auf Eigenliebe zurück-

geworfene Individuum wieder in eine mitmenschlichere Beziehung gelockt werden? Das ist sehr wohl denkmöglich . . .; aber ebenso auch das Gegenteil. Der narzißtische Rückzug und die von Drogen gesteuerte Gefahrlosigkeit der Sexualbetätigung könnten sich wechselseitig verstärken und die letzten Reste verantwortlicher zwischenmenschlicher Spannung auflösen. Eros, reduziert auf die Ebene der Sexualhygiene und ihrer Befriedigung – und die große Brücke zu zwischenmenschlicher Begegnung würde unbenützt verwittern.

Extremismus und Terrorismus

Auf der eigentlich politischen Ebene gingen die Vitalimpulse eines ungestümen, umfassenden Veränderungswillens der Jungen in die heftige Forderung nach einer neuen sozialistischen Theorie und Praxis ein, die bereits beim Münchner Bundeskongreß der Jungsozialisten 1969 eine beträchtliche Rolle spielte. In der Vorbereitung eines späteren, außerordentlichen Bundeskongresses, der für den 11./12. Dezember 1971 nach Hannover einberufen war, entwarfen die Jungsozialisten im SPD-Landesverband Hamburg ein Strategiepapier, das die These enthielt, die seit der Weltwirtschaftskrise immer umfassendere und systematischere Einbeziehung des Staatsapparates in den kapitalistischen Produktionsprozeß habe ein qualitativ neues Ausmaß erreicht. Gleichzeitig werde die ökonomische Basis des heutigen Kapitalismus durch monopolistische Konzentrationsprozesse in der Wirtschaft bestimmt, und im Ergebnis verquicke sich ökonomische und politische Macht. Obwohl der Leninsche Begriff des »staatsmonopolistischen Kapitalismus« in diesem Papier noch bewußt vermieden wurde – man sprach statt dessen vom »staatsinterventionistischen Monopolkapitalismus« –, hatte man sich hier schon weitgehend jenen Theorien genähert, die von offizieller Seite in der DDR oder von der westdeutschen DKP verwandt wurden, um die Herrschaftsverhältnisse westlicher Industrieländer zu kennzeichnen.

Daß die SPD so etwas hinnahm, war für die Union ein weiterer Beweis für eine falsche Duldsamkeit der Sozialdemokraten im Umgang mit radikalen Linken. Wenn es der SPD, die doch immerhin den Abgrenzungsbeschluß gefaßt hatte, nicht einmal gelang, mit derartigen Kräften innerhalb der eigenen Partei fertig zu werden, wie sollte es ihr dann möglich sein, extremistische Strömungen im Lande wirkungsvoll zu bekämpfen?

Solche Tendenzen, von unterschiedlicher Intensität, gab es in zunehmendem Maße. Extremismus und Terrorismus wuchsen an und schienen die innere Sicherheit der Bundesrepublik in Frage zu stellen.

Längst hatte die Neue Linke, entsprechend der Aufforderung des Berliner Studentenführers Rudi Dutschke, den »langen Marsch durch die Institutionen«

angetreten. Jene Studenten, die 1967/68 gegen den Vietnam-Krieg und die Notstandsgesetze auf die Straße gegangen waren, die gegen das ganze »System«, wie sie sagten, gekämpft hatten, um all das »kaputtzumachen, was kaputtmacht«, schlossen seit einiger Zeit ihre Ausbildung ab und drängten in Berufe. Vor allem der öffentliche Dienst galt ihnen als erstrebenswert; für viele war er nahezu die einzige Beschäftigungsmöglichkeit, die sie sich vorstellen konnten. Obwohl sie diesen Staat angriffen und im Grunde völlig ablehnten, suchten sie seine Nähe. Besorgte Bürger mißtrauten ihren Motiven. Sie argwöhnten, es gehe diesen neuen Linken lediglich darum, den Staat von Grund auf zu verändern, umzubauen, von innen her zu erobern, am Ende gar abzureißen. Viele Ängstliche fürchteten, gutmütig oder fahrlässig stelle man hier statt zuverlässiger Wachtposten der Freiheit massenhaft Brandstifter ein, hole sie sich als Beamte aus freien Stücken ins Haus.

Noch gefährlicher wirkte natürlich der Terrorismus. Schon 1967, parallel zur Studentenbewegung und zum Teil mit ihr verschmolzen, hatte die Aufbruchsphase revolutionär-anarchistischer Bewegungen begonnen. Bereits am 24. Mai 1967, zwei Tage nach einem Kaufhausbrand in Brüssel, bei dem 253 Menschen ums Leben gekommen waren, überschritten Mitglieder der Kommune I die Schwelle zum verbalen Terrorismus. Fritz Teufel und Rainer Langhans verteilten in Berlin ein von Dieter Kunzelmann verfaßtes Flugblatt, in dem zur Brandstiftung in Warenhäusern aufgerufen wurde:

> Neue Demonstrationsformen in Brüssel erstmals erprobt!
>
> In einem Groß-Happening stellten Vietnam-Demonstranten für einen halben Tag kriegsähnliche Zustände in der Brüsseler Innenstadt her. Diese seit Jahren größte Brandkatastrophe Belgiens hatte ein Vorspiel. Zur Zeit des Brandes fand im großen Kaufhaus »A L'Innovation« (Zur Erneuerung) gerade eine Ausstellung amerikanischer Waren statt, die deren Absatz heben sollte. Dies nahm eine Gruppe Anti-Vietnam-Demonstranten zum Anlaß, ihren Protesten gegen die amerikanische Vietnam-Politik Nachdruck zu verleihen. Der Verlauf des Happenings spricht für eine sorgfältige Planung: Tags zuvor fanden kleinere Demonstrationen alten Musters vor dem Kaufhaus mit Plakaten und Sprechchören statt und in dem Kaufhaus wurden Knallkörper zwischen den Verkaufstischen gezündet. Das Personal wurde so an derartige Geräusche und Zwischenfälle gewöhnt. Die Bedeutung dieser Vorbereitung zeigte sich dann bei Ausbruch des Feuers, als das Personal zunächst weder auf die Explosionen, noch auf Schreie und Alarmklingeln reagierte. Ein brennendes Kaufhaus mit brennenden Menschen vermittelte zum ersten Mal in einer europäischen Großstadt jenes knisternde Vietnam-Gefühl (dabei zu sein und mit zu brennen), das wir in Berlin bislang noch missen müssen.
>
> Wann brennen die Berliner Kaufhäuser? . . . Brüssel hat uns die einzige Antwort darauf gegeben: burn, ware-house, burn!

Über Gewalt wurde zu dieser Zeit in der K I viel debattiert. Man studierte und diskutierte die Bücher von Ernesto Che Guevara, dem südamerikanischen Revolutionär, der an der Seite Fidel Castros in Kuba gekämpft hatte und 1967 im Guerillakampf in Bolivien erschossen worden war. Plakate mit einem stilisierten Porträt Che Guevaras, einem der eindrucksvollsten Revolutionsplakate überhaupt, wurden zu jener Zeit jedem Demonstrationszug der Neuen Linken vorangetragen. Aber auch einen Mann wie Roy Clark, einen Bombenleger, der die Bundesbahn erpreßt hatte, fand Bommi Baumann »sehr gut«. Er wollte ein Flugblatt über ihn machen: Roy Clark sei einer von ihnen, er solle kommen, ihnen helfen, denn er sei ein Mann der Praxis. »Aber die anderen waren dagegen.«

Die Mitglieder der Kommune I verstanden sich als Revolutionäre, als Anarchisten; sie wollten sich selbst und die Welt verändern. Freilich war es ein weiter Weg von ihrem verbalen Radikalismus, von der Gewaltbefürwortung, zu wirklicher Gewaltanwendung. Ein zorniger, kräftiger Arbeiter wie Baumann, der tatsächlich sein Brot auf dem Bau als Steinsetzer oder Betonbauer verdiente, war in diesem Kreis eine Ausnahme (»Gewalt ist für mich ein ganz adäquates Mittel gewesen, ich habe da nie Hemmungen gehabt«). Er war anders als die Studenten, die miteinander theoretisierten, überall Probleme und Hindernisse sahen und den Schlüssel nicht fanden, um sich die Praxis zu erschließen – teilweise allerdings auch listig meinten, harmlose und zugleich effizientere Formen des politischen Kampfes entdeckt zu haben. Ulks oder Happenings im Sinne der *Subversiven Aktion* sollten die Staatsgewalt provozieren, sie bloßstellen, der Lächerlichkeit anheimgeben. Daraufhin wegen scheinbarer Nichtigkeiten wie grober Unfug oder Beleidigung vor Gericht gestellt – kaum merklich verschob sich damals das Rechtsempfinden –, nutzten die Kommunarden sogleich die Chance für neue Auftritte. Beispielsweise warfen sie Knallfrösche, Rauchkerzen und Flugblätter in den Gerichtssaal. Ein andermal wurde minutenlang der Richtertisch besetzt: Unter den verstörten Blicken des Staatsanwalts packte ein Wachtmeister Rainer Langhans, der bereits in den Akten las; Dieter Kunzelmann wurde von einem Schöffen das Barett des Richters vom Kopf gestoßen, das vor ihm schon Fritz Teufel getragen hatte ...

Die Kommunemitglieder sahen lange nicht, ahnten es bestenfalls halb, welchen Grenzen sie sich näherten und welche Schwellen sie dann überschritten. Die Verurteilungen summierten sich; Langhans bekam einen ziemlichen Schrecken, als er realisierte, daß er fast ein Jahr absitzen müsse. »Plötzlich aus dem Nichts, für irgendwelche Späßchen, war plötzlich die Frage der Illegalität gestellt, so 69.«

Mit der Frage konfrontiert, ob man selbst Gewalt anwenden solle, hatten die studentischen Kommunemitglieder lange abweisend reagiert. Sie hatten sich in theoretische Begründungen geflüchtet, warum dergleichen nutzlos sei. Die Handlungsweise Baumanns, der Anfang 1968 spontan die Reifen von über hundert parkenden Autos zerstochen hatte (»wenn du dann immer siehst, daß ein

Auto wichtiger ist, als daß da Kinder spielen können«), wurde einhellig abgelehnt. (»Die Genossen fanden die Aktion natürlich alle blöde, is klar, auch die K I, eigentlich alle.«) Ähnlich distanzierte man sich intern, als am 2. April 1968 in zwei Kaufhäusern der Frankfurter Innenstadt durch Gudrun Ensslin, Andreas Baader, Thorwald Proll und Horst Söhnlein Brandsätze gezündet worden waren. Dabei sollte diese Tat nicht nur die öffentliche Lethargie angesichts des Vietnam-Krieges anprangern, sondern zugleich einen Protest gegen den Konsumterror darstellen. Beide Punkte beurteilten die Berliner Kommunarden ebenso: Wie die Frankfurter Gruppe begriff auch die Kommune I Kaufhäuser als Symbole des Bösen, nämlich als einschläfernde Pazifizierungsinstrumente des Kapitalismus, mit denen die Masse der Bevölkerung korrumpiert werde.

Natürlich wollte man den Frankfurtern nicht offen in den Rücken fallen. Eine Stellungnahme der Kommune I, die am 8. April 1968 im *Spiegel* zu lesen war, fiel daher sehr vorsichtig aus. Mehr noch: Die merkwürdige Mischung aus Verständnis und Distanzierung in diesem Text ließ auch den inneren Widerstreit der Kommunemitglieder erkennen, ihr Ringen miteinander. Denn in dieser Verlautbarung hieß es: » . . . Zum gegenwärtigen Zeitpunkt existieren unserer Situation besser entsprechende Objekte politischer Brandstiftung. Dennoch sind wir überzeugt, daß eine mögliche Verurteilung der Frankfurter Brandstifter das Mittel der politischen Brandstiftung in Zukunft nicht disqualifiziert. Wir haben Verständnis für die psychische Situation, die einzelne jetzt schon zu diesen Mitteln greifen läßt.«

Man muß schon sehr genau lesen, um zu verstehen, was mit diesen rätselhaften Zeilen gemeint war. »Eine mögliche Verurteilung der Frankfurter Brandstifter« – diese Passage meinte nicht eine zu erwartende Gerichtsverhandlung und Aburteilung der Straftäter (obwohl damals das viele zunächst so verstanden!), sondern war die vorsichtig umschriebene Feststellung der Kommune I, daß man die Tat jetzt zwar ablehne, diese Ablehnung aber nicht bedeute, daß das Mittel der politischen Brandstiftung auch für alle Zukunft auszuschließen sei.

Bommi Baumann verstand solche Spitzfindigkeiten nicht. Er hielt für gut, was die Frankfurter gemacht hatten, und empfand Sympathie und Solidarität für sie, als man sie bald nach ihrer Tat verhaftete. Auf einen Notizzettel, den die Polizei bei der Durchsuchung des Zimmers der Brandstifter fand, war ein Zitat gekritzelt: »Ein brennendes Kaufhaus mit brennenden Menschen vermittelt zum ersten Mal in einer europäischen Großstadt jenes knisternde Vietnam-Gefühl, das wir in Berlin bislang noch missen müssen.«

Es stammte aus dem Flugblatt, das Kunzelmann verfaßt und Teufel und Langhans im Mai 1967 verteilt hatten. Die »geistige Täterschaft«, der verbale Terrorismus, war hier zum ersten Mal in Gewalt, in wirklichen Terrorismus, umgeschlagen.

In dieser Situation kam es eine Woche später, am Gründonnerstag des Jahres 1968, zum Attentat auf Rudi Dutschke. Es setzte Empörung frei, ließ Hemmungen wegfallen: Gewalt brach sich als breite Welle Bahn. In der Nacht zum Karfreitag zogen Zehntausende, viele von ihnen mit Fackeln, von der Berliner Technischen Universität, wo man sich zunächst versammelt hatte, an der Glasfassade des Amerika-Hauses vorüber, die man mit Pflastersteinen einwarf, zum Hochhaus des Axel-Springer-Verlages in der Kochstraße, direkt neben der Mauer. Dort flogen nicht nur Steine, sondern auch Molotow-Cocktails. Lieferfahrzeuge gingen in Flammen auf. Aber immer noch gab es Grenzen der Gewalt: Man machte und akzeptierte allgemein die Unterscheidung zwischen erlaubter Gewalt gegen Sachen und einer abgelehnten Gewalt gegen Menschen.

Der jugendliche Zornausbruch gegen Springer war für viele als emotionale Reaktion begreiflich und gerechtfertigt, er war daher erfolgreich und folgenlos zugleich. Bei den Mitwirkenden breitete sich deshalb hinter einem momentanen Hochgefühl Ratlosigkeit aus: War dies die Art von Aktionen, die Erfolg verhießen? Vermittelten sie jene Erfahrung im Verändern der Wirklichkeit, auf die man immer gewartet hatte? Baumanns Bericht spiegelt den damaligen Schwebezustand der Beteiligten zwischen Hoffnung und Resignation, zwischen der Erkenntnis neuer, eigener Handlungsmöglichkeiten und einer gleichzeitig wachsenden Einsicht in die Aussichtslosigkeit dieses Tuns:

> An dem Abend ist irrsinnig viel passiert. Das hat dir auch wirklich 'ne Kraft gegeben, wirklich ein High. Du hast auch mal plötzlich was erreicht. Die Happenings waren natürlich auch alle gut, weil sie humorvoll waren. Das hat auch viele angeturnt. Aber hier sind einfach von der anderen Seite die Schranken überschritten worden, und das ist einfach die richtige Antwort gewesen. Bis dahin sind se mit dem Polizeiknüppelchen gekommen oder es hat Herr Kurras geschossen. Aber hier fängt's an. Gezielt werden Leute umgelegt. Die allgemeine Hetze hat einfach ein Klima geschaffen, wo du mit Späßchen nichts mehr erreichen kannst. Wo sie dich so oder so liquidieren, ganz egal, was du machst. Bevor ich nun wieder nach Auschwitz transportiert werde, dann schieß ich lieber vorher, das ist doch wohl klar. Wenn sowieso am Ende der Galgen lacht, dann kann man schon vorher zurückschlagen.

Während die Ausschreitungen der Osterunruhen in der Öffentlichkeit überwiegend auf ein gewisses entschuldigendes Verständnis stießen, fanden sie in einigen weit linken Blättern wie *Konkret* sogar offene Billigung und Unterstützung. So verteidigte Ulrike Marie Meinhof, Kolumnistin dieser Hamburger Monatsschrift ihres Ehemannes Klaus Rainer Röhl, in der Mai-Ausgabe 1968 die Gewalttaten. Unter der Überschrift »Vom Protest zum Widerstand« schrieb sie:

> Im Februar wurde nur ein mehr amüsanter und lustiger Film über die Verfertigung von Molotowcocktails gezeigt, jetzt hat es tatsächlich gebrannt. Die Grenze zwischen Protest und Widerstand wurde überschritten, dennoch

nicht effektiv . . . Machtverhältnisse sind nicht verändert worden. Widerstand wurde geübt. Machtpositionen wurden nicht besetzt. War das alles deshalb sinnlose, ausufernde, terroristische, unpolitische, ohnmächtige Gewalt? . . .

Es ist dokumentiert worden, daß es in diesem Land noch Leute gibt, die Terror und Gewalt nicht nur verurteilen und heimlich dagegen sind und auch mal was riskieren und den Mund nicht halten können und sich nicht bange machen lassen, sondern daß es Leute gibt, die bereit und fähig sind, Widerstand zu leisten, so daß begriffen werden kann, daß es so nicht weiter geht.

Dieser Artikel war mehr als eine Rechtfertigung. Er war ein Programm – gerade auch für die Verfasserin selbst. Ulrike Meinhof, eine bürgerlich-gefühlvolle Intellektuelle, hatte an ihrem Hamburger Schreibtisch aus den Unruhen nach dem Dutschke-Attentat rigorosere Schlüsse gezogen als Bommi Baumann, der Berliner Arbeiter, der seine Erfahrungen auf der Straße, vor dem Springer-Hochhaus, mit dem Molotow-Cocktail in der Hand gesammelt hatte:

An dem Abend nach den brennenden Autos, da bin ich mit Urbach und Fritz rumgefahren im VW mit einer Kiste der restlichen Mollies, und wir haben überlegt, was wir nun noch anstecken können. Bei den Filialen waren wir schon zu spät, da waren schon Leute in den Filialen . . . Dann waren wir noch in der K I und haben überlegt, was wir den nächsten Tag machen . . . Wir wollten rausfahren nach Schwanenwerder, wo der Springer so 'ne Villa hat, die wollten wir auch noch anstecken, aber dann wußte wieder keiner genau, wo die ist.

Jetzt waren Terrorprobleme sofort sehr aktuell. Du hast denn och gesehen: ohne Vorbereitung, ohne Logistik, ohne Wissen, ohne Erfahrung und so, bleibt es Fantasie, du kannst gar nichts machen.

Spontane Gewalt war erfrischend: »Ein kleiner, entschlossener Kreis kann so eine Auseinandersetzung noch ein Stück weiter bringen, kann fürchterliche Breschen hauen ins ganze Gefüge.« Ein Stück weiter. Doch auf die Dauer war spontane Gewalt ungeeignet, die Machtverhältnisse in diesem Staat zu ändern. Man mußte daher einen Schritt weiter gehen: zur systematischen Gewalt, zum Terrorismus – oder mußte zurück zur gewaltlosen Aktion und würde scheitern.

An dieser Entscheidung zerbrach vieles: die Einheit der Studentenbewegung, die Außerparlamentarische Opposition, die Kommune I. Die meisten kehrten um. Sie blieben entschiedene Gegner, Kritiker unseres Systems, führten auch weiterhin das Wort *Revolution* im Munde, schritten aber nicht zur Tat. Man blieb bei Demonstrationen, verfaßte und unterschrieb Flugblätter und Resolutionen, bis man schließlich, nach den Wahlen von 1969 und der Entstehung des sozialliberalen Bündnisses, vom breiten Strom der Reformbewegung mitgetragen wurde. Andere resignierten, griffen zu Drogen und fielen damit einer Subkultur anheim, in der sie – wie der dubiose Harvard-Professor Timothy Leary in seinem Buch »Politik der Ekstase« 1968 geschrieben hatte – der religiösen Renaissance unserer Zeit teilhaftig werden sollten: »Turn on, tune in, drop out.« Der LSD-Trip sei eine Pilgerfahrt; Drogen würden die Religion des 21. Jahrhunderts sein.

Wenige nur gingen den Weg in den Terrorismus bis zu Ende; sie konnten sich dabei jedoch auf ein breites Umfeld intellektueller Sympathie und praktischer Solidarität stützen, das aus den gleichen Wurzeln gewachsen war wie der Terrorismus selbst: der Erneuerungssehnsucht, dem Erfahrungshunger, einem verbreiteten Wunsch nach völliger innerer und äußerer Veränderung, nach »Systemüberwindung«. Niemand in diesem Umfeld wäre auf den Gedanken gekommen, einen Terroristen nur deshalb der Staatsgewalt auszuliefern, weil er aus Motiven, die man ja selbst für berechtigt hielt – nämlich aus einer grundsätzlichen Ablehnung dieser Gesellschaft heraus –, so weit gegangen war, Bankfilialen zu überfallen oder Bomben zu legen. Die Trennungslinien zwischen gesellschaftskritischen Reformern, der resignativen Haschkultur und den gewaltbereiten Terroristen waren unscharf; der Bruch zwischen diesen Lagern hatte Untiefen, über die immer wieder, in wechselndem Austausch, einzelne oder Gruppen zueinander gelangten. Viele Sympathien im Lande für die jugendlichen Rebellen, diese edlen Räuber unserer Tage, erwuchsen übrigens aus ganz persönlichen, unpolitischen Antrieben: aus einer sensiblen Begeisterung für diese – wie manche fanden – bewegten und bewegenden, intelligenten, tapferen, feurigen Jungen. So sagte der Komponist Hans Werner Henze, der 1968 nach Berlin gegangen war und sich der Studentenbewegung angeschlossen hatte, elf Jahre später rückblickend in einem Interview mit der *Zeit:* »Dutschke, Salvatore, die ich am ersten Tage kennenlernte, und all die anderen späteren Freunde, sie waren die ersten Deutschen, die mich wieder interessierten, auf eine Weise, die mich erinnerte an die Freiheitsbewegungen der jungen deutschen Bourgeoisie im frühen 19. Jahrhundert. Ich fühlte mich trotz des Altersunterschiedes sehr identisch; wir hatten keine Kommunikationsschwierigkeiten miteinander . . . Mich können nur Ereignisse oder Ideen anregen und interessieren, die einen menschlichen Zuschnitt haben, der mich auf die eine oder andere Weise bewegt und angeht und ein Gefühl von Sympathie oder Solidarität, Brüderlichkeit, Verbundenheit in mir hervorruft.«

Kein Wunder, daß Henze dem Guerilla-Mythos verfiel. Als deutsche Anarchisten, unter ihnen Dieter Kunzelmann, Georg von Rauch und Fritz Teufel, im Sommer 1969 zunächst nach Italien und von dort zur militärischen Ausbildung durch die *Al Fatah* nach Jordanien weiterreisten, rechnete es sich Henze, der in der Nähe Roms ein Landhaus besaß, zur Ehre an, daß einige der deutschen Genossen bei ihm Station machten.

Das Verlangen nach totaler Veränderung war verbreitet, doch der Übergang in den Terrorismus vollzog sich nur langsam, auch wenn sich Sprache und Denken rasch radikalisierten. So hieß es anläßlich einer Vietnam-Demonstration in Berlin, vorgesehen für den 15. November 1969, in einem Flugblatt unverhüllt: »Am Sonnabend werden wir kämpferische Solidarität mit den revolutionären Bewegungen der Dritten Welt: Vietcong, El Fatah, Tupamaros usw. üben. Denn der erste Kern der Stadtguerillas in den westlichen Metropolen kann sich nur im Kampf entwickeln. Bildet revolutionäre und subversive Zellen, nehmt den Kampf gegen das entmenschte System des Spätkapitalismus mit der Waffe in der Hand auf. Schafft auch hier die Bedingung für den revolutionären Volkskrieg. Wandelt Euren Haß in Energie! Kämpft am Sonnabend auf der Straße, macht in den Nächten davor an allen Ecken der Stadt massenhaft Terror!«

Zunächst waren die Gewaltaktionen unkoordiniert, Taten spontaner Terroristen, die von Mao Tse-tungs Aufsatz *Über die Mentalität umherschweifender Rebellenhaufen* (1929) inspiriert worden waren (obwohl Mao dort die Landsknechtsmentalität dieser Freibeuter kritisiert hatte). Vagabundierend, mit wechselnden Wohnplätzen, fehlte ihnen der Wille, die Geduld, durch mühselige Arbeit Stützpunkte und allgemeine organisatorische Voraussetzungen einer wirksamen Untergrundtätigkeit zu schaffen. Sie legten einfach Brände und warfen Bomben; Waffen, mit denen sie sich hätten wehren und einer Festnahme widersetzen können, trugen sie nicht. Ihre soziale Herkunft war unterschiedlich. Natürlich waren Studenten unter ihnen, aber auch Arbeiter, Gescheiterte, Strauchelnde – Lumpenproletarier insgesamt.

Obwohl schon mit den Osterunruhen 1968 die Schwelle zur Gewalt endgültig überschritten worden war, begann doch der organisierte Terrorismus erst mit der Gefangenenbefreiung Andreas Baaders aus dem *Zentralinstitut für soziale Fragen* in Berlin am 14. Mai 1970. Der Terrorismus hatte sein Gesicht verändert, als die ersten in jordanischen Lagern der Al Fatah ausgebildeten Gruppen nach Deutschland zurückgekehrt waren und sich damit Intellektuelle an die Spitze der terroristischen Bewegung gesetzt hatten. Die Rückkehrer aus dem Nahen Osten waren dort mit der Handhabung von Waffen und den Grundregeln des Guerillakampfes vertraut gemacht worden; sie hatten erfahren müssen, daß bewaffneter Kampf mehr bedeutet als gelegentliches Bombenwerfen ohne Plan und Strategie. Der deutsche Terrorismus begann, sich zu organisieren und international zu verbünden, vor allem mit palästinensischen Organisationen, von denen man gelernt hatte und die als Gegenleistung eine Unterstützung im Kampf gegen Israel erwarteten.

Intellektuelle wie die Journalistin Ulrike Meinhof und der Berliner Rechtsanwalt Horst Mahler, der zuvor in zahlreichen Strafprozessen Mitglieder der APO verteidigt hatte, schlossen sich mit den illegal im Untergrund lebenden Andreas Baader und Gudrun Ensslin zusammen. Die beiden waren nach der Kaufhausbrandstiftung in Frankfurt am Main und ihrer anschließenden Festnahme zu drei Jahren Zuchthaus verurteilt worden, hatten jedoch nach neun Monaten

Untersuchungshaft unter Auflagen Haftverschonung bis zur Entscheidung über ihre Berufung gegen das Urteil erhalten. Es war ihnen in dieser Situation erstaunlicherweise gelungen, die Stadt Frankfurt für ein alternatives Heimerziehungsmodell zu gewinnen. Die dortige Sozialbehörde hatte ihnen in der Staffelberger Straße Räumlichkeiten zur Verfügung gestellt, die sie für die Einrichtung eines Erziehungsheims für schwererziehbare Kinder und Jugendliche nutzen konnten. Sie sammelten dort überwiegend Heimflüchter um sich, die aus anderen Heimen entwichen waren oder die man sogar in Flugblättern zum Verlassen ihrer Heime aufgefordert hatte. Mit dieser Staffelberger Gruppe kamen Ensslin und Baader im Juli 1969 nach Ebrach, um zusammen mit anderen Gruppen vor den Toren der Justizvollzugsanstalt für die Freilassung des dort einsitzenden Kommunarden Reinhard Wetter zu demonstrieren. Am 16. Juli stürmte man das Bamberger Landratsamt und warf Akten auf die Straße. Bevor man das *rote Knast-Camp* (unmittelbar an der Gefängnismauer!) wieder auflöste, einigte man sich, terroristische Gruppen auf regionaler Grundlage zu bilden und Kontakte zu terroristischen Organisationen im Ausland zu suchen. Eine Berliner Anarchistengruppe reiste von Ebrach aus direkt in den Nahen Osten, um sich dort von der Al Fatah Yasir Arafats ausbilden zu lassen.

Anfang 1970 begann der Aufbau der *Roten Armee Fraktion* (RAF). Schon der Name deutete an, daß hier etwas ganz Neues beabsichtigt war: der Aufbau einer militärisch straffen, disziplinierten Kerntruppe, einer »Roten Armee«, die den bewaffneten Kampf gegen das etablierte System und die bestehende Staatsgewalt aufnehmen sollte. Die Auseinandersetzung sollte nicht länger improvisiert werden wie von den schweifenden, spontanen Rebellengruppen der Haschkultur, sondern ernsthaft, nach allen Regeln militärischer Strategie und Taktik, auf der Grundlage sorgfältiger Planung und kalt kalkulierter Vorbereitung.

Nach der Verhaftung Andreas Baaders am 4. April 1970 und seiner gewaltsamen Befreiung aus der Haft am 14. Mai 1970 gingen Ulrike Meinhof und Horst Mahler, die bis dahin noch legal gelebt hatten, gemeinsam mit Andreas Baader und Gudrun Ensslin in den Untergrund und schufen eine Logistik für die Strategie der Roten Armee Fraktion. Im Frühsommer 1970 flog die RAF-Kerngruppe vom Ost-Berliner Flughafen Schönefeld nach Beirut und reiste von dort in ein Trainingslager der kleinen, radikalmarxistischen *Volksfront zur Befreiung Palästinas* (deren Führer, der Kinderarzt Georges Habasch, auf Flugzeugentführungen spezialisiert war, weil er glaubte, man dürfe sich nicht auf den direkten Kampf gegen Israel beschränken, sondern müsse die Auseinandersetzung mit den Juden international führen und ihr westliches Sympathiefeld verunsichern). Dort im Nahen Osten also wurde die RAF-Kernmannschaft, wie zuvor schon andere deutsche Terroristen, militärisch ausgebildet. Im Spätsommer 1970 wieder in Deutschland, beschafften sich die RAF-Mitglieder Geld für ihren terroristischen Kampf durch Banküberfälle. Sie mieteten Wohnungen und Garagen, kauften Kraftfahrzeuge, stahlen in abgelegenen Gemeindebüros Formulare und Stempel für Personalausweise und Reisepässe, entwendeten und fälschten Führerscheine und Kraftfahrzeugpapiere, legten sich Handwerkszeug, Waffen, Sprengstoff und Medikamente zu: Utensilien des organisierten Untergrundkampfes, des planmäßigen Terrorismus.

Vorfälle, an denen Mitglieder der *Baader-Meinhof-Gruppe* beteiligt waren, wie man die Terroristen nunmehr – organisatorisch unzulässig zusammenfassend – nannte, häuften sich. Eine Ende 1977 veröffentlichte Zusammenstellung des Bundeskriminalamts über terroristische Gewalttaten in der Bundesrepublik verzeichnet für 1968 nur drei Aktionen und für 1969 vier, aber für 1970 bereits 21 und für 1971 sogar 29. Durchschnittlich kam es also jetzt alle vierzehn Tage zu einem terroristischen Anschlag. Die Staatsmacht schien machtlos, wirkte hilflos. Denn es gelang ihr zunächst nicht, mit diesen neuartigen Formen des Verbrechens fertig zu werden. Und warum? Weil sich die Terroristen inmitten eines breiten, schützenden Umfelds von nachsichtiger Duldung, verständnisvoller Sympathie, ja aktiver Unterstützung aufhielten, so daß es ihnen immer wieder gelang, der Verhaftung auszuweichen. Die Terroristen profitierten zugleich von der Anonymität moderner großstädtischer Hochhaussiedlungen mit Tiefgaragen, die ihnen unbemerkt von anderen, abgeschirmt gegen die Öffentlichkeit und damit die Polizei, ein längerfristiges Überleben in Kleingruppen ermöglichte. Und sie konnten aus einem verbreiteten, der Gesellschaft entfremdeten subkulturellen Sonderbewußtsein meist jugendlicher Bevölkerungsgruppen und deren teilweise sogar illegaler (etwa durch Drogenabhängigkeit bedingten) Lebensweise Nutzen ziehen. Endlich kam ihnen die Verschiebung des Rechtsempfindens zugute, die eine Folge lautstarker Inanspruchnahme von »rechtsfreien Räumen«, also ständiger, bewußter Normübertretungen war – und die die Grenze zwischen Erlaubtem und Unerlaubtem hatte verschwimmen lassen.

Aber das beschreibt nur hilfreiche Begleitumstände, förderliche Rahmenbedingungen. Wo lagen die Ursachen des Terrorismus selbst? Was hat seine Entstehung ermöglicht?

Der Philosoph und Soziologe Jürgen Habermas, führender Vertreter der Kritischen Theorie der *Frankfurter Schule*, einer neomarxistischen Sozialtheorie auf der Grundlage analytischer Sozialwissenschaften, von 1964 bis 1971 ordentlicher Professor in Frankfurt und einer der geistigen Väter der Studentenbewegung und Vordenker der Neuen Linken, danach Direktor am *Max-Planck-Institut zur Erforschung der Lebensbedingungen der wissenschaftlich-technischen Welt* in Starnberg, deutete das Phänomen des Terrorismus, wie er am 19. September 1977 dem Münchner Politologen Kurt Sontheimer schrieb (sein Text wurde im gleichen Jahr als einer der *Briefe zur Verteidigung der Republik* veröffentlicht), vor dem Hintergrund eines »neuen Populismus«: Dessen Widerstand richte sich nicht unmittelbar gegen klassenspezifisch zurechenbare Phänomene der Unterprivilegierung und sozialen Entrechtung, sondern gegen die Zerstörung meist traditionell eingewöhnter Lebensformen. In diesem Lichte erscheine als human vor allem die Expressivität, Selbsttätigkeit und Solidarität, die in den konkurrenzbestimmten, gleichzeitig instrumentalistischen und privatistischen Lebensformen des Bürgertums und seiner kleinbürgerlichen Varianten keinen Unterschlupf gefunden hätten und nunmehr durch eine alles penetrierende Verwaltung aus ihren letzten Reservaten vertrieben würden. Proteste und Bürgerinitiativen, die sich an Gefahren der Kernkraftentwicklung, an Problemen der Umweltzerstörung und an der Manipulation durch kommunale Planungen entzündeten, seien »Manifestationen von Widerstandshandlungen«, die »zunächst defensiven Charakter« hätten. Man müsse in diese Perspektive Veränderungen einbeziehen, die sich in säkularen Schwundprozessen abzeichneten: Die Politik werde entstaatlicht, schrumpfe immer mehr zusammen auf Administration und auf die Beschaffung von Akklamation; die bereits entzauberte Religion werde entheiligt und auf profane Sittlichkeit reduziert; das, was Adorno die Entkunstung der autonomen Kunst genannt habe, vollziehe sich in einem Kranz von surrealistischen Begleitphänomenen: Man beobachte eine Entsublimierung der Kunst zur Massenkultur einerseits, zur Gegenkultur andererseits, ferner eine Entpathologisierung von Geisteskrankheiten, eine Entkriminalisierung von Verbrechen, eine Entmoralisierung von Angriffen auf die Integrität des Leibes und der Seele bei gleichzeitiger Ästhetisierung von Gewalt.

Die angedeuteten Zusammenhänge waren damit natürlich noch keineswegs aufgehellt und erklärt. Sich dessen durchaus bewußt, resümierte Habermas, etwas ratlos: »Ich kann mir auf alles dies noch keinen Reim machen. Aber wenn man den Verbindungslinien, die der Surrealismus zieht, folgt, scheint *ein* Schlüssel für die Technik der direkten Aktion und für die Psychologie des Terrors in der Entdifferenzierung der zunächst streng geschiedenen Bereiche von Politik und Kultur zu liegen.«

Gehörte demzufolge, wie Habermas vermutete, der Terrorismus in den historischen Zusammenhang bürgerlicher Radikalisierung einer bürgerlichen Revolution, nämlich des Jugendprotests der sechziger Jahre? War er also im Grunde konservativ? Der einzige überlebensgroße Sproß dieser Revolte, so Habermas, die Frauenbewegung, sei zwar gegen die Versuchungen des Traditionalismus (»man möchte sagen: naturgemäß«) gefeit, aber auch ihr Aktivismus treffe sich mit den neopopulistischen Bewegungen darin, daß er die – meist sozialdemokratischen – Vollstrecker der bürgerlichen Revolution an ihren blinden Fleck erinnere: an die Tatsache nämlich, daß neben Freiheit und Gleichheit das dritte Element des Wertekatalogs ausgeblendet geblieben sei, die Brüderlichkeit oder besser: die Werte eines geschwisterlichen Umgangs.

Scharf lehnte Habermas Versuche von konservativer Seite ab, den Terrorismus der emanzipatorischen Linken anzulasten: »Ein Augenblick Jugendrevolte war dann genug, um Jahre der Reaktion einzuleiten, einer Reaktion, die anscheinend jetzt die Stunde gekommen sieht, zwei Fliegen mit einer Klappe zu schlagen: den Konservativismus vom Makel seiner Verfilzung mit dem bürokratischen Terror reinzuwaschen und radikale Aufklärung durch eine denunziatorische Verbindung mit dem individuellen Terror der RAF in eben die moralische Diskreditierung hineinzupeitschen, der das jungkonservative Erbe allzu deutscher Traditionen mit Recht verfallen ist.«

Aus der Sicht der Union freilich – und vieler anderer in der Bundesrepublik, keineswegs nur konservativ Gesonnener – gab es bei uns eine breite Front neuer, linker Gruppierungen, die seit einiger Zeit gegen diesen Staat vorrückte. Mit ganz unterschiedlichen Methoden, aber stets mit dem gleichen Ziel suchten diese Kräfte den marktwirtschaftlichen, liberaldemokratischen Rechtsstaat aus den Angeln zu heben und durch eine sozialistische Ordnung zu ersetzen. Die Demonstrationen der Neuen Linken, die Theoriediskussionen der Jungsozialisten und die Aktionen der Terroristen waren für viele Zeitgenossen nur verschiedene Aspekte derselben Sache: einer überraschenden Renaissance des Marxismus. Man konnte daher, in dieser Optik der Dinge, auch zu dem Schluß kommen: Wer den Terrorismus bekämpfen wolle, dürfe sich nicht auf polizeiliche Maßnahmen beschränken, sondern müsse, um etwas auszurichten, gegen die Ursachen angehen, also die geistigen Wurzeln des Terrorismus bloßlegen und verdorren lassen: die Ideen des Sozialismus, Kommunismus und Anarchismus. Auf einer wissenschaftlichen CDU-Tagung am 29./30. November 1977 im Bonner Konrad-Adenauer-Haus über das Thema *Der Weg in die Gewalt. Geistige und gesellschaftliche Ursachen des Terrorismus und seine Folgen* (unter diesem Titel erschienen im Jahre darauf die dort gehaltenen Referate auch in Buchform) erklärte in diesem Zusammenhang der Generalsekretär der Partei, Heiner Geißler: »Mir geht es nicht darum, ›den‹ Marxismus pauschal für ›den‹ Terrorismus verantwortlich zu machen. Die politische Ideengeschichte kennt neben dem Marxismus des Klassenkampfes und der Diktatur des Proletariats auch freiheitliche Traditionen des Marxismus. Diese notwendige Differenzierung darf jedoch nicht zu einer Tabuisierung des Marxismus bei der Analyse der Ursachen des Terrorismus führen . . . Die Gewalttheorien unserer Tage sind, worauf Karl Dietrich Bracher zu Recht hinweist, ›ohne die marxistische Komponente nicht zu denken‹. Und jeder Versuch, den Marxismus als politisches Programm in die Tat umzusetzen, hat noch immer zu weniger Freiheit und mehr Gewalt geführt.«

Aus guten Gründen mochten sich die meisten Sozialdemokraten diese Argumentation nicht zu eigen machen. Auch wenn die SPD seit Jahrzehnten keine marxistische Partei mehr war – falls sie es je gewesen sein sollte –, fand man es lächerlich, Marxismus und Terrorismus in der Weise in Beziehung zu setzen, wie Geißler es tat. Sie waren seit je gegen Kommunismus und Terrorismus gleichermaßen. Der Beschluß vom 14. November 1970, mit dem die Sozialdemokraten ihre grundsätzliche Gegnerschaft gegenüber Kommunisten in aller Form herausgestellt hatten, war ja in der Geschichte der SPD keineswegs etwas Neues. Seit einem halben Jahrhundert schlug man sich mit den Kommunisten herum, und ein energischer Antikommunismus kennzeichnete die deutschen Sozialdemokraten, seitdem es kommunistische Parteien gab. In der Zeit nach 1945 hatte die SPD unter Führung Kurt Schumachers sogar früher, grundsätzlicher, leidenschaftlicher als die bürgerlichen Parteien gegenüber den Kommunisten und ihrem Regime in der Sowjetischen Zone Front gemacht. Abgrenzung war für Sozialdemokraten völlig selbstverständlich. Das erklärt auch, warum der Beschluß vom November 1970 zunächst so wenig beachtet wurde. In der Öffentlichkeit nahm man ihn kaum zur Kenntnis, und in damaligen Zeitungen findet man so gut wie keine Kommentare. In der Partei selbst wiederum taten die Jungsozialisten lange so, als gäbe es diesen Beschluß gar nicht; viele mögen von seiner Existenz tatsächlich nichts gewußt haben. Denn selbst diejenigen, die ihn durchgesetzt hatten, gingen nicht so weit, in ihm einen Freibrief für die allgemeine Verfolgung von Kommunisten – oder derjenigen, die man dafür hielt – zu erblicken. Man bemühte sich in der SPD sehr um eine differenzierte Betrachtung der Zusammenhänge. Man hatte verstanden, daß man nicht einfach eine ganze Generation, die Protest-Jugend der sechziger Jahre, die vage Sympathien für kommunistische Visionen erkennen ließ, aus der Gesellschaft ausschließen konnte. Die politische Radikalisierung dieser Jugend bis hin zum Terrorismus ließ sich weder durch rein polizeiliche Maßnahmen noch durch eine bloße Verdammung des Marxismus beseitigen. Man mußte sich mit den jungen Leuten argumentativ auseinandersetzen, mußte sie in die Parteien hereinholen, sie veranlassen, politisch zu denken und zu handeln, konkret zu werden. Man mußte sie damit wieder an diese Gesellschaft und die staatlichen Institutionen heranführen, auch wenn diese Bemühungen die Parteien intern zeitweilig in eine ungemütliche Lage brachten – vor allem die SPD selbst, die infolge ihrer Position im Parteienspektrum der Bundesrepublik das natürliche Auffangbecken der Neuen Linken war. Auf längere Sicht, so glaubte man bei den Sozialdemokraten, könne man sogar den Terrorismus in dieser Weise von seinen Wurzeln her austrocknen.

Nicht überall in der linken Öffentlichkeit hatte man Verständnis für eine solche Betrachtungsweise, für die erforderliche Verbindung von besonnener Aufgeschlossenheit und notwendiger Härte, für entsprechend abgestufte Verhaltensweisen. Man fand unter Intellektuellen, etwa bei einem Schriftsteller wie Heinrich Böll, den Staat viel zu hart, viel zu uneinsichtig und selbstgerecht, unkritisch, indoktriniert von der Springer-Presse, von einem Blatt wie *Bild* (»Das ist nicht mehr kryptofaschistisch, nicht mehr faschistoid, das ist nackter Faschismus, Verhetzung, Lüge, Dreck«). Böll forderte Verständnis für die Terroristen, trotz ihrer »Kriegserklärung . . . gegen das System«. Man müsse ihre Motive würdigen, selbst wenn man ihre Methoden verurteile. Gerade in Deutschland, mit seiner unseligen Vergangenheit, sei das Recht zu oft und zu lange gebeugt worden, als daß man in seinem Namen guten Gewissens politischen Überzeugungstätern mit polizeistaatlichen Mitteln den Kampf ansagen dürfe. Unter der Überschrift »Will Ulrike Gnade oder freies Geleit?« schrieb Böll in einem gefühlsstarken, empörten Essay, den *Der Spiegel* am 10. Januar 1972 abdruckte:

> ... Für einen so abscheulichen Satrapen wie Baldur von Schirach, der einige Millionen junger Deutscher in die verschiedensten Todesarten trieb und zu den verschiedensten Mordtaten ermutigte, sogar für ihn gab es Gnade. Ulrike Meinhof muß damit rechnen, sich einer totalen Gnadenlosigkeit ausgeliefert zu sehen. Baldur von Schirach hat nicht so lange gesessen, wie Ulrike Meinhof sitzen müßte. Haben die Polizeibeamten, Juristen, Publizisten je bedacht, daß alle Mitglieder der Gruppe um Ulrike Meinhof, alle, praktische Sozialarbeit getan haben und Einblick in die Verhältnisse genommen, die möglicherweise zu dieser Kriegserklärung geführt haben? ...
>
> Wieviel junge Polizeibeamte und Juristen wissen noch, welche Kriegsverbrecher, rechtmäßig verurteilt, auf Anraten Konrad Adenauers heimlich aus den Gefängnissen entlassen worden und nie wieder zurückbeordert worden sind? Auch das gehört zu unserer Rechtsgeschichte und läßt Ausdrücke wie Klassenjustiz so gerechtfertigt erscheinen wie eine Theorie des Strafvollzugs der politischen Opportunität.
>
> Ulrike Meinhof und der Rest der Gruppe haben keinerlei Chance, irgend jemand politisch opportun zu erscheinen. Äußerste Linke, äußerste Rechte, linke und rechte Mitte, Konservative und Progressive aller Schattierungen, sie alle kennen keine Parteien mehr, sie sind dann nur noch Deutsche und sich einig, einig, wenn sie endlich in ihre deutsche Schwatzgenüßlichkeit zurückfallen, sich ungestört ihrem Fraktionschinesisch ergeben können, wenn geschehen sollte, was nicht geschehen darf; wenn man eines Tages lesen würde, daß auch Ulrike Meinhof, später Grashof, dann Baader und Gudrun Ensslin als »erledigt« zu betrachten sind ...
>
> Muß es so kommen? Will Ulrike Meinhof, daß es so kommt? Will sie Gnade oder wenigstens freies Geleit? Selbst wenn sie keines von beiden will, einer muß es ihr anbieten. Dieser Prozeß muß stattfinden, er muß der lebenden Ulrike Meinhof gemacht werden, in Gegenwart der Weltöffentlichkeit. Sonst ist nicht nur sie und der Rest ihrer Gruppe verloren, es wird auch weiter stinken in der deutschen Publizistik, es wird weiter stinken in der deutschen Rechtsgeschichte ...

Dieses Urteil Heinrich Bölls über die deutsche Presse, die Wirklichkeit unserer Rechtspflege, die Uneinsichtigkeit der Politiker von rechts bis links und die spießbürgerliche Sattheit und historische Vergeßlichkeit der Deutschen forderte auch ihm Nahestehende zu kritischer Kommentierung und Distanzierung heraus. Man mußte falsche Analogien zurückweisen, der Verharmlosung des Terrorismus entgegentreten. Diether Posser, Sozialdemokrat, Jurist, nordrhein-westfälischer Landesminister, in den fünfziger und sechziger Jahren Sozius in Gustav Heinemanns Essener Anwaltspraxis und ein enger Vertrauter des Bundespräsidenten aus der Zeit ihrer *Gesamtdeutschen Volkspartei*, antwortete am 24. Januar 1972, gleichfalls im *Spiegel:* Böll verharmlose in gefährlicher Weise die Tätigkeit der Baader-Meinhof-Gruppe. Nichts könne ihre kriminellen Taten rechtfertigen oder auch nur verständlich machen, weder beklagenswerte Mißstände unserer Verfassungswirklichkeit noch die vorzeitige Entlassung tatsächlicher oder vermeintlicher Kriegsverbrecher aus alliierter Strafhaft. Wenn Böll die nüchterne, entschiedene, die Menschenwürde auch des Verbrechers achtende Strafverfolgung durch unseren Rechtsstaat gleichsetze mit den Verfolgungen und Mordtaten des nationalsozialistischen Unrechtsstaates, dann sei das »eine böse Entgleisung«. Die Bundesrepublik sei kein Land der Lynchjustiz; Ulrike Meinhof werde, falls sie sich stelle, einen fairen Prozeß bekommen. Posser schloß: »Böll hat zu einem wichtigen Thema seine Stimme erhoben. Aber der Zorn emotionalisierte seine Kritik und machte sie unsachlich. Seine Polemik übertrieb nicht nur – sie schadete. Er wollte zur Besinnung rufen und schrieb selbst unsachlich.«

Besonnenheit im Kampf gegen den Terrorismus wünschte auch der Bundespräsident. Gustav Heinemann ging die – von der Presse geschürte – Feindseligkeit der Bürger in dieser Frage zu weit. Er meinte, vor Hysterie oder Panik ebenso warnen zu müssen wie vor falschverstandener Solidarität mit der Baader-Meinhof-Gruppe. Er wollte die übertriebenen Befürchtungen in der Öffentlichkeit über das Ausmaß der terroristischen Bedrohung auf deren wahre Dimensionen zurückführen und haßerfüllten Vorurteilen aller Seiten entgegenwirken. Nach dem aufrüttelnden Text Bölls ließ er sich deshalb eine Ansprache ausarbeiten, mit der er sich über Rundfunk und Fernsehen an die Bevölkerung, die Polizeibeamten, die Presse sowie die Terroristen und deren Helfer mahnend zu wenden gedachte:

> Vorgänge der letzten Wochen haben zu einer erhöhten und breiten Unruhe in unserem Lande geführt. Sie veranlassen mich, dazu folgendes zu erklären:
>
> Andreas Baader und die Seinen haben unserer Gesellschaft erneut den Kampf mit allen Mitteln angesagt. Das nehmen wir zur Kenntnis.
>
> Der Staat muß diese Kampfansage mit angemessenen harten Mitteln beantworten. Er ist stark genug, Gewalttäter aller Art zu überwinden. Sie tragen die Verantwortung, wenn weitere Menschenleben gefährdet werden.
>
> Darum mein Appell an alle, die es angeht: Beendet den Kampf der Gewalt! Stellt Euch den Gerichten! Das Verfahren wird den Grundsätzen unseres Rechtsstaates entsprechen.
>
> Ich appelliere an die Polizeibeamten: Behaltet einen kühlen Kopf! Hysterie oder Panik wären schlechte Ratgeber für Euren Dienst. Vergeßt nie, daß auch der Gesetzesbrecher ein Mensch ist – selbst wenn er auf einen Irrweg geraten

ist. Ihr schützt eine freie Gesellschaft, wie wir sie in unserer Geschichte noch nicht gehabt haben. Darum wird die Gesellschaft Euren schweren Dienst unterstützen, den Ihr unter Einsatz Eures Lebens ausübt.

Ich appelliere an alle: Gewährt den Mitgliedern der Baader-Meinhof-Gruppe keine Unterstützung! Solidarität mit zu Unrecht Verfolgten ist gut. Aber die Unterstützung derer, die bei ihrem Handeln den Tod anderer einkalkulieren, ist Beihilfe zu Verbrechen.

Ich appelliere an die Verantwortung der Presse: Helft durch sachliche Berichterstattung und nüchterne Bewertung der Vorgänge zum Abbau von Vorurteilen und Haß.

Wir alle sollten uns nicht verwirren lassen.

Diese Rede wurde nie gehalten. Der Entwurf kam zu den Akten. Der Kanzler überzeugte den Präsidenten, daß ein solcher Versuch, den Terroristen goldene Brücken zu bauen, indem man die Polizei aufrief, in ihnen vor allem (irrende) Menschen zu sehen, angesichts der bestehenden innenpolitischen Spannung das Gegenteil des Gewollten bewirken könnte: eine Verschärfung statt einer Entkrampfung des öffentlichen Klimas. Brandt sorgte sich dabei natürlich auch um das Schicksal seiner Regierung, der man von seiten der Opposition und in weiten Teilen der Bevölkerung ohnehin den Vorwurf machte, sie sei im Kampf gegen den Terrorismus zu sanft, zu versöhnungsgeneigt milde. Ein Appell des beabsichtigten Inhalts aus dem Munde des sozialdemokratischen Staatsoberhaupts hätte den Eindruck, diese Republik sei schlapp, womöglich noch verstärkt. Brandt sagte Heinemann jedoch zu, er werde in dieser Frage mit einer eigenen Ansprache im Fernsehen auf die Westdeutschen einzuwirken versuchen.

Der Aufbau und einzelne Formulierungen des Brandtschen Textes zeigen, daß er gleichsam am Entwurf Heinemanns entlanggeschrieben wurde. Viel allgemeiner und vorsichtiger, als es der Bundespräsident hatte tun wollen, erklärte der Kanzler am 4. Februar 1972:

In zahlreichen Briefen, die der Innenminister, der Justizminister und ich selbst erhalten, wird die Frage gestellt: Tun wir genug, um der Gewalttätigkeit in unserem Lande Einhalt zu gebieten? Ich möchte mich mit der Antwort an Sie alle wenden.

Erstens sollten wir uns darin einig sein, daß wir Gewalttätigkeit nicht akzeptieren und nicht dulden können. Die freiheitliche Demokratie, die wir aus den Trümmern von Diktatur und Krieg aufgebaut haben, darf nicht als schlapper Staat mißverstanden werden.

Zweitens: Gruppen oder einzelne, die auf Gewaltanwendung aus sind, müssen wissen, daß wir verpflichtet und entschlossen sind, ihnen mit allen rechtlichen Mitteln das Handwerk zu legen.

Daraus folgt drittens, daß Gewalttätern und Gewaltpredigern keine Unterstützung gewährt werden darf. Aus mißverstandener Solidarität wird sonst Beihilfe zum Verbrechen.

Hiermit zusammen hängt viertens, daß wir den häufig schweren Dienst der Polizeibeamten in unserem Lande richtig zu würdigen haben. Durch Verständnis und besonnenes Verhalten können wir ihre Arbeit erleichtern.

Fünftens will ich aber auch deutlich sagen: Blindes Draufschlagen ist keine Politik, die dem Grundgesetz entspricht.

Ich finde es bedauerlich, wenn Erwägungen der Vernunft verdächtigt werden. Meine Bitte an alle, die es angeht: Gegen Gewalt und Haß helfen nicht Kopflosigkeit und sterile Aufgeregtheit, sondern sachliche Information, nüchterne Bewertung und angemessenes Handeln.

Man sollte auch niemanden, der in selbstgewählter Gesetzlosigkeit lebt, daran hindern, zu Recht und Vernunft zurückzukehren.

Lassen Sie uns alle miteinander das tun, was wir unserem demokratischen Rechtsstaat schuldig sind.

Der Extremisten-Beschluß

Wenige Tage zuvor, am 28. Januar 1972, hatte der Kanzler in einer gemeinsamen Konferenz mit den Regierungschefs der Länder dem Extremisten-Beschluß zugestimmt, der die Beschäftigung links- oder rechtsradikal gesinnter Personen im öffentlichen Dienst unterbinden, zumindest strikten Beschränkungen unterwerfen sollte.

Bereits um die Jahresmitte 1971 hatte die Union durch politischen Druck die Koalition zu zwingen versucht, ihre Position gegenüber den Radikalen zu präzisieren oder – wenn sie dazu nicht bereit oder in der Lage sei – ihre schwächliche, die extreme Linke bewußt schonende Passivität einzugestehen. Am 29. Juni 1971 brachte die CDU/CSU-Fraktion eine Kleine Anfrage im Bundestag ein, mit der sie dem Problem der DKP als einer Nachfolgeorganisation der vom Bundesverfassungsgericht am 17. August 1956 verbotenen KPD zu Leibe rückte. Die Union wollte wissen, welche Schlußfolgerungen die Bundesregierung aus der Tatsache zu ziehen gedenke, daß die DKP die Arbeit der KPD unter geändertem Namen fortsetze; insbesondere lag ihr daran zu erfahren, was mit DKP-Mitgliedern im öffentlichen Dienst geschehen solle. Die CDU/CSU erinnerte den Kanzler und die Mitglieder seines Kabinetts an ihren Eid, mit dem sie sich verpflichtet hätten, das Grundgesetz und die Rechtsordnung des Bundes zu wahren und zu verteidigen – womit die Union unausgesprochen unterstellte, daß die Regierung ihre Amtspflichten vernachlässige, ja gegen die Verfassung verstoße.

Indem die Radikalenfrage auf diese Weise zum Testfall der freiheitlichrechtsstaatlichen Zuverlässigkeit der Regierung erhoben wurde, trieb die Union SPD und FDP zu Maßnahmen, die sie aus eigenem Antrieb kaum ergriffen hätten und zu denen sie sich schließlich nur deshalb bereitfanden, weil sie der Opposition keine Blöße bieten wollten. Sie durften der CDU/CSU ihren Kampf gegen die Reformpolitik der Koalition und besonders deren Ostpolitik nicht durch den falschen Anschein kommunistenfreundlicher Rücksichtnahmen auf interne Staatsfeinde erleichtern. Sie mußten andererseits ausgemacht schädlichen Entwicklungen in dieser Frage vorzubeugen versuchen: wegen ihrer Ostpolitik vor allem einem DKP-Verbot, um des inneren Friedens der Bundesrepublik willen aber auch einer von Land zu Land extrem unterschiedlichen Handhabung des Radikalenproblems.

An sich waren neue Maßnahmen überflüssig. Nach Auffassung der Koalition fehlte es rundweg an der sachlichen Notwendigkeit für einen Extremisten-Beschluß – weil es nämlich einen solchen Beschluß seit Jahrzehnten gab. Am 19. September 1950 hatte die erste Bundesregierung unter Konrad Adenauer festgelegt:

> Die Gegner der Bundesrepublik verstärken ihre Bemühungen, die freiheitliche demokratische Grundordnung zu untergraben. Jede Teilnahme an solchen Bestrebungen ist unvereinbar mit den Pflichten des öffentlichen Dienstes. Alle im unmittelbaren oder mittelbaren Bundesdienst stehenden Personen haben sich gemäß § 3 des vorläufigen Bundespersonalgesetzes durch ihr gesamtes Verhalten zur demokratischen Staatsordnung zu bekennen. Wer als Beamter, Angestellter oder Arbeiter im Bundesdienst an Organisationen oder Bestrebungen gegen die freiheitliche demokratische Staatsordnung teilnimmt, sich für sie betätigt oder sie sonst unterstützt, . . . macht sich einer schweren Pflichtverletzung schuldig . . .
>
> Die Bundesregierung ersucht die Dienstvorgesetzten, gegen Beamte, Angestellte und Arbeiter, die ihre Treuepflicht gegenüber der Bundesrepublik durch Teilnahme an solchen Organisationen oder Bestrebungen verletzen, die erforderlichen Maßnahmen zu ergreifen. Gegen Schuldige ist unnachsichtig die sofortige Entfernung aus dem Bundesdienst, und zwar bei Beamten auf Lebenszeit durch Einleitung eines förmlichen Dienststrafverfahrens unter gleichzeitiger vorläufiger Dienstenthebung und Gehaltseinbehaltung, bei Beamten auf Widerruf durch Widerruf, bei Angestellten und Arbeitern durch fristlose Kündigung herbeizuführen.
>
> Die Bundesregierung empfiehlt den Landesregierungen, sofort entsprechende Maßnahmen zu treffen.

Dieser Beschluß, der seither jedem Beamten vor seiner Einstellung zur Kenntnis gebracht worden war, ermöglichte in Verbindung mit den Beamtengesetzen die Entlassung aller derjenigen öffentlichen Bediensteten, die politisch gegen die demokratische Grundordnung aktiv geworden waren. Warum sollte diese Praxis nun plötzlich nicht mehr genügen? Außerdem stellte, wenn man allein von den Zahlen ausging, Radikalismus im öffentlichen Dienst auch 1971 noch kein Problem dar. Der Innenminister von Nordrhein-Westfalen, Willi Weyer, erwähnte im November 1971, als die Wogen der Auseinandersetzung bereits hochgingen, daß von den mehr als 260 000 Landesbeamten im bevölkerungsreichsten Land der Bundesrepublik 30 zur NPD, 25 zur DKP und 20 zu anderen Gruppen der radikalen Linken gehörten. Diese Zahlen waren gewiß nicht so beeindruckend, daß man von einer Gefahr für die Demokratie hätte sprechen können. Weyer, keinesfalls ein Linker, war denn auch zu dem Schluß gelangt, nicht jeder Beamte, der sich zu einer radikalen Partei bekenne, müsse unbedingt aus dem Dienst entfernt werden.

Im sozialdemokratisch geführten Hamburg kam man jedoch zu einem völlig anderen Ergebnis. Zur gleichen Zeit, als Weyer in Nordrhein-Westfalen vor einer Überschätzung der Radikalengefahr warnte, stellte der Hamburger Senat in einer Grundsatzentscheidung fest, »daß die Ernennung zum Beamten auf Lebenszeit bei politischen Aktivitäten des Bewerbers in rechts- oder linksradikalen Gruppen unzulässig ist. Dies gilt nach Auffassung des Senats erst recht im Erziehungsbereich und jedenfalls dann, wenn der Betreffende in den genannten Gruppen besonders aktiv ist. In seiner Entscheidung geht der Senat davon aus, daß ein Beamter nach den Paragraphen 6 und 55 des hamburgischen Beamtengesetzes durch sein gesamtes Verhalten die Gewähr dafür bieten muß, daß er sich jederzeit zu der freiheitlich-demokratischen Grundordnung im Sinne des Grundgesetzes bekennt und für ihre Erhaltung eintritt. Diese Entscheidung gilt auch für die Beantwortung der Frage, ob ein Beamter seine Eignung bewiesen hat.«

Hamburg, seit 1970 von einer SPD/FDP-Koalition regiert, hatte in diesen Sätzen seinen eigenen Radikalen-Erlaß formuliert, der die Grundsätze von 1950 in Erinnerung rief und sozialliberal bekräftigte. Man mußte demnach nicht Mitglied in radikalen Organisationen sein, um sich für den öffentlichen Dienst zu disqualifizieren. Es genügte bereits, etwa an Demonstrationen solcher Gruppen teilzunehmen, um als Beamter ausscheiden zu müssen. Damit war die Hansestadt den Unionsforderungen rasch und weit entgegengekommen, was denn auch zur Folge hatte, daß die drei in der Hamburger Bürgerschaft vertretenen Parteien am 17. Dezember 1971 dem Senatstext gemeinsam zustimmen konnten. An Kritiker dieses Beschlusses gewandt, polemisierte SPD-Sprecher Hans-Ulrich Klose anschließend gegen »die nicht geringe Zahl der gutgläubigen, gutwilligen, liberalen Demokraten, die so unendlich viele Skrupel haben im Umgang mit Leuten, die, wenn sie die Macht haben, keine Skrupel kennen«.

Wenn man gerade in Hamburg so radikal gegen Radikale vorging, so hatte das verschiedene Gründe: Eine um Beweise ihrer demokratischen Standfestigkeit bemühte, eher konservative SPD-Führung, die sich innerparteilich mit weit links stehenden Jungsozialisten (deren Strategiepapier vom Spätherbst 1971 in die *Stamokap*-Diskussion mündete) auseinanderzusetzen hatte, hegte die Befürchtung, die DKP könne in den Großstädten in traditionelle Wählerschichten der SPD einbrechen und durch eine Zusammenarbeit mit der SPD-Linken – für die es unter den Jungsozialisten bereits Anzeichen gab – die Sozialdemokratie von links her unterwandern. Hinzu kam, daß Hamburg einen besonders engagierten Verfassungsschutz besaß. Schließlich spielte der hanseatische Pragmatismus eine Rolle, der im Kommunismus von vornherein weniger die intellektuell-idealistische Herausforderung erkannte als eine reale Bedrohung der offenen Demokratie durch konspirativ arbeitende Kaderorganisationen. Später, als die Handhabung des Bonner Radikalen-Beschlusses vom Januar 1972 zu einer größeren Gefahr für die freiheitliche Verfassung und das internationale Ansehen unserer Demokratie zu werden drohte als die bescheidenen Ansätze einer kommunistischen Unterwanderung des Staatsapparates, waren dieselben Hanseaten, Männer wie der inzwischen zum Ersten Bürgermeister aufgestiegene Klose, mit der gleichen Nüchternheit bereit, eine völlige Kehrtwendung zu vollziehen und energisch gegen den Radikalen-Beschluß anzugehen.

In der Bonner SPD dachte man Ende 1971 weniger rigide als in Hamburg, war daher auch unentschiedener, Einflüsterungen zugänglicher. Herbert Wehner warnte: Wenn man, wie Rainer Barzel es getan hatte, sogar eine Änderung des Grundgesetzes in Betracht ziehe, um Mitglieder der DKP vom öffentlichen Dienst fernzuhalten, dann sei man auf einem verfassungspolitisch bedenklichen Wege. Noch am 20. Januar 1972, eine Woche vor dem Extremisten-Beschluß, mahnte Wehner in den internen, hektographierten *Informationen der Sozialdemokratischen Fraktion im Deutschen Bundestag:* »Denn wenn man hier einmal anfängt, wo wird man enden? Wann wird die nächste Gruppe fällig sein und die übernächste, wann würden wir dann portugiesische Zustände haben? Was geschieht, wenn Angehörige des öffentlichen Dienstes, die bisher der DKP angehörten, formal austreten, ohne ihre Gesinnung zu ändern? Wird dann eine Gesinnungsschnüffelei einsetzen? Ich sehe keinen Sinn darin, die freiheitliche Grundordnung durch einen ersten Schritt zu ihrer Beseitigung schützen zu wollen.«

Doch die Entscheidung war längst gefallen, auch innerhalb der Koalition. Ein DKP-Verbot mußte verhindert werden, und die Regierung konnte nicht mehr umhin, ihre Position gegenüber dem Radikalenproblem zu verdeutlichen. Die Opposition hatte die Koalition in eine Ecke manövriert, aus der sie ohne einen öffentlich einleuchtenden Nachweis ihrer Entschlossenheit, Unterwanderungsversuche des freiheitlichen Staates abzuwehren, nicht mehr herauskam. Der innenpolitische Sprecher der CDU/CSU-Bundestagsfraktion, Friedrich Vogel, antwortete Herbert Wehner am 25. Januar im *Deutschland-Union-Dienst:* Wenn die Bundesregierung glaube, aus der Tatsache, daß die DKP eine Ersatzorganisation der verbotenen KPD sei, nicht die Folgerung eines Verbots ziehen zu sollen, dann würden Sofortmaßnahmen unterhalb der Verbotsschwelle nur um so dringlicher.

In diesem Sinne beriet am 27. Januar 1972 die Ständige Konferenz der Innenminister und Innensenatoren der Länder in Anwesenheit von Bundesinnenminister Hans-Dietrich Genscher. Der amtierende Vorsitzende dieser Konferenz, der Hamburger Innensenator Heinz Ruhnau, hatte einen Entwurf für die Stellungnahme mitgebracht, die als Empfehlung an die Ministerpräsidenten der Länder weitergegeben wurde. Die darin enthaltenen Grundsätze für die Beschäftigung von rechts- und linksradikalen Personen im öffentlichen Dienst wurden am folgenden Tage, in der bereits erwähnten Besprechung der Regierungschefs der Länder mit dem Bundeskanzler im Palais Schaumburg vom 28. Januar, gemeinsam beschlossen. Verbissen wurde dabei von sozialdemokratischer Seite um Einstimmigkeit in den eigenen Reihen gerungen, um der Union nicht den geringsten Anlaß mehr zu bieten, die Position der SPD weiter in Zweifel zu ziehen.

Der gemeinsam gefaßte Beschluß lautete:

Grundsätze:

1. Nach den Beamtengesetzen in Bund und Ländern
darf in das Beamtenverhältnis nur berufen werden, wer die Gewähr dafür bietet, daß er jederzeit für die freiheitliche demokratische Grundordnung im Sinne des Grundgesetzes eintritt,
sind Beamte verpflichtet, sich aktiv innerhalb und außerhalb des Dienstes für die Erhaltung dieser Grundordnung einzusetzen.
Es handelt sich hierbei um zwingende Vorschriften.

2. Jeder Einzelfall muß für sich geprüft und entschieden werden.
Von folgenden Grundsätzen ist dabei auszugehen:

2.1 Bewerber
2.1.1 Ein Bewerber, der verfassungsfeindliche Aktivitäten entwickelt, wird nicht in den öffentlichen Dienst eingestellt.
2.1.2 Gehört ein Bewerber einer Organisation an, die verfassungsfeindliche Ziele verfolgt, so begründet diese Mitgliedschaft Zweifel daran, ob er jederzeit für die freiheitliche demokratische Grundordnung eintreten wird. Diese Zweifel rechtfertigen in der Regel eine Ablehnung des Einstellungsantrages.

2.2 Beamte
Erfüllt ein Beamter durch Handlungen oder wegen seiner Mitgliedschaft in einer Organisation verfassungsfeindlicher Zielsetzung die Anforderungen des § 35 Beamtenrechtsrahmengesetz nicht, aufgrund derer er verpflichtet ist, sich durch sein gesamtes Verhalten zu der freiheitlichen demokratischen Grundordnung im Sinne des GG zu bekennen und für deren Erhaltung ein-

zutreten, so hat der Dienstherr aufgrund des jeweils ermittelten Sachverhaltes die gebotenen Konsequenzen zu ziehen und insbesondere zu prüfen, ob die Entfernung des Beamten aus dem Dienst anzustreben ist.

3. Für Arbeiter und Angestellte im öffentlichen Dienst gelten entsprechend den jeweiligen tarifvertraglichen Bestimmungen dieselben Grundsätze.

Dieser Text wurde zunächst von keiner Seite als eine politische Grundsatzentscheidung von sonderlich großer oder gar negativer Tragweite begriffen. Die tatsächlichen Auswirkungen des Beschlusses, die sich durch seine spätere Handhabung in der Verwaltungspraxis, insbesondere durch die sogenannte »Regelanfrage«, ergeben sollten, wurden anfangs fast allgemein nicht vorausgesehen. Die CDU/CSU-Ministerpräsidenten erklärten nach dem Beschluß, es sei nicht um den Erlaß neuer Bestimmungen, sondern lediglich um die Anwendung, um die Interpretation des geltenden Beamtenrechts gegangen. Noch Jahre später machte sich die *Frankfurter Allgemeine Zeitung* diese Sicht zu eigen, wenn es dort am 26. April 1978 hieß, der Radikalen-Beschluß sei nur »eine propagandistisch gemeinte Verdeutlichung geltenden Rechts« und damit »überflüssig« gewesen. Das fanden die Sozialdemokraten insofern nicht, als nach ihrer Meinung die interne wie die internationale Situation, der man 1972 Rechnung zu tragen hatte, gegenüber 1950 grundlegend verwandelt war: Was kurz nach der Gründung des neuen, ungefestigten Bonner Staatsfragments und im Zeichen der nordkoreanisch-sowjetischen Aggression, mitten im Kalten Krieg, ja an der Schwelle eines weltweiten bewaffneten Konflikts, ohne weiteres plausibel gewesen war, nahm sich in der Landschaft innerer und äußerer Ruhe, Stabilität und Sicherheit, die man mittlerweile um sich hatte, keineswegs mehr als selbstverständlich aus.

Dennoch konnte die sozialliberale Bundesregierung den Extremisten-Beschluß anfangs als Erfolg verbuchen. Sie hatte mit ihm die Forderung der Union nach einem DKP-Verbot ebenso wie das Ansinnen Barzels, alle Mitglieder der DKP automatisch vom öffentlichen Dienst auszuschließen, beiseite schieben können. Statt dessen hatte sich die von der Koalition vertretene Auffassung durchgesetzt, daß man verfassungsfeindliche Tätigkeit *im Einzelfall* zum Prüfstein machen müsse. Damit meinte man, leben zu können. Die gefundene Regelung schien außen- wie innenpolitisch tragfähig: Um die Ostpolitik nicht zu stören, blieb man gegenüber der Sowjetunion im Wort, die DKP nicht zu verbieten, wie Brandt es Breschnew bei ihrem Treffen in Oreanda im September 1971 zugesagt hatte. Gleichzeitig wahrte der Beschluß den Schein interner Liberalität, da niemand in der Bundesrepublik von vornherein und leichthin zum Radikalen gestempelt wurde – wiewohl man grundsätzlich den Gesichtspunkten der CDU/CSU Rechnung trug. Damit hatte man auf einem wichtigen, umkämpften Felde der oppositionellen Kritik die Schärfe genommen und seine

Verläßlichkeit beim Umgang mit Kommunisten unter Beweis gestellt. Das war gerade jetzt wichtig, da die Ratifizierung der Verträge mit Moskau und Warschau durch den Bundestag unmittelbar bevorstand. Sie war für Anfang Mai vorgesehen. Die Kritik der Opposition an der Verhandlungsführung der Regierung und an den Abkommen selbst mußte sich nunmehr im wesentlichen auf außenpolitische Aspekte beschränken; man konnte hoffen, daß die Auseinandersetzung zwischen den Parteien von peinlichen innenpolitischen Verdächtigungen frei bleiben würde.

Sichtlich erleichtert und hoffnungsvoll schrieb daher der Bundeskanzler am 26. März 1972 handschriftlich seinem Außenminister:

Lieber Herr Scheel,

bevor ich morgen für eine gute Woche nach Sardinien fahre, möchte ich Ihnen und Ihrer Familie gern die besten Grüße zum Osterfest übermitteln.

Die Belastungen der letzten Wochen ändern nichts daran, daß wir uns a) Vernünftiges vorgenommen und b) auch eine gute Chance haben, dies durchzusetzen.

Fast alles spricht dafür, daß wir Anfang Mai die erforderliche Mehrheit haben werden. Bei den Haushaltsberatungen wird es zuvor einen Ansturm geben, aber ich gehe davon aus, daß wir den abwehren können. Freund B. scheint wegen eines Mißtrauensvotums sehr zu zögern, denn er muß ja damit rechnen, daß ihn einige der eigenen hereinlegen könnten.

Nun kommt aber zunächst der 23. April. Neue Informationen bestärken mich in der Ansicht, daß Sie – gerade nach dem NPD-Manöver* – noch einiges an altliberalen Stimmen, oder auch sonst rechts von der Mitte, holen können.

Wenn meine Einschätzung richtig ist, werden wir nach der 1. Maiwoche (keine Vertagung zulassen!) miteinander prüfen müssen, wie wir vermeiden, für den Rest der Legislaturperiode zu einem lame-duck-government zu werden. Aber es müßte mit dem Teufel zugehen, wenn wir nicht auch damit fertig würden.

Alle guten Wünsche und herzliche Grüße

Ihr
Willy Brandt

---

* Am 23. April 1972 standen in Baden-Württemberg Landtagswahlen an. Die dortige NPD hatte ihre Wähler von 1968, denen sie damals 9,8 Prozent der Stimmen verdankte, aufgefordert, diesmal, 1972, ihre Stimme der CDU zu geben.

Die Vorbereitung des konstruktiven Mißtrauensvotums

Vom Ausgang des Ratifizierungsverfahrens der Ostverträge hing viel ab – für die Regierung wie für die Opposition. Seit dem Schock des sozialliberalen Bündnisses in der Wahlnacht hatte man in der CDU/CSU auf den Tag X gewartet, hingearbeitet, hatte den Machtwechsel, wie Rainer Barzel später in seinem Erinnerungsbuch »Auf dem Drahtseil« rückblickend meinte, »wohlerwogen, lange geplant und verläßlich vorbereitet«. Man wollte den Sturz des sozialdemokratischen Kanzlers, wollte korrigieren, was sachlich und personell unter seiner Führung auf die schiefe Bahn geraten war, wollte ausradieren, was sich mit seinem Namen verknüpfte. Und man wollte den Wechsel so bald wie möglich, in jedem Falle noch vor dem Ende der laufenden Legislaturperiode, um Willy Brandt zum Episodenkanzler stempeln und den Bundestagswahlkampf 1973 wiederum von der Regierungsbank aus führen zu können, also mit jenem unschätzbaren »Amtsbonus«, den der Besitz der Regierungsmacht verleiht.

Die herannahende Abstimmung über die Ostverträge brachte die Union nun in Zeitdruck. Barzel, als Oppositionsführer verständlicherweise auf das Kanzleramt fixiert, aber staatspolitisch einsichtig genug, um die Gefahren eines Scheiterns der Vertragswerke zu erkennen, somit widersprüchlich drängend und zaudernd zugleich, hatte bereits in seiner ersten Rede als Parteivorsitzender der CDU, einen Tag nach seiner Wahl auf dem Saarbrücker Parteitag, am 4. Oktober 1971 den Regierungswechsel und die Abstimmung über die Ostverträge thematisch miteinander verknüpft. »Ich ließ keinen Zweifel daran«, schrieb er später, »daß ich lieber einen Regierungswechsel in Bonn herbeiführen, als die Ostverträge im Parlament scheitern lassen würde.« In Wahrheit hatte er sich eher dunkel ausgedrückt, als er in der fraglichen Passage sagte: »Der Kern der deutschen Ostpolitik – Selbstbestimmung und Lage der Deutschen in Deutschland – ist noch nicht erreicht. Sollte die Bundesregierung gleichwohl ihr Vertragswerk – einen Torso also – vorlegen, so wird eben eine neue Bundesregierung dafür sorgen müssen, daß durch Geduld und Beharrlichkeit ein Vertragswerk entsteht, das nicht da aufhört, wo das Problem beginnt.«

Denn wie sollte das in der Praxis aussehen? Wenn die Ostverträge mit den Stimmen der Koalition, aber gegen die der Opposition Bundestag und Bundesrat passierten, war es für Abänderungen eindeutig zu spät, waren Neuverhandlungen illusorisch. Dann mußte jede Bundesregierung, auch eine von der Union geführte, mit diesen Verträgen leben. Wenn die Verträge im Bundestag hingegen mit den Stimmen der Opposition und dem Votum einiger Koalitionsdissidenten zu Fall gebracht würden, wäre der außenpolitische Schaden für die Bundesrepublik unabsehbar. Dahin durfte es möglichst nicht kommen. Dies war auch die Auffassung der außenpolitischen Berater Barzels, die vor einem solchen Fehlschlag eindringlich warnten. Als beste und wohl auch einzige Möglichkeit, eine Kurskorrektur in der Ostpolitik vorzunehmen, erschien daher ein

Sturz der Bundesregierung *vor* der Abstimmung im Bonner Parlament. Auf diese Weise könnte die Ratifizierung hinausgeschoben und Zeit für weitere Verhandlungen mit Moskau und Warschau gewonnen werden. Barzel war selbstbewußt genug, an diese Chance zu glauben; kaum jemand wußte damals, daß er bereits in Kontakten mit der sowjetischen Regierung stand. Als er am 19. April 1972 in einer Fernsehdiskussion gefragt wurde, ob er sich denn zutraue, als Bundeskanzler nach Moskau zu fliegen und einen neuen Vertrag von dort mit nach Hause zu bringen, antwortete er: »Ganz sicherlich die notwendigen Ergänzungen zu dem jetzt vorliegenden Text.« Einen Monat früher hatte er bei einem privaten Mittagessen in Paris den französischen Ministern Valéry Giscard d'Estaing und Jacques Chirac versichert, eine neue deutsche Regierung werde bald bessere Vertragstexte aushandeln.

Ermutigt durch eine Reihe von Niederlagen der Koalitionsparteien bei den Landtagswahlen 1970 und 1971, die der CDU/CSU jedesmal Stimmengewinne gebracht hatten, arbeitete man bei den Christlichen Demokraten systematisch auf den Sturz des sozialliberalen Kabinetts hin. Ihre Siegeshoffnungen wuchsen in dem Maße, in dem Bundestagsabgeordnete der SPD und der FDP zur Union überliefen und deren Reihen verstärkten.

Den Anfang hatte im Herbst 1970 Siegfried Zoglmann gemacht, ein in Düsseldorf ansässiger FDP-Politiker, Werbefachmann und Verleger, der aus Neumark im Böhmerwald, also aus dem Sudetenland, stammte. Bereits als Fünfzehnjähriger war er führend in der dortigen Jugendbewegung gewesen, später hoher HJ-Führer und 1939, mit 26 Jahren, Abteilungsleiter beim Reichsprotektor in Böhmen und Mähren gewesen. Wie seine Altersgenossen des Jahrgangs 1913 war er von 1939 bis 1945 Soldat, bei Kriegsende schließlich Offizier und Führer einer Panzerkompanie. Vom Krieg und Nationalstaat geprägt, darin Erich Mende ähnlich, mit dem er sich gut verstand, war er nach 1945 in die patriotisch gesinnte FDP eingetreten und hatte 1950 das Pressereferat des Landesverbandes Nordrhein-Westfalen übernommen. Sein wirtschaftlicher Rückhalt war lange die von der Industrie finanzierte FDP-Zeitschrift *Der Fortschritt*, als deren Herausgeber und Chefredakteur ihm ein beträchtliches Gehalt zufloß. 1961 wählte ihn die Bundestagsfraktion der FDP zu ihrem parlamentarischen Geschäftsführer, und zwischen 1963 und 1968 amtierte er als stellvertretender Fraktionsvorsitzender. Nach der sozialliberalen Wende der FDP geriet der kleinwüchsige, umtriebige, bei vielen als opportunistisch geltende Zoglmann mehr und mehr ins Abseits. Er verlegte sich darauf, in der am 17. Juni 1970 gegründeten *Nationalliberalen Aktion* (NLA), die nach seinen Worten ein Versuch der »Fraktionsbildung von rechts« als Antwort auf den unerträglichen Linkstrend der FDP sein sollte, nicht nur mißvergnügte Freidemokraten zu sammeln, sondern dann auch außerhalb der FDP im Sinne einer »vierten Partei« Mitglieder zu gewinnen. Denn Zoglmann pflegte enge Kontakte zu Franz Josef Strauß: Deshalb ging er zur CSU, deshalb zog er nach München – und bemühte sich, die

NLA in allen Bundesländern mit eigenen Landesverbänden zu etablieren. Als Walter Scheel seine gestärkte innerparteiliche Position nach dem Abschluß des Moskauer Vertrages nutzte, um am 5. September 1970 im FDP-Bundesvorstand trotz des Widerspruchs von Josef Ertl und Knut von Kühlmann-Stumm ein Ausschlußverfahren gegen Zoglmann einzuleiten, zog dieser am 8. Oktober von sich aus die Konsequenzen, trat aus der FDP aus und wurde Hospitant in der CDU/CSU-Fraktion. Einen Tag später, am 9. Oktober, folgten ihm Erich Mende sowie der hochintelligente, aber komplizierte Heinz Starke, der es 1961/62, im vorletzten Kabinett Adenauer, für kurze Zeit zum Bundesfinanzminister gebracht hatte.

Der in Bad Godesberg wohnende Mende ging zur CDU, der Bayreuther Starke zur CSU. Beide waren gebürtige Schlesier, Kriegsteilnehmer, Offiziere, nationalliberal wie Zoglmann – überhaupt typische Vertreter jener FDP der fünfziger Jahre, die sich vorrangig um die gesellschaftliche Wiedereingliederung der entwurzelten Offiziere und Soldaten, auch früherer Nationalsozialisten (man denke an die *Naumann-Affäre* vom Januar 1953) bemüht hatte und deren Selbstverständnis und Erscheinungsbild daher grundlegend anders aussah als das der späteren, linksliberalen und reformorientierten »Pünktchen-Partei« F. D. P.

Mende wie Starke machten kein Geheimnis daraus, daß sie aus persönlichen wie sachlichen Gründen den neuen Kurs ihrer Partei ablehnten. Die Niederlagen der FDP in mehreren Landtagswahlen 1970 hatten ihre Überzeugung verstärkt, daß die eigene Partei keine Zukunft mehr habe und daß es zu einem Zweiparteiensystem kommen werde. Sie mochten das Ende nicht abwarten, sondern paßten sich rechtzeitig den neuen Gegebenheiten an, die sie für unausweichlich hielten.

Nach den Aus- bzw. Übertritten von Zoglmann, Mende und Starke war die Mehrheit der Koalition im Bundestag, die ursprünglich zwölf Stimmen betragen hatte (SPD und FDP besaßen zusammen 254 Abgeordnete, die CDU/CSU deren 242), auf sechs Stimmen (251 zu 245) zusammengeschrumpft. Damit ließ sich immer noch regieren, zumal die Austrittswelle nach dem Herbst 1970 vorübergehend zum Stillstand kam. Als das Abbröckeln aber ein Jahr später, am 14. Oktober 1971, mit dem Übertritt des Berliner SPD-Abgeordneten Klaus-Peter Schulz zur CDU, erneut einsetzte, wurde es für die Regierung bedenklich. Die Stimmen der Berliner Abgeordneten zählten zwar bei den anstehenden wichtigen Abstimmungen über den Bundeshaushalt 1972 und die Ostverträge nicht mit; insofern war der Wechsel von Schulz – wie später, am 3. März 1972, der Austritt des Berliner SPD-Abgeordneten Franz Seume – für die Mehrheitsverhältnisse im Bundestag ohne große Bedeutung. Aber er signalisierte doch, daß es der CDU/CSU nun wieder wie 1970 gelang, Abgeordnete aus den Koalitionsfraktionen herauszubrechen. Gespannt wartete man, wer wohl der nächste sein werde, den die Union aus der Mehrheit herauslocken könne.

Er hieß Herbert Hupka. Der hochgewachsene SPD-Abgeordnete mit dem schmalen, scharfgeschnittenen Gesicht unter weißen Haaren, Vizepräsident des *Bundes der Vertriebenen* und Bundesvorsitzender der Landsmannschaft Schlesien, die er mitbegründet hatte, trat am 29. Januar 1972 zur CDU über. Die Entscheidung Hupkas kam für die Koalition überraschend. Denn man hatte ihm, diesem führenden Vertriebenenfunktionär in den eigenen Reihen, der wiederholt mit engagierten Büchern wie »Schlesien – ein deutsches Land«, »Schlesisches Panorama« und »Große Deutsche aus Schlesien« die Erinnerung an die alte Heimat wachzuhalten suchte (damit übrigens unter jetzt dort lebenden Polen Verständnis fand), bereits das Zugeständnis gemacht, daß er bei der Schlußabstimmung über die Ostverträge *nein* sagen dürfe. Gleichzeitig hatte man ihn freilich politisch entmachtet: Bei einer Umbesetzung des Auswärtigen und des Innerdeutschen Ausschusses war er seitens seiner Fraktion zurückgezogen worden, damit er, als erklärter Gegner der Verträge, die Ausschußberatungen nicht verzögern könne.

Hupkas Übertritt war ein schwerer Schlag für die Koalition. Durch ihn veränderten sich die Mehrheitsverhältnisse erneut – und allmählich gefährlich – zu ihren Ungunsten. Mittlerweile standen 246 Oppositionellen nur noch 250 Abgeordnete der Regierung gegenüber, und lediglich zwei weitere Mandate mußten verlorengehen, um im Parlament ein Patt herbeizuführen, das die Koalition ihrer Regierungsfähigkeit beraubte. Für die Sozialliberalen war es in diesem Zusammenhang besorgniserregend, daß ihnen bereits weitere Mißvergnügte bekannt waren, deren Ausscheiden aktuell durchaus drohte: Gerhard Kienbaum und Knut von Kühlmann-Stumm, beide FDP, zogen sichtlich ihren Absprung in Betracht. Und diese zwei standen nicht einmal allein! Es gab noch mehrere andere, denen dergleichen ebenfalls zuzutrauen war.

Für sie war das Ausscheiden von Hupka möglicherweise ein Signal. Anders als die Übertritte von Zoglmann, Mende und Starke 1970, bei denen es wesentlich um FDP-interne, parteitaktische Erwägungen gegangen war, stand Hupkas Frontwechsel in direktem Zusammenhang mit der bevorstehenden Abstimmung über die Ostverträge. Hupka setzte durch sein Beispiel Maßstäbe für andere, die ebenfalls die Verträge ablehnten oder ihnen zumindest mit starker Reserve gegenüberstanden. Er hatte Öl in die ohnehin feurige Auseinandersetzung gegossen. Von nun an mußte die Koalition fürchten, daß die Opposition den Kampf um die Ostpolitik nutzen würde, um die ausgefranste, dünngewordene Mehrheitsdecke der Koalition zu durchstoßen, also mit einem konstruktiven Mißtrauensvotum die Regierung zu stürzen und Rainer Barzel zum neuen Bundeskanzler zu wählen.

Dabei war nicht auszuschließen, daß sachfremden, nämlich ausschließlich persönlichen Motiven und Interessen einzelner eine Bedeutung zuwuchs, die angesichts der politischen Tragweite der anstehenden Entscheidungen in jeder Hinsicht unangemessen war. Hinterbänkler, parlamentarische Randfiguren, konnten sich dabei in eine Rolle hineindrängen – oder wurden in sie hineingedrängt –, der sie nicht gewachsen waren und die sie in Zeiten stabiler Mehrheiten niemals hätten spielen können. Abgeordnete, von denen zuvor kaum jemand Notiz genommen hatte, rückten in den Mittelpunkt des politischen Geschehens. Denn auch für sie, wie für die Regierung, ging es um die Existenz, um ihr politisches Überleben, für einige sogar um die eigene finanzielle Zukunft – um Haus und Hof, um Einkommen und Alterssicherung.

Das alles war für die Bundesregierung so überaus beunruhigend, weil hier die Karten verdeckt waren; nichts war sicher kalkulierbar. Mit hilfloser Empörung verfolgte man die »kümmerlichen Überläufer«, wie Herbert Wehner sie verächtlich nannte – Abgeordnete, die sich auf die Gewissensfreiheit nach Artikel 38 des Grundgesetzes beriefen, daher ihre Mandate nicht zurückgaben, sondern sie der Union, soweit sie ihr beitraten, übertrugen. Natürlich vermutete man in der Koalition, daß dabei Korruption, Bestechung in verschiedenen Formen, eine Rolle spielte; es war ja mit Händen zu greifen. So erfuhr man von Abwerbungsgesprächen, in denen ein sicherer Listenplatz bei der nächsten Bundestagswahl verbindlich zugesagt wurde. Bemerkenswerterweise sind ja denn auch alle bisher genannten Koalitionsabgeordneten, die in jener Legislaturperiode SPD und FDP verlassen hatten und zur CDU/CSU gegangen waren, dort 1972 wieder nominiert worden: Siegfried Zoglmann, Erich Mende und Heinz Starke ebenso wie Klaus-Peter Schulz und Herbert Hupka. Die einzige Ausnahme bildete der Berliner Franz Seume, Jahrgang 1903, Sozialdemokrat seit 1926, der sich am 17. März 1972 zwar der CDU/CSU-Fraktion als Hospitant anschloß, ihr jedoch nicht beitrat. Er saß seit 1957 im Bundestag und hatte nach fünfzehn Jahren, in diesem Alter, nicht nur von seiner Partei, sondern überhaupt genug.

Trotz allen Zorns über die Abtrünnigen mußte sich die Koalition geduldig und freundschaftlich um alle jene mühen, die schwach zu werden drohten. Das waren, wie erwähnt, in erster Linie der Freiherr Knut von Kühlmann-Stumm und Gerhard Kienbaum, zwei sehr unterschiedliche, aber gleichermaßen gewichtige Mitglieder der Fraktion der Freien Demokraten.

Wie Mende, Starke und Zoglmann hatte auch Kühlmann-Stumm den Weg der neuen FDP mit Mißtrauen und Abneigung verfolgt. Wie diese drei war auch er Kriegsteilnehmer und Offizier gewesen. 1936 als Fahnenjunker in das Panzerregiment Neuruppin eingetreten, hatte er eine Generalstabsausbildung erhalten und war am Ende Hauptmann gewesen. Seit 1953 Kreisvorsitzender in Schlüchtern, von 1956 bis 1958 Landesschatzmeister der hessischen FDP, war er 1960 in den Bundestag gekommen und bereits im Jahre darauf, unter dem neuen Parteivorsitzenden Erich Mende, zum stellvertretenden Fraktionsvorsitzenden aufgestiegen. Als Mende 1963 in die Bundesregierung eintrat, übernahm Kühlmann die Führung der Fraktion. Nominell – denn seine Sensibilität, die an Labilität grenzte, machte ihm das Leben in der Fraktion schwer.

Mit Mende war er aufgestiegen, mit Mende stieg er ab. Im Zeichen des Wechsels von Mende zu Scheel stufte man ihn schon Anfang 1968, als Wolfgang Mischnick ihn ersetzte, zum stellvertretenden Fraktionsvorsitzenden zurück. Zunehmend geriet er an den Rand. Mehrfach verweigerte er der Regierung bei wichtigen Vorlagen im Bundestag sein Votum. So fehlte er 1970 bei der Abstimmung über den Kanzleretat, und bei der Abstimmung über das Betriebsverfassungsgesetz vom Januar 1972 enthielt er sich, obwohl er vorher zugesagt hatte, mit *Ja* zu stimmen.

Seine Haltung zur Neuen Ostpolitik blieb lange undurchsichtig, wohl auch schwankend, was er überhaupt war. Später behauptete er, schon im März 1970 gegen die Vertragspolitik der Koalition gewesen zu sein. Aber noch im Juni 1970 hatte er auf dem Bonner FDP-Parteitag Walter Scheel ermuntert, die offiziellen Verhandlungen mit Moskau möglichst bald zu eröffnen, die gute deutschsowjetische Atmosphäre rasch zu nutzen.

Die Bedenken Kühlmann-Stumms gegen Brandts Ostpolitik, gegen die Verträge mit Moskau und Warschau, gingen in die Richtung der Argumente Gerhard Schröders. Doch anders als Mende, Starke und Zoglmann zögerte er, aus seiner aristokratischen Distanz zur neuen Orientierung der Liberalen die Schlußfolgerung zu ziehen, daß man der FDP schleunigst den Rücken kehren müsse. Zwar neigte er zu depressiven Verstimmungen, und Resignation war ihm nicht fremd. Ebenso aber zeichnete ihn gradlinige Loyalität gegenüber Freunden aus, selbst wenn sie politische Wege gingen, die ihm fernlagen, ja unheimlich waren. Man konnte ihn wirklich, wie es früher geheißen hätte, einen Ehrenmann, einen Edelmann von altem Schrot und Korn nennen. Überdies kannte er, durch seine Mutter mit der Industriedynastie der Stumms verwandt, keine materiellen Zwänge; er war der Inbegriff des wohlhabenden, wirtschaftlich unabhängigen Abgeordneten. Doch würde – bei alledem – der Freiherr trotz seiner tiefen, wachsenden Bedenken gegenüber der eigenen Partei standhaft bei ihrer Stange bleiben, wenn der Druck auf ihn von allen Seiten zunahm?

Als ein Mann ganz anderen Zuschnitts galt Gerhard Kienbaum, der erfolgreiche Aufsteiger aus dem Bergischen Land. Energisch, ehrgeizig und voller Optimismus hatte der 1919 in Wuppertal Geborene mitten in den Trümmern des Jahres 1945 im nahen Gummersbach mit dem Aufbau einer Firmengruppe für Planung, Beratung und Betriebsführung auf den Gebieten der Industrie, des Verkehrs sowie der integrierten Regionalentwicklung begonnen. Eigensinnig, wie er war und blieb, setzte er sich schlicht darüber hinweg, daß es die Firmen, die er zu betreuen gedachte, vorerst noch gar nicht gab. Doch er hatte mit den Jahren großen Erfolg, gewann als Unternehmensberater im Laufe der Jahrzehnte international, weit über Europa hinaus, einen glänzenden Ruf.

Früh war er in die Politik gegangen, die er geschickt mit seinen Geschäften zu verbinden, für sie zu nutzen wußte. 1948 wurde er für die FDP Ratsmitglied in Gummersbach, 1952 oberbergischer Kreistagsabgeordneter; beides blieb er bis

1969. 1954 zog er als Abgeordneter in den Landtag von Nordrhein-Westfalen ein, wo er 1962 in der CDU/FDP-Koalition unter Franz Meyers und Willi Weyer zum Minister für Wirtschaft, Mittelstand und Verkehr avancierte. Er galt als guter Wirtschaftsminister, übertrieb jedoch, wie die SPD meinte, die Verquikkung von Politik und Geschäft, so daß er auf ihr Betreiben 1966, als Heinz Kühn und Willi Weyer die SPD/FDP-Koalition zustande brachten, sein Amt wieder verlor. Als er 1969 in den Bundestag gelangte, sah er sich erneut von den Sozialdemokraten gebremst. Kein Wunder, daß er sie seinerseits nicht eben leiden mochte und damals vor seiner Fraktion ein eindrucksvolles Plädoyer gegen das sozialliberale Bündnis hielt, das in der Union, als sie davon erfuhr, einen bleibenden Eindruck hinterließ.

An Regierungsaufträgen fehlte es ihm nicht. Aus seinem Hause kamen so unterschiedliche Ausarbeitungen wie eine Studie über die Situation der deutschen Werften oder ein Gutachten über die Kulturabteilung des Auswärtigen Amtes; überdies erhielt Kienbaum Entwicklungsgelder für Projekte in der Dritten Welt. Politisch aber konnte er wenig ausrichten, obwohl er als Vorsitzender des Bundestagsausschusses für Wirtschaft schließlich nicht irgendwer war. Zu Karl Schiller hatte er ein schlechtes persönliches Verhältnis. Kienbaum fand seine eigenen Vorschläge nicht genügend berücksichtigt und nahm Schiller auch übel, daß er ihn nicht als Industrieminister zu akzeptieren bereit war. Er galt als eigenwilliger Egozentriker, als Primadonna, und war darin Schiller nicht unähnlich: dickköpfig in der Sache, mehr als dünnhäutig in allem, was die eigene Person betraf. Kienbaum war gekränkt, sah sich in seiner Bedeutung verkannt. Mit seiner Kritik an Schillers Wirtschaftspolitik seit dem Sommer 1970 wurde er lange Zeit nicht ernst genommen, was einen Mann so beträchtlichen Ehrgeizes tief verletzen, ja zu allem fähig machen mußte. Mit ihm, so konnte man argwöhnen, würde die Union leichtes Spiel haben, wenn ihn die Koalition weiter unbeachtet dahintreiben ließ.

Während die Union diskret versuchte, Kienbaum und weitere Abgeordnete aus dem Regierungslager zu sich herüberzuziehen, faßte das CDU-Präsidium parallel dazu am 6. März 1972 den vertraulichen Beschluß, für den Fall vorzeitiger Neuwahlen einen »Alarmplan« aufzustellen. Darin wurde vorgesehen, der FDP nach der Wahl Rainer Barzels zum Bundeskanzler ein Koalitionsangebot zu unterbreiten. Für die CDU stand zwar fest, daß die überwiegende Mehrheit der FDP-Abgeordneten dieses Anerbieten ausschlagen werde. Gleichzeitig aber glaubte man davon ausgehen zu können, daß eine Reihe liberaler Parlamentarier, voran Kienbaum und Kühlmann-Stumm, ihre Partei verlassen und die FDP spalten würde. Mit dieser »Lumpensammler-Mehrheit«, wie Erhard Eppler am 15. März auf dem Abschiedsempfang des zurückgetretenen Bundesministers für Bildung und Wissenschaft, Hans Leussink, im Bonner Hotel *Königshof* spottete, meinte die Union vorerst regieren zu können.

Am 10. März 1972 sprach Barzel vor der Presse in Bonn erstmals öffentlich von der Möglichkeit eines *konstruktiven Mißtrauensvotums.* Mit diesem Gedanken hatte er bereits im Herbst 1970 gespielt. Aber weil es damals offensichtlich zu einer Kanzlermehrheit für ihn noch nicht gereicht hätte, war dieser Versuch zu jener Zeit unterblieben.

Vorbilder für ein Mißtrauensvotum

Ein Votum, das einen Regierungschef und sein Kabinett durch die Wahl eines Nachfolgers stürzt, wäre zwar in Bonn, nicht aber in der Bundesrepublik eine Premiere gewesen. Denn es hatte solche konstruktiven Mißtrauensvoten – Regierungswechsel, bei denen Niederlage und Sieg dramatisch kombiniert werden – schon wiederholt gegeben, allerdings bisher nur auf der Ebene eines Landes.

So hatte 1956 die FDP in Nordrhein-Westfalen, die dort als Juniorpartner der CDU regierte, gemeinsam mit der oppositionellen SPD den CDU-Ministerpräsidenten Karl Arnold gestürzt und durch den Sozialdemokraten Fritz Steinhoff ersetzt. Ziel dieses Handstreichs war es gewesen, einem Disziplinierungsversuch, ja einem Strangulierungsvorhaben zuvorzukommen, das sich CDU/CSU und BDI gemeinsam ausgedacht hatten. Die nordrhein-westfälischen Liberalen hatten durch die Schaffung einer Sperrminorität im Bundesrat die geplante Einführung des sogenannten *Grabenwahlrechts* durchkreuzt, das als modifiziertes Mehrheitswahlrecht aller Voraussicht nach das Ende einer selbständigen FDP bedeutet hätte.

Die andere Seite hatte damals alle Register gezogen. An der Spitze maßgeblicher Repräsentanten der deutschen Industrie- und Arbeitgeber-Verbände hatten Fritz Berg und Gustav Stein, der Präsident des *Bundesverbandes der Deutschen Industrie* und sein Hauptgeschäftsführer, am 26. Januar 1956 im Kölner Hotel *Excelsior* FDP-Landespolitikern wie Wolfgang Döring, Willi Weyer und Hans Wolfgang Rubin energisch nahegelegt, ein großes nationales Opfer zu bringen, indem sie dieses Grabenwahlrecht akzeptierten. Nur auf diese Weise könne ein Wahlsieg der Sozialisten auf die Dauer verhindert und der Bürgerblock über Adenauers Lebenszeit hinaus gesichert, ja auf Jahrzehnte zementiert werden. Den Spitzenpolitikern der FDP, das sicherten sie zu, würden bei der Einführung dieses neuen Wahlrechts großzügige Listenabsicherungen zuteil.

Die Vertreter der deutschen Industrie hatten ihrer Anregung oder Bitte durch handfeste finanzielle Winke den nötigen Nachdruck zu verleihen gesucht, nämlich durch eine angedrohte – und später wahrgemachte – Sperrung aller zentral verwalteten Gelder für die FDP als Bundespartei.

Als die drei genannten Liberalen die Zusammenkunft verließen, waren sie gemeinsam überzeugt, daß angesichts dieser gefährlichen Erpressung nunmehr politisch gehandelt werden müsse. Als sogenannte *Jungtürken* der FDP, zu denen man später auch Walter Scheel zählte (in dessen Wohnung am 30./31. Januar 1956 die entscheidende Sitzung der Verschwörer stattfand), ergriffen sie gegen den Willen des Landesvorsitzenden Friedrich Middelhauve die Initiative; Wolfgang Döring war unter ihnen die treibende Kraft. Tatsächlich gelang es, am 21. Februar 1956 in Düsseldorf den Regierungswechsel zu bewerkstelligen und dort eine frühe, kurzlebige Koalition von SPD und FDP zustande zu bringen.

Zehn Jahre später, am 8. Dezember 1966, wurde das gleiche Verfahren von den gleichen Partnern noch einmal praktiziert. Diesmal wählten sie im Düsseldorfer Landtag anstelle von Franz Meyers, des CDU-Ministerpräsidenten und Chefs einer CDU/FDP-Regierung, den Sozialdemokraten Heinz Kühn zum Ministerpräsidenten der neuen SPD/FDP-Koalition. Damit durchkreuzten sie die Absicht der Union (und großer Teile der Sozialdemokratie), entsprechend der Bonner Entwicklung jener Zeit auch in Düsseldorf eine Große Koalition zu bilden und die FDP in das Schattendasein der Opposition zu drängen, das aus der Sicht der Liberalen leicht zur ersten Etappe ihrer Auslöschung hätte werden können. Denn die Union verfolgte immer noch energisch ihren Plan, bundesweit das Mehrheitswahlrecht einzuführen. Drohend stand dabei der FDP das Beispiel Großbritanniens vor Augen, wo die *Liberal Party* aufgrund der Wirkungen dieses Mehrheitswahlrechts, das stets nur den stimmenstärksten Kandidaten eines Wahlkreises ins Parlament gelangen läßt, eine bedeutungslose, kümmerliche Existenz fristete, obwohl sie prozentual von fast ebensovielen Wählern gewählt wurde wie die westdeutsche FDP.

Ganz ließen sich die beiden Düsseldorfer Mißtrauensvoten aber doch nicht mit dem vergleichen, was Barzel vorschwebte. 1956 wie 1966 hatte die FDP zusammen mit der CDU in Nordrhein-Westfalen die Regierung gebildet, bis sie sich aus sachpolitischen Erwägungen, ja aus Existenzgründen beide Male einer drohenden Wahlrechtsänderung, gleichsam ihrer Ermordung, widersetzen mußte und daher den Entschluß gefaßt hatte, von der Union zu den bisher oppositionellen Sozialdemokraten überzuschwenken, um ihr Überleben zu sichern. Barzel hingegen konnte jetzt, 1972, nicht hoffen, daß die FDP *als Partei* gegen die SPD Front und gemeinsame Sache mit der CDU/CSU machen werde. Er erhoffte und brauchte die Stimmen einzelner Überläufer, die das Regierungslager verließen und ihre *individuellen Mandate* der Opposition zur Verfügung stellten. Auch das Problem der Überläufer hatte es 1956 und 1966 schon gegeben. Damals aber hatten Abgeordnete *nach* dem Mißtrauensvotum die Fraktion getauscht, weil sie sich mit dem Regierungswechsel sachlich oder auch mit der Form, in der er zustande gekommen war, nicht einverstanden erklären mochten. Jetzt war der Fraktionsübertritt von Abgeordneten unter Mitnahme ihrer Mandate *die Voraussetzung* des konstruktiven Mißtrauensvotums, das Barzel ansteuerte.

Wilhelm Helms und die Landtagswahl in Baden-Württemberg 1972

Der Austritt eines weiteren FDP-Abgeordneten aus seiner Partei am 23. April 1972, dem Tage der baden-württembergischen Landtagswahl, ebnete Barzel endgültig den Weg zum Versuch des Regierungssturzes. Barzel war sich seiner Sache inzwischen recht sicher, konnte es auch sein. Bereits Anfang des Monats hatte ihn Knut von Kühlmann-Stumm zu Hause, in seinem Reihenbungalow in der Godesberger Rubensstraße, aufgesucht und ihm seine Unterstützung angekündigt. Auch Gerhard Kienbaum hatte ihn über Mittelsmänner wissen lassen, daß er zu ihm stehen werde. Und nun kam Wilhelm Helms. Wer war das?

Der Mann, der Barzel die Mehrheit versprach, war ein liberal-konservativer Landwirt aus Bissenhausen, einem Weiler in der niedersächsischen Grafschaft Hoya, fünf Bauernhöfe groß. Helms war 1962 von der untergehenden *Deutschen Partei* zur FDP gestoßen. 1968 hatte er ihr Landesvorsitzender in Niedersachsen werden sollen, woraus dann aber doch nichts wurde, weil die FDP von ihm weg nach links rückte. Seither ging es mit seiner Position in der Partei bergab. Angesichts seiner Herkunft und ländlich-konservativen Umgebung, seiner Vergangenheit in der DP und der alten FDP, also zwei Parteien des traditionellen, gediegenen Mittelstandes, mußte er tief irritiert sein über die neue FDP. Sie war ihm fremd, in vieler Hinsicht geradezu unheimlich. Wenn er dort die neuen, jungen Leute am Werke sah, die unbefangen Thesen aufstellten und Programme entwarfen, über die sie dann mit rascher Zunge so hitzig wie endlos diskutierten, standen ihm die Haare zu Berge. Da konnte er nicht und da wollte er auch gar nicht mehr mithalten. »Mein Austritt hätte eigentlich schon nach den Beschlüssen zum neuen FDP-Programm in Braunschweig oder nach dem Parteitag in Freiburg erfolgen können«, erklärte Helms später, nachdem er seine Partei verlassen hatte.

Doch so gradlinig, wie es sich im nachhinein darstellte, war seine Absetzbewegung von der FDP nicht verlaufen. Helms stockte mehr als einmal beim Abmarsch zur CDU; sein Wanderpfad ins Unionslager verlor sich mehrfach in geheimnisvollem Dunkel. Zwar hatte Helms am 6. März 1972 – dem Tage, an dem die CDU ihren Alarmplan für Neuwahlen aufstellte – von sich reden gemacht, als er gegenüber der Nachrichtenagentur *Associated Press* erklärte, sein Meinungsbildungsprozeß hinsichtlich der Ostverträge sei noch längst nicht beendet. Aber noch drei Wochen später, am 25. März, gut einen Monat vor seinem Parteiaustritt, hatte er dem niedersächsischen Landeshauptausschuß der FDP versichert, er werde die Partei nicht verlassen und für die Ostverträge stimmen. Am Tage darauf ließ er sich sogar noch einmal zum FDP-Kreisvorsitzenden in Hoya wählen.

Indessen ließ das Gespenst von Neuwahlen, das im Zusammenhang mit der Ratifizierung der Ostverträge immer häufiger jene Abgeordneten des Bundestages heimsuchte, die um ihre Wiederwahl bangen mußten, auch Wilhelm Helms nicht mehr ruhen. Eine Weile schwankte er noch zwischen der Hoffnung auf ein neues Mandat und der Befürchtung, die FDP werde bei Neuwahlen an der Fünf-Prozent-Hürde scheitern. Dann aber machte ihm seine Partei den Austritt wider Erwarten sehr leicht, ja sie drängte ihn geradezu hinaus: Als sich während einer Tagung der *Theodor-Heuss-Akademie* in Gummersbach führende FDP-Politiker Mitte April über die neuen Landeslisten für die nächste Bundestagswahl verständigten, tauchte der Name Helms nirgendwo mehr auf. Er galt als unsicher, paßte nicht mehr in das neue Bild der Partei.

Damit war die Entscheidung gefallen. Am 20. April, einem Donnerstag, nach einer Veranstaltung des FDP-Kreisverbandes Harburg-Land, wo man wieder einmal sachlich hart aufeinandergeprallt war, faßte Helms den Entschluß, die FDP zu verlassen. Zwei Tage später, am Samstagabend vor der Landtagswahl in Baden-Württemberg vom 23. April, meldete er sich telefonisch bei Oppositionsführer Barzel in dessen Godesberger Wohnung und kündigte ihm den unmittelbar bevorstehenden FDP-Austritt an. Der Stein, der den politischen Erdrutsch auslösen konnte, kam ins Rollen.

Die Union suchte den Helms-Austritt, diesen Überraschungscoup, der die Mehrheitsverhältnisse im Bundestag kippen ließ (wenn man davon ausgehen konnte, daß die Union auf Kienbaum und Kühlmann-Stumm fest zählen durfte), bis zur Abstimmung über den Haushaltsentwurf 1972 aufzuschieben, die in der Woche nach den baden-württembergischen Wahlen auf der Tagesordnung stand. Helms jedoch wollte keinen Zweifel an der Integrität seiner Person aufkommen lassen, wollte nicht in den Verdacht ehrenrührigen Verhaltens geraten. Er wählte daher einen anderen, aus seiner Sicht geeigneteren Zeitpunkt für die Bekanntgabe des folgenschweren Schrittes. Am Tage der Wahl in Baden-Württemberg, am 23. April 1972, kurz vor Schließung der Wahllokale, um 17.10 Uhr, sandte er der Bonner FDP-Fraktion ein Telegramm, das er in seinem Heimatort Bissenhausen, Post Heiligenloh, telefonisch aufgegeben hatte. In ihm teilte er seinen Austritt mit, den er wie folgt begründete:

> Allein aus innerparteilichen Gründen sehe ich mich zu diesem Schritt veranlaßt. In den Sitzungen der Fraktion und der Arbeitsgruppen des letzten Jahres habe ich konkret zur innerparteilichen Situation Stellung genommen und durch Vorschläge und Anträge versucht, die Basis liberaler Politik zu erhalten. Nach meinen Erfahrungen besonders in den letzten Monaten und Wochen habe ich die Überzeugung gewonnen, daß die Position der unbedingten Eigenständigkeit und der liberalen Mitte durch die Politik der Bundespartei nicht mehr vertreten wird . . . Ich betone, daß dieser Schritt nicht mit der anstehenden Ratifizierung der Ostverträge in Verbindung zu bringen ist, denn ich bin nach wie vor für eine Politik der Versöhnung und des Ausgleichs mit unseren Nachbarn im Osten . . .

Mit der ungewöhnlichen Terminierung der Bekanntgabe seines Entschlusses beugte Helms Spekulationen vor, er habe die Wahlen in Baden-Württemberg beeinflussen wollen oder seinen Austritt vom Wahlausgang abhängig gemacht. Die Ankündigung zu einem Zeitpunkt, da der Wahl*vorgang* praktisch beendet, das Wahl*ergebnis* aber noch nicht bekannt war, befreite ihn von dem Verdacht, aus kurzfristigen, tagespolitischen Überlegungen heraus gehandelt zu haben, was seinen Motiven eine weite Perspektive, vielleicht sogar programmatisches Gewicht verlieh.

Daran lag ihm natürlich. Außerdem lockte Helms der Gedanke, bei den Großen dieser Welt Beachtung zu finden, mit ihnen von gleich zu gleich zu verkehren. Von Rainer Barzel empfangen zu werden, »das wäre schon eine Sache«, meinte er. Nicht persönliche Ranküne, sondern ernsthafte, weitgespannte Erwägungen bestimmten, fand er, sein Verhalten. Er wolle zwar »keine Weltpolitik dem eigentlichen Sinne nach betreiben«, erklärte er auf seinem Hof in Bissenhausen dem Korrespondenten der *Frankfurter Rundschau* (wie man dort am 26. April 1972 nachlesen konnte), aber er habe für Entwicklungen und die sich aus ihnen ergebenden Entscheidungen doch »immer das richtige politische Gespür« gehabt. In seinen Augen ließ die FDP dieses Fingerspitzengefühl neuerdings völlig vermissen. Nicht er hatte sich geändert, sondern die anderen hatten sich fatal weit von ihm fortentwickelt, als sie »die Staatsmänner um Brandt« auf ihrem unheilvollen Wege nicht gestoppt hatten und jetzt »die sozialliberale Koalition bis auf die Knochen« blamierten. Sein Parteiaustritt war daher in den Augen von Helms das aufrüttelnd gemeinte Beispiel eines anständigen Menschen, der erkannt hatte, daß die ganze neue Richtung in die Irre führe. Wenn er die Liberalen verließ, so sollte dies das Signal eines Mannes sein, der durch sein Beispiel an den richtigen, den bewährten Kurs erinnern wollte.

Das tat er – freilich nicht durch das Gewicht seiner Persönlichkeit oder die Kraft seiner politischen Argumente, sondern allein durch den Stellenwert seines Mandats. Er war jener 249. Abgeordnete, der Rainer Barzel eine erfolgreiche Kanzlerwahl zu garantieren schien. Als Helms aus der FDP austrat, verfügte die Koalition über keine Mehrheit mehr, also für die Ostverträge sowenig wie beim Etat oder für andere Vorhaben, bis hin zur Sicherung ihres Bundeskanzlers gegen eine schimpfliche Abwahl. Nichts würde ihr aus eigener Kraft künftig mehr möglich sein. Nichts konnte sie zustande bringen. Nichts verhindern.

Das war, an diesem Spätnachmittag des 23. April 1972, eine böse Überraschung für die Bonner Regierung, der noch am Abend, nur wenige Stunden später, eine zweite, ähnlich bittere Enttäuschung folgte. Beide Niederlagen zusammen konnten ihr leicht das Genick brechen: Denn fast gleichzeitig hatte sie nicht nur im Bundestag, sondern auch im Bundesrat ihre Mehrheit verloren. Die baden-württembergische Wahl brachte eine derart spektakuläre Niederlage der Sozialliberalen, wie sie niemand vorhergesehen hatte. Statt des erhofften, von Conrad Ahlers in der Bundespressekonferenz »amtlich« prophezeiten Sieges der

Koalition errang die CDU unter Hans Filbinger mit 52,9 Prozent der Stimmen (gegenüber 44,2 Prozent 1968) die absolute Mehrheit und verschaffte den unionsgeführten Ländern im Bundesrat einen Vorsprung von einer Stimme. Die FDP, deren Stimmenanteil 1968 noch 14,4 Prozent betragen hatte, wurde nahezu halbiert; sie erhielt in diesem Stammland der Liberalen, das immer eine Hochburg der FDP gewesen war, nur noch 8,9 Prozent. Da half es wenig, daß sich die SPD damit tröstete, ihren Anteil von 29,1 Prozent 1968 auf nunmehr 37,6 Prozent vergrößert zu haben. Die Bonner Koalition hatte in Stuttgart verloren, daran gab es nichts zu deuteln. Eine reine CDU-Regierung trat an die Stelle der Großen Koalition aus Union und SPD, die seit Dezember 1966 Baden-Württemberg regiert hatte.

Der doppelte Triumph von Stuttgart und Bissenhausen versetzte die Opposition in Euphorie. Er gab der CDU/CSU den Auftrieb, den sie noch brauchte, um sich an das zu wagen, was seit Monaten in der Luft lag und jetzt greifbar nahe schien: an den Sturz der Regierung mit Hilfe eines konstruktiven Mißtrauensvotums.

Noch wenige Tage vorher, am 19. April, war nichts entschieden gewesen. Zwar hatte Barzel den eigenen Leuten immer wieder gesagt: Einmal müsse man es in dieser Legislaturperiode probieren. Man könne nicht immer den Mund spitzen, ohne zu pfeifen, dürfe nicht nur bellen, sondern müsse auch beißen! Doch er war mit sich selber lange nicht im reinen, wußte nicht, ob er es wirklich wagen sollte. Er suchte den Rat Älterer, Erfahrener. Anläßlich eines Zusammenseins führender Unionspolitiker, zumal der älteren Generation, am fünften Todestag Konrad Adenauers in Rhöndorf fragte Barzel auf der Treppe, die zum Wohnhaus des ehemaligen Bundeskanzlers hinaufführt, Eugen Gerstenmaier und Heinrich Krone, was sie eigentlich vom Gedanken eines konstruktiven Mißtrauensvotums hielten; ob man diesen Schritt ihres Erachtens unternehmen solle. Beide bejahten dies deutlich. Das half. Helms und die baden-württembergische Wahl beseitigten bald darauf auch den letzten Rest von Barzels Zweifeln.

Noch in der Nacht vom 23. zum 24. April 1972 rief Franz Josef Strauß bei ihm an und drängte den CDU-Vorsitzenden: Jetzt müsse gehandelt werden. Strauß selbst sowie der Vorsitzende der CSU-Landesgruppe im Bundestag, Richard Stücklen, waren in den Tagen zuvor auf einem niederösterreichischen Schloßgut mit mehreren FDP-Abgeordneten zusammengetroffen, um die Aussichten eines Regierungssturzes während der Haushaltsdebatte zu erkunden. Sie hatten dabei festgestellt, daß es von seiten der FDP durchaus klappen konnte. Das traf sich mit der Meinung von Barzel, erst recht nach dem Austritt von Helms. So hatte er, als Strauß anrief, für sich die Entscheidung bereits gefällt. Dennoch mochte er sich gegenüber dem Bayern nicht sogleich festlegen, sondern lud ihn statt dessen für den nächsten Morgen zur CDU-Präsidiumssitzung nach Bonn ein. Formal sollte der Beschluß zum Regierungssturz von einem Gremium der Partei ausgehen, nicht von einer Nacht- und Nebelverständigung zwischen Barzel und Strauß, die man im nachhinein in der Öffentlichkeit so hätte interpretieren können, als sei Barzel am Leitseil von Strauß zu seiner Kanzlerschaft gekommen. Dies war jedenfalls die Überlegung des vorsichtigen Generalsekretärs der CDU, Konrad Kraske, dessen Rat Barzel folgte.

Als das CDU-Präsidium und dann der CDU-Bundesvorstand am Montag morgen zusammentraten, gab es eigentlich nichts mehr zu entscheiden. Barzel hatte sich entschlossen, den Coup zu wagen, und niemand versuchte ernstlich, ihn davon abzuhalten. Am Donnerstag, dem 27. April, also drei Tage später, sollte Willy Brandt gestürzt und Rainer Barzel zum neuen Bundeskanzler gewählt werden. Lediglich Hans Katzer, Gerhard Stoltenberg und Richard von Weizsäcker (der erklärte, die Sache sei ihm zu unsicher; man könne mit einer Stimme Mehrheit nicht regieren) lehnten im Bundesvorstand den Antrag Barzels ab. Die Führung der Union war in voller Fahrt.

Schon am selben Nachmittag meldete sich ein sowjetischer Botschaftsrat und hoher KGB-Mann bei Weizsäcker, um ihn für sein tapferes Verhalten am Vormittag zu loben, woraufhin der Deutsche dem Russen verblüfft zu seiner raschen Arbeit gratulierte. Die Episode zeigte, wie genau man in der Sowjetunion die Bewegungen der Bonner Opposition verfolgte und welche Bedeutung man ihren Unternehmungen beimaß; schließlich hatte man es hier vielleicht schon mit den Gesprächspartnern von morgen zu tun. Auch Moskau mußte mit allem rechnen, sich rechtzeitig auf alle Eventualitäten einstellen.

Barzel selbst war von den Bemühungen der Sowjets, mit ihm in Kontakt zu kommen, sehr angetan. Die Russen seien »sehr liebenswürdig« gewesen und hätten Neuverhandlungen für den Fall des Falles angeboten, erklärte er vor der Fraktion am späten Montag; erneut plädierte er dabei für ein besseres Vertragswerk. Um aufgeregte Gemüter in Ost und West zu beruhigen, die eine rabiate Rückwendung der westdeutschen Außenpolitik auf die alten Positionen der sechziger Jahre befürchteten, falls Brandt fiel, ließ sich Barzel sogar dazu herbei, unter Verwendung des Brandtschen Vokabulars die Kontinuität im Wandel zu betonen. Die deutsche Politik werde auch nach einer Ablösung der sozialliberalen Regierung Friedenspolitik sein; die Bemühungen um eine Aussöhnung mit den östlichen Nachbarn seien Bestandteil auch der Unionspolitik. Aber – und das waren seine neuen Akzente – eine mangelnde Wahrnehmung der eigenen Interessen, die Vernachlässigung von rechtsstaatlich-freiheitlichen Überzeugungen und die Außerachtlassung nationaler Pflichten schaffe keinen Ausgleich, sondern lade zu künftigem Unfrieden ein. Kein kategorisches *Nein* also zur Brandtschen Ostpolitik, sondern das bekannte Barzelsche *So nicht*, das seine alternative Ostpolitik seit Monaten kennzeichnete.

Mit dieser Mittelposition, so glaubte man in der Union, werde man in Moskau zurechtkommen. Der designierte Außenminister, Gerhard Schröder, wollte jedenfalls gleich nach dem Sturz der Regierung Brandt mit dem Kreml eine Zusatzerklärung zum Moskauer Vertrag aushandeln, die das Recht der Deutschen auf Wiedervereinigung betonen sollte. Sondiert hatte man schon, fühlte sich durch die russischen Reaktionen ermutigt. Auch die Flüge nach Moskau und zurück waren bereits für Samstag, den 29. April, und Montag, den 1. Mai 1972, reserviert worden.

Man tat so, als sei alles schon gelaufen – und es sah ja auch danach aus. Zu Beginn der Woche hatte der Vorsitzende des CDU-Wirtschaftsrates, Philipp von Bismarck, Wilhelm Helms persönlich bei Barzel eingeführt, und Helms hatte versprochen, Barzel zu unterstützen. Hoffen konnte man dies auch bei Günther Müller, dem Münchner SPD-Abgeordneten, der seit längerem mit seiner Partei in Fehde lag, Kontakte zu führenden Vertretern der CSU pflegte und sich mit dem Gedanken trug, die Sozialdemokraten zu verlassen. Wenn alle vom sozialliberalen Bündnis enttäuschten Koalitionsparlamentarier für Barzel stimmten und es dem CDU-Vorsitzenden darüber hinaus gelang, seine Fraktion geschlossen hinter sich zu halten, dann verfügte er mit 250 Stimmen sogar über eine Stimme mehr, als er zur absoluten Mehrheit brauchte. Verbürgen mochte sich der vorsichtige Barzel für den Erfolg jedoch nicht. In der Fraktionssitzung vom 24. April erklärte er: »Ich sage in aller Offenheit, daß ich keineswegs garantieren kann, daß ein Erfolg beim konstruktiven Mißtrauensvotum sicher ist. Aber er ist wahrscheinlich.«

Für Franz Josef Strauß, der in der ganzen Angelegenheit nichts zu verlieren hatte, sondern sogar hoffen mochte, bei einer Niederlage Barzels zum nächsten Kanzlerkandidaten der Union aufzusteigen, standen die Chancen fünfzig zu fünfzig. Daher, meinte er, müsse man es wagen: »Es gibt plausible Anhaltspunkte dafür, daß eine Situation entsteht, die ein konstruktives Mißtrauensvotum empfiehlt . . . Ich kann das nicht anders sagen, denn wenn ich sage, es besteht Gewißheit, heißt dies, der Gegenseite Namen zu offenbaren mit dem Risiko, daß aus Gewißheit Ungewißheit wird. Ein Mißerfolg ist nicht sehr wahrscheinlich.« Und den Münchner Komiker Karl Valentin zitierend, rief er seinen Fraktionskollegen zu: »Es soll nicht von uns gesagt werden: Möchten hätten wir schon wollen, aber dürfen haben wir uns net traut.«

Abwehrmaßnahmen der Koalition

Daß es äußerst knapp werden würde, falls es für sie überhaupt noch gut ausgehe, war auch der Bundesregierung klar. Indessen hatte sie die Hoffnung, heil durchzukommen, sich trocken ans andere Ufer zu retten, keineswegs aufgegeben. Verschiedene Rettungsaktionen waren im Gange.

Der listige, taktisch erfahrene Herbert Wehner, der immer mit dem Schlimmsten rechnete, aber dennoch wie ein Löwe kämpfte, um das überall drohende Unheil abzuwenden, erinnerte sich einer Methode, mit der 1956 in der hamburgischen Bürgerschaft ein Mißtrauensvotum abgewehrt worden war. Er vergegenwärtigte sich, wie man dort die geheime Abstimmung unterlaufen, die eigene Fraktion kontrolliert und diszipliniert hatte. Noch am Montagabend besprach er mit der FDP, wie er sich den Ablauf des Wahlvorgangs dachte: »Wer mitstimmen will, geht abstimmen. Wer nicht will, braucht nicht. Aber wer geht, muß nicht für das Mißtrauensvotum stimmen.«

Seine eigene Fraktion schwor Wehner ein, sich an der Wahl gar nicht erst zu beteiligen, sondern einfach dem Plenarsaal fernzubleiben oder auf den Plätzen zu verharren, wenn die Schriftführer dazu aufriefen, zur Wahlurne zu gehen und den Stimmschein einzuwerfen. Wer sich trotzdem an der Wahl beteiligte, stempelte sich demnach selbst zum – möglichen – Verräter und mußte auf dem langen Wege von seinem Platz durch die Reihen der eigenen Leute zur Urne vorne Spießruten laufen. Selbstverständlich konnte kein Abgeordneter durch Fraktionszwang daran gehindert werden, von seinem Stimmrecht Gebrauch zu machen. Aber Wehner kalkulierte richtig, daß er auf seine Weise stille Dissidenten – wenn es sie gab – von einem Votum für Barzel abzuhalten vermöge. Er nahm dabei in Kauf, von der Opposition bezichtigt zu werden, den geheimen Charakter der Abstimmung aufzuheben. Egal – wenn nur »der Klimmzug des Kandidaten Barzel« mißlang, auf welche Weise auch immer.

Die FDP hielt diese rigorose Wehner-Taktik grundsätzlich für eine gute Sache, aber sie war ihr doch – wie der Mann oft selbst – zu massiv. Wenn man der Union und den eigenen Abtrünnigen, den früheren Freidemokraten, deren Namen ja bekannt waren, allein das Feld überließ, dann mußte dies den Block der CDU/CSU fester zusammenschmieden, als er möglicherweise von sich aus war. Das konnte der Koalition nur schaden. Statt dessen, so dachte man in der FDP, müsse man Verwirrung stiften und verborgenen Abweichlern in der Union die Möglichkeit eröffnen, Barzel die Gefolgschaft zu verweigern. So entschloß sich die FDP, das Wehner-Rezept zu verfeinern, indem sie sichere Abgeordnete ins Feld schickte, die gegen den Mißtrauensantrag stimmen, sich zumindest der Stimme enthalten und es dadurch der Union unmöglich machen sollten, das Ergebnis nachträglich genau zu rekonstruieren. Man mußte unbedingt verhindern, daß die CDU/CSU hinterher ihre eigenen Dissidenten aufspüren konnte.

Die Koalition verließ sich natürlich nicht allein auf ihren taktischen Scharfsinn. Bis zur letzten Minute versuchte sie, ihre Weggelaufenen doch noch umzustimmen, die Wankelmütigen wieder zu stabilisieren. Man suchte ihnen durch gutes Zureden und politisches oder finanzielles Entgegenkommen den Heimweg zu ebnen, das Vertrauen in die sozialliberale Sache neu zu begründen.

Am 24. April, dem Tage nach seinem Austritt aus der Partei, traf Wilhelm Helms in Bremen, also nicht weit weserabwärts von Hoya, mit dem stellvertretenden FDP-Vorsitzenden Hans-Dietrich Genscher und mit Landwirtschaftsminister Josef Ertl in Genschers Anwaltsbüro zusammen. Beiderseits saß man sich mit schlechtem Gewissen gegenüber. Helms fühlte sich unwohl, weil er von seinem Naturell her ein loyaler, auf Harmonie bedachter Mann war, der nicht gern mit seiner Umwelt auf gespanntem Fuß, geschweige denn in Feindschaft lebte. Er war ein Mensch, dem schon der bloße Gedanke, ein Abweichler zu sein, peinlich war – und der sich nun doch eingestehen mußte, daß er seine Partei, seine politische Vergangenheit, seine gestrigen Freunde hinter sich gelassen hatte. Genscher und Ertl wiederum war nicht wohl in ihrer Haut, weil sie wußten, daß sie sich genauso wie die gesamte FDP-Spitze in der Vergangenheit allzuwenig um ihre schwankenden, von Zukunftsängsten geplagten Hinterbänkler gekümmert, ihnen weder Trost gespendet noch Teilnahme zugewandt hatten. Man war, vielleicht zwangsläufig, allzusehr auf das Regieren konzentriert gewesen und hatte dabei vergessen, daß die schwache Mehrheit, die man besaß, sorgsamer Pflege bedurfte.

Helms versprach den beiden, für die Ostverträge zu stimmen, wenn deren Überprüfung weiterhin positiv verlaufe. Das war nichts Neues. Er hatte nichts gegen diese Verträge, im Gegenteil. Ihm ging es um die Regierung. Sie wollte er zu Fall bringen, nicht die Ostpolitik. Seine Zusage, für die Vertragswerke einzutreten, bot deshalb für die Koalition nur geringen Trost. Denn wenn Barzels Mißtrauensantrag mit der Stimme von Helms durchkam, dann geriet auch die Ostpolitik auf ein neues Gleis. Ganz andere würden dort mit ihr zukünftig fahren. So mußte man Helms, zumindest vorerst, bei Barzel verbuchen, auch wenn der unentwegte, wackere Ertl immer wieder dem niedersächsischen Landwirt ins Gewissen predigte.

Kienbaum und Kühlmann-Stumm suchte man in der Sache entgegenzukommen. Kienbaum hatte der Regierung eine von Anbeginn an unseriöse Wirtschaftspolitik vorgeworfen. In der Fraktion und in Unterredungen mit dem Wirtschafts- und Finanzminister wie auch mit dem Bundeskanzler persönlich waren von ihm »größte Bedenken gegen den Bundeshaushalt 1972 mit seinen inflationistischen Tendenzen« geäußert worden. Bereits bei ihrem Gespräch vom 20. März hatte Kienbaum den Kanzler davon unterrichtet, daß er den Regierungsentwurf des Bundeshaushalts 1972 ablehne: Der Kanzler könne »nicht mehr mit meiner Zustimmung zu seiner Politik und den daraus resultierenden Gesetzesvorlagen ohne eine genaue Prüfung jeder einzelnen Entscheidung rechnen«. Dieser Vorbehalt blieb allerdings so allgemein, daß die Regierung aus ihm nichts Konkretes entnehmen, Kienbaums Warnung kaum Rechnung tragen konnte. Als er aber am 25. April 1972 in der FDP-Fraktionssitzung gedrängt wurde, seine Vorstellungen zu präzisieren, genaue Zahlen zu nennen, forderte er die Streichung von rund einer Milliarde Mark, um den Haushalt 1972 stabilitätsgerechter zu gestalten. Daraufhin handelte man sofort. Noch am selben Abend setzten sich Spitzenpolitiker aus den beiden Koalitionsparteien im Kanzlerbungalow zusammen, um über die Kienbaum-Forderung zu beraten; Experten der FDP fuhren ins Bundesfinanzministerium, um dort die erzielten

Kompromisse fachlich abzusichern. Am nächsten Morgen wurde die während der Nacht gefundene Lösung in einem Ministergespräch unter dem Vorsitz des Regierungschefs gutgeheißen. Danach formulierten die Koalitionsfraktionen einen entsprechenden Entschließungsantrag, der formell für die dritte Lesung des Etats bestimmt war. In ihm wurde die Regierung aufgefordert, die im Haushalt 1972 vorgesehene Nettokreditaufnahme von rund 7,3 Mrd. DM durch Einsparungen und andere »Haushaltsverbesserungen«, Steuermehraufkommen, auf rund sechs Milliarden DM zu reduzieren sowie auf ein gleichgerichtetes Verhalten in der Ausgabenpolitik der Länder und Gemeinden hinzuwirken und »erforderlichenfalls eine Rechtsverordnung zur Begrenzung der öffentlichen Kreditaufnahme nach Paragraph 19 des Gesetzes zur Förderung der Stabilität und des Wachstums der Wirtschaft vorzulegen«. Mit diesen Schritten hoffte man, Kienbaum zu besänftigen. Um sicherzugehen, bot man ihm zusätzlich an, die wirtschaftlichen Passagen der Etatrede des Bundeskanzlers persönlich zu redigieren. Mehr konnte man, fand man, für den Augenblick nicht tun. Aber würde es genügen?

Um die Ostpolitik ging es beim Versuch der Missionierung, der Rückbekehrung Kühlmann-Stumms. Hans-Dietrich Genscher konzipierte für das Ratifizierungsverfahren der Ostverträge einen Entschließungsantrag, in dem der Bundestag seiner Überzeugung Ausdruck geben sollte, das Vertragswerk sei nur aus sich selbst heraus zu verstehen, nicht aus Protokollen oder sonstigen Zusatzpapieren zu interpretieren. Am späten Mittwochabend – es war der 26. April, also die Nacht vor der Abstimmung über das Mißtrauensvotum –, zur gleichen Zeit, als Walter Scheel und Wolfgang Mischnick noch einmal Gerhard Kienbaum heftig zuredeten, bemühte sich Genscher zusammen mit Josef Ertl, Kühlmann-Stumm von der Tragfähigkeit seines Entschließungsantrages zu überzeugen und damit die Zustimmung Kühlmanns zu den Ostverträgen und zur Politik der Bundesregierung zu sichern. Anschließend wurde Kühlmann zu später Stunde auch noch von Willy Brandt im Palais Schaumburg empfangen.

Dort konfrontierte Kühlmann die Regierung jedoch mit einer neuen Forderung, die in der zur Verfügung stehenden kurzen Zeit nicht mehr zu erfüllen war: Dieser Entschließungsantrag müsse von allen drei Bundestagsfraktionen gemeinsam getragen und den Russen notifiziert werden. Damit nun brachte Kühlmann-Stumm die Regierung in eine ausweglose Situation; denn wie um alles in der Welt sollte sie das bewerkstelligen! Selbst wenn die Sowjets kooperativ wären – die Union war es sicherlich nicht: Sie hätte zweifellos der Entschließung ihre Zustimmung verweigert. Weshalb sollte sie sich auch anders verhalten? Mühevoll genug hatte sie die Regierung ausmanövriert, war nur Meter für Meter, Mann für Mann über Jahr und Tag vorangekommen. Jetzt war die Macht zum Greifen nahe, Barzels Kanzlerschaft in Reichweite gerückt. Nein, nichts und niemand konnte die Opposition von ihrem Wege abbringen, ehe sie am Ziele war.

Die schüchterne Zuversicht der Koalition verflog, ihre neu aufgeflackerte Hoffnung verdorrte. Enttäuschung und Mutlosigkeit machten sich breit. Falls außer Helms und Kienbaum nun auch Kühlmann-Stumm für den Mißtrauensantrag stimmte, dann war der Erfolg für Barzel so gut wie sicher, das Scheitern der Sozialliberalen kaum noch abzuwenden.

Obendrein bröckelte es nicht nur in der FDP immer weiter. Auch in der SPD war der Erosionsprozeß noch nicht zum Stillstand gekommen; die Sozialdemokraten hatten ihrerseits Probleme mit dem inneren Zusammenhalt ihrer Fraktion. Der schon genannte Abgeordnete Günther Müller aus München, seit 1965 im Bundestag, war zu Anfang der siebziger Jahre ein Opfer des Linksrutsches im SPD-Unterbezirk München geworden. Verbittert erklärte er am 20. April 1972 der Münchner *Abendzeitung*, überzeugte Anhänger der sozialdemokratischen Volkspartei im Sinne des Godesberger Programms hätten in der Münchner SPD keine Chance und keinen Einfluß mehr. Es sei unmöglich geworden, bei der bevorstehenden Kommunalwahl vom 11. Juni einfach SPD zu wählen. Er werde also versuchen, die »nicht mehr der SPD angehörigen Sozialdemokraten zu sammeln«, um dem Wähler eine Alternative zu bieten. Im April 1970 hatte sich Müller vergeblich um den Vorsitz des SPD-Bezirks Süd-Bayern beworben, im September 1971 hatte er den Vorsitz der SPD-Landesgruppe in Bonn aufgeben müssen und sah nun, im April 1972, »keinerlei Hoffnung mehr«, in seinem Wahlkreis 1973 noch einmal für den Bundestag nominiert zu werden. Seine Befürchtungen waren keineswegs grundlos. Noch am Donnerstag vor der baden-württembergischen Landtagswahl hatte der neue, linkslastige Vorsitzende des Münchner Unterbezirks der Sozialdemokraten, Rudolf Schöfberger, auf Fragen nach der politischen Zukunft Müllers in der Partei gemeint, seine Berücksichtigung bei der Kandidatenaufstellung 1973 werde sicher »sehr problematisch« werden. Die *Juso-Information* hatte Müller sogar schon zum Rechtsabweichler, zum Sozialisten- und Kommunistenjäger erklärt, ihn als »McCarthy von München« abgestempelt. Müller seinerseits scheute sich nicht, in Gerhard Löwenthals *ZDF-Magazin* aufzutreten oder der unionsnahen *Welt* Interviews zu geben, um seinen innerparteilichen Besorgnissen Ausdruck zu verleihen, obwohl er wissen mußte, daß dies der SPD schaden und seine eigene Position in der Partei weiter schwächen werde. Vorsorglich hatte er deshalb auch schon Kontakte zur CSU geknüpft. Den Münchner CSU-Vorsitzenden und Staatssekretär im bayerischen Innenministerium, Erich Kiesl, der später, nach den Kommunalwahlen von 1978, Oberbürgermeister von München wurde, nannte er seinen Freund.

Die Bonner SPD beobachtete die Entwicklung um Müller (wie die Entwicklung der Münchner SPD insgesamt) mit wachsender Sorge. Die Eskalation seines Konflikts mit der eigenen Partei so kurz vor entscheidenden Abstimmungen im Bundestag schien ihr sehr bedrohlich. Da Müller offensichtlich zu den unsicheren Kantonisten gezählt werden mußte, machte die SPD in aller Eile noch am 26.

April 1972 den sicheren Wahlkreis Nürnberg-Süd, in dem bisher Käte Strobel gefochten und gesiegt hatte, für Günther Müller frei. Das war sein eigener Wunsch gewesen: München zu verlassen, aber in Bayern zu bleiben. Nun konnte er sicher sein, bei der nächsten Bundestagswahl wieder ein Mandat zu erhalten. Damit war vor allem der Koalition gedient; denn einen weiteren Helms oder Kühlmann-Stumm konnte sie sich jetzt wirklich nicht mehr leisten. Ohnehin wurde ihre Fähigkeit, schwankende Rohre im Winde erneut fest an die Regierung zu binden, also ihre Mehrheit zusammenzuhalten, auch in den eigenen Reihen immer mehr in Frage gestellt.

Im Kabinett, das an diesem 26. April nachmittags für zwanzig Minuten im Bundeshaus, und zwar im Fraktionssaal der FDP, zu seiner womöglich letzten Sitzung vor dem Sturz des Kanzlers zusammentrat, unterhielt man sich anfangs zerstreut über Personalien, auch über die Termine der nächsten Kabinettsitzungen und ähnliches – über »Quisquilien«, wie Staatssekretär Dietrich Spangenberg dem Bundespräsidenten berichtete. Unter Punkt 2 der Tagesordnung wandte man sich danach mit bemühter Aufmerksamkeit der Affäre um den griechischen Strafrechtler Georgios Mangakis zu, einen früheren Professor der Athener Universität, der von der seit April 1967 herrschenden Militärjunta inhaftiert worden war und eine vorübergehende Entlassung aus der Strafanstalt nach späterer, offiziell griechischer Version zur Flucht in die Bundesrepublik genutzt hatte. Nachdem unser Botschafter in Athen, Peter Limbourg, ihn in aller Form verabschiedet hatte, war er von einem amerikanischen Stützpunkt in der Nähe der Hauptstadt zusammen mit seiner Frau in einer Bundeswehrmaschine nach Deutschland geflogen, obwohl die griechische Regierung seiner Ausreise nach ihren eigenen Angaben weder direkt noch indirekt zugestimmt hatte. Die Umstände dieses Fluges hatten zur Abberufung Limbourgs geführt, wenn sich auch Kanzleramtsminister Prof. Horst Ehmke, der Mangakis aus gemeinsamen Dozentenzeiten an der Universität Freiburg i. Br. kannte, darauf berufen konnte, der Aktion habe eine – von Verteidigungsminister Helmut Schmidt gebilligte – Absprache zwischen ihm und dem starken Mann der Junta, dem Obersten Georgios Papadopulos, zugrunde gelegen, die (1968 eingestellte) deutsche Militärhilfe für Griechenland gegen die Freilassung von hundert politischen Häftlingen wiederaufzunehmen. Die Ausreiseerlaubnis für Mangakis sei als Vorab-Geste des guten Willens zu verstehen gewesen. Jedoch hatte die heftige innergriechische Diskussion über diesen Flug die Annullierung der Vereinbarung zwischen Ehmke und Papadopulos zur Folge. Diese erneute Belastung des deutsch-griechischen Verhältnisses war unangenehm. Aber die Regierung in Bonn, hätte man meinen sollen, war in diesem Moment eigentlich von dringenderen Sorgen heimgesucht als diesem Zwischenfall begrenzter Tragweite.

Tatsächlich beschäftigten sich alle insgeheim mit der Frage, wie es wohl wirklich mit der eigenen Mehrheit stehe. Helms hatte man endgültig abgeschrieben. Von Müller, dem man ja ein sicheres Mandat angetragen hatte, erwartete man jedoch, daß er für Brandt stimmen werde. Damit hing das Ergebnis des nächsten Tages ganz und gar von Kienbaum und Kühlmann-Stumm ab. Ganz sicher war immer noch nicht, wie sie sich am Ende entscheiden würden – so redete man sich bei den Sozialliberalen jedenfalls ein.

Wie ihr Votum ausfallen würde, konnte endgültig erst in der Frühe des 27. April klarwerden. Denn beide waren zwar seit einiger Zeit erklärte Brandt-Gegner, beide waren aber doch immer noch Mitglieder der Freien Demokratischen Partei und der FDP-Fraktion des Bundestages. Auf sie konzentrierte sich daher jetzt alles, von allen Seiten. In letzter Stunde, am Morgen des Mißtrauensvotums, versuchte man in einer FDP-Fraktionssitzung, im Saal 216a des Bundeshauses, noch ein letztes Mal, sie zurückzugewinnen. Doch als der Fraktionsvorsitzende Wolfgang Mischnick um 9.15 Uhr seinen Kollegen die Frage stellte, wie sie abstimmen würden, bekannte Kühlmann-Stumm sofort, sich für Barzel entschieden zu haben. Eine halbe Stunde später erklärte sich auch Kienbaum – ebenfalls für Barzel. Beide hatten mit ihrem Bekenntnis menschlichen Anstand und Mut vor den früheren Freunden bewiesen; denn sie hätten ja durchaus auch weiter schweigen können. Am traurigen Ergebnis änderte der Respekt der anderen vor ihrer Haltung freilich nichts. Mit großer Niedergeschlagenheit verließen die FDP-Abgeordneten das Sitzungszimmer. Das Schicksal der Koalition und ihrer Regierung war nach menschlichem Ermessen besiegelt. Walter Scheel informierte sogleich Willy Brandt, der im Plenarsaal des Bundestages bereits auf der Regierungsbank Platz genommen hatte: Man habe die Mehrheit verloren.

Barzels Scheitern im Bundestag

Scheel war tief deprimiert. Schon am Abend vorher war er in Untergangsstimmung verfallen. So hatte ihn seine Umgebung noch nie erlebt. Gemeinsam hatte man im AA gesessen und überlegt, was noch für den Fall zu regeln war, daß es schiefgehe, welche Akten man mitnehmen wolle, welche vernichtet werden müßten. Scheel hatte apathisch dabeigesessen und verbittert sein Scheitern konstatiert: Es sei aus. Mit solchen Leuten, den Abtrünnigen der eigenen Partei, sei es eben nicht zu schaffen . . .

Auch er legte Barzels Zahlen zugrunde. Als er von der Fraktionssitzung direkt ins Plenum ging, hielt er es für selbstverständlich, daß Barzel die Mehrheit habe. Was er dachte, wie es um ihn in diesem Augenblick stand, merkten seine engsten Mitarbeiter daran, daß er dort die Rede halten wollte – und hielt –, die ihm Karl-Hermann Flach, der FDP-Generalsekretär, entworfen hatte. (Er hatte einen zweiten, optimistischeren Entwurf bei sich für den Fall, daß sich in letzter Minute doch noch alles zum Guten wenden würde.) Scheels Umgebung wußte: Wenn er jetzt Flachs Text nahm, dann ging er davon aus, daß die sozialliberale

Koalition der Vergangenheit angehöre. Denn es war eine Abschiedsrede, die er mit mühsam gebändigter Erregung und in großem Ernst dem Hause vortrug:

Herr Präsident! Meine sehr verehrten Damen und Herren!

Jeder einzelne Abgeordnete muß heute eine Entscheidung von großer politischer Tragweite fällen. Es geht um den Versuch, eine Veränderung politischer Mehrheitsverhältnisse ohne Wählerentscheid herbeizuführen. Das trifft unabhängig von der formalen Legitimität den Nerv dieser Demokratie.

Wenn es zur Regel werden sollte, daß Mehrheitsverhältnisse in den Parlamenten durch Parteienwechsel, also ohne Wählervotum, verändert werden, dann stirbt die Glaubwürdigkeit der parlamentarischen Demokratie ... Hüten wir uns davor, große Worte zu strapazieren, wenn es um ganz handfeste Dinge geht! Die Sicherung der persönlichen politischen Zukunft ist keine Gewissensfrage. Man sollte die Wähler in einer solchen Situation nicht verhöhnen und mit unser aller Ruf als Volksvertreter nicht Schindluder treiben; das wäre gewissenlos ...

Sie hoffen auf Mitglieder dieses Hauses, deren Nervenkraft und Charakterstärke nicht ausreichen, in einer schweren Stunde zu ihrer Partei zu stehen oder ihr Mandat zurückzugeben. Wer Regierungsmacht auf dieser moralischen Grundlage aufbauen will, der baut auf Sand. Ein Bundeskanzler, der auf diese Weise ins Amt kommt, wäre nur eine Stunde lang glücklich ...

Diese Regierung hat ihre Spur tief in die Nachkriegsgeschichte unseres Volkes eingekerbt, komme, was da wolle. Diese Regierung hat sich geschichtlich allein schon dadurch gerechtfertigt, daß sie mit ihrer knappen Mehrheit das geschaffen hat, was andere mit ihren großen Mehrheiten nicht erreichen wollten oder konnten: unser Volk über seine Tabuschwellen hinwegzuführen, es von Illusionen wegzubringen, ihm auch harte Wahrheiten über seine Lage zu sagen und auf diese Weise die ihm nach zwei verlorenen Weltkriegen verbliebene nationale Restsubstanz dauerhaft zu sichern ...

Ich will nicht mehr, als an die schwere Verantwortung jedes einzelnen Abgeordneten appellieren. Lassen Sie diesem Volk noch ein Jahr seinen inneren Frieden, stellen wir uns dann gemeinsam dem Urteil der Wähler! Machen Sie unser Land und sich selber nicht unglücklich, indem Sie zur falschen Zeit mit den falschen Methoden eine Regierung etablieren wollen, deren Fundament sich auf politische Überläufer stützen müßte und deren Geburtsstunde vom Makel des Wortbruchs gekennzeichnet wäre.

Eine Regierung gegen Treu und Glauben hat unser Volk nicht verdient. Das haben auch Sie nicht verdient, Herr Dr. Barzel ...

Als er geendet hatte, verließ Scheel den Plenarsaal und ging zu seiner Frau hinunter, die im Restaurant des Bundestages auf ihn wartete.

Auch die Union fühlte sich an diesem Tage unter starkem Druck. In vielen

Orten der Bundesrepublik hatten Betriebsräte, Bürgerinitiativen und lokale Organisationen von SPD und FDP, Gewerkschaftsvertreter ebenso wie der Bundesvorstand der Jungdemokraten zu Warnstreiks aufgerufen. Einzelne Betriebsräte hatten sogar den *Deutschen Gewerkschaftsbund* aufgefordert, bei einem Sturz der sozialliberalen Regierung den Generalstreik zu proklamieren. Der DGB hatte sich zwar in einer Sitzung des geschäftsführenden Vorstandes die Mahnung des Kanzlers zu eigen gemacht, Ruhe zu bewahren und keine Kampfmaßnahmen zu ergreifen, solange das Vorgehen der Opposition im Rahmen der Verfassung bleibe. Doch Belegschaften mittlerer und größerer Betriebe in allen Teilen des Bundesgebiets hatten bereits unter Hinweis auf das Mißtrauensvotum für kurze Zeit die Arbeit niedergelegt: als Bekenntnis zu Brandt und seinem sozialliberalen Bündnis, als Zeichen der Solidarität und Sympathie, aber auch als Warnung an die Opposition, beim Kampf um die Macht nicht zu weit zu gehen. Neben diesen symbolischen Arbeitsniederlegungen gab es jedoch auch deutliche Anzeichen – Demonstrationen, Telegramme, Meldungen –, die ahnen ließen, was im Falle eines Regierungssturzes bevorstehen würde. Sogar der faire, liberale Richard von Weizsäcker, der in der Bundestagsdebatte neben Gerhard Schröder und Kurt Georg Kiesinger für die Union das Wort ergriff – wozu ihn, wie er später berichtete, Rainer Barzel gegen seine Überzeugung gezwungen (!) hatte, so daß er zwar, wie immer, sachlich und abgewogen sprach, aber ohne Nachdruck, ohne Feuer –, mußte zu seinem Schrecken feststellen, daß Sozialdemokraten im Saal selbst bei seiner Rede die Fäuste ballten. Betroffen sah er ihre zornigen Gesichter, hörte er, daß sie auch ihn als Heckenschützen betrachteten, es ihm zuriefen.

Das alles verhieß nichts Gutes, falls Barzel es schaffte. Viele in der Union, auch in der Fraktion, hofften daher an diesem Morgen insgeheim, sein Vorhaben werde scheitern, weil es in jedem Falle kein gutes Ende nehmen werde – für die CDU/CSU wie für unser Land.

Als letzter vor der Abstimmung sprach der Bundeskanzler. Am Morgen, vor der Sitzung, hatte sich Brandt überlegt, ob er überhaupt das Wort ergreifen solle. Alles schien verloren; jedes Wort schien überflüssig und ohne Sinn, wenngleich Brandt, trotzig wie ein Junge im dunklen Wald, sich Mut zu machen, den Seinen Zuversicht zu vermitteln suchte: »Ich bin davon überzeugt: Wir werden nach der heutigen Abstimmung weiterregieren.«

Er hatte sich also überwunden und war ans Rednerpult getreten, um seine Politik und Regierung zu rechtfertigen. Hätte man, so schien er sich ernstlich zu fragen, diesen riskanten Tag vielleicht vermeiden können, wenn man mehr Zusammenarbeit mit der CDU/CSU versucht hätte? Brandt meinte, das verneinen zu müssen – auch wenn er in seiner selbstkritischen und noblen Art eigene Versäumnisse auf diesem Gebiet einzuräumen bereit war. An seinen Amtsvorgänger gewandt, dessen Debattenbeitrag im Ohr, sagte der Kanzler:

Es ist doch zunächst einfach nicht wahr, daß ich – oder meine Freunde und ich – nach den Wahlen von 1969 eine bis dahin bestehende inhaltliche Gemeinsamkeit zerstört hätten . . . Es war ja, Herr Kollege Kiesinger, der große Jammer, daß sich die Große Koalition bei einigen Meriten, die ich ihr auch heute nicht absprechen möchte, eben nicht als fähig erwies, aus der Einsicht in die Realitäten auf breiter Basis die gebotenen Konsequenzen zu ziehen. Herr Kollege Kiesinger, Sie haben sich damals nicht dazu durchringen können, eine genügend wirklichkeitsbezogene Politik durchzusetzen. Sie sind vor dem Druck Ihrer bayerischen Freunde und anderer Hilfstruppen zurückgewichen. Sonst wären wir weiter und brauchten weniger zu streiten, als wir es tun.

Was das Bemühen um Gemeinsamkeit seit 1969 angeht, so hat Herr Barzel mir dessen Scheitern anlasten wollen. Das ist nicht gerecht, obwohl ich nie ausschließe, daß auch ich Fehler gemacht haben kann. Aber ich möchte jetzt keine Rechnung aufmachen, weil ich es für geboten halte, über diesen Tag hinauszudenken. Aber dies muß ich doch auf Grund meiner Erfahrungen der letzten zweieinhalb Jahre sagen dürfen: Die Führung der CDU/CSU hat sich verbal zur Gemeinsamkeit bekannt. Aber sie hat durch ihr Verhalten zumeist die konkrete Zusammenarbeit verweigert, und wenn es dann einmal anders aussah, dann stellte sich heraus, daß unter gemeinsamem Handeln häufig ein Nichthandeln der Regierung verstanden werden sollte. Darauf konnte und darauf wollte ich doch nicht eingehen.

Wie man sieht, lag Brandt das Schicksal der Ostpolitik, seine Mission, auch jetzt, ja gerade jetzt, in seiner womöglich letzten Stunde als Regierungschef, mehr als alles andere am Herzen, mehr als das eigene politische Überleben. Mit berechtigtem, aber nur beiläufig geäußertem Stolz (»Was gestern abend in Ost-Berlin vereinbart wurde, ist ein weiterer wichtiger Schritt, mehr nicht: ein weiterer wichtiger Schritt«) wies er auf jenes ermutigende Anzeichen innerdeutscher Entkrampfung hin, das die Verhandlungsführer der beiden deutschen Staaten, Egon Bahr und Michael Kohl, am Vorabend zustande gebracht hatten.

Seit dem 26. April 1972 war der allgemeine Verkehrsvertrag perfekt, war schriftlich fixiert – dieser Test im innerdeutschen Verhältnis, ob denn auch ohne förmliche Anerkennung geregelte zwischenstaatliche Beziehungen möglich seien. In einer gemeinsamen Pressekonferenz mit Bahr hatte Kohl aus diesem Anlaß mitgeteilt, daß es zwischen beiden Staaten in beiden Richtungen zu Reiseerleichterungen kommen werde, sobald dieser Vertrag in Kraft getreten sei; insbesondere werde es DDR-Bürgern gestattet sein, in dringenden Familienangelegenheiten die Bundesrepublik zu besuchen.

So ausführlich Brandt über seine Ostpolitik sprach, so rasch ging er über das Thema der Überläufer hinweg. Er streifte es nur ganz am Rande, als sei ihm peinlich, dergleichen in den Mund zu nehmen. Fünf Minuten vor zwölf, um

11.55 Uhr, sprach der Kanzler sein Schlußwort: »Und nun, meine Damen und Herren, bleibt frei nach Kant nichts anderes übrig, als unsere verdammte Pflicht und Schuldigkeit zu tun.«

Kämpferische Resignation also auch hier.

Dann die Abstimmung. Von der Union fehlte keiner. Karl Theodor Freiherr zu Guttenberg, aber auch der Sozialdemokrat Hans Lemp wurden im Rollstuhl zur Wahlurne geschoben. Aus der FDP-Fraktion gaben neben Kienbaum und Kühlmann-Stumm nur »sichere« Abgeordnete wie Wolfgang Mischnick, Hans-Dietrich Genscher und Karl Moersch ihre Stimme ab. Während ausgezählt wurde, wartete Rainer Barzel zusammen mit Paul Mikat, der mit ihm ins Kanzleramt gehen sollte, in einem Nebenraum, wo sie Willi Weyer aufspürte, der zum gelungenen Machtwechsel gratulierte. Auch Willy Brandt hatte den Plenarsaal verlassen. Walter Scheel wartete mit Frau Mildred und Rut Brandt unten im Restaurant. Dorthin kam ihm eilig Sepp Woelker nachgelaufen, sein Persönlicher Referent, der schon von ferne aufgeregt mit der Hand fuchtelte und winkte, zwei Finger in die Luft hielt. »Naja«, dachte Scheel zunächst und sagte es, »das ist eben deren Mehrheit.« Aber Woelker schien sehr bewegt, und als er näher kam, rief er, es sei schiefgegangen – für die anderen. Die Verblüffung war ungeheuer, dann die Freude grenzenlos.

Im Plenarsaal hatte inzwischen Bundestagspräsident Kai-Uwe von Hassel das genaue Ergebnis bekanntgegeben: 247 Abgeordnete hatten für Barzel gestimmt, zehn gegen ihn, drei hatten sich der Stimme enthalten. Damit hatte Barzel die absolute Mehrheit um zwei Stimmen verfehlt. Sein konstruktives Mißtrauensvotum war gescheitert. Da Kienbaum und Kühlmann, wie sie vorher angekündigt hatten und später versicherten, für Barzel eingetreten waren, mußte es mindestens zwei, vielleicht sogar drei Enthaltungen oder Gegenstimmen aus Barzels eigenen Reihen gegeben haben.

Gefolgschaftsverweigerung im Lager der Opposition

Barzel schüttelte nach der Auszählung den Kopf. Hätte er mit diesem Ergebnis rechnen müssen? Hätte er damit rechnen können? Er hatte doch, fand er, nüchtern kalkuliert. Vielleicht aber ohne Instinkt. Er war ja immer wesentlich ein *Manager* der Macht: War er möglicherweise nicht mißtrauisch genug gewesen? Schließlich hatten ihn alle in seinem Vorhaben bestärkt, auch bittere Konkurrenten, etwa Franz Josef Strauß und Helmut Kohl. Wie auch immer: Nur der Erfolg hat viele Väter. In seinem Erinnerungsbuch *Auf dem Drahtseil* schrieb Barzel mit dem ihm eigenen, papiernen Pathos, geheimnisvoll raunend, Jahre danach im Rückblick: »Da war nichts Flüchtiges zufällig oder unbedacht geschehen. Von keiner Seite. Da war ein anderer Wille am Werk. Eine andere Überzeugung. Es war ja auch kein Spiel. Es ging um Deutschland, auch um den Vertrag mit Moskau. Drei Männer und Frauen hatten Geschichte gemacht. Ein seit langem gefaßter Entschluß und ein wohlberechneter Plan waren – gescheitert.«

Das Drahtseil, auf das sich Barzel mit dem Mißtrauensvotum begeben hatte, war gerissen. Er selbst sagte, im Vertrauen, später: Dieser Tag, dieses Ereignis, sei sein Ende als Oppositionsführer gewesen.

Drei Männer und Frauen hatten also, Barzel zufolge, Geschichte gemacht. Wer waren sie?

Wilhelm Helms, der Landwirt aus Bissenhausen, hat Autor und Verlag vorläufig durch einstweilige Verfügung verbieten lassen, wie in der Erstauflage zu behaupten, er habe sich später selbst zu seiner Stimmenthaltung bekannt.

Die beiden anderen Stimmen, die Barzel bei der Abrechnung fehlten, kamen aus der Union. Wenn sie für ihn abgegeben worden wären, hätte es auch ohne Helms noch zur Kanzlerschaft gereicht.

Einer der beiden Unionsabgeordneten, die nicht für Barzel stimmten, war Julius Steiner, ein gebürtiger Stuttgarter und schwäbischer Katholik, der nach dem Kriege zunächst Philosophie, Theologie und Geschichte studiert hatte, bevor er 1958 mit mäßigem Erfolg als Referent in die freie Wirtschaft gegangen war. 1969 war er über die baden-württembergische Landesliste der CDU in den Bundestag gekommen, und zwar auf einem Platz, dem die Partei eigentlich keine Chancen mehr eingeräumt hatte: mithin also eher durch Zufall. Als Obmann seiner Partei saß er im Gesamtdeutschen Ausschuß, sagte dort jedoch drei Jahre lang nichts, was irgend jemandem aufgefallen wäre. Er stand häufig unter Alkohol, trank, weil er krank war und Schmerzen hatte. Seine Zukunft, auch die finanzielle, war ungewiß. Vorgezogene Neuwahlen, Wahlen überhaupt, schreckten ihn. Es konnte für ihn, der jetzt immerhin bereits 47 Jahre zählte, nur schlechter werden. Ein sicherer Posten, etwa als Stadtrat irgendwo, war für ihn nicht in Sicht. Und in der Wirtschaft gab es längst Jüngere, Leistungsfähigere als ihn. Was also sollte aus ihm werden?

So verkaufte er das wenige, was er noch besaß: sich selbst, seine Stimme. Für Geld – wenig genug – votierte er beim Mißtrauensantrag, wie er später zugab, gegen Barzel. Er beschuldigte sich öffentlich, dafür von Karl Wienand, dem SPD-Fraktionsgeschäftsführer (der aus anderen Gründen im Dezember 1974 den Bundestag verlassen mußte), 50 000 DM erhalten zu haben. Das wurde natürlich bestritten. Horst Ehmke, zu jener Zeit Minister und Chef des Kanzleramtes, berichtete Jahre danach, Steiner sei damals in Bonn herumgelaufen und habe sich überall angeboten; jeder habe ihn kaufen können. Er, Ehmke, habe seinen Freunden gesagt, man solle die Finger von diesem Manne lassen. In der *Zeit* wurde am 3. August 1973 anonym gefragt, ob »Jule« Steiner wohl ein ferngesteuerter Agent gewesen sei. Ein »Fachmann« wagte die Hypothese, die 50 000 DM für ihn seien aus östlichen Tresoren gekommen. Doch welcher

Geheimdienst konnte an einem so beschränkten, durch Krankheit geschwächten Geist ein Interesse haben?

Die Erklärung war viel einfacher, lag sozusagen auf der Hand. Durfte die Koalition irgendeinen Weg außer acht lassen, der geeignet schien, die Regierung und ihre Verträge zu sichern – zumal wenn sie die Opposition bereits auf eben diesem Weg wandeln sah, um das Gegenteil zu erreichen?

Man muß sich in die damalige Lage zurückversetzen, die gespannt bis zum äußersten war, voller Mißtrauen aller gegen alle, das ganze Bundeshaus eine Gerüchteküche, ein Hexenkessel, brodelnd, überkochend – eine Ausnahmesituation, in der normale Maßstäbe nicht mehr galten. Und zwischen den beiden Heerhaufen die unübersichtliche Grauzone Zaudernder, auch Käuflicher, und das zu einer Zeit, in der jede gewinnbare Stimme entscheidend wichtig war! Auf beiden Seiten, in beiden Richtungen. Gelegentlich wurde später bierselig zugegeben, daß natürlich gezahlt worden sei; mit 50 000 DM sei man doch, bei diesem Risiko, noch billig davongekommen. Oder jemand erregte sich, anfangs nur hinter verschlossenen Läden und Türen: Natürlich habe man einige »von denen« gekauft! Aber man sei dabei tapsig-unklug zu Werke gegangen; so etwas müsse man leiser spielen. Die anderen könnten das eben besser; niemand habe, beispielsweise beim Bauern Helms, etwas rascheln hören.

Karl Wienand, der es eigentlich wissen muß, hat David Binder berichtet, die CDU/CSU habe fünf Parlamentarier der Koalitionsparteien zu Überläufern gemacht. Sie habe also an sich eine komfortable Mehrheit von 252 Stimmen besessen. Jedoch sei es anschließend ihm, Wienand, gelungen, einen dieser fünf Abtrünnigen zurückzuholen und zusätzlich vier Unionsabgeordnete heimlich für das SPD/FDP-Lager anzuwerben. Daher habe Barzel im entscheidenden Moment nur 247 Stimmen erhalten.

Inzwischen kann man mit größerer Unbefangenheit, also sogar öffentlich, über diese heiklen Transaktionen reden. Am 5. Januar 1980 antwortete Herbert Wehner in einer Sendung der NDR-Fernsehreihe *Zeugen der Zeit* (deren Wortlaut am 17. Januar in der *Frankfurter Rundschau* nachgedruckt wurde) auf die Feststellung, noch heute sei die Annahme anzutreffen, daß damals beim Mißtrauensvotum vieles nicht mit rechten Dingen zugegangen sei:

> Was sind rechte Dinge? Daß man Leute bezahlt, nicht? Wie das gemacht worden ist? Es gibt doch heute Leute; ich könnte sie aufzählen. Ich denke nicht daran, weil dann die besondere Seite unserer Demokratie zum Vorschein kommt; dann werde ich fortgesetzt vor Gerichte geschleppt. Ich kann ja nicht mal das verwenden, was ich damals von Anverwandten solcher Leute bekommen habe: ein ganzer Stapel von Sachen. Nein, nein, dies war schmutzig, und das mußte man wissen. Ein Fraktionsvorsitzender muß wissen, was geschieht und was versucht wird, um einer Regierung den Boden unter den Füßen zu entziehen. Die Regierung selber muß das alles gar nicht wissen.

In aller Offenheit gab Wehner bei dieser Gelegenheit zu, daß man selbst, angesichts der zerbröckelnden Mehrheit, zu genau den gleichen Mitteln habe greifen müssen: »Ich . . . habe immer gewußt: das wird sehr schwer. Und einer muß der Dumme sein, und das war immer ich . . . Ich kenne zwei Leute, die das wirklich bewerkstelligt haben. Der eine bin ich, der andere ist nicht mehr im Parlament.«

Der eine war also Wehner, der andere Wienand. Doch die Affäre Steiner war noch lange geheimnisumwittert. Niemand wußte so recht, warum sich Steiner öffentlich bloßstellte und Schmähungen auf sich nahm. Niemand konnte sich erklären, weshalb er sich mit nur 50 000 DM zufriedengegeben hatte, sich dann aber von dem Geld, das er doch so dringend brauchte, alsbald einen großen Wagen gekauft hatte, der nahezu die Hälfte der Summe gleich wieder verschlang. Steiner blieb ein Rätsel für die Union wie für die Koalition. Zumindest offiziell. Der Untersuchungsausschuß des Bundestages, der sich mit seinem Fall beschäftigte, produzierte in zahlreichen Sitzungen rund siebentausend Protokollseiten – ohne Ergebnis. Er schloß am 13. März 1974 seine Akten mit der Feststellung, daß Aussage gegen Aussage stehe. Steiner hatte erklärt, bestochen worden zu sein, Wienand hingegen, keine Zahlungen geleistet zu haben. Dabei blieb es. Das Interesse an einer vorbehaltlosen Aufklärung der Angelegenheit schien auf beiden Seiten gedämpft: Ehrenmänner unter sich.

Wer außer Steiner aus der CDU/CSU Barzel die Stimme verweigerte, ist bis heute nicht sicher. Ins Zwielicht geriet vorübergehend und zu Unrecht Ernst Majonica, seit vielen Jahren einer der außenpolitischen Experten der Unionsfraktion und mit verschiedenen Büchern über Probleme, Grenzen und Möglichkeiten deutscher Außenpolitik auch publizistisch hervorgetreten, von 1959 bis 1969 Vorsitzender des außenpolitischen Arbeitskreises seiner Bundestagsfraktion. Es war in Bonn kein Geheimnis, daß er Sympathie für die Ostpolitik der Regierung Brandt hegte, sie für notwendig hielt; daß er dies auch jedermann offen sagte, kostete ihn seine politische Karriere. Dennoch hatte er, loyal wie er war, für Barzel gestimmt, zumal dieser vorher unmißverständlich erklärt hatte – und Majonica wußte, daß Barzel es damit ernst meinte –, die Neue Ostpolitik fortsetzen zu wollen, deswegen ja auch bereits Kontakte zur Sowjetführung aufgenommen hatte.

Die Lösung glaubte 1978 *Der Spiegel* endlich gefunden zu haben. In seiner Ausgabe vom 29. Mai nannte er unter Berufung auf Bonner Unionskreise den Namen Ingeborg Geisendörfer. Die 1907 in Dillingen an der Donau geborene Hausfrau und ehemalige Lehrerin, evangelisch, seit 1940 verheiratet mit dem Pfarrer Robert Geisendörfer, CSU-Mitglied, auch ihrerseits kirchlich engagiert, hatte 1965 die EKD-Denkschrift *Über die Lage der Vertriebenen und das Verhältnis des deutschen Volkes zu seinen östlichen Nachbarn*, diesen wichtigen, öffentlich wirksamen Anstoß für eine wirklichkeitsbezogene Ostpolitik, für erforderlich und zeitgemäß gehalten und daher unterstützt. Von 1953 bis 1972, also fast zwanzig Jahre lang, war sie Mitglied des Bundestages gewesen.

Ein Redakteur des *Spiegel*, Dirk Koch, merkte auf, als er 1978 in Barzels Buch *Auf dem Drahtseil* einen Hinweis auf mögliche weibliche Verräter beim konstruktiven Mißtrauensvotum fand. Als er sich umhörte, stieß er auf Ingeborg Geisendörfers Namen und ging der Sache nach. Am 22. Mai 1978 besuchte er die mittlerweile Einundsiebzigjährige in ihrer Münchner Wohnung. Nach einem zweistündigen Gespräch meinte Koch, Frau Geisendörfer habe nicht für Barzel gestimmt. *Der Spiegel* berichtete. In seiner Nummer vom 29. Mai 1978 und ein weiteres Mal in der Ausgabe vom 26. Juni 1978, diesmal in einem redaktionellen Nachsatz zu einer Gegendarstellung von Frau Geisendörfer (die *Der Spiegel* unverblümt als glatt unwahr qualifizierte), behauptete er, sie sei diejenige aus der Union neben Steiner, die 1972 Barzel die Gefolgschaft verweigert habe. Entgegen den Erwartungen des *Spiegel* bemühte Ingeborg Geisendörfer die Gerichte, und im Juli 1978 teilte die CSU-Landesleitung mit, das Landgericht München I habe dem Nachrichtenmagazin durch einstweilige Verfügung verboten, seine Behauptung zu wiederholen.

Die Union beteiligte sich überhaupt an der Suche nach den Barzel-Verweigerern selbst nicht, jedenfalls nicht öffentlich. Unter der Hand wurden natürlich Vermutungen geäußert, Überlegungen angestellt. Aber schon in der Fraktionssitzung, die von Barzel am 27. April 1972 unmittelbar nach dem Scheitern seines Mißtrauensvotums einberufen worden war, hatte er empfohlen, von einer Untersuchung Abstand zu nehmen, und erklärt, mit Argwohn untereinander könne man unmöglich in die nun wohl bald anstehenden Wahlen gehen. Zugleich hatte er die Fraktion aufgefordert, bei der bevorstehenden Abstimmung über den Haushalt des Bundeskanzlers die namentliche Stimmabgabe zu beantragen, um bei dieser Gelegenheit der Welt zu zeigen, daß auch Brandt keine Mehrheit besitze.

Regierung ohne Mehrheit

Währenddessen herrschte im Regierungslager strahlende Siegesstimmung. Es war wie das befreiende Erwachen nach bösen Alpträumen. Einen Moment lang schien für die Sozialliberalen die Zeit stillezustehen. Man fühlte sich von einer großen Welle der Zustimmung, der Bestätigung erhoben und getragen. Besonders bei der FDP traf eine Sturzflut von Briefen und Telegrammen ein: durchgängig positiv, was selten ist (denn meist greifen ja nur Leute zur Feder, die sich geärgert haben). Diese Unterstützung motivierte die Koalition. Beschwingt, wie man war, übersah man dabei oder verdrängte, daß man tatsächlich ebensowenig wie die Union eine Mehrheit besaß, also gar nicht mehr regieren konnte.

Nach dem Mißtrauensvotum bat Brandt am späten Nachmittag Außenminister Scheel und Oppositionsführer Barzel zu sich und beratschlagte mit ihnen über die weitere Behandlung des Haushalts sowie die Ratifizierung der Ostverträge. Barzel drängte, die Abstimmung über den Kanzlerhaushalt noch am gleichen Abend stattfinden zu lassen. Nur mit Mühe ließ er sich überzeugen, daß zunächst das Kabinett zusammentreten müsse, um die Regierungserklärung zu verabschieden, bevor am nächsten Tage der Haushalt vor den Bundestag gebracht werden könne. Barzel hatte es eilig. Er suchte in der sicheren Niederlage, die seinen Widersacher erwartete, seine Revanche, und zwar ohne Umschweife, sofort; er suchte Trost in der Gewißheit, daß es Brandt nicht besser gehen werde als ihm. Und er wollte dieser Regierung keine Ruhepause mehr gönnen, in der sie vielleicht ihre Truppen vermehren, Abtrünnige hätte um sich scharen können. Da die Koalition bereits nach Luft rang und jede weitere Anstrengung ihr Ende bedeuten konnte, mußte der nächste Schlag, fand er, ohne Verzug geführt werden.

Die Koalition hingegen spielte natürlich auf Zeitgewinn. Sie wollte erneut auf ihre Dissidenten zugehen, sich um sie bemühen, um möglichst doch noch die Mehrheit zurückzugewinnen, wie Barzel ganz richtig vermutete. Das erwies sich als mühsames, im Ergebnis letztlich erfolgloses Geschäft.

Gerhard Kienbaum hatte nach der Abstimmung über das konstruktive Mißtrauensvotum der FDP-Fraktion versprochen, sein Mandat sofort zurückzugeben, hatte es sich indessen im Büro des Parlamentspräsidenten Kai-Uwe von Hassel wieder anders überlegt und die Rückgabe nunmehr von einer Entschuldigung Scheels für dessen öffentlich geäußerte Zweifel am Charakter der Überläufer, also auch an seinem Charakter, wie er erbost feststellte, abhängig gemacht. Dann war er nach Gummersbach gefahren, hatte Freund und Feind in Bonn über seine Absichten im unklaren gelassen, und saß grollend zu Hause.

Knut von Kühlmann-Stumm, dem Gegner der Ostverträge, lag viel daran, auf jeden Fall seine Stimme gegen sie abzugeben und erst danach auf sein Mandat zu verzichten. Er stellte aber in Aussicht, an keiner anderen Abstimmung mehr teilnehmen zu wollen. Damit konnte man nicht eben viel anfangen.

Wilhelm Helms wußte am Donnerstag abend überhaupt noch nicht, was er tun sollte. Er schwankte unschlüssig zwischen den Lagern hin und her. Am Nachmittag war er mit seinem alten FDP-Fraktionsvorsitzenden Wolfgang Mischnick zusammengetroffen, hatte aber auch Gespräche mit CDU und CSU angekündigt und überdies bei den Sozialdemokraten nachgefragt, ob sie ihn als Hospitanten aufnehmen wollten. Aber die SPD winkte, wenn auch schweren Herzens, ab: Das könne sie wohl dem Koalitionspartner nicht antun. Damit saß Helms zwischen den Stühlen. Zog es ihn vielleicht doch noch zurück zu den Freien Demokraten? Denn am nächsten Morgen, also am Freitag, traf er zunächst mit dem Vorsitzenden des außenpolitischen Arbeitskreises, dem alten Ernst Achenbach, und dem agrarpolitischen Sprecher der Fraktion, Walter Peters aus Poppenbüll bei Husum, zusammen, erhielt dann aber doch wohl ein besseres Angebot von der Union. Denn als Brandt ihn eine Stunde vor der Abstimmung über seinen Kanzlerhaushalt zu bewegen versuchte, die Koalition zu unterstützen, hatte Helms endlich und endgültig seinen Weg gefunden: zur Union. Es nutzte auch nichts mehr, daß der unverdrossene Josef Ertl seinetwegen in der Lobby des Bundeshauses beinahe noch eine Schlägerei mit dem CDU-Abgeordneten August Hanz aus Hinterkirchen im Westerwald riskierte, als er wieder einmal auf Helms einredete, ein letztes, allerletztes Mal versuchte, ihn umzustimmen. Hanz war an den beiden vorübergegangen und hatte Ertl dabei das Schimpfwort »Erpresser!« an den Kopf geworfen. Das war für den massigen, erregbaren Bayern zuviel gewesen; er hatte es nicht auf sich sitzenlassen wollen. Lautstark hatte man sich angebrüllt, bis Hanz von anderen ins Bundestagsrestaurant abgedrängt worden war.

Bei der Abstimmung über den Kanzlerhaushalt votierte Helms also gegen die Regierung, Kühlmann-Stumm enthielt sich; Kienbaum war noch immer in Gummersbach. Das Ergebnis brachte 247 Stimmen für den Haushalt, 247 gegen ihn, bei einer Enthaltung. Damit war der Haushalt abgelehnt. Auch Brandt hatte – wie Barzel am Tage zuvor – die Mehrheit des Hauses nicht bekommen. Die Patt-Situation war da.

Der Regierungschef bat sogleich führende Vertreter der Koalition und der Opposition für 18 Uhr zu sich in den Kanzlerbungalow. Er hatte schon am Tag zuvor im Bundestag von der Möglichkeit gesprochen, »vielleicht . . . gewisse Gebiete gemeinsamer Verantwortung abzustecken und erneut den Versuch eines solchen Absteckens zu machen, nicht nur in der Außen-, Europa- und Deutschlandpolitik, sondern auch in bezug auf Währung und Finanzen und nicht zuletzt in bezug auf die innere Sicherheit«. Von der SPD kamen zu dieser gemeinsamen Sitzung Herbert Wehner, Karl Schiller, Helmut Schmidt und Horst Ehmke, von der FDP Walter Scheel, Hans-Dietrich Genscher und Wolfgang Mischnick, von der CDU/CSU Rainer Barzel, Gerhard Schröder, Franz Josef Strauß und Richard Stücklen. Wie sollte man – darum ging es – angesichts einer nicht länger mehrheitsfähigen Regierung weiter verfahren?

Zu Neuwahlen, im Grunde der saubersten Lösung, mochten sich noch nicht alle verstehen. Vor allem die kleine, in den Landtagswahlkämpfen 1970/71 finanziell geschwächte und organisatorisch erschöpfte FDP war dagegen. Sie sah sich außerstande, schon wieder, und diesmal aus dem Stand, neu anzutreten.

Weitgehend einig war man sich in dieser Runde darin, daß die Ostverträge nicht einfach liegenbleiben dürften, bis es wieder eine stabile Mehrheit gäbe. Man mußte sie, fand man, gemeinsam durch den Bundestag und den Bundesrat bringen, um außenpolitischen Schaden abzuwenden und den internationalen Terminplan im Ost-West-Verhältnis nicht zu gefährden.

Als Barzel nach der Besprechung vom Kanzlerbungalow in seine Fraktion zurückkehrte, sprach er bereits von der Möglichkeit einer »gemeinsamen Außenpolitik« von Regierung und Opposition. »Jetzt gibt's Arbeit«, ermunterte er seine Parteifreunde. Wieder war die Union, so schien es, der Macht ein Stück nähergekommen; ohne sie – das war klar – würde in Bonn jetzt nichts mehr laufen. An der Durchsetzung der Ostverträge war sie nun unmittelbar beteiligt.

Günter Englisch aus der Pressestelle der Fraktion setzte sich daher gleich am nächsten Morgen, Samstag um sechs Uhr früh, an seinen Schreibtisch im Bundeshaus, suchte alle Passagen von dokumentarischem Wert, in denen sich die CDU/CSU in den Wochen zuvor zu den Ostverträgen geäußert hatte, zusammen und ließ sie fotokopieren. Der Leiter der Pressestelle, sein Kollege Eduard Ackermann, lieferte noch am Vormittag diese umfängliche Fleißarbeit, die die Stärke eines dicken Bandes angenommen hatte, als Standortbestimmung der Union bei Kanzleramtsminister Horst Ehmke ab. Diese Zitatensammlung signalisierte, daß die CDU/CSU nunmehr gewillt war, sich auf eine detaillierte Beratung über ostpolitische Kompromißmöglichkeiten einzulassen.

Die Suche nach Gemeinsamkeiten in der Ostpolitik

In den darauffolgenden Tagen wurde die Ratifizierung der Ostverträge zum Gegenstand mehrerer vertraulicher Gespräche, die Bundeskanzler Brandt mit dem Oppositionsführer führte. Auch Helmut Schmidt sprach mit Rainer Barzel, mit dem er in den Tagen der Großen Koalition als Fraktionsvorsitzender reibungslos, ja vertrauensvoll zusammengearbeitet hatte und mit dem ihn seither ein Verhältnis gegenseitigen Respekts, ja fast freundschaftlicher Aufgeschlossenheit verband.

Die zweite Lesung der Ostverträge, die an sich für den 3. Mai 1972 vorgesehen war, wurde auf den 10. Mai verschoben. Man wollte Zeit gewinnen, um nach einer Lösung zu suchen, die es der Opposition erlaubte, den Verträgen zuzustimmen. Dabei tauchte der Gedanke einer Allparteien-Entschließung auf, in der die Maximen der westdeutschen Außenpolitik verbindlich für Regierung und Opposition formuliert werden sollten. Vom Bundestag gemeinsam verabschiedet und den Sowjets offiziell zur Kenntnis gebracht, sollte diese Resolution die Brücke bilden, über die die Union zur Billigung der Vertragswerke gelangen konnte.

Auf den Text dieser Entschließung konzentrierten sich von nun an die beiderseitigen Anstrengungen, wobei die Regierung auf jene Formulierungen zurückgreifen konnte, die vor dem Mißtrauensvotum erdacht worden waren, um Knut von Kühlmann-Stumm zur Unterstützung der Ostpolitik zu bewegen; der Staatssekretär des Auswärtigen Amtes, Paul Frank, wurde jetzt damit beauftragt, von den Experten seines Hauses einen weiteren Entwurf anfertigen zu lassen. Alle diese Vorschläge wurden noch am Wochenende von den Spitzen der Koalition zu einem Resolutionsentwurf verschmolzen, der am Montagabend, dem 1. Mai, Barzel zuging. Dieser Text, nicht länger als eine Schreibmaschinenseite, ordnete die Ostverträge in die Gesamtpolitik der Regierung ein und nahm dabei ausdrücklich auf das Grundgesetz und besonders auf das Selbstbestimmungsrecht der Deutschen Bezug.

Vor der sozialdemokratischen Bundestagsfraktion stellte der Kanzler am Dienstag vormittag erläuternd klar, daß an den Verträgen selbst natürlich nichts mehr geändert werden könne. Aber auch der Entschließung des Parlaments seien Grenzen gesetzt. Ein Kompromiß, durch den die Verträge entwertet würden, müsse ausgeschlossen werden. Man sei in der Sache der Sowjetunion gegenüber im Wort – und müsse es bleiben. Die Regierung könne sich daher auf nichts einlassen, was die internationale Verbindlichkeit der Vertragswerke in Frage stelle.

Der Opposition jedoch ging der Regierungsentwurf nicht weit genug. Sie bestand darauf, daß nicht nur das Selbstbestimmungsrecht der Deutschen betont, sondern außerdem eine Passage eingefügt werden müsse, die den vorläufigen Charakter der vereinbarten Regelungen betone, den Modus vivendi, die temporäre Natur des einverträglichen Nebeneinanders, das den Abmachungen zugrunde lag, unterstreiche, und zwar in einer beide Seiten verpflichtenden, rechtsverbindlichen Form. Diese Forderung der Opposition hatte Barzel bereits am 13. April angemeldet. Aufgrund der Beratungen des CDU-Präsidiums und nach zwei Sitzungen der CDU/CSU-Bundestagsfraktion, in denen Barzel den Unionsabgeordneten berichtet hatte, ohne ihnen Einzelheiten aus dem Regierungsentwurf des Entschließungsantrages mitzuteilen, wurde sie am Dienstag, dem 2. Mai, ausdrücklich bekräftigt. Mit dieser Linie setzte sich Barzel innerhalb der Union zunächst einmal durch; vor Journalisten sprach er erneut von einem »ernst gemeinten Angebot zu gemeinsamer Außenpolitik«, das die Fraktion »zu seiner Freude« gebilligt habe.

Das war keineswegs selbstverständlich. Die Fraktion hinkte um Jahre hinter der Meinungsbildung in der Partei her. Die CDU war bereit, in der Ostpolitik wesentlich weiter zu gehen als die Fraktion. Barzel kam daher immer sehr ermutigt aus den Präsidiumssitzungen, die üblicherweise am Montagvormittag stattfanden, hatte dann aber in den anschließenden Beratungen des CDU/CSU-Fraktionsvorstandes große Schwierigkeiten, seine Auffassungen auch dort zur Geltung zu bringen.

Beispielsweise lehnte man im außenpolitischen Arbeitskreis der CDU/CSU-Fraktion – einem Gremium, das für die Meinungsbildung, für die Stimmung nicht unerheblich war – seit dem empörten Aufschrei der Union über die DDR-Passage der Regierungserklärung von 1969 (in der von einem zweiten deutschen *Staat* gesprochen worden war) die Neue Ostpolitik der Sozialliberalen in Bausch und Bogen ab. Die Grundfragen einer Politik gegenüber dem Osten wurden in dieser Runde nie mehr diskutiert, nie im Zusammenhang erörtert, seit der realistische, liberale Ernst Majonica als Vorsitzender dieses Gremiums 1969 Krach mit der CSU bekommen hatte und daraufhin, nach einer Kampfabstimmung, vom konservativen Werner Marx abgelöst worden war. Es genügte, daß maßgebliche Persönlichkeiten diese Neue Ostpolitik bereits im Ansatz für falsch, ja für abwegig hielten. Politisch motiviertes, demonstratives Desinteresse trat an die Stelle eigenen Nachdenkens.

Nicht bei Rainer Barzel. Seit seiner überraschenden Berufung zum Bundesminister für gesamtdeutsche Fragen durch Konrad Adenauer im Dezember 1962 hatte er sich intensiv mit der Ostpolitik beschäftigt und bereits damals über Anwälte Beziehungen zur DDR geknüpft, um Menschen herausholen zu können – Bemühungen, die nach ihm Erich Mende fortsetzte. Später schrieb Barzel, die *Ostfrage*, wie Adenauer sie genannt hatte, sei für ihn, für seinen politischen Weg, bestimmend gewesen. Das war übertrieben; immerhin konnte Barzel für sich in Anspruch nehmen, er habe, als sich unsere Deutschlandpolitik drinnen wie draußen festzufahren begann, nach neuen Ansätzen Ausschau gehalten, grundsätzlich wie praktisch voranzukommen versucht – also nicht anders als große Teile der SPD, wenn auch weniger konsequent als Brandt und Bahr. Mit Herbert Wehner arbeitete Barzel gut zusammen; man saß miteinander im Bundestagsausschuß für Gesamtdeutsche und Berliner Fragen. Dort hielt Barzel schon im Mai 1963 ein Referat, in dem er forderte, »die Realität Ulbrichts zu erkennen«, freilich mit dem Zusatz, daß man »ihr die stärkere Realität unserer Politik und unseres Willens« gegenüberstellen müsse. Immerhin setzte Barzel neue Akzente. Mehrfach bekannte er sich 1963 zur Entspannung, zu Verhandlungen mit dem Osten, was damals durchaus nicht so selbstverständlich war, wie es sich heute liest. Es gehörte noch Courage dazu, sich zu exponieren, wie Barzel es tat, wenn er auch im Kern seiner Äußerungen nicht über das hinausging, was Konrad Adenauer dachte und für notwendig hielt. Auch Adenauer war ja zu jener Zeit bereit, über vieles mit sich reden zu lassen, wenn nur die Lebensverhältnisse der »Brüder und Schwestern in der Zone« besser, freier würden. Aber der greise Kanzler sprach über dergleichen detaillierter nur im engsten Kreise, etwa Vertrauten wie Hans Globke oder Heinrich Krone gegenüber;

mit öffentlichen Angeboten, wie sie Barzel skizzierte, hielt er sich vorsichtig zurück.

Obwohl Barzel schon nach einem Dreivierteljahr aus Adenauers Kabinett wieder ausscheiden mußte, weil sein Ministeramt im Oktober 1963 für den FDP-Vorsitzenden und Vizekanzler Erich Mende gebraucht wurde, blieb er fortan bei seiner Überzeugung, daß die Bundesrepublik außenpolitisch die Isolierung riskiere, gerade auch im Westen, wenn sie nicht durch eigene Aktivitäten, mit neuen Ideen einen selbständigen Beitrag zur Entspannung leiste. Auch wenn er ostpolitische Mitgestaltungsmöglichkeiten zunächst nicht mehr besaß, blieb er auf diesem Gebiet interessiert und unterstützte die Bemühungen des neuen Kanzlers, Ludwig Erhard, initiativ zu werden – war dann freilich enttäuscht, daß nichts recht in Bewegung kam, sich alles im Kreise drehte. Daher nutzte Barzel gegen Ende der Regierungszeit Erhards eine Einladung des *American Council on Germany*, aus Anlaß des 17. Juni 1966 in New York eine Rede zu halten, um in ihr mit eigenen Vorschlägen einen beherzten ostpolitischen Vorstoß zu wagen. Seine Anregungen wurden damals weithin beachtet, vor allem im Ausland. Sowjetische Truppen auf deutschem Boden, langfristige Wirtschaftslieferungen an die Sowjetunion, eine kommunistische Partei in ganz Deutschland für denkbar zu erklären – das war nichts, was heute die Gemüter bewegen würde. Damals aber war es für viele unvorstellbar und aufreizend. Außenminister Gerhard Schröder nannte Barzels Vorschläge einen »Wettlauf in Ausverkaufsangeboten«. Nicht nur die Union stand damals, nahezu geschlossen, gegen Barzel auf, sondern auch Sozialdemokraten wie beispielsweise Fritz Erler.

Barzel verhielt sich also seit Jahren in der Ostpolitik keineswegs so uneinsichtig und starr, wie es nach außen öfter scheinen mochte. Sein wiederholtes *So nicht* wurde häufig mißverstanden und fälschlich als verklausulierte Ablehnung interpretiert. Intern nämlich, vor den eigenen Leuten, kritisierte er die breite Ablehnungsfront, die quer durch die Union verlief und deutliche Schwerpunkte bei der CSU, vor allem mit Karl Theodor Freiherr zu Guttenberg und Franz Josef Strauß, in der baden-württembergischen CDU um Hans Filbinger sowie in der Ost-Arbeitsgruppe des außenpolitischen Arbeitskreises der Fraktion unter Werner Marx hatte. Barzel riet zur Behutsamkeit. Vorsichtig suchte er der Union die Möglichkeit zu erhalten, sich die Verträge zu eigen zu machen, falls dies aus Gründen der Staatsräson eines Tages notwendig werden sollte oder man nach einem Sturz der Regierung selber in die Verlegenheit käme, die Neue Ostpolitik fortführen zu müssen. Er bewies ein deutliches Bewußtsein seiner Verantwortung, der er immer nähergerückt war und in die er sich in dem Moment voll einbezogen fühlte, als die Verträge an den geänderten Mehrheitsverhältnissen zu scheitern drohten. Er sah, daß die Opposition der Versuchung widerstehen mußte, bedenkenlos das ihr zugewachsene Potential destruktiv zu mobilisieren und in einer so zentralen Frage wie der Ostpolitik das außenpolitische Wohl des

Staates parteipolitischer Taktik unterzuordnen. Er wußte auch, daß er als Bundeskanzler mit den geschaffenen Tatbeständen würde leben müssen. Schließlich hatte er vor kurzem die westlichen Hauptstädte besucht, wo man ihm durchweg gesagt hatte: Man mische sich zwar nicht in die innerdeutschen Auseinandersetzungen ein, doch wenn die Union einen Rat hören wolle, lege man ihr nahe, den Ostverträgen zuzustimmen. Besonders der amerikanische Präsident, Richard Nixon, der seine für den 22. Mai 1972 geplante Moskau-Reise, bei der das SALT-Abkommen unterzeichnet werden sollte, nicht durch ein Scheitern der neuen westdeutschen Ostpolitik gefährdet sehen wollte, hatte auf ein positives Votum der CDU/CSU gedrängt.

Wenn die Bundesrepublik jetzt abseits blieb, drohte noch mehr als in den sechziger Jahren ihre Isolierung. »Wer nicht handelt, wird behandelt« – dieser Merksatz Barzels aus dem voraufgegangenen Jahrzehnt hatte inzwischen nichts von seiner Richtigkeit verloren. Im Gegenteil, der Schaden, den ein Scheitern der Vertragswerke anrichten konnte, war wirklich unkalkulierbar. Das Risiko, das mit dieser Unsicherheit verbunden war, mochte Barzel um so weniger eingehen, je näher die Stunde der Ratifizierung rückte. Er wollte nicht die Verantwortung für den Fehlschlag einer Politik übernehmen, von deren Richtigkeit er im Grundsatz überzeugt war. Deshalb mußten nach seiner Überzeugung die Verträge Bundestag und Bundesrat passieren – und wenn es nicht anders ging, eben mit den Stimmen der Union. Im Sinne dieser Überlegungen entwickelte sich Barzels Entschluß, der CDU/CSU die Billigung der Verträge nahezulegen – schon vor dem 27. April 1972, dem Tage des Mißtrauensvotums, und erst recht danach.

Doch er überschätzte die Geneigtheit der Fraktion, diesen politischen Wandel, einen Umschwung, mitzuvollziehen, wenn er mit einer großen Mehrheit für die Verträge in den eigenen Reihen rechnete (wobei er sich beispielsweise durch ein überraschendes Telegramm Alfred Dreggers ermutigt fühlte: Er empfehle die Annahme). Barzel meinte auch, daß eine von ihm herbeigeführte Verbesserung der Verträge, etwa mit der gemeinsamen Entschließung des Bundestages, der Union im bevorstehenden Wahlkampf nützen werde. In beiden Punkten aber irrte er sich, und das markierte, vielleicht noch mehr als das gescheiterte Experiment des Mißtrauensvotums, den Anfang vom Ende seiner Rollen als Oppositionsführer, als Kanzlerkandidat, als Spitzenfigur der CDU/CSU.

Anfang Mai 1972 war das jedoch für Barzel noch nicht abzusehen. Er hoffte noch immer auf die Kanzlerschaft und bemühte sich daher um die innenpolitische Durchsetzung der Verträge mit Moskau und Warschau, als hätte er selbst an ihrer Ausarbeitung mitgewirkt. Der Koalition mußte die Zusammenarbeit, die Barzel ihr anbot, sehr gelegen kommen, da die Ratifizierung angesichts der unübersichtlichen Mehrheitsverhältnisse ja keineswegs sicher war. Lediglich Herbert Wehner wollte keine Verhandlungen mit der Opposition über eine gemeinsame Entschließung, sondern lieber das Scheitern der Verträge riskieren, damit man dann über diese zentrale Frage den Wahlkampf führen könne, den er sofort nach einer Ablehnung der beiden Vertragswerke zu eröffnen gedachte. Doch Willy Brandt wie auf der Gegenseite Rainer Barzel hielten die Risiken eines Scheiterns der Verträge für so groß, daß sie sich auf diese Möglichkeit nicht ernsthaft einlassen wollten. Brandt sah in der Ostpolitik sein Lebenswerk. So kurz vor dem Ziel, dachte er, dürfte man nichts unversucht lassen, sie erfolgreich zu Ende zu führen, sie notfalls selbst flügellahm über die Ziellinie zu schleifen. Hauptsache war, daß aus der ganzen Sache am Ende etwas wurde, wie und mit wessen Hilfe auch immer.

Daher war der Kanzler auch bereit, die Opposition über die Verhandlungen ins Bild zu setzen – falls dies half, ihre Bedenken zu zerstreuen. Anknüpfend an Ausführungen Walter Scheels, die der Außenminister in seiner Antwort auf eine Große Anfrage der CDU/CSU am 6. Mai 1970 gemacht hatte, daß nämlich offene oder versteckte Meinungsunterschiede zwischen Bonn und Moskau für unsere Interessen schädlich seien, hatte die Opposition im Bundesrat, dessen Zustimmung ja gleichfalls erforderlich war (oder genauer gesagt: dessen Einspruch den Verträgen angesichts der Mehrheitsverhältnisse im Bundestag gefährlich werden konnte), auf eine Offenlegung der Sondierungen und Verhandlungen gedrungen, um aus eigener Kenntnis beurteilen zu können, inwieweit solche Mißverständnisse, offen oder versteckt, in den Abmachungen enthalten seien. Unter dem Datum des 21. Januar 1972 sagte Scheel daraufhin brieflich eine mündliche Unterrichtung der beiden CDU-Staatssekretäre und Bundesratsbeauftragten Alois Mertes (Rheinland-Pfalz) und Joachim Dorenburg (Schleswig-Holstein) zu, für die der Parlamentarische Staatssekretär im Auswärtigen Amt, Karl Moersch, in den folgenden drei Monaten bei sechs Sitzungen zur Verfügung stand. Moersch ließ bei den gemeinsamen Zusammenkünften Dorenburg und Mertes einzelne Passagen der Protokolle vorlesen, gab ihnen jedoch nicht die Möglichkeit, selbst in die Akten zu sehen und damit den Kontext der Zitate kennenzulernen. Auch die Hinzuziehung eines Beamten als Stenographen wurde ihnen nicht gestattet, so daß sie keine zusammenhängenden Texte erhielten, die sie hätten studieren und auswerten können. Wenn sie sich jeweils nach den Unterrichtungen zusammensetzten, um Niederschriften über das Gehörte anzufertigen, waren sie allein auf ihre eigenen Notizen angewiesen. Das AA seinerseits fertigte eigene Niederschriften über die vermittelten Informationen an, die anschließend u. a. den Landesregierungen sowie den außenpolitischen Obleuten der drei Parteien im Bundestag zugingen, aber auch Dorenburg und Mertes persönlich.

Die beiden Länderbeauftragten reichten dem Auswärtigen Amt Fragen ein, um mögliche Punkte eines deutsch-sowjetischen Dissenses in Erfahrung zu bringen und damit beurteilen zu können, ob die restriktive Interpretation der Verträge durch die Bundesregierung zutreffe. In der ersten Runde wurden zehn Fragen gestellt, später mehr; Ergänzungen, ganze Kataloge wurden nachgeschoben. Man habe möglichst viel über die Verhandlungen in Erfahrung bringen wollen, erklärte Dorenburg später; ihnen seien tatsächlich sehr viele Textstellen bekanntgegeben worden. Er empfand die Unterrichtung durch das AA damals als fair. Mit den Worten: »Wir sind sehr korrekt behandelt worden«, stellte er sich im Auswärtigen Ausschuß des Bundestages vor Scheel. Auch Alois Mertes erinnert sich, Dorenburg und er hätten den Ministerpräsidenten ohne weitere eigene Wertung berichtet, daß ihre Bedenken gegen die Vertragspolitik der Bundesregierung aufgrund des in Erfahrung Gebrachten in gewissem Maße beseitigt worden seien.

Am 30. März 1972 legten die beiden Männer ihren *Bericht zu Ablauf und Ergebnis ihrer Unterrichtung durch das Auswärtige Amt über Gesprächs- und Verhandlungsniederschriften zu den Verträgen von Moskau und Warschau* dem Bundesrat vor. Dieser Text war durchaus positiv für die Regierung, nahm in der Sache für die Neue Ostpolitik ein, auch wenn Dorenburg persönlich zu der Schlußfolgerung gelangt war, es sei in den Verhandlungen »mehr drin« gewesen, als Egon Bahr und Walter Scheel in Moskau herausgeholt hätten: mehr Klarheit über Begriffe, weniger offener und versteckter Dissens. Bahr sei – ein Außenseiter auf internationaler Bühne – zu einseitig, zu voreingenommen, zu festgelegt gewesen. Im Bericht aber stand davon nichts. Die inhaltliche, die eigentliche Bewertung der Unterrichtung wurde den Ministerpräsidenten und Landesregierungen überlassen.

Der positive Grundtenor des Dorenburg/Mertes-Berichts war möglicherweise der Grund für Indiskretionen, die diesen Eindruck zu widerlegen suchten. Mitte April wurden angebliche Auszüge aus vertraulichen Protokollnotizen zum Moskauer Vertrag in etwa zehn Exemplaren anonym an Unionspolitiker verschickt. *Die Welt* publizierte am 18. April Teile dieser Texte; die Illustrierte *Quick* kündigte am gleichen Tage an, sie werde in ihrer nächsten Ausgabe die Auszüge ungekürzt abdrucken. Rainer Barzel entsandte sogleich seinen Freund Paul Mikat ins Kanzleramt, um Näheres über die Echtheit des Materials zu ermitteln. Aus Bayern telegraphierte Ministerpräsident Alfons Goppel an den Bundesrat und fragte an, ob die veröffentlichten Passagen authentisch seien und, vor allem, ob sie dem entsprächen, was man Dorenburg und Mertes vorgelegt habe. Eine Erklärung von Kanzleramtsminister Ehmke wurde von der Union dahingehend interpretiert, daß es sich »insgesamt um echtes Material« handle. Dorenburg und Mertes stellten nach einer Prüfung der publizierten Unterlagen fest, daß ihnen nahezu nichts von den in der *Quick* abgedruckten Texten vorgelesen worden sei – ihnen aber hätte vorgelesen werden müssen, wenn Moersch sie wahrheitsgemäß und vollständig unterrichtet hätte. Seine Informationen waren demnach unzureichend gewesen: Die Opposition fühlte sich durch Moersch getäuscht. Am 19. April ergänzten Dorenburg und Mertes ihren Bericht, und die durch Indiskretionen gewonnenen Erkenntnisse schlugen nun negativ für die Regierung und ihre Neue Ostpolitik zu Buche, wobei das allgemeine, nun weiter gewachsene Mißtrauen der Opposition in die amtliche Informationspolitik den ungünstigen Eindruck noch steigerte.

Vor dem Beginn der Beratungen über die beabsichtigte gemeinsame Entschließung des Bundestages zu den Ostverträgen Anfang Mai unternahm die Koalition daher einen zweiten Anlauf, die Opposition zu unterrichten und mit Vertrauen in ihre Vertragspolitik zu erfüllen. Am 6. und 7. Mai gab man dem erfahrenen und integren Düsseldorfer CDU-Abgeordneten Kurt Birrenbach Gelegenheit, sich über die geheimen Protokollnotizen zum Moskauer Vertrag zu informieren.

Birrenbachs Bedeutung in der Bonner Politik überhaupt, aber gerade in dieser Sache beruhte zunächst darauf, daß er als junger Mann rechtzeitig und aus freien Stücken das Dritte Reich verlassen, nämlich 1939 nach Südamerika gegangen war und daher nach dem Kriege als völlig unbelastet galt. Das kam ihm nicht nur in Deutschland, sondern auch in den USA zugute, als er dort um Vertrauen zur neuen Bundesrepublik zu werben begann. Dabei – wie natürlich auch in der Union – war ihm außerdem die bedeutende Position nützlich, die er sich über Jahrzehnte hinweg bei Thyssen aufgebaut hatte, zuletzt als Verwaltungsratsvorsitzender der Thyssenschen Vermögensverwaltung. Birrenbach, von 1957 bis 1976 Mitglied des Bundestages, übte während dieser Zeit in Bonn wie den Vereinigten Staaten hinter den Kulissen größeren Einfluß aus als die allermeisten deutschen Parlamentarier, Botschafter oder Bundesminister. Die Tiefe und Festigkeit konstruktiver Beziehungen zwischen Nordamerika und Westeuropa, schrieb John McCloy 1977 anläßlich seines siebzigsten Geburtstages, war »zu einem erheblichen Teil« der Tatkraft, dem Ideenreichtum und den ständigen Anstrengungen zu verdanken, die Birrenbach über eine Periode von annähernd zwanzig Jahren hinweg aufgebracht hatte. Wie kaum ein zweiter verfügte er beiderseits des Atlantiks über wichtige Kontakte; wer wirklich maßgebend war in Westeuropa oder den USA, den kannte er, besuchte er, mit dem stand er im Briefwechsel, um dann über seine Auffassungen – und vor allem Besorgnisse – ganz im Vertrauen den zwei oder drei Inhabern Bonner Spitzenpositionen zu berichten, welchen Parteien sie auch immer angehören mochten. Diesen Zugang besaß er, weil er überall als kompetente, faire und völlig unabhängige Persönlichkeit respektiert wurde; über Jahrzehnte hinweg zogen ihn daher die wechselnden Regierungen und Oppositionen gern zu Rate. Birrenbach war einer der ganz wenigen, rundum anerkannten Politiker, die es damals in Deutschland gab. Es war daher für die Sozialliberalen kein Problem, gerade diesen Vorschlag der Union zu akzeptieren, gerade das Vertrauen dieses Mannes zu suchen. Da Birrenbach leidenschaftlich um enge, vertrauensvolle Beziehungen zwischen Europa und den Vereinigten Staaten bemüht war, würde er mit Sicherheit nichts durchgehen lassen, was die Bedeutung der Bundesrepublik für das westliche Bündnis schmälern oder gar ihre Position im Westen unterminieren konnte.

Diesmal nahm sich Egon Bahr persönlich der Sache an. Er empfing Kurt Birrenbach, übrigens im Beisein des Staatssekretärs Paul Frank, in seinem Büro im Palais Schaumburg. Doch nicht einmal Birrenbach bekam die Protokolle zu Gesicht – trotz der großen Bedeutung, die man auf beiden Seiten dieser Unterrichtung beimaß. Der überaus vorsichtige, zur Geheimdiplomatie neigende Bahr, der sogar seiner engsten Umgebung mißtraute, eine eigene Registratur für seine Akten im Kanzleramt einrichten ließ und am liebsten Unterlagen gleich wieder vernichtete, wenn er sie nicht mehr brauchte – dieser Bahr las also Birrenbach zwei Tage lang aus den Akten vor, wiederum natürlich, wie schon Moersch gegenüber Dorenburg und Mertes, nur in Bruchstücken, in Auszügen, da die vollständigen Unterlagen weit über hundert pralle Aktenordner füllten. Mit rotem Kopf, sichtlich verärgert, verließ am Ende Birrenbach den Raum. Er war empört, daß man selbst ihm die Protokolle nicht in die Hand gegeben hatte. Damit war auch der zweite Versuch, eine enge Kooperation zwischen Regierung und Opposition durch aufrichtige Hintergrundinformation zu erleichtern, mehr oder weniger fehlgeschlagen.

Manches hätte Birrenbach allerdings auch bei größter Offenheit Bahrs ohnehin nicht zu sehen bekommen – weil es nämlich nicht mehr existierte oder nie existiert hatte. Die Indiskretionen des Jahres 1970, beispielsweise die ärgerliche und schädliche Veröffentlichung des *Bahr-Papiers*, hatten im Bundeskanzleramt wie im Auswärtigen Amt die hier und da ohnehin vorhandene Neigung zur Geheimniskrämerei verstärken müssen. Man verfuhr fortan äußerst vorsichtig und karg bei der Anfertigung schriftlicher Unterlagen, verließ sich lieber auf sein Gedächtnis, trug Stichworte auf Notizzetteln, auf Schnipseln in der Brieftasche mit sich herum. Im April 1972, als man fürchtete, die Regierung werde gestürzt werden, hatte man darüber hinaus eine Vielzahl vertraulicher Aufzeichnungen dem Reißwolf überantwortet. Andere Akten, die man im Fall der Fälle aus dem Kanzleramt in die SPD-Zentrale mitnehmen wollte, hatte man vorsorglich sortiert und markiert – dabei übrigens, was einige denn doch intern bemängelten, ein Schreiben Breschnews bei Bahrs privaten Papieren gefunden. Die geheimnisvolle Art, in der die Ostpolitik betrieben wurde, und die ihr entsprechende fatale Reaktion, die Indiskretionen, haben einander auf triste Weise ergänzt, zum Schaden der Grundübereinstimmung zwischen den Parteien über das im nationalen Interesse Gebotene, die sonst vielleicht doch in einem größeren Umfange hätte gesichert werden können, als es dann tatsächlich der Fall war.

Am 8. Mai 1972 wurde eine Redaktionskommission aller Fraktionen eingesetzt, die den Preis für die Zustimmung der Union zu den Ostverträgen aushandeln, also den Text der gemeinsamen Resolution formulieren sollte. Dem *Spiegel* vom gleichen Tage zufolge bemühte sich Barzel derart engagiert um eine Einigung, daß er sich bei einem Scheitern der Gespräche zwischen Koalition und Opposition der Stimme werde enthalten müssen. Nach einem Fehlschlag sah es allerdings zu Anfang keineswegs aus, ganz im Gegenteil. Sogar Franz Josef Strauß war durchaus mit von der Partie. In *Bild am Sonntag* vom 7. Mai 1972 hatte er erklärt: »Wir wollen zustimmen!«, und öffentlich die Bedingungen genannt, unter denen die Vertragswerke die Billigung der Opposition »vom ersten bis zum letzten Mann« finden könnten. Die gemeinsame Entschließung, an der man arbeite, müsse drei Punkte enthalten:

1. Daß die Europapolitik der Bundesrepublik durch russisches Veto nicht gebremst werden kann.
2. Daß es sich nicht um einen Vor- oder Ersatzfriedensvertrag handelt. Daß das Recht der Deutschen auf Selbstbestimmung unangetastet bleibt. Daß der Vertrag nicht Rechtsgrundlagen für Grenzziehungen schafft, sondern nur den Verlauf der durch Machtpolitik gezogenen Grenzen beschreibt.
3. Daß durch den Vertrag Vereinbarungen über innerdeutsche Freizügigkeit und Aufhebung von Gewaltmaßnahmen herbeigeführt werden.

Außerdem, so Strauß weiter, müßte noch etwas hinzutreten. Die UdSSR müßte die Entschließung in verbindlicher Form zur Kenntnis nehmen. Sie müßte klarstellen, daß diese Erklärung nicht im Widerspruch zu Geist und Text des Vertrages steht ...

In der Redaktionskommission, die an der gemeinsamen Entschließung arbeitete, war neben Ehmke (SPD), Genscher (FDP) und Marx (CDU) auch Strauß (CSU) vertreten. Barzel hatte bewußt auf seine Beteiligung gedrängt, weil er glaubte, daß sich Strauß der Verantwortung, die er damit übernommen hatte, nicht mehr würde entziehen können.

Die Meinungen über die Verträge waren in der Union zu dieser Zeit weiterhin geteilt, entwickelten sich aber, wie das Interview von Strauß mit *Bild am Sonntag* zeigte, auf eine positive Entscheidung zu. Man rechnete allgemein damit, die CDU/CSU-Fraktion werde die Abstimmung über die Ostverträge freigeben, so daß eine große Gruppierung dann für die Vertragswerke eintreten könnte. Neben denen, die von vornherein zustimmen wollten, gab es, wie es schien, eine breite Mehrheit von Abgeordneten, auch aus der CSU und vom rechten Flügel der CDU, die der Ansicht waren, die Verträge müßten zwar im Interesse unserer Rechtspositionen zunächst entschärft werden, dann aber wegen des Berlin-Abkommens kurzentschlossen irgendwie über den Tisch.

Wie man innerhalb der Koalition die eigenen Chancen einschätzte, läßt sich beispielsweise an Äußerungen von Wolfgang Mischnick und Walter Scheel in der Bonner Sitzung des FDP-Präsidiums vom 4. Mai 1972 ablesen. Im Protokoll heißt es:

Der Fraktionsvorsitzende ... vertritt die Auffassung, daß ein geschlossenes Abstimmungsverhalten der CDU/CSU bei keiner der denkbaren Möglichkeiten mehr möglich sei. Der Konflikt zwischen den Befürwortern und Gegnern einer gemeinsamen Entschließung innerhalb der CDU/CSU-Fraktion und insbesondere innerhalb der Fraktionsführung sei außerordentlich stark, wenn auch noch nicht nach außen für jeden offensichtlich geworden. Wenn die Koalition in dieser Situation die Nerven behalte, seien die größten Schwierigkeiten zunächst überwunden . . .

Der Bundesvorsitzende äußerte ergänzend die Auffassung, daß es nach dem gegenwärtigen Stand wohl zu einer gemeinsamen Entschließung kommen werde, deren Notifizierung in der von der Opposition gewünschten »gehörigen Form« allerdings kaum möglich sein werde. Für diesen Fall sei mit einer Ratifizierung der Verträge trotz offiziellem »Nein« der CDU/CSU zu rechnen . . .

Zu den von Anbeginn positiv eingestellten, zustimmungsgeneigten Unionsabgeordneten zählten Männer wie Ernst Majonica, Richard von Weizsäcker und vor allem Paul Mikat, der zu Majonica damals sagte: Sie seien sich doch wohl beide darüber im klaren, daß sie mit der bisherigen Ostpolitik der Union auf dem falschen Dampfer gewesen seien. Auch Norbert Blüm, der zu jener Zeit bereits Mitglied des CDU-Bundesvorstands und Hauptgeschäftsführer der CDU-Sozialausschüsse, aber noch nicht Mitglied des Bundestages war, gehörte in diesen Kreis, zu dem als Abgeordnete – neben den bereits Genannten – von der Presse auch Erik Blumenfeld, Ferdinand Breidbach, Rembert van Delden, Hans Dichgans, Udo Giulini, Walther Leisler Kiep, Konrad Kraske, Adolf Müller, Peter Petersen, Elmar Pieroth, Winfried Pinger, Rudolf Seiters, Max Vehar und Olaf von Wrangel gerechnet wurden. Hier gab es in der Endphase der Ratifizierung intensive Kontakte untereinander – und ebenso die Bereitschaft, Barzel und seinen Kurs zu unterstützen.

Währenddessen arbeitete die interfraktionelle Vierer-Kommission an der Resolution, die der Opposition ihre Wendung erleichtern sollte. Die Bemühungen gingen, wie Willy Brandt in seinen »Begegnungen und Einsichten« schrieb, »bis an die Grenze dessen, was ich noch vertreten konnte«. Selbst der sowjetische Botschafter in der Bundesrepublik, Valentin Falin, wurde an den Beratungen beteiligt (»gewissermaßen als Sachverständiger für das, was die gewünschte Wirkung in Moskau haben könnte«) und sah sich einmal sogar unversehens auf dem Venusberg in die Verhandlungen zwischen den drei Parteien einbezogen, was Brandt als eine »groteske Begleiterscheinung« der Bemühungen um die gemeinsame Entschließung etikettierte. Falin kritisierte im übrigen diese Entschließung, an deren Ausarbeitung er sich nicht beteiligt habe, und erklärte mehrfach: Dies sei ein deutsches Papier. Es widerspreche dem Vertrag, widerspreche auch den Vorstellungen der Sowjetunion. Und er tadelte Barzel rundheraus, als dieser versuchte, die Entschließung zu einem Vertragstext zu erheben. Als der Oppositionsführer daraufhin den sowjetischen Botschafter fragte, ob man also davon ausgehen könne, daß der Vertrag aus sich heraus interpretierbar sei, ohne Hinzufügung der Protokolle oder anderer Dokumente, antwortete ihm Falin: Ja, das könne man sagen. Aber damit meine er auch die Resolution der drei deutschen Parteien. Sie sei gleichermaßen entbehrlich, könne ebensowenig zur Vertragsauslegung herangezogen werden.

Dennoch hatten die Sowjets die Schwierigkeiten der Bundesregierung, den Vertrag innenpolitisch durchzusetzen, sehr wohl begriffen und waren daher bereit, diskret Hilfestellungen zu geben. Das hatte sich bereits am 12. April gezeigt, als Außenminister Gromyko die Mitglieder der außenpolitischen Ausschüsse beider Kammern des Obersten Sowjets über das deutsch-sowjetische Vertragswerk unterrichtete und sie in diesem Zusammenhang auch mit dem Text des Bonner Briefes zur deutschen Einheit vom 12. August 1970 bekanntgemacht hatte, der damals nur sehr unzulänglich von Moskau gewürdigt worden war. Erst jetzt, nach dem 12. April 1972, war das Schreiben, in dem die Bundesregierung mitteilte, daß sie weiterhin am Ziel der Wiedervereinigung festhalte, in Meldungen der *Prawda* und des sowjetischen Fernsehens erwähnt worden.

Auch bei den Beratungen der gemeinsamen Entschließung verhielt sich die Sowjetunion keineswegs nur abweisend, sondern taktisch klug und abwartend. Sie war im stillen bereit, manches hinzunehmen, wenn sich dadurch die Verträge retten ließen.

Die letzten Streitfragen um die gemeinsame Resolution nahmen sich Horst Ehmke und Franz Josef Strauß gemeinsam vor, bis alle Formulierungen standen. Der endgültige Text vom 9. Mai, den Falin sofort nach Moskau übermittelte, lautete:

> Im Zusammenhang mit der Abstimmung über den Vertrag zwischen der Bundesrepublik Deutschland und der Union der Sozialistischen Sowjetrepubliken vom 12. August 1970 und den Vertrag zwischen der Bundesrepublik Deutschland und der Volksrepublik Polen über die Grundlagen der Normalisierung ihrer gegenseitigen Beziehungen vom 7. Dezember 1970 erklärt der Deutsche Bundestag:
>
> 1. Zu den maßgebenden Zielen unserer Außenpolitik gehört die Erhaltung des Friedens in Europa und der Sicherheit der Bundesrepublik Deutschland. Die Verträge mit Moskau und Warschau, in denen die Vertragspartner feierlich und umfassend auf die Anwendung und Androhung von Gewalt verzichten, sollen diesen Zielen dienen. Sie sind wichtige Elemente des Modus vivendi, den die Bundesrepublik Deutschland mit ihren östlichen Nachbarn herstellen will.
> 2. Die Verpflichtungen, die die Bundesrepublik Deutschland in den Verträgen eingegangen ist, hat sie im eigenen Namen auf sich genommen. Dabei gehen die Verträge von den heute tatsächlich bestehenden Grenzen aus, deren einseitige Änderung sie ausschließen. Die Verträge neh-

men eine friedensvertragliche Regelung für Deutschland nicht vorweg und schaffen keine Rechtsgrundlage für die heute bestehenden Grenzen.

3. Das unveräußerliche Recht auf Selbstbestimmung wird durch die Verträge nicht berührt. Die Politik der Bundesrepublik Deutschland, die eine friedliche Wiederherstellung der nationalen Einheit im europäischen Rahmen anstrebt, steht nicht im Widerspruch zu den Verträgen, die die Lösung der deutschen Frage nicht präjudizieren. Mit der Forderung auf Verwirklichung des Selbstbestimmungsrechts erhebt die Bundesrepublik Deutschland keinen Gebiets- oder Grenzänderungsanspruch.
4. Der Deutsche Bundestag stellt fest, daß die fortdauernde und uneingeschränkte Geltung des Deutschlandvertrages und der mit ihm verbundenen Abmachungen und Erklärungen von 1954 sowie die Fortgeltung des zwischen der Bundesrepublik Deutschland und der Union der Sozialistischen Sowjetrepubliken am 13. September 1955 geschlossenen Abkommens von den Verträgen nicht berührt wird.
5. Die Rechte und Verantwortlichkeiten der Vier Mächte in bezug auf Deutschland als Ganzes und auf Berlin werden durch die Verträge nicht berührt. Der Deutsche Bundestag hält angesichts der Tatsache, daß die endgültige Regelung der deutschen Frage im Ganzen noch aussteht, den Fortbestand dieser Rechte und Verantwortlichkeiten für wesentlich.
6. Hinsichtlich der Bedeutung der Verträge verweist der Deutsche Bundestag darüber hinaus auf die Denkschriften, die die Bundesregierung den gesetzgebenden Körperschaften zusammen mit den Vertragsgesetzen zum Moskauer und Warschauer Vertrag vorgelegt hat.
7. Die Bundesrepublik Deutschland steht fest im Atlantischen Bündnis, auf dem ihre Sicherheit und ihre Freiheit nach wie vor beruhen.
8. Die Bundesrepublik Deutschland wird die Politik der europäischen Einigung zusammen mit ihren Partnern in der Gemeinschaft unbeirrt fortsetzen mit dem Ziel, die Gemeinschaft stufenweise zu einer Politischen Union fortzuentwickeln.
   Die Bundesrepublik Deutschland geht dabei davon aus, daß die Sowjetunion und andere sozialistische Länder die Zusammenarbeit mit der EWG aufnehmen werden.
9. Die Bundesrepublik Deutschland bekräftigt ihren festen Willen, die Bindungen zwischen Berlin (West) und der Bundesrepublik Deutschland gemäß dem Viermächte-Abkommen und den deutschen Zusatzvereinbarungen aufrechtzuerhalten und fortzuentwickeln. Sie wird auch in Zukunft für die Lebensfähigkeit der Stadt und das Wohlergehen ihrer Menschen Sorge tragen.
10. Die Bundesrepublik Deutschland tritt für die Normalisierung des Verhältnisses zwischen der Bundesrepublik Deutschland und der DDR ein. Sie geht davon aus, daß die Prinzipien der Entspannung und der guten

Nachbarschaft in vollem Maße auf das Verhältnis zwischen den Menschen und Institutionen der beiden Teile Deutschlands Anwendung finden werden.

Das Scheitern Barzels in der CDU/CSU-Fraktion und die Ratifizierung der Ostverträge

An eben diesem 9. Mai hatte der Ältestenrat des Bundestages einstimmig die zweite Lesung der Ostverträge auf den 10. Mai festgelegt, die demnach schon am nächsten Tage, einem Mittwoch, stattfinden konnte; alle Parteien schienen es jetzt eilig zu haben. Wenn es nach der Regierung ging, würde auf die zweite Lesung sofort die dritte und letzte folgen, also am 10. Mai abschließend über die Verträge abgestimmt werden. Doch Barzel wollte das nicht verantworten. Er brauchte eine Pause zur weiteren Klärung der Lage in der Union, zur Beruhigung seiner Fraktion, die nach dem Richtungswechsel der voraufgegangenen zwei Wochen, nach den Auseinandersetzungen um die gemeinsame Entschließung und vor allem nach dem Hü und Hott der Sowjetunion (die am Vortage zunächst gegen zwei Passagen des Resolutionsentwurfs Bedenken angemeldet, sie dann aber, aufgrund eines Gesprächs Scheels mit Falin, am gleichen Tage wieder fallengelassen hatte, so daß sich der sowjetische Botschafter noch am Abend des 9. Mai bereit erklärte, die unveränderte Entschließung entgegenzunehmen) ganz durcheinander und außer Atem schien und sich nach Barzels Eindruck nicht sofort zu dem von ihm gewünschten, einheitlich positiven Votum würde aufraffen können. Daher teilte der Oppositionsführer zu Beginn der Sitzung vom 10. Mai mit, er habe seiner Fraktion empfohlen, die Verträge abzulehnen, falls man das Parlament an diesem Tage zur endgültigen Stellungnahme zwinge; man müsse in aller Ruhe die entstandene Verwirrung klären können.

Jetzt waren die Sozialliberalen ihrerseits verwirrt. In einer Kampfabstimmung wurde ein Antrag der Opposition, die Beratung der Ostverträge von der Tagesordnung abzusetzen, bei Stimmengleichheit (259:259) zurückgewiesen, wobei die Koalition allerdings auf die Unterstützung der Berliner Abgeordneten, die bei Geschäftsordnungsanträgen voll stimmberechtigt sind, zurückgreifen mußte, um sich zu behaupten und ihr Ziel zu erreichen. Das Ergebnis, obwohl formal ein sozialliberaler Sieg, legte indessen Vorsicht nahe. Denn es ließ erkennen, daß die Union entgegen den bisherigen Erwartungen vermutlich Barzel folgen und geschlossen gegen die Verträge votieren werde, falls man sie an diesem Tage zur Entscheidung nötigte. Die Koalition stimmte daher am Abend notgedrungen und widerwillig einer Unterbrechung der Debatte zu; die Sitzung wurde nach interfraktionellen Besprechungen um eine Woche auf den 17. Mai vertagt.

In den folgenden Tagen stand bei den Beratungen in und zwischen den Parteien nicht wie bisher der Text der Entschließung im Vordergrund – er blieb unverändert und fand die inhaltliche Billigung aller Seiten –, sondern seine völkerrechtliche Bedeutung; die Art und Weise, wie die Sowjetunion die Resolution »in verbindlicher Form« zur Kenntnis nehmen und bestätigen würde, daß sie »nicht im Widerspruch zu Geist und Text des Vertrages« stehe – wie es Franz Josef Strauß in der Woche zuvor gegenüber *Bild am Sonntag* formuliert und gefordert hatte.

Am Abend des 12. Mai, einem Freitag, führte Rainer Barzel ein zufriedenstellend verlaufenes Gespräch mit Valentin Falin und schickte anschließend seinen Persönlichen Referenten, Thomas Jansen, in die Ost-Arbeitsgruppe des außenpolitischen Arbeitskreises der CDU/CSU-Fraktion, um ihn statt seiner dort berichten zu lassen. Denn bei Barzel machten sich plötzlich die Strapazen der letzten Tage und Wochen bemerkbar. Er war, ebenso wie die maßgeblichen Männer in den Spitzen von SPD und FDP, physisch überfordert, wobei jeder seinen »toten Punkt« in einem anderen Moment erreichte. Während in jener Nacht halb Bonn einschließlich des sowjetischen Botschafters in verschiedenen Zusammensetzungen tagte, schlief sich der Oppositionsführer aus. In der Sitzung der Ost-Arbeitsgruppe der Union wurde in seiner Abwesenheit freilich eine schlechte Stimmung, eine allgemeine Übellaunigkeit gegenüber Barzel spürbar; offensichtlich war es ein Fehler von ihm gewesen, sich gerade jetzt vertreten zu lassen. Während Walther Leisler Kiep und Richard von Weizsäcker gleichwohl für die Verträge votierten, argumentierte man mehrheitlich gegen eine Zustimmung zu den Ostverträgen – teils eher verschwommen, wie Werner Marx, teils energisch und nachdrücklich, wie Bruno Heck. Man witterte, daß sich ein Unwetter über Barzel zusammenbraute.

Während die Abgeordneten am folgenden Wochenende in ihre Wahlkreise fuhren, mußte der Oppositionsführer in Bonn zu retten versuchen, was zu retten war. Mit der Begründung, die Bundesregierung habe in der Debatte vom 10. Mai im Bundestag »Unklarheiten über die Bedeutung der gemeinsamen Entschließung erzeugt«, wie er später in »Auf dem Drahtseil« berichtete, wandte er sich hilfesuchend am 14. Mai, einem Sonntag, in einem Handschreiben an Scheel, um eine Klärung der strittigen Punkte herbeizuführen; zugleich auch, um seinen Leuten etwas vorweisen zu können, womit er sie am Wochenbeginn in den verschiedenen Gremien der Union beruhigen und erneut zu sich herüberziehen konnte. Auf einem einfachen Blatt Papier notierte er:

14. 5. 1972

I. Zusammenfassung von RB:
   1. Die Bundestagsentschließung wird ein Dokument der Bundesrepublik Deutschland, das sich die Bundesregierung zu eigen macht.
   2. Die Bundestagsentschließung wird von der Bundesregierung durch förmliche Übergabe an die Sowjetunion nach Art. 32 Wiener Konven-

tion auf die völkerrechtliche Ebene gebracht. Die Zuleitung an den Obersten Sowjet vor dessen Abstimmung gibt ihr zusätzliches Gewicht.

3. Die Bundestagsentschließung wird verbindlich, weil jede deutsche Politik sich jetzt und künftig wird darauf berufen können und dem keiner – gestützt auf den Vertrag – widersprechen kann als Vertragsverletzung.

II. Kollegen Scheel: Stimmt das so? RB 14. 5.

Walter Scheel, den ein vertrauensvolles, beinahe freundschaftliches Verhältnis mit Rainer Barzel verband (in späteren Jahren duzten sie einander sogar; aber auch schon zu jener Zeit brachte Scheel ihm gern bei passender Gelegenheit, etwa am Geburtstag, einen guten Tropfen mit), kannte natürlich Barzels Schwierigkeiten im eigenen Lager genau und sah auch, daß er mit diesen apodiktischen Formulierungen seine Leute hinters Licht geführt hätte – was mit Sicherheit herauskommen und dann sehr schaden würde –, änderte also, schwächte ab und antwortete Barzel noch am selben Tage, ebenfalls handschriftlich:

Herrn Kollegen Dr. Barzel 14. 5. 72

Zu 1): ja.

2): ja.

Zweiten Satz ersetzen durch: »Die Entscheidung erhält dadurch zusätzliches Gewicht, daß sie vor Beendigung des Ratifizierungsverfahrens dem Präsidium des Obersten Sowjets bekannt wird, wovon wir ausgehen können.«

3): ersetzen durch:

»Die widerspruchslose Entgegennahme der Entschließung bedeutet, daß dieser verbindlichen Grundlage der Politik der Bundesrepublik Deutschland niemand mit dem Hinweis begegnen kann, sie befinde sich im Widerspruch zu den Verträgen.«

(gez.) Sch 14. 5.

Barzel erschien der kleine Zettel mit seinen wenigen Zeilen, trotz der einschränkenden Korrekturen Scheels, wie ein Geschenk des Himmels. Mit diesem Dokument, das Walter Scheels Unterschrift trug, ihm also etwas Verbindliches in die Hand gab, konnte er, so fand Barzel, vor seine Partei treten, ohne befürchten zu müssen, noch einmal, wie vor dem 10. Mai, abgewiesen zu werden. Bei nur einer Gegenstimme (Franz Amrehn) und einer Enthaltung (Heinrich Windelen) beschloß denn auch der CDU-Bundesvorstand am Montag, dem 15. Mai, der Linie Barzels zu folgen, und erklärte: »Die Bundestagsentschließung zu den Verträgen ist in ihrem Inhalt eindeutig. Wir handeln im Einklang mit den Verträgen, wenn wir unsere Politik auf diese Entschließung gründen. Der Bundesvorstand der CDU dankt Dr. Barzel und den Kommissionen für den Erfolg ihrer Verhandlungen.«

Jahre später – es war am 8. Mai 1977 – kam Barzel während eines privaten Besuchs bei Scheel, der inzwischen als Bundespräsident in der Villa Hammerschmidt residierte, auf diese ereignisreichen Tage zurück: Man sei damals näher beieinander gewesen, als alle wußten; so nahe wie im Mai 1972 sei man sich zwischen Union und FDP nie wieder gekommen. Nicht nur der Austausch handgeschriebener Notizen von großer politischer Bedeutung oder, allgemeiner, die unkonventionell freundliche Art, in der ihm der Außenminister begegnete, wurden von Barzel als Zeichen dafür genommen, daß CDU/CSU und FDP bereits in naher Zukunft wieder zusammenfinden könnten. Schon Wochen zuvor hatten ihm Scheel und Genscher lockend erklärt: Er müsse doch sehen, daß mit einer Zustimmung der Opposition zu den Ostverträgen diese Klammer, diese Fessel der bestehenden Koalition fortfalle. Das konnte nur heißen, daß sich die Liberalen in der Wahl ihres Partners künftig, vielleicht schon bei den bevorstehenden Bundestagswahlen, wieder frei fühlen würden; daß sie offen auch für ein Bündnis mit der Union seien, wenn die CDU/CSU jetzt die Neue Ostpolitik ratifiziere.

Fast wörtlich äußerte sich Barzel in diesem Sinne am 16. Mai vor der Fraktion: Die koalitionspolitischen Grundbedingungen ließen neue Entwicklungen zu, wenn die Verträge, die »Fessel der Koalition«, vom Tisch seien. Man begegne der Union im In- und Ausland mit wachsendem Respekt. Es wäre verhängnisvoll, wenn man sich am Ende selbst um die Früchte harter und konsequenter Arbeit brächte. Das Vertragswerk sei politisch verändert worden und stelle sich nun auch rechtlich besser dar.

Barzel war mithin eindeutig für Zustimmung, und nach allem, was geschehen war, erwartete auch niemand etwas anderes. Jedoch der unberechenbare, wankelmütige Franz Josef Strauß, der in der Vorwoche die gemeinsame Entschließung noch als »optimales Ergebnis« gewürdigt hatte, wollte von seiner damals vertretenen Position plötzlich nichts mehr wissen. An eben dem Wochenende, an dem Barzel sich in Bonn bei Scheel um letzte Erläuterungen bemüht hatte, war Strauß wie die meisten Abgeordneten des Bundestages nach Hause gefahren, also nach Bayern, und dort, besonders von seiten der (in der CSU immer noch besonders einflußreichen) Vertriebenen scharf kritisiert und unter Druck gesetzt worden, wie man bei der Rückkehr nach Bonn bemerken konnte. Strauß war, wie die gesamte CSU, umgefallen, allen voran der einflußreiche Friedrich Zimmermann, der nun seinerseits sogar begann, Unionsteile aus der Zustimmungsfront wieder herauszubrechen. Daß Bayern in Bonn etwas anderes sind als Bayern in Bayern – das mußte Barzel jetzt erneut erfahren. Und nicht allein die Bayern machten schlapp. Gegen die Verträge war nun plötzlich auch, neben anderen Abgeordneten, Manfred Abelein aus Baden-Württemberg. Mit vornehmer Zurückhaltung schrieb Rainer Barzel später: »Leider hatten über dieses Wochenende örtliche Einflüsse manche Kolleginnen und Kollegen umgestimmt – vor allem im Süden.«

Entscheidend war jedoch Franz Josef Strauß. Mit seinem Rückzieher, seinem unversehens negativen Votum beendete er kurzerhand das Kooperationsverhältnis zwischen Koalition und Opposition, das sich zaghaft herauszubilden begonnen hatte, und erledigte damit im selben Atemzuge auch den ungeliebten Barzel. Gleichzeitig legte er die Bundesregierung herein, die nun nichts mehr dafür bekam, daß sie sich tagelang und unter fast demütigenden Umständen um die gemeinsame Entschließung bemüht und dabei beherzt allerlei hingenommen hatte, indem sie etwa Strauß und Marx als die beiden Vertreter der CDU/CSU in der Redaktionskommission akzeptierte und ihnen hier bis an die Grenze des Vertretbaren entgegenkam.

In der Sitzung des Fraktionsvorstandes vom 15. Mai plädierte Strauß für Ablehnung, allenfalls für Enthaltung. Danach, am Abend, rief Walter Hallstein, einer der großen alten Männer der Union, der an der Sitzung teilgenommen hatte, Thomas Jansen an, der früher einmal sein Assistent gewesen war: Er müsse am nächsten Morgen in der Frühe unbedingt mit Barzel sprechen; denn er wolle die Position vertreten, die Strauß vorhin eingenommen habe. An sich sei er für Ablehnung. In manchen Augenblicken sei aber die Einheit der Fraktion das höchste Gut. Diese Lage sei jetzt gegeben.

Nachdem Hallstein am Dienstag morgen, kurz nach acht Uhr, mit dem Fraktionsvorsitzenden gesprochen und ihm sein Vorhaben erläutert hatte, die gemeinsame Enthaltung vorzuschlagen, erteilte ihm Barzel in der anschließenden Sitzung der CDU/CSU-Bundestagsfraktion dann auch das Wort – was ein Fehler war. Denn Hallstein sprach in ungewöhnlich eindrucksvoller Weise zunächst einmal eine Dreiviertelstunde lang gegen die Verträge und beeinflußte damit die Fraktion tief in negativer Richtung. Hallstein hinterließ eine Betroffenheit, ja Lähmung, die keineswegs im Sinne Barzels war, der noch immer auf die Zustimmung der Union zur Ostvertragspolitik hinauswollte. Erst gegen Ende seiner Ausführungen empfahl Hallstein allen Fraktionskollegen die gemeinsame Enthaltung – und schrieb anschließend Barzel einen entschuldigenden Brief: Er bedauere, aber er habe keinen anderen Ausweg gesehen. Zuvor hatte Strauß erklärt, die CSU werde die gemeinsame Entschließung annehmen, aber »die Verträge leider ablehnen«. Den Rückzug auf die Enthaltung hielt er sich offen, doch kam eine Zustimmung, wie sie Barzel anstrebte, für ihn nicht mehr in Frage.

Zwischen den Positionen der zustimmungsbereiten Abgeordneten und derjenigen der CSU bot danach die Enthaltung tatsächlich den einzigen Weg, die Einheit der Union zu bewahren, und zugleich die einzige Möglichkeit, die Verträge passieren zu lassen. Hallstein hatte das ganz richtig gesehen, Scheel es im Grunde schon am 4. Mai vorausgesagt, als er im FDP-Präsidium »mit einer Ratifizierung der Verträge trotz offiziellem ›Nein‹ der CDU/CSU« rechnete. Von einer »gemeinsamen Außenpolitik« der Regierung und der Opposition, wie sie Barzel noch wenige Tage früher für erreichbar, ja fast schon für erreicht gehalten hatten, konnte unter diesen Umständen allerdings keine Rede mehr sein.

Noch einmal diskutierte die Fraktion das Für und Wider der Verträge und der gemeinsamen Resolution sowie die Situation der Union. Alle beschworen die Einigkeit der Fraktion, die es zu erhalten gelte. Kurz vor 24 Uhr wurde die Sitzung unterbrochen; am nächsten Vormittag wollte man sich erneut zusammensetzen, um dann endgültig die Entscheidung zu treffen. Die CSU freilich setzte nach Mitternacht ihre Beratungen allein fort und gelangte dabei zu der Überzeugung: Die Union solle sich geschlossen enthalten, andernfalls werde die CSU als Block mit Nein stimmen.

Barzel stand an diesem Mittwochmorgen bereits um vier Uhr früh auf. Um acht Uhr sollte die am Vorabend vertagte Fraktionssitzung fortgesetzt werden. Er setzte sich an seinen Schreibtisch, um seine »Gedanken zu ordnen und Notizen zu machen«:

> Es wäre richtig gewesen, nun ja zu sagen und mit dem durch uns verbesserten Vertragswerk in die bevorstehenden Neuwahlen zu gehen. Zugleich war es aussichtslos, dieses Ja einheitlich zu erreichen. Und halb wog es zu wenig. Eine starke Minderheit, vielleicht auch eine Mehrheit, würde trotz allem mit Nein stimmen. Gäbe ich die Abstimmung ohne vorherigen Beschluß der Fraktion frei, so stünde ein Wahlkampf bevor, in dem z. B. der Kölner Abgeordnete links des Rheins anders argumentieren würde als sein Kollege von der rechten Seite.
>
> Vielleicht hatte ich Fehler gemacht. Wer ist davon frei? Bestimmt hatten andere ihre Meinung geändert und ließen mich nun allein. Das war – nach dem Mut zum Mißtrauensvotum und der Erfahrung des Verrats – doppelt bitter.
>
> Ich war versucht, trotzig das Ja zu empfehlen und die Abstimmung darüber mit der Frage meines weiteren Vorsitzes zu verbinden. Aber: Als Vorsitzender mit 60 Prozent in Wahlen gehen? Oder einen neuen Vorsitzenden und Kanzlerkandidaten so kurz vor den Wahlen suchen, also zur aufwühlenden Vertragsdiskussion in der Partei, die ohnehin weitergehen würde, noch eine Personaldiskussion?
>
> Ich entschied mich: Der Weg vom Ja zur Enthaltung war kürzer als der vom Nein zur Enthaltung. Er bewirkte, daß die Verträge nicht scheiterten . . .

Barzel entwarf seine Rede, in der er den Unionsabgeordneten die verschiedenen Optionen darlegte und unter Berufung auf Hallstein und Strauß für Enthaltung plädierte. Sein Hauptargument war dabei, daß man sich mit einem solchen Votum nicht mit der Ostpolitik der Bundesregierung identifizieren, sie aber gewähren lassen werde; sie scheitere also nicht an der CDU/CSU.

Vor der Fraktionssitzung rief er Ehmke und Scheel an: Es klappe nicht; nach Hallsteins Rede schaffe er es nicht mehr, seinen Leuten die Zustimmung zu den Vertragswerken abzuringen. Sie würden sich nun alle gemeinsam enthalten. Scheel fand das kläglich. Er dachte darüber nach, wie er sich selbst wohl an Barzels Stelle verhalten hätte, und kam zu dem Ergebnis, daß er sich für ein klares Ja ausgesprochen, sein eigenes Ja angekündigt und anschließend den Saal verlassen hätte. Aber einen solchen Rat mochte und konnte er Barzel jetzt nicht mehr geben. Die Entscheidung der Union war ja gefallen; in einer solchen Situation hielt man als höflicher Mensch den Mund.

Ehe die entscheidende Sitzung begann, suchten Strauß und Stücklen den Fraktionsvorsitzenden auf, um ihm das Ultimatum der CSU zu überbringen.

Vielen Abgeordneten kamen neue Zweifel, als Barzel nunmehr die Enthaltung empfahl. Man fragte sich, ob es wirklich angängig sei, daß sie alle einheitlich abstimmten. Einigen wenigen Abgeordneten, unter ihnen Herbert Czaja und Herbert Hupka, heimatvertriebenen Schlesiern und führenden Vertriebenenfunktionären, wurde die Ablehnung zugestanden. Als jedoch bei einer Probeabstimmung der Fraktion Erik Blumenfeld, Winfried Pinger und Richard von Weizsäcker ihren Wunsch bekundeten, beim Warschauer Vertrag mit Ja zu votieren, suchten Barzel, Kiesinger und Strauß dies zu verhindern. Strauß verfocht die Maxime, daß die Gewissensfreiheit nur bei den Nein-Sagern hingenommen werden könne. Weizsäcker zeigte sich daraufhin konzessionsgeneigt: Er lasse mit sich reden, wenn gleichzeitig auch Nein-Stimmen verschwänden. Diesen Positionswechsel, eigentlich einen glatten Umfall, fand niemand besonders eindrucksvoll – schon gar nicht in der Koalition. »Ein hochgebildeter, hochkultivierter, hochintelligenter Waschlappen«, sagte man von ihm, wie Zeitungen zu entnehmen war, später im Kabinett. »Moralisch alle belehren wollen, und dann das.«

Um der erstrebten, allgemein beschworenen Einigkeit willen verzichteten schließlich die zustimmungsbereiten Unionsabgeordneten gemeinsam auf ein positives Votum im Bundestag. Als die Auszählung jedoch ergab, daß die Nein-Stimmen weit zahlreicher ausgefallen waren als vorher abgesprochen – es gab 10 Nein beim Moskauer, sogar 17 beim Warschauer Vertrag –, fühlten sich diese Abgeordneten düpiert und blamiert. Vermutlich wäre es tatsächlich besser gewesen, wie Ernst Majonica meinte, die Abstimmung freizugeben und jeden nach seinem Gewissen entscheiden zu lassen: Bei einer Schicksalsfrage der Nation sei Stimmenthaltung nun einmal die schlechteste Lösung, und obendrein habe die Einheit der Fraktion durch sie ja ohnehin nicht gerettet werden können. Wieder einmal, so konnte, ja mußte es scheinen, war Barzel von den Freunden in den eigenen Reihen übertölpelt worden. Nach einer kurzen Phase der Selbständigkeit sei der Oppositionsführer wie früher »in jeder politischen Hinsicht eine Nummer zu klein«, schrieb Günter Gaus am 22. Mai 1972 im *Spiegel*, eine »Handpuppe« in der Macht von Strauß.

Immerhin passierten der Moskauer und der Warschauer Vertrag am 17. Mai schlecht und recht den Bundestag; wenigstens dieses Ziel war erreicht. Beim Moskauer Vertrag stimmten von den 496 Abgeordneten 248 mit Ja, zehn mit Nein; 238 Abgeordnete enthielten sich der Stimme. Für den Warschauer Vertrag stimmten von 496 Abgeordneten gleichfalls 248 mit Ja, jedoch 17 mit Nein, bei 231 Enthaltungen. Von den 22 Berliner Abgeordneten stimmten beide Male zwölf mit Ja, zehn Abgeordnete enthielten sich jeweils der Stimme. Die gemeinsame Entschließung aber ging fast einmütig durch: Sie wurde mit 491 Ja bei nur fünf Enthaltungen ohne Gegenstimme angenommen. Zwei Tage später, am 19. Mai 1972, ließen alle Bundesländer, also auch die von der Union regierten – diese durch Enthaltung –, die Verträge im Bundesrat passieren.

Die Diskussion um Neuwahlen

Die Nachricht von der Ratifizierung der Ostverträge löste im In- und Ausland große Erleichterung aus, wenn auch Gustav Heinemann (und er stand damit nicht allein!) über die teils tristen, teils lächerlichen Begleitumstände so verdrossen war, daß er sich nur mit Mühe von guten Freunden dazu überreden ließ, als Bundespräsident aus diesem Anlaß einige würdigende Worte im Fernsehen zu sagen. Von überall her trafen Telegramme ein, in denen Willy Brandt und Walter Scheel zu ihrem außen- wie innenpolitischen Erfolg gratuliert wurde. Erst jetzt war die Hypothek abgelöst, die man Brandt mit dem Friedensnobelpreis 1971 aufgeladen hatte.

Die Freude über den knappen Sieg der Koalition konnte jedoch keineswegs darüber hinwegtäuschen, daß sich an der Patt-Situation im Bundestag nichts geändert hatte. Weder die Regierung noch die Opposition verfügten über eine Mehrheit. Die Ostverträge waren ein Sonderfall gewesen; die Opposition hatte hier die Notwendigkeit einer begrenzten Zusammenarbeit mit der Regierung eingesehen, weil sie sich der außenpolitischen Gefahren eines Scheiterns der Verträge bewußt gewesen war. Beide Seiten des Hauses waren sich indessen darüber im klaren, daß es eine solche Duldung bei anderen Vorhaben der Regierung künftig kaum noch einmal geben werde. Deshalb begann unmittelbar nach der Ratifizierung der Vertragswerke aufs neue die öffentliche Diskussion um Neuwahlen.

Bereits im März, nach dem Wechsel Herbert Hupkas zur CDU, war es zu Erwägungen dieser Art gekommen. Am 8. März hatte *Bild* in großer Aufmachung auf Seite 1 gefragt: »Tritt Brandt zurück?«, wobei allein schon diese drei Worte ein Drittel der Seite einnahmen; die Unterzeile lautete: »Zum erstenmal: Minister Ehmke und SPD-Fraktionschef Wehner sprechen von Neuwahlen.« Am Tage darauf ließ sich Gustav Heinemann im Bundespräsidialamt einen Vermerk über »Möglichkeiten der Auflösung des Bundestages durch den Bundespräsidenten« vorlegen, der mit den Worten eingeleitet wurde:

> In der Presse wird in letzter Zeit im Zusammenhang mit den Ostverträgen die Frage der Auflösung des Bundestages durch den Bundespräsidenten aufgeworfen. Die Rechtslage ist folgende.
>
> Wird die Abstimmung über die Ostverträge in zweiter Lesung im Bundestag am 3./4. Mai 1972 oder nach Einspruch des Bundesrates Mitte Juni mit dem Antrag des Bundeskanzlers verbunden, ihm das Vertrauen auszusprechen, und findet dieser Antrag nicht die Zustimmung der Mehrheit der Mitglieder des Bundestages (249 Stimmen), so kann der Bundespräsident auf Vorschlag des Bundeskanzlers binnen 21 Tagen den Bundestag auflösen (Art. 68 GG). Zwischen dem Antrag des Bundeskanzlers auf den Vertrauensausspruch und der Abstimmung darüber im Bundestag müssen 48 Stunden liegen . . .

Dann wurden die Wege beschrieben, die dem Bundeskanzler offenstanden, falls er nicht die erforderliche Mehrheit von 249 Stimmen erhalte, und dem Bundespräsidenten Wege und Fristen genannt, um selber auf die denkbaren Entwicklungen zu reagieren. Dabei schloß man nicht aus, daß »die Opposition möglicherweise damit rechnen würde, nach einer Ablehnung des Vertrauensantrages des Bundeskanzlers neue Stimmen für eine eigene Mehrheit zu gewinnen«, also ein konstruktives Mißtrauensvotum wagen könnte. Zugleich wurde darauf hingewiesen, daß in dieser Situation »die Regierungskoalition Interesse an einer möglichst raschen Auflösung des Bundestages haben dürfte«. Solche Erwägungen blieben hier noch ganz theoretisch; nur wenige Wochen später sollten sie in der politischen Diskussion jedoch eine zentrale Rolle spielen und Gegenstand eines hartnäckigen politischen Streits zwischen Regierung und Opposition über das Verfahren der Auflösung des Bundestages werden.

Wie ernsthaft man freilich bereits in diesem Frühjahr, also *vor* der Abstimmung über die Ostverträge, mit der Möglichkeit einer Auflösung des Bundestages rechnete, belegen mehrere Vermerke, die an einem einzigen Tage, dem 25. April 1972, im Bundespräsidialamt zu diesem Thema angefertigt wurden. Der erste Vermerk beschrieb, scheinbar harmlos, »Probleme bei der 2. und 3. Lesung des Haushalts im Bundestag« und konstruierte dabei den Fall, daß der Mißtrauensantrag, den die Union zu diesem Zeitpunkt bereits gestellt hatte und über den am Donnerstag, dem 27. April, abgestimmt werden sollte, ebenso abgelehnt werden würde wie der daraufhin vom Kanzler mit einem Vertrauensantrag nach Art. 68 GG verbundene Haushaltsplan. Dazu konnte es kommen, wenn weder die Regierung noch die Opposition die erforderliche Mehrheit von 249 Stimmen besaßen und eine Stimmengleichheit beider Lager von 248:248 bestand. Der Vermerk schloß: »Der Bundeskanzler könnte dann dem Bundespräsidenten vorschlagen, den Bundestag aufzulösen.«

Diese Konstellation ergab sich indessen nicht, weil die Voraussetzung fehlte, von der Ministerialdirigent Paul Döring in seinem Vermerk ausgegangen war: daß nämlich über den Mißtrauensantrag abgestimmt wurde, ehe der Regierungschef die Vertrauensfrage stellte. Der erste Präsidialamtsvermerk kam daher sofort zu den Akten.

Die Dinge schienen sich im Laufe des 25. April unversehens dramatisch zu entwickeln. Willy Brandt trug, wie unterderhand zu erfahren war, an diesem Tag, als der Bundestag über den Haushalt beriet, einen Zettel in der Tasche, auf dem die Sätze notiert waren, mit denen er die Vertrauensfrage stellen wollte, um dem konstruktiven Mißtrauensvotum der Union zuvorzukommen. Als das Bundespräsidialamt, spät genug, davon hörte, war in großer Eile (weshalb die im Vermerk vom 9. März in aller Gründlichkeit aufgeführten einschlägigen Bestimmungen diesmal unerwähnt blieben) sogleich ein zweiter, aktualisierter Vermerk verfaßt worden, den man Heinemann umgehend vorlegte. Dieser Text zeigt deutlich, in welche Verlegenheit Brandt den peinlich genau auf Gesetzestreue und faire Umgangsformen bedachten Heinemann hätte bringen können, wenn er seine ursprüngliche Absicht wahrgemacht und tatsächlich den Bundestag in jenem Augenblick gebeten hätte, ihm das Vertrauen auszusprechen. Denn konnte ein bereits eingereichter Mißtrauensantrag durch einen späteren Vertrauensantrag unterlaufen werden? Durfte ein Regierungschef auf diese Weise der parlamentarischen Opposition in ihre aufziehende Parade fahren? Wiederum war es Döring, der die maßgeblichen Gesichtspunkte zu Papier brachte, wobei er die herrschende Rechtsunsicherheit zu skizzieren hatte:

Betr. Eventueller Vertrauensantrag des Bundeskanzlers nach Art. 68 GG am heutigen Tage

Zwischen dem Vertrauensantrag nach Art. 68 GG und der Abstimmung darüber müssen 48 Stunden liegen. Nach dem Kommentar von Trossmann beginnt die 48-Stunden-Frist am Tage nach der Verteilung der Drucksache. Danach könnte die Abstimmung über den Vertrauensantrag erst am Freitag erfolgen. Die Meinung stützt sich auf § 124 Geschäftsordnung Bundestag, wonach bei Fristen der Tag der Verteilung der Drucksache nicht eingerechnet wird.

Nach anderer Auffassung beginnt die Frist mit der Verteilung der Drucksache und endet genau 48 Stunden danach. Das würde zur Folge haben, daß die Abstimmung nicht erst am dritten Tag nach Verteilung der Drucksache, sondern schon einen Tag früher stattfinden könnte. Für diese Auffassung könnte sprechen, daß Art. 68 Abs. 2 GG nur eine 48-Stunden-Frist vorschreibt und keine weiteren Erfordernisse vorsieht. Danach könnte über den Vertrauensantrag ebenfalls am Donnerstag abgestimmt werden, wenn er heute noch eingebracht wird.

> Das Plenum müßte dann darüber entscheiden, welcher Antrag auf der Tagesordnung am Donnerstag den Vorrang haben soll, der Mißtrauensantrag oder der Vertrauensantrag. In dieser Geschäftsordnungsfrage müßten die Berliner Stimmen mitgezählt werden. Auf diese Weise könnte u. U. durchgesetzt werden, daß der Vertrauensantrag vor dem Mißtrauensantrag auf die Tagesordnung kommt. Bei einer Ablehnung des Vertrauensantrages könnte dann auf Antrag des Bundeskanzlers der Bundestag aufgelöst werden, solange die Abstimmung über den Mißtrauensantrag noch nicht begonnen hat . . .

Man kann sich vorstellen, wie froh der vorsichtige Heinemann gewesen sein muß, daß Brandt seinen Zettel in der Tasche stecken ließ, also die Vertrauensfrage nicht stellte – zumal er doch bei anderer Gelegenheit vor einiger Zeit Barzel gegenüber ganz offen seine Abneigung gegen einen »Handgalopp« im Falle einer Parlamentsauflösung bekundet hatte. In diesem Widerwillen konnte sich Heinemann bestätigt fühlen durch eine weitere Ausarbeitung über seine diesbezüglichen Kompetenzen, die aus dem Bundesministerium des Innern stammte und auch Gesichtspunkte des politischen Stils berücksichtigte. Unzweideutig wurde ihm hier Vorsicht angeraten. Zwar könne er den Bundestag auch dann noch auflösen, wenn dort bereits Anstalten zur Wahl eines anderen Kanzlers getroffen seien; bis zum Abschluß des Wahlverfahrens hindere ihn verfassungsrechtlich nichts, dieser Wahl durch die Auflösung des Bundestages zuvorzukommen. »Fraglich kann allenfalls sein«, so dieser Kommentar, »ob aus verfassungs*politischen* Gründen eine andere Beurteilung geboten ist. M. E. sollte sich der Bundespräsident zurückhalten und mit der Auflösung warten, sobald der Wahlgang mit dem Ziel der Wahl eines anderen Bundeskanzlers begonnen hat. Ansonsten böte sich das für die Würde des Parlaments und der Staatsorgane abträgliche Schauspiel, daß der Bundespräsident das Parlament in einem Augenblick ›entmachtet‹, in dem es möglicherweise unmittelbar vor der Beilegung der Krise steht.«

Nachdem der Mißtrauensantrag der Union gescheitert war, konnte sich Heinemann in seiner Entscheidung erheblich freier fühlen: Es war kaum anzunehmen, daß eine Neuauflage des Mißtrauensantrages die Krise lösen werde. Zumindest brauchte der Bundespräsident damit nicht mehr in gleichem Maße zu rechnen wie vor dem 27. April. Dementsprechend hieß es in einem neuen Vermerk seines Amtes vom 8. Mai (»Eventueller Vertrauensantrag nach Art. 68 GG und Mißtrauensantrag des Oppositionsführers am Mittwoch, dem 10. Mai 1972«): » . . . Nach herrschender Auffassung kann der Bundespräsident den Bundestag innerhalb der 21-Tage-Frist nach Ablehnung des Vertrauensantrages jederzeit auflösen. Er braucht also eine Abstimmung über einen eingebrachten Mißtrauensantrag nach Art. 67 GG nicht abzuwarten . . . Der Bundespräsident wird dies erst recht tun können, wenn schon ein Mißtrauensantrag gescheitert und zweifelhaft ist, ob die neue Wahlhandlung zur Wahl eines Bundeskanzlers führen wird.«

Auch an diesem 10. Mai, an dem im Bundestag über die Ostverträge abgestimmt werden sollte, trug Brandt wieder den Text für einen Vertrauensantrag bei sich – zum zweiten Male innerhalb von 14 Tagen, nun freilich weniger überraschend, so daß das Bundespräsidialamt sogar noch Zeit gefunden hatte, unter dem Datum des 8. Mai eine detaillierte Übersicht über die einzuhaltenden Fristen nach einer Parlamentsauflösung anzufertigen. Für den Fall, daß es zu ihr am 12. Mai käme (womit man rechnete, falls der Kanzler am 10. Mai vergeblich um das Vertrauen des Bundestages nachgesucht haben sollte), würden Neuwahlen spätestens am Sonntag, dem 9. Juli 1972, stattfinden müssen. Da der Kanzler jedoch erneut auf den Vertrauensantrag verzichtete, blieben die Erwägungen des Präsidialamtes auch diesmal nur ein Sandkastenspiel.

Zweimal hatte der Regierungschef darauf verzichtet, die Vertrauensfrage zu stellen und damit, also nach einer vorzeitigen Auflösung des Bundestages, das Risiko kurzfristig angesetzter Neuwahlen einzugehen. Sein Haupthinderungsgrund war jedesmal das noch offene Schicksal seiner Ostpolitik gewesen. Es sei ein Trugschluß zu meinen – hatte Brandt am 28. April im Bundestag erklärt –, Neuwahlen würden zu markanten Mehrheiten führen. Wenn es einen anderen Weg gab, die Verträge zu retten, so fand er, mußte man ihn gehen.

Aber er hatte auch deshalb gezaudert, weil die FDP vernehmlich bremste. Aus einer Aufzeichnung Rüdiger Freiherr von Wechmars zur Lage vom 28. Mai 1972 geht hervor, daß im Frühjahr die gesamte Führungsgruppe der Liberalen – Scheel, Genscher, Mischnick und Flach – Neuwahlen abgelehnt hat. Aus dem Bonner Talweg kamen mahnende Stimmen: Der Organisationsstand der Partei sei für einen plötzlichen Wahlkampf zu schlecht; man brauche immer länger als die großen Parteien, um sich bei den Wählern wieder in Erinnerung zu bringen. Je kürzer der Wahlkampf sei, desto schlimmer werde es für die FDP am Ende ausgehen, und vorerst stehe es ganz übel: Bei Wahlen im Mai oder Juni müsse man damit rechnen, daß die FDP unter den Tisch falle.

Das wurde von der Union genauso gesehen. Die CDU/CSU bestand deshalb im Frühjahr 1972 energisch auf Neuwahlen. Denn ihre eigenen Aussichten schienen glänzend. Sie konnte fest damit rechnen, das Potential der untergehenden NPD, die 1969 immerhin 4,3 Prozent der Stimmen erhalten hatte, ganz für sich auszuschöpfen. Wenn außerdem die FDP unter 5 Prozent blieb, so daß alle für die Liberalen abgegebenen Stimmen dem Linksbündnis verlorengingen, dann war der Union die absolute Mehrheit so gut wie sicher. Aber den Weg zu Neuwahlen konnte nicht der Oppositionsführer, sondern nur der Kanzler freimachen. Der eigene Handlungsspielraum der CDU/CSU in dieser Frage war von der Verfassung her beschränkt. Ihr blieb, wenn sie selbst initiativ werden wollte, nur das Wagnis des konstruktiven Mißtrauensvotums – das sie ja auch eingegangen war, mit dem bekannten Ergebnis.

Als nun die Ostverträge endlich verabschiedet waren, erschienen vorzeitige Neuwahlen in einem anderen Licht. Auch die FDP hatte sich inzwischen an den Gedanken gewöhnt, ja sogar ausgemacht Gefallen an ihm gefunden. Bereits am 18. Mai, einen Tag nach der Abstimmung über die Vertragswerke, sprach sich Walter Scheel öffentlich für Neuwahlen aus. Im *Politisch-Parlamentarischen Pressedienst* nannte er den Herbst einen guten Termin. Er war überzeugt, daß eine Wahl spät im Jahr für die Koalition insgesamt, also auch für die SPD, besser sei als ein früherer Zeitpunkt: Den eigenen Leuten erklärte er, man werde bis dahin genug Gelegenheit haben, sich aufgrund der ostpolitischen Erfolge und mit Hilfe der Olympischen Spiele vor der Öffentlichkeit ins rechte Licht zu setzen. Die Spiele, die im Sommer in München und Kiel stattfinden sollten, wollte man auf jeden Fall abwarten, weil man sich von ihnen nicht nur allgemein einen deutschen Prestigegewinn erhoffte, sondern auch eine weitere Aufbesserung des Ansehens der sozialliberalen Regierung.

Am 19. Mai wandten sich Brandt und Scheel mit einer gemeinsamen Erklärung an die drei Fraktionsvorsitzenden des Bundestages, in der sie ihre Bereitschaft zu Neuwahlen hervorhoben. Allerdings machten die Schranken des Grundgesetzes – so hatte Scheel schon am 18. Mai gemeint – eine Übereinkunft aller Parteien erforderlich.

Was waren die internen Überlegungen bei diesem Schritt? Bereits Tage vorher hatte Rüdiger von Wechmar (FDP), der stellvertretende Regierungssprecher, Uwe-Karsten Heye von der *Süddeutschen Zeitung* berichtet (wie der Ausgabe vom 18. Mai zu entnehmen war), in der Umgebung des CDU-Vorsitzenden werde bezweifelt, daß Rainer Barzel nach den Zerreißproben der letzten Tage sich der eigenen Leute sicherer sein könne als beim ersten Anlauf zur Macht, beim Mißtrauensvotum vom 27. April. Im Kanzleramt wachse daher die Hoffnung, daß auch die Opposition zunehmendes Interesse an baldigen Neuwahlen haben könne. Ein Datum frühestens im November/Dezember 1972, spätestens im März/April 1973 sei bereits ins Auge gefaßt. Wörtlich resümierte er: »Dies ist der Hintergrund all unserer Überlegungen. Entweder die lassen uns regieren oder sie stimmen vorgezogenen Wahlen zu.«

Offensichtlich also hatte sich die Interessenlage inzwischen umgekehrt. Im gleichen Maße, in dem sich die Koalition für den Gedanken vorgezogener Neuwahlen erwärmte, war die vorherige Begeisterung der Union für dieses Projekt erkaltet. Schon nach dem gescheiterten Mißtrauensvotum war man im Bundeskabinett am 3. Mai 1972 zu der Einschätzung gelangt, bei der CDU bestehe »kein erkennbares Interesse« an Neuwahlen mehr. Am 16. Mai, dem Tag vor der Abstimmung über die Ostverträge, hatte sich die Regierung erneut mit dem inneren Zustand der Union beschäftigt und war dabei so nüchtern wie nachsichtig der Auffassung gewesen, daß »Barzel es schwer« habe. Ein neues Mißtrauensvotum sei nicht so schnell zu erwarten. Die CDU/CSU wolle auch keine Neuwahlen. Dies sei daher »die Stunde der Exekutive«.

Es war eine kühne Behauptung, da man immerhin die parlamentarische Mehrheit verloren hatte, keine neue vor sich sah und die Risiken der Auflösungsprozedur kannte. Auch die Koalition wollte damals Neuwahlen nämlich nur dann, wenn man alle Parteien, die Opposition also eingeschlossen, »auf anständige Weise« zu ihnen bewegen könne, wie man am 16. Mai im Kabinett erklärte. Denn man war bei den Sozialliberalen nicht sicher – konnte es nicht sein –, ob Barzel bei einer Neuauflage seines Mißtrauensvotums nicht doch noch eine Mehrheit für sich zusammenbringen würde: Der Abbruch der Legislaturperiode gefährdete die Altersversorgung bestimmter Abgeordneter. Schon im April hatte man im Regierungslager deshalb befürchtet, ein paar um ihre Pensionsansprüche bangende Parlamentarier aus den eigenen Reihen könnten versucht sein, dem Unionskandidaten ihre Stimme zu geben, um eine vorzeitige Auflösung des Bundestages zu verhindern. In einem Vermerk, den Staatssekretär Dietrich Spangenberg am 25. April 1972 abzeichnete, hatte es zu dieser Frage geheißen:

> Wenn hinter dem Antrag auf Neuwahl des Kanzlers die Vertrauensfrage zur Abstimmung steht und gegebenenfalls zu einer Auflösung des Bundestages führen würde, werden die seit 1965 dem Bundestag angehörenden Abgeordneten gegebenenfalls ihre Pensionen nicht erreichen, es sei denn, daß sie neu gewählt werden.
>
> Von daher könnte der Antrag auf Neuwahl des Kanzlers auch bei den Abgeordneten aus der Regierungskoalition Interesse finden, die eine Auflösung des Bundestages und damit die Nichterreichung einer Pension vermeiden möchten.

Diese Gefahr drohte SPD und FDP nach wie vor. In seiner Situationsanalyse vom 28. Mai machte daher Rüdiger von Wechmar einen Vorschlag, der das Risiko ausschalten sollte: »Ein konstruktives Mißtrauensvotum würde in seinen Chancen durch ›Pensionäre‹ vielleicht begrenzt, wenn rasch eine Novellierung des entsprechenden Gesetzes vorgenommen würde. Es genügt ein Satz, wie etwa: Endet eine Legislaturperiode des Bundestages vorzeitig durch Neuwahlen, so gilt der bei normalem Ablauf der Wahlperiode erreichte Pensionsanspruch als erfüllt.«

Vor diesem Hintergrund muß man den Appell Willy Brandts und Walter Scheels vom 19. Mai an die Opposition sehen, *gemeinsam* Neuwahlen anzustreben. Natürlich enthielt der Wortlaut ihrer Erklärung keinerlei Anspielung darauf, daß eine verantwortungsbewußte CDU/CSU die Lebensängste und Versorgungsprobleme einiger Abgeordneter nicht ausnützen dürfe. Der Text beschränkte sich auf die Anregung, angesichts des gegenwärtigen Gleichstands im Bundestag mit vereinten Kräften wieder klare parlamentarische Mehrheitsverhältnisse herbeizuführen, und ermahnte im übrigen die Union, bis zum

Wahltage keine »Obstruktion« zu treiben. Das hieß, sie solle wichtige Gesetzesvorhaben der Koalition passieren lassen und den Gedanken an ein neues Mißtrauensvotum ausdrücklich aufgeben.

Eine derartige Absprache lehnte die CDU/CSU freilich ab. Rainer Barzel vertrat die Auffassung, ein Bundeskanzler, der seine parlamentarische Mehrheit verloren habe, müsse eben zurücktreten. Je länger Brandt damit zögere, desto größer werde seine Verantwortung für ein »kommendes Desaster«. Mit ihrem Angebot einer innenpolitischen Verständigung schlage die Koalition in Wahrheit die Errichtung »einer Minderheitsregierung bei weitgehender Abschaffung der Opposition« vor.

Die Entschlossenheit der Union, sozialliberale Bemühungen um eine einvernehmliche Vorbereitung von Neuwahlen nicht zu unterstützen, war wesentlich von der Absicht bestimmt, die eigene taktische Situation zu verbessern. Das war nach dem gescheiterten Mißtrauensvotum und dem anschließenden Debakel bei den Ostverträgen auch dringend erforderlich. Man mußte unbedingt, wie auch immer, von allen Schwierigkeiten im eigenen Lager ablenken, zum Beispiel den starken Prestigeverlust vergessen machen, den der Oppositionsführer gerade erlitten hatte. Denn man konnte ihn jetzt nicht loswerden, nicht kurz vor Bundestagswahlen austauschen, da »ein neuer Kandidat (Kohl, Stoltenberg) noch nicht aufgebaut« war, wie Rüdiger von Wechmar am 28. Mai 1972 schrieb. Die CDU/CSU wollte es daher dieser Regierung nicht ersparen, vor ihrem Ende noch einige Offenbarungseide zu leisten, vor allem in der Wirtschafts- und Finanzpolitik, etwa anläßlich der Wiederaufnahme interfraktioneller Beratungen über den Bundeshaushalt 1972, der Ende April im Parlament auf Grund gelaufen war.

Zugleich waren große Teile der Union freilich davon überzeugt, daß man sich der Koalitionsforderung nach Neuwahlen auf längere Sicht nicht werde entziehen können. Zwar traten Walter Hallstein und andere dafür ein, die Regierung gleichsam verfaulen zu lassen. Rainer Barzel jedoch meinte, diese Verweigerung könne die Union nicht durchhalten: Brandt werde sich hinstellen und achselzukkend behaupten, daß eben alles an der Verantwortungslosigkeit der Opposition scheitere. Im übrigen könne ja tatsächlich der Fall eintreten, daß der Bundeskanzler etwas Vernünftiges vorschlage.

Auch wenn man allgemein in der Union Abmachungen mit der Koalition über eine Parlamentsauflösung ablehnte, sah man doch weithin ein, daß Barzel mit seiner Behauptung recht hatte, die CDU/CSU trage faktisch eine Mitverantwortung für den weiteren Gang der Regierungsgeschäfte – und dies um so mehr, je später es zu Neuwahlen komme. Schließlich beschädige man nicht nur die sozialliberale Koalition, sondern die ganze Bundesrepublik, wenn man tatenlos einem gelähmten Kanzler zusehe und selbst dringende öffentliche Angelegenheiten über Monate hinweg unerledigt liegen lasse.

Offenbar wesentlich aufgrund von Informationen, die ihm Konrad Kraske, der CDU-Generalsekretär, gegeben hatte, übermittelte der Leiter des Bundespresse- und Informationsamtes, Conrad Ahlers, Ende Mai dem Regierungschef eine Momentaufnahme des Meinungsbildes in der Union:

Bonn, den 29. Mai 1972

Dem Herrn Bundeskanzler

1) In der CDU/CSU sind Auffassungen über Neuwahlen nach wie vor geteilt. Eine starke Mehrheit plädiert für das Frühjahr, eine Minderheit für den Spätherbst.
2) Weitgehende Übereinstimmung besteht bei der Opposition über folgendes:
   a) Vor einer Auflösung des Bundestages müsse das Scheitern der Bundesregierung ganz sichtbar gemacht werden, am besten durch einen Rücktritt des Bundeskanzlers, sonst durch den finanzpolitischen Offenbarungseid und eine Bundestagsabstimmung, die ganz deutlich macht, daß die Regierungskoalition in der Minderheit ist.
   b) Die Möglichkeit des konstruktiven Mißtrauensvotums will man nicht vorzeitig aus der Hand geben. Deshalb kommt eine Vereinbarung über Wahlen nach Ansicht der Oppositionsführung erst unmittelbar vor der Auflösung des Bundestages in Frage.
   c) Die »Prämie des Machtbesitzes« soll der Regierungskoalition möglichst beschnitten werden. Eine Verständigung über den Haushalt muß deshalb bereits eine Verständigung über die Aktivitäten des Bundespresseamtes einschließen.
3) Die Befürworter von Wahlen im Frühjahr sehen die Notwendigkeit einer begrenzten Kooperation mit der Bundesregierung. Gespräche darüber sollen aber erst nach der Bundestagsentscheidung über den Haushalt in der nächsten Woche begonnen werden. Die Opposition will diese Entscheidung zu einer Kraftprobe machen.
4) Kraske meinte, daß die innenpolitische Lage nach den Olympischen Spielen für alle eine »terra incognita« sei. Um sich darin zurechtzufinden, brauche man Zeit. Deshalb sei auch er für Frühjahrswahlen.

(gez.) C. Ahlers

Der Koalition blieb nach alledem nichts anderes übrig, als den Weg zu Neuwahlen ohne Mithilfe der Opposition freizuschaufeln. In der SPD-Fraktion schreckte man zwar noch eine Weile vor der Vorstellung zurück, einen gescheiterten Kanzler vor die Wähler treten zu lassen. Angesichts der Ostverträge, der Olympischen Spiele und einer geschwächten Unionsführung aber hoffte man, den Eindruck der Niederlage verwischen zu können. Am 9. Juni hieß es in Bonn, die bisherige Präferenz des Regierungschefs, Neuwahlen aufgrund einer gemeinsamen Vereinbarung aller Parteien anzustreben, sei nunmehr umgeschlagen zugunsten der eigenen »Alleinentscheidung zum günstigsten Zeitpunkt«. In der Koalition hielt man mittlerweile die Gefahr nicht mehr für groß, daß die Union versuchen werde, in die Auflösung des Bundestages hinein über ein wiederaufgelegtes Mißtrauensvotum, also ohne Neuwahlen, an die Macht zu kommen. Man hielt Barzel für zu schwach, dergleichen erneut zu wagen. Außerdem wußte man inzwischen, daß der Bundespräsident diesen Versuch würde vereiteln können. Lediglich Herbert Wehner, der übervorsichtige Wächter seiner Partei, fürchtete bis zum Schluß, daß doch noch etwas Schlimmes dazwischenkommen könne. In einem Interview mit der *Süddeutschen Zeitung* vom 25. September 1972 teilte er im nachhinein mit, daß »bis zur letzten Nacht« vor der parlamentarischen Abstimmung über die Vertrauensfrage Bemühungen der Opposition im Gange gewesen seien, einen weiteren Abgeordneten der SPD »abzuwerben«, um Brandt zu stürzen und auf diesem Wege das Bundeskanzleramt zu erobern.

Die Union hatte diese Möglichkeit nie ausdrücklich ausgeschlossen, sich jedoch gleichzeitig wiederholt für Neuwahlen ausgesprochen. Aus seiner Sicht der Zusammenhänge schrieb daher der Oppositionsführer am 13. Juni 1972 dem Kanzler:

> ... Bereits am 6. März habe ich Neuwahlen als die beste Lösung bezeichnet. Seither haben CDU und CSU immer wieder erklärt, daß sie jederzeit bereit seien, die Wähler entscheiden zu lassen. Der Bundesausschuß der CDU hat, wie vorher auch die CSU, diese Bereitschaft auf seiner gestrigen Sitzung in einer einstimmig angenommenen Entschließung bekräftigt. Die Bundestagsfraktion hat sich diese Entschließung heute förmlich zu eigen gemacht.
>
> Nach dem Grundgesetz liegt es in Ihrer Hand, den Weg für Neuwahlen freizugeben ...
>
> Irgendwelche Parteiverabredungen zur Absicherung Ihres Entschlusses sieht die Verfassung aus guten Gründen nicht vor. In der Öffentlichkeit verstärkt sich ohnehin der Eindruck, daß eine Parteienverabredung gar nicht in erster Linie ein konstruktives Mißtrauensvotum ausschließen, sondern den Verlust Ihrer Mehrheit und damit das Scheitern Ihrer Regierung verhüllen soll. Sie werden nicht erwarten, daß sich die Opposition daran beteiligt ...

Brandt antwortete Barzel noch am gleichen Abend. Er schrieb dem Oppositionsführer:

> ... Nachdem die Opposition sachliche Gespräche über vorgezogene Neuwahlen abgelehnt hat, werde ich im Einvernehmen mit dem Vizekanzler zur gegebenen Zeit die mir geboten erscheinenden Initiativen ergreifen.

Nach langem Zögern verständigten sich Brandt und Scheel am 24. Juni 1972 in einem dreiviertelstündigen Gespräch in Berlin (wo sich beide zu verschiedenen Veranstaltungen aufhielten), den Bundestag nach der parlamentarischen Sommerpause auflösen und in fünf Monaten Neuwahlen abhalten zu lassen. Anschließend erklärte der Kanzler vor dem Parteirat der SPD:

> Die Bundesregierung fühlt sich unverändert der Regierungserklärung vom 28. Oktober 1969 verpflichtet. Sie zu verwirklichen bleibt das Ziel ihrer Politik. Die Entscheidung der Wähler hat im Jahre 1969 dafür die erforderliche Mehrheit geschaffen.
>
> Die Durchführung des Regierungsprogramms darf nicht an einer Verschiebung der Stärkeverhältnisse im Deutschen Bundestag scheitern. Die Bürger in unserem Lande haben einen Anspruch darauf, daß auch weiterhin in der Gesetzgebung kein Stillstand eintritt.
>
> Mit zunehmender Nähe zu dem normalen Ablauf der Legislaturperiode erhöht sich die Gefahr, daß sich die Opposition konstruktiver Mitarbeit grundsätzlich versagt. Das negative Verhalten der Opposition zum Bundeshaushalt 1972 macht diese Gefahr deutlich.
>
> Eine Verständigung über das Wann und Wie von Neuwahlen war mit der Opposition nicht möglich.
>
> In Übereinstimmung mit dem Vizekanzler und FDP-Vorsitzenden Walter Scheel teile ich deshalb mit, daß wir Neuwahlen in diesem November anstreben.

Diese Ankündigung Brandts zeugte von Trotz und Zuversicht. Tatsächlich war seine Regierung zu diesem Zeitpunkt keineswegs, wie Übelwollende annahmen, mit ihrem Latein am Ende. Im Sommer, als andere in die Ferien fuhren, raffte sie sich, wie schon mehrfach in den Jahren zuvor, wenn ihr Niedergang drohte, ja im Gange schien, noch einmal zu einer großen Anstrengung und Leistung auf.

Fortschritte im Verhältnis zur DDR

Nachdem sich Bonn und Ost-Berlin beim Regierungsabkommen über den Transitverkehr zwischen der Bundesrepublik und Berlin (West) vom 17. Dezember 1971 und beim allgemeinen Verkehrsvertrag vom 26. Mai 1972 über wichtige Teilfragen verständigt hatten, wurde nunmehr ein Vertrag über die Grundlagen der Beziehungen zwischen beiden deutschen Staaten ausgehandelt. Diese Grundsatzregelung des deutsch-deutschen Verhältnisses bedeutete die Lösung des letzten und für uns wichtigsten Kernproblems der Neuen Ostpolitik – wenn man einmal von den langen, zähflüssigen Auseinandersetzungen mit der Tschechoslowakei absieht, bei denen der »München-Knoten«, wie Leonid Breschnew den Komplex nannte, weiterhin besondere Schwierigkeiten bereitete. Der Grundlagenvertrag wurde so etwas wie die Krönung, der Triumph der sozialliberalen Ostpolitik – ganz am Ende der Legislaturperiode, in letzter Stunde.

Beim Aushandeln des Grundlagenvertrages (wie schon zuvor auf dem begrenzten Gebiet des Verkehrsvertrages) sprachen die beiden deutschen Regierungen nicht nur direkt miteinander, sondern bewegten sich dabei auch in einem durchaus eigenen Spielraum. Das war bei den Berlin-Verhandlungen vorher ganz anders gewesen. Im Vier-Mächte-Abkommen hatten die Kriegsalliierten den beiden deutschen Staaten detailliert vorgeschrieben, worüber und mit welchem Ergebnis sie zu verhandeln hätten. Bonn und Ost-Berlin war also lediglich die Füllung eines fest vorgegebenen Rahmens überlassen worden, so daß sie in der Substanz – bei den völkerrechtlichen Fragen des Status der Stadt oder des Verhältnisses der beiden Staaten zueinander – damals weder miteinander ringen mußten noch konnten. Außerdem hatte dieses Abkommen durch seine Transitregelungen die DDR-Position stark beeinträchtigt; was »Transit« sei, war allein von den Vier Mächten definiert worden. Die DDR besaß hier gegenüber der Bundesrepublik keinerlei Verhandlungsmarge. Überhaupt hatte ein Gefühl tiefer Ohnmacht die DDR im Vorfeld des Berlin-Abkommens befallen. Ost-Berlin glaubte sich von den anderen, gerade auch vom eigenen Hauptverbündeten, der Sowjetunion, ständig übergangen und begehrte dagegen auf, wie der Rücktritt Walter Ulbrichts am 3. Mai 1971 bewies. In der letzten Phase seiner langen politischen Laufbahn war er nur noch schwer, am Ende kaum mehr von Moskau aus zu lenken, zu beeinflussen und mußte daher entfernt werden. In übertriebener Empfindlichkeit sah Ost-Berlin im Vier-Mächte-Abkommen vom September 1971 zunächst eine ähnliche Demütigung wie seinerzeit Prag im Münchner Abkommen vom September 1938 – so schief der Vergleich von vielen Gesichtspunkten her auch war.

Die Bundesregierung hatte solche Minderwertigkeitskomplexe nicht. Sie wären auch gänzlich unangebracht gewesen; denn Bonn besaß zwar ebenfalls keine unmittelbare Verhandlungskompetenz, leitete aber aus seinem besonderen Interesse am Schicksal der früheren Reichshauptstadt für sich ein indirektes Mitspracherecht bei den Berlin-Verhandlungen ab und nahm es rege wahr. Die Bundesrepublik hoffte, vom Vier-Mächte-Abkommen im gleichen Ausmaß zu profitieren, wie die DDR unter ihm zu leiden, von ihm völkerrechtlich vermindert und tatsächlich benachteiligt zu werden meinte. Bonn machte seinen Einfluß während der Verhandlungen nicht nur regelmäßig und vertrauensvoll gegenüber den verbündeten drei Westmächten geltend, sondern wandte sich in besonders wichtigen Fragen auch direkt an die Sowjetunion. Das war ja, natürlich neben anderen Zielen, der Sinn der ganzen neuen Außenpolitik: mit Moskau künftig über deutsche Angelegenheiten unbefangen, zumindest unbefangener sprechen zu können. Mit großer Selbstverständlichkeit hatte daher Brandt am 30. Juli 1971 an Breschnew geschrieben:

> Sehr geehrter Herr Generalsekretär,
>
> im Geiste der Offenheit, den wir in unserem Gespräch gefunden haben, möchte ich mich heute an Sie wenden.
>
> Die Berlin-Verhandlungen sind in einem entscheidenden Stadium. Alles spricht dafür, die günstige Konstellation zu nutzen und die Verhandlungen möglichst bald erfolgreich zu beenden. Das besondere Verhältnis zwischen West-Berlin und der Bundesrepublik Deutschland und die Tatsache, daß West-Berlin nicht vom Bund regiert wird, werden verpflichtend gegenüber der Sowjetunion klargestellt werden . . .

An diesem Punkte angelangt, hatte Brandt ein Problem zur Sprache gebracht, das in den Verhandlungen damals Schwierigkeiten bereitete, nämlich die Frage, ob West-Berliner künftig auch im Ostblock Bundespässe würden benutzen dürfen. Nachdem »im Prinzip Einverständnis« über die konsularische Vertretung der West-Berliner durch die Bundesregierung erzielt worden sei, solle man »nicht auf einem Bein stehen bleiben«, schrieb Brandt weiter:

> Eine großzügige Geste in dieser Frage würde nicht zu Lasten der Sowjetunion gehen; denn sie berührt den Rechtsstandpunkt der Sowjetunion nicht. Sie würde auf der anderen Seite ein Feld der Diskriminierung für die West-Berliner und damit eine Quelle künftiger Ärgernisse für unsere beiden Regierungen beseitigen.
>
> Ich würde es dankbar begrüßen, wenn wir für ein gutes Ergebnis auch diese relativ kleine Hürde überwinden könnten, nachdem viel größere überwunden worden sind.
>
> Mit verbindlichen Grüßen . . .

Indem er von »wir« sprach, tat Brandt so, als verhandle die Bundesregierung direkt mit der Sowjetführung. Die Westmächte, die in Wahrheit am Verhandlungstisch saßen, ließ er ebenso unerwähnt wie die Ostdeutschen. Man konnte meinen, wenn man sein Schreiben las, es gäbe die einen sowenig wie die anderen. Die Sowjetunion nahm das hin. Auch sie sah in der Bundesrepublik ihren eigentlichen Partner, mit dem sie zu Ergebnissen kommen mußte. Ohne die Zustimmung Bonns würde, wie man in Moskau wußte, jede mit den Westmächten ausgehandelte Regelung wertlos sein. Bei der DDR war das – aus Moskaus Sicht – ganz anders. Ihr konnte man in alles hineinreden, notfalls energisch – und tat das auch, wann immer es angebracht erschien.

Die Besorgnis der DDR, mit ihrer Unabhängigkeit sei es nicht weit her und Diskriminierung lauere allenthalben, war demnach verständlich, keineswegs aus der Luft gegriffen. Dieser Staat war ein Neuling auf der Weltbühne, ein Emporkömmling auf dem Parkett der internationalen Politik, der sich in die ungewohnte, komplizierte Rolle an der Hand seines großen, aber eben nicht völlig zuverlässigen und egoistischen Bruders erst noch hineinfinden mußte. Überempfindlichkeiten, auch überzogene Forderungen und falsche Vorstellungen vom politisch jeweils Erreichbaren konnten da anfangs kaum ausbleiben.

Für Anlaufschwierigkeiten dieser Art boten die bisherigen Kontakte zur Bundesrepublik mehr als ein Beispiel. So hätte Ost-Berlin gerne bereits bei den Verhandlungen über den Verkehrsvertrag die völkerrechtliche Natur der Beziehungen festgestellt und besiegelt gesehen. Bonn hingegen fand, in einem solchen Spezialvertrag, bei der Regelung einer noch begrenzten Materie, komme die Klärung des grundsätzlichen Verhältnisses nicht in Betracht. Vielmehr sei dafür ein umfassender Grundlagenvertrag erforderlich. Das klang plausibel, wie Staatssekretär Michael Kohl, der ja auf seiten der DDR die Verkehrsverhandlungen führte, Egon Bahr gegenüber unterderhand einräumen mußte.

Immerhin hatte der Verkehrsvertrag den guten Willen der Bundesrepublik bewiesen. Sie war zu einem regelrechten, zwischenstaatlichen Vertrag bereit gewesen und hatte nicht versucht, die DDR weiter zu »diskriminieren«. Die ostdeutsche Verhandlungsleitung konnte daher ihre eigene Führung davon überzeugen, daß auch ohne vorherige formelle Anerkennung durch Bonn völkerrechtlich relevante Beziehungen zwischen beiden Staaten erreichbar seien. Erst nach dem Verkehrsvertrag, also erst ab Ende Mai 1972, hegte man in der DDR-Spitze die Hoffnung, mit der Bundesrepublik zu akzeptablen Regelungen kommen zu können. Freilich war das nicht allein die Folge des Verkehrsvertrages. Auch die westdeutsche Ratifizierung der Vertragswerke von Moskau und Warschau in der Mitte des gleichen Monats hatte mitgeholfen, Ost-Berliner Ressentiments gegen Bonn zu zerstreuen.

Bei der Unterzeichnung des Verkehrsvertrages am 26. Mai 1972 im Hause des DDR-Ministerrates in Ost-Berlin erwähnte Staatssekretär Egon Bahr diskret den vertrauensbildenden Unterschied zwischen der eben getroffenen Vereinbarung und dem früheren Transitabkommen. Die Geschichte, so sagte er, werde die heutige Übereinkunft als den ersten Vertrag verzeichnen, den die Bundesrepublik Deutschland und die Deutsche Demokratische Republik aus ihrer eigenen Verantwortung heraus miteinander geschlossen hätten: »Das am 27. Dezember vorigen Jahres unterzeichnete Abkommen über den Transitverkehr von zivilen Personen und Gütern zwischen der Bundesrepublik und West-Berlin ist gewiß nicht von geringerer Bedeutung. Aber es gehört in den übergeordneten Rahmen der Viermächte-Vereinbarungen vom 3. September 1971. Anders der Verkehrsvertrag, der das Ergebnis des freien Entschlusses der Vertragspartner ist, ihre Beziehungen auf einem wichtigen Teilgebiet zu regeln.«

Ein freier Entschluß – soweit man in diesem Zusammenhang von »frei« überhaupt sprechen konnte: Natürlich mußten große Teile der deutschen Bevölkerung und alle demokratisch gewählten deutschen Regierungen jede Regelung innerdeutscher Beziehungen auf der Grundlage einer fortdauernden Teilung des Landes als etwas Künstliches, Aufgezwungenes empfinden. Hätten die Deutschen beider Seiten wirklich unabhängig entscheiden können, wäre ohne Zweifel etwas ganz anderes herausgekommen. Aber diese Feststellungen waren müßig; so lagen die Dinge eben nicht. Die Geschichte hatte die politische Geographie unseres Landes tief zerfurcht; die Zeiten vor 1945, vor 1933 waren unwiderruflich vorbei. Die heutigen Grenzen zwischen den Blöcken, zwischen den beiden Deutschland waren nicht mehr ohne eine Neuverteilung der politischen Gewichte in Europa zu verändern, die den Rückzug der USA oder den Zusammenbruch der Sowjetunion voraussetzte, also nicht absehbar war. Demnach mußten, wenn man überhaupt etwas erreichen wollte, die bestehenden Verhältnisse allen Abmachungen zugrunde gelegt werden. Nichts anderes als dies hatte Egon Bahr gemeint; in Bonn wie Ost-Berlin hatte man begonnen, die Realitäten als Ausgangspunkt eigenen Handelns zu akzeptieren, um aus ihnen das Beste zu machen. Man hatte die ängstliche Befangenheit oder starre Selbstgefälligkeit, aus der heraus Deutsche beider Seiten einander lange aus dem Wege gegangen waren, um keine eigenen Rechtspositionen preiszugeben, hinter sich gelassen und angefangen, zaghaft miteinander Politik zu treiben.

Bonn ging es dabei hauptsächlich um die Möglichkeit, den Deutschen, besonders in der DDR, das Leben zu erleichtern. Für die Bundesrepublik war daher beim Verkehrsvertrag wichtig, ja ausschlaggebend, was im Vertrag selbst gar nicht enthalten war: die von der DDR zugesagten Erleichterungen im Reise- und Besuchsverkehr. Diese Zusagen waren formal nur in einseitigen Erklärungen der DDR festgelegt, obwohl die dort angekündigten Regelungen genauso wie der eigentliche Vertrag durchverhandelt und sogar gemeinsam paraphiert worden waren. Unter dem Datum des 26. Mai 1972, dem Tage der Unterzeichnung des Verkehrsvertrages, hatte Michael Kohl, der DDR-Staatssekretär, an Egon Bahr als Vertreter der Bundesrepublik geschrieben:

> Im Ergebnis der Inkraftsetzung des Verkehrsvertrages zwischen der Deutschen Demokratischen Republik und der Bundesrepublik Deutschland wird es zu Reiseerleichterungen im Verkehr zwischen den beiden Staaten über das bisher übliche Maß kommen. Auf Antrag von Bürgern der Deutschen Demokratischen Republik werden die zuständigen Organe der Deutschen Demokratischen Republik den Besuch von Verwandten und Bekannten aus der Bundesrepublik Deutschland zur jährlich mehrmaligen Einreise in die Deutsche Demokratische Republik erlauben. Bürger der Bundesrepublik Deutschland können in die Deutsche Demokratische Republik auch aus kommerziellen, kulturellen, sportlichen oder religiösen Gründen einreisen, wenn hierzu Einladungen der entsprechenden Institutionen oder Organisationen der

> Deutschen Demokratischen Republik vorliegen. Des weiteren werden Touristenreisen von Bürgern der Bundesrepublik Deutschland in die Deutsche Demokratische Republik auf Grund von Vereinbarungen zwischen den Reisebüros beider Staaten ermöglicht werden ...

Am Schluß seines Schreibens hatte Kohl ein besonders wichtiges, zuvor kaum für erreichbar gehaltenes Zugeständnis der DDR an ihre eigenen Bürger erwähnt:

> Die Regierung der Deutschen Demokratischen Republik wird in dringenden Familienangelegenheiten Bürgern der Deutschen Demokratischen Republik die Reise nach der Bundesrepublik Deutschland ermöglichen.

Diese Zusage der DDR-Regierung, ihre Bürger unter bestimmten Umständen besuchsweise in die Bundesrepublik ausreisen zu lassen, stellte nicht nur einen großen persönlichen Erfolg Egon Bahrs dar, der sich in seinem Vertrauen in die Möglichkeit eines »Wandels durch Annäherung« bestätigt sehen konnte, sondern sie unterstrich auch, daß die Bonner Politik der kleinen Schritte, diese Neue Ostpolitik, tatsächlich etwas zustande bringen, etwas bewegen konnte – mehr jedenfalls als eine Politik großer Versprechungen, die nichts kostete, aber auch nichts einbrachte, nie etwas eingebracht hatte. Die Neue Ostpolitik, die über zweieinhalb Jahre lang mehr von ihren Hoffnungen als von ihren Ergebnissen hatte leben müssen und gegen große innere und äußere Widerstände durchgesetzt worden war, begann sich nun für die Bundesregierung auszuzahlen. Das sozialliberale Bündnis erntete jetzt die Früchte der Standhaftigkeit und Durchhaltekraft, die SPD und FDP in den Krisen des Frühjahrs und Sommers 1970, beim konstruktiven Mißtrauensvotum der Opposition und im Ratifizierungsverfahren der Ostverträge gezeigt hatten.

Am 3. Juni 1972 unterzeichneten die Außenminister der USA, Frankreichs, Großbritanniens und der Sowjetunion in West-Berlin das Schlußprotokoll zum Vier-Mächte-Abkommen, das damit in Kraft trat (am gleichen Tage wie der Moskauer und der Warschauer Vertrag, als deren Ratifikationsurkunden in Bonn ausgetauscht wurden). Einen Tag später, am 4. Juni, wurden die im Zusammenhang mit dem Vier-Mächte-Abkommen getroffenen innerdeutschen Abkommen und Vereinbarungen rechtswirksam: vor allem das Transitabkommen und das Abkommen zwischen dem Senat und der DDR-Regierung über Erleichterungen und Verbesserungen des Reise- und Besucherverkehrs für West-Berliner.

Die Bundesregierung hielt sich jedoch nicht lange damit auf, diese Erfolge ihrer Politik zu feiern. Anders als der Besuch Konrad Adenauers in Moskau 1955, seine Aufnahme diplomatischer Beziehungen und die anschließende Rückführung deutscher Kriegsgefangener, wurden diesmal die Ergebnisse der Ostpolitik allgemein nur am Rande zur Kenntnis genommen. Zumal in der Koalition hatte man den Blick längst wieder nach vorn gerichtet; man meinte auch, die ostpolitischen Ergebnisse sprächen von nun an ohnehin für sich selbst.

Als der sowjetische Außenminister Andrej Gromyko am 3. und 4. Juni 1972 die Bundesrepublik besuchte (was nun fast schon normal war, keine Sensation mehr wie sein Abstecher nach Hessen vom Herbst 1970), besprach man neben bilateralen Fragen in erster Linie Probleme der europäischen Sicherheit, nämlich das Vorhaben einer europäischen Sicherheitskonferenz (KSZE) und das Projekt einer Konferenz zur Begrenzung konventioneller Rüstungen in Mitteleuropa (MBFR) – sachlich, nüchtern, geschäftsmäßig. Jener internationale Terminplan tauchte dabei wieder auf, von dem schon im Vorfeld der Ostvertrags-Ratifizierung oft und nachdrücklich die Rede gewesen war: die Bindung der Ost- und Deutschlandpolitik der Bundesregierung an die gesamteuropäische Entspannungspolitik. Nach dem Inkrafttreten des Berlin-Abkommens und der Ostverträge konnte man nunmehr die seit 1967/68 angestrebten Projekte der KSZE und MBFR ernstlich in die Tat umzusetzen versuchen.

Natürlich erörterte man bei dieser Gelegenheit auch die künftige Gestaltung des deutsch-deutschen Verhältnisses. Gromyko, der unmittelbar nach seinem Besuch von Bonn aus am 4. Juni nach Ost-Berlin fuhr, um die internationale Gleichberechtigung der beiden deutschen Staaten zu unterstreichen (was mit der Bundesregierung nicht abgestimmt war, auch nicht abgestimmt zu werden brauchte, da der sowjetische Außenminister selbstverständlich reisen konnte, wohin er wollte), hätte gern der in ihrem Selbstwertgefühl durch die Berlin-Verhandlungen gekränkten DDR-Führung schon bei dieser Gelegenheit als Geschenk mitgebracht, woran ihr sehr lag: die gleichzeitige Aufnahme beider deutscher Staaten in die Vereinten Nationen. Gromyko hatte in diesem Sinne in Bonn argumentiert: Es sei nicht einzusehen, weshalb der UNO-Beitritt nicht am Beginn der deutsch-deutschen Entspannung stehen könne statt an ihrem Ende; die Beziehungen würden durch einen solchen Schritt gewiß verbessert werden; man käme durch ihn sicherlich rascher zu einem Erfolg bei den Verhandlungen, käme zu Vertragsabschlüssen mit der DDR.

Walter Scheel dachte in diesem Punkt ganz anders. Für ihn war der UNO-Beitritt der Bundesrepublik kein dringendes Erfordernis. Man war bisher ohne die Vereinten Nationen ausgekommen, ohne international benachteiligt zu werden, und würde auch weiterhin ohne sie in aller Welt auftreten können. Die DDR dagegen war bisher ohne internationales Prestige; ihr erschien die UNO-Mitgliedschaft als ein Mittel zur Erlangung internationaler Gleichberechtigung, gerade auch zur diplomatischen Anerkennung durch die westlichen Länder. Die gleichzeitige Aufnahme Bonns und Ost-Berlins in die UNO bedeutete daher in der Sicht Scheels ein wesentliches politisches Zugeständnis der Bundesrepublik an die DDR, das man nicht ohne Gegenleistung erbringen durfte. Die *Scheel-Doktrin* (wie man diese politische Überlegung des westdeutschen Außenministers aus dem Jahre 1969 zu nennen gewohnt war) sah deshalb vor, daß beide

Staaten erst am Ende des innerdeutschen Normalisierungsprozesses, nach der Regelung des Grundverhältnisses zwischen der Bundesrepublik und der DDR, in die Vereinten Nationen aufgenommen werden sollten. Bis dahin müsse auch eine diplomatische Anerkennung der DDR durch Dritte vermieden werden. Nur so, meinte der Außenminister, würde gewährleistet, daß Leistung und Gegenleistung einander entsprächen. In diesem Sinne war auch das traditionelle Deutschland-Gespräch der drei Westmächte mit der Bundesrepublik am Vorabend der NATO-Ministerratstagung am 29. Mai 1972 in Bonn verlaufen; unsere drei Alliierten hatten sich in diesem Punkt die Position der Bundesrepublik voll zu eigen gemacht.

Gromyko blieb deshalb hier erfolglos, trug seine Ansichten allerdings auch ohne besonderen Nachdruck vor; denn die Frage, zu welchem Zeitpunkt es zum UNO-Beitritt der beiden Staaten komme, bildete auch nach seiner Auffassung nicht den Kern der deutsch-deutschen Problematik. Am Ende ihrer Gespräche kamen Scheel und der sowjetische Außenminister überein – wie Scheel am 4. Juni vor der Presse mitteilte –, daß die Aufnahme der beiden deutschen Staaten in die Vereinten Nationen erst nach der Regelung des Grundverhältnisses zwischen Bonn und Ost-Berlin beantragt werden solle. Für die Sowjetunion war vorrangig wichtig, daß die Bundesregierung überhaupt zu einer Regelung des deutsch-deutschen Verhältnisses und zur Anerkennung der DDR bereit war.

Der Meinungsaustausch über einen Grundvertrag

Ost-Berlin hatte seine Bereitschaft zu Vorerörterungen über die Grundlage der Beziehungen und deren rechtliche Fixierung zwischen beiden Staaten bereits am 26. Mai, bei der Unterzeichnung des Verkehrsvertrages, bekundet – wesentlich wegen der *Scheel-Doktrin*, wie der Außenminister meinte. Die DDR habe eingesehen, daß sie vor einem UNO-Beitritt eine Normalisierung ihres Verhältnisses zur Bundesrepublik bewerkstelligen müsse. Staatssekretär Michael Kohl hatte an diesem Tage in Ost-Berlin erklärt, die DDR halte nunmehr die Zeit für gekommen, »in einen Meinungsaustausch über die Herstellung normaler Beziehungen zwischen der Deutschen Demokratischen Republik und der Bundesrepublik Deutschland einzutreten und die dazu erforderlichen weiteren völkerrechtsmäßigen Vereinbarungen zu treffen«. Es gehe dabei »um Beziehungen, wie sie zwischen souveränen, voneinander unabhängigen Staaten üblich« seien. Das war ausdeutbar formuliert; daran ließ sich anknüpfen. Das Kabinett in Bonn hatte daraufhin jedenfalls sofort, nämlich in seiner nächsten Sitzung am 31. Mai, beschlossen, eine Delegation unter der Leitung von Staatssekretär Egon Bahr zu beauftragen, die Möglichkeit eines Grundlagenvertrages zwischen beiden Staaten gemeinsam mit der DDR zu prüfen. Man wollte keine Zeit verlieren, weil niemand wußte, wann der Bundestag aufgelöst werden würde, wie lange man also noch handlungsfähig bleiben werde.

Dieser vorgeschaltete Meinungsaustausch ging auf einen Wunsch der DDR zurück. Die Bundesregierung wäre, eilig, wie sie es hatte, an sich bereit gewesen, sogleich in regelrechte Verhandlungen einzutreten. Nach einer lebhaften Aussprache, an der sich außer dem Regierungschef die Bundesminister Egon Franke, Helmut Schmidt und Josef Ertl sowie Staatsminister Karl Moersch und Staatssekretär Conrad Ahlers beteiligten, faßte sie auf Vorschlag Frankes einen Beschluß, der im Sitzungsprotokoll festgehalten wurde. Er lautete:

> Der am 19. November 1970 beschlossene Meinungsaustausch mit der DDR wird mit dem Ziel fortgesetzt, die Beziehungen zwischen den beiden deutschen Staaten grundsätzlich zu regeln.
>
> Das Kabinett beauftragt den Staatssekretär im Bundeskanzleramt, Egon Bahr, diesen Meinungsaustausch zu führen, und zwar in engstem Einvernehmen mit dem Bundesminister für innerdeutsche Beziehungen sowie unter Mitwirkung des Bundesministers des Auswärtigen, des Bundesministers des Innern und des Bundesministers der Justiz.
>
> Das Kabinett ist laufend über den Gang des Meinungsaustauschs zu unterrichten. Es behält sich die Entscheidung darüber vor, ob in Verhandlungen eingetreten werden kann.

Auf die dringliche Anregung von Helmut Schmidt hin entschloß sich das Kabinett darüber hinaus, »die Erörterungen über Inhalt und Zielsetzung des Meinungsaustauschs in einer der nächsten Kabinettsitzungen fortzusetzen«. Schmidt wollte es genauer wissen und sich nicht blindlings von Bahr ins Schlepptau nehmen lassen.

Zu dieser Kabinettsdiskussion kam es am 14. Juni, am Vortage des ersten Treffens zwischen Bahr und Kohl. Egon Franke berichtete seinen Kollegen über die Ausgangssituation sowie über die Grundlagen und Zielsetzungen des beabsichtigten Meinungsaustauschs, bei dem die westliche Seite – wie die Runde zustimmend feststellte – von den zwanzig Punkten von Kassel und den beiden Berichten zur Lage der Nation von 1971 und 1972 ausgehen wollte. Das Recht auf Selbstbestimmung und die Einheit der Nation sollten hervorgehoben, die Verantwortung der Vier Mächte betont und ein Bezug zur Charta der Vereinten Nationen hergestellt werden. Schwerpunkte der Gespräche sollten die Fragen der Menschenrechte, der Selbstbestimmung, der Entspannung und Nichteinmischung sein. Drei Themenbereiche sollte Egon Bahr in diesem Zusammenhang seinem ostdeutschen Gesprächspartner gegenüber hervorheben: die Pflicht beider Staaten, keine kriegerischen Handlungen vorzunehmen, also sich zum Gewaltverzicht zu bekennen; die Möglichkeit »zusätzlicher Absprachen über die verschiedensten Gebiete« praktischer Zusammenarbeit auf der Grundlage der Existenz zweier deutscher Staaten; drittens endlich das Problem ihrer Mitgliedschaft in internationalen Organisationen.

Die erste Unterredung zwischen Bahr und dem DDR-Delegationsleiter Kohl, der schon bei den Verhandlungen über das Transitabkommen und den Verkehrsvertrag Bahrs Partner gewesen war, fand am 15. Juni 1972 in Ost-Berlin statt. Bald danach, am 21./22. Juni, traf man sich in Bonn, am 28. Juni erneut in Ost-Berlin und am 2./3. August wiederum in Bonn. Gleich zu Beginn des Meinungsaustauschs, also am 15. Juni, übergab Staatssekretär Kohl der westdeutschen Delegation den Entwurf eines Vertrages über die Grundlagen der Beziehungen zwischen der DDR und der Bundesrepublik. Auf Bahrs Einwand, man könne den Meinungsaustausch nicht auf den Entwurf einer Seite einengen, bezeichnete Kohl die neun Abschnitte seines Papiers als bloße »Elemente« eines Vertrages.

Der *DDR-Text* lautete:

Vertrag

über die Grundlagen der Beziehungen
zwischen der Deutschen Demokratischen Republik
und der Bundesrepublik Deutschland

1. Im Interesse des Friedens, der Sicherheit und Zusammenarbeit in Europa gestalten die Deutsche Demokratische Republik und die Bundesrepublik Deutschland ihre gegenseitigen Beziehungen auf der Grundlage der allgemein anerkannten Prinzipien der friedlichen Koexistenz, wie sie zwischen Staaten mit unterschiedlicher Gesellschaftsordnung Anwendung finden.
2. Die Hohen Vertragschließenden Seiten werden sich in ihren gegenseitigen Beziehungen sowie in ihren internationalen Angelegenheiten von den Zielen und Prinzipien leiten lassen, die in der Charta der Vereinten Nationen niedergelegt sind, insbesondere vom Prinzip der souveränen Gleichheit aller Staaten, der Achtung der staatlichen Souveränität, Unabhängigkeit und Selbständigkeit. Jede der Hohen Vertragschließenden Seiten wird die Prinzipien der Nichtdiskriminierung, der Achtung der territorialen Integrität und Nichteinmischung in die inneren Angelegenheiten gegenseitig streng achten.
3. Gemäß Artikel 2 der Charta der Vereinten Nationen übernehmen die Hohen Vertragschließenden Seiten die Verpflichtung, sich in Fragen, die die Sicherheit in Europa und die internationale Sicherheit berühren, sowie in ihren gegenseitigen Beziehungen der Drohung mit Gewalt oder der Anwendung von Gewalt zu enthalten. Sie werden ihre Streitfragen ausschließlich mit friedlichen Mitteln lösen. Sie betrachten heute und künftig die Grenzen aller Staaten in Europa, einschließlich der Staatsgrenze zwischen der Deutschen Demokratischen Republik und der Bun-

desrepublik Deutschland, wie sie am 12. August 1970 verlief, als unverletzlich.

4. Die Hohen Vertragschließenden Seiten gehen davon aus, daß keiner den anderen der beiden Staaten international vertreten oder in seinem Namen handeln kann.
5. Die Hohen Vertragschließenden Seiten werden alles tun, um friedliche Beziehungen zwischen den europäischen Staaten zu fördern und zur Schaffung eines Systems der europäischen Sicherheit und Zusammenarbeit beizutragen. Sie werden alle Handlungen unterlassen, die geeignet sind, das friedliche Zusammenleben der Völker zu stören.
6. Die Hohen Vertragschließenden Seiten werden alle Bemühungen um Rüstungsbeschränkung und Abrüstung, insbesondere auf dem Gebiet der Kernwaffen unterstützen, die der Schaffung eines effektiven Systems der internationalen Sicherheit dienen.
7. Die Hohen Vertragschließenden Seiten gehen von dem Grundsatz aus, daß die Hoheitsgewalt jeder Seite sich auf ihr Staatsgebiet beschränkt. Sie werden alle diesem Grundsatz entgegenstehenden Maßnahmen unterlassen und ihm widersprechende Gesetze und andere Normativakte aufheben.
8. Die Hohen Vertragschließenden Seiten bekräftigen ihre Bereitschaft zur Zusammenarbeit entsprechend den Normen des Völkerrechts und zum gegenseitigen Vorteil auf dem Gebiet der Wirtschaft, der Wissenschaft und Technik, des Verkehrs, des Post- und Fernmeldewesens, des Gesundheitswesens, des Umweltschutzes, der Kultur und des Sports und auf anderen Gebieten.
9. Die Hohen Vertragschließenden Seiten stimmen darin überein, daß durch diesen Vertrag die von der Deutschen Demokratischen Republik und der Bundesrepublik Deutschland früher abgeschlossenen oder sie betreffenden zweiseitigen und mehrseitigen internationalen Verträge und Vereinbarungen nicht berührt werden.

Für die Deutsche Demokratische Republik

Für die Bundesrepublik Deutschland

Dieser DDR-Entwurf eines Grundlagenvertrages erwies sich für die Bundesregierung bei genauerer Betrachtung als ein überraschend positiver Ansatz. Eine Analyse des innerdeutschen Ministeriums, die am 9. August dem Kabinett vorgelegt wurde, kam zu dem Schluß, daß es möglich sein werde, »in Verhandlungen für beide Seiten annehmbare Formulierungen bei den meisten der von der DDR vorgelegten Elemente zu erreichen«. Tatsächlich entspricht der spätere Grundvertrag weitgehend dem DDR-Vorschlag: Der Aufbau ist identisch; viele

Passagen wurden im Wortlaut übernommen. Schlechtweg unannehmbar war nur die Forderung in »Element« 7, wonach alle Gesetze und anderen Normativakte aufgehoben werden sollten, die dem Grundsatz widersprächen, daß sich die Hoheitsgewalt jeder Seite auf ihr Staatsgebiet beschränke. Hierzu erklärte Bundesminister Egon Franke im Kabinett, daß auch die DDR bei einer kompromißlosen Anwendung dieses Grundsatzes in erhebliche Schwierigkeiten kommen werde. Staatssekretär Bahr habe beim gegenwärtigen Meinungsaustausch der anderen Seite deutlich gemacht, »daß wir jedenfalls in der Staatsangehörigkeitsfrage durch die Bestimmungen des Grundgesetzes festgelegt sind und im übrigen nur die Möglichkeit sehen, andere Fragen der Normenkollision nach Ratifikation des Grundvertrages in einer Expertenkommission zu behandeln«. Hier wollte – und konnte – man also von vornherein nicht mit sich reden lassen. Denn wenn man der DDR-Formulierung gefolgt wäre, hätte man demonstrativ die Einheit der Nation in Abrede stellen und folglich die Verfassung ändern müssen.

Bei den anderen Punkten war der Spielraum jedoch groß genug, um mit den eigentlichen Verhandlungen beginnen zu können. Kohl legte in der Sitzung vom 15. Juni aber nicht nur den Vertragsentwurf vor, er stellte auch Vorbedingungen. Als Ausgangspunkt eines erfolgreichen Verlaufs des Meinungsaustauschs verlangte er den unverzüglichen Antrag beider Staaten auf Mitgliedschaft in den Vereinten Nationen und die sofortige Aufnahme diplomatischer Beziehungen auf der Ebene von Botschaftern. Beide Forderungen wurden in Reden des SED-Generalsekretärs Erich Honecker sowie in Grundsatzartikeln und Interviews auch öffentlich erhoben, obwohl man hätte annehmen sollen, daß diese Themen seit Gromykos Besuch in Bonn wenige Tage vorher zunächst vom Tisch seien. Aber dieser DDR-Vorstoß bildete eben den üblichen Theaterdonner, mit dem östliche Diplomaten gern ihre westlichen Gesprächspartner am Beginn von Verhandlungen erschrecken. Immer wieder hat man beobachten können, daß Moskau – ebenso wie seine Satelliten – zunächst unerfüllbare Maximalforderungen erhebt und mit dem Abbruch der Beratungen droht, falls sich die Gegenseite taub stellt, das Verlangte also nicht sogleich zugesteht – daß man östlicherseits dann aber Schritt um Schritt wieder von den anfänglichen Extrempositionen abrückt, freilich nicht ohne bei jeder Etappe dieses Rückzugs erneut Gegenleistungen zu verlangen.

Die DDR konnte kaum damit rechnen, daß sie bei dem erfahrenen Egon Bahr mit dieser Taktik Erfolg haben werde. Er lehnte dann auch diplomatische Beziehungen rundweg ab und nannte als Voraussetzungen einer Mitgliedschaft beider deutscher Staaten in den Vereinten Nationen den vorherigen Abschluß des Grundvertrages, eine Einigung der Vier Mächte über die Voraussetzungen des UNO-Beitritts sowie die Zustimmung des Bundestages zum Beitrittsantrag der Bundesrepublik. Kohl erklärte daraufhin ärgerlich, Bonn blockiere den Meinungsaustausch, und tat überhaupt so, als ahne er nichts vom Interesse der Koalition an einem Grundlagenvertrag sowie, allgemeiner, am zügigen Fortgang der Gespräche. Bahr blieb unbeeindruckt. Die Vorbedingungen der DDR hatte er, ebenso sachlich wie unzweideutig, zurückgewiesen. Was ihm an den DDR-Vorschlägen brauchbar schien, aber griff er auf, nämlich ihren Vertragsentwurf. Er zeigte sich zur Diskussion der vorformulierten »Elemente der DDR« (wie auch er ihre Texte nannte) unter der Voraussetzung bereit, daß dort fehlende, für die Bundesrepublik aber entscheidend wichtige Fragen, wie die Respektierung der Vier-Mächte-Rechte und -Verantwortlichkeiten für Deutschland als Ganzes, der Bezug beider Staaten auf die deutsche Nation, das Offenhalten der Perspektive eines Friedensvertrages und der Wiedervereinigung sowie konkrete Fortschritte der Normalisierung auf zahlreichen Sachgebieten, gemeinsam behandelt würden.

Bonn ging es im wesentlichen um die Erreichung zweier Ziele: Es wollte die deutsche Wiedervereinigung als langfristige Möglichkeit nicht ausgeschlossen sehen und gleichzeitig durch sofort praktikable menschliche Erleichterungen das für die Deutschen drüben heute Erreichbare durchsetzen. Natürlich mußte man, schon um nicht mit den gesamtdeutschen Artikeln des Grundgesetzes in Konflikt zu geraten, den Anschein zu vermeiden suchen, als bedeute die staatliche Anerkennung der DDR die Verewigung der deutschen Teilung, den Verzicht auf den Grundsatz einer einzigen, einigen deutschen Nation und die Vorwegnahme eines Friedensvertrages. Die Bundesregierung wandte sich also gegen die zweideutsch-nationalistische Argumentation der DDR, die nach der Zwei*staat*lichkeit auch die Teilung der *Nation* durchsetzen, festschreiben wollte und daher von einer »sozialistischen deutschen Nation« sprach, die sich bei ihr zu entwickeln beginne und mit der »kapitalistischen deutschen Nation« in Westdeutschland nichts mehr gemein habe. Bonn wollte sich dagegen die Perspektive eines irgendwann kommenden Friedensvertrages nicht verbauen lassen und deshalb auch künftig die Respektierung der Vier-Mächte-Präsenz in ganz Deutschland erzwingen. Da diese deutsche Neuvereinigung freilich nicht im geringsten abzusehen war, mußte man, wie gesagt, hier und heute Regelungen anstreben, die den Menschen der beiden Teilstaaten das Zusammentreffen erleichterten. In diesem Sinne erklärte der Bundeskanzler in einer Rundfunk- und Fernsehansprache zum 17. Juni 1972: Nachdem man habe erkennen müssen, daß es »den kurzen Weg zum Ziel der Einheit in Freiheit« nicht gebe, komme es darauf an, das jetzt Mögliche zu tun. In diesem Sinne gehe es beim gegenwärtigen Meinungsaustausch mit der DDR um die Anbahnung eines Verhältnisses guter Nachbarschaft und um die Herbeiführung eines Zustandes, »der die Menschen leichter zueinanderkommen läßt und der dann auch über die Gewalt an den Grenzen in Deutschland hinausführt« – womit er auf den DDR-Schießbefehl anspielte, dessen Milderung, möglichst Rücknahme am Rande der Gesprächskontakte zur DDR natürlich eine erhebliche Bedeutung besitzen mußte.

Ost-Berlin blieb gegenüber den Vorstellungen und Forderungen der Bundesrepublik zunächst sehr zugeknöpft. Beim zweiten Zusammentreffen mit Bahr am 21./22. Juni in Bonn erklärte Kohl, die Vier-Mächte-Rechte, »ob sie nun bestünden oder nicht«, hinderten die beiden Seiten keineswegs am Austausch von Botschaftern. Die DDR werde sich in einem Vertrag mit der Bundesrepublik nicht auf die Rechte Dritter beziehen. Sie sei lediglich zu der Feststellung bereit, daß früher von beiden Staaten geschlossene oder sie betreffende Verträge und Vereinbarungen durch das jetzt angestrebte Abkommen unberührt blieben. Frühere Bezüge der DDR auf die Nation seien durch die inzwischen eingetretene Entwicklung sowie die Beschlüsse des VIII. Parteitages der SED überholt. In der DDR beginne sich eine sozialistische Nation herauszubilden. Von Wiedervereinigung sprechen zu wollen, sei »Futurologie« und habe nichts mit dem Gegenstand des jetzt zu schließenden Vertrages zu tun. Auf Gebieten der praktischen Zusammenarbeit sei die DDR demgegenüber zur Normalisierung bereit, allerdings unter der Voraussetzung, daß sie nach völkerrechtlichen Normen erfolge und nicht subversiven Bestrebungen Vorschub leiste.

Das klang nicht gerade vielversprechend. Doch eine Woche später sah die Sache anders aus. In der folgenden Unterredung Bahrs mit Kohl, die am 28. Juni in Ost-Berlin stattfand, erklärte sich der ostdeutsche Staatssekretär überraschend zur sofortigen Aufnahme von Verhandlungen bereit. Er behielt sich zwar vor, später auf seine beiden Eingangsforderungen zurückzukommen, daß man gemeinsam sofort die UNO-Mitgliedschaft beantragen sowie Botschafter austauschen solle – aber auch die DDR, sagte er jetzt, habe ein Interesse an zügigen Verhandlungen und einem baldigen Abschluß.

Niemand in Bonn hatte mit dieser Wendung gerechnet. Auch Bahr war überrascht von dem Tempo, das Ost-Berlin plötzlich anschlug, während im Kabinett das Thema, wann man mit den Verhandlungen beginnen solle, bisher überhaupt noch nicht zur Sprache gekommen war. Ebenso befriedigt wie verdutzt erklärte Bahr daher seinem Gesprächspartner, er benötige einen Beschluß der Bundesregierung, bevor er in Verhandlungen eintreten könne. Deren Gegenstand – soviel könne er schon jetzt mit Sicherheit sagen – dürften aber nicht nur die Vorschläge und Wünsche *einer* Seite sein. Man vertagte sich auf den 2./3. August in Bonn.

Dazwischen lag der Monat Juli, eine kurze Sommerpause, die in der Bundeshauptstadt nun allerdings gesteigerte Aufmerksamkeit und Aktivität erforderte. Denn mit jedem Tag, da man mit der DDR über die Regelung des Grundverhältnisses im Gespräch war, wuchs die Gefahr, daß dritte Staaten, die bisher keine diplomatischen Beziehungen mit Ost-Berlin unterhalten hatten, die Gelegenheit nutzten, unter Hinweis auf die intensiven deutsch-deutschen Kontakte ihre eigene Verbindung zur DDR schon vorab zu normalisieren. Bonn mußte also aufpassen, daß es nicht zu einer Art Anerkennungs-Wettlauf nach Ost-Berlin kam, der die *Scheel-Doktrin* vor der Zeit wie eine Seifenblase platzen ließ.

Daher ergriff die Bundesregierung beispielsweise beim deutsch-französischen Gipfel vom 3./4. Juli 1972 in Bonn die Gelegenheit, ihre Position in dieser Frage noch einmal einem wichtigen Verbündeten gegenüber zu unterstreichen. In den Unterlagen, die für die an diesen Konsultationen beteiligten Kabinettsmitglieder zusammengestellt wurden, hieß es, ein Abschluß der »deutschen Verhandlungen« (die es an sich zu diesem Zeitpunkt noch gar nicht gab, da man sich formell noch im Stadium des Meinungsaustausches befand) »im Herbst dieses Jahres« erscheine möglich. Die Bundesrepublik sei bereit, nunmehr *amtliche* – also nicht diplomatische – Beziehungen zur DDR aufzunehmen und einen gemeinsamen Beitritt zu den Vereinten Nationen anzustreben. Ein Beitritt zur UNO komme jedoch nur auf der Grundlage einer vorherigen Regelung der Beziehungen zwischen den beiden deutschen Staaten in Betracht. Erweise sie sich als unerreichbar, seien weder die Bundesregierung noch der Bundestag bereit, einer Mitgliedschaft in den Vereinten Nationen zuzustimmen. Im übrigen lege das Kabinett – ebenso wie die Westalliierten – Wert auf eine Bekräftigung der Rechte und Verantwortlichkeiten der Vier Mächte, um nämlich dem Eindruck vorzubeugen, daß mit einem UNO-Beitritt Bonns und Ost-Berlins die deutsche Frage endgültig gelöst sei. Man gehe davon aus, daß mit dem Abschluß eines Grundvertrages (d. h. seiner Unterzeichnung oder mindestens Paraphierung) sowie einer Klärung der fortdauernden Vier-Mächte-Position in Deutschland der Weg in internationale Organisationen für die DDR frei werde. Diese Erwartung sei der DDR bekannt und solle sie zu zügigen und konstruktiven Verhandlungen veranlassen. Die Bundesrepublik sei jedoch der Auffassung, daß jede Aufwertung der DDR zum jetzigen Zeitpunkt die Verhandlungen mit der DDR und auch die Konsultationen der Vier Mächte negativ beeinflusse. Man appelliere daher an alle Freunde, gerade in dieser entscheidenden Phase von präjudizierenden Akten gegenüber der DDR abzusehen. Die Bundesregierung habe für diesen Wunsch bisher weitgehend Verständnis gefunden, zumal er kein Selbstzweck sei, sondern dem Ziel einer befriedigenden Regelung des deutsch-deutschen Verhältnisses diene.

Nicht alle Länder freilich trugen Bonns Begehren Rechnung. Im September 1972 nahm Finnland, im Oktober auch Indien diplomatische Beziehungen zur DDR auf. Der Bundesrepublik wurde durch solche Vorgänge demonstriert, daß Bonn die internationale Aufwertung der DDR allenfalls verzögern, aber nicht mehr aufhalten könne. Wenn man also für die internationale Anerkennung des ostdeutschen Staates überhaupt noch irgendwelche Gegenleistungen herausschlagen wollte, dann war Eile geboten.

Die Bonner Vorbereitung der Grundvertrags-Verhandlungen

Aufgrund der Mitteilungen Egon Bahrs nach der letzten Gesprächsrunde vom 2./3. August 1972 in Bonn über den Gesamtverlauf seiner Unterredungen mit Michael Kohl über die Möglichkeit, jetzt einen Grundvertrag abzuschließen, verfaßte das Bundesministerium für innerdeutsche Beziehungen einen *Bericht über den Meinungsaustausch mit der DDR vom 15. 6. bis 3. 8. 1972*, der am 9. August dem Kabinett in seiner ersten Sitzung nach der Sommerpause vorlag.

In ihm hieß es: Was in einem Meinungsaustausch gesagt werden könne, sei gesagt worden. Führe man ihn weiter, sei die Formulierung eigener Positionen jetzt unausweichlich. Formuliere man aber, so bedeute das praktisch Verhandlungen. Erst wenn formuliert werde, wisse man, ob man sich wirklich einig werden könne. Die andere Seite tendiere dazu, wie frühere Erfahrungen gezeigt hätten, zu Beginn der Formulierungsphase wieder hinter die Positionen zurückzugehen, die man im Meinungsaustausch schon erreicht zu haben glaube. Falls die andere Seite wirklich an einem baldigen Ergebnis interessiert sei, stärke das die taktische Position der Bundesregierung. Für ein solches Interesse spreche, daß das Politbüro des SED-Zentralkomitees in seiner Stellungnahme zum Gipfeltreffen des Ostblocks auf der Krim erstmals die Politik der Regierung Brandt/Scheel positiv gewürdigt und sich damit in »eine Art von Erfolgszwang« gegenüber den eigenen Verbündeten begeben habe. Wenn Bonn diese Stärkung seiner Position nutzen wolle, müsse man sich hüten, »zeitliche Hindernisse« aufzubauen, also zu dicht an den Wahltermin heranzurücken: »Unter diesem Gesichtspunkt würde eine Verlängerung des Meinungsaustausches eine Verkürzung der für Verhandlungen verfügbaren Zeit bedeuten.« Denn die Erfahrungen mit dem Moskauer und dem Warschauer Vertrag, dem Transitabkommen sowie dem Verkehrsvertrag zeigten, »daß die schwierigsten Punkte – wenn überhaupt – erst im Endstadium von Verhandlungen durchsetzbar« seien. Im Text des Berichts hieß es dann weiter: »Über jede Gesprächsrunde mit der DDR-Delegation sind durch den Delegationsleiter der Bundesregierung die interfraktionelle Arbeitsgruppe des Bundestages und die Botschafter der Drei Mächte unterrichtet worden. Grundsätzliche Bedenken gegen die Aufnahme von Verhandlungen sind weder von der Arbeitsgruppe noch von den Drei Mächten erhoben worden. Die Vertreter der Opposition in der Arbeitsgruppe haben lediglich gebeten, die Erörterung der Sachfragen des Elementes 8 in den Verhandlungen möglichst nach vorne zu ziehen.«

Abschließend schlug das innerdeutsche Ministerium in seinem Bericht vom 9. August vor, das Kabinett möge beschließen, erstens den Staatssekretär im Bundeskanzleramt, Egon Bahr, zu beauftragen, »Verhandlungen mit der DDR über einen Vertrag aufzunehmen, der die Beziehungen zwischen den beiden Staaten grundsätzlich regelt«; und zweitens das Auswärtige Amt zu beauftragen, »den Regierungen der Drei Mächte vorzuschlagen, nunmehr mit der

Regierung der Sowjetunion Einigkeit darüber festzustellen, daß die Rechte und Verantwortlichkeiten der Vier Mächte in bezug auf Berlin und Deutschland als Ganzes durch einen Beitritt der Bundesrepublik Deutschland und der DDR zu den Vereinten Nationen nicht berührt werden«.

Die Bundesregierung folgte in beiden Punkten dieser Empfehlung und einigte sich gleichzeitig auf *Richtlinien für die Verhandlungen mit der DDR*, die Bahr mit auf den Weg gegeben wurden. Diese Richtlinien, mit denen Bahrs Verhandlungsspielraum gegenüber Ost-Berlin abgesteckt wurde, lauteten:

Richtlinien für die Verhandlungen mit der DDR

1. Die Bundesregierung ist bereit, mit der Deutschen Demokratischen Republik einen Staatsvertrag zu schließen, der die Beziehungen für die Zeit grundsätzlich regelt, in der es noch keinen Friedensvertrag gibt.
2. Den Rahmen für den Verhandlungsauftrag an den Delegationsleiter bilden die Regierungserklärungen seit dem 28. Oktober 1969 sowie die zwanzig Punkte von Kassel. Hierbei ist auch die Resolution heranzuziehen, die vom Deutschen Bundestag und vom Bundesrat im Zusammenhang mit der Verabschiedung der Ostverträge beschlossen wurde.
3. Um den Zusammenhalt der Nation zu fördern und zur Überwindung der staatlichen Teilung beizutragen, soll der Vertrag ein Maximum an praktischer Zusammenarbeit zwischen den beiden Staaten vorsehen. Bestehende Vereinbarungen und Regelungen auf den Gebieten des Handels und des Post- und Fernmeldewesens sind möglichst langfristig abzusichern.
4. Alle Möglichkeiten, innerhalb oder außerhalb des Vertrages Erleichterungen für die Menschen im geteilten Deutschland zu erreichen, sind auszuschöpfen.
5. Der Vertrag muß folgenden Grundsätzen Rechnung tragen:
   a) Beide Staaten sind auf die deutsche Nation bezogen. Der Zusammenhalt der Nation ist zu fördern.
   b) Die Rechte und Verantwortlichkeiten der Vier Mächte in bezug auf Deutschland als Ganzes und Berlin bleiben unberührt.
   c) Das Ziel der Bundesrepublik Deutschland, auf einen Zustand des Friedens in Europa hinzuwirken, in dem das deutsche Volk in freier Selbstbestimmung seine Einheit wiedererlangt, wird nicht beeinträchtigt. Der Vertrag darf die Wiedervereinigung nicht erschweren.
   d) Die grundgesetzliche Institution der »deutschen Staatsangehörigkeit« darf nicht beeinträchtigt werden.
   e) Die DDR ist für uns nicht Ausland; die Art der Beziehungen zwischen den beiden Staaten muß diesem Sachverhalt Rechnung tragen.
6. Früher von der BRD mit dritten Staaten geschlossene Verträge dürfen nicht berührt werden.

Bahr hätte dieser Richtlinien natürlich nicht bedurft; was mit Ost-Berlin zu regeln war, hatte er im Kopf. Er selbst hatte ja das Konzept eines Grundsatzabkommens mit der DDR nach seinen Moskauer Sondierungen von 1970 skizziert und sich dabei auch den Entwurf eines solchen Vertrages angesehen, den die FDP unter dem 24. Januar 1969 veröffentlicht und zunächst *Generalvertrag*, dann *Grundvertrag* genannt hatte. Wenn die SPD und ihre Ministerien später von einem Grund*lagen*vertrag sprachen, dann lag das, wie die Liberalen argwöhnten, lediglich daran, daß sie sich durch eine eigene Wortprägung gegenüber dem kleineren Regierungspartner profilieren wollten. Denn in der Sache selbst waren sich die Sozialliberalen völlig einig.

Die am 9. August vom Kabinett beschlossenen Verhandlungsrichtlinien stammten, wie es sich gehörte, aus dem Bundesministerium für innerdeutsche Beziehungen; denn dort lag die formale Zuständigkeit. Aber auch hier hatte natürlich Bahr Gedanken und Formulierungsvorschläge zum Text beigesteuert. In der Sitzung selbst war es der Regierungschef, der den Entwurf in zwei wichtigen Punkten mit Zustimmung seiner Kollegen abänderte.

Ziffer 2 hatte ursprünglich gelautet:

> Den Rahmen für den Verhandlungsauftrag an den Delegationsleiter bilden die Regierungserklärungen seit dem 28. Oktober 1969, die zwanzig Punkte von Kassel und die Resolution, die vom Deutschen Bundestag und vom Bundesrat im Zusammenhang mit der Verabschiedung der Ostverträge beschlossen wurde.

Willy Brandt formulierte diese Passage um und schrieb:

> Den Rahmen für den Verhandlungsauftrag an den Delegationsleiter bilden die Regierungserklärungen seit dem 28. Oktober 1969 *sowie* die zwanzig Punkte von Kassel. *Hierbei ist auch die Resolution heranzuziehen*, die vom Deutschen Bundestag und vom Bundesrat im Zusammenhang mit der Verabschiedung der Ostverträge beschlossen wurde.

Brandt hob also die Gleichwertigkeit der drei maßgeblichen Interpretationsquellen auf, die im ersten Entwurf durch eine einfache Reihung zum Ausdruck gekommen war, verlieh seinen Regierungserklärungen und den zwanzig Punkten von Kassel gleichen Rang, stufte jedoch die Bedeutung der Bundestagsresolution für die Verhandlungsführung eindeutig herunter und ordnete sie den vorher genannten drei Texten nach.

Eine zweite Änderung durch Brandt erfuhr die Ziffer 5e, die in ihrer ursprünglichen Fassung lautete:

> Die DDR ist für uns nicht Ausland, *daher kommt die Herstellung diplomatischer Beziehungen zwischen den beiden Staaten nicht in Betracht.*

Das schien dem Bundeskanzler allzu apodiktisch formuliert. Würden die Beziehungen zur DDR diplomatischen Beziehungen nicht zumindest ähnlich sein müssen? Brandt änderte daher und schrieb:

> Die DDR ist für uns nicht Ausland; *die Art der Beziehungen zwischen den beiden Staaten muß diesem Sachverhalt Rechnung tragen.*

Er vermied also vorsichtig den Begriff *diplomatische Beziehungen*, wollte sich nicht durch eine starre Sprachregelung einengen lassen, die später leicht zu politischen Kontroversen mit der anderen Seite und im eigenen Lande führen konnte. Sachlich würde es darum gehen, auf diese oder jene Weise symbolisch der Tatsache Rechnung zu tragen, daß die Beziehungen zur DDR »von besonderer Art« waren, wie es in der Regierungserklärung vom 28. Oktober 1969 geheißen hatte.

Neben diesen inhaltlichen Änderungen des Richtlinienentwurfs wurde auch die Reihenfolge der Weisungen abgewandelt. Die Punkte 3 und 4 wurden vorgezogen; sie hatten ursprünglich unter den Ziffern 5 und 6 am Schluß gestanden. Die Punkte 5 und 6 (zuvor Ziffern 4 und 3) wurden umgestellt. An diesem Wechsel der Reihenfolge, der ja auch eine Veränderung der Rangfolge und damit der Bedeutung der einzelnen Bestimmungen brachte, konnte man ablesen, daß es Regierungschef und Kabinett besonders auf die Betonung des Zusammenhalts der Nation, auf die praktische Kooperation der beiden Staaten und auf Erleichterungen für die Menschen im geteilten Deutschland ankam: auf die Hauptziele der sozialliberalen Deutschlandpolitik seit drei Jahren. Mit diesen Richtlinien also wurde Egon Bahr in die Verhandlungen mit der DDR entlassen, die am 16./17. August 1972, zwei Jahre nach Unterzeichnung des Moskauer Vertrages, in Ost-Berlin begannen.

Die Einschaltung Breschnews in die deutsch-deutschen Gespräche

Am selben Tage, dem 9. August, an dem im Kabinett die Entscheidung für die Verhandlungen mit der DDR fiel, übersandte der Bundeskanzler seinem Außenminister den Durchdruck eines Briefentwurfs, den er Anfang August auf ungewöhnliche Weise vom sowjetischen Generalsekretär erhalten hatte. Es handelte sich um einen in Brief-Form gehaltenen Vermerk, undatiert und ohne Unterschrift, der an den Regierungschef gerichtet war und mit den Worten

Herrn Dr Frank [illegible] zur Einsichtnahme mit der Bitte um Rückgabe.

BUNDESREPUBLIK DEUTSCHLAND
DER BUNDESKANZLER

den 9. 8. 72

Lieber Herr Scheel,

ich erwähnte vorgestern, dass Herrn Bahr ein in Brief-Form gehaltener Vermerk (undatiert und ohne Unterschrift) von Bre. gegeben worden war.

Der Text ist recht interessant. Ich meine, wir sollten ihn in beiden Häusern nicht in den Geschäftsgang geben.

Mit besten Gruss
Ihr
Willy Brandt

Egon Bahr übermittelte Willy Brandt einen »recht interessanten« Vermerk Breschnews, den der Bundeskanzler »nicht in den Geschäftsgang geben« mochte.

»Sehr geehrter Herr Bundeskanzler« begann. Den Text nannte Brandt, als er ihn Scheel übersandte, in einem kurzen Begleitschreiben »recht interessant«. Zugleich aber erschienen die Form und die Begleitumstände dieses Briefes, ebenso seine unmißverständliche Sprache, derart erstaunlich, daß Brandt hinzufügte, man solle »ihn in beiden Häusern nicht in den Geschäftsgang geben«. Nachdem am 22. August ein offizieller Brief Breschnews gleichen Inhalts eingegangen war, ließ sich Scheel vom Staatssekretär des AA eine Analyse fertigen, in der Paul Frank diagnostizierte:

> Die Übermittlung eines Briefentwurfs auf dem »parallelen Kanal« ist mehr als ungewöhnlich. Man kann davon ausgehen, daß eine untergeordnete Stelle es nicht wagt, ohne die Kenntnis des vorgesehenen Absenders einen Entwurf vorab auf den Weg zu bringen. Man kann auch davon ausgehen, daß diese ungewöhnliche Prozedur sehr wohl einen präzisen Sinn hat, nämlich den, dem Empfänger ziemlich unverhohlen Formulierungen zur Kenntnis zu bringen, die nicht unterschrieben sind und die später in freundlicherer Form wiederholt werden.
>
> Diese Auslegung wird erhärtet durch das am 22. August eingetroffene offizielle und unterschriebene Schreiben, das vom 16. August datiert ist . . .

Breschnew begann mit umständlichen Präliminarien, wie sie für seine Briefe typisch waren. Er erklärte eingangs, Brandt und er hätten »Gründe für eine gewisse Befriedigung über die Arbeit, die in den letzten Monaten in die Richtung eines Heilungsprozesses der internationalen Lage durchgeführt wurde«. Weitschweifig äußerte er sich sodann über die Entwicklung der amerikanisch-sowjetischen Beziehungen sowie das Projekt einer europäischen Sicherheitskonferenz, wobei er allgemeine Maximen einflocht (»Auf der Waage der Geschichte werden nur konkrete Ergebnisse dieser oder jener Politik und Tatsachen gewogen«), ehe er zu seinem eigentlichen Anliegen kam: dem sowjetisch-deutschen Verhältnis und der deutschen Frage. Wörtlich hieß es zu diesen Problemen im ursprünglichen deutlicheren Text:

> . . . Viele Schwierigkeiten, die die Aktivität Ihrer Regierung festhielten, sind mit der Ratifizierung weggefallen. Jetzt ist die Möglichkeit entstanden, den von uns gewählten Weg schneller und wirksamer zu gehen. Die Sowjetunion wird sich an die von ihr angekündigte Friedenspolitik und die geschlossenen Verträge mit den anderen Ländern, darunter auch mit Ihrem Land, fest und konsequent halten. Dasselbe können wir auch von unseren Verbündeten sagen.
>
> Genau wie Sie legen wir großen Wert darauf, den Moskauer Vertrag mit konkreten Schritten zu unterstützen. Die Aufgabe besteht darin, daß wir uns nicht in unseren Bemühungen schonen, um die künftige und breite Ent-

wicklung beiderseits vorteilhafter wirtschaftlicher Beziehungen zwischen unseren Ländern zu schaffen.

Ich bin nicht geneigt, die Fragen zu vereinfachen, die Ihre Vertreter mit denen der DDR besprechen. Sie und ich erörtern dieses Thema nicht zum ersten Mal, und wie mir scheint, verstehen beide, daß es eine Illusion wäre, eine andere Basis für die Lösung der Beziehungen zwischen den beiden Staaten als die Respektierung der Souveränität, der Gleichberechtigung und Unabhängigkeit beider Staaten zu suchen. Wenn man die Schärfe betrachtet, durch die die Beziehungen zwischen den beiden deutschen Staaten bisher gekennzeichnet waren und die zum Teil bis heute noch nicht völlig ausgeräumt ist, so soll man, wie uns scheint, besonders sorgfältig alle Handlungen vermeiden, die die andere Seite als Einmischung in ihre inneren Angelegenheiten und Verletzung ihrer souveränen Rechte betrachtet.

Uns ist bekannt, daß die Führung der DDR mit großer Verantwortlichkeit die Aufgabe der Regelung der Beziehungen zwischen den beiden deutschen Staaten betrachtet und bereit ist, ein Maximum an gutem Willen zu zeigen. Diesen guten Willen hat die DDR schon vielfach demonstriert im Zusammenhang mit unserem Vertrag und im Zusammenhang mit dem West-Berlin-Abkommen. Es könnte möglich sein, daß die Vorschläge, die die DDR an Ihre Regierung übermittelt hat, vielleicht nicht ganz richtig verstanden und darum das darin liegende Bestreben des Partners, zu einem positiven Ergebnis zu kommen, nicht bemerkt wurde.

Wie ich verstanden habe, gibt es Zweifel über die Reihenfolge der zu erörternden Fragen. Es gibt die Meinung, daß die Aufnahme beider Staaten in die UN leichter wird, wenn die BRD und die DDR vorher über die Prinzipien ihrer Beziehungen zu einem gemeinsamen Standpunkt kommen. Wie uns scheint, ist die DDR nicht ohne Grund der Meinung, daß der Eintritt beider deutschen Staaten in die UN seinerseits eine Erleichterung für die Regelung vieler Fragen, für die bis jetzt keine gemeinsame Sprache gefunden wurde, bieten wird.

Sie werden sicher zustimmen, daß ununterbrochene Diskriminierung auf internationaler Ebene nicht nur die Beziehungen zwischen den beiden deutschen Staaten, sondern im allgemeinen zwischen Ost und West beeinträchtigt. Wie ich höre, beabsichtigt Ihre Regierung, der DDR einige praktische Schritte entgegenzukommen. Wir zweifeln nicht daran, daß Sie sich auch weiter in dieser Art verhalten werden. Dabei gehen wir davon aus, daß Sie eine schwere Erbschaft übernommen haben, die Ihre Hände fesselt. Aber halbe Maßnahmen unterstreichen nur die Existenz der ungeregelten Probleme.

Wenn man über die Teilnahme der DDR am internationalen Leben und die Aufnahme in die UN spricht, so hört man oft Stimmen, die an die Vier-Mächte-Rechte und -Verantwortungen erinnern. Sie verstehen bestimmt

> besser, was die Drei Mächte unter »Deutschland und Berlin im Ganzen« verstehen. Jeder kann denken, was er will. Aber unrealistisches Denken hat nie zu konkreten Ergebnissen geführt.
>
> Die Vier-Mächte-Rechte und -Verantwortungen werden weder durch Verhandlungen zwischen der BRD und der DDR noch durch die Aufnahme beider in die UN betroffen. Die Situation ist hier mit der Situation bei der Ausarbeitung des Moskauer Vertrages zu vergleichen. Da wurde ein Ausweg aus der Situation, wie Sie sich bestimmt erinnern, gefunden.
>
> Soweit es um die Vier-Mächte-Verpflichtungen geht, alles für die friedliche Entwicklung in Europa und besonders Mittel-Europa zu tun, und den Kräften zu widerstehen, die eine Gefahr für die Sicherheit in unserem Kontinent bilden, sind wir bereit, uns nochmals darüber klar zu äußern. Wenn jemand versuchen würde, uns in die Pläne einzubeziehen, die gegen die souveränen Rechte von BRD und DDR gerichtet sind, so wird die Sowjetunion an solchen Geschäften keinesfalls teilnehmen. Wir haben das den Westmächten, den Teilnehmern der Alliierten Nachkriegsabkommen, zu verstehen gegeben . . .

Breschnew lobte und tadelte also. Er bot Zusammenarbeit an, ließ aber auch spüren, daß er Anlaß zum Ärger habe – zumal gegenüber den Westmächten, die Bonn, wie er fand, zu kritiklos sah und denen gegenüber es den Westdeutschen daher an gesundem, notwendigem Mißtrauen fehlte. Ja – Breschnew sah sich sogar veranlaßt, die Bundesrepublik gegen ihre Alliierten in Schutz zu nehmen! Wenn jemand versuche, deutete er am Schluß der eben zitierten Passage dunkel an, die Sowjetunion gegen die souveränen Rechte von Bundesrepublik und DDR zu mobilisieren, dann werde sich Moskau an solchen Machenschaften keinesfalls beteiligen.

Was sollte das heißen? Worauf lief es hinaus? Der ebenso scharfsinnige wie diplomatisch zurückhaltende Paul Frank bemerkte dazu in seiner Analyse für den Außenminister:

> . . . Der Hinweis, daß jetzt nach der Ratifizierung der Verträge der »von uns gewählte Weg« schneller und wirksamer begangen werden könnte, offenbart deutlich die sowjetische Erwartung, in ihren Beziehungen mit der Bundesrepublik ein Element der Beschleunigung einbauen zu können.
>
> Im Zusammenhang mit den innerdeutschen Verhandlungen steht die sowjetische Seite meines Erachtens ganz auf dem Standpunkt der DDR. Der Hinweis, die Vorschläge der DDR könnten in Bonn möglicherweise nicht ganz richtig verstanden worden sein, verrät eine außergewöhnliche Sprache. Dies gilt auch für die mehr ironisch zu verstehende Formulierung, daß die Bundesrepublik besser verstehe, was die drei Mächte unter Deutschland und Berlin im ganzen verständen.

> Bedenklich stimmt, daß in dem Briefentwurf den Vier-Mächte-Rechten und -Verantwortungen die Vier-Mächte-Verpflichtungen gegenübergestellt werden, alles für die friedliche Entwicklung in Europa und besonders in Mitteleuropa zu tun, um den Kräften zu widerstehen, die eine Gefahr für die Sicherheit in unserem Kontinent bilden. Dies entspringt unmittelbar der sowjetischen Endfassung vom Potsdamer Abkommen. Die Bereitschaft der Sowjets, sich hierüber klar zu äußern, unterstreicht die Zweischneidigkeit unserer Forderung nach immer wieder erneuter Bestätigung der Vier-Mächte-Rechte . . .
>
> Das Schreiben vom 16. August enthält wesentliche konziliante Formulierungen, die aber in der Sache von dem Briefentwurf nicht abweichen.
>
> Beide Schreiben deuten darauf hin, daß wir im deutsch-sowjetischen Verhältnis nach der Ratifizierung des Moskauer Vertrages in eine Phase eingetreten sind, in der wir vor allem Standfestigkeit, Mut zu klaren Äußerungen und Verbindlichkeit in der Form brauchen, wenn wir nicht unter zunehmenden Druck gelangen wollen.

Frank riet also zu einer Mischung aus Geschmeidigkeit und Härte, zu einer vorsichtigen Haltung, zu bescheidenen Erwartungen hinsichtlich der weiteren ostpolitischen Möglichkeiten. Das galt nicht nur im Verhältnis zur Sowjetunion, sondern auch gegenüber dem anderen Deutschland. Was Breschnew über die Souveränität, Gleichberechtigung und Unabhängigkeit beider deutscher Staaten sowie zum Problem der »Diskriminierung« gesagt hatte, ließ an Deutlichkeit nicht fehlen. Hier lag das Hauptinteresse der anderen Seite, die in diesem Punkt bestimmt nicht mit sich reden lassen würde.

Die Interessenlage der Bundesrepublik sah ganz anders aus. Für sie war die Regelung im weitesten Sinne humanitärer Fragen die Voraussetzung für den Abschluß des Grundvertrages. Artikel 7 und das Zusatzprotokoll zum späteren Vertrag, ein umfassendes Programm gemeinsamer Regelungen auf allen für Bonn wichtigen Gebieten, sollten daher die ausschlaggebende Gegenleistung der DDR darstellen. Am Beginn der Verhandlungen im Spätsommer 1972 waren die Erwartungen unserer Seite in dieser Hinsicht ziemlich gering: Man wagte von Zusatzregelungen, wie sie dann besonders zu dem entscheidend wichtigen Artikel 7 erreicht wurden, kaum zu träumen, hielt solche konkreten, detaillierten Zusicherungen der DDR in verbindlicher Form für unerreichbar. An dieser Befürchtung war richtig, daß sich Ost-Berlin tatsächlich nicht bereit fand, etwa konkrete Abmachungen über eine künftige Zusammenarbeit auf den Gebieten der Wirtschaft, der Wissenschaft und Technik, des Verkehrs und Rechtswesens, der Post, Gesundheit und Kultur, des Sports sowie des Umweltschutzes in den Text des Grundvertrages selbst hineinzunehmen. Aber das war sachlich insofern unbedenklich, als sichergestellt werden konnte, daß dieses Zusatzprotokoll völlig gleichwertig und verbindlich neben den Vertrag trat. In dieser Hinsicht waren die Bedenken des Bundesministers Hans-Dietrich Genscher (der später fast den Grundvertrag torpediert hätte, weil er es für inakzeptabel hielt, für die Bundesrepublik wesentliche Punkte nur in einem Zusatzprotokoll zu regeln) nach Ansicht der Regierungsmehrheit, insbesondere des Bundeskanzleramtes und des innerdeutschen Ministeriums, nicht wirklich stichhaltig. Die Gefahr der Vieldeutigkeit, vor allem der mangelnden Bestandskraft dieser Nebenabsprachen, wurde zwar auch im Auswärtigen Amt gesehen, wo es wie im Innenministerium nachdenkliche Gesichter oder sorgenvolle Mienen gab. Indessen: War diese Skepsis wirklich nur von Besorgnissen über unsere auswärtige Kompromißbereitschaft eingegeben? Konnte sie nicht auch innenpolitisch motiviert sein? Schließlich waren beide Ministerien in liberaler Hand. Genschers Neigung, bei allen Abmachungen mit der DDR in den Kabinettsitzungen Bedenken anzumelden, war bekannt. Die Sozialdemokraten argwöhnten, er tue dies wesentlich aus koalitionspolitischen Erwägungen, nämlich mit Blick auf den von ihm erwogenen späteren Partnerwechsel. Indem er seinen Einspruch im Protokoll festhalte, dann aber die Vorlage passieren lasse, wolle er ohne Beschädigung der gegenwärtigen Koalition gleichwohl seine Reserve gegenüber sozialdemokratischer Politik in einzelnen Punkten aktenkundig machen und dies der CDU signalisieren.

Solches Mißtrauen auf seiten der SPD war nicht grundlos. Beispielsweise hatte Rüdiger (»Dodel«) von Wechmar Ende Juli »von Urlaubsquartier zu Urlaubsquartier« Walter Scheel brieflich einige Erwägungen zum bevorstehenden Wahlkampf zugesandt, in denen es hieß:

> ... Der Wahlkampf wird sich nach meiner Einschätzung auf Duelle Brandt/Scheel gegen Barzel/Strauß – also Kampf der Persönlichkeiten –, auf das Thema Reformen und deren Kosten (Schiller, Inflation, Haushalt, Stabilität, Preise usw.) konzentrieren und wahrscheinlich wenig Raum lassen für Leistungsbilanzen einschließlich Ostpolitik. Aber wir bekommen eine indirekte Ostdebatte zum Thema Sozialisierung, Unterwanderung, Linkstendenzen etc. Das »Wächteramt« der FDP kann zunehmend auch die Frage beinhalten: Müssen wir bei einer Beinahe-Patt-Situation am Tage nach der Wahl nicht aus staatspolitischen Gründen eine Koalition mit der CDU prüfen? Sozusagen das Wächteramt nach rechts ...

Aus dem Urlaub zurück, tat der Außenminister das Seine, um die Liberalen ins öffentliche Bewußtsein zu bringen: mit Fragen wie China, wie Polen, mit seinem geplanten Besuch bei der UNO in New York – mit lauter Aktivitäten, bei denen gleichsam der Minister dem FDP-Vorsitzenden im anlaufenden Wahlkampf hilfreich unter die Arme greifen konnte.

Am 24. August bestätigte Scheel in einer Fernsehdiskussion, daß die Bundesregierung mit der Volksrepublik China wegen der Aufnahme diplomatischer

Beziehungen in Kontakt stehe. Genau dies hatte Gerhard Schröder (CDU), der Vorsitzende des Auswärtigen Bundestagsausschusses, nach der Rückkehr von einem China-Aufenthalt am 31. Juli 1972 angeregt. Zu jener Zeit beabsichtigten die Sozialliberalen noch nicht, sich Peking zuzuwenden; Rüdiger von Wechmar hatte mißgelaunt an Walter Scheel geschrieben, Schröders Reise könne »uns unter Umständen eine unnütze China-Diskussion bringen«. Nunmehr aber teilte der Außenminister mit, daß er selbst zu gegebener Zeit, möglicherweise schon im Oktober (also rechtzeitig vor der Wahl!) nach China fliegen werde, um die Beziehungen zwischen beiden Ländern zu formalisieren. Dieses Thema, das erstaunlicherweise nicht wenigen politisch vielversprechend schien, wollte die Koalition der Opposition keineswegs als Propagandastoff überlassen.

Während also China, wie schon seit langem, die Phantasie bei uns beflügelte, vor allem in den Unionsparteien, die sich vom riesigen Reich der Mitte kräftigen Flankendruck auf die UdSSR versprachen, gab es mit dem nahen Polen, Sorgen und Verdruß.

Das Aussiedler-Problem mit Polen

Seit der Ratifizierung des Warschauer Vertrages stockte die Umsiedlung deutschstämmiger Bürger aus den früheren deutschen Ostgebieten. Das Problem war auf beiden Seiten stark gefühlsbeladen. Georg Ferdinand Duckwitz hielt es für so schwierig, daß er es bei seinen Sondierungen in Warschau 1970 ausklammerte, nachdem er es schon in der ersten Runde vorsichtig angesprochen, dann aber rasch wieder fallengelassen hatte. Er vertraute darauf, daß Verhandlungen über das außerordentlich delikate Thema – denn die ursprüngliche polnische Auffassung ging dahin, daß es in Polen überhaupt keine Deutschen mehr gebe – nach einem Vertragsschluß, in einer Phase beginnender Zusammenarbeit, leichter würden laufen können. Das war freilich eine durchaus zweifelhafte Annahme. Vor allem aber gelangten Paul Frank, der Duckwitz als Staatssekretär ablöste, und der Außenminister persönlich zu der Überzeugung, daß man ohne polnische Konzessionen in der Aussiedlungsfrage den Vertrag gar nicht durch den Bundestag bekommen werde. Die Regierung müsse hier unbedingt etwas vorweisen können – sonst werde sie schon in der Koalition, erst recht bei der Opposition auflaufen. Auch in der CDU/CSU sah man beim deutsch-polnischen Vertrag die Lage in der Tat so heikel. Als später – es war am Morgen des Tages, an dem der Außenminister zur Vertragsunterzeichnung nach Warschau flog – Rainer Barzel und Walter Scheel zusammen in Bonn frühstückten, sagte ihm der Oppositionsführer, der ja nicht ohne Sympathien für Scheel war: Er wisse hoffentlich, daß er für diesen Vertrag keine parlamentarische Mehrheit habe.

Scheel selbst war klar, daß man zu Hause kein Verständnis dafür aufbringen werde, wenn Bonn jetzt die Oder-Neiße-Linie als Grenze anerkenne, aber die logisch damit zusammenhängende Frage unerledigt lasse, was denn aus den im früheren Ostdeutschland verbliebenen Landsleuten werden solle. Sie hatten dort, oft unter schwierigsten Bedingungen, seit einem Vierteljahrhundert ausgeharrt, weil sie sich an die Hoffnung klammerten, ihre Heimat werde eines Tages wieder deutsch werden. Wenn daraus nun nichts mehr werden konnte, weil man die Grenze künftig als unabänderlich betrachtete, dann war es doch wohl das mindeste, diesen armen Menschen in den nunmehr definitiv polnischen Gebieten zu Ausreiseerlaubnissen zu verhelfen. Während der knappen zwei Wochen, die Walter Scheel in Warschau verhandelte, ging es wesentlich um dieses Thema. Übermächtig stand es im Mittelpunkt.

Der Beginn des Aufenthalts der deutschen Delegation in Warschau wurde, wenn man will symbolisch, durch ein neblig tristes Herbstwetter verdüstert; noch dazu beging man am 2. November den katholischen Allerseelen-Feiertag. Schon bei der Fahrt der Wagenkolonne in die Stadt im Dämmerlicht dieses Tages wurden die Deutschen an die düstere Vergangenheit erinnert: Alle zehn Meter sah man auf den Straßen Kerzen brennen zum Gedächtnis an die Opfer der nationalsozialistischen Zeit.

In einer solchen Atmosphäre, bei ersten, beklommenen Kontakten zwischen Deutschen und Polen, war nur allenfalls an eine vorläufige Regelung der Aussiedlungsfrage zu denken. Es wäre damals ganz ausgeschlossen gewesen, das spätere nüchterne Geschäft – Kredite gegen Ausreisen – zur Sprache zu bringen. Am Ende hatte sich deshalb Bonn mit einer einseitigen *Information der polnischen Regierung über Maßnahmen zur Lösung humanitärer Probleme* zufriedengeben müssen, die von der Bundesregierung am 20. November 1970 veröffentlicht wurde. In ihr hieß es unter Ziffer 3:

> Die zuständigen polnischen Behörden verfügen nicht einmal annähernd über solche Zahlen von Anträgen auf Ausreise in die BRD, wie sie in der BRD angegeben werden. Nach den bisherigen Untersuchungen der polnischen Behörden können die Kriterien, die zu einer eventuellen Ausreise aus Polen in die BRD oder die DDR berechtigen, einige Zehntausend Personen betreffen. Die polnische Regierung wird daher entsprechende Anordnungen erlassen zwecks sorgfältiger Untersuchung, ob die Anträge, die eingereicht worden sind, begründet sind, und zwecks Prüfung derselben in möglichst kurzer Zeit.
>
> Die polnische Regierung wird das Polnische Rote Kreuz ermächtigen, vom Roten Kreuz der BRD Listen über die Personen entgegenzunehmen, deren Anträge sich im Besitz des DRK befinden, um diese Listen mit den entsprechenden Zusammenstellungen, die sich bei den zuständigen polnischen Behörden befinden, zu vergleichen und sorgfältig zu prüfen.

Unveröffentlichte *Vertrauliche Erläuterungen* der polnischen Seite konkretisierten und erweiterten die Zusagen dieser »Information«. Zum einen nannte Warschau einen Zeitraum, innerhalb dessen die besprochene Umsiedlung abgeschlossen werden sollte. Zum anderen verzichtete Polen auf diese zeitliche Begrenzung in allen Fällen von Familienzusammenführungen; sie sollten auch später noch möglich bleiben.

Die beiden maßgeblichen Abschnitte der *Vertraulichen Erläuterungen* lauteten: . . .

> II. Die polnischen Behörden werden bei der Familienzusammenführung folgende Kriterien anwenden: Verwandte in der aufsteigenden und absteigenden Linie, Ehegatten und in Fällen, die nach Abwägung aller subjektiven und objektiven Gesichtspunkte begründet sind, Geschwister. Dies schließt die Prüfung von Härtefällen nicht aus.
>
> III. Die Aktion, die nach der Unterzeichnung des Vertrages beginnt, soll in ein bis zwei Jahren nach dem Inkrafttreten des Vertrages durchgeführt sein. Nach polnischer Berechnung werden einige Zehntausend Personen ausreisen können. Es ist jedoch keine zeitliche Begrenzung für die Ausreise von Personen vorgesehen, die die Ausreise wünschen und den angegebenen Kriterien entsprechen.
>
> . . .

»Einige Zehntausend«: Das eigentliche Problem lag von Anfang an in der Größenordnung, um die es hier ging. Die Schätzungen der verschiedenen Seiten waren extrem unterschiedlich. Das *Deutsche Rote Kreuz* sprach von mindestens 400 000 Personen, die ausreisen wollten; andere Stellen hielten es sogar für möglich, daß es noch eine Million zur Umsiedlung entschlossener Deutscher in Polen gebe. Während die deutsche Seite mindestens 100 000 Ausreisegenehmigungen verlangte, wollte Warschau anfangs höchstens 30 000 Menschen zugestehen, wobei Polen entweder wirklich nicht an derart viele ausreisegewillte Deutschstämmige glaubte, wie Bonn das tat, oder aber meinte, das Land vertrage einen solchen Aderlaß nicht.

Bereits Duckwitz war überzeugt gewesen, es werde Bonn nicht gelingen, mehr als 35 000 bis 40 000 Menschen aus Polen herauszuholen. Diese Annahme ging auf eine private Unterredung mit Jozef Winiewicz zurück: Der stellvertretende Außenminister hatte seinem deutschen Gesprächspartner im Vertrauen angedeutet, daß man sich polnischerseits der Notwendigkeit bewußt sei, eine Geste des guten Willens zu machen, um die Ratifizierung des Vertrages in der Bundesrepublik zu sichern – und hatte dabei jene Zahl erwähnt.

Nun waren die Deutschen angesichts der hohen Dunkelziffer zunächst gar nicht unbedingt darum bemüht, Quoten zu präzisieren und festzuschreiben. Bonn war vielmehr vorrangig an drei allgemeineren Punkten interessiert:

erstens klare Kriterien des Personenkreises zu finden, der für die Umsiedlung in Betracht komme, zweitens jedenfalls eine Höchstbegrenzung der Auswanderungserlaubnisse zu vermeiden und drittens keine zeitliche Begrenzung der Aussiedlungsaktion festzulegen. Denn es war bald abzusehen, daß die Umsiedlung ein sehr schwieriges, langwieriges Problem werden würde, weil jeder gelöste Fall neue Anträge nach sich zog.

Am Ende hatte man sich also 1970 vage dahin geeinigt, von »einigen Zehntausenden« zu sprechen. Darunter verstanden die Deutschen, daß man sich jedenfalls nicht auf nur 30000 Menschen verständigt habe, während die Polen unter der Hand zu erkennen gaben, sie dächten an 40000 bis 45000 Personen. Und als diese Zahl im Sommer 1972 erreicht war, bedeuteten sie Bonn in aller Unschuld: Sie hätten doch alles erfüllt, was sie ursprünglich zugesagt hätten. Offensichtlich hofften sie, für weitere Umsiedlungsgenehmigungen noch etwas herauszuholen, nachdem das ursprüngliche Motiv ihrer Zusage, die Sicherung der westdeutschen Vertragsratifizierung, im Mai 1972 ja ausgeschieden war.

Anderes kam hinzu. Es gab inzwischen neue, heftige Auseinandersetzungen in Polen über die Deutschlandpolitik. Außerdem spielten ohne Zweifel polnische Sorgen, die Ausreisewelle gefährde die innenpolitische Stabilität, eine Rolle. Der DDR-Führung vergleichbar, die einen intensiven West-Ost-Reiseverkehr, erst recht umfangreiche Ausreisemöglichkeiten, als schwer erträgliche Belastung der Stabilität ihres Landes empfand, war man in Warschau längst in tiefe Zweifel über die internen Rückwirkungen der Umsiedlungsaktion geraten, auf die man sich 1970 mit Bonn eingelassen hatte. Besonders in einer typischen Mischregion wie Oberschlesien gruben plötzlich allzu viele Menschen deutsche Vorfahren aus, die es ihnen jetzt ermöglichen sollten, in den gelobten Westen zu gelangen.

Nach der Ratifizierung des Warschauer Vertrages durch die Bundesrepublik stoppte Polen jedenfalls die Genehmigung von Ausreiseanträgen. Bereits am 7. Juni 1972 hatte daher das Bundeskabinett auf Vorschlag Helmut Schmidts beschlossen, den Außenminister demnächst »über Stand und Probleme der Umsiedlung berichten« zu lassen; dabei war auch bereits von einem Bonn-Besuch des polnischen Außenministers im September die Rede, der Gesprächsmöglichkeiten bieten würde. Scheels Ausführungen in der Sitzung vom 5. Juli fielen sehr karg aus; Erfreuliches war eben nicht zu sagen. Als dann Stefan Olszowski am 13. und 14. September als erster Außenminister seines Landes die Bundesrepublik besuchte, kam man in dieser Frage nicht von der Stelle. Auch spätere Unterredungen, die zwischen beiden Ländern an verschiedenen Orten und auf unterschiedlichen Ebenen 1972/73 geführt wurden, waren und blieben unerfreulich und ergebnislos; beide Seiten empfanden sie als quälend. Der mit dieser Thematik besonders beschäftigte und vertraute Bernd von Staden, der von 1970 bis 1973 als Ministerialdirektor Leiter der Politischen Abteilung des AA war, faßte damals die makabre, für die Betroffenen tragische Situation in dem Satz zusammen: Die eine Seite (die polnische) wisse, es gebe kein Geld mehr, die andere (die deutsche), es gebe keine Menschen. Bonn fehlten die Möglichkeiten, Milliardenbeträge für Auswanderungsbewilligungen lockerzumachen, also deutsche Volkszugehörige aus Polen loszukaufen.

Natürlich war von »Kauf« nie die Rede. Im Gegenteil, entrüstet protestierten die Polen gegen die Unterstellung (die niemand zu äußern wagte), sie seien Menschenhändler. Ihre Forderung kam im Gewande der *Wiedergutmachung*. Zwar hatten sie 1970, bei den Verhandlungen über den Warschauer Vertrag, den Deutschen beruhigend erklärt, sie verzichteten auf *Reparationen;* ihr gegenüber der DDR schon früher erklärter Verzicht gelte auch gegenüber der Bundesrepublik. Aber sie hatten dabei ihre Absicht verschwiegen, Wiedergutmachung zu fordern. Die Polen wußten durchaus, was dieses Ansinnen für die Bundesregierung bedeutete, wie die treuherzige Bemerkung von Jozef Winiewicz zeigt, der später dem damaligen Staatssekretär Georg Ferdinand Duckwitz erklärte, das habe man uns seinerzeit doch nicht auch noch zumuten können!

Nun war das Problem also auf dem Tisch, und zwar zu einem für die Sozialliberalen äußerst ungelegenen Zeitpunkt. Als Scheel am 27. August in einem Rundfunkinterview bestätigen mußte, daß sich bei der Umsiedlung deutschstämmiger Bürger aus Polen Schwierigkeiten ergeben hätten, standen die Solidität und Glaubwürdigkeit der Neuen Ostpolitik auf dem Spiel. Die Leistungen, also zumal die Grenzanerkennung, die von der Bundesrepublik erbracht worden waren, konnte man nicht mehr rückgängig machen, da die Verträge ratifiziert waren. Wenn jetzt die dazugehörigen Gegenleistungen der anderen Seite ausblieben, nämlich die Eröffnung von Ausreisemöglichkeiten für Deutsche (die ohnehin nur in einseitigen, rein polnischen Zusatzdokumenten zugesagt worden war), dann mußte das eine schwere Niederlage für die Ostvertragspolitik der Koalition bedeuten, die so kurz vor den Wahlen das sozialliberale Ergebnis ungünstig beeinflussen konnte. Der Außenminister war daher gefordert, dieses Problem so rasch und lautlos wie nur möglich aus der Welt zu schaffen. Doch weder die Unterredungen Scheels mit Olszowski im September in Bonn noch ihre Fortsetzung bei einem Besuch des westdeutschen Außenministers am 18. und 19. Oktober in Warschau führten – es wurde schon erwähnt – zu irgendeinem Erfolg; gleichermaßen blieben alle Expertengespräche stecken.

Erst sehr viel später, lange nach den Wahlen, bei ganz anderer, unerwarteter Gelegenheit, gelang es dem Regierungschef, durch eine dramatische Szene (die aber ernstgemeint, keineswegs gespielt war) das Thema der Wiedergutmachung ein für allemal aus der Welt zu schaffen.

Im April 1973 besuchte Willy Brandt Jugoslawien. Für den 18. und 19. April war ein Zusammentreffen mit Josip Tito auf dessen Ferieninsel Brioni anberaumt. Beim Vorbereitungsgespräch am 17. April abends in Belgrad brachte die jugoslawische Seite am Ende und eher beiläufig die Forderung nach Wiedergutmachung vor – eine Parallele zu den Ansprüchen Polens. Der durchaus gutwillige, ja als gutmütig geltende Brandt reagierte darauf mit einem bei ihm seltenen Ausbruch der Empörung: Er habe seinem Volk viel zumuten müssen. Man brauche nur an die bestehenden Grenzen zu denken. Die Deutschen müßten in zwei Staaten leben, obwohl kein Zweifel bestehe, daß dies nicht ihrem Willen entspreche. Wenn jetzt die Jugoslawen – und dann auch andere, die keineswegs alle behaupten könnten, in der vordersten Front des Antifaschismus gestanden zu haben – Wiedergutmachungsleistungen verlangten, dann gehe das entschieden zu weit, bringe nämlich die Bundesregierung in eine ganz unmögliche Situation.

Am Tage darauf sprach Tito das Thema gar nicht mehr an. Es war auch im Ostblock künftig vom Tisch. Selbst die Polen, die nun wirklich mehr unter Hitlers Herrschaft gelitten hatten als andere Völker, verzichteten von nun an darauf, ihre Wiedergutmachungsforderungen zu erneuern, und wechselten die Ebene der Argumentation: Wenn man ihnen mit einem Kredit helfen könnte, den sie zur Absicherung ihrer langfristigen Industrieplanung brauchten, seien sie es ebenfalls zufrieden. Darüber ließ sich in der Tat leichter reden, wenngleich der Umfang eines solchen Großkredits lange kontrovers blieb. Denn mit der Beseitigung des Wiedergutmachungsproblems und dem Übergang zu Kredit-Erörterungen war natürlich für die Frage der Familienzusammenführung noch nichts gewonnen. Während des ganzen Jahres 1973 blieb die Zahl der Aussiedler rückläufig. Es seien einfach keine Deutschen mehr da, hieß es. Auf Bonner Vorhaltungen reagierten die Polen umgekehrt mit Vorwürfen: Wir Westdeutschen seien es, die den Warschauer Vertrag nicht mit Leben erfüllten; Artikel III spreche von einer erweiterten wirtschaftlichen Zusammenarbeit, an der wir es fehlen ließen.

Die deutsch-polnischen Beziehungen froren ein und blieben jahrelang eisig; das Verhältnis zwischen Deutschen und Polen sank fast in eine Feindseligkeit zurück, die man durch den Vertrag bereits überwunden geglaubt hatte. Erst Jahre später – Brandt war längst nicht mehr Kanzler, Scheel nicht mehr Außenminister – gelang es Helmut Schmidt und Edward Gierek am Rande der Konferenz von Helsinki, anläßlich der Unterzeichnung der KSZE-Schlußakte am 1. August 1975, endlich den Aussiedler-Kredit-Komplex mit einer Paketlösung aus dem Wege zu räumen. Eben dies hätte man allerdings schon zwei Jahre früher, im Dezember 1973, und zu für uns günstigeren Konditionen haben können. Damals aber war Helmut Schmidt, als intransigenter Finanzminister, zu den nötigen Konzessionen noch nicht aufgelegt gewesen.

Ostpolitischer Mißklang ohne Folgen

Auf jeden Fall war man im Herbst 1972 von einer deutsch-polnischen Generalbereinigung noch weit entfernt. Das menschlich anrührende Thema der Spätaussiedler konnte der Koalition also im Wahlkampf nicht dienen, weil es nichts zu melden gab, was als Erfolg hätte ausgegeben werden können. Dieser erste Mißklang, ja deutliche Fehlschlag der Neuen Ostpolitik schadete den Sozialliberalen freilich nicht; er wurde damals nur von ganz wenigen wirklich wahrgenommen. Die meisten genossen entspannt die Erfolgsmeldungen des unermüdlichen Egon Bahr über seine Fortschritte bei den Grundvertragsverhandlungen.

Nach der Runde vom 13./14. September in Ost-Berlin teilten Bahr und Kohl in einem Kommuniqué mit, daß man nunmehr ein »intensives Stadium« der Verhandlungen erreicht habe. Wie schon wiederholt seit 1970, konnte Bahr auch diesmal zwischendurch mehrfach mit Hilfe kleiner, entgegenkommender Gesten der anderen Seite auf die Chancen seiner Politik aufmerksam machen. So hatte die DDR bereits am 10. September, im Vorgriff auf die Zukunft und zur atmosphärischen Entspannung, eine Reihe von Erleichterungen bei den Wareneinfuhrbestimmungen im Post- und Reiseverkehr verfügt. Am 2. Oktober gab sie bei Gesprächen zwischen Vertretern ihres Außenministeriums und des Berliner Senats bekannt, daß künftig an West-Berliner Berechtigungsscheine für wiederholte Einreisen, also Mehrfachvisa, ausgegeben werden könnten, so daß Besuche nunmehr ohne Antragsfrist möglich wurden. Dergleichen erscheint aus der Ferne, auch von Westdeutschland her gesehen, wahrscheinlich wie eine eher minimale Veränderung, und tatsächlich ging es um eine Bagatelle. Und doch war es für Berliner, denen es Wartezeiten sparte, eine spürbare Erleichterung des Weges über die Grenze, eine Verkürzung der Distanz nach drüben – ein kleiner Schritt.

Sicher kein Grund für stürmischen Optimismus oder Euphorie; vorschnelle Gesten waren ebenso unangebracht wie verfrühte Tests. Bahr wie das Bundeskanzleramt blieben immer vorsichtig. Als der Bundespräsident erwog, am 12. Oktober mit dem Kraftfahrzeug von Hannover nach Berlin zu fahren, riet Bahr ab, den Plan weiter zu verfolgen, da »seine Verhandlungen mit Herrn Kohl durch diese Frage kompliziert werden könnten«. Bahr bat daher »um Zurückstellung des Vorhabens«, und der Bundespräsident nahm das Flugzeug. Seine Pkw-Fahrt hätte als »Test« mißverstanden und dadurch zur politischen Belastung des deutsch-deutschen Verhältnisses werden können, obwohl sie gerade den erreichten Grad der Normalisierung unterstreichen sollte.

Die Auflösung des Bundestages

Am 20. September 1972 stellte der Regierungschef im Bundestag die Vertrauensfrage, die zur Auflösung des Parlaments führen und den Weg zu Neuwahlen freimachen sollte. Bei der Abstimmung über diesen Antrag am 22. September votierte die Koalition ohne die Kabinettsmitglieder für den Kanzler, der damit nur 233 Stimmen bekam – bei 248 Stimmen gegen ihn und einer Enthaltung. Mit diesem Ergebnis hatte Willy Brandt, wie erwartet, nicht die Mehrheit von 249 Stimmen erhalten, die ihn im Amt bestätigt hätte. Er suchte daher sofort Gustav Heinemann auf und schlug ihm mit förmlicher Feierlichkeit vor, gemäß Art. 68 GG den VI. Deutschen Bundestag aufzulösen. Ein in der Geschichte der Bundesrepublik erstmals praktiziertes Ritual folgte. Der Bundespräsident ließ die bereits gedruckt vorliegende Auflösungsanordnung vom Bundeskanzler gegenzeichnen, und dieser seinerseits schlug dem Bundespräsidenten als Tag der Wahl den 19. November vor, wobei er Heinemann die bereits gegengezeichnete Anordnung über die Festsetzung des Wahltages aushändigte. Anschließend empfing das Staatsoberhaupt die Vorsitzenden der drei Fraktionen des Bundestages, also Rainer Barzel, Wolfgang Mischnick und Herbert Wehner, sowie den Vorsitzenden der CSU-Landesgruppe, Richard Stücklen, zu einer Unterredung über die nach dieser Abstimmung gegebene innenpolitische Lage. In einem Vermerk, der für das Tagebuch des Bundespräsidenten angefertigt wurde, heißt es über dieses lakonische Gespräch:

> . . . Der Bundespräsident fragte die Herren, ob sie eine andere Möglichkeit als die jetzt sich abzeichnende zur Auflösung des Bundestages sähen. Herr Barzel erwiderte, die CDU/CSU sähe zwar noch eine andere Möglichkeit als die der negativ beantworteten Vertrauensfrage des Bundeskanzlers, habe sich aber für die Auflösung des 6. Deutschen Bundestages und für die alsbaldige Verkündung des Wahltermins zur Wahl des 7. Deutschen Bundestages ausgesprochen. Die Herren Wehner und Mischnick betonten, die von ihnen vertretenen Fraktionen seien für die Auflösung des Bundestages und für die Ausschreibung von Neuwahlen . . .

Unmittelbar nach dieser kargen, aber nicht unerfreulichen Besprechung, die nur eine Viertelstunde dauerte, unterzeichnete der Bundespräsident um 19.25 Uhr zusammen mit einem Begleitbrief an den Bundestagspräsidenten die Auflösungsanordnung, die zehn Minuten später der Chef des Präsidialamtes, Staatssekretär Dietrich Spangenberg, Kai-Uwe von Hassel in dessen Arbeitszimmer im Bundeshaus überreichte. Damit war der Bundestag aufgelöst.

Zuvor noch am selben Tage hatte er in der letzten Sitzung dieser Legislaturperiode ohne Gegenstimmen bei neun Enthaltungen der Ratifizierung des Verkehrsvertrages mit der DDR vom 26. Mai 1972 zugestimmt. Es war nicht ohne

Symbolik, daß der Themenbereich, der das Schicksal dieses Parlaments und der von ihm getragenen Regierung über drei Jahre hinweg geprägt hatte, nämlich die Ost- und Deutschlandpolitik, auch das Ende seiner Arbeit bildete, den Schlußpunkt setzte – und dies erstaunlicherweise in großer Einigkeit des Hauses.

Drei Tage darauf, am 25. September, legten Brandt und Scheel auf einer gemeinsamen Pressekonferenz die Aufgaben der Bundesregierung bis zu den Neuwahlen dar. Scheel kündigte an, er werde nun also am 10. Oktober in die Volksrepublik China reisen, um dort die Aufnahme diplomatischer Beziehungen zu vereinbaren. Vorher werde er bei den Vereinten Nationen die Auffassung der Regierung zur Frage des UNO-Beitritts der beiden deutschen Staaten erläutern. Brandt beschäftigte sich ausführlich mit den laufenden Grundvertragsverhandlungen und gab seiner Hoffnung Ausdruck, daß sie noch vor der Wahl zum Abschluß gebracht werden könnten. Allerdings dürfe dieser Termin kein wesentlicher Beschleunigungsfaktor sein; allein der Sachstand müsse über den Ausgang entscheiden.

Diese drei Vorhaben wurden nicht von ungefähr nebeneinander genannt. Sie standen in einem engen zeitlichen und thematischen Zusammenhang. Mit den sich abzeichnenden Erfolgen der Neuen Ostpolitik, insbesondere bei den Regelungen, die man in Berlin und für die Deutschlandfrage gefunden hatte, bereitete sich die deutsche Rückkehr auf die Weltbühne vor. Es war daher kein Zufall, wenn Walter Scheel zunächst nach New York reiste, um dort den Vereinten Nationen unseren Beitritt zu erläutern, und anschließend in die Volksrepublik China, um den Botschafteraustausch in die Wege zu leiten. Und es war ebensowenig ein Zufall, daß am selben 10. Oktober, an dem der Außenminister in Peking eintraf, Egon Bahr in Moskau von Leonid Breschnew zu einer vierstündigen Unterredung empfangen wurde.

Die bundesdeutsche Außenpolitik bekam – so selten, so verhalten man das auch ausspricht – damals internationales Format. Sichtlich hatte sie sich endlich von den Denkhemmungen und Verklemmungen, aus den provinziellen Schlingen befreit, die sie seit den fünfziger Jahren eingeengt und gefesselt hatten. Man war freier geworden, konnte unabhängiger auftreten. Viele Bürger der Bundesrepublik nahmen diesen Fortschritt, einen Gewinn an Selbstsicherheit und Weite, nicht ohne Genugtuung, ja mit Freude zur Kenntnis. Es traf daher genau die Stimmungslage der Öffentlichkeit in jener Zeit, wenn das Wahlplakat der SPD neben dem farbigen, sympathischen Foto eines jugendlich-staatsmännischen, ebenso selbstbewußt wie bescheiden lächelnden Willy Brandt den Text trug: »*Deutsche*, wir können stolz sein auf unser Land«.

Die Art, in der Bahr diesmal in der Sowjetunion empfangen und als Gesprächspartner ernstgenommen worden war, veranlaßte am 14. Oktober die *Süddeutsche Zeitung*, ihn mit dem brillanten, überall präsenten Henry Kissinger zu vergleichen. Die darin liegende Hochschätzung galt nicht allein der Person von Bahr, in dem man zwei Jahre vorher noch weithin nur den kleinen, dahergelaufenen Journalisten und Freund des Berliner Bürgermeisters gesehen hatte, der leichtsinnigerweise von einem kritiklosen Brandt nach Moskau geschickt wurde, obwohl er keinerlei praktisch-politische Erfahrungen besaß. Wenn das Bild jetzt völlig anders aussah, dann entsprach die starke Aufwertung Bahrs nicht zuletzt dem neuen internationalen Rang der Bundesrepublik, ihrer nunmehr gewonnenen Verantwortung, einer erst in diesen frühen siebziger Jahren möglich gewordenen Rolle. Bahrs Prestige war im gleichen Maße gewachsen wie das Gewicht der Bundesrepublik in der Zeit seiner außenpolitischen Tätigkeit.

Der Abschluß der Grundvertrags-Verhandlungen

Als Egon Bahr am 10. Oktober 1972 aus Moskau nach Bonn zurückkehrte, traf er unverzüglich, noch bevor er irgend jemanden sonst gesprochen hatte (sogar die Unterrichtung des Bundeskanzlers wurde verschoben), zu einem zwanzigminütigen Gespräch unter vier Augen mit Michael Kohl zusammen. Auch in den darauffolgenden Tagen, am 11. und 12. Oktober, wurde weiterverhandelt. Man hatte es eilig. Bis zur Wahl war es nicht mehr weit, und niemand wußte, was dann kam. Daher konnte man weder in Bonn noch in Ost-Berlin diesen Termin unberücksichtigt lassen.

Allerdings waren die Auffassungen auf Bonner Seite – selbst im ostpolitischen Entscheidungszentrum, zwischen Brandt und Bahr – lange darüber geteilt gewesen, ob eigentlich dem Osten wirklich daran gelegen sei, mit der gegenwärtigen Regierung, also noch vor dem 19. November, zu einem Übereinkommen zu gelangen. Im Sommer 1972 habe man nicht gewußt, schrieb Willy Brandt später in seinem außenpolitischen Memoirenband »Begegnungen und Einsichten«, »ob die Verhandlungen über den Grundvertrag zwei oder zwölf Monate dauern würden«. Am 26. August 1972 hatte er, für sich selbst, in seinem Tagebuch notiert: »Besonders wichtig ist natürlich, wie es – nach der Ratifizierung der Verträge – mit der Ostpolitik weitergehen wird. Pessimisten meinen, die Russen würden jetzt auf Abstand gehen und sich auch nicht sehr für den Vertrag interessieren, den wir mit der DDR auszuhandeln haben. Egon Bahr kam zu einer günstigeren Einschätzung. Der Grundvertrag mit der DDR wird uns trotzdem noch schwer zu schaffen machen.«

Der zu melancholischem Pessimismus neigende Brandt bewertete also die Chancen eines baldigen Abschlusses zurückhaltender als der realistische Optimist Bahr, der im näherrückenden Wahltermin eine Möglichkeit erkannt hatte, die DDR zu größerer Kompromißbereitschaft und zu Konzessionen zu bewegen, die sie in einer stabileren Situation, bei absehbarer Fortdauer der sozialliberalen

Koalition, vielleicht vermieden hätte. Auch als sich die Verhandlungen zur Zufriedenheit Bonns entwickelten, blieb Brandts Freude über diese Entwicklung norddeutsch verhalten. Am 8. September schrieb er fern von Bonn, nämlich in Feldafing am Starnberger See, dem »Olympia-Amtssitz des Bundeskanzlers«, wie es in der Presse damals hieß, in sein Tagebuch: »Nachmittags kam Bahr und berichtete über ein ausführliches, unbeachtet gebliebenes Gespräch, das er am Vortag mit Honecker in Ost-Berlin geführt hatte. Es sieht so aus, als ob die meisten für einen Grundvertrag wichtigen Fragen, den Umständen entsprechend, befriedigend gelöst werden können.«

Und unter dem 28. September, als Bahr und Kohl längst einen Durchbruch in den Verhandlungen erzielt hatten, erscheint, ohne eigene Bewertung, dieser Satz in Brandts Tagebuch: »Egon Bahr berichtet aus Ost-Berlin, daß der Grundvertrag doch noch vor Ende Oktober zustande gebracht werden kann.« »Tatsächlich«, schrieb er später in »Begegnungen und Einsichten«, als könne er es immer noch nicht glauben, sei der Grundvertrag am 8. November von Bahr und Kohl paraphiert worden.

Bahr hatte, wie schon erwähnt, mit Kohl auf der Grundlage des DDR-Entwurfs verhandelt, der damit das Gerüst des späteren Vertrages bildete. Die Präambel indessen war weitgehend von Bonn gestaltet worden, während die Artikel 1 und 6 durch Bonn verändert, Artikel 9 sogar in starkem Maße von unserer Seite formuliert wurden, wie es später im innerdeutschen Ministerium hieß; Artikel 7 und das ausführliche Zusatzprotokoll, die für die Bundesrepublik ausschlaggebende Gegenleistung der DDR, kamen erst während der Verhandlungen auf Bonner Betreiben zustande.

Am 6. November lag das Ergebnis der Verhandlungen fertig vor. Einen Tag früher – es war Sonntag – waren aus einer Ministerbesprechung um 15 Uhr noch letzte Weisungen an Bahr gegeben worden: Er müsse durchsetzen, daß Fragen der Staatsangehörigkeit durch den Vertrag nicht geregelt würden; die Bezeichnung des ständigen Vertreters in der anderen Hauptstadt solle »Bevollmächtigter« statt Botschafter lauten; zum Briefwechsel über Familienzusammenführungen, Reiseerleichterungen und grenznahe Bereiche sowie zur Frage der Grenzübergänge müßten Erläuterungen formuliert werden; bei der Unterzeichnung des Grundvertrages müsse die DDR – wie 1970 die Sowjetunion beim Moskauer Vertrag – einen Brief zur deutschen Einheit entgegennehmen.

In der Kabinettssitzung vom 7. November wurde festgestellt, daß Bahr die ihm erteilten »Aufträge erfüllt« habe. Im Protokoll dieser Sitzung, die sich außerhalb der Tagesordnung unter Punkt a mit dem »Stand der Verhandlungen über den Grundvertrag mit der DDR« sowie mit dem »Ergebnis der Gespräche der Vier Botschafter« beschäftigte, hieß es in diesem Zusammenhang:

> Nach einigen Vorbemerkungen des Bundeskanzlers, einem Bericht von Staatssekretär Bahr über das Ergebnis seiner Verhandlungen mit Staatssekre-

tär Kohl sowie einer anschließenden Aussprache, an der sich der Bundeskanzler und alle anwesenden Bundesminister beteiligen, nimmt das Kabinett von dem Entwurf des Textes für den Vertrag über die Grundlagen der Beziehungen zwischen der Bundesrepublik Deutschland und der Deutschen Demokratischen Republik sowie den begleitenden Dokumenten zustimmend Kenntnis. Das Kabinett ist einverstanden, daß der Vertrag und die begleitenden Dokumente in der Fassung vom 6. November 1972 von Staatssekretär Bahr paraphiert werden.

Der Bundeskanzler erklärt, daß Bundesminister Genscher, der die Kabinettsitzung aus dienstlichen Gründen vorzeitig habe verlassen müssen, dem vorstehenden Beschluß ebenfalls zustimme.

Der Regierende Bürgermeister von Berlin erklärt, daß er mit dem Ergebnis der Verhandlungen außergewöhnlich zufrieden sei . . .

Wenn der Regierungschef hervorhob, daß der Innenminister dem Beschluß des Kabinetts ebenfalls zustimme, dann tat er das nicht von ungefähr. Denn es verstand sich nicht von selbst. Genscher hatte, das wurde schon früher angedeutet, erhebliche Bedenken gegen den Vertragsentwurf. Er war gegen eine Erwähnung völkerrechtlicher Normen in der Präambel, gegen Artikel 6, die verklausulierte Zusage der Nichteinmischung, und gegen die Bonner Bereitwilligkeit, die für den Westen entscheidend wichtigen Punkte praktischer Zusammenarbeit nur im Zusatzprotokoll statt im Vertrag selbst zu regeln. Daß ähnliche Bedenken auch aus dem AA zu hören waren, machte die Sache in Bahrs Augen nicht besser. Er nahm der FDP ihre taktisch motivierten Einwendungen übel, hat es zumal Genscher, dem »Bremser«, wie er sagte, nie verziehen, daß er den Grundvertrag zeitweilig habe scheitern lassen wollen. Bahr hielt vom Zaudern, vom bloßen Taktieren nichts. Noch Jahre später – Genscher war inzwischen als Nachfolger des zum Bundespräsidenten aufgestiegenen Scheel selbst Außenminister geworden, Bahr hingegen hatte seine frühere ostpolitische Vorrangstellung unter Schmidt eingebüßt – fragte Bahr bitter, was denn wohl unter Genscher aus der Ostpolitik, aus der Außenpolitik überhaupt geworden sei; man könne doch keine irgendwie originelle Leistung, keine bemerkenswerte Initiative nennen, die sich mit seinem Namen verbinde.

Zum weiteren Vorgehen kam man am 7. November im Kabinett überein (ohne dies im Protokoll festzuhalten), die Wähler über den Grundvertrag zwar zu informieren, ihn aber vor den Wahlen nicht mehr unterzeichnen zu lassen, um jetzt keine zusätzliche Kontroverse mit der CDU/CSU heraufzubeschwören. Der Vertrag solle demnach am Mittwoch, dem 8. November, um 16 Uhr in Bonn paraphiert und danach mit allen Begleitdokumenten veröffentlicht werden. In diesem Zusammenhang berichtete der Außenminister seinen Kollegen, daß die drei Westmächte und auch die übrigen NATO-Mitglieder erst nach der Ratifizierung dieses Vertrages mit der DDR diplomatische Beziehungen aufzunehmen beabsichtigten. Für die Neutralen und die Dritte Welt könne man dergleichen freilich nicht zusagen; sie seien sehr schwer noch länger von einer DDR-Anerkennung abzuhalten.

Am 7. November, an dem die Bundesregierung den Entwurf des Grundvertrages billigte, stimmten ihm auch das SED-Zentralkomitee und der DDR-Ministerrat zu. Das Politbüro der SED faßte gleichzeitig einen Beschluß über die Aufgaben von Agitation und Propaganda, der ausdrücklich hervorhob, daß es zwischen Sozialismus und Imperialismus keine ideologische Koexistenz geben könne; angesichts des Voranschreitens der Politik friedlicher Koexistenz zwischen Staaten unterschiedlicher Gesellschaftsordnung und der damit zusammenhängenden »massenhaften Begegnung von Menschen gegensätzlicher Weltanschauungen und Lebensweisen« sei »höchste Klassenwachsamkeit« erforderlich.

Das war zwar umständlich formuliert, aber seinem Inhalt nach nur zu leicht zu verstehen. Bereits nach dem Inkrafttreten der Reiseerleichterungen aufgrund des Verkehrsvertrages hatte sich in der DDR-Führung Skepsis ausgebreitet, wie sich wohl das Einströmen von Menschen und Ideen aus der Bundesrepublik in ihrem Lande auswirken werde. Angesichts der weiteren, jetzt absehbaren Normalisierung der Beziehungen, die als Folge des Grundvertrages zu erwarten war, wollte man rechtzeitig Dämme gegen jene schädliche, geistige Überflutung aus dem Morast des Westens errichten, auch wenn man dafür, wie von Rainer Barzel in den sechziger Jahren, als »ideologische Hasenherzen« gescholten wurde. Durch »Klassenwachsamkeit« und ideologischen Kampf, also durch Abgrenzung, sollten die Auswirkungen der Vertragspolitik auf die innere Stabilität der DDR in kontrollierbaren Bahnen gehalten werden.

Die DDR war deshalb unsicher, wie sie den Vertrag bewerten solle, den abzuschließen sie sich anschickte. Sie begrüßte seinen Inhalt und fürchtete zugleich seine Folgen. Sie suchte die internationale Anerkennung und scheute die mit ihr verbundenen Kontakte. Sie proklamierte ihre Weltoffenheit und verschärfte ihre Bemühungen zur geistigen Abschließung ihrer Bürger.

Aus dem Vertragstext selbst war dies alles nicht herauszulesen. Er war in den entscheidenden Punkten vage, weithin daher unverbindlich und in seinem Gehalt demnach von der inhaltlichen, detaillierten Ausfüllung durch die spätere Praxis abhängig. Er hatte den folgenden Wortlaut:

Vertrag über die Grundlagen der Beziehungen
zwischen der Bundesrepublik Deutschland
und der Deutschen Demokratischen Republik

Die Hohen Vertragschließenden Seiten
eingedenk ihrer Verantwortung für die Erhaltung des Friedens,
in dem Bestreben, einen Beitrag zur Entspannung und Sicherheit in Europa zu leisten,

in dem Bewußtsein, daß die Unverletzlichkeit der Grenzen und die Achtung der territorialen Integrität und der Souveränität aller Staaten in Europa in ihren gegenwärtigen Grenzen eine grundlegende Bedingung für den Frieden sind,

in der Erkenntnis, daß sich daher die beiden deutschen Staaten in ihren Beziehungen der Androhung oder Anwendung von Gewalt zu enthalten haben,

ausgehend von den historischen Gegebenheiten und unbeschadet der unterschiedlichen Auffassungen der Bundesrepublik Deutschland und der Deutschen Demokratischen Republik zu grundsätzlichen Fragen, darunter zur nationalen Frage,

geleitet von dem Wunsch, zum Wohle der Menschen in den beiden deutschen Staaten die Voraussetzungen für die Zusammenarbeit zwischen der Bundesrepublik Deutschland und der Deutschen Demokratischen Republik zu schaffen,

sind wie folgt übereingekommen:

[Artikel 1]

Die Bundesrepublik Deutschland und die Deutsche Demokratische Republik entwickeln normale gutnachbarliche Beziehungen zueinander auf der Grundlage der Gleichberechtigung.

[Artikel 2]

Die Bundesrepublik Deutschland und die Deutsche Demokratische Republik werden sich von den Zielen und Prinzipien leiten lassen, die in der Charta der Vereinten Nationen niedergelegt sind, insbesondere der souveränen Gleichheit aller Staaten, der Achtung der Unabhängigkeit, Selbständigkeit und territorialen Integrität, dem Selbstbestimmungsrecht, der Wahrung der Menschenrechte und der Nichtdiskriminierung.

[Artikel 3]

Entsprechend der Charta der Vereinten Nationen werden die Bundesrepublik Deutschland und die Deutsche Demokratische Republik ihre Streitfragen ausschließlich mit friedlichen Mitteln lösen und sich der Drohung mit Gewalt oder der Anwendung von Gewalt enthalten.

Sie bekräftigen die Unverletzlichkeit der zwischen ihnen bestehenden Grenze jetzt und in der Zukunft und verpflichten sich zur uneingeschränkten Achtung ihrer territorialen Integrität.

[Artikel 4]

Die Bundesrepublik Deutschland und die Deutsche Demokratische Republik gehen davon aus, daß keiner der beiden Staaten den anderen international vertreten oder in seinem Namen handeln kann.

[Artikel 5]

Die Bundesrepublik Deutschland und die Deutsche Demokratische Republik werden friedliche Beziehungen zwischen den europäischen Staaten fördern und zur Sicherheit und Zusammenarbeit in Europa beitragen.

Sie unterstützen die Bemühungen um eine Verminderung der Streitkräfte und Rüstungen in Europa, ohne daß dadurch Nachteile für die Sicherheit der Beteiligten entstehen dürfen.

Die Bundesrepublik Deutschland und die Deutsche Demokratische Republik werden mit dem Ziel einer allgemeinen und vollständigen Abrüstung unter wirksamer internationaler Kontrolle der internationalen Sicherheit dienende Bemühungen um Rüstungsbegrenzung und Abrüstung, insbesondere auf dem Gebiet der Kernwaffen und anderen Massenvernichtungswaffen, unterstützen.

[Artikel 6]

Die Bundesrepublik Deutschland und die Deutsche Demokratische Republik gehen von dem Grundsatz aus, daß die Hoheitsgewalt jedes der beiden Staaten sich auf sein Staatsgebiet beschränkt. Sie respektieren die Unabhängigkeit und Selbständigkeit jedes der beiden Staaten in seinen inneren und äußeren Angelegenheiten.

[Artikel 7]

Die Bundesrepublik Deutschland und die Deutsche Demokratische Republik erklären ihre Bereitschaft, im Zuge der Normalisierung ihrer Beziehungen praktische und humanitäre Fragen zu regeln. Sie werden Abkommen schließen, um auf der Grundlage dieses Vertrages und zum beiderseitigen Vorteil die Zusammenarbeit auf dem Gebiet der Wirtschaft, der Wissenschaft und Technik, des Verkehrs, des Rechtsverkehrs, des Post- und Fernmeldewesens, des Gesundheitswesens, der Kultur, des Sports, des Umweltschutzes und auf anderen Gebieten zu entwickeln und zu fördern. Einzelheiten sind in dem Zusatzprotokoll geregelt.

[Artikel 8]

Die Bundesrepublik Deutschland und die Deutsche Demokratische Republik werden ständige Vertretungen austauschen. Sie werden am Sitz der jeweiligen Regierung errichtet.

Die praktischen Fragen, die mit der Einrichtung der Vertretungen zusammenhängen, werden zusätzlich geregelt.

[Artikel 9]

Die Bundesrepublik Deutschland und die Deutsche Demokratische Republik stimmen darin überein, daß durch diesen Vertrag die von ihnen früher abgeschlossenen oder sie betreffenden zweiseitigen und mehrseitigen internationalen Verträge und Vereinbarungen nicht berührt werden.

[Artikel 10]

Dieser Vertrag bedarf der Ratifikation und tritt am Tage nach dem Austausch entsprechender Noten in Kraft.

Zu Urkund dessen haben die Bevollmächtigten der Hohen Vertragschließenden Seiten diesen Vertrag unterzeichnet.

Dieser Vertrag, der später, einen Monat nach der Bundestagswahl, am 21. Dezember 1972 in Ost-Berlin unterzeichnet wurde, war also am 8. November in Bonn von den Leitern der beiden deutschen Verhandlungsdelegationen paraphiert worden.

Am Tage danach veröffentlichten auch die Vier Mächte ihre Erklärung zum Grundvertrag. Sie bezog sich lediglich auf die bevorstehende Aufnahme der beiden Deutschland in die Vereinten Nationen. Die diplomatischen Vertreter der drei Westmächte in der Bundesrepublik – Botschafter Martin J. Hillenbrand für die USA, Botschafter Jean V. Sauvagnargues für Frankreich und für Großbritannien zunächst Geschäftsträger Reginald Hibbert, der im Verlauf der Gespräche dann durch Botschafter Sir Nicolas Henderson abgelöst wurde – hatten sich mit dem sowjetischen Botschafter in der DDR, Michail T. Jefremow, erstmals am 23. Oktober getroffen, und zwar, wie schon bei den Berlin-Verhandlungen, die zum Vier-Mächte-Abkommen vom September 1971 geführt hatten, im früheren Kontrollratsgebäude am Kleistpark in Berlin-Schöneberg, dem vormaligen Sitz des preußischen Kammergerichts. Bereits am 5. November, nach lediglich acht Verhandlungstagen, hatten sie ihre Gespräche beenden können. In ihrer gemeinsamen Erklärung vom 9. November hieß es, die Vier Mächte stimmten darin überein, die Anträge der Bundesrepublik und der DDR auf Mitgliedschaft in den Vereinten Nationen zu unterstützen. Sie stellten in diesem Zusammenhang jedoch fest, daß »diese Mitgliedschaft die Rechte und Verantwortlichkeiten der Vier Mächte und die entsprechenden diesbezüglichen vierseitigen Vereinbarungen, Beschlüsse und Praktiken in keiner Weise« berühre.

Am gleichen Tage würdigte der Kanzler vor der Bundespressekonferenz den Grundvertrag mit den Worten, er solle unbeschadet aller Gegensätze die Zeit der Feindseligkeiten beenden und eine Periode der Zusammenarbeit einleiten; er werde die bedrückenden Folgen der Teilung mildern.

Der Oppositionsführer, der schon bei der Ratifizierung der Moskauer und Warschauer Verträge keine glückliche Figur gemacht hatte, verhielt sich auch jetzt wieder wenig klug. In einer Fernsehdiskussion der vier Vorsitzenden der Bundestagsparteien über den Grundvertrag erklärte er am 15. November, also vier Tage vor der Wahl, im Falle eines Unionssieges werde er den Grundvertrag nicht unterzeichnen, sofern es das Regime in der DDR nicht sofort unterlasse, auf Flüchtlinge zu schießen – was auf eine drastische Änderung der DDR-Politik hinauslief, mit der natürlich kein vernünftiger Mensch im damaligen Stadium der Dinge rechnen konnte. Barzels Bedingung war daher, wie jedermann sogleich sah, eine nur mühsam verklausulierte Absage an den Vertrag – und damit schlimmer als eine offen ausgesprochene, präzise begründete Ablehnung. Der CDU/CSU konnte diese ängstliche Vorsicht am 19. November nur schaden; der Regierung aber nützte sie, denn sie erleichterte es ihr, die eigene Politik als Friedenspolitik zu präsentieren.

Die Erfolgsbilanz der Koalition und die Bundestagswahl 1972

Die außenpolitischen Ergebnisse der Sozialliberalen konnten sich sehen lassen. In kürzester Zeit, binnen dreier Jahre, hatten sie das Verhältnis zu den wichtigen osteuropäischen Staaten zu vernünftigen Bedingungen normalisiert, was man lange Jahre in allen Lagern für unmöglich gehalten hatte – und dies alles, ohne die westlichen Verbündeten zu irritieren, die man ausdrücklich und konstruktiv in den Entspannungsprozeß einbezog, so daß eine neue Furcht vor einem deutsch-sowjetischen Sonderverhältnis zum Schaden des Westens bei ihnen gar nicht erst entstehen konnte. Man hatte in diesen drei Jahren erreicht, was zuvor in zwanzig Jahren Unionsherrschaft unerreichbar gewesen war: eine Aussöhnung mit der Sowjetunion, im Ansatz auch mit Polen, die indirekte Bestätigung und damit Befestigung des Sonderstatus' von Berlin und die vertragliche Sicherung des Zugangs in die Stadt. Die Regelung der Beziehungen zur DDR war eingeleitet und mit dem Inkrafttreten des Verkehrsvertrages auf einem wichtigen Gebiet bereits vollzogen; erste Ansätze für mehr Freizügigkeit, für eine Öffnung der Grenzen, waren vorhanden. Der Kanzler war für den Mut und die Konsequenz, die er bei der Einleitung und Durchführung dieser Politik gezeigt hatte, schon 1971 mit dem Friedensnobelpreis ausgezeichnet worden. Diese Geste ließ erkennen, wie sehr die Bundesrepublik durch ihre neue Politik international rundum an Ansehen gewonnen hatte. Von nun an konnte sie weltweit mit größerem Gewicht auftreten. In dem Maße, in dem es ihr gelang, das territorialpolitische Erbe der Vergangenheit zu ordnen und die Last einer auf lange Zeit hinaus sichtlich unlösbaren deutschen Frage durch eine vertragliche Zwischenlösung abzustreifen, wurde sie erst jetzt wirklich unabhängig und nach außen wie innen voll handlungsfähig.

All dies waren Leistungen, die bei der Bundestagswahl den Ausschlag zugunsten des sozialliberalen Bündnisses geben konnten und dann auch gaben, zumal die meisten dieser Erfolge erst im Laufe des Sommers 1972 sichtbar geworden waren, also noch frisch im allgemeinen Gedächtnis hafteten. Kein Regisseur hätte die Dramaturgie dieser Politik im Vorfeld der Wahl und auf sie hin wirkungsvoller gestalten können! Sogar für die Zeit nach dem 19. November war vorgebaut, mit unfreiwilliger Unterstützung der Opposition: Während Rainer

Barzel sich durch sein ungeschicktes Plädoyer gegen den Grundvertrag als Friedensstörer darstellte, erhob die Koalition durch ihre Entscheidung, den Vertrag zwar *vor* der Wahl zu paraphieren, seinen Text also festzuschreiben und zu veröffentlichen, ihn aber erst *nach* der Wahl zu unterzeichnen, diese Wahl vom 19. November in den Rang eines Plebiszits über ihre Ost- und Deutschlandpolitik seit 1969. Der Außenminister fügte dieser Konstellation geschickt eine weitere Dimension hinzu, als er am 16. November bekanntgab, die interessierten NATO-Länder hätten mehrere Staaten des Warschauer Paktes zu exploratorischen Gesprächen über beiderseitige und ausgewogene Truppen- sowie Rüstungsverminderungen in Europa (MBFR) eingeladen; KSZE und MBFR würden künftig den Kern der westdeutschen Ostpolitik bilden.

Wer am 19. November 1972 sozialliberal wählte, entschied sich demnach nicht nur für die Aussöhnung mit dem Osten und den Fortgang der Vertragspolitik mit der DDR, sondern auch für Frieden und Abrüstung in Europa.

Demgegenüber spielten bei dieser Wahl innenpolitische Motive eine verhältnismäßig geringe Rolle. Die Landtagswahl in Baden-Württemberg vom April 1972 war eine erste Abstimmung gegen alles Linke gewesen und entsprechend gegen die Koalition ausgegangen. Die südwestdeutschen Wähler hatten damals verschreckt auf den Terrorismus, die Radikalendiskussion und die Entwicklung an den Universitäten reagiert; sie waren aufgestört und verunsichert durch bizarre Erscheinungen an den Rändern von SPD und FDP. Jetzt, im Herbst 1972, war es aufgrund der Ostpolitik und einer verbreiteten Mißstimmung gegen Barzel ganz anders. Die Ostpolitik wurde weithin mit Erleichterung begrüßt. Umgekehrt hatten die Versuche der Union, Brandt zu stürzen, zumal mit Methoden, die viele für unlauter und hinterhältig hielten, ein durchweg ablehnendes Echo gefunden und waren in schlechter Erinnerung geblieben. Beim Radikalenproblem hatte die Regierung ihren guten Willen bewiesen. Im Kampf gegen den Terrorismus hatte der Staat, wie es schien, sogar gesiegt. Die Baader-Meinhof-Gruppe existierte nicht mehr. Andreas Baader, Holger Meins, Gudrun Ensslin und Ulrike Meinhof waren im Juni 1972 verhaftet worden und erwarteten ihre Prozesse. Sogar die Jungsozialisten zeigten sich diszipliniert und unterstützten im Wahlkampf eifrig Willy Brandt und sein sozialliberales Bündnis.

So wurde der 19. November 1972 tatsächlich zum westdeutschen Volksentscheid über die Ostpolitik, worauf die Koalition geschickt hingesteuert hatte. Das Ergebnis ist bekannt: Die SPD erhielt 45,8 Prozent der Stimmen und erzielte damit das beste Ergebnis ihrer Geschichte. Sie wurde stärkste Fraktion des Bundestages, da die CDU nur 35,2 Prozent, die CSU 9,7 Prozent erreichte. Die FDP gewann 8,4 Prozent und rückte damit, sichtlich erleichtert, aus der tödlichen Gefahrenzone. Von nun an verfügten SPD und FDP zusammen über 271 Mandate gegenüber 225 Sitzen der Union. Die Koalition war weg vom Abgrund, stand auf festem Boden und besaß in Zukunft eine Mehrheit, mit der es sich komfortabel leben und sorgenfrei regieren ließ. Hätte man denken sollen.

IV.
Erschöpfung nach dem Sieg

Gründe des Wahlsieges

Mit dem großen Erfolg der Koalition bei der Bundestagswahl vom 19. November 1972 war bewiesen, was SPD und FDP erhofft, erträumt, aber viele ihrer Anhänger insgeheim lange Zeit bezweifelt hatten: die Lebens- und damit Leistungsfähigkeit ihres Bündnisses über die Anfangsphase hinaus. Selbst der sonst immer sorgenvolle Herbert Wehner nannte den Sieg jubelnd ein »Jahrhundert-Wahlergebnis«, und Egon Bahr frohlockte, jetzt bleibe man zwanzig Jahre an der Macht. Die sozialliberale Regierung, das ließ sich nicht länger bestreiten, war nicht bloß die Laune eines unbegreiflichen Schicksals gewesen, kein Zufallsprodukt einer vorübergehenden Konstellation, die bald wieder auseinanderfiel. Am Ende des Jahres 1972 hatte diese Koalition ihren Härtetest bestanden; Zusammenhalt und Zielstrebigkeit waren von der Mehrheit der Wähler honoriert worden. Zukunftsgewißheit ging vom SPD/FDP-Bündnis aus; plötzlich schien der Weg frei – breiter als je zuvor – in die zweite, einfachere Phase unter der nunmehr bestätigten, gemeinsamen Führung von Willy Brandt und Walter Scheel. Der schwedische Botschafter in Bonn, Sven Backlund, mit den Brandts befreundet, seit er Generalkonsul in West-Berlin gewesen war, sagte später, er habe Brandt nie im Leben so aktiv gesehen wie in der Wahlnacht 1969 – und nie so glücklich wie in der des Jahres 1972. Besonders froh sei Brandt über das gute Abschneiden der Liberalen gewesen. Er habe damals von Scheel immer mit großer Wärme gesprochen.

Der Wahlkampf, der diesem überraschend deutlichen Sieg der Sozialliberalen voraufgegangen war, hatte stark emotionale Züge getragen. Bis in den Herbst hinein standen die Aussichten schlecht für die Koalition. Zumal für die SPD hatte man düstere Prognosen gehört, bis die Sozialdemokraten beim Außerordentlichen Bundesparteitag in Dortmund vom 12./13. Oktober 1972 ihr Wahlprogramm in dem Slogan zusammengefaßt hatten, Willy Brandt müsse Kanzler bleiben. Damit war das Kernthema gefunden; die Stimmung schlug spürbar um. Schon während der Rückfahrt vom Parteitag sagte Brandt im Wagen erleichtert zu seiner Frau, er habe das Gefühl, daß sich der Trend jetzt zu wenden beginne.

Staunend merkte Nina Grunenberg am 20. Oktober in der *Zeit* an, das Dortmunder Treffen habe sich in einem Ritual der Akklamation und Solidarisierung ganz auf die Zelebrierung Brandts konzentriert. Und diese Stimmung, diese Zustimmung beschränkte sich ja keineswegs auf die Parteimitglieder. Sie erfaßte viele Menschen, besonders aus den meinungsbildenden Berufen, die sich auf ihre individuelle Unabhängigkeit, das eigene Urteil, viel zugute hielten. Unter Schriftstellern und Journalisten war »man« jetzt für Brandt; nur ungern ließ man andere Ansichten noch gelten.

Verblüfft stellte deshalb Nina Grunenberg die Frage, was in oder an Brandt wohl bewirke, daß Leute wie Günter Grass, Heinrich Böll oder Klaus Harpprecht, die sonst unüberwindliche Hemmungen hätten, »dafür« zu sein, sich plötzlich diesem Manne mit Kopf und Seele verschrieben. Intellektuelle fühlten sich durch ihn erlöst, sähen in ihm Geist und Macht miteinander versöhnt. Aber auch einen Gewerkschaftler wie Georg Leber bewegten wohl ähnliche Empfindungen, wenn er sagte, dieser Mann sei das größte Kapital, über das Deutschland gegenwärtig verfüge.

Das war damals eine weit verbreitete Meinung. Im Ausland hatte man Brandt schon seit langem so gesehen. Der Wahlsieg der Koalition, der die Neue Ostpolitik bestätigte, und der Aufstieg der SPD zur stärksten Fraktion des Deutschen Bundestags, der die führende Rolle der Sozialdemokraten seit 1969 unterstrich, befestigten diesen Eindruck nun auch in Deutschland selbst. Aus dem Parteivorsitzenden der SPD, der sich nur mit Unterstützung der schwachen, zerbröckelnden FDP als Bundeskanzler hatte halten können, war der allgemein anerkannte, vom Volkswillen getragene Staatsmann geworden.

Im September 1969, kurz vor der Wahl, die zur Bildung der ersten sozialliberalen Regierung führte, hatten lediglich 28 Prozent der Bürger in einer Repräsentativumfrage Willy Brandt als neuen Bundeskanzler gewünscht; 52 Prozent hätten gern Kurt Georg Kiesinger behalten. Nach drei Jahren unter Brandt lauteten die Ergebnisse genau umgekehrt. Nunmehr hofften 56 Prozent, daß Brandt weiterhin im Amt bliebe, und nur 24 Prozent wollten den Kandidaten der Union, Rainer Barzel, ins Kanzleramt einziehen sehen. Dies ergab eine Untersuchung des Mannheimer Politologen und Wahlforschers Max Kaase, die 1973 in der *Politischen Vierteljahresschrift* erschien. An Brandt schätzten die befragten Bürger 1972 noch mehr als seine politischen Leistungen die menschlichen Qualitäten, was Kaase zufolge auf die gefühlsbetonte Personalisierung des sozialdemokratischen Wahlkampfs zurückging. Im Wahlkampf 1969 hatte die SPD ihrer »besseren Mannschaft« vertraut, wie sie damals sagte; die Union hatte, wie zu Adenauers und Erhards Zeiten, auf den Amtsbonus und die Beliebtheit des eigenen Regierungschefs gesetzt. 1972 stand der *Kanzler* im Mittelpunkt der SPD-Wahlkampfstrategie, während diesmal die CDU/CSU, deren Spitzenkandidat angeschlagen in den Kampf zog, eine »Mannschaft« ins Feld führen mußte.

Die Sympathie, die Brandt zuwuchs, galt jedoch nur seiner Person, nicht der Partei, aus der er kam. Als die Bürger der Bundesrepublik 1969 in einer Umfrage die Parteien je nach ihrer Beliebtheit mit Noten zwischen + 5 und − 5 versehen sollten, hatte sich für die SPD ein Durchschnittswert von 2,71, für die CDU/CSU von 2,70 und für die FDP von 0,65 ergeben. Die gleiche Befragung drei Jahre später führte zu einem für die SPD erstaunlich negativen Ergebnis. Die Beliebtheit der CDU/CSU war gesunken, was angesichts der Vorfälle des Jahres 1972 niemanden wundern konnte, und erreichte auf dem »Sympathieskalometer« nur noch einen Wert von 1,01. Der Stil der politischen Auseinandersetzung, den CDU und CSU gepflogen hatten, die Parteiübertritte ohne Mandatsrückgabe und das konstruktive Mißtrauensvotum gegen Brandt, das sich auf Stimmen solcher Überläufer gestützt hatte, wurden von den Bürgern mißbilligt und mit starker Sympathieminderung geahndet. Daß die FDP ihren Sympathiewert auf 0,70 leicht verbessern konnte, verblüffte ebenfalls nicht; hier schlug sich die gestiegene Beliebtheit in einem günstigeren Abschneiden am 19. November nieder. Überraschenderweise schätzten jedoch die Wähler die SPD trotz des Wahlsieges 1972 deutlich negativer, unsympathischer ein als 1969; sie rutschte auf der Beliebtheits-Skala von 2,71 auf 1,96 hinunter. Kaase zog in seiner Untersuchung daraus den Schluß, daß offensichtlich manche Hoffnungen von 1969 nicht verwirklicht worden seien; die SPD habe einen Teil des Vertrauens, das sie in den Jahren der Opposition und der Großen Koalition angesammelt hatte, inzwischen aufgebraucht. Das war und ist bei Regierungsparteien ein durchaus normaler Vorgang, zumal an das sozialliberale Bündnis 1969 besonders hohe Anfangserwartungen geknüpft waren. Hinzu kam etwas anderes. Während 1969, nach drei Jahren Großer Koalition, die SPD auch von Stammwählern der CDU/CSU und umgekehrt die CDU/CSU von Stammwählern der SPD vergleichsweise positiv bewertet wurden, hatte die politische Polarisierung nach 1969 dazu geführt, daß Anhänger der jeweils anderen Partei SPD und CDU/CSU besonders negativ einschätzten.

Für das Wahlergebnis 1972 war diese Tatsache ohne große Bedeutung, denn die traditionellen Anhänger der Union hätten auch ohne die erwähnte Polarisierung nicht SPD gewählt und die der SPD nicht CDU oder CSU. Aber der krasse Sympathieverlust beider großen Parteien zeigte ihre geringer gewordene Anziehungskraft für Pendler an, die den Weg von der Union zur SPD oder von der SPD zur CDU/CSU suchten. Daraus ließ sich die Vermutung ableiten, daß Wähler der beiden Großparteien, die mit diesen unzufrieden waren, künftig zunächst die FDP als Alternative betrachteten. Die Liberalen sahen in dieser Entwicklung natürlich eine Chance und suchten sich als »Mitte-Ständler«, den anderen gleichberechtigt, zwischen den großen Lagern zu etablieren. Da jedoch auch SPD und CDU/CSU Anspruch auf die politische Mitte erhoben, die freilich jede Partei für sich anders definierte, setzte hier ein beträchtliches Gedränge ein, bei dem die FDP später erneut in die Gefahr geriet, erdrückt zu werden.

Doch das waren jetzt, 1972, noch ferne Drohungen am Horizont. Zunächst hatte man die Wahl gewonnen. Trotz ihres Sympathieverlusts war die SPD als stärkste Fraktion in den Bundestag eingezogen, und die FDP stand, ebenfalls gestärkt, an ihrer Seite, der Fünf-Prozent-Klippe ein gutes Stück entrückt. Wie war es dazu gekommen? Weshalb hatte man, so deutlich, gewonnen?

Wesentlich wegen der Ostpolitik. Sie war in der Bevölkerung weithin unumstritten, sogar ein großer Teil der Unionsanhänger stimmte ihr zu. An mehr als hundert Tagen des Jahres 1972 hatten die Zeitungen dieses Thema zum »Aufmacher«, also zur Hauptüberschrift auf der Titelseite – ein seltener Rekord. Die Ostpolitik war außergewöhnlich publikumswirksam und in den Medien auch einfacher und wirksamer darzubieten als Themen wie Umweltschutz, Hilfsmaßnahmen für strukturschwache Gebiete oder komplizierte Zusammenhänge der Finanz- und Wirtschaftspolitik. Diese Ostpolitik glich einem volkstümlichen Holzschnitt: kantig, schwarzweiß, auf das Wesentliche beschränkt; es gab klare Fronten, deutliches Führungsverhalten, leicht einsehbare Ziele. Da im Gedächtnis des einzelnen immer nur das Markante, das Einfache haften bleibt, war die Ostpolitik ein idealer Wahlhelfer.

Das sah man in Bonn, sah man auch in Moskau. Als in den allerletzten Wochen vor der Wahl, nach Jahren nur tröpfelnder Ausreisen, zwischen Anfang November und dem Wahltag plötzlich dreitausend Deutschstämmige aus der Sowjetunion herausgelassen wurden, war das zwar eine klare, zentral gesteuerte Wahlhilfe (zuvor hatte Moskau nämlich immer behauptet, Auswanderungen würden von den lokalen Behörden entschieden), aber den Ausschlag gab, daß diese armen Menschen jetzt endlich ausreisen konnten. Das allein zählte, wurde allgemein verstanden. Man sah eindrucksvolle Bilder, die jeden in der Bundesrepublik bewegten. Die deutsche Botschaft in Moskau glich einem Heerlager, alle Gänge voller Menschen, die standen oder lagen. Wenn Politik einen Sinn hatte, dann doch vor allem diesen: jenseits abstrakter, diplomatisch verklausulierter Prinzipien dem einzelnen zu helfen, hier also in der Ferne Rußlands seit Jahrzehnten vergessene Landsleute aus ihrem Schicksal zu erlösen. Mit einer solchen Politik konnte sich jeder in der Bundesrepublik identifizieren. Jene, die sie vertraten, konnte man wählen und wiederwählen, Konrad Adenauer fünfzehn Jahre früher genauso wie jetzt Willy Brandt. Als es dem ersten Kanzler bei seinem Besuch in Moskau 1955 gelungen war, als Gegenleistung für die Aufnahme diplomatischer Beziehungen die Rückführung der letzten deutschen Kriegsgefangenen zu erreichen, war das ein persönlicher Triumph, der mithalf, seiner Union zwei Jahre später die absolute Mehrheit der Wählerstimmen zu sichern.

Neben der Neuen Ostpolitik verblaßte 1972 alles andere. Die wirtschaftliche Lage beispielsweise besaß nur marginale Bedeutung. Sie wurde zwar allgemein nicht als befriedigend empfunden; Inflation und wachsende Staatsverschuldung betrachtete man weithin mit Mißbehagen. Aber diese Entwicklung blieb von vager Bedrohlichkeit; sie war nicht konkret, wurde nicht unmittelbar erfahren. Persönlich ging es den meisten gut, sogar sehr gut, besser als je zuvor. Der Blick in die eigene Tasche überzeugte mehr als alle abstrakten wirtschaftstheoretischen Erörterungen künftiger Risiken und Gefahren, von denen nicht einmal die Experten genau sagen konnten, ob sie wirklich eintreffen würden. Auch der Rücktritt Karl Schillers, der als Wirtschafts- und Finanzminister 1969 entscheidend dazu beigetragen hatte, die SPD auf diesen Gebieten gegenüber der CDU/CSU zu profilieren und sie für eine wachsende Zahl von Angestellten der gehobenen Mittelschicht wählbar zu machen, schadete der SPD nicht, obwohl er zu einem äußerst ungünstigen Zeitpunkt kam, im Juli 1972, wenige Monate vor der Wahl. Schillers ungewöhnlicher, rachsüchtig-rechthaberischer Konfrontationskurs gegen die eigenen Leute, der ihn nicht nur zurücktreten, sondern auch die Partei verlassen und obendrein während des Wahlkampfes zusammen mit Ludwig Erhard in Anzeigenkampagnen gegen die Wirtschafts- und Finanzpolitik der Regierung auftreten ließ, brachte eher der Union Nachteile als der SPD. Das illoyale, unsolidarische Verhalten Schillers paßte in das Bild, das viele Wähler seit den Parteiübertritten und dem Mißtrauensvotum von der CDU/CSU hatten: das Bild einer Partei, der nahezu jedes Mittel recht war, um an die Macht zurückzugelangen, und die dabei jeden, der nur wollte, unbesehen vor den eigenen Wagen spannte. Solche Leute und eine Partei, die sich in dieser Weise verhielt, mochten viele nicht wählen.

SPD und FDP profitierten darüber hinaus von veränderten Erwartungen und Bedürfnissen in der Bevölkerung. Die Hoffnung auf starken Schutz vor äußerer Gefahr im Kalten Krieg und auf materielle Sicherheit in einer Situation vielfältigen Mangels war abgelöst worden vom Verlangen nach Beteiligung, Gemeinschaft und Selbstverwirklichung. Abraham Maslow sah in diesen neuen Wünschen den »harten Kern des Zeitgeistes« (wenn man ihn hart nennen kann), der zugleich »eine ganz neue Basis für individuelle politische Entscheidungen« abgebe. In dieser Sicht präsentierte sich die SPD/FDP-Koalition als Motor sozialen Wandels, die Union hingegen als Ort der Stagnation; Aufgeschlossene standen gegen Altmodische. Progressive wählten daher SPD oder FDP, nur Konservative noch CDU oder CSU.

Besonders klar ließen sich die neuen Strömungen am Verhalten der Jungwähler ablesen. Bei einer Wahlbeteiligung, die nur wenig unter dem Durchschnitt lag, stimmten die drei erstmals mitwählenden Jahrgänge zu 60 Prozent für die SPD, zu 10 Prozent für die FDP und nur zu 30 Prozent für die CDU/CSU – weit weniger, als dem Wählerpotential der Union in der Gesamtbevölkerung entsprochen hätte.

Bei der SPD löste 1972 der »Genosse Trend« den »Bürger Trend« von 1969 ab, mochte die *Sozialdemokratische Wählerinitiative* diesmal auch noch so sehr mit dem Slogan »Bürger für Brandt« in der Öffentlichkeit geworben und Erfolg gehabt haben. Die weitgehend links gesonnenen Studenten, Schüler und Jungarbeiter wählten nicht nur die Sozialdemokraten, sondern drängten auch in deren Partei hinein, die sich damit vor die so wichtige wie schwierige Aufgabe gestellt sah, mit diesem Zulauf fertig zu werden. Wachstum und Verjüngung der Partei waren begleitet von einem erheblichen Wandel in der Zusammensetzung der Mitgliedschaft. Aus der Partei der Arbeiter, schrieb Carola Stern 1974 im *Merkur*, »wurde eine Partei der Angestellten und Beamten sowie der Oberschüler und Studenten«. Von den neu eingetretenen Sozialdemokraten des Jahres 1958 waren noch 55 Prozent Arbeiter gewesen. 1972 waren es nurmehr 27,6 Prozent. Sie gerieten in eine Partei, in der nicht mehr ihre Sprache den Ton der Zusammenkünfte bestimmte, sondern die akademische Ausdrucksweise junger Intellektueller größtenteils bürgerlicher Herkunft.

Ähnliche Veränderungen gab es auch in der FDP. Bei der Wahl vom 19. November konnte sie 3 129 982 Stimmen verbuchen, was einem Anteil von 8,4 Prozent an der Gesamtzahl entsprach und den Liberalen 41 Mandate im Bundestag eintrug. In keinem Bundesland blieb die FDP unter den gefährlichen fünf Prozent. Viele SPD-Anhänger waren vor der Wahl von dieser zurückgewonnenen Stabilität der FDP nicht überzeugt gewesen und hatten deshalb ihre erste Stimme dem sozialdemokratischen Direktkandidaten, ihre Zweitstimme aber der FDP gegeben, um den Liberalen durch diese Leihstimmen zum Sprung über die Hürde zu verhelfen und damit die Koalition zu sichern. Umgekehrt hatten FDP-Anhänger mit ihrer Erststimme nahezu ausnahmslos Sozialdemokraten bevorzugt; bereits vor der Wahl hatten über die Hälfte der liberalen Wähler (56,2 Prozent) ihren Willen bekundet, den Direktkandidaten der SPD zu wählen und der eigenen Partei nur die Zweitstimme zu geben. Die Wähler der FDP bewiesen also eine deutliche Nähe zu den Sozialdemokraten.

Durch diese Linksverschiebung der FDP im Parteiensystem der Bundesrepublik änderte sich auch die Zusammensetzung ihrer Wählerschaft. Der Anteil der Selbständigen, der 1965 noch 33 Prozent betragen hatte, ging 1972 auf 11 Prozent zurück; der Anteil der Landwirte fiel von 6 Prozent 1965, 5 Prozent 1969 auf 2 Prozent im Jahr 1972. Demgegenüber stieg der Anteil der Beamten und Angestellten von 46 Prozent 1965 und 60 Prozent 1969 auf 66 Prozent 1972: An die Stelle des alten Mittelstandes der Selbständigen trat der neue Mittelstand der Beamten und Angestellten des rasch wachsenden Dienstleistungsbereichs. Die Liberalen erzielten deshalb ihre besten Ergebnisse und spektakulärsten Zugewinne dort, wo dieser »tertiäre Sektor« am umfangreichsten war, also in den großen Städten. In überwiegend ländlichen Gebieten waren hingegen die Zuwachsraten am geringsten, die Einbußen am größten.

Insgesamt zeigte die Wahl von 1972, daß sich die beiden politischen Lager der Bundesrepublik stabilisiert hatten. Eine Untersuchung des FDP-nahen Godesberger *Instituts für Planung und Kybernetik (IPK)* vom 21. November 1972 ergab, daß SPD und CDU/CSU zwei Tage zuvor bei der Wahl über neunzig Prozent, die FDP über achtzig Prozent ihrer Anhängerschaft von 1969 hatten mobilisieren können. Die Austauschbewegungen zwischen den Parteien, insbesondere zwischen der Koalition und der Opposition, nahmen dementsprechend in ihrem Umfang stark ab. Soweit es überhaupt Wählerbewegungen gab, fanden sie vorwiegend von der CDU/CSU zur SPD statt; FDP-Wähler wanderten in stärkerem Maße zur CDU/CSU als zur SPD, SPD-Wähler fast ausschließlich zur FDP – ihre Stimmen blieben also der sozialliberalen Koalition erhalten. Die Unionsparteien konnten ihre Verluste an die SPD teilweise durch Zugewinne von früheren NPD-Wählern wieder ausgleichen. Der Wählerzuwachs von SPD und FDP erklärte sich jedoch vor allem aus dem Verhalten von Erstwählern, die am 19. November 1972 vorwiegend für SPD und FDP stimmten.

Ermattung und Krankheit Brandts

Der Sieg nach einer dreijährigen, ununterbrochenen Anspannung aller Kräfte ließ im ersten Augenblick die Gefahr vergessen, die er in sich barg und die sich nur zu bald zeigen sollte: den Leichtsinn aus verständlicher Erleichterung, die Selbstüberschätzung als Folge einer Fehlinterpretation der Ursachen des Triumphs. Vor allem die SPD sah sich vom Größenwahn bedroht. Denn ihre Linken schrieben die glückliche Wendung, die die Dinge am 19. November genommen hatten, den Reformabsichten und damit sich selber gut, anstatt sie, wie es richtig gewesen wäre, auf dem Konto der Ostpolitik zu verbuchen, zu deren Gelingen sie freilich wenig beigetragen hatten. Einige, wie Norbert Gansel oder Jochen Steffen, dachten bereits, alles gehe demnächst auch ohne die FDP, gehe dann besser und machten daraus in der Öffentlichkeit keinen Hehl.

Doch das eigentliche Problem der SPD in dieser Nachwahlzeit war der Kanzler selbst. Willy Brandt hatte ein Formtief, wie man damals sagte; er verschenkte nach dem 19. November die Zeit, schob alles auf die lange Bank. »Warten wir bis Hannover, zum Parteitag«, hieß es zunächst. Später: »Warten wir bis nach der Sommerpause«. Dann kam im Herbst 1973 die Ölkrise. Ein kostbares Jahr der Stabilisierung, der Sammlung, in dem man ungestört vieles hätte anpacken können (denn 1973 gab es keine Landtagswahlen), wurde glatt vertan.

Brandts Mattigkeit als Regierungschef ließ sich natürlich weitgehend durch den Kräfteverschleiß der voraufgegangenen Jahre erklären, besonders durch die Strapazen der ersten elf Monate 1972. Nach dem Wahlsieg fiel der Druck ab, nicht nur bei ihm. Alle wollten sich jetzt erholen, wollten Luft schöpfen, endlich wieder ausschlafen. Aber dem Bundeskanzler ging es physisch und auch psychisch besonders schlecht. Schon im Wahlkampf hatte er sich nicht wohl gefühlt, hatte seine Reden kürzen müssen: Er konnte nur mit Mühe sprechen. Der Spätherbst 1972 war ein Tiefpunkt in seinem Leben, eine Phase der Depression. Brandt fürchtete nämlich, Krebs zu haben. Seit langem litt er an einer

Stimmband-Erkrankung, die sich durch die Strapazen seiner täglichen, pausenlosen Wahlkampfauftritte sehr verschlimmert hatte. Professor Walter Becker, der Direktor der Hals-Nasen-Ohren-Klinik der Bonner Universität, der Brandt behandelte, rief den Bundespräsidenten an, um vorsorglich zu warnen. Brandt sei an der Grenze zu einer bösartigen Geschwulst; er brauche dringend Ruhe, dürfe vorerst nicht sprechen, daher keinen Besuch empfangen; nach Möglichkeit solle ihn im Krankenhaus niemand behelligen. Vor allem untersagte Becker ihm von nun an strikt die Zigaretten, was den Kanzler, seit vier Jahrzehnten ein starker Raucher, hart traf. Die erzwungene Nikotin-Enthaltsamkeit hatte einen außerordentlich negativen Einfluß auf ihn, zumal er sich gleichzeitig entschlossen hatte, auch beim Alkohol sehr zurückhaltend zu sein und deshalb von Aquavit und Bier, die er als Lübecker gewohnt war, auf Wein und Sherry überzuwechseln. Er wurde noch reizbarer, empfindlicher als sonst. Brandt zeigte sich später überzeugt, daß er als Regierungschef nicht hätte abtreten müssen, wenn er 1973 und 1974 beim Rauchen geblieben wäre; während der zwei Jahre, in denen er es unterließ, habe er eine entscheidende Einbuße seiner Leistungsfähigkeit erlitten. Nun sah man ihn, etwa beim Parteitag von Hannover, statt dessen unaufhörlich Pastillen lutschen.

Doch wie verständlich auch immer dieser oder andere Gründe der Entrücktheit des Kanzlers von der Tagesarbeit sein mochten, seine Partei und die Regierung litten unter der Apathie an ihrer Spitze. Schon bald klagte Herbert Wehner über den Zustand, in den die SPD gerate. Der Übermut der Linken einerseits, ein geistesabwesender Regierungschef andererseits, der ohne Gespür für das jetzt strategisch wie taktisch Erforderliche zu sein schien, erst recht ohne Neigung zur unerläßlichen Kärrnerarbeit in der Partei, ließen den Fraktionsvorsitzenden mit zunehmender Verbissenheit an seiner Pfeife kauen. Wehner reiste an jedem Wochenende zu irgendeinem Kreisverband, um dort zu sprechen. Er mühte sich ab, oft nur für zwanzig Personen. Nach seiner Überzeugung durfte sich keiner zu fein sein, durch aktives Mithelfen eine auseinanderdriftende SPD beisammen zu halten. Willy Brandt dagegen sah er untätig bleiben oder aber, was den eher provinziellen Wehner mindestens genauso ärgerte, gewandt auf hoher diplomatischer Bühne agieren, mit den Großen der Welt parlieren. Wenn Brandt aber wirklich in den Parteigremien erschien, hielt er – nach Wehners Schilderung – freundliche Reden nach allen Seiten und überließ es anschließend den anderen – also vor allem ihm, Wehner, der sich durchaus als getreuer Eckart der Partei fühlte –, dafür zu sorgen, daß die verschiedenen Flügel der SPD sich nicht verselbständigten.

Wehner wie Brandt betrachteten die Situation ihrer Partei nicht in den Kategorien von Links und Rechts. Beide meinten, solche Etikettierungen dürfe man nicht gar so wichtig nehmen, müsse vielmehr die einen wie die anderen an das praktisch Mögliche gewöhnen. Der Unterschied zwischen ihnen lag in ihrem Verhalten. Brandt präsidierte und wartete ab, daß alle von allein wieder zur Vernunft kämen. Wehner rackerte. Er schonte sich selbst nie, ging immer bis an die Grenze des Menschenmöglichen. Ihm fehlte daher jegliches Verständnis für Brandts lässigere Auffassung. In seiner Neigung zu schroffer Ungerechtigkeit, zu abfälliger Verdammung anderer Menschen, unterschätzte er wohl auch die tatsächlich mörderische Doppelbelastung, die in solchen Zeiten das Amt des Regierungschefs und das des Parteivorsitzenden für Brandt bedeuten mußten. Ihr Arbeitsstil, ihr Charakter, ihr Temperament waren völlig verschieden, waren es immer gewesen. Das zeigte sich aber erst jetzt, im Lauf der Monate nach der Wahl, in aller Schärfe: Beide wurden 1973 mehr sie selbst, als sie es je gewesen waren.

Beginn der Regierungsbildung

Die Erkrankung des Kanzlers zeitigte sofort nach dem 19. November unmittelbare Auswirkungen. Brandt konnte nicht sprechen, lag in entscheidenden Tagen unbeweglich und abgeschirmt im Krankenhaus. Nur phasenweise nahm er an den Koalitionsverhandlungen teil. Deshalb hatte er auf die Regierungsbildung nicht den Einfluß, den er an sich hätte haben müssen.

Beim ersten Treffen der Verhandlungskommissionen von SPD und FDP am späten Nachmittag des 23. November 1972 im Kanzlerbungalow, an dem er sich noch beteiligte, war die Atmosphäre freundschaftlich, ja herzlich. Von vornherein stand außer Frage, daß man weiterhin zusammenbleiben würde. Brandt, der die Sitzung eröffnete, schlug vor, den Vorsitz von Mal zu Mal zu wechseln, und kündigte an, er werde in der nächsten Woche nur bedingt zur Verfügung stehen. Man solle jedoch ohne ihn weiter tagen. Bei den Koalitionsgesprächen gehe es nicht darum, ob die beiden Parteien wieder eine Regierung bilden sollten, denn dies sei allgemeine Absicht in der SPD wie der FDP. Es gehe allein um die Erörterung der erforderlichen Veränderungen am bisherigen Bündnis unter beiderseitiger Kompromißbereitschaft. Notwendiges dürfe nicht ausgeklammert, im Bundestag dürfe nicht mit wechselnden Mehrheiten regiert werden. Es sollten keine ausführlichen Koalitionsvereinbarungen getroffen, sondern lediglich Bausteine zur Regierungserklärung zusammengetragen werden. Brandt beabsichtigte, diese erst nach Weihnachten, am 18. oder 19. Januar, abzugeben. Hierüber solle man eine einheitliche Auffassung aller drei Fraktionen herbeiführen. Bei der Vereidigung des neuen Kabinetts am 15. Dezember werde er lediglich sagen, was in den kommenden Wochen anstehe. Da er und Bundesaußenminister Scheel am 22. und 23. Januar zu den regelmäßigen Konsultationen in Paris seien, werde die Debatte über die Regierungserklärung voraussichtlich am 24., 25. und 26. Januar stattfinden können. Was ihren Inhalt angehe, so wünsche er sie sich »stromlinienförmiger als 1969«. Es solle nicht jedes Gesetz aufgeführt werden. Der (immer noch unerledigte) Haushalt 1972 solle noch vor Weihnachten verabschiedet, der Haushalt 1973 im nächsten Februar eingebracht werden.

Im übrigen schlug der Bundeskanzler vor, in den Koalitionsverhandlungen zunächst über den Inhalt der künftigen Politik zu sprechen, danach über Strukturfragen der neuen Regierung und erst am Schluß über Personalien, die er selbst vorab mit Bundesminister Scheel intern klären werde.

Nach dem SPD-Vorsitzenden sprach der Vorsitzende der FDP. Scheel dankte dem Kanzler und stimmte ihm zu, daß man nicht Verhandlungen um einen neuen Koalitionsvertrag beginne, sondern lediglich die Regierungserklärung von 1969, die sehr gut gewesen sei, fortzuentwickeln habe. Mit der Reihenfolge der vorgeschlagenen Themenkreise erklärte er sich einverstanden, bat jedoch darum, vorweg zu klären, wie die Parlamentsarbeit künftig aussehen solle, welche Position den Parlamentarischen Staatssekretären fortan zugedacht sei und vor allem, ob aus optischen Gründen ein kleines Kabinett gebildet werden solle oder ob man vielleicht ein größeres brauche. Er schlage vor, mit Fragen der Verfassungs- und Innenpolitik zu beginnen.

Punkt für Punkt sprach man die Themen durch. Nach dem Abendessen gab Wirtschafts- und Finanzminister Helmut Schmidt einen Bericht über die wirtschaftliche Lage, die Preisentwicklung und Fragen der Haushalts-, Steuer-, Verkehrs- und Energiepolitik, den die Teilnehmer des Koalitionskreises ohne Diskussion entgegennahmen. Am Ende dieser ersten Zusammenkunft wurde verabredet, die Koalitionsgespräche am 28. November fortzuführen und dabei zunächst die Fragen der Innenpolitik abschließend zu behandeln. Danach sollten Wirtschafts- und Finanzfragen erörtert werden. Man ging mit dem Gefühl auseinander, ein Pflichtprogramm absolviert zu haben, das von vornherein in den wesentlichen Punkten unstrittig war. Freilich barg es dafür die Gefahr, daß man sich später im Dickicht der Detailfragen verlor.

Da sich der Bundeskanzler nach dieser Eröffnungssitzung operieren lassen mußte, konnte er bei der zweiten Unterredung nicht anwesend sein; die für den 30. November geplante dritte Sitzung wurde auf den 5. Dezember verlegt. Brandt nahm an ihr wieder teil, leitete sie sogar, war aber noch stark behindert; das Sprechen fiel ihm sichtlich schwer.

Am 27. November, also am Tag vor der zweiten Zusammenkunft der beiden Delegationen, wandte er sich vom Krankenbett aus an Scheel und schrieb ihm mit der Hand:

Verehrter, lieber Herr Scheel,

von meiner Frau – der ich zweimal am Tage zuhöre und ein wenig zuflüstern darf –, erfuhr ich vorhin, daß Sie die Absicht hatten, mich zu besuchen. Ich möchte Ihnen hierfür herzlich danken. Prof. Becker möchte lieber, daß ich noch keinen Besuch bekomme. Aber wann immer es um ein Staatsinteresse gehen sollte, hat dies natürlich Vorrang.

Die Ärzte waren also der Meinung, daß ich bis Ende der Woche noch in der Klinik bleiben sollte, um meine Stimme auch noch knapp zwei Wochen danach sehr zu schonen. Prof. Becker ist sicher, daß ich die für den 15. vorgesehene kürzere Erklärung abgeben kann.

Natürlich tut es mir sehr leid – und ich bitte darum, dies allen Kollegen in der morgigen Koalitionsrunde mit meinen besten Grüßen zu sagen –, daß ich an den gemeinsamen Sitzungen nicht teilnehmen kann. Wenn rasche, kurze Niederschriften der Beratungsergebnisse zustande zu bringen wären, könnte ich mich laufend dazu äußern.

Empfehlen möchte ich, daß man Dienstag und Donnerstag Einzelthemen ausgliedert, um sie von Fachleuten der beiden Parteien *kurz* skizzieren zu lassen und in der nächsten Woche in die Verhandlungen wieder einzuführen. (Chef und Mitarbeiter des BKA stehen für jederlei Formulierungshilfe zur Verfügung.)

Ich kann also nur auf einen gedeihlichen Verlauf der Verhandlungen hoffen und möchte Sie bitten, auch dem Kabinett am Mittwoch früh meine Grüße auszurichten.

Ihr
Willy Brandt

Scheel fand ganz selbstverständlich, was der Kanzler ihm empfahl. Er verstand Brandts Wunsch, an den Koalitionsentscheidungen trotz seiner Erkrankung so weit wie möglich mitzuwirken und für die künftige Arbeit Wesentliches erst nach seiner Rückkehr aus dem Krankenhaus zu entscheiden. Er hatte dies Brandt gerade selbst vorschlagen wollen, wie er in seinem Brief schrieb, mit dem er dem Regierungschef noch am selben Tag antwortete:

Sehr geehrter, lieber Herr Bundeskanzler,

ich habe mich über Ihren Brief, der mir gerade überbracht wurde, sehr gefreut und bin froh, daß Sie die Operation gut überstanden haben . . .

Meine Freunde und ich sind der Überzeugung, daß es zweckmäßig sei, in Ihrer Abwesenheit die Fragen zu behandeln, bei denen wir die sachverständigen Kollegen beider Seiten bitten können, uns weitere Informationen und Rat zu geben. Hierbei bieten sich insbesondere die durch die Übersendung des Sachverständigen-Gutachtens aktualisierten Fragen der Wirtschafts- und Finanzpolitik an. Ich bin sicher, daß Sie mit mir der Meinung sind, daß es sehr nützlich wäre, morgen in dieser Frage einen detaillierten Bericht des Kollegen Schmidt entgegenzunehmen (ich rufe ihn heute abend deswegen noch an), um anschließend diese Mitteilungen im Zusammenhang mit seinen Ausführungen vom letztenmal zu diskutieren.

Es bestand Einigkeit auf unserer Seite, daß in Ihrer Abwesenheit nur schwerlich Entscheidungen zwischen den Delegationen getroffen werden können, die man für die Koalition abhaken kann. Wir sind darum voll mit Ihnen der Meinung, daß gerade Expertengespräche über Einzelfragen für die nächste Zeit am vordringlichsten sind, um so den Boden zu bereiten für die Entscheidungen, die dann in Ihrer Anwesenheit für die Koalition als gültig getroffen werden müssen.

Ich wünsche Ihnen auch im Namen meiner Parteifreunde eine schnelle und umfassende Genesung, um Sie möglichst bald wieder mit »voller Stimme« sprechen zu hören.

Ihr
Walter Scheel

An diesem Schreiben Scheels überraschen Form und Anrede. Brandt hatte seinen Brief mit der Hand geschrieben, wie er das oft tat, wenn er sich an Scheel wandte; Scheel antwortete – wie fast immer – im Diktat, also maschinenschriftlich. Angesichts der Terminfülle inmitten der Koalitionsgespräche war das beim Außenminister und gleichzeitig amtierenden Kanzler zwar verständlich. Aber bei dem ausgeprägten Gespür Scheels wie Brandts für Stilfragen befremdete es doch. Wenn man bedenkt, daß der sensible Regierungschef fürchtete, den Tod vor Augen zu haben, wirkte die Form, die Scheel gewählt hatte, sehr sachlich, sehr kühl. Das wurde durch die eher distanzierte Anrede noch unterstrichen. Wollte Scheel, vielleicht sogar unbewußt, frühzeitig einen gewissen Abstand zum angeschlagenen, erschöpften Bundeskanzler halten? Spielte er möglicherweise insgeheim schon mit dem Gedanken seines Rückzugs aus der aktuellen Tagespolitik? Hatte er schon jetzt, oder vielleicht bereits seit Jahren, die Nachfolge Gustav Heinemanns ins Auge gefaßt? Hielten Sozialdemokraten nicht sogar für denkbar, daß die FDP das Bündnis nun, nach dem gemeinsamen Sieg, aufkündige und mit der Union zusammengehe? Einen Hinweis von Scheel in einem ZDF-Interview vom 26. November 1972 auf die erst noch zu schaffende »Koalitionsmehrheit« wurde von dem einen oder anderen in der SPD so verstanden, »als wollte sich die FDP auch eine andere Koalitionsmöglichkeit offenhalten«, wie Willy Brandt am 28. November gegenüber Walter Scheel anmerkte. Zwar beeilte sich Brandt hinzuzufügen, daß er »diese Auslegung für absurd« halte (woraufhin Scheel das Wort *absurd* mit grünem Filzstift unterstrich und an den Rand »richtig« schrieb), aber offenbar hatte der SPD-Vorsitzende den Verdacht doch nicht so abwegig gefunden, daß er ihn nicht gegenüber dem FDP-Vorsitzenden erwähnen wollte.

Auch im Verhältnis zu seinen Stellvertretern verlor Brandt in diesen Novembertagen spürbar an Boden. Helmut Schmidt und Herbert Wehner hielten sich zwar während Brandts Klinikaufenthalt an die von Professor Becker vorgebrachte Bitte, den kranken Kanzler zu schonen, deuteten diesen ärztlichen Rat aber sehr zu ihren eigenen politischen Gunsten. Sie zögerten daher nicht, die

Abwesenheit des Parteivorsitzenden und Regierungschefs für eigene Positionsgewinne zu nutzen. So »vergaß« Wehner glatt die ihm von Brandt (durch Ehmke) übermittelten schriftlichen Anweisungen für die Koalitionsverhandlungen samt dem Durchschlag für Schmidt in seiner Rocktasche.

Die Aufteilung des Doppelministeriums für Wirtschaft und Finanzen

Parallel zu den Sitzungen der Gesamtkommissionen von SPD und FDP, die (unter Einschluß von zunächst zwei, dann sogar drei Protokollführern) mit insgesamt 17 Personen einen Umfang erreichten, der weder volle Vertraulichkeit noch rasche Ergebnisse gewährleistete, traf sich ein engerer Kreis aus fünf Teilnehmern der beiden Delegationen, jeweils gesondert. Es waren Helmut Schmidt und Herbert Wehner von der SPD (der Kanzler nahm wegen seiner Erkrankung nur die Termine der Vollsitzungen wahr) sowie Walter Scheel, Hans-Dietrich Genscher und Wolfgang Mischnick von der FDP. In diesen Fünfer-Gesprächen fielen trotz der Abwesenheit des Regierungschefs und entgegen dessen ursprünglichen Intentionen wichtige Entscheidungen. Vor allem Schmidt und Wehner wuchs dadurch eine Macht zu, die sie bei voller Präsenz von Brandt nicht gehabt hätten. Dabei hatte der faire Brandt diese kleine Runde in einem (wiederum mit der Hand geschriebenen) Brief an Scheel vom 28. November sogar selbst angeregt:

> Lieber Herr Scheel,
>
> Ihren freundlichen Brief habe ich gestern abend noch bekommen.
> ... Es wäre doch gut, wenn in dieser und der nächsten Woche über die Expertengespräche hinaus – Entscheidungen *vorbereitet*, also auch formuliert würden.
> Dabei gebe ich zu erwägen, ob Sie nicht im kleineren Kreis – d. h. mit den beiden Fraktionsvorsitzenden und den Kollegen Schmidt und Genscher – einmal das 4. FDP-Ressort und den Bereich Wirtschaft/Finanzen durchsprechen wollen ...

Ein viertes Ressort für die FDP und die zukünftige Behandlung des Bereichs von Wirtschaft und Finanzen wurden im Brief von Brandt nicht ohne Grund gemeinsam erwähnt. Beide Themen hingen nach seiner Meinung wie nach der Auffassung der Liberalen zusammen. Die FDP hatte nach dem Rücktritt Karl Schillers im Juli 1972 der Ernennung Helmut Schmidts zum Bundesminister für Wirtschaft *und* Finanzen nur unter der Voraussetzung zugestimmt, daß nach den Wahlen im Spätherbst die Zusammenlegung der beiden Ressorts, zu der es nach dem Rücktritt Alex Möllers vom Posten des Finanzministers im Mai 1971 gekommen war, wieder rückgängig gemacht werde. Die FDP müsse, davon war Walter Scheel seit langem überzeugt, auf dem soliden Terrain von Wirtschaft und Finanzen festen Fuß fassen, wenn sie bei den Wählern präsent bleiben wolle. Das konnte für ihn nur heißen, daß die FDP nach dem 19. November 1972 eines dieser beiden Ministerien besetzte – und das in vollem Umfang der Kompetenzen, die sie traditionellerweise hatten. Es sollte nicht bloß ein Rumpfressort sein, aus dem sich Helmut Schmidt, der Finanzminister bleiben sollte und wollte, einige zentrale Abteilungen als Andenken und zu dem Zweck mitgenommen hätte, sich nach britischem Vorbild zu einem mächtigen Schatzkanzler zu entwickeln. Scheel und seine FDP hatten das Wirtschafts- oder das Finanzministerium bereits 1969 angestrebt, sich damals aber nicht durchsetzen können, weil weder Karl Schiller noch Alex Möller bei der SPD übergangen werden konnten. Als anderthalb Jahre später Möller zurücktrat, hatte Scheel in der Kabinettssitzung vom 13. Mai 1971 bei der Neuregelung des Vertretungsplans der Bundesregierung Hans-Dietrich Genscher als Ersatzmann Schillers vorgeschlagen – wenn schon wegen Wehners listiger Lösung, ein Doppelministerium zu schaffen und Schiller zuzuschanzen, kein Liberaler als neuer Finanzminister in Frage kam. Mit Genscher als amtlich bestelltem Stellvertreter des Superministers bekam die FDP doch zumindest einen Fuß in diese wichtige Tür. Seine Bestallung kündigte den Anspruch der FDP auf eines dieser beiden Ministerien an.

Brandt hatte diese Absprache mit Scheel etwas anders in Erinnerung behalten. Mit vorsichtiger Bestimmtheit erinnerte er in seinem Brief vom 28. November seinen Partner an das, was sie seines Erachtens im Juli 1972 verabredet hatten, wobei er einige Worte unterstrich, um ihre Bedeutung hervorzuheben:

> . . . Im Sommer hatten wir *erwogen*, Wirtschaft und Finanzen wieder zu trennen – damals allerdings unter der Voraussetzung, daß nicht ein weiteres »klassisches« Ministerium an die FDP gehen, sondern daß diese das Innenministerium abgeben würde. Wir haben *vereinbart*, daß die FDP im Gesamtbereich Wirtschaft und Finanzen ministerielle Verantwortung übernehmen würde – ohne daß wir uns auf die Wiederherstellung der alten Grenzlinien festgelegt hätten. Schon zu einem früheren Zeitpunkt waren wir miteinander *davon ausgegangen*, daß die FDP ein viertes Kabinettsmitglied stellen würde.
>
> Wenn Helmut Schmidt seine Vorstellungen darlegt, werden Sie sehen, was alles im Wirtschaftsbereich bleibt . . . Außerdem ist es eine alte Erfahrung, daß man die Landschaft verändern muß, wenn die Akteure meinen, sich in den alten surroundings nicht mehr bewegen zu können. Mit anderen Worten: Es gibt noch eine Reihe interessanter Abgrenzungsprobleme. Ich habe nichts dagegen, daß die Fachleute darüber miteinander reden (*mit*einander erst, die Presse kommt dann immer noch) und Vorschläge machen . . .

Worum es Brandt genau ging, kann man aus seinem Brief allein nicht klar erkennen. Man muß also etwas ausholen. Er hoffte, ein Kabinett zu bilden, das in wichtigen Bereichen funktional neu gegliedert werden und in dem keiner der Minister eine überragende Stellung besitzen sollte. Er wollte eine Wiederholung der brenzligen Situation vermeiden, die sich 1971 nach dem Rücktritt Alex Möllers und der Übernahme des Finanzressorts durch Karl Schiller ergeben hatte. Damals war dieser durch die Ressort-Konzentration von Finanzen und Wirtschaft zu einer Art Nebenkanzler aufgerückt und hatte das Kabinett in seiner Machtfülle mit professoraler Rechthaberei regelrecht tyrannisiert. Im Juli 1972 hatte Helmut Schmidt die Doppelrolle Schillers übernommen und sie ähnlich markant auszufüllen begonnen wie dieser, wenn Schmidt auch Widerspruch leichter ertrug, sich lieber auf Diskussionen mit den Kollegen einließ und Partner respektierte, wenn sie sachlich und präzise vorzutragen wußten.

Brandts Wunsch, künftig ein ausgeglicheneres Kabinett um sich zu versammeln, setzte daher die Teilung des »Superministeriums« von Schmidt voraus. Das wollte auch die FDP. Als Gegenminister zu Schmidt war Hans-Dietrich Genscher vorgesehen, der ein ungeschmälertes Wirtschaftsministerium erhalten sollte: Brandt/Scheel und Schmidt/Genscher als Kern des neuen Kabinetts, um den herum sich die übrigen Ressorts gruppieren konnten. Die FDP hätte bei dieser ursprünglichen Konstruktion zwar das Innenministerium abgeben müssen, dafür aber zusätzlich ein anderes, nicht-klassisches Haus erhalten. Starke Kräfte bei den Liberalen dachten dabei nach wie vor an ein Reform-Ressort, etwa an das Bildungsministerium (was Scheel noch mehr erschreckte als 1969, weil er die Erfolgschancen auf diesem Gebiet inzwischen für noch dürftiger hielt als damals) oder an das Justizministerium, wie die Jungdemokraten meinten, die es gern mit Professor Werner Maihofer besetzt gesehen hätten.

Das war zunächst die Verhandlungslinie. Ihr entsprach auch der Brief, den Brandt an Scheel geschrieben hatte. Helmut Schmidt, um dessen Amtsbestand es ging, wußte, daß er um eine Aufteilung seines Doppelministeriums nicht herumkommen würde. Unmittelbar nach der gewonnenen Wahl hatte er deshalb dem Kanzler einen 17 Seiten langen Brief geschickt, in dem er Grundzüge der künftigen Wirtschafts- und Finanzpolitik umriß und Vorschläge für eine Neuverteilung der Aufgaben zwischen seinen beiden Häusern unterbreitete. Der Zweck dieser Intervention war, daß er zwar das Wirtschaftsministerium abgeben, aber nicht ganz und gar wieder herausrücken wollte; einen Teil seiner dortigen Kompetenzen fand er bei sich als Finanzminister besser aufgehoben. Er forderte daher von Brandt neben der Eingliederung der Abteilung *Geld und Kredit* in das Finanzministerium auch Teile der Grundsatzabteilung, so die Unterabteilungen *Grundsatzfragen der Wirtschaftspolitik, Konjunktur und Wachstum* und *Gesamtwirtschaftliche Analysen und Projektionen.* Wäre dem stattgegeben worden, hätte Schmidt als Finanzminister die Konjunkturpolitik praktisch allein gestalten können.

Die FDP fand die Kompetenzausweitung, die Schmidt da für sich beanspruchte, völlig inakzeptabel. FDP-Generalsekretär Karl-Hermann Flach erklärte am 24. November im Norddeutschen Rundfunk, seine Partei sei nicht bereit, irgendwelche Restbestände des Wirtschaftsministeriums zu übernehmen, die nur deshalb dort verblieben, weil sie nicht in Schmidts Konzept eines Schatzkanzleramts paßten. Walter Scheel äußerte am 27. November, die Freien Demokraten wollten die Verantwortlichkeiten des Wirtschafts- und Finanzbereichs in der neuen Bundesregierung ähnlich abgegrenzt sehen, wie es vor der Zusammenlegung der beiden Ressorts der Fall gewesen sei. Darauf bezog sich offenbar Brandt (der seinen Schmidt kannte), als er Scheel schrieb, es sei eine alte Erfahrung, daß man die Landschaft verändern müsse, wenn die Akteure sich in der alten Umgebung nicht mehr bewegen, nicht mehr arrangieren zu können meinten. Aber was hieß eigentlich »ähnlich abgegrenzt« genau?

Diese Frage entwickelte sich zu einer Kraftprobe zwischen Schmidt und Genscher, der nur bereit war, ins Wirtschaftsministerium überzuwechseln, wenn dieses Ressort das frühere politische Gewicht zurückgewänne.

Allerdings lag den Liberalen an diesem Ministerium auch dann, wenn es zu Amputationen kommen sollte, vorausgesetzt, daß sich die Verluste in erträglichen Grenzen hielten. Für diesen Fall war in den Kulissen anstelle von Genscher bereits Hans Friderichs im Gespräch, der frühere FDP-Bundesgeschäftsführer, vor Jahren noch die treibende Kraft der Reformer in seiner Partei, inzwischen aber pikanterweise Staatssekretär unter dem CDU-Ministerpräsidenten Helmut Kohl in Rheinland-Pfalz, obwohl die FDP dort gar keine Koalition mit der CDU bildete.

Offiziell ging es beim Gerangel mit der SPD um die künftigen Kompetenzen des Wirtschaftsressorts zu dieser Zeit immer um Genscher als künftigen Minister dort. Seine politische Statur flößte den Sozialdemokraten größeren Respekt ein (und er konnte daher beim Verhandeln mehr für die FDP herausholen) als die Figur des alerten, wendigen jungen Mannes aus Mainz, den Scheel im Hintergrund favorisierte.

Bei den Sozialdemokraten ging man bis zuletzt davon aus, daß der neue Wirtschaftsminister Genscher heißen werde. Ein SPD-Verhandlungsteilnehmer berichtete: »Genscher ließ sich das Wirtschaftsministerium so vollpacken, bis Brandt und vermutlich auch Scheel glaubten, nun habe es die für Genscher ausreichende Proportion, und als dann dieses Ergebnis für die FDP festgezurrt schien, zog er sich mit der durchaus richtigen Begründung, seine Präferenz habe immer dem Innenministerium gegolten, wieder ins angestammte Ressort zurück.«

Die Sozialdemokraten, vor allem Brandt, fühlten sich geprellt. Den Verdruß des Regierungschefs erhöhte, daß sich Schmidt und Genscher über die Abgrenzung der Zuständigkeiten des Wirtschaftsministeriums geeinigt hatten, ohne ihn vorher zu informieren. Ihrer Abrede zufolge sollte der FDP das nur um die

Abteilung Geld und Kredit geschmälerte Bundeswirtschaftsministerium nunmehr tatsächlich zufallen. Eine zweite Vereinbarung der beiden besagte, daß Genscher Bundesinnenminister bleibe.

Genscher traf diese Absprachen mit der Kenntnis seines Parteivorsitzenden, Schmidt hingegen ohne Wissen des Regierungschefs. In der dritten Sitzung der beiden Verhandlungsdelegationen am 5. Dezember 1972 im Kanzlerbungalow gab Scheel diese Einigung bekannt. Brandt reagierte verärgert und widersprach Scheel darin, daß man die Presse von dieser Einigung unterrichten könne. Mißmutig leitete Brandt die Sitzung zu Ende und zog sich danach verbittert auf den Venusberg zurück. Von dort ließ er Scheel bestellen, er könne das Vorhaben nicht billigen. Im Protokoll der Sitzung heißt es zu diesem Punkt: Zu Beginn gab der Bundeskanzler Bundesminister Scheel das Wort zu einer Bemerkung. Bundesminister Scheel deutete an, daß gemäß dem schriftlichen Auftrag des Bundeskanzlers über den Bereich Wirtschaft und Finanzen ein gewisses Kompromiß-Ergebnis zur Entscheidungshilfe in einem kleinen Kreis erzielt worden sei, das auch in geeigneter Weise jetzt an die Öffentlichkeit gelangen könnte. Der Bundeskanzler erklärte dazu, der Koalitionspartner solle, wie im Sommer in Aussicht genommen, ministerielle Verantwortung in diesem Bereich übernehmen. Zu dem von Bundesminister Scheel erwähnten Vorschlag müsse er sich seine eigene Entscheidung, wie in allen Struktur- und Personalfragen, jedoch ausdrücklich vorbehalten; es könne keine Vorwegentscheidung und auch keine Unterrichtung der Öffentlichkeit hierüber geben . . .

Doch es gab beides. Die Vorwegentscheidung war gefallen, und am nächsten Tag, dem 6. Dezember, konnte jedermann in der *Welt* lesen, wie sie aussah. Irgend jemand, dem daran gelegen war, die Absprache zwischen Schmidt und Genscher öffentlich festzuschreiben, hatte die Bonner Redaktion dieses Blattes unter der Hand informiert. Schmidt dementierte sofort die angebliche Einigung, und auch ein Sprecher der FDP bezeichnete die Nachricht als Zweckmeldung von interessierter Seite, die keineswegs dem Stand der Koalitionsverhandlungen entspreche. Das stimmte sogar, denn Brandt hatte sich ja noch nicht entschieden. Aber konnte er wirklich noch zurück? Die getroffenen Vereinbarungen waren präzise, und die Zeit drängte. In der SPD-Fraktionssitzung vom 14. Dezember erklärte der Kanzler resigniert, auch er sei schon vor der Wahl davon ausgegangen, daß die FDP einen vierten Ministersitz erhalte. Allerdings habe er damals nicht in Erwägung gezogen, daß das Wirtschaftsressort zur FDP komme und gleichzeitig das Innenministerium ihr verbleibe. Die Gewichte seien jedoch durch einige Neu-Zuordnungen von Ministerialabteilungen wieder ausbalanciert worden. Das war sehr hübsch und verhüllend formuliert.

Brandt war das Opfer seines eigenen Schweigens geworden. Anfangs hatten manche vermutet, er setze seine Krankheit ein, um beim Nahkampf um die Kabinettsposten die Beteiligten sich allein austoben zu lassen und erst am

Schluß, in die allgemeine Erschöpfung hinein, sein Machtwort zu sprechen. Doch es war nicht an dem; denn am Ende blieb ihm kein Spielraum mehr. Wie sehr diese Regierungsbildung seiner Kontrolle entglitten war, gestand er in der bereits erwähnten Fraktionssitzung ein, als er die Berufung von Bundesministern ohne Geschäftsbereich begründete. Brandt erklärte, der Gedanke, solche Minister zu ernennen, sei bei den Freien Demokraten entstanden und habe sich innerhalb der dortigen Beratungsgremien mittlerweile selbständig gemacht. Das sei so weit gegangen, daß es in dieser Frage bereits einen Beschluß gegeben habe, ja sogar ein Kandidat für dieses Amt ausgewählt worden sei, der dem Bundeskanzler vorgeschlagen werden solle. Walter Scheel sei durch diese Situation in eine Zwickmühle geraten und habe nicht mehr zurückstecken können.

Doch weit mehr als Scheel war Brandt selbst in der Klemme. In den Reihen der Sozialdemokraten begann sich lebhafter Unmut zu regen, daß der Parteivorsitzende nicht ihren Rat suchte, die Kabinettsbildung, so schien es, nur mit Scheel besprach und sich an den Struktur- und Personaldiskussionen über das neue Kabinett nur am Rande beteiligte. Wer konnte schon abschätzen, wie ernst es um die Gesundheit des Kanzlers wirklich bestellt war?

Die Vertreibung Horst Ehmkes aus dem Kanzleramt

In der SPD zogen nur Herbert Wehner und Helmut Schmidt aus der erzwungenen Abstinenz Brandts Vorteile. So nutzten sie Brandts Krankheit, um auf eigene Faust Personalentscheidungen vorzubereiten, und vereinbarten miteinander, wen sie beide auf keinen Fall mehr dabei haben wollten: Horst Ehmke und Conrad Ahlers.

Vor allem gegen Ehmke, den Chef des Bundeskanzleramts, hatten sich viele Vorbehalte und Ressentiments aufgestaut. Seine burschikose, hemdsärmlige Art im Umgang mit jedermann machte ihn weithin unbeliebt. Daß er in der Ministerialbürokratie – umtriebig und impulsiv, wie er war – einen schlechten Ruf hatte, war eher normal, sprach auch nicht nur gegen ihn. Aber auch führende Sozialdemokraten stießen sich an ihm; in der Fraktion wie im Kabinett erweckte er profundes Mißtrauen. Zumal Schmidt, dem er in mancher Hinsicht nicht unähnlich war, verabscheute ihn, obwohl es nur sechs Jahre her war, daß der damalige SPD-Fraktionsvorsitzende während der Großen Koalition den Freiburger Professor als Staatssekretär nach Bonn geholt hatte, ins Bundesjustizministerium, wo Ehmke zwei Jahre später Gustav Heinemann nach dessen Wahl zum Bundespräsidenten als Minister ablöste.

Der 1927 in Danzig geborene, zupackende Westpreuße hatte also eine steile, ungebrochene Karriere hinter sich, als ihn Brandt 1969 ins Kanzleramt berief. Niemand vermochte ihn zu bremsen oder gar aufzuhalten. Er hatte Rechtswissenschaft und Volkswirtschaft in Göttingen studiert (besonders beim alten Rudolf Smend gearbeitet), dann Geschichte und Politische Wissenschaften an der Universität Princeton in den USA – wichtige Fächer, die in der Politik etwas galten. 1952, gerade 25 Jahre alt, trat er in den Dienst der SPD-Fraktion des Bundestags, wo er Adolf Arndt assistierte. Der vielseitig begabte, intellektuell brillante junge Mann, der auch über die nötigen Ellenbogen verfügte, wurde 1961 zum Professor für Öffentliches Recht nach Freiburg im Breisgau berufen; 1966 war er dort Dekan bis zu seinem Wechsel nach Bonn zu Beginn des Jahres 1967.

Auch nach seinem Einzug ins Palais Schaumburg als Kanzleramtsminister im Oktober 1969 blieb Ehmke sich treu. Er wurde nicht der Diener des Regierungschefs. Vielmehr sah er im Kanzleramt die Zentrale der Macht und sich selbst am Schaltpult. Er kontrollierte von dort aus – so stellte er sich die Sache vor – das Anlaufen und Abstoppen aller wichtigen politischen Vorhaben. Auf die Frage seines Chauffeurs, hieß es in jenen Jahren, wo er ihn denn hinfahren solle, habe Ehmke geantwortet: »Irgendwohin. Ich werde überall gebraucht«. Diese (natürlich erfundene) Geschichte charakterisierte ihn ebenso wie – im »Tagebuch einer Schnecke« – die Beobachtung seines Danziger Landsmanns Günter Grass: »Nichts, das Ehmke nicht besser wüßte.« Solche Bemerkungen ließen Ehmkes Selbstüberschätzung, aber auch seinen zeitweilig wirklich gewaltigen Einfluß ahnen. Seit er in der Dr.-Konrad-Adenauer-Straße in Rhöndorf wohnte, pflegte er sich im Scherz den »Jungen von Rhöndorf« zu nennen.

Schon zur Anfangszeit der neuen Regierung, am 22. November 1969, berichtete Walter Scheel im FDP-Bundesvorstand mit einer Mischung aus ironischer Distanz und respektvollem Erstaunen, zunächst offenbar nicht ganz unbeeindruckt, über die neuen, wissenschaftlich fundierten Regierungsmethoden, die der seit vier Wochen im Kanzleramt tätige Minister mit Feuereifer einführte. Zwar seien die Ergebnisse noch nicht befriedigend; »manchmal« fände »nämlich kein Koordinieren, sondern plötzlich ein Nebeneinander-Operieren« statt. »Das liegt zum Teil eben daran, daß der Minister, der im Bundeskanzleramt ist, sich ungewöhnlich viel vorzunehmen scheint. Er bombardiert das Kabinett jede Woche mit neuen riesigen Vorlagen über die Organisation der Arbeit und die Organisation des Kanzleramts. Ich habe eine Mappe, in der alle ungelösten politischen Probleme der nächsten Jahre aufgezeichnet sind: einmal alphabetisch, einmal nach Sachgebieten und einmal nach der Dringlichkeit und schließlich nach dem politischen Gehalt. Solche eher wissenschaftlichen Arbeiten werden im Augenblick sehr viel gemacht. Das scheint aber nötig zu sein; denn ich habe mir erzählen lassen, daß das Bundeskanzleramt in der Vergangenheit einen abenteuerlichen Organisationsstil gehabt hat.«

Niemand bestritt Ehmkes außerordentliche Fähigkeiten: seine ungewöhnlich rasche Auffassungsgabe, seine durchdringende Intelligenz. Mit Conrad Ahlers, der wie er im Krieg Fallschirmjäger gewesen war, teilte er die selbstlose Bereitschaft, sich kopfüber für den Kanzler in den Kampf zu stürzen.

Aber Ehmke setzt sich auch gern in Pose. Es war sicher nicht als Kompliment gemeint, wenn ihn manche den Strauß der SPD nannten. Viel zu wenig war er jener stille, umsichtige, asketische Sekretär der Bundesregierung, der unauffällig mit seiner Ölkanne die Gesamtmaschinerie schmierte. Er hatte kaum etwas von den Fähigkeiten, die vor ihm Hans Globke, nach ihm Manfred Schüler auf diesem Posten auszeichneten. Ganz im Gegenteil: Ehmke brachte es fertig, übrigens ohne es zu merken, von 30 anwesenden Personen an einem einzigen Abend 29 zu verprellen; er überschritt oft plump und verletzend die Grenzen des Takts.

Aber es war nicht nur das. Auch seine sachliche Arbeit fand scharfe Kritik. Die von ihm erfundene und aufgebaute Planungsabteilung mit ihrem sogenannten »Frühkoordinierungssystem« aller Vorhaben hielten erfahrene Praktiker der Politik für glatten Unsinn. Ihr sozialwissenschaftlich ambitioniertes, hohles Gehabe fiel allen Ministern auf die Nerven. Ehmke glaube, fanden sie, naiv an die politische Verwendbarkeit technischer Neuerungen, während in Wahrheit seine Mechanisierungs-Ideen vor allem eine dauernde Papier-Überproduktion zur Folge hätten. Lachend stimmte man Scheels höflich-kritischer Formulierung zu, der Kollege Ehmke löse fast alle die Probleme, die er zuvor selbst geschaffen habe. Die allgemeine Überzeugung wuchs mit der Zeit, daß Globke als Chef des Amtes unter Adenauer mit hundert Bediensteten weit wirkungsvoller gearbeitet habe als Ehmke mit seinen vierhundert.

War nicht mehr als alles andere Ehmkes Neubau des Bundeskanzleramtes ein Symbol, ein Denkmal seiner vorwärtstreibenden, zukunftsgewissen Computer-Rationalität – und gleichzeitig phantasiearmen Betriebsamkeit? Nach Meinung vieler in Bonn, gerade auch unter seinen Kollegen, charakterisierte dieser Bau den Kanzleramtsminister und seine Konzeption. Sie war natürlich ihrerseits geprägt von den Reformvorstellungen zur Regierungsarbeit, die zu Beginn der sozialliberalen Koalition im Lande umliefen, und die rückblickend Hermann Rudolph und Michael Naumann in der *Zeit* vom 26. September 1980 so zusammenfaßten: »Um den Herausforderungen der industriellen Gesellschaft mit ihren permanenten Veränderungen gerecht zu werden, müsse die Politik . . . *planen,* Prioritäten festlegen, Entwicklungen bewußt in Gang setzen, den Zusammenhang des Ganzen sehen, kurz: nicht mehr nur regieren, sondern auch gestalten. Dazu sollten vor allem die Wissenschaftler beitragen, nicht zuletzt die Sozialwissenschaftler.«

Was nun das neue Kanzleramt anging, die Ehmke anvertraute Schaltstelle, den archimedischen Punkt aller Veränderungshoffnungen, so ergriff der Minister auch hier die Initiative. Ungeduldig trieb er die Sache voran, setzte sich über die Bedenken des *Bundes Deutscher Architekten (BDA)* hinweg, ließ sich lieber von einer Arbeitsgruppe des *Quickborner Teams für Planung und Organisation* inspirieren: als ob er nie die Abhandlung seines Mentors Adolf Arndt über die »Demokratie als Bauherr« aus dem Jahre 1960 zu Gesicht bekommen hätte, in der dieser bedeutende Bundestagsabgeordnete, Kronjurist und Kulturpolitiker der SPD, nachdrücklich betonte, daß Bauherr in der Demokratie keinesfalls »die verselbständigte Verwaltung« sein dürfe.

Ehmke leiteten bei der Konzipierung des neuen Gebäudes die gleichen Grundgedanken, die auch seine eigene Arbeit dort bestimmten. Das Kanzleramt, bisher bloß ein »Sekretariat« des Regierungschefs, müsse in eine wirkliche »Regierungszentrale« verwandelt werden. Das Bundeskanzleramt müsse auf lange Sicht planen, müsse selbst führen, zentralisieren, konzentrieren, und zwar in einer der Gegenwart angemessenen Weise, was einmal die Verwendung aller zeitgemäßen, technisch neuesten Hilfsmittel bedeute und zum anderen einen offenen, bürgernahen, kooperativen Arbeitsstil erfordere. Dieser Wille zu effizienter Modernität müsse im Äußeren und vor allem im Innern des geplanten Neubaus, einer vielfältig verwendbaren, umbauten Bürolandschaft, wie es damals hieß, sichtbar werden: in einer gruppendynamisch geeigneten Anordnung der Arbeitszimmer, Besprechungsräume und Sitzungssäle mit verstellbaren Wänden, die Teamwork ohne Hierarchie erleichterten; in breiten, weich ausgelegten Fluren mit Polsterecken und Grünpflanzen als Einladung zu spontanen, zwanglosen Unterredungen – in einer rundum kommunikationsfreundlichen, transparenten, der Öffentlichkeit weitgehend zugänglichen Gesamtanlage.

Natürlich war das ein Wunschtraum, der so nicht in Erfüllung ging. Der bald aufkommende Terrorismus zwang zum Verzicht auf Transparenz und Zugänglichkeit des Gebäudes. In jedem Fall geriet die Anlage viel zu groß. Man verlor sich in unendlichen Korridoren; ganze Fluchten standen lange Zeit leer. Und dies, obwohl die Abteilungen des Amtes auf fünf vermehrt, zahlreiche neue Stellen geschaffen worden waren, sich die Zahl der Bediensteten in einem einzigen Jahr um 125 auf 389 erhöhte. Dennoch füllte sich erst im Lauf der Zeit der geduckte, breitgelagerte, monotone, rostig-dunkelbraune Flachbau dieser »Gewerbeschule« (so der BDA), von dem aus wir seither regiert werden.

Es läßt sich leicht vorstellen, wie wenig den Kabinettsmitgliedern Ehmkes Konzeption des neuen Kanzleramtes paßte, lief sie doch offen auf ihre Entmachtung, auf die Minderung ministerieller Mitwirkungsrechte hinaus. Der ganze Bau erschien daher seinen Kollegen teils als Zeichen seiner anmaßenden Gigantomanie, teils als Folge eines gedankenlosen Funktionalismus und einer ebenso menschlich verarmten wie zur Repräsentation unfähigen Architektur und Bauplanung. Willy Brandt wie sein Nachfolger fanden das Ganze derart mißlungen, daß sie am liebsten das Projekt abgeblasen und schlicht im traditionsreichen, gemütlichen Palais Schaumburg sitzen geblieben wären.

Am Ende waren alle gegen Ehmke. Selbst einem so urbanen, gelassenen Menschen wie Walter Scheel gingen seine Kompetenzen auf die Dauer viel zu weit. Aber auch Herbert Wehner, zu dem Ehmke regelmäßig jeden Montag zum Frühstücken auf den Heiderhof ging, um dabei die laufenden Vorhaben zu besprechen, fand ihn immer schwerer zu ertragen. Horst Ehmke fehlte eben Augenmaß – für seine eigene Bedeutung wie für seine politischen Chancen; daher war er auch unklug genug, sich für einen ernsthaften Konkurrenten Helmut Schmidts zu halten. Schmidt, der sich gleichfalls um alles kümmerte und schon damals für allzuständig hielt, war Ehmkes Macht und vor allem die Mentalität, mit der er sie ausübte, ein ständiger Dorn im Auge. Zwischen den beiden herrschte daher immer eine gereizte Stimmung. Wie Schmidt über Ehmke, so beklagte sich auch Ehmke über Schmidt beim Bundeskanzler. Seit er sogar Schiller ersetzt hatte, fand Ehmke, wären Schmidts Befugnisse unerträglich groß geworden. Ehmkes zahlreiche Auseinandersetzungen mit Schmidt gaben den letzten Anstoß zu seinem Ausscheiden nach den Novemberwahlen 1972. Schmidts energische Forderung bei der Übernahme des Doppelministeriums im Sommer, dieser Kanzleramtsminister müsse gehen, dürfte zu Ehmkes Wechsel in die Ressorts von Forschung, Technologie und Post den Ausschlag gegeben haben. Zwar besaß manch einer (etwa Egon Bahr, der ihn zeitweilig vertreten hatte) insgeheim Verständnis für den umtriebigen Kanzleramtsminister. Für einen Vollblutpolitiker, das gab man zu, sei das Amt eine schrecklich frustrierende Angelegenheit. Wenn der Laden gut laufe, bemerke es niemand, nur wenn es knirsche, falle alle Welt empört über den Chef des Amtes her. Am Ende sah Ehmke seine Erfolglosigkeit selbst ein; er merkte, daß er nicht der richtige Mann an diesem Ort war. Wer die mächtige Front betrachtet, die er gegen sich aufgebracht hatte – in der Bundesregierung wie bei der Bonner Bürokratie, in der SPD-Fraktion wie bei der FDP, bei Scheel wie bei Schmidt und Wehner –, wird kaum daran zweifeln, daß er seit langem keine Chance mehr hatte.

Brandt, der an der Spitze seines Amtes einen Mann sehen wollte, der alles und alle integrierte, ließ aber auch bei der Nachfolge Ehmkes die Dinge treiben, ließ auf sich zukommen, was andere nach Gutdünken für ihn auswählten. Egon Bahr, sonst ohne persönlichen Ehrgeiz, sah hier eine Möglichkeit, seine unbedingte Loyalität zu Brandt öffentlich zu beweisen und gleichzeitig durch ein Amt abzustützen. Er wollte daher Ehmkes Nachfolger werden. Weil Bahr ein »Akten-Chaot« sei, schlug Ehmke statt seiner Dietrich Spangenberg vor, was wiederum Bahr hintertrieb; denn Spangenberg war, aus nicht ganz erklärlichen Gründen, sein Intimfeind aus gemeinsamen Berliner Zeiten. Zwischen beiden Männern bestand seit langem eine wechselseitige Distanz, die keine vertrauensvolle Zusammenarbeit im Kanzleramt erwarten ließ.

So fiel die Wahl auf einen anderen Berliner, auf Horst Grabert, der als guter, zuverlässiger, auch verwaltungstechnisch versierter Mann galt, jedenfalls von Bahr so geschildert wurde. Graberts lautlose Art als Berliner Senator für Bundesangelegenheiten seit 1969 unterschied ihn so völlig vom geräuschvoll-selbstbewußten Ehmke, daß er auch anderen zunächst als idealer Koordinator der Regierungsarbeit erschien. War Grabert, erinnerte man sich, nicht immer sehr geschickt mit dem kapriziösen AA umgegangen, hatte sich als sensibler Gesprächspartner dieser besonders mimosenhaften Ministerialverwaltung erwiesen? Hatte er nicht auch ostpolitisches Fingerspitzengefühl gezeigt, als er 1971 mit Hilfe des Berliner Wirtschaftssenators Karl König und dessen DDR-Kontakten die erste Postvereinbarung mit der DDR zustande brachte, die nach neunzehn Jahren der Unterbrechung des innerstädtischen Telefonnetzes zur ersten Schaltung neuer Leitungen zwischen Ost- und West-Berlin seit 1952 sowie zu einer Vermehrung der Leitungen zwischen der DDR und der Bundesrepublik führte?

Dies alles empfahl ihn. Aber im Kanzleramt waren ein weiter Blick, beträchtliche Intelligenz und Effizienz gefordert; hier war eine andere Gangart vonnöten als bei der Verwaltung vergleichsweise provinzieller Aufgaben. Wahrnehmung, Fleiß ohne Inspiration, eine eher beschauliche Arbeitsweise genügten nicht. So mußte selbst Egon Bahr, der Grabert vorgeschlagen hatte, später zugeben, als Chef des Bundeskanzleramts sei er sicher nicht die glücklichste Wahl gewesen. Andere urteilten schärfer. Grabert sei ausgemachtes Mittelmaß, sei schnoddrig und obendrein opportunistisch, also kein zuverlässiger Ratgeber gewesen. Ehmke, der seinen Nachfolger verständlicherweise besonders scharf beobachtete, hielt ihn schlicht für eine Katastrophe.

Die Entscheidung, Grabert zum Chef des Kanzleramtes zu machen, fiel erst am Nachmittag des 13. Dezember, also in letzter Minute vor der Kanzlerwahl am folgenden Tag, in einem Gespräch zwischen Brandt und Scheel, an dem später auch Genscher und Ehmke teilnahmen. Am 15. Dezember stimmte die neue Bundesregierung in ihrer ersten Kabinettssitzung unter Punkt 1 der Tagesordnung – Personalien – »der Ernennung von Senator Grabert zum Staatssekretär und Chef des BKA« zu. Egon Bahr, der sich jetzt vielleicht Chancen ausrechnete, über Grabert das Amt zu dirigieren, wurde ebenso wie Werner Maihofer von der FDP, der Justizminister hatte werden wollen, mit der Position eines Bundesministers ohne Geschäftsbereich abgefunden.

An Maihofer, der als links galt, kam Scheel nicht vorbei, da er große Schwierigkeiten gehabt hatte, seinen Wunschkandidaten für das Wirtschaftsministerium, Hans Friderichs, in der eigenen Partei durchzusetzen.

Hans Friderichs wird neuer Wirtschaftsminister

Die Frage der Besetzung des ihnen neu zufallenden Wirtschaftsministeriums hatten die Liberalen auf einer gemeinsamen Sitzung von Bundesvorstand und Fraktion im »Rheinhotel Dreesen« am 11. Dezember erörtert und geklärt. Es ging dabei um Friderichs oder Liselotte Funcke, die von den Linken ermuntert worden war; sie wollten endlich, nach drei Rechten, einen der ihren als Minister durchbringen. Die Stimmung in der Sitzung war anfangs deutlich gegen Friderichs, obwohl Scheel schon in den Tagen und Wochen zuvor viel Widerstand gegen seinen Mann geduldig abgebaut hatte. Aus Kreisen der Wirtschaft waren ihm viele Zuschriften zugegangen, die nachdrücklich vor einer Berufung von Frau Funcke warnten. Beispielsweise hatte ihm der Geschäftsführer eines Unternehmens seiner weiteren Heimat am 1. Dezember 1972 geschrieben:

> Sehr geehrter Herr Scheel,
> mit Bestürzung haben weite Kreise, vor allem der mittelständischen Unternehmer, die zu den Angehörigen Ihrer Partei gehören und zu denen ich mich auch zähle, vernommen, daß Frau Liselotte Funcke mit der Übernahme des Wirtschaftsministeriums betraut werden soll.
>
> Als Geschäftsführer eines der Firma FUNCKE & HUECK, Hagen, ehemals sehr nahestehenden Kollegenwerkes fühle ich mich verpflichtet, Sie auf folgende Tatbestände aufmerksam zu machen: Frau Funcke, die fälschlicherweise heute noch als »Prokuristin« tituliert wird, war Leiterin des Finanzwesens der Schraubenfabrik FUNCKE & HUECK. Dieses Unternehmen mußte wegen Überschuldung und organisatorischer Mängel im Jahre 1970 verkauft werden.
>
> Es erfüllt heute eine große Zahl – insbesondere der sauerländischen Unternehmer – mit Sorge, daß man die vor der Bundestagswahl erhobene Forderung der FDP, das Wirtschaftsministerium mit einem qualifizierten Fachminister der FDP zu besetzen, nunmehr fallen läßt und sich statt dessen damit begnügt, Frau Funcke wesentliche Entscheidungsgewalt über die deutsche Wirtschaft zu übertragen. Das Gleichgewicht der Kräfte in den Ressorts Finanzen und Wirtschaft würde dadurch eindeutig zuungunsten des freien Unternehmertums gestört werden.
>
> Ich appelliere daher sehr eindringlich an Sie – zugleich im Namen vieler Kollegen der mittelständischen Unternehmerschaft –, Frau Funcke, der bestimmte Qualitäten als Abgeordnete *nicht* abgesprochen werden sollen, keinesfalls das Wirtschaftsministerium zu übertragen.
>
> Es wird sich nicht umgehen lassen, in der Öffentlichkeit mit größerer Offenheit über die Qualifikation von Frau Funcke zu berichten, sofern die Entscheidung zugunsten von Frau Funcke ausfallen sollte.
>
> Gleichzeitig würden Sie damit viele Ihrer Wähler, die heute noch in der FDP den liberalen Ausgleich sehen und durch sie die Unantastbarkeit ihres Vermögens garantiert wissen, bei der nächsten Bundestagswahl verlieren . . .

In der Sitzung vom 11. Dezember sprach Scheel knapp und klar. Er sagte rundheraus, daß er für Friderichs sei und ihn dem Bundeskanzler beziehungsweise dem Bundespräsidenten vorschlagen werde.

Nach Scheel ergriffen mehr als ein Dutzend Teilnehmer das Wort, zumeist gegen ihn. Er hörte sich alles gelassen an, blieb ungerührt, führte die Verhandlungen unbeirrbar an Frau Funcke vorbei, riskierte sogar die Behauptung, sie wolle gar nicht Minister werden, woraufhin er aufgefordert wurde, sie doch selbst zu fragen – sie war ja anwesend, schwieg aber –; schlagfertig behauptete er, dies bereits getan zu haben.

Wenn sie sich in diesem Augenblick erhoben hätte, um ihm zu widersprechen, wäre sein Konzept vielleicht noch gescheitert. Aber sie blieb sitzen, schweigend.

Allmählich bröckelte die Gegenfront. Erst schwenkte Werner Maihofer um, dann Otto Graf Lambsdorff, der selbst Ambitionen hatte und deshalb gegen Friderichs opponierte. Martin Bangemann gab als letzter nach. Es kam genauso, wie Scheel es gewollt und vorausgesehen hatte: Als er am Ende abstimmen ließ, sprachen sich alle außer Ingrid Matthäus, die aber als kooptiertes Mitglied kein Stimmrecht besaß, für Hans Friderichs aus. Dieser 11. Dezember 1972 war übrigens die letzte Gelegenheit, bei der es hartnäckigen Widerstand gegen den Vorsitzenden gab; später widersprach man Scheel nicht mehr. Seine Position an der Spitze der FDP war fortan völlig unangefochten. Er hatte 1973, anders als Brandt, seine Partei voll in der Hand.

Das Trostpflaster für die liberalen Linken wurde Maihofer. Zum Ausgleich für den rechten Friderichs kam er als fünfter FDP-Minister ins Kabinett. Die Erwägung Scheels, Maihofer als Minister ohne Geschäftsbereich über eine Mitarbeit am Rande der Bundesregierung in die Mehrheit der Partei zu integrieren, gelang und war obendrein taktisch geschickt, wenn sie auch Brandt und die SPD zunächst in Verlegenheit brachte.

Die FDP gewinnt das Bundespresseamt

Der Bundeskanzler mußte hingegen bei der Neubildung der Regierung Niederlage um Niederlage einstecken und lud sich Hypotheken auf, die er bis zu seinem Rücktritt im Mai 1974 nicht mehr abtragen konnte. Die Stärkung der FDP, die vielen nicht nur unproportioniert, sondern auch ungerechtfertigt schien, schwächte seine Stellung innerhalb der SPD. Man warf ihm vor, den Finger gereicht und einen Arm verloren zu haben. Die Liberalen stellten den Wirtschaftsminister und hatten das Innenministerium behalten. Statt der erwarteten dreieinhalb Ressorts brachte es die FDP auf nicht weniger als fünf. Den unruhigen, umstrittenen, aber hochbefähigten und voll einsatzbereiten Ehmke hatte Brandt nicht halten können; dafür handelte er sich Horst Grabert als Chef des Kanzleramtes ein, dem vieles danebenlief, und der später mitverantwortlich dafür werden sollte, daß Günter Guillaume Einblick in Geheimakten erhielt.

Den Schlußpunkt unter diese Serie von Rückschlägen setzte die Entscheidung über die Besetzung des Bundespresseamts. An seiner Spitze hatte seit 1969 Conrad Ahlers gestanden, der vorher stellvertretender Chefredakteur des *Spiegels*, in den Jahren der Großen Koalition dann stellvertretender Leiter des Presseamts gewesen und inzwischen ein Berater, ja Freund Willy Brandts geworden war. Durch seine unabhängige Amtsführung, ein ungezwungenes Auftreten und eine unverblümte Sprache hatte sich Ahlers das Vertrauen der in- und ausländischen Presse erworben und hohes persönliches Ansehen gewonnen. Gleichzeitig besaß er jedoch eine romantisch überhöhte Vorstellung von der eigenen Unabhängigkeit, hielt sich für gänzlich unangepaßt und redete offen über alles, wann und zu wem er wollte. Seine beträchtliche Eitelkeit, eine stark selbstbezogene Art, sich als eigentlichen Formulierer und Vermittler sozialliberaler Politik in den Vordergrund zu schieben, trugen ihm in der SPD den Vorwurf mangelnder Solidarität ein, der in dieser Partei von jeher schwer wog. Schon 1969, bei seiner Berufung zum Chef des Presse- und Informationsamts der Bundesregierung, hatte es deswegen bei den Sozialdemokraten große Bedenken gegen ihn gegeben. Aber damals setzte sich Brandt über alle Einwände hinweg. Man könne an Ahlers, dem Opfer der *Spiegel*-Krise und langjährigen politischen Helfer, nicht einfach vorübergehen; schließlich habe er zwischen 1966 und 1969 loyal, als Vertrauensmann *beider* Seiten, durch vernünftige Beeinflussung Kiesingers, wesentlich mitgeholfen, das schwierige Bündnis mit der Union drei Jahre lang über die Runden zu bringen und damit der SPD den Weg an die Macht zu ebnen.

Inzwischen lagen die praktischen Erfahrungen dreier weiterer Jahre vor. Die Zweifel vieler hatten sich bestätigt. War es nicht der Beweis des unangemessenen persönlichen Ehrgeizes von Ahlers, daß er 1972, bestärkt von Wilhelm Dröscher, für den Bundestag kandidiert hatte und Abgeordneter geworden war, was doch nur heißen konnte, daß er sein politisches Gewicht weiter zu vergrößern trachtete?

Rüdiger Freiherr von Wechmar, sein Stellvertreter im Bundespresseamt, der sich seit langem Hoffnungen machte, Ahlers als Chef nachzufolgen, hatte schon am Tag vor Weihnachten 1971 an seinen Parteivorsitzenden geschrieben, um ihm seine Wünsche ans Herz zu legen.

Bonn, den 23. Dezember 1971

Sehr geehrter Herr Minister, lieber Herr Scheel,

... Bei der Neubildung der Koalitionsregierung SPD/FDP nach den Wahlen 1973 wird vielleicht darüber entschieden werden müssen, wer die Nachfolge eines dann möglicherweise als SPD-Abgeordneter in den Bundestag einziehenden Staatssekretärs Ahlers antritt. Nach Lage der Dinge wird die SPD Anspruch auf diese Position anmelden, falls Conny Ahlers nicht in seinem Amt bleibt.

Aus Presseveröffentlichungen ist mir bekannt geworden, daß sich –

zumindest zum gegenwärtigen Zeitpunkt – Günter Gaus zu jenem Kreis von Kandidaten zählt, die vom Bundeskanzler in die engere Wahl gezogen würden. Das Bild mag sich bis zum Herbst 73 noch ändern, denn auch andere halten sich für berufen.

Da ich nicht davon ausgehen kann, daß unsere Partei mit Aussicht auf Erfolg Anspruch auf die Position des Chefs des Presse- und Informationsamtes der Bundesregierung erheben kann, wird rechtzeitig die Frage beantwortet werden müssen, wen die FDP 1973 für die gegenwärtig von mir wahrgenommene Funktion vorschlägt.

Für den Fall, daß Sie die Absicht haben sollten, mich erneut für dieses Amt vorzuschlagen, werden Sie Verständnis für die Bemerkung haben, daß ein nützliches Wirken nur dann gesichert ist, wenn Chef und Stellvertreter im BPA sich verstehen. Bei Gaus müßte ich dies für mich beispielsweise in Frage stellen, zumal die Erfahrungen des *Spiegel* gewisse Zweifel an seinen Fähigkeiten erlauben, einen großen Apparat zu führen.

Sie werden sich gewiß daran erinnern, daß wir bei meinem Eintritt in das BPA einen Briefwechsel geführt hatten, der meine Rückkehr in den Auswärtigen Dienst vorsah, falls meine Tätigkeit im Presse- und Informationsamt zu Ende gehen sollte. Da ich weiß, daß Ihre Personal-Abteilung langfristig planen muß, erschiene es mir zweckmäßig, wenn wir rechtzeitig ein Gespräch darüber führen könnten, an welcher Stelle Sie eine Verwendung im Auswärtigen Dienst für mich sehen würden . . .

Mit freundlichem Gruß
Ihr
(gez.) Rüdiger von Wechmar

Als sich Scheel auf dieses Schreiben hin wochenlang nicht meldete, hatte sich Wechmar am 2. Februar 1972 nochmals in seinen Angelegenheiten an den Außenminister gewandt.

Lieber Herr Scheel,

das in meinem Brief vom 23. Dezember 1971 angeregte Gespräch ist leider noch nicht zustande gekommen. Statt dessen mehrt sich von Woche zu Woche die Zahl derer, die als selbsternannte Kandidaten 1973 die Nachfolge von Conny Ahlers anstreben. Zu Gaus gesellten sich inzwischen Feddersen, Bölling und Harpprecht.

Ich vermag nicht zu beurteilen, ob irgendeiner dieser Genannten eine wirkliche Chance als Bewerber hat. Ich will mich auch nicht dazu äußern, inwieweit ich sie für geeignet halte. Allerdings kann ich für mich verbindlich erklären, daß es mir mit jedem der bisher Genannten sehr schwer fallen würde, gedeihlich zusammenzuarbeiten.

Mir wäre auch deshalb daran gelegen, wenn sich bald ein Gespräch darüber führen ließe, wann und wo ich im Bereich des Auswärtigen Dienstes nach Ablauf dieser Legislaturperiode eine Wiederverwendung finden könnte. Ich verrate Ihnen sicher kein Geheimnis, wenn ich Ihnen sage, daß mich die Botschaften in London oder Rom ebenso interessieren würden wie die in Washington oder Wien.

Mit freundlichem Gruß
Ihr
(gez.) Rüdiger v. Wechmar

Diesmal reagierte Walter Scheel sofort. Schon zwei Tage später traf er mit Rüdiger von Wechmar zusammen, um die Probleme zu erörtern, die durch die Bundestagskandidatur von Conrad Ahlers aufgeworfen wurden. Nach der Unterredung verfaßte Wechmar einen Vermerk:

1. Für den Fall, daß Staatssekretär Ahlers auch nach 1973 Chef des BPA bleibt, ändert sich in seiner Stellvertretung nichts. Dies gilt auch dann, wenn Herr Ahlers seine Aufgabe als Parlamentarischer Staatssekretär fortführen würde.
2. Wenn StS Ahlers nach 1973 seine Tätigkeit im BPA nicht fortsetzt, wird die FDP bei Koalitionsverhandlungen Anspruch auf die Leitung des BPA anmelden. Im Hinblick auf die Notwendigkeit einer langfristigen Planung in dieser Richtung erscheint eine Klärung der Voraussetzungen bis möglichst Herbst 1972 zweckmäßig.
3. Sollte die SPD im Falle einer Neubesetzung im Amt des BPA-Chefs auf dessen Stuhl Anspruch erheben und sollte die Besetzung mit einem der bisher in der Presse genannten »Kandidaten« vorgenommen werden, so würde Herr von Wechmar nach Ablauf der Legislaturperiode in den Auswärtigen Dienst zurückkehren.
   Auch wegen der hierfür notwendigen langfristigen Planung ist es erforderlich, bis Herbst dieses Jahres klare Vorstellungen über die Absichten der SPD zu gewinnen. Dies wird am besten durch ein Chefgespräch der beiden Parteivorsitzenden erreicht.
4. Falls weder Herr Ahlers in das BPA zurückkehrt noch die SPD auf die Besetzung seines Platzes verzichtet und der SPD-Kandidat ein gedeihliches Zusammenarbeiten nicht erwarten läßt, wird Herr von Wechmar Ende 1973 im Auswärtigen Dienst verwendet.

. . .

Noch am Wahltag wandte sich Rüdiger von Wechmar, den sein Ehrgeiz nicht schlafen ließ, an Walter Scheel, mit dem ihn inzwischen ein zunehmend herzliches Verhältnis verband (wie die Unterschrift »Dodel« zeigt), um ihm in einem dreieinhalb Seiten langen Brief die Konstellation im Bundespresseamt zu verdeutlichen, die freilich in ihren wesentlichen Zügen der des Frühjahrs glich.

Bonn, den 19. Nov. 1972

Lieber Herr Scheel,

mit der Neubildung der Bundesregierung stellt sich auch die Frage, wer künftig das Presse- und Informationsamt leitet. Dafür werden an der politischen Börse in Bonn zur Zeit folgende Alternativen gehandelt:

1. Conny Ahlers hofft, daß er die Unterstützung des Bundeskanzlers und des FDP-Vorsitzenden für seine Absicht findet, dem BPA auch weiterhin – künftig als Parlamentarischer Staatssekretär – vorzustehen. Nach der GGO der Bundesregierung und unter beamtenrechtlichen Gesichtspunkten kann eine Oberste Bundesbehörde jedoch nicht von einem Parlamentarischen Staatssekretär geleitet, allenfalls im Bundestag vertreten werden. In der Konsequenz würde das bedeuten, dem *Parlamentarischen* Staatssekretär einen *beamteten* Staatssekretär beizugeben.
   Nach meiner Kenntnis gibt es sowohl im Bundeskanzleramt (Ehmke, Bahr) als auch in der »Baracke« und an der Spitze der SPD-Fraktion Widerstand gegen eine Rückkehr von Ahlers in das BPA. Ob dies ausreicht, um den Bundeskanzler zu einer negativen Entscheidung betreffend Ahlers zu bewegen, kann ich nicht beurteilen. Viel wird deswegen von Ihrem Votum abhängen.
2. Zu den zum Teil selbsternannten Kandidaten für die Nachfolge von Conny gehören – in alphabetischer Reihenfolge –
   Klaus Bölling
   Jens Feddersen
   Günter Gaus
   Klaus Harpprecht.
   Bölling und Harpprecht sind nicht mehr als Zählkandidaten; Gaus soll das Ohr des Kanzlers haben, Feddersen rechnet mit der Unterstützung eines Teils der »Baracke« und anscheinend auch mit Ihrer Zustimmung.
   Über die Qualitäten von Gaus haben wir schon während der Peking-Reise gesprochen. Von den genannten vier Aspiranten ist Feddersen sicher der beste. Wenn ich jedoch den Kreis dieser vier um den fünften Kandidaten Ahlers erweitere, würde ich sofort ihm den Zuschlag geben.
   Wir alle kennen seine Fehler, aber wir alle kennen auch seine Qualitäten, insbesondere das große Vertrauen, das ihm die Presse im In- und Ausland (trotzdem) entgegenbringt. Mit diesem Pfunde sollte die Regierung wuchern und sich nicht in unter Umständen unberechenbare Experimente einlassen.

3. Unter der Voraussetzung, daß Horst Ehmke künftig das Justizministerium leitet, Egon Bahr zum Minister im Bundeskanzleramt aufrückt und Katharina Focke die Nachfolge von Frau Strobel antritt, wäre es auch denkbar, daß Ahlers die Funktion eines Parlamentarischen Staatssekretärs im Kanzleramt übertragen bekommt. Für diesen Fall reduziert sich die Auswahl wiederum auf die erwähnten vier Herren – vorausgesetzt, daß die SPD auf der Besetzung dieses Postens beharrt.
4. Ich habe neulich mit Hans-Dietrich Genscher darüber gesprochen, um seine Meinung zur Fortsetzung des Teams Ahlers/Wechmar zu hören und dabei den Eindruck gewonnen, daß er eine andere Lösung befürworten würde: daß nämlich die FDP Anspruch auf den ersten Platz im Presseamt erhebt. Dies würde allerdings bedeuten, daß FDP-Forderungen für andere Positionen innerhalb der Bundesregierung unberücksichtigt bleiben, weil die BPA-Stelle vermutlich angerechnet werden würde. Hinzu kommt, daß die presse-politische Wirkungsmöglichkeit des zweiten Mannes ebenso groß ist wie die der Nr. Eins.
5. ...

   Die Besetzung der Leitung des BPA durch einen Vertreter der FDP könnte sachlich zu Reibungen mit den Sozialdemokraten führen, es sei denn, daß vorher schriftliche Fixierungen erfolgen.
6. Bei unseren Unterhaltungen über das Presseamt tauchte auch die Frage auf, ob die Auslands-Abteilung dem Auswärtigen Amt angegliedert werden sollte. Sie müssen davon ausgehen, daß der Bundeskanzler einem solchen Vorschlag Widerstand entgegensetzt. Auch die Mitarbeiter der Auslands-Abteilung glauben, daß sie im BPA flexibler arbeiten könnten als im Auswärtigen Amt. Dennoch wäre zu überlegen, ob Sie diesen Posten als taktische Forderung in Koalitionsgespräche einbringen.

   ...

Mit freundlichen Grüßen
Ihr
Dodel

Außerordentlich geschickt, nur indirekt, wie man sieht, brachte sich Rüdiger von Wechmar hier in Erinnerung. Er verwies auf Hans-Dietrich Genscher als Urheber eines Gedankens, den er selbst seit vielen Monaten erwogen und angeregt hatte – nämlich die Spitze des Bundespresseamtes für die FDP zu fordern –, ließ seinen Namen ganz aus dem Spiel und stellte die eigene Anregung sofort wieder selbst in Frage, indem er zu bedenken gab, ob durch ein Aufrücken auf Platz 1 die eigenen Wirkungsmöglichkeiten im Amt eigentlich wüchsen.

Er wollte nicht nur Staatssekretär und Chef dieses Amtes werden, sondern die eigene Macht und die seiner Partei dort ausbauen und befestigen. Daher drang er auf »schriftliche Fixierungen«, also ausdrückliche Kompetenzabgrenzungen, ausformulierte Einflußverzichte der Sozialdemokraten. Das war ziemlich kühn. Es ging, wenn man die bisherige, lässige Übung im Auge hatte, erstaunlich weit und verriet ein beträchtlich gewachsenes Selbstbewußtsein der Liberalen.

Die FDP reagierte rasch. Noch in der Wahlnacht brachte sie Rüdiger von Wechmar als Nachfolger von Conrad Ahlers in die Diskussion, ohne dabei genau Stellung zu beziehen, wie die künftige Konstruktion des Presseamts aussehen solle. Danach geriet das Thema des neuen Regierungssprechers in den Koalitionsverhandlungen zunächst an den Rand. Scheel wußte, daß die Position der FDP in dieser Frage aufgrund ihrer klaren personellen Alternative mit dem Ablauf der Zeit nur günstiger werden konnte, während die Lage der SPD, die sich nur in der Ablehnung von Ahlers, nicht aber in der Wahl eines Nachfolgers aus den eigenen Reihen einig war, immer schwieriger, ja hoffnungslos wurde. Wenn die Sozialdemokraten frühzeitig einen eigenen, geeigneten Mann aufgeboten hätten, wäre den Liberalen gar nichts anderes übrig geblieben, als ihn zu akzeptieren. Da dies aber nicht geschah, lief die Entwicklung zwangsläufig auf von Wechmar zu. Die FDP sah daher gar keinen Grund, auf eine Entscheidung zu drängen.

Erst am 13. Dezember, als Brandt und Scheel abschließend strukturelle und personelle Fragen der Kabinettsbildung regelten, wobei sie neben anderem auch die Bestallung zweier Bundesminister ohne Geschäftsbereich und die Ernennung von Horst Grabert und Karl Ravens vereinbarten sowie ihr fröhliches Vorhaben besprachen, die Abfassung der Regierungserklärung mit gemeinsamen Ferien auf den Kanarischen Inseln Anfang Januar zu verbinden, kam das Thema der Ahlers-Nachfolge wieder auf den Tisch. Es lief, wie Scheel vermutet hatte: Brandt verfügte nicht über einen Gegenvorschlag und akzeptierte daher Rüdiger von Wechmar, den er übrigens persönlich mochte und zu dem er ein freundliches Verhältnis gewonnen hatte. Er versprach, ihn in der eigenen Fraktion durchzusetzen.

Nach der Zusammenkunft hielt Scheel die Einigungen des Tages handschriftlich in dürren Stichworten fest:

2 BM o. G.	Bahr
	Maihofer
BKA Chef	Grabert
PStS.	Ravens
BM Vogel	Dr. Ahrens?
BPA	v. Wechmar
	Grünewald
	MD
Reg. Erkl. Vorbereitung	
6.–12. auf Can. Isl.	
Woelker	Vorbereitung Erkl. des BK

	morgen – vergleichen –
für Genscher:	Jung noch
	nicht sofort ernennen!

Brandts Bedenken, den eigenen Leuten gegenüber offen einzuräumen, daß er das Bundespresseamt den Liberalen überlassen habe, weil Rüdiger von Wechmar ihm besser gefalle als mancher Genosse, zeigte sein Verhalten in einer Sitzung der SPD-Fraktion tags darauf. Obwohl die Entscheidung über den Regierungssprecher inzwischen mit Scheel gemeinsam getroffen worden war, äußerte sich Brandt dazu nur ausweichend und sibyllinisch, tat so, als habe er sich mit dieser Frage noch nicht konkret beschäftigt, als sei alles noch offen. Er dankte Conrad Ahlers, dessen Ausscheiden ja feststand und rundum bekannt war, und würdigte ihn als »farbige Persönlichkeit, die auch in schwierigen Situationen es verstanden habe, sich das Vertrauen des überwiegenden Teils der Journalisten zu sichern«, wie es im Protokoll der Sitzung heißt. Dann äußerte er sich zur Neubesetzung: ». . ., daß er abschließende Gespräche über die Gestalt und die Besetzung des Bundespresseamtes noch nicht habe führen können. Er werde jedoch die Leitung dieses Amtes in erster Linie nicht unter parteipolitischen Gesichtspunkten auswählen. Er werde jedoch sicherstellen, daß der sozialdemokratische Einfluß im Bundespresseamt in personeller und materieller Hinsicht stärker berücksichtigt werde . . .«

Diese Unterrichtung war, um das mindeste zu sagen, unvollständig. Brandt ließ die Fraktion im unklaren, mochte ihr das volle Ausmaß der FDP-Gewinne bei den Koalitionsvereinbarungen wohl nicht in einem Stück zugeben. Die Unruhe unter den Sozialdemokraten war ohnehin groß. Daß die Liberalen nun auch noch den Regierungssprecher stellten, machte das Maß voll. So sahen es viele – keineswegs nur in der SPD – und mit Erstaunen. Knapp ein Jahr später konnte man im *Spiegel* vom 1. Oktober 1973 lesen, die Berufungen von Grabert und Wechmar seien »nach nahezu einhelliger Meinung der sozialdemokratischen Kabinettsmitglieder die beiden Ursünden der Regierungsbildung im Herbst 1972« gewesen.

Selbstüberschätzung in der SPD

Brandts Sorge galt jedoch 1972 – und das erklärt zum Teil seine Nachgiebigkeit – weniger seiner eigenen Partei als vielmehr der künftigen Zusammenarbeit von Sozialdemokraten und Liberalen. Er fürchtete, Teile der SPD seien seit dem Wahltag dabei, ihr politisches Augenmaß zu verlieren. Nachdem die knappen Mehrheitsverhältnisse von 1969 bis 1972 zu äußerster Vorsicht und Zurückhaltung gegenüber dem Partner gezwungen hatten, sei man jetzt in Versuchung, die Freien Demokraten kräftig an die Wand zu drücken. In einem Interview mit der *Deutschen Presseagentur* erläuterte er deshalb am 3. Dezember 1972 seine Warnung, das Konto der Partei, wie er es nannte, programmatisch und personell zu überziehen. Man müsse das Wahlergebnis »richtig verstehen«: Die SPD habe zwar 49 Prozent aller Erststimmen erhalten. Aber der eigentliche Wählerauftrag liege in der Fortsetzung des Regierungsbündnisses von Sozialdemokraten und Freien Demokraten.

Brandts Mahnung zur Besonnenheit und Rücksichtnahme auf den Koalitionspartner richtete sich besonders an die Linken in der SPD, deren Erwartungshorizont sich nach dem Wahlsieg ins Utopisch-Grenzenlose erweitert hatte. »Mit diesem Ergebnis können wir anfangen, das sozialistische Deutschland zu gestalten. Wir können klarer als bisher gegen bestimmte Kreise des Großkapitals vorgehen«, hatte Rudolf Schöfberger, der neue Vorsitzende des SPD-Unterbezirks München, noch in der Wahlnacht gegenüber der Zeitschrift *Konkret* gemeint. Ähnlich selbstsicher hatte auch Wolfgang Roth, der Vorsitzende der Jungsozialisten, angekündigt: »Innerparteilich wollen wir jetzt Druck ausüben.« Um seine Entschlossenheit zu unterstreichen, sprach er sogar von der Möglichkeit eines Sternmarsches der Jungsozialisten auf Bonn, Anfang Dezember überdies von einer Mobilisierung junger Leute, der Arbeitnehmer, und von der Möglichkeit politischer Streiks. Die Aufbruchsstimmung der Linken hatte schon in der Nacht nach der Wahl die den SPD-Linken damals nahestehende *Stern*-Journalistin Wibke Bruhns in die Worte gefaßt: »Ich fühl' mich, als ob ich ein Kind gekriegt hätte. Aber: Der SPD Dampf für eine linke Politik machen – das ist jetzt ja wohl, was morgen losgehen muß.«

Die Stärke dieser partei-internen Linken im neuen Bundestag betrug knapp fünfzig Abgeordnete, ihr Selbstgefühl ein Mehrfaches. Noch vor der ersten Sitzung der SPD-Fraktion besprachen sie in Anwesenheit ihres Mentors Jochen Steffen im Leverkusener Gasthaus *Holzen* Ende November ihre Strategie und berieten auch über ein eigenes Sekretariat, also ihre Einrichtung als Fraktion in der Fraktion. Steffen plädierte dabei in diesem *Leverkusener Kreis*, wie er sogleich genannt wurde, für »mehr linken Pragmatismus« – was immer das heißen mochte. Wenige Tage darauf, am 10. Dezember 1972, warnte Brandt jedenfalls eindringlich vor solchen Zusammenschlüssen. Den im Bonner Bundeshaus versammelten Mitgliedern des Parteivorstands, des Parteirats und der Kontrollkommission der SPD erklärte er, »exklusive organisatorische Fraktionsbildungen« habe es in der Geschichte der SPD immer wieder gegeben, aus ihnen sei für die deutsche Arbeiterbewegung aber noch niemals etwas Gutes entstanden. Er müsse den Parteirat dringend bitten, die angedeuteten »Gefahren der Selbstzerstörung« abzuwenden und nicht auf einen Parteitag loszumarschieren, der es sinnlos erscheinen lasse, jetzt überhaupt die neue Regierung zu bilden. Man möge ihn nicht in die Verlegenheit bringen, sich an die Partei in ihrer Gesamtheit wenden zu müssen. Wer Verantwortung trage, müsse wissen, wofür er einen Auftrag erhalten habe und wofür er stehe. Ohne die FDP beim Namen zu nennen, sagte Brandt, wer heute davon spreche, wie man den Partner 1976 überflüssig mache, der trage »zu einer Entwicklung und Konstellation bei, die 1976 zu einem bedauerlichen Rückfall führen könnte«.

Um die eigene Verantwortung und damit die Unabhängigkeit des Regierungschefs von Parteiaufträgen zu unterstreichen, versagte Brandt es sich demonstrativ, den versammelten SPD-Gremien Angaben über die Mitglieder des künftigen Kabinetts und die personelle Besetzung anderer Spitzenpositionen zu machen, obwohl die Parteiratssitzung eigens auf den 10. Dezember vorverlegt worden war, um ihr eine kritische Einschaltung in den Prozeß der Regierungsbildung zu ermöglichen.

Ende der Personaldiskussion und Regierungserklärung

Drei Tage später war alles entschieden. Am 13. Dezember 1972 wurde Annemarie Renger mit 438 Stimmen bei 45 Gegenstimmen und 30 Enthaltungen zum neuen Präsidenten des Deutschen Bundestages gewählt. Sie war der erste Sozialdemokrat und die erste Frau in der Geschichte der Bundesrepublik Deutschland, der dieses – nach dem Bundespräsidenten – zweithöchste Amt zufiel, das unser Staat zu vergeben hat.

Am darauffolgenden Tag begleitete eine »Panne von noch nie dagewesenem Ausmaß«, wie der behende Hermann Schmitt-Vockenhausen (SPD) das Ereignis hektisch kommentierte, die Wahl des Kanzlers. Die Stimmenauszählung im Bundestag ergab nämlich zunächst 289 Stimmen für Willy Brandt. Demnach mußten auch 18 Unionsabgeordnete für den Vorsitzenden der SPD gestimmt haben. Während der folgenden fünfviertelstündigen Verwirrung erklärten fünfhundert empörte CDU-Mitglieder ihrer Parteizentrale telefonisch den Austritt, was das Ausmaß der Polarisierung ahnen läßt, die damals das politische Leben kennzeichnete. Doch dem in der Tat überraschenden Ergebnis lag ein Fehler zugrunde. Wie die Nachzählung ergab, waren zweimal zehn Nein-Karten irrtümlich für Brandt gewertet worden. Er hatte also nur 269 Stimmen erhalten. 223 Abgeordnete hatten gegen ihn votiert, ein Stimmzettel war ungültig. Obwohl damit offenbar zwei Abgeordnete der Koalition ihn nicht gewählt hatten, hieß unter den nun komfortableren Mehrheitsverhältnissen auch der neue Bundeskanzler Willy Brandt.

Am 15. Dezember präsentierte der Regierungschef sein Kabinett mit insgesamt 17 Ministern, von denen nicht weniger als fünf der FDP angehörten, meist in wichtigen, klassischen Ressorts: Walter Scheel (Vizekanzler und Außenminister), Hans-Dietrich Genscher (Inneres), Hans Friderichs (Wirtschaft), Josef Ertl (Landwirtschaft) und Werner Maihofer (Sonderminister). Die SPD stellte außer dem Kanzler zwölf Minister: Gerhard Jahn (Justiz), Helmut Schmidt (Finanzen), Walter Arendt (Arbeit), Georg Leber (Verteidigung), Katharina Focke (Gesundheit), Lauritz Lauritzen (Verkehr), Hans-Jochen Vogel (Raumordnung), Egon Franke (Innerdeutsche Beziehungen), Horst Ehmke (Forschung), Klaus von Dohnanyi (Wissenschaft), Erhard Eppler (Entwicklung) und Egon Bahr (Sonderminister).

Brandt verband die Vorstellung seines Kabinetts lediglich mit einigen kurzen Bemerkungen vor dem Parlament, da seine Stimmband-Erkrankung vorerst keine größere Rede und Debatte im Bundestag gestattete. Die eigentliche Regierungserklärung mit ihrer Erläuterung des Sachprogramms der Koalition war erst für Mitte Januar vorgesehen. Bis dahin wollte man ein paar Wochen Luft holen, Urlaub machen. Nicht nur Brandt, auch Scheel war sichtlich erschöpft. Am 22. Dezember schrieb er, wiederum sehr förmlich, dem Kanzler einen kurzen Weihnachts- und Neujahrsgruß, der diese körperlichen, nervlichen Belastungen ahnen ließ, aber auch Genugtuung und Zukunftsgewißheit des Vizekanzlers zeigte:

Sehr geehrter Herr Bundeskanzler,

ein schweres Jahr liegt hinter uns, ein Jahr mit mancherlei Enttäuschungen und bitteren Stunden.

Der Ausgang der Bundestagswahl hat aber bewiesen, daß der eingeschlagene Weg richtig war, daß sich unser Engagement gelohnt hat.

Ich sehe unserer gemeinsamen Arbeit mit Freude und Zuversicht entgegen und wünsche Ihnen in diesem Sinne eine Frohe Weihnacht und viel Glück im Neuen Jahr.

Mit der Bitte um eine Empfehlung an die Familie verbleibe ich – auch von meiner Frau herzlich grüßend –

Ihr
(gez.) Walter Scheel

Auffällig war wieder die kühle, allerdings auch respektvolle Anrede, die Scheel wählte. Zudem ließ er, wie das seine Gewohnheit war, den Text bis auf die letzten beiden Absätze vorformulieren. Brandt erwiderte, wie immer, wärmer, herzlicher im Ton:

Lieber Herr Scheel!

Ich danke Ihnen für Ihre guten Wünsche zum Weihnachtsfest und zum neuen Jahr und erwidere sie herzlich.

Auf weitere gute Zusammenarbeit und mit den besten Grüßen von Haus zu Haus

Ihr
(gez.) Willy Brandt

Am 6. Januar 1973, nach dem traditionellen Dreikönigstreffen der FDP in Stuttgart, reiste Scheel zunächst zu einem Privatbesuch nach Malaga und dann weiter nach Fuerteventura, einer der Kanarischen Inseln, wo er vom 8. bis zum 12. Januar mit Brandt die Regierungserklärung verfaßte. In der Umgebung von Brandt und Scheel hielt man das für normal bei dem herzlichen Verhältnis, das sie miteinander verband.

Doch die gemeinsamen Urlaubstage am Meer mit seinem kilometerlangen, menschenleeren, weißen Strand, den die beiden entlangwanderten, allein oder zusammen mit ihren Frauen, zeigten auch die Unterschiedlichkeit der beiden Männer. Scheel, mit seinem Sinn für Rang und Form, seinem verwöhnten Geschmack, einer kultivierten Genußsucht, war »entgeistert« über das Quartier, ein »mieses« Hotel, das der viel bescheidenere Brandt gewählt hatte, zumindest beibehielt, falls andere es für ihn ausgesucht hatten. Der Außenminister behauptete später allerdings, *Der Spiegel* habe übertrieben, als er ihm den Satz zuschrieb, die Unterkunft sei »ein Abgrund miesester Neckermann-Welt« gewesen. Zur gleichen Zeit, doch getrennt, reiste man in die Bundesrepublik zurück. Am 18. Januar verlas der Bundeskanzler im Parlament ihre gemeinsame Regierungserklärung.

Brandt verbreitete sich darin über den Gedanken einer »neuen Mitte« der deutschen Politik, die sich in der Koalition verkörpere. Er sprach von einem gewandelten Bürgertypus, »der seine Freiheit auch im Geflecht der sozialen und wirtschaftlichen Abhängigkeiten behaupten« wolle. Dabei träfen neben anderem »die produktive Unruhe aus den Reihen der Jungen und die Einsicht der Älteren« zusammen: »Ihr politischer Wille strömt ein in das, was sich uns darstellt als die neue Mitte, die soziale und die liberale Mitte.« Gleichzeitig warnte der Kanzler vor übertriebenen Erwartungen, die sich an erstrebte, erhoffte Reformen knüpften: »Wer nur neue Forderungen stellt, ohne zu neuen Leistungen bereit zu sein, wird der Lage, auch der eigenen Interessenlage, nicht gerecht, und kann nicht erwarten, ernstgenommen zu werden . . . Reformgerede, hinter dem sich nur Gehaltsforderungen tarnen, taugt wenig.«

Im ganzen war die Regierungserklärung vom 18. Januar 1973 knapper, konzentrierter als die vorhergehende vom 28. Oktober 1969 – wie Brandt es sich zu Beginn der Koalitionsgespräche gewünscht hatte. In der Debatte über die Erklärung machte sich die sozialliberale Koalition den von Brandt vorgetragenen Begriff der neuen Mitte voll zu eigen, scharte sich überhaupt fest um den Kanzler. Die Risse im Bündnis, die sich sach- wie personalpolitisch andeuteten, blieben der Öffentlichkeit fast ganz verborgen. Gewiß: In beiden Parteien gärte es auf der Linken. Aber kurz nach dem großen Wahlerfolg, den die Koalition errungen hatte, nahm das kaum jemand ernst. Denn die Eintracht zwischen den beiden Vorsitzenden schien unverbrüchlich; da beide in ihren Parteien völlig unangefochten waren, garantierte ihre freundschaftliche Verbundenheit allein schon den Fortbestand der Koalition. Der Reiz des Neuen, Ungewöhnlichen, ja

Ungewissen, der dem sozialliberalen Bündnis 1969 angehaftet hatte, war freilich einer gefestigten, fast langweiligen Normalität gewichen, die allerdings zugleich ein Gefühl der Ruhe und Verläßlichkeit vermittelte, in dem man sich behaglich einrichten konnte. Im Vertrauen auf die eigene, solide parlamentarische Mehrheit und mit der Aussicht auf ein weiteres, jetzt vier Jahre lang unbeschwertes Regieren glaubte man an die eigene Dauerhaftigkeit. Man hatte dazugelernt, wollte nicht mehr wie 1969 die Welt verändern, sie reformierend umstülpen, sondern nur noch sehr partiell, etwa durch eine Steuerreform, eine neue Mitbestimmungsregelung, verbessern. Diese Koalition war in ihren eigenen Augen tatsächlich die Mitte, das Zentrum, eine geistige und politische Koalition praktischer Vernunft, die sich für die Zukunft nichts anderes mehr vorstellen konnte als sich selbst.

Doch diese hochmütige, egozentrische Verabsolutierung des eigenen politischen Standorts entsprach in dem Augenblick, in dem sie verkündet wurde, schon nicht mehr der Wirklichkeit. Die Ruhe, die sie spiegelte, trog.

Scheels Rückzug auf die Bundespräsidentschaft

Seit der äußere Druck, der drei Jahre lang eine wichtige Klammer der Koalition gewesen war, nachgelassen hatte, machte sich im Regierungsbündnis zwischen SPD und FDP neben der Erschöpfung aber auch die Sprengkraft innerer Fraktionierung bemerkbar. Niemand spürte dies deutlicher als der instinktsichere Walter Scheel. Früh schon, noch im Hochgefühl des errungenen Sieges, begann er, sich von Willy Brandt abzusetzen – kaum merklich zunächst, scheinbar beiläufig. Es war, als ließe seine innere Verbundenheit mit Brandt nach. Nebensächlichkeiten zeigten, daß Scheel sich umorientierte.

Häufiger befiel ihn jetzt der Verdacht, die Koalition habe nach der Bewältigung der ostpolitischen Herausforderung den Höhepunkt ihrer Bedeutung überschritten; je erfolgreicher ein Bündnis sei, desto rascher erübrige es sich, sagte Scheel seither oft. Auch gesundheitlich ging es ihm nicht gut. Er fühlte sich manchmal wirklich erschöpft wie das Bündnis, das er 1969 zustande gebracht hatte und weiter mitverantwortete. Nierensteine plagten ihn, ohne daß er bisher die drei Wochen Krankenhausaufenthalt hätte erübrigen können, die zur Entfernung der quälenden Steine erforderlich waren. Erst nachdem er Ende Januar 1973 während einiger Tage der Besinnung in seinem Ferienhaus im österreichischen Hinterthal einen Nierenanfall mit außerordentlich schmerzhaften Koliken erlitten hatte, ließ er sich im folgenden Monat operieren. Der Dauerstreß des AA wich auch danach nicht von ihm; im Dezember des gleichen Jahres mußte er schon wieder unter das Messer des Chirurgen, aus dem gleichen Grunde.

Auch andere an der Spitze dieser Koalition merkten jetzt, welchem Verschleiß sie seit Jahren ausgesetzt gewesen waren. Als Egon Bahr Mitte März 1973 das erlitten hatte, was Rüdiger von Wechmar vorsichtig »Kreislaufschwächen« nannte, also wohl einen leichten Herzinfarkt, schrieb er vom Krankenbett aus am 27. März mit der Hand an Walter Scheel, der ihm Genesungswünsche und ein Buch geschickt hatte: ». . . herzlichen Dank für Ihre Wünsche und den Schmöker, der in meinem Zustand genau richtig ist. Die letzten 3½ Jahre waren wohl etwas zu wild, und alles, was ich Ihnen gesagt habe, sage ich nun mir. Ende der Woche wird der Arzt entscheiden, wie es weitergeht; aber über eine Kur würde ich nicht einmal unzufrieden sein. Von der alten Frische, die Sie mir wünschen, bin ich noch ziemlich weit. Es war ein Schuß vor den Bug, hoffentlich rechtzeitig . . .«

So konnte es einfach nicht weitergehen, fand Scheel. Man mußte sich beizeiten Alternativen überlegen. Aber welche Möglichkeiten standen ihm offen? Als Vorsitzender der Freien Demokraten war er zum Vizekanzler und Außenminister verdammt, solange die Koalition mit der SPD dauerte, ja eigentlich sogar darüber hinaus, wenn man es recht besah, also auf immer und ewig. Den FDP-Vorsitz an Hans-Dietrich Genscher abzugeben, um von der Doppelbelastung befreit zu werden, wie ihm das sein Vorgänger Erich Mende schon 1970 scheinheilig nahegelegt hatte, schien ihm bedenklich, ja ausgeschlossen, da es sein politisches Gewicht in der Regierung allzusehr vermindert hätte. Das war weder für ihn noch für seine Partei oder das Auswärtige Amt eine verlockende Perspektive.

So entschloß sich Walter Scheel auf dem Höhepunkt seiner Macht, aus der aktiven Politik auszuscheiden und das ehrenvolle, aber einflußlose Amt des Bundespräsidenten anzustreben, die Nachfolge Gustav Heinemanns. Während seines Aufenthalts im Hinterthal im Januar 1973 zeigte sich der Außenminister zum Erstaunen seiner engsten Mitarbeiter, Guido Brunner, Hans-Joachim Hallier, Harald Hofmann und Sepp Woelker, fest entschlossen, Bundespräsident zu werden. Sie alle hatten den Eindruck, niemand werde Scheel davon abhalten können, Heinemanns Platz einzunehmen. Er duldete keinen Widerspruch – was sicherlich auch damit zusammenhing, daß es ihm wegen starker Schmerzen schlecht ging. Als der eine oder andere aus der Runde bekümmert fragte, was denn aus ihm werden solle, wenn Scheel als Parteivorsitzender und Außenminister abtrete, äußerte er sich ungehalten, ja geradezu rüde, was man bei ihm selten erlebte. Solche persönlichen Sorgen der anderen wischte er unwirsch vom Tisch und erklärte kühl, das sei ihm vollkommen gleichgültig. Auch die Befürchtung, seine Präsidentschaftskandidatur werde die FDP in große Schwierigkeiten bringen, konnte ihn nicht beeindrucken. Offenbar stellte sich ihm die Lage überhaupt anders dar als seinen Gesprächspartnern. Sie fanden seine Kritik am Kanzler unangemessen, konnten sich damals einen anderen als Brandt auf diesem Posten gar nicht vorstellen. Angesichts der Entschiedenheit Scheels konzentrierten sie ihre Hoffnungen darauf, daß Heinemann noch einmal kandidieren, seine zweite Amtsperiode ihnen also ihre Ängste nehmen werde.

Doch Scheel blieb vom Frühjahr 1973 an beharrlich bei seinem Ziel, der Villa Hammerschmidt, wenn er dies vorerst auch nur einzelnen aus dem Führungskern der eigenen Partei verhalten andeutete. Als er gegenüber Karl-Hermann Flach damals seinen Wunsch beiläufig erwähnte, horchte dieser die Umgebung Scheels aus: Ob er denn wirklich Bundespräsident werden wolle? Oder ob man ihn vielleicht doch noch umstimmen könne? Hans-Dietrich Genscher wurde erst im Frühsommer von Scheel in dessen Zukunftspläne eingeweiht, die ihn ja ganz unmittelbar betrafen. Geheimnisvoll sagte er daraufhin zu Rudolf Augstein, der zunächst gar nicht verstand, was Genscher meinte, möglicherweise mache die Partei jetzt »einen ganz großen Fehler«. Ihm war verständlicherweise beklommen zumute.

Linkstendenzen und Fraktionsbildungen in der SPD

Doch die Gefahren für Genscher und die FDP lagen in weiter Ferne, während bei den Sozialdemokraten die Schwierigkeiten zunahmen. Im Vorfeld des SPD-Parteitags, der für April 1973 nach Hannover einberufen war, gewannen die Sprengkräfte innerer Fraktionierung, von denen Scheel annahm, daß sie in Zukunft die sozialliberale Zusammenarbeit ernsthaft belasten würden, immer deutlichere Konturen. Am 4. Januar 1973 eröffnete Joseph Scholmer unter der Überschrift »Was spricht gegen Fraktionen in der SPD?« im sozialdemokratischen Wochenblatt *Vorwärts* die Diskussion; Scholmer sprach von einem innerparteilichen Differenzierungsprozeß, der die Entwicklung der pluralistischen Gesellschaft reflektiere, und zog Vergleiche zur Sozialdemokratie des 19. und frühen 20. Jahrhunderts bis hinein in die Weimarer Republik. Dem widersprachen in einem Leserbrief Ernst Thape und in eigenen Beiträgen zum Thema Susanne Miller und Annemarie Renger. Bruno Friedrich versuchte dem Problem anders beizukommen. Am 26. April 1973 schrieb er im *Vorwärts*, unter dem Titel »Die alten Schablonen passen nicht mehr«, in der SPD hätten gleichsam alle Platz.

Entgegen den Warnungen und Einwänden Willy Brandts und Herbert Wehners gingen die Mitglieder des *Leverkusener Kreises* am 21. März, knapp drei Wochen vor Beginn des Parteitags, so weit, sich ein eigenes Sekretariat zuzulegen. Der Vorsitzende der SPD-Landesgruppe von Schleswig-Holstein im Bundestag, Björn Engholm, selbst ein engagierter *Leverkusener*, stellte ein seiner Landesgruppe reserviertes Büro im Bonner Abgeordneten-Hochhaus für diesen Zweck zur Verfügung. Büroleiter und Sekretärin sollten ebenfalls vom schleswig-holsteinischen Landesverband bezahlt werden, der politischen Heimat Jochen Steffens. Die Abgeordneten Hugo Brandt, Günter Huonker, Erich Meinike und Hansmartin Simpfendörfer wurden gleichzeitig zu Sprechern des Kreises gewählt. Trotz dieser strukturellen Verfestigung wollte man jedoch, wie es hieß, keine Fraktion in der Fraktion sein, sondern ein »offener Verein«. Die Abgeordneten, die ihm angehörten, formulierten – wie Erich Meinike erklärte – »zwar kein einheitliches Selbstverständnis«, hatten sich aber »durch Abklopfen und Abfragen gefunden« und stimmten »mit den meisten Grundsatzbeschlüssen der Jusos überein«.

Dieser *Leverkusener Kreis* war jedoch nur die Vorhut einer breiten Bewegung linker Kräfte in der SPD zu dieser Zeit. So hatten sich zur Jahreswende 1972/73 an verschiedenen Orten der Bundesrepublik – im Nordseebad St. Peter-Ording wie im Alpenhotel *Schlierseer Hof* und im Frankfurter Römer – SPD-Linke getroffen, um über eine gemeinsame Strategie für die kommende Legislaturperiode zu beraten, unter ihnen Jochen Steffen, Rudi Arndt, Wolfgang Roth und Karsten Voigt. Hauptgegenstand ihrer Kritik war das im Juni 1972 vorgelegte, von einer Kommission der Partei unter dem Vorsitz von Helmut Schmidt erarbeitete Langzeitprogramm der SPD, der »Entwurf eines ökonomisch-politischen Orientierungsrahmens für die Jahre 1973 bis 1985«. In einem Positionspapier der Jungsozialisten, das dem Parteivorstand im Dezember 1972 zugeleitet worden war, hieß es dazu, dem Langzeitprogramm fehle »die gemeinsame Perspektive, die erst begründen könnte, weshalb diese Forderungen von der SPD und nicht von der CDU oder sonst wem aufgestellt werden«. In einem Ende 1972 von Rudi Arndt redigierten Katalog von Änderungsvorschlägen, der im Februar 1973 auf dem Bezirksparteitag des SPD-Unterbezirks Hessen-Süd in Dieburg verabschiedet werden sollte, markierten die Linken ihre Gegenvorstellungen. Sie plädierten »für eine wirksame Veränderung der gesellschaftlichen Machtverhältnisse bei gleichzeitiger Verbesserung der gesellschaftlichen Lebensqualität« und verlangten »Koordinationsgremien« für Investitionen und Kredite sowie »Kontrollbehörden« für umweltbelastende Produktionen. Investitionen »nach Maßgabe des Profitmaximierungsprinzips« müßten mittelfristig ersetzt werden »durch das Prinzip gesellschaftlicher Produktionslenkung«.

Doch den Jungsozialisten wie den im *Frankfurter Kreis* um Jochen Steffen gescharten Altsozialisten gingen diese Vorstellungen noch nicht weit genug. In einem von Johano Strasser und Georg Beez entworfenen, zwei Seiten langen »Tendenzpapier«, an dem auch Steffen und Karsten Voigt mitgewirkt hatten und das in Hannover als Antrag präsentiert werden sollte, forderten sie, daß eine neue, vom Parteitag zu wählende Langzeitkommission über den Schmidt-Entwurf hinaus die »Entwicklungstendenzen« der Gesellschaft im nächsten Jahrzehnt beschreiben sowie »Mittel und Instrumente« benennen solle, mit denen Fehlentwicklungen frühzeitig erkannt werden könnten. Im Verlauf der achtziger Jahre sollten in einer zweiten Phase neben den Banken die Schlüsselindustrien (Elektrotechnik, Chemie und Automobilbau) verstaatlicht werden, um den Wirtschaftsablauf nicht nur steuern, sondern planen zu können.

Scharfe Kritik am Schmidt-Entwurf kam auch aus München. Dort gab es nicht, wie anderswo, Konflikte zwischen den Jungsozialisten und der örtlichen Parteispitze bei diesem Thema, sondern nur einhellige Ablehnung. Denn die Jusos waren hier in ihrem »Kampf um die angemessene (!) personelle Repräsentation« auf der ganzen Linie erfolgreich gewesen. Der gemäßigte Hans-Jochen Vogel, einst die Verkörperung der Hoffnungen und Siegeschancen einer sozialdemokratischen Volkspartei, hatte München, innerparteilich geschlagen, verlassen und war als Minister nach Bonn gegangen. Seine Richtung war zu Hause derart auf dem Rückzug, daß man in Teilen der Münchner SPD inzwischen die Abschaffung der Juso-Organisation auf dieser Ebene erwog, da sie nach dem Sieg der Linken überflüssig geworden sei. Unter dem Vorsitz von Hans Kolo, einem Vorstandsmitglied des SPD-Unterbezirks München, hatte sich eine eigene, fünfköpfige Langzeitkommission gebildet, die die Münchner Kritik am zentralen Langzeitprogramm der Partei formulierte. Man vermißte »eine weit stärkere Umverteilung des Produktivvermögens«, beklagte den »Wachstumsfetischismus« und forderte – wie der *Frankfurter Kreis* – die Einsetzung einer neuen Langzeitkommission auf Bundesebene.

Auf dem Parteitag in Hannover sollten alle diese theoretischen Ansätze nach Auffassung der Linken in eine große Grundsatzdiskussion über den künftigen Kurs der SPD einmünden. Da nach eigenen Mutmaßungen die Linke dort 40 bis 45 Prozent der Delegierten stellen würde, besäße man eine Machtbasis, mit der man wagen konnte, Mehrheiten zu erobern. Das Selbstbewußtsein war daher entsprechend groß. »Rausgeschmissen« werden könne man nun nicht mehr, meinte Johano Strasser, stellvertretender Bundesvorsitzender und einer der wichtigsten Theoretiker der Jungsozialisten. Karsten Voigt, der frühere Vorsitzende, mittlerweile stellvertretender Unterbezirksvorsitzender der Frankfurter SPD, ging noch weiter. Kühn erklärte er, bisher hätten die Jusos gemeint, sie seien die SPD der achtziger Jahre. Nun glaube er aber, sie kämen schon früher dran. Welchen Weg die Jusos eingeschlagen hatten, beschrieb der Antrag Nr. 32 ihres Bezirks Westliches Westfalen für den Parteitag. Dort hieß es, das Ziel der Parteiarbeit der Jungsozialisten sei »die Umwandlung der heutigen SPD in eine konsequent sozialistische Partei, die ihre Rolle als Grenzträger kapitalistischer Herrschaft« verliere »und sich die Bedingung ihres Handelns weder vom Monopolkapital noch von dessen politischer Agentur, der CDU/CSU, diktieren« lasse.

Die Reden und Beschlüsse auf dem Kongreß der Jungsozialisten, der vom 9. bis 11. März 1973 in Bad Godesberg stattfand, gingen in die gleiche Richtung. Vor den Delegierten nannte Wolfgang Roth (der im Vorjahr Karsten Voigt als Vorsitzenden abgelöst hatte) als Schwerpunkte der künftigen Arbeit die Weiterentwicklung der Theoriediskussion unter Einbeziehung linker Wissenschaftler, die Ausarbeitung eines strategischen Gegenkonzepts zum Langzeitprogramm, die Veranstaltung eines eigenen Bildungskongresses im Herbst und die Unterstützung linker Bundestagsabgeordneter der SPD. In Beschlüssen zur Außenpolitik, die das innenpolitische Programm ergänzten, forderte man, als Konsequenz der Ostpolitik die Rüstungsausgaben zu senken und die Devisenausgleichszahlungen der Bundesrepublik an die USA für die Stationierung amerikanischer Truppen in Deutschland künftig wegfallen zu lassen. In einem anderen Antrag konnte man lesen, die Integration der mitteleuropäischen Staaten in die NATO und den Warschauer Pakt sei außerstande, die Sicherheit in Mitteleuropa zu garantieren.

Man vereinbarte also nicht nur eine Strategie für die Umwandlung der eigenen Partei, sondern auch für die der westdeutschen Gesellschaft und zielte darüber hinaus bereits auf ein sozialistisches (West-)Europa ab. Das Strategiepapier, das Strasser für den Kongreß entworfen hatte, enthielt einen Drei-Stufen-Plan, der den Weg dorthin genauer wies: Eine Analyse der gegenwärtigen Machtverhältnisse müsse zunächst untersuchen, wo die ökonomischen Machtzentren lägen und welchen Zwang sie auf die Politik des Staates ausübten. Dann seien zum Aufbau einer »Gegenmacht« Banken und Schlüsselindustrien zu vergesellschaften, nämlich entschädigungslos zu enteignen; der Staat habe künftig die Prioritäten für die Investitionen der Unternehmen zu setzen. In einer dritten Phase wären schließlich auch sämtliche mittleren und kleinen Unternehmen in Gemeineigentum zu überführen. Nach dieser Beseitigung der kapitalistischen Marktwirtschaft sollten staatliche Rahmenpläne die Produktion regeln, die Bürger dabei über Konsumenten-Organisationen mit Hilfe einer »dezentralisierten Feinsteuerung« beteiligt werden, also über diese Pläne mitbestimmen.

Die Abschaffung der Marktwirtschaft bedeutete nach der jungsozialistischen Mehrheitsmeinung keineswegs das Ende der parlamentarischen Demokratie. Im Gegenteil. Die Aufrechterhaltung einer organisierten Opposition, einer autonomen Presse und autonomer Gewerkschaften sollte der Entdemokratisierung entgegenwirken, besonders jeden Funktionärs-Sozialismus verhindern. Die *Stamokap-Fraktion*, die freilich nach einer Schätzung Roths Anfang 1973 weniger als fünf Prozent der Viertelmillion Jungsozialisten ausmachte (in Godesberg stellte sie jedoch mehr als 10 Prozent der Delegierten), dachte in diesem Punkt allerdings radikaler. Für sie war der Parlamentarismus westlicher Prägung nur das politische Instrument der Monopole, das die gesellschaftlichen Verhältnisse stabilisierte. Der Staat steuere die Produktion im direkten Interesse der Herrschenden. Reformen würden nur durchgeführt, wenn sie den Monopolen nützten. Es bedeutete daher kein Kompliment für die SPD, sondern deren Verurteilung, wenn die Frankfurter Stamokap-Gruppe um den Physiklehrer Rainer Eckert in einer Kritik des Langzeitprogramms die SPD eine »reformistische, zutiefst bürgerliche, dem Parlamentarismus verhaftete Partei« nannte. Doch mit dieser Meinung konnte sich die *Stamokap-Fraktion* auf dem Godesberger Jungsozialistenkongreß nicht durchsetzen. Die große Mehrheit verstand ihre Tätigkeit als »Teil der Parteiarbeit« und umriß ihre Aufgabe unter anderem dahingehend, »innerhalb der Jugend für den demokratischen Sozialismus zu wirken« und »die Arbeit der SPD auf allen Gebieten im Sinne des Godesberger Programms zu unterstützen«. Enttäuscht trat daher nach dem Kongreß eine Gruppe von dreißig Frankfurter Jungsozialisten, unter ihnen auch der stellvertretende dortige Juso-Vorsitzende Eckert, aus der Partei aus; zwanzig von ihnen gaben gleichzeitig ihren Eintritt in die DKP bekannt.

In der SPD wurde dieser Auszug der Frankfurter *Stamokaps* weithin begrüßt, auch von Linken wie Jochen Steffen, der ihn einen »parteiinternen Sieg aller sozialdemokratischen Gruppierungen« nannte. Die Stamokaps hatten nämlich alle Jungsozialisten und SPD-Linken im Bild der Öffentlichkeit in die Nähe marxistischer Abweichler, ja stranggläubiger Kommunisten gerückt und damit diskreditiert. Der Austritt entlastete nun die weniger dogmatische Linke, befreite sie vom unerwünschten Geruch antidemokratischer Verbissenheit und eines schadenstiftenden Sektierertums. Auch die SPD-Spitze war erleichtert. Lästige, auffällige Ausschlußverfahren, die dem Prestige der Partei abträglich sein konnten, waren jetzt nicht mehr erforderlich. So meinte beispielsweise der nordrhein-westfälische Ministerpräsident Heinz Kühn aufatmend, ein »chirurgischer Abtrennungsprozeß« werde damit entbehrlich, und auch der SPD-Bundesgeschäftsführer Holger Börner sagte, er sei froh, »daß die jungen Leute das selber erledigt« hätten.

Mit dem freiwilligen Auszug der kleinen Frankfurter Gruppe war jedoch das Problem der Abgrenzung nach links für die Parteiführung keineswegs erledigt. Zum einen handelte es sich bei dieser lokalen Gruppierung eben nur um einen verschwindend geringen Teil der Stamokaps innerhalb der Jungsozialisten. Der bei weitem größere Teil blieb in der SPD, besonders in seinen Hochburgen Hamburg und Berlin. Zum anderen gab die Abwanderung dieses harten Kerns den übrigen Zusammenschlüssen der Linken am Rande der SPD weiteren Auftrieb. Sie konnten nunmehr auf dem bevorstehenden Parteitag unbefangener und daher mit größeren Erfolgschancen für ihre Ziele werben. An der Strategie der Jungsozialisten, die von diesen Frankfurtern ohnehin nicht mitgetragen worden war, änderte der Austritt nichts.

Obgleich also die SPD in der Öffentlichkeit erleichtert schien, mußte ihre Führung auf dem bevorstehenden Parteitag mit harten Attacken von der Basis her rechnen. Dies galt von vornherein für Helmut Schmidt, dem man – nicht nur beim Langzeitprogramm – mangelnde Reformfreudigkeit vorwarf, galt aber auch für den Kanzler selbst. »Die Genossen sind sogar zum Frevel am Parteiheiligtum bereit«, schrieb am 5. März 1973 *Der Spiegel*. »Willy Brandt ist nicht mehr tabu«, zitierte das Nachrichtenmagazin Klaus Dieter Streb, ein Mitglied des Frankfurter Kreises. Es gebe allgemein die Tendenz, »den Parteivorsitzenden kritischer anzugehen als früher«.

Manche waren sogar bereit, es schon jetzt zum Äußersten kommen zu lassen. Wenn Brandt die Abstimmung über die Vermögensbildung (die von einer starken Fraktion der Linken in Partei und Gewerkschaften abgelehnt wurde) mit der

Vertrauensfrage in der SPD verbinde, sei »nicht sicher, ob er damit großen Erfolg« haben werde, meinte Strasser. Er rate dem Parteivorsitzenden, bei solchen Sachfragen seine Position nicht aufs Spiel zu setzen. Wer so etwas zu oft mache, der könne sehr schnell sein Image verschleißen, auch wenn es »noch so hochgeputscht« sei. Das war ein ziemlich frecher Rat, der das öffentliche Ansehen des Kanzlers nicht gerade festigte. Am 17. März 1973 drohte Brandt deshalb vor dem Parteirat seinerseits mit dem Rücktritt, falls in Hannover Beschlüsse gefaßt würden, die mit dem Wahlprogramm der SPD vom Oktober 1972, das »nicht desavouiert werden« dürfe, unvereinbar seien. Wörtlich erklärte er: »Ich könnte die Verantwortung nicht tragen für etwas, was im Widerspruch stünde zu dem, wofür ich mit anderen die breite Zustimmung der Wähler gefunden habe.«

Die Anwürfe und Forderungen der SPD-Linken, vor allem der Jungsozialisten irritierten Brandt stark. Bei aller Toleranz, die ihn kennzeichnete, und er war sehr tolerant – was das Angelsächsische an ihm ausmachte – vielleicht sogar *zu* tolerant, fühlte er sich hier persönlich herausgefordert, wie sehr, verdeutlicht ein schriftliches Interview, das er dem *Spiegel* gab; es wurde dort gut eine Woche vor dem Parteitag abgedruckt. Obwohl die Form des schriftlichen Interviews durchaus eine glättende, abgewogene Stellungnahme ermöglicht hätte, antwortete Brandt gereizt. Er attackierte die Fragesteller, kanzelte sie geradezu ab, und behandelte wichtige Fragen, als bedürften sie keiner Antwort, ja seien nicht das Papier wert, das man ihnen opfere. Mit dem allgemeinen Verweis auf das Godesberger Programm und dem speziellen auf das letzte SPD-Wahlprogramm umging er gleichzeitig eigene Festlegungen, die seinen Manövrierspielraum in Hannover unzweckmäßig einengen mußten:

> *Spiegel:* Die Forderungen breiter linker Gruppierungen reichen von einem größeren Einfluß des Staates auf die Wirtschaft bis hin zur totalen Vergesellschaftung aller Produktionsmittel. Wie weit ist der Parteivorsitzende bereit mitzugehen?
>
> *Brandt:* Für welche breiten linken Gruppierungen Sie fragen, ist mir nicht bekannt. Ich kann Ihnen nur empfehlen, einmal ins Godesberger Programm zu schauen. Dann würden Sie zum Beispiel als sozialdemokratische Meinung erfahren: Das private Eigentum an Produktionsmitteln hat Anspruch auf Schutz und Förderung. Es darf allerdings den Aufbau einer gerechten Sozialordnung nicht behindern. Wettbewerb durch öffentliche Unternehmen wird als ein entscheidendes Mittel zur Verhütung privater Marktbeherrschung betrachtet. Gemeineigentum ist eine legitime Form der öffentlichen Kontrolle, und es wird darauf hingewiesen, daß kein moderner Staat hierauf verzichtet.
>
> *Spiegel:* Sie haben sich wie die SPD-Linken grundsätzlich zum demokratischen Sozialismus bekannt, müssen derzeit aber als Bundeskanzler der sozial-

liberalen Koalition Rücksicht auf den liberalen Partner nehmen. Schließen Sie auch langfristig eine Vergesellschaftung aller Produktionsmittel aus?
Brandt: Es fällt mir schwer, auf eine so wirre Frage zu antworten. Ich kann Ihnen nur noch einmal empfehlen, sich gelegentlich mit dem Godesberger Programm vertraut zu machen. Sie werden dann sehen, daß es sich um ein Programm des demokratischen Sozialismus handelt . . .
Spiegel: Starke Kanzlerworte in der Zeit vor dem Parteitag bis hin zur versteckten Rücktrittsdrohung verlieren, wenn sie zu oft ausgesprochen werden, ihre Wirkung. Die Jusos lassen sich davon nicht beeindrucken. Karsten Voigt hält sie für »nicht angemessen«, in der Dortmunder Juso-Erklärung werden sie gar als unzulässiger Druck auf die Delegierten gewertet. Was bezwecken Sie mit diesen Äußerungen?
Brandt: Da Ihre Fragen schon Kommentar sind, könnte ich mir die Antwort ersparen. Aber: Halten Sie sich bitte an das, was ich am 17. März dieses Jahres vor dem Parteirat wirklich gesagt habe. Ich habe gesagt, daß das Wahlprogramm vom Oktober 1972 nicht desavouiert werden darf. Denn ich könnte die Verantwortung nicht tragen für etwas, das im Widerspruch zu dem Programm stünde, für das ich mit anderen am 19. November 1972 die breite Zustimmung der Wähler gefunden habe. Ja, was könnte man wohl mit einer solchen Äußerung bezwecken?

Ja, was? Natürlich vorab eine Disziplinierung all jener Kräfte, die darauf aus waren, durch geeignete Beschlüsse des Parteitags die Grundlage des gemeinsamen SPD/FDP-Regierungsprogramms nach links zu verschieben, also die SPD auf einen sozialistischeren Kurs zu verpflichten. Brandt zeigte sich, als diese Gefahr deutlich wurde, kämpferischer als sonst. Das war auch in schwierigen Phasen der Ostpolitik so gewesen. Immer wieder, an verschiedenen Stationen seines Lebens, hat man beobachten können, daß es ihm gut bekam, mit dem Rücken zur Wand zu stehen. Außerdem schien er inzwischen gesundheitlich wieder auf der Höhe, überhaupt glänzend in Form zu sein.

Der SPD-Parteitag in Hannover 1973

Auf dem Parteitag, der am 10. April 1973 in der Stadthalle Hannover eröffnet wurde, begann Brandt seine Rede in gespieltem Ernst mit der Bitte um Entschuldigung, daß er mehr als die eine Stunde brauchen werde, die nach früheren Geschäftsordnungen einem »Referenten« zur Verfügung gestanden habe. Aber vielleicht könne man ja einem Vorsitzenden künftig, fuhr Brandt gutgelaunt und selbstbewußt fort, für neue Wählerprozente bei der Redezeit jeweils einen gewissen Bonus einräumen.

Ein Kernpunkt seiner Ausführungen war das Bekenntnis zum Bündnis mit den Liberalen. Die Koalition mit ihnen sei durch den Wählerentscheid vom 19. November eindrucksvoll bestätigt worden. Die Zusammenarbeit mit der FDP gebe der deutschen Politik jene demokratische Stabilität, die sie im Prozeß des gesellschaftlichen Wandels brauche.

»Nun kommt es darauf an, miteinander die Substanz zu sichern und zu mehren . . . an dem, was wir den Wählern gesagt und wofür wir ihr Vertrauen gewonnen haben, daran kann ich nicht rütteln lassen. Daran dürfen wir miteinander nicht rütteln lassen.«

Zugleich wiederholte er, was er bereits dreizehn Jahre früher, am 25. November 1960, übrigens auch in Hannover, bei seiner Nominierung zum Kanzlerkandidaten erklärt hatte: daß er als Regierungschef nicht einfach nur der Willensvollstrecker der Partei sein könne. Dieser Satz gelte genau wie das Wort, daß die SPD ihr Konto nicht überziehen dürfe.

Willy Brandt sprach von seiner Überzeugung, daß nur eine langfristig, also weit über 1976 hinaus garantierte Gemeinsamkeit mit der FDP die SPD vor einem Rückfall in die Isolierung der Opposition bewahre. Die Verbindung von Sozialdemokratie und Liberalismus war für ihn vor dem Hintergrund des Kaiserreichs und vor allem der Weimarer Republik, deren Scheitern er ja sehr bewußt und zornerfüllt miterlebt hatte, mehr als ein zufälliges Ergebnis zeitweiliger Koalitionserfordernisse. Das Bündnis zeuge von der Fähigkeit der westdeutschen Demokratie, wichtige Strömungen der politischen Geistesgeschichte Deutschlands, die lange in Konkurrenz, ja Gegnerschaft zueinander gestanden hatten, zu gemeinsamem Handeln zu verbinden. Die sozialliberale Allianz vereine Bürgertum und Arbeiterschaft und beweise damit, daß die Klassengegensätze in unserer Gesellschaft überbrückbar, ja überwunden seien. Zugleich habe das Bündnis die Sozialdemokraten auf die Dauer aus ihrem Ghetto jahrzehntelanger Opposition, aus der erzwungenen Abstinenz von der Regierungsverantwortung erlöst. Denn erst seit die SPD den Kanzler stelle, beweise sie ihre Fähigkeit, für die Bundesrepublik erfolgreich zu wirken. Dadurch bekenne sie sich deutlicher als durch alle Worte zu unserem Staat, ja identifiziere sich mit ihm, dessen demokratisches Fundament so entscheidend an Breite und Festigkeit gewonnen habe. Dieser Gewinn – nicht nur für die SPD, sondern für das Ganze – durfte nicht leichtfertig aufs Spiel gesetzt werden. Wenn Kräfte in der Partei nach dem Sieg vom 19. November glaubten, man könne nun auf die FDP demnächst verzichten, dann hielt das Brandt für den Beginn jener realitätsblinden Selbstüberschätzung, vor der er in Hannover nachdrücklich warnen wollte, weil sie seines Erachtens zu einem schlimmen Ende führen mußte.

Schon vor Brandt hatte Helmut Schmidt in seiner Eröffnungsrede auf die geschichtliche Bedeutung der Koalition hingewiesen. Dieses Bündnis sei überfällig gewesen. Es hätte eigentlich schon hundert Jahre früher auf der deutschen Tagesordnung stehen sollen, und es sei beiden Kräften zum Nachteil ausgeschlagen, daß sie nicht früher zueinander gefunden hätten. Die sozialliberale Koalition, betonte Schmidt, müsse auch morgen und übermorgen arbeitsfähig bleiben: »Das heißt ... daß wir gegenüber unseren Koalitionspartnern beim Grundsatz des fairen Kompromisses bleiben müssen. Die faire Partnerschaft ist ein Teil unserer Bewährung vor unseren Wählern. Ebenso haben wir Anlaß, dafür zu sorgen, daß beim Koalitionspartner nicht die Besorgnis ausgelöst werden kann, wir wollten in Wahrheit etwas ganz anderes, als wir mit ihm vereinbart haben, oder wir wollten inzwischen etwas ganz anderes, als wir damals gesagt haben.«

Helmut Schmidt, einer der beiden stellvertretenden SPD-Vorsitzenden, bezog sein Wort von der »fairen Partnerschaft« nicht nur auf den Umgang mit den freidemokratischen Bundesgenossen. Die Politik der Sozialdemokraten insgesamt, fand er, müsse berechenbar bleiben. Der Sieg vom 19. November bedeutete in seiner Sicht keine Blankovollmacht für eine neue Politik, sondern er war der Lohn und die Bestätigung der sozialliberalen Politik seit 1969 und zugleich Ausdruck der Wählererwartung, daß sich die bisherige Linie in der neuen Legislaturperiode fortsetze. Schmidt warnte deshalb davor, die Kontinuität zu gefährden. Mit dem Wahlsieg allein sei noch nicht allzuviel in Staat und Gesellschaft verändert:

> Die Wahl hat uns einen moralisch-politischen Auftrag zum Handeln und zugleich die institutionellen Mittel dafür gegeben. Wenn diese Mittel nur unzureichend, wenn sie zu falschen Zwecken benutzt würden, so könnten wir unseren Weg verfehlen und uns gegebenes Vertrauen aufs Spiel setzen. Daß dies ganz und gar eine bloß hypothetische Gefahr sei, wird niemand behaupten können, der das spürt, was in unserer Partei vorgeht und was man in unserem Lande darüber denkt.
>
> Dieser Parteitag wird sich bei mehreren Verhandlungsgegenständen über genau diese Gefährdung im klaren sein müssen. Wer in Hannover etwas von dem leugnen oder zurücknehmen oder verkleinern wollte, was er vor einem halben Jahr in Dortmund beschlossen hat, der mindert unsere Glaubwürdigkeit und unsere Vertrauenswürdigkeit, ob mit Willen oder ohne Willen.

In der FDP nahm man die deutlichen Worte, die der SPD-Vorsitzende und sein Stellvertreter in Hannover an die eigene Partei gerichtet hatten, mit Erleichterung zur Kenntnis. Besorgt hatte man zuvor die interne Entwicklung der SPD verfolgt, war ihretwegen – man wußte ja nie – vorsichtig auf Distanz gegangen, hatte die eigenen Positionen ausgebaut und befestigt, und zwar so erfolgreich, daß man mit Rücksicht auf das Prestige des Partners darüber öffentlich gar nicht zu sprechen wagte. Nur intern beglückwünschte man sich zur deutlich verbesserten Situation der Liberalen seit den Novemberwahlen. So sagte Wolfgang Mischnick in der Sitzung des FDP-Bundesvorstandes vom 20. Januar 1973 im

Bonner *Steigenberger Hotel*, dem Protokoll zufolge, »die Abgrenzung gegenüber dem Koalitionspartner sei gelungen. Es sei jedoch mit Rücksicht auf den Partner nicht zweckmäßig, dies in der Öffentlichkeit zu stark zu betonen . . .« Auch die Regierungserklärung, betonte Mischnick, sei »insgesamt . . . entscheidend von der F.D.P. beeinflußt worden«.

Nach außen zeigte sich das gestiegene Selbstgefühl der Freien Demokraten, aber auch ihre Sorge um die innere Verläßlichkeit der SPD, in der zunehmenden Bereitschaft, sich gegenüber dem sozialdemokratischen Bündnispartner klar abzugrenzen und den dortigen Linkstendenzen durch die Betonung liberaler Eigenständigkeit und traditioneller, marktwirtschaftlicher Prinzipientreue Paroli zu bieten. So hatte sich auf dem hessischen Landesparteitag Ende März 1973 in Eschwege der Wiesbadener Wirtschaftsminister Heinz Karry energisch gegen die »Verfechter sozialistischer Irrlehren« gewandt. Gleichzeitig hatte Hans-Dietrich Genscher beim rheinland-pfälzischen Landesparteitag in Trier an das »Wächteramt« der Liberalen erinnert, und im Bundeshauptausschuß der FDP hatte Generalsekretär Karl-Hermann Flach die »widerliche Nähe« der Partei zur Fünf-Prozent-Grenze beklagt und eine deutlichere Betonung der Trennungslinie zum Koalitionsverbündeten empfohlen – »eine klare Abgrenzung des sozialen Liberalismus vom demokratischen Sozialismus«, gleichzeitig allerdings vor »überzogener Konfliktstrategie« und vor »Trouble-Machern« gewarnt. Notwendig sei eine »positive Abgrenzung«.

Diese Begriffsprägung Flachs verriet eine gewisse Hilflosigkeit der FDP gegenüber jenen Strömungen in der SPD, die das liberale Gewicht in der Regierungsarbeit verringern wollten und auf längere Sicht die Alleinregierung der Sozialdemokraten anstrebten. Denn für die FDP gab es, allen Sicherungen zum Trotz, auf absehbare Zeit keine realistische Alternative zur gegenwärtigen Koalition. Befriedigt, ja dankbar registrierte man deshalb das deutliche Bekenntnis der SPD-Führung zu diesem Bündnis, auch über 1976 hinaus. Walter Scheel, der sich im Hinterthal von den Folgen seiner Operation erholte, telegraphierte am 12. April nach Hannover:

> Sehr geehrter Herr Bundeskanzler,
>
> ich habe, etwas fern von den Ereignissen, Ihre gestrige Rede sowohl aus der Presse als auch auf dem hier nicht immer sehr klaren Fernsehschirm miterlebt. Ich möchte Ihnen, unabhängig von dem Echo innerhalb der Parteien und außerhalb, persönlich meine herzlichen Glückwünsche aussprechen. Ich bin sicher, daß die für Ihre Partei aufgezeigte Marschrichtung der nächsten Jahre eine gute Grundlage für eine erfolgreiche gemeinsame Politik bilden wird.
>
> Mit freundlichen Grüßen
> Ihr
> (gez.) Walter Scheel

Brandt antwortete postwendend. Noch am gleichen Abend setzte er sich hin und schrieb, obwohl er außerdem Horst Grabert als mündlichen Berichterstatter ins Hinterthal schickte, seinem Außenminister mit der Hand aus Hannover.

Das Wichtigste kam zuerst: Unter den Delegierten des Parteitages finde das sozialliberale Bündnis breite Billigung. Aber so bedeutsam das sein mochte – man konnte an diesem Brief Brandts auch sehen, daß Politik, heutzutage, nie nur Innenpolitik sein kann: Selbst während dieses für ihn und die SPD gleichermaßen wichtigen Parteitages beschäftigten den Bundeskanzler außenpolitische Probleme, denen er in seinem Schreiben an Scheel breiten Raum widmete. In zweieinhalb Wochen, am 1. und 2. Mai, mußten beide gemeinsam nach Washington; denn in der zweiten Monatshälfte, vom 18. bis 22. Mai, wurde der Generalsekretär der KPdSU in der Bundesrepublik erwartet.

Lieber Herr Scheel,

ich begrüße es sehr, daß Herr Grabert bei Ihnen vorbeikommen kann – er kann Ihnen dann auch einige persönliche Eindrücke vom sozialdemokratischen Parteitag vermitteln –, es geht insgesamt recht gut, vor allem gibt es hier keine Resonanz für Leute, die unsere Zusammenarbeit unterschätzen oder gar gefährden möchten.

Lassen Sie mich bitte über Herrn Grabert wissen, worauf ich mich – was Washington angeht – vor allem einstellen sollte . . .

Nun hätte ich zu meiner Unterstützung – vor allem, was Berlin und DDR angeht – gern auch Egon Bahr dabei gehabt (zumal diese Fragen anschließend in den Gesprächen mit dem Besucher aus Moskau eine gewisse Rolle spielen werden). Ich halte es jedoch für richtig, daß Egon Bahr sich erst einmal auskuriert. Sollte er also, wovon ich ausgehe, noch am Tegernsee bleiben, muß ich auf den genannten Gebieten für eine andere Unterstützung sorgen . . .

Was den Breschnew-Besuch angeht, so wäre es gut, wenn Sie Grabert wissen ließen, ob ich mich in die inhaltliche Vorbereitung – und wann – mit einer eigenen message einschalten sollte . . .

Dann gibt es noch einige Fragen, die die DDR betreffen: a) Einarbeitung von Gaus, b) wann soll der Antrag auf Aufnahme in die UN gestellt werden? . . . – Horst Grabert wird Ihnen hierzu meine Überlegungen vortragen. Er hat wohl auch sonst noch ein paar Punkte.

Ich hoffe, daß es Ihnen gesundheitlich gut geht. Sagen Sie, bitte, Frau Mildred, daß Rut gerade ein paar Tage hier ist und daß wir beide Ihnen beiden unsere herzlichen Grüße und alle guten Wünsche übermitteln möchten.

Ihr
Willy Brandt

Der erkrankte Egon Bahr fehlte Brandt sehr, wie der Brief zeigt, er war eigentlich unersetzlich, unabkömmlich. Am Ende mußte sich der Regierungschef jedoch keinen Ersatzmann besorgen. Der treue Bahr kam rechtzeitig vom Tegernsee zurück und war schon beim Flug nach Amerika wieder mit von der Partie.

Brandt hatte in seiner Rede vom 11. April nicht nur eindringlich für die Erhaltung des seiner Meinung nach unerläßlichen Bündnisses mit der FDP geworben. In einem rhetorischen Wechselbad, das integrierend wirkte (und auch den Koalitionspartner mit Vertrauen erfüllte), hatte er Verständnis für jene Kräfte in der Partei geäußert, die glaubten, ihre sozialistischen Vorstellungen von Reformpolitik nicht mit, sondern nur ohne die FDP durchsetzen zu können, ihnen aber auch deutlich ihre Grenzen gezeigt. Verantwortliche Politik, betonte Brandt, verlange die gegenseitige Ergänzung und Durchdringung von praktischer und theoretischer Erfahrung. Die Einsicht, daß jüngere Menschen anders als ältere, Theoretiker anders als Pragmatiker dächten, argumentierten und urteilten, sei manchmal wichtiger als die meisten Denkergebnisse selbst. Er erinnerte in diesem Zusammenhang an das Wort Kurt Schumachers, es sei gleichgültig, ob jemand durch die Methoden marxistischer Wirtschaftsanalyse, aus philosophischen, ethischen Gründen oder aus dem Geist der Bergpredigt heraus Sozialdemokrat geworden sei, und adressierte dieses Zitat ausdrücklich »an einige, die heute wieder Theorie sagen und in Wirklichkeit Ideologie meinen, nämlich ein geschlossenes System der Welt- und Lebensbetrachtung als Ersatzreligion; aufgeregte Prediger, die ihren Berg und ihre Gemeinde noch suchen«.

Was solle das auch für eine revolutionäre Gesinnung sein, die in erloschene Vulkane puste, fragte Brandt. Sie wirbele doch dabei nur Staub auf. Wer im übrigen die Grenzen zwischen der Sozialdemokratie und totalitären Schulen oder Parteien nicht beachte, der müsse nachdrücklich auf diese Grenzen hingewiesen werden. Mitglied der SPD könne jedenfalls nicht sein, wer einer anderen Partei angehöre oder sich von ihr steuern lasse, wer in der Demokratie Gewalt als Mittel der Politik befürworte und wer die repräsentative Demokratie bekämpfe.

»Im Klartext: Wenn es hier und da noch einige geben sollte, die meinen, sie könnten bei uns die Thesen der DKP oder der SED vertreten, dann muß ihnen bedeutet werden, daß sie sich andere Agitationsbezirke suchen sollen als unsere Partei. Das gilt auch für die diversen kommunistischen Splittergruppen, die allein nichts oder wenig mehr als einige Studentengruppen auf die Beine bringen und deshalb eine Massenpartei als Operationsfeld oder Blutspender suchen.«

Die Godesberger Pluralität denkbarer Werthaltungen eines Sozialdemokraten, betonte Brandt weiter, habe Konsequenzen. Sie mache das sozialdemokratische Haus nicht immer gemütlicher, wohl aber lebendiger. Sie gebiete Toleranz und verbiete jeden Monopolanspruch. Richtungsgruppierungen seien dabei kein neues Problem für die SPD. Zuweilen seien sie sogar eine Bereicherung gewesen. Aber es gebe Grenzen, an denen Gefahr drohe.

So vage das auf weite Strecken klang – es wirkte. Brandt beeindruckte Linke wie Rechte. Der Vorsitzende der Jungsozialisten, Wolfgang Roth, habe seine Jusos nervös gemacht, als er unter dem Eindruck der Rede Willy Brandts sein vorgefertigtes Attacken-Manuskript in der Tasche ließ und statt dessen zu einer Art Ergebenheitsadresse ansetzte, in der er nur noch punktuell Kritik vortrug, wußte Eduard Neumaier am 20. April 1973 in der *Zeit* zu berichten. Zweifellos paßten Brandts Worte in ihrer ausgewogenen Unentschiedenheit vorzüglich in die Atmosphäre dieses Parteitages. Statt mit Donner und Blitz die Wolken zu teilen, statt mit Feuer und Schwert die Bösen von den Guten zu trennen, bot Brandt freundlich durchsonnten Nebel. Der Kanzler nahm nicht Partei für die eine oder andere Seite, sondern verteilte Lob und Tadel nach allen Richtungen, grenzte hier ein und da ab, wobei er immer wieder auch sich selbst bremste, eigene Worte einschränkte. Weil er nicht eigentlich Partei ergriff, geriet er nicht etwa zwischen die Fronten, sondern er schwebte über ihnen – seine besondere Fähigkeit. Gottvater ähnlich fanden ihn viele damals in der Partei. Hans-Joachim Noack wollte in der *Frankfurter Rundschau* vom 14. April 1973 eine »Autorität ohnegleichen« in seiner Person entdecken, deren Übermacht »allumfassend, bedrückend und fast schon ein wenig beängstigend« wirke. Richtiger, nüchterner sah in ihm der hessische Ministerpräsident Albert Osswald »das Dach, unter dem sich alle wohlfühlen können« – ein Dach, unter dem eben jeder denken, auch so ziemlich alles tun und lassen durfte, was er wollte. Der Parteitag als »Familienfest«, wie Ulrich Blank im *stern* schrieb. Offensichtlich handelte es sich hier um die Feier einer besonders netten Familie – mit bisweilen ausgelassener Heiterkeit. Nach Hannover waren sich jedenfalls alle einig, daß Willy Brandt in seiner ansteckenden Fröhlichkeit, einem neuen, zurückgewonnenen Spaß am Umgang mit Menschen, die Integrationsfigur schlechthin gewesen sei. Mit 404 gegen 20 Stimmen bei vier Enthaltungen wurde er in seinem Amt bestätigt: mit dem besten Ergebnis, das je ein SPD-Vorsitzender erreicht hatte.

Das erfolgreiche Auftreten Brandts als sammelnde, ausgleichende Vaterfigur war indessen nicht allein sein Verdienst, sondern zu einem guten Teil auch Herbert Wehner und Helmut Schmidt zu danken, die ihm loyal zuarbeiteten. Vor allem Helmut Schmidt, der ohnehin geradezu als »Juso-Fresser« galt, hatte sich in seiner Eröffnungsrede bewußt als rechter Wellenbrecher aufgebaut, um die Linken in der Partei von vornherein einzuschüchtern und mögliche Attacken gegen Brandt auf sich selbst zu ziehen. Gemeinsam mit Wehner bewachte er die Grenzen des Erlaubten. Allzu linke Vorstöße wehrte er kurz ab, gab aber gelegentlich, wenn der Druck von der Basis her zu stark wurde, auch umsichtig nach, um spektakuläre Kraftproben zu vermeiden. Schmidts charakteristische Art, ganz knapp, »to the point«, zu sprechen und gelangweilt bis ausfallend zu reagieren, wenn er bei seinen Widersachern auf Unkenntnis der Tatsachen stieß, brachte auch wohlmeinende linke Sozialingenieure zur Weißglut, wie Nina Grunenberg am 20. April in der *Zeit* berichtete. Aber er wurde dennoch als

Stellvertreter wiedergewählt, obwohl er – nach Ansicht des Bremer Universitätsrektors, des hitzigen Thomas von der Vring, einem der führenden Köpfe unter den linken Parteitags-Delegierten – »der härteste Brocken war«. Sein Abstimmungsergebnis unterstrich allerdings deutlich den Unmut vieler Genossen über den brillanten, arroganten Schmidt. Nur 286 Delegierte waren für, 129 gegen ihn; sechzehn enthielten sich der Stimme. Doch das war ihm gleichgültig; jedenfalls tat er so. »Mir kam es nicht auf Sympathien an«, erklärte er nach Hannover dem *Spiegel.* »Wir haben hart auf Bande gespielt und die Pflöcke abgesteckt.«

Die Ergebnisse des Parteitages

Einige Grenzen, jenseits deren man nicht mehr mit sich reden ließ, waren tatsächlich genau markiert worden. Dies galt vor allem für die Außenpolitik, aber auch für den Extremisten-Beschluß und das Langzeitprogramm, den *Ökonomisch-politischen Orientierungsrahmen bis 1985.*

Bei allen außenpolitischen Fragen ordnete sich der Parteitag der Staatsraison und dem Votum der Parteiführung völlig unter. Die Gespenster des Antiamerikanismus und Neutralismus blieben in Hannover unsichtbar. Selbst vorsichtig distanzierte Anmerkungen zur Bündnispolitik wurden niedergestimmt; eine fast zaghafte, kritische Intervention von Karsten Voigt war imstande, den Bundeskanzler zu einer, wie Rolf Zundel schrieb, »donnernden Philippika« zu provozieren. In einer schwierigen Phase des Atlantischen Bündnisses, angesichts beträchtlicher Probleme im Verhältnis der Vereinigten Staaten zu Westeuropa wollte der Regierungschef keinerlei Unklarheit über die Grundorientierung Bonns aufkommen lassen. Die Bündnistreue der führenden Regierungspartei mußte über jeden Zweifel erhaben sein.

Bei der Frage, was aus dem Extremisten-Beschluß vom Januar 1972 künftig werden solle, raffte sich der Parteitag am Ende halbwegs zur Entschiedenheit auf. Er verlangte nicht die Aufhebung, sondern lediglich eine Änderung oder sogar nur ergänzende Präzisierung des damaligen Beschlusses. An seinem Kernsatz, wonach Beamter in der Bundesrepublik nur werden oder bleiben dürfe, wer die Gewähr biete, jederzeit für die freiheitlich-demokratische Grundordnung einzutreten, wurde festgehalten. Allerdings solle die bloße Mitgliedschaft bei einer nicht verbotenen, von der Exekutive aber als verfassungsfeindlich eingestuften politischen Partei – wie der DKP oder der NPD – einer Tätigkeit im öffentlichen Dienst nicht entgegenstehen. Darüber hinaus wollte man Bewerber, die nur zu Ausbildungszwecken, also vorübergehend, in den öffentlichen Dienst strebten, von der beamtenrechtlichen Treuepflicht entbinden. Jeder Zweifelsfall müsse überprüft werden, hieß es, der Betroffene sei anzuhören; im

Falle der Ablehnung einer Einstellung oder bei einer Entfernung aus dem Dienst müßten die maßgeblichen Gründe mitgeteilt werden. Über all dies ließ sich zumindest reden. Es klang jedenfalls überraschend milde angesichts der breiten, auch im Ausland geführten Kampagne gegen den »Radikalen-Erlaß« und die »Berufsverbote« in der Bundesrepublik.

Das künftige Langzeitprogramm der SPD, das im Vorfeld des Parteitags so umstritten gewesen war, blieb auch in Hannover kontrovers. In der Diskussion zeigte sich, daß die Marktwirtschaft und das Privateigentum an den Produktionsmitteln von vielen Sozialdemokraten für das Rückgrat eines Systems gehalten wurden, das sie überwinden oder doch zumindest entscheidend verändern wollten. Diese Kräfte einer Neuen Linken in der SPD, die sich schon vor Hannover Gehör verschafft hatten, zogen aus ihrer marxistisch inspirierten Analyse unserer Wirtschafts- und Gesellschaftsordnung den Schluß, ökonomische Macht und deren Folgeschäden ließen sich durch die Überführung der Produktionsmittel in Gemeineigentum beseitigen. Als kurzfristiger Maßnahme redeten sie dem Hebel der Investitionslenkung das Wort.

Auch in diesem Punkt blieb der Parteivorstand mit seiner gemischten Strategie aus Standhaftigkeit und Nachgiebigkeit erfolgreich. Er tat, was in der Politik stets anzuraten ist, wenn man sich nicht sofort durchsetzen kann oder mißliebige, aber aussichtsreiche Vorstöße abwehren muß: Er gab die Vorlage zur weiteren Beratung an die Langzeitkommission zurück, spielte also auf Zeit. Um die Entscheidungsgrundlagen der Partei zu verbessern (was auch immer gut klingt), wurde der Kommission neben der Erörterung von Alternativ-Programmen insbesondere aufgetragen, eine Analyse der gesellschaftlichen Entwicklung und der gegebenen politischen Optionen zu erarbeiten sowie Möglichkeiten der Investitionssteuerung durch den Staat zu untersuchen. Damit würde sie für eine ganze Weile beschäftigt sein. Man war in nächster Zeit also vor Überraschungen sicher, die das Prinzip der freien Marktwirtschaft hätten in Frage stellen können.

Ähnlich hinhaltend verfuhr die SPD-Führung bei einem anderen zentralen und umstrittenen Thema, der Reform des Bodenrechts. Der Vorstand bezog hierzu Positionen, die nahezu identisch waren mit denen des Bodenrechts-Papiers, das die Jungsozialisten 1971 auf dem Kommunalpolitischen Kongreß in Mannheim präsentiert hatten. Aber von der gemeinsamen Empfehlung praktischer Schritte war man auch hier weit entfernt. Am Ende der Debatte wurde wiederum nur eine Kommission eingesetzt, die bis zum nächsten Parteitag weitere Vorschläge machen sollte. Teils gewollt, teils wegen der außerordentlichen Vertracktheit der Materie hatte man auf diese Weise die widrige Sache fürs erste wieder vom Halse.

»Der Genosse Sisyphus ist in der SPD heimisch geworden«, schrieb am 20. April 1973 Rolf Zundel in der *Zeit*. Klaus Dieter Arndt hatte in Hannover dieses Bild benutzt, als er die Arbeit am Langzeitprogramm mit der endlosen

Beschäftigung des mythischen Helden verglich. Gewiß, meinte Zundel, gebe es auf der Linken der Partei eine kleine Gruppe, die glaube, daß man der politischen Fron entgehen könne, indem man das kapitalistische System beseitige, weil dann diese Gesellschaft von selbst der Last ihrer Probleme ledig werde. Ebenso finde sich auf der Rechten eine Gruppierung, die diese Probleme überhaupt nicht wahrhaben wolle, sondern glaube, sie seien von den jungen Theoretikern einfach erfunden worden. Der großen Mehrheit der SPD aber, die von Helmut Schmidt bis zu Jochen Steffen reiche, seien linke Heilsgewißheit wie konservative Beschaulichkeit gleichermaßen abhanden gekommen.

Das stimmte. Aber es galt nur für die programmatischen Aussagen des Parteitages, bei denen sich die Linken bemerkenswert zurückhielten. Sie ließen sich im Plenum, von wenigen Ausnahmen abgesehen, nicht zu wütenden Attacken auf die gemäßigte Vorstandslinie verleiten, wie manche in der Parteiführung befürchtet hatten. Statt dessen argumentierten sie vielfach sachkundig und überzeugend, machten durch ihre sorgfältige Vorbereitung in den Arbeitsgemeinschaften eine gute Figur und erhielten dadurch Zuzug aus der Mitte. Ein Mitte-Links-Bündnis in der SPD, jene Allianz zwischen Jung- und Altsozialisten, Gewerkschaftlern und Kommunalpolitikern, die es schon auf dem Steuerparteitag 1971 gegeben hatte, kam abermals zustande. Die »Kanalarbeiter« Egon Frankes, die bei den Debatten in Hannover kaum in Erscheinung traten, mußten hingegen lernen, daß es mit Kungeleien beim gemeinsamen, kräftigen Bierkonsum nicht mehr getan war, wie ein Delegierter sagte. Sie waren die eindeutigen Verlierer des Parteitags, gerade bei den Personalentscheidungen, die sonst ihre besondere Stärke gewesen waren.

Personell brach nämlich die kräftige »linke Grundströmung«, die zum Beispiel Hans Ulrich Kempski in der *Süddeutschen Zeitung* konstatiert hatte, bei den Wahlen zum Parteivorstand auf breiter Front durch. Das Sachverhältnis der Richtungen kehrte sich nahezu um. Der alte Parteivorstand hatte aus achtzehn Mitgliedern bestanden, die als Mitte-rechts oder rechts eingestuft worden waren, aus zehn Vorstandsangehörigen, die zur Mitte zählten, und nur sechs Mitgliedern, die linke oder Mitte-links-Positionen vertraten. Dem neuen Vorstand gehörten nur noch neun Mitglieder mit einer rechten oder Mitte-rechts-Position an, acht wurden der Mitte, achtzehn hingegen dem linken Flügel der Partei zugerechnet oder zählten als Mitte-links. Diese (fast spiegelbildliche) Umkehrung der Gewichte im Parteivorstand war an der Wahl und Abwahl prominenter Vertreter der verschiedenen Richtungen abzulesen. So wurden die bisherigen Vorstandsmitglieder Jockel Fuchs, Marie Schlei, Günter Schwarz und Käte Strobel nicht wiedergewählt. Carlo Schmid und Annemarie Renger konnten trotz aller Bemühungen nicht die erforderliche Mehrheit der Delegiertenstimmen erreichen. Dies galt sogar für den Chef der Kanalarbeiter, Egon Franke. Andere schieden freiwillig aus, wie Alex Möller, Karl Schiller – er schon vorzeitig durch seinen Austritt aus der Partei – oder der parlamentarische Geschäftsführer der Bundestagsfraktion, Karl Wienand. Fast ausnahmslos gehörten die Genannten der Mitte oder dem rechten Flügel der SPD an. Auf der anderen Seite wurden so gut wie alle diejenigen gewählt, die auf den Listen der Linken als »unbedingt zu wählen« oder doch als »förderungswürdig« erschienen waren, beispielsweise Rudi Arndt, der Frankfurter Oberbürgermeister, Peter von Oertzen, der niedersächsische Kultusminister, und nicht zuletzt Wolfgang Roth, der Vorsitzende der Jungsozialisten.

Diese Veränderung der Mehrheitsverhältnisse im Parteivorstand entsprach den Meinungs- und Machtverschiebungen, die sich in den voraufgegangenen Jahren, und zwar ziemlich rapide, an der Basis der SPD vollzogen hatten. Man hätte daher denken können, daß die bis dahin nur in den unteren Parteigliederungen geführte Theorie-Diskussion über den zukünftigen demokratischen Sozialismus nun auch in der SPD-Führung Einzug halten würde. Das Dreigestirn Jochen Steffen, Peter von Oertzen und Wolfgang Roth galt dabei den Linken ebenso als Zeichen der Zuversicht, wie es den Rechten vom unheilvollen Weg der Partei in den Sozialismus kündete. Insbesondere die Wahl des Juso-Vorsitzenden in den Parteivorstand hielten viele für ein Signal. Wolfgang Roth, schrieb damals Eduard Neumaier, sei der SPD voraus. Unter ihm sei der SHB nach links gegangen, unter ihm hätten sich die Jusos politisch durchgesetzt. Von ihm heiße es, er habe Zukunft.

Sechseinhalb Jahre später, auf dem Berliner Parteitag Anfang Dezember 1979, war die in Hannover stark beschnittene Rechte der SPD, die sich selbst übrigens als Mitte begreift, wieder kräftig nachgewachsen. Rudi Arndt wurde demonstrativ abgewählt. Henning Scherf, dem prominenten, couragierten Vertreter der Linken aus Bremen, blieb die erforderliche Mehrheit versagt. Wolfgang Roth mußte, tief deprimiert, den Vorstand verlassen. Karsten Voigt erinnerte sich im *Spiegel* vom 10. Dezember 1979 wehmütig an Hannover 1973, als man in einem Hotel am Bahnhof die ganze Nacht durchgefeiert habe. Diese Zeiten waren vorüber. Vorhersagen sind im politischen Leben immer riskant, selbst wenn es nur darum geht, den Trend, die Entwicklungsrichtung, anzugeben.

Unter Problemdruck nach links: Ende des Wachstums

Das Bild einer kräftigen Linken, die eine geschwächte Rechte in die Flucht geschlagen habe, war kaum geeignet, den inneren Zustand der SPD nach Hannover angemessen zu beschreiben. Denn dies hätte ihre Spaltung in zwei Lager vermuten lassen, triumphierend das eine, resigniert das andere. Daß es einen solchen Riß gäbe, war ja vor dem Parteitag oft genug behauptet worden, und es gab ihn auch, an vielen Orten im Lande. Aber in der Presse wurde oft gewaltig übertrieben und vorschnell verallgemeinert. Konservative Blätter hätten das »Zerrbild einer von Zerreißproben und ideologischen Zeitbomben bedrohten Partei« an die Wand gemalt, meinte Walter Kröpelin am 10. April 1973, dem Beginn des Parteitags, im Mittagskommentar des Bayerischen Rundfunks. Das Gegenteil trat jedoch ein. Die SPD fand nach Hannover zu größerer Geschlossenheit zurück. Ihre Linke, bis dahin weitgehend auf publizistische Wirkung in der Öffentlichkeit angewiesen, wurde in die Führungsgremien der Partei einbezogen und dadurch integriert. Heinz Kühn, Wehners Nachfolger als Stellvertreter im Vorsitz, äußerte, es sei auf einem Parteitag ja ein erhebender Anblick, wenn die Linken »das Banner der unbefleckten Ideologie« herumtrügen, jetzt aber müßten sie im Vorstand zu Fragen der politischen Praxis Stellung beziehen, und das sei gut so.

Kurt Biedenkopf, der spätere Generalsekretär der CDU, wertete diesen Vorgang jedoch völlig anders. Für ihn war die SPD im Begriff, ihre programmatische Substanz aufzulösen, um ihre organisatorische Fülle zu erhalten. Sie versuche auf diese Weise, der Gefahr einer Linksabspaltung zu begegnen, unter der sie in ihrer Geschichte immer wieder gelitten hätte, sie werde diesen Versuch aber, wenn sie ihn fortsetze, mit dem Verschwinden ihrer spezifisch sozialdemokratischen Inhalte bezahlen müssen.

Biedenkopf formulierte seine These zugespitzt in der *Wirtschaftswoche* vom 11. Mai 1973 dahingehend, daß unter dem Namen SPD in der Bundesrepublik heute »zwei in Programm und Prinzip verschiedene politische Gruppen – eine sozialistische und eine marxistische –« agierten. Das war eine ebenso kühne wie falsche These. Der führenden Regierungspartei dieses Landes vorzuwerfen, in ihr bestünde lediglich noch die Wahl zwischen Sozialismus und Marxismus, war absurd. Es traf allerdings zu, daß der Problemdruck die Partei insgesamt »ein Stück nach links« gerückt hatte, wie Peter Glotz, der stellvertretende Vorsitzende des bayerischen SPD-Landesverbands und spätere Bundesgeschäftsführer seiner Partei, 1973 in einem Aufsatz schrieb, der sich auch mit den Ansichten Biedenkopfs auseinandersetzte.

Doch wie weit ging dieser Ruck nach links? Selbst Glotz meinte ja, Hannover markiere den Punkt, an dem das »Zerbrechen des alten, neoliberalen Konsenses der frühen fünfziger und sechziger Jahre« offenkundig geworden sei. Der Glaube an die Lösung der sozialen Frage durch wirtschaftliches Wachstum sei ebenso obsolet geworden wie die Demokratietheorie von Seymour M.Lipset, die liberalen Konfliktmodelle der fünfziger Jahre und der Antikommunismus der Korea-Krise. Die SPD habe daher in Hannover begonnen, »einige der alten Rezepte in Zweifel zu ziehen«. Und warum? Weil die Probleme größer geworden seien, die Aussicht aber, sie erfolgreich anzupacken, geringer. Glotz, anknüpfend an das Zitat von Horst Ehmke: »Die Lösungslücke wird größer, trotz allem, was wir machen, die Probleme wachsen schneller als die Lösungsmöglichkeiten, die wir anbieten können.«, schrieb:

Worin bestehen diese Probleme? Ich sehe, wenn ich den Ablauf des Parteitags analysiere, drei Fragenkomplexe, die für die Zukunft dieser Gesellschaft besonders wichtig sind und die ... auf dem Parteitag in Hannover aufgegriffen wurden. Es sind dies erstens die ökologische Krise, zweitens die Wachstumswidersprüche in unserer Wirtschaft ... und drittens das Problem der Loyalitätssicherung durch Verteilung und Partizipationsangebote. Bei der Lösung aller dieser drei Probleme stößt die Politik heute allerdings an die Grenzen des ökonomischen Systems der Bundesrepublik. Deshalb mußte es in die Diskussion geraten.

Neue Stichworte bestimmten also in den frühen siebziger Jahren die Diskussion: die drohende Umweltzerstörung, überhaupt neue Widersprüche eines rasant beschleunigten technologischen und großwirtschaftlichen Wachstums- und Wandlungsprozesses, eine dringende Notwendigkeit, dem Gemeinwesen auch künftig die Loyalität seiner Mitglieder zu sichern. Dies alles waren Herausforderungen nicht nur für Regierungen, sondern für alle gesellschaftlichen Institutionen und Gruppen, ja für jeden einzelnen Bürger. Natürlich betraf dieser Szenenwechsel wegen ihrer heutigen Schlüsselrolle vor allem die Parteien, die sich aber dessen nur zum Teil bewußt waren. Die Sozialdemokratie griff diese Fragen eher auf als andere, war auch bei ihren Antworten couragierter als diese. Mit einer neuen Linkstendenz hatte das an sich nicht viel zu tun. Denn der neue Problemdruck war ein Phänomen jenseits aller bisherigen politischen Glaubensrichtungen. Aber da in den Antworten, die in Hannover gegeben oder angedeutet wurden, zwangsläufig ein Gutteil Kritik am Kapitalismus steckte, gewann die SPD tatsächlich ein linkeres Profil, das nicht selten, wie das Beispiel Biedenkopfs zeigte, zu Mißdeutungen Anlaß gegeben hat.

Dabei muß man sehen, daß die Diskussionsbeiträge und die angeregten Lösungsmöglichkeiten vor, in und nach Hannover alles andere als eindeutig und endgültig waren, eher ein erster Ausdruck der aufbrechenden Orientierungskrise als schon ein probater Ausweg aus der allgemeinen Ratlosigkeit. Noch ein Jahrzehnt später war man da nicht viel weiter. Am Anfang der siebziger Jahre ging es zunächst einmal darum, die Konturen der neuen Bedrohungen auszumachen.

Kurz nach der Veröffentlichung des ersten Entwurfs des Langzeitprogramms war 1972 in den USA eine Studie des berühmten *Massachusetts Institute of Technology (MIT)* erschienen und sogleich ins Deutsche übersetzt worden, die sich mit der Erforschung der Lebensgrundlagen der Menschheit beschäftigte. Das Buch trug den Titel »The Limits of Growth«, im Deutschen »Die Grenzen des Wachstums«, und war von einem Forscherteam unter der Leitung des amerikanischen Naturwissenschaftlers Dennis Meadows erarbeitet worden. Der *Club of Rome*, der diese Untersuchung veranlaßt hatte, eine internationale, bis dahin der breiten Öffentlichkeit unbekannte Vereinigung von Praktikern der Wirtschaft und Gelehrten, rückte mit den Ergebnissen dieser außerordentlich pessimistischen Analyse sofort in den Mittelpunkt einer weltweiten Diskussion. Exponentielles wirtschaftliches Wachstum wurde von Meadows und seinen Mitarbeitern als ein Erzübel der modernen Industriegesellschaften angeprangert und als sicherer Weg in eine allgemeine Menschheitskatastrophe beschrieben, da es mit zunehmender Geschwindigkeit zur Erschöpfung der Energie- und Rohstoffvorkommen sowie zur Zerstörung der natürlichen Umwelt führe. Die Grundannahme bisher, daß Volkswirtschaften nur bei ständig anhaltendem Wachstum funktionieren könnten (von der sich auch die Schmidt-Kommission beim Entwurf des Langzeitprogramms hatte leiten lassen), wurde damit zwar nicht in ihrer ökonomischen Rationalität, wohl aber hinsichtlich ihrer politischen und ökologischen Vernunft energisch in Frage gestellt. Die Schmidt-Kommission, die dennoch an dem Gedanken festhielt, daß Wachstum unerläßlich sei, mußte sich deshalb von da an den Vorwurf des »Wachstumsfetischismus« gefallen lassen.

Die Debatte zwischen Gegnern und Befürwortern des Wirtschaftswachstums auf dem hannoverschen Parteitag zeigte die ganze Verwirrung und Ratlosigkeit der Politiker angesichts veränderter oder sich rasch ändernder ökonomischer und ökologischer Rahmenbedingungen. Am Ende der Auseinandersetzung wurde beides gefordert: Wachstum *und* Einschränkung des Wachstums, ein »differenziertes Wachstum«, wie Herbert Ehrenberg in der Aussprache sagte, was immer dies im einzelnen heißen mochte. Der Beschluß des Parteitages war dementsprechend doppeldeutig. Immerhin konnte man aus ihm ablesen, daß es auch künftig ohne wirtschaftliches Wachstum nicht abgehen werde:

> Wachstum ist kein Selbstzweck, Wachstum ist ein Mittel zur Durchsetzung unserer Politik. Ein schlüssiges Programm sozialer Reformen kann auf wirtschaftliches Wachstum nicht verzichten; ohne wirtschaftliches Wachstum wäre unser Programm zum Scheitern verurteilt . . .
>
> Die natürlichen Rohstoffe und Hilfsquellen sind begrenzt. Produktion und Konsum müssen unter bestimmten Umständen zugunsten z. B. der Erhaltung der natürlichen Lebensgrundlagen und der Durchsetzung einer humaneren Arbeitswelt zurücktreten. Die Kommission soll deshalb prüfen, welche Formen wirtschaftlichen Wachstums, insbesondere welche Steigerungen der Produktivität der höheren Lebensqualität dienen.

Die Kommission sollte also prüfen. Was anders konnte man in jenen Tagen zu diesem Thema auch sagen? Viele Politiker ahnten bereits, sagten es unter der Hand, daß das Vierteljahrhundert stetiger, marktliberaler Hochkonjunktur, eine historisch einmalige Phase breiter Wohlstandsbildung in den Gesellschaften des Westens, dem Ende entgegensehe; die Notwendigkeit sei also gekommen, von rapide gewachsenen (und weiter wachsenden) Erwartungen, von liebgewordenen Gewohnheiten Abschied zu nehmen. Aber war es politisch ratsam, das öffentlich auszusprechen, ehe man wußte, wie es weitergehen könnte? Der Bericht des *Club of Rome* hatte gefährliche Entwicklungstendenzen geschildert, jedoch keine Rezepte geliefert, was anders, besser zu machen sei. Es brauchte eben seine Zeit (die man aber gelegentlich nicht hatte), um plötzlich umzudenken, sich selbst sowie seine Mitmenschen zu überzeugen und danach dann Lösungen zu suchen, die der heiklen neuen Situation entsprächen. Denn ein abrupt und massiv die Bevölkerung befallendes Krisenbewußtsein und aus ihm folgende, kopflose Angstreaktionen würden mit Sicherheit das ökonomische System, aber zugleich auch das politische bis in die Fundamente erschüttern, ja wahrscheinlich zum Einsturz bringen.

Die Wissenschaften und, allgemein, das nach wie vor herrschende Fortschrittsdenken ließen auch den sensiblen, aufgeschlossenen Politiker vorerst völlig im Stich. Auf sich gestellt, sah er sich seinen Zweifeln, seinem inneren Zwiespalt gegenüber in eine Zwangslage gebracht, aus der er allein keinen Ausweg finden konnte. Zwei Jahre später, im Juli 1975 (die Frage war noch ebenso neu, genauso offen wie 1973), schrieb der Bundestagsabgeordnete Herbert Gruhl von diesem Politiker:

> Er ist verdammt, das Unvereinbare zu jeder Tageszeit sowohl zu denken als auch zu tun. Er hastet von Termin zu Termin und bastelt an Gesetzen, die allen das Leben immer schöner, sicherer und leichter machen sollen. Dabei stößt er auf Realitäten, die ihm eindringlich vor Augen führen, daß dies alles so nicht mehr geht. Dennoch rast er von einer Veranstaltung zur anderen, wo die Zuhörer zuversichtlich Verheißungen erwarten, wenn nicht für jetzt, dann wenigstens für die Zeit nach der nächsten Wahl. Soll er ihnen die Wahrheit sagen und ihre hoffnungsvollen Blicke in Enttäuschung verwandeln? Wollen sie die Wahrheit überhaupt wissen? Und was hülfe es, wenn er ihnen die wahre Lage schilderte? Kann er überhaupt hoffen, sich ihnen verständlich zu machen? So setzt er eine gewichtige Miene auf, versucht seine eigenen Zweifel zu unterdrücken und ergeht sich, wie gehabt, in Dingen von großartiger Nichtigkeit.

Gruhl, von Natur aus ein eher bedächtiger, in sich gekehrter Mann, immer in ernstes Grau gekleidet, erfüllte tiefe Unruhe über das, was er seit Jahren beobachtete. Er hielt unsere gemeinsame Lebensweise für ein »Wettrennen in den Tod« (nicht *mit* dem Tod, wie selbst die Kritischen sich noch einbildeten). Ihn trieb, so schrieb Friedrich Karl Fromme später einmal in der *F.A.Z.*, »der übermächtig gewordene Zweifel, ob das umweltschützerische Gehabe aller Parteien nicht Stückwerk sei« angesichts der Rücksichtslosigkeit, mit der man überall unsere Erde ausbeute und zerstöre. Im landschaftlich reizvoll gelegenen Barsinghausen am Deister, wo der Bauernsohn aus der Oberlausitz nun zu Hause war, hatte er 1970 mit der Niederschrift eines Buches begonnen, das unter dem Titel »Ein Planet wird geplündert. Die Schreckensbilanz unserer Politik« 1975 veröffentlicht wurde und sich bald als Bestseller durchsetzte. Freilich war politisch damit noch nicht viel bewegt. Aus Enttäuschung über die Verständnislosigkeit seiner Partei den Umweltproblemen gegenüber trat Gruhl am 11. Juli 1978 aus der CDU aus und gründete die *Grüne Aktion Zukunft (GAZ)*. Das politische Schicksal Gruhls zeigte, daß das drohende ökologische Unheil auch in der Union schon früh erkannte wurde. Es machte aber ebenso deutlich, wie wenig man dort mit dem Problem anzufangen wußte.

Das war in der SPD auf den ersten Blick nicht viel anders, wie das Beispiel Erhard Epplers lehrt. Er verkörperte das sozialdemokratische Gegenstück zu Gruhl, ähnlich verschlossen und grämlich, »weder ein Linker noch ein Rechter, sondern ein Frommer«, wie *Die Zeit* 1973 von ihm schrieb, ein »Pietcong«, den Helmut Schmidt später, nach der Revolution im Iran, abschätzig unseren »Ayatollah aus Stuttgart« nannte. Anders als Gruhl, der immer eine Randfigur blieb, hatte Eppler es allerdings bei seinen Leuten zeitweilig (1968 – 1974) zum Bundesminister für wirtschaftliche Zusammenarbeit, also für Fragen der Entwicklungshilfe und zum Landesvorsitzenden in Baden-Württemberg (1973 – 1981) gebracht. Wenn er auch in beiden Ämtern letztlich scheiterte, so waren seine intellektuellen Anstöße doch in der SPD und ihrem Umfeld auf lange Sicht politisch einflußreich. Mit mehreren Büchern hat Eppler dazu beigetragen, dem neuen, weltumspannenden Problembewußtsein bei uns Bahn zu brechen; man denke nur an seine Bände »Maßstäbe für eine humane Gesellschaft: Lebensstandard oder Lebensqualität?« (1974), »Ende oder Wende? Von der Machbarkeit des Notwendigen« (1975) und »Wege aus der Gefahr« (1981), aber auch schon an »Wenig Zeit für die Dritte Welt« (1971). Es war vielleicht nicht abwegig, ihn mit Gustav Heinemann zu vergleichen. Heinemann selbst war sich dieser Nähe durchaus bewußt. Er ließ sich, auch als Bundespräsident, gern von Eppler beraten, zählte ihn zu seinen wenigen Freunden, war von Epplers Büchern so angetan wie von dem Gruhls. Wenige Wochen vor seinem Tode im Juli 1976 schrieb Gustav Heinemann an Herbert Gruhl: »Sie schreiben selbst, was man gegen Sie auffahren wird (S. 349). Es wird noch mehr sein. In keiner Partei wird die Schrekkensbilanz unserer bisherigen Politik in alter Freundschaft hingenommen werden. Sie werden es durchstehen.«

Heinemann hätte das genauso auch seinem Freunde Eppler schreiben können. Sie wußten das aus gemeinsamen, alten Erfahrungen; Erhard Eppler hatte Heinemanns Gesamtdeutsche Volkspartei mitbegründet; auf dem Soziussitz seines Motorrads hatte Eppler ihn in den frühen fünfziger Jahren im Südwesten der Bundesrepublik von Wahlversammlung zu Wahlversammlung gefahren. Die beiden waren sich ähnlich nicht nur in der abweisenden, schroffen Art öffentlichen Auftretens bei gleichzeitiger Wärme im kleinen Kreis, sondern auch in ihrer Neigung zum Grübeln und Schweigen, vor allem aber in ihrer

Bereitschaft, die Rolle des einsamen Mahners, eines Wegbereiters für übermorgen, anzunehmen und durchzuhalten.

Oder schon für morgen? In der SPD konnte man die neuen, schwierigen Herausforderungen der Politik durch die Zukunft nicht in gleicher Weise verdrängen, wie das in der Union möglich war, weil große Teile der Sozialdemokratie von der Partei wegzubrechen drohten, wenn sie sich diesen Problemen verweigerte.

Das neue Bild der SPD in den siebziger Jahren

Bei der Verbreitung und Erörterung der unbehaglichen neuen Einsichten spielten überraschenderweise die verschiedenen Gruppen, die sich zu Anfang der siebziger Jahre, vor allem nach der Wahl von 1972 innerhalb der SPD gebildet hatten, sämtlich keine bemerkenswerte Rolle. In seiner Positionsbestimmung der Partei nach Hannover wagte Peter Glotz im Sommer 1973 die Voraussage, daß die Struktur der Gruppen-Organisationen einem neuen inneren Kräftevergleich weichen werde. Glotz unterschied drei »psychologische Profile«, die übrigens weitgehend mit drei verschiedenen Altersgruppen in der SPD identisch waren und sich in der innerparteilichen Diskussion deutlich gegeneinander abhoben: die untere Mittelschicht, das liberale Establishment und die Gegenkultur.

Als »untere Mittelschicht« bezeichnete Glotz die Vertreter der alten Sozialdemokratie – Menschen zumeist, die von den harten Aufbaujahren nach dem Zweiten Weltkrieg geprägt worden waren und seither einen gewissen sozialen Aufstieg erlebt hatten, oft bis in die obere Mittelschicht hinein, gleichzeitig aber in ihren kulturellen Vorstellungen und Idealen eher zum Konservativen tendierten und deshalb von Intellektuellen leicht als Kleinbürger abgetan wurden; Menschen, die gegenüber abweichendem sozialen Verhalten nur ein begrenztes Verständnis aufbrachten und deren Wertsystem in religiösen, sexuellen, sozialen und weltanschaulichen Fragen eher traditionell bestimmt war. Die SPD der fünfziger und beginnenden sechziger Jahre trug ihren Stempel.

»Linksliberales Establishment« nannte Glotz die zumeist in höheren Schulen und Universitäten ausgebildeten, sensiblen, auch empfindlichen mittleren Jahrgänge, die ein Gespür für die Unzulänglichkeiten unserer Gesellschaft besaßen und sich deshalb entschlossen hatten, für mehr soziale Gerechtigkeit einzutreten; Menschen, die unter hohem Leistungsdruck in einer scharfen Konkurrenzgesellschaft erzogen worden waren und einem eher pessimistischen Menschenbild zuneigten, daher weder an den »neuen Menschen« noch an große Lösungen oder das unproblematische Funktionieren freiwilliger Kooperation glaubten. Aus Abscheu gegen selbsterlebte autoritäre Tendenzen dachten sie moralisch, sexuell und religiös vergleichsweise liberal, pflegten einen antiautoritären Stil und beschäftigten sich, gut verdienend, mit der Verfeinerung ihrer Lebensgewohnheiten. Doch gleichzeitig und im Widerspruch zu den eben genannten Zügen fiel etwas tief Unerlöstes an ihnen auf. Neue, anspruchsvoll klingende Begriffe wie »Lebensqualität« oder gar »compassion« – »Mitleidenschaft« –, die Brandt auf dem Außerordentlichen SPD-Bundesparteitag in Dortmund am 12. Oktober 1972 seinen Zuhörern ans Herz gelegt hatte, waren von dieser Gruppe sofort aufgenommen und als zeitgemäßer Bestandteil sozialdemokratischer Politik verstanden worden.

Brandt, [in dem »ein Traum ist« und deshalb »auch sehr viel Trauer« (Oriana Fallaci),] hatte in Dortmund erklärt:

> Liebe Freunde, im Entwurf unseres Wahlprogramms steht das wichtige Stichwort von der Qualität des Lebens. Es heißt wörtlich: »Ein Mehr an Produktion, Ertrag und Konsum bedeutet noch nicht automatisch ein Mehr an Zufriedenheit, Glück und Entfaltungsmöglichkeit für den einzelnen«.
>
> Lebensqualität, so sagen wir weiter, ist mehr als höherer Lebensstandard. Lebensqualität setzt Freiheit voraus, auch Freiheit von Angst. Sie ist Sicherheit durch menschliche Solidarität, die Chance zu Selbstbestimmung und Selbstverwirklichung, zu Mitbestimmung und Mitverantwortung, zum sinnvollen Gebrauch der eigenen Kräfte in Arbeit, Spiel und Zusammenleben, Teilhabe an der Natur und den Werten der Kultur, die Chance, gesund zu bleiben oder es zu werden. Lebensqualität bedeutet Bereicherung unseres Lebens über den materiellen Konsum hinaus . . .
>
> Für John F. Kennedy und seinen Bruder Robert gab es ein Schlüsselwort, in dem sich ihre politische Leidenschaft sammelte, und es wird von ihren Landsleuten, die ihre Trauer um den Tod dieser beiden Männer noch nicht abgeschüttelt haben, wieder und wieder zitiert. Dieses Wort heißt »compassion«. Die Übersetzung ist nicht einfach Mitleid, sondern die richtige Übersetzung ist: die Bereitschaft, mitzuleiden, die Fähigkeit, barmherzig zu sein, ein Herz für den anderen zu haben.
>
> Liebe Freunde, ich sage Ihnen und ich sage den Bürgern und den Bürgerinnen unseres Volkes: Habt doch den Mut zu dieser Art Mitleid! Habt Mut zur Barmherzigkeit! Habt Mut zum Nächsten! Besinnt euch auf diese so oft verschütteten Werte! Findet zu euch selbst!

Politische Rahmenbedingungen zu setzen, die eine tatkräftige Anteilnahme am Los des Nächsten zuließen, lag nicht nur in der Tradition dieser Partei, wie Brandt in Dortmund betonte. Nach der jahrelangen, unvermeidlichen Konzentration der sozialliberalen Regierung auf die Ostpolitik lag ein solcher Themenwechsel auch in der Logik der Situation, war die Fortführung der Politik guter Nachbarschaft, jetzt gewissermaßen nach innen. Es liege in der Verantwortung der Politik, »positive Bedingungen für die Lebensqualität zu schaffen«. Für Willy Brandt war das keine Frage moderner Sozialtechnik, sondern Teil seiner zentralen Vorstellung von einer friedlichen Gesellschaft in einer befriedeten Umwelt. Neben der Sicherung des Friedens nach außen sollte das persönliche Glück der Bürger des Landes künftig ein Grundanliegen der Politik werden. Das war eine Hoffnung, die viele mit Brandt teilten. Realisten ängstigte diese Vision allerdings, von der Männer wie Wilhelm Hennis oder Hermann Lübbe später meinten, sie hätte eine Erwartungsrevolution ausgelöst und zu einer Überforderung des Parteienstaats geführt, die das Problem seiner Unregierbarkeit (vor dem moderne Gesellschaften ohnehin stünden) dramatisch verschärft habe.

Brandts Denken enthielt jedoch auch Elemente der dem Alter nach jüngsten, dritten von Glotz beschriebenen Gruppe, der »Gegenkultur«. Damit waren nicht diejenigen gemeint, die ihre Ablehnung der Wertewelt unserer Gesellschaft so radikal formulierten und auslebten, daß sie der Isolierung des Außenseitertums anheimfielen und verständnislos oder gehässig als »Spinner«, »Sektierer«, »Chaoten«, ja »Ausgeflippte« abgebucht wurden. Glotz verstand unter der Gegenkultur eine breite Bewegung vorwiegend junger Leute, die etwa in der Mitte zwischen dem liberalen Establishment und den Außenseitern angesiedelt waren. Ihre Impulse ähnelten denen radikaler Randgruppen. Aber daß sie ihnen im täglichen Leben nur sehr gemäßigt Rechnung trugen, rückte sie dem liberalen Establishment näher. Hier ging es um junge Menschen, die den Lebensstil der älteren Generationen unerträglich fanden und durch einen anderen, eigenen, alternativen ersetzen wollten; Menschen, die plötzlich auf neue, vitale Weise die Sinnfrage in die Politik hineintrugen, gegen die technische Zivilisation und die Massenkultur protestierten, eine Vermenschlichung der Gesellschaft wollten und den engen, mittelständischen Wertstrukturen, in denen sie erzogen worden waren, mit beträchtlicher Skepsis, ja Abscheu gegenüberstanden. Selbst die gemäßigten Varianten dieser Einstellung mußten diese Gruppe in permanente Meinungs- und Verhaltensdifferenzen mit der Mehrzahl der Manager, Beamten, Ingenieure, Techniker, Geschäftsleute sowie der Angestellten und Arbeiter führen, also mit der Mehrheit der beruflich aktiven Bevölkerung.

Die Aufgeschlossenheit und Sympathie des Kanzlers für solche Denkweisen und Verhaltensmuster kann man vielleicht als Rückkehr des beinahe sechzigjährigen Willy Brandt in die Welt seiner Jugend, als Weg zurück in die Aufbruchsphase des zwanzigjährigen Herbert Frahm begreifen, jene frühen dreißiger Jahre in der *Sozialistischen Arbeiterpartei (SAP)*, einer »revolutionären Klassenpartei« vornehmlich von Intellektuellen und Jugendlichen, wie sie damals nicht selten waren, in sich zerstritten, mit wirrem Ziel, heftigem Vokabular, von der etablierten Sozialdemokratie ebenso abgelehnt wie von den moskautreuen Kommunisten – und vielleicht gerade deshalb von einem Teil der Jungen auf der Linken begeistert unterstützt. Es war viel Jugendbewegung in jenen linkssozialistischen Splittergruppen, eine Neigung zum romantischen Leben, ein Hang zur Ungebundenheit, der sich auch in der Politik nur schwer Zügel anlegen ließ. Die Utopie einer ganz neuen, sozialistischen Gesellschaft wollte nicht nur Wirtschaft und Politik, sondern das Leben insgesamt verändern, jene allgemeine Befreiung der Menschen aus Zwängen und Ängsten erreichen, die in unseren Tagen – so könnte man vielleicht doch sagen – die Gegenkultur mit geringerem Aufwand zu bewerkstelligen versucht.

Indem Brandt in sich selbst die Spannung zwischen der Verantwortung des Regierungschefs und den träumerischen Bildern eines Bohemiens aushielt, übrigens auch zwischen den drei geschilderten Profilen seiner Partei, denen er sich durch Herkunft, Lebensstil und Denkungsart auf verschiedene Weise verbunden fühlte, trug er damals in erheblichem Maße – weit stärker als Schmidt und Wehner – dazu bei, die Einheit der SPD zu sichern und einen großen Teil junger Generationen unserer Gesellschaft und unserem Staat zu erhalten. Daher erschien er zu Recht auf dem Parteitag und unmittelbar danach als eine mächtige, integrierende Kraft, völlig unangefochten, freilich auch unfaßbar, was kein Widerspruch ist. Für jede der drei Gruppen unerreichbar, schien er allen Niederungen der Auseinandersetzung enthoben: überall und nirgends. Wie ein Magnetfeld spürbar. *Unio mystica.*

Darin lag natürlich gleichzeitig eine große Gefahr – für Brandt selbst, für die SPD und für die Koalition. Die Entrückung des Kanzlers, die ihn unangreifbar erscheinen ließ, enthob ihn gleichzeitig der tagespolitischen Fron, die ohnehin nicht seine Sache, schon gar nicht, wie bei Schmidt und Wehner, seine Leidenschaft war. Verhängnisvoller als das Rauchverbot, meinen enge Mitarbeiter, sei in jenen Jahren die Wirkung des Nobelpreises gewesen. Seither sei er mit einem unsichtbaren Sockel unter sich herumgelaufen – nein: herangeschwebt. Seine transzendente Art habe sich verstärkt; seine große Distanz zu anderen Menschen sei noch gewachsen; er sehe durch sie hindurch. Nur ganz wenige konnten sich fortan noch einbilden, daß er wirklich zu ihnen spreche – im Vertrauen, persönlich, offen. Seine engere Umgebung hatte keinen günstigen Einfluß auf ihn. Statt ihn zu bremsen, bestärkte man ihn in der falschen Richtung. Für einen Mann wie ihn sei nur die Weltpolitik ein angemessenes Betätigungsfeld; in Deutschland müsse er der Sehnsucht unseres Volkes nach Verklärung gerecht werden.

Das konnte auf längere Sicht nicht gutgehen. Unser Regierungssystem fordert vom Kanzler die aktive Gestaltung der Gesamtpolitik und bestraft jeden, der sich dem entzieht. Der Sturz Brandts ein Jahr nach dem Parteitag von Hannover war nicht zuletzt eine Folge seiner Mißachtung dieser simplen Einsicht. Willy Brandt hatte das Kabinett zu sehr am langen Zügel geführt, sein eigenes Amt aus zu großer Ferne gesehen und wahrgenommen.

Nach Hannover: Zuversicht und erneute Krisenstimmung

Das Zusammenwirken von Brandt, Wehner und Schmidt hatte sich in Hannover bewährt. Die Position des Regierungschefs schien gestärkt. Brandt selbst glaubte, es endlich geschafft zu haben und nunmehr eine gute Grundlage für seine zweite Amtsperiode zu besitzen. Das Bündnis mit der FDP war über allen Zweifel erhaben. Die internen Auseinandersetzungen der Sozialdemokraten hatten nicht zu einer Spaltung der Partei, sondern zur Beteiligung der Linken am Vorstand und damit an der Verantwortung der Macht und deren Zwänge geführt. Der personelle Linksruck war daher angetan, die innerparteiliche Selbstblockade der sechziger Jahre, den Kulturkampf in den Reihen der Sozialdemokratie, zumindest zu mildern.

Die Grundstimmung war also zuversichtlich. Ein heiterer Kanzler begrüßte bei der konstituierenden Sitzung am 14. April den völlig anders als bisher zusammengesetzten Parteivorstand. Auch eher kritische Beobachter der inneren SPD-Entwicklung kamen bei der Bewertung des Parteitags zu einem positiven Ergebnis. Es gebe zwar, schrieb der freidemokratisch gesonnene Rolf Zundel in der *Zeit*, einen beträchtlichen Rest von Unsicherheit über die Zukunft der SPD; zum einen sei vorläufig nicht abzusehen, wie weit und in welchem Tempo der linke Vormarsch an der Basis weitergehe, und zum anderen bleibe unklar, wo für die SPD-Spitze der Punkt erreicht wäre, an dem sie nicht nur mehr hinhaltenden Widerstand leisten, sondern stehen und kämpfen würde – wie es Helmut Schmidt in Hannover bereits getan habe. Zundel sah jedoch »keine akute Gefahr, daß die Führung überrollt wird – zumindest nicht, solange Willy Brandt Kanzler und Parteivorsitzender bleibt. Die SPD weiß zu gut, daß sie Brandts bedarf . . . Und Brandt hat in Hannover deutlicher denn je gezeigt, daß er die SPD nicht als Organisation dogmatischer Volksbeglücker versteht. Ebenso sind sich die Sozialdemokraten darüber im klaren, daß sie aller Wahrscheinlichkeit nach auch 1976 . . . auf eine Koalition mit der FDP angewiesen sind; Herbert Wehner hat keine Gelegenheit versäumt, dies den Genossen vor Augen zu führen. Der Zwang, sich an Brandt und der Koalition zu orientieren, setzt dem linken Wildwuchs Grenzen.«

Ihrem Inhalt nach sah Zundel in seiner Bilanz die Diskussionen und Beschlüsse des Parteitags gelassen, ja mit Zustimmung. Zur Frage, wie weit der linke Vormarsch gegangen sei, schrieb er: »Linke Entwicklung? Viele der Pläne, die in der SPD herangereift sind und jetzt als Beweis gefährlicher Linksdrift gelten, sind nichts anderes als Vorarbeiten zu notwendigen Antworten auf unsoziale, ungerechte und zerstörerische Tendenzen in der hochentwickelten industriellen Massengesellschaft . . . Mit links hat das alles wenig zu tun – es sei denn, man verstehe darunter das Bemühen um soziale Gerechtigkeit und eine menschenwürdige Gesellschaft. Aber das sollte wohl kein Privileg der Linken sein.«

In solchen Grundfragen unserer Gesellschaft, fand Zundel, sei nicht nur die Sozialdemokratie gefordert. Auch die beiden anderen Parteien müßten hier Stellung beziehen. Als Korrektiv müßten sie mehr bieten als blasse Reminiszenzen an personale Würde, wie es die Union tue, oder eine dünne Neuauflage des Liberalismus, wie sie die FDP offeriere. Die Sisyphus-Arbeit an den Problemen der industriellen Gesellschaft dürfte nicht das Monopol der SPD bleiben.

Doch so erfreulich, wie es hier schien, blieb das Bild der SPD nicht lange. Die vielversprechenden Diskussionen auf dem Parteitag, deren Thematik Eingang in die breite Öffentlichkeit gefunden hatte, traten bald wieder hinter personalpolitische Richtungskämpfe, ja bloße Querelen zurück. Bei der Ergänzungswahl zum SPD-Präsidium am 7. Mai 1973 kam es im Vorstand zu einer ersten Kraftprobe zwischen Linken und Rechten.

Am Vorabend dieser Wahl trafen sich auf Einladung Jochen Steffens die zur Linken gerechneten Vorstandsmitglieder im Bonner *Hotel am Tulpenfeld:* Rudi Arndt, Wilhelm Dröscher, Erhard Eppler, Heinz Juncker, Hans Matthöfer, Peter von Oertzen, Harry Ristock, Wolfgang Roth, Vera Rüdiger und Werner Vitt. Als Kontaktmann zur Mitte war außerdem der saarländische SPD-Vorsitzende Friedel Läpple hinzugebeten worden. Gemeinsam wollte man dafür sorgen, daß bei der Präsidiumswahl des nächsten Tages die eigenen Kandidaten durchgesetzt würden, also neben Eppler auch Oertzen und Steffen. Im Gegenzug waren die Vorstandslinken bereit, für die weiteren vakanten Sitze im Präsidium den Kandidaten der Mitte, Walter Arendt, und sogar Hans-Jochen Vogel als Mann der Rechten zu unterstützen. Peter von Oertzen und Jochen Steffen hatten sich bereits vor dieser Sitzung miteinander abgesprochen, nur gemeinsam ins Präsidium einzuziehen, um nicht Gefahr zu laufen, voneinander isoliert und dann durch die Präsidiumsmehrheit zu bravem Wohlverhalten gezwungen zu werden. Oertzen hatte dies seinem Parteivorsitzenden in einem Brief, den er Brandt schon in der Vorwoche geschrieben hatte, mitgeteilt; am Tage des Treffens im *Hotel am Tulpenfeld* hatte er ihn noch einmal daran erinnert.

Doch der 7. Mai verlief anders, als von den Linken vorgesehen. Nachdem Wilhelm Dröscher die am Vorabend beschlossenen Vorschläge unterbreitet hatte, schlug Hans Apel als zur Rechten gehörendes Vorstandsmitglied Elfriede Eilers von den Kanalarbeitern für das Präsidium vor. Er war überzeugt, wie er sagte, daß *eine Frau rein solle.* In einer Kampfabstimmung siegte Frau Eilers mit zwanzig gegen achtzehn Stimmen über Steffen. Der bereits gewählte Oertzen verzichtete daraufhin freiwillig auf seinen Sitz im Präsidium und damit auf Einfluß und Information im exklusiven Spitzengremium der SPD. Die in Hannover nach links verschobene innerparteiliche Macht war also bereits wieder ein Stück nach rechts gerückt – gedrückt worden. Die Linken fühlten sich hereingelegt, unfair behandelt, da sie selbst bereit gewesen waren, einen Kompromiß mitzutragen, der eine angemessene Repräsentation aller Flügel enthalten hätte. So etwas merke man sich, schimpfte deshalb nach der Sitzung Erhard Epplers Parlamentarischer Staatssekretär, Hans Matthöfer, und empfahl seinen rechten Vorstandskollegen, sich eine warme Jacke anzuziehen; es werde einen kalten Winter geben.

Bei anderer Gelegenheit lief es denn auch umgekehrt: Die Linken setzten Peter von Oertzen anstelle Helmut Schmidts als Vorsitzenden der neuen Langzeitkommission durch. Wilhelm Dröscher kam in den Vorsitz der neugebildeten Geschäfts- und Vermögenskommission, die sich um das von Schatzmeister Alfred Nau ebenso diskret wie selbstherrlich verwaltete Parteivermögen und die sozialdemokratischen Presseunternehmen kümmern sollte, da besonders die Medienpolitik der SPD sich als wenig erfolgreich erwiesen hatte. Nau war in Hannover erst im zweiten Wahlgang wieder zum Schatzmeister gewählt, seine Niederlage im ersten Wahlgang als deutliche Kritik der Delegierten an dieser enttäuschenden Medienpolitik verstanden worden.

Darüber hinaus gelang es den linken Vorstandsmitgliedern, Versuche des Präsidiums abzuwehren, die übrigen Positionen der Geschäfts- und Vermögenskommission (neben Dröscher) selbst zu besetzen, statt sie durch den Vorstand besetzen zu lassen. So wurde Naus Absicht vereitelt, seine Machtbegrenzung dadurch unwirksam zu machen, daß man den überlasteten Helmut Schmidt und den in der Medienpolitik unerfahrenen Friedel Läpple berief. Schwerer als diese Entscheidung selbst wog dabei die Tatsache, daß der Vorstand, in dem die Linken breit vertreten waren, sich in einer bedeutenden Frage gegenüber dem Präsidium, in dem sie nicht Fuß fassen konnten, durchzusetzen vermochte. Damit war eingetreten, was Peter von Oertzen nach seinem Verzicht auf den Präsidiumssitz angekündigt hatte: daß Jochen Steffen, er selbst und andere jetzt eben nicht im Präsidium, sondern vom Vorstand aus ihre Politik nachdrücklich vertreten würden. Und das hieß: notfalls im Konflikt mit dem Präsidium.

Worum es bei diesen Auseinandersetzungen in der SPD-Spitze tendenziell ging, wurde deutlicher, wenn man die Basis der Partei betrachtete, vor allem in Großstädten wie Frankfurt und München, aber auch in kleineren Städten wie Kaiserslautern und Lübeck. Hier war der Streit oft weit mehr als eine begrenzte, interne Auseinandersetzung, die zurückzustellen alle Beteiligten jederzeit bereit waren, wenn das Gesamtwohl der SPD auf dem Spiel stand. Hier ging es um den Kampf gegen die Partei von Godesberg, um einen ganz neuen, idealistisch-sozialistischen Aufbruch von häufig sehr jungen Leuten, die nicht selten über beträchtliche theoretische Kenntnisse, aber kaum über praktische Erfahrungen verfügten, weder aus langjähriger Parteiarbeit noch von allgemeinen Lebenseinsichten her. Ihr Kapital war ihre Jugend, ihre Bereitschaft zum Engagement und ihre oft reichlich bemessene Zeit, die ihnen beispielsweise das Studium ließ. Ermüdet und resigniert verließen ältere, im Beruf stehende Genossen die Ortsversammlungen, um beim nächsten Mal gar nicht erst wiederzukommen, wenn sich die Jungen ihre endlosen, prätentiösen Redeschlachten bis tief in die Nacht hinein lieferten.

In einer Momentaufnahme suchte Carola Stern Anfang 1974 nach den Gründen dieser Entwicklung. An einem Einzelbeispiel, der weithin unbekannten Kleinstadt Müllheim im südlichen Baden, beobachtete sie, was geschehen war, und berichtete darüber im Maiheft des *Merkur* 1974:

> Die Einwohner von Müllheim, einem badischen Kreisstädtchen, leben hauptsächlich von der Kleinindustrie, die in letzter Zeit dort angesiedelt wurde, vom Weinbau und der Landwirtschaft. Der Notar Dr. Sandweg (36) zog erst vor einigen Jahren in den Ort. Doch schon nach verhältnismäßig kurzer Zeit übernahm der junge Akademiker, seit 1957 Mitglied der Sozialdemokratischen Partei, den Vorsitz im Müllheimer Ortsverein der SPD. Die Zahl der Mitglieder stieg von 40 bis auf etwa 70. Frau Sandweg kandidierte für den Stadtrat und erhielt auf Anhieb die meisten Stimmen. Die Sandwegs und die SPD in Müllheim – das paßte und schien zu stimmen. Was der junge Notar unter SPD versteht: »mehr soziale Gerechtigkeit, vernünftige Reformen, aber auch das Bekenntnis zum Rechtsstaat und zu Liberalität« – das ungefähr bewegte wohl auch die Lehrer und Rektoren, den Lokomotivführer, Redakteur und Rechtsanwalt sowie andere aus Müllheims Mittelstand, Mitglied bei der SPD zu werden. »Vorteile bringt es jedenfalls hier nicht, in der SPD zu sein. Die Mehrheit in Südbaden wählt seit jeher CDU«, sagt Sandweg. »Und die Arbeiter in Müllheim?« – »Die kommen nicht zur SPD, die engagieren sich in dieser Gegend nicht für Politik.«
>
> Vor knapp zwei Jahren träumten die Sandwegs noch von einer politischen Karriere, jedenfalls für Erdmute S. Heute will sie bei den nächsten Wahlen nicht wieder für den Stadtrat kandidieren. Hans-Eberhard S. hat man den Parteivorsitz in Müllheim abgenommen. Das wichtigste im Leben, meint er nun, sei ein glückliches Familienleben. »In der SPD bei uns herrschen jetzt die Jusos.« »Anfangs«, so sagt Sandweg, »waren es eigentlich nur zwei, ein Hauptmann von der Bundeswehr und ein anderer junger Mann (bißchen Boheme-Typ, wissen Sie), die das Parteiestablishment in Müllheim sprengen wollten. Sie erhielten Verstärkung von Studenten, hauptsächlich von Schülern, die der SPD beitraten. Voriges Jahr – so etwa dreißig Jusos waren da und nur zehn von den älteren Genossen – wurde dann ein konstruktives Mißtrauensvotum gegen den Vorsitzenden beantragt. Ich hatte einen Unfall, konnte für die Partei damals nicht mehr so viel tun. Und was ich vorschlug, wollten die Jusos nicht. Zuerst haben wir dann noch beratschlagt, was wir andern machen könnten, aber jetzt geschieht auch das nicht mehr. Die Älteren gehen kaum noch in den Ortsverein . . .«
>
> . . . Persönliche Verärgerung? Nein, das will Dr. S. nicht gelten lassen. Er sei durchaus willens, die Vorgänge nüchtern, objektiv zu sehen: »Revolte der Jugend«, »ein Generationsproblem primär«. Fast so etwas wie Bewunderung, auch ein wenig Neid kommt nun in die Stimme: »Die haben eben begriffen,

daß eine kleine Gruppe ungeheure Macht ausüben kann. Wir damals haben nicht erkannt, daß ein Achtzehnjähriger genauso eine Stimme, genau die gleichen Rechte hat wie alle anderen. Die sind viel selbstbewußter, als wir mit 18 waren. Die streben nach dem Absoluten, nach dem absoluten Guten ...«

So oder ähnlich ging es damals vielen in der SPD. Nicht kalte Wut, kein Zorn herrsche, schrieb Carola Stern; auch Resignation sei hier ein ungenaues Wort. Müde Freundlichkeit vielmehr. Die Trauer gestandener Männer sitze mit am Tisch, wenn von der SPD die Rede sei – in der Müllheimer Notarstube Dr. Sandwegs wie in Hamburger Büros, in den Zimmern sozialdemokratischer Abgeordneter in Bonn oder in Düsseldorfer Ministersuiten. Momentaufnahme und Bestandsaufnahme stünden dabei in krassem Widerspruch zueinander. Die Melancholie und Traurigkeit kontrastierten grell mit der Tatsache, daß die deutschen Sozialdemokraten in keiner Periode ihrer mehr als hundertjährigen Geschichte auch nur annähernd so erfolgreich gewesen seien wie zu jener Zeit.

Doch was hieß Erfolg für die SPD? Sie hatte sich seit ihrer Gründung fast immer in Opposition zur Regierung befunden. Nur selten und für kurze Zeit war sie an der Regierung beteiligt gewesen, hatte gar den Kanzler gestellt. Die Oppositionsrolle schien ihr zuzukommen; die Partei hatte sie sich innerlich zu eigen gemacht. Als die SPD bei den Reichstagswahlen 1920 nach fünfzehn Monaten der Machtausübung in der neuen Weimarer Republik über fünfzehn Prozent der Stimmen verlor und Konstantin Fehrenbach anschließend ein Minderheitskabinett ohne Beteiligung der Sozialdemokraten bildete, wurde das in der SPD keineswegs als Unglück betrachtet, wie wenig später ihr Kasseler Parteitag zeigte. Im Gegenteil. Lese man heute das Protokoll, schrieb Susanne Miller Jahrzehnte danach, dann spüre »man immer noch, was für ein Aufatmen damals durch die SPD gegangen« sei. Sie sei froh gewesen, in ihre alte, gewohnte Haut schlüpfen und erneut Opposition sein zu dürfen.

Ein halbes Jahrhundert später, als die Partei wieder den Kanzler stellte, fiel es ihr immer noch schwer, sich mit der Regierungsverantwortung zu befreunden. Im Überschwang des Wahlerfolgs von 1972 ging ihr allzu rasch die Fähigkeit verloren, sich im Dienst der Sache zu disziplinieren, also jenseits der Selbstverständlichkeit unterschiedlicher Auffassungen in einer demokratischen Volkspartei und der ebenso selbstverständlichen Existenz verschiedener Flügel in einer Partei mit annähernd 1 Million Mitgliedern »dennoch einen sozialdemokratischen Konsens zu bilden, trotz aller Meinungsverschiedenheiten eine solidarische Partei zu sein«, wie Carola Stern es formulierte. Zwietracht statt Eintracht – nicht nur zwischen Brandt, Wehner und Schmidt, diesem seltsamen Dreigespann, das vom Sommer 1973 an auseinanderriß (so daß jeder in anderer Richtung davonzog, jeder der drei mehr oder weniger offen über die beiden anderen in deren Abwesenheit schlecht redete), sondern auch im Präsidium, im Vorstand, in der Fraktion und erst recht an der Basis draußen im Lande.

Was war seit Hannover Erstaunliches geschehen, daß die Partei derart in den Strudel verbreiteten Mißbehagens geriet? Weshalb zog der im April 1973 noch völlig unangefochtene Bundeskanzler plötzlich spektakuläre Schelte auf sich? Wie konnte der Eindruck mangelnder Einigkeit und der Führungsschwäche, ja Kopflosigkeit sich bei den Mitgliedern der SPD und in breiten Kreisen der Bevölkerung so festsetzen, daß von Spaltung und Aktionsunfähigkeit gesprochen wurde?

Eine einfache Erklärung gibt es dafür nicht. Vieles traf hier zusammen: ein inflatorischer Preisauftrieb, der die Menschen um die Kaufkraft ihrer Währung fürchten ließ, und erste wilde Streiks; die Steiner-Wienand-Affäre; die endlose Auseinandersetzung um die Arbeitsverweigerung der Fluglotsen; dann die Ölkrise, die eine Tendenzwende signalisierte. Vor allem aber und immer wieder: die Schwierigkeiten der Regierenden mit sich selbst, ein Haufen Klatsch, gegenseitige Beleidigungen, abfällige Äußerungen übereinander im kleinen Kreis, kopfschüttelnd weitergegeben, händeringend registriert. Man war enttäuscht voneinander, reizbar, ohnehin empfindlich; die Nervenkraft ließ sichtlich nach. Brandt folgte seinem Hang, sich zu verkriechen, zu verstummen, sich resignierter Passivität hinzugeben. Wehner wiederum legte seinem polternden Temperament keine Zügel an – er, der andererseits so energisch für Disziplin in den eigenen Reihen plädierte. Und Schmidt schien frühzeitig bereits nach der Macht greifen, die Nachfolge antreten zu wollen. Die Koordinierung dieser Drei klappte nicht mehr. Kein Wunder. Hatte man es doch bei ihnen – das muß einmal gesagt werden – mit geradezu phantastischen Egozentrikern zu tun.

Brandt grübelte viel zu viel über sein Schicksal, litt unter seinen depressiven Stimmungen, fühlte sich eigentlich nur auf der Bühne großer Auftritte zeitweilig wohl. Wehner glaubte, er sei der einzige, der wirklich arbeite, der einzige, der moralische Grundsätze habe und einhalte, bescheiden wie keiner. Nie habe er auch nur einen Pfennig mehr vom Staat genommen, als ihm zustand (was übrigens Brandt und Schmidt von sich mit gleichem Recht behaupten konnten). Dieser ungewöhnlich fleißige, vorbildlich pflichtbewußte Mann ließ sich in einem erstaunlichen Maße gehen und fand offenbar gar nichts dabei, eigenen Übellaunigkeiten hemmungslos nachzugeben, erlaubte sich, über einen Menschen plötzlich so verärgert zu sein, daß er kein Wort mehr mit ihm sprechen wollte, jahrelang. Und endlich Schmidt in seiner ganzen intellektuellen Überheblichkeit, ein frustrierter, von grenzenlosem Ehrgeiz Getriebener, Krankgemachter, der sich für das einzige politische Talent unter den dreien hielt, allen überlegen, auf allen Gebieten, besonders auf denen der Wirtschaft und Finanzen, von denen die meisten, auch die beiden anderen, nach seiner Überzeugung doch keine blasse Ahnung hatten.

Erstaunlich, daß diese drei außerordentlichen Kaliber so lange in einer Art kooperativer Schwebelage blieben, sich leidlich vertrugen, hervorragend ergänzten. Das war eine große Leistung eines jeden von ihnen. Gemessen an der hundertjährigen Geschichte der Sozialdemokratie (wie unseres Landes überhaupt) war jeder von diesen dreien ohne Frage eine Persönlichkeit ganz ungewöhnlichen Zuschnitts, hervorragender, wenn auch unterschiedlicher politischer Fähigkeiten. Erst recht hatte ihr gleichzeitiges Zusammentreffen in früheren historischen Phasen der SPD keine Parallele. Wie ungewöhnlich diese personale Konstellation war, wird sich erst später, wenn alle drei die politische Bühne verlassen haben, in vollem Ausmaß zeigen.

Nur der äußere Druck der knappen Mehrheit hatte sie über die Jahre seit 1969 hinweg bei allem Ächzen zusammengehalten. Als aber die dramatische Kraftleistung der Ostpolitik vollbracht war und die Notwendigkeit innenpolitischer Kleinarbeit begonnen hatte, brachen ihre Auffassungs- und Temperamentsunterschiede hervor, fiel ihr Bündnis zeitweilig auseinander – ehe es sich unter veränderten Voraussetzungen und Zuordnungen erneut stabilisierte, nachdem Schmidt als Bundeskanzler Brandt ersetzt hatte.

Aber gehen wir zunächst den sachlichen Gründen der im Sommer 1973 aufkommenden Krisenstimmung nach.

Inflationsdebatte und Stabilitätsprogramm

Anfang Mai lagen die Kosten der Lebenshaltung um 6,9 Prozent höher als ein Jahr zuvor. Die Großhandelspreise waren bereits um 8 Prozent gestiegen, und Nahrungsmittel kosteten im Durchschnitt sogar 15 Prozent mehr als im Frühjahr 1972. Allein seit dem Wahlsieg vom November hatte sich die reale Kaufkraft der Deutschen Mark auf weniger als 97 Pfennig verringert. Fast jede neue Statistik meldete damals neue Rekorde der Geldentwertung. In Reden zum 1. Mai klagten führende Gewerkschaftler laut über die »unerträglich gewordene Preissteigerung« und ließen ihre Nervosität angesichts wachsenden Drucks von der Masse der Mitglieder her erkennen, weil die Lohnsteigerungen in manchen Bereichen den Kaufkraftschwund sowie die höheren Steuerbelastungen nicht mehr voll ausglichen.

Diether Stolze empfahl deshalb der Regierung in einem Leitartikel der *Zeit*, vom 4. Mai 1973, der Wirtschaft eine wahre Roßkur zu verordnen:

> Die Regierung müßte mit allen Mitteln versuchen, die sich abzeichnende steile konjunkturelle Bergfahrt zu bremsen. Sie müßte ihre Vollbeschäftigungsgarantie widerrufen, alle öffentlichen Investitionen drastisch kürzen, die Vergünstigungen für Bauherren aussetzen, die Lohn- und Einkommensteuer um mindestens zehn Prozent erhöhen – und selbstverständlich diese und andere Steuereinnahmen bei der Bundesbank stillegen. Auf eine einfache Formel gebracht: Die SPD/FDP-Koalition müßte, wie von den fünf Kon-

junkturforschungsinstituten empfohlen, bewußt eine »Stabilisierungskrise« ansteuern, müßte Arbeitslosigkeit, Massenkonkurse und soziale Konflikte in Kauf nehmen.

Aber so weit mochte sich die Regierung natürlich nicht vorwagen; schließlich war 1966 eine solche »Stabilisierungskrise« eine der Hauptursachen des Sturzes der Regierung Erhard gewesen. Schwarze Fahnen arbeitsloser Bergarbeiter an der Ruhr hatten damals das mangelnde Verständnis der Arbeiterschaft für eine Deflationspolitik signalisiert, die auf ihrem Rücken ausgetragen wurde. Einer sozialdemokratisch geführten Bundesregierung drohte in einem solchen Fall jedoch Widerstand nicht nur von außen, sondern auch aus den eigenen Reihen. Außerdem war keineswegs sicher, daß eine Vollbremsung der Konjunktur, wie die klugen, aber politisch nicht verantwortlichen Experten in den wirtschaftswissenschaftlichen Forschungsinstituten sie empfahlen, zwangsläufig den gewünschten Effekt hätte: die Inflation zum Stillstand zu bringen, zumindest stark zu verlangsamen, da sie zu einem erheblichen Teil außenwirtschaftlich bedingt war, ihre Ursachen also in einem Bereich lagen, den die Bundesregierung gar nicht beeinflussen konnte.

Das Kabinett ging daher vorsichtig an die Sache heran. Am 17. Februar 1973 hatte es einen stabilitätspolitischen Maßnahmenkatalog beschlossen, der unter anderem eine Begrenzung der öffentlichen Haushalte von Bund, Ländern und Gemeinden und eine verschärfte Regelung der vorläufigen Haushaltsführung, die Auflegung einer Stabilitätsanleihe, die Erhebung einer Stabilitätsabgabe, eine Erhöhung der Mineralölsteuer, die Kürzung von Investitionszulagen sowie die Stillegung von Steuermehreinnahmen umfaßte. Wie die Nachfrage- und Preisentwicklung zeigte, reichten diese Maßnahmen jedoch nicht aus, um den Konjunkturverlauf zu beruhigen. In ihrer Sitzung vom 9. Mai 1973 verabschiedete die Bundesregierung deshalb ein Zweites Stabilitätsprogramm, »ergänzend zu den am 17. Februar 1973 beschlossenen Maßnahmen«, wie es im Protokoll der Sitzung heißt, die »unverzüglich und ungeschmälert verwirklicht werden« müßten.

Der Vorlage dieses zweiten, überraschend energischen Stabilitätsprogramms waren ausführliche Beratungen im Finanzkabinett unter Teilnahme der Fraktionsvorsitzenden Wehner und Mischnick sowie des Bundesbankpräsidenten Klasen vorausgegangen. Der Beschluß im Kabinett war einstimmig. Zur Begründung des Programms hieß es in der »Anlage zum Kurzprotokoll über die 15. Kabinettssitzung der Bundesregierung am 9. Mai 1973« einleitend:

> Der konjunkturelle Aufschwung in der Bundesrepublik geht in stabilitätspolitisch bedrohlicher Weise erheblich über das in der Jahresprojektion der Bundesregierung angestrebte Maß hinaus. Die geradezu boomartige Expansion der Nachfrage, die sowohl Ausdruck einer konjunkturzyklischen Eigen-

> dynamik als auch eine Konsequenz zunehmender Preissteigerungserwartungen ist, schafft neue Spielräume für eine gefährliche Beschleunigung der Kosten- und Preisentwicklung. Um eine weitere Eskalation des Preisanstiegs mit allen sich daraus ergebenden wirtschafts-, finanz- und gesellschaftspolitischen Gefahren zu verhindern und um die notwendige Tendenzwende in der Preisentwicklung zu erreichen, sind deshalb harte Maßnahmen zur Reduzierung der gesamtwirtschaftlichen Nachfrage unerläßlich . . .

Das zweite stabilitätspolitische Programm dieser Regierung fiel dementsprechend umfassend aus; es enthielt 21 verschiedene Maßnahmen und sah unter anderem eine Stabilitätsabgabe für höhere Einkommen, eine befristete Investitionssteuer und Einsparungen der öffentlichen Haushalte vor, um das bedrohlich gestiegene Inflationsfieber zu bekämpfen. Die wohl härtesten Maßnahmen richteten sich gegen den Investitionsgüterbedarf der Wirtschaft. Trotz der bereits deutlich gewordenen Liquiditätsengpässe bei den Banken und der zeitweilig extremen Zinsentwicklung am Geldmarkt wurde die Bundesbank angehalten, ihre restriktive Kreditpolitik fortzusetzen. Außerdem sollten im Rahmen der Mehrwertsteuer eine vorübergehende, auf längstens zwei Jahre befristete Investitionssteuer in Höhe von 11 Prozent, bei ermäßigtem Steuersatz von 5,5 Prozent, erhoben und die degressive Abschreibung bis zum 1. Mai 1974 ausgesetzt werden. Diese Maßnahmen zielten darauf ab, eine Erweiterung der Kapazitäten so zu verteuern, daß sie unrentabel würde und deshalb unterblieb. Der Staat wollte seine Ausgaben durch die Stillegung von Steuermehreinnahmen, die Reduzierung der geplanten Nettokreditaufnahme um 5,5 Milliarden DM und die Streichung oder Verschiebung einiger Ausgaben verringern und damit die staatliche Nachfrage beschränken. Parallel dazu sollte die private Nachfrage durch die (bereits im Entwurf des Steueränderungsgesetzes 1973 vorgeschlagene) zehnprozentige Stabilitätsabgabe für höhere Einkommen gedämpft werden. Um die Wohnungsbaunachfrage an die verfügbaren Kapazitäten besser anzupassen, wurde beschlossen, die im Entwurf des Steueränderungsgesetzes 1973 vorgesehene Einschränkung der Gebäudeabschreibung nach Paragraph 7 Abs. 5 des Einkommensteuergesetzes auf alle Gebäude mit Ausnahme der Gebäude auszudehnen, die nach dem 2. Wohnungsbaugesetz gefördert wurden; für Einfamilienhäuser, Zweifamilienhäuser und Eigentumswohnungen, für die der Antrag auf Baugenehmigung nach dem 8. Mai 1973 und vor dem 1. Mai 1974 gestellt wurde, wurden erhöhte Absetzungen nach Paragraph 7b des Einkommensteuergesetzes ausgeschlossen.

Weitere Maßnahmen betrafen die Handelspolitik. Der Handel mit den Staatshandelsländern sollte liberalisiert, mengenmäßige Einfuhrbeschränkungen sollten abgebaut werden. Innerhalb der Europäischen Gemeinschaft wollte sich die Bundesregierung weiter um eine lineare Zollsenkung sowie um eine Verbesserung der EG-Präferenzen für Entwicklungsländer bemühen.

Um den Wettbewerb zu verstärken und um die Bildung wirtschaftlicher Macht wirksamer kontrollieren zu können, sollte die Kartellgesetznovelle bis zum Sommer verabschiedet werden. Zur Verbesserung der Markttransparenz für den Verbraucher wurde die Preisauszeichnungspflicht erweitert. Bei der Vergabe öffentlicher Aufträge sollte der Wettbewerb durch verstärkte Anwendung von Ausschreibungen gefördert werden. Die Entscheidung über eine Erhöhung der Post- und Fernmeldegebühren wurde zurückgestellt. In der Europäischen Gemeinschaft wollte die Bundesregierung durch eigene Vorschläge Anregungen für Verbesserungen des Agrarsystems geben und insbesondere prüfen, mit welchen Mitteln Überschüsse in der Agrarproduktion beseitigt und die Verbraucher mit preisgünstigen Nahrungsmitteln versorgt werden könnten. Mit diesen Maßnahmen hoffte die Bundesregierung, die Inflationsmentalität zu brechen, ohne durch überzogene Dämpfung der privaten Nachfrage die Unruhe zu vergrößern, die in der Arbeitnehmerschaft angesichts der beinahe konjunkturneutralen Lohnabschlüsse zu Jahresbeginn bei dennoch weiter steigenden Inflationsraten entstanden war.

Diese außerordentlich vorsichtige stabilitätspolitische Gratwanderung der Regierung war jedoch nicht ungefährlich. Das Programm sollte wirken, aber nicht schaden; es sollte die Inflation bekämpfen, aber möglichst niemandem weh tun. So lag die Härte des Programms mehr im Optischen als in der Wirkung, in der Länge des Maßnahmenkatalogs mehr als in der Durchschlagskraft der einzelnen Maßnahmen.

Kritiker bemängelten denn auch sogleich den geringen Umfang der Streichungen in den öffentlichen Haushalten und die Tatsache, daß mit Rücksicht auf die Gewerkschaften nicht einmal fünf Prozent der 22 Millionen Arbeitnehmer vom Stabilitätszuschlag getroffen würden. Und da auch die Exporte in keiner Weise gebremst wurden, ließ sich absehen, daß die in- und ausländische Nachfrage nicht ernsthaft beschnitten würde. Bliebe sie aber weiter so überhöht wie jetzt, hieß es, werde voraussichtlich kein Unternehmen genötigt sein, Investitionen zu kürzen, sondern eher versucht, die Investitionssteuer und die gestiegenen Zinsen auf die Preise abzuwälzen, womit die inflationäre Entwicklung noch zusätzlich beschleunigt würde.

Sogar die Maßnahmen zur Dämpfung der Baukonjunktur wurden skeptisch beurteilt. Man fürchtete, Bauherren wie Manager könnten zu der Überzeugung gelangen, daß es trotz steuerlicher Nachteile immer noch billiger sei, jetzt zu bauen und zu investieren, als bei weiter steigenden Preisen in ein oder zwei Jahren; sie könnten daher versucht sein, einen neuen Auftragsschub in der Bauindustrie und im Bauhandwerk auszulösen. Die Hoffnung der Bundesregierung auf ein stabilitätsförderndes Verhalten der Europäischen Gemeinschaft und schließlich die Verkündung »verbraucherpolitischer Maßnahmen« waren den Kommentatoren kaum ein Wort oder eine Zeile wert; niemand erwartete davon einen ernsthaften stabilitätspolitischen Effekt.

Schlimmer noch als alle diese Mängel in der ökonomischen Wirksamkeit des beschlossenen Maßnahmenkatalogs war jedoch die Tatsache, daß die am Wirtschaftsprozeß beteiligten Gruppen keine Neigung zeigten, auf das mit dem Zweiten Stabilitätsprogramm gesetzte Signal hin einen eigenen Beitrag zur Inflationsbekämpfung zu leisten. Zwar hatte jeder sein Alibi. Aber im Ergebnis minderte die uneinige, selbstbezogene Haltung aller Gruppen einen weiteren Erfolg des Stabilitätsprogramms. Trotz dessen Mängel und Schwächen hätte das nicht so sein müssen. Im Jahr 1966/67 war es anders gewesen: Damals hatte die Geschlossenheit der Konzertierten Aktion das Vertrauen in die Leistungsfähigkeit der deutschen Wirtschaft wiederhergestellt und damit wesentlich zur Überwindung der Rezession beigetragen.

Hans-Günther Sohl, der Präsident des BDI, hatte wohl dieses verlorene Paradies gemeinsamer Konjunkturpolitik im Sinn, als er am 30. Mai 1973 auf der 24. Mitgliederversammlung seines Verbands im Württembergischen Staatstheater zu Stuttgart erklärte, wer nicht die gemeinsame Verantwortung der öffentlichen Hand und der Tarifpartner für die inflationäre Entwicklung erkenne, sei demagogisch und trage nicht zur Lösung der Probleme bei. Nur ein gleichgerichtetes Verhalten der Unternehmen, der Gewerkschaften und der öffentlichen Hand könne »zurückbringen, was wir früher hatten«.

In Wirklichkeit verhielten sich die Arbeitgeber, für die Sohl hier sprach, jedoch genau umgekehrt. Wenige Stunden vor Sohls Rede hatten die Stahlindustriellen Nordrhein-Westfalens mit der IG Metall einen Lohn-Nachschlag vereinbart. Obwohl das Tarifabkommen, das erst am 31. Dezember 1973 auslief, formell dabei nicht gekündigt wurde, beide Seiten also vertragstreu blieben, erhielt jeder Stahlarbeiter eine Einkommens-Aufbesserung in vier Raten von je 70 DM. Die stabilitätspolitischen Bemühungen der Bundesregierung wurden hierdurch sichtlich unterlaufen. Unternehmer wie Gewerkschaften konnten allerdings geltend machen, daß sie lediglich versuchten, den Arbeitsfrieden zu retten. Denn schon im Februar war es zu wilden Streiks bei Hoesch gekommen, die den Unmut ahnen ließen, der sich in den Betrieben staute. Auch 1969 waren solche wilden Streiks bei Hoesch und Klöckner erste Warnzeichen gewesen, die man damals nicht genug beachtet hatte. Diesen Fehler wollte man jetzt nicht wiederholen.

Die Koalition mochte dieses Argument jedoch nicht gelten lassen. Wirtschaftsminister Hans Friderichs, der in Stuttgart nach Sohl sprach, erklärte verärgert, das Kabinett habe keinen allgemeinen Konjunkturzuschlag, sondern nur eine Stabilitätsabgabe für höhere Einkommen verschrieben, weil es fürchten mußte, daß eine Belastung aller Arbeitnehmer »angesichts der relativ gemäßigten Lohnabschlüsse zu Anfang dieses Jahres« Schwierigkeiten und Unruhen nach sich ziehe. Das könne nur übersehen, wer die Stimmung in den Werken und auf Gewerkschafts-Veranstaltungen nicht kenne. Auch die Arbeitgeber-Verbände hätten der Bundesregierung aus diesem Grund abgeraten, einen allgemeinen Konjunkturzuschlag zu erheben. Dieser Strategie, führte Friderichs aus, wäre allerdings die Geschäftsgrundlage entzogen, wenn die jüngsten Tarifvereinbarungen in der Eisen- und Stahlindustrie Nordrhein-Westfalens über Nachbesserungen für das zweite Halbjahr Schule machten. »Ich muß leider feststellen: Diese Vereinbarungen mißachten die mit dem Stabilitätsprogramm der Bundesregierung gesetzten Daten und Signale.«

Offen kritisierte Friderichs auch die zunehmende Neigung der Arbeitgeber, den Arbeitnehmern höhere als die tarifvertraglichen Löhne zu zahlen. Die Unternehmer ließen es an Verantwortungsgefühl fehlen, wenn sie so hohe Effektivverdienste zugeständen, daß abgeschlossene Tarifverträge rasch zu gegenstandslosem Papier würden; den Gewerkschaften bliebe dann gar keine andere Wahl, als Nachforderungen zu stellen oder beim nächsten Abschluß »wirklich in die Vollen zu gehen«.

Schließlich rügte der Minister auch noch die Banken. Die Bundesbank verfolge gegenwärtig einen in seiner Schärfe vorbildlosen Restriktionskurs. Das Seltsame und gleichzeitig Enttäuschende sei aber, daß die Banken in ihrer Kreditpolitik bisher so gut wie überhaupt nicht darauf reagiert hätten – jedenfalls den Daten zufolge, über die man in der Bundesregierung verfüge. Noch im März, als die Liquiditätsbremsen bereits stark angezogen und schon exotische Geldmarktzinsen zu zahlen gewesen seien, hätten die Banken ihre Kredite enorm vergrößert (tatsächlich hatte das erweiterte Geldvolumen, einschließlich der Termingelder mit Kündigungsfristen unter vier Jahren, Ende März 1973 um 20,3 Prozent höher gelegen als ein Jahr zuvor). Friderichs erklärte, er wolle hier keine Sippenschelte vornehmen, aber doch die Feststellung machen dürfen, daß »ich derartige Kreditausweitungen, die sich dann in einer Erhöhung des Geldvolumens niederschlagen, für maß-, um nicht zu sagen verantwortungslos halte«.

Die Angegriffenen konnten für ihr Verhalten jedoch gute Gründe vorbringen. Wer wollte es im Blick auf die Aktionäre den Banken verdenken, daß sie Kredite vergaben, solange sie genug Geld zum Ausleihen besaßen? Gewinne zu machen, war nun einmal ihr Hauptziel in einer Wirtschaftsordnung, die im Eigeninteresse das Grundmotiv wirtschaftlichen Handelns sieht. Das galt auch für die Unternehmen, die höhere Effektivlöhne als die tarifvertraglichen zahlten, um die Abwerbung ihres Arbeiterstamms zu verhindern.

Im übrigen konnte die Wirtschaft darauf verweisen, daß die öffentliche Hand bei ihren Bemühungen um Stabilität mit schlechtem Beispiel vorangehe. So hielt Sohl in seiner Stuttgarter Rede der Regierung vor, der Beitrag, der durch das Stabilitätsprogramm der öffentlichen Hand abverlangt werde, sei nur »ein Minimum dessen, was man auf Grund des Sondergutachtens erwarten durfte«. Bei diesem Gutachten handelte es sich um eine Äußerung des *Sachverständigenrates zur Begutachtung der gesamtwirtschaftlichen Entwicklung* vom 9. Mai – also genau dem Tag, an dem das Zweite Stabilitätsprogramm verabschiedet worden war –, in der die aktuelle konjunkturelle Lage analysiert wurde. Außerdem, fuhr Sohl fort, gäbe es keinerlei rechtliche Handhabe, um die beschlossenen Ausgabenbeschränkungen auch tatsächlich vorzunehmen und sicherstellen zu lassen, daß alle inflationsbedingten Steuermehreinnahmen dem Wirtschaftskreislauf auch tatsächlich entzogen würden.

Aber auch die Regierung wußte sich zu verteidigen: Mehr lasse sich eben bei ihr nicht einsparen. Der konjunkturpolitische Spielraum auf der Ausgabenseite der Haushalte werde weit überschätzt. Finanzminister Helmut Schmidt, der sich in die Inflationsdebatte mit einem Beitrag im *Rheinischen Merkur* vom 1. Juni 1973 eingeschaltet hatte, erklärte dort, der Anteil der feststehenden Ausgaben einschließlich der Verteidigungslasten im Etat betrage beim Bund 95 Prozent und bei den Ländern rund 85 Prozent. Die Manövriermasse war also sehr gering. Denn selbst der Restposten beim Bund in Höhe von fünf Prozent war ja nur eine theoretische Größe, da der Ruf nach einer Erweiterung des »öffentlichen Korridors« zur Verbesserung staatlicher Dienstleistungen eher einen erweiterten als einen verminderten Aufwand der öffentlichen Hand verlangte.

Für sich betrachtet, handelten alle Beteiligten durchaus vernünftig. Zumindest konnte man Verständnis für ihr Verhalten aufbringen. Aber zusammengenommen, gesamtwirtschaftlich gesehen, erhielten Einzelinteressen Vorrang vor dem Gemeinwohl, das in diesem Falle Stabilisierung der Konjunktur und Bekämpfung der Inflation hieß. Die Harmonie der Konzertierten Aktion bestand nicht mehr. Jeder dachte zunächst an sich, auch wenn er wortreich vorgab, im Interesse des Ganzen zu handeln. Woran auch immer diese Zersplitterung der Wirtschaftssolidarität liegen mochte, ob am Wahlsieg der Koalition, der Arbeitnehmer und Gewerkschaften von dem Zwang befreite, die Regierung um nahezu jeden Preis zu stützen, ob an der schwieriger gewordenen wirtschaftlichen Lage, in der jeder sehen mußte, wie er mit der Inflation zurechtkam, oder an der Unfähigkeit der Regierung, ihre Koordinierungsfunktion zufriedenstellend wahrzunehmen: Den Schaden hatte vor allem diese Regierung. Angesichts beunruhigender Symptome einer erst in ihrem Anfang stehenden Krise haftete an ihr der Makel ohnmächtiger Schwäche. Wie wenig man sich damals stabilitätspolitisch noch vom Kabinett Brandt versprach, zeigte der bereits erwähnte Kommentar von Diether Stolze in der *Zeit* fünf Tage *vor* der Verabschiedung des schärfsten Stabilitätsprogramms, das unserer Wirtschaft bis dahin je verordnet wurde, in dem er den beiden verantwortlichen Ressortministern Friderichs und Schmidt ganz zu Unrecht den Vorwurf machte, sich im wesentlichen mit dem zu begnügen, was sie einst an ihren Vorgängern bespöttelt hätten – nämlich mit Seelenmassage – und statt eines Stabilitätspakets nur ein Päckchen zu schnüren. Und obwohl dann das Programm vom 9. Mai erheblich umfangreicher und härter ausfiel, als zahlreiche Beobachter erwartet hatten, hielt sich auch danach der Eindruck eines allzu nachgiebigen Regierungskurses, weil der allgemein herrschende Gruppenegoismus die Bemühungen um Rückgewinnung der Stabilität im Ansatz erstickte und es Bonn nicht gelang, die miteinander im Streit liegenden Interessen in eine gemeinsame Strategie der Inflationsdrosselung einzubinden. Dem Kabinett Brandt blieb, so sehr es sich auch angestrengt hatte, damals der Erfolg versagt.

Die Steiner-Wienand-Affäre

Die Inflationsdebatte war jedoch im späten Frühjahr 1973 nur *ein* Beispiel für den Autoritätsverfall dieser Regierung. Fast gleichzeitig kam die Steiner-Wienand-Affäre an die Öffentlichkeit, die auf einem ganz anderen Gebiet das Vertrauen in die sozialliberale Koalition erschütterte. Hier ging es um ihre politisch-moralische Integrität. Scheinbar besorgt, in Wahrheit aber triumphierend, fragten im Juni und Juli mehrere konservative Zeitungen, *Die Welt*, die *Bild-Zeitung* und der *Rheinische Merkur* sogar in einer siebenteiligen Serie unter der immer gleichen Schlagzeile nach einem »Watergate in Bonn?« Zum Auftakt der Serie im *Rheinischen Merkur* hieß es am 1. Juni, die Bundesrepublik müsse mit einem Skandal rechnen, »gegen den die Watergate-Affäre der Amerikaner zum kleinen Fisch« zusammenschrumpfe.

Bis Mitte Mai 1973 hatte kaum noch jemand in Bonn an den ein reichliches Jahr vorher gescheiterten Versuch Rainer Barzels gedacht, Willy Brandt mit einem konstruktiven Mißtrauensvotum zu stürzen und selbst das Amt des Bundeskanzlers zu übernehmen. Zwar waren die Umstände seines Fehlschlags nie aufgeklärt worden. Aber da auch die Union kein reines Gewissen besaß und ihre Abwerbungspraktiken der CDU/CSU in der Öffentlichkeit Kritik und Sympathieverluste bei der Bevölkerung eintrugen, hatte man die ganze Angelegenheit, im beiderseitigen Interesse, lieber der Vergessenheit anheimgegeben, als dem Verdacht der Bestechung nachzugehen und dabei womöglich selbst erneut ins Zwielicht zu geraten.

Nun jedoch, im Mai 1973, wurden in Bonn plötzlich Gerüchte laut. Niemand wußte, woher sie kamen. Wer konnte ein Interesse daran haben, diese im stillschweigenden, gemeinsamen Einverständnis allseits begrabenen Dinge jetzt wieder ans Licht zu bringen? Hatte sie irgend jemand – aber wer? – listig lanciert, planmäßig unter die Leute gebracht? Oder stammten sie einfach aus dem natürlichen Drang der Wahrheit, sich am Ende ganz von allein durchzusetzen? Die wenigen, die etwas wußten, sagten es jedenfalls nicht.

Der britische Geheimdienst, so lauteten die Gerüchte, habe den Hinweis gegeben, daß sich im Nachlaß eines kürzlich gestorbenen Deutschen eine Äußerung finde, er hätte einen Betrag von 100 000 DM an den früheren CDU-Bundestagsabgeordneten Julius Steiner vermittelt. Die Ulmer *Südwest-Presse* wußte am 1. Juni 1973 zu berichten, bei einem Treffen zwischen dem SPD-Fraktionsgeschäftsführer Karl Wienand und Steiner am 29. März 1972 habe Wienand laut darüber nachgedacht, was die Stimme eines Unionsabgeordneten für die Ostverträge »wert sein könne«; Wienand habe von 250 000 DM in bar, zahlbar auch auf ein Konto in der Schweiz, oder von einer gleichwertigen Versorgung auf Lebenszeit gesprochen. Von anderer Seite dagegen hieß es, man habe Steiner für seine Stimmenthaltung möglicherweise auch mit einem Posten bei der Treuhandstelle für den Interzonenhandel, die dem Bundeswirtschaftsministerum unterstand, abfinden wollen.

Am 4. Juni 1973 widmete *Der Spiegel* dieser Affäre eine Titelgeschichte und wartete dabei mit neuen Informationen auf – vor allem mit einem Geständnis Steiners. Redakteure des Nachrichtenmagazins hatten Steiner am 29. Mai im Bonner Büro des *Spiegels* zwei Stunden lang befragt und dann von ihm, nach kurzer Bedenkzeit, die erhoffte (und erwartete) Auskunft erhalten: »Jetzt muß ich Ihnen die volle Wahrheit sagen. Ich habe eine weiße Karte reingeworfen. Das war wie ein Nein. Der Antrag war, Brandt das Mißtrauen auszusprechen. Damit war die Enthaltung ein Nein.«

Steiner gab also zu, am 27. April 1972 nicht für Barzel gestimmt zu haben. Nicht weniger, aber auch nicht mehr. Korruption, Bestechung – davon wollte er in seinem Gespräch mit dem *Spiegel* noch nichts wissen. Er habe aus politischer Überzeugung gehandelt, nicht um materieller Vorteile willen. Rainer Barzel, so habe er damals geglaubt – und glaube es noch heute –, sei nicht in der Lage, »eine Bundesrepublik zu regieren«. Vor allem aber habe ihm das Schicksal der Ostverträge am Herzen gelegen. Eine Regierung Barzel/Strauß, so habe er gefürchtet, werde unter dem Vorwand, sie wolle bessere Konditionen mit der Sowjetunion aushandeln, die Ratifizierung der Verträge auf unabsehbare Zeit aussetzen. Diese Aussicht habe ihn erschreckt, so daß er auch aus diesem Grund seinem Fraktionsvorsitzenden die Unterstützung versagt und eine ungültige Stimmkarte in die Wahlurne geworfen habe.

Dieses Engagement Steiners für die sozialliberale Ostpolitik hatte eine Vorgeschichte. Anfangs, im Jahr 1970, war er noch gegen sie gewesen. Dann wandelte sich seine Einstellung; er wurde sogar ein »Freund der Ostpolitik«, wie er selbst sagte. Dazu mag beigetragen haben, daß er gute Kontakte zum schwäbischen Großunternehmer Hans Liebherr unterhielt, dem sehr daran gelegen war, Geschäfte mit der Sowjetunion, die er bereits seit Mitte der sechziger Jahre betrieb, aufrechtzuerhalten und auszubauen. Das gelang ihm übrigens. Liebherr schloß am 29. Mai 1973 in Kempten einen Vertrag über die Lieferung von Ausrüstungsgegenständen für das sowjetische Lastkraftwagenwerk an der Kama im Wert von 300 Millionen DM und einen Projektierungsvertrag über die Lieferung von Ingenieurwissen für das dortige Getriebewerk ab. Der Stammsitz der Liebherr-Werke GmbH befand sich in Biberach, nicht weit von Steiners Wohnort Sigmaringen; Steiners Tochter Bärbel war in diesem Unternehmen als Fremdsprachen-Korrespondentin beschäftigt.

Bei SPD und FDP wußte man von Steiners Interessen. Josef Ertl und Steiner wohnten, wenn sie in Bonn waren, beide in dem kleinen Ort Pech oberhalb von Bad Godesberg. Von dort aus nahm der liberale Landwirtschaftsminister den Unionsabgeordneten hin und wieder in seinem Dienstwagen mit hinunter nach Bonn. Bei solchen Gelegenheiten kamen auch die ostpolitischen Neigungen Steiners zur Sprache. Darüber hinaus will Steiner mit dem Minister für innerdeutsche Beziehungen, Egon Franke, dessen Parlamentarischem Staatssekretär Karl Herold sowie »mit einigen Herren von der FDP«, darunter Scheel und Genscher, über das Unbehagen gesprochen haben, das er angesichts der schroff ablehnenden Haltung empfände, die die CDU/CSU gegenüber den Ostverträgen zeige.

Schließlich spielte auch Hans-Joachim Baeuchle noch eine Rolle. Er war, wie Steiner, erst seit 1969 im Bundestag. Die beiden gehörten zwar verschiedenen Parteien an – Steiner der CDU, Baeuchle der SPD –, aber sie kannten sich seit Anfang der fünfziger Jahre, als Baeuchle Bürgermeister von Haigerloch war und Steiner im benachbarten Rangendingen wohnte; gemeinsam saßen sie damals im Kreistag in Hechingen. Oft hielten sie ihre politischen Versammlungen zu gleicher Zeit und im gleichen Wirtshaus ab: Baeuchle im Parterre, Steiner im ersten Stock; anschließend setzten sie sich freundschaftlich zusammen. Auch als Bundestagsabgeordnete pendelten sie häufig gemeinsam im Nachtzug zwischen Bonn und Ulm, aßen und tranken zusammen im Speisewagen. In solchen Situationen, so Baeuchle später, »hat der Kerl mir immer alles gesagt; ich war wie sein Beichtvater«.

Anfang März 1972, als die Mehrheit der sozialliberalen Koalition immer knapper wurde und die Ostpolitik (wie die Regierung) an dieser Schrumpfung zu sterben drohte, wandte sich Baeuchle an den parlamentarischen Geschäftsführer seiner Fraktion, Karl Wienand: Er könne vielleicht in der Union jemanden finden, der für die Vertragswerke stimme. Wienand hielt die Angelegenheit verständlicherweise für so wichtig, daß er Baeuchle seine Bereitwilligkeit erklärte, gegebenenfalls persönlich und mit allen Vollmachten versehen nach Schwaben zu kommen, um die Sache voranzutreiben. Am 19. März wurde zwischen Wienands Büro und Baeuchle telefonisch ein Treffen Wienands mit Steiner in Baeuchles Neubau in Schelklingen (wo Baeuchle Bürgermeister war) für den 29. März vereinbart. In seinem privat gehaltenen Einladungsschreiben an Steiner und dessen »werte Frau Gemahlin« vom 20. März bat Baeuchle den CDU-Abgeordneten und seine Frau, sich für diesen Besuch bei ihm mindestens zwei Stunden zu reservieren. Er wolle ihnen seine Gemäldesammlung zeigen und habe überdies am Vortag eine für Steiner »*sehr wichtige* politische Mitteilung« bekommen, »die ich Ihnen nicht vorenthalten möchte«.

Ehe er losfuhr, berichtete Karl Wienand telefonisch Karl Schiller, er müsse ein, zwei Tage verreisen, um sich »um unsere Mehrheit zu kümmern«. Der Besuch in Schelklingen wurde ein Erfolg – jedenfalls für Steiner und Wienand. Nach einer anfangs unverbindlichen, politischen Plauderei leitete der SPD-

Fraktionsgeschäftsführer rasch zu seinen Sorgen über: dem parlamentarischen Schicksal der Ostverträge. Er bejahe sie an sich, sagte daraufhin Steiner zuvorkommend, könne dies allerdings nach außen nicht erkennen lassen, da er sonst Schwierigkeiten mit seiner Partei zu befürchten hätte, ja sogar damit rechnen müßte, nicht erneut aufgestellt zu werden. Dafür hatte Wienand Verständnis. Schließlich war er eigens zur Klärung dieser Frage herbeigeflogen. In solchen Fällen, sagte er, könne man bar auf die Hand zahlen (»cash«, wie es hieß) oder ins Ausland überweisen; es ließe sich aber auch ein Stellenangebot denken. Auf die neugierige Frage der beiden Schwaben, was »eigentlich so ein Abgeordneter wert« sei, nannte Wienand nach der Erinnerung Baeuchles »einen Betrag in etwa zwischen 200000 und 250000 Mark«. Von einem Parteiwechsel riet Wienand Steiner ab. »Uns«, sagte er, sei ein Unionsabgeordneter wie Steiner, der nicht weit rechts stehe und in seiner Partei bleibe, lieber als ein Überläufer. Danach ging man in die Details; taktvoll verließ der Hausherr den Raum.

Daß dieses Gespräch von Mann zu Mann nicht folgenlos blieb, belegt das Verhalten Steiners beim konstruktiven Mißtrauensvotum. Die Summe, die ihm gezahlt wurde, lag allerdings erheblich unter den Beträgen, die Wienand in Schelklingen erwähnt hatte. Das Lockangebot hatte Steiner offenbar derart geblendet, daß er den Kontakt mit Wienand aufrechterhielt, wenn er sich auch am Ende nur mit einem Viertel oder Fünftel der ursprünglich verheißenen Zahlung zufriedengeben mußte. Am Pfingstmontag 1973 gestand er Reportern der Illustrierten *Quick* im Alpengasthof *Pfandler* in Pertisau (Tirol), mit 50000 DM abgefunden worden zu sein.

Wie kam er zu diesem Bekenntnis, und weshalb, um alles in der Welt, gerade dort? Steiner hatte sich auf der Flucht vor der Öffentlichkeit in eine »freiwillige Untersuchungshaft« begeben (wie Rudolf Augstein das kopfschüttelnd nannte) und ließ sich von *Quick*-Mitarbeitern an wechselnden Orten im Gebirge einquartieren, bewachen und verhören. Pfingsten also am Achensee.

Auch *Quick* erzählte Steiner zunächst nichts anderes als das, was er vorher schon dem *Spiegel* berichtet hatte: Er habe aus rein ideellen Gründen Barzel seine Stimme versagt. Erst als er am Pfingstmontag *Bild am Sonntag* vom Tag zuvor in die Hand bekam, in der neben Wienands Villa bei Bonn auch dessen luxuriöses Landhaus am Gardasee abgebildet war, hatte sich Steiner nicht länger beherrschen können. Es war ihm herausgefahren, daß Wienand ihm (nur) 50000 DM gegeben hätte. Der Luxus, in dem Wienand lebte, habe Steiner böse gemacht, bemerkte dazu die *Quick*, und der Redakteur Armin Zipzer, der – zusammen mit einem Kollegen und dem Fotografen – Steiner in der Abgeschiedenheit des österreichischen Gebirgsdorfs begleitete, ergänzte diese Beobachtung mit dem Satz, Steiner verdächtige Wienand, er habe von der SPD wohl 250000 DM bekommen, um ihn zu bestechen, davon aber 200000 DM für sich behalten.

Hans-Joachim Baeuchle, der den Kontakt zwischen Steiner und der SPD hergestellt hatte, konnte sich selbst wiederholt vom Erfolg seiner Mission überzeugen. Steiner berichtete ihm mehrfach während ihrer gemeinsamen Bahnfahrten zwischen Ulm und Bonn, daß sich sein Besuch in Schelklingen gelohnt habe. Und als Baeuchle am Tag des Mißtrauensvotums an einem Tisch des Bundeshaus-Restaurants Käte Strobel in Tränen aufgelöst sitzen sah, weil angeblich nun auch Kienbaum und Kühlmann-Stumm von der FDP für Barzel zu stimmen beabsichtigten, sagte Steiner, den er wenig später in der Toilette traf, zu ihm, er solle zurückgehen und sie trösten. Sie brauche nicht zu weinen – wie das Abstimmungsergebnis, Barzels Scheitern, bald darauf bewies.

Die Koalition war gerettet; nun wollte auch Baeuchle etwas von der Sache haben. Schließlich verdankte man es ihm, wenn sie überlebt hatte. Noch am Tage des gescheiterten Mißtrauensvotums schrieb er, ganz offiziell auf einem Briefkopf des Deutschen Bundestages, seinem parlamentarischen Geschäftsführer:

Lieber Karl,

wir können nun, wenn auch nur kurz – etwas aufatmen und dürften auch eine gewisse Handlungsfähigkeit zurückgewonnen haben, auch wenn die Situation nach wie vor sehr schwierig ist.

Dazu einen gewissen Beitrag geleistet und kein »Windei« gesetzt zu haben, war für mich Genugtuung und Freude. Unserem Kanzler und unserer Partei zu helfen war mein Anliegen, nicht mehr. Doch glaube ich eine kleine und bescheidene Bitte äußern zu dürfen, nämlich die, daß Du unser Parl. Geschäftsführer, oder auch unser Fraktionsvorsitzender, an den Landesvorstand unserer Partei in Baden-Württemberg, Stuttgart, Friedrichstr. 13 wenigstens andeutungsweise schreiben, daß ich der Partei in wirklich schwierigster Situation einen großen Dienst erwiesen habe, und eine Kopie dieses Schreibens mir zur Verfügung gestellt wird. Sollte dieses Schreiben und dieser Hinweis bei der Aufstellung der nächsten Landesliste in Baden-Württemberg mir helfen, so würde dies mich natürlich sehr freuen. Wie Du aber weißt, war dies nicht der Beweggrund meiner Unterstützung.

Vielen herzlichen Dank im voraus.

Mit freundlichen Grüßen!
Dein
(gez.) Hans-Joachim Baeuchle

Als Wienand diese »kleine und bescheidene Bitte« Anfang Juni, also sechs Wochen später, noch immer nicht erfüllt hatte, sprach Baeuchle persönlich bei ihm vor. Bei dieser Gelegenheit suchte er in Erfahrung zu bringen, ob Steiner wohl allein aus Überzeugung gehandelt habe. Eigentlich konnte er seine Frage selbst beantworten, hatte ihm doch Steiner persönlich sein Treffen mit Wienand im Hause Baeuchle als nützlich geschildert. Wienand habe einen Augenblick gezögert und dann »zu meiner Überraschung«, wie Baeuchle später berichtete, die Frage verneint. Allzu überrascht kann man sich Baeuchle allerdings dabei nicht vorstellen.

Baeuchles Besuch bei Wienand hatte das erhoffte Ergebnis. Am 13. Juni telefonierte der parlamentarische Geschäftsführer mit dem SPD-Landesvorsitzenden in Baden-Württemberg, Heinz Bühringer, dem er die Situation erläuterte, ehe er ihm am folgenden Tag knapp und allgemein, unter Hinweis auf das Telefongespräch, den von Baeuchle gewünschten, ja geforderten Brief schrieb. Vertraulich, nicht mit dem offiziellen Briefkopf der sozialdemokratischen Bundestagsfraktion, sondern schlicht unter seinem Namen Karl Wienand, und adressiert nicht an das Büro des Landesvorsitzenden, sondern an dessen Privatanschrift in Bittenfeld. Außerdem verlegte er den Termin der Hilfeleistung Baeuchles von Ende März auf Anfang April, wobei dahingestellt bleiben mag, ob aus Gründen der Tarnung oder wegen seiner falschen Erinnerung. Das Schreiben, von dem »Dein Karl Wienand« eine Kopie an Baeuchle schickte (»mit nochmaligem Dank und Gruß zur Kenntnis«) lautete:

> Lieber Heinz,
>
> bezugnehmend auf unser am 13.6. geführtes Telefongespräch möchte ich nochmals bestätigen, daß unser Freund Hans-Joachim Baeuchle durch eine besondere Initiative mir gegenüber, die Anfang April erfolgte, uns in die Lage versetzte, mit besonderen Schwierigkeiten fertig zu werden. Mir liegt daran, Dir als dem zuständigen Landesvorsitzenden dies in gebührender Form mitzuteilen. Im übrigen darf ich nochmals auf unser o. e. Telefongespräch verweisen.
>
> Mit freundlichen Grüßen
> Dein
> (gez.) Karl

Doch der Brief half Baeuchle nicht. Er schadete ihm vermutlich sogar. Denn man muß den Druck berücksichtigen, den Baeuchle ausgeübt hatte, um Wienand dahin zu bringen, das Schreiben, das ja nicht im Vorhinein abgesprochen worden war, auch tatsächlich aufzusetzen und abzuschicken. Niemand läßt sich gern nachträglich für freiwillig erwiesene gute Dienste erpressen, schon gar nicht die SPD, in der die Treue zur Partei, eine Solidarität der Mitglieder untereinander sowie die allgemeine Einsatzbereitschaft für die Sache Prinzipien sind, die gelegentlich bis zur Weltfremdheit als selbstverständlich vorausgesetzt, aber auch meist beachtet werden. Baeuchle hatte gegen diese ungeschriebenen Regeln verstoßen, was ihm nicht verziehen wurde. Bei der Aufstellung der baden-württembergischen Landesliste 1972 wurde er auf den aussichtslosen Platz 32 geschoben und kam daher nicht wieder in den Bundestag.

Man kann sich gut den Zorn Baeuchles und seiner resoluten Ehefrau über den Undank der Partei ausmalen. Denn obendrein entgingen ihnen durch die vorzeitige Auflösung des Bundestages 60 000 DM an Abgeordnetendiäten und Aufwandsentschädigungen, mit denen sie zur Abzahlung ihres großzügigen neuen Bungalows in Schelklingen fest gerechnet hatten. Auch weitere Bemühungen Baeuchles um Ersatzleistungen blieben erfolglos. Selbst die Drohung Ellen Baeuchles, »mit einer gewissen Geschichte« an die Presse zu gehen, nützte nichts. Es war daher eine späte Rache, als sich Baeuchle Anfang Juni 1973, nach dem Steiner-Interview mit dem *Spiegel*, an das Hamburger Wochenblatt wandte und nun seine Geschichte erzählte.

Damit wurde die Affäre Steiner zu einer Affäre Wienand und zu einer ernsten Belastung für die SPD. Aus ihrer Auffassung von Loyalität und Solidarität heraus drängten aber die Sozialdemokraten nicht etwa auf den Rücktritt ihres parlamentarischen Geschäftsführers, wie man hätte erwarten sollen, zumal Wienand schon durch die *Paninternational*-Affäre schwer belastet war. Sie nahmen nicht einmal sein Angebot an, ihn bis zur Klärung der gegen ihn erhobenen Vorwürfe zu beurlauben. In ihrer Sitzung vom 12. Juni 1973 stellte sich die Fraktion nahezu geschlossen hinter ihn; lediglich Friedhelm Farthmann, Horst Krockert und Heinz Westphal stimmten für eine Beurlaubung Wienands. Man fürchtete, wenn Wienand fiele, könnte auch Herbert Wehner stürzen. Mit dem Stolz eines alten Haudegens meinte daher Conrad Ahlers, der ja seit einigen Monaten für die SPD im Bundestag saß, hier sei »ein erster Verteidigungsring gehalten« worden.

Sichtlich erbost über dieses problematische und kurzsichtige Verhalten der sozialdemokratischen Fraktion schrieb Rudolf Augstein am 18. Juni im *Spiegel*, der Skandal liege hier nicht in der Bestechung an sich. Denn der Bestechlichkeit der Menschen biete sich ein weites Feld. Viele, auch unter den Abgeordneten des Bundestages, seien schon einmal bestochen worden, ohne daß sie es auch nur bemerkt hätten. Wo immer Leute auf handfeste Vorteile erpicht seien, liege Bestechung nahe. Nein, der Skandal liege woanders:

> Skandalös ist, daß nahezu die gesamte SPD-Fraktion ihrem wichtigsten und einflußreichsten Geschäftsführer das Vertrauen und dazu noch Dank ausspricht, obwohl dieser ganz offenkundig nicht in der Lage ist, sich gegen die nicht nur von Steiner gegen ihn erhobenen Vorwürfe zu verteidigen . . .
>
> Was Karl Wienand am Rande der Legalität für diese Regierung getan hat, mag zehnmal ehrenvoller sein als seine Fürsorge in eigener Sache, die vielleicht auch nicht unehrenhaft war und die er, zur Verwunderung aller, überlebt hat. Wer wollte sich überheben angesichts eines Mannes, der vielleicht nur getan hat, was etliche zu fein waren zu tun und was ungezählte andere in ihren Träumen getan zu sehen wünschten?
>
> Nur, wer sich gegen so haarige Beschuldigungen nicht mehr wehren kann,

und sei es, weil eine frühere – hier ja nicht unverschuldete – Inquisition ihn geschafft hat; nur, wer mit seinen Beteuerungen nirgendwo mehr Glauben findet, und dies nicht ohne eigenes Zutun: der muß eben verschwinden, und nach dem verheerenden Vertrauensvotum einer benebelten Fraktion nicht mehr einstweilig, sondern ganz ...

Doch wer sollte Wienand stürzen? Augstein bemerkte ganz richtig, daß von Wehner (der dies noch am ehesten hätte tun können) in diesem Falle »nichts Wegweisendes zu erwarten« war. Zwar hatte er der Fraktion am 12. Juni empfohlen, Wienands Angebot, sich beurlauben zu lassen, anzunehmen. Aber das war Teil einer geschickten Regie, für den Fraktionsvorsitzenden der SPD typisch. Wie bestellt hatte sich nämlich sofort in den hinteren Reihen der Fraktion Egon Höhmann erhoben: Das komme gar nicht in Frage. Denn wie stehe man dann in der Öffentlichkeit da?! Wienands Angebot und Wehners Empfehlung hatten somit genau zum Gegenteil dessen geführt, was ihr Wortlaut scheinbar besagte. Mit dem Abstimmungsergebnis der Fraktion wurde dem Geschäftsführer und ihrem Vorsitzenden ein überwältigender Vertrauensbeweis beschert.

Wehner hielt an Wienand fest: Wienand war sein Ratgeber, ein Partner, ein politischer Kopf. Mit dem, was man sich unter einem Fraktionsgeschäftsführer vorstellt, war Wienands Bedeutung überhaupt nicht zu erfassen. Er gehörte zum sozialliberalen Kernbestand, zur Handvoll ihrer wichtigsten Figuren, war ein Kugelgelenk der Koalition, von schlechthin zentraler Bedeutung. Nicht nur Wehner, allen schien er lange unentbehrlich.

Es kam hinzu, daß Wehner entgegen dem Ruf, den er weithin genoß, »weder ein Apparatschik noch ein kühl rechnender Funktionär« war, sondern nach Augsteins richtiger Bemerkung ein Mann, den Treue auszeichnete, auch selbstmörderische Treue, verbunden mit finsterer Wut auf vermutete, üble Praktiken der Gegenseite. Wehner war ein Freund, auf den man sich verlassen konnte – wenn man sein Freund war.

Doch Wienands Unabkömmlichkeit und Wehners Treue einem tüchtigen, sympathischen und zuverlässigen Mitstreiter und Freund gegenüber waren nicht die einzigen Gründe für sein Verhalten. Wehner selbst war in die Sache verwickelt, hatte zumindest gewußt, vermutlich gebilligt, was Wienand tat.

Dies ahnte man damals, im Sommer 1973, als die Steiner-Wienand-Affäre Wellen schlug, natürlich nicht. Nur Stück um Stück kamen Einzelheiten an die Öffentlichkeit, von den Betroffenen auch nur in dem Maße zugegeben, in dem sie sich nicht länger dementieren ließen, weil die Beweislast allzu drückend geworden war. Dem Ansehen der Regierung schadete dies sehr, obwohl oder gerade weil sie sich herauszuhalten versuchte, vermutlich 1972 sogar tatsächlich uninformiert gewesen war über die verschiedenen verborgenen Versuche, die zu ihrer Rettung im Gang waren. Die Regierung tat so, als ginge sie die ganze

Sache gar nichts an. Sie schien an einer rückhaltlosen Aufklärung der Dinge nicht interessiert, begreiflicherweise. Damit geriet sie aber in den Verdacht, selbst in sie verstrickt zu sein.

Je mehr sich die Verantwortlichen gegen die Versuche stemmten, Umfang und Umfeld der ganzen Angelegenheit gemeinsam zu untersuchen, desto bohrender fragte die Presse; um die Diskussion in Gang zu halten, brachte sie auch Randphänomene ans Licht, die mit den eigentlichen Vorgängen kaum etwas zu tun hatten, bei oberflächlich informierten oder unbeteiligten Zeitgenossen aber den Eindruck hervorriefen, als tue sich vor ihnen ein Abgrund von Korruption oder gar Spionage auf, in den mehr oder weniger alle Angehörigen der Koalition, ja alle »die in Bonn« früher oder später stürzen könnten.

Anlaß zu solchen Befürchtungen gab nicht nur Steiner, der offen bekannte, seit dem 22. April 1972, dem Vortag der wichtigen Landtagswahl in Baden-Württemberg, geheimdienstliche Kontakte mit Ost-Berlin unterhalten zu haben und später als Doppelspion für Ost und West tätig gewesen zu sein. Auch der ehrbare Landwirt und ehemalige FDP-Abgeordnete Walter Peters aus dem schleswig-holsteinischen Poppenbüll kam ins Gerede, als er Anfang Juni 1973 freimütig eingestand, er habe in den Tagen vor dem Mißtrauensvotum dem FDP-Abgeordneten Wilhelm Helms ein »prophylaktisches, finanziell nicht abgesichertes« Angebot in Höhe von 100 000 DM gemacht, um Helms (den nach Zeitungsberichten auf seinem Hof eine Schuldenlast von 380 000 DM drückte) vom Übertritt zur Union abzuhalten. Er habe, sagte Peters zum Motiv seines Schrittes, damals den Eindruck gewonnen, daß Helms sich aus wirtschaftlichen und nicht aus politischen Gründen der CDU zuwende; nach dem Gespräch mit Helms sei er ziemlich sicher gewesen, daß die andere Seite ein höheres Honorar als er selbst geboten habe.

Die Öffentlichkeit reagierte auf solche Enthüllungen mit ungläubigem Staunen, mißbilligte dann aber auch, was da geschehen war oder noch alles geschehen sein mochte. Dieser Koalition und besonders ihrem Kanzler, die mit hohem moralischem Anspruch aufzutreten pflegten, wurden die Praktiken, mit denen die Sozialliberalen 1972 ihre Mehrheit zu sichern versucht hatten, als unanständig, ja doppelzüngig angelastet und übel genommen. Nur wenige waren so klarsichtig und erfahren (oder so zynisch), wenigstens hinter vorgehaltener Hand zuzugeben, daß man sich doch glücklich schätzen müsse, für lumpige 50 000 Mark, einen Klacks, den folgenreichen Sturz der Regierung Brandt abgewendet zu haben, der schon aus ostpolitischen Gründen damals eine schwere Krise für die Bundesrepublik hätte zur Folge haben können. Die Unfähigkeit, der Inflation erfolgreich zu Leibe zu rücken, erklärte sich mehr aus den weltwirtschaftlichen Zusammenhängen als aus Bonner Unfähigkeiten. Zweideutigkeiten des praktischen politischen Handelns aber waren, fanden viele, bei den Sozialliberalen noch weniger verzeihlich als bei den Konservativen, paßten auch nicht in das Bild, das man sich bisher von dieser Koalition gemacht hatte. Enttäuschung breitete sich aus. Die Koalition geriet im Urteil der Bürger ins Schwanken. Aber nicht, wie 1970 oder 1972, wegen der Hinterlist oder des Ansturms der Opposition, sondern aufgrund ihrer eigenen inneren Schwäche und Auszehrung.

Der Fluglotsen-Streik

In dieses negative Bild, das die Regierung im Sommer 1973 bot, der in Deutschland an großen politischen Ereignissen arm, jedoch reich an Pannen und Kleinkrisen war, paßte ein Konflikt, der unter normalen Umständen geräuschlos schon im Vorstadium beigelegt worden wäre: der Streik der Fluglotsen, unter dem vor allem die Urlauber zu leiden hatten.

Eine kleine, nur etwa 1600 Mann starke Gruppe hochspezialisierter Techniker forderte die ganze Bundesrepublik heraus – und Bonn war hilflos. Weder durch gutes Zureden noch durch öffentliche Empörung oder juristische Zwangsmaßnahmen ließen sich die Lotsen von ihren Forderungen abbringen. Ihr »Dienst nach Vorschrift«, wie sie selbst ihren Bummelstreik beschönigend nannten, zeigte die hohe Störanfälligkeit einer modernen Gesellschaft, ihre Abhängigkeit vom Wohlverhalten winziger Funktionseliten und deren Bereitschaft, loyal die ihnen überantworteten Pflichten zu erfüllen.

Die Streikmaßnahmen der beamteten Fluglotsen, die sinnigerweise am Himmelfahrtstag, dem 31. Mai 1973, begannen, hatten Vorläufer; den ersten Bummelstreik dieser Gruppe gab es 1968. Seither hatte das Problem das Kabinett beschäftigt. Aber diesmal waren die Auswirkungen ernster, die Störmaßnahmen umfangreicher. Während der Monate Juli und August, also in der Hauptreisezeit, herrschten in den Wartesälen der Flughäfen wegen der stundenlangen Verzögerungen teilweise chaotische Zustände, von denen immerhin 4,7 Millionen Fluggäste betroffen waren. Vierzigtausend Flüge fielen in der Bundesrepublik aus; 2,4 Millionen Passagiere konnten nicht befördert werden; achtzigtausend Maschinen wurden verspätet abgefertigt; einige Flughäfen mußten vorübergehend stillgelegt werden. Erst ein halbes Jahr später, am 23. November 1973, stellten die Flugleiter ihre Störmaßnahmen wieder ein. Der angerichtete Schaden war beträchtlich. Bis zum 3. Februar 1978 beliefen sich die beim Bundesverkehrsministerium namentlich von Reiseunternehmen angemeldeten Ansprüche auf 223 Millionen DM. An diesem Tag verurteilte nämlich der VI. Zivilsenat des Bundesgerichtshofs in Karlsruhe den *Verband deutscher Fluglotsen (VDF)*, alle bis dahin bekannten oder künftigen Schäden zu ersetzen, die aus seinem Streik entstanden seien. Weitere zweieinhalb Jahre vergingen, ehe der Streit endgültig beigelegt werden konnte. Im September 1980 stimmte der VDF einem Vergleichsvorschlag der Regierung zu, zur Erledigung aller Schadens- und Regreßansprüche an den Bund eine Zahlung von 1,5 Millionen DM zu leisten. Die Dauer des Rechtsstreits, das Verhältnis des Ersatzbetrages zur Schadenshöhe sprechen für sich. Das Risiko solcher Störaktionen war gering, weil die Sanktionsmöglichkeiten des Staates gering waren. Aber wer mochte schon 1973 die Konsequenzen aus dieser unbequemen Einsicht ziehen? Da war es leichter, einer unfähigen Verwaltung, einem glücklosen Kabinett heftige Vorhaltungen zu machen.

Der Konflikt beruhte darauf, daß die Lotsen, die erst Anfang der sechziger Jahre in den Beamtenstand aufgenommen worden waren, sich nunmehr – gegenüber den Piloten – benachteiligt, unterbezahlt fühlten. Ihre schlechte Besoldung, so meinten sie, stehe in keinem Verhältnis zu ihrer Arbeitsbelastung von täglich bis zu zehn Stunden vor dem Bildschirm bei gleichzeitiger Beobachtung von fünfzehn Flugzeugen. Der Bund aber wollte keine Sonderregelung zulassen, weil er die Gehaltsbalance der Beamtenhierarchie gefährdet sah. Ein Nachgeben gegenüber den Forderungen der Fluglotsen hätte den Haushalt zwar nur mit weiteren 10 Millionen DM belastet, aber vergleichbare Verbesserungen entsprechender anderer Beamtengruppen wären auf einen Zusatzbedarf von 1,8 Milliarden pro Jahr hinausgelaufen. Es galt also, einen Präzedenzfall zu vermeiden.

Dabei schien man ein Jahr zuvor einer Lösung bereits nahe zu sein. Der damalige Verkehrsminister, Georg Leber, hatte am 11. Februar 1972 nach vorangegangenen Protesten der Flugleiter und aufgrund des Berichts der Schlieker-Kommission über die Lage der Fluglotsen eine Vorlage im Kabinett eingebracht, die Lohnerhöhungen, eine stufenweise Rückführung ins Angestelltenverhältnis, die Schaffung zusätzlicher Stellen, eine Verringerung der Arbeitszeit und die schrittweise Senkung der Altersgrenze vorsah. Dieser Entwurf war jedoch vor allem am Einspruch Innenminister Genschers gescheitert, der entsprechende Forderungen anderer, vergleichbarer Gruppen auf den Staat zurollen sah. Daraufhin geriet das Fluglotsen-Problem wieder zwischen die Aktendeckel der Ministerialbürokratie und blieb dort liegen.

Durch die Streikmaßnahmen der Lotsen auf der einen Seite und die schleppende, träge Reaktion der Regierung auf der anderen wuchs sich das Thema, das sonst allenfalls einen Ministerialdirektor im Verkehrsministerium in Atem gehalten hätte, unversehens zu einem Politikum ersten Ranges aus. Es wurde zu einem weiteren Anzeichen gouvernementaler Unfähigkeit, rasch und wirksam zu handeln – eben so, wie man es von einer Regierung, die diesen Namen verdiente, erwarten durfte. Auf den Flughäfen nahm der Unmut der wartenden Reisenden zu, je länger der Konflikt zwischen der kleinen, frechen Fluglotsen-Führung und einem offenbar ohnmächtigen Kabinett andauerte. Der Zorn derer – und es waren ja viele –, die sich dieser dummen, ärgerlichen Nebensache wegen um ihren sonnigen Urlaub geprellt sahen, richtete sich zunächst gegen die Lotsen, zumal sie weit an der Spitze der ihnen (nach Ausbildung und Leistungsmerkmalen) angemessenen Laufbahngruppe des gehobenen Dienstes standen und, wie es schien, maßlose Forderungen stellten. Zunehmend zog aber auch die Bundesregierung Zorn auf sich. Man fand, sie hätte Zeit genug gehabt, sich dieser Frage anzunehmen, jetzt aber konnte sie sich nicht einmal über die Ressortzuständigkeit einigen: Das Verkehrsministerium war der oberste Dienstherr der Flugleiter; das Finanzministerium hatte über ihre Gehaltsforderungen zu befinden; das Innenministerium war mit allen Grundsatzfragen des öffentlichen Dienstes befaßt, und das Justizministerium mußte sich mit der rechtlichen Problematik der Streikmaßnahmen auseinandersetzen. Alle vier Häuser schoben sich gegenseitig die Verantwortung für diesen Konflikt zu. Und da das Problem zudem noch in die Parlamentsferien fiel und ein Minister nach dem anderen in den Urlaub ging, geschah bald kaum mehr etwas in dieser Sache.

Auch Lauritz Lauritzen, der eher ironisch als freundschaftlich »Lau Lau« genannte neue Verkehrsminister, erbarmte sich des Komplexes mehr, als daß er ihn tatkräftig anpackte, und so hatte er dabei keine glückliche Hand. Seinem Typus und Herkommen nach eher ein Mann der Verwaltung, des höheren Dienstes, als ein phantasievoller, politisch energischer Chef, seiner Neigung nach ein Kommunalpolitiker, der die Jahre zwischen 1954 und 1963, in denen er Oberbürgermeister von Kassel gewesen war, als »seine Zeit« empfand, entwickelte Lauritzen für die Erfordernisse und Wendungen der Bundespolitik nur wenig Gespür. Bald reagierte er so hart, daß sogar Springers sonst regierungskritische *Bild-Zeitung* am 12. Juli 1973 im Namen der verdrossenen Reisenden erleichtert jubelte: »Endlich! Bonn schlägt zu: Kein Geld für die Bummel-Lotsen.« Dann wieder, ab Mitte Juli, trat Lauritzen geradezu schüchtern auf. »Versagen in netter Form« stand über Hermann Schreibers Schilderung des Ministers und seines Lotsen-Problems im *Spiegel* vom 13. August. Wäre das nicht in jenem Augenblick eine Überschrift für diese ganze Regierung gewesen, der umsichtige Entschlossenheit ebenso abging wie die unerläßliche Fortüne? Insofern schien schon typisch, was hier geschah – oder besser: nicht geschah. Der Verkehrsminister, schrieb Theo Sommer kritisch in der *Zeit*, manövriere sich rastlos aus einer Sackgasse in die nächste und verschleiße dabei die Staatsautorität bis zum Punkte absoluter Lächerlichkeit; stilisierte Hilflosigkeit werde hier als Politik verkauft. Nein, unser Volk sei nicht glücklich. Noch artikuliere es sein Mißvergnügen eher zaghaft, aber ein dumpfes Grollen sei nicht zu überhören. Wenn die Bürger unseres Landes erst einmal die Urlaubsträgheit abgeschüttelt hätten, würden manchem in Bonn die Augen übergehen; ein »heißer Herbst des Unbehagens« stehe bevor. Wörtlich hieß es:

> Das Unbehagen entzündet sich einmal an den Führungsfiguren der Bundesrepublik. In letzter Zeit erwecken sie nicht den Eindruck, sie hätten das Geschehen kraftvoll in der Hand. Eher hat es den Anschein, daß sie sich dem unpolitischen Mittelmaß der Ministerialbürokratie ausgeliefert haben. Das gilt gerade auch für den Bundeskanzler. In seiner eigenen Partei mutmaßen

nicht wenige, er habe sich über den Wolken auf einem Postament angesiedelt, fernab vom Getriebe der garstigen Welt der Innenpolitik.

Leute mit langem Gedächtnis erinnern sich der Erfolgskrankheit der geborenen Außenpolitiker, die einst Bismarck und später auch Stresemann überfiel, als das Gebäude ihrer auswärtigen Politik erst einmal stand. Der eine hielt sich danach monatelang fern von Berlin auf dem Lande auf, der andere suchte Zuflucht im rein Repräsentativen; die inneren Angelegenheiten sollten nicht den Glanz der außenpolitischen Leistung schmälern. Willy Brandt spürt wohl die Gefahr. Er will sich jetzt mehr um die Innenpolitik kümmern. Freilich hat er auf diesem Felde schon immer großen Appetit, doch schlechte Zähne gehabt.

Wilde Streiks und Sorgen mit den Jungsozialisten

Die Prophezeiung eines unbehaglichen Herbstes sollte sich allzubald als präzise Voraussage erweisen. Bereits Mitte August begann eine Welle spontaner Arbeitsniederlegungen und Warnstreiks, die bis in den September hinein über die Bundesrepublik hinwegrollte – beginnend in der Metallindustrie, schließlich auch bei den Beschäftigten der Müllabfuhr und sogar unter den Totengräbern. Sofort sahen die leicht verschreckbaren Deutschen englische Zustände heraufziehen: Keine Autos, Berge von Abfällen auf den Straßen; und nicht einmal unter die Erde würde man bald mehr anständig kommen. Arbeiter brachen breit aus der Tariffront aus, weil sie mit den Löhnen, die ihre Gewerkschaften ausgehandelt hatten, angesichts der steigenden Inflation nicht mehr zufrieden waren; schließlich lagen die Verbraucherpreise für Agrarprodukte im Sommer 1973 um 15 Prozent über denen des Vorjahrs.

Im DGB hatte man eine solche Entwicklung seit Monaten befürchtet und daher, um der schlechten Stimmung in den Betrieben entgegenzuwirken, vorsorglich angekündigt, man werde bei den kommenden Tarifverhandlungen harte Forderungen stellen. In jedem Fall werde man »weit mehr als 10 Prozent verlangen«, erklärte zum Beispiel Eugen Loderer, der Vorsitzende der IG Metall, denn man habe einen »Nachholbedarf«. Schuld an der Inflation, konnte man hier überall hören, trage allein die Profitgier der Unternehmer; es gebe eine Gewinnexplosion, an der auch die Arbeitnehmer teilhaben müßten. Doch mit solchen Behauptungen – mochten sie nun richtig oder falsch sein – taten sich die Gewerkschaften keinen Gefallen, weil sie auf diese Weise nur die Unruhe unter ihren Mitgliedern schürten und Erwartungen weckten, die schwerlich einzulösen waren. Zumindest bedeuteten sie Kampf. Die Regierung hatte mit ihrem Zweiten Stabilitätsprogramm vom Mai Signale gesetzt, die nur mäßige Lohnabschlüsse zuließen, wenn man das Ziel, die Inflation einzudämmen, nicht verfehlen wollte. Finanzminister Helmut Schmidt sah daher vor, den Ausgabenzuwachs des Bundes 1974 auf 10,3 Prozent zu beschränken. Dementsprechend sollten die Lohnabschlüsse dieses Jahres möglichst unter 10 Prozent bleiben, auf keinen Fall aber darüber hinausgehen.

Angesichts der nicht unerheblichen Arbeitsniederlegungen und mit Rücksicht auf die von ihrer Basis her bedrängten Gewerkschaftsführungen, mußte es immer schwieriger werden, an dieser Linie festzuhalten, wenn die wild Streikenden obendrein in der SPD, nämlich bei den Jungsozialisten, Unterstützung fanden. Die Jusos attackierten die Unternehmer nicht gerade zimperlich als »Lohnräuber« und »Preistreiber«. Alle Schuld an den Schwierigkeiten, die Entwicklung der Wirtschaft stabil zu halten, schob man hier ausschließlich ihnen zu. In einer Stellungnahme des Bundesausschusses der Jungsozialisten Anfang September 1973 wurden die spontanen Arbeitsverweigerungen als »legitime Maßnahmen« bezeichnet. Diese voreilige Solidarisierung mit den eigenwillig streikenden Teilen der Basis, einem übrigens insgesamt nur geringen Prozentsatz der Arbeiterschaft, und die gleichzeitige, aufmüpfige Attacke gegen die herrschende Wirtschaftsordnung verschärften das gespannte innenpolitische Klima, ohne zur Lösung der Probleme etwas beizutragen. Die Unternehmer, gerade damals gegen Kritik besonders empfindlich, weil sie deren Tragweite nicht abschätzen konnten, fühlten sich auf die Anklagebank gesetzt, ja bereits verurteilt. Im DGB fürchtete man, daß die Jungsozialisten einen Keil zwischen Basis und Führung der Gewerkschaften zu treiben versuchten mit dem Effekt, das Mißtrauen der organisierten Arbeitnehmer gegenüber den gewählten Interessenvertretern zu schüren, und war dementsprechend erbost. Und in der großen Regierungspartei, bei den Sozialdemokraten, schlug man über so viel wirtschafts- und sozialpolitischem Unverstand in den eigenen Reihen, über so viel jugendlicher Instinktlosigkeit Kapital *und* Arbeit gegenüber, entsetzt die Hände über dem Kopf zusammen. Betroffen erklärte der Bundeskanzler, er betrachte die Stellungnahme der Jungsozialisten »als abträglich für die Sozialdemokratische Partei und belastend für die gebotene Solidarität mit den Gewerkschaften«. Präsidium und Vorstand der SPD schlossen sich seinem Urteil an, und auch ihre Bundestagsfraktion verwarf am 12. September die Streikresolution der Jusos.

An der Spitze waren die Reihen der Sozialdemokraten also fest geschlossen. Aber im Lande? Bei den jungen Leuten? Angesichts aktueller Probleme brach der Richtungsstreit, der seit dem Parteitag vom April zurückgedrängt, ja beigelegt schien, erneut auf. Oder wurde er bloß wieder sichtbar? Hatte man denn in Hannover überhaupt eine gemeinsame Linie gefunden? War die Einigkeit der Partei, die man damals gesichert oder repariert zu haben glaubte, lediglich ein Trugbild gewesen? Beruhte der Erfolg von Hannover etwa nur auf einer großen, spontanen Kraftanstrengung des Vorsitzenden, die einen kurzen Frühling der Euphorie unter den Sozialdemokraten ausgelöst hatte?

Willy Brandt kam es jedenfalls so vor, als habe Hannover nie stattgefunden. Offensichtlich gelang es ihm trotz seines Ansehens inzwischen nicht mehr, die Jungsozialisten zur Rücksicht auf seine Person und Regierung zu bewegen. Der Konflikt mit den Jusos bewies demnach vor allem die Schwäche des Parteivorsitzenden. Die überlebensgroße Gestalt des Friedensnobelpreisträgers verdeckte nicht länger die internen Grabenkriege der SPD, konnte sie noch weniger vergessen machen oder gar verschwinden lassen.

Die Schwäche des Kanzlers und seiner Berater

Brandts Erscheinungsbild verblaßte. Die Öffentlichkeit begann sich von ihm abzuwenden. Er interessierte sie nicht mehr, ja er langweilte; öffentliche Figuren sterben schnell in diesen beweglichen, neugierigen, treulosen Zeiten. »Er war der Bundeskanzler – und doch politisch schon praktisch tot«, sagte Günter Gaus später im Rückblick auf diese Phase. Gaus war seit April nicht mehr Chefredakteur des *Spiegels*, sondern Staatsekretär im Kanzleramt; dort bereitete er sich auf seine künftige Ost-Berliner Position als erster Ständiger Vertreter der Bundesrepublik beim zweiten deutschen Staat vor, die er allerdings mit einer fortdauernden Ratgeber-, ja Führungsrolle an der Seite des Kanzlers zu verbinden gedachte. Als Brandt am 15. September 1973 eine (von Gaus verfaßte) Rede zum 100. Geburtstag von Otto Wels hielt, hatte niemand in der Presse mehr ein Interesse daran, sie abzudrucken, obwohl das Thema »SPD und Staat« doch aktuell und bedeutsam war. Gaus rief alle wichtigen Kollegen an: Theo Sommer von der *Zeit*, Hans Heigert von der *Süddeutschen Zeitung*, mehrere andere. Keiner wollte. Brandt war »vollkommen out«. Ein erstaunlicher, rätselhafter, letztlich unerklärlicher Vorgang. Denn es ist ja nur ein Bild und keine Deutung, wenn man sagt, nach der früheren Verehrung und Überhöhung sei nun das Pendel eben in die umgekehrte Richtung gegangen.

Wie auch immer: in Bonn fand man damals allgemein, daß Brandts Führungskraft sehr zu wünschen übrig lasse. Bei den Haushaltsberatungen, die nach der Sommerpause begannen, besaß er augenscheinlich keinen rechten Überblick. Im Kabinett fand man überdies, daß der Kanzler die Sitzungen nicht mehr zügig genug leite. Es werde oft zu lange geredet; die Diskussion schleife, gehe häufig ins Uferlose. Manchmal war die Situation kaum noch erträglich. Josef Ertl, der massive Landwirtschaftsminister, redete, nicht als einziger, endlos und drohte obendrein dabei immer wieder an, er gehe nun demnächst – so daß selbst der umgängliche Hans Friderichs, der immerhin der gleichen Partei angehörte, schließlich meinte, irgendeines dieser Rücktrittsangebote müsse angenommen werden, um die Disziplin im Kabinett wieder herzustellen. Besonders böse Kontroversen gab es mit Helmut Schmidt, der wiederholt mit der Faust auf den Tisch schlug und in scharfem Ton vom Kanzler verlangte, daß endlich regiert werden müsse.

Doch Brandt reagierte nicht. Er wirkte ausgelaugt, schwach, manchmal geradezu hilflos. Er igelte sich ein, schwieg sich aus. Die Informationsbarrieren und Kommunikationsstörungen, mit denen selbst der Chef des Bundespresseamtes zu kämpfen hatte, ließen Rüdiger von Wechmar an seinen Rücktritt denken, den er am 13. September 1973 dem Regierungschef schriftlich ankündigte:

> . . . Sollte im Regierungssprecher lediglich eine Art gehobener Chef vom Dienst gesehen werden, so erscheint es mir zweckmäßig, daß sich diese Regierung nach einem anderen Sprecher umsieht . . .
>
> Es soll nicht der Sinn dieser Aufzeichnung sein, Drohungen auszusprechen, wohl aber auf gravierende Umstände aufmerksam zu machen, die so rasch wie möglich geändert werden müssen. Ich wende mich in dieser Sache an den ehemaligen journalistischen Kollegen, weil ich mir vorstellen kann, daß der Chef des Bundeskanzleramtes für die Informations*technik* nicht aufgeschlossen ist. In jedem Fall zeigt er, daß er dafür sehr viel weniger Sinn hat als sein Amtsvorgänger.
>
> Sollte die bisherige Praxis allerdings beibehalten und kein Anzeichen einer verbesserten Unterrichtung der Regierungssprecher sichtbar werden, muß ich in allem Ernst darauf aufmerksam machen, daß ich mit genau dieser Begründung und unter Hinweis auf konkrete Beispiele um Entbindung von meinem Posten bitten werde. Ein Regierungssprecher ist genau so gut wie die Informationen, über die er verfügt – wenn er keine hat, braucht er erst gar nicht anzutreten.

Als Wechmar am Tag darauf Scheel eine Kopie dieser Aufzeichnung schickte, schrieb er ihm: »Ich möchte in diesem Zusammenhang – noch – nicht untersuchen, ob das Verhalten einer Reihe von Mitarbeitern im Kanzleramt vielleicht parteipolitische Gründe hat.«

Eduard Neumaier hat drei Monate später, in der *Zeit* vom 7. Dezember 1973, die These vertreten, »daß der Ansehensschwund der Regierung Brandt mit dem weitgehenden Ausschluß Rüdiger von Wechmars aus der Nähe« des Bundeskanzlers begonnen habe.

Natürlich wuchs die Bedeutung der Umgebung Brandts in dem Maß, in dem er selbst sich in resignierte Passivität zurückzog. Wer gehörte dazu? Außer Egon Bahr, Günter Gaus und Klaus Harpprecht, in einem weiteren Sinne auch Karl Ravens, Rüdiger von Wechmar und Horst Grabert. Alle Genannten waren eifersüchtig aufeinander. Das kann niemanden überraschen, es ist nämlich an allen Höfen so. Jeder versuchte, die anderen in der Gunst des Herrschers auszustechen: Auch dies ist nichts Ungewöhnliches. Den engsten Kreis um den Kanzler bildeten Bahr, Gaus und Harpprecht. Während Bahr Minister und Gaus Staatssekretär war, hatte Harpprecht nur einen Honorarvertrag und leitete formal Brandts »Schreibstube«. Aber er besaß großen Einfluß, gehörte zu den engsten Ratgebern Brandts, bremste beispielsweise den Aufstieg von Gaus. Zwischen diesen beiden bestand eine beträchtliche Rivalität. Aber auch Bahr stand Harpprecht distanziert gegenüber, fühlte sich Gaus näher. Mit Grabert hatten sie alle ihre Schwierigkeiten. Er erwies sich als viel machtbewußter und ehrgeiziger, als man ursprünglich erwartet hatte, sah sich auch als ihr Konkurrent, wozu ihm allerdings das Format fehlte, verfügte aber andererseits über die Akten und konnte deshalb nicht umgangen werden.

Vom Typ her als besonders charakteristisch und problematisch galt Harpprecht (den Wechmar in seiner Denkschrift, übrigens als einzigen, ausdrücklich und ausführlich namentlich erwähnte); Menschenkenntnis hatte noch nie als Brandts besondere Stärke gegolten. Was war an Harpprecht auszusetzen, einem vorzüglichen Journalisten, einem früh im Leben erfolgreichen Mann? Mit Brandt war der vierzehn Jahre jüngere Harpprecht seit langem bekannt, neuerdings befreundet; sie duzten sich. Beiden hatte man schon in ihrer Jugend eine große Zukunft vorausgesagt. Harpprecht, seit 1951 immer wieder mit wichtigen journalistischen und verlegerischen Positionen betraut, in denen er aber letztlich unerwartet erfolglos geblieben war, hatte öfter abrupt das Feld wechseln müssen, was erstaunlicherweise jedesmal neu gelang. Dennoch hing ihm bisweilen der Geruch des glänzend Erfolglosen an. Das suggerierte jedenfalls Horst Krüger in einer biographischen Skizze Harpprechts dem Leser zwischen den Zeilen. Wer diesen Text las, wußte, welche Zukunft Krüger – und *Die Zeit*, in der sein Essay 1973 erschien – Brandt als Bundeskanzler voraussagten, wenn er einen Menschen wie Harpprecht zu sich holte, in seiner engsten Umgebung hielt. Und dieser Gedankengang ließ sich ja noch verlängern. Was mußte das für ein seltsamer Regierungschef sein, der solche Schickeria an seiner Seite ertrug, ja sie vielleicht suchte? War Brandt am Ende selbst ein Beispiel jener Zeittendenz, die Erwin K. Scheuch als »den Einbruch der Bohemiens in die Politik« bezeichnet hat, jener Leute, die man in den USA *trendies* nannte und zu denen etwa der Kanadier Pierre Trudeau, der Däne Jens Otto Krag, der Schwede Olof Palme, der Niederländer Joop den Uyl, vielleicht sogar Edward Heath und Valéry Giscard d'Estaing gerechnet werden könnten – übrigens zum Teil, man denke nur an Heath, bedeutende Männer, Politiker ungewöhnlichen Formats. Krügers Artikel galt daher nur vordergründig allein Harpprecht. Hinter ihm ahnte man die Umrisse Willy Brandts. Eduard Neumaier sprach dies an anderer Stelle derselben Nummer der *Zeit* ganz offen aus:

> Ob gewollt oder nicht: Die Kritik an den Beratern ist schon die Kritik am Beratenen, denn um ihn sind die Leute, die ihm entsprechen, deren Nähe er sucht. Es ist kein Zufall, daß Willy Brandt dem dynamischen, ständig, manchmal auch dort, wo es nicht notwendig war, Entscheidungen programmierenden,

> Entscheidungen verlangenden Horst Ehmke auswich und sich lieber mit Männern umgab, die ihn nicht immerzu zwingen, gegen seine bedächtige kontemplative Natur zu handeln . . .
>
> Brandt hat nach der Bundestagswahl von 1972 eine Normalität hergestellt, wie sie für Kurt Georg Kiesinger, für Ludwig Erhard und für Konrad Adenauer gegolten hatte. Er hat sich mit Figuren umgeben, die ein Stück seiner selbst sind . . .
>
> Grabert und Ravens, Bahr und Gaus sind wie Brandt eher introvertierte Figuren. Klaus Harpprecht schließlich, der vom Kanzler auch zwischen den Terminen zum abschweifenden, ablenkenden Plausch gerufen wird, verstärkt durch sinnige Grübeleien des Kanzlers, Grübeleien über den Sinn der Politik. Verlust des Kontaktes zur Außenwelt war auch ein Merkmal der Erhard-Ära . . .
>
> Die Wirksamkeit, die Auswahl und der Einfluß der Berater – ein Indiz demokratischer Aufgeschlossenheit müssen sie nicht sein. Aber manche Schuld mögen sie doch tragen an den Fehlern der Herren, denen sie dienen.

Vor diesem Hintergrund gesehen, wurde Krügers biographischer Abriß Harpprechts zu einem frühen Beispiel intellektueller Desillusionierung und wachsender Distanz gegenüber einem vormaligen Idol. Man erlebte hier den Beginn einer stillen Absetzbewegung der Schreibenden, der Journalisten, Publizisten, Schriftsteller, also derjenigen Gruppe, aus der Brandt stammte, der er sich besonders verbunden fühlte, und die vielleicht am meisten mitgeholfen hatte, sein Bild in der anspruchsvollen Öffentlichkeit erst zu befestigen, dann zu verklären.

Nach einem Besuch bei Harpprecht im Dachgeschoß des Palais Schaumburg schrieb Horst Krüger am 7. Dezember 1973 in seinem *Porträt eines Publizisten im Hintergrund*:

> Wie kommt einer zu so einem Job? Wie kann sich ein Literat, ein politischer Journalist immerhin von einigen Graden, durchaus ein Schriftsteller unter den deutschen Publizisten, in dieses Dienstleistungsgewerbe verdingen? Wieviel muß zuvor kaputtgegangen sein, oder war da nie etwas kaputt?
>
> Harpprechts Amerika-Feuilletons in der »Süddeutschen Zeitung« zum Beispiel gingen mir durch den Kopf. Hießen sie nicht »Transatlantisches Tagebuch«? Das wird gut zehn Jahre her sein, vermute ich. Merkwürdig poetische und präzise Impressionen aus den USA. Und doch, und doch: So recht schmeckten sie mir nicht. Zu süß: *Mon Chéri* – dachte ich manchmal. Jahre danach lernte ich ihn kennen. Harpprecht war jetzt Chef des S. Fischer Verlags in Frankfurt am Main. Da und dort sah man sich. Ich erinnere mich an eine Party zur Buchmesse. Irgendein amerikanischer Schinken feierte seine deutsche Premiere. Krebsrot und strahlend stand der Chef in seinem Haus,

von Damen, Journalisten und Photoleuten umringt. Ich dachte: Er steht da wie ein feuriger Hahn im Hühnerhof. Gleich wird er krähen – vor Glück.

Ich erinnere mich an ein Mittagessen, vielleicht ein Jahr später. Er kam auch damals verspätet und wie ein Wirbelstürmchen ins Lokal. Er brachte immer Welt und Freiheit mit – oder schien das nur so? Er trug ein Reitdreß, legte die Gerte schlank auf den Tisch, ließ die Sporen der Schaftstiefel manchmal klirren, unterirdisch. Man spürte, ein Mann von Welt, ein Herr, der schwäbisch spricht. Es schien alles strahlend und sehr erfolgreich damals. Ein paar Jahre später aber war plötzlich alles aus. Harpprecht verließ mit einigem Donner den S. Fischer Verlag. Wer hatte gedonnert? Wo wurde gegrollt? Und mitten in diesem Unwetter das kuriose Telegramm an Brandt, das damals einige Heiterkeit auslöste: Harpprecht erklärte Willy Brandt und der Welt seinen Eintritt in die SPD. Warum denn so aufwendig der schlichte Akt, so demonstrativ? Und bitte: warum gerade in diesem Augenblick einer Scheidung?

Später sind wir uns öfters begegnet. Harpprecht machte jetzt den »Monat«. Da und dort Redaktionsgespräche, Anrufe, Manuskriptbestellungen, Arbeitsessen bescheidenerer Art. Auch hier wieder der strahlende Eindruck, das frohe Sieger-Image: Das geht ja unheimlich gut. Jetzt geht es im »Monat« wieder steil bergauf. Ein neues Layout, ein besserer Vertrieb, in die Bahnhofskioske kommen und pünktlich am 3. des Monats immer die Auslieferung. Es sah erfolgreich, es sah richtig hoffnungsfroh aus, wie er da vom Aufblühen des »Monat« sprach und Auflagenziffern nannte, die traumhaft waren in dieser Branche. Ich erinnere mich wieder an gerötete Wangen. Aber plötzlich war auch das wieder aus. Plötzlich wurde der »Monat« eingestellt und Harpprecht krank . . .

Dann die Interviewreihe »Dialog« im Mainzer Fernsehen. Die Porträts großer Männer auf Bildschirmformat fingen jedesmal so strahlend und sieghaft an. Barockmusik. Ich glaube, es waren Trompetenstöße von Händel, die die Befragung sozusagen höfisch groß einbliesen. Und dann sah man die Großen der Zeit, die damals groß waren: Kiesinger, Axel Springer zum Beispiel. Man sah, sobald der große Barockstoß verklungen war, eine königliche Szene, gut ausgeleuchtet. Es waren sanfte, beinah demütige Erkundungen bei den je Mächtigen. Dienstleistungsgewerbe älterer Art, also ein Hauch von Servilität spürbar. Hochkultivierte Demutsgebärden. Übrigens hörte auch diese Barockszene aus Mainz plötzlich auf.

Ich will nur noch hinzufügen, daß mich sehr viel später eine Drucksache erreichte. Harpprecht kündigte seinen Auszug an. Südfrankreich, Provence. La Croix Valmer las ich und dachte: Ist er nun emigriert? Hat er es satt? Hat er sich ganz zurückgezogen? Tatsächlich war er auch aus den Spalten der Feuilletons verschwunden. Es gab ihn nicht mehr als Schreiber – oder? So etwas geht ja ganz lautlos. Einer taucht immer weniger auf, verschwindet so langsam, wird schließlich vergessen. Man fragt später: Wo ist der eigentlich geblieben? Den gab es doch mal! Schweigen. Achselzucken, kollegiales Grinsen: Man ist schon weg.

Mit alldem will ich nur dies sagen: So ganz von außen und oberflächlich gesehen, stellt sich das letzte Jahrzehnt dieses Publizistenlebens eigentlich als so strahlend nicht dar. Man könnte eher von einer Geschichte der Mißerfolge und Niederlagen sprechen. Deutsche Kurzgeschichten, meine ich; so wichtig sind sie auch wieder nicht . . .

Nachdem Krüger die hilfsbereite, selbstbewußte Umtriebigkeit Harpprechts im Kanzleramt ausführlich und nicht ohne Bosheit beschrieben hatte (»Manchmal übertreibt er aber auch seine Diskretion, wie ich finde. Er hat dann eine Art, sich zum Mitwisser zu stilisieren. Für Augenblicke bekommt er Denkmalsgröße im Mundhalten: der stille Mitspieler der Macht, der schweigende Staatsmann«) endete er:

Zum Schluß wäre eigentlich nur noch dies nachzutragen: Was mir von außen als eine Geschichte langsamen, aber stetigen Scheiterns erschien, lauter deutsche Kurzgeschichten in Mißerfolg, stellt sich, von innen her gesehen und aus der Optik des Betroffenen, durchaus als das Gegenteil dar: die Geschichte eines langsamen, aber stetigen Aufstiegs – bruchlos und logisch. So verschieden sind eben die Perspektiven. Wo ist da eigentlich oben, wo unten? Wo ist da Erfolg oder Mißerfolg? Ich werde mich hüten, solche Fragen zu beantworten.

Selbst im täglichen Ablauf der Geschäfte hatte Brandt in jenen Zeiten mit seinen Leuten wenig Glück. Sie arbeiteten eben lieber gegeneinander als für ihn, obwohl er ihnen immer wieder geduldig zuredete, sich doch zu vertragen. Ehe er am 26. September 1973 als erster deutscher Kanzler vor dem Plenum der Generalversammlung der Vereinten Nationen in New York eine Rede hielt, auf die er sich seit langem freute, die etwas Herausragendes, Erinnerungswürdiges werden sollte, hatte er wochenlang mit den anderen die Grundgedanken besprochen. Und was kam am Ende dabei heraus? Daß er zwei Tage vor der Abreise dann doch allein und trist nachts an seinem Schreibtisch im Kanzleramt saß und das versuchte, was seine Mitarbeiter nicht zustande gebracht hatten, nämlich aus den verschiedenen Entwürfen, die mehr den zähen Wettkampf der Ghostwriter untereinander (diesmal vor allem Harpprechts, Bahrs und Epplers) widerspiegelten als den rhetorischen Reichtum seiner Umgebung, einen eigenen Text zusammenzuklauben.

Brandt brachte, wie man sich denken kann, zu so später Stunde nichts zustande, was seinen hohen Erwartungen entsprochen hätte. Die Rede wurde über weite Strecken sehr allgemein, blieb manchmal nichtssagend. Doch ihr

Schluß war interessant, weil er wie eine Aufforderung Brandts an sich selbst klang, allen Mißhelligkeiten zum Trotz mutig zu sein, nicht zu verzagen. Die Menschheit, hieß es da, dürfe sich nicht von der scheinbaren Unlösbarkeit ihrer riesigen, komplizierten Probleme lähmen lassen. »Was wir jetzt brauchen, ist ein *Programm des neuen Mutes* der Menschen zu ihren eigenen Fähigkeiten.«

Ein Schlüsselsatz zum Verständnis Brandts 1973? Fast klang es so, obwohl sich diese Worte natürlich auf die aktuelle Weltpolitik bezogen: auf Probleme der Friedenssicherung, der Geltung von Menschenrechten und Grundfreiheiten, auf Kolonialismus, Rassismus, Terrorismus, auf den Kampf gegen den Hunger, das Bemühen um wirtschaftliche Zusammenarbeit und Entwicklung, Umweltschutz und Erhaltung der Lebensqualität sowie auf die Rolle der Vereinten Nationen bei alledem.

Die Fähigkeit des Menschen zur Vernunft, sagte Brandt, habe die UNO möglich gemacht, der Hang des Menschen zur Unvernunft mache sie notwendig. Der Sieg der Vernunft werde es sein, wenn eines Tages alle Staaten und Regionen in einer Weltnachbarschaft zusammen lebten und zusammen arbeiteten.

Doch dann fuhr der Kanzler in einer für ihn sehr charakteristischen Wendung fort: »Ich werde das nicht mehr erleben. Aber ich möchte dazu noch beitragen. Und ich bitte um jede mögliche Unterstützung, die wir – im Sinne der kleinen Schritte – den uns Nachfolgenden gewähren können.«

Was Willy Brandt da am Schluß seiner Rede vor der UN-Generalversammlung sagte, ließ sich auch auf seine Lage zu Hause in jenem Herbst beziehen: Die Entschlossenheit, weiterzumachen, vorwärts zu gehen, und sei es mit ganz kleinen Schritten; die Bitte um jede mögliche Unterstützung; die fürsorglichen Gedanken an spätere, nachfolgende Generationen; die melancholische Ahnung des eigenen Endes.

Der Ton seiner Rede in New York wirkte sehr persönlich, dadurch überzeugend. Im Ausland schätzte man ja mehr als zu Hause diesen Willy Brandt als einen der seltenen Politiker, der über der Sache, die er abhandelte, nie die Menschen vergaß, um die es ging, und auch nicht den verbarg, der sprach, also sich selbst. Brandt verband, wie hier in seiner UNO-Rede, Visionen einer heilen, künftigen Welt mit seinem persönlichen Sendungsbewußtsein. Er kannte seine Ausstrahlung, sein Charisma, das Magnetfeld, die Stimmung, die um ihn herrschte, wenn er auftrat. Brandt wußte sehr wohl von seiner geheimnisvollen Begabung, die er mit Charles de Gaulle, John F. Kennedy und Johannes XXIII. teilte und um die ihn Helmut Schmidt sehr beneidete: anderen Menschen das Gefühl, ja die Überzeugung zu geben, daß sie alle gemeinsam großen Idealen dienten.

Willy Brandt und Herbert Wehner

Nun war Brandt also in den USA, am Sitz der Weltorganisation, auf der großen Bühne, der eigentlich angemessenen Ebene – endlich den unaufhörlichen Kalamitäten, Quengeleien und Kleinkariertheiten der westdeutschen Innenpolitik entronnen. Am Tag nach seiner Rede vor den Vereinten Nationen sprach er vor dem *Council on Foreign Relations* in Chicago und flog von dort aus nach Aspen im amerikanischen Bundesstaat Colorado, wo er im renommierten *Aspen Institute for Humanistic Studies* einen mit 10 000 Dollars dotierten Preis entgegennehmen sollte, der bislang erst einmal – im Februar 1971 an Jean Monnet, den Baumeister Europas – vergeben worden war.

Auf dem Flug von Chicago nach Aspen holten ihn die häuslichen Mißhelligkeiten schon wieder ein. Bei der Zwischenlandung in Denver wurde Brandt eine *dpa*-Meldung auf den Flugplatz gebracht: Herbert Wehner, der sich zur gleichen Zeit mit einer Delegation des Bundestages in der Sowjetunion aufhielt, hatte sich dort über die Deutschland- und Berlin-Politik Bonns, aber auch über Person und Amtsführung des Regierungschefs abfällig geäußert. Brandt versteinerte. Der Grad des Zerwürfnisses zwischen ihm und Wehner war vorher nicht in dieser Weise bekannt gewesen. Jetzt war es in einem Ausmaß deutlich geworden, das einen Bruch befürchten ließ. Im Flugzeug nach Aspen erwog der empörte Kanzler eine öffentliche Replik an Wehner, die seine Begleiter ihm ausredeten. Als Brandt nach der Ankunft in Aspen von Journalisten gefragt wurde, was es mit den Äußerungen des Fraktionsvorsitzenden auf sich habe, und was er, Brandt, zu tun gedenke, antwortete er ausweichend. Doch sein Gedanke war, daß »der Kerl« weg müsse. Und intern sagte er dies auch, wörtlich.

Wie war es dahin gekommen? Herbert Wehner selbst erklärte später – in einem vertraulichen Gespräch am 15. Oktober 1973 –, Willy Brandts Beziehung zu ihm sei »immer ein entferntes Verhältnis« gewesen. Das war so eigentlich nicht richtig, galt aber umgekehrt, von Wehner zu Brandt. Sicher: Wirklich gemocht hatten sie sich nicht; dazu waren sie zu verschieden. Aber Brandt hatte Wehner eigentlich immer sehr nett behandelt, sich sehr bemüht um ihn gezeigt. Da er jemanden brauchte, der ihm zunickte, wenn er sprach, er Wehner sehr respektierte, redete er bei Sitzungen von SPD-Gremien, an denen sie zusammen teilnahmen, immer zu diesem hin. Brandt litt, wie alle, unter Wehner, wenn er schweigend dasaß, an der Pfeife sog, sich unaufhörlich Notizen machte, seine Umgebung bewußt verunsicherte, ja tyrannisierte. Viele Jahre warb er um Wehners Gunst. Er wollte ihm auch helfen, mit seinen offensichtlichen Schwierigkeiten fertig zu werden, sorgte daher beispielsweise für günstige Presseberichte über ihn. Auch persönlich versuchte er, Wehner zu stützen, ihm gegenüber Freundlichkeiten zu äußern, wie etwa: Sie seien beide alt; er, Brandt, denke, daß er vor Wehner davongehen werde (nicht sehr wahrscheinlich, weil Wehner sieben Jahre älter war und seit 1966 Diabetes hatte), daher wolle er ihm sagen, daß er sich ihn als seinen Nachfolger im Parteivorsitz wünsche – woraufhin Wehner bei Ehmke anfragte, ob das ernst gemeint sei.

Ein Problem für Brandt stellte immer Wehners Unersättlichkeit dar. Vom Leben tief verletzt und daher gezwungen, andere zu verletzen, an anderen schuldig zu werden, suchte Wehner (wie Richard Löwenthal von ihm zu Recht gesagt hat) immer und überall Gnade. Sehr sensibel, zartbesaitet, wie Brandt, doch auf ganz andere Weise. Beide waren bemerkenswert empfindlich. Zwei Idealisten. Wehner der Moralist, der Menschen anhand absoluter Kriterien betrachtete und daher zu vernichtenden Urteilen angesichts ihrer Unzulänglichkeiten fähig war – dann außer sich, empört, grob. An Brandts Wertschätzung lag ihm nichts, da er ihn verachtete, immer nur wenig von ihm gehalten hatte. Wehner war für strenge Grundsätze im Persönlichen. Schon aus Schweden, vom Exil her, wußte er, welcher Leichtfuß Brandt war. Er hielt ihn, wie Heinrich Krone berichtete, für »flatterhaft«. Überhaupt machte es ihm nichts aus (was Brandt empörend fand), mit führenden Männern der CDU/CSU schlecht über ihn zu reden, während der Großen Koalition in seinen Gesprächen mit Kurt Georg Kiesinger fortlaufend über Brandt »zu höhnen und zu spotten«. Die tiefe Abneigung, die Brandt gegen die Union hegte, ging Wehner ab, lag ihm fern. Das hatte *auch* etwas damit zu tun, daß Wehner die Bibel, das Christentum und Kirchen viel bedeuteten, während er Brandt nachsagte, daß er ohne Verhältnis zu den letzten Werten sei, ohne Interesse an der Frage nach Gott. Er, Wehner, hingegen, tief religiös, richtete Dinge und Menschen dieser Welt, auch sich selbst, am Maßstab der Ewigkeit – mit Erschrecken. So war Brandt sicher nicht. Wer war er überhaupt? Sein Geschöpf, ihm zu Dank verpflichtet! Wehner sagte oft, daß *er* es sei, der Brandt »gemacht« habe – was dieser begreiflicherweise nicht gern hörte.

In seiner Neigung zu hemmungsloser Empörung ging Wehner so weit, auch Brandts eindeutige Stärken nicht wahrhaben zu wollen: etwa sein Geschick in der großen Politik, seine Sicherheit und Würde im internationalen Auftreten, beim entspannten Umgang mit Nixon wie Breschnew, bei dem Brandt wegen seiner offenen Art einen Stein im Brett hatte, obwohl er sich nichts vergab, im Gegenteil, den Russen deutlich auch sehr unangenehme Dinge sagte. Wehner sah das nicht. Für ihn war alles Salon, Diplomatie, Wichtigtuerei, Geschwätz. Nur ganz vage, zwischen vielen Strichen und Klammern, sah er sich nach seinem eigenen Eingeständnis überhaupt imstande, etwas zum Thema Brandt herauszubringen. »Ich habe immer in einem etwas geschachtelten Satz für Brandt geworben, und der Satz hat seine Gültigkeit bis heute nicht verloren: ein Mann, der an der schwierigsten Stelle, die es im geteilten Deutschland gibt, deutsche Politik zu vertreten und auch zu führen hatte, der muß gut sein für dieses Deutschland, das heißt den Teil, in dem wir etwas machen können.«

»Für Brandt geworben?« Da konnte man keineswegs sicher sein. Denn diesen Satz Wehners vom 15. Oktober 1973 konnte man ganz unterschiedlich lesen: als verkappte Würdigung, wenn man ihn unbedingt so auslegen wollte, oder aber als Anspruch, bei dem offenblieb, ob er von der Person, um die es ging, auch erfüllt werde.

Konkret beschäftigte Wehner im Herbst 1973 die ganz aktuelle Situation. Er war der Überzeugung, daß man die seit den Wahlen des Vorjahres konsolidierte Macht nicht nutze, sie verfallen lasse. Er selbst hatte den Sieg als Ausgangspunkt zielstrebigen Handelns im Sinne der sozialliberalen Sache gesehen und stellte nun verdrossen fest, daß das nicht geschah. Brandt führte nicht, wie Wehner grimmig bemerkte, weder die Regierung noch die Partei, der Wehners besonderes Augenmerk galt. Der Mangel lag, so sagte er am 15. Oktober in einer allgemein gehaltenen Formulierung, »in der Nichterfüllung der Rolle einer operativen Parteiführung durch alle, die in diese Parteiführung gewählt worden sind«. Seiner Ansicht nach hatte die SPD weder 1967 noch nach 1972 begriffen, was Macht bedeute – daß man »auch handeln, nicht nur resolutionieren« müsse. Sie war im Grunde eine Oppositionspartei geblieben, wurde auch nicht hinreichend an der Verantwortung beteiligt. Man sprach, fand Wehner, nicht genug mit der SPD, die doch das Gefühl brauchte und bekommen mußte, dabei zu sein, mitzugestalten, mindestens mitzuerleben, wie in ihrer Regierung etwas entstand. Hier läge das eigentliche Versäumnis von Brandt: der Partei nicht genug zu diesem Gefühl aktiver Beteiligung verholfen zu haben. Er integrierte nicht, täte nur so, wartete ab. Das ging nicht. Denn wie sah es an der Spitze der SPD aus? Das Präsidium, das fast nur aus hohen, staatlichen Würdenträgern bestand, führte ein Eigenleben, irgendwo oberhalb. Der weitgehend neue, richtungszersplitterte Parteivorstand ließ sich nur durch die kontinuierliche, aktive Anleitung des Vorsitzenden in ein arbeitsfähiges, verantwortungsbewußtes Gremium verwandeln. »Deswegen habe ich gesagt: was von Anfang an sein muß, ist, daß bei allen Differenzen, die die haben, oder Unterschieden – beides: sowohl als auch – müssen die doch das erreichbare Minimum schaffen, um als ein gemeinsam für die Führung der Partei verantwortliches Organ wirklich zu werden.«

Das sei bis heute nicht geschehen. Brandt halte zwar »gelegentlich Donnerreden, noch gelegentlicher solche Einleitungen historischer Ereignisse« wie seine Ansprache zum 100. Geburtstag von Otto Wels. Aber das genüge nicht.

Es sei im übrigen nicht so, daß Brandt das Erforderliche nicht verstehe oder ihm einfach Führungsqualitäten abgingen. Nur sehe er die Notwendigkeit, sie in einer solch großen Partei mit ihren vielen Organen kontinuierlich unter Beweis zu stellen, »ganz anders als ich«. Natürlich sei Brandt nicht der Bundeskanzler der SPD, sondern des Landes. Aber deswegen dürfe und könne er seine anderen Pflichten – an der Spitze der Partei, allgemeiner in der gesamten Innenpolitik – nicht einfach vernachlässigen, schon aus politischem Selbsterhaltungstrieb nicht, der bei Brandt allerdings fehle. Habe er nicht vielleicht alles satt? Manchmal fürchte er, Wehner, Brandt habe längst genug, wolle raus und weg. Eines Tages werde Brandt ihm mitteilen, er habe erreicht, was er »politisch und moralisch wollte und konnte«. Schlimm genug, wenn die anderen das nicht erkennen würden, sich in ihren Reaktionen, ihm, Brandt, gegenüber nicht entsprechend dankbar zeigten. Das sei »wohl ungefähr seine Grundeinstellung«, vermutete Wehner.

Hatte man etwas Vergleichbares nicht kürzlich ganz dramatisch bei Jens Otto Krag erlebt? Kaum zwölf Stunden, nachdem die dänische Bevölkerung den von Krag seit langem angestrebten und von seiner sozialdemokratischen Regierung ausgehandelten Beitritt zur EWG in einer Volksabstimmung mit deutlicher Mehrheit gebilligt hatte, war der Ministerpräsident am 3. Oktober 1972 ganz überraschend zurückgetreten und hatte gleichzeitig auch den Parteivorsitz abgegeben. Fünfundzwanzig Jahre in der Politik, die meisten in der »Hauptkampflinie«, hatte er vor der Presse gesagt, seien genug; er wolle sich jetzt »das Leben einfach einmal von der leichteren Seite ansehen«. Solche Sätze, fand Wehner, waren Brandt genauso zuzutrauen. Während sich Wehner, nicht ohne Selbstmitleid, davon überzeugt zeigte, »irgendwo mit einem eingeschlagenen Kopf« zu enden, sah er Brandt zwar nicht, wie andere, geradezu als »linken Sonntagsjungen«, aber doch als einen »gesegneten Menschen«, der sich immer »auf der Plus-Seite« des Lebens finde, selbst in den Jahren der Emigration. Ganz anders Wehner und seine alten Freunde, in den eigenen Augen. Seit den dreißiger Jahren »ausgeglüht mit dem, was uns teuer war, und worauf ich auch nicht spucken kann, ich kann das nicht«.

Ausgeglüht sein. Hingabe an etwas, das größer ist als man selbst, Aufopferung, Verzicht auf eigene Bedürfnisse, auf persönliches Glück, auf Privatleben überhaupt, und dann das völlige Scheitern, seine Verbitterung darüber – dies alles kennzeichnete Herbert Wehner. Solche Exzentrik war Willy Brandt bei allem Idealismus in der Tat fremd. Brandt war eben, wie Wehner in seinem großen Hintergrundgespräch vom Oktober 1973 bitter anmerkte, nie Kommunist gewesen, hatte daher auch nie die Furcht des Kommunisten vor ständiger Verfolgung kennengelernt, wußte nicht, was es bedeutete, immer gejagt und auf der Flucht zu sein. »Wenn ich Maler wäre«, hat Erhart Kästner gesagt, »ich würde immer bloß die Ruhe auf der Flucht malen. Eine Flucht folgt der anderen . . .« Ruhelose Flucht: Das Bild könnte auch von Wehner stammen. Wehner gehörte zu den Menschen, die bis ans Ende ihrer Tage von tiefen, unbewußten Ängsten umgetrieben werden. Und was tun, in dieser inneren Verfassung? »Flüchten oder Standhalten«, wie Horst-Eberhard Richter gefragt hat? Standhalten. Mit übermenschlicher Kraftanstrengung standhalten.

Brandt hingegen liebte das Leben, und das Leben dankte es ihm, indem es ihn auch unter schwierigen Umständen verwöhnte. Während man Wehner in Schweden 1942 verhaftet, ins Gefängnis gesteckt hatte und an das nationalsozialistische Deutschland ausliefern wollte, was sein sicherer Tod gewesen wäre, ging es Brandt im norwegischen, dann im schwedischen Exil vergleichsweise gut. Zusammen mit Freunden wie Bruno Kreisky hatte er nach Wehners Eindruck »dort einen Frühling, kulturell und politisch« erlebt, »der in seiner politischen Biographie eine Rolle spielte«. Schon in jungen Jahren, soweit es eben in diesem Alter möglich war, dann als Regierender Bürgermeister in Berlin und besonders als Bundeskanzler pflegte er »einen großen Lebensstil, den er immer gern gehabt hat. Das ist meine ganz private Ansicht . . . Entspricht mir gar nicht. Ich mißgönne es ihm nicht; ich möchte nicht so einen Stil haben.«

Brandt war tatsächlich nicht bereit, Wehners asketische Selbstdisziplin nachzuahmen. Er meinte, an Wehners galliger Bitterkeit könne man sehen, daß dem Menschen im allgemeinen dergleichen nicht gut bekomme. So wenig er sich schonte: Brandt lehnte ab, wie Wehner in der Politik auf- und möglicherweise unterzugehen. Er kannte schönere Seiten des Daseins, wollte dessen Gaben genießerisch auskosten. Als er Jahre später, Mitte Oktober 1979, wie alle Bundeskanzler, im Park des Palais Schaumburg einen Gedächtnisbaum pflanzte, wählte er nicht umsonst einen Ginkgo, diesen viele Millionen Jahre alten Vorfahren der heute bekannten Laub- und Nadelbäume, ein Symbol der Dauer und vielfachen Doppeldeutigkeit des Lebens. Wie Goethe in seinem berühmten Gedicht für Marianne von Willemer im »West-Östlichen Diwan« hätte Brandt im Blick auf das zweigeteilte Nadelblatt des Ginkgo Biloba von sich sagen können:

»Fühlst Du nicht an meinen Liedern,
Daß ich eins und doppelt bin?«

Wie ganz anders Wehner! Einzelgängerisch, allenfalls zusammen mit Frau und Stieftochter, kapselte er sich von der Außenwelt ab, angetrieben, umgetrieben nur von einer maßlosen politischen Leidenschaft, die ihn allem Privaten entkommen ließ. Alle seine Kräfte flossen der SPD zu. Ihr hing er rückhaltlos loyal an; sie war die Heimat, die er erst nach langen Irrfahrten gefunden hatte. Günther Gillessen hat Wehner einmal sehr schön als »Parteipatrioten« beschrieben. Charles de Gaulle vergleichbar, der in vielem freilich ganz anders gesehen werden muß, hatte Wehner seine Eitelkeit längst in sein nationales, sozialdemokratisches Sendungsbewußtsein eingebracht. Sicherlich trug sein Bescheidenheitskomplex auch neurotische Züge. Aber Wehner durfte, zu Recht, im Oktober 1973 von sich sagen: »Ich wollte ja nichts für mich; ich habe nie ein Postament für mich beansprucht.«

Das zielte natürlich auf Brandt. Er war ein Denkmal geworden – und zugleich unerhört lässig geblieben. Brandt versuchte immer, Persönliches und Öffentliches miteinander zu verbinden, beide Rollen nebeneinander und gelegentlich auch gegeneinander auszuleben. Aber wer deshalb annähme, daß Brandt der Kontaktfreudige, Bindungsfähige von den beiden sei, Wehner hingegen der Verschlossene, Abweisende, würde sich sehr täuschen, den Gegensatz ihrer Temperamente ganz falsch sehen. Wie verschieden waren sie doch in ihrem

Umgang mit Menschen, wie entfernt von dem Bild, das sie aus der Distanz boten! Wehners menschliche Kargheit, seine häufige Schroffheit im Umgang, verdeckten eine bemerkenswerte Fähigkeit zu *aktiver*, anhaltender Freundschaft und ein tiefes Bedürfnis, geliebt zu werden – wenn er auch gut wußte, »daß eine solche Sehnsucht für die Ewigkeit ist«, wie Eduard Neumaier einmal feinfühlig schrieb. Wehner forderte Treue, war aber auch seinerseits imstande, anderen, denen er ein wenig Nähe erlaubte, das Gefühl seiner Zuverlässigkeit zu vermitteln. Er nahm Anteil an ihrem Schicksal, schrieb viele persönliche Briefe, auch an ganz unbekannte Leute, die in Not waren, wählte einfühlsam Geschenke aus.

Brandt hingegen war als Freund eher *passiv*. Von allein unternahm er nichts, um Menschen warm, Sympathien lebendig zu halten; meldete sich nie. Selbst wenn ihm an Bindungen lag, was man vermuten möchte, tat er doch nichts für sie und konnte sie deshalb meist nicht bewahren. Brandt war Freund nur in dem Maße, »wie man mit Brandt Freund sein kann« (Wehner). Er schien warmherzig – von weitem, im Saal. Kam man ihm nahe, war er eher scheu, kontaktschwach und schweigsam. Das erschwerte in der Politik häufig die Zusammenarbeit mit ihm, so während der Großen Koalition das Verhältnis zwischen Kanzler und Vizekanzler – zum Kummer Wehners, der später behauptete, zum Guten geredet zu haben: »Ich habe damals dem Kiesinger gesagt, als der mir sagte: es geht nicht, der redet mit mir nicht, der ist verschlossen – da habe ich gesagt: Sie vergessen, daß das ein Lübecker ist. Lübeck ist eine Stadt, da redet man nicht.«

Privat führte Brandts Gehemmtheit erst recht zu Enttäuschungen. »Jener in sich zurückgezogene Mann, den ich Willy nenne«, wie Günter Grass im »Tagebuch einer Schnecke« schrieb, ließ, wie alles, auch Menschen auf sich zukommen. Mochte Brandt auch, weil Klaus Harpprecht es ihm suggeriert hatte, die *compassion*, den Mut zum Nächsten, Mitleid und Barmherzigkeit, seit 1972 ab und zu im Munde führen: Für ihn persönlich galt dergleichen nicht. Menschliche Nähe, gar Tuchfühlung, das Du fielen ihm schwer, lagen ihm fern, zumindest bei Männern. Es freute ihn, wenn man sich um ihn bemühte; gern ließ er sich bespiegeln, besonders von schönen Frauen.

Sicherlich war umgekehrt Wehner nichts so fremd wie die oberflächliche Häufigkeit und wohl auch Beliebigkeit dieser Beziehungen Brandts, die mehr als alles übrige die beiden Männer daran gehindert haben, zusammenzuarbeiten oder sich auch menschlich miteinander einzulassen. Nur ein einziges Mal, behaupten Alfred Freudenhammer und Karlheinz Vater in ihrer Biographie »Herbert Wehner. Ein Leben mit der Deutschen Frage«, gab es zwischen den beiden für einen Moment so etwas wie persönliche Nähe, als Wehner in einer stillen Stunde Anfang der siebziger Jahre Brandt von einer zarten Beziehung zu einem jungen Mädchen erzählte, in das er als etwa Zwanzigjähriger verliebt gewesen sei. Brandt, der wohl nicht nachempfinden konnte, wie nahe das Erlebnis Wehner nach mehr als vierzig Jahren noch immer ging, und der offenbar deshalb gar nicht ahnte, wieviel Vertrauen ihm Wehner mit seinem Bericht entgegengebracht hatte, soll die Geschichte, mit deftigen Scherzen garniert, später im Freundeskreis zum besten gegeben haben. Als Wehner davon hörte, packte ihn Abscheu. Und ähnlich wie er in seinen *Notizen*, einem unveröffentlichten Manuskript aus dem Jahre 1946, über innerparteiliche Gegner aus der KPD herzog, beklagte er nun in fast gleichen Wendungen »das charakterlich Verluderte« an seinem Parteivorsitzenden. Den Namen Willy Brandt soll er von da an nach Möglichkeit nicht mehr in den Mund genommen haben. In Anspielung auf seinen Wohnort hätte er Brandt künftig den »Herrn vom Venusberg« genannt oder auch nur »jenen Herrn«. Bestenfalls habe er ihn als die »Nummer eins« apostrophiert. Als Wibke Bruhns 1973 zu Herbert Wehner sagte, sie sei in ihren Überlegungen zur Person Brandts (bei dem sie 1972, während seines Urlaubs in Vangs Ösen in Mittelnorwegen, gewohnt hatte) zu dem Schluß gekommen, daß Menschen für ihn nur als »plurale tantum«, in der Mehrzahl, existierten – er habe zwar immer zu vielen Leuten sprechen, Kontakt finden können, aber zu einem einzelnen eine Beziehung aufzubauen, was sehr viel mehr persönliche Hinwendung, einen anderen Zugang erfordere, falle ihm schwer –, da stimmte Wehner der *stern*-Redakteurin sofort zu: Er habe jedenfalls eine solche echte Beziehung bei Brandt noch nicht erlebt.

Wehner hatte, was Brandt anlangte, resigniert: »Ich kann . . . keinen Mann backen und dem Odem einblasen. Das geht nicht. Ich habe ihm vor Jahren zum Geburtstag geschrieben: Ich hätte es aufgegeben, ihm zu wünschen, was ich mir von ihm wünsche. Ich nähme ihn so, wie er sei, und von mir könne er sicher sein, daß ich ihn bedingungslos unterstütze. Das hat er geschlürft.«

Vermutlich hatte Brandt nicht genau genug gelesen, jedenfalls Wehner wiederum mißverstanden. Das zeigte sich deutlich ein halbes Jahr später. Einen ähnlich zweideutigen Satz wie dieses Zitat aus Wehners Geburtstags-Glückwunsch sollte Brandt nämlich von ihm am Samstag, dem 4. Mai 1974, noch einmal zu hören bekommen. Als Brandt, der sich an jenem Wochenende mit dem Gedanken trug zurückzutreten, ja diesen Entschluß für sich bereits mehr oder weniger gefaßt hatte (was Wehner nicht wußte), in Münstereifel mit dem SPD-Fraktionsvorsitzenden unter vier Augen zusammentraf, sagte Wehner zu ihm: Wie immer Brandt sich entscheide, er werde ihn unterstützen, seinen Entschluß mittragen und nach außen vertreten. Das hörte sich im ersten Augenblick gut an. Aber es war ein typischer Wehner, der da sprach. Die Brandt gegebene Zusage charakterisierte sein Verhältnis zu Menschen, mit denen er (nur) durch die Partei und für die Partei verbunden war. Er legte sich mit seinem Versprechen nicht auf die Person des anderen fest, identifizierte sich nicht mit ihm, sondern überließ ihm, das Erforderliche für sich selbst zu beschließen, ließ ihn ganz und gar mit diesem Entschluß allein. Wehners unbegrenzte Loyalität galt nur der Sache, der beide gemeinsam dienten, nicht dem anderen Menschen.

Wehners Alleingang nach Ost-Berlin

So war es auch 1973. In dem Maße, in dem Wehner erkennen mußte, daß der sozialdemokratische Kanzler, den er zu unterstützen hatte, den innenpolitischen Zugriff verlor, die Parteiarbeit vernachlässigte und die Neue Ostpolitik, besonders in Deutschland, der DDR gegenüber, versanden ließ, begehrte er gegen Brandt auf. Zur Distanz aus persönlicher Gegensätzlichkeit kam nun die Distanz, die aus Mißerfolgen entsteht. Zunächst mahnte Wehner intern, brach in Zorn aus, legte den stellvertretenden Parteivorsitz nieder, wollte die SPD aufrütteln, Brandt anspornen, Schaden vom sozialliberalen Bündnis abwenden. Als alles nichts half, entschloß er sich, auf eigene Faust zu handeln.

Einen solchen Alleingang gab es zum erstenmal im Mai 1973. Wehner reiste damals heimlich nach Ost-Berlin zu Erich Honecker, dem Ersten Sekretär der SED und Nachfolger Walter Ulbrichts. Es war buchstäblich eine Reise im Schutz der Dunkelheit. Am Abend des 29. Mai fuhr Wehner mit dem Wagen bis Kirchheim bei Bad Hersfeld, wo nicht weit von der Autobahn eine Raststätte mit Übernachtungsmöglichkeit lag. Dort konnte er »vor dem schweren Gang über die Grenze« noch einmal alles in Ruhe überdenken. Denn Wehner, kein »Muskelmensch«, wie er von sich sagte, hatte begreiflicherweise vor dieser Reise »physische« und »seelische« Angst; er sei »doch für die anderen Leute dort drüben . . . ein irreparabler Fall«. Am nächsten Morgen ließ er sich von seiner Stieftocher Greta bei Eisenach in die DDR chauffieren, umfuhr West-Berlin und traf in Ost-Berlin mit Abgeordneten der Volkskammer zusammen. Tags darauf, am 31. Mai, führte er mit Honecker ein mehrstündiges Gespräch unter vier Augen in dessen Landhaus am Wandlitz-See, nördlich von Berlin. Am Nachmittag stieß Wolfgang Mischnick zu ihnen. Der Vorsitzende der FDP-Bundestagsfraktion hatte sich am Vortag bei seiner kranken Mutter in Dresden aufgehalten und war am Donnerstagvormittag mit der Volkskammer-Fraktion der Liberaldemokratischen Partei Deutschlands (LDPD) in Ost-Berlin auf deren Einladung zusammengetroffen; Wehner hatte Mischnick unterwegs angerufen und gebeten, mit an den Wandlitz-See zu kommen. Nach dem Gespräch mit Honecker kehrten beide noch am gleichen Tag nach Bonn zurück.

Die Umstände dieser Reise lösten in der Bundeshauptstadt bei allen Parteien Unwillen und teilweise erhebliche Kritik aus. Die Opposition zeigte sich »aufs äußerste über die konspirative Vorbereitung des Treffens . . . befremdet«. Die CSU-Landesleitung bezeichnete den Aufenthalt Wehners und Mischnicks in der DDR als »Nacht- und Nebelreise«. Die »äußerst mysteriösen Umstände« dieser Fahrt bedürften dringend der Aufklärung, wenn sich nicht der Verdacht festsetzen solle, daß es sich hier um eine Art untergründiger Kooperation zwischen den Bonner Regierungsfraktionen und den Spitzen der kommunistischen SED handele.

Auch SPD und FDP bemängelten die fehlende vorherige Unterrichtung, vor allem über die Reise Wehners. Außer Willy Brandt und Helmut Schmidt hatte nur Walter Scheel von dieser Unternehmung gewußt. Egon Bahr war zwar über eine mehrere Wochen zurückliegende Einladung Honeckers an Wehner informiert gewesen, hatte aber von der Anwesenheit Wehners in Ost-Berlin erst durch den nächtlichen Anruf eines Fernsehkorrespondenten erfahren.

Allerdings war sich auch Wehner selbst bis zum letzten Moment nicht darüber im klaren gewesen, ob er tatsächlich würde reisen können. Noch am Tag vor der Abfahrt war er deswegen zu Brandt gegangen. Schon seit zweieinhalb Jahren, seit Dezember 1970, wußten beide (behauptete jedenfalls Wehner), daß eine solche direkte Demarche eines Tages notwendig werden könnte. Nunmehr, erklärte er seinem Parteivorsitzenden und Bundeskanzler, sei die Zeit gekommen (was Brandt ziemlich plötzlich fand). Allerdings habe Brandt drei Möglichkeiten, seine Reise zu verhindern. Er müßte nur aus »Regierungsgründen«, »aus innerpolitischen Gründen« oder »aus innerparteilichen Gründen: ›jetzt nicht‹ « sagen, dann werde er nicht fahren. Andernfalls aber müsse er morgen los, denn er habe »ja gar keine spezielle Verbindung« nach drüben, um der DDR-Führung, die ihm diesen Termin benannt hätte, noch abzusagen.

Brandt verhinderte Wehners DDR-Exkursion nicht. Aber ebensowenig deckte er den Fraktionsvorsitzenden, als dieser nach seiner Rückkehr im Parteivorstand hart angegangen wurde. Brandt schwieg, ließ Wehner sitzen, sagte »nicht wenigstens ein Wort«, wie Wehner später bitter erwähnte – welche menschliche Enttäuschung bewies diese Wendung! Brandt unterließ jede Andeutung darüber (er schwieg ja immer, und hartnäckig, wenn er verdrossen war), daß er bis zum letzten Tage vor der Abfahrt voll informiert worden war, die Reise leicht hätte verhindern können, und daß Wehner ihn sofort nach seiner Rückkehr umfassend mündlich unterrichtet hatte. Aber konnte man denn sicher sein, daß Wehners Informationen vollständig waren? Brandt hatte seine Gründe, fand er, sich auszuschweigen. Er mißtraute Wehners Privat-Außenpolitik. Die Russen nährten seinen Verdacht, weil ihnen ein gewisses Maß deutsch-deutscher Spannungen lieber war als eine zu enge Kooperation, die ihrer Kontrolle entgleiten mochte. Wehner sei mehrfach bei Honecker gewesen, hörte Brandt später aus Moskau. Und was wußte er denn wirklich von dem, was der Fraktionsvorsitzende dort drüben alles beredet hatte, und mit wem? Brandt stand zumindest nicht allein, wenn er den schriftlichen Bericht, den Wehner am 1. Juni aufgesetzt und einigen wenigen Vertrauten zugeleitet hatte (»*Zusammenfassung* der Gespräche am 30. und 31. Mai 1973 in Berlin (Ost) mit dem Ersten Sekretär der SED, Erich Honecker, und Vertretern der Fraktionen in der *Volkskammer der DDR*«), nichtssagend fand. Kein Mensch konnte sich, beim besten Willen, aus diesem Text irgendein Bild vom Verlauf des stundenlangen Gesprächs mit Honecker machen.

Das lag, wandte Wehner auf solche Verdächtigungen ein, an der außerordentlich delikaten Materie, die äußerste Diskretion erforderte. Vorrangig bewog

Wehner zu seiner Reise das Bestreben, die seit Dezember 1972 ins Stocken geratene Familienzusammenführung wieder in Gang zu setzen. Jahre später, im Rückblick, sagte er sogar, dies sei sein einziges Motiv gewesen, was er unterstreichen müsse, weil es schwere Mißdeutungen seiner Reise gegeben habe, die er sehr bedauere.

Es ging hier, mit dem prägnanten französischen Titel eines 1977 veröffentlichten Buches von Michel Meyer gesagt, um »Des Hommes contre des Marks«, um »Menschen gegen Mark«, also um Ausreisebewilligungen, den Freikauf von Häftlingen, zum Teil auch ihren Austausch, sowie, in allerdings eher bescheidenem Umfang, um die Zusammenführung getrennter Familien. Nach dem Mauerbau 1961 zunächst unter dem »Mantel« der Kirchen beider Teile Deutschlands in Gang gebracht, wurde die Abwicklung dieser Tauschgeschäfte später von spezialisierten Rechtsanwälten übernommen. Das waren während langer Jahre in West-Berlin Jürgen Stange, in Ost-Berlin Wolfgang Vogel, ein Freund Honeckers, wie es hieß.

Einer Aufzeichnung des Bundesministeriums für innerdeutsche Beziehungen vom 5. Dezember 1969 zufolge gab es erst seit 1964 Häftlingsaktionen größeren Stils. Im Wege von Anwaltskontakten habe sich damals die andere Seite bereit gefunden, politische Häftlinge auf der Basis wirtschaftlicher Gegenleistungen freizulassen. Die Bemühungen um Familienzusammenführungen reichten bis ins Jahr 1965 zurück. Nach langwierigen Verhandlungen hatte sich hier die DDR am Jahreswechsel 1965/66 bereit erklärt, entsprechende Gesuche zu prüfen und in begrenztem Umfang zu genehmigen. Für Häftlingsfreilassungen und Familienzusammenführungen waren, immer dieser Aufzeichnung zufolge, bis 1969 rund 235 Millionen DM aufgewandt worden, davon rund 42 Millionen für die Zusammenführung von Familien. Die genannten Beträge waren über den Direktor des Diakonischen Hilfswerks in der Form von Warenlieferungen in die DDR transferiert worden.

Während seiner Verhandlungen mit Michael Kohl hatte nun Egon Bahr versucht, diese beiderseits mit Mißbehagen betrachteten Geschäfte zu beenden, sie durch die Eröffnung entsprechender legaler Ausreisemöglichkeiten aus der DDR überflüssig zu machen. In einem Brief Staatssekretär Kohls aus Anlaß der Unterzeichnung des Grundvertrages vom 21. Dezember 1972 hieß es demgemäß, die DDR-Regierung werde »im Zuge der Normalisierung der Beziehungen nach Inkrafttreten des Vertrages Schritte zur . . . Lösung von Problemen, die sich aus der Trennung von Familien ergeben, . . . unternehmen«. Und von diesem Augenblick an war die Sache tot. Denn nunmehr wurden alle Ausreise-Angelegenheiten dem Innenministerium der DDR überantwortet. Dort war man gegen die bisherige Praxis, aber auch nicht imstande, eine neue anzuwenden. Es geschah also gar nichts. Daher gab es seither praktisch keine Familienzusammenführungen, keine Häftlingsaktionen mehr.

Wehner hatte das, wie er später sagte, vorausgesehen. In seinem Gespräch vom 15. Oktober 1973 berichtete er sehr plastisch: »Da wurde mir dann von diesem Ehmke, auch beim Frühstück, mitgeteilt: Das gebe es nicht mehr; Bahr sei viel weiter in seinen Verhandlungen, als man ahnen könne; dies lasse sich alles anders regeln. Und ich sage: ›Das regelt sich nicht, das ist unmöglich!‹« Er sei entgeistert gewesen, aber »offensichtlich« habe »Brandt seinem Bahr diese Wahnsinnsfloskel erlaubt«, es müsse » ›Schluß sein mit Gegenleistungen‹ . . . Ja, um Himmels willen, dann ist überhaupt Schluß! Denn wir haben ein Staatsbürgerrecht, das wir mindestens . . . in den nächsten zehn Jahren gar nicht ändern können, ob wir es wollen« oder nicht. Es sei nicht abänderbar, weil es auf dem Grundgesetz beruhe. Jeder Deutsche sei unser Staatsbürger, auch der, den die DDR für sich als Staatsbürger reklamiere. Das schließe eine legale Regelung aus.

Man mußte also schleunigst zur alten, diskreten Praxis zurück. »Daß dies nach Regelungen verlangt, die anders sind als die durch eine Vertretung, oder durch Ämter oder Behörden, ist logisch, und auch nicht durch Schleichhandel, sondern da bietet sich die Anwaltsebene an als eine Sache, die wir entwickelt haben.«

Nachdem Bahr das Kind in den Brunnen hatte fallen lassen, mußte Wehner her – so sah er es wenigstens selbst –, um es wieder herauszuziehen, und zwar rasch, denn es eilte sehr. Die »Kofferfälle« lagen Wehner auf der Seele: zum Verlassen der DDR entschlossene und dafür vorgesehene Deutsche, die Arbeit und Wohnung bereits verloren hatten und heimatlos auf ihren Koffern saßen, viele von ihnen seit Monaten, eben weil seit Dezember die Ausreise-Genehmigungen ausblieben. Hier mußte und konnte er sich kümmern, ging es doch »um ganz subtile Sachen, die mir am teuersten sind, die Sachen, wo man noch einzelnen Menschen helfen kann«. Ihre Not war für Wehner kein Thema am Rande, das man langatmigen, gleichgültigen Bürokratien überlassen durfte, sondern eine ihm »wirklich – lachen Sie ruhig über diese läppische Floskel – am Herzen liegende Frage«. Deshalb hatte er mit Honecker um einzelne Menschen, um bestimmte Personengruppen gerungen: Ob es denn wirklich für die DDR ein Gewinn sei, wenn Menschen dort bleiben müßten, die es in der DDR gar nicht aushalten könnten? Gemeinsam hatten die beiden »heikle Fälle«, wie Wehner sagte, »Konfliktfälle«, wie Honecker sie nannte, miteinander erörtert; im Lauf des Gesprächs hatte Honecker von sich aus für sie Lösungsvorschläge zu entwikkeln begonnen.

Diese Aktivitäten Wehners waren keine spontanen Regungen. Sie beruhten nicht auf Eingebungen des Augenblicks. So hat er über Jahrzehnte hinweg gedacht und gehandelt, wenn man Peter Bender glauben darf, der im Sammelband »Herbert Wehner. Beiträge zu einer Biographie« 1976 aus Anlaß seines 70. Geburtstages schrieb:

> Ihm geht es weniger um Deutschland als um die Deutschen; . . . Deutschland im Sinne von Gebiet und Geschichte kommt bei ihm kaum vor; Deutschland

als Mythos erschiene ihm absurd. Herbert Wehner wurde Deutschland-Politiker aus demselben Grund, aus dem er überhaupt Politiker wurde und nicht eben zufällig ein sozialistischer: er nahm teil am Schicksal einer unterdrückten Menschengruppe, der (damals) 18 Millionen in der sowjetischen Besatzungszone ... Wehner ist, außer seinem Besuch bei Honecker 1973, nie in der DDR gewesen ... doch daß er jeweils wußte oder spürte, wie denen auf der anderen Seite zumute war, ist allein sein Verdienst: Er wußte es, weil er es wissen wollte; er spürte es, weil es ihm naheging.

Was später zum Alleinvertretungsanspruch degenerierte, erschien Wehner immer nur als Vertretungspflicht – genauer: als Fürsorgepflicht. Seine Deutschlandpolitik war deshalb alle Zeit auffallend stark auf praktische Notwendigkeiten gerichtet ...

Wehner hat die »menschlichen Erleichterungen« nicht, wie die meisten, erst zu Beginn der sechziger Jahre als zentrales Thema entdeckt. Er hielt sie immer für einen untrennbaren Teil der Wiedervereinigungspolitik – oder vielmehr für deren Hauptzweck. »Die Menschen dort zu retten« nannte er 1952 einmal, spontan im Wortgefecht mit CDU-Zwischenrufern, als Ziel seiner Partei. Als später beide Aufgaben, die Einheit und die Fürsorge, miteinander in Konflikt und Konkurrenz gerieten, bekannte er – von Günter Gaus bedrängt –: »Das Entscheidende ist, den Menschen zu helfen.«

Tatsächlich gelang es Wehner mit seinen Gesprächen vom Mai 1973, Honecker davon zu überzeugen, daß Fortschritte in humanitären Fällen – oder genauer: die gemeinsame Verhinderung schmerzlicher Rückschritte in diesem Bereich – erforderlich, unerläßlich seien, um einer wirklichen Normalisierung der deutsch-deutschen Beziehungen den Weg zu bahnen. Wehner konnte dadurch den Fehler korrigieren, den Schaden reparieren, den Brandt und Bahr (in bester Absicht) mit dem Versuch des Übergangs zu offiziellen Ausreisequoten gemacht hatten. Wehner gewann Honecker für einen Vorschlag, den ihm der schwedische Botschafter in Bonn, Sven Backlund, nahegelegt hatte: nämlich künftig die alte *und* die neue Regelung einfach nebeneinander zu akzeptieren und zu praktizieren: die alten Listen *mit* Bezahlung, die neuen, von Bahr ausgehandelten Quoten *ohne*, je nachdem. Auf diese Weise verlor keiner sein Gesicht. Nach dem Besuch bei Honecker kamen die Häftlingsaktionen und Familienzusammenführungen erneut in Gang; ihre Zahl stieg an. Auch Einzelfälle ließen sich jetzt wieder regeln, nachdem Wehner Beispiele, die ihm besonders am Herzen lagen, vor Ort unmittelbar zur Sprache gebracht hatte.

In seinem schon erwähnten *Bericht* beschränkte sich Wehner darauf, die von ihm drüben angesprochenen Punkte nur in sehr allgemeinen Wendungen zu umschreiben. Aber ihm lag offenbar daran, deutlich zu unterstreichen, daß bei seinen Gesprächen »weder Verhandlungen geführt noch gestört« worden seien, auch habe man »nicht Abkommen getroffen oder andere durchkreuzt«. Insbesondere wies er im Blick auf den Grundlagenvertrag und die Ende Juli anstehende Entscheidung des Bundesverfassungsgerichts über seine Vereinbarkeit mit dem Grundgesetz »die frivole Unterstellung einzelner spekulativer Kommentatoren auf unserer eigenen Seite zurück, bei meinen Gesprächen sei es darum gegangen, wie der Vertrag angeblich auch im Falle eines Spruches des Verfassungsgerichts in Karlsruhe, durch den der Vertrag zu Fall gebracht würde, durchgesetzt werden solle. Das sind innenpolitische Zweck-Spekulationen, die nur dem Ansehen unserer Bundesrepublik selbst Schaden zufügen.«

Freilich hatte Wehner durch die Heimlichkeit seiner Reise selbst am meisten dazu beigetragen, daß »Zweck-Spekulationen« und »frivole Unterstellungen« ins Kraut schossen. Man verdächtigte seine Motive, zumal er offenbar zunächst die Absicht gehabt hatte, das ganze Unternehmen auch im nachhinein vor der Öffentlichkeit verborgen zu halten. Das war aber schon deshalb nicht gelungen, weil das *Neue Deutschland* am 1. Juni 1973 in großer Aufmachung auf der ersten Seite vom Besuch Wehners berichtet hatte, sogar mit einem Foto, das ihn, Mischnick und den Hausherrn beim Nachmittags-Kaffee auf der Veranda des Landhauses am Wandlitz-See zeigte.

Die Bonner Aufregung über Wehners Alleingang legte sich indessen überraschend schnell. Andere Themen drängten im Sommer 1973 in den Vordergrund. Außerdem konnte man ihm eigentlich nicht mehr vorwerfen als seine Geheimniskrämerei – die man von ihm ohnehin gewohnt war. Sein gelungener Versuch, Menschen aus der DDR herauszuholen, und seine Bemühungen um den Fortgang der ins Stocken geratenen Deutschlandpolitik allgemein verdienten dagegen keinen Tadel und trugen ihm weite Anerkennung ein, wenn auch seine Methoden manch einem allzu originell erscheinen mochten.

Die Diskussion über seine Reise wäre jedoch mit Sicherheit anders verlaufen, wenn man damals bereits gewußt hätte, daß am Vormittag des 29. Mai 1973 – dem Tage, an dem Wehner abends nach Ost-Berlin aufbrach – Günther Nollau, der Präsident des Bundesamtes für Verfassungsschutz, Innenminister Hans-Dietrich Genscher vom Spionageverdacht gegen einen Referenten des Bundeskanzlers, Günter Guillaume, unterrichtet hatte. Nur wenige Stunden später, mittags, beim allwöchentlichen Koalitionsessen, hatte Genscher diese Mitteilung (übrigens eher beiläufig, denn solche Verdächtigungen waren in Bonn fast Routinesache) an Willy Brandt weitergereicht – rechtzeitig genug, ließe sich denken, um Brandt oder auch Wehner auf den Gedanken zu bringen, Honecker bei dieser passenden Gelegenheit vor dergleichen Praktiken zu warnen und ihm zu empfehlen, den enttarnten Spion unauffällig zurückzuziehen, um eine ernste, möglicherweise folgenschwere Beschädigung des neuen, noch labilen deutsch-deutschen Verhältnisses zu vermeiden.

Diese Erklärung für die plötzliche Wehner-Reise mußte noch näher liegen, wenn man annahm, er sei von Nollau bereits am 23. Mai unterrichtet worden. An diesem Tag hatte nämlich Nollau das Dossier seines Hauses über den DDR-

Agenten auf den Tisch bekommen. Da Nollau mit Wehner nicht nur landsmannschaftlich verbunden war (beide waren gebürtige Dresdner), sondern ihm auch die Präsidentschaft des Verfassungsschutzamtes verdankte, zu der ihm Wehner gegen beträchtliche Widerstände verholfen hatte, lag in diesem brisanten Fall eine Vorab-Unterrichtung Wehners durch Nollau überaus nahe. Wehner hätte dann in den folgenden Tagen genug Zeit gehabt, sich in Ost-Berlin um einen Termin für seine DDR-Reise zu bemühen, zu der er ja seit längerem eine grundsätzliche Einladung in der Tasche hatte. Auf diese Weise wäre die brenzlige Sache unter vier Augen rasch und still aus der Welt zu schaffen gewesen.

Tatsächlich vermutete man später im mißtrauischen Umkreis Willy Brandts, Wehner habe Honecker in verschlüsselter Form (die man sich ausmalen kann bei einem, der, Grass zufolge, »Sätze als Irrgärten« anlegt) auf den Fall G. angesprochen. Das sei weniger um des Bundeskanzlers willen als aus Sorge um die Zukunft der Deutschland- und Ostpolitik geschehen, zu deren Wächter sich Wehner in jenen Jahren zunehmend berufen fühlte. Er müsse sich etwa in dem Sinne geäußert haben: Er hoffe, daß die Bemühungen um einen deutsch-deutschen Ausgleich nicht durch gewisse Praktiken gestört würden . . .

Eine solche Initiative Wehners wäre begreiflich, wäre richtig gewesen. Es gab andere Versionen, weitergehende Vermutungen, die abenteuerlich, übel, für ihn ehrenrührig waren. 1973 blieben Wehner solche Verdächtigungen allerdings erspart, da der Fall Guillaume erst ein knappes Jahr später, im April 1974, an die Öffentlichkeit kam. Das von Wehner angeführte, für ihn charakteristische Motiv seiner Reise zu Honecker schien plausibel: Ihr Resultat war sichtbar und sprach für sich selbst. Zumindest primär ging es ihm mit Sicherheit nicht um die vorbeugende Verhinderung einer Spionage-Affäre – sofern er bei der Abreise überhaupt schon von ihr gewußt hat, was fraglich ist. Nollau behauptete später, er habe Wehner erst am 4. Juni, einem Montag, unterrichten können, ihn vorher einfach nicht erreicht. Erstmals habe er es am 30. Mai versucht, und zwar nachdem er gehört hätte, der Bundeskanzler wäre informiert. Aber weder an diesem noch am folgenden Tag sei in Wehners Wohnung jemand an den Apparat gegangen. Danach habe die Affäre Steiner, die am gleichen 31. Mai aufkam, seine Aufmerksamkeit zunächst voll in Anspruch genommen, weil auch sein Amt durch sie ins Gerede geraten sei.

Verdruß über die Untätigkeit in der Ostpolitik

Verdruß über die Untätigkeit der sozialliberalen Regierung in der Ostpolitik hatte Wehner bewogen, sich auf den Weg zu machen. Er glaubte, selbst aktiv werden zu müssen, um die anderen zum Handeln zu zwingen, sie durch das von ihm gebrochene Eis in seinem Kielwasser mitzuziehen.

Das mißlang freilich. Gerade in der Ostpolitik, die Wehner wichtiger als alles andere war, kennzeichnete ein ärgerlicher Gegensatz im Sommer 1973 die Situation: Die einen stellten sich auf beiden Ohren taub, während die anderen laut in die Trompeten bliesen, auf die Pauke schlugen, die Verträge erklärtermaßen »testen« wollten. Nicht selten spielten dabei nach Wehners Ansicht innenpolitische Profilierungsbedürfnisse und persönliche Ambitionen eine wichtigere Rolle als die Rücksicht auf die Gegebenheiten und Erfordernisse der neuen Außenpolitik, deren Chancen man auf diese Weise leichtfertig aufs Spiel setzte.

So bemängelte Wehner, daß der Regierende Bürgermeister von Berlin, Klaus Schütz, ebenso wie Bundestagspräsidentin Annemarie Renger sofort das Viermächteabkommen strapaziert hätten, indem sie volles Stimmrecht für die West-Berliner Bundestagsabgeordneten forderten. Er war erbost, daß sich Brandt nicht querlegte, als Genscher auf Anregung der Berliner FDP, indessen abweichend vom einstimmigen Votum einer Sachverständigen-Kommission und gegen den lautstarken Widerstand von DDR und Sowjetunion, das neue Umweltbundesamt in West-Berlin zu errichten begann. Wenn schon das Innenministerium nicht imstande war, die Belastung der Beziehungen, die sich aus dieser Initiative ergeben mußte, vorherzusehen, dann sollte man wenigstens im Bundeskanzleramt einen klaren Kopf behalten und sich korrigierend einschalten. Außerdem mißfiel Wehner, und zwar seit Jahren, daß der Regierungschef die Sondierungen und Verhandlungen mit Prag, dem schwächsten der Satellitenregime, aus der Hand gleiten ließ. Deshalb waren sie, meinte er, eine Ewigkeit lang nicht vom Fleck gekommen, hatten erst im Juni 1973 mit der Paraphierung abgeschlossen werden können. Aber danach hatten sich neue Komplikationen ergeben, die sich nicht vor Ende November ausräumen ließen. Daher konnte der Prager Vertrag erst am 11. Dezember 1973 unterzeichnet werden. Wehner argwöhnte, der penible, perfektionistische Staatssekretär des Auswärtigen Amts, Paul Frank, habe hier dem völkerrechtlich ungeschulten Sozialdemokraten Egon Bahr beweisen wollen, wie man solche Abkommen professionell sauber abzufassen habe, wie es seines Erachtens schon in Moskau und dann in Ost-Berlin hätte gemacht werden müssen. Über die Dauer der Sondierungen und Verhandlungen mit den Tschechoslowaken verstimmt, hatte Wehner mehrfach öffentlich Frank angegriffen, der dem SPD-Fraktionsvorsitzenden gelassen im Fernsehen antwortete: Jeder Mensch dürfe ungeduldig werden, das Auswärtige Amt aber müsse sorgfältig sein.

Wehner verstand einfach nicht, daß der Kanzler dies alles duldete, als gehe es ihn nichts an. Zweimal, am 14. und am 22. September 1973, hatte er darum – noch auf deutschem Boden – öffentlich erklärt, daß es in der Ostpolitik so nicht weiterlaufen könne. Man dürfe die Vertragswerke nicht dem Verschleiß aussetzen, sagte er am 14. September im *Bericht aus Bonn* des ARD-Fernsehens zu Ernst Dieter Lueg, müsse »haushälterisch« mit ihnen umgehen. Am 22. September wiederholte er in einem Rundfunk-Interview mit Jürgen Kellermeier vom

NDR seine Warnung vor der »Gefahr eines Ausgelaugtwerdens« der Verträge. Insbesondere gelte es, das Viermächteabkommen über Berlin nicht »überzubelasten«.

Das Echo, das diese Bemerkungen fanden, war gering. Man nahm keine Notiz von ihnen – oder begriff nicht, wie sie gemeint waren. Dies galt sogar für die Antwort, die Wehner am 22. September auf die Frage gegeben hatte, welche Konsequenzen seine Kritik für die Regierungskoalition habe: »Das muß die Regierung selbst wissen, und wenn Sie den breiteren Rahmen der Koalition ansprechen, so ergibt sich meiner Meinung nach eine Konsequenz: die, daß man sich nicht treiben läßt, aus welchen Gründen auch immer, oder verlocken läßt, mit welchen Vorstellungen immer, auch unwillentlich eine solche im Grunde genommen alte Politik mit neuen Verträgen praktisch noch zu unterstützen.«

Bei diesem »man« hatte Wehner den Regierungschef im Auge. Aber nur wenige merkten das. Damit entging den meisten, welchen schweren Vorwurf Wehner hier Brandt gemacht hatte: Indem er träume und alles treiben lasse, unterstütze er (vielleicht gegen seinen Willen, aber das sei keine Entschuldigung, da er nun einmal der maßgebende Mann, eben der Kanzler wäre) eine Linie, die die von ihm selbst seit 1969 verfolgte Politik rückgängig mache und damit die inzwischen erreichte, aber natürlich noch längst nicht gesicherte Position wieder gefährde.

Wehner sagte damit nichts anderes als das, was er wenige Tage später auf sowjetischem Boden wiederholen sollte. Aber jetzt erst schlug es zu Hause wie eine Bombe ein und veranlaßte den in Amerika weilenden Kanzler zu empörter Reaktion. Wehner selbst war darüber erstaunt. Jedenfalls gab er sich später so; er habe doch nur »in eine deutsche Tüte hineingesprochen«. Allerdings hätte er, was überhaupt sein »Fehler« sei, »auf die Standardfragen des deutschen Korrespondenten . . . keine Standardantworten gegeben, wie man sie hier hören will« – »und dafür, habe ich auf dem Parteirat das letzte Mal gesagt, bitte ich um Verzeihung«.

»Was der Regierung fehlt, ist ein Kopf«

Wehner war am 24. September mit einer Delegation des Deutschen Bundestages, der auch Wolfgang Mischnick, Annemarie Renger, Richard Stücklen und Richard von Weizsäcker angehörten, in die Sowjetunion geflogen. Auch diesmal fiel ihm die Reise schwer. Er wünsche sich, daß ihn der Schlag träfe, vertraute er Mischnick vorher an, damit er gar nicht erst nach Moskau müsse. Die sowjetische Hauptstadt hatte er vor mehr als 32 Jahren zuletzt gesehen – in welchen Zeiten, unter welchen Umständen! Im Januar 1941 war Wehner, der als exzellenter Spezialist für illegale Arbeit galt, mit einem Einsatzbefehl des Generalsekretärs der Kommunistischen Internationale (Komintern), Georgi Dimitroff, über Schweden nach Deutschland geschickt worden, um von Berlin aus die Leitung der kommunistischen Untergrundtätigkeit im Reich zu übernehmen. Natürlich hatte sich in der Zwischenzeit vieles bei den Russen geändert; schon äußerlich war das Straßenbild Moskaus völlig verwandelt. Aber immer noch fielen die Schatten einer furchtbaren Vergangenheit auf diesen seltsamen, selbstquälerischen Deutschen, der nie und nichts vergessen konnte. Erinnerungen lasteten auf ihm – nicht nur, wie Kommunisten während der Säuberungen miteinander umgegangen waren, sondern auch, was danach, während des Krieges, und in welch schrecklichem Ausmaß, Deutsche den sogenannten Ostvölkern angetan hatten. Nein, Moskau und die weiteren Stationen dieser Reise waren für Wehner, gelinde gesagt, nicht leichter zu ertragen als Ost-Berlin.

Doch vielleicht noch mehr als die Vergangenheit plagte Wehner in diesen Tagen des Septembers 1973 die Sorge um die Zukunft des sozialliberalen Bündnisses, für das er sich als Fraktionsvorsitzender der maßgeblichen, großen sozialdemokratischen Partei mitverantwortlich fühlte. Wehner hielt damals die Regierungsfähigkeit der SPD für gefährdet, sprach das offen aus. Es sei doch mit Händen zu greifen, meinte er während der Reise seinem Kollegen Richard von Weizsäcker (CDU) gegenüber, daß Willy Brandt seine Aufgaben nicht erfülle, die Dinge schleifen lasse. Er, Wehner, habe das im Lande oft gesagt, ohne Echo. Daher sage er es jetzt vom Ausland her, was zwei denkbare Folgen haben könne: Entweder Brandt ändere sich; dann sei alles gut. Oder er ändere sich nicht; dann mache seine Kritik den Schaden auch nicht größer, als er ohnehin schon sei.

Kaum war das Flugzeug, das die Bundestagsdelegation in die Sowjetunion brachte, auf dem Moskauer Flughafen Scheremetjewo gelandet, als Wehner bereits begann, sein Vorhaben in die Tat umzusetzen. Am Fuß der Gangway wurde er von einem deutschen Fernsehkorrespondenten um ein kurzes Interview gebeten. Sofort kam er zur Kernfrage, die ihn in den kommenden Tagen immer wieder beschäftigen sollte. Man habe, sagte er, was Berlin angehe, auf unserer Seite »ein wenig überzogen, nachdem das erste wirkliche Nachkriegs-Viermächteabkommen über Berlin doch viel mehr, als zu erwarten war, gebracht« habe. Das müsse man »jetzt versuchen, ins Gleichgewicht zu bringen«.

Im weiteren Verlauf der Reise setzte Wehner, der ganz gegen seine Gewohnheit mit Journalisten diesmal munter plauderte, seine Schelte fort. In ihrer Ostpolitik sei die Regierung »über das Unterschriften-Sammeln«, also die reinen Vertragsabschlüsse, nicht hinausgekommen. Sie tue nichts, um diese neue Politik nun mit praktisch-politischen Inhalten zu füllen. Er, Wehner, fühle sich in Bonn zunehmend als ost- und deutschlandpolitischer »Einzelkämpfer«. Besonders in der Berlin-Politik sei man auf einem gefährlichen Wege: »Das Viermächte-Berlin-Abkommen ist das bestmögliche, das unter den Umständen zu erreichen war. Und in dieser Haltung unterscheide ich mich von fast allen bei uns. Ich teile die Meinung derer, die meinen, man müsse einiges tun, um Berlin zu stärken. Aber das Viermächteabkommen ist nun einmal die Rechtsgrundlage. Und wenn einige dieses Abkommen zu unterlaufen und zu schädigen suchen, dann mache ich da nicht mit . . . Diesen Standpunkt werde ich vertreten, auch wenn man mich dafür steinigt.«

Das drohte ihm kaum. Vorerst war er ohnehin außer Schußweite, und außerdem wollte ja ihm niemand ans Leder. Er war es, der große Brocken aus der Ferne schleuderte. Wehner redete und handelte hier in Rußland in voller Unabhängigkeit, ganz so, wie er es für richtig hielt. Er ließ sich auch nicht durch das Besuchsprogramm seiner Delegation einengen; mehrfach entfernte er sich von der Gruppe für wichtige Unterredungen, die von sowjetischer Seite angeregt worden waren. So traf er sich am 25. September mittags in seinem Hotel mit Wadim Sagladin, dem West-Experten des Zentralkomitees der KPdSU (oder, wie es im Reisebericht Wehners vom 6. Oktober 1973 heißt: »stellvertretender Leiter der zuständigen Abteilung im Zentralkomitee der dortigen Regierungspartei«), und später am gleichen Tag mit Nikolai Poljanow, dem Ersten stellvertretenden Chefredakteur der *Iswestija*, mit diesem sogar nochmals am 30. September. Am 1. Oktober wurde er zu Boris Ponomarew, dem Kandidaten des Politbüros, in den Kreml gebeten; ihn kannte er noch aus der Zeit ihrer gemeinsamen Tätigkeit für die Komintern in den dreißiger und vierziger Jahren. Vor der für den 2. Oktober vorgesehenen Rückkehr der Delegation in die Bundesrepublik gab es in Bonn, schreckhaft, sogar die Befürchtung, Wehner werde vielleicht gar nicht mit den anderen zusammen zurückkehren, sondern zum Zeichen seiner eigenständigen Ostpolitik und eines endgültigen Bruchs mit Brandt noch einige Tage länger in der Sowjetunion bleiben. Das war natürlich Unsinn.

Aber wie stand es mit dem Bruch? Wehner hatte in Rußland ja nicht nur die (fehlende) Ostpolitik der Bundesregierung kritisiert, sondern auch aus seiner Beurteilung des Kanzlers kein Hehl gemacht. Zwar behauptete er hinterher in seinem Bericht *Versuch einer Übersicht über Verlauf und Gespräche während einer Reise der Delegation des Deutschen Bundestages in der UdSSR*, er habe die gesamte Führungsgruppe der Bundesrepublik für die ostpolitische Fehlentwicklung verantwortlich gemacht, wobei er sich ausdrücklich einbezog.

> Ich habe . . . in Gesprächen mit unseren journalistischen Begleitern meist von »wir« gesprochen, wenn ich versuchte klarzumachen, wovor eben wir uns hüten sollten, sei es beim »Überziehen«, sei es beim mehr oder weniger »Sich-selbst-Überlassen« der Verträge und Abkommen. Das »wir« bezieht uns alle ein, auch mich selbst. Es richtet sich nicht gegen jeweils die oder jene Person oder verantwortliche Stelle der Bundesregierung oder des Berliner Senats. Dann, wenn daraus neben den eigentlichen Delegationstätigkeiten bohrende Fragen oder eine Art von Streitgesprächen wurden, die ich mit unseren journalistischen Begleitern geführt habe, bitte ich, es mir nachsehen

zu wollen, daß ich in meiner Sorge um das äußerst diffizile Vorhaben der Verwirklichung der Verträge und Abkommen und im Hinblick auf die Vielschichtigkeit der Ansichten bezüglich der Konferenz für Sicherheit und Zusammenarbeit in ganz Europa mitunter sehr drastisch versucht habe, meine Gesprächspartner von den Gründen meiner Sorgen zu überzeugen oder sie ihnen wenigstens verständlich zu machen.

Im Hintergrundgespräch vom 15. Oktober machte Wehner sogar geltend, er habe bei seinen internen Unterredungen in Moskau, beispielsweise gegenüber Poljanow, »für Brandt geworben« und gesagt, es gebe »hier niemanden, der besser sein würde und könnte als Brandt«, und wenn die Sowjets eine Politik trieben, die ihn, den Kanzler, in Schwierigkeiten bringe, dann müsse er darauf hinweisen, daß sie »die Basis der Entspannung« gefährdeten.

Aber vor den mitreisenden deutschen Journalisten, denen er in Rußland, anders als zu Hause, gern Rede und Antwort stand, hatte er sich ganz anders geäußert. Ihnen gegenüber ließ er deutlich erkennen, in wem er den Hauptverantwortlichen der aktuellen Schwierigkeiten sah und was er von Brandt persönlich hielt. Die »Nummer eins« sei »entrückt« und »abgeschlafft«, hieß es da, der Kanzler bade »gern lau – so in einem Schaumbad«. Besonders blieb in der öffentlichen Erinnerung ein Satz haften, den Wehner schon am Abend des zweiten Besuchstages, also am 25. September, in Moskau hatte fallen lassen: »Was der Regierung fehlt, ist ein Kopf«.

Diese Formulierung war aus dem Zusammenhang gerissen; sie hatte sich bei Wehner nicht auf Brandt, überhaupt auf keine Person bezogen. Geschickt verfälscht, diente sie dem *Spiegel* vom 8. Oktober 1973 als Aufmacher, als Balkenüberschrift der Titelgeschichte, und machte Schlagzeilen, auch wenn Wehners Äußerung, allerdings weniger zugespitzt, in anderen Blättern bereits vorher berichtet worden war. Wehner war entrüstet. Protestierend schrieb er an Hermann Schreiber im *Spiegel*, von dem die Geschichte stammte: Er habe das über Brandt nie gesagt. Das gab Schreiber ihm zu, um ihm gleichzeitig zu widersprechen: Der Satz passe nämlich ganz in den Sinnzusammenhang dessen, was Wehner in der Sowjetunion über Brandts Versäumnisse, seinen leeren Platz, wiederholt geäußert habe. Das stimmte.

Herbert Wehner hatte an jenem 25. September eine Reihe wichtiger Besprechungen hinter sich, war deshalb in bester Stimmung und gut in Form. Zunächst war er in der Bundestags-Delegation mit dem Ersten Stellvertretenden Außenminister der UdSSR, Wasilij Kusnetzow, zusammengetroffen, danach allein mit Sagladin, zuletzt mit Poljanow. Nun saß er beim Empfang für die Delegation in der Residenz von Botschafter Ulrich Sahm, im großen Salon auf dem ausladenden goldgelben Sofa, der Porzellanbüste des Alten Fritz gegenüber, um sich herum zwanzig Journalisten. Wehner klagte ihnen sein Leid über die Schwierigkeiten der Bundesrepublik im Verhältnis zum Osten. Von einer

Politik »der großen Klappe« in Bonn war die Rede: was West-Berlin angehe, aber auch Prag. Kein Name wurde genannt. Aber allen Anwesenden war klar, daß Wehners Kritik nicht beim Außenminister haltmachte.

Nicht nur in der SPD, sondern überall bei uns glaube man, daß man ausruhen könne und dürfe, wenn man etwas erreicht habe; von nun an müßten, denke man, die Dinge sich allein weiter entwickeln. Daher habe man in Bonn (»womit ich diejenigen, die ich nun nenne, nicht herabsetzen will«) die Ostverträge »den Verwaltungsstellen überantwortet«. Das reiche aber nicht aus; noch lange dürften die Vertragswerke »nicht sich selbst überlassen« bleiben. Man müsse sich vielmehr stetig um diese neuen Beziehungen kümmern, damit die schwierigen Verhältnisse wirklich besser würden. Es sei nicht damit getan, daß man gelegentlich durch Botschafter, ja Außenminister oder auch gemischte, hochkarätige Kommissionen, zusammengesetzt etwa aus ökonomisch orientierten Staatssekretären, mit der anderen Seite spreche.

Die Bundesregierung brauche einen ständigen, hochrangigen Kontaktmann zum Osten, einen ungebundenen Ratgeber, der – Wehner gebrauchte hier einen Leninschen Ausdruck – das bisher fehlende »Kettenglied« der zukünftigen Beziehungen ausfindig mache. Dieser Mann dürfe weder Kanzler noch Außen- oder Wirtschaftsminister sein oder werden wollen (dachte Wehner vielleicht an sich selber, am Abend dieses Tages?). Wie auch immer: Was der Regierung fehle, sei ein Kopf, der ihr in voller Unabhängigkeit zur Verfügung stehe und helfe, die Stellen aufzutun, an denen man in den östlichen Ländern ansetzen, mit denen man die Sache voranbringen könne.

»Was der Regierung fehlt, ist ein Kopf.« Reichlich sechs Jahre später, in einem langen Fernsehgespräch der Sendereihe *Zeugen der Zeit* im Januar 1980, räumte Wehner selbst ein, er habe damals »einen schweren Fehler gemacht, der lange zur Verstimmung beigetragen« hätte »durch seine verfälschte Wiedergabe«. Auch jetzt ließ er offen, worin er eigentlich seinen Fehler sah. Die »verfälschte Wiedergabe«, wenn man von ihr überhaupt reden will, war nicht das eigentliche Problem, auch nicht die Kritik an Brandt, so hart sie sein mochte. Es bestand vielmehr darin, daß Wehner ausgerechnet in Moskau auf diese Weise öffentlich seinen Kanzler und dessen Ostpolitik kommentiert hatte. Jeder andere Ort auf der Welt, allenfalls mit der Ausnahme Ost-Berlins, hätte die Worte des SPD-Fraktionsvorsitzenden bei all ihrer Entschiedenheit und Eindeutigkeit weniger brisant und weniger problematisch erscheinen lassen. Auch wenn sich Wehner Moskau nicht selbst ausgesucht, sondern lediglich die sich ihm bietende günstige Gelegenheit der Auslandsreise ergriffen hatte: Seine von dorther, aus (immer noch) feindlicher Ferne, gesprochenen Worte erschienen schärfer, verletzender, unversöhnlicher als alles, was er zu Hause je gesagt hatte oder hätte sagen können. Das setzte Wehner ins Unrecht. Es machte den Bruch zwischen ihm und Brandt unvermeidlich.

Der Kanzler reagiert nicht

Es erscheint höchst symbolisch, daß Brandt gerade während seiner USA-Reise von den Äußerungen Wehners aus der Sowjetunion überrascht wurde. Verglich man doch damals ihr Verhältnis mit dem der beiden Supermächte: Sie müßten miteinander auskommen, wenn die (hier innerparteiliche) Katastrophe vermieden werden sollte; es fehle aber der direkte, heiße Draht zwischen ihnen, herrsche also bewaffnete Koexistenz mit Kommunikationsschwierigkeiten. Daher war denn auch der Bundeskanzler jetzt so vollkommen überrascht. Gewissermaßen im Höhenflug getroffen und heruntergeholt, verkürzte er seinen Besuch der Vereinigten Staaten aufs Unerläßliche. Nachdem er in Aspen seinen Preis entgegengenommen hatte, flog er am 29. September nach Washington, wo er am späten Samstagvormittag ein auffällig knappes Gespräch mit dem amerikanischen Präsidenten führte; ungewöhnlich war auch, daß Richard Nixon seinen Gast nicht zum Mittagessen dabehielt. Brandt, der eigentlich noch bis Montag hatte bleiben wollen, um am Sonntag zum Fischen fahren zu können, brach seinen Amerika-Aufenthalt vorzeitig ab und kehrte in der Nacht zum Sonntag nach Deutschland zurück.

Zwei Tage später, am Vormittag des 2. Oktober, war auch Wehner wieder in Bonn. Er fuhr sogleich zu einer Unterredung unter vier Augen mit Brandt in die Baracke. Bereits zuvor hatte der Kanzler deutlich gemacht, was er von Wehners Äußerungen hielt, und harte Konsequenzen angekündigt: »Der Kerl« müsse als Fraktionsvorsitzender abgelöst werden. Entsprechend verlief das Gespräch der beiden. Es habe kein gutes Wort gegeben, berichtete Wehner hinterher. Er hatte sich – äußerst geschickt, ja geradezu raffiniert auf die Mentalität seines Gegenüber berechnet – sofort demütig gezeigt (»Sage mir, was ich tun soll«, fragte er Brandt), war aber im sachlichen Kern bei seiner Kritik geblieben. Brandt zeigte sich unversöhnlich. Er hatte einen Schlußstrich gezogen. Für ihn war Wehner erledigt, die persönliche Verbindung eine Sache der Vergangenheit. Wehner wurde zur Unperson, deren Namen man in seiner Gegenwart von nun an besser nicht mehr erwähnte. Ruhiger Haß (ein Gefühl, dessen Brandt sonst nicht leicht fähig war) erfüllte ihn fortan gegen Wehner – das wird man sagen dürfen.

Beim allwöchentlichen, gemeinsamen Mittagessen der Koalition zwei Stunden später im Kanzler-Bungalow ließ der Hausherr demonstrativ (oder war es Zufall? Vielleicht auch ein spontaner Entschluß Scheels? Oder Gedankenlosigkeit?) nicht Wehner auf seinem angestammten Platz ihm zur Seite sitzen, sondern Scheel. Wehner sah sich – nicht nur an diesem Tage, sondern auch künftig – an den Rand der Tafel, in die Ecke verbannt. In seinen Worten vom Oktober 1973 hörte sich der Vorfall so an: »Es wurde eine Tatsache geschaffen: der Scheel saß da und ging nicht weg . . . Praktisch habe ich nur gelacht. Mich kränken die doch nicht. Seither sitze ich in der Ecke des Tisches, nun gut, Unwichtigkeiten, so ein unwichtiger Quatsch, eigentlich gar nicht zu sagen . . .«

Wenn man dem nächsten *Spiegel* glauben darf, deutete Wehner diese Umplazierung jedenfalls dahin, daß Brandt nunmehr die Solidarität mit dem Liberalen (Scheel) der mit seinem Genossen (Wehner) vorziehe. Wunderte ihn das? Es konnte ihn eigentlich nicht überraschen, daß der Regierungschef, der den immer liebenswürdigen Walter Scheel seit langem auch persönlich schätzte, für Herbert Wehners besondere Form kritischer Solidarität künftig kein Verständnis mehr aufbrachte. Doch bei solchen brüsken Gesten persönlicher Mißbilligung blieb es. In den Sitzungen des Präsidiums und der Bundestagsfraktion vom gleichen Tag mußte Brandt erkennen, daß die SPD nicht ohne weiteres bereit war, Wehner fallenzulassen. Dessen Moskauer Kritik wurde von vielen anderen in den eigenen Reihen geteilt; der Parteivorstand schloß sich ihr mit 12 zu 11 Stimmen an, obwohl Brandt versucht hatte, eine Abstimmung zu verhindern.

Zum einen pflichtete man Wehner ostpolitisch bei. Hier waren ja sogar Willy Brandt und Egon Bahr (der Urheber des Gedankens, das Umweltbundesamt nach Berlin zu legen) inzwischen bereit zuzugeben, daß Wehner recht habe, wenn er behaupte, das Viermächteabkommen sei gelegentlich (rhetorisch) strapaziert worden. Zum anderen sprach Wehners Kritik am Auswärtigen Amt und damit an der FDP, die ja die Außenpolitik in erster Linie verantwortete, manchem Sozialdemokraten aus dem Herzen. Bewies es, parteipolitisch gesehen, nicht die Berechtigung der Angriffe Wehners, daß Scheel Brandt sofort beigesprungen und seinerseits die Moskauer Äußerungen des Fraktionsvorsitzenden der SPD im Koalitionskreis kritisiert hatte? Ging Brandt nicht hinsichtlich des Bündnispartners über das taktisch Gebotene weit hinaus, behandelte er also die Liberalen nicht viel zu rücksichtsvoll? War er nicht auch in den eigenen Reihen viel zu sanft – von links wie von rechts besehen?

Zwei Monate später schrieb Rolf Zundel in der *Zeit*: »Die Mehrheit der Fraktion sieht nicht in Brandt, sondern in Herbert Wehner ihren Sprecher.

Brandt hat nie seine Hilfstruppen organisiert, wie es Adenauer getan hat; er hatte es lange Zeit auch gar nicht nötig, weil er die Partei verkörperte. Jetzt aber zeigt sich, daß manche Linken mit ihm unzufrieden sind, weil sie zunehmend konservative Züge an ihm zu bemerken glauben und in ihm überdies die Personifizierung einer immer unwilliger ertragenen Koalition sehen. Die Rechten aber sind ihm gram, weil ihn sein Konservativismus nicht daran hindert, die Linken mit Toleranz zu behandeln.«

Doch trotz ihres Verständnisses für Wehner, ihres weitreichenden Einverständnisses mit seinen Positionen, wäre die Fraktion wohl Anfang Oktober bereit gewesen, wenn auch mit einigem Zögern, ihn als Fraktionsvorsitzenden in die Wüste zu schicken, wäre Brandt energisch aufgetreten und hätte diese Forderung mit der innerparteilichen Vertrauensfrage, also mit seinem weiteren Verbleiben im Amt des Regierungschefs verbunden. Denn niemand in der SPD hielt ihn zu jener Zeit für ersetzbar. Auch dem ehrgeizigen, sprungbereiten Schmidt lag der Gedanke an einen Sturz Brandts völlig fern. Selbst Wehner erklärte, auf sein Vertrauen zu Brandt angesprochen, am 8. Oktober 1973, also auf dem Höhepunkt der Krise um seine Moskauer Attacken, in einem *Spiegel*-Gespräch: »Wenn Sie mich fragen, kenne ich keinen, der an Stelle des Bundeskanzlers und Vorsitzenden der SPD mein Vertrauen in diesem Maße haben könnte.«

Allerdings fiel auf, daß Schmidt vor der Fraktion Wehner verteidigte. Auch künftig würde man ihn hier finden: an der Seite des Fraktionsvorsitzenden.

Schmidt setzte nicht länger auf einen Versinkenden, der ihm ohnehin immer im Wege gestanden hatte. Er begann, sich mit den stärkeren Bataillonen zu arrangieren. Schmidt wollte seit langem selbst Bundeskanzler werden, hatte diesen Wunsch allerdings bisher, angesichts aller Brandtschen Erfolge, für einen Traum gehalten und resigniert alle Hoffnung fahrenlassen. 1973 fühlte er sich oft schlecht, war reizbar, quengelte, kränkelte. Schließlich war er im Jahre zuvor so schwer an der Schilddrüse erkrankt gewesen (psychosomatisch ganz aufschlußreich), daß ihn Nahestehende für todgeweiht hielten. Nicht nur Pessimisten haben sich damals gewundert, daß er überlebte. Monatelang erklärte er jüngeren Kabinettskollegen ungefragt immer wieder und nicht ohne Neid: Sie hätten ja alles noch vor sich; bei ihm sei hingegen schon alles gelaufen. Er habe keine Aussicht mehr, an die erste Stelle zu kommen; 1976 werde Brandt wiedergewählt werden, bis 1980 Bundeskanzler bleiben, dann voraussichtlich ein junger Kandidat erforderlich sein.

Und nun bot sich überraschenderweise vielleicht eine Chance – seine Chance. Wenn er auf Wehner setzte. Denn dieser tat keineswegs Brandt den Gefallen zurückzutreten, wie manch einer in der Umgebung des Kanzlers anfangs vermutet, auch gehofft hatte. Im Gegenteil. Wehner wollte bleiben, und dies auf unabsehbare Zeit. Daher erwog er nicht einmal von fern, nicht eine Minute lang, einen Verzicht auf seine Kandidatur bei der Anfang Dezember fälligen Neuwahl des Fraktionsvorsitzenden. Er hätte »eine Zurechtweisung« bekommen, mit der er zu leben habe, erklärte er ungerührt Rudolf Augstein und Hermann Schreiber in einem Interview, das am 8. Oktober 1973 im *Spiegel* abgedruckt wurde, Brandt habe ihn in seine Grenzen gewiesen. Er »nehme das ohne jede Bitterkeit zur Kenntnis«. Es schien ihn nicht sonderlich einzuengen. Auf jeden Fall unterstrich er, daß sich an seinem Willen, die Fraktion zu führen, dadurch nichts ändere – wenn die Fraktion wolle, auch über die nächsten achtzehn Monate hinaus (denn dann stand die nächste Neuwahl an). Wehner dachte nicht im Traum daran, *seinen* Platz zu räumen. ». . . Ich stelle mich zur Wahl und habe bisher kein Limit bekanntgegeben oder auch für mich selber bestimmt entschieden . . . Ich rechne damit, daß manche mir einen Denkzettel mitgeben werden. Das muß man immer riskieren, aber das hat sich gelohnt.«

Wehner hatte die Machtverhältnisse in der SPD richtig eingeschätzt und deshalb gewonnen. Nicht er verlor durch Moskau, sondern Brandt. Moskau war für ihn ein Wendepunkt, wurde der Anfang vom Ende.

Der Eindruck, daß Wehner sich durchgesetzt habe, blieb der Öffentlichkeit nicht verborgen. Einem Gesprächspartner, der zu ihm sagte, seine Kontroverse mit Brandt sei doch ganz klar zu seinen, Wehners, persönlichen Gunsten ausgegangen, antwortete er, wie es schien, ehrlich bestürzt: »Ja, das ist schrecklich, weil mich das viel kosten wird bei Brandt. Das wird er mir nicht nur nie vergessen, sondern er wird sich rächen.«

Ersteres stimmte, letzteres nicht. Hier übertrieb Wehner seine Furcht gewaltig, wozu er immer neigte (wenn er sie, was aber hier wenig wahrscheinlich ist, nicht nur spielte). Brandt konnte sich gar nicht mehr rächen. Wehner wußte gut, daß er jetzt wieder der Stärkere war. Der innerparteiliche Machtwechsel vom September 1969 war rückgängig gemacht. Nunmehr galt erneut, was Heinrich Krone schon vor dreizehn Jahren, am Tag der großen Rede Herbert Wehners vom 30. Juni 1960 (»eine Sensation. Die SPD lenkt ein«), in sein Tagebuch geschrieben hatte: »Eine Meisterleistung Wehners. Wehner hat die Macht in seiner Partei. Er würde regieren, wenn Brandt Kanzler würde.«

Zumindest während der Großen Koalition war Wehner ja tatsächlich auf sozialdemokratischer Seite der maßgebende Mann gewesen. Aber seit 1969 hatte er vier Jahre lang keine entscheidende Rolle mehr gespielt. Jetzt kam man um ihn nicht länger herum. Ohne ihn lief nichts mehr im sozialliberalen Bonn, zumindest nicht in der eigenen Partei.

»Schien es eine Weile so«, meinte Eduard Neumaier im *Zeitmagazin*, »als ob Willy Brandt die Klammer der sich streitenden Flügel sei, so muß man sich da wohl korrigieren: Ohne Wehner geht es nicht«.

Deshalb war ja auch der Riß zwischen den beiden von nun an nicht mehr heilbar. Brandt wußte, wer ihn herausgefordert hatte und damit erfolgreich geblieben war. Brandt sah, wer ihm nach dem politischen Leben trachtete. Wenn sie künftig zusammenkamen (es war und blieb in ihren Positionen unvermeidlich), mußten sie sich, für niemanden übersehbar, beide einen Ruck geben. Beide redeten in Abwesenheit des anderen jetzt unverhohlen schlecht voneinander. Brandt freilich, der dies bisher nicht getan hatte, immer noch der Diskretere, Verhaltenere blieb, nur im engsten Kreise offen sprach, äußerte sich dann bitterer. Er war sichtlich verletzt – viel tiefer getroffen, verständlicherweise, als Wehner.

Als Fraktionsgeschäftsführer Karl Wienand hartnäckig beide Männer zu einer Aussprache drängte, machte Wehner Brandt einen Besuch in der Kanzlervilla auf dem Venusberg, der früheren Dienstwohnung der Bonner Außenminister. Es wurde ein Fehlschlag. Maskenhaft starr saß ihm Brandt bei diesem Gespräch im Sessel gegenüber. Wortkarg beide. Hinterher verglich Brandt den Vorschlag Wehners, es noch einmal miteinander zu versuchen, mit dem Angebot eines treulosen Ehemanns, der zu seiner Frau zurückkehren wolle und (was Brandt nicht ausdrücklich sagte, aber zweifellos dachte) von ihr abgewiesen werde. Die Situation, fand Brandt im nachhinein, sei nicht ohne eine gewisse

Komik gewesen. Eine Möglichkeit entspannten Umgangs hatte sich jedoch dabei ebensowenig ergeben wie bei einem zweiten Besuch Wehners einige Wochen später, auch wenn man diesmal drei Flaschen Rotwein gemeinsam leerte.

Es ging ja auch gar nicht um ihr persönliches Verhältnis, war es, genau betrachtet, Wehner nie gegangen. Berater des Kanzlers, die Mitte November zu dem Schluß kamen, daß Wehner, dem Brandt nach wie vor zürne, »allmählich wieder auf Linie gehen« wolle, begriffen überhaupt nicht das Ausmaß des Problems. Nicht der beleidigte Zorn Brandts zählte. Wichtig war allein die grimmige Einsicht Wehners, das Regiment der Republik sei dem falschen Manne anvertraut; maßgebend seine unerbittliche Entschlossenheit, das zu ändern – wenn er auch noch nicht wußte, wann und wie. Den endgültigen Beweis seiner Führungsschwäche hatte Brandt ihm dadurch geliefert, daß er ihn nicht hinauswerfen ließ. Denn angesichts der »schamlosen Illoyalität« Wehners (wie Richard Löwenthal später sagte), die dieser selbst durchaus empfand, wäre nur die Wahl eines neuen Fraktionsvorsitzenden eine angemessene Reaktion gewesen. Brandt hatte das gleich zu Anfang spontan richtig gespürt, war dann jedoch nicht bei dieser Einsicht geblieben. Noch viele Jahre danach nahm er sich selbst übel, daß er sich zu diesem Entschluß 1973 nicht aufraffen konnte. Er wäre das einzige Mittel gewesen, um durch die Tat dem modischen, diffus mißvergnügten Gerede über seine Führungsschwäche entgegenzuwirken, seine Autorität in der eigenen Partei wiederherzustellen, den Machtverfall des Bundeskanzleramtes aufzuhalten, den Trend der öffentlichen Meinung zu wenden. Daß Brandt auch angesichts des Wehnerschen Treuebruchs entschlußlos und passiv blieb, beschleunigte seinen Abstieg. Von nun an war seine Demontage in vollem Gange.

Am 7. Dezember 1973 las man aus der Feder von Rolf Zundel in der *Zeit*: »Warum also jene in der Presse öffentlich und in der SPD halböffentlich geführte Diskussion um die Führungsqualitäten von Brandt? Es zeigt sich darin ein Autoritätsschwund, der zum Teil objektive Gründe hat – im Führungsstil des Kanzlers, im Wechsel der Mode, in der schier unausrottbaren Sehnsucht nach einem sogenannten »starken Mann« –, der zum Teil aber auch fahrlässig von der SPD herbeigeredet wird: Sie projiziert ihr politisches Unbehagen auf Brandt.

Wenn diese Entwicklung ungesteuert und ungebremst weitergeht, wird sie den Anfang vom Ende der Regierung Brandt markieren . . .«

Walter Scheels Kandidatur für die Bundespräsidentschaft

Während Wehner den Kanzler bedrängte, ließ ihn sein Hauptverbündeter, Koalitionspartner und befreundeter Nachbar im Stich und setzte seinen Entschluß, Bundespräsident zu werden, in die Tat um.

Nach Wehner und Schmidt sprang nun also auch der FDP-Vorsitzende vom Wagen ab. Damit brach das Bündnis Brandt–Scheel auseinander, das seit dem 5. März 1969 die politische Entwicklung der Bundesrepublik bestimmt hatte. An jenem Tag war mit der Wahl Gustav Heinemanns zum Bundespräsidenten die von ihnen beiden geführte soziallіberale Ära angebahnt worden. Inzwischen näherte sich Heinemanns Amtszeit ihrem Ende; das Schlußdatum, der 30. Juni 1974, kam in Sicht.

Das hatte die SPD bisher nicht sonderlich beschäftigt. Nicht nur, weil die meisten Politiker solche Probleme, auch Personalfragen so lange vor sich herschieben, wie es irgend geht. In ihrer Sorglosigkeit waren die Sozialdemokraten außerdem davon ausgegangen, Heinemann werde sich natürlich zu einer Verlängerung seiner Amtszeit bereit finden.

Zwar hatte man diesen Punkt vor seiner Wahl 1969 ausdrücklich offengelassen. Auch würde er Ende Juli 1974 seinen 75. Geburtstag feiern. Aber der ruhige, schlanke, kerzengerade Mann, der jeden Morgen um sieben Uhr eine halbe Stunde lang seine Runden schwamm, schien – von ferne besehen – in glänzender körperlicher und geistiger Verfassung. Brandt hielt Heinemanns zweite Amtsperiode für so selbstverständlich, daß er die Frage mit ihm gar nicht besprach. Vielleicht erschien ihm aber auch, falls Heinemann nicht mehr wollte, die dann nötige anderweitige Besetzung dieses repräsentativen Amtes nicht problematisch. Jedenfalls kam er nicht dazu, mit dem Staatsoberhaupt zu reden. Er ging ja nie gern zu ihm, hielt »Gustav« für mühsam, so sehr er ihn respektierte.

Heinemann fühlte sich durch solches Ausweichen verletzt. Die Beiläufigkeit, mit der man ihn behandelte, kränkte ihn überhaupt. Seine eigenen Leute enttäuschten ihn. Er fand, daß sie seine Integrationsleistung als Präsident unterschätzten, seine Lebensarbeit verkannten, indem sie seine Rolle als die eines Wegbereiters der sozialliberalen Koalition und ihrer Ostpolitik nicht hinreichend würdigten. Nie hatten sie Zeit für ihn, suchten bei ihm weder Rat noch Hilfe, ließen ihn links liegen. Mußte er nicht, stellte Heinemann resigniert fest, Terminen mit dem Regierungschef geradezu hinterherlaufen?

Das war nur zum Teil gerecht. Bundespräsidenten, den laufenden Geschäften und ihrer Hektik entrückt, haben oft Mühe, sich den Terminkalender eines Bundeskanzlers vorzustellen, zumal wenn er obendrein Parteivorsitzender ist. Selbst wenn sie der gleichen Partei angehören, kann der Präsident den Regierungschef kaum irgendwo entlasten. Dementsprechend wertete Brandt seine Zusammenarbeit mit Heinemann anders. Sie sei »gut und von Vertrauen getragen« gewesen, schrieb er in »Begegnungen und Einsichten«: »Allerdings mußte ich ihm mehr als einmal die Antwort schuldig bleiben, wenn er mich drängend und ungeduldig fragte, was er über die Wahrnehmung seiner vorwiegend repräsentativen Pflichten hinaus tun könne.«

Wie immer: Wehner verhielt sich anders als Brandt. Er pflegte den Kontakt, besuchte Heinemann oft, holte seinen Rat ein. Die beiden Familien verkehrten miteinander. Hilda Heinemann, die empört war über den Undank der SPD und geradezu ausfällig werden konnte (dann von ihrem Mann gebremst werden mußte), schrieb in einem Brief an Charlotte Wehner, daß Wehners ihre besten Freunde in Bonn seien.

Heinemann und Wehner hatten sich in den letzten Jahren angefreundet. Sie verstanden sich beide gut, besaßen verwandte Charakterzüge, eine ähnliche Mischung aus rauher Schale und zartem Kern, waren auch vergleichbar in ihren Motiven, Politik zu machen, prägte doch beide eine sehr protestantische Frömmigkeit. So hatte Herbert Wehner kurz nach dem Amtsantritt Gustav Heinemanns, am 4. Juli 1969, dem neuen Bundespräsidenten unter anderem geschrieben: »Wenn es Dir möglich ist oder wenn Du es notwendig hast, so erinnere Dich daran, daß ich tun werde, was mir möglich ist, um beizustehen oder zu überlegen. Ich bin ein Mensch, der durch viele Schlachten hat gehen müssen, aber ich habe nie vergessen den Lieblingspsalm meiner Mutter, den dreiundzwanzigsten Psalm.«

Da sich Wehner seit langem in den Kopf gesetzt hatte, daß Heinemann Bundespräsident bleiben müsse, ärgerte er sich auch in diesem Punkte über Willy Brandt. Schon 1972, meinte er, hätte der Kanzler das Thema der Wiederwahl mit dem Präsidenten besprechen müssen. Er konnte nicht verstehen, daß Brandt auch später dazu nicht die Zeit fand, obwohl inzwischen der Termin immer näherrückte. Schließlich konnte man nicht bis zum letzten Augenblick offen lassen, was nun werden sollte.

Falls Heinemann zur Wiederwahl bereit war, stand außer Frage, daß er sie gewinnen würde. Schon seinen Vorgängern aus den anderen Parteien, dem liberalen Theodor Heuss und dem christlich-demokratischen Heinrich Lübke, war ja eine zweite Amtszeit ohne viel Aufhebens zugebilligt worden, obwohl diese Entscheidung beide Male nicht unbedenklich war, im Falle Lübkes sogar verfehlt genannt werden mußte. Aus diesen beiden Verlängerungen konnte man eigentlich nur den Schluß ziehen, daß sich offenbar die Gewohnheit herausbildete, Bundespräsidenten fast ohne Ansehen der Person (beziehungsweise ihres Gesundheitszustands) auf zehn Jahre zu wählen, die Wiederwahl demnach als bloße Formsache zu betrachten sei.

Galt das schon bisher, dann war diesmal erst recht eine Wiederwahl angebracht. Denn Heinemanns Amtsführung hatte in allen Lagern Anerkennung, zumindest Respekt gefunden. Die anfänglich verbreiteten Bedenken, ob sein Herkommen und politisches Temperament ihm wirklich die Repräsentation des

Ganzen, den gelassenen Ausgleich zwischen den mittlerweile verfeindeten Lagern erlauben würde, hatte Gustav Heinemann rasch zerstreuen können. Selbst die zunächst außerordentlich skeptische Union fand nichts an ihm zu beanstanden. Alles schien daher aufs beste geregelt, als Wehner (der sich eben um alles kümmern mußte) ihn am 8. September 1973 aufsuchte, ihm die schwierige Situation der SPD auseinandersetzte, falls Heinemann nicht erneut kandidiere, und der Bundespräsident am Ende dieses langen Samstagabends ihm die Zusage gab: Wenn es sein müsse, werde er das machen.

Hilda Heinemann wollte unbedingt in der Villa Hammerschmidt bleiben und hatte daher ihren Mann energisch zur Wiederwahl gedrängt. Enge Freunde wie die beiden Gollwitzers rieten heftig ab. Gustav Heinemann selber war sich lange im Zweifel. Er glaubte gesagt zu haben, was zu sagen ihm aufgegeben gewesen war, meinte, dem Bisherigen nichts Neues hinzufügen zu können. Auch merkte er, daß politisch der Wind umschlug. Sein Freund Erhard Eppler, den er schätzte und auf den er hörte, malte ihm aus, wogegen er fünf Jahre lang vergeblich werde ankämpfen müssen. Dabei werde er sich abnutzen, möglicherweise verbiestern.

Vor allem fühlte sich Heinemann erschöpft, ja krank. Hatte er nicht am 8. Dezember 1971, als er zur Amtseinführung des neuen Bundesverfassungsgerichts-Präsidenten, Ernst Benda, nach Karlsruhe fuhr, bei der Ankunft auf dem Bahnhof einen Kreislaufkollaps erlitten? Man müsse gehen, so lange man laufen kann, sagte er jetzt einem Besucher. Einem anderen erläuterte er freimütig die drei Phasen der Senilität: In der ersten, in der er sich befinde, merke man es nur selbst. In der zweiten auch die anderen. In der dritten nur noch die anderen. Das wolle er nicht mit achtzig erleben; die Erinnerung an seinen Vorgänger schrecke ab. Er konnte sich allenfalls vorstellen, noch zwei Jahre lang Präsident zu bleiben.

Eine Amtszeit von sieben Jahren ohne die Möglichkeit der Verlängerung war eine alte, oft erörterte Lieblingsidee von Heinemann. Wenn man das Grundgesetz dahingehend abgeändert hätte, wäre das von ihm schon für den eigenen Fall sehr begrüßt worden. Dergleichen ließ sich aber natürlich nicht rasch bewerkstelligen, half also in der aktuellen Situation nicht weiter. Sich zunächst für volle fünf Jahre wählen zu lassen, dann aber nach zwei Jahren zurückzutreten, womit der SPD vorerst gedient gewesen wäre (denn 1976 käme zum Beispiel Heinz Kühn als Kandidat in Frage), hätte Heinemann allenfalls dann erwogen, wenn die Sozialdemokraten mit dem von ihm erwarteten Ernst darum gebeten hätten. Statt dessen fand Willy Brandt nicht einmal den Weg zu ihm. Der Kanzler kam über die gute, telefonisch geäußerte Absicht nicht hinaus – und dies, obwohl ihm Wehner am 10. September mahnend ans Herz gelegt hatte, den Besuch beim Bundespräsidenten nicht länger aufzuschieben: Nun sei es Zeit.

Da nichts geschah, festigte sich im Lauf des folgenden Monats die Überzeugung Heinemanns, er solle lieber 1974 ausscheiden; alles andere sei doch halber

Kram. Am 8. Oktober rief er Wehner an, er müsse ihn am gleichen Tag sehen. Anhand eines Sprechzettels gab Heinemann (»begründet, er hat sich's notiert«) seine Entscheidung bekannt, die genau das Gegenteil derjenigen vom 8. September besagte. Gesundheitliche Gründe machten es ihm unmöglich (wobei er wie zum Beweis auf die verschiedenen Medikamente deutete, die im Hintergrund aufgereiht standen), sich für eine erneute Kandidatur zur Verfügung zu stellen.

Wehner reagierte panisch, wie so oft. Jetzt werde das Chaos ausbrechen, rief er entsetzt, weil er zu viele Kandidaten voraussah, lauter verschiedene, einander widersprechende Gesichtspunkte bei deren Auswahl, wie zum Beispiel Richtungen und Regionen, die unbedingt berücksichtigt werden wollten.

Heinemanns Weigerung paßte so wenig in Wehners Pläne, daß er sie seinem schwierigen Freunde übelnahm. Er konnte die Krankheit als Entschuldigungsgrund nicht akzeptieren. Schließlich war er selbst seit sieben Jahren krank, ohne daß er sich deshalb je gestattet hätte, seine Pflichten zu vernachlässigen. Es kam daher zu einer ernsthaften, anhaltenden Verstimmung zwischen den beiden, von der Gustav Heinemann im Frühjahr 1976 schrieb, seine »unvermeidliche Entscheidung« des Verzichts habe »sich inzwischen als vollends begründet erwiesen« – er starb am 7. Juli gleichen Jahres –, aber auf seine »Beziehung zu Wehner einen Schatten geworfen«, den er »tief bedaure«.

Alles Lamentieren Wehners half 1973 nichts; man mußte einen anderen Sozialdemokraten suchen. Wie schon vor der letzten Wahl kam erneut der Gedanke auf, Georg Leber zu nominieren. Viele waren überzeugt, dieser frühere Vorsitzende der IG Bau gäbe als erster Arbeiterpräsident der Bundesrepublik ein fabelhaftes Staatsoberhaupt ab. Ähnliches ließ sich vom weißhaarigen Walter Arendt vermuten, dem Arbeitsminister und früheren Vorsitzenden der IG Bergbau mit seiner vertrauenerweckenden Bedächtigkeit. Auch sein Parlamentarischer Staatssekretär Helmut Rohde war im Gespräch. Heinemann selbst hätte am liebsten Leber oder Hans Koschnick, den Bremer Bürgermeister und Senatspräsidenten, als seinen Nachfolger gesehen, letzteren auch, weil er jung war. Wenn ein Liberaler in Betracht komme, meinte Heinemann, dann sei diesmal an eine Frau wie Hildegard Hamm-Brücher zu denken. Doch das war schon deshalb nicht möglich, weil deren Ehemann, der Münchner Stadtrat Erwin Hamm, der CSU angehörte.

Aller dieser suchenden Erwägungen wurden die Sozialdemokraten durch Walter Scheel enthoben. Wen die FDP präsentieren würde, hatte er längst allein und zu seinen eigenen Gunsten entschieden.

Zunächst unternahm er loyal einen letzten, eigenen Versuch, Heinemann umzustimmen. Brandt hatte am Abend des 9. Oktober endlich das Staatsoberhaupt aufgesucht, dabei aber das gleiche zu hören bekommen wie Wehner am Tag zuvor. Als der Kanzler am nächsten Vormittag den Vizekanzler vom Stand der Dinge unterrichtete, schlug Scheel vor, seine Überredungskünste bei Heinemann spielen zu lassen; vielleicht höre ein sozialdemokratischer Präsident ja auf den Vorsitzenden des Koalitionspartners FDP eher als auf die eigenen Leute. Aber auch Scheel (dessen Eifer man wegen seiner persönlichen Interessen in dieser Sache wohl nicht übertrieben groß veranschlagen sollte) blieb erfolglos. Der Bundespräsident gab ihm klipp und klar zu verstehen, er habe sich endgültig entschieden.

Nun geschah etwas, das Wehner schon seit langem befürchtet hatte, seit Jahr und Tag kommen sah: Nach seinem Gespräch in der Villa Hammerschmidt suchte Scheel den SPD-Fraktionsvorsitzenden auf und teilte ihm mit, was er in der Nachfolgefrage beschlossen hatte. Nach seiner Überzeugung müsse die Koalition in der gegebenen Situation die besten überhaupt nur denkbaren Kandidaten für das höchste Staatsamt benennen. Im Parteienstaat der Bundesrepublik seien das nun einmal die Vorsitzenden von SPD und FDP – in dieser Reihenfolge. In erster Linie komme deshalb Willy Brandt als nächstes Staatsoberhaupt in Betracht. Weigere er sich indessen, dann werde er, Scheel, selbst kandidieren. Der damalige FDP-Vorsitzende (der von sich und Wehner sagte: »Ich bin so hart wie er«) will hinzugefügt haben: »Und wenn Sie jetzt mit ihrer dritten und vierten Lösung kommen: nicht bei mir!«

Wehner sei zunächst verblüfft gewesen. Dann aber habe er in seiner charakteristischen, abgehackten Sprechweise gesagt: »Wenn/ Sie/ den Anspruch/ erheben, sage ich/ Ihnen/ jetzt schon:/ Sie/ bekommen/ jede Stimme!« Damit war schon Mitte Oktober das Rennen für Scheel gelaufen.

Wenn nicht Brandt doch noch kandidierte. Wehner wußte, daß *er diesen* Vorschlag unmöglich machen konnte. Unwirsch wies er daher einen Gesprächspartner ab, der ihm Brandt als Nachfolger Heinemanns plausibel zu machen suchte (»Ich/ rede/ mit dem/ Kopflosen/ nicht mehr!«). Dabei war Willy Brandt zeitweilig gar nicht abgeneigt. Im Februar 1974 gab er seinem Freund Sven Backlund gegenüber zu, er habe im letzten Herbst kurze Zeit »die verrückte Idee« gehabt, Bundespräsident zu werden. Alte Berliner Gefährten wie Dietrich Spangenberg hatten es ihm nahegelegt: Das sei keine schlechte Idee. Mit ziemlicher Sicherheit wäre die SPD-Bundestagsfraktion im Herbst 1973 erleichtert gewesen, wenn Brandt sich bereitgefunden hätte, die Nachfolge Heinemanns anzustreben. Man sah in Bonn klarer als draußen im Lande, wie übel es nach einem langen Sommer des Mißvergnügens um das Ansehen des Regierungschefs stand; als Staatsoberhaupt konnte er in seiner ganzen Art nur gewinnen. Andererseits merkte oder argwöhnte Brandt, daß manch einer ihn wegloben wollte; sein Trotz regte sich. Und als Parteivorsitzenden hielt er sich wirklich für unersetzlich, war das auch. Nach einem Augenblick des Träumens, wie schön es doch wäre, wenn alle Plackerei plötzlich ein Ende hätte, war er von dem Gedanken wieder abgekommen. Er fühlte sich am Vorabend seines 60. Geburtstages auch noch zu jung, um der aktuellen Politik zu entsagen und aufs Altenteil zu gehen. Es wäre ihm als Fahnenflucht erschienen, angesichts der unerwarteten Schwierigkeiten, mit denen er seit mehreren Monaten zu kämpfen hatte, in einer Anwandlung der Entmutigung alles aufzugeben. Ruhig bedacht, hatte er noch nicht resigniert. Es würde schon wieder besser werden.

Vorerst sah es freilich überhaupt nicht danach aus. Denn selbst persönliche Freunde scheuten sich nicht, öffentlich über Brandt herzufallen. Günter Grass, der seit seinem *Loblied auf Willy* 1965 unermüdlich für ihn geworben hatte und von dem mit Hilfe seiner *Sozialdemokratischen Wählerinitiative* sogar eine breite Sympathiebewegung für Brandt und seine SPD in Gang gebracht worden war, übte am 26. November 1973 herbe Kritik am Kanzler, seiner Partei und seiner Koalition. Im Blick auf die Bundestagswahl genau ein Jahr früher, die – wie ich meine – eine ganz große und eine sehr persönliche Leistung Brandts war, sagte Grass in der Fernsehsendung *Panorama*, offenbar habe der damalige Sieg »zu allseits lähmender Selbstgefälligkeit verführt«. Grass machte sich die Kritik zu eigen, die Helmut Schmidt drei Tage vorher in der *Hamburger Morgenpost* geübt hatte: Die Innenpolitik werde gegenwärtig vernachlässigt. Er griff aber Brandt auch direkt an: Verdrossen habe sich der Kanzler wieder einmal in die Außenpolitik geflüchtet, während er als Kanzler der inneren Reformen noch auf sich warten lasse. Am 29. November 1973 wurde der von Grass im NDR-Fernsehmagazin verlesene Text unter der Überschrift »Koalition im Schlafmützentrott« im *Vorwärts* veröffentlicht. Er lautete:

> Ein Jahr nach der Bundestagswahl läßt sich Bilanz ziehen: CDU und CSU haben als Opposition noch immer nicht Tritt gefaßt; SPD und FDP als Regierungsparteien sind einem schlafmützigen Trott verfallen.
>
> Während der letzten Legislaturperiode hat die Regierung Brandt/Scheel mit knapper, schließlich bröckelnder Mehrheit intensiver und wohl auch kooperativer gearbeitet als nunmehr mit stabiler Mehrheit.
>
> Offenbar hat der sichere Wahlsieg vom Herbst des vergangenen Jahres Sozialdemokraten und Liberale zu allseits lähmender Selbstgefälligkeit verführt.
>
> Wer wie ich mit vielen Freunden von der Sozialdemokratischen Wählerinitiative versucht hat, der SPD beim letzten Wahlgang behilflich zu sein, der beobachtet, mit Blick auf Bonn, mehr Geschäftigkeit als politische Tatkraft, mehr parteiinternen, den Wähler anödenden Streit als ernsthaften Willen, die begonnene Reformarbeit fortzusetzen.
>
> Uninspiriert wursteln beide Regierungsparteien vor sich hin, allzeit bereit, ihren verlorenen Elan mit dem Hinweis zu entschuldigen: Die Christdemokraten hätten es auch nicht besser, eher noch ein bißchen schlechter gemacht.
>
> Das ist zu wenig, wenn man die SPD und ihren Vorsitzenden, die Regierung und den Bundeskanzler an ihren Ansprüchen mißt.
>
> Verdrossen hat sich Willy Brandt, wieder einmal, in die Außenpolitik geflüchtet. Er hält bemerkenswerte Reden – sei es vor der UNO, sei es vor

dem Europa-Parlament – doch innenpolitisch schweigt er sich aus und unternimmt kaum noch einen merklichen Versuch, die Sprach- und Begriffsverwirrung um die Reformbereiche Mitbestimmung, Bildungsreform, Umweltschutz, Grund und Boden klärend zu beenden.

Diffus schillernd bleibt der Begriff Demokratischer Sozialismus jeder Mißdeutung offen. Wen wundert es, wenn mit dem nichtsnutzen Wort Verstaatlichung nur vorgestrige Geister geweckt werden.

In den zurückliegenden Jahren hat Willy Brandt mit Energie und noch klarem Konzept die irreal gewordene Außenpolitik der Bundesrepublik endlich wieder der Wirklichkeit verpflichtet: sein Verdienst. Doch, wie versprochen, »ein Kanzler der inneren Reformen« muß er noch werden; er steht bei seinen Wählern im Wort.

Oft sieht es so aus, als hätten Erfolge und allzu viele Ehrungen Willy Brandt einsam gemacht und in einen Bereich entrückt, den Karikaturisten gerne über den Wolken ansiedeln. Es stimmt: Er läßt sich Abschirmung durch übereifrige Berater gefallen. Begabt mit starker Ausstrahlungskraft, strahlt er zur Zeit nicht gerade Tatkraft, eher Lustlosigkeit aus.

Doch da nach seinen eigenen Worten – siehe Regierungsprogramm – der »politische Alltag« begonnen hat, sollte auch er sich alltäglicher geben und weniger statuarisch geschichtsträchtig. Einen entrückten Willy Brandt kann sich die Gesellschaft der Bundesrepublik nicht leisten. Das sollte die in sich zerstrittene SPD und die abermals notorisch bremsende FDP begreifen, damit sie endlich zur Sache, das heißt, zu den unaufschiebbaren Reformen kommen.

Doch auch die eigentliche Domäne des Bundeskanzlers, der Bereich der Entspannungs- und Europapolitik, wird nicht gerade erfolgsträchtig beackert. Ich muß gestehen, daß mich die Auslegung der Entspannungspolitik nach geradezu Metternichschen Richtlinien enttäuscht. Entspannung darf gesamteuropäisch keinen faulen Burgfrieden zur Folge haben.

Zum anderen: Das beschämend kleinmütige Reagieren auf den Ölboykott der arabischen Staaten und die eher schroffe Haltung Israel gegenüber lassen sich nicht mit dem Begriff strikter Neutralität vereinbaren. Auch dann nicht, wenn der nordrhein-westfälische Ministerpräsident Heinz Kühn das versteckt proarabische Verhalten des Außenministers mit Hilfe unverbindlicher Beteuerungen in Israel auszugleichen versucht.

Neuerdings kuscht die Bundesregierung vor den übergroßen Ölkonzernen: ungehindert dürfen sie ihren Preiswucher betreiben und die arabische durch eine urkapitalistische Erpressung verstärken. Wann wird der Bundeskanzler mit dem Werkzeug Kartellgesetz dieser preistreibenden Marktabsprache ein Ende setzen?

Zudem: Wenn in Griechenland NATO-Panzer gegen protestierende Studenten eingesetzt werden und der Terror gegen Oppositionelle chilenische

Ausmaße annimmt, ist es Pflicht des Bundeskanzlers und seines Außenministers, vernehmbar Einspruch zu erheben.

Doch in allen von mir genannten Bereichen zeichnen sich Bundeskanzleramt und Auswärtiges Amt durch beklommene Sprachlosigkeit und ängstliches Wegducken aus. Wer den Zynismus blanker Machtpolitik vierzehn Jahre lang unter Adenauer miterlebt hat, der mochte zu Recht von einer sozialliberalen Regierung den Versuch eines Ausgleiches zwischen Moral und Macht erwarten.

Mit solchem Anspruch trat vor vier Jahren zum erstenmal die Regierung Brandt/Scheel an. Diesem Anspruch vertrauten viele Wähler. Gerade weil die Christdemokraten unfähig zur Alternative sind und als Opposition versagen, sollten die Anhänger der sozialliberalen Koalition ihren Abgeordneten unbequem sein.

Wer Willy Brandt freundlich gesonnen ist, wird ihn an Ansprüche erinnern müssen, die er selber gesetzt hat.

Brandt, der in einem für ihn selbst gefährlichen Maße tolerant war, großzügig die Fehler anderer akzeptierte, nahm widerspruchslos auch alle Kritik hin, die man über ihn äußerte oder zu Papier brachte. Im Gespräch sagte er einmal zu Backlund, es wundere ihn selbst, daß er sich über publizistische Angriffe nicht ärgern könne. Aber sie trafen ihn doch. Denn Brandt hatte überhaupt kein dikkes Fell, war für einen Politiker sogar bemerkenswert verletzbar, nahm alles persönlich, nicht nur Wehners Moskauer Kritik, auch die von Grass. Seit der Wahl von 1972 suchte der berühmte Schriftsteller ihn zu korrigieren und anzutreiben, wobei dieser selbsternannte Kanzlerberater ohne Einschränkung von seinen oft obskuren Ansichten und Vorschlägen überzeugt war. Und jetzt bot er sich sogar dem Fernsehen an, um auf dem Bildschirm gegen ihn zu Felde zu ziehen. Aber Brandt ließ ihn nur durch eine ironische Andeutung etwas merken. Als er Grass drei Tage nach der *Panorama*-Sendung traf, bei einem Abendessen zu Ehren des Malers Max Ernst, begrüßte er ihn herzlich wie immer. So war Brandt eben. Man mußte ihn schon gut kennen, um richtig zu würdigen, was er bei dieser Gelegenheit zu Grass sagte: »Günter, es ist immer wieder gut zu wissen, daß man sich in schwierigen Lagen auf seine Freunde verlassen kann.«

Eine solche Reaktion war bei Brandt keine Seltenheit, sondern die Regel. Schmidt sah das ganz richtig: Brandt führte falsch; wer ihn angriff, bekam auch beim nächsten Zusammentreffen einen Händedruck. Das war zwar menschlich sympathisch, mußte aber seine Autorität unterminieren – nicht nur im Kanzleramt, sondern ebenso im Parteivorsitz: *Alle* Richtungen konnten sich auf ihn berufen, *jeder* mit ihm rechnen!

Plötzlich schien alles an diesem Manne problematisch. Willy Brandt war in seinem fünften Jahr als Kanzler »an die Grenzen seiner Führungskunst geraten: Die Ostpolitik stagniert. Das Programm der inneren Reformen kommt kaum voran. In der Partei hat die integrierende Kraft des Vorsitzenden nachgelassen. In der Regierung läßt der Kanzler nach dem Geschmack vieler Genossen der FDP zuviel Freiheit, und der Gedanke an seinen Sturz ist nicht mehr tabu.«

Mit diesen Sätzen leitete der *Spiegel* seine Titelgeschichte vom 10. Dezember 1973 ein, die ausschließlich dem Regierungschef gewidmet war, der acht Tage später seinen sechzigsten Geburtstag feierte. Sie trug die Überschrift »Willy Brandt 60: Das Monument bröckelt«. Auf dem Umschlag sah man ein gewichtiges, aber tönernes Kopfbild des Kanzlers, das rissig, von Zeichen der Verwitterung gefurcht, über Wolken schwebte. Dies war offensichtlich nicht mehr der jugendliche Willy Brandt des Herbstes 1969, als alles neu anzufangen schien. Fast ebensoweit war er aber auch entfernt von jenem Mann, der im Herbst 1972 mit einer persönlichen Kraftanstrengung sondergleichen den Sozialdemokraten zum größten Wahlsieg ihrer Geschichte verholfen hatte. Selbst an den hoffnungsvollen Brandt des Frühjahrs 1973, der glaubte, nun gehe es nach dem Parteitag von Hannover wieder aufwärts, erinnerte nichts mehr. Nur ein Jahr, ja bloß acht Monate nach eigenen, spektakulären Erfolgen schien dieser Sechzigjährige im Dezember 1973 seinem Ende als Kanzler nahe – ja überhaupt am Ende und erledigt, wie er einem erschrockenen Geburtstagsgast am 18. Dezember 1973 anvertraute. Er wisse, daß er nur noch wenige Jahre zu leben habe.

Es sei »eine sehr schwere Zeit«, hatte er am Vorabend zu Erhard Eppler gesagt, einem anderen Besucher, der ihn schon um Mitternacht, als erster Gratulant, aufsuchte. Man merke jetzt, wer die wenigen wahren Freunde seien. Viele hatten ihn im Stich gelassen. Und unter denen, die geblieben waren, gab es kaum einen, auf den er sich stützen konnte – der ihn auch wirklich stützen wollte.

Und doch: War da nicht nach wie vor Walter Scheel, sein wichtigster Partner in dieser Koalitionsregierung? Der Geburtstagsbrief des Außenministers, den ein beziehungsreich ausgesuchtes, wertvolles Geschenk begleitete, könnte diese Vermutung nahelegen. Das Schreiben Scheels lautete:

Bonn, den 18. Dezember 1973

Lieber Herr Bundeskanzler,

zu Ihrem 60. Geburtstag möchte ich Ihnen meine herzlichen persönlichen Wünsche und zugleich die Glückwünsche des ganzen auswärtigen Dienstes übermitteln.

Sie gelten dem Menschen und Außenpolitiker Willy Brandt, der das Auswärtige Amt in sehr entscheidenden Jahren leitete und damals durch überzeugende Führungskraft, durch menschliche Wärme und Fürsorge ein bleibendes Band zwischen sich und den Männern und Frauen des Dienstes geschaffen hat. Sie gelten dem Bundeskanzler, der in den bewegten bis stürmischen Wetterzonen, die wir durchqueren, die Richtlinien unserer Politik nach innen und außen bestimmt.

Deshalb hätte es wenig Sinn, Ihnen heute eins jener euphemistischen Chronometer zu dedizieren, die nur die heiteren Stunden zählen; – soviele sonnige Stunden wir Ihnen auch wünschen. Es entspricht vielmehr dem guten Sinn unserer gemeinsam gestalteten Politik, von der wirklichen Lage in Europa auszugehen. Deshalb wählten wir eine Gjövik-Uhr, ein Kind Ihrer engsten norwegischen Wahlheimat, die richtig geht, und das bei jedem Wetter. Es ist sogar die einzige echte Gjövik-Uhr, die noch geht, und auch kein Kind, sondern ein hochbetagter Veteran vom Mjösa-See, der alle Abzeichen seines 170jährigen Dienstes auf sich trägt. Die spontanen Beiträge zahlreicher Mitarbeiter haben mir die Beschaffung dieses Unikums möglich gemacht.

Möge dieses treuherzige alte Möbel Ihnen behilflich sein, große Entscheidungen im historisch richtigen Zeitpunkt zu treffen; möge es Ihnen daheim und auch noch Ihren Kindern und Enkeln zu ungezählten glücklichen Stunden schlagen!

Mit freundlichen Grüßen
Ihr
(gez.) Walter Scheel

Dieser geradezu gefühlvoll, freilich partienweise auch hintersinnig formulierte Brief ließ nicht erkennen, daß Walter Scheel kurz vorher »eiskalt, eisenhart«, wie Willy Brandt noch nach Jahren nicht ohne Betroffenheit sagte, »die schreckliche Präsidentenfrage«, so Herbert Wehner, auf seine originelle Weise beantwortet hatte. Die ganz persönliche, einsame Entscheidung, Bundespräsident zu werden, hatte er gegenüber der SPD wie in den eigenen Reihen mit der ihm eigenen Willenskraft durchgesetzt.

Am 14. Dezember 1973, also vier Tage vor dem Kanzler-Geburtstag, wurde sein lange vorher gefaßter Entschluß zur Kandidatur öffentlich bekannt. Der FDP-Bundesvorstand, der zusammen mit der Bundestagsfraktion tagte, machte sich den Vorschlag Scheels bis in die Begründung hinein zu eigen. In der gemeinsamen Erklärung beider Gremien hieß es, daß für das erste Staatsamt der Bundesrepublik Deutschland nur eine Persönlichkeit von hohem nationalem und internationalem Ansehen in Betracht komme. Da weder Gustav Heinemann noch Bundeskanzler Brandt zur Verfügung stünden, sei für die Freien Demokraten Walter Scheel der einzig mögliche Kandidat.

Diese Proklamation entbehrte nicht dramatischer Begleitumstände. Scheel hatte an diesem Tag seine drei Stellvertreter in das Evangelische Krankenhaus in Bad Godesberg gebeten, wo er sich wenige Stunden später nun schon zum zweitenmal in diesem Jahr einer Nierensteinoperation unterziehen mußte, die wiederum durch Professor Lars Roehl, den Heidelberger Urologen und Chirurgen, ausgeführt wurde. Scheel hatte bei der Verabredung des Besuchs im *Waldkrankenhaus* Hans-Dietrich Genscher, Wolfgang Mischnick und Hildegard Hamm-

Brücher wissen lassen, daß er die Bereitschaft zur Kandidatur *vor* der Operation erklären wolle, weil sonst jedermann glaube, daß er krankheitshalber aus der aktiven Politik ausscheiden müsse. Dies würde keinen guten Eindruck machen.

Einem Mann von 54 Jahren lag verständlicherweise daran, als kerngesund zu gelten. Beharrlich leugnete daher Scheel jeden Zusammenhang zwischen dem neuen Klinik-Aufenthalt und der Kandidatur, obwohl es ihm viel leichter gefallen wäre, seinen freidemokratischen Parteifreunden den Abschied plausibel zu machen, wenn er beides miteinander verbunden hätte. Denn im Hinterkopf war ihm durchaus bewußt, was die in immer schnellerer Folge auftretenden Nierensteine, die dann Eingriffe erforderten, zu bedeuten hatten. Jetzt, im Dezember 1973, mußte er bereits zum fünftenmal operiert werden.

Bei dieser Erkenntnis spielte seine zweite Ehefrau eine wichtige Rolle. Scheel hatte sie im April 1967, ein halbes Jahr nach dem Krebstod seiner ersten Frau Eva, mit der er seit 1942 verheiratet gewesen war, in Bad Wiessee am Tegernsee kennengelernt, als er sich im *Alpensanatorium* von seiner ersten Nierensteinoperation erholte; die Röntgenärztin Mildred Wirtz arbeitete dort als Urlaubsvertretung. Zwei Jahre später, am 21. Juli 1969, also kurz vor der sozialliberalen Koalition, hatten beide geheiratet. Ebenso wie sein Leibarzt, Lars Roehl, machte Mildred Scheel ihrem Mann klar, daß man nicht sehr oft an der gleichen Niere operiert werden könne, so daß sein Ende absehbar sei, wenn er so weitermache. Er müsse sich unbedingt eine ruhigere Gangart angewöhnen.

Seine Parteifreunde erfuhren seltsamerweise nichts davon, kein Wort. Ihnen sagte er statt dessen, man habe jetzt eine Konstellation, in der ein Liberaler Bundespräsident werden könne. Eine solche Gelegenheit gebe es, wenn überhaupt, nur einmal alle zwanzig Jahre. Sie setze voraus, daß die Partei wie ihr Kandidat in guter Verfassung seien; nur dann lasse sich die Gunst der Stunde verantwortungsbewußt nutzen. Wenn umgekehrt derjenige, den man präsentiere, den Eindruck vermittle, er werde abgeschoben, sei also ein Opfer, dann werfe das ein schlechtes Licht auf den Mann wie auf seine Partei; außerdem schade es dem Amt des Staatsoberhaupts. Deshalb könne Brandt jetzt nicht Bundespräsident werden, selbst wenn er wollte, was indessen nicht der Fall sei. Er, Scheel, hingegen werde auf dem Höhepunkt seines öffentlichen Rufes ausscheiden. Er habe gegenwärtig den Zenit seines Ansehens erreicht. Seine Popularität übertreffe die aller anderen Politiker – nicht nur in der Koalition, im ganzen Lande.

Wenn man die Lage 1973 ganz nüchtern betrachtete, dann hatte Scheel tatsächlich weder im Auswärtigen Amt noch in der Partei etwas zu erwarten, das besser, erfolgreicher war als das seit 1969 Erlebte und Erreichte. Insofern war er wirklich auf dem Gipfel angelangt, hatte alle bisher gegebenen Möglichkeiten ausgeschöpft. Da das Amt des Kanzlers ihm als einem Liberalen versagt war, blieb nur das des Bundespräsidenten, auf das er insgeheim seit langem hinsteuerte. Er wolle jetzt für fünf oder zehn Jahre Präsident werden, sagte er damals zu Egon Bahr, und danach werde er erster europäischer Außenminister.

Seine eigenen Leute fanden Scheels Ehrgeiz egoistisch. Besonders auf dem Wiesbadener Parteitag der FDP (vom 12. bis 14. November) suchten sie, teilweise geradezu flehentlich, ihm das Versprechen zu entlocken, er werde nicht kandidieren; einige meinten, er solle es zumindest auf 1979 verschieben, im Augenblick sei er wirklich unentbehrlich in der Partei. Alle derartigen Vorstöße trafen bei Scheel auf taube Ohren. Er schwieg sich in Wiesbaden aus wie ein Grab. Denn erst nach dem Parteitag, am Abend des 14. November, gab Heinemann in einer Rundfunk- und Fernsehansprache bekannt, daß er aus Altersgründen kein zweites Mal kandidieren werde. Erst damit war formell der Weg für Walter Scheel frei. Er strebte weg, wollte ohne Aufschub in die Villa Hammerschmidt hinüberwechseln, mochten auch seine Partei, die Koalition und beträchtliche Teile der Öffentlichkeit Scheel an seinem bisherigen Platz unersetzlich finden; weithin konnte man sich mittlerweile einen anderen FDP-Vorsitzenden und Außenminister als ihn gar nicht mehr vorstellen. Scheel kümmerte das nicht; ihn beschäftigte keine Minute, was andere von seinen Absichten hielten.

Übrigens suchte man auch seitens der Union Scheel davon zu überzeugen, daß er bei den Liberalen unabkömmlich sei. Es ließ ihn so kalt wie alle Argumente aus dem eigenen Lager. Als ihn der CDU-Bundestagsabgeordnete Walther Leisler Kiep, den er und der ihn schätzte, zum Bleiben, mindestens zu einem Aufschub seines Abgangs überreden wollte, hielt ihm Scheel entgegen: »Sie sind doch auch Jäger. Wenn Sie einen Sechzehnender sehen, sagen Sie sich dann: In zwei Jahren ist's ein Achtzehnender? Oder schießen Sie jetzt?«

Warum man sich in der CDU eine fortdauernde Präsenz von Scheel an der Spitze der Liberalen wünschte, erhellt ein Vermerk des damaligen Botschafters in Paris, Sigismund Freiherr von Braun, vom 5. Dezember 1973. Er war kurz zuvor mit dem früheren Vorsitzenden der CDU/CSU-Bundestagsfraktion, dem Abgeordneten Rainer Barzel, zusammengetroffen (der von diesem Amt am 9. Mai 1973 zurückgetreten war). Nach der Unterredung notierte von Braun, der der FDP angehörte, vertraulich:

> Herr Barzel, wegen einiger spezifischer Fragen (Mitbestimmung) in Paris, sagte mir, er würde es zwar verstehen, aber bedauern, wenn Herr Bundesminister Scheel die Kandidatur zum Bundespräsidenten annähme. Sein Argument: Kein denkbarer Nachfolger im Amt des FDP-Vorsitzenden besäße genügend Gewicht, um seine Partei in einer anderen als der gegenwärtigen Koalition zu führen. Auch und insbesondere Herr Genscher nicht, da dieser wegen seiner Zuneigung zur CDU besonders vorsichtig sein müsse. Scheels Weggang würde die gegenwärtige Koalition festschreiben.

V.
Das Ende

Das Friedrich-Gutachten vom Dezember 1973

Das Erscheinungsbild der Sozialdemokratie des Jahres 1973 konnte in erster Linie den Sozialdemokraten selbst nicht gleichgültig sein. In der Sitzung des Parteivorstands vom 7. Dezember legte Bruno Friedrich, der Vorsitzende des SPD-Bezirks Franken, eine im Auftrag der Parteiführung erarbeitete Expertise über die Situation der Sozialdemokratie vor. Darin zeichnete dieser ausgeglichene, konstruktive Mann, der seit einem Jahr dem Bundestag angehörte, die internen Verhältnisse der Partei in düsteren Farben: »Ist die SPD regierungsfähig? Was muß die SPD tun, um es ganz zu werden? Was muß die SPD beginnen, um regierungsfähig zu bleiben?«

Die Überlegungen, die Friedrich an diese Fragen knüpfte, deuteten offen den Verlust der Regierungsmehrheit an, wenn die SPD auf dem abschüssigen Wege bleibe, den sie nach dem Wahlsieg 1972 eingeschlagen habe. Die innerparteilichen Auseinandersetzungen der Sozialdemokraten würden von den Wählern als ekelhaft empfunden. Eindringlich müsse man davor warnen, das Verhalten fortzusetzen, das man im Jahre 1973 an den Tag gelegt habe: »Die Öffnung zur Gesellschaft wäre gescheitert, mit schlimmen Folgen für unsere Wählbarkeit, wenn die Darlegung sozialdemokratischer Politik in der Gesellschaft ersetzt würde durch einen Rückzug der SPD in ausschließlich innerparteilichen Streit, in Flügelkämpfe, mit der irrigen Vorstellung, es genüge, zur Darstellung sozialdemokratischer Politik eine sozialdemokratisch geführte Regierung zu haben.«

Die SPD, schrieb Friedrich, sei »als regierungsfähige Mehrheit nur denkbar«, wenn sie eine »klar abgegrenzte Partei der linken Mitte« sei – »mit dem Anspruch, die Mitte zu behaupten«.

Was er da betonte, galt offenbar am Ende des Jahres 1973 nicht mehr selbstverständlich. Im Bewußtsein der Öffentlichkeit war die Partei nach links gerückt; an manchen Orten, etwa in den Großstädten München und Frankfurt, hatte die Heftigkeit dieses Rucks auch politische Machtveränderungen bewirkt. Von diesen spektakulären, aber lokalen Kräfteverschiebungen wußte man nicht, in welchem Ausmaß sie den Trend der Entwicklung insgesamt kennzeichneten.

Gefährlich für die Sozialdemokratie war daher der verbreitete Eindruck, sie werde als solche von ihrer Führung in Bonn nur noch mühsam zusammengehalten. Die Parteispitze sei in der Defensive, zeige sich unsicher und schwach. Der SPD drohe das Schicksal, in Sekten und Klubs auseinanderzufallen.

Friedrich versuchte in seinem Gutachten, diese bedenkliche Tendenz zu erklären. Schuld am Zustand der Sozialdemokratie seien weder die ganz unten noch die ganz oben, sondern mittlere Ebenen, die es versäumt hätten, an sie herangetragene Konflikte zu verarbeiten und ihnen damit die Schärfe zu nehmen. »Der Veränderungsdruck einer selbstbewußten Basis durchläuft ungefiltert alle Ebenen und trifft voll auf die Spitze. Der Konflikt zwischen den konkreten politischen Bedingungen und den oft ungezügelten politischen Hoffnungen wird auf die Parteispitze verlagert und nicht selten als Führungsschwäche von denen interpretiert, die für das ungefilterte Weitergeben des Konfliktes Verantwortung tragen.«

Eine Mitschuld treffe aber auch die neuen, häufig sehr jungen Mitglieder, die aus der Studentenbewegung hervorgegangen und der Partei erst in einem Augenblick beigetreten seien, als die SPD sich bereits an der Regierung befand. Sie meinten, aus der Mitte der Sozialdemokratie heraus ließen sich jene Veränderungen reformerisch durchsetzen, für die sie vorher, in den späten sechziger Jahren, demonstrierend auf die Straße gegangen waren. »Die neuen Mitglieder der SPD verkennen weithin die Bedeutung einer geschlossen handelnden Partei und einer offensiv vertretenen Regierungspolitik für die Wählbarkeit der SPD. Gravierend ist das Unvermögen, Regierungspolitik und Zukunftsorientierung miteinander zu verbinden.«

Friedrich bemängelte, daß sich die SPD als solche seit 1969 zunehmend aus der Öffentlichkeitsarbeit zurückgezogen und darauf verzichtet habe, das Bewußtsein der Bevölkerung aktiv und positiv von sich aus zu beeinflussen. Der Parteiorganisation sei es offensichtlich nicht gelungen, die neue Rolle, Stütze der eigenen Regierung zu sein, anzunehmen und auszufüllen.

Bis 1972 war dieses Versäumnis angesichts knapper Mehrheitsverhältnisse und in der ständigen Gefahr des Machtverlustes nicht offen zutage getreten, da äußerer Druck die innere Einheit erzwungen hatte. Nachdem jedoch die Notwendigkeit, die Regierung täglich neu sichern zu müssen, entfallen war, hatten sich die Zentrifugalkräfte innerer Fraktionierung um so stärker entfaltet und besonders die Stellung des Vorsitzenden und Kanzlers ausgehöhlt. Dieser war, aus welchen Gründen immer, nicht imstande, die an ihn gestellten, widersprüchlichen Forderungen der verschiedenen Parteirichtungen zu gewichten, also ihnen nachzugeben oder aber entgegenzutreten. Brandt hatte nicht vermocht, die sozialdemokratischen Zielkonflikte durch eigene Entscheidungen aufzulösen und damit in aktive Politik umzusetzen. Und schlimmer noch: Er war sogar innerhalb der Führungsspitze offen und fortlaufend angegriffen worden, was den Eindruck vermittelte, die Partei sei nicht nur in ihrem Zusammenhalt zwischen Basis und Führung gefährdet, sondern auch in deren Kern brüchig, ja zerfallen.

Das war nach Friedrichs Auffassung unentschuldbar. Es konnte, wenn man nicht unverzüglich auf allen Ebenen zu solidarischem Verhalten zurückkehrte, den Niedergang der Partei und den Verlust ihrer Regierungsfähigkeit bedeuten. Denn es blieb abzusehen, daß der Wähler einen stückweisen Abbau des Kanzlers, die allmähliche Auflösung seines öffentlichen Erscheinungsbildes, nicht lange hinnehmen werde. Blieb Brandt umstritten und in der Diskussion, dann würden viele der SPD nicht länger die Treue halten. »Der deutsche Wähler ist zuallererst Kanzler-orientiert. Für öffentlich ausgetragene Personenkonflikte der SPD-Führung – bleiben diese Konflikte nicht ein einmaliger Vorgang – gibt es deshalb keine Rechtfertigung. Laufende Personenkonflikte innerhalb der SPD-Führung müssen den Eindruck vermitteln, die SPD-Spitze sei unfähig geworden, sich innerhalb ihrer Führungsorgane auf eine gemeinsam vertretene Parteilinie zu verständigen.«

Die Angriffe auf den Kanzler, die Nahkämpfe der sozialdemokratischen Spitzenpolitiker mußten also aufhören. Aber Friedrich forderte mehr: Er war insgesamt unzufrieden mit der allzu bescheidenen Rolle des Parteivorstandes, der nach seiner Überzeugung stärker als bisher von einem der Regierungsarbeit nur zugeordneten, von dorther lediglich informierten Hilfsorgan in ein eigenständiges, aktives Entscheidungsgremium verwandelt werden mußte. Das zielte in die gleiche Richtung, in die auch Herbert Wehner seit langem strebte. Die Partei sollte voll in die Verantwortung einbezogen werden, nicht länger neben, also außerhalb der Regierung ein (belangloses) Eigenleben führen. Nur wenn dies geschehe – meinte Wehner und unterstellte stillschweigend jetzt auch Friedrich in seinem Gutachten –, werde die Partei innerlich zur Ruhe kommen, sich disziplinieren und der Regierung nutzbringend zuarbeiten.

Davon schien man allerdings weit entfernt. Vielleicht war es symptomatisch, daß die Diskussion über das Friedrich-Gutachten am 7. Dezember 1973 im Parteivorstand auf den Januar des neuen Jahres verschoben wurde.

Die angesprochenen Probleme waren in der Tat außerordentlich heikel, zumal sie nicht nur die Sozialdemokraten, sondern auch ihren Koalitionspartner betrafen.

Friedrich hatte die Freien Demokraten in seinem Gutachten in Stichpunkten charakterisiert und dabei vor allem ihre für die SPD negativen Seiten hervorgehoben. Die Liberalen hätten Mühe, »Anschluß an die innenpolitischen Reformvorhaben des Regierungsprogramms zu finden«. Innere Reformen würden von der FDP lediglich als notwendiges Übel betrachtet. In ihnen sähen die Freien Demokraten unerläßliche Kompromisse um des gemeinsamen Regierungsbündnisses willen, nicht erstrebenswerte Ziele an sich. Damit deute sich ein »Grundkonflikt« künftiger Koalitionen beider Parteien an. Bis jetzt gebe es in der FDP kaum die Absicht, anknüpfend an die wirtschaftspolitischen Entwicklungstendenzen des SPD-Parteitages von Hannover eigene, entsprechende Vorstellungen zu entwickeln.

Besonders nachdrücklich kritisierte Friedrich das krasse Mißverhältnis von demokratisch legitimierter und tatsächlich ausgeübter Regierungsmacht der Freien Demokraten. »Legitimation von Regierungsmacht geht aus vom Wählerauftrag und von der Parlamentsmehrheit. Bei der FDP ist das Verhältnis von ›Wählermacht‹ und ›Regierungsgewalt‹ 1 : 3. Bei einer Wahl Scheels zum Bundespräsidenten käme es angesichts schwacher FDP-Landtagspositionen zu einem kaum mehr verantwortbaren Mißverhältnis von legitimer und tatsächlicher Regierungsmacht.«

Man müsse sich als Sozialdemokrat, der seinen Wählern gegenüber Verantwortung trage, ernsthaft überlegen, ob das eigene Mandat noch richtig verwandt oder zugunsten einer anderen, in diesem Ausmaß nicht annähernd gewählten politischen Richtung, eben der liberalen, mißbraucht werde: »Die Präsidentenfrage kann deshalb zur Koalitionsprobe werden; denn die drei dynamischen Ministerien Außen, Innen und Wirtschaft, dazu die Position des Bundespräsidenten in Händen der FDP würden die Frage nach dem Gebrauch sozialdemokratischer Wählermacht aufwerfen.«

Friedrich formulierte hier sehr behutsam, vielleicht allzu vorsichtig. Denn die Frage, welchen Gebrauch die Sozialdemokratie vom Mandat ihrer Wähler mache, war längst aufgeworfen. Die Antwort hatte dabei allerdings nur bedingt etwas mit der FDP und ihrem überproportionalen Ämteranteil zu tun, so häufig und heftig Sozialdemokraten auch über dieses Thema murren mochten. Viel wichtiger war die Enttäuschung in der SPD über die eigene Partei.

Ernüchterung über die Reformpolitik

Die SPD war 1969 mit dem Anspruch aufgetreten, neben einer Erneuerung der Ostpolitik auch eine Politik konsequenter Veränderungen im Inneren energisch in die Tat umzusetzen, hatte aber in dieser Hinsicht die Wählererwartungen offensichtlich enttäuscht. Bis 1972 war das unvermeidlich gewesen; die vordringliche Neue Ostpolitik und die knappen Mehrheitsverhältnisse im Bundestag hatten die Regierung zwangsläufig von innenpolitischen Experimenten abgehalten. Aber auch nach den Novemberwahlen 1972 tat sich nichts. Physische Erschöpfung und lähmende Entschlußlosigkeit in der Führung beider Koalitionsparteien hatten dazu geführt, daß das folgende Jahr trotz gesicherter parlamentarischer Grundlage in Bonn und trotz des 1973 fehlenden Risikos irgendwelcher Landtagswahlen ideenlos vorübergegangen, ungenutzt verschwendet worden war. Von einer vernunftgeleiteten Reformpolitik konnte ernsthaft keine Rede sein. Nichts hatte man wirklich in Angriff genommen: weder die

Mitbestimmung noch die Steuerreform oder die inhaltliche Ausgestaltung der Bildungsreformen. Die Neuformulierung einer zeitgemäßen Verkehrspolitik war ebenso unterblieben wie die langfristige Sicherung der Energieversorgung. Überzeugende Konzeptionen des Städtebaus und des Umweltschutzes, die zur Bewahrung menschenwürdiger Lebensräume dringlich waren, ließen auf sich warten. Bei allen diesen Problemen mangelte es nicht an Vorschlägen. Wohl aber fehlte die schöpferische Phantasie und geduldige Beharrlichkeit, sie in praktische Politik umzusetzen. Müdigkeit hatte sich breitgemacht. Man wartete ab; alles wurde auf die lange Bank geschoben.

Seit dem Herbst kam hinzu, daß die Ölkrise im Gefolge des Yom-Kippur-Krieges vom Oktober 1973 die ökonomischen Voraussetzungen aller kostspieligen Reformvorhaben beseitigte. Daher zeichnete sich zum Ausklang dieses Jahres immer deutlicher ab, daß innenpolitische Ankündigungen und Versprechungen, die große Aufwendungen erforderlich machten, aber bisher nicht erfüllt worden waren, auch künftig nicht würden in die Tat umgesetzt werden können. Diese Einsicht verbreitete, zusätzlich zu den Ermüdungserscheinungen der Regierungsspitze, in den Rängen der sozialliberalen Koalition ein Klima von Ausweglosigkeit und Resignation.

Der Abschied des Bündnisses von eigenen reformpolitischen Vorstellungen hatte sich allerdings lange vor der Ölkrise angebahnt, war in mehreren Etappen sichtbar geworden. Er stand in erstaunlichem Kontrast zu dem Mut und der Entschlossenheit, die Brandt, Bahr und Scheel bei der Durchsetzung ihrer nicht weniger umstrittenen ostpolitischen Neuorientierung bewiesen hatten. Diese Ostpolitik war trotz des frühzeitig drohenden Verlustes der Bundestagsmehrheit mit Elan angepackt und durchgesetzt worden, mochte auch die FDP jahrelang am Abgrund der Spaltung und des Untergangs dahinstolpern. Dagegen litt die Regierung wirtschafts- und finanzpolitisch unter den inneren Reformen und den mit ihnen verbundenen ökonomischen Belastungen bereits zu einer Zeit, als diese Reformen lediglich angekündigt, aber noch gar nicht beschlossen worden waren und überdies von einer wirklichen Krise der Volkswirtschaft noch keine Rede sein konnte, sie ganz im Gegenteil wie nie zuvor prosperierte.

Die Rücktritte des Finanzministers Alex Möller am 13. Mai 1971 und des Wirtschafts- und Finanzministers Karl Schiller am 7. Juli 1972 waren frühe Signale, die auf ein mögliches Scheitern der Brandt-Regierung im Bereich der Reformen hindeuteten. Weder Möller noch Schiller konnte man fachliches Versagen vorwerfen; beide galten als hervorragend kompetent, waren anerkannte Autoritäten auf ihren Gebieten: Alex Möller, der vornehme, wortkarge, im Umgang mit Geld erfahrene Generaldirektor der *Karlsruher Lebensversicherung* ebenso wie Karl Schiller, der egozentrische und launenhafte, aber gleichzeitig brillante Professor der Volkswirtschaft. Schiller hatte sein damals gewaltiges Renommee in den Jahren der Großen Koalition erworben, als er nicht nur den entscheidenden Beitrag zur Überwindung der Rezession von 1966/67 geleistet, sondern gleichzeitig die westdeutsche Volkswirtschaft mit einem modernen Instrumentarium der Konjunktursteuerung und Wirtschaftslenkung ausgestattet hatte. Die Rücktritte der beiden Minister waren Ausdruck der Entmutigung angesichts der Erwartungen, Ansprüche und Einstellungen ihrer Kabinettskollegen. Beide gingen freiwillig, indem sie den Kanzler mit Begründungen, die ihrer Enttäuschung beredt Ausdruck verliehen, um ihre Entlassung baten.

Deutlicher noch als später bei Karl Schiller war diese Haltung im Mai 1971 bei Alex Möller, obwohl er selbst, wie er damals sagte, seinen Rücktritt »nicht als Akt der Resignation, sondern als einen Symbolakt« empfand (als ob das eine das andere ausschlösse). Der Finanzminister, der ja im Kern seines Wirkens ein Haushaltsminister ist, sorgte sich um die Solidität seiner Finanzpolitik, seit Berechnungen und Vorausschätzungen über die Entwicklung der Steuereinnahmen im Frühjahr 1971 gezeigt hatten, daß die Einnahmen von Bund und Ländern mittelfristig, im Zeitraum von 1971 bis 1975, erheblich unter den Beträgen liegen würden, die man noch 1970 bei den Beratungen des Haushalts 1971 veranschlagt hatte. Bereits im Boom-Jahr 1970 waren allein die Einnahmen des Bundes um 2,3 Milliarden unter dem Soll geblieben, das die Steuerschätzer zugrunde gelegt hatten. Warnend sprach deshalb schon am 15. Januar 1971 *Die Zeit* von »Reformen vor leeren Kassen«. Im März 1971 kam das Münchner *IFO-Institut für Wirtschaftsforschung* in einer Vorausberechnung zu dem Ergebnis, die Einnahmen von Bund und Ländern würden 1971 bis 1975 um 35 Milliarden DM – also um 3,6 Prozent – hinter den Erwartungen zurückbleiben; allein der Bund werde 13 Milliarden DM weniger einnehmen als vorausgesehen. Das war ein so erheblicher Betrag, daß davon die Reformpolitik nicht unberührt bleiben konnte, wenn man nicht durch eine unbeschwerte Kreditausweitung die Staatsverschuldung in die Höhe treiben wollte.

Dazu aber war Alex Möller nicht bereit. Schon in seiner ersten Rede vor dem Bundestag nach dem Amtsantritt hatte er am 30. Oktober 1969 erklärt, wie er die ihm übertragene Aufgabe zu erfüllen gedenke: im Geiste der *Solidität.* Dieser Begriff charakterisierte nicht nur die finanzpolitische Grundeinstellung dieses Mannes, sondern auch seine Person und Amtsauffassung:

> Ich würde mir sehr wünschen, in der kommenden schweren Arbeit insbesondere mit der Unterstützung der Amtsvorgänger rechnen zu können, die hier noch politisch-parlamentarisch tätig sind, der Herren Kollegen Strauß und Starke. Ich jedenfalls würde mich gern ihres sachverständigen Rates in der Zukunft bedienen. Und ich bitte das ganze Hohe Haus, davon überzeugt zu sein, daß es mir wirklich ernst ist, wenn ich mich in nächster Zeit bemühen werde, die Solidität unserer Finanzpolitik nicht in Zweifel kommen zu lassen. Ich will mich um eine solide öffentliche Finanzwirtschaft bemühen, die im Dienste der Erfüllung gesellschaftspolitischer Aufgaben steht, aber unter Berücksichtigung aller Erfordernisse des gesamtwirtschaftlichen Gleichge-

wichts. Ich hoffe, daß es mir möglich ist, im Kabinett und hier im Hohen Hause Anhänger für diese von mir beabsichtigte Finanzpolitik zu finden.

Doch beide Erwartungen des neuen Finanzministers, die Zustimmung auf beiden Seiten des Hauses hervorgerufen hatten, erfüllten sich nicht. Weder kam es zu einer Zusammenarbeit zwischen Regierung und Opposition, noch stand es künftig glänzend um die Solidität der öffentlichen Finanzen.

Die Neigung der Opposition zur Kooperation war aus Gründen, die andere, nicht Möller zu vertreten hatten – nämlich im wesentlichen wegen der Neuen Ostpolitik –, sehr begrenzt. Und die Bilanz der Wirtschafts- und Finanzpolitik der sozialliberalen Koalition verzeichnete schon bis 1971 eine Reihe von Mißerfolgen. Es gab zwar keine ausgesprochene Krise, aber bedenkliche Anzeichen eines außenwirtschaftlichen Ungleichgewichts, geradezu einen Erdrutsch im Währungssystem, und – als Folge des Booms von 1969/70 – statt der verkündeten Stabilität im Innern Preise und Löhne, die im Inflationsrhythmus stiegen. Außerdem wetteiferten die großen Ressorts, wie Verteidigung, Verkehr und Bildung, um die Zuteilung von Steuermilliarden, die dem Finanzminister eine solide Haushaltsführung mehr und mehr erschwerten. Im Frühjahr 1971 war diese Fehlentwicklung deutlich an Zahlen ablesbar, vor denen man nicht länger die Augen verschließen konnte.

Die ausgabenfreudige Mentalität der Ressortminister im ersten Kabinett Brandt hatte die gleichen Ursachen wie die Reformeuphorie, die man etwa an den zahlreichen Verheißungen der Regierungserklärung vom 28. Oktober 1969 ablesen konnte. Beide bedingten sich gegenseitig, gingen bruchlos ineinander über.

1969, auch 1970 hatte es so ausgesehen, als sei das Rätsel einer effizienten Wirtschaftssteuerung ein für allemal gelöst. Nachdem die Große Koalition die Rezession von 1966/67 gemeistert und ein modernes wirtschaftspolitisches Instrumentarium geschaffen hatte, glaubte man, sorgenfrei in die Zukunft blikken zu dürfen. Die neuen Möglichkeiten schienen, wie Experten versicherten, einen weitgehend krisenfreien Konjunkturverlauf mit kontinuierlichen Wachstumsraten und hohem Beschäftigungsstand bei gleichzeitiger Preisstabilität und außenwirtschaftlichem Gleichgewicht zu garantieren.

Bei solchen hoffnungsfrohen Ankündigungen tat sich besonders der einfallsreiche, hemdsärmlig-selbstbewußte Herbert Ehrenberg hervor. Er kam aus der Gewerkschaftsbewegung, war wirtschaftswissenschaftlicher Referent der *IG Bau, Steine, Erden* gewesen. Nachdem er 1968/69 als Ministerialdirigent die Unterabteilung *Strukturpolitik* im Bundeswirtschaftsministerium geleitet hatte, war er beim Beginn der sozialliberalen Koalition 1969 zu Willy Brandt ins Kanzleramt gekommen, wo ihm die wichtige Abteilung *Wirtschafts-, Finanz- und Sozialpolitik* unterstellt wurde. Dort ließ Ehrenberg das Wachstum so beherzt hochrechnen, daß alle Welt ins Tagträumen geriet. Er ging von Zuwachsraten aus, die anderen die Sprache verschlugen, sie das Staunen lehrten. Ehe sich, nur zu bald, die ernüchternde Wahrheit herumsprach, war Ehrenberg bereits ins Bundesministerium für Arbeit und Sozialordnung weitergezogen und dort 1971 zum Staatssekretär aufgestiegen.

Die Erwartungen, die man in den Jahren zuvor mit den verschiedenen neuen Steuerungsinstrumenten verbunden hatte – mit dem *Gesetz zur Förderung der Stabilität und des Wachstums der Wirtschaft* vom 8. Juni 1967, der mittelfristigen Finanzplanung, der *Konzertierten Aktion* und einer wirtschaftswissenschaftlichen Politikberatung durch regelmäßige Gutachten eines unabhängigen Sachverständigenrates –, waren allgemein außerordentlich hoch, ja weit übertrieben. Das lag auch daran, daß der Bundeswirtschaftsminister seiner Politik mit großem Geschick den Anstrich wissenschaftlicher Exaktheit zu geben verstand, womit er einem verbreiteten, zeitgenössischen Aberglauben entgegenkam. Mochten seine professoralen Wortschöpfungen auch häufig mehr vernebeln als klären, so waren sie doch – oder vielleicht gerade deshalb – in aller Munde. Sie dienten Karl Schiller ebenso zur populären Verdeutlichung seiner Politik wie zur publikumswirksamen Selbstdarstellung. Ausdrücke wie *Zielprojektion* und *Globalsteuerung, Mifrifi* (Mittelfristige Finanzplanung) und *Mamiflex* (eine Wirtschaftspolitik des Maßes, der Mitte und Flexibilität) hielt man damals in der Presse geradezu für »Zauberformeln eines neuen Magiers«. Auch die bereits genannte Konzertierte Aktion, die Vorstellung einer dynamischen Harmonie zwischen Unternehmern, Gewerkschaftlern und Regierungsvertretern, gehörte in den Schillerschen Reigen verführerischer, befreiender Begriffe, die nach den hilflosen Beschwörungsfloskeln und Maßhalte-Appellen Ludwig Erhards etwas Erlösendes hatten, wie freundliche Hexerei wirkten. Die souveräne Kompetenz, die derjenige zu besitzen schien, der solche Formeln erfand und über sie verfügte, vermittelte Zuversicht. Die Wirtschaftsentwicklung schien nicht mehr wetterwendisch unberechenbar zu sein; ein Konjunkturtief mußte nicht länger alpdruckhaft auf Politikern und Bürgern lasten. Was man bisher für einen gesetzmäßigen Wechsel, eine Wellenbewegung von Hoch und Tief, von Boom und Rezession gehalten hatte, schien künftig außer Kraft gesetzt. Die Ökonomie war beherrschbar geworden, die Politik ihr nicht länger unterworfen.

In einer derart glänzenden Position konnten nach 1969, so dachte man, frei von wirtschaftlichen Zwängen jene Reformen tatkräftig in Angriff genommen werden, die man für unerläßlich hielt und daher gleich alle auf einmal in die Regierungserklärung hineingeschrieben hatte. Da diejenigen Reformen, die konzeptioneller Ausgestaltung bedurften, längere Anlaufzeiten brauchten, Geldausgaben jedoch gewöhnlich ohne weiteres möglich sind und man beträchtliche Mittel zur freien Verfügung zu haben glaubte, konzentrierte man sich zunächst auf Bereiche, die keine gedankenvollen Vorbereitungen voraussetzten: auf den Wohnungsbau, eine bessere materielle Ausstattung des Bildungswesens, vor allem den Ausbau der Hochschulen, auf eine Verbesserung der Infrastruktur im Verkehrswesen und eine Erhöhung der Verteidigungsausgaben (gerade hier hatte nämlich die unionsgeführte Große Koalition erstaunlicherweise auf der Stelle getreten). Obwohl vielleicht keine Reformen dem eigentlichen Sinne nach, konnten diese Maßnahmen dennoch breiter Zustimmung gewiß sein. Die erheblichen Mehrkosten, die sie verursachten, wurden vom Haushalt des Boom-Jahres 1970, obwohl dessen Steigerungsrate geringer war als die des Haushalts 1969, mühelos verkraftet. Es gelang der Regierung sogar, mit Rücksicht auf die konjunkturelle Lage einen stabilitätsorientierten haushalts- und finanzpolitischen Kurs zu steuern. Stolz konnte Alex Möller am 24. März 1971 im Bundestag der Opposition vorrechnen, daß das vorgesehene Ausgabenvolumen von 91,4 Milliarden DM um 2,1 auf 89,3 Milliarden DM gekürzt worden sei. Zusätzliche Haushaltssperren von 440 Millionen DM verringerten die Wachstumsrate des Haushaltssolls auf neun Prozent gegenüber einer Steigerung des Bruttosozialprodukts von mehr als zwölf Prozent. Die zusätzliche Restriktion der Haushaltsführung 1970 brachte am Ende sogar ein Haushalt-Ist-Ergebnis, das mit einem Volumen von 87,2 Milliarden DM und einer Steigerungsrate von rund sieben Prozent noch wesentlich niedriger als die geplante Zuwachsrate lag. Vom Ergebnis her gesehen, konnte Möller demnach selbstbewußt feststellen, hatte die Bundesregierung also erfolgreich eine restriktive Ausgabenpolitik betrieben, die alle düsteren Prophezeiungen Lügen strafte.

Durch diese erstaunlich positive Entwicklung wurde jedoch der ökonomische Optimismus, der sich seit dem Ende der sechziger Jahre (übrigens am wenigsten unter den konservativen, fast immer skeptischen Unternehmern, deutlich aber bei Politikern und besonders, wenn auch unter anderen Vorzeichen, bei Anhängern der Außerparlamentarischen Opposition, ja der Linken insgesamt) zum naiven Vertrauen auf unbegrenzte Verwirklichungsmöglichkeiten materieller Erwartungen, zum Glauben an die Machbarkeit aller Dinge gesteigert hatte, bestätigt und damit verstärkt. Erste Alarmzeichen, daß der Konjunkturverlauf doch wieder und genauso wie in früheren Zeiten in Turbulenzen geraten könnte, die zur Revision allzu optimistischer Ziele zwingen würden, blieben zunächst unbeachtet. Man wollte dergleichen nicht wahrhaben. Zu tief hatte sich der technisch-wirtschaftliche Fortschrittsglaube eingeprägt. Offenbar konnte man sich selbst in der Bundesregierung Anfang 1971 bereits nicht mehr vorstellen, daß von seiten der wirtschaftlichen Situation störende Einflüsse auf die Reformpolitik übergreifen, ja sie womöglich gänzlich verändern könnten.

Gefahren für die Staatsfinanzen

Einer der wenigen, die nicht dem vorherrschenden Optimismus verfielen, Alex Möller, war als Finanzminister schon von Amts wegen verpflichtet, die öffentlichen Einnahmen und Ausgaben sorgsam zu beobachten, Fehlentwicklungen vorzubeugen oder sie zu bekämpfen. Da er aber darüber hinaus ein Mann fester Prinzipien war und zu wissen glaubte, wie ein ausgewogener Haushalt, insbesondere eine vernünftige Begrenzung der Kreditausweitung, also der Verschuldung, auszusehen habe, begann er im Frühjahr 1971 immer eindringlicher vor den Gefahren, die seiner Überzeugung nach der Stabilität und Solidität der westdeutschen Finanzwirtschaft drohten, zu warnen.

Seine Kabinettskollegen folgten ihm jedoch nicht. In den Beratungen der Bundesregierung über den Haushalt 1972 und die mittelfristige Finanzplanung für die folgenden Jahre, am 25. Februar 1971, kämpfte er allein, auf verlorenem Posten, gegen die Übermacht der großen Ressorts. Helmut Schmidt wies lautstark alle Sparvorschläge Möllers weit von sich; andere waren zwar stiller, aber nicht weniger hartnäckig. Selbst der Kanzler unterstützte seinen Finanzminister nicht, sondern beschränkte sich darauf, mit großer Geste seine Brille ärgerlich auf den Tisch zu werfen; die anderen sollten sehen, wie sehr ihn ihr Streit anödete. Man fuhr sich fest. Die Beschlußfassung über den Haushalt 1972 mußte auf den Herbst vertagt, der Finanzbericht vom 1. September 1971 abgewartet werden.

In den folgenden zweieinhalb Monaten nahmen die Schwierigkeiten indessen zu. Wie Möller in seinen Memoiren »Genosse Generaldirektor« später berichtete, waren »die Kabinettskollegen zum Saulus erstarrt und nicht bereit, meinen Vorschlägen zur Sicherung einer konjunkturgerechten Haushaltsführung im Blick auf das Jahr 1972 zu folgen«. Schlimmer noch: Statt zu sparen, machten die Ressorts immer größere Ansprüche geltend. Erst jetzt brach sich der als Reformeifer mißverstandene Ehrgeiz, möglichst viel Geld auszugeben, wirklich Bahn, nachdem man das Jahr 1970 noch dazu benutzt hatte, in den verschiedenen Ministerien kühne Pläne für neue Projekte zu schmieden. Für den zweiten, schriftlichen Durchgang des Bundeshaushalts 1972, über den der Finanzminister am 13. Mai im Kabinett berichten sollte, meldeten die Kollegen ungerührt neue Forderungen an. Wäre man ihnen gefolgt, hätte dies allein für 1972 Mehrausgaben in Höhe von 20 Milliarden DM gegenüber 1971 bedeutet. Interne Schätzungen des Finanzministeriums Anfang Mai 1971 ergaben, daß allein die Neuverschuldung des Bundes im Laufe der ersten Legislaturperiode der Regierung Brandt, also zwischen 1969 und 1973, 32 Milliarden DM betragen werde, wenn man diese Ausgabenwünsche erfülle. Wie hoch der genannte Betrag war, konnte man daran ermessen, daß der Bund während der zwanzig Jahre, in denen die Union geherrscht hatte, nur insgesamt 40 Milliarden DM Schulden gemacht hatte.

Für den auf Solidität bedachten Alex Möller waren solche Perspektiven, die ihm zunehmend deutlicher wurden, tief erschreckend und persönlich inakzeptabel. In der Nacht vom 11. auf den 12. Mai 1971 erarbeitete er deshalb anhand aller ihm zur Verfügung stehenden, neuesten Unterlagen des Finanzministeriums eine haushaltswirtschaftliche Bestandsaufnahme für das Jahr 1972 sowie einen umgestalteten Finanzplan. »Ich habe gerechnet und gerechnet – aber wer ehrlich sein will, kann Zahlen nicht manipulieren und weder sich noch ihnen einreden, sie seien auch zweckentfremdet verwendbar. Ich habe überlegt und immer wieder überlegt, ob es nicht möglich wäre, doch noch dem ›Schicksalsbuch der Nation‹ freundlichere Seiten beizuheften – aber woher nehmen? Ich konnte sie nicht erfinden.«

Alle Grübelei nützte nichts. Wenn die Situation so war, wie Möller sie sah, dann gab es für ihn keinen Ausweg. Seine Kabinettskollegen, diese »Bande von Verschwendern« (um eine spätere, interne Formulierung Helmut Schmidts aufzunehmen, die ebensogut auch von Alex Möller hätte stammen können), ließen eine Rückkehr zu solider Finanzführung, uneinsichtig wie sie waren, nicht zu. Sie wäre nur dann möglich gewesen, wenn alle Ressorts sich zu kräftigen Einsparungen hätten durchringen können.

Das war nicht der Fall. Auch ein Rundschreiben des Regierungschefs Anfang März, mit dem Willy Brandt seinen Finanzminister zu unterstützen gesucht hatte, war ergebnislos geblieben. Brandt hatte darin die Minister aufgefordert, endlich Vernunft anzunehmen und übertriebene Ausgabenwünsche zurückzustellen. Die Angeschriebenen hatten jedoch den Brief einfach beiseite geschoben, und der Kanzler hatte es bei seiner einmaligen, nicht sonderlich eindrucksvollen Hilfsaktion für Möller bewenden lassen, war ihm auch später nicht energischer zur Seite getreten.

Die Forderungen, die neu erhoben wurden, lagen allein für den Bundeshaushalt 1972 um zehn Milliarden DM über der Grenze, die Möller äußerstenfalls verantworten zu können glaubte; in der mittelfristigen Finanzplanung für die nächsten vier Jahre bis 1975 überschritten die Ansprüche der Ressorts diese Grenze sogar um 63 Milliarden DM. Wie sollte man da noch zueinander finden?

Trotzdem mußte etwas geschehen. Denn inzwischen hatte man es nicht mehr nur mit dem nationalen Problem des Haushaltsausgleichs zu tun, sondern darüber hinaus mit einer tiefen Erschütterung des Weltwährungssystems von *Bretton Woods*, dessen Funktionstüchtigkeit zusehends nachließ. Das seit dem Ausgang der fünfziger Jahre chronische Defizit der amerikanischen Zahlungsbilanz hatte die Vereinigten Staaten nämlich 1968, auf dem Höhepunkt der bis dahin schwersten Dollar-Krise, veranlaßt, im Einvernehmen mit den westeuropäischen Verbündeten (außer Frankreich, das nicht zustimmte) ihre frühere Garantie zu widerrufen, jederzeit Dollarnoten zum Preis von 35 Dollar je Unze in Gold umzutauschen. Dennoch hatten der fortdauernde Vietnamkrieg und die (mit ihm zusammenhängende) Inflation das amerikanische Zahlungsbilanz-

Defizit weiter vergrößert und 1970, wie *Der Spiegel* am 17. Mai 1971 berichtete, auf annähernd 40 Milliarden DM ansteigen lassen.

Das Vertrauen in den ehemals starken Dollar sank allenthalben rapide. Dollarbesitzer, die ihr Geld anlegen wollten, taten dies nicht länger in amerikanischer, sondern in europäischer Währung, vornehmlich in Deutscher Mark oder in japanischen Yen. Die Dollarflut, die von daher die internationalen Devisenmärkte überschwemmte, erreichte ein kaum noch kontrollierbares Ausmaß. Ende April 1971 lagerten allein in den Tresoren der Deutschen Bundesbank Gold- und Devisenreserven im Werte von 70 Milliarden DM – mehr als in Fort Knox, der amerikanischen Goldburg, mit ihren 47 Milliarden DM.

Der Inflationsdruck, der von diesen vagabundierenden Dollarmassen auf andere Währungen ausging, war beträchtlich und konnte durch Maßnahmen unterhalb der Schwelle einer Veränderung der Währungsparitäten auch schwer eingedämmt werden. Denn auf den westeuropäischen Devisenmärkten hatten sich im Laufe der Jahre bis Anfang Mai 1971 etwa 50 Milliarden »heimatloser« US-Dollar angesammelt, die nicht im Besitz von Amerikanern waren und kurzfristig ausgeliehen wurden. Dieser *Eurodollar-Markt* war der Kontrolle der europäischen Notenbanken entzogen. Inländische Bankhäuser und Großunternehmen konnten sich daher auf diesem Markt alle diejenigen Investitionsmittel verschaffen, die ihnen durch eine restriktive Geld- und Kreditpolitik ihrer Regierungen versperrt waren. Sie besaßen damit die Möglichkeit, die Anti-Inflationspolitik der Regierungen und Notenbanken zu unterlaufen. Eine sich unkontrollierbar ausbreitende Geldentwertung war das Ergebnis dieser Situation. Wollte man etwas Wirksames gegen sie unternehmen, kam man nicht länger um die Einsicht herum, daß man die Parität der Währungen ändern, ja das ganze Weltwährungssystem fundamental reformieren müsse.

Die neue Zauberformel dafür hieß *Floating*. Sie bedeutet eine Freigabe der Wechselkurse, und zwar eine (zunächst befristete) Abkehr von dem in Bretton Woods 1944 vereinbarten Grundsatz fester Währungsparitäten. Das unbehinderte Spiel der Kräfte von Angebot und Nachfrage sollte auf den internationalen Devisenmärkten die Wechselkurse bestimmen und ein neues Gleichgewicht zwischen den Währungen bewirken, das die spätere Rückkehr zu einem System fester Kurse und stabiler Währungen ermöglichen würde.

Die Entscheidung der Bundesregierung, die Deutsche Mark *floaten* zu lassen, fiel am 9. Mai 1971. Dieser außenwirtschaftlichen Maßnahme, fand der Finanzminister, mußte eine flankierende binnenwirtschaftliche Absicherung folgen, wenn das Ziel, die Inflation zu bekämpfen und die Stabilität wiederherzustellen, erreicht werden sollte. Für Alex Möller stellte sich damit nun erst recht die Frage, was mit dem nächsten Haushalt zu geschehen habe. Seit der gescheiterten Ministerbesprechung vom 25. Februar 1971 über die weitere Finanzplanung bot die Regierung weder dem eigenen Handeln noch dem der Industrie eine helfende Orientierung, weil sie im dunkeln ließ, wie es im nächsten Jahr weitergehen werde. Diese Unklarheit ließ sich nach der Überzeugung Möllers nach dem 9. Mai nicht länger verantworten.

Der Rücktritt Alex Möllers

Angesichts der tiefen, unüberbrückbaren Kluft, die den Finanzminister von seinen Ressortkollegen trennte, war an einen Kompromiß nicht zu denken. Besonders der Verteidigungsminister, der »Riegenführer der Verbraucher« im Kabinett, stellte sich taub auf beiden Ohren; kein Zweifel, daß es wesentlich Helmut Schmidt war, der den Rücktritt Möllers (wie später Schillers) auf dem Gewissen hatte. Wenn Möller in dieser Lage persönlich etwas tun konnte, dann nur dies: ein Zeichen zu setzen und damit dem neuen Mann, seinem Nachfolger, die Chance zu eröffnen, »wenigstens in die Nähe des Zieles zu kommen«, wie er später in seinen Erinnerungen schrieb.

> Wir konnten nicht bis zum Herbst warten, denn am 9. Mai war die Freigabe der Wechselkurse erfolgt und damit eine Entscheidung für die Stabilität signalisiert worden, zu der zwingend und baldmöglichst stabilisierende binnenwirtschaftliche Haushaltsmaßnahmen hinzukommen mußten. Es durfte keine Ausgabeninflation der öffentlichen Hand erkennbar werden, weil sonst der neu gewonnene Handlungsspielraum verlorengehen würde und bedacht werden mußte, daß die autonomen Gruppen im volkswirtschaftlichen Gesamtprozeß höchstens so stabilitätsbewußt handeln, wie es die öffentliche Hand vormacht. So entstand bei mir die Erkenntnis, ich selbst könne helfen, aber nur mit meinem Rücktritt.

Am Vormittag des 12. Mai, einem Mittwoch, verfaßte Möller sein Rücktrittsgesuch an den Bundeskanzler und diktierte in Anwesenheit seines Ministerialdirigenten Joachim Hiehle, des späteren Staatssekretärs, eine detaillierte Dokumentation des Ressort-Egoismus der Kollegen, die er dem Gesuch beifügte. Auch im Text seines Schreibens an Brandt beklagte er sich über die Mitglieder der Ministerrunde, die ihn im ersten Quartal 1971 zu Mehrausgaben des Bundes in Höhe von 18 Prozent genötigt hätten. Ihre Uneinsichtigkeit mache eine solide (dieser Begriff aus seiner Bundestagsrede vom 30. Oktober 1969 tauchte also hier wieder auf!) Haushaltsführung in den nächsten Jahren unmöglich.

Der Regierungschef erhielt das Gesuch Möllers am Nachmittag während einer Sitzung des SPD-Präsidiums, in die man es ihm hinterhergeschickt hatte. Nach zweistündiger Bedenkzeit nahm er den Rücktritt an.

Es war nicht das erste Rücktrittsschreiben Möllers, über das sich Brandt hatte Gedanken machen müssen. Bereits dreimal vorher hatte der Finanzminister nicht nur mit seinem Rücktritt gedroht, sondern auch schriftlich die Demission eingereicht – allerdings so heimlich, daß nicht einmal sein Konkurrent und Nachfolger, Wirtschaftsminister Karl Schiller, davon Wind bekam. Jedesmal hatte sich Möller nach einigem Zieren bereitwillig zum Bleiben überreden lassen; schließlich war er ganz gern Minister. Auch wenn diesmal die Situation ernster, die Krise größer war, hätte er sich vielleicht erneut zur Verfügung gestellt, wenn ihn der Kanzler darum gebeten hätte. Denn als er am nächsten Tag unmittelbar nach einem letzten Gespräch mit Willy Brandt in die um 11 Uhr angesetzte Kabinettssitzung ging, um sich von den anderen Regierungsmitgliedern zu verabschieden, die er doch eben noch heftig gescholten und angeschwärzt hatte, konnte er nur mit Mühe seine Fassung bewahren. Möller war, wie jemand später bemerkte, den Tränen nahe. Die Augen von einer dunklen Brille verdeckt, ging er nach einer kurzen Abschiedsrede langsam um den ovalen Beratungstisch im Kabinettssitzungssaal des Palais Schaumburg und drückte, sichtlich berührt, reihum jedem seiner bisherigen Kollegen die Hand.

In seiner knappen, so selbstsicheren wie versöhnlichen Ansprache vor der versammelten Bundesregierung hatte Möller sich zum Stabilitätsprogramm bekannt und betont, daß sich eine »Verständigung« in diesem Kreise leider nicht habe finden lassen, vielmehr »grundsätzliche Auffassungsunterschiede« zutage getreten seien, so daß es 1971 eine Haushaltslücke von 4,3 Milliarden DM und 1972 sogar von 9,9 Milliarden DM gebe. Sein Schritt solle »eine Warnung an den einzelnen sein«; er scheide mit einem »Glückauf für diese Regierung«.

Der Entschluß des Regierungschefs, diesmal Möllers Rücktritt zu akzeptieren, war wesentlich von der Erfahrung eingegeben, daß man Abreisende nicht aufhalten soll. Wenn einer gehen wolle und ihm das mehrfach schreibe, sagte Brandt später, dann lasse er ihn eben gehen; er halte es nicht für richtig, Mitarbeiter von impulsiven Entschlüssen dieser Art um jeden Preis immer wieder abzubringen. Außerdem mag Brandt gehofft haben, daß sich ohne diesen hartnäckigen Finanzminister die Situation im Kabinett wieder entspannen, harmonische Kooperation unter den Kollegen neu einstellen werde. Bereits im Februar 1971 hatte er daher gegenüber Freunden durchblicken lassen, daß er den nächsten Rücktritt annehmen werde.

Die Entscheidung gegen Alex Möller war zugleich eine Entscheidung für Karl Schiller. Zwischen dem Finanz- und dem Wirtschaftsminister hatte es häufig Streit gegeben, der einer zügigen Abwicklung der Regierungsgeschäfte abträglich war. Der autokratische, stets etwas gallige Möller, ein Sozialdemokrat aus kleinen Verhältnissen mit entsprechend großbürgerlichem Gehabe, eben mit den Attitüden eines Generaldirektors, erwies sich in diesen Auseinandersetzungen ebensooft als beleidigte Primadonna wie der prominente, brillante, sensible Professor Schiller. Beide waren einander an Eitelkeit und damit Selbstgefälligkeit wie auch an Empfindlichkeit gegen die leiseste Kritik durchaus ebenbürtig; ein Ei so roh wie das andere. Daher ließ sich die hohe fachliche Kompetenz, die beide Männer besaßen und die zusammengebündelt der Regierung von höchstem Nutzen hätte sein können, nur teilweise gewinnbringend verwerten. Erhard Eppler beschrieb damals ihr Verhältnis mit den Worten, daß jeder der beiden die Hälfte seiner Arbeitskraft brauche, um sich mit dem anderen auseinanderzusetzen. Das konnte auf die Dauer nicht gut gehen – und zwar für Möller. Denn Willy Brandt stand von vornherein auf seiten Schillers, hatte ein Faible für ihn (»den mochte ich ja wirklich«, gestand er versonnen 1981). Schiller bedeutete ihm viel: mit seinen populären Konzepten, mit wichtigen Verbindungen zur Industrie. Brandt ließ daher Schiller alle Frechheiten im Kabinett gegen den alten Möller milde durchgehen.

Damit bewies Brandt weder Sachverstand, den bei ihm auch niemand voraussetzte, noch Weitblick. Sah man nämlich ab von der personellen Seite der Kontroverse, den Zänkereien zweier Minister, dann mußte man sich fragen, ob Möller nicht in vielem, was er sagte, vollkommen recht hatte. Dieser Gedanke scheint dem Kanzler damals kaum gekommen zu sein. Sein demonstratives Desinteresse an Fragen der Wirtschafts- und Finanzpolitik, verbunden mit seiner Neigung, in diesen Bereichen alles Karl Schiller anzuvertrauen, verstellte Willy Brandt den Blick für das inzwischen dringend Gebotene, nämlich den eigenen, energischen Widerstand des Regierungschefs gegen die Neigung der Ministerrunde, im Zeichen der Reformpolitik öffentliche Mittel zu verschwenden. Der Bundeskanzler hätte den Finanzminister bei seinem Widerstand gegen unerfüllbare Forderungen der Ressorts, die bereits 1971/72 die Haushaltsmöglichkeiten außer acht ließen oder aber eine unvertretbare Staatsverschuldung nach sich ziehen mußten, entschlossen unterstützen müssen. Die persönliche Fehde zwischen Schiller und Möller war in diesem Zusammenhang nebensächlich, rückte allerdings infolge der ökonomischen Kurzsichtigkeit des Kanzlers in den Mittelpunkt der allgemeinen Aufmerksamkeit.

Es ging schon hier um eine Reform der Reformpolitik. Aus fachkundiger Einsicht in die Grenzen des Machbaren hatte Alex Möller bereits am 30. Oktober 1969, aber auch oft seither, den richtigen Weg gewiesen, als er die Notwendigkeit einer Solidität der Staatsfinanzen betont hatte. Das schloß ein Anwachsen der öffentlichen Verschuldung nicht schlechthin aus, verbot beispielsweise nicht das *Deficit-spending* zur Wiederankurbelung einer notleidend gewordenen Konjunktur, verpflichtete aber dazu, die Größenordnungen im Auge zu behalten. Das war bis 1969 stets geschehen. Aber das Zusammentreffen verschiedener Faktoren, die teils subjektiver, teils objektiver Art waren, aber sämtlich optimistisch stimmten, ließ die ökonomischen Fundamente der neuen Politik breiter und verläßlicher erscheinen, als sie in Wirklichkeit waren. Die euphorischen Erwartungen und Gestaltungsabsichten der Politik nach dem Machtwechsel von 1969 spielten hier ebenso eine Rolle wie die zur gleichen Zeit glänzende Wirtschaftslage, die man weithin auf die offensichtlich hervorragend funktionierenden, wissenschaftlich begründeten Marktsteuerungs-Mechanismen zurückführte, die alle Zufälligkeiten, jeden Konjunktureinbruch auszuschließen schienen. Man mußte erst den Abgrund ahnen, ihn geradezu vor sich sehen, um zu erkennen, welche Illusionen ihn vorher verborgen hatten. Und selbst dann waren es nur wenige, die ihren Augen trauten.

Die Warnungen Alex Möllers, die spätestens seit dem 25. Februar 1971 nicht mehr zu überhören waren, hätten den Kanzler veranlassen müssen, über diese Gefährdung seiner Politik nachzudenken. Doch dieses Thema interessierte ihn nicht. Wäre er ihm nachgegangen, hätte er viel innenpolitisches Unheil, das sich ansammelte, am Ende auf ihn zurückfiel und dadurch wesentlich zu seinem späteren Sturz beitrug, vermeiden können. Was Möller forderte, war die an sich selbstverständliche Orientierung der Ausgabenpolitik des Staates an seinen Finanzierungsmöglichkeiten. Dies hätte 1971 bedeutet, die weiteren innenpolitischen Vorhaben der Regierung neu zu bedenken, Wichtiges von Unwichtigem zu trennen und eine Reihenfolge, eine Prioritätenliste, zustande zu bringen. Manches wäre dann besonnener angegangen worden. Vor allem aber hätten sich im Laufe einer öffentlichen Diskussion über dieses Thema allmählich die übertriebenen Erwartungen der Bevölkerung den Tatsachen annähern können, wie dies, freilich unter anderen, dramatischeren Rahmenbedingungen, nämlich nach der Ölkrise, unter dem neuen Bundeskanzler Helmut Schmidt in der zweiten Hälfte der siebziger Jahre geschehen ist.

Reformeuphorie und falsche Planungszuversicht

Am Beginn des Jahrzehnts, in einer Zeit hoffnungsvollen Aufbruchs, sah man die Zukunft jedoch noch unter rosigen Vorzeichen. So erklärte der Regierungschef am 24. März 1971 bei der Beantwortung einer Großen Anfrage der CDU/CSU-Fraktion zum innenpolitischen Arbeitsprogramm der Bundesregierung:

> Der Begriff der inneren Reformen, wie er in meiner Regierungserklärung vom Oktober 1969 verwendet wurde, sollte und soll deutlich machen, daß wir uns zu schrittweisen Anpassungen und Veränderungen unserer staatlichen und gesellschaftlichen Wirklichkeit bekennen. Die Gesellschaft voranzubewegen heißt doch, eine Vielzahl von Regelungen zu ändern, die die Lage der Menschen in unserem Lande bestimmen . . .
>
> Unsere Reformen sind an Zielvorstellungen zu messen, die ich für die Bundesregierung noch einmal nennen möchte:
> – mehr Humanität in unserer Gesellschaft
> – gleiche Lebenschancen
> – mehr soziale Gerechtigkeit
> – mehr Freiheit für den einzelnen

- Sicherheit im Innern und nach außen
- mehr Mitwirkung für den Bürger in unserem Gemeinwesen.

Man konnte sich fragen, wenn man Brandt zuhörte, ob die Gesellschaft der Bundesrepublik Deutschland diesen Zielen nicht bereits viel näher gekommen sei, als er ahnen ließ. Auf der anderen Seite war zu bezweifeln, ob es überhaupt eine Regierung irgendwo auf der Welt gab, von der man hätte sagen können, sie ziele auf einen solchen idealen Zustand ab, bewege sich bewußt auf ihn zu.

Tatsächlich nahm die gespannte Aufmerksamkeit und hochherzige Hoffnung der Zuhörer spürbar ab, sobald sich der Bundeskanzler der Aufzählung konkreter Reformvorhaben zuzuwenden begann.

> Strukturverbesserung und Dynamisierung der Kriegsopferrenten, Öffnung der sozialen Krankenversicherung für alle Angestellten, weitere konkrete Maßnahmen zugunsten der Volksgesundheit, das Dritte Vermögensbildungsgesetz – ist das nichts? Eine erste Gesamtkonzeption für die Reform unseres Bildungswesens, und damit der Einstieg des Bundes in die bildungspolitische Mitverantwortung – ist das etwa nichts? So könnte ich fortfahren und auf die beiden Sofortprogramme für den Umweltschutz und die Verbrechensbekämpfung verweisen. Oder auf die Maßnahmen, die im Verteidigungs-Weißbuch angekündigt wurden und zügig durchgeführt werden. Oder auf die beratungsreifen Teile der Strafrechtsreform. Aber niemand wird, wenn ich diese Beispiele nenne, daraus eine neue Prioritätenliste machen dürfen ...

Unverändert bekannte sich die sozialliberale Koalition noch im Frühjahr 1971 zu einer umfassenden Politik der Reformen, wenn auch bei der weiteren Beantwortung der großen Anfrage bereits, allerdings nur beiläufig, Geldsorgen anklangen und von längeren Zeiträumen die Rede war, die zur Erreichung dessen, »was notwendig ist«, erforderlich sein würden. Der Abstand zwischen dem Wünschbaren und dem Erreichbaren begann sich in Umrissen ebenso abzuzeichnen wie die Kluft zwischen den großräumigen Erwartungen, die in der Luft lagen (aber auch immer wieder neu geweckt wurden), und dem tatsächlichen, eher glanzlosen Ertrag der Politik jener Zeit.

Wie war es zu dieser Diskrepanz zwischen Zielen und Möglichkeiten, zwischen Erwartungen und Erträgen gekommen?

Diese Frage führt nicht nur zum Machtwechsel von 1969 als solchem zurück, zu dem am Beginn des neuen Bündnisses verbreiteten – und begreiflichen – Gefühl, noch einmal ganz neu anfangen, alles besser machen zu können. Darüber hinaus muß man auch an die Art und Weise erinnern, *wie* man sich damals ans Werk machte.

Willy Brandt war von der Vorstellung besessen, Politik müsse ehrlich sein, transparent gemacht werden. Das werde die Bürger stärker als früher an den öffentlichen Angelegenheiten beteiligen, sie mehr als bisher mit Vertrauen zu diesem Staat erfüllen. Und Horst Ehmke, der neue Chef des Bundeskanzleramtes, ließ mit machtbewußtem Elan Schneisen in das Dickicht der verschlungenen, wildwachsenden Entscheidungsprozesse schlagen. Vokabeln jener Zeit, wie Kybernetik und Planung, wissenschaftliche Fundierung und Beratung, kurz-, mittel- und langfristige Zielprojektionen, *checklists* politischer Tagesarbeit, vor allem aber die dickleibigen Programme und Berichte aus jenen Jahren erinnern bis heute an die Impulse, die damals wirksam waren.

Beide Intentionen führten zu dem Entschluß des Kabinetts, jeden Monat mit einem großen Sachbericht vor dem Bundestag sich und dem Lande einen Überblick über die Problemlagen auf den verschiedenen Feldern staatlicher Aktivität zu verschaffen. In den ersten sechzehn Monaten ihrer Amtszeit legte die Regierung Brandt nicht weniger als sechzehn solcher Berichte vor, die sie zum einen als analytische Bestandsaufnahme, zum anderen als Grundlage der Planung ihrer künftigen Arbeit begriff.

Die sozialliberale Koalition suchte also den Eindruck zu vermitteln, sie sei nicht nur mit Feuereifer, sondern auch mit umfassender Sachkunde am Werke, verstehe das Metier von Grund auf. Wer mit derartiger Geschwindigkeit und Genauigkeit auf vielen Gebieten Daten sichten, ordnen und verarbeiten konnte, bewies doch augenfällig außergewöhnliche Fähigkeiten. In ihrer Antwort vom März 1971 auf die Große Anfrage der CDU/CSU-Fraktion zum innenpolitischen Arbeitsprogramm äußerte sich die Bundesregierung denn auch einigermaßen herablassend über die altmodische Arbeitsweise ihrer Vorgängerinnen, um anschließend eindrucksvoll darzustellen, wie sie selbst sich das Regieren dachte.

> Die Bundesregierung hat bei der Aufnahme ihrer Arbeit kein brauchbares Instrumentarium für die Planung, Koordinierung und Durchführung ihrer gesamten Tätigkeit vorgefunden. Lediglich in Teilbereichen, wie etwa in der mittelfristigen Zielprojektion der Wirtschaftspolitik, in der mehrjährigen Finanzplanung, im Sozialbudget und in der Neubauplanung für Bundesfernstraßen konnte sie sich auf bereits vorhandene Ansätze stützen.
>
> Auch die Voraussetzungen für eine schnelle Einführung neuer Planungsverfahren in den Ministerien und im Bundeskanzleramt waren nicht oder allenfalls in Ansätzen gegeben. Deshalb mußte und muß die Bundesregierung Planungsverfahren für die Regierungsarbeit erst entwickeln.
>
> Begonnen wurde mit der Entwicklung einer Frühkoordinierung der Regierungsarbeit. Das Frühkoordinierungsverfahren ist nach Bildung der Bundesregierung im Oktober 1969 von der Planungsabteilung des Bundeskanzleramtes und den neu eingesetzten Planungsbeauftragten der Bundesministerien Schritt für Schritt aufgebaut worden.
>
> Ziel dieses Verfahrens ist es, alle Vorhaben, die Kabinettsentscheidungen

erfordern oder sonst von besonderer politischer Bedeutung sind, so früh wie möglich zu erfassen und die Unterlagen allen Bundesministerien und dem Bundeskanzleramt sofort zugänglich zu machen. Damit wird eine bisher so nicht gegebene Abstimmung der Ressorts untereinander und eine bessere Vorbereitung der Entscheidungen des Kabinetts und der mittelfristigen Planung der Arbeit der Bundesregierung ermöglicht.

Ein Ergebnis dieser Arbeit der Planungsbeauftragten ist das von der Bundesregierung am 22. Oktober 1970 beschlossene interne Arbeitsprogramm für die laufende Legislaturperiode. Dieses Arbeitsprogramm ist kein neues oder zusätzliches Reformprogramm, wie von den Fragestellern offenbar irrtümlich angenommen wird. Vielmehr dient es der Zusammenfassung, Planung und Steuerung der Arbeitsabläufe für die Verwirklichung der in der Regierungserklärung am 28. Oktober 1969 festgelegten Politik.

Die Bundesregierung hat auch damit begonnen, die Voraussetzungen für eine systematische längerfristige Aufgabenplanung zu schaffen. Viele wichtige Aufgaben, vor denen der moderne Staat heute steht, können nur in einem längeren Planungszeitraum gelöst werden; eine fünf Jahre umfassende Zeitspanne, wie sie z. B. der Finanzplanung zugrunde liegt, ist vielfach zu kurz. Mittelfristige Programme müssen an längerfristigen Zielvorstellungen ausgerichtet sein. Dies gilt namentlich für den Ausbau der Infrastruktur. In der Bildungspolitik, in der Gesundheitsvorsorge, in der Verkehrspolitik, in der Umweltgestaltung und beim Städtebau z. B. muß für sehr viel längere Zeiträume (zehn bis fünfzehn Jahre) vorausgedacht und -geplant werden.

Das war sehr selbstsicher dahingeschrieben. Denn in der Politik sind zehn oder gar fünfzehn Jahre eine Ewigkeit – ganz unabsehbar. Kein Politiker, der wirklich im Geschäft ist, denkt über die nächste Zeit hinaus. Wenn es hoch kommt, hat er die vier Jahre bis zur nächsten Wahl im Auge, bestenfalls fünf, wenn er besonders weitsichtig und kühn ist. Chancen wie Gefahren von übermorgen entziehen sich jedem präzisen Kalkül. Das schließt eine Planung auf lange Sicht aus.

Auch die sozialliberale Regierung konnte die verschiedenen Bestimmungsfaktoren, die auf sie einwirkten, nicht verändern, konnte den Rahmen, der ihrem Handeln Grenzen setzte, nicht sprengen. Aber selbst im Bereich der bloßen Planung gelang ihr erstaunlich wenig – viel weniger, als auch Skeptiker für möglich gehalten hatten. Die Koalition vermochte nicht einmal ihre Planung bis 1973 auf eine vernünftige Grundlage zu stellen. Schon bei den einzelnen Berichten für den Bundestag begann es bald zu hapern. Die anfängliche Rührigkeit erlahmte ziemlich rasch. Das ursprüngliche Tempo war nicht lange durchzuhalten; Verfasser wie Leser versanken in Papiermassen, verloren den Überblick. Außerdem erwies sich das ganze Unternehmen dieser Berichte als politisch undankbares Geschäft. Wenn man bisherigen Versäumnissen umfassend nachforschte und dann die Ergebnisse dieser Recherchen offen und detailliert auf den Tisch legte, mußte dies in der Bevölkerung die Hoffnung, ja die Zuversicht wecken, anschließend werde von Bonn aus sofort etwas geschehen; die neue Regierung werde tatkräftig für Abhilfe sorgen. Die Enttäuschung war natürlich um so größer, je mehr sich herausstellte, daß auch bei den Sozialliberalen alles mühsam blieb, langsam lief – und vieles überhaupt nicht ging.

Schillers Aufstieg zum Doppelminister

Schon Alex Möllers Bremsversuche im Frühjahr 1971 hätten die Gelegenheit geboten, die öffentlichen Erwartungen auf ein vernünftiges Maß zurückzuschrauben. Aber seine Mahnungen, selbst das Signal, das er mit seinem Rücktritt setzte, blieben unbeachtet. Schlimmer noch: Das Ausscheiden dieses Mannes führte zur Konstruktion eines Mammutministeriums, das die beiden großen Bereiche der Wirtschaft und der Finanzen in sich vereinte und damit nicht allein seinem Nachfolger eine unmäßige Machtstellung im Kabinett verschaffte, gewissermaßen die Position eines Nebenkanzlers schuf, sondern gleichzeitig damit eine autonome, stabilitätspolitisch wichtige haushaltswirtschaftliche Kontrollinstanz beseitigte. Möller selbst hatte in seinem letzten Gespräch mit dem Kanzler am 13. Mai 1971 vor einer Zusammenlegung dieser beiden Ministerien gewarnt – nicht zuletzt deshalb, weil er seinem Rivalen Schiller den Triumph, Doppelminister zu werden, nicht gönnte. Doch bereits am Spätnachmittag des Vortages hatten Brandt und Wehner genau diese Konstruktion miteinander vereinbart, sich also für die »große Lösung« mit Karl Schiller als neuem Superminister entschieden; es ging alles ganz rasch, wie so oft in Bonn. Überlegungen, den Bundestagsabgeordneten und Präsidenten des *Deutschen Instituts für Wirtschaftsforschung*, Klaus Dieter Arndt, der von 1967 bis 1969 Parlamentarischer Staatssekretär im Bonner Wirtschaftsministerium gewesen war, oder auch den nordrhein-westfälischen Finanzminister Hans Wertz (den Karl Schiller ins Auge gefaßt hatte) zum Nachfolger Alex Möllers zu machen, waren in dieser Unterredung verworfen worden.

Mit Karl Schiller zog ein Mann in das neu geschaffene Doppelressort ein, dem die SPD ihren Wahlerfolg 1969 wesentlich verdankte. Dieser in Breslau geborene, aber in der Heimatstadt seiner Mutter – Kiel – aufgewachsene Norddeutsche war eine Persönlichkeit ganz ungewöhnlichen Zuschnitts. Sein Schüler Helmut Schmidt, der nach dem Krieg als Student in Hamburg Schillers volkswirtschaftliches Seminar besuchte und dort als »brillanter junger Mann« aufgefallen war, so daß ihn Schiller bald darauf in seine dortige Wirtschaftsbehörde aufnahm und zum Abteilungsleiter machte, nannte Schiller später »partiell genial«, aber gleichzeitig »rotzfrech« und »ekelhaft überheblich«.

Das eine war die Voraussetzung, das andere wohl die Folge seiner glanzvollen Lebensbahn, die bis zum Absturz im Juli 1972 anhaltend nach oben führte, am Ende gekrönt durch die Übertragung einer Rolle, in der er zum Alleinherrscher über die Wirtschaft und die Finanzen dieses Landes wurde.

Bereits mit 23 Jahren war Schiller 1934 Diplomvolkswirt gewesen, mit 24 hatte er promoviert und die Leitung einer Forschungsgruppe am Institut für Weltwirtschaft in Kiel übernommen. Vier Jahre später war er habilitiert und Privatdozent an der dortigen Universität. Nachdem der Krieg ab 1941 seine Karriere zeitweilig unterbrochen hatte (zuletzt trug Schiller die Uniform eines Oberleutnants), knüpfte er 1945 sogleich wieder dort an, wo er vier Jahre früher hatte aufhören müssen. Die Universität Kiel bot ihm eine Gastprofessur an, die er wahrnahm, bis die Universität Hamburg ihn 1947 zum Ordinarius für Volkswirtschaftslehre berief.

Auch außerhalb des akademischen Milieus blieben die Fähigkeiten Schillers, der mit zahlreichen wissenschaftlichen und politischen Publikationen früh auf sich aufmerksam machte, nicht unbekannt. 1948 ließ ihn der aktive, energische Erich Klabunde, der beispielsweise 1946 Max Brauer als Ersten Bürgermeister der Hansestadt lanciert hatte, zum Senator und Präses der Behörde für Wirtschaft und Verkehr in Hamburg machen; gleichzeitig wurde Schiller auch Mitglied des Bundesrats. Beides gab der Vielbeschäftigte 1953 wieder auf. In den folgenden Jahren konzentrierte er sich auf wissenschaftliche Arbeiten sowie, zwischen 1956 und 1958, auf die ebenso wichtigen wie ehrenvollen Aufgaben als Rektor der Hamburger Universität.

1961 berief ihn der Regierende Bürgermeister von Berlin, Willy Brandt, als Senator für Wirtschaft an seine Seite. Das war ein wichtiger Einschnitt in Schillers Leben. Denn mit dem Entschluß, diese Berufung anzunehmen, verband er das eigene Schicksal mit dem seines so ganz anders gearteten Lübecker Landsmanns. Beide waren im Temperament, in ihren Fähigkeiten und Neigungen denkbar verschieden. Jedem von ihnen erschien das, was der andere war, dachte und tat, so gut wie unverständlich. Aber das machte nichts, im Gegenteil. Sie ergänzten sich auf eine beiderseits vorteilhafte Weise. Gemeinsam bildeten sie ein Team, das nach oben strebte, ganz hinauf zur Spitze. Sie stützten sich gegenseitig, halfen einander vorwärts, elf Jahre lang – bis 1972 zunächst der eine fiel und zwei Jahre später auch der andere stürzte.

Als Schiller 1961 sein ihm längst zu eng gewordenes Hamburger Wirkungsfeld verließ, betrat er mit technokratischer Brillanz, schwungvollem Ehrgeiz und bilderreicher Beredsamkeit die Bühne nationaler Politik. Denn Berlin galt, zumindest in jenen Jahren, als eine Alternative zu Bonn, als ein Stück heimlicher Hauptstadt. Zwar war Schiller bereits seit 1947 Mitglied des wissenschaftlichen Beirats beim Bundeswirtschaftsministerium gewesen; aber dergleichen wollte noch nichts besagen. Erst jetzt gelang ihm der Durchbruch, der Aufstieg in die Bundesprominenz.

Und dies ausgerechnet innerhalb der SPD. Obwohl seit 1946 Mitglied, lagen ihm Sozialisierungsgedanken oder planwirtschaftliche Absichten denkbar fern; Karl Schiller war ein ebenso überzeugter Anhänger der marktwirtschaftlichen Ordnung wie Ludwig Erhard. Aber das war es nicht allein. Ihm fehlte an sich alles, was man in der SPD brauchte, um voranzukommen. Dafür besaß er umgekehrt eine ganze Reihe von Eigenschaften, die in der traditionellen Sozialdemokratie verpönt waren und ihn dort unbeliebt machen mußten: die nervöse Eitelkeit eines erfolgreichen Starprofessors alter Schule; das, was Günter Grass »seinen feinziselierten Hochmut« nannte; die federnde Verspieltheit eines Playboys, der sich jugendlich kleidete und hohe Absätze trug, um jünger und größer zu wirken als er war; und eine bemerkenswerte persönliche Treulosigkeit: Er besaß keinen einzigen Freund, dem er sich lebenslang verbunden fühlte. Es kann niemanden verwundern, daß man ihm unter Sozialdemokraten fehlenden Stallgeruch nachsagte, Georg Leber sogar, natürlich im Scherz, seine Parteizugehörigkeit bezweifelte.

Doch gerade Schillers bildungsbürgerliches Gehabe und Prestige, die offensichtliche Distanz zu allem, was die traditionelle Arbeiterpartei ausgemacht hatte, ließen ihn der SPD nach Godesberg interessant und wertvoll erscheinen, ja machten ihn für sie zum Mann der Stunde. Mit seiner Konzeption einer »aufgeklärten Marktwirtschaft« lieferte Schiller der SPD »das fehlende ökonomische Versatzstück zum Godesberger Programm«, wie *Der Spiegel* am 10. Juli 1972 rückblickend und richtig schrieb. Schiller war es, der seiner Partei die Zuversicht, das Vertrauen in die eigene Fähigkeit vermittelte, die Probleme einer modernen Industriegesellschaft besser als die bisher führenden Regierungsparteien CDU und CSU meistern zu können. Erst mit ihm wurden die Sozialdemokraten für den Machtwechsel tauglich.

Dieser Wechsel von der Unionsherrschaft zur sozialliberalen Koalition vollzog sich in Etappen, die gerade auch Schiller gedanklich vorbereitet hatte und mitvollzog. Sie lassen sich daher an seinem Werdegang in jenen Jahren ablesen: 1964 wurde er Vorsitzender des wirtschaftspolitischen Ausschusses beim Parteivorstand und vor allem Mitglied des SPD-Präsidiums, 1965 Mitglied des Bundestages und 1966, nach dem Sturz Ludwig Erhards und seiner CDU/FDP-Regierung, Bundesminister für Wirtschaft im Kabinett der Großen Koalition unter Bundeskanzler Kurt Georg Kiesinger.

Schiller erlebte Jahre außerordentlicher Erfolge, wurde von ihnen verwöhnt. Seine glanzvolle, bruchlose Karriere stieg ihm zu Kopfe, gab doch selbst sein Konkurrent (und späterer Nachfolger) Helmut Schmidt zwischen 1967 und 1970 neidlos zu, daß der Kollege Schiller gute, ja erstklassige Arbeit leiste. Der Wirtschaftsminister stand im Zenit seiner Popularität. Er triumphierte über zahlreiche innenpolitische Gegner, allen voran Franz Josef Strauß.

Aber nichts genügte seiner empfindlichen Ichbezogenheit. Im Umgang mit Menschen war er schon immer schwierig gewesen. Überheblich geworden, bekam dieser brillante, persönlich unangenehme Minister Krach mit vielen. Zwar *konnte* er bestrickend sein. Aber da er sich seiner hervorstechenden Intelligenz sehr bewußt war und immer eine herausragende Position beanspruchte, war er, im Kern sehr starr und gleichzeitig hochfahrend, auch bei nebensächlichen Punkten unfähig, Widerspruch zu ertragen und, erst recht, nachzugeben. Er wollte unangefochten dominieren, ständig im Scheinwerferlicht öffentlicher Aufmerksamkeit und Zustimmung stehen. Schillers ganzer Lebensweg legt Zeugnis davon ab, wie sehr er ständig auf der Suche nach etwas gewesen sein muß, das ihm Halt gab und den eigenen Wert demonstrierte. Unaufhörlich mußten ihm andere seine Bedeutung bestätigen, sein Selbstbewußtsein festigen. Egozentrik und Selbstgefühl standen bei ihm in einem so spannungsreichen Verhältnis zueinander, daß weder eine ordentliche Professur noch später die Verfügungsgewalt über ein Superministerium den Menschen Schiller zur Ruhe kommen ließen.

Der Drang nach Selbstbestätigung prägte auch das Privatleben. Schiller war unfähig, allein zu sein. Zwei Ehen waren gescheitert, als er Ende Mai 1971 die attraktive Juristin Etta Eckel heiratete, eine Regierungsdirektorin aus dem nordrhein-westfälischen Finanzministerium. Zu diesem Zeitpunkt war er 60, sie 38 Jahre alt. Nach Lage der Dinge vermittelte die Verbindung daher beiden ein Triumphgefühl, ein Erfolgserlebnis. Doch im nachhinein erwies sich das Bündnis, wie das Mammutministerium auch, als Mesalliance. Beide Stützkorsetts Karl Schillers zerfielen kurz nacheinander. Da Etta Schiller seinen Rücktritt im Sommer 1972 mißbilligte (»Sie war fürs Durchhalten, das liegt ihr mehr«), verlor er bald auch den Ehepartner.

Etta Schiller schürte 1971/72 das Drama ihres Mannes. Nachdem sich die beiden lange im geheimen getroffen hatten (Schiller ließ sie erstmals beim Bonner Presseball 1969 an seiner Seite auftreten), bemühte sie sich, Ehefrau geworden, mit verständlichem, aber schädlichem Eifer um allgemeine Anerkennung, sogar um eigene Popularität. Heftig war sie darauf erpicht, eine persönliche Rolle zu spielen. »Sie fragte sich«, sagte Karl Schiller später, im März 1973, zu Ben Witter, »ob sie als berufstätige Frau nicht in die Politik gehen sollte.«

Frauen haben in Bonn geringere Bedeutung, als man vermuten – und wünschen – sollte. Anders ist es nur dann, wenn sie, wie hier, die Schwächen ihrer Männer verdoppeln, statt sie zu dämpfen. Dabei war Etta Schiller ein angenehmer Gesprächspartner, überhaupt eine patente Person, mit der man gut hätte auskommen können. Wenn sie so auffällig handelte, wie sie es tat, geschah es wesentlich aus Unsicherheit. Ihr Aufstieg an die Seite dieses seltsamen Mannes war so steil gewesen, derart rasch vonstatten gegangen, daß er Schwindelgefühle auslösen mußte.

Karl Schiller seinerseits hatte die eigenen Kräfte überschätzt, als er sich im Mai 1971 zusätzlich zum Wirtschaftsministerium auch noch das Finanzministerium Alex Möllers aufbürden ließ. Bei späteren Gelegenheiten verstieg sich

Schiller mehrfach zu der Behauptung, man habe ihm diese Ämterhäufung gegen seinen Willen aufgeladen. Doch das stimmte nicht. Die Übertragung des Doppelministeriums hatte ihn damals mit großer Genugtuung erfüllt, war er doch damit seinem ewigen Kontrahenten in den EWG-Auseinandersetzungen, dem französischen Minister für Wirtschaft und Finanzen, Valéry Giscard d'Estaing, endgültig ebenbürtig geworden. Glücklich lud er ihn sogleich spontan nach Bonn ein. Nur in einem Punkte, sagte Schiller zu jener Zeit, sei Giscard ihm noch immer voraus: Er habe nämlich auch die Notenbank unter sich . . .

Daß die Übernahme des Superministeriums ein Fehler gewesen sei, räumte Schiller in späteren Jahren freimütig ein. Er habe sich rasch überfordert gefühlt. Schon als Wirtschaftsminister sei man beim Versuch der Inflationsbekämpfung reich an Gegnern, habe überhaupt genug Stoff für Auseinandersetzungen mit den Kollegen. Verwalte man außerdem gleichzeitig das Finanzressort, dann stehe man einer »Addition von Konfliktfeldern« gegenüber. Man mache sich nämlich die traditionellen Gegner dieses Haushalts-Ministeriums zu Feinden: alle Ausgabenfreudigen, also die Mehrzahl der Kabinettskollegen. So sei es auch ihm ergangen. Er habe »zu viele Igel auf einmal zu kämmen« bekommen.

Widerstände gegen den Nebenkanzler

Es wurde »ein endloses Drama in 27 Akten«, wie Helmut Schmidt, Schillers Nachfolger, nach dessen Demission im Juli 1972 sagte. Dabei spielten die Persönlichkeit des Ministers wie die sachliche Problematik seiner Doppelaufgabe gleichermaßen eine Rolle. Brandt hatte sich für die Zusammenlegung der Ministerien entschieden, weil er deren inhaltliche und politische Konsequenzen nicht übersah und den Menschen Schiller nach der voraufgegangenen, insgesamt positiven Zusammenarbeit falsch einschätzte. Und Schiller hatte trotz eigener Bedenken, ob diese Fusion überhaupt zweckmäßig sei, das Doppelamt angenommen, weil der Posten seiner Eitelkeit schmeichelte und seinem Ehrgeiz entsprach. Das ergab schlechte Voraussetzungen für eine derart schwierige und verantwortungsvolle Tätigkeit. Sie erklären zu einem beträchtlichen Teil, warum die sozialliberale Regierung in ihrer Innen- und Reformpolitik bis 1972 und darüber hinaus nicht im entferntesten das zustande brachte, was viele von ihr erwartet hatten. Denn von nun an gab es nicht nur, wie bisher, den Konflikt zwischen dem Finanzminister und den Chefs der verschiedenen reform- und damit ausgabenfreudigen Ressorts, sondern auch einen ständigen, stark persönlichkeitsgeprägten Kampf eines mächtigen Nebenkanzlers mit dem Rest der Bundesregierung. Schiller selbst mußte seine Aktivität zwischen dem konjunktursteuernden Wirtschaftsministerium und dem ganz anders gearteten, nämlich haushaltsorientierten Finanzministerium teilen. Er sah sich dabei außerstande, den Rahmen einer ausgewogenen, finanzwirtschaftlich abgesicherten, reformorientierten Ausgabenpolitik deutlich abzustecken, wie es Alex Möller versucht hatte und am Schluß durch seinen Rücktritt erzwingen wollte.

Das systematische Nachdenken über dieses Erfordernis, welches seinem Vorgänger so sehr am Herzen gelegen hatte, daß er seinetwegen ging, setzte bei Schiller erst zu einer Zeit ein, als seine eigene Amtszeit sich dem Ende näherte. Der Erfinder des Eventual-Haushalts war von Haus aus kein Fiskalist. An und für sich fühlte er sich von Ausgabensteigerungen nicht betroffen, war öffentliche Sparsamkeit für ihn keine reine Tugend, ein ausgeglichener Haushalt kein Thema, das ihn spontan interessierte – wenn man auch einräumen muß, daß ihm offenbar bereits im Frühjahr 1970, ein halbes Jahr nach dem Machtantritt der Sozialliberalen, der Gedanke gekommen ist, mit der neuen Finanzwirtschaft sei etwas nicht in Ordnung. Denn er sagte damals zu Mitarbeitern, die Regierung wirtschafte zu sehr aus dem vollen. Sie wirke auf ihn wie eine Kompanie, die sich der Kriegskasse bemächtigt habe und sie jetzt munter durchbringe, mit offenen Händen verteile.

Weniger als zwei Jahre später wurde ihm die Haushaltsproblematik überdeutlich klar. Schiller sah sich zwischen seinen widerstreitenden Aufgaben hin- und hergerissen. Gleichzeitig ließ sich der Regierungschef, dem in dieser Lage eine wichtige Aufgabe zugefallen wäre, von der Außenpolitik völlig absorbieren, während die übrigen Ressorts emsig vor sich hin werkelten, ohne den Zusammenhang ihrer Arbeit im Auge zu behalten und politisch zu gewichten. Denn das Kanzleramt sammelte und katalogisierte zwar, aber es entschied nicht, vergaß zu führen.

Das Ende Schillers ist bald erzählt. Die Krise begann im Sommer und Herbst 1971 bei den Vorbereitungen des sozialdemokratischen Steuerparteitages, der für den 18. und 20. November nach Bonn einberufen war. Die von Erhard Eppler geleitete Steuerreform-Kommission der Partei hatte beschlossen, mit einem ehrgeizigen Programm, das drastische, ja konfiskatorische Steuererhöhungen vorsah, endlich eine feste Grundlage für die angestrebten gesellschaftspolitischen Reformen zu schaffen, also der öffentlichen Armut (wie es hieß) durch eine offensive Steuerpolitik beizukommen.

Schiller widersetzte sich diesen Plänen energisch. Er befürchtete, schon die Ankündigung solcher Vorhaben werde die Mittelschichten verschrecken, werde Wechselwähler zwischen Union und SPD, die »Schiller-Wähler« von 1969, seiner Partei abspenstig machen, werde vor allem die Wirtschaft, die ohnehin auf dem Wege in die Rezession war, entmutigen und lähmen. Die SPD, sagte er, gerate in die Gefahr, die Fehler der *Labour Party* zu kopieren. Unter den Industriellen werde sich, falls man nicht rechtzeitig Epplers Ideen bremse, eine maue Stimmung ausbreiten. Eppler verkenne völlig die Notwendigkeit, die Investitionsneigung der Unternehmer zu erhalten.

Solche Warnungen ließen die Vertreter des wachsenden Linkstrends in der

SPD kalt. Risikofreudig erklärte Jochen Steffen am 19. November 1971, man müsse den Mut haben, die Belastbarkeit der Wirtschaft zu erproben.

In dieser Stimmung, in der das Wünschbare wichtiger genommen wurde als das Machbare, konnte Schiller nicht verhindern, daß auf dem Sonderparteitag Eppler seinen Platz besetzte. Statt von Schiller als dem jetzt zuständigen Ressortchef (denn die Steuerreform war unter Alex Möller im Finanzministerium vorbereitet worden) hörte man das Grundsatzreferat zu diesem brisanten Thema aus dem Munde des Entwicklungshilfeministers. Der schwierige, in sich gekehrte Eppler wurde zum großen Mann, zur prägenden Figur dieses SPD-Novembertreffens. Seine egalitären Impulse prägten die Diskussionen, und er vermochte unter den Delegierten eine mächtige Fronde gegen Parteiführung und Regierung zusammenzubringen. Schiller hingegen sah sich isoliert. Da Eppler im privaten Kreis noch abweisender ist als in der Öffentlichkeit, sprach er selbst unter vier Augen, am Rande des Parteitages, kein Wort mehr mit dem Wirtschafts- und Finanzminister. Unnahbar ging er an ihm vorüber, obwohl Schiller doch nur die gemeinsam vom Kabinett skizzierte Linie erläuterte und rechtfertigte – wenn auch mit ganz ungewöhnlicher Hartnäckigkeit.

Beherzt stemmte Schiller sich der sozialismusgeneigten, programmbegeisterten Tendenz der Delegierten entgegen (»Genossen, laßt doch die Tassen im Schrank!«). Gemeinsam mit Horst Ehmke und Hans Koschnick gelang es ihm, wenn auch nur mit einiger Mühe, dem Parteitag die Abschaffung des Steuergeheimnisses auszureden. Von Willy Brandt und Herbert Wehner (der die Genossen mahnte, sich nicht zu »verheben«) mehrfach, allerdings eher vorsichtig unterstützt, erreichte Schiller durch seine trotzig couragierten Bemühungen, daß die Entschließungen zur Steuerreform am Ende dieser »Tage der Illusionen« (Diether Stolze) stark verwässert waren und somit vorerst anstelle eines Gesamtkonzepts nur Bruchstücke von Veränderungsideen existierten und zirkulierten. Es war also alles glimpflich abgegangen. (Helmut Schmidt ließ sich auf dem Parteitag erst blicken, als das Schlimmste vorüber war. Während er am Präsidiumstisch Platz nahm, fragte er fröhlich Karl Schiller: »Na, ist viel Blödsinn beschlossen worden?«)

Durch seinen offenen Widerstand gegen die Erneuerungs-Sehnsucht unter den Sozialdemokraten hatte Schiller in den eigenen Reihen kaum neue Freunde gewonnen. Ganz im Gegenteil. Bereits auf dem Steuerparteitag habe es »einen gewissen Bruch« zwischen ihm und den eigenen Leuten gegeben, sinnierte Schiller 1973 rückblickend gegenüber Ben Witter. »Aber was tat ich denn da? Ich verteidigte doch nur die Beschlüsse der Bundesregierung.« Das war es ja eben: Unter den Genossen mochte man von ihnen nichts hören. Schon am 20. November 1971 meinte die *Frankfurter Rundschau*, Schiller habe »so gut wie jeden Kontakt zur Parteibasis verloren« und sei auf dem Parteitag zu einem »negativen Helden« geworden; als er das Wort ergriff, hätten die Delegierten, »demonstrativ Desinteresse zeigend, grüppchenweise« den Saal verlassen.

Je mehr Karl Schiller in die Vereinzelung geriet, desto stärker – und störender – wurde die Rolle, die Etta Schiller spielte. Sie stützte und beeinflußte ihn, ja man sah in ihr den engsten Ratgeber des Ministers. Damit stiftete sie mehr Schaden als Nutzen. Besonders die Empfehlung, ihren Schwager, den Parteifreund und Geologie-Professor Eberhard Machens, zur allgemeinen Überraschung Anfang März 1972 zum Präsidenten der angesehenen *Bundesanstalt für Bodenforschung* in Hannover zu berufen, die dem Bonner Wirtschaftsministerium unterstand, brachte Schiller in beträchtliche Schwierigkeiten, die bei einem Politiker kleineren Kalibers bereits damals zum Sturz geführt hätten. Denn die Angelegenheit wuchs sich, da Machens, ins Gerede gekommen, nicht zurücktrat, zur Affäre aus. Nach heftigen Protesten von allen Seiten sah sich Schiller gezwungen, Machens elf Tage nach Dienstantritt zu beurlauben, freilich unter Fortzahlung seiner vollen Bezüge.

Kaum weniger schädlich für Karl Schiller war die Gewohnheit seiner Frau, Details aus internationalen Verhandlungen öffentlich zum besten zu geben oder Kollegen ihres Mannes bis hin zum Kanzler vor anderen scharfzüngig zu charakterisieren. Der umgängliche Hans Hermsdorf, als Haushaltsexperte ebenso sachkundig wie loyal, meinte nach Schillers Rücktritt, es sei tragisch, wenn ein so gescheiter Mann sich selbst ruiniere; und auf die Frage, was denn nun eigentlich Schiller zur Strecke gebracht habe, ergänzte er: »Cherchez la femme«.

Im Mai 1972 spitzte sich die Krise zu, die zu diesem Rücktritt führte. Helmut Schmidt meinte später, schon dies wäre der richtige Zeitpunkt für die Ablösung des Doppelministers gewesen. Worum ging es?

In der Kabinettsitzung vom 16. Mai 1972 saß man vom Nachmittag bis in den Abend hinein erschöpft und verspannt beisammen. Drei Wochen vorher hatte die Koalition mit mehr Glück als aus eigenem Vermögen den Versuch Rainer Barzels abwehren können, Willy Brandt durch ein konstruktives Mißtrauensvotum zu stürzen, war aber seither auch ihrerseits ohne Mehrheit. Beide Lager, Regierung und Opposition, waren gleich stark. Trotzdem versuchte der Kanzler unter Aufbietung aller gemeinsamen Kräfte, seine Ostverträge doch noch heil durch den Bundestag zu bringen. Für den nächsten Tag, den 17. Mai, stand die entscheidende Abstimmung auf der Tagesordnung. Nach dem qualvollen Hin und Her der voraufgegangenen Wochen konnte niemand mit Sicherheit voraussagen, ob die Sache gut ausgehen würde.

In diesem psychologisch unglücklichen Moment erschreckte Schiller seine Kollegen, indem er die aktuellen Haushaltsprobleme dramatisch darstellte und auch die in naher Zukunft absehbaren Mehrbelastungen ausmalte. Schiller fand, die Zeit sei gekommen, ein deutliches Wort zu sprechen, auch wenn, ja gerade wenn die Kollegen sich taub stellten. Er verlangte entweder Steuererhöhungen oder Streichungen, und zwar noch im Haushalt 1972, der ja bisher nicht verabschiedet war, sowie eine gemeinsame Abklärung des finanzpolitischen Rahmens für 1973 und möglichst darüber hinaus. Schließlich konnte die naive

Ausgabenfreudigkeit so wie bisher nicht weiter andauern. Die Etatwünsche der Ressorts überstiegen die vorhandenen Finanzierungsmöglichkeiten beträchtlich. Der langfristige Finanzplan ging für 1973 von einem Bundesbedarf in Höhe von 126,3 Milliarden DM aus, für 1974 von 137,7, für 1975 von 146,1 und für 1976 von 155,7 Milliarden DM. Zugleich zeigte er 1973 eine Deckungslücke von 16,8 Milliarden DM, 1974 von 19,6, 1975 von 21,1 und 1976 von 20,8 Milliarden DM.

Die Runde wollte von alledem nichts hören. Dabei lamentierten die Zeitungen seit Wochen über das Sieben-Milliarden-Defizit im laufenden Haushaltsjahr 1972. Aber stand man nicht kurz vor einem harten Wahlkampf, in dem die CDU/CSU, wie schon bisher, die Verschwendungssucht der Koalition anprangern, von »Finanzkrise« und »Staatsbankrott« sprechen und die Bundesregierung zum Offenbarungseid auffordern würde? In einem solchen Augenblick erschien den anderen Ministern eine – dann auch unvermeidlich öffentliche – Erörterung dieser Themen nicht nur überflüssig, sondern geradezu lebensgefährlich. Dementsprechend ging man Schiller gereizt und hart an. Er sah sich, wie er später empört dem Regierungschef schrieb, »disziplinlosen Attacken ausgesetzt«.

Beleidigt, ja erbost über das rüde Verhalten der Kollegen, besonders über Helmut Schmidt, der auch diesmal kein Blatt vor den Mund genommen hatte, verfertigte der Wirtschafts- und Finanzminister unter dem Datum des 18. Mai 1972 eine Kabinettsvorlage, in der er seine Forderungen schriftlich zusammenfaßte. Insgesamt wünschte er Kürzungen in Höhe von 2,5 Milliarden DM. Allein im Etat des Verteidigungsministeriums, also im Budget Schmidts, seien 1972 800 Millionen DM zu streichen. Der Haushalt 1973 und die mittelfristige Finanzplanung für die Jahre danach sollten nach Schillers Auffassung noch vor den Bundestags-Neuwahlen, die für den Herbst oder das kommende Frühjahr erwartet wurden, vom Kabinett beraten werden, um dieser sowie der kommenden Regierung Eckdaten und Richtwerte für ihr künftiges Handeln zu geben.

Doch damit nicht genug. Schiller ließ seine Vorlage in 131 Exemplaren zirkulieren und machte sie damit praktisch öffentlich bekannt. Alle Welt konnte wörtlich lesen oder hören, daß nach der Überzeugung des zuständigen Bundesministers der Haushalt 1972 »stabilitätspolitisch nicht vertretbar« sei, wenn die von Schiller für erforderlich gehaltenen Kürzungen ausblieben. Das war genau das, was die Opposition stets behauptet hatte. In der aktuellen Situation, in der die Koalition zusammenrücken und für den Wahlkampf die eigenen Reihen fest schließen mußte, konnte ein solcher Schuß in den Rücken der eigenen Leute kein anderes Ergebnis haben als eine allgemeine sozialliberale Verärgerung über dieses Kabinettsmitglied und die entsprechende Vereinsamung Schillers, besonders natürlich innerhalb der SPD.

Der Kanzler dachte zwar einen Augenblick daran, Schiller wegen seiner unkollegialen Vorgehensweise zu entlassen, zögerte dann aber doch, diese harte

Konsequenz zu ziehen. Bei Schiller lagen die Dinge für ihn besonders schwierig. Schon lange Jahre arbeitete man vertrauensvoll und vorteilhaft zusammen; mittlerweile war der Wirtschafts- und Finanzminister für den Regierungschef so etwas wie eine Erfolgsgarantie geworden. Schiller überragte auf Gebieten, die Brandt fremd waren. Einen Mann derart ungewöhnlicher Fähigkeiten, den man gerade jetzt, im Wahlkampf, glänzend brauchen konnte, setzt man, auch wenn es Schwierigkeiten gibt, nicht einfach vor die Tür. Horst Ehmke und vor allem Helmut Schmidt drängten allerdings stark in diese Richtung. Und auch nach Meinung anderer Mitglieder der Bundesregierung, die weniger impulsiv und energisch waren als diese beiden, ging es nicht mehr lange so weiter wie bisher. Das Verhältnis zwischen dem Superminister und dem Verteidigungsminister, Schillers baldigem Nachfolger, entwickelte sich im Sommer 1972 derart unerträglich, daß Willy Brandt wiederholt entmutigt, ja angeekelt mit dem Gedanken umging, alles hinzuwerfen. »Weder er noch ich«, sagte Schiller in späteren Jahren, »waren der Härte der Auseinandersetzung mit Schmidt im Kabinett gewachsen.« Conrad Ahlers, als Bundespressechef zu jener Zeit Augenzeuge dieser internen Machtkämpfe, berichtete im folgenden Frühjahr, am 9. Februar 1973, in der *Wirtschaftswoche:* »Der Dauerkonflikt zwischen Helmut Schmidt und Karl Schiller . . . wurde insbesondere von dem heutigen Finanzminister zuweilen in derart unangenehmen Formen (die allerdings zum Teil durch Schmidts Schilddrüsenerkrankung zu erklären waren) ausgetragen, daß der Bundeskanzler mehr als einmal resignierend den Kabinettssaal verließ und an Rücktritt dachte. Karl Schiller war Helmut Schmidt ökonomisch überlegen, unterlag aber politisch.«

Zunächst ging es allerdings einfach darum, möglichst geräuschlos die von Schiller entfachte Kabinettskrise beizulegen, um sich den Wählern als stabilitätsbewußt zu empfehlen und der Opposition keine zusätzlichen Angriffsflächen zu bieten. Unter der Überschrift »Muß Brandt nach Canossa gehen? Bonns Finanzpolitik: Am Rande des Abgrunds« meinte Diether Stolze am 2. Juni 1972 in der *Zeit:* »Natürlich kann man verstehen, daß Schillers Kollegen sich durch die öffentliche Schelte brüskiert fühlen . . . Wichtiger ist, daß Schiller in der Sache recht hat. Die Taktik der Verzögerung, die Brandts Berater so gern einschlagen würden, wäre ökonomisch verhängnisvoll. Das Übel, das jetzt droht, ist: Beschleunigung der Inflation durch massives deficit spending der ›öffentlichen Hände‹. Der Bund hat bereits in den ersten drei Monaten dieses Jahres – trotz der Sparappelle des Finanzministers, trotz ungenehmigten Haushalts – 12,3 Prozent mehr ausgegeben als in der gleichen Zeit 1971. Und schlechte Beispiele führen natürlich nicht zu guten Sitten.«

In der Sondersitzung der Bundesregierung vom 9. Juni 1972, die den Sparmaßnahmen im Haushalt 1972 als einzigem Tagesordnungspunkt gewidmet war, schickte man sich mürrisch ins Unvermeidliche und trug, wenigstens halb, Schillers Forderungen Rechnung. Bereits in einem Interview mit der *Zeit* vom

2. Juni 1972 hatte Brandt eingeräumt, Schiller sei im »Recht, wenn er darauf hinweist, daß wir die Dinge – auch wenn wir keine absolute Preisstabilität halten können – nicht ins Rutschen kommen lassen dürfen«. Dementsprechend kürzte das Kabinett den Etat sofort um 1,3 Milliarden DM und verpflichtete zusätzlich die Ressorts, die vom Wirtschafts- und Finanzminister zur Streichung vorgesehenen weiteren 1,2 Milliarden DM gemeinsam als »globale Minderausgabe« im Laufe des Jahres einzusparen. Davon hielt der redliche Hermsdorf zwar nicht viel; es werde, sagte er, auf einen »Rundgang mit dem Hut« hinauslaufen. Aber immerhin war der Konflikt vorerst vom Tisch.

Die selbstherrliche Eigenmächtigkeit, mit der ihr unbeliebter professoraler Kollege in dieser Sache vorgegangen war, hatte den Widerstand in der Ministerrunde gegen Schiller allerdings kräftig anwachsen lassen. Man war nicht nur still verdrossen, sondern wartete geradezu auf eine Gelegenheit, ihm einen Denkzettel zu verpassen.

Das Kabinett geschlossen gegen Schiller

Die Gelegenheit bot sich Ende Juni 1972, als man sich in der Bundesrepublik wieder einmal mit Erschütterungen des internationalen Währungssystems beschäftigen mußte. Die Wechselkurse des britischen Pfundes und der italienischen Lira waren von den Regierungen in London und Rom zum Floating freigegeben worden. In Bonn überlegte man, wie spekulative Inflationsgelder aus dem Ausland von der Bundesrepublik ferngehalten werden könnten. Schiller plädierte dafür, »jetzt das Bardepot voll auszuschöpfen, es also bei der Verwendung marktkonformer Maßnahmen zu belassen und weiterreichende Instrumente für spätere Verhandlungen in Brüssel in Reserve zu halten, um damit gegebenenfalls eine gemeinschaftliche Lösung gegenüber dem Dollar zu erreichen«.

Karl Klasen jedoch, der Bundesbankpräsident, befürwortete einen anderen Kurs. Am 26. Juni ließ er das Bundeskanzleramt wissen, er habe die Absicht, in der Kabinettssitzung vom 28. Juni vorzuschlagen, zur Abwehr der Spekulationsgelder Devisenkontrollen nach § 23 Abs. I Ziffer 4 des Außenwirtschaftsgesetzes einzuführen. Klasens Stellvertreter, Otmar Emminger, besprach dieses Vorhaben seines Vorgesetzten am 27. Juni mit Karl Otto Pöhl, dem zuständigen Ministerialdirektor im Kanzleramt, der den Regierungschef wirtschafts- und finanzpolitisch beriet. Dabei merkte Emminger an, daß die Position Klasens für Schiller wohl inakzeptabel sei. Pöhl berichtete dem Kanzler, will aber auch den Leiter der Abteilung *Geld und Kredit* im Bundeswirtschaftsministerium, Ministerialdirektor Dieter Hiss, informiert haben. Hiss sagt heute, Pöhl habe ihm nichts mitgeteilt; das Bundeskanzleramt habe nicht erkennen lassen, was da komme.

Aber die Anwendung des § 23 habe in der Luft gelegen; er, Hiss, habe sie auch für taktisch richtig gehalten und diesen Standpunkt in einer internen Vorbesprechung seines Hauses zu Schillers Mißvergnügen vertreten. Das Kabinett hasse flexible Wechselkurse, weil sie immer zum Krach mit Frankreich führten; diese Bundesregierung wolle aber, der Kanzler voran, unbedingt mit Paris in Frieden leben. Auch der Minister brauche jetzt Frieden, und zwar im Kabinett – zumindest eine Zeitlang. Alle Kollegen seien sichtlich seiner eindringlichen, ja nötigenden Belehrungen überdrüssig.

Für Schiller hingegen ging es hier um die heiligsten Güter der Nation, um die Grundlage unserer freien Wirtschaft. Hinzu kam, daß sich zu jener Zeit sein früher sehr freundschaftliches Verhältnis zu Klasen wegen des Streits zwischen Bundeswirtschaftsministerium und Bundesbank um die Aufwertungskompetenz (also um die Frage, wo bei DM-Aufwertungen die Initiative liege) so verschlechtert hatte, daß man dem Bruch nahe war; die beiden sprachen nur noch das Notwendigste miteinander. So erklärt es sich auch, daß Klasen kein Wort hatte verlauten lassen, als sie zwei Tage vorher den ganzen 26. Juni unter den EWG-Finanzministern in Luxemburg Seite an Seite zusammengesessen hatten. Ebenso hatte er sich am Vormittag des 28. Juni in Schweigen gehüllt, als beide im Bundeswirtschaftsministerium beim Konjunkturrat tagten.

Erst jetzt, am Nachmittag, in der 117. Sitzung dieser Bundesregierung, machte Klasen den Mund auf. Vor versammeltem Kabinett regte er die Anwendung des § 23 an und begründete seine Vorhaben. Der Wirtschafts- und Finanzminister war zunächst sprachlos. Dann aber widersetzte er sich energisch und wortreich, zog alle Register, wehrte sich zäh bis zum Letzten, weil er mit beträchtlicher Beredsamkeit sich und den anderen beweisen wollte, daß er allein recht habe. Schiller betonte, Devisenkontrollen seien ihrer Natur nach lückenhaft und daher wirkungslos. Außerdem stelle man mit einem derartigen Genehmigungszwang die Weichen in Richtung auf nationalstaatliche Devisenbewirtschaftungen. Das schädige die Bemühungen um ein Vereintes Europa schwer. Was hier auf Vorschlag der Bundesbank beschlossen werden solle, bedeute den Anfang vom Ende des freien Kapitalmarktes und damit den Verzicht auf eine der für unsere Wirtschaft wirksamsten Errungenschaften der Nachkriegszeit.

Doch solche Argumente verschlugen nicht angesichts der beruhigenden Aussicht, die der Bundesbankpräsident eröffnete: Folge man seiner Anregung, dann bekomme man »vier oder fünf Monate Ruhe an der Währungsfront« – also über die Bundestagswahl hinaus. Wenn stimmte, was Klasen da sagte, dann war, wie alle erleichtert feststellten, der Koalition fürs erste bestens gedient. Denn wenige Tage zuvor, am 24. Juni, hatten sich Brandt und Scheel in Berlin darauf verständigt, den Bundestag vorzeitig aufzulösen und für November Neuwahlen anzustreben. Diesen Termin mußte man mit heiler Haut hinter sich bringen – und das hieß: ohne neue Aufwertung, die sich aus Schillers damaligem Vorschlag eines europäischen Floating anstelle nationaler Maßnahmen hätte ergeben können. Dann konnte man auch für den Augenblick den Grundsatzdisput über Markt- und Zwangswirtschaft getrost vertagen; umgekehrt konnte man sich erlauben, den eigenen Animositäten gegen Schiller diesmal freien Lauf zu lassen. Die Geduld des Kabinetts mit ihm war am Ende. »Ich hatte viele verprellt«, räumt Schiller heute selbstkritisch ein.

Die Sitzung hatte am frühen Nachmittag des 28. Juni 1972 um 14 Uhr begonnen. Sie wurde mehrfach unterbrochen, weil man Klasen und Schiller die Gelegenheit geben wollte, einen Kompromiß auszuhandeln. Außerdem lag Schiller, der nicht ganz allein sein mochte, viel daran, seinen Staatssekretär Johann-Baptist Schöllhorn, »einen Freund von mir«, mit dem Hubschrauber aus seinem Urlaubsort in der Eifel herbeiholen zu lassen. Alles umsonst. Um 22 Uhr kündigte Schiller (der sich isoliert sah, ja eingekreist fühlte, nie ein guter Verlierer gewesen war und daher Klasens Triumph nicht verwinden konnte) seinen Kollegen an, daß er nicht in der Lage sei, die Mehrheitsmeinung zu akzeptieren. Falls das Kabinett im Sinne des Bundesbankpräsidenten beschließe, werde er seinen Rücktritt einreichen.

Zwanzig Minuten vor Mitternacht vertagte man sich auf den nächsten Morgen. Als am 29. Juni um die Mittagszeit abgestimmt wurde, votierte die Bundesregierung im entscheidenden Punkt, wie Dietrich Spangenberg notierte, »einstimmig gegen Schiller«. Keine Hand, die für ihn erhoben worden wäre. Es gab nicht einmal eine Enthaltung. Alle standen hinter Klasen. Schiller sah darin eine Demonstration gegen seine Person – zu Recht.

In seinem Bericht über die Kabinettsitzung vom 28./29. Juni 1972 erinnerte sich später Conrad Ahlers: »Die Aufwertungsmüdigkeit im Kabinett war so groß wie die Schillermüdigkeit. Auch der Bundeskanzler, der länger zu Karl Schiller gehalten hatte als irgendein anderer mit Ausnahme des getreuen Schillerknappen und damaligen Staatssekretärs Schöllhorn, konnte das Unheil nicht aufhalten. Ihm mußte zu guter Letzt mehr an der Geschlossenheit seiner Wahlkampfmannschaft gelegen sein als daran, die Symbolfigur Schiller zu halten . . . Die Spitze der gegen Schiller marschierenden Kolonne führte Verteidigungsminister Helmut Schmidt. Ihm stand der Stabilitätsapostel, der jede Haushaltsberatung zu einer äußerst unbequemen Angelegenheit hatte werden lassen, schon lange im Wege . . . ›So billig werden wir Karl niemals mehr los‹, faßte Kanzleramtsminister Horst Ehmke am Abend des 28. Juni die Lage in klassischer Kürze zusammen.«

Der Rücktrittsbrief

Schiller war verständlicherweise »sehr getroffen«, als ihm Pöhl noch in der Nacht die Äußerung Ehmkes hinterbrachte. Nach einigen Tagen des Nachdenkens schrieb er in der Zurückgezogenheit und Ruhe des Wochenendes am 2. Juli 1972 seinem Regierungschef einen langen Brief, mit dem er um die Entlassung aus dem Amte bat. Ausführlich schilderte er darin zunächst jene Ereignisse der jüngsten Zeit, die der unmittelbare Anlaß seines Schrittes waren.

Sehr verehrter Herr Bundeskanzler!

Ich habe in diesen Tagen über die Position meiner Wirtschafts- und Finanzpolitik in diesem Kabinett gründlich nachgedacht. Dabei habe ich mich bemüht, die Vorgänge und die Beschlußfassungen in den Kabinettsitzungen vom 28. und 29. Juni 1972 nur als einen Teilaspekt anzusehen, der allerdings auf dem Hintergrund einer längeren Entwicklung sicherlich seine besondere Bedeutung hat.

1. Zuerst zum Verfahren. Es ist ein ganz ungewöhnlicher Vorgang, daß der Bundesbankpräsident im Gesamtkabinett einen Antrag auf sofortige Anwendung des § 23 Abs. 1 Ziff. 4 AWG stellt, ohne den federführenden und verantwortlichen Bundesminister vorher davon zu orientieren, und daß dieser Antrag dann zum Gegenstand einer sich über zwei Tage erstreckenden mehrstündigen Kabinettsdebatte gemacht und schließlich gegen den zuständigen Minister durchgesetzt wird. Ich kann mich mit diesem Verfahren in keiner Weise einverstanden erklären.

Wie mir nachträglich bekannt wurde, hat der Bundesbankpräsident schon am Montag, dem 26. Juni 1972 morgens, als ich mich auf dem Wege nach Luxemburg befand und Sie ebenfalls außerhalb Bonns waren, dem Bundeskanzleramt seine Absicht, an der Kabinettsitzung teilzunehmen, um dort den bewußten Antrag zu stellen, mitgeteilt. Als erstes wäre wohl eine Mitteilung des Bundeskanzleramtes an mich erforderlich gewesen, um dem zuständigen Minister die Gelegenheit zu geben, den Bundesbankpräsidenten selber über seine konkreten und aktuellen Vorstellungen zu befragen. Der Präsident selbst hat dann an jenem Montag acht Stunden neben mir in Luxemburg gesessen, ohne auch nur eine Andeutung von seinen Antragsabsichten für die Kabinettsitzung verlauten zu lassen. Auf meine spätere Rückfrage am 28. Juni in Ihrer Gegenwart, warum dies von seiner Seite nicht geschehen sei, kam bekanntlich die Antwort, er habe gewußt, daß ich dagegen sei. Diese Antwort, Herr Bundeskanzler, war einfach absurd; denn in einer geordneten Verwaltung finden Vorbesprechungen gerade aus dem Grunde statt, weil man über bestimmte Fragen einen Dissens vermutet und diesen vorweg auszuräumen versucht.

Der eingeschlagene und von einigen Persönlichkeiten des Bundeskanzleramtes zumindest tolerierte Weg der überfallartigen Antragstellung im Kabinett konnte nicht zu einem geordneten Entscheidungsprozeß führen, in dem alle Seiten dieser außerordentlich komplizierten Materie sorgsam vorbereitet und abgewogen wurden. Die Konfrontation wurde künstlich herbeigeführt. Außerdem mußten heikelste Probleme künftiger währungspolitischer Möglichkeiten in dem großen Kreis ad hoc angesprochen werden. Schon am Abend lag alles auf der Straße. Wenn ich das Ergebnis betrachte, daß nämlich am Ende der Beratungen alle anwesenden Kabinettsmitglieder gegen mich votierten, wobei sich selbst bei den weniger engagierten und informierten Kollegen keine einzige Stimmenthaltung fand, so kann ich das – wobei ich frei von jeder persönlichen Empfindlichkeit bin – nur als Demonstration gegen den Wirtschafts- und Finanzminister werten. Ich verzichte darauf, mir den Herrn Außenminister oder gar den Herrn Verteidigungsminister in einer analogen Lage vorzustellen.

Nachdem ich seit vier Jahren eine marktwirtschaftliche Währungspolitik gegen viel Widerstand erfolgreich betrieben habe, kann ich es nicht hinnehmen, daß diese Politik ohne überzeugenden Grund im Handstreichverfahren auf einen anderen Kurs gebracht wird . . .

5. Die letzten Monate haben zugleich gezeigt, daß ich mich mit der Mehrheit des Kabinetts im finanz- und haushaltspolitischen Konflikt befinde. Die denkwürdige Sitzung vom 16. Mai 1972, als der für die Finanzen zuständige Minister sich disziplinlosen Attacken ausgesetzt sah, nur weil er auf die Mehrbelastungen der mittelfristigen Finanzplanung hinwies, braucht nur erwähnt zu werden.

Meine Notmaßnahme, nämlich das Kabinett anhand meiner Kabinettsvorlage vom 18. Mai 1972 zu unbequemen Entscheidungen zu veranlassen, hat für 1972 sicherlich zu einem Teilerfolg geführt. Aber ungewünscht ist auch diese Anstrengung immer noch. Im Gegenteil: Sie wird bekanntlich von einigen Kabinettsmitgliedern in ihrem Sinn und ihrer Bedeutung draußen heruntergemacht. Und immer noch sträubt sich das Kabinett, im Sommer 1972, sich mit den Fakten, die die Finanzplanung ab 1973 bestimmen, zu befassen. Von der Regierung ist bekanntgegeben worden, daß sie Ende August hierzu Beschlüsse fassen würde. Die letzte Debatte im Kabinett anläßlich der Vorlage über Bundeswehrhochschulen zeigte aber erneut, daß auch dieser Termin noch unklar ist. Da wurde der September genannt, wo jeder weiß, wenn das Kabinett erst in die Nähe eines bestimmten parlamentarischen Septembertermins gekommen ist, wird jeglicher Anlaß zur Erarbeitung einer mittelfristigen Finanzplanung ab 1973 entschwunden sein.

Mein Wunsch, der seit dem 18. Mai genau formuliert ist, nämlich daß die Regierung sich schnell und deutlich über die zwingenden Mehrbelastungen ab 1973 ein Bild macht und auch öffentlich gewisse Eckwerte und Orientierungen für die angepaßte und fortgeschriebene Finanzplanung vertritt, ist bisher als lästig und unbequem empfunden. Ich habe Ihnen am Sonntag, dem 25. Juni 1972, in Berlin den neuesten Stand der künftigen Mehrbelastungen aus geltendem Recht und Gesetz dargestellt. Sie sind im Prinzip allen Kabinettsmitgliedern in der Fassung vom 18. Mai bekannt. Es ist doch unbestritten, daß die Regierung ab 1973 schon durch die zwangsläufigen Mehrbelastungen zu Eingriffen in die Ausgaben oder zu Einnahmeverbesserungen in Milliardenhöhe gezwungen sein wird.

Ich habe dabei immer wieder betont, es gibt auch Grenzen der Belastbarkeit für einen Finanzminister. Er kann sich nicht unaufhörlich vertrösten lassen. Ich bin jedenfalls nicht bereit, als Finanzminister bis zum Ende des Jahres schweigen zu müssen über das, was ab 1. Januar 1973 jede Bundesregierung erwartet. Ich bin nicht bereit, eine Politik zu unterstützen, die nach außen den Eindruck erweckt, die Regierung lebe nach dem Motto: »Nach uns die Sintflut«. Ich bin auch nicht bereit, dann womöglich noch von einem Amtsnachfolger gleicher oder anderer Couleur in einer neuen Regierung als Hauptschuldner für eine große sogenannte »Erblast« haftbar gemacht zu werden, wie das Herr Kollege Möller 1971 praktiziert hat. Ein Finanzminister, der monatelang stumm bleiben sollte, wie das viele Kollegen wünschen, weil man in solchen Zeiten nicht von Geld redet, ist von mir nicht darzustellen.

Die Regierung hat die Pflicht, über den Tellerrand des Wahltermins hinauszublicken und dem Volk rechtzeitig zu sagen, was zu leisten ist und was zu fordern ist. Diese von mir mehrfach empfohlene Strategie ist bisher im Kabinett nicht einmal andiskutiert, geschweige denn akzeptiert. Der Widerwille einiger Kollegen gegen derartige Überlegungen hindert die gleichen Kollegen nicht daran, mit Anträgen, die ab 1973 einnahmemindernd oder ausgabenerhöhend wirksam werden, heute aufzuwarten.

Dies alles mag zu einem Teil übliches Schicksal eines Finanzministers sein. Aber die Gesamteinstellung des Kabinetts zu diesen Fragen ist seit langem kaum noch verständlich. Ich habe das alles auch schon in meinem Schreiben vom 29. Februar und in unserem persönlichen Briefwechsel im Anschluß an meine Kabinettsvorlage vom 18. Mai dargestellt. Ich brauche das nicht zu wiederholen.

6. Dieser permanente finanzpolitische Konflikt war bekanntlich die Fortsetzung von früheren konjunkturpolitischen Konflikten, die ich in meiner Eigenschaft als Wirtschaftsminister erlebt habe. Es hat in der Zwischenzeit Perioden gegeben, wo ich die Unterstützung des Bundeskanzlers hatte. In den letzten Monaten ist auch das anders geworden. Abstimmungsergebnisse, wie das vom 29. Juni, sprechen für sich. Die Position: einer gegen alle oder alle gegen einen habe ich bei anderen Gelegenheiten auch ohne formelle Abstimmung erlebt. Ich habe mich nach dem Doppelamt nicht gedrängt. Es wurde mir in der Stunde der Not aufgebürdet. Dabei habe ich von Anfang an

betont, daß eine Bewältigung der äußerst schwierigen Aufgaben nur dann möglich ist, wenn alle Kollegen den festen Willen zur Zusammenarbeit haben unter Hintanstellung von sachlichen und persönlichen Rivalitäten. Unbedingte Voraussetzung war außerdem die volle Unterstützung durch den Bundeskanzler.

Gerade bei einem Bundeskabinett, das zum erstenmal in der Geschichte der Bundesrepublik von der Sozialdemokratie geführt wird, und zwar bei knappen Mehrheitsverhältnissen, bedurfte es in besonderem Maße des gemeinsamen Handelns, und zwar im Hinblick auf das Ziel: einen überzeugenden Wahlsieg bei der nächsten Bundestagswahl. Das erforderte, daß alle sich in einen gegebenen Rahmen einpassen und auf Kosten des Ganzen gehende Einzelinteressen zurückgestellt würden. In diesem zermürbenden Kampf – reich an persönlichen Diffamierungen – stand der zuständige Minister oft allein. Das hat mich nicht gehindert, immer von neuem den Versuch zu machen, zu sachgerechten, überzeugenden Lösungen der anstehenden Probleme zu kommen. Trotz aller mir nachgesagten Empfindlichkeit habe ich mich immer wieder über persönliche Angriffe aus den eigenen Reihen um der Sache willen hinweggesetzt (siehe beispielsweise die Auseinandersetzungen zur Steuerreform im vorigen und in diesem Jahr). Es gibt aber auch für mich Grenzen – diese sind gegeben, wenn ich der auf meinem Amt beruhenden Verantwortung diesem Staat und seinen Bürgern gegenüber nicht mehr gerecht werden kann, weil ich nicht unterstützt bzw. sogar daran gehindert werde. Bei nüchterner und verantwortungsvoller Würdigung des von mir geschilderten Sachverhalts kann ich aus den Gegebenheiten nur die Konsequenz eines Rücktritts ziehen.

Ich weiß, daß in der jetzt beginnenden Woche durch ausländische Besuche, insonderheit durch die deutsch-französischen Konsultationen und durch die Unterzeichnung des deutsch-sowjetischen Handelsvertrages Pflichten von mir zu erfüllen sind. Dem werde ich nachkommen, damit nicht außenpolitische Beziehungen überschattet werden.

Ich habe mich entschlossen, am Freitag, dem 7. Juli 1972, von meinem Amt als Bundesminister für Wirtschaft und Finanzen zurückzutreten. Ich bitte Sie, dem Herrn Bundespräsidenten gemäß § 9 des Bundesministergesetzes meine Entlassung aus dem Ministeramt zu jenem Tage vorzuschlagen.

Mit freundlichen Grüßen
(gez.) Schiller

Beratungen über eine Regierungsumbildung

Brandt erhielt das Schreiben seines Wirtschafts- und Finanzministers am späten Sonntagabend. Der Kanzler war wie Schiller der Meinung, daß die Krise nicht die öffentliche Diskussion beherrschen sollte, solange die französischen und russischen Gäste im Lande waren. Intern jedoch begannen bereits am Dienstag, dem 4. Juli 1972, nach der Abreise Pompidous intensive Beratungen, wie weiter zu verfahren sei. Am Vortage hatte der Wirtschafts- und Finanzminister dem Kanzler einen zweiten Brief geschrieben, in dem Schiller erkennen ließ, daß er den Entschluß, aus dem Amte zu scheiden, noch einmal zu überdenken bereit sei, wenn ihm die SPD einen sicheren Wahlkreis anbiete, einen Vorzugsplatz auf der nordrhein-westfälischen Landesliste einräume und er überdies die Zusicherung erhalte, im nächsten Kabinett Brandt weiter das Wirtschaftsministerium führen zu dürfen. Diese Forderungen waren ihm schon vor seinem Rücktrittsgesuch abgeschlagen worden. Brandt hatte erklärt, er könne niemandem feste Zusagen geben. Schillers Bedingungen wurden daher jetzt als Ultimatum, nicht als Friedensvorschlag verstanden. Sie verschlechterten die Stimmung ihm gegenüber, statt sie, wie Schiller vielleicht gehofft hatte, zu verbessern.

Außerdem hatte Ehmke in jenen Tagen seine Hand im Spiel. Wenn Schiller heute meint, Brandt (»für mich in Berlin ein feiner Kerl«, der »später« allerdings »nicht gehalten hat, was er zu sein versprach«) habe »passivisch seinen Rücktritt gewähren lassen«, »sich herausgehalten«, habe überhaupt »eine schlechte Phase« damals gehabt, so ist dieser Eindruck zumindest unvollständig. Denn Brandt wollte ursprünglich Schiller begütigend schreiben, seinen Brief vom 2. Juli versöhnlich beantworten. Doch der Kanzleramtsminister redete ihm das aus: Karl Schiller wolle und werde ganz von selbst zurückkommen, seinen Schritt revidieren.

Richtig ist, daß Schiller seine Situation keineswegs als aussichtslos betrachtete. Er wußte, daß die Liberalen ihn nicht gehen lassen wollten. Bereits am 30. Juni 1972 hatte das FDP-Präsidium auf seiner Hamburger Sitzung, dem Protokoll zufolge, beschlossen: »Das Präsidium erörtert die aktuelle politische Lage, die durch die Rücktrittsdrohung von Minister Schiller entstanden ist. Es besteht Einvernehmen darüber, daß die F.D.P. an einem Rücktritt Schillers zum gegenwärtigen Zeitpunkt nicht interessiert sein kann, gegebenenfalls jedoch Verantwortung im wirtschafts- oder finanzpolitischen Bereich übernehmen sollte.«

Kurz darauf, am Wochenende des Schillerschen Rücktritts, rief Hans-Dietrich Genscher, nach Schillers Eindruck seit langem der starke Mann der FDP im Kabinett, ihn von einer Tagung des FDP-Hauptausschusses in Hamburg aus an. Genscher war es, der alle Vorgänge genau verfolgte, die laufenden Geschäfte kontrollierte. Wenn etwas zwischen den Koalitionspartnern zu besprechen, zu regeln sei (gab er sozialdemokratischen Kollegen zu verstehen), solle man sich sofort an ihn wenden; dann sei man gleich an der richtigen Adresse. Auch am

28./29. Juni 1972 hatte seitens der FDP vorwiegend Genscher sachkundig an der Diskussion teilgenommen und dabei mäßigend zu wirken versucht, einen allseits akzeptablen Ausweg angestrebt und daher Schiller leise gefragt, ob er sich nicht der Stimme enthalten könne. Denn wenn alle anderen gemeinsam gegen ihn als den zuständigen Minister votierten – das sah Genscher richtig voraus –, mußte Schillers Rücktritt unausweichlich werden.

Nunmehr meldete sich Genscher telefonisch, um seine Bereitschaft zu erklären, in diesem wesentlich intern sozialdemokratischen Streit zu vermitteln. Mehrfach verhandelte auch Walter Scheel mit Karl Schiller, um ihn von seinem impulsiven Schritt wieder abzubringen. Gleichzeitig suchte Scheel den Bundeskanzler zu beeinflussen, auf dieses »Gütezeichen der Koalition nach außen« nicht zu verzichten. Es wurde also deutlich, daß die FDP ein Ausscheiden Schillers bedauerte und wenigstens zu diesem Zeitpunkt, kurz vor den Wahlen, abzuwenden wünschte.

Vergeblich. Die SPD-Führung war entschlossen, ihren strapaziösen Wirtschaftsfachmann fallenzulassen. Es sei besser, er gehe jetzt, als im September, hieß es, als Willy Brandt, Herbert Wehner, Alfred Nau und Holger Börner am Nachmittag des 4. Juli in der »Baracke« den Fall Schiller berieten. Walter Scheel und Hans-Dietrich Genscher, die am Abend mit dem Kanzler und Wehner in Brandts Villa auf dem Venusberg zusammentrafen, konnten diese Entscheidung ihrer Partner nur noch zur Kenntnis nehmen.

Bis zu diesem Gespräch im engsten Koalitionskreise hatte man in der FDP offenbar an der Hoffnung festgehalten, Schiller bleibe. Einer handschriftlichen Notiz des Außenministers für diese Besprechung kann man entnehmen, daß Scheel zwei ganz verschiedene Lösungen der Kabinettskrise ins Auge faßte.

1.) Schiller halten.
Angebot Gespräch Scheel Genscher.
2.) Beauftragung Schmidt Genscher bis Herbst
? mit Absichtserklärung
? Umbildung September
– (Vertrauensfrage.) –
nach Sozialgesetzen.
wenn CDU Sondersitzung
einberuft,
Vertrauensfrage am
Anfang
ggf. Leber VTG
Ehmke Post
Wie sicher ist Schiller?
1.) Beauftragung bis zur
Neubildung einer Reg.

Scheel und Genscher wollten also in erster Linie die Sozialdemokraten dafür gewinnen, gemeinsam auf Schiller einzureden, damit er bis zur Neubildung der Bundesregierung nach den Wahlen im Herbst im Amte ausharre. Doch nach Schillers zweitem Brief konnte man die Frage, wie sicher er sei, nur mit ratlosem Achselzucken beantworten. Seine hohen Forderungen an die eigene Partei schlossen einen Kompromiß aus, wie er Scheel und Genscher vorschwebte, denn Schiller schien sich inzwischen so weit gehenzulassen, daß er mit dem Gedanken spielte, ins gegnerische Lager überzuwechseln. Zwar war es verfrüht und obendrein übertrieben, wenn Zeitungen schon Ende Juni 1972 wissen wollten, Schiller erwäge einen CDU-Beitritt. Aber tatsächlich verließ er drei Monate später, am 24. September, die SPD, der er mehr als ein Vierteljahrhundert angehört hatte, und trat zusammen mit Ludwig Erhard in gemeinsamen Zeitungsanzeigen während des Wahlkampfes für die freie Marktwirtschaft ein. (In späteren Jahren hat Schiller sein brüskes Verhalten oft bedauert. Jedoch meinte er dann immer, sich entschuldigend, solche Konflikte eskalierten eben rasch, entglitten leicht der eigenen Kontrolle.)

Man konzentrierte sich also in der Spitze der sozialliberalen Koalition am 4. Juli auf den zweiten Punkt in Scheels Vermerk und faßte ins Auge, Helmut Schmidt mit der Leitung des Wirtschaftsministeriums zu beauftragen, während man Hans-Dietrich Genscher das Finanzressort neben seinem Innenministerium anzuvertrauen gedachte; denkbar schien auch, daß Schmidt die Finanzen, Genscher die Wirtschaft übernähme. Georg Leber sollte, wie Scheel es vorgesehen hatte, anstelle Schmidts als neuer Verteidigungsminister auf die Hardthöhe überwechseln. Von Horst Ehmke als Chef des Bundeskanzleramtes mochte sich Brandt indessen nicht trennen. Vielmehr sollte Lauritz Lauritzen, der Minister für Städtebau und Wohnungswesen, die bisher von Leber wahrgenommenen Ressorts für Verkehr und Post bis zu den Wahlen mitübernehmen.

Ämtertausch, Mehrfachbetrauungen und Vertretungsregelungen zielten auf Lösungen, die in einem Vermerk, der dem Bundesminister des Auswärtigen in dieser Sache vorgelegt worden war, mit den Worten umschrieben wurden:

1. Kabinettsumbildung durch kommissarische Mitübernahme eines freiwerdenden Ressorts durch einen anderen Bundesminister
   Reine Angelegenheit des materiellen Kabinettsbildungsrechts und der Organisationsgewalt des Bundeskanzlers. Keine Mitwirkung von Bundespräsident oder Bundestag erforderlich.
2. Kabinettsumbildung durch Tausch von Ministerämtern
   Mitwirkung des Bundespräsidenten durch Neuernennung auf Vorschlag des Bundeskanzlers wohl erforderlich. Dagegen keine Mitwirkung des Bundestages, da Eidesleistung nach Art. 64 Abs. 2 GG wegen allgemeiner Form des Amtseides (Art. 56 GG) alle Regierungsämter deckt.

Dieser letzte Satz war wichtig. Die FDP, die Gewinnerin der geplanten Kabinettsumbildung (weil sie das Wirtschafts- oder das Finanzministerium erhalten hätte, ohne dafür ein eigenes Ressort opfern zu müssen), vertrat die Auffassung, daß man jetzt keinen neuen Mann in die Regierung berufen, also die dann nötige Prozedur der Vereidigung vor dem Bundestag vermeiden solle.

Das Parlament war bereits in die Sommerferien gegangen, die bis zum 20. September dauerten, und eine Sondersitzung in der Zwischenzeit war nicht ungefährlich. Man mußte damit rechnen, daß die CDU/CSU den Rücktritt Karl Schillers benutzen werde, um die sozialliberale Koalition öffentlich in Verlegenheit zu bringen. Wer konnte wissen, ob sie nicht vielleicht sogar, ermuntert durch eine möglicherweise unvollständige Präsenz der Regierungsfraktionen im Hohen Hause, in letzter Minute einen neuen Anlauf des Kanzlersturzes riskieren würde?

Ein Hauptbetroffener des Ämtertausches, der durch Schillers Rücktritt erforderlich wurde, war Helmut Schmidt. Er hielt sich gerade zu einem offiziellen Besuch in der Türkei auf, war daher zum überraschenden Bonner Revirement vor Ort nicht gehört worden.

Es ging Schmidt damals gesundheitlich schlecht – sehr schlecht sogar. Auf den Botschafter in Ankara, Gustav Adolf Sonnenhol, und nicht nur auf ihn, machte er den Eindruck eines todkranken Mannes. Zweimal in jenem Jahr, im Januar und dann nochmals im Mai 1972, hatte er sich an der Schilddrüse operieren lassen müssen, ohne bislang dieses psychosomatische Leiden, das er einer Tropen-Erkrankung verdankte, unter Kontrolle zu bekommen. Krankheit und Ehrgeiz zehrten zu jener Zeit an Schmidt gleichermaßen.

Als ihn Willy Brandt am Abend des 5. Juli mit bedeutungsschweren Andeutungen telefonisch um eine rasche Rückkehr bat, brach Schmidt seine Reise sofort ab und traf bereits am Tag darauf um 13 Uhr in der Bundesrepublik ein. Auf dem Weg vom Flughafen Wahn ins Kanzleramt wurde er durch seinen Staatssekretär, Ernst Wolf Mommsen, und den Leiter des persönlichen Büros, Otto-Erich Geske, über den Stand der Dinge unterrichtet. Eine Stunde später, um 14 Uhr, beim Gespräch mit dem Regierungschef unter vier Augen, und danach, um 16.30 Uhr, in den Nachmittags-Beratungen der beiden Männer mit Genscher und Scheel, Leber und Wehner, erklärte Schmidt zwar seine grundsätzliche Bereitschaft, am Ressorttausch mitzuwirken, wandte sich jedoch zugleich energisch gegen die Vereinbarungen, die man am Dienstagabend zwischen SPD und FDP getroffen hatte. Ihm schwebten zwei andere Lösungsmodelle vor, die – das mußte man zugeben – für die Sozialdemokraten günstiger waren als die bisherige Absprache.

Wenn ihm das Wirtschaftsministerium zufalle, sagte er, solle Genscher Finanzminister werden und Ehmke (der ihm als Chef des Kanzleramtes schon lange lästig war) in das von Genscher geräumte Innenministerium überwechseln. Finde dieser Vorschlag nicht die Zustimmung der Beteiligten, dann gebe es auch die Möglichkeit, Wirtschaft und Finanzen als Doppelministerium weiter bestehen zu lassen und ihm, Schmidt, anzuvertrauen.

Als Genscher sich tatsächlich nicht dazu bewegen ließ, auf das Innenministerium zu verzichten, blieb nur der Ausweg, auf das zweite Angebot Schmidts einzugehen und ihm das ganze Erbe Schillers zu übertragen. Dies bedeutete jedoch, daß die Hoffnungen der Liberalen, endlich das Wirtschafts- oder das Finanzministerium in die eigene Hand zu bekommen, enttäuscht wurden. Zwar beschloß das Präsidium der FDP am 6. Juli in Bonn, »eine Umbildung des Kabinetts unter personeller Beteiligung der F.D.P. im wirtschafts- und finanzpolitischen Bereich« zu fordern, und stärkte damit Walter Scheel im entscheidenden Augenblick gegenüber Willy Brandt vorsichtig den Rücken. Doch als die sozialdemokratische Seite abweisend blieb, fanden sich die Liberalen, wenn auch zähneknirschend, um der Koalition und des kommenden Wahlkampfes wegen mit dieser Lösung ab. Ein Trost blieb dennoch. Am 7. Juli setzte Scheel das FDP-Präsidium von den Absprachen in Kenntnis, die er inzwischen mit dem Regierungschef getroffen hatte. In der Ergebnisniederschrift dieser Sitzung heißt es: »Der Bundesvorsitzende teilt mit, daß an Herrn Dr. Friderichs das Angebot gerichtet worden sei, die Position eines Staatssekretärs im Bundesministerium für Wirtschaft und Finanzen zu übernehmen. Eine Entscheidung über das Angebot stehe noch aus. Zugleich sei vereinbart worden, nach den Bundestagswahlen im Bereich Wirtschaft und Finanzen eine neue Struktur zu schaffen. Die F.D.P. werde dann in diesem Bereich Verantwortung übernehmen.«

Die Antwort des Kanzlers

Mit der Einigung zwischen den beiden Parteiführern war der Weg zur Regierungsumbildung frei geworden. Unter dem Datum des 6. Juli 1972 teilte daher der Bundeskanzler seinem bisherigen Wirtschafts- und Finanzminister mit, daß er den erbetenen Rücktritt annehme:

> Sehr geehrter Herr Kollege,
>
> hiermit bestätige ich den Brief, den Sie mir am späten Sonntagabend (2. ds.) haben zukommen lassen.
>
> Zu meinem Bedauern muß ich zur Kenntnis nehmen, daß Sie sich – ohne von der Möglichkeit einer voraufgegangenen Aussprache Gebrauch zu machen – entschlossen haben, am Freitag, dem 7. ds., von Ihrem Amt als Bundesminister für Wirtschaft und Finanzen zurückzutreten. Ihrer Bitte entsprechend werde ich dem Herrn Bundespräsidenten heute gemäß § 9 des Bundesministergesetzes Ihre Entlassung aus dem Ministeramt für den morgigen Tag vorschlagen.

Ihr Entschluß war mir zunächst schwer verständlich, aber ich habe es für richtig gehalten, ihn nicht taktisch zu werten oder auf andere Weise an ihm zu deuteln. Um so mehr liegt mir daran, Ihnen ohne jedes Wenn und Aber zu sagen: Mein Dank für das, was Sie in der vorigen und in dieser Bundesregierung für unseren Staat geleistet haben, wird durch die gegenwärtigen Meinungsverschiedenheiten nicht gemindert. Und dem sei gleich hinzugefügt: Ich würde es begrüßen, wenn Sie im Grundsatz nicht die Möglichkeit ausschlössen, sich in der weiteren Entwicklung für andere wichtige Aufgaben im Interesse unserer Bundesrepublik zur Verfügung zu stellen.

Ich würde es außerdem begrüßen, wenn wir über die von Ihnen im Zusammenhang mit Ihrem Rücktrittsentschluß aufgeworfenen Fragen im einzelnen noch einmal in aller Ruhe reden könnten . . .

Heute möchte ich auf folgendes hinweisen:

1.) Ihre prinzipiellen Bedenken gegen *den* Teil des Kabinettsbeschlusses vom 29. Juni, der über Ihren eigenen Vorschlag hinausgeht, kann ich wohl verstehen. Für abwegig halte ich jedoch die Befürchtung, das Kabinett habe damit bewährte und gemeinsam vertretene wirtschaftspolitische Grundsätze preisgegeben. Diese Befürchtung wird sich als nicht gerechtfertigt erweisen.

Am 29. Juni handelte es sich in Wirklichkeit um eine marginale Entscheidung, die uns – auch wegen der nachdrücklichen Empfehlung der Bundesbank – notwendig erschien, um in der gegebenen Lage gegen unerwünschte Einwirkungen von außen etwas besser gewappnet zu sein. Im übrigen dürften die deutsch-französischen Konsultationen zu Beginn dieser Woche gezeigt haben, daß die Bereitschaft zunimmt, neuen Krisensituationen undogmatisch zu begegnen.

2.) Was die Intentionen der Bundesbank angeht, war der Informationsstand des Bundeskanzleramtes nicht besser als der Ihres eigenen Hauses. Ich stand unter dem Vorwegeindruck, daß Sie geneigt sein könnten, dem Begehren von Präsident Klasen zuzustimmen, während der zuständige Abteilungsleiter des Kanzleramtes mich auf die dem seiner Meinung nach entgegenstehenden Argumente ausdrücklich hingewiesen hatte.

Anders als es Ihnen berichtet worden ist, hat sich das Telefonat Klasen–Ehmke am Montag voriger Woche nicht auf die Frage der Anwendung des § 23 Außenwirtschaftsgesetz, sondern im wesentlichen auf die Einladung des Bundesbankpräsidenten zur Kabinettsitzung bezogen.

Von einer »überfallartigen Antragstellung« des Bundesbankpräsidenten in der Kabinettsitzung kann wirklich keine Rede sein. Daß mir gerade in dieser Situation an einem engen Zusammenwirken mit der Bundesbank gelegen sein mußte, werden Sie verstehen. Präsident Klasen hat auch nicht einen *Antrag* gestellt, sondern eine *Anregung* gegeben, die dann von Kabinettsmitgliedern – in der Suche nach einem sachlichen Kompromiß – in Antragsform gekleidet worden ist . . .

3.) Sie tun den Kabinettskollegen Unrecht, wenn Sie vermuten, daß sie nicht geneigt seien, sich der Vorbereitung des Haushalts 1973 und der Fortschreibung der mittelfristigen Finanzplanung mit der gebotenen Gewissenhaftigkeit zu widmen. Ich bin sicher, daß Ihre Fehleinschätzung durch den tatsächlichen Ablauf korrigiert werden wird. Die Vorbereitungen für die Einbringung des nächsten Haushaltsplans werden selbstverständlich so getroffen, wie es der Verantwortung entspricht, die das Kabinett in seiner Gesamtheit zu tragen hat.

Ich bin weiterhin der Meinung, daß Sie mit der Kabinettsvorlage vom 18. Mai einen falschen Weg gegangen sind und daß dies – intern wie nach außen – der sachlichen Arbeit nicht dienlich gewesen ist. Daß Sie sich davon andere Wirkungen versprochen haben, will ich gern konzedieren.

4.) Die Tatsache, daß Sie es in zunehmendem Maße schwer gehabt haben, mit dem überwiegenden Teil der Kabinettsmitglieder zusammenzuarbeiten, sollte vielleicht nicht *nur* den Kabinettskollegen angelastet werden. Es gibt Situationen, in denen es objektiv nicht angemessen ist, allen anderen einen Mangel an Mannschaftsgeist vorzuwerfen.

Monate später sagte Brandt auf dem Sonderparteitag der SPD in Dortmund am 12. Oktober 1972 unter großem Beifall, »Solidarität« sei für Schiller »das einzige Fremdwort« gewesen, »das er nicht verstand«. Man müsse selbstkritisch zugeben, daß Schiller mit der Gesamtverantwortung für die Wirtschaft und die Finanzen des Landes überfordert gewesen sei. Das habe mit dem geendet, was sich ihm, Brandt, »als ein Sieg der Eitelkeit über die Intelligenz« darstelle.

So deutlich wurde er am 6. Juli, lange vor dem Wahlkampf, im Schreiben an Schiller noch nicht. Ganz im Gegenteil. Großmütig übernahm er die Alleinverantwortung für Schillers Doppelbetrauung vierzehn Monate zuvor. Dankbar gedachte er der vielen Jahre gemeinsamer Arbeit in Berlin und Bonn und äußerte die verständliche Hoffnung, Schiller werde in der Partei, ja im Bundestag, in der Fraktion, bleiben, werde davor zurückschrecken, dem Rat seiner Frau zu folgen und die Union offen zu unterstützen.

5.) Sie hatten sich – was ich auch rückschauend zu würdigen weiß – im Mai 1971 bereit erklärt, die Verantwortung für das vereinigte Wirtschafts- und Finanzministerium zu übernehmen. Dies hat Ihnen besondere Belastungen zugemutet, für die *ich* die Verantwortung zu tragen habe.

Allerdings war ich davon ausgegangen, daß Sie mir zur Jahreswende 1971/72 Vorschläge über eine teilweise Wiederausgliederung aus dem Doppelministerium unterbreiten würden. Sie waren dann der Meinung, es sollte im wesentlichen wieder zu der früheren Abgrenzung zwischen den beiden Ministerien kommen, aber hiermit sollte man Ihrer Meinung nach bis nach den Wahlen warten.

Was ich besonders bedaure, ist der Umstand, daß Sie die unbestreitbaren Erfolge Ihrer Wirtschaftspolitik in den letzten Monaten nicht stärker hervorgehoben haben.

6.) Ich gehe davon aus, daß Sie auch dem nächsten Bundestag angehören werden und würde – nicht nur aus Gründen der eigenen Partei – eine andere Entwicklung bedauern.

Wegen der Verantwortlichkeit in einem kommenden Kabinett habe ich in der Tat keine festen Zusagen machen können – aus koalitionspolitischen Gründen und mit Rücksicht auf die Kollegen. Zu der in Berlin für Ende vergangener Woche vereinbarten Fortsetzung des Gesprächs über diese Fragen ist es allerdings nicht mehr gekommen.

Unsere Freunde Kühn und Figgen hatten mir, wie ich mitgeteilt hatte, berichtet, daß es wegen Ihrer Placierung auf der Landesliste NRW keine Schwierigkeiten geben würde. Aufgrund der veränderten Lage, die durch den Pressewirbel um Ihren Rücktritt entstanden ist, habe ich erneut mit Heinz Kühn gesprochen. Er hat mir versichert, daß die Nominierung in der Spitzengruppe auch jetzt in Aussicht gestellt werden kann. Ich möchte anregen, hierüber den direkten Kontakt mit dem Landesvorsitzenden von NRW aufzunehmen, der weiß, daß er meine volle Unterstützung hat.

Lieber Karl Schiller! Ich denke in diesem Augenblick stark an die – Berlin einschließenden – Jahre enger Zusammenarbeit, die – wenn ich es recht sehe – viel Positives gebracht haben. Demgegenüber könnte das verblassen, was jetzt zur Trennung in Bezug auf die *Form* der Zusammenarbeit führt.

Mit guten Wünschen und mit den besten Grüßen

(gez.) Brandt

Mit der nötigen Ruhe und aus der Distanz betrachtet, war der Rücktritt Schillers für die Regierung eher von Vorteil. Kaum hatte Helmut Schmidt seinen Konkurrenten Karl Schiller aus dem Felde geschlagen und politisch beerbt, begann er mit Feuereifer das Programm seines ungeliebten Vorgängers Punkt für Punkt in die Tat umzusetzen. Als Schiller im August 1972 Brandt fragte, wie es denn jetzt mit den Kürzungen im Verteidigungshaushalt stehe, die er, Schiller, gegen Schmidt durchzusetzen versucht habe, erhielt er lächelnd die Antwort, dieser Punkt habe sich natürlich ganz einfach dadurch erledigt, daß Schmidt jetzt Finanzminister sei; selbstverständlich werde der Betrag gestrichen. Schiller war erschüttert, wie einfach das plötzlich war. Er grämte sich, wie geräuschlos alles nach seinem Ausscheiden wieder lief, weiterging. Ganz allgemein fiel es, wie er sehen mußte, ohne ihn sehr viel leichter, im Kabinett jene Geschlossenheit zu erreichen und zu wahren, die man vor Wahlen nun einmal braucht.

Interne Beurteilung der Reformpolitik

Auf einem anderen Blatt steht, wie man zu jener Zeit intern die eigene Reformpolitik beurteilte. Die Koalition war heilfroh, daß sie den Wahlkampf mit ihrer erfolgreichen Ostpolitik und dem mißlungenen Mißtrauensvotum der Opposition bestreiten konnte. Denn selbst unter den Vorkämpfern und Anhängern der Sozialliberalen stimmten viele, auch wenn sie es nicht laut sagten, dem CDU-Bundestagsabgeordneten und BDI-Präsidialmitglied Gustav Stein zu, als er im *Rheinischen Merkur* vom 8. September 1972 die Innenpolitik seit 1969 negativ beurteilte. »Zweieinhalb Jahre nach ihrem Amtsantritt steht diese Bundesregierung vor einem Scherbenhaufen der versprochenen Reformpolitik. Statt Reformen, statt mehr öffentlichen Leistungen für die Bürger, sind Reformruinen das Ergebnis. Nur um die von der Inflation in den Staatshaushalt gerissenen Löcher zu stopfen, drohen Steuer-, Tarif- und Gebührenerhöhungen in noch nicht abzusehender Höhe. Die Sozialdemokraten wollten mit ›besseren Männern‹ das ›moderne Deutschland‹ schaffen. Nach dreißig Monaten sind diese ›besseren Männer‹ in ihrer eigenen Partei gefährdet, und Deutschland ist verschuldet wie nie zuvor. Wie nie zuvor steigen die Preise, brechen Pläne zusammen und werden große Worte Makulatur. Die Regierung regiert – ein einmaliger Vorgang – ohne die Vollmacht eines verabschiedeten Haushalts.«

In der Tat war es der Koalition, das gab unter der Hand jeder ohne Umschweife zu, bis 1972 weithin nicht gelungen, ihre innenpolitischen Versprechungen einzulösen. Willy Brandt glaubte, die verständliche, unvermeidliche Hektik nach dem überraschenden Machtwechsel sei der Grund für dieses Versagen gewesen. Eilends habe man zusammentragen müssen, was an Veränderungen notwendig gewesen sei, ohne daß in Ruhe hätte geprüft werden können, wieviel sich davon denn überhaupt, bei Lichte besehen, realisieren lasse. In einem Interview, das *Der Spiegel* in seiner Ausgabe vom 25. September 1972 abdruckte, sagte er, im Oktober 1969 habe man das Programm im Laufe weniger Wochen aufschreiben müssen. Das nächste Mal werde das (»noch«) besser werden.

An den Anfangsschwierigkeiten seiner Kanzlerschaft gemessen, konnte man sich, fand Brandt, aber durchaus öffentlich sehen lassen. Damals noch völlig unangefochten in den eigenen Reihen, trat er gelassen, selbstsicher und doch bescheiden auf, war – wie Rolf Zundel in der *Zeit* vom 14. Juli 1972 meinte – der ruhende Pol in der Flucht der Erscheinungen, das politische Zentrum der Koalition im galoppierenden Wechsel von Ministern und Staatssekretären: paradoxerweise »ein schwacher Regierungschef, aber ein starker Kanzler«.

Zur äußeren und inneren Bilanz seiner ersten Amtsperiode sagte Brandt im erwähnten *Spiegel*-Gespräch: »Die Bundesrepublik steht in der Welt besser da als '69. Ihr Ansehen hat nicht Schaden gelitten, sondern ihr Ansehen ist gestiegen. Wir machen, gestützt auf das westliche Bündnis, eine aktive Ost-West-Politik.

Wir haben in der Westeuropa-Politik nicht Bäume ausgerissen, aber wir haben die westeuropäische Zusammenarbeit und Einigung vorangebracht. Damit können wir uns gut sehen lassen.«

Und zur Reformpolitik meinte der Kanzler: »Wir haben eine Menge an Neuerungen, Fortentwicklungen zustande gebracht. Ich nenne nur das Betriebsverfassungsgesetz, die Umweltschutz-Gesetzgebung oder die schwierigen Probleme der Bildungspolitik. Wir haben die Mittel des Bundes für Bildung und Forschung mehr als verdoppelt. Und wir haben die Bildungsplanung mit den Ländern eingeleitet. Das hat für den Bürger noch nicht die überzeugenden Ergebnisse gebracht. Aber es führt voran. Auch was die innere Sicherheit angeht, hat diese Regierung – ohne daß sie sich besser machen will, als sie ist – zum erstenmal Bund und Länder vor den gemeinsamen Karren der Sicherheit gespannt.«

Doch die Bilanz sah ziemlich mager aus, wenn man die Ergebnisse mit dem verglich, was sich die Sozialliberalen 1969 vorgenommen hatten. Besonders der Bildungsbereich war ein ganz schlechtes Beispiel für eine erfolgreiche Reformpolitik. Eher ließ sich an ihm zeigen, wie mühsam dieses Geschäft ist, wie langwierig und enttäuschend eine Politik planmäßiger Veränderungen sein kann. Kaum war ein Problem gelöst, schossen zahllose andere neu aus dem Boden; jede Reparatur zeigte bald Folgefehler, zog ihrerseits Reformforderungen nach sich.

Zwar konnte die Koalition am Ende die Wahl 1972 deutlicher als erwartet gewinnen, weil sie die Mehrheit der Mitbürger mit den humanitären Ergebnissen ihrer Entspannungspolitik und den menschlichen Qualitäten des eigenen Kanzlers zu überzeugen vermochte. Aber was Konrad Adenauer in den fünfziger Jahren erreicht hatte – die außenpolitische Polarisierung der Wählerschaft durch wirtschaftspolitische Stabilität, ja Expansion im Lande aufzufangen, die allen gemeinsam zugute kam –, war dieser Regierung mißglückt. Der Rücktritt zweier Finanzminister in weniger als drei Jahren bewies eine Sorglosigkeit der Sozialliberalen im Umgang mit dem Geld, die ihnen auf längere Sicht gefährlich werden mußte. Da man ja wußte, welche Bedeutung deutsche Wähler, von ewiger Inflationsfurcht (bei stetig steigenden Erwartungen) umgetrieben, stabilen Preisen und steigenden Löhnen beimaßen, konnte sich die Koalition die leichtfertige Verschwendung auf die Dauer nicht leisten.

Das Jahr 1973 sollte hier einen Wandel schaffen, die Regierungserklärung des zweiten Kabinetts Brandt vom 18. Januar 1973 nicht nur Tatkraft beweisen, sondern auch die öffentlichen Erwartungen dämpfen. Dementsprechend war sie in ihren Versprechungen vorsichtiger, überhaupt knapper, wortkarger formuliert als ihre Vorgängerin. Entscheidende Voraussetzungen für eine Politik der Entspannung und der Reformen seien geschaffen, hieß es dort. Nun müsse sie »beharrlich und zielbewußt in die Wirklichkeit des Alltags übersetzt werden«: »Alltag ist kein schlechtes Wort: es schmeckt nach täglichem Brot; es hat mit der

Qualität des Lebens zu tun, in der sich unsere Reformen erfüllen müssen. Sie ist das Ziel unserer Arbeit.«

Würde man diesem Ziel näherkommen?

Die Ölkrise und ihre Folgen

Die Krise wurde ausgelöst durch den (nach 1948/49, 1956 und 1967) vierten Nahostkrieg zwischen Israel und seinen arabischen Anrainern, der am 6. Oktober 1973 mit Angriffen ägyptischer und syrischer Streitkräfte begann. Zu ihrer Verblüffung sahen sich die westlichen Industriestaaten, die Israel unterstützten, sofort in diesen Konflikt hineingezogen, ja fühlten sich durch den Einsatz der Ölwaffe ökonomisch in ihrem Kernbestand getroffen, ging es doch um eine Energiequelle, von der sie sich zunehmend abhängig gemacht hatten. Zwar wußte man schon seit längerem, daß die in der *Organization of Petroleum Exporting Countries (OPEC)* zusammengeschlossenen ölfördernden und -exportierenden Länder mit dem geltenden Preis nicht mehr zufrieden waren. Dennoch war man im Westen überrascht, als die kriegerische Entwicklung im Nahen Osten zum Preisdiktat der Araber führte.

Verhandlungen der OPEC mit fünf westlichen Erdölgesellschaften über eine Neufestsetzung der Preise, die am 8. Oktober in Wien begannen, verliefen ergebnislos und wurden am 12. Oktober abgebrochen. Fünf Tage später vereinbarten die ölexportierenden Anrainerstaaten des Persischen Golfes auf einer Konferenz in Kuweit, den Rohölpreis sofort um 17 Prozent zu erhöhen, künftig Vereinbarungen mit westlichen Ölgesellschaften über Preise abzulehnen und ab sofort die Produktion so lange zu drosseln, bis die 1967 von Israel besetzten Gebiete befreit und die Rechte des palästinensischen Volkes wiederhergestellt seien. In den Tagen danach verhängten zahlreiche arabische Staaten Lieferboykotts für Erdöl gegen die USA, die Israel militärisch unterstützten, und am 20. Oktober auch gegen die Niederlande, denen ebenfalls eine israelfreundliche Haltung nachgesagt wurde. Am 27./28. Oktober 1973 wurde dieser Boykott auf alle westlichen Länder ausgedehnt. Er betraf zwar nur einen Teil der vorgesehenen Lieferungen, aber niemand konnte wissen, ob das so bleiben würde. Jedenfalls lösten diese bedrohlichen Vorgänge international wie in der Bundesrepublik erhebliche Erschütterungen aus.

1973 war, Henry Kissinger hatte es verkündet, das »Jahr Europas«. François Duchêne, der damalige Direktor des renommierten *International Institute for Strategic Studies* in London, konnte hoffnungsvoll schreiben, Europas Einfluß in der Welt wirke indirekt, durch ökonomisches Gewicht. Wirtschaftliche Macht ohne bewaffnete Macht – das sei eine neue Chance, die einen Wandel im internationalen System anzeige: weg vom militärischen Gleichgewicht, hin zu einer zivilistischen Politik. Tatsächlich erneuerte man 1973 energisch die Versuche, Westeuropa doch noch gemeinsam wirtschaftlich und politisch zu konsolidieren. Brandt, Heath und Pompidou zeigten sich nicht weniger als Adenauer, De Gasperi und Schuman überzeugt, daß man Europa schaffen müsse.

Unter dem Schock der Ölkrise schienen die Einigungsbemühungen anfangs sogar noch intensiver zu werden. So konnte man der Kabinettsitzung vom 15. November 1973 entnehmen, daß jetzt auch nach der Auffassung des französischen Außenministers Michel Jobert eine gemeinsame europäische Außenpolitik *und* die Zusammenarbeit mit den Vereinigten Staaten notwendig seien. Man müsse sogar eine westeuropäische Exekutive anstreben; nach sechs Jahren solle man zu einer Konföderation miteinander gelangen, dabei auch eine gemeinsame Verteidigungspolitik ins Auge fassen.

Doch bald zerrannen alle diese Pläne. Der Versuch Ende November 1973, eine gemeinsame Energiepolitik zu formulieren, fand zwar die Unterstützung der Benelux-Staaten, Dänemarks und der Bundesrepublik. Aber Großbritannien, Irland und Italien zögerten ängstlich, und Frankreich lehnte dergleichen glatt ab, leugnete rundheraus, daß es überhaupt eine Krise gebe, und schlug statt dessen vor, in einen Dialog mit den Arabern einzutreten. »Was wird Europa tun in seiner wirtschaftlichen und außenpolitischen Ratlosigkeit?« sinnierte Finanzminister Helmut Schmidt in der Kabinettsitzung vom 5. Dezember. Die USA und Europa, sagte er, entfernten sich »immer schneller« voneinander; Washington betreibe sein nahöstliches Krisenmanagement »ohne ausreichende Konsultation der Europäer«.

Das war ungewöhnlich sanft formuliert. Die Tatsache, daß die Vereinigten Staaten Ende Oktober ohne vorherige Abstimmung mit Bonn in Bremerhaven israelische Schiffe mit amerikanischen Waffen hatten beladen lassen, führte zu heftigen Protesten und anschließend zu einer nachhaltigen Verstimmung im deutsch-amerikanischen Verhältnis, weil sogar die deutsche Bitte, wenigstens mitzuteilen, welche Verteidigungsgüter denn eigentlich exportiert worden seien, unbeantwortet geblieben war. Daher betonte der Bundeskanzler am 26. Oktober 1973 im Kabinett, man werde sich zwar »nicht öffentlich mit den Amerikanern anlegen, aber sehr deutlich intern«. Zwei Tage später schrieb er entsprechend offen an Richard Nixon.

Natürlich stand man nicht nur wegen Bremerhaven verquer zueinander. Während Washington entschieden für die Israelis Partei ergriff, sich dabei stärker engagierte als 1967, wollte Bonn den Anschein strikter Neutralität wahren, zu beiden Seiten gute Beziehungen pflegen und weder Waffen liefern noch als Umschlagplatz für die Rüstungstransporte anderer dienen. Gleichzeitig sprach man von Kapitalhilfen für die arabischen Staaten; schon die gemeinsame Erklärung der EG-Regierungen vom 6. November 1973 hatte kaum verhüllt gegen Israel Stellung genommen.

Wohin würde das alles noch führen? Wenn man am Ende des Jahres 1973 die

Beziehungen Bonns zu den Ländern der Europäischen Gemeinschaft, den Vereinigten Staaten und dem Nahen Osten betrachtete, dann konnte man nur sorgenvoll in die Zukunft blicken.

Vor allem aber war damals innenpolitisch plötzlich alles anders. Vom Ausbruch des vierten Nahostkrieges an ging monatelang keine Kabinettsitzung vorüber (die Protokolle beweisen es), ohne daß die Runde ausführlich und bekümmert über »die aktuelle Mineralölversorgungslage« und ihre Verbesserung beriet. Bereits am 9. November 1973 wurde vom Bundestag einstimmig ein Gesetz zur Sicherung der Energieversorgung verabschiedet, das die Bundesregierung zu Rechtsverordnungen ermächtigte, auf deren Basis im November und Dezember vier autofreie Sonntage eingeführt wurden, um Benzin zu sparen. Leere, verlassene Straßen und Autobahnen machten die Abhängigkeit unserer Volkswirtschaft, ja aller moderner Industriegesellschaften von störungsfreien Ölzufuhren optisch eindrucksvoll deutlich. Allzu lange hatte man geglaubt, es werde immer ungefährdete, billige Energiequellen geben, die mächtige Ölgesellschaften auf unbegrenzte Zeit garantieren könnten. Der Preis für einen Liter Normalbenzin, der 1950 bei einem Steueranteil von 20 Pfennigen im Durchschnitt 60 Pfennige betragen hatte, war in der Bundesrepublik trotz eines inzwischen auf 40 Pfennige verdoppelten Steueranteils bis 1970 nicht gestiegen. Erst seit Ende jenes Jahres hatten die Preise nennenswert angezogen. So mußte man im Juli 1973 durchschnittlich 78,5 Pfennige pro Liter bezahlen. Doch auch dies war immer noch billig, wenn man den allgemeinen Preisauftrieb und die Erhöhung der Löhne in Rechnung stellte.

Mit dieser Stabilität war es nun vorbei. Obwohl die Bundesrepublik 1974 sechs Prozent weniger Öl einführte als 1973, mußte sie dafür 17 Milliarden DM mehr bezahlen! Wegen der Auswirkungen dieser Kostenexplosion fehlten von nun an die Riesensummen, die eine großzügige Reformpolitik benötigt hätte. Die finanzielle Grundlage aufwendiger Veränderungen (die sich schon 1971 und 1972 als schmaler erwiesen hatte, als 1969 angenommen worden war) fiel jetzt vollends weg. Noch unter Willy Brandt, berichtete später Egon Bahr, seien aus diesem Grunde schon im Herbst 1973 alle diese Reformgedanken stillschweigend aufgegeben, zu den Akten gelegt worden.

Die wirtschaftlichen Auswirkungen des Ölschocks konnte man bald an der Beschäftigungslage ablesen. Die Arbeitslosenzahl, die seit 1969 stets deutlich unter 300000 gelegen hatte, teilweise sogar unter 200000, stieg im Jahre 1974 auf 600000 und 1975 sogar auf fast 1,1 Millionen Personen an. Schon in der Kabinettsitzung vom 22. November 1973 hatte Finanzminister Helmut Schmidt ausgeführt, »zum Zwecke der Sicherung bzw. der Schaffung von Arbeitsplätzen« müßten die »öffentlichen Hände wahrscheinlich in einigen Bereichen mehr ausgeben« als bisher. Trotz der bürokratisch nüchternen, umständlichen Amtssprache solcher Texte läßt das Protokoll dieser Sitzung deutlich die düstere Stimmung der Ministerrunde an jenem Tage, die kritische Einschätzung der

Situation durch die Bundesregierung erkennen. Zu Punkt a) der außerordentlichen Tagesordnung – Bericht zur Energielage – heißt es da:

> Der *Bundeskanzler* trägt seine Vorstellungen über die im Hinblick auf die Situation im Energiebereich zu treffenden Maßnahmen vor; er unterstreicht, daß das Energiepolitische Programm ausgebaut und beschleunigt werden müsse; es müßten aber auch Maßnahmen in Betracht gezogen werden, die über den Bereich der Energiepolitik hinausgingen ...
>
> *Staatssekretär Eicher* erklärt im Verlaufe der Erörterungen, der Bundesminister für Arbeit beabsichtige, die Bundesanstalt für Arbeit am 23. November 1973 anzuweisen, die Anwerbung ausländischer Arbeitnehmer einzustellen. Sofern dagegen Bedenken bestünden, sollten die Kabinettsmitglieder diese dem Bundesminister für Arbeit bis zum 23. November 1973, 12.00 Uhr, mitteilen ...
>
> Das *Kabinett* beschließt auf Vorschlag des Bundeskanzlers:
>
> 1. Bei der für den 14./15. Dezember 1973 vorgesehenen Konferenz der Staats- und Regierungschefs der Mitgliedstaaten der Europäischen Gemeinschaft wird die Bundesregierung erneut mit Nachdruck auf rasche und gründliche Verwirklichung einer gemeinsamen Energiepolitik drängen.
>   Diesem Bereich, in dem schon zu viele Chancen ungenutzt geblieben sind, kommt nach Auffassung der Bundesregierung große Bedeutung für die innere Fortentwicklung der Europäischen Gemeinschaft zu.
> 2. Die zuständigen Bundesminister werden beauftragt, folgende Probleme zu prüfen und dem Kabinett Lösungsvorschläge zu unterbreiten:
>   a) Hilfsmaßnahmen, mit denen den Folgewirkungen der Energieknappheit für sozial Schwache entgegengewirkt werden kann.
>   b) Energiesparende Maßnahmen im Verkehrsbereich.
>   (Weitere Einschränkung des inländischen Luftverkehrs; stärkere Verlagerung von Gütertransporten von der Straße auf die Schiene.)
>   c) Die Verkürzung der Genehmigungs- und Prüfungsfristen für Energieinvestitionen. (Insbesondere Kohle- und Atomkraftwerke)
>   d) Ausbau und Beschleunigung der Programme für die Energieforschung und für den rationellen Einsatz von Energie.
>   e) Kurz- und mittelfristige Substitution von Erdöl und Erdgas durch feste Brennstoffe.
>   f) Prüfung der Auswirkungen der Energieverknappung auf einzelne Sektoren der Volkswirtschaft im Hinblick auf eine eventuell notwendige Anpassung der Strukturpolitik.
>   g) Beschränkung der Lichtreklame nach Geschäftsschluß.
>   h) Intensivierung der Maßnahmen zur Sicherung der allgemeinen Rohstoffversorgung.

3. Das Bundeskabinett wird sich bis auf weiteres in jeder seiner Sitzungen mit Lage und Entwicklung der Energieversorgung befassen, um die jeweils notwendigen Entscheidungen rasch und wirksam treffen zu können. Diese Kabinettsberatungen sollen vom Kabinettsausschuß für Wirtschaft vorbereitet werden.
4. Der Bundesminister für Wirtschaft wird beauftragt, dem Kabinett weiterhin regelmäßig über die Preispolitik der in der Mineralölwirtschaft tätigen Unternehmen sowie über die Entwicklung der Energiepreise zu berichten.
   Die Bundesregierung erwartet im übrigen von diesen Unternehmen ein Höchstmaß an Preisdisziplin.

Staatssekretär Haunschild erklärt, der Bundesminister für Forschung und Technologie werde zusammen mit dem Bundesminister für Wirtschaft in Kürze den Entwurf eines Forschungs- und Entwicklungsprogramms zur Erschließung neuer Energiequellen, insbesondere betreffend die Kohleforschung, vorlegen.
Parlamentarischer Staatssekretär Baum erklärt, der Bundesminister des Innern werde auf die Beschleunigung der Genehmigungsverfahren für den Bau und den Betrieb von Kernreaktoren hinwirken.

Alle Vorschläge und Maßnahmen brachten weniger Entlastung, als man gehofft hatte. Aufgrund des gewaltigen Transfers von Wohlstand aus den Industriestaaten in die Öllländer war es plötzlich viel schwieriger geworden, die Wirtschaft im Westen leistungsfähig zu halten, Gewinne zu erzielen. Die Anpassung an eine verschlechterte Großwetterlage brauchte ihre Zeit. Der Arbeitsmarkt blieb dabei ein Gradmesser der unkontrollierbaren Turbulenzen, die ununterbrochen aus der Weltwirtschaft auf die Bundesrepublik einwirkten; erst im zweiten Quartal 1977 gelang es, wenn auch nur vorübergehend, die Arbeitslosenzahl wieder unter die Millionengrenze zu drücken.

Suche nach neuen Wegen

Herbert Wehner war einer der ersten, die erkannten, daß dies mehr war als eine vorübergehende Konjunkturflaute. Er glaubte zu spüren, daß unser Land unversehens in die große Katastrophe hineingerate – die er bekanntlich immer fürchtete, ja schon vor Augen sah. In einem Gespräch mit Eduard Neumaier erinnerte sich 1975 der sozialdemokratische Fraktionsvorsitzende, er habe während der Ölkrise von 1973/74 »innerlich gezittert« vor einer Entwicklung, wie sie der berühmte New Yorker Börsenkrach vom Oktober 1929 in den dreißiger Jahren ausgelöst hatte.

Das schien sehr übertrieben, wie oft bei Wehner. Doch seine Sorge wird verständlich, wenn man weiß, wie rasch die Regierenden damals an Vertrauen in der Bevölkerung einbüßten. Meinungsumfragen vom Spätherbst 1973 zeigten, daß die Sozialdemokraten plötzlich zehn Punkte verloren hatten. Auch innerhalb der Koalition war über Nacht die Stimmung umgeschlagen. Ernüchterung und Lustlosigkeit hatten sich schon vor dem Öldebakel angebahnt; sie waren ein wesentlicher Grund dafür gewesen, daß Herbert Wehner Ende September von Moskau aus Willy Brandt attackiert und aufgefordert hatte, die Dinge wieder energisch in die Hand zu nehmen.

Erhard Eppler, der Entwicklungshilfeminister (»dessen Haaransatz steil aufschießenden Idealismus verspricht«, wie Günter Grass mit ironisch distanzierter Freundschaft im »Tagebuch einer Schnecke« über ihn schrieb), war – um es mit Titel und Untertitel seines später erschienenen Buches zu sagen – von der Alternative »Ende oder Wende« jetzt ebenso überzeugt wie von der »Machbarkeit des Notwendigen«. Er drängte daher während der Ölkrise 1973 Willy Brandt, dem Lande zu verdeutlichen, daß es so wie bisher nicht weitergehe. Der Regierungschef habe die Pflicht, den Bürgern in der gegenwärtigen »Krise der Hoffnung« neue Wege zu zeigen, beispielsweise eine glaubwürdige Rohstoffpolitik, einen vernünftigen, sparsamen Energieverbrauch nahezubringen. In diesem Sinne fertigte Eppler für die Neujahrsansprache des Bundeskanzlers vom 1. Januar 1974 einen eigenen Entwurf an. Aber Brandt übernahm, Eppler zufolge, »nur Fetzen« seiner Formulierungsvorschläge. Eine sozialdemokratische Wende ins Neue, nun Zeitgemäße, sei damals von »subalternen Büchsenspannern« im Kanzleramt wie Albrecht Müller, dem Leiter der Planungsabteilung (die Spötter »Glaube, Liebe, Hoffnung« nannten) verhindert worden. Sie hätten sich bei ihrem Einspruch auf Meinungsumfragen stützen können: Optimisten, hieß es dort, wählten die SPD, Pessimisten die Union. Daher sei bei öffentlichen Äußerungen Brandts ein beruhigender, hoffnungsvoller Grundton unerläßlich.

Auf diese Weise wurden alle gutgemeinten Utopien auch jetzt abgeblockt. Nicht jeder in der SPD wollte das freilich wahrhaben. Es entsprach einer dort verbreiteten Gemütslage während dieses Winters der ersten Ölkrise, Alternativen erwägen, Strukturen fundamental verändern, »die mittelfristigen Perspektiven des demokratischen Sozialismus in der Bundesrepublik« aufzeigen zu wollen und damit den eigenen Bemühungen in den Jahren 1970 bis 1975 um einen ökonomisch-politisch konsequenten Orientierungsrahmen der eigenen Strategie situationsbedingt Auftrieb zu geben. Die *Arbeitsgruppe Wirtschaft* der sozialdemokratischen Bundestagsfraktion unter Herbert Ehrenberg hielt Ende 1973 den Augenblick für gekommen, die westdeutsche Wirtschaftsordnung »strukturell« (ein Lieblingsbegriff damals!) umzugestalten. Die neuen Schwierigkeiten, meinte man, seien auf die Dauer nicht über das Geld, den Markt, aufzufangen. Das beweise doch allein schon die wochenlange öffentliche Diskussion, Benzingutscheine, also eine Bewirtschaftung, einzuführen. In einer Zeit, in der »Steigerungen des Realeinkommens nicht zu erwarten seien, sich der Lebensstandard vielleicht sogar verringern werde«, wie Helmut Schmidt am 27. November 1973 vor der SPD-Fraktion ausgeführt hatte, glaubten Ehrenberg und andere, man müsse den Ölschock zum Anlaß nehmen, von der Marktwirtschaft in ihrer bisherigen Form Abschied zu nehmen.

Daraus wurde nichts – wie aus vielem, was man damals anzupacken versuchte. Aber diese Anläufe waren symptomatisch für das Hin und Her inmitten unsicher gewordener Zukunftsaussichten, in der neue Einfälle plötzlich eine Chance zu haben schienen und auch alte, längst belächelte Konzepte wieder Anhänger fanden. So las man beispielsweise im Protokoll der eben genannten SPD-Fraktionssitzung: »*Manfred Coppik* teilt mit, er habe den Bundeskanzler darauf hingewiesen, daß die ›Ölkrise‹ früher begonnen habe. Die Mangellage werde durch die Ölkonzerne dazu benutzt, Gewinne zu machen. Die Energieversorgung dürfe nicht der Willkür einiger weniger überlassen bleiben, daher sei in Zukunft die Verstaatlichung der Erdölindustrie vorzusehen. Zunächst müsse man jedoch direkt mit den verstaatlichten Gesellschaften in den erdölfördernden Ländern verhandeln. Er stellt den *Antrag*, die Fraktion möge eine Arbeitsgruppe bilden, die sich mit Fragen der Verstaatlichung der Erdölfirmen – in Zusammenarbeit mit dem wirtschaftspolitischen Ausschuß beim Parteivorstand – beschäftigen möge. Er beziehe sich hier auf einen Beschluß seines Unterbezirksparteitages.«

Es zeigte sich erneut, daß trotz Heinrich Deist, Karl Schiller und Helmut Schmidt manche Sozialdemokraten, und zwar nicht nur Außenseiter, die liberale Marktwirtschaft nie wirklich akzeptiert und sich innerlich zu eigen gemacht hatten. Aufgrund ihres ausgeprägten Gerechtigkeitssinnes einerseits, der offenkundigen Unzulänglichkeiten des ökonomischen Systems andererseits fanden sie es immer wieder schwierig, dieses ohne Widerstreben hinzunehmen. In Krisen jagte man daher gerne der Schimäre einer Mischform, eines Dritten Weges zwischen Kapitalismus und Sozialismus nach, der die Vorteile beider Wirtschaftssysteme vereinen und ihre Nachteile ausschließen sollte.

An Vorschlägen, wie man der schwieriger gewordenen Lage begegnen solle oder müsse, mangelte es also 1973/74 nicht, wenn sie auch meist vage blieben. Doch selbst wenn wenig geschah: Immer mehr Menschen ahnten, daß sie im Oktober 1973 eine Zäsur in der Entwicklung moderner Industriegesellschaften miterlebt hatten. Die unvergleichliche Ära der neoliberalen Nachkriegsblüte war zu Ende gegangen – wenn es auch noch lange dauerte, bis man realitätsgerechte Schlüsse zog.

Die Ölkrise von 1973/74 verschaffte den Warnungen des *Club of Rome*, die »Grenzen des Wachstums« seien absehbar und bald erreicht, allgemeine Beachtung. Die Einsicht, daß es solche Grenzen wirklich gebe, setzte sich seither langsam in den Hinterköpfen fest.

In einem Beitrag für die *Frankfurter Rundschau* vom 31. Dezember 1973, der sich mit den »neuen Daten der Politik« beschäftigte, die eine Folge der »Herausforderung durch die Erdölproduzenten« seien, kam Erhard Eppler auf den internationalen IG-Metall-Kongreß in Oberhausen vom 11./14. April 1972 zurück, auf dem er und andere den Begriff der *Lebensqualität* entwickelt hatten. Das sei, schrieb er nunmehr, »zum Teil jetzt schon wieder überholt«. Auch seine damalige »Eingangsfrage, ob es denn gut sei für die Menschen, was sich gegenwärtig mit dem Begriff des Wachstums verbinde, müßte heute anders gestellt werden: ob es denn überhaupt möglich sei«. Eppler schloß: »So sinnlos es ist, Nullwachstum zum politischen Ziel zu erheben, so wenig ist bewiesen, daß man eine Gesellschaft nur bei bestimmten Wachstumsraten humanisieren kann. Die Ölproduzenten haben uns viel gründlicher herausgefordert, als sie und wir dies bisher verstanden haben. Es geht nicht nur um Krisen-Management.«

Der Tarifstreit im öffentlichen Dienst

In dieser Lage war es um so erstaunlicher, daß die Gewerkschaften *Öffentliche Dienste, Transport und Verkehr* (ÖTV) und die *Deutsche Angestellten-Gewerkschaft* (DAG), als sei nichts geschehen, maßlose Lohnforderungen anmeldeten: Die ÖTV verlangte 15 Prozent, absolut mindestens 185 DM, und ein Urlaubsgeld von 300 DM, die DAG 14 Prozent und 400 DM Urlaubsgeld. Ungerührt hielten sie im Laufe der wochenlangen Verhandlungen vom Januar und Februar 1974 an diesen überzogenen Positionen, die in der neuen weltwirtschaftlichen Landschaft provokativ wirkten, hartnäckig fest und ließen es daher auf einen Streik der Arbeiter und Angestellten des öffentlichen Dienstes ankommen.

Das erste Angebot der Arbeitgeber, die Löhne und Gehälter um 7,5 Prozent anzuheben, hatten die beiden Gewerkschaften nach einer ergebnislosen Verhandlungsrunde am 8. Januar 1974 als »völlig unzureichend« bezeichnet; es entspreche »nicht einmal den Prognosen über die Preissteigerungen«, die infolge der Ölkrise natürlich ungünstig waren. DAG-Verhandlungsleiter Heinz Groteguth erklärte, nach seiner Auffassung sei eine Einigung unter zehn Prozent unmöglich. Innenminister Hans-Dietrich Genscher, der für den Bund die Verhandlungen in Stuttgart führte (neben ihm waren der nordrhein-westfälische Finanzminister Hans Wertz für die Länder und der Stuttgarter Oberbürgermeister Arnulf Klett für die Gemeinden beteiligt), hatte zuvor zum Angebot seiner Seite gesagt, man habe mit ihm die Grenzen des Möglichen bereits erreicht. Bestimmend für diesen Vorschlag seien »die finanzielle Situation der öffentlichen Hand (und) die konjunkturellen Notwendigkeiten, insbesondere die Sicherheit der Arbeitsplätze«; die Forderungen der Gewerkschaften müsse man hingegen als »weit überhöht« bezeichnen.

Auch als die Arbeitgeber zwei Wochen später in harten, über elf Stunden langen Gesprächen, die bis in die frühen Morgenstunden des 22. Januar 1974 hinein dauerten, neun Prozent anboten, blieb die Arbeitnehmerseite bei ihrer Ablehnung. Der massige und massive ÖTV-Vorsitzende Heinz Kluncker war als Verfechter einer kämpferischen, kompromißlosen Linie immer mehr in den Mittelpunkt der Auseinandersetzungen gerückt. Dieser »Gewerkschaftsboß aus dem Bilderbuch, ein Schrank von einem Mann«, wie Hermann Rudolph in der *FAZ* vom 7. Februar schrieb, der »in seiner Erscheinung die Versprechung von Unbeirrbarkeit, Durchsetzungsvermögen und beherrschter Ruhe« versammle und »zugleich gut an jenen Mülltonnen vorstellbar« sei, »deren Beherrscher die Speerspitze seiner Streitmacht bilden«, erklärte im Anschluß an diese Verhandlungen vom 21./22. Januar, daß seine Gewerkschaft nach wie vor auf ihren ursprünglichen Forderungen beharre. Ein Angebot der Arbeitgeber, das nicht »erheblich über zehn Prozent« liege, habe keine Chance. Ultimativ forderten dementsprechend ÖTV und DAG die andere Seite auf, bis zum 28. Januar, 12 Uhr, ein in allen Punkten »realistisches Angebot« zu unterbreiten. Die Große Tarifkommission der ÖTV hielt in einer Erklärung ausdrücklich fest, daß das Scheitern der Tarifverhandlungen »mit allen sich daraus ergebenden Konsequenzen« unvermeidlich sei, wenn die öffentlichen Arbeitgeber diese Frist ungenutzt verstreichen ließen.

Daraufhin beriet das Bundeskabinett am Abend des 25. Januar in einer Sondersitzung über das weitere Vorgehen. Am Nachmittag war der Kanzler mit dem DGB-Vorsitzenden, Heinz Oskar Vetter, und mehreren Vorsitzenden von Einzelgewerkschaften zusammengetroffen. Am Abend zuvor hatte er die Ministerpräsidenten der Länder zu einer Unterredung empfangen und sich mit ihnen darauf verständigt, bei den Verhandlungen gemeinsam vorzugehen, also einheitliche Maßstäbe zugrundezulegen. Brandt hatte ihnen gegenüber seine Äußerung wiederholt, die er am gleichen Tag im Parlament – vielleicht unklug, zumindest voreilig – gemacht hatte: Das Jahr 1974 könne »kein Jahr wesentlicher realer Einkommensverbesserungen sein. In der jetzigen wirtschaftlichen Lage sollte Klarheit darüber bestehen, daß alles in allem eine Absicherung der Realeinkommen auf dem erreichten hohen Niveau kein Rückschritt wäre ... Ich rechne auf Ihre Vernunft; wir brauchen die Kraft der Vernunft. Zweistellige Ziffern bei den Tarifen beschleunigen die Gefahr einer entsprechenden Entwicklung bei den Preisen.«

Dies war richtig. Aber es ließ sich als Linie nur durchhalten, wenn der Regierungschef die geschlossene Unterstützung seines Kabinetts sowie der Länder und Gemeinden fand. Das aber war mehr als fraglich. Einerseits trat bei den Erörterungen der Bundesregierung insbesondere Finanzminister Helmut Schmidt »mit Brachialgewalt«, wie Kabinettskollegen später berichteten, allen Ansinnen entgegen, neue Kompromisse zu suchen und daher zehnprozentige oder gar höhere Lohnsteigerungen als unvermeidlich zu akzeptieren. Auf der anderen Seite hatten die Kommunen schon vor dem 21. Januar mit einem Angebot von elf oder gar zwölf Prozent aus der gemeinsamen Front ausbrechen wollen. Um die Einigkeit der drei öffentlichen Arbeitgeber zu wahren, hatte man sich damals zum gemeinsamen Angebot von neun Prozent bereitgefunden. Aber damit war die Geschlossenheit keineswegs über den 22. Januar hinaus gesichert, denn am 24. Januar erklärten die Ministerpräsidenten der Länder dem Kanzler, daß ein größeres Entgegenkommen notwendig sei, also weitere Konzessionen gemacht werden müßten.

Die Beträge, um die es dabei ging, waren beträchtlich. Die Personalausgaben von Bund, Ländern und Gemeinden im öffentlichen Dienst einschließlich Bahn und Post beliefen sich 1973 auf rund 116 Milliarden DM. Damit fielen schon bei einer Besoldungserhöhung um neun Prozent 1974 zusätzliche Ausgaben von mehr als zehn Milliarden DM an. In der Kabinettsitzung vom 23. Januar 1974 war in diesem Zusammenhang von einem bereits jetzt absehbaren »Finanzierungsdefizit zwischen acht und zwölf Milliarden« die Rede; gleichzeitig erwartete man als Folge dieser Ausgabenvermehrung eine Erhöhung der Preissteigerungsrate von neun auf über zehn Prozent.

Vor Beginn neuer Verhandlungen der Tarifpartner am 28. Januar erklärte Helmut Schmidt in einem Interview mit dem *Deutschlandfunk* am Wochenende des 26./27. Januar, daß er keine Möglichkeit sähe, den Forderungen der Gewerkschaften nach zweistelligen Erhöhungen zu entsprechen. Es gebe in der freien Wirtschaft im Augenblick 500 000 Arbeitslose und mehr als 100 000 Kurzarbeiter. Angesichts solcher Zahlen sollten sich die öffentlichen Bediensteten, die ja nicht von Entlassungen bedroht seien, mit ihren Vorstellungen an den Erwartungen ihrer Kollegen in der freien Wirtschaft ausrichten.

Er konnte viel reden: Die Gegenfront blieb starr. Als die Arbeitgeber ein wiederum leicht verbessertes Angebot vorlegten, das Einkommens-Aufstockungen in Höhe von 9,5 Prozent, mindestens aber 130 DM in allen Lohn- und Gehaltsgruppen enthielt, lehnten es die Gewerkschaften unter dem Druck Heinz Klunckers als immer noch unzulänglich ab. Noch am gleichen Abend wurden die Verhandlungen für gescheitert erklärt. Die Großen Tarifkommissionen der beiden Gewerkschaften bestätigten am Dienstag diese Entscheidung und beschlossen für den 7. und 8. Februar eine Urabstimmung ihrer Mitglieder über Kampfmaßnahmen, also den Streik. Es wurde ernst.

Jeder wußte, daß diese Auseinandersetzung im öffentlichen Dienst etwas anderes war als die üblichen Tarifkonflikte und Arbeitskämpfe. Nicht Industriegewerkschaften und private Unternehmen, sondern eine sozialdemokratisch geführte Bundesregierung und die Vertretungen öffentlich Bediensteter, die der Allgemeinheit in besonderem Maße verpflichtet sind, standen sich hier gegenüber. Mußte man nicht von denen, die ihr Geld vom Staat, also vom Steuerzahler, erhielten, bei der Verfolgung eigener Lohnforderungen während einer Wirtschaftskrise besondere Zurückhaltung und Augenmaß erwarten?

Der Kanzler äußerte sich deutlich zu diesem Thema am Morgen des 30. Januar im Kabinett. Vor Eintritt in die Tagesordnung bedauerte er mit Nachdruck, daß die Gewerkschaften »überzogene und ultimative Forderungen« zur Grundlage ihrer Entscheidung gemacht hätten. Die öffentlichen Haushalte dürften durch diesen Tarifabschluß nicht überzogen werden. Es sei nach wie vor das Ziel der Regierung, 1974 die Arbeitsplätze zu sichern und die negativen Einflüsse der internationalen Preissteigerungen auf die Bundesrepublik abzumildern. Die Bundesregierung verhalte sich in den Verhandlungen für den öffentlichen Dienst ohne Sturheit, lasse sich aber von der sachlich gebotenen Bestimmtheit leiten. Hier seien Kräfte am Werke, die in Kauf nähmen, ja vielleicht darauf aus seien, die Regierung »wegzuputschen«.

Es ging wohl weniger um die Regierung als um deren Chef. Zumindest sah Egon Bahr Ende Januar 1974 die Kanzlerschaft Brandts in Gefahr; im Februar mußte der Regierungschef angebliche Rücktrittsabsichten dementieren. Aber auch wenn er blieb: War er nicht ein Mann geworden, der sich vieles nur schweigend anhörte? Allzu oft apathisch und stumm?

Er überließ es Egon Bahr und Günter Gaus, sich Leitlinien für die Besprechung mit den Tarifpartnern zu überlegen, die am Mittag des nächsten Tages stattfinden sollte. Statt von sich aus auf den ÖTV-Vorsitzenden zuzugehen, meinte er in majestätischer Zurückgezogenheit (»das ist doch in der SPD immer so gewesen wie im alten Preußen«), Kluncker werde unaufgefordert um eine Unterredung mit dem Regierungschef nachsuchen, um dann gemeinsam mit ihm Lösungsmöglichkeiten für den Lohnstreit zu erörtern.

Doch der hartgesottene Kluncker tat ihm diesen Gefallen nicht. Da war, dachte Brandt, von seiner Seite wenig zu tun. Schließlich durfte er als Kanzler solchen Leuten nicht hinterherlaufen. Er mußte das Amt wahren, es intakt halten. Aber worauf konnte er sich noch stützen, auf wen noch verlassen? Um ihn herum bröckelte es seit Monaten. Auch nahestehende Journalisten hatten ihn abgeschrieben. Als er, auf seine Bitte hin, zusammen mit Rudolf Augstein, Peter Merseburger und Theo Sommer im Januar 1974 bei Günter Gaus eingeladen war, kam kaum noch ein Gespräch zustande. Willy Brandt war für die anderen, die ihn ja mochten, ein bedeutender Mann – gewesen. Nun hielten ihn diese sensiblen Meinungs-Seismographen für politisch erledigt, für uninteressant.

Selbst die engsten Partner in der eigenen Partei setzten sich von ihm ab. Was er von Herbert Wehner zu halten hatte, wußte Brandt seit September vergangenen Jahres. Jetzt, beim Tarifkonflikt, ritt ihn auch Helmut Schmidt hinein (dies war zumindest der Eindruck, den die FDP gewann). Zunächst hatte der Finanzminister den Regierungschef zum unbedingten Durchhalten angestachelt, dann aber über Nacht die Position gewechselt und ihm aus der Ferne, von der Energiekonferenz der Industrieländer in Washington, plötzlich achselzuckend die Entscheidung telefonisch anheimgestellt, Brandt also praktisch zur Nachgiebigkeit geraten. Die Liberalen waren schon in jener Zeit überzeugt, daß Schmidt zielbewußt zum Sprung ins Kanzleramt ansetze. Daher wolle er Brandt als widerspruchsvoll, als unentschlossen und schwankend erscheinen lassen.

Schmidt sah seinen Konkurrenten seit Wochen angeschlagen und versuchte daher, neue Erfolge Brandts zu vereiteln, um das Ende zu beschleunigen. So war bereits Ende 1973, beim Besuch des Warschauer Außenministers Stefan Olszowski in Bonn am 6./7. Dezember, ein Tauschgeschäft westdeutscher Kredite gegen polnische Ausreisegenehmigungen an der Intransigenz Schmidts gescheitert, obwohl die vereinbarten Konditionen günstiger waren als die Abmachungen, die Schmidt als Kanzler zwei Jahre später mit Gierek in Helsinki aushandelte. Schmidt fühlte Anfang 1974 seine Stunde nahen. Er wußte, daß Wehner keine Alternative zu ihm besaß, falls die Nachfolgefrage jetzt spruchreif werden sollte.

Aber zurück zum Streik. Die Hoffnung der Regierung, ihn durch neue Gespräche und weitere kleine Konzessionen nach der Urabstimmung in letzter Minute doch noch abwenden zu können, erwies sich als trügerisch. Nach Warnstreiks und begrenzten Arbeitsniederlegungen am 29. Januar und 4. Februar folgte vom 11. bis 13. Februar 1974 der Ausstand auf breiter Front. Brandt hielt dennoch an seiner bisherigen Position fest. Dem Sitzungsprotokoll der SPD-Bundestagsfraktion vom 12. Februar zufolge erklärte er dort an diesem Tage: »Der Bundeskanzler geht zunächst auf die Tarifverhandlungen im öffentlichen Dienst ein. Nicht ohne Sorge beobachte er die entscheidende Verhandlungsphase dieser Woche. Er stehe zu seinen bisherigen Aussagen, unter anderem zu der am 30. 11. 1973 abgegebenen Erklärung, nicht über zehnprozentige Erhöhungen vorzunehmen. Zweistellige Lohn- und Gehaltsforderungen beschleunigten den Preisauftrieb. Eine optimale Preisdämpfung mit möglichst niedriger Arbeitslosenzahl für 1974 sei die Pflicht aller und des Bundeskanzlers.«

Seine Worte waren in den Wind gesprochen. Am 13. Februar kapitulierte die Arbeitgeberseite unter dem Druck des bundesweiten Streiks. Die Länder und vor allem die Gemeinden (die sich an die Vorstellung gewöhnt hatten, sie seien für die Ausgaben, »der Staat« aber für die Einnahmen zuständig) zogen das widerstrebende Bonn hinter sich her. Am Abend dieses Dreizehnten wurde zugestanden, was man bisher abzuwenden versucht und immer als unmöglich bezeichnet hatte: Die Einkommensverbesserungen für die rund 2,3 Millionen Arbeiter und Angestellten bei Bund, Ländern und Kommunen sowie bei Bahn und Post beliefen sich nunmehr auf elf Prozent, mindestens aber 170 DM. Die Mauer, die man unbedingt hatte halten wollen, war unter dem Ansturm der eigenen gewerkschaftlichen Bündnispartner und Kampfgefährten krachend eingestürzt, und unter den Trümmern lag ein weiteres Stück des Brandtschen Prestiges begraben.

Aber das sei noch nicht alles, meinte Rolf Zundel am 15. Februar 1974 in der *Zeit*: »Die Arbeitnehmer haben die Technik der Unternehmer kopiert: Sie nehmen, was ihre Macht erlaubt und was der Markt hergibt – sie handeln nicht anders als etwa die großen Ölgesellschaften ... In diesem Streik des öffentlichen Dienstes hat sich gezeigt, daß die Gewerkschaften die Macht haben, staatliche Souveränität einzuschränken ... Vom Ergebnis des Tarifstreits mag man nachher vielleicht mit einigem Wohlwollen sagen, es sei eben noch vertretbar gewesen. Der Verlust an Staatsautorität aber läßt sich auf keine Weise rechtfertigen. Und er wiegt noch schwerer als das ramponierte Ansehen der gegenwärtigen Regierung.«

Doch der Ausgang des Tarifkonfliktes war zu jener Zeit keineswegs Willy Brandts einzige Niederlage, obwohl sie ihn offenbar am meisten schmerzte, wie man am 18. Februar 1974 im *Spiegel* lesen konnte:

> Hilflos auch mußte der Kanzler erkennen, wie sein innenpolitisches Konzept und seine außenpolitische Vision zerbröseln; wie der Streit um Ministerposten nach dem Entschluß Walter Scheels, Präsident zu werden, und der Zank um gemeinsame Reformvorhaben die einst so festgefügte Koalition rissig macht; wie seine Europa-Politik von den Franzosen, zuletzt bei der Washingtoner Energiekonferenz, hintertrieben wird. Besorgt beobachtet der Kanzler die Krise in den Staaten Westeuropas. Vor Vertrauten beklagt er das wirtschaftliche Chaos in England, die Bedrohung der italienischen Demokratie durch Korruption. Und nun, fürchtet Brandt, werde auch die Bundesrepublik endgültig in den Kreis jener europäischen Länder geraten, deren innere Stabilität durch den Wertverfall ihrer Währungen zerbröckelt, nicht zuletzt wegen der erstreikten Lohnsteigerung im öffentlichen Dienst.
>
> So, wie er die Position der Bundesrepublik als eines stabilen Kerns Westeuropas allmählich schwächer werden sieht, so scheint dem Kanzler der Einfluß der Bonner Zentrale auf Länder und Gemeinden, auf Unternehmer und Gewerkschafter, auf Parteien und Bürger zu schwinden ...
>
> Am ärgsten fühlt sich der Kanzler von der Niederlage betroffen, die er beim Lohnstreit im öffentlichen Dienst hatte hinnehmen müssen ...
>
> Einer seiner engsten politischen Freunde, Österreichs sozialdemokratischer Bundeskanzler Bruno Kreisky, wollte dieser Tage wissen, sein deutscher Amtskollege werde spätestens Mitte des Jahres zurücktreten. Und der Kanzler selber beklagte sich bei einem Vertrauten: »Ihr laßt mich alle allein.«

Vertrauensverlust bei der Bevölkerung und Hamburger Bürgerschaftswahl

Am 3. März 1974 fanden in Hamburg Bürgerschaftswahlen statt, bei denen die SPD mehr als zehn Punkte, ein rundes Fünftel ihrer Stimmen verlor; von den 55,3 Prozent, die sie 1970 erreicht hatte, wurde sie auf 44,9 Prozent zurückgeworfen, während die CDU ihren Stimmenanteil von 32,8 Prozent auf 40,6 Prozent zu steigern vermochte. Da schon vor den Wahlen, bei denen die FDP sich von 7,1 Prozent auf 10,9 Prozent verbessern konnte, die Fortsetzung des sozialliberalen Regierungsbündnisses abgesprochen worden war, bestand für die Sozialdemokraten keinen Augenblick lang die Gefahr, in die Opposition gedrängt zu werden. Dennoch war der Schock in ihren Reihen gewaltig, nicht nur in Hamburg. Die SPD verlor hier, in einer weltoffenen, modernen Großstadt, die absolute Mehrheit, die sie seit November 1957, also fast 17 Jahre lang, besessen hatte. Außerdem dokumentierte sich in diesem Hamburger Ergebnis erstmals der breite Vertrauensverlust, den die SPD in der Bevölkerung der Bundesrepublik in den vorangegangenen anderthalb Jahren erlitten hatte. Darin lag die überregionale Bedeutung dieser Wahl – der ersten seit den Bundestagswahlen 1972. Der *Genosse Trend*, der den Sozialdemokraten seit Ende der fünfziger Jahre treu zur Seite gestanden und ihren stetigen Aufstieg in Bund und Ländern begleitet und gesichert hatte, war nach Brandts Triumph vom 19. November 1972 offenbar müde geworden.

Dieser bundesweite Hintergrund des Hamburger Debakels war in Umrissen schon einige Zeit vorher sichtbar geworden, was die Nervosität der Sozialdemokraten in den voraufgegangenen Wochen verständlich machte. Umfragen des *Instituts für Demoskopie Allensbach* vom Dezember 1973 und Januar 1974 hatten nämlich gezeigt, daß 50 Prozent der Wähler der CDU/CSU, aber nur noch 35 Prozent der SPD (13 Prozent der FDP und 2 Prozent anderen Parteien) ihre Stimmen geben wollten, falls in diesem Augenblick Bundestagswahlen stattgefunden hätten. Elisabeth Noelle-Neumann, die Leiterin des Instituts, ergänzte diese Zahlen im *Spiegel* vom 25. Februar 1974: Man wisse aus einer Langzeituntersuchung, und zwar einer Befragung von 550 Wählern vor dem 19. November 1972 sowie Ende 1973 und Anfang 1974, »daß 42 Prozent (also mehr als zwei Fünftel) der SPD-Wähler der letzten Bundestagswahl heute nicht mehr für die SPD stimmen wollen«. Diese Abwanderer seien besonders enttäuscht von der Führung durch Bundeskanzler Brandt und »von der Wahrung unserer Interessen gegenüber dem Osten«. Die Zustimmung, die der Regierungschef fand, war seit Anfang 1973 von 55 auf 35 Prozent gesunken. Wenn man nach einer Parallele für solch raschen Image-Verfall suchte, mußte man schon in die Zeit vor dem Sturz Ludwig Erhards 1966 zurückgehen, als die Unterstützung der Wähler für den damaligen Kanzler binnen kurzem von 44 auf 28 Prozent gesunken war.

Die Allensbacher Orakelsprüche waren für die Sozialdemokraten alarmierend, da nach Hamburg 1974 noch drei weitere Landtagswahlen zu überstehen waren: am 9. Juni in Niedersachsen, dann im November noch in Hessen und Bayern. Drei dieser vier Länder wurden von der SPD allein (Niedersachsen) oder in Koalitionen mit der FDP (Hamburg und Hessen) regiert. Nur in Bayern hatten weder SPD noch FDP etwas zu melden. Dort herrschte die CSU seit langem unangefochten. Kam es in Niedersachsen oder Hessen zu dramatischen Machtverschiebungen zwischen den beiden Lagern, gewann also die CDU gegen SPD und FDP die absolute Mehrheit, dann war das nicht nur für das Selbstbewußtsein der Sozialdemokraten und der von ihnen geführten Koalition bedrohlich. Es konnte auch die sozialliberale Regierungsfähigkeit in Bonn gefährden, wenn es der Union gelang, ihren leichten Vorsprung im Bundesrat zu einer veritablen Vormachtstellung, vielleicht sogar einer unüberwindlichen Zweidrittelmehrheit auszubauen. Am größten war die Gefahr eines Machtwechsels in Niedersachsen, wo die SPD mit einem minimalen parlamentarischen Vorsprung von 46,3 Prozent vor der CDU mit 45,7 Prozent regierte (während die FDP 1970 mit kläglichen 4,4 Prozent der Stimmen den Landtag in Hannover hatte verlassen müssen). Wenn sich der Trend von Hamburg fortsetzte, war Niedersachsen für die Sozialliberalen schon so gut wie verloren.

Das Bundespresseamt ließ die Ergebnisse der Hamburg-Wahl mit ihren schweren Verlusten der SPD und den nur mäßigen Gewinnen der FDP durch nahestehende Meinungsforschungsinstitute analysieren. Man wollte herausfinden, wie sich die Bonner Koalition in den verschiedenen Medien während der zwölf Monate vor dem 3. März 1974 präsentiert hatte. Dabei wurde ermittelt, daß die Regierung in diesem Jahr zu 65 Prozent, also an etwa 240 Tagen, den Aufmacher der Zeitungen geliefert hatte, mithin außerordentlich häufig, fast ständig, präsent gewesen war. Das sei aber für SPD und FDP nicht unbedingt vorteilhaft gewesen. Das Bundespresseamt meinte, möglicherweise sei das Kabinett zu oft in die Schlagzeilen gekommen, habe mit zu vielen, kontroversen Themen von sich reden gemacht. In nicht weniger als zehn verschiedenen Zusammenhängen, die fast alle problematisch waren und teilweise starke Unlustgefühle auslösten, war die Regierung 1973/74 immer wieder ins öffentliche Bewußtsein gedrungen: bei Preisstabilität und Konjunkturpolitik, bei der Mitbestimmung, bei Europa-Fragen und den Schwierigkeiten des westlichen Bündnisses, bei der Ölkrise und dem Tempo-Limit, den Folgen des Grundvertrages, der Steiner-Affäre, den Fluglotsen, dem öffentlichen Tarifkonflikt, endlich mit den lautstarken Jusos. Auch eine Reihe weiterer Themen, die in diesem Jahr zeitweilig eine Rolle gespielt hatten (Arendt und der Arbeitsmarkt, Schmidts Steuerreformpläne, Ehmkes Postgebühren, Lebers »Bundeswehr ohne Feindbild«), waren überwiegend dazu angetan gewesen, den Bürger zu ärgern. Er hatte aus Zeitungen, Rundfunk und Fernsehen den Eindruck gewinnen müssen, daß eine emsige, sich vielleicht sogar verzettelnde, oftmals unglücklich operierende Regierungsmannschaft am Werke war – ganz anders als vor der Bundestagswahl 1972. Damals hatte allein die Ostpolitik das Bild geprägt, mit ihrem Für und Wider klare Fronten und eine einfache Grenzziehung zwischen Koalition und Opposition ermöglicht.

Helmut Schmidts Kritik an Kanzler und SPD

Mancher Sozialdemokrat war versucht, aus der Schlappe bei der Hamburger Bürgerschaftswahl den Schluß zu ziehen, die Niederlage lasse sich aus Mängeln der Öffentlichkeitsarbeit dieser Regierung erklären; man habe sich eben schlecht verkauft.

Einer solchen selbstmitleidigen Deutung trat Helmut Schmidt mit Nachdruck entgegen, als der Bonner SPD-Vorstand am 8. März 1974, fünf Tage nach der verlorenen Wahl, die Hamburger Niederlage der SPD kritisch erörterte. Hier gehe es um die Sache, um die personelle und konzeptionelle Substanz und wesentlich nicht um Verpackung oder Werbung. Kein Politiker, sagte Schmidt, könne in einer offenen durchlässigen Gesellschaft, wie wir sie hätten, auf die Dauer von irgend jemandem gut oder schlecht verkauft werden. »Jeder Politiker sieht in einer Fernsehdemokratie auf die Dauer so aus, wie er ist.«

Es war nicht schwer zu erraten, auf wen das gemünzt war. Denn bereits am 6. März hatte der Finanzminister im Fernsehen den Bundeskanzler verstohlen einer laschen Partei- und Staatsführung bezichtigt. Jetzt nutzte er die Gelegenheit zu einer zwar vorsichtig formulierten, in der Sache jedoch entschiedenen Generalabrechnung mit der Disziplin- und Energielosigkeit der Sozialdemokraten – genauer: ihres Mannes an der Spitze. Mit temperamentvollen Ausführungen, die von der Umgebung Brandts später als Aufruf Schmidts zum Putsch gegen den SPD-Vorsitzenden und Regierungschef charakterisiert wurden, widersprach Schmidt deutlich dem, was Brandt zuvor über die Ursachen und Konsequenzen des Hamburger Rückschlages dargelegt hatte.

Schmidts Sturm auf das seines Erachtens kapitulationsreife Kanzleramt hatte begonnen. Eingeweihte verstanden sofort, was Schmidt »mit seinen konjunktivistischen Rechthabereien«, wie Eduard Neumaier am 15. März 1974 in der *Zeit* schrieb, signalisieren wollte: daß er sich selbst für den geeigneten Kanzler halte, jetzt und sofort als geeigneteren Kanzler empfehle. Natürlich konnte er das nicht offen sagen. Er mußte seine einzelgängerische Attacke, wie in der SPD üblich, mit Bekenntnissen und Mahnungen zur Solidarität garnieren.

Der entscheidende Fehler der deutschen Sozialdemokraten, meinte Schmidt, sei ihre Neigung zu unaufhörlichen, selbstzerfleischenden Streitigkeiten untereinander. Entscheidend sei, welches Bild die Partei den Bürgern biete. »Dieses Bild wird nicht von der Pressearbeit der Ministerien oder des Herrn von Wechmar oder – früher – des Conny Ahlers bestimmt, sondern das wird bestimmt von einigen Personen an der Spitze und von vielen Personen und Mehrheiten auf Delegiertentagen, durch alle die vielen Interviews in der Breite der Partei: dadurch wird es bestimmt. Und einer der wesentlichen Eindrücke, den die Menschen in unserem Lande von Regensburg bis Flensburg haben, ist der, daß die SPD einen großen Teil, einen zu großen Teil ihrer Energie und Aktivität auf die innere Auseinandersetzung verwendet. Und dies wirkt eben nicht ungeheuer attraktiv, kann ich nur ironisch sagen . . . Außerdem verstehen die das Kauderwelsch der halbfertigen Akademiker nicht, die unsere Resolutionen mit ihren Wortlauten überschwemmen.«

Ähnlich unverblümt hatte sich Schmidt bereits zwei Tage zuvor sogar öffentlich geäußert, und zwar gegenüber Peter Merseburger und Friedrich Nowottny *Im Brennpunkt*, einer ARD-Fernsehsendung, die am 6. März der Frage einer »Talfahrt der SPD?« gewidmet gewesen war. Die Fernsehredakteure hatten ursprünglich Willy Brandt als Parteivorsitzenden befragen wollen, doch dieser hatte Helmut Schmidt ausrichten lassen, er halte es für besser, wenn er das mache. Ungeniert ergriff der Finanzminister die Gelegenheit, abzurechnen und sich in Szene zu setzen. Dem indignierten SPD-Vorstand erklärte Schmidt am 8. März selbstbewußt, es sei klar gewesen, daß er hier »mit einer Reihe von nicht ganz einfachen Fragen konfrontiert werden würde«. Er habe die Aufgabe trotzdem gern übernommen, »wohl wissend, daß ich damit eine jahrelang gepflogene Zurückhaltung zu einer Reihe von Themen aufgeben würde«.

Von Merseburger auf die Zerstrittenheit der Sozialdemokraten angesprochen, hatte Schmidt in der Sendung hervorgehoben, daß die SPD als Ganze (und nicht etwa nur Bundesregierung und Kanzler) »in den letzten zwölf Monaten einen nicht ausreichend klaren, eindeutigen Eindruck gemacht« habe. Diese »Verunklarung des eigenen Bildes« habe »allerdings schon vor der Bundestagswahl 1972«, nämlich »praktisch mit der Studentenrevolte 1968, zuerst in kleinen Schüben und dann in größeren« begonnen. Aber diese Entwicklung sei lange »durch die engagierte Begeisterung für die Ostpolitik«, die im Jahre 1972 ihren Höhepunkt erreicht habe, überdeckt worden. Weil dieses Thema inzwischen etwas in den Hintergrund getreten sei, werde seither die große Bedeutung der internen Veränderungen der SPD unübersehbar. »Der Versuch, diese vielen hunderttausend neuen Mitglieder, die da in die SPD hineingeströmt sind, zu integrieren, ist sehr großzügig vorgenommen worden und hat vielen relativ neuen Mitgliedern der SPD erlaubt, Meinungen zu vertreten – öffentlich, die wurden dann auch dick gedruckt –, als ob hier die SPD spräche . . . Und ich glaube, daß auf diesem Felde die Sozialdemokratische Partei bei weitem zu großzügig gewesen ist. Sie können auch sagen: sie war zu lax. Und das gilt nicht nur für Bonn, das gilt für die ganze Bundesrepublik.«

Unüberhörbar war Schmidts skeptische, ja abwehrende Distanz zu dem, was das Jahr 1968 für die junge Generation, unsere Gesellschaft, seine Partei bedeutet hatte. Seit jener Zeit unterschied er sich darin sehr von Willy Brandt.

Der SPD-Vorsitzende war damals aufgeschlossener als vorher geworden, hatte sich, auch in der Auseinandersetzung mit den eigenen Söhnen, der revolutionären Überzeugungen seiner Jugend erinnert. Er meinte in den Veränderungen jener Jahre eben auch positive Ansätze einer Erneuerung unserer Demokratie zu entdecken (»vieles ist in Bewegung«, sagte er am 30. Mai 1968 im Bundestag, »Erfreuliches und Bedenkliches, Aufrüttelndes und Gefährliches zugleich«).

Außerdem glaubte er, man dürfe die jungen Rebellen nicht im politischen Abseits verkümmern, verkommen lassen. Vielmehr müsse man versuchen, die Jahrgänge der Unruhe in den eigenen Reihen heimisch zu machen, damit sie festen Boden unter die Füße bekämen, politisch verantwortlich handeln lernten.

Helmut Schmidt hingegen sah das, sich seit 1968 verhärtend, ganz anders. Er konnte nur eine Bewegung der »halbfertigen Akademiker« mit elitär-anmaßendem »Kauderwelsch« und theoretisierend-törichten, weltfernen, ja gefährlichen Absichten erkennen (wenn man beispielsweise fordere – wie er am 8. März 1974 im SPD-Vorstand höhnisch sagte –, »die SPD müsse dafür sorgen, daß wir aus der NATO austreten und alles so wunderbar kluge Sachen – wobei sich die Urheber dann immer noch freuen, wenn die Springer-Presse das besonders dick bringt, denn dann sind die ja auch zum ersten Male in der Zeitung«). Wo Brandt Hoffnung sah und säte, erblickte Schmidt nur gefährliche Verschwommenheit, beklagenswerten Kräfteverschleiß.

Auf einen Einwand des linken Rudi Arndt, seinerzeit Frankfurter Oberbürgermeister, war Schmidt am 8. März zuzugeben bereit, daß dies alles »schon früher angefangen« habe, »nämlich Ende 1966 oder 1967«; »der erste große Höhepunkt« sei ja die Notstandsdebatte gewesen. Sein Rivale, der damalige Außenminister Brandt, habe, unter dem Eindruck der Pariser Mai-Unruhen (»als Freunde Frankreichs müssen wir sehen, daß dort Bedeutendes vorgeht und daß, ganz unabhängig von dem Ringen der formierten und der nicht formierten Kräfte, mit großen Veränderungen zu rechnen sein wird«), gleichzeitig von den Träumen seiner Lübecker Jahre beflügelt, von ihren Traumata eingeholt, bei der Schlußberatung der Notstandsgesetze »eine erschreckende Rede« gehalten: Wenn die Revolution komme (von der keiner vor ihm gesprochen hatte), dann komme sie; niemand könne sie dann mehr aufhalten.

Tatsächlich hatte Brandt anläßlich der Verabschiedung der Notstandsgesetzgebung am 30. Mai 1968 im Deutschen Bundestag wörtlich gesagt: »Elementare politische Vorgänge im Leben der Völker – gleichgültig, wie man zu ihnen steht – sind nicht durch Paragraphen zu reglementieren. Hier macht sich vermutlich niemand Illusionen, falsche Hoffnungen oder unbegründete Sorgen, je nach dem Standort: Wenn einmal das Volk aufsteht, gelten ungeschriebene Gesetze.«

Waren diese Sätze wirklich so verantwortungslos, wie Helmut Schmidt sie verstanden, zumindest in der Erinnerung behalten hatte? Je nach Auslegung konnte man aus ihnen entweder die besorgte Interpretation Schmidts herauslesen oder die Passage auch ganz anders auffassen.

Welterfahren, rundum verständnisvoll und gelassen, hielt Brandt politisch vieles für denkbar, sah daher die deutsche Nachkriegsruhe keineswegs für alle Zukunft als schon gesichert an. Im Fall der Fälle war nichts zu verhüten, nichts abzuändern. Wer so gerne Geschichtsbücher las wie er, hatte einiges über die Schicksale der Menschen und Völker gelernt; Eruptionen, Revolutionen konnte man nur zur Kenntnis nehmen, nicht aufhalten oder auch nur bremsen.

Man mag diese Einstellung verfehlt finden. Sie verriet jedenfalls ebensoviel über Brandt wie die heftige Empörung Schmidts über ihn, der so nicht sein wollte, nie im Leben! Willenskraft – das war es, was man ihm nachrühmen sollte. Er wollte eines Tages als energischer, entschiedener Kanzler gelten.

Wie anders war doch in seinen Augen Brandt! Leider dürften sich, fand Schmidt, Rechte wie Linke gleichermaßen auf Brandts Rückendeckung berufen. Das könne auf die Dauer nicht gutgehen. Denn die SPD als einheitlicher, politisch handlungsfähiger Willensverband verkomme dabei, falle faktisch auseinander. Schmidt war der Ansicht, daß sich Herbert Wehner mit seiner Moskauer Attacke zwar »formal ganz ungehörig« verhalten habe, in der Sache aber »richtig liege«; Wehner habe 1972/73 »Anlaß« gehabt, »schlecht von Brandt zu reden«. Wehner wie er hätten damals ähnlich gedacht: Die Partei werde immer mehr ein »verrotteter Sauhaufen«, der nach dem Ausscheiden des jetzigen Triumvirats (Brandt, Schmidt, Wehner) »untergehen« werde. Schon jetzt rieche man doch »überall Verfall«, »überall« – und nicht nur in der SPD – beobachte man (»und das pries Ehmke als Reform!«) eine »Auflösung von Formen«.

Bereits im Sommer 1972 will Schmidt zu Brandt (der »sehr betroffen« gewesen sei) gesagt haben, daß er nach den Wahlen im Herbst gleichen Jahres ausscheiden wolle, um nicht mitzuerleben, wie Brandt die SPD in eine »Nenni-Partei« verwandle, also in ein haltloses Gebilde wie die *Sozialistische Partei Italiens (PSI)*, die ständig zwischen Christdemokraten und Kommunisten, zwischen einer Rechts- oder einer Linksorientierung, unentschieden hin und her schwanke. Nach den Novemberwahlen habe ihn Brandt geradezu »bitten« müssen, weiter dem Kabinett anzugehören. Im Dezember 1973, erinnert sich Schmidt, habe er Brandt dringend eine *Blut-Schweiß-und-Tränen-Rede* nahegelegt: Die Situation sei danach. Aber Brandt habe das nicht tun wollen – das hatte ja auch Schmidts Widersacher Eppler zur gleichen Zeit erfahren müssen. Im Frühjahr 1974, berichtet Schmidt, sei er derart frustriert gewesen, daß er Brandt habe wissen lassen, die nächste Bundestagswahl (1976) sei für ihn »das Ende der Fahnenstange«: Er scheide dann aus. Brandt lerne nichts dazu, sei nach wie vor ein miserabler Vorsitzender. Wenn wieder Richtungsklarheit in die Partei kommen solle, müsse man »gewisse Typen abstreifen«, also rausschmeißen. Momentan »zerfließe« die SPD »völlig«; tatenlos sehe Brandt ihrem »Zersetzungsprozeß« zu.

Den hannoverschen Parteitag vom April 1973 hielt Brandt immer noch für einen großen persönlichen Erfolg (wenn auch danach, wie Brandt einräumte, die internen Streitereien angedauert hätten, als habe Hannover gar nicht stattgefunden, was aber doch wohl nicht ihm zur Last gelegt werden könne). Nach Schmidts Ansicht war er dagegen eine wichtige Station bei der Talfahrt der SPD – und dies wesentlich aufgrund mangelnder Entschlossenheit des Parteivorsitzenden, linken Irrtümern unzweideutig entgegenzutreten und fatale Beschlüsse zu verhindern.

In seinem Fernsehgespräch vom 6. März 1974 sagte Helmut Schmidt wörtlich: »Ich beurteile den Hannoveraner Parteitag anders als ... die meisten. Für mich war er kein Bild der Geschlossenheit. Für mich sind dort auch ein paar Fehler passiert, die damals untergebügelt wurden, die man nicht recht zur Kenntnis genommen hat, die ich für ganz schwerwiegende, symptomatische Fehler halte.«

Ein derartiger Mißgriff sei zum Beispiel der *Makler-Beschluß* gewesen. Sicherlich gebe es ein Wohnungsvermittlungs-Unwesen, das zu beanstanden sei, auch ein Makler-Unwesen. »Aber aus dem Handgelenk so zu tun, als ob es uns gar nicht darauf ankommt, einen ganzen Berufsstand abzuschaffen«, erläuterte Schmidt am 8. März dem eigenen Parteivorstand seine kritische Position, »was glaubt ihr, was das für Schaden angerichtet hat bei den Gewerbetreibenden und bei den Selbständigen, und wie das ausgemünzt worden ist.« Solche Tendenzen, die auf dem hannoverschen Parteitag 1973 erstmals deutlich öffentlichen Ausdruck gefunden hätten – von ihm, Schmidt, »damals schon mißbilligt« –, seien ja keine Einzelentgleisungen gewesen. Die gleiche Denkweise habe sich später fortgesetzt in der Aktion *Gelber Punkt*, die den Eindruck erweckt habe, »als ob alle Einzelhändler schuld seien an den Preissteigerungen in der ganzen Welt«. Solch leichtfertige, undurchdachte Behauptungen und sogar Beschlüsse würden in kurzer Zeit die Ergebnisse einer beharrlichen Vertrauensarbeit der SPD von anderthalb Jahrzehnten hinfällig machen, ja zerstören. »Wir haben uns hier fünfzehn Jahre lang Mühe gegeben, gegenüber der katholischen Kirche, gegenüber der evangelischen Kirche, gegenüber diesem sogenannten Mittelstand, für unsere Programmatik Verständnis zu erwerben, und wir haben uns Mühe gegeben, unsererseits zu verstehen, was deren unmittelbare Sorgen und Anliegen sind. Wir waren darin sehr weit gekommen – sehr weit gekommen. Diese Felder sind aber innerhalb von weniger als drei Jahren kampflos aufgegeben worden, zum Teil sogar mutwillig aufgegeben worden, indem man gemeint hat, den Geworbenen auch noch Tritte in den Leib versetzen zu dürfen. Und nun wundert man sich über die Ereignisse – und darüber kann ich mich nur wieder wundern.«

Auf diese Weise schiebe man wie selbstverständlich die Probleme mancher Berufsgruppen, etwa der Selbständigen, einfach beiseite. Umgekehrt rückten die Probleme junger Akademiker immer mehr in das Zentrum sozialdemokratischen Zeit- und Kraftaufwandes. Er gehe indessen fest davon aus, daß auch die SPD der achtziger Jahre im Kern nicht aus jungen Soziologen, Politologen und Volkswirten, sondern aus Arbeitnehmern bestehen werde. »Denn sonst würde sie nämlich gar nicht mehr bestehen.«

Außerdem sei die *Mitte* (»die wir schlecht behandelt haben«, um die es aber bei jeder Wahl entscheidend gehe) nicht nur anhand bestimmter, gesellschaftlicher Schichtungsmerkmale zu definieren. *Mitte* könne man auch als Mentalität begreifen, als eine Mischung aus rationalem Urteil und gefühlsbestimmter

Bereitschaft zum Wechsel. Unter diesem Gesichtspunkt komme man aber wiederum zum gleichen Befund: Die wechselbereiten Wähler der Mitte seien in großer Zahl durch eine rabiate Rhetorik verunsichert und aus der SPD-Wählerschaft hinausgegrault worden.

Es gebe Leute – fuhr Schmidt in der Sitzung des Parteivorstandes vom 8. März 1974 fort –, die »wirklich Angst« hätten (»und mit Recht«), daß die Sozialdemokraten das in die Tat umsetzen wollten, was »unsere jungen Leute« auf ihrem Münchner Bundeskongreß der Jungsozialisten vom 25. bis 27. Januar 1974 beschlossen hätten. (»Ich hätte auch Angst. Ich weiß bloß, daß das nicht gemacht werden wird.«) Neben Angst breite sich Verärgerung aus: »Wir haben sie übrigens auch geärgert damit, daß wir mehr versprochen haben als wir – in den unterstellten Zeiträumen – halten können . . . Die Menschen glauben uns zu viele Versprechungen nicht.«

Bereits das erste SPD-Langzeitprogramm (das von einer Kommission unter dem Vorsitz Helmut Schmidts erarbeitet und im Juni 1972 vorgelegt worden war) sei »schon sehr weit an die Grenzen des überhaupt denkbar Möglichen« gegangen. »Und alles, was etwa darüber hinausgehen sollte«, werde »eindeutig als unmöglich erkannt werden«, nachdem sich die ganze Weltwirtschafts-Situation »völlig gedreht« habe: »Die Wachstumsraten werden kleiner sein. Schwierigkeiten, die wir gar nicht unterstellen konnten, sind inzwischen eingetroffen für alle an der Weltwirtschaft Beteiligten. Und wir sind einer der Hauptbeteiligten: das größte Exportland der Welt, eines der größten Importländer der Welt. Wir hängen von der Weltwirtschaft sehr viel mehr ab, als einer sozialdemokratischen Delegiertenversammlung bewußt sein mag.«

Doch was waren eigentlich die Lehren, die man angesichts der verlorenen Hamburger Bürgerschaftswahlen ziehen sollte? Und vor allem: Was mußte man nach Schmidts Ansicht jetzt praktisch tun? Zweierlei. Man mußte den beschriebenen Mißständen abhelfen, und man mußte die Regierung unverzüglich umbilden. Dabei drängte das eine so wie das andere. Auf keinen Fall durfte man kostbare, unwiederbringliche Zeit länger ungenutzt verstreichen lassen, mußte Richtung und Methoden sozialdemokratischen Regierens rasch ändern. Man brauchte eine ganz neue Regierung, einen regelrechten Neuanfang in der Regierungsarbeit. »Mit einem Patentrezept«, gewissermaßen der kleinen Lösung, komme man hier nicht weit, hatte Helmut Schmidt schon am 6. März im Fernsehen gesagt. Mit der bloßen Auswechslung von drei oder fünf oder sieben oder zwei Ministern (»das mag sehr gut sein und vielleicht auch nötig«) sei es diesmal nicht getan. »Eine Regierungsumbildung allein könnte möglicherweise bloß ein Trick sein. Es muß schon ein bißchen tiefer gehen, als ein paar Personen auszuwechseln.«

Wie sollte man diese Sätze verstehen? Wer so sprach, sah sich offenbar schon halbwegs im Palais Schaumburg sitzen. Denn was Schmidt am 6. März öffentlich vorgetragen hatte (und am 8. März intern rechtfertigte), war ja weit mehr als eine sorgenvolle Bestandsaufnahme. Es war die Skizze einer Kursänderung, auch Geschwindigkeitsbegrenzung, die er politisch für unumgänglich hielt, und damit nach Lage der Dinge gleichzeitig die Ankündigung der eigenen Kandidatur, die Erklärung seiner Bereitschaft, die Kanzlerschaft zu übernehmen. Ja mehr. Im Klartext waren Schmidts Stellungnahmen vom 6. und 8. März das ziemlich unverhüllte Drängen darauf, von den eigenen Leuten mit diesem Amte jetzt betraut zu werden. Willy Brandt wußte schon, warum er seinem stellvertretenden Parteivorsitzenden am 6. März mit steigendem Erstaunen zugehört hatte. War es nicht ein tolles Ding, wie sich Helmut Schmidt da vor aller Öffentlichkeit kritisch äußerte, sich ganz ohne Hemmungen selbst ins Spiel brachte?

Er sei erschüttert, fuhr der Bundeskanzler am 8. März seinen Finanzminister im Parteivorstand an, daß in den eigenen Reihen nach dem starken Regierungschef gerufen werde und zugleich im Abseits Fakten geschaffen würden, die es ihm unmöglich machten, Stärke zu zeigen. Er finde es unerträglich, wenn man ihn bei der Frage der Kabinettsumbildung präjudizieren wolle. Er lasse sich in dieser Sache nicht drängen; schließlich sei er es, der die letzte Entscheidung treffen müsse. Bald darauf erklärte Brandt öffentlich, und zwar gleichfalls im Fernsehen: Vor dem 15. Mai, dem Tage der Wahl Walter Scheels zum Bundespräsidenten, komme es bestimmt nicht dazu. Dies entsprach ja auch der Linie, die man gemeinsam im SPD-Vorstand am 18. Januar 1974 beschlossen und noch am gleichen Tage den Freien Demokraten mitgeteilt hatte.

Doch Schmidt nahm nicht mehr einfach hin, was Brandt ihm vorwarf. Er halte nichts davon, angesichts von Wahlniederlagen so zu tun, als ob gar nicht ernstzunehmen sei, was die Wähler da entschieden hätten, und als ob man so weitermachen könne wie bisher, weil »wir doch die Größten seien und bloß die Wähler hätten's nicht gemerkt. Oder äußerstenfalls: wir hätten's ihnen gegenüber nicht richtig mitgeteilt, sonst hätten sie es ja wohl merken müssen. Davor warne ich sehr.« Wenn man in solcher Lage von Journalisten nach seiner Meinung gefragt werde, müsse man sie sagen dürfen. »Und damit, Willy, habe ich für meine Person auch die Frage beantwortet, die Du hier im Rahmen Deiner Intervention zu Deiner Person gestellt hast. Ich halte es für sehr wahrscheinlich, daß Du Dein Kabinett eben doch umbilden wirst, und nicht nur in einem einzigen Ministeramt. Das halte ich für wahrscheinlich – ob das nun am 15. Mai kommt oder später. Und ich würde mir nun nicht selber das spätere Geschäft, das Du doch vor Dir hast, unnötig erschweren.«

Das war, am Schluß, fast schon herablassend formuliert, geradezu väterlich gesprochen, ganz als sei Schmidt der ältere der beiden, der dem jüngeren, weniger erfahrenen, gute Ratschläge verpasse.

Das Problem der Scheel-Nachfolge

Das Ministeramt, von dem Schmidt gesprochen hatte und das auf jeden Fall demnächst neu vergeben werden mußte, war das des Außenministers, das mit dem Ausscheiden Scheels frei wurde. Es war fraglich und umstritten, ob diese eine Neubesetzung nicht weitere personelle Veränderungen nach sich ziehen müsse. Sollte man nicht die Gelegenheit nutzen, Fehlbesetzungen, zu denen es nach der Bundestagswahl von 1972 gekommen war, zu korrigieren, um das Regierungsschiff mit teilweise neuer Mannschaft seetüchtiger zu machen?

Einige Wochen zuvor, als der Vorstand der SPD am 18. Januar 1974 ohne Euphorie, aber einstimmig, beschlossen hatte, den Mitgliedern der Bundesversammlung die Wahl Walter Scheels als Nachfolger Gustav Heinemanns zu empfehlen, war in der SPD-Pressemitteilung vom gleichen Tage, die der Kanzler seinem Außenminister »mit herzlichen Grüßen« übersandt hatte, zu lesen gewesen, daß die damit erforderliche Veränderung der Zusammensetzung des Kabinetts erst nach der Präsidentenwahl entschieden werden solle. Daraufhin hatte der FDP-Vorsitzende am 22. Januar 1974 Brandt geschrieben:

> Sehr verehrter Herr Bundeskanzler, lieber Herr Brandt,
>
> ... Ich möchte diese Mitteilung für die Presse nicht ohne Kommentar entgegennehmen, sondern Ihnen als dem Vorsitzenden der Sozialdemokratischen Partei, mit der wir in einer erfolgreichen Koalition zusammenarbeiten, dafür danken, daß Sie und Ihre Kollegen in einer so fairen und dem beiderseitigen Interesse dienenden Weise diese schwierige Frage behandelt haben.
>
> Ich hoffe, daß das manchmal etwas lästige Gerede der letzten Wochen jetzt endgültig vorbei ist und daß wir die Entscheidungen, die nun einmal notwendigerweise mit dieser Wahl zusammenhängen, zum gegebenen Zeitpunkt in voller Einmütigkeit und im besten Koalitionssinn treffen können ...
>
> Mit freundlichen Grüßen
Ihr
(gez.) Walter Scheel

Das war keineswegs selbstverständlich, so wie ja die Wahl des FDP-Vorsitzenden zum Bundespräsidenten innerhalb der Sozialdemokratie alles andere als unangefochten war. Bruno Friedrich hatte in seinem Gutachten zur aktuellen Situation der SPD vom Dezember 1973 dringend davon abgeraten, den Liberalen das Amt des Staatsoberhaupts zu überlassen, wenn sie nicht gleichzeitig das Außenministerium abgäben. Das war durchaus im Sinne Brandts, der sich einen Augenblick lang den Wunschtraum erlaubte, seinen Freund Egon Bahr als Nachfolger Scheels an der Spitze des Auswärtigen Amts zu sehen.

Auch Scheel selbst hatte zeitweilig einen Sozialdemokraten im Sinn. Er dachte an Helmut Schmidt, denn er war überzeugt, daß man Schmidts »brennenden Ehrgeiz« befriedigen müsse, wenn die Koalition nicht Schaden leiden sollte. Da Willy Brandt Kanzler sei und bleibe, komme als Kompensation für Schmidts ruheloses Geltungsbedürfnis nur das prestigefördernde Auswärtige Amt in Betracht. Dafür sei Schmidt auch sehr geeignet; er besitze große internationale Erfahrung, mache im Ausland eine gute Figur, hinterlasse oft einen vorzüglichen Eindruck. In der FDP konnte Scheel keinen geeigneten Nachfolger entdecken; schließlich kam jemand wie Ernst Achenbach ja wirklich nicht in Frage. Hans-Dietrich Genscher, so vermutete Scheel, werde sich sträuben, vom Innen- ins Außenressort überzuwechseln. Die Materie hier war ihm fremd. Er war nie länger im Ausland gewesen, hatte keine ausgedehnten Reisen in fremde Erdteile gemacht, besaß vor allem keine nennenswerten Sprachkenntnisse. Allgemein galt Genscher damals in der Öffentlichkeit als rastlos tätiger, erfolgreicher und publikumswirksamer Bundesminister des Innern – aber zugleich als ein Mann, der für die Führung auswärtiger Angelegenheiten die erforderlichen Voraussetzungen nicht mitbringe.

Doch Genscher ließ frühzeitig seine Entschlossenheit erkennen, als künftiger FDP-Vorsitzender und Vizekanzler auch das Auswärtige Amt von Scheel zu übernehmen. Er hatte ausrechnen lassen, daß das neue Amt seine bisherigen Präsenzmöglichkeiten in den Medien beträchtlich erweitere. Denn mehr als jedes andere Kabinettsmitglied (außer dem Bundeskanzler) hat der Außenminister Anspruch auf zusätzliche, kostbare Fernsehminuten. Dem kommenden Spitzenrepräsentanten der kleinen liberalen Partei, die so leicht vom Wähler übersehen wird, konnte keinesfalls gleichgültig sein, ob Zahl und Dauer seiner Fernsehauftritte künftig wuchsen oder nicht. Genscher hatte diesem modernen Werbemittel, das Machtbeteiligungschancen eröffnete, schon immer besondere Bedeutung beigemessen. Als er Scheel aufsuchte, um ihm seinen Entschluß mitzuteilen, rechtfertigte er sich mit der gleichen Erwägung, die bereits Scheel 1969 gegenüber Brandt (und schon 1966 die SPD gegenüber der CDU/CSU) geltend gemacht hatte: In einer Zwei-Parteien-Koalition müsse dem kleineren Partner immer das Auswärtige Amt zufallen. Zur inneren Ausgewogenheit und Stabilität des Regierungsbündnisses sei dies unerläßlich; man brauche ein Gegengewicht zum Kanzleramt, das ja von der größeren Partei besetzt werde. Andernfalls werde die kleinere Partei von einem ganz wesentlichen Teil der Politik ausgeschlossen, was unvermeidlich zu Mißtrauen und Ressentiments führe.

Scheel, der von Genschers Entschluß überrascht wurde, als künftiger Bundespräsident aber nicht in denkbare Kontroversen um seine Nachfolge verwickelt werden wollte, hatte daraufhin Brandt gebeten, diese Frage erst nach dem 15. Mai zu entscheiden. Brandt stimmte zu, obwohl er wissen mußte, daß die Zeit für die FDP arbeitete. Je näher der Tag rückte, an dem die Bundesversammlung zusammentraf, desto geringer wurde die Möglichkeit der Sozialdemokraten, die Präsidentschaft als Tauschobjekt einzusetzen, also der FDP das Auswärtige Amt streitig zu machen. Das galt erst recht, nachdem Scheel mit den Stimmen der SPD zum neuen Staatsoberhaupt gewählt worden war.

Brandt erkannte dies durchaus. Aber jede Umbesetzung im Kabinett fiel ihm schwer. Es hieß damals, er wolle nach dem 15. Mai möglichst nur minimale Veränderungen vornehmen: Hans-Dietrich Genscher sollte dann das Auswärtige Amt bekommen, Sonderminister Werner Maihofer, gleichfalls FDP, neuer Innenminister werden. Schmidts rüde Robustheit im Umgang mit anderen ging Brandt ab. Sie schien ihm auch unklug, sogar schäbig. Der ruhige, loyale und vornehme Brandt wollte sich auf die laufenden politischen Projekte konzentrieren und dabei (wie er *Im Kreuzfeuer*, einer Interview-Sendung des Westdeutschen Rundfunks, am 25. März 1974 gegenüber Claus Hinrich Casdorff und Rudolf Rohlinger meinte) nicht hinwegreden »über eine objektiv schwierige Situation«; er neige nicht dazu, »nach Sündenböcken zu suchen«. Es sage sich so leicht: dieser oder jener sei glücklos. Brandt fand den Gedanken infam, einer zeitweilig mißgelaunten Öffentlichkeit personelle Opfer zu bringen. Manche schienen zwar zu meinen, sagte er bedächtig, man müsse sich beweisen, indem man kräftig auf den Tisch haue. Aber solche Härte in der Behandlung von Mitarbeitern entsprach nicht seinem ausgeglichenen Temperament. Er hielt dergleichen geradezu für Schwäche: »Ich bin für eine vernünftige Autorität, aber für eine solche, die nicht unvernünftigerweise ins Autoritäre ausweicht . . . Außerdem sind wir alle nur Menschen. Ich fahre manchmal aus der Haut. Aber ich halte dies noch nicht für einen Beweis von Führungskraft.«

Es scheine ihm autoritäres Gebaren zu sein, einzelne Minister an den Pranger zu stellen und das Publikum auf sie mit Fingern zeigen zu lassen, statt den Menschen unseres Landes die schwierigen sachlichen Probleme geduldig nahezubringen. »Es ist ohnehin in dieser Zeit leichter zu opponieren als zu regieren. Das weiß ich, und ich bin trotzdem bereit – nicht nur verpflichtet, sondern gerne bereit –, dies durchzustehen . . .« Er sehe ja »nach einer Reihe von Enttäuschungen, die man auf dem Wege erlebt habe«, was »hinterher unterm Strich« stehe, was bleibe.

Nein, nicht Brandt, sondern seine Kritiker drängten auf eine Erneuerung des Kabinetts an Haupt und Gliedern. In einem Rundfunk-Interview mit dem Sender Freies Berlin behauptete Bundesminister Klaus von Dohnanyi am berühmten 8. März 1974, Helmut Schmidts Attacke vom gleichen Tage objektiv flankierend, es sei ein »schwerer Fehler«, daß man Brandt überfordere; man müsse die Arbeit der Bundesregierung anders organisieren und brauche dafür »einen innenpolitischen Stellvertreter im Kabinett«, und zwar aus der stärksten Regierungsfraktion – man sagte später: eine Art Nebenkanzler für die inneren Reformen –, um den Kanzler zu entlasten und für die Außenpolitik freizustellen; sonst verschleiße man den besten Regierungschef der westlichen Welt.

Willy Brandt selbst ging wohlmeinend und begütigend davon aus, dies sei eine konstruktiv gedachte Anregung, der (freilich mißglückte) Rat eines Freundes. Ende März sagte er zu Journalisten: »Wenn es ein guter Vorschlag ist, was ich jetzt gar nicht näher untersuchen will, dann hat er also keine Kritik geübt, sondern . . . mir helfen wollen. Subjektiv hat er dies ganz gewiß so gewollt. Ich habe nie etwas anderes unterstellt.«

Damit wollte Brandt nicht etwa sagen, daß Dohnanyi Diskutables, geschweige denn Richtiges, getroffen habe. Schon in der Fraktionssitzung vom 12. März hatte er auf seine diskrete Weise Dohnanyi, der ihm früher das liebste Kabinettsmitglied gewesen war, sanft zurechtgewiesen: »Auch gutgemeinter Rat ist nicht immer hilfreich. Es bedarf keiner institutionellen Entlastung, sondern einer größeren Bereitschaft zur Einordnung.«

Andere hielten Dohnanyis Vorstoß für problematischer. Ob Schmidt und Dohnanyi ihre Äußerungen aufeinander abgestimmt hätten, wisse man nicht, schrieb Theodor Eschenburg in der *Zeit* vom 15. März 1974. »Das Projekt ist so wenig durchdacht, daß man sich Dohnanyi als Autor eigentlich kaum vorstellen kann, geschweige denn Helmut Schmidt – es sei denn, er hätte Brandt die Rolle eines bloßen Zeremonienkanzlers zugedacht. War der Plan vielleicht nur Ausfluß einer Panikstimmung?«

Die Frage der Kabinettsloyalität, die Eschenburg in demselben Artikel ansprach, kümmerte Schmidt und diejenigen, die jetzt auf ihn zu setzen begannen, am 8. März freilich längst nicht mehr. Als *Bild* an diesem Freitag mit der Schlagzeile »Willy Brandt bastelt an neuer Regierung« erschien, gab der dazu von Hans-Erich Bilges geschriebene Text die Auffassung Schmidts und nicht die des Kanzlers wieder. »Schmidt und starke Kräfte in der SPD wollen, daß die vielen glücklosen Minister des zweiten Kabinetts Brandt endlich abgelöst werden. Genannt werden Verkehrsminister Lauritzen, der im Fluglotsenstreik und in der Frage der Geschwindigkeitsbegrenzung auf Autobahnen demonstrierte, wie man nicht regieren kann. Justizminister Jahn, der mit der Reform des Paragraphen 218 Schiffbruch erlitt. Entwicklungshilfeminister Eppler, dem der Bundesrechnungshof bescheinigte, daß er nicht einmal sein eigenes Ministerium, geschweige denn die Entwicklungshilfe im Griff hat. Postminister Ehmke, der ebenso wie im Kanzleramt auch auf seinem neuen Posten enttäuschte und mit seinen ständigen Gebührenerhöhungen die SPD sicherlich viel Stimmen gekostet hat. Wissenschaftsminister Dohnanyi, der zwar viele Ideen hat, bisher aber kaum eine in die Tat umsetzte.«

Tatsächlich hielt Helmut Schmidt die Aufnahme Jüngerer in das Kabinett für unumgänglich. Hans Apel war nur einer derjenigen, von denen *Der Spiegel* am 8. April 1974 meinte, sie hätten sich »durch solide Arbeit für die Beförderung in ein Ministeramt empfohlen«. Außer Apel erwähnte das Blatt einige Namen, die bis dahin außerhalb Bonns so gut wie unbekannt geblieben waren: Volker Hauff und Karl Ravens, auch Hans Matthöfer und Helmut Rohde. Alle Genannten waren Parlamentarische Staatssekretäre, stammten also aus jener gouvernementalen Führungsreserve, die ungeduldig den weiteren Aufstieg anstrebt. Im *Spiegel* hieß es, daß sich der von Helmut Schmidt besonders gepriesene Apel (»der Mann ist einfach Klasse, ein gestandener Politiker, in drei Sprachen perfekt, mit Augenmaß«) bereits »am weitesten nach vorn geschoben« habe. Das stimmte. Aber außer ihm, der Mitte Mai die Nachfolge Schmidts im Finanzministerium antrat, konnten gleichzeitig auch Matthöfer, Ravens und Rohde ihre Ernennungsurkunden zu Bundesministern entgegennehmen.

Brandt mit Wehner einig gegen Schmidt

Alles in Rechnung gestellt, schien Bundeskanzler Willy Brandt eigentlich am 8. März 1974 verloren. Denn er stand an zwei Fronten im Abwehrkampf. Auf der einen Seite setzte ihm Helmut Schmidt zu; gleichzeitig war auf der anderen Seite trotz verschiedener Vermittlungsversuche sein Verhältnis zu Herbert Wehner belastet, wenn nicht ruiniert. Brandt wirkte daher Anfang März in der Führungsspitze der Sozialdemokraten, diesem seltsamen Dreigestirn (wie Walter Scheel kopfschüttelnd sagte: »Immer zwei gegen einen!«), hoffnungslos isoliert.

Aber überraschenderweise kam es ganz anders. Am 9. März, also am Tage nach der SPD-Vorstandssitzung, in der Schmidt zornigen Tatendrang gezeigt hatte, folgte Wehner einer Einladung Brandts und besuchte den Bundeskanzler in seiner Dienstvilla auf dem Venusberg. Ein zweites Mal trafen sie sich am darauffolgenden Dienstag, dem 12. März, im Kanzler-Bungalow. Insgesamt saßen die beiden fünfeinhalb Stunden beisammen.

Man darf sich die Stimmung auf den beiden Treffen nicht überschwenglich vorstellen, auch nicht redselig. Brandt und Wehner sind beide keine Freunde vieler Worte. Sie tranken Rotwein zusammen und erörterten lakonisch, mit langen Pausen zwischen kurzen Sätzen, die anstehenden Probleme: von den Vor- und Nachteilen einer Wahl Willy Brandts zum Bundespräsidenten (das Thema tauchte sporadisch immer wieder auf, zumal Walter Scheel mehrfach versichert hatte, daß er zugunsten Brandts sofort von der Kandidatur zurückzutreten bereit sei) bis hin zu den Folgen eines eventuellen Wehner-Rücktritts vom Fraktionsvorsitz, von dem gerade damals die Rede war. Das meiste blieb offen, aber Wehner brachte es über sich, von einem neuen, gemeinsamen Anfang zu reden, den man wagen wolle – wagen müsse.

Man wurde sich einig: gegen Schmidt. Hatte Wehner nicht schon vor Jahr und Tag Brandt vorausgesagt, daß er noch große Schwierigkeiten mit ihm bekommen werde? Beide Männer fanden Schmidt jetzt gräßlich: penetrant ehrgeizig, unerträglich illoyal. Immer gab es Krach mit ihm, um ihn. Nie, als Verteidigungs- sowenig wie als Finanzminister, war er zufriedenzustellen. Unaufhörlich drängelte er weiter, höher hinaus. Brandt und Wehner gelang daher, was zuvor kaum jemand noch für möglich gehalten hatte: ihre Aussöhnung, zumindest die Wiederherstellung einer gemeinsamen Arbeitsgrundlage. Innerhalb der sozialdemokratischen Spitzengruppe wechselten die Bündnispartner wieder einmal. Brandt und Wehner entschlossen sich, miteinander einen Neuanfang, eine erneuerte Kooperation zu riskieren, die SPD in der Mitte zu sammeln und alle Sozialdemokraten in diese Parteisolidarität einzubinden, um der Regierung damit neuen Schwung zu geben. Monatelang hatten Brandt und Wehner während des Winters 1973/74 in der Bundestagsfraktion ihre Distanz zueinander dadurch betont, daß sie durch zwei Stühle voneinander getrennt am Vorstandstisch saßen. Als sichtbares Zeichen ihrer Annäherung nahmen sie in der Fraktionssitzung vom 12. März erneut »Backe an Backe«, wie ein Genosse hinterher grinsend sagte, unmittelbar nebeneinander Platz. So war es in alten, harmonischeren Tagen immer gewesen. Und als ob er sämtlichen sozialdemokratischen Abgeordneten, ja aller Welt (denn die Szene kam natürlich in die Zeitungen) die neue Partnerschaft vor Augen führen wolle, kramte Wehner aus den Tiefen der eigenen Aktentasche einige Unterlagen hervor, die er seinem Kanzler zu lesen gab. Dergleichen war bei ihm der unbeholfene, eigentlich rührende Versuch eines besonderen Vertrauensbeweises. Onkel Herbert laufe in Bonn wie eine Jungfer herum, die zum ersten Male geküßt worden sei, kommentierte in jenen überraschend vorfrühlingshaften Tagen respektlos der burschikose Horst Ehmke die veränderte Situation.

Der ungestüme Egoismus Helmut Schmidts hatte Wehner tief erschreckt. Wollte er etwa Brandt einfach aus dem Amte kippen? Das ging doch gar nicht! Nur wenn ein glückloser Kanzler resigniere und freiwillig seinen Platz räume, sei der Weg für Schmidt frei, meinte *Der Spiegel* noch am 1. April 1974. Wenn Willy Brandt aus den eigenen Reihen gestürzt werde, soll Hans Apel zu jener Zeit gesagt haben, verliere die SPD weitere zehn Punkte; alle Welt werde die Sozialdemokraten dann nicht nur für links, sondern auch noch für treulos halten. Und wer sollte, sobald Brandt als Kanzler aus dem Wege geräumt war, eigentlich dafür sorgen, daß die Partei beisammen blieb, fragte sich Herbert Wehner. Brandt konnte dann doch keinesfalls mehr integrieren und führen. Aber Schmidt noch weniger – dieser Mann mit dem Kommandoton, dessen Begriffe von Solidarität (wie Wehner mürrisch zu sagen pflegte) aus den Offizierskasinos des Dritten Reiches stammten, nicht wie bei ihm, Wehner, aus der alten Arbeiterbewegung der Weimarer Republik. Dieser Schmidt mußte seine Unruhe bezähmen; Brandt war jetzt in der Baracke so wenig wie im Bundeskanzleramt zu entbehren. Was immer man von ihm denken mochte: im Moment mußte man ihn stützen – mit aller Energie, um der SPD willen. Wenn Wehner deren Geschlossenheit und damit Regierungsfähigkeit in Gefahr sah, rief er – das war jedesmal so – sich und andere zur Ordnung, forderte Disziplin, band alle ein, hielt sich auch selbst an die eigenen Appelle – allerdings nur, bis ihn sein Temperament, sein Instinkt (diese bei ihm hervorragend ausgeprägte Fähigkeit, das jeweils Erforderliche frühzeitig zu ahnen, richtig zu erfassen) eines Tages erneut fortrissen und veranlaßten, ohne Rücksicht auf Personen das dann Gebotene unbeirrbar zu betreiben. Nicht Brandt zuliebe, sondern für die deutsche Sozialdemokratie nahm sich daher Wehner jetzt, im März 1974, in die Pflicht der Treue.

Beim Landesparteitag der Bremer SPD am 17. März 1974 auf sein Verhältnis zum Bundeskanzler angesprochen, benannte Wehner in Kürzeln, fast verschlüsselt, seine Motive: »Ich habe nicht nur nichts gegen Brandt. Ich habe immer für ihn geworben. Es gibt keinen Ersatz für ihn. Wer ihm das Leben in Fragen der Ostpolitik und in anderen Fragen schwermacht, der vergißt, daß er nicht zu ersetzen ist.«

Man mußte sich um Willy Brandt scharen, weil er die Mitte der SPD verkörperte: in der innerparteilichen Perspektive gleich weit entfernt von ihren rechten und linken Flügeln.

Zuvor hatte Herbert Wehner in seinem Bremer Referat erklärt: »Wir dürfen die Mitte des Spektrums unserer Mitbürgerschaft nicht räumen. Wer so viel durchsetzen muß, historisch, der darf sich nicht auf einen Flügel beschränken lassen, der muß die Mitte decken (was nicht Mittelmaß heißt). Wer sich von ihr abdrängen läßt, wird erfahren, wie schnell das Vakuum aufgefüllt ist.«

Diese Aussicht schreckte natürlich alle Sozialdemokraten. Nicht nur Schmidt und Wehner, sondern die ganze SPD sprach jetzt von der Mitte, um die es gehe, allen voran der Bundeskanzler. Nach Gesprächen mit Herbert Wehner sowie Helmut Schmidt und Heinz Kühn, seinen beiden Stellvertretern, verfaßte er in den letzten Märztagen eine Zehn-Punkte-Erklärung, die er am 1. April vom SPD-Vorstand billigen ließ. Zentral in diesen *April-Thesen*, wie sie bald genannt wurden, waren die Sätze: »Ohne die Mitte gibt es in der Demokratie keine Mehrheit. Wer die Mitte preisgibt, opfert seine Regierungsfähigkeit. Sozialdemokratische Entschlossenheit bedeutet, die Mitte zu behaupten.«

Entschlossenheit – das war jetzt die Vokabel, besonders an der Spitze. Willy Brandt wollte plötzlich um jeden Preis Kanzler bleiben. Er hatte sich aufgerappelt. Seine Wintergrippe war vorbei, der Trübsinn wie weggeblasen. Beiläufig widersprach er Gerüchten, die besagten, er werde vielleicht doch noch Bundespräsident.

Als Helmut Schmidt am Ende des Monats von einer Reise in die Vereinigten Staaten nach Bonn zurückkehrte, mußte er feststellen, daß sich der Wind gedreht hatte und ihm jetzt kräftig ins Gesicht blies. Wenn er nicht rasch umschwenkte, geriet er, ohnehin unbeliebt, in die Isolierung. Schmidt habe offenbar begriffen, meinte in jenen Tagen ein Kabinettsmitglied, daß ein potentieller Nachfolger Brandts »seine Chance auf Null« bringe, wenn er die gegenwärtige Führungsfigur frontal herausfordere. Um die Spuren seiner Frühjahrsoffensive zu verwischen, also dem Vorwurf entgegenzuwirken, er habe

Umsturz-Pläne geschmiedet, gab Schmidt daher dem *Spiegel* vom 25. März 1974 ein Interview, in dem er selbstkritisch »Fehler« des eigenen »Führungsstils« einräumte, überhaupt auf der ganzen Linie den Rückzug in die Loyalität antrat. Am gleichen Tage ließ er den Text seiner Ausführungen vom 8. März im Parteivorstand an die Mitglieder der SPD-Bundestagsfraktion verteilen. Sein handgeschriebener Begleitbrief las sich ziemlich kleinlaut:

> Liebe Freunde,
>
> nach meiner Rückkehr aus USA fand ich einige mich erstaunende Berichte über Dinge, die ich angeblich am 8. 3. 74 im PV gesagt haben soll. Damit jeder sich sein eigenes Urteil bilden kann, füge ich die Tonbandnachschrift bei. Ich nehme an, daß meine drei Interviews in Fernsehen und Presse ohnehin jedermann zugänglich sind. Darüber hinaus habe ich mich *nicht* geäußert.
>
> Mit freundlichen Grüßen
> (gez.) Helmut Schmidt

Auch Schmidt schloß sich, wenigstens nach außen, Brandt und Wehner an, erklärte seine Bereitschaft zu besserer Zusammenarbeit. Zwar blieb er intern hart am Ball: Er war es, der die Kabinettsitzung vom 27. März wie ein Kanzler beherrschte; noch in der nüchternen Sprache des Protokolls wird seine dominierende Rolle deutlich (»auf Einspruch des Bundesfinanzministers . . .«, »auf Vorschlag von Bundesminister Schmidt . . .«, »Bundesminister Schmidt besteht darauf . . .«, »Bundesminister Schmidt begrüßt«, »Bundesminister Schmidt betont . . .«, »Bundesminister Schmidt unterrichtet . . .«, »Bundesminister Schmidt erklärt sich bereit . . .«). Doch öffentlich nannte Schmidt die zehn Thesen Brandts vom 1. April »ein neues Startsignal«. Dieses Lob war um so auffälliger, als er am gleichen Tage betont hatte, der Parteivorstand sei an der Formulierung dieser Punkte »nicht beteiligt« gewesen; ihm sei »ein fertiges Konzept« vorgelegt worden, dem er »im wesentlichen« ohne Änderungen (nur »hier und da eine Nuance«) zugestimmt habe.

Unter dem Druck immer neuer Hiobsbotschaften, wiederholter Niederlagen (denn auch die nordhessischen, rheinland-pfälzischen und schleswig-holsteinischen Kommunalwahlen waren inzwischen für die SPD enttäuschend ausgegangen) begann die Partei nicht nur an der Spitze, sondern »auf allen Ebenen wieder zusammenzurücken und zur Vernunft zu kommen«, wie der niedersächsische Kultusminister und Vorsitzende des SPD-Bezirks Hannover, Peter von Oertzen, ein Wortführer der Linken, im Blick auf die April-Thesen sagte. Damit schien sich wieder eine gemeinsame politische Aktionsgrundlage herauszubilden, wie es sie seit Monaten in dieser Breite und Verläßlichkeit nicht mehr gegeben hatte.

Die April-Thesen

Mit den April-Thesen wollte man einerseits Wechselwähler zurückgewinnen und sich andererseits, als unvermeidliche Voraussetzung jedes erfolgversprechenden Bemühens um die Mitte, klar gegen die innerparteiliche Linke abgrenzen. Hatte nicht der Juso-Verband des Bezirks Westliches Westfalen noch in der letzten Märzwoche 1974 Godesberg als »Bündnisangebot an das Großkapital« gebrandmarkt und statt dessen eine energisch »antikapitalistische Politik« der SPD verlangt? Und das war ja kein Einzelfall. Seitens der Jungen tönte es schon jahrelang so.

Brandts knappe Klarstellung in seinen Thesen lautete: »Die politischen Positionen der SPD, wie sie im Godesberger Programm, im Wahlprogramm 1972 und in der Regierungserklärung vom 18. Januar 1973 dargelegt sind, gelten unverändert und sind für die gesamte Partei verbindlich.«

Die theoretische Fundierung der Politik sei wichtig. Aber die Partei sei »kein Debattierklub«, sondern »verantwortlich für das Geschick eines großen Industriestaates«. Diskussionen in der SPD dürften ihre politische Handlungsfähigkeit nicht lähmen.

Dem verbreiteten internen Verbalradikalismus, durch den die Mehrheit im innerparteilichen Machtkampf diskreditiert werden sollte, trat Brandt entgegen: »Eine ›Doppelstrategie‹ gegen die eigene Partei und deren Politik darf es nicht geben. Sozialdemokratische Geschlossenheit bedeutet: Intern diskutieren und nach außen – unter Wahrung der Gewissensfreiheit und ohne imperatives Mandat – einheitlich auftreten! Die Mehrheitsmeinung der Partei hat Grundlage ihrer Öffentlichkeitsarbeit zu sein. Dies heißt aber auch, daß sozialdemokratische Politik durch Regierungsarbeit allein nicht durchzusetzen ist. Sie bedarf einer breiten, in der gesamten Gesellschaft wurzelnden Bewegung.«

Als Volkspartei suche »der demokratische Sozialismus seine Identität mit der Mehrheit des Volkes«. Die SPD lasse sich dabei aber »von niemandem in die Klassenkampfvorstellungen des vorigen Jahrhunderts zurückdrängen«, die der heutigen Zeit nicht mehr entsprächen. Es sei deshalb erforderlich, sich von einzelnen zu trennen, die von den Godesberger Grundlagen und den Grundwerten des demokratischen Sozialismus abrückten, indem sie Aktionseinheiten mit Kommunisten praktizierten. Die Partei müsse ihre Rolle in Staat und Gesellschaft spielen, auch die »längerfristig notwendige« Koalition mit den Freien Demokraten in entscheidendem Maße konstruktiv prägen können. Es bestehe kein Zweifel, daß die nach der Bundespräsidentenwahl im Mai notwendige Kabinettsumbildung zu einer eindeutigen Bestätigung der Koalition führen werde. »Überflüssiges Krisengerede sollte gerade auch auf diesem Gebiet aufhören.«

Was die »objektiven Faktoren« der gegenwärtigen Schwierigkeiten angehe, so seien seit der Bundestagswahl vom November 1972 und verstärkt in den letzten sechs Monaten weltwirtschaftliche Prozesse in Gang gekommen, deren Ausmaß das weit übertreffe, was man Energie-Krise nenne. Man müsse dem Bürger sagen, wie es in der Welt jetzt aussehe und was daher jetzt noch möglich sei.

Vorsichtig deutete Brandt an, daß die fordernde Ungeduld vieler Mitbürger, die oft das rechte Augenmaß vermissen ließen, ein großes Problem zeitgenössischer Politik sei. Deshalb gelte es, darauf zu achten, daß nicht Erwartungen geweckt würden, die nicht erfüllbar seien.

Nachdem der Kanzler noch als besondere, delikate Selbstverpflichtung einen gemeinsamen Auftritt der vier sozialdemokratischen Spitzenpolitiker in naher Zukunft angekündigt hatte (»Zusätzlich zu unseren anderen Terminen werden Herbert Wehner, Helmut Schmidt, Heinz Kühn und ich auf einer zentralen Veranstaltung in den niedersächsischen Wahlkampf eingreifen«), schloß sein Text: »Alle unsere Freunde müssen verstehen, wieviel von ihnen abhängt. Diese Zeit ist eine besondere Herausforderung für uns alle. Immer noch war unsere Partei dann am stärksten, wenn sie sich gefordert fühlte. Meine herzliche Bitte: Laßt uns erneut zeigen, was deutsche Sozialdemokraten zu leisten vermögen.«

Das wollte vor allem der SPD-Vorsitzende selbst beweisen, der jetzt ähnlich wie schon ein Jahr vorher, beim Parteitag von Hannover, energischer, kämpferischer gesonnen war als sonst. Man sehe sich, schrieb Hermann Schreiber erstaunt im *Spiegel* vom 15. April 1974 über Willy Brandt und die Wahlen in Niedersachsen, mit »einem Kanzler konfrontiert, der innerhalb weniger Wochen Thema und Tonlage, ja sogar die Gestik geändert hat; der mit geballten Fäusten beidarmig hinweggreift über das Rednerpult; der seine Thesen hineinschaufelt ins Publikum wie ein Schwerarbeiter . . . Das neue Thema ist eine merkwürdige Mischung aus vaterländischem Appell und Bitte um Einsicht ins Unabänderliche, aus Eingeständnis und Aggression, aus Selbstkritik und Frontalangriff. Da trifft sich die Resignation vor den unhantierbaren Sachzwängen einer durcheinandergeratenen Welt mit der gänzlich ungebrochenen Überzeugung, im Prinzip auf dem richtigen Weg und obendrein bar jeder vernünftigen Alternative zu sein. Und das alles mündet in die stolze Parole: ›Laßt Euch Deutschland nicht vermiesen! Setzt Bürgersinn und, wo es geht, auch Bürgerstolz gegen Angstparolen!‹ Der Choral von Leuthen, gesungen in Kunersdorf.«

Das war sehr defaitistisch formuliert. Denn die Koalition stellte gerade damals in ihrer ganzen Breite aufatmend fest, daß sie – allem Krisengerede, allen Personalquerelen zum Trotz – doch außerordentlich erfolgreiche Arbeit leiste. Selbst der Sprecher der Bundesregierung, Rüdiger von Wechmar, dessen sozialliberaler Enthusiasmus darunter litt, daß er sich als FDP-Mitglied schon seit einiger Zeit untergründigem Groll und halblautem Gemäkel, ja nach Wahlniederlagen sogar heftigen Vorwürfen aus den Reihen der SPD wegen seiner Informationspolitik ausgesetzt sah, fand die Regierung im Frühjahr zwar zeitweilig »lahm«, hielt sie aber für durchaus »intakt«, für langlebig und auch leistungsfähig.

Gewiß, das räumte fast jeder unter der Hand ein: Der Start war schleppend gewesen. Man habe »im letzten Jahr doch Pech gehabt«, erklärte der Bundeskanzler in einem Interview mit der *Frankfurter Rundschau* vom 18. Januar 1974, hatte dabei allerdings wesentlich äußere Hindernisse, weltwirtschaftliche Veränderungen im Sinn. Aber jetzt ging es ohne Zweifel zügig voran; darin waren sich die Führungen der beiden Koalitionsparteien einig. Viele wichtige Vorhaben waren auf den Weg gebracht, einige Projekte bereits in die Tat umgesetzt worden.

Durchweg optimistisch, auch in der Bilanz für 1973 positiver als der Regierungschef, betonte Wolfgang Mischnick, der Fraktionsvorsitzende der Freien Demokraten, am 24. März 1974 bei einem Interview mit dem *Süddeutschen Rundfunk:* »Wir haben in dem ersten Jahr dieser Legislaturperiode eine Menge sachlicher Erfolge gehabt. Nur sind sie nicht so in das Bewußtsein der Öffentlichkeit gedrungen, wie es notwendig gewesen wäre . . . Für die nächste Zukunft werden im Vordergrund stehen: die Steuerreform . . ., die wir zum 1. Januar 1975 in Kraft treten lassen wollen, . . . als zweites die Vermögensbildung, als drittes die Mitbestimmung, als viertes das Bodenrecht . . . In all diesen Fragen sind wir in der Koalition weitgehend vorangekommen, und ich hoffe, daß die entsprechenden Gesetzentwürfe, soweit sie noch nicht dem Bundestag vorliegen, in Kürze im Kabinett behandelt werden können.«

Neue Zuversicht in der Koalition

Zum Glück war nicht aller Fortschritt kompliziert *und* kostspielig, wenn auch fast immer kontrovers, sogar innerhalb der Koalition selbst. Am 21. März 1974 war die Abänderung des § 218 StGB, die umkämpfte Fristenlösung, im ersten Durchgang knapp über die Hürden des Bundestages gekommen; für den 25./26. April standen die zweite und dritte Lesung auf der Tagesordnung des Parlaments. Am 22. März hatte man mit großer Mehrheit, also auch mit Unionsstimmen, die Herabsetzung des Volljährigkeitsalters von 21 auf 18 Jahre beschlossen (obwohl es in allen Parteien Zweifel an der Weisheit dieser Entscheidung gab; aber niemand wollte damals als jugendfeindlich, als gestrig gelten).

Der Ausbau der Mitbestimmung war in der Regierungserklärung vom 18. Januar 1973 als eine der »Hauptaufgaben« der Koalition herausgestellt worden: Man gehe beiderseits vom Grundsatz der Gleichberechtigung und Gleichgewichtigkeit von Arbeitnehmern und Anteilseignern aus. Freilich waren zugleich auch die Meinungsverschiedenheiten der Koalitionsparteien in dieser Frage nicht unerwähnt geblieben. Für die Sozialdemokraten besaß die Mitbestimmung zweifellos Vorrang unter den Reformprojekten – anders als für Wolfgang Mischnick und seine FDP. Daher hatten sich die Spitzenpolitiker beider

Parteien erst nach langem Hin und Her am 19. Januar 1974 auf die Grundformel eines Mitbestimmungsgesetzes einigen können. Bei voller Parität (10:10) im Aufsichtsrat von Großunternehmen sollte, einer FDP-Forderung entsprechend, immer ein Arbeitnehmer-Vertreter aus der Gruppe der Leitenden Angestellten stammen, jedoch nicht allein von dieser seiner Gruppe, sondern – dies war der SPD wichtig – von der Gesamtbelegschaft gewählt werden.

Die SPD war keineswegs beglückt über ihren (relativen) Erfolg im koalitionsinternen Mitbestimmungskampf. Obwohl man ihnen öffentlich gratulierte, reagierten viele Sozialdemokraten gereizt, bemängelten den Kompromiß, fanden ihn enttäuschend, ja »schlechthin unakzeptabel« (Friedhelm Farthmann). In der entscheidenden Fraktionssitzung vom 19. Februar 1974 war stundenlang fraglich, ob der Regierungsentwurf am nächsten Tage überhaupt ins Kabinett gebracht werden könne. Selbst der zuständige Bundesarbeitsminister Walter Arendt stand nicht hinter der Vorlage, sondern hoffte auf das Gesetzgebungsverfahren, um dort »aus diesem schlechten Entwurf noch etwas Gutes zu machen«. Nur weil Herbert Wehner, Willy Brandt unterstützend, unerschütterlich betonte, es komme – jetzt oder nie! – darauf an, die Koalitionsübereinkunft in den Gesetzgebungsgang zu bringen und dann »mit Anstand«, »auch mit Festigkeit und auch mit einer gewissen Dosis – na sagen wir mal: – Gerissenheit« zu einem guten, sozialdemokratischen Ende zu führen, hatte sich die SPD-Fraktion schließlich aufgerafft, ihren Regierungsmitgliedern für den folgenden Tag grünes Licht zu geben.

An jenem 20. Februar wurde von der Bundesregierung ein zweites, wichtiges Reformvorhaben erörtert. Die Minister diskutierten Grundlinien einer Beteiligung am Zuwachs des Produktionsvermögens, also Prinzipien eines Vermögensbeteiligungsgesetzes, das unter der Federführung des Sonderministers Werner Maihofer (FDP) vorbereitet wurde, überhaupt vorwiegend einem Anliegen der Liberalen entsprach.

»Auch das Bodenrecht, das dritte große Reformvorhaben, scheint auf gutem Wege«, hatte schon am 25. Januar 1974 *Die Zeit* geschrieben. Der Bundesminister für Raumordnung, Bauwesen und Städtebau, Hans-Jochen Vogel, war umsichtig und energisch bemüht, kühnen, unkonventionellen Grundsätzen einer modernen und menschlichen Stadtentwicklung zum Durchbruch zu verhelfen. Sein Ziel, das zehn Jahre später noch genauso aktuell, so einleuchtend wie unerreichbar war, hatte er bereits 1972 in der *Neuen Juristischen Wochenschrift* dargelegt: » . . . die Gemeinschaft unmittelbar und umfassend an Bodenwertzuwachs und Bodenrente zu beteiligen und ihre Entscheidungsbefugnis hinsichtlich der Grundstücksnutzung zu verstärken – beides in einem Maße, in dem das ökonomische Prinzip nicht etwa aufgehoben, wohl aber in die Schranken verwiesen wird, in denen es der Gesellschaft nützt und sie nicht schädigt.« Doch bis zum Frühjahr 1974 waren sich nicht einmal die Koalitionspartner bei diesem Thema einig geworden.

An der seit langem angekündigten großen Steuerreform wurde intensiv gearbeitet. Sie sollte, der Regierungserklärung von 1973 zufolge, »den Grundsätzen sozialer Gerechtigkeit und der Vereinfachung des Steuersystems« dienen, schien sich aber inzwischen zu einem Bündel einzelner Änderungsgesetze auszuwachsen, von denen einige bereits im Parlament beraten wurden, ja verabschiedet waren. Der Bundeskanzler hoffte, der für die Bevölkerung wichtigste Teil dieser Neuordnung, der Entwurf des Einkommensteuerreformgesetzes, werde bis zur Sommerpause 1974 alle zuständigen Beschlußgremien durchlaufen, also auch die Zustimmung des Bundesrates gefunden haben. Helmut Schmidt hatte allerdings schon am 19. Februar vor der SPD-Fraktion darauf hingewiesen, »daß es weder Steuererhöhungen noch Steuersenkungen geben werde«, man also keine materiellen Erwartungen mit dem neuen Steuersystem verbinden solle.

Es waren andere, aufregendere Themen, die damals unsere Öffentlichkeit beschäftigten, den Menschen nahegingen: das beschwerliche Hin und Her um die Akkreditierung der deutsch-deutschen Ständigen Vertretungen in Bonn und Ost-Berlin; die allgemeinere Frage, ob die Entspannung vielleicht schon am Ende sei; und der Tod des französischen Präsidenten Georges Pompidou, der in seinen »testamentarischen Aussagen« Willy Brandt am 22. Juni 1973 auf Schloß Gymnich vor der »bewundernswerten Beharrlichkeit« der Sowjetunion in Mitteleuropa gewarnt hatte und so weit gegangen war, den Versuch eines russischen Vordringens nach Westeuropa – etwa bei politischen Wirren in Jugoslawien oder auch als Folge kommunistischer Machtergreifungen in Italien oder Frankreich – immerhin für möglich zu halten. Vor allem aber erregten damals die Enthüllungen des sich immer weiter zuspitzenden Watergate-Skandals um den amerikanischen Präsidenten Richard Nixon die Gemüter der Deutschen; Nachrichten aus Washington waren es, die Fernsehmeldungen und Titelseiten beherrschten.

In der Bundesrepublik dagegen ging alles seinen ruhigen, ordentlichen Gang. Weit mehr als das: Die Westdeutschen merkten gar nicht, wie märchenhaft gut es ihnen ging, waren mittlerweile maßlos verwöhnt, dennoch immer unzufrieden und pessimistisch. Willy Brandt fragte sich oft, ob sie eigentlich wußten, was sie wollten: mehr oder weniger Wandel ihrer Lebensverhältnisse? Am 16. April 1974 sagte er zu Eberhard Stammler, interessanterweise herrsche heute oft das Empfinden vor, »es würde vieles verändert, und zugleich, es geschehe gar nichts«.

Wie auch immer: Der Regierungschef glaubte zu wissen, was er zu tun hatte. »Ich kenne meine Pflicht. Wir gehen also unseren Weg«, las man am 8. April aus seiner Feder in der *Frankfurter Rundschau*. Brandt zeigte und verbreitete, anscheinend mühelos, Selbstvertrauen, strahlte sogar Fröhlichkeit aus. Als er eine Wahlversammlung in Osnabrück am 9. April verlassen mußte, um einen anderen Termin wahrzunehmen, und der Diskussionsleiter die Veranstaltung mit den Worten beendete, er habe eben den Hinweis bekommen, »daß die Zeit des Herrn Bundeskanzlers unwiderruflich abgelaufen« sei, lachte Brandt aus vollem Halse, wie *Der Spiegel* vom 15. April verwundert berichtete. Die Entschuldigung des armen Mannes, das sei wohl »eine Freudsche Fehlleistung« gewesen, nahm Brandt wie eine neue, noch bessere Pointe auf; ganz durchgeschüttelt wirkte er von seiner überbordenden guten Laune. Nichts von Mißerfolg, Scheitern, Rücktritt. Keine Ahnung des nahen Endes in der Luft. Eher der Beginn eines zuversichtlichen, gelassenen Aufbruchs: besonnene Frühlingsstimmung eines Mannes in mittleren Jahren.

Nicht ohne Verständnis für das Hintergründige in Brandts Humor, schloß Hermann Schreiber sein Porträt-Essay mit den Sätzen:

> Es gibt zu Willy Brandt jetzt keine Alternative.
>
> Da kommt wohl auch jene anders kaum zu begreifende Heiterkeit her, die den Kanzler Brandt heute umgibt wie weiland die Entrückung – aus einem doppelten Mangel nämlich: Wer weder Illusionen noch eine Alternative hat, dem kann nichts mehr passieren – was immer auch passieren mag.
>
> Das sei, erzählt Willy Brandt abends in seinem Niedersachsen-Sonderzug, so ähnlich wie mit dem Landstreicher Kolingen, einem Geschöpf des schwedischen Schriftstellers und Karikaturisten Albert Engström und in dessen Heimat so eine Art Hotzenplotz für Erwachsene: Kolingen will sich trotz Prohibition mal wieder eine Flasche Schnaps auf dem schwarzen Markt kaufen. Seine Freunde aber warnen ihn. Es könnte Methylalkohol in der Flasche sein, dann müßte Kolingen erblinden. Kolingen überlegt eine Weile. Dann kauft er den Schnaps. »Ich habe«, sagt er, »das meiste gesehen.«

Die Verhaftung Guillaumes

Am 19. April 1974 reiste der Bundeskanzler zu offiziellen Besuchen nach Algerien und Ägypten. Als er fünf Tage später von Kairo nach Bonn zurückflog, nutzte er die Zeit, um ungestört über die neue Ministerliste nachzudenken. Bei seiner Ankunft war sie so gut wie fertig. Endlich. Denn der Tag der Bundespräsidentenwahl rückte immer näher. Aber Willy Brandt hatte bisher im engsten Kreise stets betont, daß die Kabinettsumbildung Zeit habe. Man solle nichts übereilen, die Sache in Ruhe reifen lassen. Wenn man die Regierung erneuere, müsse dies so gründlich geschehen, daß während des Rests der laufenden Legislaturperiode keine weitere personelle Veränderung erforderlich sei.

Brandt wollte vor allem in seiner nächsten Umgebung Remedur schaffen, wollte die Leistungsfähigkeit des Regierungsapparates steigern und deshalb sowohl den Chef des Bundeskanzleramtes wie den des Bundespresseamtes auswechseln. »Straffung der Arbeit« war der Leitgedanke, der auch das Grundthema der Regierungserklärung sein sollte, die er nach dem Revirement abzugeben gedachte. Die Umbesetzung im Kanzleramt war besonders dringlich, denn Horst Grabert wurde allgemein als unzulänglich empfunden. Bei der Suche nach einer Alternative zum allzu farbigen, allzu bulligen Horst Ehmke war man 1972 offensichtlich ans blasse, kraftlose Gegenteil geraten.

Als Brandt in Köln-Wahn ausstieg, stand Grabert am Fuße der Gangway – ein Unglücksrabe. Er war nicht nur, wie Genscher und andere, zur üblichen Begrüßung erschienen, sondern hatte eine eilige Nachricht für den Kanzler. Am Morgen des gleichen Tages war Günter Guillaume, ein Persönlicher Referent des Regierungschefs, verhaftet worden und hatte sich dabei als Offizier der Nationalen Volksarmee, als Mitarbeiter des DDR-Staatssicherheitsdienstes, zu erkennen gegeben.

Egon Bahr, Brandts Begleiter auf seiner Reise nach Nordafrika, wußte nichts von dem Verdacht, in den Guillaume schon vor einiger Zeit geraten war. Ihm war unbekannt, daß der Bundesinnenminister bereits am 29. Mai 1973 Brandt vage gewarnt hatte. Bahr zweifelte keinen Augenblick, daß Brandt ihn irgendwann ins Vertrauen gezogen und die Angelegenheit mit ihm besprochen hätte, wenn ihm Genschers Mitteilung plausibel erschienen wäre. Aber in dieser Hinsicht war man in Bonn abgestumpft. Die Politiker hatten sich an solche Gerüchte gewöhnt, weil sie an der Tagesordnung waren. Andauernd geriet jemand ins Zwielicht – besonders häufig in den Chefetagen, aus dem Kreise der dortigen Referenten und Sekretärinnen.

Als Bahr im Hubschrauber auf dem Flug von Wahn nach Bonn über die Sache nachzudenken begann, wurde ihm allerdings rasch klar, daß dies »ein ganz dicker Hund« war (wie er später sagte), ein Zwischenfall mit noch gar nicht absehbaren Konsequenzen. Vielleicht würde Ehmke demissionieren müssen, der als damaliger Kanzleramtsminister die Verantwortung für die Einstellung Guillaumes trug. Der Gedanke an einen Rücktritt des Bundeskanzlers kam Bahr zu diesem Zeitpunkt noch nicht. Daran dachte niemand.

Wer war überhaupt dieser Günter Guillaume? Am 1. Februar 1927 in Berlin geboren, hatte er dort die Volksschule besucht und anschließend eine Ausbildung als Fotograf erhalten, ehe er 1944 zunächst zum Reichsarbeitsdienst gekommen und im Januar 1945 zur Wehrmacht eingezogen worden war. Nach kurzer britischer Kriegsgefangenschaft hatte er bis Ende 1945 in Schleswig-Holstein auf dem Lande gearbeitet, dann in Berlin seine Tätigkeit als Fotograf wieder aufgenommen und schließlich eine Stellung als Technischer Redakteur im Ost-Berliner Verlag *Volk und Wissen* angetreten. Seit er sich am 13. Mai 1956 zusammen mit seiner Ehefrau Christel in West-Berlin als Flüchtling gemeldet hatte und umgehend nach Frankfurt am Main ausgeflogen worden war, wohnte und arbeitete er dort bis 1969: zunächst als Inhaber eines kleinen Schreibbüros, das auch Vervielfältigungen und Fotokopien anfertigte, dann als kaufmännischer Angestellter in einem Baubüro, anschließend in der Abteilung Herstellung und Vertrieb des Finken-Verlages. Später führte er das Geschäft seiner Schwiegermutter, die eine Kaffeestube mit Einzelhandel betrieb.

Seit Anfang der sechziger Jahre erhielt Guillaume als freiberuflicher Werbefotograf und Journalist zunehmend Aufträge vom SPD-Bezirk Hessen-Süd; denn er war 1957 in die Sozialdemokratische Partei eingetreten und hatte sich verschiedenen örtlichen Aufgaben mit großem Eifer gewidmet. Am 1. März 1964 wurde er Geschäftsführer des Unterbezirks Frankfurt. Ab Mai 1968 arbeitete er in gleicher Funktion für die dortige SPD-Fraktion; außerdem wurde er im Oktober 1968 in die Stadtverordnetenversammlung gewählt. Als Wahlkreisbeauftragter Georg Lebers gelang es ihm 1969 dank seines Organisationstalents, dem Bundesverkehrsminister im Frankfurter Wahlkreis 140 zu einem hohen Anteil an Erststimmen zu verhelfen.

Seine Frau war anfangs in einem Frankfurter Verlag tätig, von 1957 bis 1964 Sekretärin im SPD-Bezirk Hessen-Süd, danach bei Staatssekretär Willi Birkelbach, dem Chef der Wiesbadener Staatskanzlei. Später wurde sie dort, ab Februar 1971, in der hessischen Landesvertretung in Bonn Sachbearbeiterin.

Ihr Mann war bereits 1969 in die Bundeshauptstadt gegangen. Die Bildung der SPD/FDP-Koalition bot einen plausiblen Anlaß, den Schauplatz zu wechseln und sich bei den vielen jetzt fälligen Neubesetzungen eine interessante Position in Bonn zu sichern. Guillaume war agil, emsig, umtriebig, kannte alle Welt, zählte zum rechten Flügel der SPD und hatte, wie er sagte, keine Lust mehr zur Parteiarbeit in Frankfurt, seit dort die Linken an Boden gewannen. Er fragte bei Georg Leber und Herbert Ehrenberg nach, ob sie etwas für ihn hätten. Die Ministerien Lebers (seit Oktober 1969 verwaltete er neben dem Verkehrs-Ressort auch das Post- und Fernmeldewesen) winkten ab: Guillaume habe keine Hochschulbildung, man könne ihn daher nicht brauchen. Mehr Erfolg hatte er bei Ministerialdirektor Herbert Ehrenberg, dem damaligen Leiter der für Wirtschafts-, Finanz- und Sozialpolitik zuständigen Abteilung III im Bundeskanzleramt. Ehrenberg hatte in den Jahren zuvor im Bundeswirtschaftsministerium eine Kontaktstelle zu den Gewerkschaften unterhalten, fand dergleichen nützlich, ja wichtig, und wollte daher den wendigen, aktiven Guillaume, den er aus seinen Tagen als Vorstandsmitglied des SPD-Unterbezirks in Frankfurt kannte (wo Ehrenberg von 1964 bis 1968 als Leiter der volkswirtschaftlichen Abteilung der *IG Bau, Steine, Erden* gelebt hatte), unbedingt zum Hilfsreferenten im Kanzleramt machen. Angesichts der zahlreichen sozialpolitischen Vorhaben der neuen Regierung müsse man hier einen Mann haben, meinte er, der Verbindung zu den Gewerkschaften halte, und zwar nicht zu Heinz Oskar Vetter, den er, Ehrenberg, selbst pflegen wolle, sondern zur Basis des DGB – also jemanden, der die Gewerkschaften von innen kenne, zu den meisten ihrer Zentralen Zugang besitze, mit den Funktionären in ihrer Sprache rede und daher die Meinungsströmungen in der Mitgliedschaft beobachten und auswerten könne.

Ehrenberg, eine Figur wie aus den Romanen von Johannes Bobrowski oder Günter Grass, ein typischer Ostpreuße, eben aus Collnischken, tatkräftig, jovial, listig, hielt Leumundszeugnisse und langatmige Überprüfungen in einem solchen Falle für Unsinn. Bedenken fand er ärgerlich. Energisch verlangte er von der Personalabteilung des Bundeskanzleramtes Guillaumes Einstellung. Weil der Apparat die Sache seines Erachtens verschleppte, beschwerte er sich bei Ehmke über die Bürokraten, wobei er den Minister, dessen Mentalität er kannte, mit einer gewissen Verschlagenheit einzuwickeln wußte: Ehmke kneife doch wohl nicht vor diesen Paragraphenhengsten. Für seine Argumentation erwies sich die Volksschulbildung Guillaumes als große Hilfe. Ehrenberg behauptete, alle Verzögerungen und Verdächtigungen seien nur vorgeschoben. In Wahrheit habe man im Amt etwas gegen Aufsteiger aus dem Volke. Es gelang Ehrenberg, Ehmke breitzuschlagen, wobei eine Rolle spielte, daß auch Georg Leber beleidigt reagiert hatte: Die Überprüfung Guillaumes sei eine Intrige gegen diesen verdienten rechten Sozialdemokraten. Der Chef des Kanzleramtes setzte sich bei seiner Entscheidung kurzerhand über die Bedenken Egon Bahrs hinweg, der damals dort Staatssekretär war und ihm in einem Vermerk am 30. Dezember 1969 geschrieben hatte: »Selbst wenn Sie einen positiven Eindruck haben, bleibt ein gewisses Sicherheitsrisiko – gerade hier.«

Theodor Eschenburg, Mitglied der am 6. Mai 1974 eingerichteten unabhängigen, geheimen Guillaume-Untersuchungskommission der Regierung, berichtete später, am 29. August 1975, in der *Zeit:*

> Ehrenberg erreichte, daß Guillaume am 11. November dem Kanzleramtsminister Ehmke persönlich vorgestellt wurde – was bei der Einstellung eines Hilfsreferenten ungewöhnlich ist. Schon in diesem Gespräch wurde vereinbart, daß Guillaume zum 1. Januar 1970 eingestellt werden sollte. Erst danach wurde die Personalabteilung unterrichtet. Guillaume hatte zwar nur Volksschulbildung und nicht einmal eine abgeschlossene Berufsausbildung; das war faktisch ein Hindernis für den Eintritt in den Höheren Dienst. Aber Ehmke hatte entschieden und damit ein Signal gesetzt.
>
> Sicherheitsbedenken, allerdings vage erscheinend, lagen gegen Guillaume vor ... Ehmkes Haltung machte Eindruck auf die Beamten, die mit der Sicherheitsüberprüfung beauftragt waren. Sollten sie in der Beurteilung Guillaumes strenger sein als der Chef? ...
>
> In diesem Falle wurde schlampig recherchiert und milde bewertet. Die Ansicht war weit verbreitet, der personelle Geheimschutz sei bloß ein lästiges bürokratisches Übel, verbreitet sogar bei einem Teil des Personals im vorbeugenden Geheimschutz. Und so paradox es auch klingt: Der Widerstand mancher Beamten gegen die Ernennung eines Mannes mit zu geringer Bildungsstufe mag dazu beigetragen haben, daß Guillaume die Hürde der Sicherheitsprüfung so leicht zu nehmen vermochte ... Der Verfassungsschutz, der

ohnehin unter dem Beschuß der studentischen Linken stand, wollte Willkür vermeiden. Die Frage nach dem Sicherheitsrisiko wandelte sich in die nach der Rechtfertigung einer Einstellungsablehnung. Und überhaupt: Es ging ja bloß um den Posten eines Hilfsreferenten, eines Verbindungsmannes zu den Gewerkschaften. Das konnte kein erhebliches Sicherheitsrisiko bedeuten.

Mit Schreiben vom 10. Dezember 1969 hatte der Personalrat des Bundeskanzleramtes die Einstellung Guillaumes mit der Begründung abgelehnt, eine Verwendung als Hilfsreferent in der Wirtschaftspolitischen Abteilung des Hauses habe bisher eine wissenschaftliche Hochschulbildung vorausgesetzt; der Bewerber besitze indessen nicht die entsprechenden fachlichen Voraussetzungen. Nach Rücksprache mit Ehrenberg und nach Abschluß der Sicherheitsüberprüfung antwortete Ehmke am 28. Januar 1970, er beabsichtige trotz dieser negativen Stellungnahme, Guillaume zu beschäftigen. Zur Begründung erklärte er in seinem Schreiben:

> In den Zuständigkeitsbereich der Abteilung III fallen ohne Nennung einiger Nebenbereiche neben der Wirtschaftspolitik auch die Finanz- und Sozialpolitik; da der sozialpolitischen Arbeit in der Regierungserklärung vom 28. Oktober 1969 eine besonders große Bedeutung gegeben worden ist, muß ihr in der Abteilung III auch eine entsprechende Aufmerksamkeit gewidmet werden. Dies erfordert u. a. einen engen Kontakt zu den verschiedenen gesellschaftlichen Gruppen und eine laufende Beobachtung der Meinungsbildung bei Gewerkschaften und Arbeitgeberverbänden. Die angekündigten Reformen bedürfen sorgfältiger Vorbereitung, die nicht allein in den Ressorts erfolgen kann.
>
> Herr Guillaume soll speziell für diese Aufgaben in der Abteilung III eingestellt werden. Er bringt hierfür aufgrund seiner bisherigen Tätigkeit und seines Lebensalters mehr und bessere Erfahrungen mit, als ein Hilfsreferent nach abgeschlossenem Studium und nach einigen Jahren Tätigkeit bei einer Bundesbehörde auch bei großer persönlicher Eignung haben kann. Die Einstellung von Herrn Guillaume steht deshalb auch mit den bereits in der 5. Legislaturperiode noch neu formulierten Grundsätzen über eine Öffnung des öffentlichen Dienstes und über eine Verbesserung der personellen Mobilität im Einklang.
>
> Den vom Personalrat geäußerten Verdacht, daß ein nicht geeigneter Bewerber nur mit Rücksicht auf seine politische Betätigung und Einstellung bevorzugt werden soll, muß ich entschieden zurückweisen. Die vorgesehene Eingruppierung von Herrn Guillaume entspricht seinen Kenntnissen und seiner Aufgabe. Sein Gehalt im Bundeskanzleramt wird in etwa seinen Einkommensverhältnissen als Geschäftsführer der Frankfurter Rathausfraktion entsprechen.

Am gleichen 28. Januar 1970 wurde Guillaume durch Arbeitsvertrag rückwirkend ab 1. Januar im Bundeskanzleramt angestellt. Rasch stieg er innerhalb des Amtes auf. Bereits sechs Monate später war er Referent, ohne daß sich seine Funktionen dadurch wesentlich erweiterten. Das änderte sich erst im Herbst 1972, als er in das Persönliche Büro des Bundeskanzlers versetzt wurde, das Ministerialdirigent Reinhard Wilke leitete und dem außer ihm Wolf-Dietrich Schilling, ein Vortragender Legationsrat, und der Angestellte Peter Reuschenbach angehörten. Reuschenbach stammte aus der SPD-Bundesgeschäftsführung und war im Kanzleramt für die Verbindungen zu Partei und Fraktion zuständig, soweit sie Willy Brandt als SPD-Vorsitzenden und Bundestagsabgeordneten betrafen. Während des Wahlkampfes 1972 vertrat ihn Guillaume, da Reuschenbach für den Bundestag kandidierte. Als dieser am 19. November gewählt worden war, übernahm Guillaume aufgrund einer Hausanordnung des Kanzleramtes vom 30. November seine Stelle, nunmehr bezahlt nach BAT Ia, was ungefähr dem Gehalt eines Regierungsdirektors entsprach.

Fortan zählte Guillaume zur unmittelbaren, ständigen Umgebung des Regierungschefs und bewährte sich sehr. Aufgrund der Ermittlungen der internen Untersuchungskommission hielt Theodor Eschenburg seinen Eindruck vom Wirken Günter Guillaumes folgendermaßen fest: »Er galt als clever und fix, organisationsbefähigt und findig, ständig in Bereitschaft, keine Arbeit scheuend. Dabei war er umgänglich gegenüber Kollegen und Nachgeordneten. Daß er neugierig war, daß ihn alles interessierte, was um ihn herum an Diskretem geschah, fiel nicht allzusehr auf; so waren auch andere öffentliche Bedienstete. Er blieb eine subalterne Erscheinung, wurde aber im Alltag des Kanzleramtes als gehobenes Faktotum zu einer schwer entbehrlichen Figur.«

Schilling war der einzige, der später vor der Guillaume-Untersuchungskommission aussagte, dieser Mann sei ihm zutiefst unsympathisch gewesen: kumpelhaft und aufdringlich, unverfroren, immer neugierig (ohne dazu aufgefordert zu sein, sah er in alle Akten hinein!) – ein Flegel, ohne Manieren. Alle anderen in Guillaumes Umgebung schienen ihn zu mögen, nahmen ihn freilich nicht wichtig. Guillaume war ein Gehilfe, kein Gesprächspartner. Im Urlaub fegte und wischte er von sich aus sogar die Küche.

Bei seiner Versetzung ins Bundeskanzlerbüro hatte eine erneute Sicherheitsüberprüfung nicht stattgefunden, weil bereits im Juli 1970 geprüft worden war, ob Guillaume Einblick in streng geheime Unterlagen erhalten dürfe. Die Untersuchung hatte damals keine zusätzlichen Erkenntnisse gebracht. Man hielt es deshalb im Kanzleramt für überflüssig, nunmehr neue Nachforschungen in die Wege zu leiten.

Beiläufig, eher zufällig kam man auf Guillaumes Agentenspur. Bereits seit langem fahndete das *Bundesamt für Verfassungsschutz* vergeblich nach einem Mitarbeiter des Staatssicherheitsdienstes der DDR, den man in der Parteiorganisation der SPD vermutete. Nachdem im Mai 1973 allgemeine Verdachtsmomente gegen das Ehepaar Guillaume aufgetaucht waren, erörterte man am 28. Mai 1973 in einer Mitarbeiterbesprechung bei Günther Nollau, der von 1972 bis 1975 Präsident dieses Bundesamtes war, ostdeutsche Funksprüche, die bereits vor vielen Jahren entschlüsselt worden waren, ohne daß man mit ihnen etwas hätte anfangen können. Bezogen auf die Personaldaten von Günter und Christel Guillaume ergaben sie jetzt plötzlich verblüffende Hinweise.

In seinem Erinnerungsband »Das Amt« berichtete Nollau später: »Der vom Anfang Februar stammende Geburtstagsglückwunsch an ›Georg‹ paßte zu Günter Guillaume, der am 4. Oktober abgesandte Glückwunsch für ›Chr.‹ verwies gleich in zweifacher Hinsicht auf Guillaumes Ehefrau. Sie hieß mit Vornamen Christel, und sie hatte am 6. Oktober Geburtstag. Auch der Mitte April 1957 empfangene Glückwunsch ›zum 2. Mann‹ paßte zu den Guillaumes. Ihr Sohn Pierre war am 8. April 1957 geboren worden. Den Teilnehmern an unserer Besprechung – auch mir – erschienen diese Übereinstimmungen frappant. Das konnte kein Zufall sein. Wenn es aber kein Zufall war, dann hatten wir einen Spion im Kanzleramt entdeckt.«

Vorerst hatte man jedoch nur einen Verdacht, keine Gewißheit. Von einer aktuellen nachrichtendienstlichen Tätigkeit der beiden Guillaumes war nichts bekannt. Noch am selben 28. Mai bat Nollau daher Klaus Kinkel, den Persönlichen Referenten des zuständigen Bundesinnenministers, um einen dringenden, diskreten Termin bei Genscher. Das Treffen fand bereits am nächsten Vormittag statt. Nollau teilte Genscher mit, daß Ermittlungen seines Amtes, die nicht im Zusammenhang mit der jetzigen Tätigkeit Guillaumes stünden, einen ernstzunehmenden Verdacht gegen das Ehepaar ergeben hätten. Er schlage vor, beide Guillaumes observieren zu lassen, um gerichtsverwertbare Beweise, an denen es noch fehle, für die Staatsanwaltschaft herbeizuschaffen. Guillaume solle unverändert dort bleiben und arbeiten, wo er sei. Weder durch Veränderungen seiner Funktion noch durch ein auffälliges, mißtrauisches Verhalten ihm gegenüber dürfe er gewarnt werden. Man müsse die ganze Angelegenheit strikt geheimhalten, um die Aufklärungsarbeit des Bundesamtes nicht zu gefährden.

Genscher hatte, was nach den geheimnisvollen Andeutungen Nollaus verständlich war, zu dieser Unterredung vom 29. Mai weder den zuständigen Staatssekretär noch den Leiter der Abteilung *Öffentliche Sicherheit* seines Hauses hinzugezogen. Überraschenderweise hat Genscher aber auch später keinen der beiden Beamten unterrichtet. Gegen Nollaus Ratschlag informierte er Brandt indessen noch am selben Tage (am Rande des regelmäßig dienstags stattfindenden Mittagessens der Koalitionsspitzen), der damit einverstanden war, daß Guillaume künftig beschattet werde. Erst bei diesem Gespräch mit dem Regierungschef erfuhr Genscher, daß Guillaume im Juli den Bundeskanzler auf seiner Urlaubsreise nach Norwegen begleiten solle. An sich wäre diese Aufgabe, wie sonst auch, einem der beiden höheren Beamten des Kanzlerbüros zugefallen. Wilke und Schilling wollten aber diesmal die Ferien mit ihren Familien verbringen, die sie das Jahr über nur wenig zu sehen bekamen. Es lag nahe, daß der dritte Mann im Kanzlerbüro für sie einsprang. Genscher versprach, Nollau deswegen zu befragen. Am 30. Mai teilte er Brandt mit, nach seiner und Nollaus übereinstimmender Auffassung solle Guillaume mit nach Norwegen reisen.

Brandt und Genscher hielten den Verdacht gegen Guillaume nicht für gewichtig, schon gar nicht für begründet. *Eine* Erklärung liegt wohl darin, daß Nollau (den Genscher, der ja aus der Gegend von Halle stammt, für einen geschwätzigen Sachsen, einen Wichtigtuer hielt) ihn, den Innenminister, nur vage ins Bild gesetzt hatte. Vor allem war eine wesentliche Mitteilung unterblieben, die Genscher – und damit auch Brandt – sicherlich hätte aufhorchen lassen: Nollau verschwieg die Überzeugung des Bundesamtes, Guillaume sei ein Spion und als solcher immer noch tätig. Brandt informierte Grabert und Wilke – aber dabei blieb es. Denn keiner wußte vom aktuellen Tatverdacht; jeder glaubte, es gehe lediglich um die Überprüfung lange zurückliegender Anhaltspunkte. Niemand hielt sich für verpflichtet, die Sache im Auge zu behalten; einer verließ sich auf den anderen. Diskretion, Mißverständnisse, Sorglosigkeit führten dazu, daß weder die Sicherheitsorgane des Kanzleramtes noch die des Innenministeriums tätig wurden. Auch seitens des Verfassungsschutzes wurde nichts zur Abschirmung des Regierungschefs und der Staatsgeschäfte unternommen – insbesondere nicht während der Norwegen-Reise. Nun hat nach enger Kompetenzauffassung der Verfassungsschutz Spione zu überführen; Sicherheitsmaßnahmen gehören nicht zu seiner Zuständigkeit. Aber da Nollau den Kreis der Unterrichteten bewußt eng gezogen hatte, wäre er verpflichtet gewesen, sich über geeignete Schutzvorkehrungen Gedanken zu machen und entsprechende Vorschläge zur Diskussion zu stellen. Doch er schien ausschließlich von der Sorge beherrscht (wie Theodor Eschenburg 1975 schrieb), seine Ermittlungen gegen Guillaume könnten durch Abschirmversuche gestört werden. Diese enge Perspektive des Verfassungsschutz-Präsidenten erklärt, weshalb sein Bundesamt Brandt als Lockvogel für Guillaume benutzte, statt den Kanzler und die Interessen der Bundesrepublik wirksam zu schützen.

Brandt, der Hauptbetroffene, vergaß den Spionageverdacht lange Zeit völlig. Zwar steht in seinem Tagebuch unter dem 29. April, Nollau sei im März (genau: am 1. März) bei ihm gewesen und habe angekündigt, in den kommenden zwei bis drei Wochen werde man Guillaume verhaften. Aber dort steht auch: Als diese Frist verstrichen war und Guillaume immer noch frei herumlief, habe er, Brandt, bei einem Spaziergang im Park des Palais Schaumburg zu Wilke gesagt, Gott sei Dank sei ja nichts passiert, und vielleicht sei doch überhaupt nichts an der ganzen Sache.

Gefahr für Brandt

Richtig kam diese leidige Angelegenheit dem Regierungschef erst nach der Rückkehr aus Kairo wieder zu Bewußtsein. Nachdem er bereits auf dem Flughafen von der Verhaftung Guillaumes erfahren hatte, besprach er das Thema im Laufe des 24. April mit mehreren Mitarbeitern. Brandt betonte dabei, daß er rückhaltlose Aufklärung wünsche. Doch dann verdrängte er die Affäre erneut. Noch tagelang wollte er sie einfach nicht wahrhaben, schob Guillaume vor sich her, wie er in seinen privaten Aufzeichnungen zugibt.

Das lag schon deshalb nahe, weil es ihm körperlich miserabel ging. Er hatte sich in Nordafrika eine ekelhafte Magengeschichte zugezogen, mußte ihretwegen zwischen Terminen, die man schlecht absagen konnte, das Bett hüten. Außerdem quälten ihn heftige Zahnschmerzen. Allerdings verstrich noch fast eine Woche, ehe sich Brandt am 29. April aufraffte, zwei Backenzähne ziehen zu lassen. Danach sah man ihn mit geschwollenem Gesicht nach Hamburg und Niedersachsen reisen. Klaus Harpprecht warf später (Brandts vertraulichen Notizen zufolge) die Frage auf, wie die ganze Geschichte wohl ausgegangen wäre, wenn der Kanzler keine Zahnschmerzen gehabt und in Bonn schönes Wetter geherrscht hätte.

Vorerst litt er lieber, amtierte verbissen. Am Abend des 24. April beriet der Koalitions-Führungskreis im Kanzler-Bungalow, wie Brandt notierte, »über das, was jetzt zur Reform des Bodenrechts möglich ist«. Es war wenig – so gut wie nichts. Man erlebte das verschämte Begräbnis eines Projekts, auf das man unter Sozialdemokraten große Hoffnungen gesetzt hatte. Ein solcher Auftakt nach der Reise war natürlich enttäuschend.

Obendrein hatte man jetzt diese Guillaume-Geschichte am Hals. Noch unter dem Datum des 24. April schrieb Willy Brandt in sein Tagebuch:

> Obwohl ich nicht ganz unvorbereitet war, löste der bestätigte Verdacht bei mir doch erheblichen Zorn aus: Was sind das für Leute, die das ehrliche Bemühen um den Abbau von Spannungen – auch und gerade zwischen den beiden deutschen Staaten – auf diese Weise honorieren! Wäre es in der gegenwärtigen Großwetterlage wahrscheinlich, daß sich Breschnew und Nixon der Spitzelei im Vorzimmerbereich bedienen? Und wenn ja: Wie würde sich das auf die Ost-West-Beziehungen auswirken? Sind wir wieder einmal daran erinnert worden, daß unsere Lage eben doch eine besondere ist?
>
> Gewiß muß ich mich fragen, ob ich leichtgläubig gewesen sei. Ein solcher Eindruck wird sich vermutlich festsetzen. Nur müßte man dann wissen, daß G. als »besonders zuverlässig« ins Kanzleramt vermittelt worden war und daß er eine besondere Überprüfung hinter sich hatte, als er ins Kanzlerbüro übernommen wurde. Sein Diensteifer und seine Geschicklichkeit in organisatorischen Dingen hatten ihn für seine Aufgabe empfohlen. Er war, in technischer

Hinsicht, ein guter »Adjutant«. Wegen einer von mir oft als peinlich empfundenen Enge seiner geistigen Interessen war er für mich kein politischer Gesprächspartner, aber das war ja auch nicht seine Funktion.

Man staunt, wenn man das liest. Darf man Brandts »erheblichen Zorn« über die ostdeutschen Spionage-Aktivitäten ernst nehmen? Soll man glauben, der Kanzler sei wirklich betroffen gewesen, daß die DDR selbst ihm gegenüber solche Praktiken fortsetzte? Was mochte ihm vorher das Vertrauen eingeflößt haben, die (begrenzte) Entspannung und Normalisierung des deutsch-deutschen Verhältnisses, die er durch seine Koexistenz-Politik erreicht hatte, schließe fortan solche Heimtücke aus?

Mit dieser (freilich keineswegs *nur* mit dieser!) Naivität hing es wohl zusammen, wenn Eduard Neumaier kurze Zeit später – in der *Zeit* vom 10. Mai 1974 - schreiben konnte: »Zwischen den Legenden hat vieles Platz. Auch Willy Brandt, der ein bißchen ein Heiliger, ein bißchen ein Sünder – und ein bißchen vielleicht ein Narr ist.«

Brandt war eben tatsächlich, in guten Phasen, rundum Optimist, war übertrieben hoffungsvoll, schätzte dann Wahlchancen seiner Partei, ja politische Fortschrittsmöglichkeiten überhaupt, viel zu günstig ein, nicht nur innenpolitisch, sondern auch international, zwischen Ost und West, später zwischen Nord und Süd. Brandt glaubte einfach an das Gute im Menschen. Das Verhalten Guillaumes lag außerhalb dessen, was er begreifen, innerlich nachvollziehen konnte. Man spürt hinter der hanseatischen Verhaltenheit seines Tagebuchtextes, wie stark ihn dieser Verrat traf, den er nicht für möglich gehalten hatte – obwohl Brandt trotzig behauptete, daß er im Grunde gar nicht berührt zu sein brauche.

In der Fragestunde des Bundestages vom 26. April, also zwei Tage später, sprach er von einer »tiefen menschlichen Enttäuschung«. Im gleichen Atemzug erwähnte der Regierungschef die Feindschaft des SED-Staates ihm, dem SPD-Vorsitzenden gegenüber, der das eigentliche Ziel der Agententätigkeit gewesen sei. Tatsächlich herrscht ja zwischen Kommunisten und Sozialdemokraten erbitterte Feindschaft, die sich günstigenfalls zeitweise zu versachlichter Gegnerschaft mildert. Um so erstaunlicher wirken daher Überraschung und Enttäuschung Brandts.

Aber er meinte nicht den Haß der Kommunisten, den er kannte. Er meinte Guillaume. An jenem Freitag steht in Brandts persönlichen Aufzeichnungen, daß ihm »dieses Ausmaß an Verstellung und Vertrauensmißbrauch ungeheuerlich« vorgekommen sei.

Doch Brandt vereinfachte in seiner begreiflichen Empörung den Sachverhalt. Es ist kaum zu bezweifeln, daß Günter Guillaume Willy Brandt sehr mochte, ja ihn verehrte. Er war aufrichtig von jenen Gefühlen der Zuneigung erfüllt, die Täter oft an ihre Opfer bindet. Jedermann kennt das aus vielen Kriminalromanen, aus Spionage-Geschichten. Guillaume war eben Agent *und* Gefolgsmann in einem, wollte beiden Seiten seiner Existenz nach besten Kräften gerecht werden. Wer diesen Persönlichen Referenten des Regierungschefs damals erlebt hat – im Kanzleramt, im Wahlkampf-Sonderzug oder auch beim norwegischen Sommerurlaub 1973 –, hält durchaus für möglich, daß dessen Einsatz für Brandt mehr war als nur ein Täuschungsmanöver, nämlich der Ausdruck einer anderen, zweiten Loyalität, die vielleicht längst stärker geworden war als die erste: die Bindung des Agenten an seine Auftraggeber. Schließlich war Guillaume seit fast zwei Jahrzehnten im Westen.

Auch wenn ihm Guillaume, wie Brandt am 29. April im Tagebuch notierte, in seiner »Mischung aus Servilität und Kumpelhaftigkeit . . ., nicht besonders sympathisch« war, auch geistig, als Gesprächspartner, seines Erachtens nicht genug darstellte – Brandt »sträubte« sich 1972, als man Guillaume zum Nachfolger Reuschenbachs machte –, war er doch dankbar für die Aufopferung, mit der Guillaume ihm diente, und fühlte sich ihm daher verbunden. Als sie sich das nächste, vermutlich letzte Mal wieder begegneten, nämlich im Spätsommer 1975 vor dem Oberlandesgericht in Düsseldorf, hatte sich Brandt vorgenommen, Guillaume keines Blickes zu würdigen, und hielt seinen Entschluß durch. Er versuchte sich einzureden, dieser Mann (den er übrigens nie geduzt hatte) existiere für ihn nicht mehr. Umsonst. Hermann Schreiber meinte 1978, im Bildband aus Anlaß des 65. Geburtstages Willy Brandts, nach einem langen Gespräch mit ihm: »In Wahrheit rätselt er an Günter Guillaume herum, vielleicht nicht oft, aber engagiert – und erfolglos. Und wenn das nicht Wirbel machen, wenn das nicht grausam mißverstanden würde, so wie die Verhältnisse nun eben sind, dann würde Willy Brandt mit Günter Guillaume mal eine Stunde reden wollen – wenigstens versuchen wollen zu ergründen, wie der Mann tatsächlich denkt, wie er so hat handeln können.«

Natürlich kann man verstehen, daß Brandt damals (und auch später) außerstande war, die Gespaltenheit der Persönlichkeit Guillaumes einfach gelassen zur Kenntnis zu nehmen. Schließlich hatte dieser Mensch seine Karriere als Kanzler beendet. Was dem grundanständigen Brandt über die Folgen des Falles G. hinaus (er nahm seither den vollen Namen nicht mehr in den Mund) noch Jahre danach zu schaffen machte, war die selbstkritische Einsicht, nicht erkannt, vielleicht auch verdrängt zu haben, Guillaume könne ein Mann mit zwei Identitäten sein, ein Diener zweier Herren. Er verübelte es sich, die Vorgänge »nicht richtig begriffen« und daher die Möglichkeit ausgeschlossen zu haben, daß Guillaumes Engagement für die SPD und ihn zwar echt, aber eben nur die eine Seite seines Daseins sei: »Ich hätte selber drauf kommen müssen.«

Und auf einen solchen Mann hatte er sich im Privaten verlassen! Auf Reisen suchte Guillaume ihm die passende Kleidung aus. Er kannte alle Termine, bekam alles mit, war eingeweiht. Denn Brandt war immer arglos im engsten Kreise; vor Vertrauten nahm er kein Blatt vor den Mund. Diese Unachtsamkeit

– ein Ergebnis seiner fehlenden Menschenkenntnis – und der schwere Irrtum des eigenen Urteils waren Mängel, die Brandt im nachhinein bei sich unverzeihlich fand.

Seine Betroffenheit schon am 26. April 1974 vor dem Bundestag wird allerdings nur dann wirklich plausibel, wenn man weiß, daß ihm erst während der Aktuellen Stunde, wie er später zu Freunden sagte, plötzlich die Bedeutung der ganzen Angelegenheit aufging. Während er seine Erklärung abgab, wurde ihm bewußt, hier handle es sich doch um eine ernste, große Sache. Im Tagebuch Brandts heißt es, im Laufe des 26. April habe er »– wohl mehr instinktiv – davon gesprochen, daß sich die Agentenaffäre zu einem ›Naturereignis‹ entwickeln könne«. Spürte er schon, sie werde ihn möglicherweise sein Amt kosten? Ahnungsvoll äußerte er jedenfalls an diesem Freitagmorgen vor dem Parlament, es gebe Zeitabschnitte im Leben, »da möchte man meinen, daß einem nichts erspart bleibt«. Wie gesagt: Es war seine Intuition, die ihm das eingab, kein Wissen. Denn was tatsächlich auf ihn zukam, schrieb er später in seinen Notizen, sei ihm an jenem Tage noch nicht klargeworden.

Man merkt es daran, daß er über das Wochenende unverdrossen weiter an seiner Kabinettsumbildung bosselte. Als der Kanzler am Freitagabend bei Botschafter Backlund im Kreise schwedischer Freunde saß, drehte sich die Unterhaltung deshalb nicht um Guillaume, sondern wesentlich um das bevorstehende Revirement. Es gab immer noch offene Fragen, die so wichtig wie schwer zu beantworten waren. Die Regelung der künftigen Machtverteilung innerhalb der sozialdemokratischen Dreierkonstellation erwies sich als nahezu unlösbare Aufgabe; Brandt wußte nicht, was er tun sollte.

Schmidt dränge, sagte er, mit aller Energie aus dem Kabinett; er wolle jetzt anstelle Wehners Fraktionsvorsitzender werden – was er ja, und zwar gern und erfolgreich, während der Großen Koalition schon einmal gewesen war. Auch andere, jüngere SPD-Politiker seien an einer Ablösung Wehners interessiert. Aber wohin dann mit ihm? Dies sei das Hauptproblem. Schließlich könne man Wehner nicht einfach aufs Altenteil abschieben. Der Tatendrang Schmidts lasse sich auch nicht dadurch bremsen, daß man ihm das Auswärtige Amt übertrage, denn dies sei und bleibe in der Hand der FDP. Die Nachfolge Scheels werde allein von den Liberalen entschieden; die Sozialdemokraten könnten an deren Regelung nichts ändern.

Rücktrittsgedanken

Am Montag, dem 29. April 1974, kam im Kanzleramt ein Rücktritt des Regierungschefs intern erstmals zur Sprache.

Willy Brandt sah, daß dieser Schritt in den Bereich des Denkbaren rückte.

Kurz zuvor war deutlich geworden, daß Guillaume auch nach seiner Enttarnung, vor allem während des Sommerurlaubs des Bundeskanzlers in Norwegen im Juli 1973, Dokumente von hoher Geheimhaltungsstufe zu Gesicht bekommen hatte, unter anderem ein persönliches Schreiben des amerikanischen Präsidenten Richard Nixon an den Kanzler.

Brandt hatte sich also am Freitag zuvor im Parlament mit seiner Behauptung, der Agent sei von ihm »nicht mit Geheimakten befaßt« worden, »weil dies nicht zu seinen Aufgaben gehörte«, am Rande der Unwahrheit bewegt. Die Union war da offenbar besser im Bilde gewesen; denn Richard Stücklen (CSU) hatte, dem Sitzungsprotokoll zufolge, sofort dazwischengerufen: Das sei noch nicht geklärt! Brandt räumte später ein, er habe bei seinen Ausführungen an die Routinetätigkeit des Referenten im Kanzlerbüro gedacht: »Der Sonderfall, daß während des Sommerurlaubs 1973 in Norwegen tatsächlich geheimzuhaltende Fernschreiben durch seine Hände gingen, war mir, als ich mich im Bundestag äußerte, nicht bewußt.« Kurz nach dem Rücktritt behauptete er sogar gegenüber Hans Ulrich Kempski von der *Süddeutschen Zeitung*, während seiner Erklärung zum Fall Guillaume in der Fragestunde sei ihm nicht gegenwärtig gewesen, daß der Spion zu seinen Begleitern in Norwegen gezählt habe. Wie auch immer: Es war abzusehen, daß Brandts irrige Auskunft weitere parlamentarische Anfragen auslösen und entsprechende politische Angriffe der Opposition nach sich ziehen würde. Bei dieser Auseinandersetzung würde es nicht nur darum gehen, wer die Norwegen-Panne verantworten müsse, sondern auch darum, wer für die anderen Fehler geradezustehen habe, die in dieser Sache gemacht worden waren: für die hastige, großzügige Einstellung Guillaumes im Kanzleramt, für seine unkontrollierte Versetzung ins persönliche Büro des Regierungschefs und vor allem – besonders schwerwiegend – für die fehlende Abschirmung und Überwachung dort seit Mai vergangenen Jahres.

Willy Brandt erörterte diese triste, heikle Thematik in der Nacht vom 30. April zwischen Mitternacht und zwei Uhr früh zunächst mit Horst Ehmke und dann auch, zu dritt, mit Horst Grabert, also mit dem früheren Chef des Kanzleramtes und dessen Nachfolger. Bei dieser Unterredung begann Brandt einzusehen, daß er weit über das tatsächlich von ihm zu Vertretende hinaus, wie er danach niederschrieb, Verantwortung werde übernehmen müssen. Es lief auf ihn zu. Seine dunklen Vorahnungen nahmen allmählich Gestalt an: die eigene.

Und warum? Weil der couragierte Ehmke, der sonst keinen Konflikt scheute und nicht leicht aufgab, Brandt in dieser Unterredung voraussagte, er werde da niemals heil durchkommen.

Bis zu diesem Abend wußte Ehmke nichts von dem, was sich 1973 abgespielt hatte. Erst jetzt berichtete ihm der Regierungschef, der ihn eigens aus Stuttgart, weg von anderen Verpflichtungen, hatte anreisen lassen, vom Verdacht des Verfassungsschutzes, von der Warnung Nollaus, dem Hinweis Genschers, der Norwegenreise mit Guillaume. Ehmke war entsetzt. Er sei, wie er später sagte, in dieser Mitternachtsstunde von einer Ohnmacht in die nächste gefallen – vor allem auch deshalb, weil Brandt weder zu ihm noch zu Egon Bahr während des ganzen Jahres 1973/74 ein Wort über die Geschichte hatte verlauten lassen.

Niemand werde ihm so viel Naivität glauben, sagte Ehmke zu Brandt. Keiner werde den großzügigen Umgang Brandts mit vertraulichen Papieren (der Kanzler hielt Geheimniskrämerei mit Akten im Grunde für alberne Wichtigtuerei) verständlich oder gar entschuldbar finden und durchgehen lassen. Da Brandt in Ehmke einen Freund sah, dessen Kampfbereitschaft er kannte, wurde er sehr nachdenklich, als Ehmke, dem persönlichen Tagebuch Brandts zufolge, die Frage aufwarf, ob ein »Rücktritt nicht vielleicht einer Erosion vorzuziehen« sei. Grabert widersprach allerdings »heftig«. Herbert Wehner dagegen hatte sich »am Nachmittag auf eine entsprechende Frage« ausgeschwiegen.

Die Situation blieb also am 29. April noch unübersichtlich, zumal auch die private Seite des Falles an diesem Tage, wie die persönlichen Aufzeichnungen Brandts zeigen, von keiner Seite angesprochen, vorerst nicht in die Prüfung seiner politischen Überlebenschancen einbezogen wurde. Zunächst waren daher die Konsequenzen der bedrückenden Fehlerkette, die den drei beklommenen, übernächtigten Männern zunehmend deutlich wurde, Brandt weit weniger klar als später. Denn während es im Tagebuch von 1974 noch heißt: »Die Möglichkeit des Rücktritts bleibt nicht unerwähnt, aber ich ziehe sie noch nicht in Betracht«, sah Brandt vier Jahre danach in den Einsichten jener frühen Morgenstunden des 30. April den eigentlichen »Entscheidungspunkt«.

Wörtlich sagte er im Mai 1978 zu Hermann Schreiber: »Grabert war zunächst bei mir, als mein damals formal engster Mitarbeiter im Kanzleramt. Ehmke ist am späteren Abend gekommen, und ich bin mit ihm den Fall G. durchgegangen. In diesem freundschaftlichen Gespräch bin ich zu dem Ergebnis gekommen: Die Verantwortung wird formal bei mir hängen bleiben – und es gibt keine oder kaum eine Möglichkeit, dies durch Rücktritte anderer zu heilen. Ich habe ja dann allerdings auch niemand getroffen, der dazu bereit gewesen wäre.«

Niemand war also bereit, die Schuld auf sich zu nehmen. Keiner wollte von sich aus gehen. Doch wer hätte denn eigentlich zurücktreten müssen? Das war gar nicht leicht auszumachen.

Wie stand es mit Hans-Dietrich Genscher? Hatte er getan, was ihm zu tun möglich war? Es war immerhin vorstellbar, daß er sich als der verantwortliche Bundesminister in einem so brisanten Falle die Ermittlungsakten hätte vorlegen lassen. Das war nicht geschehen. Ebensowenig hatte Genscher in Betracht gezogen (was wegen des problematischen Verbleibs von Guillaume im Kanzlerbüro während der Beschattung an sich nahegelegen hätte), die Ermittlungs- und Sicherheitsmaßnahmen unter seiner Kontrolle zu behalten. Natürlich war eine solche Aufsicht dem Minister selbst weder zeitlich noch sachlich zuzumuten. Aber er hätte sehr wohl einen zuständigen, obendrein von ihm auf diesen Posten berufenen Fachbeamten wie den Leiter der Abteilung *Öffentliche Sicher-*

heit seines Hauses ins Vertrauen ziehen können. Zwar hatte Nollau strikte Geheimhaltung verlangt. Der Innenminister jedoch war an dieses Verlangen nicht gebunden; Ministerialdirektor Werner Smoydzin galt als FDP-Mitglied und früherer Mitarbeiter (seit 1956), zuletzt Vizepräsident (1970/72) des *Bundesamtes für Verfassungsschutz,* bei Genscher als ebenso kompetent wie vertrauenswürdig.

Infolge der Unterlassungen Genschers fehlte ein Mann, der die Notwendigkeiten der Geheimhaltung gegen die der Aufklärung hätte abwägen und die praktisch erforderlichen Schritte kontinuierlich hätte koordinieren können; von ihm wäre auch ein Rat zu erwarten gewesen, wie Guillaume in Norwegen zu behandeln sei. Statt dessen blieb Genscher – was er zu verantworten hat – nach der Enttarnung Guillaumes völlig inaktiv.

Aber die Versäumnisse, die ihm hier angelastet werden müssen, wogen nicht so schwer, daß sie seinen Rücktritt erfordert hätten, und ohne zwingenden Anlaß kam ihm ein solcher Gedanke keinen Augenblick lang. Niemals bot er von sich aus an, sein Amt zur Verfügung zu stellen. Diese Selbstverständlichkeit des Beharrens erbitterte die Sozialdemokraten. Natürlich ärgerten sie sich, daß sie nicht ebenso gelassen verfahren konnten.

Man muß allerdings einräumen, daß Genschers Rücktritt für ihn persönlich wie für seine Partei ein außerordentliches, wohl auch unzumutbares Opfer gewesen wäre. Denn dieser Schritt hätte nicht allein die Karriere eines führenden Repräsentanten der deutschen Liberalen beendet, sondern darüber hinaus auch die FDP, deren Vorsitz er wenige Tage später übernehmen sollte, in eine schwere Krise gestürzt, die mit Sicherheit das sozialliberale Bündnis in Mitleidenschaft gezogen, wenn nicht zerbrochen hätte. Nachdem Walter Scheel unwiderruflich entschlossen war, sich zum Staatsoberhaupt wählen zu lassen, war an ein Ausscheiden Genschers überhaupt nicht zu denken. Ohne ihn hätte der FDP eine überzeugende Führungsfigur gefehlt; weit und breit war kein anderer zu sehen, der die Partei- und Regierungsämter Scheels hätte übernehmen können. Die Liberalen – allen voran Walter Scheel selbst – mußten somit Genschers Sturz mit aller Macht verhindern. Nach einem Rücktritt des Innenministers wäre die Wahl Scheels leicht am verzweifelten Widerstand aus den eigenen Reihen gescheitert.

Es war deshalb völlig aussichtslos, wenn die Sozialdemokraten fünf vor zwölf versuchten, Scheel von seiner Kandidatur abzubringen, damit man Genscher, gemeinsam mit Ehmke, öffentlich opfern könne. Scheel ließ jedoch keinen Zweifel daran aufkommen (und seine Frau erst recht nicht), daß er jetzt auf jeden Fall Bundespräsident werden wolle.

Rudolf Augstein (FDP), der gern dramatisierte, aber immer, und nicht nur von seiten der eigenen Leute, glänzend unterrichtet war, schrieb am 6. Mai 1974 im *Spiegel:* »Genscher, was immer seine oder Nollaus Rolle gewesen sein mag, kann, als einziger Politiker, überhaupt nicht zurücktreten, ohne daß die Republik zusammenbräche. Er als einziger der in Bonn handelnden Politiker ist für die Regierungskoalition restlos unentbehrlich.«

Erstaunlicherweise hat allerdings Hans-Dietrich Genscher auch im nachhinein – ebenso wie sein Nachfolger Werner Maihofer – aus den Fehlern, die dem Bundesamt für Verfassungsschutz, zum Teil grob fahrlässig, unterlaufen waren, keine Konsequenzen gezogen. Es gab weder Disziplinarverfahren noch Beurlaubungen oder gar Entlassungen. Das war zumindest im Hinblick auf Günter Nollau überraschend. Denn er hatte in dieser Sache versagt. Mit entwaffnender Naivität fand er, wie man seinen Memoiren entnehmen kann, das eigene Vorgehen sogar noch rückblickend über jeden Zweifel, jeden Tadel erhaben. Das verrät einen derartigen Mangel an Einsicht und Selbstkritik, daß man seine Führungsqualitäten auf einem so delikaten Terrain wie dem des Staatsschutzes in Zweifel ziehen mußte. Doch Genscher und Maihofer deckten den Präsidenten. Indem sie dies taten, übernahmen sie auch die Verantwortung für Nollaus Fehlverhalten. Das wunderte, gelinde gesagt, nicht wenige Sozialdemokraten. Aber gegen den Koalitionspartner FDP, zu dessen Einflußbereiche das Innenministerium (und damit das Bundesamt) nun einmal gehörte, konnten sie wenig ausrichten, zumal sie obendrein an der eigenen Spitze untereinander nicht einig waren. Denn Nollau war ein Mann Wehners. Aber wer außer Genscher und Nollau hätte die Schuld auf sich nehmen können? Etwa Horst Ehmke? Er hatte Guillaumes Anstellung zu verantworten. Doch 1973/74, als seine Versäumnisse ihm vorgeworfen werden konnten, war er längst aus dem Kanzleramt ausgeschieden. Sein Rücktritt, den er gesprächsweise angeboten haben will (Willy Brandt kann sich nicht erinnern, das so deutlich verstanden zu haben), hätte daher den Kanzler im Kernbereich seiner Verantwortung und der sich anbahnenden öffentlichen Kontroverse nicht entlastet.

Und Horst Grabert? Er war unmittelbar nach seiner Rückkehr aus einem Urlaub in Berlin am 4. Juni 1973 von Brandt über den Verdacht gegen Guillaume ins Bild gesetzt worden. Ebenso wie von Reinhard Wilke, dem Leiter des persönlichen Büros (der von Brandt bereits Ende Mai eingeweiht worden war), hatte der Regierungschef von seinem Staatssekretär strikte Geheimhaltung verlangt. Grabert wie Wilke nahmen dieses Gebot der Verschwiegenheit so wörtlich, daß die beiden nicht einmal untereinander den Fall erörterten. Brandt sprach seinerseits Grabert nicht auf Sicherheitsmaßnahmen für die Norwegen-Reise an, so daß dieser sich überhaupt dahinter verschanzen konnte, in dieser ganzen Angelegenheit, die sich ihm als Routine-Überprüfung längst verjährter Tatbestände darstellte, keinerlei Weisungen empfangen zu haben.

Jedoch war von ihm, dem ranghöchsten Beamten des Bundeskanzleramtes, zu erwarten, daß er in einem solchen Falle von sich aus Gespür, Initiative und Sorgfalt bewies. Er hätte aus eigenem Antrieb dem Regierungschef Vorschläge unterbreiten müssen, was nun im einzelnen zu geschehen habe. Aber der nette Grabert war so lahm, daß er auf derartige Einfälle von allein nicht kam. Und er war politisch und persönlich so unsensibel, daß ihm die Erwägung fernlag, er müsse nun vielleicht in Anbetracht der fatalen Folgen seiner Unterlassung zurücktreten, um den Kanzler, seinen Chef, zu retten. Erst später, als alle ihr Bild, das sie während der entscheidenden Krisentage abgegeben hatten, zu retuschieren begannen und das eigene Verhalten uminterpretierten, war auch von Grabert in den Zeitungen zu lesen, er habe Brandt seine Bereitwilligkeit erklärt, aus dem Amte zu scheiden.

Sicher ist allerdings, daß Graberts Rücktritt allein nicht ausgereicht hätte, um die Affäre aus der Welt zu schaffen. Dazu wäre (nach heutiger Meinung Brandts) die Entfernung Ehmkes und Graberts – oder Ehmkes und Nollaus – erforderlich, aber auch ausreichend gewesen. Sicher ist hingegen ebenfalls, daß Brandt nicht auf solche Schritte drängte.

Der Regierungschef war bekanntlich niemand, mit dem man leicht in Streit geriet. Er war geduldig, ja passiv im Umgang. Ob es nun an seinem guten Herzen oder an mangelnder Härte lag: Brandt war gewohnt, mit personellen Pleiten zu leben. Er war daher nie der Mann, von sich aus Mitarbeiter an die Luft zu setzen, wenn sie Fehler gemacht, sich als unfähig erwiesen hatten. Deshalb war er auch diesmal nicht bereit, den verführerischen, für ihn einfachen Ausweg zu wählen, alle Schuld auf einen Untergebenen, eben Grabert, abzuwälzen. Das erschien ihm nicht fair – mochte auch Rolf Zundel (der Brandt und seine »abgewogene Liberalität« durchaus achtete, ja bewunderte) in der *Zeit* vom 10. Mai 1974 monieren, »vor allem in den letzten Monaten« sei an ihm »ein Unvermögen sichtbar« geworden, »fordernd, befehlend und strafend zu führen«.

Brandt zog es vor, sich selbst und nicht anderen Fehler vorzuwerfen. »Ich fühle mich verantwortlich«, hatte er schon unter dem 29. April 1974 im Tagebuch festgehalten, »daß er (Guillaume) 1973 in seiner Funktion belassen wurde. Ich Rindvieh hätte mich auf den Rat eines anderen Rindviehs nicht einlassen dürfen! Ich hätte Genscher und Nollau bitten sollen, das Erforderliche zu veranlassen«, statt die Unterrichtung Graberts und Wilkes zu übernehmen und damit dem Irrtum Vorschub zu leisten, als sei der Regierungschef bei solchen Details tatsächlich persönlich zuständig.

Auch die spontane Idee in letzter Minute, die Kabinettsumbildung für eine Hilfsaktion, eine Entlastungsoffensive zugunsten des Bundeskanzlers zu nutzen und daher bei dieser Gelegenheit sämtlichen Ballast des Guillaume-Debakels abzuwerfen, also alle drei Verantwortlichen – Genscher, Grabert und Ehmke – gemeinsam abzulösen, erwies sich als unrealistisch. Es war nicht (mehr) durchsetzbar.

So kam es anders – etwas anders. Mitte Mai 1974, als sich das Gewitter wieder verzogen hatte, waren aus dem engsten Kreise der Krise Staatssekretär Grabert, Bundesminister Ehmke und eben auch der Regierungschef selbst nicht mehr im Amt – also genau jene drei Sozialdemokraten, die am 29. April als erste die heraufziehenden Sturmwolken erschreckt wahrgenommen hatten. Außer Nollau, der unbehelligt weiter amtierte, war allein der freidemokratische Genscher noch am Platze, ja sogar inzwischen zu größeren Würden gekommen, nämlich Vizekanzler und Außenminister geworden. Und sein Vorgänger hatte sogar die Spitze erreicht: Scheel war am 15. Mai zum Staatsoberhaupt gewählt worden. Die Liberalen hatten dabei ihre gewohnte Umsicht walten lassen: Wegen eines Junktims der FDP hatte die Wahl Schmidts zum Nachfolger Brandts erst am 16. Mai, dem Tage nach der Bundesversammlung, stattfinden können.

Gründe des Rücktritts

Am 29. April 1974 stand eine Kanzlerschaft Helmut Schmidts freilich noch in den Sternen, wenn auch Willy Brandt schon an diesem Tage zu Horst Ehmke sagte, wenn er gehe, müsse Schmidt die Sache übernehmen. Vorab wolle er aber kämpfen.

An jenem Montag war man vom Rücktritt Brandts und der vorzeitigen Bildung einer ganz neuen Bundesregierung nur noch eine Woche entfernt. Aber zu diesem Zeitpunkt reichte die Spionage-Geschichte als solche nach übereinstimmender Meinung aller zum Sturz des Kanzlers keineswegs aus. Zwar zeichneten sich bereits konzentrische Angriffe der Springer-Presse ab (Brandt spricht in seinen Aufzeichnungen von der »heftigsten Kampagne seit unserem Regierungsantritt«). Doch sogar *Bild* forderte am 2. Mai nur den Kopf Ehmkes, nicht den Brandts.

Das Ergebnis der regierungsinternen Untersuchungskommission vor Augen, schrieb Theodor Eschenburg nach Abschluß der Ermittlungen:

> Der Leistungsfehler des Bundeskanzlers liegt in einer wesentlichen Unterlassung: darin, daß er nicht zumindest einen qualifizierten Beamten seines Amtes wirksam hinzugezogen hat. Die Verantwortung des Bundeskanzlers wiegt schwerer als die des Innenministers, weil er der in seinem Amt Betroffene und daher für Abhilfe Zuständige war. Aber mußte Brandt deswegen wirklich zurücktreten?
>
> Die Demission eines integren, erfolgreichen und angesehenen Kanzlers wegen dieses Vorfalls, der auf Pannen und auf Betriebsstörungen mittleren Ranges beruhte, lag weit außerhalb des Erwartungshorizonts der öffentlichen Meinung und der Bevölkerung. Die Reaktion Brandts stand in keinem Verhältnis zum Verantwortungsgrad. Die Guillaume-Affäre mag der Anlaß, kann aber nicht die Ursache eines Rücktritts gewesen sein.

Wo aber lagen dann die Gründe? Man weiß, wieviel seit 1972 für Brandt überraschenderweise schlecht gelaufen war. Entscheidende Wählergruppen aus der

Mitte, die damals seinetwegen und um der Ostpolitik willen für die SPD gestimmt hatten, waren inzwischen, von ihm und den Sozialdemokraten enttäuscht, abgewandert. Brandts Prestige in der Partei wie im Lande hatte entsprechend gelitten. Insofern erging es ihm ähnlich wie Erhard nach dem Wahlsieg der Union von 1965. Außerdem war inzwischen der politische Handlungsspielraum enger geworden. Die erste Ölkrise zeigte böse Auswirkungen. Noch immer war man ratlos, wie ihr beizukommen sei. Konnte Brandt in einem solchen Moment erheblicher weltwirtschaftlicher Turbulenzen den Westdeutschen die Überzeugung vermitteln, der Mann der Stunde zu sein? (Im Jahre darauf, 1975, sagte Bahr zu ihm, er solle Gott danken, daß er nicht mehr Kanzler sei. Denn wenn er es noch wäre, würde alle Welt behaupten, die Bundesrepublik habe nur deshalb eine Million Arbeitslose, weil Brandt nichts von der Wirtschaft verstehe. Schmidt hingegen nehme man diese triste Zahl nicht übel, da man ihn für einen wirklichen Kenner ökonomischer Zusammenhänge halte. Man traue ihm daher zu, daß er alles Menschenmögliche tue. Scheitere Schmidt bei dieser Aufgabe – das sei die allgemeine Meinung –, dann scheitere jeder andere Politiker erst recht!) Jedoch mußte Brandt auch auf dem Gebiet seiner eigentlichen Leistungen und Triumphe, der Ostpolitik, jetzt einsehen, daß der Fall Guillaume ihm weitere Fortschritte unmöglich machte. Brandt war seiner ganzen Wesensart nach der Letzte, der über eine solche Spionage-Affäre rasch hinwegkommen und zur Tagesordnung zurückkehren konnte. Vielleicht war das, der Optik wegen, zumindest eine Zeitlang für jedermann schwierig. Ohnehin gab es ja 1974 Anzeichen einer Eintrübung des Ost-West-Klimas. In einem solchen Moment kam das »mittlere außenpolitische Erdbeben«, das Walter Scheel am 6. Mai 1974 Willy Brandt für den Fall seines Rücktritts voraussagte, auch für Moskau natürlich ungelegen. Das mag erklären, weshalb Leonid Breschnew zornig aufbrauste, als ihm Valentin Falin, der den Generalsekretär unterrichten mußte, Guillaumes Rolle erläuterte; einige Leute aus den Geheimdienst-Apparaten, erzählte der sowjetische Botschafter anschließend Bonner Kollegen, seien daraufhin hinausgeflogen. Ähnlich verärgert wie der Vorsitzende der KPdSU soll Erich Honecker reagiert haben. Neutrale Beobachter zeigten sich später überzeugt, er habe nicht gewußt, daß die DDR einen Mann im Kanzlerbüro plaziert hatte; Sicherheitsorgane gäben nie und niemandem gegenüber ihre Quellen preis – auch drüben nicht. Andere, übrigens auch Willy Brandt, gaben sich besser informiert: Honecker sei sehr wohl im Bilde gewesen.

Welchen Raum man solchen Vermutungen auch zubilligen mag: Tatsache ist, daß Brandt innerlich nie mehr über »G.« hinwegkam. In späteren Jahren pflegte er zu sagen, über einige Themen sei er nicht zu sprechen bereit; dazu gehörte Ost-Berlin (»Ich habe kein Verhältnis zur DDR«). Damit aber waren 1974 neue Erfolge der Entspannung, die Brandt innenpolitisch dringend benötigte, zumindest von ihm nicht mehr zu bewerkstelligen.

Dennoch wollte er Bundeskanzler bleiben. Sein neuer Elan war noch nicht verbraucht, auch wenn ihm eine geschwächte Konstitution in den entscheidenden Tagen stark zu schaffen machte. Enge Vertraute hatten selbst während der beiden Krisenwochen den sicheren Eindruck, daß Brandt im Amt auszuharren gedenke und weit davon entfernt sei, Guillaume als willkommenen Anlaß zu nehmen, zurückzutreten. Auch in einem Bericht des schwedischen Botschafters in Bonn an die Regierung in Stockholm hieß es am 11. Mai 1974 über den Rücktritt Brandts, diese Entscheidung sei nicht als Endpunkt einer langen Phase der Melancholie zu erklären. Brandt sei im Gegenteil zum Zeitpunkt der Verhaftung des DDR-Agenten zur Fortsetzung seiner Kanzler-Tätigkeit fest entschlossen gewesen und habe seine Erfolgsaussichten auch für gut gehalten, seit es im März 1974 möglich gewesen sei, zwischen ihm, Helmut Schmidt und Herbert Wehner eine Einigung über ihre künftige Zusammenarbeit zu erzielen.

Was also brachte das Faß zum Überlaufen? Am 1. Mai sprach Brandt auf einer Großkundgebung des DGB in Hamburg. Erleichtert beschrieb er im Tagebuch den »angenehmen Unterschied« zur Mai-Veranstaltung fünf Jahre zuvor am gleichen Ort, wo er und Otto Brenner erheblich gestört worden waren »und Chaoten weithin die Szene beherrschten«. Diesmal hatten seine Mißhelligkeiten andere Ursachen. Seine aktuelle Bonner Malaise blieb ihm auf den Fersen.

Beim Frühstück im Hamburger Hotel *Atlantic* erreichte ihn ein Anruf Hans-Dietrich Genschers, der ihm den Besuch seines »PR« (Persönlichen Referenten) ankündigte. Kurz darauf erschien Klaus Kinkel und überbrachte einen vertraulichen Vermerk, den Horst Herold, der Präsident des Bundeskriminalamtes, am Vortage für den zuständigen Innenminister angefertigt hatte. Dort stand, Befragungen der Sicherheitskräfte, die dem Regierungschef zugeteilt seien, hätten ergeben, daß Brandt Verhältnisse mit Journalistinnen habe.

Brandt rief sofort Genscher an, der sich gerade bei Scheel aufhielt. Der Minister riet ihm, sich mit Buback in Verbindung zu setzen; der neue Generalbundesanwalt sei der rechte Mann, ihm zu helfen, mit dieser Angelegenheit zu Rande zu kommen. Brandt zog es indessen vor, den sozialdemokratischen Justizminister Gerhard Jahn anzurufen.

Der ruhige Jahn befand sich in jenen Tagen im Marburger Wahlkreis, wo er die Schließung einer Firma mit 700 Beschäftigten abzuwenden hoffte. Dort hatte ihm bereits am 30. April der Generalbundesanwalt eilends hinterhertelefoniert, ihn endlich beim lokalen Sekretär der *IG Metall* an den Apparat bekommen; am 1. Mai suchte er Jahn auf. Siegfried Buback, ein Mann mit Augenmaß, mit Sinn für Proportionen, diskret, ohne Enge, wollte Jahn rasch über den letzten, unvorhergesehenen Stand der Dinge unterrichten.

Schon am 26. April hatte Brandt sich notiert, die Ermittlungsbeamten seien »hinter Guillaumes Frauenbekanntschaften her«. Unter dem 30. April findet man in seinen Aufzeichnungen die Eintragung, Jahn berichte, Guillaume »solle Mädchen zugeführt haben« (eine Formulierung, die später auch in der Presse auftauchte), was er, Brandt, als »lächerlich« abgetan habe.

Glaubt man Brandts Notizen, dann fand er die beiden Ferngespräche vom 1. Mai mit Genscher und Jahn in keiner Weise beunruhigend. »Nach wie vor« nahm Brandt, wie er schrieb, »die Sache nicht ernst«: »Ich erkenne nichts, das mich veranlassen sollte, mein Programm für die nächsten Tage zu ändern (und etwa vorzeitig nach Bonn zurückzukehren).« Ohnehin war er nie leicht aus der Ruhe zu bringen. Es war seine Art, teils von seinem abwartenden Naturell her, teils neuerdings auch aus dem Fatalismus der Erschöpfung, den Lauf der Welt gelassen zu betrachten und selbst Angelegenheiten, die ihn zentral betrafen, auf die leichte Schulter zu nehmen.

Dies war jedoch nicht ganz der Eindruck, den er selbst in Erinnerung behalten hat. Sieben Jahre später sagte er, er glaube damals beim Lesen des Berichts, den Kinkel ihm mitgebracht hatte, erkannt zu haben, daß alles für ihn schief ausgehen werde.

Beim Verhör des verhafteten Kanzlerreferenten und DDR-Spions waren die Vernehmungsbeamten des BKA wegen der Observierungsmängel des Verfassungsschutzes und des hartnäckigen Schweigens von Guillaume derart in Beweisnot geraten, daß sie den Einzugsbereich ihrer Ermittlungen hatten ausdehnen müssen; wenn Guillaume bei seiner Festnahme kein Geständnis abgelegt hätte, wäre seine Haft gar nicht zu rechtfertigen gewesen. Auf Weisung der Bundesanwaltschaft konzentrierten sie sich daher mangels anderer Beweisquellen wesentlich auf zwei Themenbereiche: Einerseits suchten sie herauszufinden, welche Geheimakten der Agent während seiner Tätigkeit im Kanzleramt hatte einsehen und kopieren können; er war ja Fotograf. Dabei stießen sie auf die fehlende Überwachung Guillaumes, insbesondere auf seine hervorragenden Informationschancen während der Norwegen-Reise. Zum anderen waren sie an allen Terminen und Gesprächen Brandts interessiert, die Guillaume als Augen- oder Ohrenzeuge miterlebt hatte, über die er also seinem Staatssicherheitsdienst berichten konnte. Guillaumes Zimmer im Palais Schaumburg lag ja unmittelbar über dem Arbeits- und Empfangsraum des Regierungschefs, so daß er bei Besprechungen nicht unbedingt hatte anwesend sein müssen, um mitzuhören.

Und wie stand es auf Reisen mit seinen Möglichkeiten? Da Guillaume wesentlich für die Parteikontakte des Kanzlers zuständig war und sich vor allem um die auswärtigen Termine des SPD-Vorsitzenden zu kümmern hatte, kam er mit Brandt besonders außerhalb Bonns in persönliche Berührung. Die Vernehmer der *Sicherungsgruppe Bonn* des BKA wurden daher beauftragt, alle diejenigen Kollegen aus den eigenen Reihen ins Verhör zu nehmen, die zum Begleitkommando des Bundeskanzlers abkommandiert gewesen waren. Diese Beamten sagten am 29. und 30. April aus. Auf dieser Grundlage stellte die Bundesanwaltschaft einen detaillierten Zeitplan aller Ortswechsel zusammen, bei denen der Referent den Regierungschef begleitet hatte. Nahezu lückenlos entstand so ein genauer Kalender jener Tage, an denen der Bundeskanzler, betreut von Guillaume, im Wahlkampf über Land gereist war.

Innerhalb dieses Stundenbuches legten die Vernehmer drei Spalten an. In der ersten und zweiten wurden Begegnungen mit Politikern und Journalisten festgehalten. In der dritten ging es um Frauen, zumeist jüngere Journalistinnen, die sich während solcher Überlandfahrten längere Zeit in den separaten Kanzlerräumen des Sonderzuges aufgehalten hatten.

Willy Brandt war zunächst verblüfft, als er die lange Liste sah. Er staunte, was da, wer da alles stand, und fand es maßlos übertrieben. Gewiß, er hatte Frauen gern – und sie ihn. Wer ihn je begleitet hat, kennt seine Anziehungskraft auf Frauen; jedermann konnte die Unbefangenheit sehen, mit der Brandt diese Sympathien aufnahm und nutzte (wie übrigens Günter Guillaume auf seine Weise auch). Gern räumte Brandt ein, daß er kein Kind von Traurigkeit sei. Nie machte es ihm etwas aus, vor aller Augen zu tätscheln. Im ersten Augenblick nahm er die Sache am 1. Mai daher von ihrer komischen Seite. Heiter fragte er, für wen man ihn eigentlich halte; schließlich sei er ein Mann von sechzig Jahren. Insgeheim freute ihn allerdings schon immer das Gerede der anderen über seine Virilität; nie hätte er dementiert (wozu es häufig Anlaß gab), daß da etwas gewesen sei. Als der alte Rómulo Betancourt, über lange Jahre hinweg Staatspräsident Venezuelas, Brandt einmal das Kompliment machte, er bewundere ihn als Staatsmann – aber mehr noch als Mann, war der Bundeskanzler sichtlich geschmeichelt.

Doch allmählich, schon im Laufe des 1. Mai, begann sich Brandt zu empören. Es war doch unerhört! Da hatten Männer, die für seine Sicherheit verantwortlich waren, ihn genauer im Auge behalten als den Guillaume. Statt den Agenten zu überführen, hatten sie das Privatleben des Regierungschefs ausspioniert. Nicht genug damit: Jetzt, bei den Vernehmungen, hatten sie seine intimen Gewohnheiten zum besten, zu Protokoll gegeben.

Während er sich das klarmachte, brachte man ihm den neuen *Stern* (ein Vorausexemplar, denn es war ja erst Mittwoch), dessen Aufmacher er sich im Tagebuch notierte: »Spion G. immer dabei«. Wenn nun auch noch Frauengeschichten diese Diskussion anzureichern begannen, würde die ihm feindlich gesonnene Presse bestimmt aus dem Häuschen geraten. Bei einer so deftigen, populären Mischung der Aktivitäten und Motive würden lüsterne Spekulationen um ihn monatelang kein Ende nehmen. Ihm komme »das Ganze wie im Kino vor«, sagte er einige Tage später zu Hans Ulrich Kempski, der rasch hinzufügte: »wie ein zu schnell abgedrehter Film, dessen brisante Zwischenpointen man erst merkt, wenn man das Stück ein zweites Mal betrachtet«. Es war ein schlechter Streifen, den er da vor sich sah. Wurde er jetzt sogar zum törichten Opfer? Zum blamablen Mittelpunkt eines östlichen Agenten-Thrillers? Er faßte sich an den Kopf. Bei einem (wie er dachte) ganz durchschnittlichen, langweilig-dümmlichen Menschen wie Guillaume hätte sich Brandt eine solche Kombination von »sex and crime« nie träumen lassen.

Diese Fehleinschätzung, das sah er sofort, konnte jedoch in seiner gegenwärtigen persönlichen Verfassung und politischen Situation sehr ernste Folgen haben. Der Gedanke erschien ihm unerträglich, ganz private Dinge zum Gegenstand öffentlicher Erörterungen gemacht zu sehen. Menschliche Neigungen oder Schwächen vor jedermanns Augen und Ohren darlegen, erklären, rechtfertigen zu müssen, war ihm tief zuwider – ja undenkbar. Brandt war sehr dünnhäutig, war immer ein schwermütiger Mensch, fatalistisch-nordisch, im Grunde ganz in sich verfangen – also sehr allein. Und von daher außerordentlich empfindlich in allen eigenen Angelegenheiten. »Ich bin gegen eine Auflokkerung des § 218 – aus sehr persönlichen Gründen«, sagte er Anfang der siebziger Jahre zu einem Vertrauten (der für sich ergänzte: Denn sonst gäbe es mich nicht).

Brandt war von Jugend an einsam. Er wuchs nicht nur ohne Vater auf – auch ohne Mutter. Da sie arbeitete, mußte sie das Kind tagsüber weggeben. Später heiratete sie einen anderen Mann, gründete eine andere Familie. Auch der Großvater, die wichtigste Figur im Leben Herbert Frahms, verheiratete sich zum zweiten Male. Die neue Frau scheint den Jungen als Belastung empfunden zu haben, was ihn dem Großvater entfremdete. »Der sensible Junge, der er immer war« (so sah ihn seine Mutter, kurz vor ihrem Tode), wuchs also in den prägenden Jahren ohne dauerhafte familiäre Geborgenheit, ohne liebevolle Bindung und Zuwendung auf. Die oft betonte soziale Isolierung, später das politische Abseits, zumal seit seinem Übertritt zur SAP, kamen hinzu. Entfremdung als Grunderfahrung des Lebensgefühls. Brandt war schon im Exil, ehe er Lübeck verließ. Und blieb er es nicht im Grunde immer? Kann man nicht sein ganzes Dasein, persönlich und politisch, als Suche nach Geborgenheit, nach Wärme, nach Heimat verstehen? Glaubt man nicht gleichzeitig das Unvermögen, die Unfähigkeit zu engen Bindungen zu erkennen?

Ersatzväter, Vorbilder, Visionen, Träume – nie ganz erwachsen werden. Er war weit über vierzig, als er sich am vier Jahre jüngeren John F. Kennedy orientierte, nicht nur dessen Wahlkämpfe kopierte: »Neue Grenzen« – die suchte auch er. Aus innerer Unsicherheit gelegentlich eine erstaunliche Abhängigkeit von jüngeren Weggenossen und Mitarbeitern. Keine Freunde. Als Junge schon nicht. Und später? Über Männer wie Helmut Schmidt und erst recht Herbert Wehner braucht man in diesem Zusammenhang natürlich kein Wort zu verlieren. Aber Egon Bahr? Günter Grass? Stefan Szende? Im Grunde, glaube ich, niemand. Brandt mag gern von seinen Freunden sprechen. Doch besitzt er sie wirklich? Sicherlich gewinnen ihm seine warme, menschliche Ausstrahlung und der Hauch verhaltener Trauer, der ihn umgibt, viele Sympathien, auch Anhänger. Überall Gefolgsleute, die sich für ihn aufopfern. Natürlich gibt es auch, wie häufig im deutschen Vereinsleben, Kameraderie, die sich um seine Person sammelt. Man sitzt zusammen, viel zu lange, trinkt gemeinsam, hört und erzählt Witze – seine Sucht. Aber verrät nicht gerade der vermeintliche Witzbold Willy damit eine fundamentale Reserviertheit?

Frauen waren immer sehr wichtig für ihn. Sie bedeuteten ihm viel – nicht nur als Genuß, so sinnenfroh Brandt war. Frauen gehörten für ihn zum Geheimnisvollen, zum Irrationalen und Mythischen des Lebens: Urgrund des Daseins. Aus dem starken, bisweilen überwältigenden Bewußtsein der eigenen Verlassenheit suchte er Zuflucht bei ihnen, wollte mit ihnen ein ständiges Verlangen nach wirklicher Nähe und menschlicher Bestätigung, nach Welt- und Selbstvertrauen stillen. Wenn Brandt religiös wäre, würde man sagen: Die Sehnsucht nach Erlösung trieb ihn um. Immer neu, immer wieder; rastlos – und vergeblich. Doch trotz des gegenteiligen Anscheins haben Frauen in seiner Nähe sehr gefroren. Da war keine Schulter, an die sie sich hätten lehnen können, wenn sie es brauchten.

Dies überhaupt eine Kontinuität bei ihm: der Wandel. Eine Naturbegabung zum Neuen – Orte, Personen, Rollen. Eingewurzelt wirken, immer wieder. Ganz und gar Lübeck. Dann, ebenso echt, ein Skandinavier. In den fünfziger und sechziger Jahren *der* Berliner. Später durch und durch Bonn: von Kopf bis Fuß Staatsmann, Repräsentant, Würde. Hinterher der erste, der führende Sozialdemokrat Europas, ein Vorkämpfer des weltweiten Ausgleichs zwischen Nord und Süd. Und doch gewinnt man im nachhinein den Eindruck, als sei er eigentlich überall nur Gast, nur auf der Durchreise gewesen – »tiefer wissend, daß man nirgends bleibt«. Lebenslang ein Außenseiter. Überall ein Fremder.

Von daher, immer wieder, wochenlange Anwandlungen von Melancholie, regelmäßige, riesenhafte Abstürze in die Depression, die Resignation. Willy Brandt war dann vom Eindruck des totalen Mißglückens der eigenen Anstrengungen geradezu überwältigt, war wie gelähmt von übermächtig in ihm aufsteigenden Gefühlen der Sinnlosigkeit seines Tuns. Männer wie Egon Bahr oder Horst Ehmke haben ein, zwei dutzendmal Situationen erlebt, in denen Brandt nahe daran schien, ohne Rücksicht auf die Konsequenzen sofort ganz und gar aus der Politik auszuscheiden.

Die Schatten werden länger

An den beiden ersten Maitagen 1974 erlaubte sich Willy Brandt, wie man in seinem Tagebuch nachlesen kann, noch keinen Rückfall in die Resignation. Solange die äußere und innere Verdüsterung seiner Lage begrenzt blieb, war er imstande (was Herbert Wehner immer wieder erstaunte), unerfreuliche Nachrichten und Einsichten einfach abzuschütteln.[1]

Von Hamburg ging es zunächst mit dem Hubschrauber nach Cuxhaven, wo er eine improvisierte, aber gut besuchte Versammlung am Norwegen-Pier abhielt. Anschließend mit der Bundesfregatte »Köln« nach Helgoland. Bei der Ankunft »freundliche Aufnahme« (wie es in seinen Notizen heißt); Händeklatschen, herzlicher Beifall für Brandt, zumeist von Ausflüglern, die den Feiertag genutzt hatten. Aber statt ihn nun so lange wie möglich dort am Hafen unter Einheimischen und Auswärtigen zu lassen, schickte man den versteinerten Bundeskanzler eilends zum Bürgermeister hinauf, sodann im fahlen Dämmerlicht zum Spaziergang über die abends immer düstere, abweisende, jetzt auch ganz menschenleere Insel. Denn die Schiffe fuhren ab, und die Einheimischen saßen inzwischen wegen des Fußball-Länderspiels Deutschland–Schweden vor ihren Fernsehgeräten.

Später wieder beim Bürgermeister, jetzt zum Essen. Willy Brandt hatte ein Manuskript dabei, sprach jedoch frei, wich ab, sagte etwas von »Verstrickungen«, was niemand recht verstand. Danach ging es zum Ortsverein der SPD, wo man bereits betrunken war, als Brandt kam, weil er sich ziemlich verspätet hatte. Nichts klappte eben so recht. Brandt fand, wie er plötzlich sagte, »alles Sch . . .«, riß sich dann aber zusammen, ließ Rotwein kommen, trank viel, setzte Fröhlichkeit auf und sang den »Hamburger Fährmann«. Der Saal schunkelte. Im Tagebuch liest man: »Trotz der Sorgen gemeinsam mit Lauritzen Teilnahme an einem norddeutsch-vergnügten Abend.«

Das beschrieb nur einen Ausschnitt der Wahrheit. Im unveröffentlichten Teil seiner Aufzeichnungen folgen nämlich die Worte: »Davor und danach düstere Gedanken«. Dieser lübisch-lakonische Hinweis ist sehr, sehr ernst zu nehmen. Fast hätte es Brandt fortgerissen. Offenbar war er einen Augenblick lang versucht, Schluß zu machen, hatte daher auf Helgoland bereits einen Abschiedsbrief an seine Familie geschrieben, den er später, in Bonn, nach der Rückkehr, vernichtete, zerriß.

Am nächsten Morgen alle verkatert. Fröstelndes Umherstehen. Verzögerungen, weil Peter Schellschmidt, der an Guillaumes Stelle die Reisebegleitung übernommen hatte, erst vom Festland herübergeholt werden mußte. Also Warten. Brandts Miene starr, undurchdringlich. Anwandlungen von Untergangsstimmung in der Begleitergruppe; Ulrich Bauhaus, der Leibwächter des Bundeskanzlers, war von Helgoland aus nach Bonn zurückbeordert worden. Ehe er ging, hatte er Brandt anvertraut, daß er bei den Verhören unter zunehmenden Druck gerate.

Durchgängig schlechte Regie auch an diesem 2. Mai, bei der anschließenden Fahrt durch Ostfriesland. In einem Altenheim bei Aurich ließ man Brandt ausgestorbenes Gartengelände besichtigen, während die Bewohner, offenbar seit langem schon, aufgereiht im Speisesaal bei kaltgewordenem Kaffee und trockenem, unberührtem Kuchen saßen. Die Senioren warteten auf ein Gespräch mit dem hohen Gast aus Bonn, für das dem Kanzler anschließend nicht mehr als eine Viertelstunde blieb. Guillaume fehlte eben sehr. »Mit Günter wäre uns das nicht passiert«, spotteten hinter vorgehaltener Hand mitreisende Journalisten. Natürlich paßten auch die Hosen des Regierungschefs in diesen Reisetagen nicht zu seinen Jacken.

Die Ergebnisse einer Blitzumfrage sickerten durch: 63 Prozent der befragten Bürger meinten, durch den DDR-Spion sei großer Schaden entstanden; 47 Prozent hatten sich für den Rücktritt der Verantwortlichen ausgesprochen.

Eine Entscheidung lag in der Luft. Nichts lief mehr im Kanzleramt. Bonner Beobachter gewannen am 3. Mai den Eindruck, daß Brandt alles schleifen lasse, am Ende angelangt sei. Während des anschließenden Wochenendes hörten die Mitglieder der sozialdemokratischen Bundestagsfraktion zu Hause, in ihren Wahlkreisen, sorgenvoll dauernd Nachrichten. Längst hatten die Bonner Neuigkeiten auch andere westliche Hauptstädte erreicht. Valéry Giscard d'Estaing, der französische Minister für Wirtschaft und Finanzen, rief Helmut Schmidt an, mit dem er als Kollege befreundet war: Er habe den Eindruck, daß *sie beide* demnächst zur Spitze ihrer Länder vorstießen.

Während man sich also da und dort intern wie international bereits auf einen neuen westdeutschen Regierungschef einstellte, war der Fall für Brandt noch keineswegs entschieden. Als er am Nachmittag des 3. Mai mit Günter Gaus im Park des Palais Schaumburg spazierenging, schien er zunächst müde und resigniert. Doch dann raffte er sich auf und fragte seinen Gesprächspartner, was man wohl tun könne, um die Sache durchzustehen. Gaus solle abends mit Egon Bahr zu ihm hinaufkommen. Also eine Versammlung der Getreuen, zu dritt.

Man traf sich um halb neun »auf dem Berg« (wie es in Brandts Aufzeichnungen immer heißt) und sprach zunächst zwei Stunden lang detailliert und konzentriert über die Kabinettsumbildung. Bahr sollte Chef des Bundeskanzleramtes werden, Gaus das Bundespresseamt übernehmen: ein letztes Aufgebot, wie man sieht.

Bahr führte die Diskussion. Aber auch Brandt beteiligte sich wiederholt. Indessen verließen den Kanzler plötzlich und unvermittelt die hoffnungsvollen Stimmungen, denen er sich während der voraufgegangenen Stunden (wenn auch nur halbherzig) hingegeben hatte: Es sei für ihn vielleicht doch noch zu schaffen. Ruhig und gefaßt (»Jetzt hört mal zu«) sprach er eine knappe Dreiviertelstunde von seinen verschiedenen Betroffenheiten in der Affäre »G.«. Bahr und Gaus schwiegen.

Als die beiden Vertrauten Brandts gegen Mitternacht vor die Türe traten, schlug Bahr vor, gemeinsam noch ein paar Schritte zu Fuß zu gehen. Bahr war überzeugt, daß alles aus und nichts mehr zu machen sei. Er schloß das aus der Art, wie Brandt, den er ja ungleich viel länger und genauer kannte als Gaus, zu ihnen gesprochen hatte. Freilich blieb es für die beiden nächtlichen Spaziergänger eine offene Frage, ob Brandt selbst eigentlich schon vollständig begreife, was er da gesagt habe, sich also über die Konsequenzen im klaren sei. Brandts Stimmungen gingen ja während dieser anderthalbwöchigen Phase des Zurücktretens hin und her, auf und ab.

Entscheidung in Münstereifel

Völlig im Bilde und finster entschlossen war Herbert Wehner. Günther Nollau wußte gut, wie wenig der Fraktionsvorsitzende der Sozialdemokraten von Brandt hielt. Es lag Nollau daher am Herzen, Wehner frisches, heikles Material über den Bundeskanzler umgehend zugänglich zu machen.

Am 3. Mai 1974 hatte der Präsident des Bundeskriminalamtes Nollau »in einer Angelegenheit von höchster Wichtigkeit« telefonisch um einen dringenden Termin gebeten und sofort anschließend aufgesucht, »sichtlich empört«, wie Nollau später in seinen Memoiren berichtete. Horst Herold wollte seinen Kollegen über die Angaben einiger Beamter des Brandtschen Begleitkommandos informieren. »Auf die Frage, welche Aktivitäten Guillaumes sie beobachtet hätten und was er wisse«, hatten sie »ausgesagt – sie durften ja nichts verschweigen –, welche privaten Erlebnisse Willy Brandts der Spion kenne«. Herold las Nollau den Ermittlungsbericht vor, nannte Namen, schilderte Einzelheiten.

> Mit ihm wurde ich bald einig: Uns ging das nur insoweit an, als es mit dem Spionagefall Guillaume zusammenhing. In diesem Zusammenhang war es allerdings höchst brisant. Ich sagte zu Dr. Herold: »Wenn Guillaume diese pikanten Details in der Hauptverhandlung auftischt, sind Bundesregierung und Bundesrepublik blamiert bis auf die Knochen. Sagt er aber nichts, dann hat die Regierung der DDR, der Guillaume natürlich auch das berichtet hat, ein Mittel, jedes Kabinett Brandt und die SPD zu demütigen.« Ich fragte Dr. Herold, ob der Innenminister den Sachverhalt kenne. Dr. Herold bejahte und fügte hinzu, er wisse nicht, ob Genscher etwas unternommen habe. Darauf entschloß ich mich, sofort Herbert Wehner zu unterrichten. Dr. Herold stimmte zu: »Das hatte ich von Ihnen erwartet«, erklärte er, als er sich verabschiedete.
>
> Ich rief Wehners Stieftocher Greta an und teilte ihr mit, ich müsse »ihn« in einer höchst wichtigen Angelegenheit sofort sprechen. Da ich nicht die Angewohnheit hatte, die Bedeutung meiner Angelegenheiten zu übertreiben, begriff sie, daß es an diesem Tage dringlich war. Ich konnte sofort kommen.
>
> Nach vierzig Minuten saß ich Herbert Wehner in seiner Wohnung gegenüber. Ich berichtete, was ich von Dr. Herold gehört hatte. Dabei erwähnte ich die Namen und Details, deren ich mich erinnerte. Das fiel mir leicht, weil ich einige der Namen schon kannte. Protokolle oder Notizen habe ich Herbert Wehner nicht übergeben, weil ich von Dr. Herold nichts Schriftliches erhalten hatte. Herbert Wehner war beeindruckt. Als ich die Konsequenzen nannte, die sich aus dieser fatalen Sache ergeben konnten, stimmte er zu. »Ich sehe ›ihn‹ morgen in Münstereifel«, bemerkte »Onkel Herbert«, sibyllinisch wie manchmal. Was er unternehmen wollte, sagte er nicht, und es entsprach nicht meiner Position, ihn danach zu fragen.

Wehner, der in jüngster Zeit an sich gut mit Brandt zusammengearbeitet hatte und daher keinen unmittelbaren Anlaß sah, ihn abzulösen, auch »sehr geniert« über seine Kontakte zu Nollau sprach, kam sofort zu der Überzeugung, hier müsse ohne jedes Zögern gehandelt werden; der private Teil der Affäre machte es unumgänglich.

Nollaus Bericht mußte seines Erachtens auf das Empfinden jedes normalen Menschen katastrophal wirken. Wenn sein Inhalt bekannt wurde (und die Enthüllungen liefen ja an), dann konnte man unschwer voraussehen, daß er in der Öffentlichkeit, gerade auch im besonderen Milieu der eigenen Partei, einen verheerenden Eindruck machen, einen schweren Schock auslösen werde. Die Sozialdemokraten dachten in ihrer Mehrheit bei moralischen Fragen ziemlich prüde; ihre Partei war in diesen Bereichen von kleinbürgerlicher Enge.

Am Vormittag des 4. Mai wurde Brandt »auf dem Berg« von Klaus Harpprecht besucht, der energisch die »Dreckkampagne« wegschob und Brandts »Verantwortung gegenüber Europa« betonte. Harpprecht (wie andere enge Freunde) versuchte bis in die letzten Stunden hinein, dem Regierungschef die Resignation auszureden; noch am Nachmittag des 6. Mai wird er, wiederum Brandts Aufzeichnungen zufolge, »vehement gegen den Rücktritt« votieren.

Doch kaum war Harpprecht an diesem Samstag gegangen, erfuhr Willy Brandt, Herbert Wehner habe Nollaus Bericht gegenüber Holger Börner bereits am Vortage zur Sprache gebracht; Wehner wolle, hieß es weiter, den Kanzler auch persönlich darauf ansprechen, und zwar in Bad Münstereifel, wo sich die engere Parteiführung, in einer Tagungsstätte der Friedrich-Ebert-Stiftung, zum Wochenende des 4./5. Mai »mit einigen Freunden aus den Gewerkschaften«, wie es in Brandts Tagebuch heißt, zu einem internen Meinungsaustausch verabredet hatte.

Wehner berichtete, er habe in der Tat gleich am Freitag Börner angerufen, der sich in Hessen aufhielt und daraufhin sofort zurückkam; unter dem Eindruck seiner Informationen habe Börner dann Brandt geraten, zurückzutreten; erst hinterher habe man sich andere Versionen zurechtgelegt.

Brandt hat es anders festgehalten: Börner habe ihn umzustimmen, ihm seinen Entschluß auszureden versucht. Wie auch immer: Sicher ist, daß die Zusammenkunft von Münstereifel die günstige Gelegenheit bot, die personellen Konsequenzen des Falles Guillaume für die SPD und die von ihr geprägte Bundesregierung gemeinsam in ländlicher Abgeschiedenheit offen und ausführlich zu erörtern. Und sicher ist auch, daß spätestens hier Brandts Entscheidung fiel.

Zunächst im Gespräch unter vier Augen. Man war in einer Tagungsstätte der Friedrich-Ebert-Stiftung abgestiegen, einem früheren Hotel, das in Zuschnitt und Stil allerdings eher an ein Heim für Krankenschwestern oder Kindergärtnerinnen denken ließ, jedoch schön gelegen war: außerhalb des Ortes, hoch am Hang, mit weitem Ausblick. Vor dieser friedlichen Kulisse der sanften Höhenzüge und tiefen Wälder fanden sich die beiden Männer am Samstag nach dem

Abendessen im Zimmer Brandts, mit der kleinen Sitzecke vor dem großen Doppelbett, dem langen Kleiderschrank (alles in Schleiflack), zur verstohlenen Unterredung. Niemand im Hause merkte damals, was eigentlich vorging, auch am nächsten Tage nicht. Die Mitarbeiter der Stiftung waren sprachlos, als sie am folgenden Dienstag von Brandts Rücktritt erfuhren, der in ihrem Hause, aber ganz heimlich hinter ihren Rücken, beschlossen worden war. Wehner sprach, wie Brandts private Notizen zeigen, von einer »besonders schmerzlichen Nachricht«, die er überbracht hätte, wenn Brandt nicht von sich aus auf diesen Punkt zu sprechen gekommen wäre. Sodann erwähnte der Fraktionsvorsitzende einen zehnseitigen Bericht Nollaus über »Damenbekanntschaften«. Einzelheiten habe er sich allerdings nicht gemerkt.

Das war bei seinem enormen Detailgedächtnis, einer Frucht jahrzehntelangen konspirativen Arbeitens, nicht wörtlich zu nehmen. Er spielte dann auch bald auf ein liegengebliebenes Collier an, wobei Brandt einfiel, daß Horst Ehmke vor einiger Zeit das Gerücht hinterbracht hatte, Wibke Bruhns habe nach einer gemeinsamen Nacht mit Brandt einen solchen Halsschmuck im Hotel vergessen. Unsinn, von vorne bis hinten. In Wahrheit gab es überhaupt lächerlich wenig zu berichten, zu beichten, dachte Brandt, deutete es auch an, hier und bei anderen Gelegenheiten. Was half es.

Als Wehner freilich fortfuhr, Nollau meine, die Möglichkeit von Erpressungen werde auch nach einem Austausch Guillaumes bestehen bleiben, und empfehle daher den Rücktritt, wunderte sich Brandt dann aber doch. Er äußerte sein Befremden, auf welche Weise solche Themen »bei uns« abgehandelt, solche Belehrungen indirekt erteilt würden.

Aber so war Wehner nun einmal. Er gab immer nur Ratschläge, kein Urteil ab, bezog selbst nicht Stellung, ließ sich nie festnageln. Als Spätfolge vertrackter Lebenserfahrungen war ihm eine hochentwickelte Technik vorbeugender Selbstrechtfertigungen geblieben. Von seiner Biographie her war es Wehner wichtig, sich immer herausreden zu können.

Der tief irritierte Fraktionsvorsitzende verbarg zwar nicht, daß er die Frauengeschichten als peinlich empfand. Aber wichtiger war ihm, ihre Bedeutung für die Zukunft der SPD herauszustreichen: Er hielt ihre öffentliche Erörterung parteipolitisch für eine Katastrophe. Dennoch war er bereit, wie er betonte, Brandt zu stützen, freilich nur unter der Voraussetzung, daß er wirklich zum Bleiben, zum Kampf um seine Existenz als Kanzler, entschlossen sei. »Du mußt wissen und entscheiden, was jetzt zu tun ist«, will er wörtlich zu Brandt gesagt haben. Brandt müsse selbst sehen, wie er da am besten herauskomme. »Ich stehe zu Dir, das weißt Du – aber es wird hart werden«, gab er, wie man hört, zu bedenken. Innerhalb von 24 Stunden müsse sich Brandt entschließen, ob er durchhalten wolle oder nicht.

Dies war ein Ultimatum – wie Herbert Wehner selbst zugab. Aber er betonte später immer wieder, es sei ihm ausschließlich darum gegangen, eine Entscheidung Brandts zu erzwingen, nicht unbedingt den Rücktritt! Wehner wollte es ganz allein Brandt überlassen, ob er bleibe und kämpfe oder das doch lieber lasse.

In der gegebenen Situation machte es allerdings keinen großen Unterschied, ob Wehner den Rücktritt wollte oder nur einen – wie immer gearteten – Entschluß Brandts. Denn Wehner wußte, wie es um Willy Brandts Willenskraft und Seelenstärke zu diesem Zeitpunkt bestellt war: Das sah ja jeder. Er wußte daher auch, daß sich Brandt ohne seine Rückendeckung, ohne die klare Unterstützung seitens des Fraktionsvorsitzenden, der insoweit die ganze Partei verkörperte, den öffentlichen Auseinandersetzungen, die sich ja deutlich abzeichneten, nicht gewachsen fühlte. Willy Brandt spürte seit Monaten, wie kleinlicher Neid ihm gegenüber in den eigenen Reihen um sich griff. »Jetzt gönnen sie mir nicht mal mehr meine Urlaube!« hatte Brandt, der ein großes Geschick besaß, Ferien einzuschieben, schon vor Wochen Klaus Schütz berichtet. In einer solchen Stimmung der Mißgunst konnte man dem, was jetzt ins Haus stand, nur melancholisch entgegengehen. Brandt war, so erkannte er selbst, ein Feldherr ohne Truppen.

Als ihn Wehner am 4. Mai mit Nollaus detailliertem Material konfrontierte, war ihm sofort klar, daß er keine Chance mehr hatte, hier mit heiler Haut davonzukommen. Und zwar nicht so sehr wegen jener Geschichten an sich, die ihm, wie bereits erwähnt, nichts ausmachten, solange man intern hinter vorgehaltener Hand halb bewundernd, halb belustigt auf sie anspielte. Sobald sie jedoch in die breite Öffentlichkeit kamen, war die Grenze dessen, was er genoß, ja auch nur: was er akzeptabel fand, weit überschritten.

Brandt gewann an jenem Abend den Eindruck, Wehner wolle ihm bedeuten, es sei besser, wenn er gehe. Mehr als das: Brandt fühlte sich durch Nollaus Auflistung in Wehners Händen bloßgestellt und in die Enge getrieben (Nollau hatte ihm zwar keine Aufzeichnung übergeben; aber Wehner hatte sich, wie das seine Gewohnheit war, nach der Unterrichtung durch den Verfassungsschutz-Präsidenten handschriftliche Notizen gemacht). Je mehr er später im Rückblick darüber nachdachte, desto deutlicher glaubte er in Wehners Worten vom 4. Mai eine Kampfansage, eine Kriegserklärung zu erkennen. Egon Bahr und Günter Gaus sind gar überzeugt, Wehner habe Brandt ohne Umschweife zum Rücktritt geraten. So weit kann man aber wohl nicht gehen. Doch offensichtlich wurde die Feststellung Wehners, daß es schwer für Brandt sein werde, über diese Affäre hinwegzukommen, von Brandt schon an jenem Samstagabend in Münstereifel als Waffe, als Drohung empfunden.

Rasch wurde ihm klar, daß sich das Kräfteverhältnis zwischen den drei sozialdemokratischen Spitzenrepräsentanten erneut verschoben hatte. Der Aufschwung vom März war beendet, die Versöhnung mit Wehner aufgekündigt. Fortan wurde Wehner für Brandt mehr und mehr der Hauptverantwortliche seines Scheiterns.

Von dieser fixen Idee her erklärt sich auch die – sonst nicht ohne weiteres verständliche – Passage in Brandts Fernseherklärung vom Abend des 8. Mai 1974. In der ersten *Tagesschau* nach dem Rücktritt sprach er zunächst von seiner Verantwortung für die fehlende Überwachung Guillaumes in Norwegen, dann über seine nunmehr gestörte Unbefangenheit im Verhältnis zum Osten. Anschließend sagte er wörtlich: »Und drittens: Es gab Anhaltspunkte, daß mein Privatleben in Spekulationen über den Spionagefall gezerrt werden sollte. Was immer noch darüber geschrieben werden mag, es ist und bleibt grotesk, einen deutschen Bundeskanzler für erpreßbar zu halten. Ich bin es jedenfalls nicht.«

Erpreßbar durch wen? Durch die Russen? Oder die DDR? – Wie denn? Augenzeugen? Zahlungsanweisungen? Fotos?

Nein: Brandt fühlte sich in dieser Sache Wehner ausgeliefert. Aber grotesk oder nicht: Indem er zurücktrat, ist Brandt dem, was er als Erpressung empfand, nicht ausgewichen, sondern zum Opfer gefallen.

Wehner war kaltblütig. Er gehörte zu denen, die sich nicht von defaitistischen Stimmungen fortreißen ließen. Ebensowenig erlaubte er sich und anderen, bei dieser Panne alles Augenmaß zu verlieren. »Es war ein Unfall, keine Tragödie«, schrieb Theodor Eschenburg im nachhinein. Genauso sah Wehner es auch. Als Brandt ihm am 4. Mai mutlos erklärte, er werde dann eben alles hinwerfen, entgegnete ihm Wehner ungerührt (und blieb beharrlich dabei), daß Brandt auf jeden Fall den Parteivorsitz behalten müsse.

Wie die Worte Wehners auf Brandt gewirkt hatten, wurde im anschließenden Gespräch mit Holger Börner und Karl Ravens deutlich. Im Tagebuch kann man unter dem 4. Mai nachlesen: »Zu nächtlicher Stunde sage ich, daß mein Entschluß zum Rücktritt nahezu feststehe. Die beiden Freunde, denen ich dies sage, versuchen mich umzustimmen und meinen, die Frage der Verantwortung müsse differenzierter beantwortet werden. Sie vermuten wohl, es seien die seit Anfang des Vorjahres sich häufenden Widrigkeiten, die mich mürbe gemacht hätten. Ich will das nicht völlig ausschließen. Wer kann sich insoweit in vollem Umfang selbst Rechenschaft geben? Jedenfalls kann ich, neben Fehlern, Konditionsschwächen nicht bestreiten.«

Während die anderen schliefen, grübelte Willy Brandt über die Symptome des eigenen Niedergangs in den letzten anderthalb Jahren nach. Anschließend vertraute er das Ergebnis dieser Selbsterforschung seinen Papieren an. Einerseits hätten sich die Jusos, schrieb er, »immer mehr zur Partei in der Partei« entwikkelt. Andererseits sei Helmut Schmidt mit seinen »unausgesetzten kritischen Redereien« wenig konstruktiv gewesen. (Zwei Tage später, unter dem 6. Mai abends, findet man in Brandts Tagebuch die Bemerkung: »Ich gebe Helmut Schmidt den freundschaftlichen Rat, sich nicht so zu äußern, als ob er einen Scheißladen von mir übernommen habe«.) Der Finanzminister habe damals zu denen gehört, meinte Brandt 1981 im Gespräch, die ihm seinen großen Wahlsieg 1972 eifersüchtig mißgönnt und deshalb »nie verziehen« hätten.

Noch wichtiger als Schmidt, hielt die nächtliche Aufzeichnung vom 4./5. Mai weiter fest, nämlich »von zentraler Bedeutung« im Negativen, sei Herbert Wehner gewesen. Er habe ihm Briefe Honeckers vorenthalten und damit sein Vertrauen enttäuscht. »Verheimlichte« er nicht, wie es am 6. Mai heißt, seine »Kontakte mit Ostberlin«, bei denen ihm vor allem Erich Glückauf behilflich war, der langjährige Leiter der West-Abteilung im SED-Zentralkomitee, ein Bekannter, ein Kampfgefährte Wehners aus gemeinsamen Tagen in Berlin, Saarbrücken und Stockholm während der dreißiger und vierziger Jahre? Brachte Egon Bahr nicht am gleichen 6. Mai »vier Kommunikationen« zwischen Wehner und Honecker »in den letzten Tagen« in Erfahrung? Nicht von ungefähr teilte die DDR damals Moskau offiziell mit, daß Brandt »wegen innerparteilicher Schwierigkeiten« zurücktrete.

In der persönlichen Kritik an ihm, notierte Brandt weiter, habe der Fraktionsvorsitzende »unflätige Bemerkungen« gemacht, die er später allerdings herunterzuspielen versuchte bis hin zu der »absonderlichen Frage, ob ich es nicht noch einmal mit ihm versuchen wolle«. Hinzu kämen die »unmögliche Haltung Klunckers« Anfang 1974, die Hamburger Wahl vom letzten März, die »auf viele wie ein Schock wirkte«, das »schlechte Arbeitsklima« im Bundeskanzleramt und seine eigenen »depressiven Phasen«.

Am nächsten Morgen – Sonntag, dem 5. Mai 1974, diesem »schrecklichen Tag«, wie Alfred Nau in der Erinnerung meinte – ging zunächst die Besprechung mit den Spitzenvertretern des DGB weiter. Sofort im Anschluß daran saß man dann am Nachmittag im engsten Kreise der SPD-Führung zusammen: also Willy Brandt, Helmut Schmidt, Herbert Wehner, Holger Börner (der Bundesgeschäftsführer der Partei) und Alfred Nau (ihr Schatzmeister). Heinz Kühn, häufig und gern auf großen Reisen, fehlte auch diesmal; er kam erst am folgenden Tage aus Afrika zurück. (Das war zwar nicht entscheidend, aber doch schade. Denn Kühn war ein Freund – wie sogar der Generalsekretär der KPdSU wußte. Schon bei ihrer ersten Unterredung vom August 1970 in Moskau hatte Breschnew zu Brandt gesagt, dessen Vertrauen er zu gewinnen hoffte und den er mit überraschenden Kenntnissen der Situation in der SPD-Spitze zu beeindrukken gedachte: »Sie haben Feinde in Ihrer Partei. Aber verlassen können Sie sich auf Kühn.«)

In seinen Aufzeichnungen hielt Brandt später sehr lakonisch das Ergebnis dieser bewegten Zusammenkunft fest: »Ich gebe meinen Entschluß bekannt, begründe ihn und nominiere Helmut Schmidt als meinen Nachfolger. Dieser rät mir besonders eindringlich ab. Daß ich Parteivorsitzender bleibe, steht nicht zur Diskussion.«

Das war, wieder einmal, sehr norddeutsch-verhalten formuliert. »Helmut Schmidt widerspricht, Herbert Wehner nicht«, steht immerhin zusätzlich in den unveröffentlichten Tagebuchteilen.

Offenbar äußerte sich Helmut Schmidt ungewöhnlich deutlich. Er tut so, als sei er bei dieser Gelegenheit geradezu aus der Haut gefahren. Aus freien Stücken räumte er später ein, er habe sich Brandt gegenüber an diesem Sonntag in Münstereifel schlecht benommen, ihn nämlich angeschrien: es sei unerhört, wegen läppischer Frauengeschichten als Regierungschef die Segel zu streichen. Er, Schmidt, wolle gern Bundeskanzler werden, ja. Aber dieser Guillaume sei als Anlaß eines Führungswechsels doch wirklich miserabel.

Er sei damals, sagt Schmidt heute, völlig konsterniert gewesen, aus allen Wolken gefallen. Dabei hatte ihm Brandt bereits am 3. Mai einen entsprechenden Wink gegeben. Als der Finanzminister ihn aufsuchte und »die großen Schwierigkeiten« schilderte, »denen sie sich bei der Aufstellung des Haushalts 1975« gegenübersähen, kündigte ihm der Regierungschef anschließend unter vier Augen an: »Er müsse damit rechnen, daß die Kanzlerschaft plötzlich auf ihn zukommen könne«. Helmut Schmidt tat »sehr überrascht«. Aber wie ernst war die mutlose Mitteilung des einen, die verblüffte Abwehr des anderen hier zu nehmen? Soll man glauben, Schmidt habe es zwei Tage später – unverhofft fast am Ziel, das ersehnte Amt vor Augen – plötzlich mit der Angst bekommen? Jedenfalls bat er Brandt herzlich und dringend zu bleiben.

Den anderen Teilnehmern der Runde schien das ehrlich. Nau, der mit dem Finanzminister am gleichen Abend nochmals zusammenkam, fand Schmidts Widerstreben, Brandts Resignation in diesem Moment, aus diesem Anlaß hinzunehmen, so einleuchtend wie aufrichtig. Schmidt war, wie auch Herbert Wehner einräumt, wirklich dafür, daß Brandt in diesem Augenblick Kanzler blieb.

Dennoch schrieb Brandt, nach Hause zurückgekehrt, noch am gleichen Abend auf dem Venusberg unter dem Datum des 6. Mai einen Brief an den Bundespräsidenten, der am nächsten Tag nicht mehr abgeändert wurde. In ihm bat er, sofort von seinen Amtspflichten entbunden zu werden. Das Schreiben lautete:

> Sehr geehrter Herr Bundespräsident,
>
> ich übernehme die politische Verantwortung für Fahrlässigkeiten im Zusammenhang mit der Agentenaffäre Guillaume und erkläre meinen Rücktritt vom Amt des Bundeskanzlers. Gleichzeitig bitte ich darum, den Rücktritt unmittelbar wirksam werden zu lassen und meinen Stellvertreter, Bundesminister Scheel, mit der Wahrung der Geschäfte des Bundeskanzlers zu beauftragen, bis ein Nachfolger gewählt wird.
>
> Mit ergebenen Grüßen
> (gez.) Ihr Willy Brandt

Anschließend zeigte er diesen Entwurf Walter Scheel, der ihn im Kiefernweg besuchte, nachdem er den ganzen Sonntag auf Schloß Gymnich im Kreise der

EG-Außenminister verbracht hatte, die dort zu einem informellen Treffen zusammengekommen waren.

Scheel riet, wie auch Brandts Tagebuch ahnen läßt, mit Nachdruck vom Rücktritt ab. Er hat, wie er sagt, lange gerungen mit ihm, Bundeskanzler zu bleiben. Denn er war davon durchdrungen, es sei ein Fehler, wenn Brandt das Amt aufgebe. Wegen solcher Sachen, sagte der FDP-Vorsitzende seinem sozialdemokratischen Kollegen, würde er sich »nicht an den Allerwertesten fassen«.

Es fiel Scheel leicht, über den Dingen zu stehen und so gelassen, ja locker, mit Brandt zu sprechen: Gegen Versuchungen dieser Art war er gefeit. Wenn man unbefangen lebe, meinte er, müsse man mit Indiskretionen rechnen – und öffentliche Enthüllungen ertragen. Gemeinsam mit seinen Freunden halte man solche Phasen durch, komme politisch über sie hinweg. Der Regierungschef könne sich darauf verlassen, daß die FDP geschlossen hinter ihm stehe – woraufhin Brandt am Ende ihres Gesprächs nachdenklich und nicht ohne Bitterkeit bemerkte: »Ich glaube Ihnen gern, daß ich die Unterstützung *Ihrer* Partei habe!« (Überhaupt hatte Scheel, fand Brandt, zehn Tage vor seiner Wahl zum Bundespräsidenten leicht reden, gut raten. Betraf ihn doch alles gewissermaßen nur noch am Rande.)

Auf keinen Fall dürfe Brandt – fuhr Scheel fort – Heinemann sein Rücktrittsschreiben zugehen lassen, ehe man in der FDP-Führung und zwischen den Koalitionspartnern die Lage besprochen habe; andernfalls brüskiere er die Liberalen. Scheel wollte Zeit gewinnen, Brandt am Montag nochmals ins Gewissen reden, wobei er auch an seine eigene Partei dachte: An der Treue und Standfestigkeit der Freien Demokraten sollte nicht der geringste Zweifel erlaubt sein dürfen.

Letzte Umstimmungsversuche und Demission

Die wortreichen Widerstände Helmut Schmidts und Walter Scheels gegen sein Ausscheiden haben möglicherweise Brandt nicht unbeeindruckt gelassen. Vielleicht flößten sie ihm sogar vorübergehend neuen Mut ein. Wer also annimmt, mit der Diskussionsrunde von Münstereifel sei alles aus und endgültig vorbei gewesen, mag sich täuschen.

Jedenfalls behauptet Ehmke, seinen Aufzeichnungen aus jenen Tagen zufolge habe ihm Brandt nach der Rückkehr am Sonntag vom Venusberg aus angerufen und wissen lassen (wobei es keinen Grund für die Annahme gebe, sagt Ehmke, daß Brandt ihn mit dieser Mitteilung irreführen wollte): Er werde die Affäre durchstehen. Ehmke solle daher, wie am 29. April zwischen ihnen besprochen, am nächsten Tag ins Fernsehen gehen und die Einstellung Guillaumes im Kanzleramt verteidigen; »im übrigen müsse er (Brandt) sich wegen anderer Personen noch einiges überlegen«. Damit war offenbar die Kabinettsumbildung gemeint, auch die Ablösung des Fraktionsvorsitzenden – Pläne, Träume, denen Brandt seit Monaten anhing und von denen er auch jetzt noch, fünf nach zwölf, nicht lassen konnte.

Dieses Telefonat der beiden Freunde hatte ein seltsames Ergebnis. Da Ehmke die Überzeugung gewann, Brandt wolle weiter kämpfen, und am 6. Mai vom Regierungschef nichts Gegenteiliges hörte, vielmehr am Montagmittag von Karl Wienand erfuhr, Helmut Schmidt zusammen mit der FDP hätten Willy Brandt tatsächlich noch einmal umgestimmt, erklärte er am gleichen Abend in der ARD-Sendung *Report*, das Kanzleramt habe unter seiner Leitung bei der Überprüfung und Beschäftigung Günter Guillaumes 1969/70 »mehr veranlaßt und mehr getan, als nach den Sicherheitsvorschriften« erforderlich gewesen sei. Resolut schob Ehmke alles von sich weg, was ihn belasten konnte. Wenn man das, »was ich getan habe damals«, mit den Vorschriften vergleiche, werde man »zum Ergebnis kommen, daß, obwohl der Mann Sozialdemokrat war, ich mehr getan habe als notwendig war; denn so borniert sind wir nun auch nicht, daß wir Fragen der Sicherheit des Staates für eine parteipolitische Frage halten.« Ehmke sah daher keinen Grund, Selbstkritik zu üben oder gar den eigenen Rücktritt zu erwägen. Doch wenige Stunden später hatte der Regierungschef in der gleichen Angelegenheit die volle Verantwortung auf sich genommen und war tatsächlich zurückgetreten.

Es ging eben buchstäblich bis zum letzten Augenblick hin und her – zumindest bei den Männern in Brandts Umgebung. Seine Freunde wollten bis zuletzt ihre Hoffnung nicht verlorengeben. Obwohl Egon Bahr am Montagmorgen Günter Gaus mit tränenerstickter Stimme telefonisch eröffnet hatte, daß Willy Brandt am gleichen Tage demissionieren werde, setzten sich Ravens, Bahr und Gaus am Nachmittag trotzdem mit verzweifelt hoffnungsvoller Entschlossenheit zusammen. Gemeinsam beratschlagten sie, ob man nicht irgend etwas machen und das Ende der Ära Brandt doch noch abwenden könne. Sie fühlten sich bei solchen Versuchen wesentlich von der Hartnäckigkeit der Liberalen ermutigt, die nicht nur Schmidt, sondern inzwischen anscheinend sogar Wehner mitzogen. (Brandt selbst sagt, für ihn sei die Sache spätestens am Sonntag gelaufen gewesen, was man daran erkenne, daß er abends sein Rücktrittsschreiben verfaßt habe, das später nicht mehr abgeändert wurde. An das Gespräch mit Ehmke kann sich Brandt nicht erinnern. Allenfalls sei denkbar, daß Ehmke ihn wegen seines beabsichtigten Fernsehauftritts angerufen habe und er, Brandt, Ehmke insoweit habe gewähren lassen.)

Auch nachdem er die Sache überschlafen hatte, fand Außenminister Scheel, wie er seinen Mitarbeitern am Morgen des 6. Mai sagte, diesen Rücktritt unsinnig. Ja, er schien ihm noch abwegiger als am Abend zuvor. Er setzte sich daher gleich in der Frühe hin und schrieb Brandt einen sehr persönlichen, freundschaftlichen Brief, um seine Bedenken und Einwände zu wiederholen, zu unterstreichen. Sepp Woelker wurde mit diesem Handschreiben aus dem Ministerbüro sofort ins Kanzleramt hinübergeschickt (es eilte ja alles sehr), wo der Bote allerdings Schwierigkeiten hatte, zum Regierungschef durchzudringen. Hinter verschlossenen Türen überall Zeichen von Auflösung; abweisende Blicke, ratlose Mienen, Achselzucken.

In der ersten Koalitionsbesprechung dieses Montags (die Sozialliberalen kamen an diesem 6. Mai mehrfach zusammen) votierten Walter Scheel, Hans-Dietrich Genscher und Wolfgang Mischnick für die FDP einmütig und nachdrücklich gegen die Demission des Bundeskanzlers. Da auch Schmidt ins gleiche Horn stieß, hielt es Wehner für richtig, der ablehnenden Mehrheit beizupflichten.

Jahre später hat er verschiedentlich die Position dargelegt, die er an diesem Tage eingenommen hat. Auf die Frage Jürgen Kellermeiers, ob er einen Rücktritt Brandts für notwendig gehalten und auf ihn hingewirkt habe, antwortete er am 5. Januar 1980 im dritten norddeutschen Fernsehprogramm: »Ich habe nichts für notwendig gehalten. Ich habe Willy Brandt am 6. Mai 1974 früh, als er in einem engen Kreis der Koalition gesagt hat, daß er sich entschlossen habe, zurückzutreten, ... – übrigens keiner der anderen war einverstanden, ... weder die drei von der FDP noch der zweite von der SPD, außer mir – ... damals erklärt: es gibt keinen Grund für seinen Rücktritt, ... es gibt keine Notwendigkeit dafür, daß der Bundeskanzler Willy Brandt ... zurücktritt.« Wenn hier jemand gehen müsse (und es gebe »Grund« für die Annahme, daß dieser oder jener Verantwortung trage), dann könne man auch an zwei andere denken: einmal an Grabert, zum anderen an Genscher. »Es gab eine Bedenk- und Besprechzeit bis zum Abend dieses Tages, und am Abend hat er dann erklärt: er bleibt doch bei diesem Entschluß ... Ich bin auch heute noch, auch wenn er nicht mehr Kanzler ist, bei allem was er mich hat entgelten lassen, aus seinem Verständnis heraus, loyal zu Brandt ... Ich wußte, was es hieß, wenn der erste sozialdemokratische Bundeskanzler aus eigenem Entschluß und in solch einer Situation zu gehen für unvermeidlich hält.«

Vielleicht, meinte Herbert Wehner später, habe Willy Brandt am 6. Mai 1974 geglaubt, daß die Koalition zerbreche, wenn er bleibe, jedoch Genscher gehen müsse. Allerdings sei das nicht ausprobiert worden. Man hätte bei dieser Gelegenheit die Belastbarkeit des SPD/FDP-Bündnisses sorgfältig testen können. Eine solche Prüfung sei aber leider ausgeblieben.

Nach Wehners Darstellung hat Brandt in der Morgenbesprechung des Koalitionskreises einfach seine Entscheidung mitgeteilt, das Palais Schaumburg aufzugeben, und trotz allen Zuredens der anderen fünf starrköpfig an der einmal geäußerten Meinung festgehalten. In dieser Schilderung stand Brandt am Ende wie ein launischer, widerspenstiger Mensch da, der aus einer persönlichen Mißstimmung heraus das Amt des Regierungschefs einfach weggeworfen hatte.

Doch solcherart sind die Dinge auch am Montag mit Sicherheit nicht abgelaufen. Wenn man dem Tagebuch Brandts folgt, gab Wehner am Vormittag des 6. Mai zu bedenken, daß die »Beschränkung« Brandts auf den Parteivorsitz der Sozialdemokraten »Sinn ergeben könne, wenn sie nicht als Resignation gedeutet werden könne«. Bundeskanzler mußte, ja durfte Brandt nicht bleiben; denn deutlich heißt es anschließend im Tagebuch (offensichtlich war man inzwischen auf die Frauengeschichten zurückgekommen): »Herbert Wehner sagt wieder, er habe Namen bewußt vergessen, nennt dann aber Frau H.«, woraufhin Brandt nur notierte: »Quatsch! Wie Wibke Bruhns auch!«

Falsch oder richtig, Lügen oder nicht: Öffentliche Anspielungen, die seiner ganz persönlichen Sphäre, seinem Privatleben galten, waren dem empfindlichen Brandt, der eigenen Würde bewußt, nun einmal tief zuwider. »Neue Aspekte ergeben sich nicht«, schrieb er daher, mit Zitaten, über diesen Montag, nachdem er die Presse durchgesehen hatte, »außer daß sich eine Kampagne, die auch Privates zum Gegenstand hat, deutlicher abzeichnet.« Da Brandt nicht von ungefähr argwöhnte, die amtliche Untersuchung habe sich verselbständigt und werde seine intimen Gewohnheiten offenlegen, was ein Festhalten am Amt unmöglich mache, äußerte der Regierungschef gegenüber Justizminister Gerhard Jahn und Generalbundesanwalt Siegfried Buback, die ihn um 18 Uhr im Kanzleramt aufsuchten, »Verwunderung« über das Interesse der Ermittelnden an seinem Privatleben. Erstaunt bemerkte er im Laufe der Unterredung, »was alles schon gesammelt« worden sei. Buback betonte, daß man sich insoweit wesentlich auf die Aussagen der beiden Brandt begleitenden Kriminalbeamten Ulrich Bauhaus und Fritz Küpper stütze (tatsächlich hatte Bauhaus am gleichen Tage Brandt »gestanden«, was er habe aussagen müssen), ließ aber gleichzeitig durchblicken, daß ihm Brandts Befremden einleuchte, und versprach daher, »er werde veranlassen, daß *diese* Ermittlungen eingestellt würden«. Zu spät: Sie hatten ihre Wirkung längst getan.

Nachdem der Koalitionskreis im weiteren Verlauf des Abends zum dritten und letzten Male an diesem 6. Mai 1974 getagt hatte und, verständlicherweise in Novemberstimmung, auseinandergegangen war, machte sich Horst Grabert auf den Weg nach Hamburg, um dem ahnungslosen Bundespräsidenten, der dort gerade das *Spiegel*-Haus besichtigte, das Rücktrittsschreiben zu überbringen. Gustav Heinemann dachte, Ehmke sei zurückgetreten, als ihm gegen 22.20 Uhr der Besuch aus Bonn telefonisch angekündigt wurde. Neben dem offiziellen Schriftstück hatte der Chef des Bundeskanzleramtes einen privaten Brief Brandts im Gepäck, der beweist, wie erschöpft und mürbe dieser Mann damals war, gleichzeitig aber auch seine zutrauliche Verlegenheit gegenüber der Vaterfigur dieses Staatsoberhaupts erkennen läßt. Denn in diesem Handschreiben hieß es: »Es ist mir nicht leichtgefallen, den Brief zu schreiben, den Horst Grabert überbringt. Aber es blieb für mich nach reiflicher Überlegung keine andere Wahl. Alles ist mit Schmidt, Wehner, Kühn, Börner sowie mit Scheel und seinen Freunden genau durchberaten. Ich bleibe in der Politik, aber die jetzige Last muß ich loswerden. Sei mir bitte nicht böse, versuche mich zu verstehen und übertrage Scheel die Wahrnehmung der Geschäfte, damit Schmidt dann zum Kanzler gewählt werden kann.«

Das Ende

Während dieser Stunden des Übergangs sind Sieger wie Verlierer erschüttert. Bahr, der gemeinsam mit Gaus zu Brandt will und deshalb in den zweiten Stock hinaufsteigt, ist sehr überrascht, als ihm Schmidt entgegenkommt und ihn in einer plötzlichen Gefühlsbewegung auf der Treppe umarmt.

Im Arbeitszimmer des Regierungschefs sitzen die Getreuen ein letztes Mal beisammen: Willy Brandt und Egon Bahr, Holger Börner und Karl Ravens, Klaus Harpprecht und Günter Gaus, zeitweilig auch Reinhard Wilke. Die äußeren und inneren Strapazen der voraufgegangenen Tage haben die Anwesenden bis an die Grenze ihrer Kraft gefordert. Jetzt fühlen sie sich leer, erschöpft, ausgebrannt. Alle sind daher ganz ruhig, ja entspannt. Brandt trinkt Rotwein, die anderen Whisky. Zaghaft kommt Heiterkeit auf. Man scherzt sogar ein wenig.

Brandt geht nach einer Stunde, fährt nach Hause. »Sollte ich leugnen«, schreibt er später, »daß ich an diesem Abend nicht ohne Rührung das Kanzleramt verlassen habe?« Bahr, Gaus und Ravens wollen noch zusammenbleiben, woanders weitertrinken. Am Eingang des Palais treffen sie auf Ehmke, der von nichts weiß, sehr erhoben von seiner Fernsehsendung kommt. Er ist überzeugt, fabelhafte Erklärungen abgegeben zu haben; atemlos und zuversichtlich skizziert er die weitere Linie. Von den anderen ins Bild gesetzt, reagiert er vorwurfsvoll: Sie hätten Brandt nicht alleine gehen lassen dürfen, weil die Gefahr bestehe, daß er sich etwas antue. Man müsse sofort Schmidt anrufen. Und eilt zum Apparat.

Will Ehmke vielleicht die Gelegenheit nutzen, sich beim Nachfolger vorteilhaft in Erinnerung zu bringen, mit seiner Fürsorge wichtigmachen? Den dreien scheint es so. Bewies das nicht Ehmkes rasche Auffassungsgabe, seine Wandlungsfähigkeit? Falls Brandt wirklich bedroht sei, meinen die anderen, liege Schmidts Eingreifen vom persönlichen Verhältnis der beiden her doch ganz ferne. Dann solle man lieber selbst nach dem Rechten sehen, vielleicht Bahr, der Brandt am nächsten stehe, auf den Venusberg fahren lassen.

Ehmke verkennt indessen vollkommen die Stimmung Brandts an jenem Abend. Dieser fühlt sich wie befreit, ist geradezu fröhlich, bleibt es wochenlang, ehe ihm die Niederlage, die er erlitten hat, wieder bewußt wird und an seinem Selbstgefühl zu nagen beginnt.

Hatte dieser 6. Mai 1974, zumindest auf kurze und mittlere Sicht, nicht tatsächlich viel Gutes für alle Betroffenen? »Die Einsicht in manche Notwendigkeiten der Politik wurde durch den Schock meines Rücktritts gefördert«, kann man in Brandts »Begegnungen und Einsichten« lesen.

Auch Wehner ist natürlich froh, daß nun der Weg frei wird für Schmidt, den erfahrenen, international respektierten Wirtschaftsexperten. Gott sei Dank hat man diesen Mann der Stunde zur Hand, einen Retter der Situation, der Koalition und damit auch der eigenen, unverhofft weiter regierungsfähigen Partei. »Insofern wurde noch aus der Not eine Tugend. Das war Glück«, wird Wehner Jahre später, noch immer erleichtert, im Januar 1980 zu Jürgen Kellermeier sagen.

Spät in der Nacht, zu Hause, schreibt Brandt an jenem Montag im Mai 1974 seinen letzten Brief als Regierungschef, handschriftlich, wie so oft in den letzten Jahren. Er gilt Walter Scheel, dem Vizekanzler, seinem Gefährten seit 1969, und lautet, dem Anlaß entsprechend knapp, ernst und verhalten:

> Sehr geehrter Herr Kollege Scheel,
>
> wie Sie wissen, habe ich dem Herrn Bundespräsidenten heute abend mitgeteilt, daß ich die politische (übrigens: auch die persönliche) Verantwortung für Fahrlässigkeiten im Zusammenhang mit der Agentenaffäre Guillaume übernehme und meinen Rücktritt vom Amt des Bundeskanzlers erkläre.
>
> Inzwischen bin ich unterrichtet, daß der Herr Bundespräsident von meinem Entschluß Kenntnis genommen hat. Ich nehme an, daß die Beauftragungen, die bis zur Wahl eines neuen Bundeskanzlers erforderlich sind, morgen erfolgen werden.
>
> Seien Sie bitte so gut, lieber Herr Kollege, den Kabinettskollegen meinen aufrichtigen Dank für die Zusammenarbeit zu sagen und damit alle guten Wünsche für jeden einzelnen zu verbinden.
>
> Ihr
> Willy Brandt

Sieben Wochen später kommt die Antwort. Sie fällt für Scheels Verhältnisse ungewöhnlich wortreich aus, ist würdig *und* beschwingt, feierlich *und* heiter zugleich, zeigt also jene Gemütsmischung, die den Privatmann wie den künftigen Bundespräsidenten kennzeichnet.

Inzwischen ist der Sommer ins Land gekommen, Schmidt schon mehr als einen Monat an der Macht. Scheel trennen nur noch drei Tage von seiner Übersiedlung in die Villa Hammerschmidt, als er in einem der ganz wenigen Briefe, die er allein aufgesetzt hat, seinem Chef und Partner der voraufgegangenen viereinhalb Jahre mit der Hand schreibt:

WALTER SCHEEL

27. Juni 1974

Sehr geehrter Herr Bundeskanzler,
lieber Herr Brandt,

die gar nicht angenehmen Wochen dieser Zwischenperiode zwischen Regierungsverantwortung und neuem Amt, in der ich nie so recht wusste, was ich nun tun sollte oder was dann nicht, sind nun in wenigen Tagen vorüber.

Dann werde ich die sicher recht schwere Nachfolge von Gustav Heinemann antreten; schwer, weil der Anspruch an das Amt, den er gesetzt hat, weiß Gott, hochgeschraubt ist.
Aber das will ich nicht beklagen, sondern es ist eine Verbeugung vor Gustav-Gustav!
Jetzt drängt es mich, Ihnen zu schreiben, weil ich, sicher wie Sie, etwas Abstand gewonnen habe zu den letzten Monaten und ihren Ereignissen.

Aber dies soll kein Abschiedsbrief sein (oder ein bisschen zu elegisch geworden) sondern nichts als die Bitte, mir Ihre Freundschaft zu erhalten, und das Angebot, uns in der Zukunft so oft wie möglich zu sehen.

Grüße von Mildred
und Grüße von uns
beiden an Rut

Herzlichst
Ihr Walter Scheel

Und Danke für die Blumen zur Wahl!

27. Juni 1974

Sehr geehrter Herr Bundeskanzler, lieber Herr Brandt,

die gar nicht angenehmen Wochen dieser Zwischenperiode zwischen Regierungsverantwortung und neuem Amt, in der ich nie so recht wußte, was ich nun tun sollte oder was auch nicht, sind nun in wenigen Tagen vorüber.

Dann werde ich die sicher recht schwere Nachfolge von Gustav Heinemann antreten; schwer, weil der Anspruch an das Amt, den er gesetzt hat, weiß Gott, hochgeschraubt ist. Aber das will ich nicht beklagen, sondern es ist eine Verbeugung vor Gustav-Gustav!

Jetzt drängt es mich, Ihnen zu schreiben, weil ich, sicher wie Sie, etwas Abstand gewonnen habe zu den letzten Monaten und ihren Ereignissen. Es schält sich bei mir der Eindruck heraus, daß wir gemeinsam eine Entwicklungsperiode in unserem Land beeinflußt haben (Sie haben sie geprägt), die Denken und Handeln veränderte. Gefühlswerte, die in der Vergangenheit in der Politik allzuhäufig nur in demagogischer Absicht oder gar pervertiert genutzt wurden, finden Glauben. Sie wissen, daß ich immer die Meinung vertreten habe, daß nur eine außergewöhnliche Häufung von Zufällen einen Mann Ihrer Struktur an die Spitze einer Regierung bringen konnte. Aber die Zeit hat sich gelohnt! Wenn Heinemann vor ein paar Tagen in einem Interview sinngemäß gesagt hat, daß er Sorge habe, das Verhältnis von Geist zu Politik und Staat könne in Zukunft wieder schlechter werden, und wenn er dabei sagte, nicht etwa wegen seines Ausscheidens, sondern wegen möglicher Änderungen des »sozialliberalen« Klimas, dann war das natürlich das größte Kompliment für Sie!

Ich habe, trotz mir nachgesagter »rheinischer« Herkunft, wenig Anlagen zu Gefühlsäußerungen. Daher bitte ich um Nachsicht, wenn ich jetzt etwas davon abweiche: Für mich waren die Jahre unserer Zusammenarbeit nicht nur politisch fruchtbar, sondern ich habe menschlich unendlich viel gewonnen. Die Erfahrung, daß es Männer gibt, auf die man sich verlassen kann, auch und vor allem in schwierigen Lagen; daß es menschliche Brücken gibt, die tragfähiger sind als politische Bekenntnisse; daß man in der Politik nicht immer siegen muß.

Belastungen ertragen, ja, leiden können. Darauf kommt es an, wenn man das Herz des Volkes will.

Aber dies soll kein Abschiedsbrief sein (wohl ein bißchen zu elegisch geworden), sondern nichts als die Bitte, mir Ihre Freundschaft zu erhalten, und das Angebot, uns in der Zukunft so oft wie möglich zu sehen.

Grüße von Mildred und Grüße von uns beiden an Rut
Herzlichst
Ihr Walter Scheel

Und Dank für die Blumen zur Wahl!

Anhang

Zeittafel

Die Zeittafel enthält wichtige, im Buch beschriebene, analysierte oder auch nur beiläufig erwähnte Ereignisse und datiert sie exakt, sofern dies nicht bereits im fortlaufenden Text geschehen ist. Dem Leser soll damit ein chronologischer Überblick des Zeitraumes geboten werden, der im Buch behandelt ist. Die einzelnen in der Zeittafel aneinandergereihten historischen Fakten sind mit der(n) jeweiligen Seitenzahl(en) versehen, unter der(nen) sie im Text beschrieben sind. Der Leser hat also die Möglichkeit, über die Zeittafel direkt die entsprechende Textstelle ausfindig zu machen. Somit übernimmt die Zeittafel in gewissem Umfang die Funktionen eines Sachregisters.

Da die vorliegende Chronologie in erster Linie auf die im Buch behandelten Geschehnisse zugeschnitten ist, hat sie zwangsläufig Grenzen, enthält also viele Daten nicht, die an sich in Betracht kommen. Ergänzend sei deshalb auf zwei solide recherchierte Chronologien zur Geschichte der Bundesrepublik verwiesen, die ihrer unterschiedlichen Systematik wegen sich hervorragend ergänzen:

Hans Georg Lehmann, »Chronik der Bundesrepublik Deutschland 1945/49 bis 1981«, München 1981.

Presse- und Informationsamt der Bundesregierung (Hrsg.), »Politische Zeittafel 1949 bis 1979. Drei Jahrzehnte Bundesrepublik Deutschland«.

1949

12.9. *Th. Heuss*, Vors. d. FDP, wird von d. 1. Bundesversammlung in Bonn im 2. Wahlgang mit 416 von 800 abgegebenen Stimmen bei 37 Enthaltungen zum *Bundespräsidenten* gewählt. Auf den Kandidaten d. SPD, K. Schumacher, entfallen 312, auf den d. Zentrums, R. Amelunxen, 30 u. auf H. v. Schlange-Schöningen 2 Stimmen. *S. 29*

15.9. *K. Adenauer* (CDU) wird mit 202 von 389 Stimmen bei 44 Enthaltungen zum *Bundeskanzler* gewählt. 142 Abgeordnete stimmen gegen Adenauer, eine Stimme ist ungültig. 13 Stimmberechtigte MdB nehmen nicht teil. *S. 165*

1950

25.6. Beginn d. Korea-Krieges.

19.8. Bundeskanzler K. Adenauer fordert in einem Memorandum über d. äußere u. innere Sicherheit d. Bundesrepublik eine Verstärkung d. alliierten Streitkräfte u. als Gegengewicht zur sowjetzonalen kasernierten Volkspolizei Verteidigungstruppen der Bundesrepublik im europäischen Rahmen.

19.9. 1. *Extremistenbeschluß* d. Bundesregierung, nach dem Anhänger kommunistischer oder rechtsradikaler staatsfeindlicher Organisationen aus dem Bundesdienst zu entlassen sind. *S. 390*

1952

10. 3. D. sowj. Ministerpräsident *J. Stalin* schlägt den 3 Westmächten vor, einen Friedensvertrag mit Deutschland, vertreten durch eine gesamtdeutsche Regierung, auf folgender Basis abzuschließen: Wiedervereinigung in den Grenzen, wie auf d. Potsdamer Konferenz festgelegt; Neutralisierung Deutschlands nach Abzug aller ausländischer Truppen; Aufbau nationaler Streitkräfte zur Landesverteidigung; Verbot antidemokratischer u. militaristischer Organisationen, jedoch Garantie demokratischer Rechte u. Parteien (sog. *Märznote*).

30. 11. Gründung der Gesamtdeutschen Volkspartei (GVP) unter Führung von G. Heinemann. *S. 58*

1953

Januar *Naumann-Affäre:* Auf Anweisung d. britischen Hochkommissars wird eine d. FDP nahestehende konspirative Gruppe ehemaliger Nationalsozialisten um den einstigen Staatssekretär im Goebbelschen Propagandaministerium, Dr. Werner Naumann, verhaftet. *S. 398*

1954

17. 7. *Th. Heuss* wird von d. 2. Bundesversammlung in West-Berlin im 1. Wahlgang mit 871 von 987 abgegebenen Stimmen bei 95 Enthaltungen für weitere 5 Jahre zum *Bundespräsidenten* gewählt. *S. 29*

19.–23.10. *Pariser Verträge* u. Konferenzen.

1955

5. 5. Das Besatzungsstatut wird aufgehoben u. d. *Souveränität d. Bundesrepublik* proklamiert.

15. 5. Unterzeichnung d. österreichischen Staatsvertrages.

18.–23. 7. Genfer Gipfelkonferenz d. vier Siegermächte (Geist von Genf). *S. 229, 326*

8.–14. 9. Auf Einladung der SU vom 7. 6. 1955 hält sich Bundeskanzler *K. Adenauer in Moskau* auf. Beide Regierungen vereinbaren d. Aufnahme diplomatischer Beziehungen.

27. 10.–16. 11. Genfer Außenministerkonferenz d. vier Siegermächte.

8./9. 12. Die *Hallstein-Doktrin* wird eingeführt. Außenmin. H. v. Brentano weist auf einer Botschafterkonferenz in Bonn auf die Folgen hin, die d. Alleinvertretungsanspruch im Verhältnis zur Bundesrepublik – bis zum Abbruch d. diplomatischen Beziehungen – nach sich zieht, wenn dritte Staaten diplomatische Beziehungen zur DDR aufnehmen. Ausgenommen gilt d. SU als vierte Besatzungsmacht mit Verantwortung für ganz Deutschland.

1956

14.–25. 2. XX. Parteitag d. KPdSU (Entstalinisierung). *S. 233 f.*

20. 2. Die FDP initiiert in Nordrhein-Westfalen d. Regierungswechsel (sog. *Jungtürkenputsch*). Eine CDU-FDP-Zentrums-Koalition unter Ministerpräsident K. Arnold (CDU) wird durch ein sozialliberales Bündnis unter Ministerpräsident F. Steinhoff (SPD) abgelöst. S. 33, 52, 403 f.

25. 2. Der Bundesvorst. d. FDP erklärt d. *Austritt d. FDP-Bundestagsfraktion aus d. CDU/CSU-FDP-Koalition.* Die 4 FDP-Bundesmin. verlassen ihre Fraktion u. verbleiben in d. Bundesregierung.

17. 8. *KPD-Verbot*: Auf Antrag d. Bundesregierung erklärt d. Bundesverfassungsgericht d. KPD gemäß Art. 21 Abs. 2 GG wegen subversiver Tätigkeit für verfassungswidrig u. ordnet deren Auflösung an. Die Bildung jeglicher Ersatzorganisationen wird verboten.

5.–7. 10. Zwischen d. Mitgliedern d. FDP-Bundesvorst. E. Mende, W. Scheel u. W. Döring u. Mitgliedern d. LDP-Zentralvorst. d. DDR findet in Weimar ein Treffen statt. *S. 203*

1957

15.9. *Wahlen zum 3. Deutschen Bundestag (S. 52):*

CDU/CSU	50,2%	270 Mandate
SPD	31,8%	169 Mandate
FDP	7,7%	41 Mandate

19.10. Die Bundesregierung bricht gemäß d. Hallstein-Doktrin d. diplomatischen Beziehungen mit Jugoslawien ab.

4.12. Bildung einer sozialliberalen Senatsregierung unter M. Brauer (SPD) u. E. Engelhard (FDP) in Hamburg.

1958

25.4. Außenmin. H. v. Brentano u. d. 1. stv. Vors. d. Ministerrates d. UdSSR, A. Mikoyan, unterzeichnen in Bonn ein Handelsabkommen u. einen Konsularvertrag zwischen d. BRD u. d. SU. *S. 349*

10.11. *Berlin-Ultimatum* Chruschtschows: Forderung nach Beendigung d. Viermächte-Status von Berlin.

27.11. Die sowj. Regierung kündigt in Noten an d. 3 Westmächte, d. BRD u. d. DDR ihre Besatzungsverpflichtungen in Deutschland u. damit d. Viermächte-Status Berlins auf. Sie verlangt, binnen 6 Monaten einen neuen Status für Berlin zu vereinbaren, sonst würden d. Berlin-Rechte an d. DDR übertragen. *S. 30 f.*

1959

10.1. Die SU unterbreitet d. 3 Westmächten, d. BRD u. d. DDR d. Entwurf eines deutschen Friedensvertrages.

27.1. Die *FDP* entwirft als Antwort auf d. sowj. Friedensvertragsentwurf einen *Deutschlandplan*, den sie am 20.3. d. J. veröffentlicht.

11.5.–5.8. *Genfer Außenministerkonferenz* d. 4 Siegermächte. Verhandlungen über Abrüstung, europäische Sicherheit, die deutsche Frage u. Berlin. Erstmals nehmen Berater beider deutscher Staaten teil.

1.7. Bundesernährungsmin. *H. Lübke*, CDU, wird von d. 3. Bundesversammlung in West-Berlin im 2. Wahlgang mit 526 von 1033 abgegebenen Stimmen bei 22 Enthaltungen zum *Bundespräsidenten* gewählt. Der Kandidat d. SPD, C. Schmid, erhält 386, der Kandidat d. FDP, M. Becker, 99 Stimmen. *S. 31*

15.–27.9. Besuch d. sowj. Ministerpräsidenten N. Chruschtschow in d. USA b. Präsident D. Eisenhower *(Treffen v. Camp David). S. 229*

13.–15.11. Die SPD beschließt auf einem außerordentlichen Parteitag in Bad Godesberg das *Godesberger Programm.* Die SPD versteht sich nunmehr als Volkspartei. *S. 46*

1960

28.–29.1. *E. Mende* wird auf d. 11. Bundesparteitag d. *FDP* in Stuttgart als Nachfolger von R. Maier zum *Bundesvors.* gewählt.

30.6. Der stv. SPD-Fraktionsvors. H. Wehner erklärt im Bundestag, die SPD gehe davon aus, daß das europäische u. atlantische Vertragssystem, dem d. BRD angehöre, Grundlage u. Rahmen deutscher Außen- u. Wiedervereinigungspolitik sei *(Wehner-Rede). S. 171*

25.11. Auf d. 9. ordentlichen Parteitag d. SPD in Hannover billigen d. Delegierten d. Nominierung *W. Brandts* zum *Kanzlerkandidaten.*

1961

13.1. Der DDR-Volkskammerpräsident u. LDP-Politiker J. Dieckmann hält in Marburg über d. Thema »Wiedervereinigung« einen Vortrag. *S. 203*

3.3. *1. DM-Aufwertung:* Mit Zustimmung d. Bundesbank beschließt d. Bundesregierung mit Wirkung vom 6.3. d. J., d. DM um 4,76 v. H. aufzuwerten. *S. 141*

25.7. Der US-Präsident *J.F. Kennedy* betont in einer Rundfunkrede d. Entschlossenheit d. USA, West-Berlin zu verteidigen, notfalls atomar. Unabdingbar seien »*three essentials*«: 1) Anwesenheit westl. Truppen in Berlin; 2) d. freie Zugang von u. nach Berlin; 3) d. Freiheit u. Lebensfähigkeit d. Stadt.

13.8. Beginn d. *Berliner Mauerbaus. S. 206 f.*

17.9. *Wahlen zum 4. Deutschen Bundestag:*

CDU/CSU	45,3%	242 Mandate
SPD	36,2%	190 Mandate
FDP	12,8%	67 Mandate

18.9. Der FDP-Bundesvorst. beschließt, sich an einem Kabinett unter der Kanzlerschaft K. Adenauers nicht zu beteiligen. *S. 32*

2.11. Die FDP entschließt sich zu einer Koalitionsregierung mit d. CDU/CSU unter Bundeskanzler K. Adenauer, nachdem Adenauer d. beiden Fraktionsvors. in Briefen seinen vorzeitigen Rücktritt zugesichert hat. *S. 32*

7.11. Der Bundestag wählt *Adenauer* zum viertenmal zum *Bundeskanzler. S. 78 f.*

1962

22.3. W. Schollwer unterbreitet d. FDP-Geschäftsstelle seine »Gedanken zur Deutschlandpolitik der Freien Demokraten« (*1. Schollwer-Papier) S. 212 f.*

14.–28.10. *Kuba-Krise. S. 233*

26./27.10. *Spiegel-Aktion:* Die Redaktions- u. Verlagsräume d. Nachrichtenmagazins Der Spiegel werden in Hamburg u. Bonn polizeilich besetzt u. durchsucht. D. Herausgeber R. Augstein u. mehrere leitende Redakteure werden verhaftet. D. spanische Polizei nimmt d. stv. Chefredakteur C. Ahlers an seinem Urlaubsort auf direkte Intervention des Bundesverteidigungsmin. F. J. Strauß beim deutschen Militärattaché in Madrid auf dem Interpol-Weg vorläufig fest. Bei seiner freiwilligen Rückkehr wird Ahlers in Frankfurt verhaftet. Die Hamburger Spiegel-Zentrale bleibt bis zum 26.11. besetzt.

16.11. Der FDP-Bundesvors. E. Mende macht d. Fortbestand d. CDU/CSU-FDP-Regierung davon abhängig, daß Bundesverteidigungsmin. F. J. Strauß aus dem Kabinett ausscheidet.

19.11. Die *5 FDP-Bundesmin. treten* nach Auseinandersetzungen innerhalb d. Kabinetts wegen d. Spiegel-Aktion, insbesondere wegen d. Verhaltens v. Verteidigungsmin. F. J. Strauß *zurück. S. 96*

20.11. Die CDU/CSU-Bundesmin. stellen ihre Ämter zur Verfügung. Dadurch werden d. Voraussetzungen für eine *Regierungsumbildung* geschaffen.

30.11. Bundesverteidigungsmin. F. J. Strauß verzichtet auf ein Ministeramt im neuen Kabinett Adenauer.

1963

14.1. Die Bundesregierung bricht d. Hallstein-Doktrin gemäß d. diplomatischen Beziehungen mit Kuba ab.

17.1. Der Regierende Bürgermeister von Berlin, W. Brandt, muß d. innenpolitischen Druck nachgeben u. ein mit d. sowj. Ministerpräsidenten N. Chruschtschow vereinbartes Treffen in Ost-Berlin absagen. *S. 202*

22.1. Bundeskanzler K. Adenauer u. d. franz. Staatspräsident Ch. de Gaulle unterzeichnen in Paris d. Vertrag über d. deutsch-franz. Zusammenarbeit *(Elysée-Vertrag). S. 208*

17.2. Wahlen zum Berliner Abgeordnetenhaus *(S. 109, 202)*:

SPD	61,99 %
CDU	28,9 %
FDP	7,9 %

7.3. Nach 13 wöchigen Verhandlungen zwischen d. *BRD* u. d. *VR Polen* werden in Warschau ein *Handelsabkommen* für 1963–65, Grundsätze für d. bilateralen Seeschiffahrtsverkehr u. d. Errichtung einer Bundesrepublikanischen Handelsvertretung in Warschau (Eröffnung am 18. 9. d. J.) vereinbart. *S. 209*

11. 3. Beendigung d. SPD-CDU-Senatsregierung in West-Berlin u. Bildung einer sozialliberalen Koalition unter d. Regierenden Bürgermeister W. Brandt.

23.–26. 6. US-Präsident J. F. Kennedy hält sich zu einem offiziellen Staatsbesuch in d. BRD auf. Am 26. 6. bekennt sich Kennedy in einer Ansprache vor d. West-Berliner Rathaus Schöneberg zur Freiheit West-Berlins. *S. 208*

15. 7. *E. Bahr* hält auf einer Tagung d. Evang. Akademie Tutzing eine Rede über innerdeutsche Probleme; Thema: »*Wandel durch Annäherung*«. *S. 208*

5. 8. Unterzeichnung eines Abkommens zwischen d. USA, Großbritannien u. d. SU über d. teilweise Beendigung d. Kernwaffenversuche in d. Atmosphäre, im Weltraum u. unter Wasser.

19. 8. Die *Bundesrepublik* tritt trotz schwerer Bedenken von Bundeskanzler K. Adenauer d. *Atomteststoppabkommen* bei. Die Bundesregierung erklärt, daß d. von d. DDR in Moskau geleistete Vertragsunterschrift keine Anerkennung ihrer Eigenstaatlichkeit bedeute. *S. 209, 229*

15. 10. *Rücktritt* von Bundeskanzler *K. Adenauer*.

16. 10. Der Bundestag wählt *L. Erhard* mit 279 gegen 180 Stimmen bei 24 Enthaltungen u. 1 ungültigen Stimme zum *Bundeskanzler*. *S. 30*

17. 12. DDR-Staatssekr. E. Wendt u. d. West-Berliner Senatsrat H. Korber unterzeichnen mit Zustimmung d. Bundesregierung d. *1. Passierscheinabkommen*. Damit öffnen sich erstmals 28 Monate nach d. Mauerbau vom 19. 12. 63 bis zum 5. 1. 64 für West-Berliner die Übergänge nach Ost-Berlin. *S. 204*

1964

1. 7. *H. Lübke*, CDU, wird von der 4. Bundesversammlung in West-Berlin im 1. Wahlgang mit 710 von 1024 abgegebenen Stimmen bei 187 Enthaltungen u. 4 ungültigen Stimmen für weitere 5 Jahre zum *Bundespräsidenten* gewählt. Der Kandidat d. FDP, Bundesjustizmin. E. Bucher, erhält 123 Stimmen. *S. 36*

1965

19. 9. *Wahlen zum 5. Deutschen Bundestag:*

CDU/CSU	47,6%	245 Mandate
SPD	39,3%	202 Mandate
FDP	9,5%	49 Mandate

20. 10. Der Bundestag wählt *L. Erhard* mit 272 gegen 200 von 487 abgegebenen Stimmen bei 9 Enthaltungen zum zweitenmal zum *Bundeskanzler*.

1966

18. 3. Die SPD beantwortet einen *offenen Brief d. Ersten Sekretärs d. SED*, Walter Ulbricht.

25. 3. Die Bundesregierung übermittelt allen ausländischen Regierungen, zu denen die BRD diplomatische Beziehungen unterhält, aber auch den Regierungen d. osteuropäischen u. arabischen Staaten (ausgenommen d. DDR), eine *Friedensnote* zur Abrüstung, Friedenssicherung u. Entspannung. Sie bietet d. osteuropäischen Staaten d. Austausch von Gewaltverzichtserklärungen an. *S. 226*

31. 3. In Bad Homburg findet eine öffentliche Podiumsdiskussion zwischen FDP- u. LDP-Politikern statt. S. 203

6. 4. Die Hamburger FDP-Landesleitung beschließt, nachdem d. SPD b. d. Bürgerschaftswahlen vom 27. 3. d. absolute Mehrheit (59,0%) erzielen konnte, die Koalition mit d. SPD zu beenden. Die SPD bildet unter d. 1. Bürgermeister H. Weichmann d. Senatsregierung.

14. 4. Die SPD begrüßt den am 26. März vom SED-Zentralorgan Neues Deutschland vorgeschlagenen *Redneraustausch*.

1.–5.6.	12. Ordentlicher Bundesparteitag d. SPD in Dortmund. *S. 217*
29.6.	Die SED sagt d. mit d. SPD vereinbarten *Redneraustausch* unter Hinweis auf d. Alleinvertretungsanspruch d. Bundesregierung u. d. Bundesgesetz über »freies Geleit« ab. *S. 217, 239*
4.–6.7.	*Bukarester Tagung* des Politischen Beratenden Ausschusses d. Warschauer Paktes. Vorschlag einer europäischen Sicherheitskonferenz. *S. 229 f.*
10.7.	Landtagswahlen in Nordrhein-Westfalen *(S. 52)*:

SPD	49,5%	99 Mandate
CDU	42,8%	86 Mandate
FDP	7,4%	15 Mandate

25.7.	In Nordrhein-Westfalen bilden CDU u. FDP unter Ministerpräsident F. Meyers (CDU) u. W. Weyer (FDP) eine Koalitionsregierung.
27.10.	Die *4 FDP-Bundesmin.* E. Mende, E. Bucher, R. Dahlgrün u. W. Scheel *treten* infolge koalitionsinterner Meinungsverschiedenheiten über Steuererhöhungen zum Ausgleich d. Bundeshaushalts 1967 *zurück* und lösen somit eine *Regierungskrise* aus.
8.11.	Der Bundestag spricht Bundeskanzler L. Erhard indirekt das Mißtrauen aus, indem er einen Antrag d. SPD-Fraktion, d. Kanzler möge d. Vertrauensfrage stellen, mit 255 gegen 246 Stimmen billigt. Die SPD-Fraktion bildet eine Kommission für Koalitionsverhandlungen.
10.11.	Die CDU/CSU-Bundestagsfraktion benennt d. amtierenden baden-württembergischen Ministerpräsidenten K.-G. Kiesinger als Kanzlerkandidaten für d. Nachf. L. Erhards u. bildet eine Kommission für Koalitionsverhandlungen.
25.11.	Die Koalitionsverhandlungen zwischen d. CDU/CSU u. d. FDP scheitern, nachdem keine Einigung über Steuererhöhungen erzielt werden konnte.
27.11.	Die Verhandlungskommissionen von CDU/CSU u. SPD einigen sich auf d. *Bildung einer Großen Koalition. S. 37*
1.12.	Der Bundestag wählt *K.-G. Kiesinger*, CDU, mit 340 gegen 109 Stimmen bei 13 Enthaltungen u. einer ungültigen Stimme zum neuen *Bundeskanzler*. Vizekanzler u. Außenmin. wird W. Brandt. *S. 37, 52*
8.12.	Die nordrhein-westfälische CDU-FDP-Landesregierung unter Ministerpräsident F. Meyers (CDU) u. W. Weyer (FDP) wird von einer sozialliberalen Koalition unter Ministerpräsident H. Kühn (SPD) u. W. Weyer abgelöst.
13.12.	Regierungserklärung von Bundeskanzler K.-G. Kiesinger. *S. 108*

1967

1.1.	Gründung d. Kommune I in Berlin. *S. 369 f.*
31.1.	Bundesaußenmin. W. Brandt u. d. rumänische Außenmin. C. Manescu vereinbaren in Bonn die Aufnahme diplomatischer Beziehungen.
Feb.	Gründung d. Kommune II in Berlin. *S. 369 f.*
14.2.	Erstmals treffen sich Vertreter d. Staates, d. Tarifparteien u. d. Wissenschaft zu d. von Bundeswirtschaftsmin. K. Schiller angeregten *konzertierten Aktion.*
3.3.	W. Schollwer, FDP, fordert in einem durch die Zeitschrift »stern« publizierten FDP-Arbeitspapier eine radikale Änderung d. Deutschlandpolitik. *S. 220*
12.3.	Der FDP-Schatzmeister H. W. Rubin fordert in einem Kommentar in d. Zeitschrift »liberal« eine grundsätzliche Änderung d. Deutschlandpolitik (»Stunde der Wahrheit«). Wahlen zum Berliner Abgeordnetenhaus *(S. 51, 221 f.)*:

SPD	56,9%	81 Mandate
CDU	32,9%	47 Mandate
FDP	7,1%	9 Mandate

3.–5.4. Der 18. ordentliche *Bundesparteitag d. FDP in Hannover* verabschiedet d. Aktionsprogramm »Ziele des Fortschritts«, in d. d. FDP auf allen politischen Gebieten eine Alternative zur Politik der Gr. Koalition entwickelt. *S. 223 ff.*

6.4. Bildung eines sozialliberalen Senats in West-Berlin. H. Albertz wird erneut Regierender Bürgermeister. Die FDP erhält lediglich d. Justizressort (H.-G. Hoppe).

24.–26.4. *Karlsbader Konferenz* d. kommunistischen Parteien Europas. Wiederholung d. Vorschlages zur Einberufung einer europ. Sicherheitskonferenz. *S. 230*

22.5. In Brüssel wird von Terroristen auf ein Kaufhaus ein Brandanschlag verübt.

24.5. Fritz Teufel u. Rainer Langhans verteilen in Berlin ein von Dieter Kunzelmann verfaßtes Flugblatt, in dem dazu aufgerufen wird, Warenhäuser nach dem Vorbild d. Brüsseler Kaufhaus-Brandanschlages anzuzünden. *S. 374*

27.5.–4.6. Der iranische Kaiser Mohammed Reza Schah Pahlevi hält sich zu einem offiziellen Staatsbesuch in d. BRD u. in West-Berlin auf.

2.6. Der Student *Benno Ohnesorg* wird in West-Berlin bei einer Protestdemonstration gegen d. Besuch d. Schahs von Persien von einem Kriminalbeamten *erschossen. S. 72, 223*

8.6. Der Bundestag verabschiedet d. »*Gesetz zur Förderung der Stabilität und des Wachstums der Wirtschaft*«. Es tritt am 14. Juni in Kraft. *S. 648*

9.6. In Hannover findet d. *Kongreß »Hochschule und Demokratie«* statt. *S. 82 f.*

19.6. Der SPD-Vors. u. Vizekanzler W. Brandt meldet d. Anspruch seiner Partei auf d. Bundespräsidentenamt in einem Spiegel-Gespräch öffentlich an.

1./2.8. Das SPD-Präsidium beschließt, für d. Bundespräsidentenwahl von 1969 einen eigenen Kandidaten zu nominieren.

18.9. Der DDR-Ministerratsvors. W. Stoph unterbreitet Bundeskanzler K.-G. Kiesinger d. Entwurf eines deutsch-deutschen Vertragstextes. *S. 226 f.*

14.12. Bericht d. Nordatlantikrats über künftige Aufgaben d. Allianz *(Harmel-Bericht)*. Formulierung d. »Zwei-Pfeiler-Doktrin« über militärische Sicherheit u. Entspannung. *S. 230*

1968

29.–31.1. 19. ordentlicher *Bundesparteitag d. FDP in Freiburg. W. Scheel* wird als Nachfolger von E. Mende zum *Parteivors.* gewählt. *S. 97 f., 294*

31.1. Wiederaufnahme d. diplomatischen Beziehungen mit Jugoslawien.

18.2. Die Berliner SPD-Politiker H. Ristock u. E. Beck nehmen an einem Protestmarsch gegen den Vietnamkrieg in Berlin teil. *S. 65*

17.–21.3. Der 13. ordentliche *Bundesparteitag d. SPD in Nürnberg* beschließt, d. Behandlung d. Wahlrechtsänderung auf d. nächsten ordentlichen Parteitag (1970) zu verschieben. *S. 61, 64, 111*

26.3. *Bundesinnenmin. P. Lücke tritt zurück*, weil d. SPD-Parteitag in Nürnberg eine Entscheidung über d. von d. Großen Koalition geplante Wahlrechtsreform verschoben hat. Sein Nachfolger wird E. Benda. *S. 112*

2./3.4. In d. Nacht vom 2. auf d. 3.4. werden in Frankfurt auf 2 Kaufhäuser Brandanschläge verübt. A. Baader, G. Ensslin, Th. Proll u. H. Söhnlein werden wegen Verdacht auf Brandstiftung festgenommen. Die Brandanschläge markieren d. Trennung zwischen APO u. Terrorismus. *S. 84, 376 f.*

11.4. In West-Berlin verübt d. 23jährige Anstreicher J. Bachmann auf d. Stud.- u. SDS-Führer *R. Dutschke* ein *Attentat*, bei d. Dutschke schwer verletzt wird. *S. 70 f.*

11.–17.4. »*Osterunruhen*«: Infolge d. Mordanschlages auf R. Dutschke kommt es in West-Berlin u. zahlreichen Städten d. BRD zu Demonstrationen, Krawallen u. Straßenschlachten sowie Aktionen gegen d. Auslieferung von Zeitungen d. Verlagshauses Axel Springer. *S. 70, 74, 86 f.*

13.4. Rundfunk- u. Fernsehansprache d. Bundeskanzlers K.-G. Kiesinger anläßlich d. Attentats auf R. Dutschke u. d. darauf folgenden »Osterunruhen«. *S. 75*

14.4. Bundesjustizmin. G. Heinemann hält anläßlich d. Attentats auf R. Dutschke u. d. darauf folgenden »Osterunruhen« eine selbstkritische Rundfunk- u. Fernsehansprache. *S. 70, 94, 376 f.*

28.4. Landtagswahlen in Baden-Württemberg *(S. 64)*:

CDU	44,2 %
SPD	29,0 %
FDP/DVP	14,9 %
NPD	9,8 %

11.5. Das Kuratorium »Notstand der Demokratie« veranstaltet einen Sternmarsch mit rund 30 000 Teiln. aus dem ges. Bundesgebiet auf Bonn. *S. 63, 101*

15.–16.5. 2. Lesung d. Entwürfe d. Notstandsverfassung im Bundestag.

30.5. Der Bundestag verabschiedet d. *Notstandsgesetze* mit 384 gegen 1 CSU-, 53 SPD- u. 46 FDP-Stimmen bei einer Enthaltung. *S. 63*

25.6. Erklärung d. NATO-Ministerrats über beiderseitige u. ausgewogene Truppenverminderung *(Signal von Reykjavik)*.

21.8. Einmarsch d. Warsch. Pakts in d. CSSR; *Ende d. Prager Frühlings. S. 231*

14.10. Bundespräsident H. Lübke kündigt an, er werde am 30. Juni 1969 vorzeitig aus seinem Amt scheiden. *S. 42*

1.11. Die Spitzengremien d. *SPD nominieren* Bundesjustizmin. *G. Heinemann* für d. *Bundespräsidentenkandidatur. S. 107 f.*

4.11. »Schlacht vom Tegeler Weg«: In West-Berlin kommt es bei einer Demonstration – ausgelöst durch d. Prüfung d. Ehrengerichts d. Berliner Rechtsanwaltskammer, ob dem Rechtsanwalt u. APO-Führer H. Mahler Berufsverbot auferlegt werden soll – zu blutigen Auseinandersetzungen zwischen Studenten u. d. Polizei. *S. 90*

4.–7.11. 16. ordentlicher Bundesparteitag d. CDU in Berlin. *S. 40*

15.11. Das Wahlmännergremium d. *CDU/CSU nominiert* Bundesverteidigungsmin. *G. Schröder* für d. *Bundespräsidentenkandidatur. S. 107*

19.11. Die *Bundesregierung beschließt* trotz ausländischen Drucks u. gegen d. Votum von Wirtschaftsmin. K. Schiller, d. *DM nicht aufzuwerten. S. 143*

20.–22.11. In Bonn erörtern d. Notenbankpräsidenten u. Fachmin. d. »Zehner Gruppe« (Belgien, Bundesrepublik Deutschland, Frankreich, Großbritannien, Italien, Japan, Kanada, Niederlande, Schweden u. USA) d. durch Gerüchte über eine Abwertung d. franz. Franc u. über eine Aufwertung d. DM ausgelöste *internationale Währungskrise. S. 142 f.*

28.11. Der Bundestag beschließt ein *Absicherungsgesetz*, das durch flankierende steuerl. Sofortmaßnahmen d. Import fördern u. d. Export drosseln soll. *S. 143*

1969

24.1. Die *FDP* legt im Zusammenhang mit einer gr. Anfrage zur Deutschlandpolitik im Bundestag d. *Entwurf eines Generalvertrages mit d. DDR* vor. *S. 447*

26.–27.2. Der neue US-Präsident R. M. Nixon hält sich zu einem offiziellen Staatsbesuch in d. BRD u. in West-Berlin auf. *S. 241*

2.3. *Gefechte* zwischen sowj. u. chinesischen Grenztruppen *am Ussuri. S. 232*

4.3. Die FDP-Mitglieder d. Bundesversammlung führen in d. Nacht vor d. Bundespräsidentenwahl 3 Probeabstimmungen durch. *S. 102 ff.*

5.3. Die 5. Bundesversammlung wählt in West-Berlin im 3. Wahlgang Bundesjustizmin. *G. Heinemann*, SPD, mit 512 von 1023 Stimmen bei 5 Enthaltungen zum *Bundespräsidenten.* Auf den Kandidaten d. CDU u. CSU, Bundesverteidigungsmin. G. Schröder, entfallen 506 Stimmen. *S. 55 f., 59, 120 ff.*

17.3. *»Budapester Appell«:* Die Staats- u. Parteichefs d. Warschauer-Pakt-Staaten treffen sich zu einer Tagung d. Politischen Beratenden Ausschusses in Budapest u. unterbreiten d. Vorschlag einer Konferenz über Sicherheit u. Zusammenarbeit in Europa. *S. 232*

16.–18.4. Auf d. 3. außerordentlichen Parteitag d. SPD in Bad Godesberg wird W. Brandt erneut zum Bundeskanzlerkandidaten nominiert. *S. 126 f.*

8.5. Kambodscha erkennt d. DDR als souveränen Staat an.

17.5. Auf einer Wahlkundgebung in Warschau erklärt d. 1. Sekretär d. Polnischen Vereinigten Arbeiterpartei (PVAP), W. Gomulka, er sei bereit, mit d. BRD einen internationalen Vertrag über d. Anerkennung d. bestehenden polnischen Grenze zu schließen.

4.6. Die Bundesregierung beschließt, d. *diplomatischen Beziehungen zu Kambodscha »einzufrieren«*; d. Botschafter wird abberufen, d. Botschaft stellt ihre Tätigkeit ein u. d. Entwicklungshilfe wird auf d. Abwicklung bestehender Verträge beschränkt.

11.6. Kambodscha bricht die diplomatischen Beziehungen mit d. BRD ab.

23.–25.6. 22. ordentlicher Bundesparteitag d. FDP in Nürnberg. *S. 114*

3.7. Staatssekr. G.F. Duckwitz vom Ausw. Amt übergibt d. sowj. Botschafter in Bonn, S. Zarapkin, d. Antwort auf d. letzte sowj. Note vom 5.7.68 bezüglich d. Fortsetzung d. Dialogs über einen beiderseitigen Gewaltverzicht. *S. 214*

10.7. Der sowj. Außenmin. A. Gromyko erklärt vor d. Obersten Sowjet, die SU sei bereit, d. Meinungsaustausch mit d. BRD über d. Verzicht auf Gewaltanwendung bis zum Abschluß eines entsprechenden Abkommens fortzusetzen. *S. 240 f.*

24.–25.7. Der FDP-Bundesvors. W. Scheel reist in Begleitung seiner beiden Stellvertreter H.-D. Genscher u. W. Mischnick nach Moskau. Scheel trifft sich am 24.7. zu einem Gespräch mit d. sowj. Ministerpräsidenten A. Kossygin. *S. 235*

7.8. Die *Westmächte* unternehmen mit der Überreichung entsprechender Aide-mémoires an d. SU d. Versuch einer neuen *Initiative zur Regelung d. Berlin-Frage. S. 241*

20.–23.8. Eine Delegation führender SPD-Politiker hält sich unter Leitung d. SPD-Bundestagsfraktions-Vors. H. Schmidt auf Einladung d. Obersten Sowjets in Moskau auf. *S. 238 f.*

12.9. Die sowj. Regierung teilt d. 3 Westmächten als Antwort auf deren Aide-mémoires vom 7.8. d.J. mit, daß sie zu einem Meinungsaustausch über d. Regelung d. *Berlin-Frage* bereit sei. *S. 242 f.*

Der stv. sowj. Außenmin. W.S. Semjonow überreicht d. Geschäftsträger d. Bonner Botschaft in Moskau, O. v. Stempel, in Beantwortung d. am 3.7. d.J. i.A. d. Bundesregierung überreichten Schreibens ein Aide-mémoire, d. u.a. d. Aufnahme von Gesprächen über einen beiderseitigen Gewaltverzicht in Moskau vorschlägt.

16.9. In Ost-Berlin werden zwischen Vertretern beider deutscher Verkehrsministerien Verhandlungen über Fragen des Eisenbahn- u. Transitbinnenschiffahrtsverkehrs sowie d. Straßenbauplanung aufgenommen. *S. 239*

19.9. Aufnahme von Verhandlungen zwischen Vertretern beider deutscher Postministerien über Ausgleichszahlungen im Post- u. Fernmeldewesen in Ost-Berlin. *S. 239*

28.9. *Wahlen zum 6. Deutschen Bundestag (S. 44):*

CDU/CSU	46,1 %	242 Mandate
SPD	42,7 %	224 Mandate
FDP	5,8 %	30 Mandate

29.9.–15.10. Koalitionsverhandlungen zwischen SPD u. FDP u. CDU/CSU u. FDP. Noch in d. Wahlnacht meldet d. SPD-Vors. W. Brandt d. Anspruch seiner Partei an, die Führung d. Bundesregierung zu übernehmen u. mit d. FDP d. Regierung zu bilden. Am 3.10. beschließt d. FDP, einer Koalition mit d. SPD zuzustimmen. Die Koalitionsverhandlungen zwischen SPD u. FDP werden am 15.10. abgeschlossen. *S. 159 ff., 198, 244 f.*

16.10. Vertrauliches Gespräch zwischen d. sowj. Botschafter in d. DDR, P. Abrassimow, u. d. Regierenden Bürgermeister in West-Berlin, K. Schütz. *S. 249 f.*

21.10. Der Bundestag wählt *W. Brandt* mit 251 gegen 235 d. abgegeb. Stimmen bei 5 Enthaltungen u. 4 ungültigen Stimmen zum *Bundeskanzler. S. 164 ff., 300*

24.10. Die Bundesregierung beschließt, d. Absicherungsgesetz vom 28.11.68 aufzuheben u. d. *DM um 8,5 v. H.* aufzuwerten.

28.10. Bundeskanzler *W. Brandt* kündigt in einer programmatischen *Regierungserklärung* d. umfangreichste Reformprogramm in d. Geschichte d. BRD an. *S. 93, 101 f., 248, 252*

15.11. Der Bonner Botschafter in Moskau, H. Allardt, überbringt d. stv. sowj. Außenmin. N.P. Firjubin eine Verbalnote, die unter Bezugnahme auf d. sowj. Aide-mémoire vom 12.9.69 d. Beginn von Verhandlungen über einen Gewaltverzicht anbietet. *S. 264*

17.11. *Beginn* d. amerikanisch-sowj. *Vorgespräche* über d. Begrenzung strategischer Rüstungen *(SALT I)* in Helsinki. *S. 261 f.*

25.11. Die Bundesregierung übermittelt d. polnischen Regierung eine Note, in d. Verhandlungen über alle anstehenden deutsch-polnischen Fragen ohne Vorbedingungen angeboten werden. *S. 254 f.*

28.11. Die BRD unterzeichnet d. Vertrag über d. Nichtweiterverbreitung von Kernwaffen *(Atomsperrvertrag). S. 270*

3.–4.12. Die führenden Partei- u. Staatsfunktionäre d. Warschauer-Pakt-Staaten geben bei einem Treffen in Moskau Stellungnahmen zur Frage einer gesamteuropäischen Sicherheitskonferenz, zur neuen Bonner Koalitionsregierung, zu Fragen d. Abrüstung u. zum Vietnamkrieg ab. *S. 256*

8.12. Der Bonner Botschafter in Moskau, H. Allardt, u. d. sowj. Außenmin. A. Gromyko erörtern in einem ersten Gespräch d. von d. Bundesregierung am 15.11. d. J. vorgeschlagenen Austausch von Gewaltverzichtserklärungen.

18.12. Der DDR-Staatsratsvors. W. Ulbricht schlägt in einem an Bundespräs. G. Heinemann gerichteten Schreiben d. baldigen Beginn von Verhandlungen über ein d. Schreiben angefügten »Entwurf zu einem Vertrag über die Aufnahme gleichberechtigter Beziehungen« zwischen d. DDR u. d. BRD vor. *S. 256 f.*

19.12. Bundespräs. G. Heinemann beantwortet d. Schreiben d. DDR-Staatsratsvors. vom 18.12. u. teilt mit, daß er es an d. Bundesregierung weitergeleitet habe.

1970

14.1. Bundeskanzler W. Brandt unterbreitet d. Bundestag d. Bericht zur Lage d. Nation. *S. 255, 259*

22.1. Bundeskanzler W. Brandt schlägt d. Vors. d. Ministerrates d. DDR, W. Stoph, in einem Schreiben Verhandlungen über d. Austausch von Gewaltverzichtserklärungen vor. *S. 257 f.*

30.1.–18.2. 1. *Gesprächsrunde* zwischen Staatssekr. im Bundeskanzleramt, *E. Bahr,* u. d. sowj. Außenmin. *A. Gromyko* in Moskau über einen Gewaltverzichtsvertrag zwischen d. BRD u. d. SU. *S. 272 ff.*

1.2. Unterzeichnung eines deutsch-sowj. Abkommens in Essen über d. Lieferung sowj. Gases in d. BRD, deutscher Großröhren in d. SU sowie über d. Gewährung eines Kredites für d. Zahlung d. Röhren. *S. 258*

24.–27.2. Der sowj. Außenmin. A. Gromyko hält sich zu einem offiziellen Freundschaftsbesuch in Ost-Berlin auf. *S. 278*

28.2.–21.3. 2. *Gesprächsrunde* zwischen Staatssekr. *E. Bahr* u. d. sowj. Außenmin. *A. Gromyko* in Moskau über einen Gewaltverzichtsvertrag zwischen d. BRD u. d. SU. *S. 277 ff.*

19.3. Die Regierungschefs beider deutscher Staaten, Bundeskanzler *W. Brandt* u. d. Vors. d. Ministerrates *W. Stoph*, treffen sich erstmals zu einem breit angelegten *Meinungsaustausch in Erfurt. S. 199*

22.3. Wahlen zur Hamburger Bürgerschaft:

SPD	55,3%
CDU	32,8%
FDP	7,1%

26.3. Die Botschafter d. 3 Westmächte in d. BRD u. d. sowj. Botschafter in d. DDR beginnen in West-Berlin mit d. Verhandlungen zu einem Vier-Mächte-Abkommen über West-Berlin.

5.–11.4. Bei einem Staatsbesuch von Bundeskanzler W. Brandt in d. USA sichert d. US-Präsident R. Nixon in Gesprächen d. Bundesregierung seine Unterstützung für ihre Ost-Politik zu. *S. 323*

16.4. *Beginn* d. amerikanisch-sowj. *Verhandlungen* über d. Begrenzung strategischer Rüstungen *(SALT I)* in Wien.

11.–14.5. SPD-Bundesparteitag in Saarbrücken.

12.–22.5. In Moskau findet d. *3. u. letzte Gesprächsrunde* zwischen Staatssekr. *E. Bahr* u. d. sowj. Außenmin. *A. Gromyko* sowie d. Leiter d. Dritten Europäischen Abteilung d. sowj. Außenministeriums, V. Falin, (5 Formulierungsgespräche) statt. Die Ergebnisse d. Gespräche werden in einer 10-Punkte-Absichtserklärung *(Bahr-Papier)* niedergelegt. *S. 322*

15.5. Ostdeutsch-sowj. Gipfeltreffen in Moskau. *S. 278*

16.5. Aufhebung d. Freistellungsgesetzes, das bisher als Grundlage für d. Verhaftung von DDR-Funktionären beim Betreten d. BRD gedient hatte.

21.5. Die Regierungschefs beider deutscher Staaten, Bundeskanzler *W. Brandt* u. d. Vors. d. Ministerrates *W. Stoph*, treffen sich zu einem *Meinungsaustausch in Kassel. S. 288 ff.*

12.6. Teile d. »Bahr-Papiers« werden d. Öffentlichkeit zugespielt u. in d. Bild-Zeitung abgedruckt.

14.6. Landtagswahlen in Nordrhein-Westfalen:

CDU	46,3%
SPD	46,1%
FDP	5,5%

Landtagswahlen im Saarland:

CDU	47,9%
SPD	40,8%
FDP	4,4%

Landtagswahlen in Niedersachsen:

SPD	46,2%
CDU	45,7%
FDP	4,4% *(S. 288, 296 f).*

17.6. Bundesaußenmin. W. Scheel betont in einem Fernsehinterview, daß ein Gewaltverzichtsvertrag zwischen d. SU u. d. BRD erst nach einer befriedigenden Regelung des Berlin-Problems in Kraft treten könne. Gründung d. *National-Liberalen Aktion* unter Führung d. FDP-Politiker S. Zoglmann u. E. Mende in Wuppertal. *S. 299 f., 397*

22.–24. 6. 21. Bundesparteitag d. FDP in Bonn. *S. 301 f., 401*

1. 7. Das »Bahr-Papier« wird vollständig in d. Bild-Zeitung u. in d. Illustrierten Quick veröffentlicht. *S. 312 f.*

7. 7. Sondersitzung d. Kabinetts zur Vorbereitung d. deutsch-sowj. Vertragsverhandlungen zwischen Außenmin. W. Scheel u. Außenmin. A. Gromyko. *S. 314 ff., 328 f.*

8. 7. Bundeskanzler W. Brandt erklärt in West-Berlin, es gebe für die Bundesregierung zw. d. Vier-Mächte-Verhandlungen über West-Berlin u. d. eigenen Verhandlungen über einen deutsch-sowj. Vertrag einen Zusammenhang, den man jed. nicht in »eine Zwangsjacke stecken« solle *(Berlin-Junktim). S. 324 f., 397*

16.–17. 7. Außenmin. W. Scheel unterrichtet d. brit. Regierung in Konsultationsgesprächen über d. deutsch-sowj. Vertragsverhandlungen. *S. 321*

17.–18. 7. Außenmin. W. Scheel unterrichtet d. amerik. Regierung in Konsultationsgesprächen über d. deutsch-sowj. Vertragsverhandlungen. *S. 321 ff.*

26. 7.–7. 8. Außenmin. W. Scheel führt in Moskau d. *Verhandlungen* über d. Abschluß eines *deutsch-sowj. Gewaltverzichtsvertrages* mit d. sowj. Außenmin. A. Gromyko. Am 7. 8. d. J. paraphieren Scheel u. Gromyko d. Vertrag. *S. 332 ff.*

12. 8. *Unterzeichnung d. Moskauer Vertrages:* Bundeskanzler W. Brandt u. d. sowj. Ministerpräsident A. Kossygin sowie Außenmin. W. Scheel u. d. sowj. Außenmin. A. Gromyko unterzeichnen in Moskau d. deutsch-sowjetischen Vertrag über gegenseitigen Gewaltverzicht u. Zusammenarbeit. Scheel überreicht Gromyko d. *Brief zur Frage d. deutschen Einheit. S. 326, 331 f., 342 ff.*

30. 10. Der sowj. Außenmin. A. Gromyko trifft sich mit Außenmin. W. Scheel zu einem informellen Meinungsaustausch in Kronberg im Taunus. *S. 349*

3.–13. 11. Außenmin. W. Scheel u. d. poln. Außenmin. S. Jedrychowski verhandeln in Warschau über einen Vertrag über die Grundlagen der Normalisierung der Beziehungen zwischen d. BRD u. d. VR Polen. Scheel u. Jedrychowski paraphieren am 13. 11. d. J. d. Warschauer Vertrag. *S. 482 ff.*

8. 11. Landtagswahlen in Hessen *(S. 349 f.)*:

SPD	45,9 %
CDU	39,7 %
FDP	10,1 %

14. 11. *Abgrenzungsbeschluß d. SPD. S. 347 f., 361, 364 f.*

22. 11. Landtagswahlen in Bayern:

CSU	56,4 %
SPD	33,3 %
FDP	5,5 %

7. 12. *Unterzeichnung d. Warschauer Vertrages:* Bundeskanzler W. Brandt u. d. poln. Ministerpräsident J. Cyrankiewicz sowie Außenmin. W. Scheel u. d. poln. Außenmin. S. Jedrychowski unterzeichnen in Warschau den Vertrag über die Grundlagen der Normalisierung der Beziehungen zwischen der BRD u. d. VR Polen.

1971

25. 2. Das Bundeskabinett vertagt d. Beschlußfassung über d. Bundeshaushalt 1972 u. d. mittelfristige Finanzplanung auf d. Herbst.

3. 5. Der Vors. d. DDR-Staatsrates u. 1. Sekretär d. ZK d. SED, W. Ulbricht, tritt von seinem Parteiamt zurück. E. Honecker wird sein Nachfolger.

9. 5. Die Bundesreg. beschließt d. *Freigabe d. Wechselkurse (Floating). S. 652 f.*

13. 5. *Bundesfinanzmin. A. Möller tritt* wegen d. Haushaltslage *zurück.* D. bisherige Bundeswirtschaftsmin. K. Schiller wird Bundesmin. für Wirtschaft u. Finanzen. *S. 653 f.*

29. 6. Die CDU/CSU-Bundestagsfraktion bringt im Bundestag eine kleine Anfrage bezüglich d. DKP als einer Nachfolgeorganisation d. KPD ein.

3. 9. Die Botschafter d. 3 Westmächte in d. BRD u. d. sowj. Botschafter in d. DDR unterzeichnen in West-Berlin d. *Vier-Mächte-Rahmenabkommen über West-Berlin.*

16.–18. 9. Bundeskanzler *W. Brandt* hält sich zu Gesprächen mit d. Generalsekretär d. KPdSU, *L. Breschnew*, in *Oreanda* auf d. Krim auf. *S. 394*

4.–5. 10. Der 19. ordentliche Bundesparteitag d. CDU in Saarbrücken wählt d. CDU/CSU-Bundestagsfraktions-Vors. R. Barzel als Nachfolger von K.-G. Kiesinger zum neuen *CDU-Bundesvors. S. 396*

20. 10. Bundeskanzler *W. Brandt* wird in Oslo d. *Friedensnobelpreis* 1971 zugesprochen. *S. 447, 488*

25.–27. 10. 22. ordentlicher Bundesparteitag d. FDP in Freiburg. Verabschiedung d. »*Freiburger Thesen*«. K. H. Flach wird in d. neu geschaffene Amt d. Generalsekretärs gewählt. *S. 198*

10. 11. Der Bundestag verabschiedet d. Reform d. Betriebsverfassungsgesetzes.

18.–20. 11. 1. Session d. 4. außerordentlichen Bundesparteitags d. SPD in Bad Godesberg (Steuerparteitag). *S. 665 f.*

29. 11. Der CDU-Vors. *R. Barzel* wird von einer gemeinsamen Kommission d. CDU u. d. CSU zum *Kanzlerkandidaten* nominiert.

17. 12. Der Staatssekr. im Bundeskanzleramt, *E. Bahr*, u. d. Staatssekr. beim Ministerrat d. DDR, *M. Kohl, unterzeichnen* in Bonn d. von ihnen ausgehandelte *Abkommen über d. Transitverkehr* zwischen West-Berlin u. d. BRD.
Die Hamburger Bürgerschaft stimmt einer Grundsatzentscheidung d. Senats zu, nach d. Extremisten nicht zum Beamten auf Lebenszeit ernannt werden dürfen. *S. 391 f., 457*

17.–18. 12. 2. Session d. 4. außerordentlichen Bundesparteitags d. SPD in Bad Godesberg (Steuerparteitag).

1972

27. 1. Beratung d. Ständigen Konferenz d. Innenminister u. Senatoren unter d. Vorsitz von Bundesinnenmin. H.-D. Genscher über d. Entwurf eines Extremisten-Beschlusses. *S. 393 f.*

28. 1. Die Regierungschefs von Bund u. Ländern verabschieden in einer Konferenz unter Leitung von Bundeskanzler W. Brandt »Grundsätze über die Mitgliedschaft von Beamten in extremen Organisationen« – d. sog. *Extremistenbeschluß* bzw. *Radikalenerlaß. S. 389, 393 f.*

4. 2. Bundeskanzler W. Brandt appelliert in einer Fernsehansprache an d. Bevölkerung u. d. Sicherheitsorgane, d. terroristischen Gewalttätigkeit Einhalt zu gebieten. *S. 388 f.*

23.–25. 2. Beginn d. Bundestagsdebatte über d. Ostverträge.

11.–14. 4. Internationaler IG-Metall-Kongreß in Oberhausen. *S. 694*

12. 4. Der sowj. Außenmin. A. Gromyko erläutert vor beiden außenpolitischen Ausschüssen d. Obersten Sowjet d. deutsch-sowj. Vertrag vom 12. 8. 70. Gromyko setzt d. Ausschußmitglieder über d. Brief zur deutschen Einheit in Kenntnis. *S. 438*

23. 4. Mit dem Austritt W. Helms aus d. FDP verliert d. sozialliberale Koalition faktisch d. absolute Mehrheit im Bundestag.
Landtagswahlen in Baden-Württemberg:

CDU	53,0%
SPD	37,5%
FDP/DVP	8,9%

Die sozialliberale Koalition verliert im Bundesrat nach dem Ergebnis der baden-württembergischen Landtagswahlen d. Mehrheit. *S. 406 ff., 499*

24.4. Die CDU/CSU-Bundestagsfraktion beschließt, d. konstruktive Mißtrauensvotum gegen Bundeskanzler W. Brandt zu beantragen u. d. CDU-Vors. R. Barzel zum neuen Bundeskanzler wählen zu lassen. *S. 410*

26.4. Staatssekr. E. Bahr u. d. Staatssekr. b. Ministerrat d. DDR, M. Kohl, schließen in Ost-Berlin ihre Verhandlungen über einen *Verkehrsvertrag* zwischen d. BRD u. d. DDR erfolgreich ab. *S. 419*

27.4. Der Bundestag stimmt über d. von d. CDU/CSU-Fraktion gegen Bundeskanzler W. Brandt beantragte *konstruktive Mißtrauensvotum* ab. Es verfehlt d. notwendige absolute Mehrheit um 2 Stimmen u. ist damit abgelehnt. *S. 416 ff.*

28.4. Bei d. *Abstimmung* im Bundestag *über d. Kanzleretat 1972* ergibt sich erstmals ein Patt zwischen den Abgeordneten d. Koalition u. d. Opposition; d. Kanzlerhaushalt wird mit 247 zu 247 Stimmen abgelehnt. *S. 426*

9.5. Eine von allen Bundestagsfraktionen gebildete Redaktionskommission einigt sich auf d. Entwurf einer *gemeinsamen Entschließung zu d. Ostverträgen.* Diese Resolution soll den 4 Siegermächten zugeleitet werden. D. sowj. Botschafter in d. BRD, V. Falin, wird d. Entschließungsentwurf noch am selben Tag zur Übermittlung nach Moskau übergeben. *S. 438 f.*

10.5. Der Bundestag verschiebt d. Schlußabstimmung über d. Ostverträge auf d. 17.5. *S. 440*

12.5. Staatssekr. E. Bahr u. Staatssekr. M. Kohl paraphieren in Bonn d. *Verkehrsvertrag* zwischen d. BRD u. d. DDR.

15.5. Der CDU-Bundesvorst. gibt d. Abstimmung über d. Ostverträge frei; d. CDU/CSU-Abgeordneten sollen frei nach ihrem Gewissen entscheiden. *S. 442*

16.5. In d. CDU/CSU-Bundestagsfraktion kommt es in d. Frage d. Abstimmung über d. Ostverträge zu schweren Auseinandersetzungen. *S. 443*

17.5. Die CDU/CSU-Bundestagsfraktion entscheidet sich am Vormittag für d. Enthaltung bei d. Abstimmung über d. Ostverträge.
Der Bundestag verabschiedet die *Ratifizierungsgesetze zu d. Verträgen mit Moskau u. Warschau:* Der Moskauer Vertrag wird mit 248 gegen 10 Stimmen bei 238 Enthaltungen, d. Warschauer Vertrag mit 248 gegen 17 Stimmen bei 231 Enthaltungen ratifiziert. Die *gemeinsame Entschließung zu d. Ostverträgen* wird mit 491 Stimmen bei 5 Enthaltungen gebilligt. *S. 447*

18.5. Außenmin. W. Scheel spricht sich öffentlich für Neuwahlen im Herbst aus.
Bundeswirtschafts- u. -finanzmin. K. Schiller unterbreitet d. Bundesregierung eine Kabinettsvorlage, die Kürzungen in Höhe von 2,5 Milliarden DM für d. Bundeshaushalt 1972 vorsieht. *S. 452*

19.5. Bundesaußenmin. W. Scheel übergibt d. Entschließung d. Bundestags zu d. Ostverträgen vereinbarungsgemäß d. sowj. Botschafter in d. BRD, V. Falin. Den 3 Westmächten wird d. Entschließung ebenfalls zugeleitet.
Der *Bundesrat verabschiedet* – bei Stimmenthaltung d. CDU/CSU-Mehrheit – d. *Ostverträge.*
Bundeskanzler *W. Brandt* u. Bundesaußenmin. *W. Scheel erklären* gegenüber d. 3 Bundestagsfraktions-Vors. ihre *Bereitschaft zu Neuwahlen. S. 452 f.*

22.–30.5. Besuch d. US-Präsidenten R. Nixon in d. SU.

23.5. Bundespräsident G. Heinemann unterzeichnet d. Ratifikationsgesetze zu d. Ostverträgen.

26.5. Staatssekr. *E. Bahr* u. Staatssekr. *M. Kohl unterzeichnen* in Ost-Berlin den *Verkehrsvertrag* zwischen d. BRD u. d. DDR. *S. 457, 460 ff., 464*

29. 5. Traditionelles Deutschland-Gespräch der BRD mit d. 3 Westmächten am Vorabend d. Ministertagung d. NATO-Rates in Bonn. *S. 464*

31. 5. Das Bundeskabinett beauftragt Staatssekr. E. Bahr Gespräche mit d. Staatssekr. M. Kohl über die Möglichkeit eines Vertrags über d. Grundlagen d. Beziehungen zwischen d. BRD u. d. DDR aufzunehmen. *S. 464 f.*

3. 6. Die *Ostverträge* u. d. *Vier-Mächte-Abkommen* über Berlin treten *in Kraft.* Die SPD übergibt d. 1. Entwurf eines ökonomisch-politischen Orientierungsrahmens für die Jahre 1973–85 d. Öffentlichkeit *(SPD-Orientierungsrahmen 1985). S. 462, 562 ff., 707*

3.–4. 6. Besuch d. sowj. Außenmin. A. Gromyko in d. BRD. *S. 463*

4. 6. Die im Zusammenhang mit dem Vier-Mächte-Abkommen über Berlin getroffenen Innerdeutschen Abkommen u. Vereinbarungen treten in Kraft (Transitabkommen u. d. Abkommen zwischen d. West-Berliner Senat u. d. DDR-Regierung über Erleichterungen u. Verbesserungen d. Reise- u. Besuchsverkehrs für West-Berliner). *S. 463*

4.–6. 6. Besuch d. sowj. Außenmin. A. Gromyko in d. DDR.

9. 6. Die Bundesregierung beschließt in einer Sondersitzung d. Kabinetts Sparmaßnahmen für d. Haushalt 1972 in Höhe von 1,3 Milliarden DM.

15. 6. Staatssekr. E. Bahr u. Staatssekr. M. Kohl nehmen in Ost-Berlin vorbereitende Gespräche zu Verhandlgn. über einen Grundlagenvertrag zwischen d. BRD u. d. DDR auf. Kohl übergibt Bahr einen DDR-Vertrags-Entwurf. *S. 466 f.*

24. 6. Bundeskanzler W. Brandt teilt d. Parteirat mit, er strebe gemeinsam mit Bundesaußenmin. W. Scheel für November 1972 Neuwahlen an. *S. 457*

28. 6. Staatssekr. E. Bahr u. Staatssekr. M. Kohl treffen sich bei einer weiteren vorbereitenden Gesprächsrunde zu Verhandlungen über einen Grundlagenvertrag zwischen d. BRD u. d. DDR in Ost-Berlin mit d. DDR-Außenmin. O. Winzer zu einer Unterredung. Kohl erklärt sich zu sofortigen Verhandlungen bereit. *S. 470*

29. 6. Das Bundeskabinett beschließt gegen d. Willen von Bundeswirtschafts- u. -finanzmin. K. Schiller *Devisenkontrollen. S. 671 f.*

3.–4. 7. Der franz. Staatspräsident G. Pompidou zum deutsch-franz. Konsultationstreffen in Bonn. *S. 471*

7. 7. *Rücktritt* von *Bundeswirtschafts- u. -finanzmin. K. Schiller.* Schillers Rücktritt führt zu einer *Kabinettsumbildung:* Der bisherige Verteidigungsmin. H. Schmidt übernimmt d. Doppelressort für Wirtschaft u. Finanzen, d. bisherige Verkehrs- u. Postmin. G. Leber übernimmt d. Verteidigungsressort u. d. amtierende Städtebaumin. L. Lauritzen übernimmt zusätzlich d. Ressort für Verkehr u. Post. *S. 673 ff.*

14.–28. 7. Der Vors. d. ausw. Ausschusses d. Bundestags, G. Schröder, reist als erster prominenter Politiker d. BRD in d. VR China.

9. 8. Das Bundeskabinett erteilt d. Staatssekr. E. Bahr den Auftrag, mit Staatssekr. M. Kohl über d. Abschluß eines Grundvertrages zw. bd. deutschen Staaten zu verhandeln u. beschl. Richtlinien für d. Verhandlungsführung. *S. 472 ff.*

14. 8. Delegationen d. Bonner u. d. Pekinger Regierung beginnen mit Verhandlungen über d. Aufnahme diplomat. Beziehungen zw. d. BRD u. d. VR China. Staatssekr. E. Bahr u. Staatssekr. M. Kohl nehmen in Ost-Berlin d. Verhandlungen über einen Grundlagenvertrag zwischen d. BRD u. d. DDR auf.

24. 8. Bundesaußenmin. W. Scheel bestätigt in einer Fernsehdiskussion, daß d. Bundesregierung mit d. VR China wegen d. Aufnahme diplomatischer Beziehungen in Kontakt stehe. *S. 481 f.*

26. 8.–11. 9. XX. Olympische Sommerspiele in München u. Kiel.

5.9.	8 Mitglieder d. Terrororganisation »Schwarzer September« überfallen im olymp. Dorf d. Quartier d. israel. Mannschaft, ermorden 2 Sportler u. nehmen 9 Geiseln, um d. Freilassung von 200 arab. Häftlingen in Israel zu erpressen. Bei d. Versuch d. bayrischen Polizei d. Geiseln vor ihrem Abflug aus d. Gewalt d. Terroristen zu befreien, werden sie v. d. Terroristen erschossen.
6.9.	Finnland u. d. DDR nehmen diplomatische Beziehungen auf. *S. 471*
10.9.	Die DDR-Regierung verfügt eine Reihe von Erleichterungen in d. Einfuhrbestimmungen für Waren im Post- u. Reiseverkehr aus d. BRD. *S. 488*
13.–14.9.	Besuch d. poln. Außenmin. S. Olszowski in d. BRD. Am 14.9. wird zwischen Olszowski u. d. Bundesregierung vereinbart, d. Handelsvertretungen beider Länder in Warschau u. in Köln in Botschaften umzuwandeln. *S. 485*
20.9.	Bundeskanzler *W. Brandt* stellt d. *Vertrauensfrage. S. 489*
22.9.	Bei d. *Abstimmung über d. Vertrauensfrage d. Bundeskanzlers* sprechen 233 Abgeordnete d. Koalition d. Kanzler d. Vertrauen aus, 248 Abgeordnete d. Opposition stimmen mit »Nein«. Die Kabinettsmitglieder bleiben d. Abstimmung fern, 1 Abgeordneter enthält sich d. Stimme. Der Bundestag stimmt ohne Gegenstimmen bei 9 Enthaltungen (CDU/CSU) d. *Ratifizierung d. Verkehrsvertrags* zwischen d. BRD u. d. DDR zu. Auf Vorschlag d. Bundeskanzlers löst Bundespräsident G. Heinemann d. 6. Deutschen Bundestag auf u. schlägt d. 19. Nov. für Neuwahlen vor.
2.10.	Die DDR-Regierung gibt bekannt, daß zukünftig an West-Berliner Berechtigungsscheine für d. mehrmaligen Empfang eines Visums ausgegeben werden können. *S. 488*
4.10.	Bundesaußenmin. W. Scheel hält sich zu Gesprächen mit UN-Generalsekr. K. Waldheim über d. UNO-Mitgliedschaft beider dt. Staaten in New York auf.
8.10.	Aufnahme diplomatischer Beziehungen zwischen Indien u. d. DDR. *S. 471*
8.–10.10.	Staatssekr. E. Bahr weilt auf Initiative d. Bundesregierung zu ersten politischen Konsultationen nach d. deutsch-sowjetischen Vertrag in Moskau. Er führt mit Außenmin. A. Gromyko u. d. Generalsekret. d. KPdSU, L. Breschnew, Gespräche. *S. 490*
10.–14.10.	Staatsbesuch von Bundesaußenmin. W. Scheel in d. VR China. Scheel u. d. chinesische Außenmin. Tschi Peng-fei vereinbaren am 11.10. d. Aufnahme diplomatischer Beziehungen.
12.–13.10.	5. außerordentlicher Bundesparteitag d. SPD in Dortmund. Verabschiedung eines Wahlprogramms »für Frieden, Sicherheit und eine bessere Qualität des Lebens«. *S. 503, 564*
23.–25.10.	23. ordentlicher Bundesparteitag d. FDP in Freiburg.
7.11.	Die Bundesregierung stimmt d. zwischen d. Staatssekr. E. Bahr u. M. Kohl ausgehandelten Vertragsentwurf über d. Grundlagen d. Beziehungen zwischen d. beiden deutschen Staaten zu. *S. 492 ff.*
8.11.	Staatssekr. E. Bahr u. Staatssekr. M. Kohl paraphieren in Bonn d. *Grundvertrag* zwischen d. BRD u. d. DDR. *S. 492*
16.11.	Das Sekretariat d. NATO gibt bekannt, daß d. Regierungen Großbritanniens, d. BRD, d. Niederlande, Belgiens, Luxemburgs, Kanadas u. d. USA d. Regierungen d. SU, Polens, d. CSSR u. Ungarns vorgeschlagen haben, am 31.1.73 exploratorische Gespräche über beiderseitige ausgewogene Truppenverminderungen in Europa *(MBFR)* aufzunehmen. *S. 499*
19.11.	*Wahlen zum 7. Deutschen Bundestag (S. 499, 505 f., 508 f.):*

SPD	45,8%	230 Mandate
CDU/CSU	44,9%	225 Mandate
FDP	8,4%	41 Mandate

23.11.–8.12. Koalitionsverhandlungen zwischen SPD u. FDP. *S. 511 ff.*

14.12. Der Bundestag wählt *W. Brandt* mit 269 von 493 abgegebenen Stimmen erneut zum *Bundeskanzler*. 223 stimmen gg. Brandt, 1 Stimme ist ungültig.

21.12. Bundesmin. *E. Bahr* u. Staatssekr. *M. Kohl* unterzeichnen in Ost-Berlin d. *Grundvertrag* zwischen d. BRD u. d. DDR. *S. 497, 610*

1973

18.1. *Regierungserklärung* von Bundeskanzler W. Brandt.

17.2. Die Bundesregierung beschließt einen stabilitätspolit. Maßnahmenkatalog: Vorgesehen sind u.a. eine Erhöhung d. Mineralölsteuer für Treib- u. Schmierstoffe vom 1.7.73 an um 5 Pf je Liter sowie d. Aufnahme einer Stabilitätsanleihe von 4 Milliarden DM. *S. 574*

9.–11.3. Bundeskongreß d. Jungsozialisten in Bad Godesberg. *S. 551 f.*

17.3. Bundeskanzler W. Brandt droht vor d. Parteirat mit seinem Rücktritt. *S. 546*

10.–14.4. 15. ord. *Bundesparteitag d. SPD in Hannover. S. 91 f., 547 ff., 552 ff., 558, 705*

16.–19.4. Staatsbesuch von Bundeskanzler W. Brandt in Jugoslawien. *S. 486 f.*

29.4.–3.5. Staatsbesuch von Bundeskanzler W. Brandt in d. USA.

9.5. Die Bundesregierung beschließt ein weiteres stabilitätspolitisches Programm (vgl. 17.2.73). *S. 574*

18.–22.5. Der Generalsekr. d. KPdSU L. Breschnew hält sich zu einem Staatsbesuch in d. BRD auf. Am 19.5. unterzeichnet er Abkommen über d. Entwicklung d. wirtschaftlichen, industriellen u. technischen Zusammenarbeit, über eine Ausdehnung d. Luftverkehrs sowie über d. kulturelle Zusammenarbeit zwischen d. BRD u. d. SU.

29.5. Der Präsident d. Bundesamtes für Verfassungsschutz, G. Nollau, unterrichtet Innenmin. H.-D. Genscher vom *Spionageverdacht* gegen d. Kanzlerreferenten *G. Guillaume. S. 613, 723*

30.–31.5. Der SPD-Bundestagsfraktions-Vors. H. Wehner trifft in Ost-Berlin mit Vertretern d. SED-Fraktion d. DDR-Volkskammer zusammen. Am 31.5. wird er gemeinsam mit d. FDP-Bundestagsfraktions-Vors. W. Mischnick vom 1. Sekr. d. ZK d. SED, E. Honecker, empfangen. *S. 608 f., 610 f.*

31.5. Beginn d. *Fluglotsen-Bummelstreiks. S. 589 ff.*

12.6. Die CDU wählt auf einem Sonderparteitag d. rheinland-pfälzischen Ministerpräsidenten *H. Kohl* zu ihrem neuen *Bundesvors.*

15.6. Die Bundesregierung beantragt gemäß den mit d. DDR im Grundvertrag getroffenen Vereinbarungen bei d. UNO d. Beitritt d. BRD.

20.6. Bundesaußenmin. W. Scheel u. d. tschechoslowakische Außenmin. B. Chňoupek paraphieren in Bonn den Prager Vertrag.

Juni/Juli *Steiner-Wienand-Affäre. S. 580 ff.*

26.6.–12.7. *Beginn* d. Konferenz über Sicherheit und Zusammenarbeit in Europa *(KSZE)* in Helsinki.

Aug.–Sept. *Wilde Arbeitsniederlegungen* u. *Warnstreiks* in d. Metallindustrie u. im öffentl. Dienst (bei d. Müllabfuhr). *S. 592 f.*

18.9. Die *BRD* wird in d. Eröffnungssitzung d. 28. *UNO*-Vollversammlung als 134. *Mitglied* in d. Weltorganisation aufgenommen.

24.9.–1.10. Eine 5-köpfige Bundestagsdelegation unter Leitung von Bundestagspräsidentin A. Renger – H. Wehner, W. Mischnick, R. v. Weizsäcker u. R. Stücklen – stattet d. SU einen offiziellen Besuch ab. D. SPD-Bundestagsfraktions-Vors. *H. Wehner kritisiert* in Interviews von Moskau aus d. *Ostpolitik d. Bundesregierung* u. d. Bundeskanzler. *S. 616 f., 619*

26.9. Bundeskanzler W. Brandt erläutert vor d. UNO-Vollversammlung die Vorstellung d. Bundesregierung über die Aufgaben d. BRD in d. UNO.

6.10. Angriffe ägyptischer u. syrischer Streitkräfte auf Israel lösen d. 4. Nah-Ost-Krieg *(Jom-Kippur-Krieg)* aus. *S. 687*

17.10. Erste Anzeichen einer weltweiten *Ölkrise:* D. 6 Erdöl exportierenden Anliegerstaaten d. Persischen Golfs (Iran, Irak, Kuwait, Abu Dhabi, Katar u. Saudi-Arabien) vereinbaren, d. Rohölpreise um 17 v. H. zu erhöhen. *S. 687 ff.*

ab 19.10. verhängen arabische Ölländer Lieferboykotts gegen d. USA u. d. Niederlande wegen israelfreundlicher Haltung. *S. 687*

24.10. Nachdem d. USA israelische Schiffe in Bremerhaven mit US-Waffen beladen ließen, übermittelt d. Bundesregierung d. Geschäftsträger d. US-Botschaft in Bonn, d. strikte Neutralität d. BRD im Nah-Ost-Konflikt gebiete es, daß Waffenlieferungen aus US-Depots in d. BRD an eine d. kriegführenden Parteien nicht gestattet werden können. *S. 688*

4.11. Die arabischen Erdölausfuhrländer beschließen, ihre Ölförderung um 25 v. H. einzuschränken, bis d. von Israel 1967 besetzten Gebiete befreit u. d. Rechte d. palästinensischen Volkes wiederhergestellt sind.

9.11. Der Bundestag verabschiedet aus Anlaß d. Ölkrise ein *Energiesicherungsgesetz*, das im Fall von Gefährdungen oder Störungen bei d. Energieversorgung die Verordnung von Verbrauchsbeschränkungen bei Mineralöl u. Erdgas erlaubt. *S. 689*

12.–14.11. 24. ordentlicher Bundesparteitag d. FDP in Wiesbaden.

14.11. Bundespräsident G. Heinemann gibt bekannt, daß er aus Altersgründen für eine 2. Amtsperiode nicht kandidieren wird. *S. 629, 637*

19.11. Bundeswirtschaftsmin. H. Friedrichs verordnet für d. folgenden 4 Sonntage ein Kfz-Fahrverbot sowie für d. folgenden 6 Monate Geschwindigkeitsbeschränkungen auf Autobahnen (100 km/h) u. auf Landstraßen (80 km/h).

23.11. Die *Fluglotsen beenden* ihren seit Ende Mai anhaltenden *Bummelstreik.*

6.–7.12. Der polnische Außenminister S. Olszowski hält sich zu einem Staatsbesuch in d. Bundesrepublik auf u. erörtert mit d. Bundesregierung Fragen einer Kreditgewährung an Polen sowie d. Aussiedlung deutschstämmiger Bürger aus Polen. *S. 698*

9.12. Die arabischen Erdölausfuhrländer beschließen – mit Ausnahme d. Iraks – ihre Öllieferungen um weitere 5 v. H. zu verringern.

11.–12.12. Bundeskanzler *W. Brandt* u. Bundesaußenmin. *W. Scheel unterzeichnen* in Prag d. *Prager Vertrag.* Zwischen d. BRD u. d. VR Polen werden diplomatische Beziehungen aufgenommen; die bundesrepublikanische Handelsvertretung in Prag wird in eine Botschaft umgewandelt.

14.12. Der FDP-Bundesvorst. nominiert einstimmig *W. Scheel* als *Kandidaten* für d. *Bundespräsidentenwahl.*

1974

18.1. Der SPD-Bundesvorst. beschließt, d. SPD-Wahlmännern d. Bundesversammlung d. Wahl W. Scheels zum Bundespräsidenten vorzuschlagen. *S. 709*

19.1. SPD u. FDP einigen sich auf d. Grundformel eines Mitbestimmungsgesetzes. *S. 719 f.*

25.–27.1. Bundeskongreß d. Jungsozialisten in München. *S. 707*

Jan./Febr. Im Verlauf d. *Tarifverhandlungen* im öffentlichen Dienst kommt es am 29.1. u. 4.2. zu *Warnstreiks* u. begrenzten Arbeitsniederlegungen u. vom 11.–13.2. zum *Streik. S. 702 ff.*

11.–13.2. Die Außenmin. d. EG-Staaten sowie d. USA u. Kanadas treffen sich zu einer Energiekonferenz in Washington.

20.2. Das Bundeskabinett beschließt einen *Gesetzentwurf über d. Mitbestimmung* d. Arbeitnehmer.

3.3. Bürgerschaftswahlen in Hamburg 1974 (in Klammern 1970):

SPD	44,9 (55,3)%
CDU	40,6 (32,8)%
FDP	10,9 (7,1)% *(S. 699 f.)*

7.3. Staatssekr. G. Gaus u. d. stv. Außenmin. d. DDR, K. Nier, einigen sich über die Einrichtungen ständiger Vertretungen in Bonn u. in Ost-Berlin.

22.3. Der Bundestag verabschiedet mit d. Stimmen von SPD, FDP u. CDU/CSU d. Gesetz zur Herabsetzung d. Volljährigkeitsalters von 21 auf 18 Jahre.

1.4. Bundeskanzler W. Brandt unterbreitet d. SPD-Vorst. 10 Thesen zur Position d. SPD, die am 2.4. veröffentlicht werden *(April-Thesen). S. 715 ff.*

19.–24.4. Staatsbesuch von Bundeskanzler W. Brandt in Algerien u. Ägypten (1. offizieller Besuch eines deutschen Bundeskanzlers in diesen arabischen Ländern). *S. 722*

24.4. Der persönliche Referent d. Bundeskanzlers, *G. Guillaume*, wird unter d. Verdacht d. Spionage für d. DDR *festgenommen. S. 723*

26.4. Der Bundestag beschließt mit 247 gegen 233 Stimmen d. *Reform d. § 218* d. Strafrechts.

6.5. Bundeskanzler *W. Brandt* erklärt seinen *Rücktritt* im Zusammenhang mit d. Guillaume-Affäre. *S. 754, 758*

7.5. Bundespräsident G. Heinemann überreicht d. Mitgliedern d. Kabinetts Brandt d. Entlassungsurkunden u. fordert Außenmin. W. Scheel auf, d. Geschäfte d. Bundeskanzlers u. Außenmin. vorerst weiterzuführen.

9.5. Die SPD nominiert auf Vorschlag W. Brandts d. amtierenden Bundesfinanzmin. H. Schmidt als Kandidaten für d. Wahl d. neuen Bundeskanzlers am 16.5.

15.5. Als Nachfolger G. Heinemanns wird *W. Scheel* von d. 6. Bundesversammlung in Bonn im 1. Wahlgang mit 530 Stimmen bei 5 Stimmenthaltungen zum *Bundespräsidenten* gewählt. Auf d. Kandidaten d. CDU u. CSU, R. v. Weizsäcker, entfallen 498 Stimmen.

16.5. Der Bundestag wählt *H. Schmidt* mit 267 von 492 abgegebenen Stimmen zum neuen *Bundeskanzler.* 225 Abgeordnete stimmen gegen ihn.

17.5. Bundeskanzler H. Schmidt stellt d. von ihm gebildete SPD-FDP-Koalitionsregierung vor. Vor d. Bundestag gibt er die Regierungserklärung ab.

20.6. Der Bundestag ratifiziert mit 232 gegen 190 Stimmen d. *Prager Vertrag.*

1.7. Abschied d. bisherigen Bundespräsidenten G. Heinemann u. Amtseinführung d. neuen *Bundespräsidenten W. Scheel.*

Kommentierte Bibliographie

Die folgenden Lesehinweise sind keine Bibliographie im üblichen Sinne. Nicht umfassende Katalogisierung aller von uns benutzten (oder gar aller vorhandenen) Untersuchungen ist ihr Ziel, sondern die ganz subjektive Auswahl von Titeln, die uns für eine vorbereitende oder vertiefende Lektüre geeignet scheinen, weil wir sie selbst nützlich fanden. Bisher ist ja die Zeit der beiden Kabinette Brandt von der politikwissenschaftlichen wie von der zeitgeschichtlichen Forschung so gut wie gar nicht behandelt worden, so daß es ein irgendwie repräsentatives Schrifttum vorerst nicht gibt. Man steht hier noch ganz am Beginn; wir beide haben einen ersten Anfang versucht. Bei unserer Bücherauswahl wollten wir denen, die nach uns kommen, nach bestem Wissen eine vorläufige Orientierung geben, damit sie sich leichter im dunklen Walde des Unbekannten zurechtfinden.

I. Einführungen, Überblicke

Von den aktuellen wie preisgünstigen Einführungen sind zu empfehlen:

Alfred Grosser,
Geschichte Deutschlands seit 1945. Eine Bilanz.
Überarbeitete Fassung von Deutschlandbilanz. Geschichte Deutschlands seit 1945.
Deutscher Taschenbuch Verlag. München. ^{7}1979. (dtv 1007)

Thilo Vogelsang,
Das geteilte Deutschland.
(dtv-Weltgeschichte des 20. Jahrhunderts. Hrsg. von M. Broszat und H. Heiber)
Deutscher Taschenbuch Verlag. München. ^{10}1980. (dtv 4011)

auch:

Andreas Hillgruber,
Deutsche Geschichte 1945–1972. Die »deutsche Frage« in der Weltpolitik (Deutsche Geschichte. Ereignisse und Probleme. Hrsg. von Walter Hubatsch, Bd. 9).
Verlag Ullstein. Frankfurt a. M.–Berlin–Wien. 1974.
(Ullstein-Taschenbuch 3851)

Für alle drei Taschenbücher gilt, daß sie nicht die ganze Regierung Brandt/Scheel behandeln. Alle drei ruhen auf dem Kenntnisstand von 1973, dem schwierigsten Jahr der Ära, dessen Stimmung sie aus sehr verschiedenen Blickwinkeln beschreiben; allerdings hat *Grosser* 1979 ein Nachwort von 50 Seiten angefügt, das wichtige Aspekte seiner Themen durch die siebziger Jahre weiterverfolgt.

Bei einer ersten Orientierung liest sich *Vogelsang* leichter als Grosser, da dieser auf eine chronologische Gliederung verzichtet. *Grosser* wiederum besticht durch die

Gedankenfülle und Souveränität seiner Darstellung, die außen- und innenpolitische sowie kulturelle Strömungen gleichermaßen wahrnimmt und verarbeitet. Zuweilen herrscht der geistreiche Essayist in ihm vor, dessen brillante Formulierungen haften bleiben. *Hillgrubers* anregendes Büchlein beschränkt sich auf die »deutsche Frage« und behandelt in diesem Rahmen die sozialliberale Zeit in zwei längeren Passagen. Die dortigen Ausführungen erreichen indessen nicht das Niveau der späteren, meisterhaften Studie des gleichen Autors:

Andreas Hillgruber,
Die gescheiterte Großmacht. Eine Skizze des Deutschen Reiches 1871–1945.
Droste Verlag. Düsseldorf. 1980.

Hillgrubers fragwürdige These von 1974 über den Zusammenhang zwischen linker Innen- und unbedachter Ostpolitik ähnelt der Position, die

Ernst Nolte,
Deutschland und der Kalte Krieg.
Piper Verlag. München–Zürich. 1974,

auf den Seiten 579 ff. (»Die Regierung Brandt-Scheel, die Ostverträge und der ungleichmäßige Abbau des Kalten Krieges«) dieses ungewöhnlichen, großartigen Werkes vertreten hat. Für Nolte waren seine negativen Marburger Universitätserfahrungen offenbar in einem Maße zeittypisch, daß er von solchen Tendenzen die gesamte westdeutsche Innenpolitik jener Jahre gekennzeichnet sieht.

Politisch etwa in der Mitte zwischen Grosser und Hillgruber steht *Vogelsang*. Wenn er die Außen- und Ostpolitik insgesamt stärker betont, so ist das von seinem Bestreben her erklärlich, das »geteilte Deutschland« und nicht so sehr eine (west-)deutsche Nachkriegsgeschichte zu beschreiben. Die 5. Auflage von 1973 hat er leider vor seinem Tode nicht mehr aktualisieren können; seither gibt es mithin lediglich Nachdrucke.

Die Lektüre der drei genannten Taschenbücher gibt dem Leser eine gute Ausgangsbasis. Reiche bibliographische Hinweise gibt *Vogelsang*. Knappe, oft treffende Charakterisierungen der erwähnten Literatur finden sich bei *Grosser*.

II. Erinnerungen

Der Memoirenband von

Willy Brandt,
Begegnungen und Einsichten. Die Jahre 1960–1975.
Hoffmann & Campe. Hamburg. 1976.
(Taschenbuchausgabe bei Droemer Knaur. München. 1978)

ersetzt weitgehend die bisher fehlende Gesamtdarstellung der Ära Brandt/Scheel, wird aber auch später, wenn es solche historischen Werke längst gibt, wegen der Person des Autors zweifellos immer interessierte Leser finden.

Der Schwerpunkt des Buches liegt auf Brandts Kanzlerschaft. Es ist detailliert und anschaulich geschrieben. Besonders ergiebig ist es dort, wo es die außenpolitischen Erfahrungen Brandts schildert. Dabei hat er – wie Adenauer vor ihm – die Dolmetscherprotokolle seiner Unterredungen mit ausländischen Politikern heranziehen können; die entsprechenden Passagen sind deshalb von hohem dokumentarischem Wert. Außerdem porträtiert Brandt, zum Teil ausführlich, die Staatsmänner seiner Zeit, mit denen er zusammentraf; diese Schilderungen verraten eine genaue Beobachtungsgabe. Aber auch für die westdeutsche Innenpolitik der behandelten anderthalb Jahrzehnte enthält dieser Band Neues und Wissenswertes; er spiegelt die damalige Atmosphäre, die Denkweisen und Verhaltensmuster.

Bereits im Frühsommer 1974, kurz nach seinem Rücktritt, hatte Brandt erste Memoiren aus seiner Zeit als Regierungschef vorgelegt, die weithin enttäuschten:

Willy Brandt,
Über den Tag hinaus. Eine Zwischenbilanz.
Hoffmann & Campe. Hamburg. 1974.

Das Buch ist besser als sein Ruf, wenn auch weniger bedeutend als die eben genannten »Begegnungen und Einsichten«, sollte aber neben diesem zweiten Band unbedingt zu Rate gezogen werden. Es ist im wesentlichen eine Bestandsaufnahme der innenpolitischen Tätigkeit der sozialliberalen Koalition bis 1974. Außerdem entwirft es, wie schon der Titel andeutet, hoffnungsvolle Programme. Diese guten Absichten für die künftige Arbeit bleiben notgedrungen vage und lassen den Band als Einführungslektüre entbehrlich erscheinen. Wer aber genauer hinsieht, wird den Erwartungshorizont wiederfinden, vor dem sich auch nach dem Ölschock von 1973 die Vorstellungswelt dieses sozialdemokratischen Spitzenpolitikers entfaltete. Sehr interessant sind außerdem Passagen aus Brandts Tagebuch-Notizen, die sich in diesem Buch an drei Stellen finden. Sie halten in etwa die Unmittelbarkeit des spontanen Eindrucks fest. Das gilt besonders für die Wochen vor dem Rücktritt, wo Brandts Aufzeichnungen eine erste Orientierung des Hergangs von Tag zu Tag erlauben.

Neben diesen beiden Erinnerungsbänden des SPD-Vorsitzenden sollte man unbedingt ein Buch aus der Sicht der FDP zu Rate ziehen:

Karl Moersch,
Kursrevision. Deutsche Politik nach Adenauer.
Societäts-Verlag. Frankfurt a. M. 1978.

Moersch war, wie ja auch Brandt, jahrelang Journalist, was der Lesbarkeit seines Bandes, der im Lichte persönlicher Erinnerungen den Weg der FDP in die Koalition mit der SPD beschreibt, durchgängig zugute kommt. Da er von 1964 bis 1976 dem Bundestag angehörte und 1970, als Nachfolger Ralf Dahrendorfs, Parlamentarischer Staatssekretär im Auswärtigen Amt wurde, was er bis 1974 blieb (zwei weitere Jahre wirkte er als Staatsminister an gleicher Stelle), hat er vieles miterlebt, was er nun (sehr diskret) in seine Schilderung jener Jahre einfließen läßt.

Eine sehr persönliche, detaillierte und gut lesbare Sicht der Entstehungsphase der Neuen Ostpolitik findet man bei

Paul Frank,
Entschlüsselte Botschaft. Ein Diplomat macht Inventur.
Deutsche Verlags-Anstalt. Stuttgart. 1981.

Frank war zwischen 1970 und 1974 Staatssekretär des Auswärtigen Amtes. Er hat daher die Vorgänge, über die er schreibt, aus nächster Nähe miterlebt, ja mitgestaltet – was er gelegentlich so stark herausstellt, daß der Anteil anderer Akteure verdunkelt wird.

Der langjährige politische Gegenspieler Willy Brandts, Rainer Barzel, zog 1978 eine maßvoll resignierte Bilanz seiner Bemühungen:

Rainer Barzel,
Auf dem Drahtseil.
Droemer Knaur. München–Zürich. 1978.

Wie sehr die Ereignisse um das fehlgeschlagene konstruktive Mißtrauensvotum vom 27. April 1972 und die folgende dramatische Phase der Ratifizierung der Verträge mit Moskau und Warschau das persönliche Schicksal dieses Mannes bestimmten, kommt auch in seinen Erinnerungen zum Ausdruck. Gerade diese Abschnitte sollte man gesehen haben. Ergänzendes enthält das zwei Jahre früher erschienene Buch:

Rainer Barzel,
Es ist noch nicht zu spät.
Droemer Knaur. München–Zürich. 1976. (Taschenbuchausgabe ebenda 1977)

Erich Mende, der langjährige Vorsitzende der FDP, Vorgänger Walter Scheels in diesem Amte, Gegner des sozialliberalen Bündnisses von Anbeginn, polemisierte 1972, im Jahr der vorgezogenen Bundestagswahl, heftig gegen seine alte Partei, die er im Herbst 1970 mit der CDU vertauscht hatte:

Erich Mende,
Die FDP. Daten, Fakten, Hintergründe.
Seewald Verlag. Stuttgart. 1972.

Dieser kleine Vorgriff auf Mendes Lebenserinnerungen ist seriöser und inhaltsreicher, als Anlaß der Veröffentlichung und Temperament des Autors vermuten lassen. Mende schildert den Weg der FDP vom nationalkonservativen Juniorpartner der Union in die sozialliberale Koalition, den er für verhängnisvoll hielt und als Anfang vom Ende der Liberalen betrachtete. Es lohnt sich, Mendes Buch mit seinem Gegenstück, der bereits erwähnten »Kursrevision« von Karl Moersch, zu vergleichen.

Von ganz anderer Art sind die Memoiren des sozialdemokratischen ersten Finanzministers dieser Koalition:

Alex Möller,
Genosse Generaldirektor.
Droemer Knaur. München–Zürich. 1978. (Knaur-TB 3635)

Der aristokratische Generaldirektor der Karlsruher Lebensversicherung greift weit zurück; sein Ehrgeiz zielt auf eine Gesamtdarstellung der deutschen Nachkriegsgeschichte. Auch im Zeitraum ab 1966, dann nach 1969, der hier besonders interessiert, urteilt er nur selten, nur ungern. Er begnügt sich statt dessen mit langen Zitaten aus Reden und Zeitungsartikeln, die seine Position ahnen lassen. Da er überdies die Anfangsjahre der Bundesrepublik ausführlich behandelt, bleibt ihm leider vergleichsweise wenig Raum für die Schilderung seiner Ministertätigkeit im ersten Kabinett Brandt und ihres plötzlichen, unerfreulichen Endes.

Zusätzliche Hinweise auf Möllers finanzwirtschaftliches Denken enthält neuerdings:

Alex Möller/Robert Schwebler,
Schuld durch Schulden? Nutzen und Grenzen der Staatsverschuldung.
Droemer Knaur. München–Zürich. (1981).

Sehr allgemein bleibt:

Georg Leber,
Vom Frieden.
Seewald Verlag. Stuttgart. 1979,

obwohl der Band auch Autobiographisches enthält. Als enttäuschend – nicht nur bei unserem Thema! – erweist sich überraschenderweise der Band von:

Carlo Schmid,
Erinnerungen.
Scherz. Bern–München–Wien. 1979.

Am Rande seien zwei Memoirenbände erwähnt, deren Autoren nicht im Zentrum der Bonner Politik standen, aber Zeugen und zeitweilig Mithandelnde in wichtigen politischen Augenblicken wurden: Helmut Allardt und Günther Nollau.

Der eine war Ende der sechziger, Anfang der siebziger Jahre unser Botschafter in Moskau. Er hat dort die Entstehung der Neuen Ostpolitik aus der Nähe verfolgt:

Helmut Allardt,
Moskauer Tagebuch. Beobachtungen, Notizen, Erlebnisse.
Econ Verlag. Düsseldorf–Wien. 1973, (Ullstein-TB 34040)

liefert freilich kein Tagebuch (insofern führt sein Titel in die Irre!), sondern besorgte Betrachtungen einer Entwicklung, die man ihm im entscheidenden Moment aus der Hand nahm. Der Berufsdiplomat läßt spüren, wie gekränkt er sich fühlt, weil der Amateur Egon Bahr an ihm vorbei die Moskauer Verhandlungen geführt hat.

Der andere war zwischen 1972 und 1975 Präsident des Bundesamtes für Verfassungsschutz. Neben mancherlei Entbehrlichem schildert er,

Günther Nollau,
Das Amt. 50 Jahre Zeuge der Geschichte.
C. Bertelsmann Verlag. München. 1978.
(Goldmann-Sachbuch Nr. 11210),

detailliert Hintergründe des Falles Guillaume, die nicht ohne Belang sind für die Bewertung der Vorgänge, die 1974 den Rücktritt des Bundeskanzlers auslösten.

III. Biographien

Den führenden Sozialdemokraten dieser Koalition sind wiederholt Biographien gewidmet worden – allen anderen voran Willy Brandt. Hingegen sind die Liberalen insofern bisher leer ausgegangen – wenn man von Auftragsarbeiten absieht, die oft allerdings nützliche Informationen enthalten, gerade auch von seiten des Betroffenen. Man nehme nur:

Hans-Roderich Schneider,
Präsident des Ausgleichs. Bundespräsident Walter Scheel – ein liberaler Politiker.
Verlag Bonn Aktuell. Stuttgart. 1975.

Was Brandt angeht, so ist die Arbeit von

Terence Prittie,
Willy Brandt. Biographie.
Goverts Krüger Stahlberg. Frankfurt a. M. 1973,

leider wenig brauchbar. Prittie war ein glänzender Journalist, beispielsweise ein vorzüglicher Bonner Korrespondent des *Guardian* in den fünfziger Jahren; ihm ist eine knappe, gelungene Biographie Konrad Adenauers zu danken. Bei Willy Brandt hat Prittie zu rasch gearbeitet, ist oberflächlich geblieben. Auch

Viola Herms Drath,
Willy Brandt. Prisoner of His Past.
Chilton Book Company. Radnor, Penn. (USA). 1975,

ist ein schlecht komponiertes, verwirrendes Buch. Nur ab und an findet man, wie auf Ramschtischen beim Schlußverkauf, etwas Nützliches.

Sehr umstritten ist

David Binder,
The Other German. Willy Brandt's Life and Times.
The New Republic Book. Washington, D.C. 1976.

Selbst wenn diese Porträtstudie Brandts Leben und Wirken vor und nach 1945 behandelt, so liegt doch der Schwerpunkt (und die besondere Qualität) von Binders Darstellung nach 1969, bei der Ostpolitik und den näheren Umständen des Rücktritts. Die genaue Schilderung der düsteren Monate 1973/74, die ihm voraufgingen, die vielfältigen persönlichen Eindrücke Binders (die allerdings oft dem *Spiegel* entstammen) zählen zum Stimmungsvollsten, was bisher über das Ende Brandts als Regierungschef geschrieben worden ist. Kein Wunder. Denn Binder war als langjähriger Bonner Korrespondent der *New York Times* an Ort und Stelle, war glänzend informiert, weil er es fertigbrachte, sowohl mit Willy Brandt wie mit Herbert Wehner auf vertrautem Fuße zu stehen. Beide Männer konnte er für sein Buch befragen, wobei man bei der Lektüre den Eindruck gewinnt, daß sich Brandt vorsichtiger, auch freundlicher geäußert hat als Wehner.

Immer noch empfehlenswert – wegen der Einleitung aus der Feder eines mit Brandt befreundeten Journalisten und wegen charakteristischer Auszüge aus früheren autobiographischen Büchern Brandts – ist

Klaus Harpprecht,
Willy Brandt. Porträt und Selbstporträt.
Droemer Knaur. München–Zürich. 1970. (Taschenbuchausgabe ebenda 1971)

Einen einfühlsamen, in den Proportionen stimmigen Überblick gibt

Carola Stern,
Willy Brandt in Selbstzeugnissen und Bilddokumenten.
Rowohlts Monographien. Herausgegeben von Kurt Kusenberg.
Rowohlt. Reinbek. 1975 (rm 232).

Auch Willy Brandt selbst schätzt meines Wissens diesen biographischen Abriß.

Daß großformatige Fotobände für die Forschung beachtlich sein können – nicht nur der Bilder, sondern auch der begleitenden Texte wegen – zeigen

Willy Brandt. Anatomie einer Veränderung.
Photographiert von Sven Simon. Mit einem Essay von Hermann Schreiber.
Econ Verlag. Düsseldorf–Wien. 1970,

und

Willy Brandt.
Ein Essay von Konrad R. Müller und Hermann Schreiber.
Albrecht Knaus Verlag. Hamburg. 1978.

Mit Herbert Wehner haben sich vor allem zwei ehemalige *Spiegel*-Redakteure,

Alfred Freudenhammer und Karlheinz Vater,
Herbert Wehner. Ein Leben mit der Deutschen Frage.
C. Bertelsmann Verlag. München. 1978,

biographisch eingehend beschäftigt. Sie haben sich der beträchtlichen Mühe unterzogen, Wehners Tätigkeit in der Moskauer Emigration aufzuhellen und vor allem seinem umstrittenen Verhalten während der schwedischen Internierung bzw. Inhaftierung im Zweiten Weltkrieg nachzuspüren. Viele bisher unbekannte Dokumente, die über den Politiker und Menschen Wehner Aufschluß geben, werden dabei erstmals der Öffentlichkeit vorgelegt. Interessant sind späterhin besonders einige Passagen über die beiden Reisen des SPD-Fraktionsvorsitzenden im Jahre 1973 nach Ost-Berlin und Moskau sowie über seine Rolle Anfang Mai 1974 in Münstereifel, als die Entscheidung zum Rücktritt Brandts fiel.

Anregend und gedankenreich ist

Herbert Wehner. Beiträge zu einer Biographie.
Herausgegeben von Gerhard Jahn unter Mitwirkung von Reinhard Appel, Sven Backlund, Klaus Bölling und Günter Gaus.
Kiepenheuer & Witsch. Köln. 1976.

Diese Festschrift zum 70. Geburtstag enthält überraschenderweise (was für den Geehrten wie die Autoren spricht) eine ganze Reihe unbefangener, ja sogar witziger Beiträge (siehe z. B. S. 70). Sie beschäftigen sich mit verschiedenen Aspekten der Persönlichkeit und des Wirkens Herbert Wehners und stammen aus der Feder derer, die in verschiedenen Lebensabschnitten mit diesem schwer zugänglichen, für Außenstehende oft unverständlichen Mann in Verbindung gekommen sind, ihn von daher genauer kennen und besser beschreiben können als andere.

Die neben Brandt und Wehner dritte Führungsfigur der SPD jener Jahre, Helmut Schmidt, steht in unserer Studie eher im Hintergrund. Das entsprach seiner Position bis 1974. Auch biographisch wurde er lange weit weniger gewürdigt als etwa Brandt. Erstmals ausführlicher porträtiert hat ihn

Helmut Wolfgang Kahn,
Helmut Schmidt. Fallstudie über einen Populären.
Holsten Verlag Hamburg. 1973.

Schon der relativ frühe Zeitpunkt der Veröffentlichung läßt ahnen, daß hier nur eine sehr vorläufige, zeitnahe Skizze beabsichtigt sein konnte. Erst die 1974 beginnende Kanzlerschaft hat ja die politischen Fähigkeiten und persönlichen Eigenheiten dieses hochbegabten, ambitiösen Mannes voll zur Entfaltung gebracht.

Nicht uninteressant ist:

Sibylle Krause-Burger,
Helmut Schmidt. Aus der Nähe gesehen.
Econ Verlag. Düsseldorf–Wien. 1980.

Über Arbeitsweise und Arbeitslast dieses Regierungschefs unterrichtet anschaulich:

Nina Grunenberg,
Vier Tage mit dem Bundeskanzler.
Hoffmann & Campe. Hamburg. 1976.

Wichtig überdies ein zum 60. Geburtstag Schmidts vorgelegter Sammelband:

Hart am Wind. Helmut Schmidts politische Laufbahn.
Einführung Marion Gräfin Dönhoff.
Albrecht Knaus. Hamburg. 1978.

Er enthält eine Auswahl von mehr als achtzig guten, durchweg interessanten Zeitungs- und Zeitschriften-Artikeln der Jahre 1962 bis 1978. Eine umfassende, nuancierte Lebensbeschreibung des zweiten sozialdemokratischen Bundeskanzlers ersetzen solche Bücher freilich nicht.

Eine lesbare, allerdings nicht sehr tiefgründige Biographie des ersten sozialdemokratischen Bundespräsidenten, über den es ja bereits zu verschiedenen wichtigen Lebensabschnitten bemerkenswerte Teilstudien gibt, ist

Helmut Lindemann,
Gustav Heinemann. Ein Leben für die Demokratie.
Kösel-Verlag. München. 1978.

Wer sich einführend über Persönlichkeit und Werdegang Heinemanns ins Bild setzen möchte, wird gern zu diesem handlichen Band greifen. Ihn ergänzen in vielem die Festgabe zum 75. Geburtstag:

Anstoß und Ermutigung.
Gustav W. Heinemann, Bundespräsident 1969–1974.
Herausgegeben von Heinrich Böll, Helmut Gollwitzer, Carlo Schmid.
Suhrkamp Verlag. Frankfurt a. M. 1974,

sowie die in drei Bänden gesammelten Aufsätze und Reden Heinemanns, wobei auch frühere Jahre, ja Äußerungen aus seiner Jugend, berücksichtigt werden:

Gustav W. Heinemann,
Allen Bürgern verpflichtet. Reden des Bundespräsidenten 1969–1974
Reden und Schriften, Band I.
Suhrkamp Verlag. Frankfurt a. M. 1975.

Gustav W. Heinemann,
Glaubensfreiheit – Bürgerfreiheit. Reden und Aufsätze zu Kirche – Staat – Gesellschaft. 1945–1975. Herausgegeben von Diether Koch.
Reden und Schriften, Band II.
Suhrkamp Verlag. Frankfurt a. M. 1976.

Gustav W. Heinemann,
Es gibt schwierige Vaterländer . . . Reden und Aufsätze 1919–1969.
Herausgegeben von Helmut Lindemann.
Reden und Schriften, Band III.
Suhrkamp Verlag. Frankfurt a. M. 1977.

Zu allen drei Bänden hat Helmut Gollwitzer eine Betrachtung als Rezension geschrieben, die ich – gerade auch wegen der Person des Verfassers und seiner Nähe zu Gustav Heinemann – für bemerkenswert halte: »Politik an den Grenzen des Bürgertums. Zur Gesamtausgabe der Reden und Schriften Gustav W. Heinemanns«, *Evangelische Theologie*, 37. Jahrgg., März/April 1977, S. 185 ff.

Obgleich Fritz Erler bereits 1966 aus der aktiven Politik ausscheiden mußte und Anfang 1967 starb, enthält die voluminöse, materialreiche Lebensbeschreibung von

Hartmut Soell,
Fritz Erler – eine politische Biographie. (2 Bände)
Verlag J. H. W. Dietz Nachf. Berlin–Bonn/Bad Godesberg. 1976,

für die Entwicklung der SPD in den sechziger Jahren und ihr wechselvolles Verhältnis zur FDP wertvolle Informationen. Das Kapitel » ›Kollektive‹ oder ›doppelte‹ Parteiführung? Zum Führungsdreieck Brandt-Erler-Wehner seit Anfang der sechziger Jahre« (S. 929 ff.) beispielsweise ist noch für die Deutung des späteren Triumvirats Brandt-Schmidt-Wehner hilfreich. Allgemein gesprochen, wird jeder, der den sozialdemokratischen Weg in die Regierungsverantwortung nachvollziehen möchte, die Kapitel VIII und IX berücksichtigen müssen.

IV. Die Vorbereitung der sozialliberalen Koalition

Wenn auch für viele das Zustandekommen des neuen Regierungsbündnisses nach dem 28. September 1969 überraschend war, widerspricht dem die Einsicht nicht, daß es natürlich umsichtiger, langdauernder Vorbereitungen bedurfte. In den fünfziger Jahren wäre eine solche Koalition schwer denkbar gewesen, und noch 1966 waren die notwendigen Voraussetzungen zumindest in der FDP nicht gegeben.

Wandel und Aufstieg der SPD beschreibt knapp und klar

Susanne Miller,
Die SPD vor und nach Godesberg. Kleine Geschichte der SPD, Band 2.
Theorie und Praxis der deutschen Sozialdemokratie.
Verlag Neue Gesellschaft. Bonn-Bad Godesberg. [3]1978.

Trotz seines schmalen Umfangs handelt es sich um ein Standardwerk. Die Verfasserin ist als Autorin mehrerer vorzüglicher Untersuchungen zur Geschichte der Sozialdemokratie und als Lebensgefährtin Willy Eichlers, der maßgeblichen Kraft in der Entstehungsphase des Godesberger Programms, für dieses Thema ausgewiesen wie keine zweite. Ihre handliche, parteinahe Studie, die ursprünglich als Kapitel im (weiter unten aufgeführten) Sammelwerk von R. Löwenthal und H.-P. Schwarz »Die zweite Republik« erschienen ist, dann aber, zusammen mit einem Anhang wichtiger Dokumente, gesondert veröffentlicht wurde, findet einen denkbaren Gegenpol aus linker SPD-Sicht bei:

Hans Jochen Brauns, Urs Jaeggi, Klaus Peter Kisker, Axel Zerdick, Burkhard Zimmermann,
SPD in der Krise. Die deutsche Sozialdemokratie seit 1945.
(Texte zur politischen Theorie und Praxis. Hrsg. von Elmar Altvater, Hans Eckehard Bahr, Wilfried Gottschalch, Klaus Holzkamp, Urs Jaeggi, Rudolf Wiethölter)
Fischer Taschenbuch Verlag. Frankfurt a. M. 1976 (Nr. 6518),

oder auch, mir ähnlich fern und fremd, weil ich weder Diagnose noch Therapie zu verstehen vermag, bei:

Wolf-Dieter Narr, Hermann Scheer, Dieter Spöri,
SPD – Staatspartei oder Reformpartei?
Piper Verlag. München. 1976 (Serie Piper Nr. 125).

Wen die Betrachtungsweise von Linkssozialisten interessiert, die zur DKP neigen, kann auch:

Heinz-Gerd Hofschen, Erich Ott, Hans Karl Rupp,
SPD im Widerspruch. Zur Entwicklung und Perspektive der Sozialdemokratie im System der BRD.
Pahl-Rugenstein Verlag. Köln. 1975 (Kleine Bibliothek, Bd. 65)

zur Hand nehmen. Den Positionen, von denen die drei letztgenannten ausgehen, entgegengesetzt ist:

Hans-Jochen Vogel,
Reale Reformen. Beiträge zu einer Gesellschaftspolitik der neuen Mitte.
Piper Verlag. München. 1973 (Serie Piper Nr. 60).

Wer wissen möchte, welche Erfahrungen gegen Ende seiner Amtszeit den Münchner Oberbürgermeister der Jahre 1960 bis 1972 zu einer skeptischen Haltung gegenüber den Linken in seiner Partei veranlaßt haben, sollte unbedingt das Erinnerungsbuch studieren:

Hans-Jochen Vogel,
Die Amtskette. Meine 12 Münchner Jahre. Ein Erlebnisbericht.
Süddeutscher Verlag. München. 1972.

Ergänzend empfehlen sich die – allerdings zu abstrakt geratenen – Betrachtungen seines Nachfolgers der Jahre 1972 bis 1978:

Georg Kronawitter,
Mit allen Kniffen und Listen. Strategie und Taktik der dogmatischen Linken in der SPD. Mit einem Vorwort von Prof. Kurt Sontheimer.
Fritz Molden Verlag. Wien–München–Zürich–Innsbruck. 1979.

Eine Datensammlung der SPD-Entwicklung, die man kennen sollte, stammt von:

Franz Osterroth, Dieter Schuster,
Chronik der deutschen Sozialdemokratie.
Bd. III: Nach dem Zweiten Weltkrieg.
Verlag J. H. W. Dietz Nachf. Berlin–Bonn/Bad Godesberg. ^{2}1978.

Die dramatische Positionsveränderung, die von der FDP in der zweiten Hälfte der sechziger Jahre vorgenommen wurde, ist das Thema mehrerer Arbeiten geworden. Neben Erich Mendes schon genanntem polemischem Erinnerungsbuch »Die FDP« und dem brauchbaren Aufsatz von:

R. E. M. Irving,
The German Liberals: Changing Image of the Free Democratic Party.
Parliamentary Affairs. Bd. XXIII (1969/70), Seite 46 ff.,

konnte man lange Zeit am ehesten

Rüdiger Zülch,
Von der FDP zur F.D.P.
Die dritte Kraft im deutschen Parteiensystem. Sozialwissenschaftliche Studie zur Politik. Herausgegeben von Werner Kaltefleiter. Bd. 1.
Eichholz Verlag. Bonn. 1972,

nennen, dann auch einige – allerdings überwiegend allgemein gehaltene – Aufsätze in dem Sammelband:

Lothar Albertin (Hrsg.),
Politischer Liberalismus in der Bundesrepublik.
Vandenhoeck & Ruprecht. Göttingen. 1980.

Inzwischen ist, was sich als ergiebig erweist, die Geschichte der FDP in der kritischen Wandlungsphase anhand ihrer Monatszeitschrift beschrieben worden:

Daniel Koerfer,
Die FDP in der Identitätskrise.
Die Jahre 1966–1969 im Spiegel der Zeitschrift »liberal«.
Klett-Cotta. Stuttgart. 1981.

Für die *gesamte* Nachkriegsentwicklung der Liberalen ist

Heino Kaack,
Die F.D.P. Grundriß und Materialien zu Geschichte, Struktur und Programmatik.
Studien zum politischen System der Bundesrepublik Deutschland.
Herausgegeben von Heino Kaack. Bd. 18.
Verlag Anton Hain. Meisenheim am Glan. ^{2}1978,

in Betracht zu ziehen, aber auch das knappe, dichte Schlußkapitel (S. 140 ff.) der offiziösen Darstellung:

Hans Reif, Friedrich Henning, Werner Stephan,
Geschichte des deutschen Liberalismus.
liberal-Verlag. Bonn. (1976).

Ich persönlich verdanke am meisten dem gedankenreich-essayistischen

Rolf Zundel,
Die Erben des Liberalismus.
Eurobuch-Verlag August Lutzeyer. Freudenstadt. 1971.

Diese Schrift steckt, was man nicht sogleich merkt, voll glänzender Hintergrundinformation, da der langjährige Bonner Korrespondent der *Zeit* über vorzügliche Kontakte zur FDP verfügt.

V. Die Protestbewegung der sechziger Jahre

Das politische und soziale Klima der Bundesrepublik in den späten sechziger Jahren war geprägt vom lautstarken Aufbegehren vor allem der jüngeren Generation gegen die Große Koalition und die Notstandsgesetze, gegen den Krieg der USA in Vietnam und das Wiederaufleben neonazistischer Tendenzen in Westdeutschland, gegen die Verkrustung hierarchischer Strukturen an den Universitäten und gegen das *Establishment*, das *System*, die materialistische Wohlstandsgesellschaft überhaupt. Die Protestbewegung beschleunigte den geistigen Umbruch und die Veränderung von Wertvorstellungen in der Bevölkerung, die als Folge der Modernisierung und Technisierung der Gesellschaft ohnehin im Gange war. Sie bewirkte dabei eine Linksverschiebung innerhalb des politischen Spektrums, die den sozialliberalen Kräften zugute kam und 1969 den Wechsel von der Unionsherrschaft zur SPD/FDP-Koalition ermöglichte, 1972 bestätigte.

Über diese Bewegung ist eine reiche, allerdings sehr ungleichartige Literatur entstanden, die inzwischen ganze Spezialbibliotheken füllt. Überblickswerke fehlen weithin. Für eine erste, allgemeine Orientierung eignet sich die vierteilige Serie in der *Zeit* von Dieter E. Zimmer, die unter wechselnden Überschriften zwischen dem 3. und 24. Juni 1977 (Nr. 24 bis 27) erschienen ist.

Eine thematisch breite, bis auf das Jahr 1955 (nämlich den literarischen Beginn der Beat-Generation) zurückgehende Chronologie der westlichen – also nicht nur westdeutschen – Protestbewegung bis 1969 von Wolfgang Kraushaar findet sich in dem auch im übrigen weit ausholenden, nachdenklich resümierenden Sammelband:

Peter Mosler (Hrsg.),
Was wir wollten, was wir wurden.
Studentenrevolte – zehn Jahre danach.
Rowohlt Taschenbuch Verlag. Reinbek. 1977 (rororo-aktuell Nr. 4119).

Wer die politische Unruhe unter westdeutschen Studenten von ihren Ursprüngen her nachvollziehen will, wird zuerst

Hans Karl Rupp,
Außerparlamentarische Opposition in der Ära Adenauer.
Der Kampf gegen die Atombewaffnung in den fünfziger Jahren.
Eine Studie zur innenpolitischen Entwicklung der BRD.
Pahl-Rugenstein Verlag. Köln. 1970,

lesen müssen und dann

Karl A. Otto,
Vom Ostermarsch zur APO.
Geschichte der außerparlamentarischen Opposition in der Bundesrepublik 1960–1970. Mit einem Nachwort von Andreas Buro.
Campus Verlag. Frankfurt a. M.–New York. 1977.

Während Otto stark auch nicht-studentische Kräfte außerparlamentarischer Bemühungen berücksichtigt, konzentrieren sich die gleichfalls parteilichen

Tilman Fichter, Siegward Lönnendonker,
Kleine Geschichte des SDS.
Der Sozialistische Deutsche Studentenbund von 1946 bis zur Selbstauflösung.
Rotbuch Verlag. Berlin. ^{2}1979,

auf die Darstellung des in jenen Jahren einflußreichsten Studentenverbandes, der zum wichtigsten Motor der Bewegung wurde und aus dem die maßgeblichen Theoretiker und Führer des Protests wie z. B. Rudi Dutschke hervorgingen. Zur Frühgeschichte dieses Verbandes wichtig:

Jürgen Briem,
Der SDS. Die Geschichte des bedeutendsten Studentenverbandes der BRD seit 1945.
päd. extra Buchverlag. Frankfurt a. M. 1976,

für das Verständnis des prominentesten Studentenführers ist das Studium seiner eigenen Äußerungen unerläßlich:

Rudi Dutschke,
Geschichte ist machbar. Texte über das herrschende Falsche und die Radikalität des Friedens.
Herausgegeben von Jürgen Miermeister.
Verlag Klaus Wagenbach. Berlin. 1980 (Wagenbachs Taschenbücherei 74).

Während

Gerhard Bauß,
Die Studentenbewegung der sechziger Jahre in der Bundesrepublik und West-Berlin. Handbuch.
Pahl-Rugenstein Verlag. Köln. 1977 (Kleine Bibliothek Bd. 108),

die Geschichte der APO DKP-lastig beschreibt, hat ein jüngerer CDU-Politiker, der seit 1976 dem Bundestag angehört, distanziert, aber kenntnisreich und unpolemisch zwei Bücher über die Fortentwicklung der Protestbewegung bis in die siebziger Jahre hinein verfaßt:

Gerd Langguth,
Protestbewegung am Ende. Die Neue Linke als Vorhut der DKP.
v. Hase & Koehler Verlag. Mainz. 1971,

Gerd Langguth,
Die Protestbewegung in der Bundesrepublik Deutschland 1968–1978.
Verlag Wissenschaft und Politik. Köln. ^{2}1978.

Diesem zweiten Buch liegt eine Bonner Dissertation zugrunde.

Interessant sind auch die Selbstdeutungen der APO-Erben in der von einem anonymen Autorenkollektiv stammenden Schrift:

Wir warn die stärkste der Partein ...
Erfahrungsberichte aus der Welt der K-Gruppen.
Rotbuch Verlag. Berlin. 1977.

Ergänzend sollte man unbedingt den auch sprachlich gelungenen, menschlich überzeugenden Rückblick von

Jochen Schimmang,
Der schöne Vogel Phönix. Erinnerungen eines Dreißigjährigen.
Suhrkamp. Frankfurt a. M. 1979 (st 527),

ansehen – eines der sympathischsten Bücher, das ich in diesen Jahren gelesen habe.

Für das Verständnis der ganzen Bewegung in allen ihren Phasen sind solche Rückblenden oder Rechenschaftsberichte von nicht zu überschätzender Wichtigkeit. Wiederum können nur wenige Beispiele erwähnt werden:

Daniel Cohn-Bendit,
Der große Basar. Gespräche mit Michel Lévy, Jean-Marc Salmon, Maren Sell.
Trikont-Verlag. München. 1975,

»Bommi« Baumann,
Wie alles anfing.
Trikont-Verlag. München. 1975,

Inga Buhmann,
Ich habe mir eine Geschichte geschrieben.
Trikont-Verlag. München. ^{3}1979,

und vor allem, schon durch seinen außerordentlichen Erfolg der Verbreitung die anderen Selbstzeugnisse überragend, das aufregende, problematische Buch von

Bernward Vesper,
Die Reise. Roman-Essay.
März-Verlag, bei Zweitausendeins. Frankfurt a. M. 1977
(ergänzte Ausgabe letzter Hand ebenda 1979).

Vesper, zeitweilig der Lebensgefährte von Gudrun Ensslin, beschreibt bis zur Selbstentäußerung in seinem schwierigen, anstrengenden Buch, das eindrucksstarke Passagen enthält, die unter Drogeneinfluß entstanden sind, die psychischen Ursachen und politischen Hintergründe eines Protests, einer Verweigerungshaltung, die zentral von Konflikten mit einem als nationalsozialistisch erlebten Elternhaus ihren Ausgang genommen hatten. Vespers späterer Selbstmord in einer Hamburger Heilanstalt bewies, daß es ihm unmöglich gewesen war, dieser inneren Spannungen Herr zu werden.

Andere sind aggressiv geworden. Einen ersten Überblick vermittelt der Sammelband:

Manfred Funke (Hrsg.), Terrorismus.
Untersuchungen zur Strategie und Struktur revolutionärer Gewaltpolitik.
Schriftenreihe der Bundeszentrale für politische Bildung. Bonn. 1977 (Bd. 123).

Wer sich genauer mit einer Gruppierung beschäftigen möchte, die in den frühen siebziger Jahren bei uns von sich reden machte und auch in diesem Band erwähnt wird, kann unter mehreren Darstellungen wählen, beispielsweise die beiden Dokumentationen

Die Baader-Meinhof-Gruppe.
Zusammengestellt von Reinhard Rauball.
Walter de Gruyter. Berlin–New York. 1973,

Der Baader-Meinhof-Report.
Dokumente – Analysen – Zusammenhänge. Aus den Akten des Bundeskriminalamtes, der »Sonderkommission, Bonn« und dem Bundesamt für Verfassungsschutz.
v. Hase & Koehler Verlag. Mainz. 1972,

wirklich kritisch auswerten. Mehr oder weniger überzeugende Einordnungen versuchen

Jillian Becker,
Hitlers Kinder? Der Baader-Meinhof-Terrorismus.
Fischer Taschenbuch Verlag. Frankfurt a. M. 1978 (Nr. 3413),

Heiner Geißler (Hrsg.),
Der Weg in die Gewalt.
Geistige und gesellschaftliche Ursachen des Terrorismus und seine Folgen.
Geschichte und Staat, Bd. 214.
Günter Olzog Verlag. München–Wien. 1978,

– dieser Band enthält Vorträge, die auf einer bemerkenswerten wissenschaftlichen Tagung der CDU diskutiert wurden – oder auch einer der fähigsten Redakteure der *FAZ*:

Thomas Meyer,
Am Ende der Gewalt? Der deutsche Terrorismus – Protokoll eines Jahrzehnts.
Verlag Ullstein. Frankfurt a. M.–Berlin–Wien. 1980 (Ullstein-Taschenbuch Nr. 34510).

Vielleicht führt auf diesem düsteren Felde der biographische Zugang am weitesten. Drei ganz verschiedene, aber gleichermaßen verständnisvolle Schriften haben ihn beispielsweise bei Ulrike Meinhof versucht.

Einmal die Erinnerungen des Ehemannes und langjährigen *konkret*-Herausgebers, dessen noch problematischeres zweites Buch zum Thema (*Die Genossin.* Roman. Verlag Fritz Molden. Wien–München–Zürich. 1975) man allerdings getrost vergessen sollte:

Klaus Rainer Röhl,
Fünf Finger sind keine Faust. Mit einem Nachwort von Jochen Steffen.
Kiepenheuer & Witsch. Köln. 1974.

Dann eine weit ausholende, polemische, gesellschaftspolitisch vorwurfsvolle Einbettung des Phänomens, die ein bekannter Psychologie-Professor aus Hannover versucht hat:

Peter Brückner,
Ulrike Marie Meinhof und die deutschen Verhältnisse.
Verlag Klaus Wagenbach. Berlin. 1976 (Wagenbachs Taschenbücherei 29).

Endlich eine Sammlung beachtenswerter Texte der Hauptbetroffenen aus den Jahren 1959 bis 1969, an denen sich die Entwicklungsstationen ihrer Gedankenwelt ablesen lassen:

Ulrike Marie Meinhof,
Die Würde des Menschen ist antastbar. Aufsätze und Polemiken.
Mit einem Nachwort von Klaus Wagenbach.
Verlag Klaus Wagenbach. Berlin. 1980 (Wagenbachs Taschenbücherei 62).

Sehr erhellend, ja partienweise brillant (übrigens nicht nur in den Passagen, derentwegen ich ihn hier nenne) ist

Michael Rutschky,
Erfahrungshunger. Ein Essay über die siebziger Jahre.
Kiepenheuer & Witsch. Köln. 1980,

in dem, was er im Blick auf diesen Terrorismus zum Thema einer Politik der Körper, des Schreckens und der Schmerzen zu sagen hat. Sein Gedankengang ließe sich in mehreren Richtungen weiterverfolgen. Man könnte hier überhaupt noch lange fortfahren. Aber mit diesen wenigen Hinweisen muß es sein Bewenden haben.

VI. Der Machtwechsel

Der Übergang von der Großen Koalition zum sozialliberalen Bündnis, mit dem 1969 eine zwanzig Jahre währende Vorherrschaft der Union ihr Ende fand, erschien damals manchem als eine Umgründung der Bundesrepublik, eine neue »Stunde Null«. Ob dies so war, untersucht

Dirk Bavendamm,
Bonn unter Brandt. Machtwechsel oder Zeitenwende.
Fritz Molden Verlag. Wien usw. 1971.

Obwohl dieses Buch bereits zu Beginn der siebziger Jahre erschien, lohnt nach wie vor die Lektüre. Eine neuere Sicht präsentiert der kurze Aufsatz von

Ossip K. Flechtheim, Dauerkoalition und Tendenzwende, in:
Frank Grube, Gerhard Richter (Hrsg.),
Der SPD-Staat.
Piper Verlag. München. 1977. S. 220ff.

– eine Reihe von Beiträgen dieses Sammelbandes sind lesenswert. Das Beste, was zum Thema der neuen Stunde Null in den späten sechziger, den frühen siebziger Jahren geschrieben worden ist, findet sich in der Abhandlung von

Hermann Rudolph, Eine neue unbewältigte Vergangenheit? in:
Merkur Nr. 388 (September 1980) S. 870 ff.

Die Entstehung des ersten Kabinetts Brandt/Scheel im Herbst 1969 behandeln

Udo Bermbach, Stationen der Regierungsbildung 1969, in der *Zeitschrift für Parlamentsfragen*, 1. Jahrgg. (1970) S. 5 ff.

und, im Vergleich mit 1961 und 1965,

Wolfgang F. Dexheimer,
Koalitionsverhandlungen in Bonn 1961 – 1965 – 1969.
Zur Willensbildung in Parteien und Fraktionen.
Untersuchungen und Beiträge zu Politik und Zeitgeschehen, herausgegeben von der Konrad-Adenauer-Stiftung, Bd. 14.
Eichholz Verlag. Bonn. 1973.

Das Verhalten der Liberalen und den Entscheidungsprozeß in ihren Reihen während der Regierungsbildung 1969 schildert, auf Vorstandsprotokolle gestützt, anschaulich

Klaus Bohnsack, Bildung von Regierungskoalitionen, dargestellt am Beispiel der Koalitionsentscheidung der F.D.P. von 1969, in der *Zeitschrift für Parlamentsfragen*, 7. Jahrgg. (1976) S. 400 ff.

Die letzten Tage vor der Wahl und den Ablauf der Wahlnacht selbst beschreibt bildhaft und farbig

Reinhard Appel, Bonner Machtwechsel, in:
Roderich Klett, Wolfgang Pohl (Hrsg.),
Stationen einer Republik.
Deutsche Verlags-Anstalt. Stuttgart. 1979, S. 149 ff.

VII. Die Neue Ostpolitik

Die neue Außenpolitik gegenüber der Sowjetunion, Osteuropa und der DDR, wichtigstes Anliegen und interne Klammer der sozialliberalen Koalition bis 1972, hat am besten Willy Brandt persönlich in seinem bereits empfohlenen Erinnerungs-Band »Begegnungen und Einsichten« detailliert dargestellt. Der Bedeutung des Gegenstandes entsprechend, haben sich jedoch inzwischen eine ganze Reihe von Autoren des Themas bemächtigt; von ihnen können nur wenige hier erwähnt werden.

Den Schock des Mauerbaus und den Einfluß dieses Schlüsselerlebnisses auf das ostpolitische Umdenken der Gruppe um den damaligen Regierenden Bürgermeister von Berlin erörtert sorgfältig die Abhandlung von

Diethelm Prowe,
Die Anfänge der Brandtschen Ostpolitik 1961–1963.
Eine Untersuchung zur Endphase des Kalten Krieges, in:
Wolfgang Benz, Hermann Graml (Hrsg.),
Aspekte deutscher Außenpolitik im 20. Jahrhundert.
Aufsätze. Hans Rothfels zum Gedächtnis.
Schriftenreihe der Vierteljahrshefte für Zeitgeschichte, Sondernummer.
Deutsche Verlags-Anstalt. Stuttgart. 1977, S. 249 ff.

Peter Bender, einer der wichtigsten publizistischen Wegbereiter der Neuen Ostpolitik in den sechziger Jahren, hat zu Beginn der siebziger, als die Verträge mit Moskau und Warschau sowie das Vier-Mächte-Abkommen über Berlin bereits unterzeichnet waren, Wesentliches – wie die Ratifizierung der Ostverträge und die Regelung des Verhältnisses zur DDR – aber noch ausstand, so daß eine abschließende Würdigung nicht möglich war, mit seinem schmalen Buch

Peter Bender,
Die Ostpolitik Willy Brandts oder
Die Kunst des Selbstverständlichen.
Rowohlts Taschenbuch Verlag. Reinbek. 1972 (rororo aktuell Nr. 1548),

eine gut formulierte, engagierte Zwischenbilanz gezogen, die vor dem Hintergrund der heftigen innenpolitischen Opposition gegen die Öffnungsversuche im Verhältnis zu Osteuropa gesehen werden muß. Benders Rechtfertigung dieser Politik verdient jedoch nicht nur zum Verständnis der damaligen Auseinandersetzungen Interesse, sondern ist auch wegen seiner Beschreibung der ost- und deutschlandpolitischen Fehlentwicklungen in den sechziger Jahren als knappe Einführung in die Gesamtthematik noch immer wichtig.

Die Entstehung dieser Ostpolitik behandelt im weltpolitischen Zusammenhang

Richard Löwenthal,
Vom kalten Krieg zur Ostpolitik, in:
Richard Löwenthal, Hans-Peter Schwarz (Hrsg.),
Die zweite Republik. 25 Jahre Bundesrepublik Deutschland – eine Bilanz.
Seewald Verlag. Stuttgart. 1974. S. 604ff.

Löwenthal, dessen Ausführungen auch als selbständige Schrift, nämlich als Paperback bei Seewald 1974 veröffentlicht worden sind, spricht von einem westdeutschen »Sonderkonflikt mit der Sowjetunion und dem Sowjetblock« neben dem allgemeinen Ost-West-Gegensatz. In den Rahmen der sich verändernden internationalen Konstellation eingespannt, sei Bonn gegen Ende der sechziger Jahre rundum in die Gefahr außenpolitischer Isolierung geraten, aus der nur die Neuorientierung seiner Ostpolitik einen Ausweg bot. Indem Brandt diesen Schritt wagte, habe er nicht nur den Sonderkonflikt überbrückt (die »Befreiung« von ihm sei »im großen und ganzen gelungen«), sondern auch die Bundesrepublik neu in die Gesamttendenz der westlichen Außenpolitik eingefügt.

Über das, was sich zur Zeit unseres ostpolitischen Wandels im Lager des etablierten Sozialismus tat, kann man sich in großen Zügen zuverlässig bei

Gerhard Wettig,
Die Sowjetunion, die DDR und die Deutschland-Frage 1965–1976.
Einvernehmen und Konflikt im sozialistischen Lager.
Verlag Bonn Aktuell. Stuttgart. 1976,

unterrichten. Historisch weit zurück greift der amerikanische Deutschland- und Rußlandexperte, Professor am renommierten *Massachusetts Institute of Technology*,

William E. Griffith,
Die Ostpolitik der Bundesrepublik Deutschland.
Vorwort von Richard Löwenthal.
Klett-Cotta. Stuttgart. 1981.

Griffith betrachtet unsere neue Ostpolitik vor dem Hintergrund der Geschichte Mittel- und Osteuropas in diesem Jahrhundert und berücksichtigt dabei insbesondere die Entwicklung Polens, der Tschechoslowakei und Ostdeutschlands seit dem Zweiten Weltkrieg. In einem noch weiteren zeitlichen und geographischen Raum sind die Darlegungen angesiedelt, mit denen Ernst Nolte in dem bereits eingangs empfohlenen Werk über »Deutschland und der Kalte Krieg« den Charakter der Nachkriegsepoche zu bestimmen, auf einen Begriff zu bringen sucht.

Viel begrenzter im Anspruch, wenn auch nicht im Umfang, ist

Günther Schmid,
Entscheidung in Bonn.
Die Entstehung der Ost- und Deutschlandpolitik 1969/1970.
Verlag Wissenschaft und Politik. Köln. 1979.

Auf die Verhandlungen mit Moskau und auch Warschau 1970 konzentriert, stellt Schmid in seiner exemplarischen, sorgfältigen Fallstudie ausführlich den politischen Apparat und die Entscheidungsträger in Bonn dar. Das ist auch für die Erfassung der Innenpolitik jenes Jahres nicht uninteressant. Während

Karlheinz Niclauß,
Kontroverse Deutschlandpolitik. Die politische Auseinandersetzung in der Bundesrepublik Deutschland über den Grundlagenvertrag mit der DDR.
Dokumente zur Deutschlandpolitik, Beihefte, Bd. 3, herausgegeben vom Bundesministerium für innerdeutsche Beziehungen.
Alfred Metzner Verlag. Frankfurt a. M. 1977,

einen wichtigen Teilaspekt der innenpolitischen Kämpfe um die ostpolitische Richtungsänderung behandelt, hat

Christian Hacke,
Die Ost- und Deutschlandpolitik der CDU/CSU.
Wege und Irrwege der Opposition seit 1969.
Verlag Wissenschaft und Politik. Köln. 1975,

Strategie und Taktik der Union in dieser zentralen Frage während der Jahre 1969 bis 1972 insgesamt kritisch unter die Lupe genommen. Eine ganze Reihe verschiedener innen-, außenpolitischer und internationaler Fragen, die sich mit der Neuen Ostpolitik stellten, analysieren die Beiträge des Sammelbandes von

Egbert Jahn, Volker Rittberger (Hrsg.),
Die Ostpolitik der Bundesrepublik.
Triebkräfte, Widerstände, Konsequenzen.
Westdeutscher Verlag. Opladen. 1974.

Eine politische wie rechtliche Bewertung der Verträge mit der Sowjetunion, Polen, der Tschechoslowakei und der DDR sowie des Berlin-Abkommens enthält der unter einem Pseudonym veröffentlichte Band

Die Ostverträge.
Die Verträge von Moskau, Warschau, Prag, das Berlin-Abkommen und die Verträge mit der DDR, dargestellt und erläutert von Benno Zündorf.
Verlag C. H. Beck. München. 1979.

Der Verfasser ist der Berufsdiplomat Antonius (Tono) Eitel, der vom Auswärtigen Amt zwischen Januar 1970 und Februar 1973 als persönlicher Referent Egon Bahrs ans Bundeskanzleramt »ausgeliehen« wurde; er war beispielsweise mit Bahr in Moskau. Man darf also wohl annehmen, daß Eitel die Positionen und Intentionen der damaligen Bundesregierung aus eigenem Erleben kennt.

VIII. Innenpolitisches

Die innere Entwicklung der Bundesrepublik während der Ära Brandt/Scheel ist bisher nicht detailliert beschrieben worden.

Einen knappen, allgemein gehaltenen Rundblick über die verschiedenen Bewegungen im westdeutschen Parteiensystem der siebziger Jahre bietet aus linker Sicht:

Christian Fenner, Das Parteiensystem seit 1969. Normalisierung und Polarisierung, in:
Dietrich Staritz (Hrsg.),
Das Parteiensystem der Bundesrepublik. Geschichte, Entstehung, Entwicklung. Eine Einführung.
Verlag Leske + Budrich. Opladen. 1976 (UTB 577). S. 194 ff.

Zum gleichen Thema äußert sich von liberal-konservativer Seite:

Werner Kaltefleiter, Wandlungen des deutschen Parteiensystems 1949–1974, in: *Aus Politik und Zeitgeschichte*. Beilage zur Wochenzeitung »Das Parlament«. Nr. 14 vom 5. April 1975, S. 3 ff.

Unter den Büchern, die nicht von ungefähr und in großer Zahl von Vertretern der einen oder anderen Richtung der Sozialdemokratie gewidmet worden sind, ragt nicht nur wegen der Person des Autors, sondern auch wegen der neuen Synthese, die er anstrebt, hervor:

Peter Glotz,
Der Weg der Sozialdemokratie.
Der historische Auftrag des Reformismus.
Verlag Fritz Molden. Wien usw. 1975.

Von einer ganz anderen Position her, nämlich von außen, schreibt

Peter Arend,
Die innerparteiliche Entwicklung der SPD 1966–1975.
Sozialwissenschaftliche Studien zur Politik,
herausgegeben von der Konrad-Adenauer-Stiftung, Bd. 7.
Eichholz Verlag. Bonn. 1975.

Typisch für die Auseinandersetzungen, die Rechte und Linke in der SPD damals geführt haben, sind Paperbacks wie

Alexander Schwan, Gesine Schwan,
Sozialdemokratie und Marxismus.
Zum Spannungsverhältnis von Godesberger Programm und marxistischer Theorie.
Hoffmann & Campe. Hamburg. 1974,

Horst Heimann,
Theoriediskussion in der SPD. Ergebnisse und Perspektiven.
Europäische Verlagsanstalt. Frankfurt a. M.–Köln. 1975,

Christian Fenner,
Demokratischer Sozialismus und Sozialdemokratie.
Realität und Rhetorik der Sozialismusdiskussion in Deutschland.
Campus Verlag. Frankfurt–New York. 1977,

Wolf-Dieter Narr (Hrsg.),
Auf dem Weg zum Einparteienstaat.
Westdeutscher Verlag. Opladen. 1977;

nicht zufällig sind sämtliche eben Genannten am Berliner Otto-Suhr-Institut tätig (gewesen), dem heutigen Fachbereich Politische Wissenschaft der Freien Universität. Um Abgehobenheit vom Tagesstreit bemüht sich das Sammelwerk:

Thomas Meyer (Hrsg.),
Demokratischer Sozialismus. Geistige Grundlagen und Wege in die Zukunft.
Günter Olzog Verlag. München–Wien. 1980.

Das auch innerhalb der Union nicht unumstrittene Verhalten der CDU/CSU während der ersten Phase der Kanzlerschaft Brandts beschreibt

Hans-Joachim Veen,
Opposition im Bundestag.
Ihre Funktionen, institutionelle Handlungsbedingungen und das Verhalten der CDU/CSU-Fraktion in der 6. Wahlperiode 1969–1972.
Sozialwissenschaftliche Studien zur Politik, hrsg. von Werner Kaltefleiter, Bd. 8.
Eichholz Verlag. Bonn. 1976.

Mit dem komplizierten Übergang vom ersten zum zweiten Kabinett Brandt beschäftigen sich

Rolf Lange, Gerhard Richter, Erste vorzeitige Auflösung des Bundestages. Stationen vom konstruktiven Mißtrauensvotum bis zur Vereidigung der zweiten Regierung Brandt/Scheel, in der *Zeitschrift für Parlamentsfragen*. 4. Jahrgg. (1973) S. 38 ff.,

die dann folgende Bundestagswahl hat

Max Kaase, Die Bundestagswahl 1972. Probleme und Analysen, in der *Politischen Vierteljahresschrift*, 14. Jahrgg. (1973) S. 145 ff.

ausführlich analysiert und ausgedeutet.

IX. Rückblicke, Ausblicke

Am Schluß dieser Hinweise sollen einige Bücher genannt werden, die sich nicht – oder doch nicht zentral – mit der Anfangsphase der sozialliberalen Koalition zwischen 1969 und 1974, sondern mit der Bundesrepublik als solcher, ihrer Geschichte und Politik, ihrem sozialen und geistigen Leben befassen.

Eine Fülle aufschlußreicher Beiträge enthält der bereits mehrfach genannte, vorbildliche, partienweise meisterhafte Sammelband von Richard Löwenthal und Hans-Peter Schwarz »Die zweite Republik«, der bereits 1974 erschienen ist, aber unvermindert aktuell bleibt. Die Ausgangssituation dieses unseres Staates, seine Außenpolitik, die Entwicklung der Parteien und Institutionen, die westdeutsche Wirtschaftsordnung und verschiedene Bereiche gesellschaftlichen Daseins werden darin kenntnisreich und flüssig geschrieben abgehandelt. So äußert sich beispielsweise Friedrich H. Tenbruck (»Alltagsnormen und Lebensgefühle in der Bundesrepublik«, S. 289 ff.) hellsichtig und höchst anregend über Erscheinungsformen, Zusammenhänge und Hintergründe der gewaltigen Mentalitätsverschiebungen, die seit den sechziger Jahren eine auch politisch folgenreiche Rolle zu spielen begannen. Wie großartig diese Abhandlung ist, wird im Laufe der Jahre und bei jedem neuen Leser immer deutlicher.

Mit den Möglichkeiten des *Instituts für Demoskopie Allensbach* ist Elisabeth Noelle-Neumann der weitgespannten Thematik des Werte- und Bewußtseinswandels sensibel nachgegangen, sie hat daher ihre Thesen mit Erhebungsdaten untermauern können:

Elisabeth Noelle-Neumann,
Werden wir alle Proletarier? Wertewandel in unserer Gesellschaft.
Texte + Thesen 102.
Edition Interfrom. Zürich. 1978,

vgl. auch die von ihr entworfene Untersuchung dieses Instituts:

Eine Generation später.
Bundesrepublik Deutschland 1953–1979.
Eine Allensbacher Langzeit-Studie.
Allensbach. 1981.

Von anderen Überlegungen her hat der heute in Zürich lehrende Philosoph und frühere Staatssekretär im nordrhein-westfälischen Kultusministerium Hermann Lübbe wiederholt die Vorgänge zu deuten versucht, siehe etwa

Hermann Lübbe,
Unsere stille Kulturrevolution.
Texte + Thesen 68
Edition Interfrom. Zürich. 1976.

In den Vereinigten Staaten hat der Sozialwissenschaftler Ronald Inglehart, wenn auch auf ungleich niedrigerem Niveau als Tenbruck und die anderen hier Genannten, in ähnlicher Richtung Erwägungen angestellt:

Ronald Inglehart,
The Silent Revolution.
Changing Values and Political Styles Among Western Publics.
Princeton University Press. Princeton, New Jersey. 1977,

weshalb er auf dem 19. Deutschen Soziologentag zu Worte kam; sein Referat kann man sich ansehen:

Ronald Inglehart, Wertwandel und politisches Verhalten, in:
Joachim Matthes (Hrsg.),
Sozialer Wandel in Westeuropa.
Verhandlungen des 19. Deutschen Soziologentages Berlin 1979.
Im Auftrag der Deutschen Gesellschaft für Soziologie . . .
Campus Verlag. Frankfurt a. M.–New York. 1979.

Weniger umfassend als Löwenthal/Schwarz, aber streckenweise sehr gelungen, ja wichtig sind zwei Sammelbände, die zum dreißigsten Geburtstag der Bundesrepublik konzipiert worden sind:
Walter Scheel (Hrsg.),
Nach dreißig Jahren. Die Bundesrepublik Deutschland –
Vergangenheit, Gegenwart, Zukunft.
Klett-Cotta. Stuttgart. 1979.

Walter Scheel (Hrsg.),
Die andere deutsche Frage.
Kultur und Gesellschaft der Bundesrepublik Deutschland nach dreißig Jahren.
Klett-Cotta. Stuttgart. 1981.

Neben der (schon erwähnten) von Roderich Klett und Wolfgang Pohl herausgegebenen Aufsatzsammlung »Stationen einer Republik«, die sich schon deshalb als Lektüre empfiehlt, weil sie gut geschrieben ist, hat
Johannes Gross,
Unsere letzten Jahre. Fragmente aus Deutschland 1970–1980.
Deutsche Verlags-Anstalt. Stuttgart. 1980,

wegen seines Geistes und einer großen Formulierungsgabe weite Beachtung gefunden.

Diesen Büchern, die insgesamt die Geschichte der Bundesrepublik wohlwollend betrachten, diesen Staat für gelungen halten, auch für stabil, sollte man kritische oder skeptische Bestandsaufnahmen gegenüberstellen. So äußern sich prominente Wissenschaftler und Literaten teilweise schrill bei

Axel Eggebrecht (Hrsg.),
Die zornigen alten Männer. Gedanken über Deutschland seit 1945.
Rowohlt. Reinbek. 1979.

Der bekannte Münchner Politikwissenschaftler und Publizist

Kurt Sontheimer,
Die verunsicherte Republik. Die Bundesrepublik nach dreißig Jahren.
Piper Verlag. München. 1979 (Serie Piper Nr. 189)

vermittelt in seiner kursorischen Analyse unseres Landes einen eher pessimistischen Eindruck vom Zustand der Republik am Ende ihres dritten Jahrzehnts. Schon seine Streitschrift

Kurt Sontheimer,
Das Elend unserer Intellektuellen.
Linke Theorie in der Bundesrepublik Deutschland.
Hoffmann & Campe. Hamburg. 1976,

hatte die Richtung angegeben, aus der er Gefahr heraufziehen sieht – darin vergleichbar

Helmut Schelsky,
Die Arbeit tun die anderen.
Klassenkampf und Priesterherrschaft der Intellektuellen.
Westdeutscher Verlag. Opladen. [2]1975.

Schelskys Thesen hatten das Verdienst, eine breite öffentliche Diskussion auszulösen. Von denen, die ihm widersprachen, soll hier nur

Richard Löwenthal, Neues Mittelalter oder anomische Kulturkrise?
Zu Helmut Schelskys »Priesterherrschaft der Intellektuellen«, im *Merkur* Nr. 328 (September 1975) S. 802 ff.

genannt werden. Seine Abhandlung ist inzwischen wieder abgedruckt worden in der bemerkenswerten Aufsatzsammlung:

Richard Löwenthal,
Gesellschaftswandel und Kulturkrise.
Zukunftsprobleme der westlichen Demokratien.
Fischer Taschenbuch Verlag. Frankfurt a. M. 1979 (Nr. 3424),

die in größeren Zusammenhängen zentrale Gegenwartsfragen mit souveräner Rationalität, mit welterfahrener Gelassenheit erörtert.

Abschließend ist eine letzte Festschrift zum 30. Bonner Geburtstag zu erwähnen, die von einer skeptischen, besorgten Ausgangsposition her zu insgesamt positiven Schlußfolgerungen und Zukunftserwartungen gelangt – was man erleichtert feststellt, weil es links wie rechts nicht allzu häufig vorkommt:

Martin und Sylvia Greiffenhagen,
Ein schwieriges Vaterland.
Zur politischen Kultur Deutschlands.
List Verlag. München. 1979.
(Jetzt auch im Fischer Taschenbuch Verlag. Frankfurt a. M. 1981. Nr. 3453.)

Wer sich der Bundesrepublik zuwendet, kann dieses Buch ebensogut am Beginn seiner Beschäftigung mit unserer Lage lesen wie am Ende.

Personenregister

Das Personenregister soll dem Leser nicht nur – wie üblicherweise – ein rasches Auffinden der im fortlaufenden Text erwähnten Personen ermöglichen, sondern zugleich unter besonderer Berücksichtigung des Zeitraumes, der im Buch behandelt wird, einen knappen Überblick über die einzelnen Lebensläufe vermitteln. Da Willy Brandt und Walter Scheel im Text häufig erwähnt werden, verzichtet das Register bei ihnen auf Seitenverweise.

Leider mußten einige Personen in Ermangelung gesicherter Lebensdaten ohne nähere biographische Angaben im Register verzeichnet werden.